廣東文徵續編

第一册
卷一至卷四

總編纂　許衍董
參　閱　汪宗衍　吴天任
廣東文徵編印委員會校刊

南方出版傳媒
廣東人民出版社
·廣州·

廣東文徵續編第一册目次

卷首　　頁次

卷二

梁慶桂

潘飛聲

卷三

黄節

任元熙

序

吾粵文風自清咸同以降而浸盛近百年間人才輩出著述益豐且有度越中原之勢番禺吳玉臣太史所輯廣東文徵八年前本會訪得遺稿副本於馮平山圖書館校印行世流通海內外鄉邦人士史獻之家歎為傑構殆數十年來所罕覯叢書也

第吳輯采錄清末至民初作者未概其全或知其人而未得其文遺佚尚多本會有鑑於此乃集議同人僉以前賢遺作文獻可稽而近代史乘風氣所趨廣東一省往往影響全國視省知國視國知天下揆諸文章經世之義允宜及時蒐集擷摘精華賡接吳輯冀所補益詢謀既洽爰赴事功名是輯曰廣東文徵續編並訂編纂例畧及徵集簡則設置籌募與編纂二組醵資集文分途並進

編纂業務至為繁重吳輯耗二十年功力始成前編當此世變日亟徵集遺文倍覺艱困且經費所限人力不敷采輯需時探求難盡一紙傳鈔得來匪易工作展開後除向各大書藏暨文化機構廣事搜尋外更訪問故家遺裔商借錄副幸獲多方支持及香港大學中文大學兩學府協助三年之間得以網羅廣東近百餘年來作者三百四十餘家登錄文章一千三百餘首都三百餘萬言大致以作者生卒年次為序各附小傳分訂四冊凡一十六卷末附

作者姓氏檢目用便查閱庶此一輯流傳後世於徵文考獻或亦不無少補歟所載先賢遺文或見諸行世刻本或訪得故家藏稿或來自海內外大學及圖書館寄贈均經慎重甄選再聘學者專家參閱釐定符合所訂標準始行采登編纂容有未盡之處或有知名作者雖百詢遍訪仍難發見其遺篇力所弗逮不無餘憾增訂補益有待來者

茲當全書殺青謹綴數言述其梗概並告慰於諸鄉先進暨熱心文化人士尚祈多予指正不勝厚幸

主任委員　馮秉芬

副主任委員　陳式欽　何耀光　利榮森

委員　伍宜孫　伍絜宜　何竹平　何丙郁
李棪　李直方　林亶耕　林建名
洪祥佩　許衍董　詹德隆　趙令揚
趙資香　黎樹添　賴恬昌　簡麗冰
謝國華　龐鼎元　蘇文權　饒宗頤

排名以姓氏筆劃為序

一九八六年九月十五日

廣東文徵續編編纂例略

一、本篇定名「廣東文徵續編」爲本會繼刊行吳道鎔太史所輯「廣東文徵」後之賡作。
二、本編輯錄，以清代末祚迄今近百餘年間之已故作者爲限，但吳纂已登者不再贅錄。
三、凡敷陳政教、發明學術、弘揚道德、倡導文藝、與地方文獻有關之各體文，皆在本編網羅著錄之列。
四、吳例不以文著而以詩見者，則徵諸題下之小引，不以文著而以書稱者，則徵諸册中之跋尾，或往還之簡札，縱波瀾之未沛，亦掌故之堪存，今仍此旨。
五、文體類別分爲：一、文告，二、公牘，三、書啓，四、論説，五、序跋，六、叙記，七、碑誌，八、傳狀，九、祭誄，十、辭賦，十一、箴銘，十二、頌贊，十三、雜文。
六、本編作者編次，以生年爲序，無生年可考者，略依年輩先後排列。
七、錄文之前，先輯作者小傳，以見生平梗概。
八、每文酌加分段句讀、以便閲讀。
九、編後附作者姓氏檢目。

廣東文徵編印委員會徵集鄉賢遺著簡則

一、本會編纂廣東文徵續編，以表揚嶺海耆舊、保存鄉邦文獻爲宗旨。
二、凡敷陳政教、發明學術、弘揚道德、倡導文藝、而文獻足徵之各體文，皆在尋求之列。
三、嶺海士習，不重浮名，其有著作等身，未付剞劂、而稿本尚在人間者，尤宜表章，庶存闡幽發微之意。
四、近百年間吾粵文才輩出、著述如林，本會雖竭力搜羅，已達三百餘家，仍恐有遺珠之憾。
五、近世變故頻仍，先賢遺著宏篇，容有散失，雖吉光片羽，彌爲可貴，搜錄保存，刻不容緩。
六、各屬鄉親，大雅君子，如藏有先德述作，及本邑耆舊遺文，至祈錄映惠寄，或知見刻本，將收藏處所惠示，以便訪登。
七、作者小傳，隨文附寄，尤所殷盼。
八、徵集文篇，自當慎重甄選，並由本會組織成員，從事審定，始行付版。
九、附來作者小傳，足供參考資料，取捨增刪，由本會決定，至希見諒。

附作者小傳式

姓　名　字　號　生年 卒年　籍貫　縣　鄉
出　身（學歷）
經　歷（曾任職務及有何特殊表現）
著　作（文集、詩集、書畫集、藝術作品等、註明已刻未刻）

一、每則以不超過五百字爲度。
二、如有長篇記載，歡迎全部寄下，俾供參考。

廣東文徵續編　卷一

孫文　一八六六年生　一九二五年卒

先生．諱文．字載之．號逸仙．又號中山．原籍紫金．高祖殿朝公遷居香山翠坑村．遂爲香山縣人．今改名中山縣以紀念此開國偉人．幼在鄉就讀．十二歲畢經業．十三隨母赴檀香山．習英文．十八回華．自鄉至香港．先入拔萃書院．轉皇仁書院．二十一改習西醫．在廣州博濟醫院肄業．次年轉入香港西醫書院．六年滿業．設中西醫局於廣州．懸壺濟世．其自述云．文早歲志窺遠大．性慕新奇．故所學多博雜不純．于中學則好三代兩漢之文．于西學則雅癖達爾文之道．而格致政事．亦常瀏覽．至於教則崇耶穌．于人則仰中華之湯武暨美國華盛頓焉．二十九歲上書李鴻章陳救國大計．不爲採納．即決心推倒滿清．光復華夏．自組織興中會揭櫫起義．至崩逝北平．前後致力國民革命凡四十年．綜其生平．可謂品格自然偉大．度量自然寬宏．精神自然專一．研究自然精博．且學貫中西．深嫻文學．國事縈懷．未遑多作．經典著述有孫文學說．三民主義．五權憲法．建國方略．建國大綱等．政治宏模．舉世宗仰．

臨時大總統就職宣誓詞

中華民國元年正月一日臨時大總統孫文就職宣誓．其詞曰．

傾覆滿清政府．鞏固中華民國．圖謀民生幸福．國民之公意．文實遵之．以忠於國．爲衆服務．至專制政府既倒．國內無變亂．民國卓立於世界．爲列邦公認．文當解臨時大總統之職．謹以此誓於國民．

臨時大總統就職宣言

中華締造之始．文以不才膺臨時大總統之任．夙夜戒懼．慮無以副國民之望．夫中國專制政治之毒．至二百餘年來而滋甚．一旦以國民之力．踣而去之．起事不過數旬．光復已十餘行省．自有歷史以來．成功未有若是之速也．國民以爲於內無統一之機關．於外無對待之主體．建設之事．刻不容緩．於是以組織臨時政府之責相屬．自推功讓能之觀念以言．文所不敢任也．自服務盡職之觀念以言．文所不敢辭也．是用黽勉從國民之後．能盡掃專制之流毒．確定共和．善利民生．以達革命之宗旨．完國民之志願．端在今日．敢披肝瀝膽．爲國民告．國家之本．在於人民．合漢．滿．蒙．回．藏．諸地爲一國．如合漢．滿．蒙．回．藏．諸族爲一人．是曰民族之統一．

武漢首義．十數行省．先後獨立．所謂獨立者．對於滿清爲脫離．對於各行省爲聯合．蒙古西藏意亦同此．行動既一．決無歧趨．樞機成於中央．斯經緯周於四至．是曰領土之統一．

血鐘一鳴．義旗四起．擁甲帶戈之士．徧於十餘行省．雖編制或不一．號令或未齊．而目的所在．則無不同．由共同之目的．以爲共同行動．整齊劃一．夫豈甚難．是曰軍政之統一．

國家幅員遼闊．各省自有其風氣所宜．前次清廷．強以中央集權之法行之．以遂其僞立憲之術．今者各省聯合．互謀自治．此後行政．期於中央政府與各行省之關係．調劑得宜．大綱既挈．條目自舉．是曰內治之統一．

滿清時代．藉立憲之名．行斂財之實．雜捐苛細．民不聊生．此後國家經費．取給於民．必期合於理財學理．而尤在改良社會組織．使人民知有生之樂．是曰財政之統一．

以上數者．爲行政之方針．持此進行．庶無大過．若夫革命主義．爲吾儕所倡言．萬國所同喩．前次雖屢起屢躓．外人無不鑒其用心．八月以來．義旗飈發．諸友邦對之．抱平和之望．持中立之態．而報紙及輿論．尤每表其同情．鄰誼之篤．良足深謝．臨時政府成立以後．當盡文明國應盡之義務．以期享文明國應享之權利．滿清時代．辱國之舉措．及排外之心理．務一洗而去之．持平和主義．與我友邦益增親睦．使中國見重於國際社會．且將使世界漸趨於大同．循序以進．不爲倖獲．對外方鍼．實在於是．

夫民國新建．外交內政．百緒繁生．文顧何人．而克勝者．然而臨時政府．革命時代之政府也．十餘年來以至今日．從事於革命者．皆以誠摯純潔之精神．戰勝其所遇之艱難．即使後此之艱難．遠逾於前日．而吾人惟保此革命之精神．一往無阻．必使中華民國基礎．確立於大地．此後臨時政府之職務始盡．而吾人始可告無罪於國民也．今以與我國民初相見之日．披布腹心．惟我之四萬萬同胞鑒之．

臨時大總統通告海陸軍將士文

中華民國臨時大總統孫文．敬告我全國海陸軍將士．蓋聞捍族衞民者．軍人之天職．朝乾夕惕者．君子之用心．自逆胡猾夏．盜據神州．奴使吾民．驅天下俊傑勇健之士而入卒伍．以固其專制自恣之謀．我軍人之俯首戢耳．以聽其鞭策者．亦既二百六十有餘年．豈誠甘心爲異族效命哉．勢怯於積威．則本心之良能．無由發見也．乃者義師起於武漢．旬月之間．天下響應．雖北寇崛強．困獸有猶鬬之念．遺孽負固．瘈犬存反噬之心．賴諸將士之靈．力征經營．卒復舊都．保據天塹．民國新基．如是始奠．此不獨厲風霜冒彈雨．致命疆埸之士．其毅魄爲可矜．即凡以一成一旅．脫離滿清之羈紲．以趨光復之旗下者．其有造於漢族．皆吾四萬萬人所不能忘也．

曠觀世界歷史．其能成改革大業者．皆必有甲冑之士．反戈內向．若土若葡．其前例矣．吾國軍人．伏處異族專制之下最久．慷慨激烈之氣．蓄之也深．則其發之也速．同一軍人也．爲漢戰則奮．爲滿戰則潰．同一艦也．爲漢用則勇．爲滿用則怯．凡此攻城克敵之豐功．皆吾將士有勇知方之表證．內外覘國者．徒致嘆於吾民成功之迅速．爲從來所未有．文尤有以知吾海陸軍將士．皆深明乎民族民種之大義．故能一致進行．萬死不避．以成此偉烈也．文奔走海外．垂二十年．心懷萬端．百未償一．賴國人之力．得返故土．重睹漢儀．諸君子北虜未滅．志切同仇．不以文爲無似．責以臨時大總統之任．文內顧菲材．愧無以當．顧觀於吾海陸軍將士之同心戮力．功成不居．而有以知共和民國之必將有成也．用敢勉策駑鈍．以從國人之後．願吾海陸軍將士．上下軍人．共勵初心．守之勿失．弗嬰心小忿．而釀鬩牆之譏．弗藉口共和．而昧服從之義．弗怠弛以遺遠寇．弗驕矜以誤事機．擁樹民國．立於泰山磐石之安．則不獨克盡軍人之天職．而吾黃漢民族之精神．且發揚流衍於無極．文之望也．敢布腹心．惟共鑒之．

臨時大總統布告全國同胞書

中華民國軍政府大總統孫．為布告大漢同胞事．往年本總統以民族主義．提倡我中華全部．遂至捐棄家人．沉淪異域．投艱蹈險．雖屢瀕於死．而大聲疾呼之氣不少衰．然當時之應而和者．只會黨一部分．餘則猶酣睡沉醉而不醒．曾不幾時．民族主義之進步．日速一日．今則統中國皆國民矣．我鄂軍代表竟首舉義旗矣．我各省同胞竟同聲響附．殆無不認革命為現今必要之舉動矣．同胞何幸而文明若此也．此必我黃帝列聖在天之靈．佑助我同胞．故能成此興漢之奇功．蓋可以決滿廷之必無噍類矣．

雖然．本總統竊有不能已於言者．夫人無遠慮．必有近憂．事不圖終．曷克有濟．行事或虎頭鼠尾．而存心復狼顧狐疑．或生猜忌之私．自相魚肉．或萌退縮之志．坐失事機．則後禍之來．何堪設想．所以曩者欲圖大事．而往往功敗於垂成者．其遺誤大都如是也．今特布告我大漢同胞．共鑒前車．牢持來軫．再接再厲．全始全終．勿畏葸．勿偷安．勿事徘徊．勿相推諉．縱使百勝而勿驕．即令小敗小傷而勿餒．凡我各省民軍代表．同心戮力．率衆前驅．效諸葛一生惟謹慎之行．守呂端大事不糊塗之旨．運籌宜決而密．用兵貴速而神．自能唾手燕雲．復仇報國．直抵黃龍府．與同胞痛飲策勳．建立共和國．使異族帖耳俯首．此固本總統中心之所切切．而羣策羣力．實所望於同胞．

臨時大總統布告各友邦書

溯自滿洲入主．據無上之威權．施非理之抑勒．裁制民權．抗違公意．我中華民國之知識上．道德上．生計上．種種之進步．坐是遲緩不前．識者謂非實行革命．不足以蕩滌舊污．振作新機．今幸義旗軒舉．大局垂定．吾中華民國全體．用敢以推倒滿清專制政府．建共和民國．布告於我諸友邦．易君主政體以共和．此非吾人徒逞一朝之憤也．天賦自由．縈想已夙．祈悠久之幸福．掃前途之障蔽．懷此微忱．久而莫達．今日之事．蓋自然發生之結果．亦即吾國民公意所由正式發表者也．

蓋吾中華民族．和平守法．根於天性．非出於自衞之不得已．決不肯輕啓戰爭．故自滿清盜竊中國．於今二百六十有八年．其間虐政．罄竹難書．吾民族惟有隱忍受之．以倒懸之待解．求自由而企進步．亦常為改革之要求．而終勉求所以平和解決之道．初不欲見流血之慘也．屢起屢蹶．卒難達吾人之目的。至於今日實已忍無能忍．吾人鑒於天賦人權之萬難放棄．神聖義務之不容不盡．是用訴之武力．冀脫吾人世世子孫於萬重羈軛．蓋吾人之匍匐呻吟於此萬重羈軛之下．匪伊朝夕．今日之日．始於吾古國歷史中．展光明燦爛

之一日・自由幸福・照耀寰宇・不可謂非千載難得之勝會也・

滿清政府之政策・質言之・一嫉視異種・自私自便・百折不變之虐政而已・吾人受之既久・迫而出於革命・亦固其所・所謂摧陷舊制・建立新國・誠有所不得不然・謹爲世界諸自由民族縷析陳之・

當滿清未竊神器之先・諸夏文明之邦・實許世界各國以交通往來・及宣布教旨之自由・馬閣之著述・大秦景教碑之記載・斑斑可考也・有明失政・滿夷入主・本其狹隘之心胸・自私之僻見・設爲種種政令・固閉自封・不令中土文明・與世界各邦相接觸・遂使神明之裔・日趨僿野・天賦知能・艱於發展・愚民自錮・此不獨人道之魔障・抑亦文明各國之公敵・豈非罪大惡極・萬死莫贖者歟・

不特此也・滿清政府欲使多數漢人・永遠屈伏於其專制之下・而彼得以擁有財富・封殖蕃育於其間・遂不恤賊害吾民・以圖自利・宗支近系・時擁特權・多數平民・聽其支配・且即民風習尚・滿漢之間・亦必嚴至峻之障防・用示區別・逆施倒行・以迄於今・又復徵苛細不法之賦稅・任意取求・迹鄰虜劫・商埠而外・不許鄰國之通商・常稅不足・更斂釐金以取盈・阻國內商務之發展・妨殖產工業之繁興・嗚呼・中土繁庶之邦・誰令天然富源・遲遲不發・則滿洲政府不知獎護實業之過也・

至於用人行政・更無大公不易之常規・嚴刑峻制・慘無人理・任法吏之妄爲・絲毫不加限制・人命呼吸・懸於法官之意旨・不問其有罪無罪也・不依法律正當之行爲・侵犯吾人神聖之權利・賣官鬻爵・政以賄成・凡此種種・更僕難數・任官授職・不問其才能之何若・而問其權勢之有無・以此當政事之大任・幾何其不誤國哉・

近年以還・人民不勝專制之苦・亦時有改革政治之要求・滿政府堅執錮見・一再不許・即萬不得已・而暫允所請・亦僅爲違心之舉・初非有令出必行之意・朝頒詔旨・夕即背之・玩弄吾民・已非一次・其於本國光榮・視同秦越・未嘗有絲毫爲國盡力之意・是以歷年種種之撓敗・不足激其羞恥之心・坐令吾國吾民・遭世界之輕視・而彼殆無動於中焉・

吾人今欲滌除上述種種之罪惡・俾吾中華民國・得與世界各邦・敦平等之睦誼・故不恤捐棄生命・以與是惡政府戰・而別建一良好者以代之・猶恐世界各邦・或昧吾民睦鄰之眞旨・故將下列各條・披瀝陳於各友邦之前・我各友邦・尚垂鑒之・

(一)凡革命以前所有滿政府與各國締結之條約・民國均認爲有效・至於條約期滿而止・其締結於革命起事以後者則否・

(二)革命之前・滿政府所借之外債・及所承認之賠欵・民國亦承認償還之責・不變更其條件・其在革命軍興以後者則否・其前經訂借事後過付者・亦否認・

(三)凡革命以前滿清政府所讓與各國國家或各國個人種種之權利・民國政府亦照舊尊重之・其在革命軍興以後者則否・

(四)凡各國之人民生命財產・在共和政府法權所及之域

內・民國當一律尊重而保護之・

（五）吾人當竭盡心力・定爲一定不易之宗旨・期建吾中國於堅定永久基礎之上・務求適合於國力之發展・

（六）吾人必求所以增長國民之程度・保持其秩序・當立法之際・一以國民多數幸福爲標準・

（七）凡滿人安居樂業於民國法權之內者・民國當一視同仁・予以保護・

（八）吾人當更張法律・改訂民刑商法・及採礦規則・改良財政・蠲除工商各業種種之限制・並許國人以信教之自由・

抑吾人更有進者・民國與世界各國政府人民之交際・此後必益求輯睦・深望各國既表同意於先・更篤友誼於後・提攜親愛・視前有加・當民國改建一切未備之時・務守鎮靜之態・以俟其成・且協助吾人・俾種種大計・終得底定・蓋此改建之大業・固諸友邦當日所勸告吾民・而滿政府未之能用者也・

吾中華民國全體・今布此和平善意之宣言書於世界・更深望吾國得列入公法所認國家團體之內・不徒享有種種之利益與特權・亦且與各國交相提挈・勉進世界文明於無窮・蓋當世最大最高之任務・實無過於此也・中華民國臨時大總統孫文・

祝參議院開院文

中華民國既建・越二十有八日・參議機關乃得正式成立・文誠忻喜慶慰・謹掬中懷之希望・告諸參議諸君子之前而爲之辭曰・

人有恆言・革命之事・破壞難・建設尤難・夫破壞云者・仁人志士・任俠勇夫・苦心焦慮於隱奧之中・而喪元斷脰於危難之際・此其艱難困苦之狀・誠有人所不及知者・及一旦事機成熟・倏然而發・若洪波之決危堤・一瀉千里・雖欲禦之而不可得・然後知其事似難而實易也・

若夫建設之事則不然・建一議・贊助者居其前・則反對者居其後矣・立一法・今日見爲利・則明日見爲弊矣・又況所議者國家無窮之基・所創者亙古未有之制・其得也・五族之人受其福・其失也・五族之人受其禍・

嗚呼・破壞之難・各省志士先之矣・建設之難・則自今日以往・諸君子與文所黽勉仔肩而弗敢推謝者也・矧爲北虜未滅・戰雲方急・立法事業・在在與戎機相待爲用・破壞建設之二難・畢萃於茲・諸君子勉哉・各盡乃智・竭乃力・以固民國之始基・以揚我族之大烈・則不徒文一人之頌禱・其四萬萬人實嘉賴之・

討袁宣言

壬子之二月・國民憫搆兵之慘・許清室舊臣自新・竭誠志以臨時總統付袁世凱・四海之內・莫不走相告曰・息兵安民・以事建設・是大仁大義事也・吾民既竭誠以望袁・今袁所報民者何如哉・辛亥之役・流血萬里・人盡好生・何爲而然・苟知袁之暴戾・更甚於清・則又何苦膏血萬戶・以博一人皇帝之雄哉・所以寧死而不悔者・誓與共和相始終耳・今袁背棄前盟・暴行帝制・解散自治會・而閭閻無安民矣・解

散國會．而國家無正論矣．濫用公款．謀殺人才．而陷國家於危險之地位矣．假民黨獄．而良儒多爲無辜矣．有此四者．國無不亡．國亡則民奴．獨袁與二三附從之奸．尚可執挺御璧．以保富貴耳．於戲．吾民何不幸．而委此國家生命於袁氏哉．

自袁爲總統．野有餓莩．而都下之笙歌不撤．國多憂患．而郊祀之典禮未忘．萬戶涕淚．一人冠冕．其心尚有共和二字存耶．既忘共和．即稱民賊．吾儕昔既以大仁大義．鑄此鉅錯．又焉敢不犯難誓死．戮此民賊．以拯吾民．今長江大河萬里以內．武漢京津扼要諸軍．皆已暗受旗幟．磨劍以待．一旦義旗起呼．義動天地．當以秦隴一軍．出關北指．川楚一軍．規畫中原．閩粵旌旗橫海．合齊魯以擣京左．三軍既興．我將與諸君子．扼揚子江口．定蘇浙以樹東南之威．犂庭擣穴．共戮國賊．期可指日待焉．書曰．民惟邦本．本固邦寧．又曰．紂有臣億萬．惟億萬心．予有臣三千．惟一心．正義所至．何堅不破．願與愛國之豪俊共圖之．孫文．

中華革命軍大元帥檄

袁賊苦吾國民久矣．世界自有共和國以來．殆未有此萬惡之政府危亡禍亂至於此極者也．清之末造．賊實媚之．以殺吾國人．及其亡而擁兵徼利．至乃要竊總統以和．軍府不忍戰爭之綿延．以爲賊本漢族．人情必恩宗國．而總統復非帝王萬世之比．俯與遷就．冀其自新．亦以民國初立．舊汚未殄．首行揖讓．風示天下．樹之楷模．孰意賊性凶頑．譎詐成習．背誓亂常．妄希非分．假中央集權之名．行奸雄竊國之實．驕兵悍將．騷擾於閭閻．宵小僉壬．比周於左右．甚乃賄收報館．賂遺議員．清議銷沉．監督溺職．而嗾殺元動濫借外債之禍作矣．

贛寧釀變．皖滬閩粵湘蜀繼之．義師敗衂．賊燄愈張．自是以還．幾於不國．賊兵所至．焚掠爲墟．幼女貞孀．供其淫媟．猶復恣意株連．籍沒罔恤．偶涉嫌疑．遽膏鋒刃．人民喪其樂生之心．而賊於此時．方論功行賞．以慶太平．蓋自以爲帝業之成．而天下莫予毒矣．卒以非法攘攫正式總統．而祭天祀孔．議及冕旒．司馬之心．路人皆見．又其甚者．改毀約法．解除國會．停罷自治．裁併司法．生殺由已．予奪唯私．偵諜密布於交衢．盜匪縱橫於邑鄙．頭會箕斂．愁蹙靡窮．朋坐族誅．淫刑以逞．礦產鬻而國財空．民黨戮而元氣盡．軍府艱難締造之共和．以是壞滅無餘．而賊惡盈矣．

殉國烈士．飲恨於九原．首義勳賢．投荒於海外．而覥國者．遂以爲自由幸福．非吾中華國民所應享．此眞天下之大恥奇辱也．而吾國民亦偷生視息．莫之敢指．馴此以往．亡國滅種．匪伊異人．國交之危．其見端耳．袁賊妄稱天威神武之日．即吾民降作奴隸牛馬之時．此仁人志士．所爲仰天椎心．雖肝膽塗疆場．膏血潤原野．而不辭也．

軍府痛宗國之陸沈．憤獨夫之肆虐．爰率義旅．誓殄元兇．再奠新邦．期與吾國民更始．中原豪俊．望旆來歸．草澤英賢．聞風斯起．諸袁將吏士卒反正及降者．不次擢賞．勿有所問．若其棄順效逆．執迷不復．大兵既至．誅罰必申．雖欲悔之．晚無及也．布告天下．咸使聞知．檄到如律令．孫文．

就大總統職宣言

文受國會付託之重．膺中華民國大總統之選．茲當就職．謹布所懷．以告國人．前清末季．文既憤異族之專政．國權之日落．乃以民族民權民生三主義提倡革命．賴國人之力．滿清覆亡．文喜共和告成．戰爭可息．慨然辭總統職．以政權讓袁世凱．而自盡力於鐵路事業．不謂知人不明．民國遂從此多事．帝制議起．輿論譁然．雖洪憲旋覆．而餘孽尚存．軍閥專擅．道德墜地．政治日窳．四分五裂．不可收拾．以至於今．文既爲致力於創造民國之人．國會代表民意．復責文以戡亂圖治．大義所在．其何敢辭．

竊唯破壞建設．其事非有後先．政制不良．則致治無術．集權專制．爲自滿清以來之秕政．今後解決中央與地方永久之糾紛．惟有使各省人民完成自治．自定省憲法．自選省長．中央分權於各省．各省分權於各縣．庶幾既分離之民國．復以自治主義相結合．以歸於統一．不必窮兵黷武．徒苦人民．

至於重要經濟事業．則由中央積極擔任．發展實業．保護平民．凡我中華民國之人民．不使受生計壓迫之痛苦．對於外交．由中央負責．根本民意．講信修睦．維持國際平等地位．保障遠東永久和平．際茲撥亂返治之始．事業萬端．所望全國人才．各盡所能．協力合作．共謀國家文化之進步．文誓竭志盡誠以救民國．破除障礙．促成統一．鞏固共和基礎．凡我國人．幸共鑒之．　孫文

興中會宣言

中國積弱．至今極矣．上則因循苟且．粉飾虛張．下則蒙昧無知．鮮能遠慮．堂堂華國．不齒於列强．濟濟衣冠．被輕於異族．有志之士．能不痛心．夫以四百兆人民之衆．數萬里土地之饒．本可發憤爲雄．無敵於天下．乃以政治不修．綱維敗壞．朝廷則鬻爵賣官．公然賄賂．官府則剝民括地．暴過虎狼．盜賊橫行．饑饉交集．哀鴻遍野．民不聊生．嗚呼慘矣．方今强鄰環伺．虎視鷹瞵．久垂涎我中華五金之富．物產之多．蠶食鯨吞．已見效於接踵．瓜分豆剖．實堪慮於目前．嗚呼危哉．有心人不禁大聲疾呼．拯斯民於水火．扶大廈之將傾．庶我子子孫孫．或免奴隸於他族．用特集合志士以興中．協賢豪而共濟．切仰諸同志．盍自勉旃．

同盟會宣言

本會以異族僭亂．天地慘黷．民不聊生．負澄清天下之任．使朱明之緒不絕．太平之師不潛．則猶是漢家天下．政由己出．張弛自易．又羣治之進．常視其民品之隆污．以爲之衡．故本會主義．於民族之後．加以民權民生．三者之中．驅於時勢．差有緩急．而所以繕美羣治之道．則初無輕重大小之別．遺其一則俱敝．舉其偏則兩乖．吾黨之責任．蓋不卒於民族主義．而實卒於民權民生主義．前者爲之始端．後者其究竟也．

八年以來・義聲所感・智能輻輳・分會成者數十・吾黨足跡遍於天下・武漢事興・全國嚮應・匝月之間・而恢復兩都・東至於海・南及閩粵・風雲決動・天下昭蘇・當此千載一遇之會・得馳驟其間・爲主義效其忠・爲社會盡其瘁・豈吾黨窮歡極樂之時哉・

惟吾黨之衆・散處各地・或僻在邊徼・或遠居海隅・山川修阻・聲氣未通・意見不相統屬・議論歧爲萬途・貪夫敗類・乘其間隙・遂作莠言・以爲簧鼓・漢奸滿奴・則又冒託虛聲・混跡樞要・當臨時政府組織之際・其禍乃大著・此皆吾黨氣息隔閡・不能自爲聯合・致良惡無從而辨・薰蕕同於一器・星星之火・可以燎原・其爲害於本會者猶小・害於民國者乃大・則本會之造成靈敏機關・剔棄敗類・圖與吾軍政府切實聯絡者・此今日之急務也・

今者・漢陽復失・虜軍尚在・勝敗之數・未能逆料・設一旦軍心瓦解・民氣銷沈・當此千鈞一髮之時・則冒鋒鏑・捐肝腦・爲前驅以爭其最後者・舍吾黨其誰屬・非好爲此不祥之言・以相驚恐・書不云乎・兩軍對峙・心哀者勝・亦黯弱之民・見理不真・威信未固・無足恃耳・是吾黨亟爲一致之行・操必死之決心・秣馬厲兵於鐵血中・而養其潛勢力・以爲之後盾・鞏固基礎之道・舍是寧有愈哉・

若夫虎嘯而谷應・風起而波湧・物類之善於感召・人則亦然・軍興以來・智勇之士・雄駿之倫・與時俱起・廊廟之上・戰陣之中・所需正急・吾黨宜廣益其結納・羅致碩人・以闊其力・惟必先自結合・以成堅固不破之羣・勢已厚集・則來附者自多・密陰之樹・衆鳥歸之・大風之會・羣音湊之・必然之勢也・上述數事・其端至淺・不必深思・遠識之士而能知之・是則本會之改造・與吾黨之聯合・固逼於利害・忍而不能舍者・而吾黨偏怯者流・乃倡爲革命軍起・革命黨消之言・公然登諸報紙・至可怪也・此不特不明乎利害之勢・於本會所持之主義・而亦懵之・是儒生闒茸之言・無一粲之值・言夫其事之起・則此晚近之世・吾黨之起於各省者屢矣・又何待於今日・言夫其成功・則元兇未滅・如虎負隅・成敗未可豫睹・曰成矣・而吾黨之責任・豈遂終於此乎・中心未遂・盟誓已寒・義士所不忍爲・吾黨固操民族主義者也・

夫聚人以爲羣・羣之盛衰・則常視乎其羣之人・以爲進退・國之羣大於部落・亦猶是羣也・故國之興衰治亂視其民而知焉・國之藉以膠固者・其力常在於民・主治者其末矣・脆弱之羣・得賢明之元首・非不足以維持其態度於一時・然其敝也・則終至失其扶衰集散之力・西方之人其心目中有天國・莊嚴華妙・而居之者皆天人・蓋欲造神聖莊嚴之國・必有優美高尚之民・以無良民質・則無良政治・無良政治・則無良國家・吾見夫人權頹敝者・其民多萎弱・禍害倚伏・無由而絕・國之與民・因果相環・往往爲常智之所忽・其端至微・烏可以語鹵莽躁急者哉・則吾黨所標三大主義・由民族而民權民生者・進行之時有先後・而欲造成圓滿純固之國家・以副其始志著・則必完全貫徹此三大主義而無遺・即吾黨之責任不卒之於民族主義・而卒之於民權民生主義者・則固無庸疑也・外間謠詠・有謂吾黨將以天下爲已私者・不過嫉媢之言・已宣言以匡其謬・並使邦人諸友・知吾黨之眞

意・而祛其疑惑・引與論爲一途・亦吾黨進行上不能已之事・

今者・ 總理歸來・本會因地之便・集滬居各省職員・開臨時會議・擧如上所說・請之 總理・相爲討論・謹因緣舊制・略事變更・定爲暫行章程・以求順乎時勢・俟民國成立・全局大定之後・再訂期開全體大會・改爲最閎大之政黨・仍其主義・別草新制・公布天下・

於戲・崑崙之山・爲黄河之源・渾渾萬里・東入於海・中有偉大民族・代產英傑・以維其邦國・吾黨義烈之士・對茲山河・雄心勃鬱・其亦力任艱鉅・以光吾國・而發揮其種性乎・銅像巍巍・高出雲際・令德聲聞・流於無窮・吾黨其勉之哉・

制定建國大綱宣言

自辛亥革命以至於今日所獲得者・僅中華民國之名・國家利益方面・既未能使中國進於國際平等地位・國民利益方面・則政治經濟犖犖諸端・無所進步・而分崩離析之禍・且與日俱深・窮其致此之由・與所以救濟之道・誠今日當務之急也・夫革命之目的・在於實行三民主義・而三民主義實行・必有其方法與步驟・三民主義能及影響於人民・俾人民蒙其幸福與否・端在其實行之方法與步驟如何・文有見於此・故于辛亥革命以前・一方面提倡三民主義・一方面規定實行主義之方法與步驟・分革命建設爲軍政・訓政・憲政三時期・期於循序漸進・以完成革命之工作・辛亥革命以前・每起一次革命・即以主義與建設程序宣佈於天下・以期同志暨國民之相與了解・辛亥之役・數月以內・即推倒四千餘年之君主專制政體・暨二百六十餘年之滿洲征服階級・其破壞之力・不可謂不巨・然至於今日・三民主義之實行・猶茫乎未有端緒者・則以破壞之後・初未嘗依預定之程序以爲建設也・

蓋不經軍政時代・則反革命之勢力無由掃蕩・而革命之主義亦無由宣傳於羣衆・以得其同情與信仰・不經訓政時代・則大多數之人民・久經縛束・雖驟被解放・初不瞭知其活動之方式・非墨守其放棄責任之故習・即爲人利用・陷於反革命而不自知・前者之大病・在革命之破壞不能了徹・後者之大病・在革命之建設不能進行・辛亥之役・汲汲於制定臨時約法・以爲可以奠民國之基礎・而不知乃適得其反・論者見臨時約法施行之後・不能有益利於民國・甚至幷臨時約法之本身效力・亦已銷失無餘・則紛紛然議臨時約法之未善・且斤斤然從事於憲法之制定・以爲藉可救臨時約法之窮・曾不知癥結所在・非由於臨時約法之未善・乃由於未經軍政訓政兩時期・而即入於憲政・

試觀元年臨時約法頒布以後・反革命之勢力・不惟不因以銷滅・反得憑藉之以肆其惡・終且取臨時約法而毀之・而大多數人民對於臨時約法・初未嘗計及其於本身利害何若・聞有毁法者不加怒・聞有護法者亦不加喜・可知未經軍政訓政兩時期・臨時約法決不能發生效力・夫元年以後・所恃以維持民國者・惟有臨時約法・而臨時約法之無效如此・則綱紀蕩然・禍亂相尋・又何足怪・

本政府有鑒於此・以爲今後之革命・當賡續辛亥未完之

緒・而力矯其失・即今後之革命・不但當用力於破壞・尤當用力於建設・且當規定不可踰越之程序・爰本此意・制定國民政府建國大綱二十五條・以爲今後革命之典型・

建國大綱第一條至第四條・宣布革命之主義及其內容・第五條以下・則爲實行之方法與步驟・其在第六七兩條・標明軍政時期之宗旨・務掃除反革命之勢力・宣傳革命之主義・其在第八條至十八條・標明訓政時期之宗旨・務指導人民從事於革命建設之進行・先以縣爲自治之單位・於一縣之內・努力於除舊布新・以深植人民權力基本・然後擴而充之・以及於省・如是則所謂自治・始爲眞正之人民自治・異於僞託自治之名・以行其割據之實者・而地方自治已成・則國家組織始臻完密・人民亦可本其地方上之政治訓練以與聞國政矣・其在第十九條以下・則由訓政遞嬗於憲政所必備之條件與程序・

綜括言之・則建國大綱者・以掃除障礙爲開始・以完成建設爲依歸・所謂本末先後・秩然不紊者也・

夫革命爲非常之破壞・故不可無非常之建設以繼之・積十三年痛苦之經驗・當知所謂人民權利與人民幸福・當務其實・不當徒襲其名・儻能依建國大綱以行・則軍政時代已能肅淸反側・訓政時代已能扶植民治・雖無憲政之名・而人民所得權利與幸福・已非藉憲法而行專政者所可同日而語・且由此以至憲政時期・所歷者皆爲坦途・無顛蹶之慮・爲民國計・爲國民計・莫善於此・本政府鄭重宣布今後革命努力所及之地・凡秉承本政府之號令者・即當以實行建國大綱爲唯一之職任・

重訂致公堂新章

原夫致公堂之設・由來已久・本愛國保種之心・立興漢復仇之志・聯盟結義・聲應氣求・民族主義賴之而昌・秘密社會因之日盛・早已遍布於十八省與及五洲各國・凡華人所到之地・莫不有之・而尤以美國爲隆盛・蓋居於平等自由之域 共和民政之邦・結會聯盟・皆無所禁・此洪門之發達・固其宜矣・惟是向章太舊・每多不合時宜・維持乏人・間有未愜衆意・故有散漫四方未能聯絡一氣・以成一極强大之團體・誠爲憾事・近且有背盟負義・趨入歧途・倒戈相向者・則更爲痛恨也・若不亟圖振作・發奮有爲・則洪門大義必將淪隳矣・

有心人憂之・於是謀議改良・力圖進步・重訂新章・選舉賢能・以整頓堂務・而維繫人心・夫力分則弱・力合則强・衆志可以成城・此合羣團體之可貴也・我堂同人之在美國者・不下數萬餘人・向以散居各埠・人自爲謀・無所統一・故在平時則消息少通・有事則呼應不靈・以此之故・爲外人所輕藐所欺陵者・所在多有・此改良章程維持堂務所宜急也・

且同人之旅居是邦・或工或商・各執其業・本可相安無事・但常以異鄉作客・人地生疎・言語不通・風俗不同・入國不知其禁・無心而偶干法紀者有之矣・又或天災橫禍・疾病顛連・無朋友親屬之可依・而流離失所者・亦有之矣・其餘種種意外危虞・筆難盡述・語有之曰・人無千日好・花無百日紅・若無同志來相維護・以相賙恤・一旦遇事・孤掌難

鳴・束手無策・此時此境・情何以堪・此聯合大羣・團集大力・以捍禦禍害・賙恤同人・實爲本堂義務之不可缺者一也・

本堂人數既爲美洲華人社會之冠・則本堂之功業・亦當駕於羣衆・方足副本堂之名譽也・乃向皆泄泄沓沓・無大可爲・此又何也・以徒有可爲之資・而未有可爲之法・故雖欲振作而無由也・今幸遇愛國志士孫逸仙先生來遊美洲・本堂請同黃三德大佬往遊各埠・演說洪門宗旨・發揮中國時事・各埠同人始如大夢初覺・因知中國前途・吾黨實有其責・先生更代訂立章程・指示辦法・以爲津導・我旅美同人可以乘時而興矣・況當今爲爭競生存之時代・天下列强高倡帝國主義・莫不以開疆闢土爲心・五洲土地已盡爲白種所併吞・今所存者・僅亞東之日本與清國耳・而清國則世人已目之爲病夫矣・其國勢積弱・疆宇日蹙・今滿洲爲其祖宗發祥之地・陵寢所在之鄉・猶不能自保・而謂其能長有我中國乎・此可無之理也・我漢族四萬萬人豈甘長受滿人之羈軛乎・今之時代・不競爭則無以生存・此安南印度之所以滅也・惟競爭獨立・此美國日本之所以興也・當此清運已終之時・正漢人光復之候・近來各省風潮日漲・革命志士日多・則天意人心之所向・吾黨以順天行道爲念・今當應時而作・不可失此千載一時之機也・此聯合大羣・團集大力・以圖光復祖國・拯救同胞・實爲本堂義務之不可缺者二也・

中國之見滅于滿淸・二百六十餘年・而莫能恢復者・初非滿人能滅之能有之也・因有漢奸以作虎倀・殘同胞而媚異種・始有吳三桂洪承疇以作俑・繼有曾國藩左宗棠以爲厲・今又有所謂倡維新談立憲之漢奸・以推波助瀾・專尊滿人而抑漢族・假公濟私・騙財肥己・官爵也・銀行也・鐵路也・礦務也・商務也・學堂也・皆所以餌人之具・自欺欺人者也・

本堂洞悉其隱・不肯附和・遂大觸彼黨之忌・今値本堂舉行聯絡之初・彼便百端誣謗・含血噴人・蓋恐本堂聯絡一成・則彼黨自然瓦解・而其所奉爲君父之滿賊・亦必然覆滅・則彼漢奸滿奴之職・無主可供也・其喪心病狂・罪大惡極・可勝誅哉・凡吾漢族同胞・非食其肉・寢其皮・何以伸此公憤・而挫茲敗類也・本堂雖疲駑・亦必當仁不讓・不使此謬種流傳・遺害於漢族也・此聯合大羣・團集大力・以先淸內奸而後除異種・實爲本堂義務之不可缺者三也・

今特聯絡團體・舉行新章・必當先行註册・統計本堂人數之多少・以便公舉人員・接理堂務・必註册者然後有公舉之權・有應享之利・此乃本堂苦心爲大衆謀公益起見・法至良意至美・凡我同人・幸勿爲謠言所惑・遲疑觀望・自失其權利可也・今特將重訂新章・先行刋布・俾各埠週知參酌妥善・待至註册告竣之日・然後隨各埠公舉議員・擇期在本大埠會議・決奪施行・望各埠堂友同心協力・踴躍向前・以成此舉・同人幸甚・漢人幸甚・

謹將重訂新章條欵詳列呈覽

第一章　綱領

一　本堂名曰致公堂總堂・設在金山大埠・支堂分設各埠・前有名目不同者・今概改正・名曰致公堂・以昭

劃一。

二　本堂以驅除韃虜。恢復中華。創立民國。平均地權爲宗旨。

三　本堂以協力助成祖國同志施行宗旨爲目的。

四　凡國人所立各會黨。其宗旨與本堂相同者。本堂當認作益友。互相提攜。其宗旨與本堂相反者。本堂當視爲公敵。不得附和。

五　凡各埠堂友須一律註册報名於大埠總堂。方能享受總堂一切權利。

六　凡新進堂友須遵守洪門香主陳近南遺訓。行禮入闈。

七　所有堂友無論新舊。其有才德出衆者。皆能受衆公舉。以當本堂各職。

八　本堂公舉總理一名。協理一名。管銀一名。核數一名。議員若干名。（以上百人公舉一名）

九　本堂設立華文書記若干名。西文書記若干名。委員若干名。幹事若干名。以上各人。皆由總理委任。悉歸總理節制。

十　本堂設立公正判事員三名。公正陪審員廿名。皆由總理委任。但不受總理節制。

十一　總理協理以四年爲一任。管銀核數一年爲一任。議員由初舉時執籌。分作三班。第一班一年爲一任。滿期照數選人補充。或再舉留任。第二班兩年爲一任。滿期選補。第三班三年爲一任。滿期補充。如是議員之中常有三分之二爲熟手之人。

十二　判事員爲長久之任。若非失職及自行告退。不能易人。判事陪員分兩班。第一班一年爲一任。任滿由總理擇人充補。第二班兩年爲一任。滿期擇人充補如之。

十三　各埠支堂當舉總理一名。書記一名。管銀一名。核數一名。値理若干名。皆由堂友公舉。呈名於總理批准。方能任事。如所舉非人。總理有權廢之。堂友當另行再舉妥人。

十四　各埠支堂堂友可隨地所宜議立專規。以維持堂務。然必當先呈總堂議員鑒定。總理批准。方得施行。

十五　各埠新立香主。必經總堂議員議決。總理批准。方能領牌受職。該埠叔父職員等必先查明該新香主品行端正。堪爲表率者。方可聯保。至領牌受職之後。凡放新丁一名。須繳回本堂底票銀二元。如未經議准領牌。竟欲開檯。該處叔父職員等切勿徇庇。幷帶新丁入闈。如有不守堂規或不領牌或不交底銀。一經查出。定將名號革除。幷追回票牌等件。

十六　凡公舉人員之期。皆以每年新正爲定。

十七　議員議事必要人數若干方爲足額。乃能決事。十八條以下略。

創立農學會書

閒嘗綜覽古今。曠觀世宙。國家得臻隆盛。人民克享雍熙者。無非上賴君相之經綸。下藉師儒之學術。有以陶鑄鼓舞之而已。是一國之興衰。繫夫上下之責任。師儒不以獨善自餒。君相不以威福自雄。然後朝野交孚。君民一體。國於是始得長治久安。我中國衰敗至今。亦已甚矣。用兵未及經年。全軍幾致覆沒。喪師賠欵。蒙恥啟羞。割地求和。損威失體。外洋傳播。編成談笑之資。雖欲諱之而無可諱也。追

求積弱之故・不得盡追咎於廊廟之士・即舉國之士農工商・亦當自任其過・

盍觀泰西士庶・忠君愛國・好義急公・無論一技之能・皆獻於朝・而公於衆・以立民生富强之基・故民間講求學問之會・無地不有・知者出其才能・愚者遵其指授・羣策羣力・精益求精・物產於以豐盈・國脈因之鞏固・說者徒美其國多善政・吾則謂其國多善人・

蓋中華以士爲四民之首・外此則不列於儒林矣・而泰西諸國則不然・以士類而實四民・農夫也・有講求耕植之會・工匠也・有講求製器之會・商賈也・有講求貿易之會・皆能闡明新法・著書立說・各擅專門則稱之曰・農士・工士・商士・亦非溢美之詞・以觀我國之農僅爲農・工僅爲工・商僅爲商者・相去奚啻霄壤哉・

故欲我國轉弱爲强・反弱爲盛・必俟學校振興・家弦戶誦・無民非士・無士非民・而後可與泰西諸國並駕齊驅・馳騁於地球之上・若沾沾焉以練兵製械爲自强計・是徒襲人之皮毛・而未顧己之命脉也・惡乎可・

意者當國諸公・以爲君子惟大者遠者之是務・一意整軍經武・不屑問 細事耶・果爾・則我儕小民・正宜籌更小者近者以稱小人之分量矣・某也農家子也・生於畎畝・早知稼穡之艱難・弱冠負笈外洋・洞悉西歐政教・近世新學・靡不博覽研求・至於耕植一門・更爲致力・誠以中華自古養民之政・首重農桑・非爲邊外以游牧及西歐以商賈强國可比・且國中戶口・甲於五洲・倘不於農務大加整頓・舉行新法・必致民食日艱哀鴻遍野・其弊可預決者・故於去春孑身去數萬里・重歷各國・視察治田墾地新法・以增識見・定意出已所學・以提倡斯民・

伏念我粵東一省・於泰西各種新學・聞之最先・縉紳先生・不少留心當世之務・同志者定不乏人・今特創立農學會於省城・以收集思廣益之實效・首以繙譯爲本・搜羅各國農桑新書・譯成漢文・俾開風氣之先・即於會中設立學堂・以教授俊秀・造成其爲農學之師・且以化學詳覈各處土產物質・闡明相生相尅之理・著成專書・以教農民・照法耕植再開設博覽會・重賞以勵農民・又勸糾集資本・以開墾荒地・此皆本會之要舉也・

至於上懇國家・立局設官・以維持農務・是在當道者・先天下之憂而憂・後天下之樂而樂・范文正抱此志於未達之時・千載下猶令人神往・今値國家多難・受侮强鄰・有志之士正當惟力是視・以分君上之憂・安可自外生存・無關痛癢爲西歐士民所恥笑哉・

古有童子・能執干戈・以衞社稷・曾見許於聖門・某竊師此議・將躬操耒耜・以農商新法啟吾民矣・世之同情者・諒不以狂妄見擯・而將有以匡其不逮也歟・

如有同志・請以芳名地址・開列函寄雙門底聖教書樓・或府學宮步蟾書店代收・以便屆期恭請・會議開辦事宜・是爲言・香山孫文上言・

復廣東各界盼勿推舉其兄爲都督電

廣東各界團體・並送各報館公鑒・連接各界議舉家兄爲粵督之電文・未作答・非避嫌也・家兄質直過人・而素不嫻

孫文

於政治．一登舞臺．人易欺以其方．粵督任重．才淺肆應．決非所宜．若爲事擇人．則安置民軍．辦理實業．家兄當能爲之．與其强以所難．將來不免覆餗．何如愼之於始．知兄者莫若弟．文愛吾粵，即以愛兄也．謹佈．孫文叩．●．

勸兄德彰勿任粵督仍辦理實業電

孫壽屏大哥鑒．粵中有人議舉兄爲都督．弟以爲政治非兄所熟習．兄質直過人．一入政界．將有相欺以其方者．未登舞臺．則衆人屬望．稍有失策．怨亦隨生．爲大局計．兄宜專就所長．專任一事．如安置民軍．辦理實業之類．而不必當此大任．且聞有欲用强力脅迫他人以舉兄者．以此造因．必無良果．尤不可不避也．弟文叩．

邀容閎歸國書

容閎老先生偉鑒．丁此革命垂成．戰爭將終．及僕生平所抱之目的將達之際．逖聞太平洋對岸有老同志大發歡悅之聲．斯誠令人聞之起舞．然揆先生其所以羈留至此之原．想亦因謀覆滿淸之專制而建偉大之事業．以還吾人自由平等之幸福．致有此逃亡異域．同病相憐．非僅爲　先生已也．即僕等亦嘗飽受此苦．乃今差幸天心眷漢．胡運將終．漢族之錦綉河山．得重見於光天化日之下．僕何幸如之．雖然．吾人蜷伏於專制政體之下．迄茲已二百六十餘年．而教育之頽敗．人民之蒙蔽．恐一旦聞此自由平等之説．得毋驚愕咋舌耶．

以是之故．況當此破壞後．民國建設．在在需才．素仰盛名．播震寰宇．加以才智學識．達練過人．用敢備極歡迎．懇請　先生歸國．而在此中華民國創立一完全之政府．以鞏固我幼稚之共和．倘　俯允所請．則他日吾人得安享自由平等之幸福．悉自　先生所賜矣．　先生久離鄉井．祖國縈懷．量亦不致掉頭而我棄也．臨風濡穎．不勝鵠盼之至．

在日本組織中華革命黨致鄧澤如書

澤如我兄足下．久失通候．緣此間在組織黨事．擬俟成立而後詳達台端．故爾疏睽．兹就緒矣．特爲足下一言．

弟去年抵此．即發起重新黨幟．爲捲土重來之計．當與同志秘密組織．因鑒於前此之散漫不統一之病．此次立黨．特主服從黨魁命令．并須各具誓約．誓願犧牲生命自由權利．服從命令．盡忠職守．誓共生死．先後已得四五百人．均最誠信可靠之同志．惟此時來者尚未爲多．近頃幹部章程及新革命方略陸續訂立完備．此間同志聞風傾慕．均踴躍加入．計以前同志中重要分子均隸黨．固不待言．又獲得多數鋭進新同志．聲勢益形膨大．前此傳聞言吾黨分崩之象．悉已消滅．今後舉事必不蹈前者覆轍．當歸弟一人統率之下．是國事雖未如願．黨務將告大成．滋可額首也．

至此次組織其所以必誓服從弟一人者．原第一次革命之際．及至第二次之時．黨員皆獨斷獨行．各爲其是．無復統一．因而失勢力．誤時機者不少．識者論吾黨之敗無不歸於散渙．誠爲確當．即如南京政府之際．弟忝爲總統．乃同木偶．一切皆不由弟主張．關於袁氏受命爲總統一事．袁氏自稱受命於隆裕．意謂非受命於民國．弟當時憤而力爭之．以爲名分大義所關・寧復開戰・不得放任・以開專恣横行之漸・乃當時同志咸責備弟・且大爲反對・今日袁氏竟囑其黨宣言非受命於民國矣・此時方悟弟當時主張不爲無見也・其餘建都南京・及飭袁氏南下受職兩事・弟當時主張極力・又爲同志反對・第二次革命之前・有宋案之發現・弟當即力主開戰・克强不允・卒遷延時日・以至於開戰即敗・可知不統一服從・實無事不立於敗衄之地位・故鑒於前轍・茲乃力洗從前積弊・幸同志多數均以爲然・故能至此成效・今大致已經就緒・即分寄章程前赴南洋歐美各處創立支部・足下久居南洋・聲譽素著・諒能本此宗旨・設各埠支部以張黨勢故・茲特瀝述情形・冀望足下贊成其事・幷爲傳播此旨・想足下必不却其請也・至章程一切・日間即行寄上

留別粤中父老昆弟書

文常聞國人之所以稱吾粤者矣・以爲粤據南海之形勝・襟帶三江・天產至豐・地力至博・與海外交通最先・工商學子・又往往航行萬里・遠適異國・履艱險・闢草萊・所以治留遷而求學術者・莫不推粤而從之步趨焉・雖然・此恆人之辭也・文則以爲吾粤之所以爲全國重者・不在地形之便利・而在人民進取性之堅强・不在物質之進步・而在人民愛國心之勇猛・輓近幾十年來・外怵於異國之侵陵・内鑑於滿政之窳敗・皇皇然有危亡之懼・乃悉力畢慮・期驅異族・建民治・爲全國創・自乙未以來・大小數十役・斷首洞胸・後先相繼・而終不反顧・海外僑胞・亦復敝衣節食・罄其血汗之資・以扶義舉・數國内革命之軍・敢死之士・殆往往有吾粤志士從事其間・奮其義憤・辛亥一役・遂滌盪數千年專制之瑕穢・而建立民國・此則吾父老昆弟・大有造於國者也・

民國既造・吾父老昆弟念締造之艱難・凜建設之不易・猶欲瘁其心志・進國家於郅治・顧以權邪柄國・良法美政・遏絶不行・晦塞之象・劇於專制・此則吾父老昆弟所疾首太息・莫可如何・而亦文夙夜所引爲深憾者也・文去鄉之日久矣・雖奔走國事之頃・每念桑梓之鄉・釣游之地・斯須之間・未嘗去懷・頗聞數年以來・民生日以凋敝・物力日以艱難・風俗日以偷薄・寇盜日以充斥・疑以爲傳聞之過・迨客歲歸來・目擊所謂民政之不修・財力之支絀・風俗之淫靡・賭博之縱恣・擄人於郭内而不能禁・殺人於通衢而不能救・行旅相戒・動罹禍患・舉全國所未有之惡德亂政・無不備之・此眞吾粤之深恥奇辱・而我父老昆弟所宜力爲湔濯者也・夫以吾父老昆弟愛國如是其殷也・進取如是其强也・而獨於桑梓之鄉・日聽其窳敗墜落・而不一加拯救者・是則我父老昆弟愛國之心過厚・而愛國之責太重・故雖意不忘故鄉・欲曲盡其維護之任・而力有所不能顧・暴力者乘之・遂肆其摧殘劾剝而無以抗也・然國者鄉之積也・愛國者亦必愛鄉・文以數十年奔走在外・未能爲故鄉有所盡力・夙夜耿耿・每用自愧・比一載來・雖處故鄉・顧迫於護法之役・備歷艱難・獨任勞怨・綢繆補苴・心力交瘁・仍未暇有所助於父老昆弟也・

今任務稍得息肩・方欲藉此一漫游海外・略事休養・復我元氣・俾異日得再効駑鈍於我父老昆弟・臨別惓惓・竊欲我父老昆弟・深念夫愛國固吾人之天職・愛鄉亦吾人義所不

可廢・吾人既負救國之責・而整治鄉邦・亦宜引爲己任・夙夜孳孳・而致力於所謂培養民力・增進民智・扶持風俗・發展自治・採人之所長・去我之所短・以發揚吾粤之光榮・永爲全國之儀型・以馳譽於世界・如是而我父老昆弟愛國之心・乃可云盡・救國之責・乃可完滿而無憾・不然・徒舍近而圖遠・譬之巨廈・第事粉飾外觀・不知其內之蠹蝕・日積月累・必至棟摧樑崩而後已・此豈我父老昆弟所忍出也・文行矣・翊衞桑梓・發揚光大・重勞我父老昆弟之慮劃・溯洄珠江・瞻望五嶺・語長心重・不覺覼縷・區區之忱・維我父老昆弟共鑒之・

致陳競存函

競存我兄惠鑒・文前自抵東以後・鑒於外交方面・驟難活動・一切計畫・未能實行・無可奉告・故中間久闕致書・嗣因目疾待治・匆匆歸滬・比目疾告痊・又患感冒・近日始痊・故於粤中消息・多未詳晰・尊處戰況・尤在念也・現日本當局・仍決心助段・遽欲其改變方針・事恐大難・惟段雖得外援・然在北方因欲預儲一部分兵力・與直系相角逐・不能專力對南・故其內容困難・亦與南方無異・兄身當敵衝・後援難恃・强敵在前・所部又餉械俱乏・處此局勢・萬難操全勝之算・若審慎求全・則我之兵力有限・敵之增援無窮・潮汕一隅・勢必陷於重圍・不特戰無可戰・亦恐守無可守・爲兄今日計・惟有奮力前進・冒險求勝・規取閩中而已・

以實力言・粤軍固不如閩・以士氣言・閩軍不如粤・前黃崗失守之日・正廈門恐慌之時・蓋彼以西路屢挫・恐汀漳南軍・一舉而覆其巢穴也・今日粤軍餉械雖乏・然努力前進・猶有因械於敵之望・較之株守待斃・得失奚止霄壤・況近時閩中志士・紛起舉義・全省已震・彼等亦深盼得有力之後援・及統師之人・如兄能直向福州方面進發・則彼等必紛紛來附・聞風響應・而閩軍兼顧不暇・必致勢分力薄・我軍當能大占勝利・加以汝爲兄一軍在西路又屢獲勝利・以汝爲之志向堅定・主義一貫・且不競權勢・成功不居・必能爲兄有力之臂佐・助兄之進行・倘能閩中得手・則前途大有可爲・望悉力圖之也・文刻仍暫留滬・稍事休息・尊處近狀・幸時惠音書・俾悉顛末・書不悉意・并頌戎祉・

致許崇智函

汝爲兄鑒・敗時我責兄之重・則知勝時我愛兄之深也・此次轉敗爲勝・全賴兄之神勇・而追擊又在各軍之先・我之喜慰・何可言喻・乃兄忽而引去・殊令我無所措手足・茲特派古湘芹宋子文追往港滬・代我挽駕・務望即日言旋・同肩大任・況粤局非兄莫能收拾・而革命事業・非粤無由策源・故兄之職責・自非一時一地之關繫・實國家百年大計之所賴也・必當勞怨不辭・毅力奮鬥・至盼至盼・（編者按・原函賴字下脫一兄字）

支那現勢地圖自序

邇來中國有志之士・感慨風雲・憂河山之破碎・懼種族之淪亡・多欲發奮爲雄・乘時報國・捨科舉之詞章・而講治平之實學者矣・

然實學之要・首在通曉輿圖・尤首在通曉本國之輿圖・蕭何入關・先收圖籍・所以能運籌帷幄之中・而決勝千里之外・卒佐漢高以成帝業者・多在此云・然則輿圖之學・古昔尚矣・後世學者・棄而不講・故雖大清統一志之富・郡國利病之詳・亦有其說而無善圖・康熙時・曾派天主教士往各省測繪・製有十八省圖・經緯頗準・然山脈河流・仍多錯誤・坊間仿本，更不足徵・方今風氣既開・好學心時之士・欲求一佳圖以資考鑑・亦不可得・誠爲憾事！

中國輿圖・以俄人所繪測者爲精審・蓋俄早具蕭何之智・久已視此中國土地爲彼囊中之物矣！故其考察支那之山川險要・城郭人民・較之他國輿地家尤爲留意・近年俄京刋有中國東北七省圖・及中國十八省圖・較之以前所有・精細懸絕矣・

德國烈支多芬所繪之北省地質圖・各十餘幅・甚爲精細・法國殖民局本年所刋之南省圖・亦屬佳製・

此圖從俄德法三國及英人海圖測繪而成・惟篇幅所限・僅能攝其大要・精詳之作・當待分圖・至於道路・鐵路・江河・航路・山原高低・則從最近遊歷所測繪各地專圖加入・其已割之巖疆・已分之鐵路・則用着色表明・以便覽者觸目驚心云・

昔人詩云「陰平窮冠非難禦・如此江山坐付人」擲筆不禁太息久之・時在已亥冬節・孫文逸仙識・

三十三年落花夢序

世傳隋時有東海俠客號虬髯公者・嘗遊中華・徧訪豪傑・遇李靖於靈山・識世民於太原・相與談天下事・李世民爲天下之資・勗靖助之・以建大業・後世民起義師・除隋亂・果興唐室・稱爲太宗・說者謂初多俠客之功・有以成其志云・

宮崎寅藏君者・今之俠客也・識見高遠・抱負不凡・具懷仁慕義之心・發拯危扶傾之志・日憂黃種陵夷・憫支那削弱・數遊漢土・以訪英賢・欲共建不世之奇勳・襄成興亞之大業・聞吾人有再造支那之謀・創興共和之舉・不遠千里・來相訂交・期許甚深・勗勵極摯・方之虬髯・誠有過之・惟愧吾人無太宗之資・乏衞公之略・馳驅數載・一事無成・實多負君之厚望也・君似以倦遊歸國・將其所歷・筆之於書・以爲關心亞局興衰・籌保黃種生存者有所取資焉・吾喜其用意之長・爲心之苦・特序以表揚之・壬寅八月・支那孫文逸仙序・

新國民雜誌序

自武漢發難・不數月而共和政治出見於亞東大陸・論者推原功首・咸以爲數年來言論提倡之力・固矣・顧共和雖成・而共和之實能舉與否・則當視國民政治能力與公共道德之充足・以爲比率・蒙稚之衆・以登未習之域，識者有憂之・主言論者既提倡之於前矣・而不督責之於後・可乎・政革以來・民氣發舒・上海一隅・日刋報紙・蔚然雲起・獨雜誌缺然未有聞・然求其移風易俗感人之深者・日報之過目易忘・不如雜誌之足資玩索也・新國民報社刋行雜誌新國民將成・來請序於余・余喜國民之有艮導也・爲識數言於卷首・

中華民國元年六月二十四日・孫文序・

孫文學說自序

文奔走國事三十餘年・畢生學力盡瘁於斯・精誠無間・百折不回・滿清之威力所不能屈・窮途之困苦所不能撓・吾志所向・一往無前・愈挫愈奮・再接再厲・用能鼓動風潮・造成時勢・卒賴全國人心之傾向・仁人志士之贊襄・乃得推覆專制・創建共和・本可從此繼進・實行革命黨所抱持之三民主義・五權憲法・與夫革命方略所規定之種種建設宏模・則必能乘時一躍而登中國於富強之域・躋斯民於安樂之天也・不圖革命初成・黨人即起異議・謂予所主張者理想太高・不適中國之用・衆口鑠金・一時風靡・同志之士・亦悉惑焉・是以予爲民國總統時之主張・反不若爲革命領袖時之有效而見之施行矣・此革命之建設所以無成・而破壞之後・國事更因之以日非也・夫去一滿洲之專制・轉生出無數強盜之專制・其爲毒之烈・較前尤甚・於是而民愈不聊生矣・

溯夫吾黨革命之初心・本以救國救種爲志・欲出斯民於水火之中・而登之衽席之上也・今乃反令之陷水益深・蹈火益熱・與革命初衷大相違背者・此固予之德薄無以化格同儕・予之能鮮不足駕馭羣衆・有以致之也・然而吾黨之士・於革命宗旨・革命方略・亦難免有信仰不篤・奉行不力之咎也・而其所以然者・非盡關乎功成利達而移心・實多以思想錯誤而懈志也・此思想之錯誤爲何・即知之非艱行之惟艱之說也・此說始於傳說對武丁之言・由是數千年來・深中於中國之人心・已成牢不可破矣・故予之建設計畫・一一皆爲此說所打銷也・嗚呼・此說者・予生平之最大敵也・其威力當萬倍於滿清・夫滿清之威力・不過祇能殺吾人之身耳・而不能奪吾人之志也・乃此敵之威力・則不惟能奪吾人之志・且足以迷億兆人之心也・是故當滿清之世・予之主張革命也・猶能日起有功・進行不已・惟自民國成立之日・則予之主張建設・反致半籌莫展・一敗塗地・吾三十年來精誠無間之心・幾爲之冰銷瓦解・百折不回之志・幾爲之槁木死灰者・此敵也・可畏哉此敵・可恨哉此敵・兵法有云・攻心爲上・是吾黨之建國計畫・即受此心中之打擊者也・

夫國者人之積也・人者心之器也・而國事者・一人羣心理之現象也・是故政治之隆汚・係乎人心之振靡・吾心信其可行・則移山塡海之難・終有成功之日・吾心信其不可行・則反掌折枝之易・亦無收效之期也・心之爲用大矣哉・夫心也者・萬事之本源也・滿清之顚覆者・此心成之也・民國之建設者・此心敗之也・夫革命黨之心理・於成功之始・則被知之非艱行之惟艱之說所奴・而視吾策爲空言・遂放棄建設之責任・如是則以後之建設責任・非革命黨所得而專也・迨夫民國成立之後・則建設之責任・當爲國民所共負矣・然七年以來・猶未覩建設事業之進行・而國事則日形糾紛・人民則日增痛苦・午夜思維・不勝痛心疾首・夫民國之建設事業・實不容一刻視爲緩圖者也・國民國民・究成何心・不能乎・不行乎・不知乎・吾知其非不能也・不行也・亦非不行也・不知也・儻能知之・則建設事業・亦不過如反掌折枝耳・回顧當年・予所耳提面命而傳授於革命黨員・而被河漢爲理想空言者・至今觀之・適爲世界潮流之需要・而亦當爲

民國建設之資材也・乃擬筆之於書・名曰建國方略・以爲國民所取法焉・

然尚有躊躇審顧者・則恐今日國人社會心理・猶是七年前之黨人社會心理也・依然有此知之非艱行之惟艱之大敵橫梗於其中・則其以吾之計畫爲理想空言而見拒也・亦若是而已矣・故先作學說・以破此心理之大敵・而出國人之思想於迷津・庶幾吾之建國方略・或不致再被國人視爲理想空談也・夫如是・乃能萬衆一心・急起直追・以我五千年文明優秀之民族・應世界之潮流・而建設一政治最修明人民最安樂之國家・爲民所有・爲民所治・爲民所享者也・則其成功必較革命之破壞事業爲尤速尤易也・時民國七年・十二月三十日・孫文自序於上海・

三民主義自序

自建國方略之心理建設・物質建設・社會建設三書出版之後・予乃從事於草作國家建設・以完成此帙・國家建設一書・較前三書爲獨大・內涵有民族主義・民權主義・民生主義・五權憲法・地方政府・中央政府・外交政策・國防計畫八册・而民族主義一册已經脫稿・民權主義・民生主義二册亦草就大部・其他各册於思想之綫索・研究之門徑・亦大略規畫就緒・俟有餘暇・便可執筆直書・無待思索・方擬全書告竣・乃出而問世・不期十一年六月十六日陳炯明叛變・砲擊觀音山・竟將數年心血所成之各種草稿・並備參考之西籍數百種悉被燬去・殊可痛恨・

茲值國民黨改組・同志決心從事攻心之奮鬥・亟需三民主義之奧義・五權憲法之要旨・爲宣傳之資・故於每星期演講一次・由黃昌穀君筆記之・由鄒魯君讀校之・今民族主義適已講完・特先印單行本・以餉同志・惟此次演講・既無暇晷以預備・又無書籍爲參考・只於登壇之後・隨意發言・較之前稿遺忘實多・雖於付梓之先復加刪補・然於本題之精義與叙論之條理・及印證之事實・都覺遠不如前・尚望同志讀者・本此基礎・觸類引伸・匡補闕遺・更正條理・使成爲一完善之書・以作宣傳之課本・則其造福於吾民族・吾國家誠未可限量也・民國十三年三月三十日孫文序於廣州大本營・

爲伍廷芳紀念會勸捐引

士有特立獨行・砥礪名節・舉世非之而不顧・威武臨之而不屈・生作霖雨・死重泰山・起後人無限之景仰・歷千百世而不沒者・嗟夫・嗟夫・若伍秩庸博士當之無愧已・博士吾國耆碩・留學先覺・其道德志節・勳業文章・燦然爛然・國之人類能道之・不俟余一二談也・顧余獨有感焉・民六之夏・武人亂政・迫散國會・博士時膺總揆・拒絕副署以爭・爭之不得・襆被出都門・間關南下・思所以維大法・而存正氣・余亦躬率艦隊來粵・博士昕夕與共・主持軍國大計・興師義舉・老而彌篤・中經蹉跌・曾不少衰・如是者亘五年・會十一年六月十六之變・余僅以身免・博士時兼領粵省長・春秋高・不勝憂憤・遂歸道山・

今粵局再寧・彈指周歲・追念老成・典型猶在・不有紀念・奚供憑弔・爰進國人而告之曰・博士名滿天下・功在人間・今殉國二載矣・表彰先達・責在後死・宜爲之建銅像・

立圖書館・編歷史・以信今而傳後・矧茲廣州・市政刷新・將闢粵秀山爲公園・盍樹博士銅像於此・使名山名人・互相輝映・而與天地同壽耶・立圖書館編歷史諸學・亦當以次經營・用資欽式・以示來茲・匪第崇報・亦博士之志也・衆僉曰善・然需費孔多・匪募不成・用集始倡者若而人・發各處以募・而爲之序其首・邦人君子有崇敬博士者・將不愛其金・如其量以輸將・民國十三年夏・發起人孫文・

孫文

伍廷芳墓表

公姓伍氏・諱廷芳・字文爵・號秩庸・廣東新會縣人・考諱榮彰・賈於南洋星加坡・以前清道光二十二年六月二十三日生公・年四歲歸國・自勝衣就傅・已不屑爲帖括之學・年十四・肄業香港聖保羅書院・凡六年・卒業・供職於香港法曹・然非其志也・節衣縮食・積俸餘・爲他日留學之資・復以暇晷・與友人創中外新報・吾國之有日報自此始・

年三十三，遂赴英倫・入林肯法律學院・治法學・越三載・應試得大律師・以奔父喪歸國・旋至香港・操大律師業・越四年・被任巡理府・復受聘爲立法局議員・論者謂國人得爲外國律師者・公爲第一人・香港僑民得爲議員・以公爲嚆矢・任法官者公一人而已・

然公自幼時・已懷經世之志・覩中國積弱・發憤以匡救自任・會合肥李鴻章聞公名・屢招致之・公遂舍所業・就鴻章幕府・鴻章方督直隸・治新政・津沽鐵路・北洋大學・北洋武備學堂・電報局・皆次第經始・公多所贊襄・於外交締約尤盡力・

既而出使美・日・秘三國・保護華僑・力爭國體・庚子義和團事起・周旋壇坫間・多所補救・尤翕然爲世所稱・任滿歸國・爲商約大臣・駐上海・與各國締約・樹整頓圜法・裁厘加稅・收回領事裁判權・畫一度量衡之基礎・尋遷商部左侍郎・再遷外務部右侍郎・復與沈家本同任修律大臣・成民刑律草案・旋頒行刑律・凡前清淩遲・連坐・刑訊等條・皆汰去・爲中國刑法開新紀元・公名由是益重・然公居京師久・洞知前清不足與有爲・根本窳敗・非催陷擴清・末由致治・意鬱鬱・遂謝病去・年六十五矣・

其明年・再被任出使美・墨・秘・古諸國・耆年長德・所至想望風采・既受代・經歷歐洲諸國歸・憩於上海寓廬・而辛亥革命起・公遂蹶然興・倡議請清帝退位・一時所謂縉紳士大夫・皆驚異之・而不知公匡時救國之志・蓄之已久・故有觸即發也・

其時南方光復已十餘省・公被推爲外交總代表・駐上海・代表光復諸省・與各國交涉・各國由是認光復諸省爲交戰團體・旋兼議和總代表・公揭櫫主張・以爲今日之事・當合南北・共建民國・及南京政府成立・文被舉爲大總統・以公爲司法總長・議和總代表如故・卒訂定清室優待條件・清帝退位・民國遂以統一焉・

南京政府既移於北京・公退休凡五年・及黎元洪繼任爲大總統・徵公入京・任外交總長・未數月・兼代理國務總理・時武人毀法・以兵脅迫大總統下解散國會命令・公堅拒不副署・恫嚇萬端・不爲動・元洪竟解公代理國務總理職・

以江朝宗繼之・副署解散國會命令・公憤大法之淩夷・念喪亂之無日・毅然出京謀所以戡亂討賊・其時・文已與故海軍總長程璧光定議・率艦隊至廣州，開非常國會・建軍政府・以護法號召天下・公繼至・同心匡輔・而兩廣武人陰懷異端・務齮齕之・使不得行其志・文以七年間・辭大元帥職去・公仍留廣州・改組軍政府・任總裁・兼長外交・財政・終以跋扈武人不可與其事・棄而歸上海・國會議員相率從之・

九年冬・粵軍自漳州回師定廣州・文乃偕公回廣州・復軍政府・十年五月・國會擧文任大總統・以公爲外交總長兼財政總長・其年冬・文赴桂林・督諸軍北伐・以公代行大總統事・其明年四月・因陳炯明阻撓北伐・回師廣州・免其職・以公兼任廣東省長・自赴韶州督師・入江西・克贛州・走陳光遠・江西全省將定・而陳炯明嗾所部謀叛・文自韶州率輕騎回廣州鎭攝之・六月十六日・叛兵遂圍攻大總統府・且分兵襲韶州大本營・北伐事業・因之蹉跌・而六年以來・護法事業亦功敗垂成・公感憤得疾・遂以二十三日薨於廣州省醫院・春秋八十有一・彌留時・猶諄諄授公子朝樞以護法本末・昭示國人・無一語及家事・蓋其以身許國・數十年如一日・故易簀之際・精明專一・有如此也・

公生平好學・政事之暇・手不釋卷・其始研究衞生之學・蔬食・絕烟酒・自謂壽可至二百餘歲・繼治靈魂學・視形骸如逆旅・以爲留此將以有爲耳・故能於危疑震撼之際泰然不易其所守・自以與於締造民國之役・不忍見爲武人政客所敗壞・故以耄耋之年當國事・犯危難・無所恤・卒以身殉・悲夫・其對於社會，如提倡國貨・倡剪髮不易服之議・以塞漏卮・皆有遠識・能造福於國人・夫人何氏・賢而有壽・子朝樞，能繼述志事・孫競仁・慶培・繼先・以國民十三年十二月十日葬公於廣州東郊一望岡・

文自元年與公共事・六年以後，頻同患難・知公彌深・敬公彌篤・謹揭其生平志事關係國家之大者・以告天下後世・俾知所楷模焉・中華民國十四年一月吉日・

謁明太祖陵文

維有明失祀之二百六十有七年・中華民國始建・越四十有二日・清帝退位・共和肇立・民國統一・永無僭亂・越三日・國民公僕臨時大總統孫文謹率國務卿士文武將吏祇謁大明太祖高皇帝之陵而祝以文曰・

昔宋政不綱・遼元乘運・擾亂中夏・神人共憤・惟我太祖・奮起草野・攘除奸凶・光復舊物・十有二年・遂定大業・禹域清明・汙濊羶絕・蓋中夏見制於邊境小夷者數矣・其驅除光復之勳・未有能及太祖之偉碩者也・後世子孫不肖・不能繼厥武・委政小人・爲猶不遠・卵翼東胡・坐滋强大・因緣盜亂・入據神京・憑肆淫威・宰制赤縣・山川被其瑕穢・人民供其刀砧・雖義士逸民・跋涉嶺海・冀拯冠裳之沉淪・續祚胤於一綫・前仆後起・相繼不絕・而天未悔禍・人謀無權・徒使歷史編末・添一傷心舊事而已・自時厥後・法令益嚴・罪罟益密・嗟我漢人・有重足・傾耳・箝口・結舌以葆性命不給・而又假借名教・盜竊仁義・錮蔽天下・使無異志・帝制之計・既周且備・將藉奸術・長保不義・然

而張曾畫策於私室．林清猋起於京畿．張李倡教於川隴．洪楊發迹於金田．雖義旗不免終蹶．亦足以見人心之祈嚮矣．

降及近世，眞理昌明．民族民權．盎然人心．加以虜氛不競．强敵四陵．不寶我土．富以其隣．國人雖不肖．猶是神明之冑．豈能忍此終古．以忝先人之靈乎．於是俊桀之士．飆發雲起．東南厥始發難．吳越震以一擊．徐錫麟注彈丸於滿酋之腹．熊成基擧烽燧於大江之涘．以及萍鄉之役．鎭南關之役．最近北京暗殺之役．羊城起義之役．屢起屢蹪．再接再厲．天下爲之昭蘇．虜廷爲之色悸．蘊釀蟬蛻．以成茲盛．武漢首義．天人合同．四方嚮風．海隅景從．遂定長江．淹有河淮．北方旣協．携手歸來．虜廷震懼．莫知所爲．奉茲大柄．還我國人．五大民族．一體無猜．嗚呼休哉．非我太祖在天之靈．何以及此．

昔嘗聞之．夷狄之運．不過百年．滿清歷年．乃倍而三．非天無常．事會則然．共和之制．亞東首出．事兼創造．時異遲速．求仁得仁．焉用怨讟．又聞在昔．救時之士．嘗躋斯丘．勗勵軍志．俯仰山川．欷歔流涕．昔之所悲．今也則樂．鬱鬱金陵．龍蟠虎踞．宅是舊都．海宇無吡．有旆肅肅．有旅振振．我民來斯．言告厥成．喬木高城．後先有輝．長仰先型．以式來昆．伏維尚饗．

祭明太祖文

中華民國元年二月十五日辛酉．臨時總統孫文．謹昭告於明太祖開天行道肇紀立極大聖至神仁文義武俊德成功高皇帝之靈曰．

嗚呼．國家外患．振古有聞．趙宋末造．代於蒙古．神州陸沈．幾及百年．我高皇帝應時崛起．廓清中土．日月重光．河山再造．光復大義．昭示來茲．不幸季世俶擾．國力罷疲．滿清乘間入據中夏．嗟我邦人諸父兄弟．迭起迭踣．至於二百六十有八年．嗚呼．我高皇帝時怨時恫．亦二百六十有八年也．

歲在辛亥八月．武漢軍興．建立民國．義聲所播．天下響應．越八十有七日．旣光復十有七省．國民公議．立臨時政府於南京．文以薄德．被推爲臨時總統．瞻顧西北．未盡昭蘇．負疚在躬．尚無以對我高皇帝在天之靈．邇者以全國軍人之同心．士大夫之正義．卒使清室幡然悔悟．於本月十二日．宣告退位．從此中華民國．完全統一．邦人諸友．享自由之幸福．永永無已．實維我高皇帝光復大義．有以牖啓後人．成茲鴻業．文與全國同胞．至於今日．始敢告無罪於我高皇帝．敬於文奉身引退之前．代表國民．貢其歡欣鼓舞之公意．惟我高皇帝實鑒臨之．敬告．

祭黃花崗七十二烈士文(一)

「維民國元年五月十五日．迺黃花崗七十二烈士殉義一週之辰．文適解職歸來．謹爲文致祭於諸烈士之靈曰」．嗚呼．在昔建夷．竊奪中土．凶德腥聞．天神怨怒．嗟我轅孫．降儕臺隸．含痛茹辛．孰階之厲．種族義彰．俊傑奮發．討賊義師．爰起百粵．兟兟諸子．氣振風雷．三日血戰．虜胆爲摧．昊天不弔．忽焉殞蹪．碧血一坏．殲我明懿．寂寂黃花．離離宿草．出師未捷．埋恨千古．不有先導．曷示來茲．春雷一聲．萬彙蓄滋．越有五月．武漢師舉．蕩蕩白旄．大振我旅．天厭胡德．迺斬厥祚．廓清禹域．腥膻盡掃．成仁之日．距今一週．民國既建．用薦庶羞．虔告先靈．漢儀光復．九京有知．庶幾瞑目．嗚呼尚饗．

祭黃花崗七十二烈士文（二）

炎黃代徂．漢族中熸．張我義聲．實起西南．百夫同力．風激霆迅．以我血肉．迴茲劫運．志則以申．身則同命．求仁得仁．抑又何恨．在清末造．神州傾否．豪俊雲興．前仆後起．鬥智爲法．角力已窮．殲厥渠魁．庶幾有功．維此珠江．犬羊所窟．中貴恣睢．莫敢先發．壯哉先烈．囘此陽九．虎穴銜力．仇牧隕首．殺氣連雲．元精貫日．武昌繼之．逐夷清室．當其壯往．脫然生死．及其成功．一瞑不視．迍邅至今．中原鼎沸．羣盜猶張．夫豈初志．予亦有言．知難行易．以寡敵衆．乃克攸濟．桓桓諸公．百夫之特．願起九原．化身千億．風雲猶壯．歲月如新．撫往思來．倏及茲辰．東山之阡．新宮翼然．昔時血骨．今日山川．士女濟蹌．薦羞釃酒．匪曰報功．惟以勸後．尚饗．

民報發刊詞

近時雜誌之作者亦夥矣．娉詞以爲美．囂聽而無所終．擿埴索塗不獲．則反覆其詞而自惑．求其斟時弊以立言．如古人所謂對症發藥者．已不可見．而況夫孤懷宏識．遠矚將來者乎．

夫繕羣之道與羣俱進．而擇別取舍．惟其最宜．此羣之歷史與彼羣殊．則所以掖而進之之階級．不無後先進止之別．由之不貳．此所以爲輿論之母也．

余維歐美之進化．凡以三大主義．曰民族．曰民權．曰民生．羅馬之亡．民族主義興．而歐洲各國以獨立．洎自帝其國．威行專制．在下者不堪其苦．則民權主義起．十八世紀之末．十九世紀之初．專制仆而立憲政體殖焉．世界開化．人智益蒸．物質發舒．百年銳於千載．經濟問題繼政治問題之後．則民生主義躍躍然動．二十世紀不得不爲民生主義之擅場時代也．是三大主義．皆基本於民．遞嬗變易．而歐美之人種胥治化焉．其他旋維於小己大羣之間而成爲故說者．皆此三者之充滿發揮而旁及者耳．

今者．中國以千年專制之毒而不解．異種殘之．外邦逼之．民族主義民權主義殆不可須臾緩．而民生主義．歐美所慮積重難返者．中國獨受病未深而去之易．是故或於人爲既往之陳跡．或於我爲方來之大患．要爲繕吾羣所有事．則不可不并時而弛張之．

嗟夫．所陟卑者其所視不遠．遊五都之市．見美服而求之．忘其身之未稱也．又但以當前者爲至美．近時志士舌敝唇枯．惟企强中國以比歐美．然而歐美强矣．其民實困．觀大同盟罷工與無政府黨社會黨之日熾．社會革命．其將不遠．吾國縱能媲跡於歐美．猶不能免於第二次之革命．而況追逐於人已然之末軌者之終無成耶．夫歐美社會之禍伏之數十年．及今而後發見之．又不能使之遽去．吾國治民生主義

孫文

者・發達最先・睹其禍害於未萌・誠可擧政治革命社會革命・畢其功於一役・還視歐美・彼且瞠乎後也・

緊我祖國・以最大之民族・聰明强力・超絕等倫・而沈夢不起・萬事墮壞・幸爲風潮所激・醒其渴睡・旦夕之間・奮發振强・勵精不已・則半事倍功・良非誇嫚・惟夫一羣之中・有少數最良之心理・能策其羣而進之・使最宜之治法・適應於吾羣・吾羣之進步・適應於世界・此先知先覺之天職・而吾民報所爲作也・抑非常革新之學說・其理想輸灌於人心而化爲常識・則其去實行也近・吾於民報之出世覘之・

建設雜誌發刊詞

我中華民國以世界至大之民族・而擁世界至大之富源・曾感受世界最進化之潮流・已擧行現代最文明之革命・遂使數千年一脈相傳之專制爲之推翻・有史以來未有之民國爲之成立・然而八年以來・國際地位猶未能與列强並駕・而國內則猶是官僚舞弊・武人專橫・政客擣亂・人民流離者何也・以革命破壞之後而不能建設也・所以不能者・以不知其道也・

吾黨同志有見於此・故發刊建設雜誌・以鼓吹建設之思潮・闡明②建設之原理・冀廣傳吾黨建設之主義・成爲國民之常識・使人人知建設爲今日之需要・使人人知建設爲易行之事功・由是萬衆一心以赴之・而建設一世界最富强最快樂之國家爲民所有・爲民所治・爲民所享者・此建設雜誌之目的也・

茲當發刊之始・予樂而爲之祝曰・建設成功・中華民國之建設迅速成功・民國八年八月一日・孫文・

美利濱分部黨所落成並開懇親大會訓詞

天下興亡・匹夫有責・文以一介平民・當滿清末造・起而革命・雖備歷諸艱・然革命卒底於成・厥故何也・良以二十世紀之潮流・民治主義之潮流也・潮流旣瀰漫於全國・吾人起而順應時勢・以推翻彼專制魔王・人民公敵・自易如反掌・譬諸水到渠成・瓜熟蒂落・事有必至・理有固然・非文有特殊異能・乃由人心趨向之所致・亦即主義最後之獲勝也・

我海外同志・昔與文艱苦相共・或輸財以充軍實・或奮袂而殺國賊・其對革命之奮鬥・歷十餘年如一日・故談革命史者・無不有華僑二字・以長留於國人之腦海・今值文率師北巡・謀所以竟革命全功之時・適全澳及南太平洋羣島中國國民黨有開懇親大會之擧・將以聯黨員之情誼・策革命之進行・於焉本互助之精神・下討賊之決心・胥於此擧是賴・

文雖軍書旁午・一日萬幾・聞訊之餘・輒爲之肅然起敬・欣然以喜・何敬乎爾・敬其對革命事業始終如一也・何喜乎爾・喜其不惟對革命事業能始終如一・尤能協同動作以收羣策羣力之效也・諸同志勉旃・作革命事業必須徹底・如半途而中止・必養癰而貽患・故法蘭西之革命也・曾經數次・美利堅之獨立也・血戰八年・以吾國袁世凱雖死・而現今之小袁世凱尚無數・若不亟謀根本的解決・則共和國脈必致中斷・民治主義無由實現・故不避險阻艱難・非俟澄清中原・我革命黨人決無圖卸仔肩之時・文本斯志・願諸同志亦

同斯志也。

尤有進者。共和國家。主權在民。而現今之潮流。又在於人民自決自動。故擔當天下之大事。非異人任。吾黨同志。人人皆有革命救國之責任。曠觀各國革命史。無不具此深切著明之印象。諸同志居留異邦。睠懷祖國。感外潮之激盪。諒咸知非革命不足以救危亡。即應人人皆抱匹夫有責之義。將何以起而實行革命。起而贊助革命。固與文同一責任。文所期望於諸同志者。亦至厚也。以諸同志平日愛國之熱烈。再接再厲。百折不回。葆其固有之精神。再發揚而光大之。將來革命史中。諸同志之榮譽尤必有大過於今日者。蓋可斷言。

懇親會開會在即。特徵訓詞於文。因本所見以質諸同志。雖海天萬里。而精神遙相貫注。即不啻聚首一堂。願諸同志前途努力。革命之責任。固與文曁海內諸同志共負之耳。中國國民黨總理孫文。

許奇嶲 一八二七年生 一八九二年卒

字啟世。號竹湖。開平人。年十二遭家難。篤志自勵。雖牧牛仍不廢學。長輩憫其勞。爲裁小卷蠅書。且牧且誦。卒以有成。補縣學生員。咸豐辛酉選拔貢。丁卯舉於鄉。辛未成進士。授兵部郎中。旋改福建候補知府。歷委福寧廈門延邵等府權局。所至皆持寬政。除苛便民。暇則集諸生講授文藝。勉以進取。由是士民悅服。當道聞之。交相薦譽。然性本恬退。仕宦非其所慕。乃解組賦歸。杜門謝客。以臨池爲樂。生平好爲詩。南北所至。均有紀遊。遺有尺蠖齋詩文集。

鄉園夢誌序

自分彊畫井。輿域既開。通都大邑。誌圖悉備。歷覽所逮。風土斯存。惟服嶺爲徼遠之區。蒙居尤荒僻之壤。前明之代。隸版岡州。熙正以還。創治蒼步。（縣治舊爲蒼步驛。）邑有稗乘。略而弗詳。地鮮人文。堙而未著。夫萸沂竹里。因摩詰而始傳。鑪步冉溪。以羅池而獲顯。矧迺某山某水。童子所釣游。一壑一邱。吾生以待老。蠻烟蜑雨。昔爲狉獉之墟。艮田美池。今成安樂之國。倦客思歸。人情懷土。

歲戊寅初秋。僑羈都下。坐困淫霖。圮塌淤濘。悶不出戶。愈深鄉井之思。輒撰述其山川。林麓。里社。祠廟。細及廬井。橋樑。魚塘。船步。與夫歲時禮節。農工藝業。靡不纖悉。各系以詩。名曰鄉園夢誌。雖越禽代馬。異撰同情。蚊睫蝸角。靡小非大。亦使陵谷推遷。風俗移易。後之覽者。或有攷焉。

光緒四年七月立秋後五日竺壺記。

紅葉山房遺稿跋

右梁孝廉樵石先生遺稿。乙亥冬。先生族人梁惺吾學博。囑爲删存。文若干卷。詩若干卷。集甚富。以限於卷帙。文非關風教。詩凡涉社體。皆從割愛。自忖謭陋。何足以知先生。遺美之譏。在所不免。然苟可以傳焉。知心爲不沒矣。

吾鄉百里內。百立金嚴。聳秀幷峙。煙雲草木。杳靄葱蒨。靈奇孕育。疑必有瑰材偉略。特出其間。然溯自三百年

來・科甲相望・求所謂學問文章者・尚罕有聞焉・

先生年不滿六十・復飢軀奔走半生・然詩與文幾全數十卷・志力可謂勤矣・嗚呼・士窮不得志於時・憤鬱無聊・叱咤歌泣・劌腎嘔心・乃欲以所能者爲不朽之業・然往往影滅音沈・其間覆瓿藏壁・朋友子孫・鬼神兵燹・風雨蟬蠹・顯晦遷移・傳不傳則亦有數焉・

矧今世人急於功名・制藝帖括外・皆視同典墳邱索・越人章甫・無所用之・則其足傳者・或先生所能自信・其必傳者・恐並非先生所能自決矣・

城北義勇祠碑記

嗚呼・人生莫不有一死・然非死之難・處死爲難・易曰・壯于趾征凶・子曰・暴虎馮河・死而不與・傳曰・勇則害上・不登明堂・鄉曲血氣無行少年・往往逞其兇悍之性・借交報仇・摩槊挺刃・白晝橫行・恣睢捍文網・鬬很危父母・甚且攻奪剽竊・嘯黨搴旗・覬覦非望・遺族黨遠近憂・至隕滅而不悔・或乃狡險嗜利・乘危徇身・凡處亂世而罹菑禍以死・死而湮沒者・固不足數也・

吾邑咸豐甲寅・紅匪搆亂・客患復熾・焚殺虜劫・數縣震動・鄉之人團練守禦・前後凡數十百戰・卒賴其力・保聚安全・事平咸思厥功・因念陣亡者死事之慘・至同治癸酉冬・乃於蒼城北去二里九子廟旁・醵金建祠・永其香火・並建普安祠於其左・推類及之・以妥游魂・記曰・有功德於民則祀之・能捍地方患害則祀之・從衆亦禮所宜也・

國家卹典優崇・自紅巾發難十數年・烽火徧宇內・良守

士吏・攖城殉節・而朝廷復能褎大其事・敕所在立廟崇祀・下至田巷婦孺・能明知大義者・無慮千百輩・官紳皆得隨時採訪奏聞・承恩錫予從附・意美至渥・顧海澨編民・急鄉里之難・靡脰捐軀・能出萬死不顧一生之計・惜無權力好事者・爲之論列上陳・激揚風烈・使曠典缺如・夫安可以無憾・然共用之謂勇・行宜之謂義・溯自喪亂以來・民命若草菅・其間死於官與兵・誣脅戮辱・與死於天災・疾疫・水火・飢寒者・何可勝道・今大難芟夷・四鄰安堵・雞犬無驚・鄉父老茅檐話舊・猶嘖嘖稱道曰・里閭無恙・皆某之力某之力・太息歔欷・且感泣數行下・即間有跋扈靦覥・偷盜惡名・不齒汙行・猶可以一日蓋護其前生而身亡名存・復能享明禋於勿替・藉令此數百人獲保首領・槁死三尺蒿下・與螻蟻何殊・不待智者而知其得失矣・而況乎死非其所者也・吁・其可勉也夫・其可感也夫・

梁儀部仲敬先生祠碑記

邑有沖翼村・爲吾鄉前明賜進士及第禮部主事梁仲敬先生故居地・舊有祠・祀其先世・後子孫微不能守・幾缺且壞・吾同年友張君芷園・生長斯鄉・不忍睹其遂廢也・爲醵錢更新之・來求某爲之記・謹案・梁公諱臨・字仲敬・又號隆川・以洪武四年登賢書・實出吳蕪境相國門下・旋擢進士第四人・後用信國公湯和薦・授禮部主事・嘗讀御史陳元宗萬松峯記・所以誌其世系者甚詳・言其曾祖千峯公・用儒業起・祖任南寧教授・至公乃以積學顯・生平大節・足備見聞・又言嗣子馬超・能世其業・於先塋隴手植萬松・並求文

詞・以期久遠・固將傳千百代而無窮者矣・

韓子曰・富貴無常・薄功而厚享之・觀梁氏之積於先・又有賢子孫繼其後・且自明迄今・兩邅代耳・吾鄉甲第寥寥・梁公起微賤・掇巍科・躋朝列・可謂致身通顯・能昌大其家者矣・乃世異時移・門祚易姓・蒼蒼金巖・蔓草荒煙・求所謂萬松峯・渺不可得也・叢祠廢瓦・不祀忽諸・至生平學問文章・釣游發跡之所由・鄉里故老・莫有能道之者・以此知天道之難常・人事之莫保・君子不禁慨然於身世榮悴・盛衰興替之感也・然數百年後・遺韵流風・猶能動鄉里後賢・起繼絶存亡之念・君子於此・又以知修名之不可以已也・

記曰・祀因遷之在其地無主後者・又曰・鄉先生沒而祭於社・

芷園是役也・庀材易朽外・欲以餘財爲歲時春秋代修祀事・禮至盡也・德至厚也・傳曰・有其舉之・莫敢廢也・後之人能善體此意・貽諸勿替・鬼猶有知・風雨悽愴・有不銜感圖報於世世者耶・張氏其方興未艾矣・祠凢幾楹・地幾弓・梁氏故有萬松峯記・隆川公詩文四章・並宜嵌名・以示來者・

重修月山書院碑記

鄉十三姓・舊有月山書院・所以養人材・厚風俗・排難息爭・敦好睦鄰・將於是乎在・中供文昌奎星神像・歲時修祀事・日久湫隘漫漶・同治甲子春・與里人謀更新之・不數月・醵金千餘・仲夏鳩工・詎客匪難起・以六月六日燬焉・初・首事者以土木瀆擾・權舁神像移今地故典肆中・至是墟房屋皆遭回祿・悽神處獨無恙・迨秋・潘景山君鄉闈復告捷・鄉人以爲神・將遷焉・遂售而安之・蓋十年於茲矣・然兵荒後地方凋敝・民力疲困・每商興復式廓之策・戶異志・人殊議・延歲累月・迄用無成・洎癸酉・予告假南旋・乃決計按田畝糧數派捐・然十三姓惟羅姓糧頗多・以爲難・予慨然曰・若然・則許姓視羅姓爲率・其請身任之可乎・議乃定・以甲戌秋興工・至乙亥春蕆事・又至冬乃落而成之・

是役也・某主其事・惺吾玉吾任其難・其間排衆議・揣輿情・揆事勢・蓋幾經任勞任怨・乃克有今日也・夫衆人可與樂成・難與圖始・方草創之際・誅財誅力・懷疑觀望・情或固然・至事定功成・抉之而匪有疵隙・忖之而靡有偏私・宜若可以拑其口帖其心矣・而懷攜負異・怨讟頻仍・以此知舉事之爲難也・然更仆迭毀而不悸其難・獨力孤行而不辭其瘁・疑謗沮撓而不餒其志挫其氣・則又存乎人之足恃矣・竊以爲地之盛衰關乎天・事之興廢因乎人・使書院非遇修而遭寇難・或不毀・毀矣而匪神相其宅・必不遷・遷矣而或築室道謀・因陋就簡・未必如今之莊整可瞻・卒之不先不後・莫致莫爲・竟觀其成而奠厥居・夫豈無或主之而或使之者耶・

國家文治覃敷・鄉校里塾・幾無隔海溢山陬・然往往急科第・重詞章・而名教禮義之防或後焉・庸非惑歟・況我書院實兼鄉約之重・苟思夫創始之名義・改建之艱難・士礪廉隅・俗尚廉恥・將以此而兼彼・毋以彼而易此・斯吾人所以終始經營者・庶無負哉・

院上下凡十四楹．有門有庭．有廡有堂．左隙地爲圃．爲軒．爲池．嘉卉美木．奇石將致焉．某北游有日矣．苟灌漑培植．蒨鬱葱秀．異日歸田息駕．得與故老子弟游息其中．撫風俗之所由成．人材之所由起．追昔感今．益爲惓惓兹地而不置也．

容閎

一八二八年生
一九一二年卒

字純甫．號達明．香山人（今中山）少孤家貧．至澳門當童工．七歲入瑪禮遜西塾．獲校長美人勃朗賞識．資助負笈美國．與黃勝．黃寬同行．此爲我國最早之第一批留美學生．先入孟松預備學校．越三年考入耶魯大學．畢業後．獲授榮譽博士．此爲中國人得美國第一流學府榮銜之第一人．咸豐四年．首途回國．來往粤港滬間．獲李壬叔之介．見知於兩江總督曾國藩．建議創辦機器廠．奉命赴美採購機器．運滬裝置．即著名之江南製造局也．七年．謁江蘇巡撫丁日昌．條陳教育計劃．建議政府宜選派穎秀青年出洋留學．爲國儲才備用．日昌贊許．轉呈文祥相國．適文丁內艱．未幾逝世．事遂寢．十年．再請日昌言於國藩．國藩稱善．遂與李鴻章聯奏准選聰穎幼童赴美留學．並薦陳蘭彬．及閎爲正副委員．經理其事．閱一年．因事回國．值秘魯遣使來華招募華工．受命調查實況．偵知華工慘狀．附眞相二十四幀．工人背部均被烙受笞．傷痕斑斑．証實工場酷似牲畜場．不宜復允華工東去．報請著爲禁令．光緒元年．第四批學生遣派畢．閎奉命爲駐美副公使．數請辭．但仍派兼留學事務監督．隨與新監督吳子登齟齬．吳藉故解散事務所．撤回留學生．計劃橫被摧折．深爲痛恨．値日本侵朝鮮與中國戰．復獻策於湖廣總督張之洞．建議向外貸款購艦及訓練新軍．以抗東夷．爲李鴻章所抑．不果行．旋應張邀歸國．復獻策於總理衙門兼戶部侍郎張蔭桓．籌款一千萬建立國家銀行．張納其議．與戶部尚書翁同龢聯銜奏請．詎爲滬某鉅富所聞．賄賂朝中親貴阻撓之．閎居北京時．本與康有爲梁啟超時相過從．致力維新運動．戊戌政變．出京赴滬．組織中國强學會．冀作維新運動之延續．被選爲第一任會長．是年與孫中山先生遇．一見如故．自是與興中會聯繫．支持革命．二十七年．赴臺灣游歷．得見日本總督兒玉．而清廷緝捕急．賴兒玉庇護．未遭毒手．閎以中國不可留．遂浩然赴美．辛亥革命成功．定都南京．　中山先生即函請歸國商國是．不幸於民國元年四月病逝異邦．年八十五．著有西學東漸記行世．

請創辦銀行章程

銀行總綱四條

一、開辦事權．　銀行昉自泰西英法諸國．屢經改章．愈變愈精．要以美國爲最善．日本銀行亦多採之．今擬參倣美國銀行章程．先設總銀行於京都．續設分銀行於各省城及通商口岸．總銀行資本以一千萬元爲額．統由戶部籌撥．欽派文臣督辦．并專派大員總辦．分銀行即由督辦總辦陸續招商集股．擇地開設．所有總行分行一切應辦事宜．隨時擬定咨明戶部辦理．

一、印發劵票．　泰西有國債劵．無論數千百萬．皆由銀行籌繳．今息借商民之財而給以憑據．名爲借劵銀元．通行市面．而代以紙幣．名爲銀票．此兩種均由總銀行用機器製造．或暫時先往外洋定造．借劵年息五釐．以備各分行繳銀領劵．凡有商民願買．亦可照領銀票．照資本定額．如以一千萬元爲本．應提六成六百萬元存庫．此六百萬元中．又以八成製爲銀票．計四百八十萬元．票內載明有庫款存抵．本多票少．隨時兑現．與空出紙幣者不同．自無折閲之慮．通行各省．可抵錢糧．繳歸藩庫．即可作京餉．起解開辦之後．京外流通．資本愈厚．即照章加發銀票．該票之鋼模定鏨．紙張定造．經數十手而成．正面華文．背面西文．花紋工細．斷難仿冒．仍由戶部編號加戳．然後通行．每月已未發各若干．詳註册簿．發出銀票．設或日久破損．准換新票．所繳舊票．點明號數．對衆銷毁．

擴充分行．　總行既撥官款．分行應招商股．京都繁盛．可設分行數處．各省會暨通商大埠．如上海等處．次第招商開設．泰西因領用券票．稱爲國家銀行．今請設立牌號．稱爲某某官銀行．如集股十萬元．應先繳銀三萬元．給與借券．如繳銀之數．股本多則借券遞加．總合股本三分之一爲度．此項借券．於各處官銀行開市時．仍繳存總銀行．掣給憑單．每年給與年息五釐．核照所繳借券之多寡減成．另領銀票．所減成數．又以股本多寡．酌定等差．股本五十萬以下者．照所繳借券領銀票九成．五十萬以上者八成．百萬以上者七成．三百萬以上者六成．如此則股本愈多．而所領銀票之成數愈減．此項銀票需用若干．係於總行額設四百八十萬元銀票之外．另行隨時印造．萬一分行虧折．已有存總行之借券抵保．且爲數多於銀票．除抵償外．尚有餘款．以備派員查帳等用．再有盈餘．仍給還各股商．并照西例．凡銀票存項股本．每年正月七月收稅兩次．每次通扯銀票．已用出者收稅五毫．存項二毫半．股本二毫半．合併一釐．兩次共計二釐．收稅極微．與生意無礙．其餘未領借券之票號錢莊．如有願改官銀行者．亦准繳銀領券．一律辦理．其牌號悉聽照舊．無庸更易．

一、兼管鑄造．　現在銅錢日少．而金銀兩品尤闕．擬由京都總銀行鑄造金銀錢．近日金銀一項．外洋交涉漸多．其分兩成色．務與西式一律．庶中外通行．不致因金價先零而折閱．審是則需金日多．金礦宜盡力開採．土法淘洗．所得無幾．宜聘礦師．購機器廣開．以期迅速．所出之金．統運京都鑄錢．不得私售出洋．以杜漏卮．此中收回利權不少．若礦金不敷鼓鑄．自可稍待機宜．且先鑄銀元．以便民用．現查各省官局已鑄銀錢．其成色高低．務宜一律．設有參差．關係甚大．請飭將各省新鑄式樣．送總銀行查驗．其每年共鑄若干數目．亦須咨報．以憑稽核．

總行章程十二條

一、總銀行代戶部籌款．　本與分行專做生意者不同．惟創辦之始．分行尚未徧設．擬請暫收官商存項．並匯劃支付籌款．以爲商辦分行之倡．經理一切．尤在得人．應由總辦招請美國熟手分司其事．詳核收支．以免遺漏．而昭大信．漸與各國著名銀行聯絡以期匯劃可通．緩急可恃．款歸實際．人無虛設．所有員司．概不徇情濫用．

一、總銀行自總辦以次．薪水以及公用．應准作正開銷．暫在所撥資本內支付．俟銀票通行．鑄錢獲利後．自應專撥幾成・以備行用・一切欵目・每月結報一次・每年綜核一次・刻成總册・徧發各省分行・並詳報戶部備案・總銀行册簿・戶部堂司可以隨時閱看・

一、所撥資本一千萬元・除六百萬元存庫外・尚餘四百萬元・預備購地建屋・造庫機器・鋼模紙張・幷鑄造金銀等用・奉准之後・請先撥若干・以便布置一切・

一、鑄造金銀・需費較鉅・如資本不敷周轉・應請設法籌撥・轉輸甚捷・不致久閣成本・以後戶部應放欵餉・如以金銀錢及銀票爲便・即可酌量搭放・若創辦之始・市價未平・或有漲落等情・再行斟酌辦理・以期盡善・

一、新開金礦・或統歸官辦・或招商集股・商股應得之金・擬請按照時價・給以鑄出之金錢・以免金砂金塊・轉售出洋・此中仍恐難免偷漏・須飭經辦之人・隨時稽查結報・

一、總行有稽查分行之責・買空賣空・自當嚴禁・如各行有違例情事・可派委員至該行查帳・如有應改應添・或應撤之事・稟請核辦・費用開銷公欵・如派出之員・有滋擾勒索等事・准分行詳報・立時撤去・

一、總行所收藏鐵櫃之借券・以及各項鋼模・每年須由戶部會同查看一次・有無損壞走漏・登明簿册・其已停辦之銀行・所用銀票鋼模・隨時驗明銷毀・

一、所收借券・除官銀行照領外・其餘紳商士庶・均可購買・應付年息五釐・無論何處官銀行・一律驗票照付・所付之銀・由官銀行報明總銀行提欵劃還・

一、所收借券現銀・實與息借商欵分異・因有銀行付息・較易取信・俟集成巨款後・可用以整頓海陸兩軍・及一切保護疆土・振興商務之事・

一、泰西借券・名目不一・用作何項工程者・即名爲何項借券・或二十年・或三十年・券內載明年限・但使年息照付・民信皆孚・限滿之後・仍可展期若干年・換給新券・

一、鐵路招商・創議已久・祇准華商承辦・不許暗招洋股・且路長欵少・勢難徧築・惟總銀行及分行開設之後・借券暢行・可另發鐵路借券・每張百元至五百元・或一千元・商民因銀行之可恃・而深信國家・必有羣相購買者・通國鐵路・不難同時並築矣・

一、借券之式・大約長方尺餘・上列本票・下列方寸小票四十張・即息票也・到期持向銀行・翦去一票・即可收息・再到期再翦・每年付息兩次・翦盡小票・則年限已滿・可持本票收本・其法甚善・其製甚精・

分行章程二十四條

一、分設官銀行之牌號住址・及董事幾人・集股若干・每人有股若干・每股先收若干・應設立合同簿册・刻用圖記・開報總銀行・轉詳戶部・給與准開執照・幷稟請本省藩司・暨地方官立案・以憑查考・

一、官銀行如集股十萬元・應俟開辦獲利後・逐漸提存公積銀・至二萬元爲止・作爲餘本・萬一股本虧折・除將餘本儘數分償外・不更追查各股商私財・此爲有限

公司・庶股商不致受累・

一、開設之日・照西例先定限二十年・如無違例之事・准其再開・如未滿年限・查有違例之事・即令停辦・或三分有二之股商・不願不開・亦可隨時會議停辦・

一、股商所買股分・即係自己產業・如欲轉售於人・可至本行報明・於簿册內改換新股商姓名住址・如未報明改換・倘有應問股商之事・仍惟舊股商是問・

一、股商公舉董事・至少五人・董事中再推某爲總董・某爲副董・某爲本行總理・均須有股分稍多之人・至雇用司帳等人・須取的保・定賞罰・凡收買匯票期票・以及代存銀兩抵押欵項・應由總理主政・

一、股本收進一半・即可稟請開辦・未收股本・分期續收・如有股商或代股商辦事之人・於續收股本・到期不付・即出傳單聲明轉售・倘無人願買・則該股已付之本・准於六個月內・由董事會議定奪・倘因此而資本不足・即行查帳停辦・

一、如欲推廣生意・加添資本・或三分有二之股商・欲減少資本・均須詳報總銀行批准・以便核定・借券之多少・照例增減・

一、每年正月七月・由公舉董事聚議行務・董事任事之期・一年爲限・如衆議僉同・亦可接任・每股商按股之多少・派議事單若干紙・備書是否字樣・如不能親到・可託他股商代議・而行中執事不與焉・至股商有欠行中欵項者・不准會議・

一、錢莊票號資本充足・可以改官銀行者・不必另換牌號・如有數家合併一行者・牌號聽其自定・均須將資本若干報明總銀行・照定章核辦・

一、每六個月董事查核・除開銷外・淨利若干・每股派息若干・所獲淨利・當先提百分之十・劃入下屆帳內・爲公積銀・一俟公積與股本核算至二十成之數・乃止不提・

一、銀行借與一公司一商家或一人之欵項期限・以六個月爲定・如欲展期・須董事議准・其銀數不得過收進股本百分之十・至收買期匯各票・抵押生意・不在此例・

一、銀行股分票・不准在本行抵押・本行資本・不得移作各項工業字號・如股商挂欠本行銀欵・過期不還・可將其股分撤回・准六個月內售出・或當衆拍賣歸欵・否則總銀行可查帳勒停・

一、銀行所領銀票原・爲隨時行用・不准抵押現銀・作爲增添股本・亦不准將原定股本抽出・以銀票充作股本・

一、各銀行應於每年正月七月間・十日之內・開明上屆用出銀票・收進存項・除存部借券外・所有股本通扯計算・每項若干・由首董帳房等簽字呈繳總銀行備查・如有不開報者・議罰若干元・在應付借券息內扣除・

一、官銀行所領銀票・如有水火不測・准由該銀行呈出實據・具結請總銀行換給新票・補足所失之數・

一、官銀行所領銀票・雖有繳存之借券抵保・而本銀行內・仍須存現銀二十五成・（謂用出銀票所收存項兩欵合算百分中之二十五成）以備兌現．俾無缺乏之虞．

一、外省各官銀行．應於所備現銀二十五成之內．酌提若干．存放京都總銀行．總銀行將此銀另欵存儲．不營運．不算息．以備各省官銀行到京．可以兌現．總銀行收銀之後．給與各省官銀行收條．官銀行將此收條．亦可作爲本行存銀額數．總期京外銀票流通．以昭大信．

一、各處官銀行所領銀票．准用以輸納地丁錢糧釐金鹽課等欵．一如現銀．不折不扣．惟進出口關稅．仍用現銀．

一、京外各處官欵餉項．如有可以交銀行存放者．即就近發交生息．應解京餉協餉．亦可飭該行匯解．以歸簡易．

一、銀行於借欵拆息期匯各票．應收息銀．須照各處市面常例議定．不得逾額．如有違例取息過重．應將存總行之借券息罰去．並准人控告．飭令償還．

一、銀行不得收買地基．除建造本行房屋．及分行房屋地基外．設有因欠項抵押．或被欠無著．作爲歸欵之地基．暫時執掌．即須售去．不得過兩年半期限．凡抵押地基房產．亦須產價多於抵欵一倍．以昭慎重．

一、銀行銀票．如有持向該行兌現．而不照付者．准持銀票之人控告．由總銀行查明確實議罰．或收管該銀行資本簿據．幷代理各帳．

一、銀行停辦後．應將所存現銀繳歸總銀行．以備代付用出銀票之數．總行收票付現之後．即將該行牌號銀票銷毀．不再用出．其前繳抵保銀票之借券．可仍發還．聽其作何開支．

一、銀行自欲停辦．潛將期匯各票抵押產據．易換他人名姓．以圖巧避．查出從重議罰．

續擬銀行條陳

一、總行自總辦以次．薪水從優．俾得自給．除應領薪水之外．不得絲毫沾染．行內帳目．由熟悉銀行規例之西人經管．其帳簿任人觀看．逐日結算．極易稽查．在西人本多公正．萬一查出稍有蒙混．即行更換．不得以訂立合同數年．曲爲徇庇總辦知情容隱．應請即行撤參．

一、總辦布置銀行告成．或另有要差．或陳情告退．或朝廷另簡賢員．即可隨時接辦．簿册具在．交代甚易．並無久據要缺．難於更換之弊．但期接手之員．於行中規例．循照舊章．不可任意紛更．致歸咎於創辦之不善．

一、貲本一千萬元．先領若干元．合銀若干兩．應請如數領足．一切部費飯食等銀．概行禁絶．蓋總行猶戶部之外庫．應視爲本部應辦之事．不可以尋常領欵論．萬一書役人等．稍有需索．應請剴切曉諭．嚴行禁約．倘領欵轇轕．惟有據實稟陳．斷未便委曲含忍．致啓營私之弊．

一、建造總行房屋．務須寬敞堅固．擇地在戶部左近．距市面不遠之處．購買民地．繪圖定造．應需料件工

價・無論購自外洋・或在中國採買・將來報銷・須將原購發票呈驗・一面由戶部密行訪察・有無折扣浮開・如有弊端・惟總辦是問・

一、鑄造金錢・最易啓人疑慮・查金錢成色有定・化學師在行查驗・無纖毫之誤・自鎔金房以至驗收房・經十餘處之手・始克告成・翦餘之金邊・地面之金屑・皆有極妙之法拾取無遺・工匠人等・不能竊取絲毫・成色幾何・盈餘幾何・費用幾何・皆可按籍而稽・無庸過慮・銀銅兩項・亦照此辦理・

一、事權貴一・前已首先陳明・惟薦引員司・人情不免・倘不能錄用・或已經錄用而辭出・最易觸同人之怒・馴至誹謗叢生・事事棘手・今創辦銀行・務期裨益國家・如果有才・雖重聘不惜・如其無能・雖力薦不受・萬勿以私情而轉忘公義・以上謹擧防弊大概・此外言之難盡・總在遇事認眞・破除積習・無論派委何人・總辦皆當如此奉行・據實再陳・伏祈俯察不勝幸甚・

公議中國銀行大概章程

一、中國創設銀行・欽奉上諭・選擇殷商・設立總董・招集商股合立興辦・以收利權・係爲通商興利起見・因奉特旨開設・應即名爲中國通商銀行・並擬請存官欵・以示官爲護持・與尋常商家自行開設銀行不同・俾昭鄭重・用垂久遠・

二、原奏京外撥解之欵・交本行匯兌・可以減省匯費・公中備用之欵・交本行生息・可以有益國帑・各口岸各省會及各國都會・均須設立分行・以便就近承匯領放・

三、本行奏明用人辦事・悉以匯豐爲準・而參酌之・不用委員・而用董事・不刻關防・而用圖記・盡除官場習氣・俱遵商務規矩・絕不徇情・毫無私意・總期權歸總董・利歸股商・中外以信相孚・出入以實爲主・

四、上海爲總行・准於光緒二十三年春間開辦・京都分行亦同時開設・此外各口岸各省會分行・須次第開辦・均各加一地名・如京都分行・即名爲京都商銀行・惟各國都會・則名曰中國銀行・

五、各口岸各省會及各國都會・本銀行未經設立分行之前・應擇該處公正殷實之行號・先行代爲接轉匯票・俟設分行後・即毋庸代理・

六、本銀行資本現銀五百萬兩・分作五萬股・每股一百兩・招股開辦時・付銀五十兩・第二次續付銀二十五兩・第三次續付銀二十五兩・照有限公司例・每股付足銀一百兩・作爲完全・以後無須再付・其二三次應付之銀・亦須俟總董公議加添之時・先兩個月登報知會・再行照付・如日後本銀行生意興旺・分行推廣・於原股五百萬兩外・應再加添股分・由各總董議定・加添若干・先儘原股東股數照加・如不願加・再另招新股・

七、先收股本規銀二百五十萬兩・盛大臣認招輪船電報兩局華商股分一百萬兩・各總董認招華商股分一百萬兩・其餘五十萬兩・聽各口岸各省會華商投股・自登報之日起・上海本地・以一個半月爲限・各口岸各省會・以三個月爲限・照西法先行掛號・限滿截數・凡投股者・准給股份・數目應聽總董核給・至交收股銀・或就近交各處招商電報兩局代收・由該局先行出具收條・再寄由本總銀行換給收單・抑或徑寄遠上海本總銀行交納給單・均聽其便・統俟股票塡齊・再行換給・

八、本銀行係奉特旨・招商合力興辦・公議擬請撥存生息公欵二百萬兩・以示官商維繫・取信中外・開辦之初・先收商股二百五十萬・擬領生息公欵一百萬餘・俟續收商股時・再行請領・至生息年限章程・奉准後議請奏定・

九、本銀行照西例・按六個月結帳・股東官利擬定長年八釐・如八釐之外盈餘・即爲餘利・應酌提公積若干・分派股東若干・及分結總董人等酬勞若干・由總董股董公議・如公積已提至五百萬兩・應否停止・屆時再由總董酌議辦理・如股東於官利八釐之外・分得餘利・亦在八釐以外・是統計已得利息一分六釐・應將餘利八釐外之餘利・酌提報効國家・以答國家專准本銀行行銀票鑄銀錢・存放官本・匯兌公欵・及一切保護維持之利益・

十、總行實任總董十二人爲度・除已選立外・其餘續添各董・仍須公正厚實・聲望素著・招集鉅股・爲股商信股者・方可選立・並於實任總董之內・隨時選擇在滬熟悉商務二人爲辦事總董或限期日・或不限定期日・一切總董辦會議章程・應有權柄・悉照西國銀行規矩・詳列條目・以資遵守・

十一、本銀行辦法・均照西國在中國所設之銀行・故總行及京都並通商大口岸・暨各國都會・均用西人爲大班・生意出入・銀錢均歸大班主政・買辦輔之・遇有要事・應由總董會議簽押・然後照行・以期周妥・將來中外分行廣設之後・並須選派一精通商務體面西人爲總董大班・調度稽查各行之事・其餘小口岸・及各省會所設分行・均用華人經理・不派大班買辦・

十二、本銀行既照西國法度・總董盡擧華人・此外應請在滬之公正殷實・熟悉商情之西商兩人・爲參議・遇有會商要事・應請西商參議・一同會議・作爲公正人・以期折衷至當・見信中外商家・

十三、大口岸大省會分行・准在該分行本地・選擧認股最多者・立爲分董・專管本地分行之事・仍須總行各總董及股東公擧・

十四、銀行買辦・向歸大班所用・本銀行全屬華股・總董全是華人・所有總分行買辦・應由總董公擧・仍然西國銀行之例・取具殷實人保單・或保銀存庫・並議定辦事權柄・訂立條欵一存銀行・一交買辦・彼此執守・

十五、上海總行大班・已延定英人美得倫・係本匯豐銀行數十年・熟悉中西銀行生意・買辦已延定陳笙郊・係錢業董事・聲望素著・衆所交推・其應予權柄・各總董會議給付單據・其本行應用洋人・歸美得倫選用・應

用華人・歸陳笙郊選用・均須熟手・以專責成・
十六、西國各銀行・在中國地方存放銀兩・息分久暫・不過常年二釐至五釐爲止・而放欵押欵利息・每年六釐至一分二釐不等・其放欵按拆息時日甚暫・其押欵按時價折減甚多・本銀行應照西國銀行嚴謹辦法・畫一不二・不徇情面・必須有貨物等件抵押・並有妥當人擔保・方可押放・以期有利無害・
十七、本銀行奏明・准照匯豐印用銀兩銀圓各票・凡各五種・計銀一百兩・五十兩・十兩・五兩・一兩・銀圓亦如之・京都上海海兩行・准先出票・照匯豐所出香港上海票式辦法・各照各處市面通用平色・如滬票至京行取用・京票至滬行取用・亦悉照匯豐折算辦法辦理・其出票銀數・總不逾實存銀兩之數・
十八、本銀行代各省官司借貸銀兩・應照西例・由總行總董及總理洋人查明・須有抵還的欵・方能議定・訂立合同・稟明戶部・批准立案・照匯豐銀行代國家借欵章程・印發借券・應收年息・歸行取用・
十九、原奏本銀行准鑄銀錢・應俟總行開後・總董會議・請由盛大臣奏定章程辦理・
二十、上海擬設商會公所・凡有鐵路輪船電報金礦各項・公司均在商會之內・所有鐵路輪船電報金礦各處欵項・凡與本銀行往來者・一切悉照章程・毫無偏畸・
二十一、匯豐銀行開辦之初・招股一千萬元・股分亦係分期限收・現查光緒二十二年結報・除歷年分利外・已積存公積六百萬元・保險二十五萬餘元・發出通用銀票九百餘萬元・各處存欵六千一百三十七萬餘元・存金約五千七百十九萬餘元・匯單一千四百八十二萬餘元・現計每股本銀一百二十五元・股價可售三百七十五元・已加至二百五十元之多・可見銀行之得利・全在管事之得人・今中國開辦銀行・無論現下將來管事一切人等・必須無官場習氣・熟悉商務之人・方可得力・
二十二、本銀行每屆半年・須將一切欵項核結清楚・照匯豐辦法・由總理洋人刊印總冊・分送各股東及公家存查・至刊送以結帳後三個月爲限・不得再遲・

以上章程二十二條・係各總董參酌匯豐銀行章程・公同議擬大概辦法・呈由盛大臣核定・其餘詳細條欵・應再由各總董詳細會議開辦・

教育計劃

予自得請於曾文正・於江南製造局內・附設兵工學校・向所懷教育計畫・可謂小試其鋒・既略著成效・前者視爲奢願難償者・遂躍躍欲試・曾文正者・於予有知己之感・而其識量能力・足以謀中國進化者也・當日政界中重要人物・而與予志同道合者・又有老友丁日昌・丁爲人有血性・好任事・凡所措施・皆勇往不縮・當丁升任江蘇巡撫・予謁之於蘇州公署・語以所謂教育計畫・丁大贊許・且甚注意此事・命予速具詳細說帖・彼當上之文相國・請其代奏・文祥滿人・時方入相・權力極偉也・予聞丁言・驚喜交集・初不意蘇州之行・效力如是・於是亟亟返滬・邀前助予譯書之老

友．（南京人）倩其捉刀．將予之計畫．撰爲條陳四則．寄呈丁撫．由丁撫轉寄北京．略謂

㈠　中國人宜組織一合資汽船公司．公司須爲純粹之華股．不許外人爲股東．即公司中經理職員．亦概用中國人．欲鞏固公司之地位．並謀其營業之發達．擬請政府每年撥欵若干以津貼之．其欵可由上海鎭江及其他各處運往北京之漕米項下．略抽撥數成充之．漕運舊例．皆運米而不解銀．每年以平底船裝運．由運河駛赴北京．故運河中專爲運漕而設之船不下數千艘．運河兩岸之居民．大半皆藉運漕爲生．但因運法不善．遂致弊端百出．水程迢迢．舟行紓緩．沿途侵蝕．不知凡幾．値天氣炎熱．且有生蛀之患．以故漕米抵京．不獨量數不足．米亦朽敗不可食．官廳旋亦知其弊．後乃有改用寧波船．由海運至天津更由天津易平底船以運京．然寧波船之行駛亦甚緩．損失之數．與用平底船等．愚意若汽船公司成立．則平底船及寧波船皆可不用．將來漕米．即逕以汽船裝運．不獨可免沿途之損失．即北方數百萬人民仰漕米以爲炊者．亦不至常食朽糧也．（此後招商局輪船即師此法以運漕）

㈡　政府宜選派穎秀青年．送之出洋留學．以爲國家儲蓄人材．派遣之法．初次可先定一百二十名學額．以試行之．此百二十人中．又分爲四批．按年遞派．每年派送三十人．留學期限．定爲十五年．學生年齡須以十二歲爲度．視第一第二批學生出洋留學．著有成效．則以後即永定爲例．每年派出此數．派出時並須以漢文教習同

往．庶幼年學生在美．仍可兼習漢人．至學生在外國膳宿入學等事．當另設留學生監督二人以管理之．此項留學經費．可於上海關稅項下提撥數成以充之．

㈢　政府宜設法開採礦產．以盡地利．礦產既經開採．則必兼謀運輸之便利．凡由內地各處以達通商口岸不可不建築鐵路．以利交通．故直接以提倡開採礦產．即間接以提倡鐵路事業也．（按中國當時尙無良好礦師．足以自行開採）人民尤迷信風水之說．阻力多端．予之此策．第姑列之．使政府知中國實有無窮厚利．不須患貧．且以表示予之計畫遠大．冀政府能信任予言也）．

㈣　宜禁止教會干涉人民訴訟．以防外力之侵入．蓋今日外人之勢力之放恣．已漸有入中國越俎代謀之象．苟留心一察天主教情形．即可知予言之非謬．彼天主教士在中國勢力已不僅限於宗教範圍其對於奉教之中國人．幾有管轄全權教徒遇有民刑訴訟事件．竟由教會自行裁判．不經中國法庭訊理．是我自有之主權．已於法律上奪去一部分也．是實不正當手段．若不急謀防範．則涓涓不塞．將成江河．故政府當設法禁止．以後無論何國教會．除關於宗教者外．皆不得有權以管理奉教之中國人．

此條陳之第一．三．四特假以爲陪襯．眼光所注．而望其必成者．自在第二條．此條陳上後兩閱月．丁撫自蘇馳函告予．謂文相國丁內艱．蓋中國禮制．凡現任職官．遭父母之喪．謂之丁艱．丁艱必退職．居喪三年不得預聞政事．予得此消息．心意都●．自一八六八年至一八七〇年此三年

中．無日不懸懸然不得要領．偶因公事謁丁撫．必强聒不已幷懇其常向曾督言此．以免日久淡忘．辦事必俟機會．機會苟至．中流自在．否則枉費推移．余非不知此．然時機者．要亦人力所造也．

已而天津人民．忽有仇教舉動．慘殺多數法國僧侶．其結果使中國國家蒙極大之不幸．予乃因此不幸之結果．而引爲實行教育計畫之機會．洵非夷所思．然使予之教育計畫．果得實行．籍西方文明之學術．以改良東方之文化．必可使此老大帝國．一變而爲少年新中國．是因仇教之惡果．而轉得維新之善因．在中國國家．未始非塞翁失馬．因禍得福也．

天津仇教事發生於一八七〇年春間．所以演成此慘劇者．則以北方人民．類皆强悍而無識．迷信而頑固．遂因誤會以釀成極大之暴動．先是天津有惡俗．貧民無力養其子女者．恆棄之道旁．或沉溺河中．天主教僧侶．憫其無辜．乃專事收育此等棄兒．養之醫院授以教育．稍長則令其執役於教會之中．此實有益之慈善事業．顧蚩蚩者氓．誤會其意．造爲無稽之說．謂教會中人．取此棄兒藏之醫院及教堂中．將其雙目挖去．以配藥劑．或則作爲祭祀之供獻品．此等荒唐可哂之謠言．恰合於天津愚民之心理．故一時謠傳極廣．因市虎之訛竟激起人心之憤久之又久．禍機乃不可遏遂不恤孤注一擲．取快一朝雖鑄錯而不悔也．計是役焚燬天主教醫院及教堂各一所．殺斃教中法國男女僧侶無數．

此暴動發生之際．崇厚適爲直隸總督．此人前曾任俄國公使．今甫督直．而即值此暴動．可謂大不幸．蓋中國律例．凡地方有變故者．長官須負其責．故崇厚遂因此革職．發配邊遠地方充軍．迨後中國政府．允以鉅欵賠償被害人之家族．並建還所焚燬之醫院教堂．更以政府名義．發正式公函．向法國道歉事乃得寢．幸爾時普法戰爭未已．法政府在恐慌中．故未遑以全力對付中國．否則必且借題發揮．肆意誅求．以饜其貪饕．交涉恐未易就範．但此次雖無難堪之要索．然後來中國屬地安南東京之一片土．卒因是不我屬矣．

中國政府當日曾派大臣四人調停．四人爲曾文正．丁日昌．毛昶熙．其一人劉姓忘其名．是時捻匪雖漸平．尚未肅清．李文忠身在戎行．未與聞斯役．丁奉派後．電招予爲譯員．電至略晚．不及與同行．予乃兼程赴津．抵津後．尚得與聞末後數次之談判．此交涉了結後．欽派之諸大臣留天津．未即散而予乃乘此時會．十餘年夢想所期者．得告成功焉．

太平軍中之訪察

一八六〇年有二美教士不憶其名．一中國人曰曾蘭生．擬作金陵游．探太平軍內幕．邀予與偕．予欣然諾之．太平軍中人物若何．其舉動志趣若何．果勝任創造新政府以代滿洲乎．此余所亟欲知也．是年十一月六日．予等共乘一無錫快．自上海首途．時適東北風大作．船順風行頗速．天氣復晴朗．同行諸人．興致殊高．適攜有美國國旗．衆人乘興．遂以插船首．迎風招颭．顧而樂之．既念此舉殊疏．或誤認吾舟謂有國際關係．而加以盤詰．則徒生枝節．乃急捲而藏之．吾儕此行．擬先至蘇州．本應道出松江．因聞松江方駐有官軍礮艇・恐爲所攔阻・不聽向前・或被遞送還上海・亦殊不便・乃繞道避之・舟離上海・三十英里中・沿途居民安堵・不顯有政治上擾亂情狀・田家操作自若・方收穫也・然予赴內地調查產茶時・蘇州已爲太平軍占領・蘇滬密邇・故上海租界中西人咸惴惴・惟恐太平軍來占據租界・乃嚴爲戒備・松江各河中亦礮艇密佈・西人守衞隊・亦遠出租界線之外・嚴密巡邏矣・

十一月九日之晨・船抵蘇州・沿途暢行無阻・絕未遇一官軍・或一太平軍・當此戰爭緊急之際・而巡邏疎略如是・中國人事事不經意・於此可見一斑・予等抵蘇州之婁門・先至一軍站・站中有護照・欲赴城內者・必先於此領照・乃得入・出城時仍須繳還之・予等欲入城謁其主將・乞介紹書・俾得直赴金陵・沿途無阻・乃以二人留站守候・先遣二人面軍站長・問四人可否同時入城・二人去時・有該地警察長・特派一人伴之行・去一小時而返・謂站長已允所請・於是予等同入城・時城中民政長方公出・遂往謁軍事首領劉某・其人軀幹高大・身着紅衣・有驕矜氣・望而可知爲淺陋無根柢者・彼詢予等赴南京目的・雖返復盤詰・禮遇尚優・旋授一函介紹予等於丹陽主將・並繕一護照・謂持此暢行於無錫常州間・可無留難・劉復紹介予等晤四西人・四人中二美人・一英人・一法人・法人自謂爲法國貴族・因在本國喪失其資財・故來中國以圖恢復・英人則自稱係英國副將・其二美國人・一爲醫士・一則販賣鎗彈者・因索值過昂・尚未成議云・之數人者・其所謂貴族・副將・醫士・商人云云・初莫辨其眞僞・其爲冒險而來・各懷所欲・則無疑也・予聞劉頌讚美歌・口齒頗伶俐・日暮返舟・復遣人以雞羊等物相饋遺・以故此行食品頗充裕・十一月十一日晨抵無錫・既至・出護照示關吏・果得彼等禮遇・其他之主將某・設筵相款・宴罷・復贈種種乾鮮水菓・且親至舟中送行・予等與談論甚久・後亦頌讚美歌作終結・與蘇州劉某所頌者同・

十一月十二日離無錫・赴常州・自蘇至丹陽・舟皆行運河中・河之兩岸・道路猶完好・途中所見皆太平軍運河中船隻頗少・有時經日不遇一舟・運河兩旁之田，皆已荒蕪草長盈尺・滿目蒿萊・絕不見有稻秧麥穗・旅行過此者・設不知其中眞象・必且以是歸咎於太平軍之殘暴・殊不知官軍之殘暴實無以愈於太平軍・以予等沿途所見・太平軍之對於人民・皆甚和平・又能竭力保護以收拾人心・其有焚掠肆虐者・治以極嚴之軍法・非如紂之不善・盜跖之率徒爲暴・然則仁與不仁・其成敗之代名詞歟・抵常州・日已暮自無錫至此・沿途房屋・看空無人居・偶遇一二老叟・提小筐售物・筐中所貯橘蛋糕餅菜蔬・魚肉等零星食品・見舟來●追呼求售・觀其狀・似因年老不能遠逃・故藉此以延喘息・然皆愁苦萬狀・窮蹙無生趣矣・十三日晨六鐘・復解維趨丹陽行・丹陽居民對於太平軍較有信用・商不輟業・農不輟耕・無荒涼景象・而太平軍之對於人民・亦未聞有虐遇事・相處甚得也・是日之晨・途中見有兵千人・傍晚已望見丹陽雉堞因暮色蒼茫・故寄宿舟中・翌日破曉入城謁其地主將・先以蘇州所得之介紹書投入後知此主將亦劉姓・彼適他出・有副官秦某（疑即天官秦日昌）出迎・蓋文戰也・爲人和藹可親・禮貌周至・予等與談・偶詢以太平軍中宗教信仰・秦君自謂對

於耶穌教之觀念・皆得諸其首領洪秀全・其言曰・

吾等所崇拜之天主・即在天之父・天父之外・復有耶穌及聖靈，三位一體合成眞人是曰上帝・耶穌教分爲二派・一曰新派・太平軍則棄新派而從舊派・吾等之天王・曾至天上面謁天父・天父命其降世行道，掃除一切罪惡・指引一切迷路・毀滅偶像及其他一切邪教迷信・曉諭百姓・使人人咸知天主之眞體・其責任蓋甚重大也・天王之至天上・其爲靈魂御空而行・抑爲肉體白日飛昇・則非吾等所能知・但天王自言・天王之尊・猶不能與天主相提並論・世人之當崇拜天主乃爲宗教上之崇拜・至天王之受世人敬禮・不過猶世上皇帝之尊榮・爲臣民者對其君上・當極其尊敬而已・天王之位・錫自天主・與耶穌爲兄弟行・此所謂兄弟者・非謂其爲同父共母所生・第因天王與耶穌皆爲上帝先後所派之天使・命其至世界上普渡衆生・爲世人贖罪・天王啣此使命在耶穌後・故當兄事耶穌耳・至太平軍中之教規・有所謂飲三杯茶者・乃表感謝上帝之心・初不含贖罪意義・其數之三者・亦與三位一體之教旨無關・即一杯二杯・本無不可・而必捨一捨二而擇三者・則以三之爲數乃中國人素來崇尚如古語稱天地人爲三才等是也・若言贖罪・則無論何等供養祭獻絕不能贖吾人罪孽於毫末・此權蓋盡操諸耶穌之手・世人但盡其眞心懺悔之忱・則耶穌自能爲之救贖・否則雖祭奉亦無益・即天王自己・亦長日兢兢業業・惟恐或得罪於天主云・

秦某言次・又論及戰爭時軍民必分處之・故謂中國亘古以來・無論何代・依向來之習慣・凡遇戰爭時・人民必退處田野・軍士則駐守城中・所謂攻城略地・能攻克一城・則城外之地・可唾手得也・又言自蘇至此・運河兩旁荒涼之況・其故有三・一爲張玉良軍隊退敗時所焚燒・一爲土匪所搶掠・一爲太平軍之自燬也・當忠王（即李秀成）在蘇州時・嘗竭力欲禁搶掠之風懸重賞以募奇才・謂有能出力禁絕焚掠之事者・立酬鉅金・並頒以爵位・又下令三通・一不許殘殺平民・二不許妄殺牛羊・三不許縱燒民居・有犯其一者・殺無赦・迨後忠王至無錫・曾有一該地長官・縱任土匪・焚燬民居・忠王乃戮此長官以警衆・忠王與英王（即陳玉成）之爲人皆極聰穎・不獨擅於軍旅之事・文學亦極優長云・

秦某又言攻略各地之情形・及一八六〇年春間官軍圍攻金陵之失敗・語次並出一函相示・函爲徽州某主將所發・內云・曾國藩已受大創・現方爲太平軍所困・四面受敵・據其函中所言・似曾國藩已戰歿陣中矣・秦某復謂張玉良攻金陵敗退後・已受傷咯血・現在杭州養痾・一時不能復出・運河一帶・居揚子江之北者皆入太平軍掌握而忠王英王則居上游方謀取湖北・石達開經略四川・雲貴等省・鎭江近方被圍・更有西王率軍駐紥於此・以指揮江南全境云云・當日太平軍勢力所及蓋如此・

是日於秦處晚餐・入夜歸宿舟中・明日復入城・謁劉主將・又不値・僅晤其中軍某・因請其設法護送予等至南京・中軍允諾・屬以所乘舟可暫留丹陽・彼能善爲守護・勿使有失・歸途出此再乘之固甚便也・翌晨（十六日）予等遂徒步出丹陽，行十五英里・至一鎭曰寶堰・其地去句容六英里・鎭中覓宿頗不易・土人皆貧苦不支・對於外來之客・尤懷疑懼・費幾許唇舌・僅於隘巷中得空屋・無儿案床榻・以稻藁席地而已・次晨居停老婦以饘粥餉客・瀕行酬以銀一元・九鐘抵句容・城門盡閉不得入・蓋此時適有謠傳・謂太平軍敗於鎮江・將來此暫避・故句容戒嚴・予等聞此大失望・美教士至欲折回上海・余意必至南京・持論久之・乃復前進・幸離句容不遠・覓得肩輿及騾・乃不復退縮・

十一月十八日抵南京・予先至・候於南門外・餘人齊集・乃同行入城・城中勞白芝教士（Rev. Roberts）已遣僕數人・迎候於途・遂至勞君寓所・寓近干王洪仁（疑為洪仁玕之誤）軍署・勞白芝・美教士舊友也・既晤勞君後・彼等殷懃話舊・予則先退至已臥室・長途僕僕・頗覺勞頓・因略盥洗・即休息・予晤勞君時・未發一語・亦未嘗告以予之姓名・但前在古夫人小學肄業時・曾晤其人・故一見即能識之・渠此時所衣為黃緞官袍・足華式笨履・舉步遲緩益形龍鍾・勞氏在南京果身居何職・予實未詳・洪秀全之宗教顧問歟・抑太平天國之國務卿耶・

翌日予等謁干王・干王為洪秀全之姪（按干王洪仁玕與洪仁達同輩・於洪秀全為兄弟行・此處云云恐誤・）一八五六年・予在香港曾識其人・當時彼方為倫敦傳道會職員・任中國牧師・其主教為萊克博士（Dr. Loggo），萊克博士即著名善譯中國古文者・予曩在香港晤干王時・干語予・將來願於金陵得再相見・今果然矣・干王本名洪仁・迨至金陵與其叔共事・晋爵至王位，乃曰干王・殆取干城之義歟・干王接見予等・極表歡迎・尤樂於見予・寒暄後・即詢問予對於太平軍之觀念若何・亦贊成此舉而願與之共事否・予告以此來初無成見・亦無意投身太平軍中・妄思附驥・第來探視故人・以慰數年來晦明風雨之思耳・干王復固問・余曰・實無他目的・但得略悉金陵實在情形・一釋傳聞之疑・於願已足・惟此次自蘇至寧・途次頗有所感觸・願貢其千慮一得之愚・因言七事・一・依正當之軍事制度・組織一良好軍隊・二・設立武備學校・以養成多數有學識軍官・三・建設海軍學校・四・建設善良政府・聘用富有經驗之人才・為各部行政顧問・五・創立銀行制度・及釐訂度量衡標準・六・頒定各級學校教育制度・以耶穌教聖經列為主課・七・設立各種實業學校・

此其大略・至若何實行・自非立談所能罄・倘不以為迂緩・而採納予言・願為馬前走卒・余之此言・蓋度德量力・自謂能盡力於太平軍者祇此耳・

越二日・干王復邀予等為第二次談判・既又見・干王乃以予所言七事・逐條討論・謂何者最佳・何者最要・侃侃而談・殊中肯綮・蓋干王居外久・見聞稍廣・故較各王略悉外情・即較洪秀全之識見・亦略高一籌・凡歐洲各大强國所以富强之故・亦能知其秘鑰所在・故對於予所提議之七事・極知其關係重要・第善善不能用・蓋一薛居州・無能為役・且此時諸要人・皆統兵於外・故必俟協議・經多數贊成・乃可實行也・

又數日・干王忽遣使來・贈予一小包袱・拆而視之・則中裏一小印・長四英寸・闊一英寸・上鐫予名・又有黃緞一幅・鈐印十三・上書予官階・曰義字・按太平軍官制・王一等爵・義字四等爵・予覩此大惑不解・干王以此授予・意果何居・其以是為干旌之逮歟・然未先期得予同意・不可謂招

以其道・豈謂四等榮銜・遂足令人感激知己・抑亦陋矣・予每見太平軍領袖人物・其行爲品格・與所籌畫・實未敢信其必成・乃商之同伴諸人・決計返璧・更親至干王府・面謝其特別之知遇・且告之曰・無論何時・太平軍領袖諸君・苟決計實行予第一次談判時提出之計畫・則予必效奔走・無功之賞・則不敢受・君果不忘故人・願乞一護照・俾予於太平軍勢力範圍中・無論何時・得自由來去・則受賜多矣・干王知不可强・卒從予請・遂於十二月二十四日發出護照・並爲予等代備糧食輿馬・送致丹陽・予等共乘原舟・遄歸・於翌年一月初旬安抵上海・途中追憶太平軍起事情形・及彼中人物之舉動・以爲與中國極有關係・當於下章詳之・

對於太平軍戰爭之觀感

革命之在中國・固數見不鮮・聞者疑吾言乎・則試一翻中國歷史・其中所謂二十四朝・非即二十四次革命之寫眞耶・顧雖如此・戰國而外・中國之所謂革命・類不過一姓之廢興・於國體及政治上・無重大改革之效果・以故中國二千年歷史如其文化・常陳陳相因・乏新穎趣味・亦無英雄豪傑・創立不世偉業・以增歷史精神・太平軍戰爭之起・則視中國前此鼎革・有特異之點・非謂彼果英雄豪傑・以含有宗教性質耳・其魄力至偉・能自僻遠之廣西・由西南蔓延東北・而達精華薈萃之金陵・歷時至十五年之久・亦惟宗教之故・此十五年中・滿洲政府幾無日不處於飄搖風雨之中然於歷史上究有若何精神・則未易輕許也・

太平軍之大戰爭・以宗教觀念爲原質・此觀念來自歐西・耶穌教徒實傳播之・其輸此種子於中國之第一人・爲英人瑪禮孫（Morrison）氏・蓋倫敦傳道會所派出者・其後十年・復有美教士勞氏繼踵而起・二氏者開濬洪秀全知識之功臣也・瑪禮孫善著述・曾譯耶教聖經爲漢文・而譯康熙字典爲英文・雖其書未必當・而後之西人來中國傳教者・咸藉爲津梁・瑪氏所譯聖經・旋經後人加以潤色・漢英字典後亦經多人修正・如梅博士（Dr.Medhurst）・文主教（Bishop Boone）・雷博士（Dr.Legge）・及勃禮區文（Bridgeman）威廉姆司（Williams）諸人，先後增訂・經過多人之手・要不能不藉瑪氏所譯者爲藍本也・瑪禮孫於中國有一最著名之事業・曾於中國得第一耶穌信徒・名梁亞發其人・能本耶穌宗旨・著成傳道書數種・洪秀全求道時・即以瑪氏所譯聖經・及梁氏所著書・誦習研究・第此等書中・微言奧義・非得人善爲解釋・殊難悟澈・時值美國米蘇釐（Missouri）省教士勞白芝君在粤傳道，洪秀全乃時至其處請業・二人遂爲莫逆交・迨太平軍起・洪既雄據金陵，勞氏亦居此處・大抵友而兼師者・故甚淸貴・勞苦功高・固宜有此一次之賞・一八六四年・官軍既克復金陵・勞氏遂不知所終・

洪秀全爲耶穌教徒時・尙醉心科學之虛榮・曾應小試・不幸鍛羽，乃專心傳道・往來兩粤宣揚福音於客家（Hakkas）族中・所謂客家者・兩廣間一種客民・遷徙無常・故俗稱爲客家云・洪秀全一生之功業・此時傳道・不過爲其宗教經驗之起點・其後革命事業・乃其宗教經驗之結果・

洪秀全於應試落第後・得失心盛・殆成一種神經病・神志昏瞶中・自謂曾至天上・蒙天主授以極重要之職・命其毀滅世界上崇拜之偶像・指引迷途・曉諭世人・使人人咸知天主，信仰耶穌・俾耶穌得爲世人贖罪・洪秀全既自以爲在天主之前・受此重任・故自命爲天主之子・與耶穌平等・稱耶穌爲兄・蓋昏瞶中構成之幻想・乃自信爲眞・日至客家中・歷敍其所遭如是・謂世人必須信仰一己・乃能獲上帝之福佑・遂以崇拜上帝之事・蹈狐鳴篝火之嫌・每日瞻禮祈禱・高誦讚美之歌・廣西四境人民聞之・乃大欣動・每日必有多人入教・號召即至・及後人數日增・聲勢日廣・地方官吏對於此一般耶穌教徒・目爲異端邪說・妖言惑人・然亦無如之何・

此種人所具耶穌之知識・半爲西來教士所傳播・半爲本地中國信徒所講授・故無論如何・其宗教知識・皆甚淺陋而簡單・顧雖淺陋簡單・而宗教中眞實之勢力・則已甚大・足使一般無識愚民・皆成爲草野英雄・人人能冒危險・視死如歸・此種特性之潛蓄・於政府欲實行解散該教時・乃大發現・彼等揭竿而起・以抵抗官軍之壓迫・初無鎗彈軍火之利器・所持者耰鋤棘矜耳・以此粗笨之農具・而能所向無敵・逐北追奔・如疾風之掃秋葉・皆由宗教上所得之勇敢精神爲之・

雖然・太平軍之起・固宗教上之逼迫使然・實則亦非眞因・不過爆發之導火線耳・即使當時政府・無此等逼迫之舉動・洪秀全及其屬下諸人・亦未必能安居於中國內地・而專以傳布宗教爲事也・予意當時即無洪秀全・中國亦必不能免於革命・設有人以耶穌教之關係・及清政府之操切・爲一八五〇年革命之原因・則其所見淺陋實甚・惡根實種於滿洲政府之政治・最大之眞因・爲行政機關之腐敗・政以賄成・上下官吏・即無人不中賄賂之毒・美其名曰餽遺・黃金纍纍・無非暮夜苞苴・官吏既人人欲飽其貪囊・遂日以愚弄人民爲能事・於是所謂政府者・乃完全成一極大之欺詐機關矣・

革命事業之開幕於中國・殆如埃及之石人・見者莫不驚奇・埃及石人首有二面・太平軍中亦含有兩種性質・如石人之有二面・凡崇拜天主・信仰教主聖靈・毀滅偶像廟宇・禁止鴉片・守安息日飯前後戰爭時均祈禱・種種耶教中重大之要旨・太平天國無不畢具・遂使全世界耶教中人・咸逆料滿洲政府必爲推翻・洪秀全所稱之太平天國且行建設成立・此天意或將使中國立一震古爍今之世業・而爲全世界人所驚心動魄也・耶教中人此種幻想・亦未免感情用事・過於信任太平軍矣・彼曷不細爲分折・一研究太平軍之內容耶・

洪秀全之起兵廣西也・馬首東向・沿途收集流亡・聲勢甚壯・中途曾移師直指北京至天津爲官軍所敗・乃折回・逕趨南京・所過湖南・江西・安徽等省・旌旗所至・無堅不摧・第自天津敗北・兵力縮減・良由其所招撫・皆無業游民・爲社會中最無知識之人・以此加入太平軍・非獨不能增加實力・且足爲太平軍之重累・而使其兵力轉弱・蓋此等無賴之尤・既無軍人紀律・復無宗教信仰・即使齊之以刑・不足禁其搶掠殺人之過惡・其所以受創於天津・亦此等人實尸其咎・銳氣既挫・迨占據揚州・蘇州・杭州等城・財產富而多美色・而太平軍之道德・乃每下而愈況・蓋繁華富麗固足

以銷磨壯志而促其滅亡也・

此次革命雖經十五年劇烈之戰爭・乃不久而霧散煙消・於歷史上曾未留一足爲紀念之盛蹟・後之讀史至此者・亦不過以爲一時之狂熱・徒令耶穌中人爲之失望・於宗教上毫無裨補・即如南京占據至十年之久・亦不見留有若何之耶教事蹟・廣西爲其起事之地・亦復如是・至若於中國政治上・則更絕無革新之影響・簡而言之・太平軍一役・中國全國於宗教及政治上・皆未受絲毫之利益也・其可稱爲良好之結果者・惟有一事・即天假此役・以破中國頑固之積習・使全國人民皆由夢中驚覺・而有新國家之思想・觀於此後一八九四・一八九五・一八九八・一九〇〇・一九〇一・一九〇四・一九〇五等年種種事實之發生・足以證予言之不謬矣・

張蔭桓

一八三七年生
一九〇〇年卒

字皓巒・號樵野・南海人・少負奇氣・能文章・通曉時務・有智謀・畫亦超軼・應童子試不遂・棄科舉業・同治三年入魯撫丁寶楨幕・遇事應機立斷・十三年報捐知縣・歷官至蕪湖關道安徽按察使・戶部左侍郎・光緒六年出使美利堅・日本・秘魯諸國・歸國後・充總理各國衙門事務大臣・禮部右侍郎・以努力新政・戊戌之變獲罪・戍新疆・義和團起・或誣以通俄・光緒二十六年賜死・遺著有三洲日記・英軺日記・鐵畫樓詩文稿六卷・荷戈集等・

奏爲曹州教案辦結膠澳劃界議租謹將與德國使臣商定情形摺

本年十月間・山東曹州地方殺斃德國教士二名・德國兵船・遽襲膠澳・該使臣海靖・致臣衙門照會・要求六欵・勢將決裂・業經具摺奏聞・並將續來照會及臣等照復併問答節略・隨時呈覽在案・臣等仰稟宸謨・與該使臣往復商論・分別准駁・該使照會以山東巡撫李秉衡・屢違朝旨・不受中國政府之命・釀成巨案・請將李秉衡革職・永不敘用・臣等不允・議令刪去永不敘用四字・允將不可再任大官之意・奏請准行・德主教安治泰・本在濟甯方建教堂・適有曹州教案・該使欲隆保護之名・請賜扁額・發給工料銀兩・臣等議令酌照舊案・用敕建天主堂五字・酌給工料銀六萬六千兩・至懲辦盜犯・償卹教士・原係教案應辦之事・該使以被殺兩教士・無家屬領賞・只可建造教堂・作爲償卹・議定曹州城內及鉅野縣各建教堂一所・由官撥給地段・不逾十畝・照濟甯辦法・每處各給銀六萬六千兩・扁額均用敕建天主堂五字・均於教堂門首勒碑・以資保護・被盜失去之欵・另給銀三千兩了案・該使復以現在教士租賃房舍甚難・擬請於鉅野荷澤鄆城單縣城武曹縣魚台七處・爲教士各建住房一所・共給工料銀二萬四千兩・均作爲已殺教士償卹之用・現獲盜犯・照例懲辦・失察之地方官・從重參處而已・該使又索中國保以後永無此等事件・臣等駁以保護教堂・條約所准・惟盜匪卒發・豈能永保其必無・該使語塞・因與定議・請皇上明發諭旨・飭地方官照約盡力保護・該國教堂究有幾處・臣衙門無案・並令將各府州縣村莊・凡有教堂處所・開送臣衙門查核・該使亦經答允・庶於保護之中・稍寓稽察之意・此案失事之地方官・或調他省・或從重參懲・均由中國自行酌辦・

該使又借教案・旁索商務・擬請嗣後山東一省・如開辦鐵路及鐵路旁近礦務・先儘德商估辦・旋又請設立德華公

司・造通山東省鐵路並通省及鐵路旁近之礦・意在仿照俄華公司利益・臣等力與磋磨・允由膠澳至濟南省城造鐵路一段・由德商華商各自集股・各派妥員領辦・聲明不佔山東地土・並另訂合同・無庸比照他國章程・以爲中德自商之證・該使又以德國辦理此案・所費之銀・請中國賠償・索數百萬元・尤爲無理取鬧・臣等告以此案・中國無賠償之理・惟顧念數十年邦交・及前此相助之誼・另籌辦法與教案絕不相涉・須截分兩事・期杜他國藉口・斷不認賠一錢・該使以候其國命爲辭・延宕經旬・臣等迭次催問漸次就緒・已允歛兵下船・退出所據之地・賠償作罷・訂明本月初・七日在臣衙門互換照會作結・適曹州地方・復有驅逐教民・殺害洋人之說・該使臣頓翻前議・又照會臣衙門・仍請將李秉衡革職・永不敘用・復經臣等力與駁論・並欽奉諭旨・將曹州鎮總兵萬本華撤省訊問・該使臣始無可置辯・於本月十二日・來臣衙門會晤・臣等即將繕定教案六條・照復一件・當面交訖・以完教案之議・

臣等竊維中德兩國・向無嫌隙・祇以助歸遼地索報・該國注意所在・則以英法俄等國・均佔有東方海口・而該國獨無停輪屯煤之所・不足與各大國勻勢・疊准出使大臣許景澄函電相聞・而膠澳又爲該國所垂涎・故本年正月・臣等有請在膠州創修船塢之奏・即已籌慮及此・十月間教案初起・奉旨令李秉衡查拏兇盜・有德方圖借海口之諭・敵謀之狡・早在聖明洞鑒之中・此次藉殺斃教士啓衅・遽派兵船・襲據膠澳・分兵略地・直窺即墨縣城・德君又派其弟率領師船來華・用心實爲叵測・該使所開六條・堅請照辦・並無一語退還膠澳・臣等僅恃筆舌與爭・苦無却敵之策・再三辯論・該使始允就該國提督畫佔之地・分別退還・膠州城亦在所退之內・餘則作爲租用・略如各口租界辦法・週遍以一百里爲限・按歲輸租錢・該地自主之權・仍歸中國・送來租地照會五款・臣等大致以保全兩國睦誼爲詞・逐欵覆核・租以九十九年爲限・所訂租界・將來兩國派員立界時・認定週遍一百里之限・膠澳海面・中國兵商各船・任便出入・膠澳外各島險灘・准德國設立浮樁・惟中國兵商各船往來出進・概免納費・至德國嗣後自願將膠澳歸還中國・德國所有在澳費項・中國應許賠還・另擇相宜之處・讓與德國一欵・此指租期未滿・讓還租地而言・亦可照允・惟須訂明租期未滿以前・德國不得驅迫・中國原有稅卡・照舊設立・租地之外・德兵應即全行撤退・應交租項若干・再與該使臣隨時商定・均無異詞・翌日備文聲敘・作爲完案・其一切應辦事宜・恭候命下・臣等再當咨行山東巡撫妥爲籌辦・此案德國發難・各國多欲干預・中外新聞・電報絡繹・殊駭觀聽・臣等握定中德自商・不願他國調停・固知他國無實意相助・即貌爲居間・而潛與要結・則中國受害益重・萬一各國互爭・以中國爲戰地・尤難收束・只可速結此案・徐圖自強・計非騰出的餉・訓練精兵・不足以禦侮・容臣等隨時察酌情形・奏明辦理・所有商辦情形・理合恭摺具陳・并將臣衙門與德國使臣海靖結案照會恭錄呈覽・伏乞皇上聖鑒訓示遵行・

奏請飭下關內外統兵大員實力防勦勿以議和意存觀望摺

竊臣蔭桓初十日陛辭・仰蒙訓誨周詳・莫銘感佩・十六日冒險出塘沽登舟・十八日抵滬・晤臣友濂・謹將密旨暨國書敕書及田貝往來函電公閱・隨即電達總理衙門・二十四日欽奉電旨・前據張蔭桓電奏業經抵滬・諒已與邵友濂會商一切・諒已與該侍郎等剋日出洋・勿庸另候諭旨・並將起程日期・電復欽此・即於是晚復奏・電請總理衙門代遞各在案・

臣蔭桓出京行抵通州接翰林院學士準良書・謂臣以一身任天下之怨・到滬後宜疏陳敵情貪狡・不可以和・兵氣轉圜・可以一戰・請命回京等語・迨行抵滬上・匿名揭帖・徧布通衢・肆口詆諆・互相傳播・雖於審度利害・衡量短長・漫無一當・而人心思奮・具見同仇敵愾之誠・

溯查同治十年日本遣其大藏卿伊達忠誠來求立約・逾年又遣其外務大臣副島種臣來華換約・十三年台灣生番之役・兩軍相持・日本則有參議大久保利通之使・光緒十一年朝鮮之役・又有伊滕博文之使・二十餘年間・中日訂約重事・日本悉派其大臣前來・隱以有禮自處・此次中國派員前往・援公法報施之義・亦交際之常・尚非刻意牽就・特人情狃於習見・輒以臣等之行・妄生訾議・臣等仰體皇上維持國本・不忍生靈塗炭之意・人言在所不恤・惟是禦侮之策・能戰而後能和・當此敵燄方張邊城屢陷・凶鋒曾未一挫・且自中外通好以來・日本每以所訂約章・不得媲於泰西・積怨已非一日・度此次多方要挾・早在聖明洞鑒之中・臣等恪守訓諭・力持大體・非特索及彊土・固當正言堅拒・即准韓自主・償倭兵費・曾經各國使臣居間・而索費過鉅・臣等亦萬難與商・停戰之說・更不敢輕發・縱彼擧以爲言・仍當電候聖裁・

總之和議之難易・必視戰事之利鈍爲轉移・現在各路大軍雲集・一聞和議・恐將士爲之遲移・臣蔭桓行抵津沽・晤吳大澂囑展緩行期・以俟捷音・如果連獲勝仗・直可坐待彼來・所言不爲無見・茲奉命剋日起程・臣等訂定船期・束裝東渡・惟有籲懇聖明飭下關內外統兵大員・一意籌戰・力求實效・勿以臣等之行・意存觀望・他日和議可成・彼固不敢別有覬覦・即和議不成・我亦不至漫無準備・臣等不勝激切待命之至・除將書函揭帖鈔呈軍機處外・謹繕摺密陳・

劉永福

一八三七年生　一九一七年卒

原名義・字永福・又號淵亭以字行・欽縣人・少孤貧・操撐船業・年二十一・入廣西天地會・參與洪楊太平軍・隸吳鯤麾下・積功授左翼元帥帥印・太平軍敗・率部移居越南・成立中和團黑旗軍・助越平盜亂・同治十一年・法越搆兵・法遣駙馬・海軍少佐安業率兵攻河內・總督阮枝芳兵敗身死・越以事急・檄永福迎敵・與安業大戰於城下・斬之・法人震駭・光緒九年・法再遣海軍大佐李威利率艦二十八艘・勁卒五千・深入河內・永福與戰於紙橋・殺李陣上・斬首千餘級・黑旗軍威名遠播・法兵聞之喪膽・越王嘉其勇・特授三宣提督・封一等義勇男爵・清帝御賞殊勳・以提督記名簡放・並賞戴花翎・惜清廷昧於事機・遽命李鴻章與法成立天津條約・十一年・與法搆和・永福被迫內徙・率所部三千人歸國・明年・奉旨特授南澳鎮總兵・二十年・朝鮮事起・日既鴟張於北・亦覬覦於台・遣艦遊弋台海・陰謀侵擾・清廷詔永福幫辦台灣防務・日人畏之・致函永福・勸其收兵內渡・願以百萬金相酬・嚴拒之・二十一年・日寇犯台・永福擬移駐台北・爲台撫唐景崧不容・戰

起・景崧不敵・既師敗艦降・清廷議割台灣賠款以和・消息傳出・全國震撼・台民反對無效・乃倡組台灣民主國・公舉景崧爲大總統・日軍登陸・迫佔基隆・景崧潛逃・全台紳民推永福繼任・堅辭不獲・强之仍拒受大總統名義・只允負保民守土之責・時官吏巨室・相繼逃亡・遺者僅手無寸鐵之平民與永福之孤軍・形勢日蹙・八月十三日・日寇重重包圍・永福據山以戰・延至九月二日・糧罄矢窮・大勢已去・知不可爲・乃借英船多里士號・黯然內渡・台灣遂失・永福以一介平民・深具民族意識・冀有用於世・奈清廷昏聵・不能抒其抱負・鼎革初・曾受任廣東全省民團團長・期月辭職・民國六年卒於故里・

越南三宣提督劉誓師檄

嗚呼皇天無親・明德是輔・聖人有訓・佳兵不祥・我越南自白雉入貢以來・知中國有聖人・不敢自外・托於帡幪覆幬之中者數千年於茲・中國亦待之以誠・撫之以惠・愛如骨肉・而親若家庭・偶有外患內憂・莫不煩天朝之綏靖・越南臣民・惟知有中國・不知有他國・故與各外國絕不相通・

蠢茲法夷・逞其强悍・恃其機械・輒敢肆焉蠶食・恣厥鯨吞・毒比長蛇・貪逾封豕・既竊距夫西貢・又潛窺夫東京・外託保護之名・中懷叵測之志・試思分畫疆界・各有臣民・各有政教・何待越俎代謀・是其籍詞行詐・包藏禍心・可以不言而喻・況自法兵東來之後・攻城掠地・荼毒越民・越南之倉庫・據爲己有・越南之城池・遭其蟠據・越南之元氣・被其剝喪・招越南之叛民以添其翼・隳越南之險阻・以快其心・種種狂悖之行・神人之所共忿・天地之所不容・我越人凡有血氣・莫不痛心疾首・透爪裂眥・願得食法人之肉・寢法人之皮・眞有一夫大呼・市人皆左袒之勢・

永福以羈旅之身・受國王恩遇・資以土地・授以甲兵・其初一成一旅之衆・得所藉手・十年生聚・十年教訓・積數十年之心力・有勁卒數萬人・賴以保障東南・用資戰守・三軍之士・當知食毛踐土恩義之隆・去順效逆・殃咎立至・越南雖褊小・向爲中朝不侵不叛之臣・今越有難・中國必爲援助・茲者滇撫唐中丞・粵西撫徐中丞・皆已帶甲百萬・分道出關・天兵遙駐・聲勢赫濯・粵督張制軍・粵東撫裕中丞・亦皆部署周至・轉應不窮・近又特簡彭宮保來粵督師・以守爲戰・韓范坐鎮・西賊喪膽・我軍有此奧援・士氣定當益奮・

本提督不過中原一武夫・流寓來越・荷蒙國王恩禮有加・重資委任・爾衆士亦屢蒙大惠・祿養有年・三軍銘挾纊之恩・多士戴如春之澤・固宜激發忠義・競作干城・而況中朝大皇帝又特沛殊恩・寄以重任・本提督固責無旁貸・爾衆士亦義不容辭・當思受國王之恩養・咸懷報主之忱・荷中朝之化裁・彌切尊王之業・先登陷陣・奮不顧身・飢剝法夷之膚・渴飲法夷之血・滅此朝食・所向無前・法夷之機械・適足自阱・法夷之兇暴・適足自戕

前者法酋拿破崙第一頗善用兵・其國人稱之天神・擐甲執兵・千人辟易・彼恃其武勇・橫暴不已・卒爲英人所俘・爲世大辱・厥後拿破崙第三率乃祖之攸行・志在開疆・性善用武・橫征暴歛・戢怒小邦・天怒人憤・蘊久必發・爰假手普國・殲厥巨魁・燬其國都・法人之氣爲之不揚・歐西各國羞與爲伍・似此亦可稍自歛跡矣・而乃猶復怙惡不悛・不敢吐氣於他邦・轉欲逞志於我國・夫越南雖僻處海隅・號稱積

弱・然師以曲直爲老壯・以順逆爲勝負・法兵雖强・曾何足懼・自法夷入寇・狠奔豕突・跋扈囂張・幾於目無越人・本提督率爾有衆・起而力爭・一戰而遠威若授首・再戰而寶滑遁逃・科烈不能逞其兇・夏文不能施其計・大旗所指・蚩尤熠光・長戈所揮・淵日再起・賊軍矢窮糧盡・困守一隅・以海防河內爲負隅之恃・而我軍分道以擾之・亟肆以疲之・奇兵正兵・互爲策應・攻城攻野・動爲機宜・南定驚草木之兵・海東懷烽烟之警・賊軍皆墨・我武維揚・法夷猶敢執迷不悟・逼我順化・蹙我都城・乘我國之新喪・利援兵之道遠・遂乃抑勒新主・强爲要盟・夫要盟神弗之福・盟可要亦可寒・何足措意・而法夷乃自爲得志・益復驕橫・又敢窺我北寧・侵我桑台・中朝之大度・則藐爲畏葸・我軍之果毅・則視若仇讎・不恤衆口之交譏・不顧天心之弗順・國狗之瘈・遍噬乎友邦・巴蛇之吞・肯遺夫象郡・賊與我誓不兩立・我與賊義不俱存・

今與爾有衆共伸天討・各誓神威・轉戰無前・有進勿退・得法夷首一級・賞銀五十兩・賊目倍之・獲兵船一艘・賞如其船之數・燬鐵艦者倍之・其有我國遊民・爲法夷所羅致・脅令當兵者・倘能悔罪自拔・悉予免究・反戈攻後・因而獲勝者・仍論功行賞・弗問前愆・惟法夷及其所部之黑夷・則盡殺無赦・必使東京之餘孽・掃蕩無遺・西貢之腥聞・湔除淨盡・上以副中朝倚畀之隆・中以報國王休養之德・下以舒越人怨毒之心・成敗利鈍・所不遑計・爾衆士欲建不世之奇勳・成不朽之偉業・惟本提督馬首是瞻・功多有厚賞・不廸有顯戮・爾衆士惟時懋哉・

越南三宣副提督劉永福爲檄告四海事

溯越南自秦漢以降・俱隸中華・至宋始淪爲外域・前明猶改行省・逮大清朝雖越主迭經易姓・而皆遞列藩封・納貢有期・載在盟府・四五尺之童・誰不知越南爲大清屬國者・法蘭西獨不聞乎・既與中國和好・即不應欺其所屬・用兵於越南・無異用兵於中國也・兵端開自法人・如中國大皇帝赫然震怒・聲罪致討・法蘭西何說之辭・即不然而遣師救護藩服・亦不得援兩國相爭・他國不得接濟之公法相比・前者擴據西貢・遂使越南貧弱至今・同治十二年突攻北圻・議和通商・迄今十年・未嘗稍得罪於法人也・去歲無故墮其河城・總督殉難・兵船盤據下游・法使寶海忽在天津有通商分界之議・夫欲通商雲南・則通之而已矣・欲往保勝・則往之而已矣・至越南土地・豈法人所得而分之・且久居大皇帝覆載之中・頻年出師・勦除土匪・未見法蘭西有一矢之助・何所賴其保護・據人之城・戕人之官・擄人之倉庫・猶靦然自稱保護・豈不可羞・及至天津・已約會議請中國退師・而寶海忽爾西旋・增兵倏已南至・棄禮蔑信・一至於此・不獨虐越南實欺中國也・請質之海外諸大邦・誰曲誰直・誰啟兵端・恐亦無辭爲法蘭西解也・

本年二月十九日・擊破我南定・三月阻糧於富春・攻北寧之新河・竊山西之丹鳳・志在鯨吞・橫暴已極・永福中國廣西人也・當爲中國捍蔽邊疆・越南三省副提督也・當爲越南削平敵寇・於是恭奉越南國命督率全軍逼攻河內・慷慨誓師・四月初九夕・焚毀河內教堂・十三日身率勁兵與法人血

戰三時之久．礮聲雷動．人肉星飛．我軍奮勇直前．無不一以當十．當經斬獲該兵頭五畫一名三畫一名．一畫三名．法兵死傷無算．奪獲大槍馬匹甚多．彼兵潰遁．追至河內城西．閉關不出．嗚呼．法人所為．神人共憤．今受茲大創．天道昭然．如其悔過退師．仍申舊好．則永福為民惜命．抑又何求．倘猶怙過不悛．負固罔服．則永福誓不兩立．定當力剪仇讎．設更向我中國妄肆糾纏．則將延禮英才．糾集忠義．一檄之下．萬衆遝來．更擧義旗．往奪西貢．夫天下之積忿久矣．殺機隱伏．如火待燃．有倡者必有和之．衆憤激發．非條教所能禁．豈獨不利於法蘭西乎．恐海邦之在中國者．亦因越法交鋒而受累．幸勿束手旁觀．致蹈城火殃魚之禍．何不發一言而辨曲直以解紛也．

至於我越教民食毛踐土．受國深恩．乃甘為仇人役使．昔與法和．姑容爾輩．今與法戰．則從教者即逆黨也．痛殺無赦．如能改過自新．輸我以敵情．結我以內應．則賞賚仍有加焉．再如西貢舊民．豈不懷思故國．乃願為彼前導．喪盡天良．陣前倒戈．即貸一死．若其堂堂衣冠之族．矯矯草莽之雄．亦甘托足其中．隱謀詭計．竊已聞姓名而口不忍言．所望今日為漢奸．明日為義士．永福猶尚禮之而敬之也．永福僻處一隅．志慮短少．伏乞大賢碩彥．奇材異能．濟其力之未充．匡其術之不逮．謹願匍匐而受命焉．越南幸甚．天下幸甚．特此檄告四海知之．

致法兵酋孤拔書

聞之古者兵交不廢使命．爾法人侵擾北圻．於茲十有九月矣．既喪師以辱國．亦糜餉以病民．痛鉅創深．而未啟悔禍之心．夫復何言．顧念北圻之民．遭此蹂躪．數百里內風聲鶴唳．不遑寢處．伊誰之故．而使我族類顛連困苦若是之甚．予體上天好生之德．我王恤民之心．爰為爾一言．

數月以來．爾軍以負隅之窮勢．保游釜之餘魂．困守營寨．不敢出戰．風聞爾邦之人．又以虛詞要脅中國．云將攻打廣東．黔驢技倆．可謂窮極醜惡矣．堂堂中國．為天下四洲所景仰．曾何懼爾法之有．即予亦明知爾邦不敢用兵中國．致殃及他邦．其為虛聲恫喝何疑．今予用告爾．以振盲聵而發癡聾．

溯自二十年前．為中國同治皇上紀元之歲．予以避亂來越．有衆一旅．非我族黨．即我交遊．時則興化宣光兩省土匪作亂．肆行刦掠．官軍勦捕未殄．予以留遷旅居．奉大吏檄辦團練．爰集同志．約法成軍．殲滅匪徒．獲邀懋賞．是年爾國為九龍江之役．稱兵南圻．予奉命勤王．視師南下．三戰三捷．擒爾將帥．俘爾軍民．爾豈不知之．迨次年和議成．辭闕北歸．仍安素業．爾邦輒張皇夸大．以為兵多地廣．丕著武功．為天下莫大之國．掌天下最重之權．雄視六合．莫敢抗衡云云．予以大義陳師．凡執殳前驅者．非荷耒之農夫．即負販之良賈．非有製造槍礮之利．徒仗一義字．激動衆志．為國捍患．屢挫爾師．爾邦之宿積忿於永福久矣．然而永福豈畏爾哉．

尤可笑者．爾邦輒以保護為名．試思越南為中國藩服．有中朝在與法蘭西何干．譬如人家子弟．其寒暖痛癢自有父母調持．設來一素不相識之人．牽其衣裙．而煦嫗之．噢咻之・貌似親愛・中實有拐騙行誘之心矣・爾邦之情・誠何異於是・予知爾邦受創於普・城郭其沼・君王其俘・城下之盟・酬金纔了・爾邦屬部・有流離失所者矣・曷不謀為保護而眈眈焉干預我越哉・越俎代庖・舍己芸人・為天下所笑・爾邦豈未之前聞耶・且即以保護而論・則中朝大皇帝頻年命將出師・為越南勦除土匪・整旅而旋・不取一粟・不傷一禾・雞犬無驚・人民安堵・如是而謂保護・而爾等目擊各省土匪之亂・袖手坐視・未助一兵・或乘機煽惑・利人災難則有之・於保護乎何有・然往事勿論矣・今者之役・爾亦非靦然以保護為名哉・何以據人之城・戕人之官・奪人之庫・乘人之喪・逼脅立約・又縱令黑鬼淫掠・殘毒無所不至・斯比於窮兇極惡之盜賊有加甚焉・以盜賊而假仁義之名・名其可假也哉・

今者中朝大皇帝赫然震怒・聲罪致討・永福奉到廣西巡撫徐大臣飭知欽奉上諭・飭令整軍進紮・規復河內省城・不可稍有退沮・煌煌天訓・越南臣民幸慶再生・伏念中國大皇帝以天地覆載之仁・懷柔遠方・罔不悅服・豈欲輕啟兵端・即我越南國王素秉禮義・於爾法人事事優容・乃爾包藏禍心・詭計叵測・既誆我百萬金錢・賴我六省膏腴・又奪我三關筦鑰・我王始終以禮相待・至有今日・驕孫之養・有由來也・

茲者國步維新・王靈大振・永福慷慨誓師・三軍之士・莫不感激涕零・願捨身報國・予姑剪滅此而朝食・疇勿努力以赴戎行・行將電掣雷馳・殲爾醜類・而安我良民矣・顧我思頑石有點頭之日・惡虎有帖耳之時・爾雖恃蠻・抑豈不感悟・用是不憚煩言・再三開導・須知越國圖遠・自古無功・億兆離心・不敵十臣同德・況中國以熊羆之將・率荼火之師・永福執銳披堅・以為爪牙之助・西山之粟・可食十年・河北之田・可屯百萬・關內關外・五里一臺・十里一站・大軍所至・山岳動搖・豈若爾邦之今日外務籌兵・明日議院籌餉・虛張聲勢・外強中乾也哉・

粵自七月二十八日八月十九日疊創爾軍之後・所以按兵不動者・非畏爾強・一則以天朝尚在議和痛勦之餘・爾等有所藉口・一則沉機觀變・正欲厚集爾眾・使盡入我網・庶幾後患無滋也・乃猶妄想攻打北寧・覬覦桑台・豈尚在夢中耶・或者天牖爾衷・幡然悔過・還河內南定等城・星夜退師舟中・則永福雖奉嚴旨・仍可為民惜命・乞請徐大臣轉懇聖恩・赦既往而贖將來・不為窮寇之追・仍聯和好之誼・永福一人實能任之・決不食言・若其怙惡不悛・執迷不悟・則永福今日承命之下・進退維死・誓即身率勁卒・鄉導王師・搗命進攻・不遺餘力・城下之日・駢首誅戮・毋冀漏網・

夫人貴見機・事莫求盡・及此而日聽藥石之言・誠無損爾邦威望・若必負固不服・一旦勢成土崩・雖中國大皇帝不欲窮兵黷武・遠略海外・而西貢巢穴・勢必乘勢勦平・不使爾屬一兵一卒・涌跡越南土地・斯時四洲各國莫不週知・爾邦尚何顏立於歐洲耶・恐拿破崙第三之辱・將復見於今日也・此又非僅為爾警覺者矣・且吾聞爾邦稱兵於越・皆前任外務署中一人私見・上不裁於總統・下不協於輿情・尤屬罔上行私・違眾速禍・今業已去職・繼之者主見未定・同官為僚・爾當馳書啟牖・毋使蹈前人愆也・限以三日・立取覆

音・如其聽言藐藐・則悦未學・前轍猶在・惟執事三復之・

覆日本國樺山氏書

大清國欽差幫辦臺灣防務記名提督軍門閩粵南澳總鎮府依博德恩巴圖魯劉永福・覆書大日本國・海軍大將子爵樺山氏閣下・接閱來書・甚承獎譽・惟所言戰事・語多不悉・今試爲足下覼縷言之・

竊維我大清國皇帝聖聖相承・數百年來・仁政覃敷・感被中外・當今皇帝尤以柔遠爲懷・故嘗遣使各國・結聯鄰好・至於貴國同隸亞洲之土・共爲脣齒之邦・講信修睦・久載盟府・宜乎休戚與共・永遠勿渝・庶不爲他國所竊笑也・不意貴國背盟負義・棄好尋仇・無端而奪我藩封・無端而侵我邊境・當是時中國臣民・人人切齒・咸欲滅此朝食・以張我朝廷撻伐之威・適以當軸袞庸誤國・禁止各營接戰・免傷和局・致令牙山豐壤威海旅順等處・兵機有失・——非戰之罪也・當局者誤之耳・不然貴國即率傾國之師・亦未必能入中國境地也・

今四月我大清國皇帝不忍生靈塗炭・乃復大度包容・重修舊好・乃貴國不體我皇上愛民至意・佔據河北・縱容兵卒・殺戮焚擄・無所不至・且有准宿婦女之示・嗟嗟・生民何辜・遭此荼毒・來書云・開府臺北・撫綏民庶・其即此之謂耶・抑別有所謂善政耶・自古興國之人・必先施仁布澤・而後可得民心・而後可感天心・近日臺北時疫大作・兵勇死亡甚多・足見貴國日嗜殺人・上干天怒・而足下不悟・反以余背戾大清國皇帝之聖旨・來相詰責・甚矣・何見理之不明也・

臺灣隸我中國二百餘年矣・先皇帝締造之初・不知若何經營・若何教養・始得化蠻夷之族・爲禮義之鄉・余奉命駐防臺灣・當與臺灣共存亡・一旦委而棄之・將何以對我先皇帝於地下・無以對我先皇帝・即無以對我當今皇帝也・將在外・君命有所不受・余豈懵然學古人爲哉・況臺南百姓・遮道攀轅・涕泣請命・余既不敢忘效死勿去之心・又何忍視黎庶沉淪之苦・爰整甲兵・保此人民・成敗利鈍・在所不計・臺南一隅・雖屬褊小・而余所部數十營・均係臨陣敢死之士・兼有義民數萬衆・歃血枕戈・誓死前敵・糧餉既足・軍械胥精・內不虞竭・外不待援・竊以爲天之不亡臺灣・雖婦豎亦知其然矣・

足下總督全師・爲一國之大將・長才卓識・超邁尋常・何不上儆天時・下揆民心・憬然覺悟・及早改圖・將臺北地方・全行退出・不惟臺民感戴弗忘・即外洋各國・亦必以足下爲能審事機知進退・否則余將親督將士・尅日進征・恢復臺北・還之我朝・恐彼時足下進退維谷・反獲不仁不智之名・與其後悔・曷不早圖・或從或違・悉請尊酌・

即此順覆不宣・

李勳　一八四〇年生　一八八七年卒

號贊勷・字鏡儂・澄海人・事母至孝・髫年學爲文・輒驚其長老・及冠入縣學・每試冠其曹・光緒乙酉廣東全省拔萃第一・領鄉荐・顧勳獨寢饋經史百家之學・不沾沾於學業・讀書奉母・淡於仕進・蓄書甚富・顏其室曰半豹堂・卒年四十有七・遺著有金剛經法釋一卷・蕙綢山莊詩集四卷・說呋十六卷・

周氏潮州志之誤

周氏潮州志．蹐駁蕪陋．不堪卒閱．選擧一表．又其最甚者．趙天水事．勛於前卷旣歷引諸書駁之矣．再以宋一代論之．考宋會要．太平興國四年不貢擧．而表乃以海陽謝言爲太平興國四年正奏進士第一．誤一．（四年乃己卯而表作丁丑亦誤）戴璟廣東志．許申．字維之．大中祥符初．天子東封．獻賦召試．玉海．祥符元年十月二十五日癸丑東封．二年六月二十七日庚戌．崇政殿試．東封路服勤詞學．經明行修．擧人賜梁固以下三十一人第．馬貴與曰．雍熙而後．取士之法．省試而後殿試．獨此二年．會要所載乃停貢擧年分．禮部未嘗放進士．固等乃封禪特恩所試．如後來免省到殿之類．是許申之登第．乃在祥符二年東封路梁固榜．而其科則經明行修也．表乃謂祥符三年．申以賢良方正應詔正奏進士第一．誤二（近郡中建鼎甲坊公然以謝言許申爲會元蓋沿周氏之誤）文獻通考祥符元年．言者謂兩漢擧賢良．多因兵荒災變．今國家受瑞建封．不當復設此科．於是悉罷．以後時罷時擧．紹聖元年復罷去．乃置宏詞以繼賢良之科．至高宗紹興元年．始下詔復之．而表乃謂劉景擧賢良方正於靖康元年．誤三．阮氏廣東通志．林巽．海陽人．天聖中．應材識兼茂．明於體用科．而表作五年正奏進士第二甲．誤回．通考．景祐二三四年．俱停貢擧．黃才伯廣東志．許申子因．仕至太子中舍．孫聞一．皇祐五年進士．元孫弁．元豐二年進士．五世孫居仁．元符三年進士．居安．紹興五年進士．八世孫騫宣．同登紹熙四年進士．其於許氏一家科目．可謂記之詳矣．亦幷不言因有擧進士事．而表乃謂因爲景祐三年丙子正奏第二甲．誤五．登科記．高宗建炎二年．以軍興分路類試．故是年及紹興二年進士．只有狀元．無省元．而表乃以鄭渙爲建炎二年本路額試省元．誤六．（宋之省元即今會元也．）（旣以分路類試．是無省試矣．安得稱省元．〇李伯微朝野雜記四川類省試第一恩數視殿試第三人．然亦止四川爲然．亦幷不可以省元稱之也．）

程鄉志．巫惇武爵出身．官至武功大夫．勳騎尉．表乃以爲紹定二年特奏．且厠之諸科進士之間．誤七．表分三格．制擧爲上．進士次之．鄉貢爲下．吳昊吳敦仁．皆由賢良方正出身．乃雜列於進士之內．是自亂其例也．誤八．文獻通考．嘉定七年．進士五百二人．省元姚宏中．自唐迄今千餘年．潮州會元只此一人．表乃略而不書．誤九．蘇文忠公答吳子野書．少在册府．嘗及接見先侍講下風．是子野父登第．當在眞仁之世．表乃列吳宗統（子野父名）於開慶以前．寶祐之後．誤十．張夔子昌裔．以進士爲容瓊二州倅．孫嗣宗．有隱德．曾孫雷．字春稱．登嘉定七年進士．授廣州南海西尉．未赴．改藤州司李秩滿．改象州簽判．其墓在大埔塔岡．康熙戊戌．爲人所發．墓志所言最爲翔實．周氏修志．在乾隆時．於夔本傳．旣不詳載．而表又以雷即嗣宗．誤十一．宋詩紀事．古成之．字亞奭．惠州河源人．河源唐屬循州．南漢屬禎州．宋天禧以後．改禎爲惠．遂屬惠州．至今仍之．蓋與程鄉渺不相涉．表乃以成之爲舊程鄉人．誤十二．（黃才伯廣州人物傳．古成之本惠州河源人．五季末避地貫增城．蓋亦爭所不必爭者．又曰四世孫革居梅州擢紹聖元年進士．則果爲程鄉人矣．然因其孫而幷及其祖而改隸之亦非．〇東坡和陶雜詩云．越子古成之．韓生敎休糧．參同得靈鑰．九鍊啓伯陽．鶴城見諸孫．貧苦我爲傷．空餘焦先室．不傳元化方．遺像似李白．一龕臨江觴．據此則成之的爲惠州人．而成之子孫猶然居於惠也．革果爲成之之後．則登第于紹聖元年．坡翁應目見之矣．何至有貧苦之傷也．然則才伯之言亦不可盡信焉．）書不滿半卷．謬戾叢滋．一至於此．何貴乎志也．有地方之責者．能勿亟亟議修改焉．

李勳

楊湘陰傳

李勳

同縣謝黃門元汴・字梁也・號霜崖・崇正癸未進士・順德馬郡博奉初撰傳・謂給諫於亂定後奉母還居郡城・母卒棄家披緇・流寓彭湖台灣・後不知所終・按陳園公蓮集有哭同年謝霜崖詩自序・謂公死於戊申十一月・其首章落句云・雪鬢阿爾君念否・他年誰廢蓼莪篇・則公之亡・太夫人猶在堂也・馬氏所言殆非實錄・○戊申爲康熙七年・工制舉業・元和惠紅豆先生士奇督粵學時・取其文與順德梁未央孝廉朝鍾・新會胡太靈明經方合刻之・稱嶺南三家・且作詩云・梁也文章似大樽・雲間東粵兩奇人・其傾倒可謂至矣・霜崖稿中凡黃石齋・陳秋濤・吳日生・許若魯・查伊璜・張公亮・王珍右・呂石香・羅文止・王名世諸公・俱有品評・固一時聲氣之盛・然亦可見其文之果足重也。其詩古文固不若其八比文之獨到・然亦戛戛生新・絕不拾人一牙後語・自云一語不自己出・若觸痛於心・果不虛也・集有楊湘陰傳一篇・余最愛誦之・湘陰明史無傳・僅附見其名於忠義傳中・則霜崖此文尤不可少・其詞曰・往者龍亢戰野・楚水盡赤・諸銅墨之倫・上者挈印兔走・下則纍項係纓・叩頭出血・甚則鷙操鳳戈・鼪推膂刃・有曄其紱・化爲沐軫者・煩於痲竹・而肉虎冰鑊・火妻灰子・顏痛可識・面切猶生者幾人哉・

余嘗謂義車暫頓・雌蜺揚輝・士君子雖無后羿之弓・夸父之杖・以振策悲泉・落翮焦石・使跛烏不辱・若華爲昭・而義肝所激・湛胸滅頂・猶可化爲胥江之潮・萇宏之碧・以綴繫血類・要褫人倫・必如楊先生・而後搴蘭頌橘・千世而上・三閭大夫・乃不孤行也・余友袁祥之曰・子與楊先生之子州彥遊・是不可以不傳・吁・余敢傳先生乎哉・

先生名開・字今泰・大埔白侯里人也・天啓辛酉・舉於鄉・崇正丁丑・仕爲合江令・令三月・以桐杖歸・辛巳・補湘陰爲湘陰令・不二年・而守官以死・噫・甫成自隊・可悲也夫・方先生令合江也・雖吏日淺乎・吏人同聲・謂之不煩・其在湘陰也・一如其在合江・自先生去合江・蜀事遂不可言・迨湘陰而洞庭以北・胥爲豺嗥狐嘯之區・武岳淪沒・諸郡縣咸不守・先生獨組練塹防・誓以必死・賊至城下・身先士卒・仗劍登陴・前後擊殺數百人・力竭不支・始出保白鶴洞・叛役李登・導賊酋楊天桂帥衆麇至・遂執先生見獻賊・餌之以官・不屈・懼之以死・不爲動・竟肅衣冠・同妻妾婢六人・沉於湘水以死・嗟夫・先生爲臣死忠・天植固然・章恭人者可以不死也・苟如恭人死・則如藐孤何・而竟死之・季子州哲可以不死者也・苟如季子死・何以處乎忘親而背其君者・而竟死之・至如諸僕婢者・嚮其利爲有德耳・諸纍纍若若者・獨非人乎・而竟死之・微先生・則天下後世・何以知人臣之必死國・微此數人者・則天下後世・何以知剛大之氣・不在丈夫而在女子・不在麋鬌而在童兒・不在冠劍而在匝帚也・松栢之下・其草不殖・是之謂乎・

先生鳴琴所左・有玉笥山・屈大夫之所作九歌於其上也・有先生則魚屋龍堂・蕭艾皆榮矣・夫屈大夫橫奔之流・觸石而爲濤則爾・先生不守官以死・黃龍白鹿・可獲喜應・先生亦謂天地雖毀・柱維未折・吾寧以其羊血而易筐實者・故左執鬼中・右執殤宮・而有此不願也・

先生八歲而孤・骨重神寒・頭玉嶄然・十九補博士弟子員・有聲莪藻間・及舉於鄉・出江陰李仲達先生之門・李先生抗魏璫死・同門士若黎若朱・皆能仗節・譬之草木・則臭味也・先生十六年孝廉・無一刺入公門・二千石以賢良方正徵詣公車・待詔金馬門名爲天子所知・其行已之正如此・其在湘陰也・甫下車・有蝗魃之災・先生告於天以却之・蝗爲

不入其境・而其沛而雨也・潤下尺・生上尺・其格天之誠如此・其在合江也・太平鄉民有惑於左道者・邑紳馮某倡議薙之幾治亂・先生曰・無辜殺一匹夫・其聲聞皇天・走之臺使者・亟白之・賴全安者萬人・湘陰渠魁・甘明陽許定寰・將謀爲變・先生智縛之・而元凶授首・其整暇之識又如此・夫先生不守官以死・而以其誠斷・樹惇於內・弭亂於外・有如數人・雰霏必是・蓬蒡不生・則是奔車之上・仲尼不躓・覆舟之下・伯夸不濡・於天亦有所不願也・曰・

先生既以壯烈爲海內忠臣義士所震悼也・已丑夏・始以原官贈太僕寺少卿・廕一子・予祭葬・與章恭人季子哲・並得請旌里門・長州彥・喜讀書・有古人風・雖不祿・而千里誦義・次州杰・以文章名於時・爛爛如列宿・巖巖如瑣石・州哲年十二耳・凌霜之姿・豈必合抱・語不云乎・家有芝蘭・乃無疾病・先生爲不死矣・

贊曰・海水羣飛・六龍俱戰・禍泣萬物・雨集維霰・崔嵬切雲・有盎其面・食言而肥・能雪見晛・亂機所發・始於闖獻・炎炎不絕・靡克有艮・棄誠逐鹿・以爲嘉遯・背主得榮・紽緎競勸・黃山陵之山・堯女葬之・汨羅之谿・左徒喪之・則有楊公頡而頏之・天下女子而有姜姬・天下僕妾而有槃箕・維彼龍材・曷愧九疑・同人於宗・有蔡司李・霓旌螭輿・視此湘水・吁嗟鬼雄・二人而已・

潘衍桐　一八四一年生　一八九九年卒

字峄庭・號峄琴・南海人・同治戊辰進士・授編修・歷官侍讀學士・其在詞館。屢上章言時事・如開藝學・練鄉兵諸疏・皆關大計・與黎國廉爲嶺學報發起人・旨在啓發民智・不求七利・復仿學報體裁・用說經家考據之法・凡有西學西政・皆考其源流・詳其得失・以備國家採納・故張百熙以東方泰晤士期之・又葺方正學全集・光緒二十四年督學浙江・補鈔文瀾藏書・修阮文達故事・續輯兩浙輶軒錄・二十五年卒・年五十有九・遺著有爾雅正郭・朱子論語集註訓詁考・緝雅堂詩話等書・

嶺學報叙

光緒十年・衍桐待罪成均・奏請開藝學科・預儲人材・以備折衝禦侮之選・格于吏議・不果行・今天子聖明・立官書局・設大書院于京師・而封疆大吏・亦興學堂・開官報・拳拳懃懃・以作養人材爲急・衍桐以疾廢・無由竭駑駘・副宵旰求才之茂意・顧念時局屯艱・風氣錮塞・輒欲集同志・譯西報・都爲一書・導鄉人士講求經濟之徑・

適順德黎孝廉國廉・華胄雅材・購圖籍・庀材器・廣招豪俊・議倡報館・則有南海朱秀才淇・碩學通識・力任撰述・掄召朋徒・分局編纂・會張樵野侍郎使英東返・深韙斯議・而長沙張公又以海內魁宿・視學吾粵・提倡實學・增定規條・於是羣情景翕・姁姁集事・非衍桐寡薄所能獨舉也・

至於撰報體例・則實事求是・力矯虛談而歸本於尊王之旨・班孟堅有言・抒下情而通諷諭・宣上德而盡忠孝・其報館之模式乎・光緒戊戌孟春南海潘衍桐謹序・

易學清　一八四一年生　一九二〇年卒

字蘭池・鶴山人・同治元年壬戌恩科・併補行已未恩科學人・同治七年戊辰科進士・官戶曹・同年南歸主端溪書院及羊城書院二十餘年・與朱次琦・史澄・陳澧・葉衍蘭等爲道義交・清末位廣東諮議局主席・倡辦地方自治社・以禁賭弭盜爲

己任・護法之役・曾聯電歡迎海軍艦隊南來・民國九年卒・年八十二・

嶺學報序

國何以强・强在民・民何以强・强在智・四德智爲殿・無智則仁義禮亦不可也・三代時・黨庠術序・開民智者甚備・秦鑑策士之禍・始尚愚民・然殷祀六百・周年八百・三代下所未有也・開民智者如此其昌・塞民智者如彼其促・得失之數・較然可見矣・

智民之道二・曰學校・曰報館・學校欲其專・專然後能精其業・以備國家之用・報館欲其通・內而朝廷之掌故・外而鄰國之情狀・大而政學之原本・小而農工之藝技・登之報簡・靡脛而走・古者太史採列國之風・誦之三百而政達・即報館之意・智民之術莫捷於此矣・

抑余更有說焉・民智宜開・民智亦毋使自開・古者敎民之道・責諸司徒・植體於六德六行・而致用於六藝・至於太史採詩・又以思無邪爲宗旨・故民德立而智廣・足以爲國干城・王迹息而詩亡・子衿刺而學廢・閭巷之豪・逞私智以爲學・於是戰國有處士横議之禍・此乃聽民自開其智之過・非開民智之過也・秦因咽廢食・專務愚民・聚六州之鐵・能鑄此錯哉・方今强敵外逼・需材孔殷・吾粵適有嶺學報之倡・故樂取而叙之・異時鄉國多材・中國之興其嚆矢乎・光緒二十四年戊戌孟春鶴山易學清序・

梁鴻翥 一八四二年生 一八九〇年卒

號羽逵・又號與夔・三水人・學光緒壬午科鄉試・癸未成進士・授翰林院庶吉士・改官知縣・歷任四川鹽源・太寧・黔江・巫山等縣・所至興教育・飭吏治・淸積獄・息夷爭・勤政潔己・遺愛在民・宣統元年回鄉隱居・著有入蜀紀程・綠榕軒詩草・入蜀詩草各一卷・

黃花晚節圖題詞序

光緒壬辰歲・予挂冠之明年・寓於羊城・童子黃榮康・因予族孫湛求見・力學不倦・所爲詩文・出語已驚長老・次年・以侍其祖母疾辭歸胥江・蓋其幼失怙恃・非祖母無以長成・無怪其烏私之情・不能已也・

越六年書來言・負米養親・館南海陳氏・書中感恩懷舊・情文悱惻・幷詩四章・皆淸切可觀・又二年・捧黃花晚節圖來屬題・展閱之餘・益嘉其孝・擬贅數語・因事未果・今年復來・以詩册編成將付梓・乞予弁言・

予思夫詩文之道・歌頌功德者上之・其次莫如表揚節孝・是篇也・合羣賢之才・闡微顯幽・言行優美・爲一時所矜式・是亦有功世道之文也・予久欲倡扶名敎・凡遇善之可錄者・無不欣欣然引進之・今覩是篇・又安能無所述耶？乃爲之書・光緒二十八年歲在壬寅十月三水梁鴻翥與夔撰・

遷建行臺書院記

今書院・即鳳岡古院也・而名之曰行臺・不忘制軍阮公芸臺之敎也・夫行臺者・制軍幨帷之地・在縣城外東南・歷久傾圮・道光四年・邑先輩以鳳岡規模未廣・請於阮公・以行臺改建書院・公欣然許之・即濡筆而題之曰行臺書院・謂隨地均可書院也・堂室廊廡・亭宇齋舍・森列整然・東西翼

以棠蔭崇祀兩祠．當中建樓．曰三十六江樓．皆公手書．記事於石．一時歌詠甚衆．並撥沙田若干畝．以爲院中膏火．自是邑多絃誦聲．人莫不歎公之教澤長也．

迨咸豐三年七月．潦水潰堤．崇祀祠冲激成淵．四年九月．毀於賊．六年．余將集衆補其缺陷．以圖興復．而是年六月．堤復潰．傾塌書院之外．僅餘棠蔭祠四壁而已．余與舉人裼君通三．廩生梁君芝田．共謀遷建．而上下數里皆民地．價不肯售．周閱城外．亦無形勢之區．惟鳳岡舊址．得肄水清淑之氣．蜿蜒扶輿．磅礴而欝積．靈奇所鍾．且建院於此．可爲學宮聳東壁之勢．無潦水之患．亦無盜賊之虞．便於肄業．因集衆人議之．僉稱曰可．

惟鳳岡地狹小．前則設亭以拜萬壽．後則爲明倫堂．然皆剝落將圮．茲重建萬壽宮於東方．移明倫堂於尊經閣．復購旁地增廣之．共得地橫八丈直四十丈有奇．堂室廊廡．亭宇齋舍．亦森列整然．而東邊特立文昌宮奎星樓以啓文明之運．所謂聳東壁之勢者．正在此也．

且帝君自是始有專廟．典禮肅焉．西邊仍立棠蔭祠以奉阮公祿位．旁及夫官斯土之有功德於民者．而今昔捐題之各牌位．則崇祀於后座．序列五賢左右．亦舊章所宜率由者也．然則此書院也．形勢非必盡同昔之行臺書院．而可以肄業一如昔之行臺書院也．雖鳳岡亦可學也．是役也．經始於九年十一月．訖工於十一年三月．共計工料銀七千餘兩．經費出於書院．餘或各鄉捐題．遠近同心．廢墜之餘．振興一旦．靄靄多吉．將於此焉卜之．是爲記．

重建貴岡文塔碑記

境內多土岡．而貴岡之龍．其岡則石．西江之水．澎湃灝瀚．一息而千里者．非此莫能當也．則山之靈．其昭昭也．然惜其勢不甚聳．乙未春．議建文塔於其頂．以木爲之．閱月而功成．屹立一柱．蔚然大觀．而文運遂有日起之勢．己亥科．中副榜一人．欽賜一人．庚子科．中正榜一人．癸卯科．中正榜一人．欽賜一人．乙巳春．予亦禮闈叨捷．而前後之食餼進庠者．且日相接踵也．然時已閱十有一載矣．四山風雨．一木難支．漸就傾圮．予適告假歸里．諸同人思易以磚石爲不朽之計．予欣然願參末議．旬日間得樂助者千餘金．經始於丙午正月．迄夏五月而告成．基益加厚．勢益加聳．卅六江水．藉廻文瀾．洵天南一保障也．

抑予更有說焉．箕子之疇云．曰予攸好德．汝則錫之福．此人道之常．亦天道之正．以斯塔之興．甫一建議．樂助者千餘金．快覩爭先．予又以好行其德者之多．而人心之靈．與地運之靈．日相感召者．正未有艾．則人文之駸駸日上．吾又烏能測其所至耶．

伍廷芳　一八四二年生　一九二二年卒

字文爵．號秩庸．新會人．生於新加坡．年十四負笈香港聖保羅書院．畢業後在港創中外新報．吾國之有日報自此始．年三十三赴英倫林肯法律學院深造．獲英國大律師文憑．回港執業．爲國人得任外國律師之第一人．越四年復受聘爲立法局議員．香港僑民得爲議員者．以其爲嚆矢．廷芳素懷經世志．以救國自任．李鴻章慕其名．聘參幕府．對新政多所勷助．光緒二十二年・出使美利堅・西班牙・秘魯各國・保護華僑・力爭主權・任滿歸國爲商約大臣・駐上海・與列强交涉・稱得體・歷刑部右侍郎・與沈家本同任修律大臣・成民律草案・及修改刑律・三十三年復出使美墨秘諸國・辛亥南北議和・任南方總代表・南京政府成立・任司法總長・袁氏竊國・拂袖而去・黎元洪繼任大總統・徵爲外交總長・兼代國務總理・因拒副署武人毀法解散國會令・毅然引退・南下匡輔 孫中山先生護法・任軍政府總裁・兼長外交財政・民國十年・中山先生任非常大總統・命掌外交財政・後兼廣東省長・詎陳烱明因阻撓北伐叛變・所部圍攻總統府・因感憤得疾而逝・年八十有一・廷芳外交耆宿・精通法律・生平茹素・公暇好研究衞生及靈魂學・著有靈學日記・鬼友夜談錄・今佚・

籌欵維艱請仿行各國印花稅摺

出使美日秘國大臣伍廷芳・奏爲籌欵維艱・請先在通商口岸・仿行各國印花稅・以廣利源事・竊惟近歲以來・度支告匱・償費無出・復謀稱貸・轉瞬期至・又須淸還・而重整海軍・創辦諸務・在在需欵甚殷・臣參攷外邦理財之書・爲中華自强之計・惟印花稅一事・可以試辦・謹條其利便・爲我皇上詳陳之・

查印花稅創自荷蘭・盛於英吉利・比來歐美各國・皆次第仿行・以爲裕國便民・莫善於此・其法由戶部精製印花・轉發商民・凡書寫契券・訂立合同・租約收條・銀行鈔票等件・皆須粘貼・其取之也廉・故民不困・其積之也多・故利最廣・此法若行・約有十便・富商大賈・出入鉅萬・所徵之稅・不過毫芒・揆之羣情・當所不吝・其便一・債券地租・無徵不信・印花既貼・昭然若揭・民必樂從・其便二・懋遷交易・此稅出於買者・而賣者不與・於窮民無所損耗・不致以厲民爲詞・其便三・關稅釐金・皆徵於貨物・未銷以前則收之・交易既成之後・千百取之何嫌何疑・其便四・戶部總其成・各省下其法・或設總局督銷・或發殷商代售・隨時隨地皆可分購・無委員檢核之繁・無胥吏假手之患・其便五・他項釐稅・名目不同・多寡不一・侵漁者衆・漏匿者多・此稅價値列於紙上・一目了然・無從隱匿・中飽之弊・不祛自絕・其便六・凡開局設卡・取財於民・創辦之始・必多怨謗・今聽民間領購・無所用其抑勒・商民相信・必多購印紙以備用・預繳印稅以納官奉上急公・自然而致・其便七・外洋之法・凡契券不貼印花紙者・即爲廢紙・單據已用不塗銷而再用者罰・貿易之人・必不吝小費・而罹重罰・互相稽核・可杜奸欺・其便八・各國通例・此項爲內地稅・與關稅無涉・外人無從藉口・他國人經商我國・我既任保護之責・即有徵稅之權・通商之埠愈多・印花之數愈旺・不勞口舌・利賴無窮・其便九・歐洲此稅・歲數千萬・我亦漸次推廣・庫儲既足・應辦諸務・均可次第舉行・其便十・有此十便・凡在食毛踐土之列・固當聞命樂從・即彼梯山航海之倫・亦必相安無事・此議前經御史陳璧奏請仿行・因總署奏覆・亦以爲利國便民・宜可仿辦當經分行各出使大臣查覆在案・

竊惟我朝除丁口稅爲三代以下所未有・深仁厚澤・固結人心・今中外多故・籌欵維艱・惟此印花稅下不病民・上可利國・較之他事・似爲易行・如能經理得宜・裨益大局・實非淺鮮・相應請旨飭下總理衙門會同戶部妥籌辦法・如驟擬普行・猶恐紛擾・則請飭令總稅務司各關監督・於通商口岸・先行試辦・惟崇簡易・不尚煩苛・於籌欵之中・仍寓便

民之意·俟成效既著·逐漸通行·以順民心·自無窒礙·謹奏·

教案迭起內治無權請變通成法摺

出使美日秘墨大臣伍廷芳·奏爲教案迭起·內治無權·擬請變通成法·亟圖補救事·竊查近來邊釁之開·每起於教案·而教案所以多者·推原禍始·則由昔年與之訂立條約·許以遍地傳教·不許以內地通商·殊爲失策·實則通商利多害少·傳教則不然·蓋富商碩賈·身家既厚·愛惜體面·不肯爲非·傳教者陽託勸人爲善之名·廣爲號召門徒之學·各國近已不甚崇信其教·及來中土·氣燄倍張·內地不逞之徒·又從而煽惑·爲之羽翼·每藉入教以抗拒官長·凌轢平民·羣受其害·則歸怨於教士·積忿既久·釁端乃成·事每起於至微·禍輒生於不測·今欲豫弭其變·惟在內治有權·

查各國通例·凡他國人在本國者皆歸地方官管束·犯案皆歸地方官訊辦·惟中國商民往他國者·受治於他國之官·而他人來我中國者·則不受治於我·侈然而肆·無所顧忌·冠履倒置·職是之由·然彼之人民不受約束·犯案不受訊辦·非專恃强以凌人也·彼所藉口·蓋有兩端·一則謂我限以通商口岸·民人應就近歸彼領事管束·二則謂我刑律過重·彼實不忍以重法繩其民·日本始與泰西立約·亦與我同·繼乃憬然覺悟·幡然變計·不肯以兩端礙其自治·而國以寖强·

臣聞擇禍莫若輕·擇福莫若重·與其膠柱鼓瑟·貽無窮之隱患·何如改弦更張·以收變通之例乎·方今强鄰虎視·各欲得地以便私圖·與之則啓爭·不與則致寇·援一體均霑之例·存多方要挾之謀·有如六國割地講解·以圖一夕之安·起視四境·而秦兵又至·環生迭起·能不寒心·中國爲各國覬覦久矣·澳門香港·歸其管轄·口岸租界·有如外府·然猶貪求無饜·得寸思尺·夫歐洲如瑞士比利時·皆蕞爾小國·然頗能自立·不致見逼强鄰·而中國獨數被侵凌者何哉·彼全國通商·重門洞開·示人以無可欲·中國深藏固閉·轉有以啓其覬覦之心故也·人情於所歆羡之物·予者持之愈堅·則欲者求之愈急·一旦取懷而予·顯豁呈露·每有逡巡却顧·廢然思返者·今欲爲一勞永逸之謀·則莫如開誠布公之策·應請旨密飭總理衙門·將各國通商一律通盤籌算·熟計利害·毋稍隱諱·如以爲可·則明降諭旨·無論大小各國·皆與通商·沿海地方·擇商務最繁之一二省·先議舉行·其餘酌分年限·次第開辦·各國商民·准其任便居住·德音一沛·則天下各國聞者·將曰中國之人·不分畛域·一視同仁·如此則中國政令一新·力圖自强·如此有不鼓舞歡欣·奔走偕來樂觀王化之成者哉·

論者謂不索而獲·是益寇也·不求而與·是示弱也·開門揖盜·非計之得者·如方今輦轂之下·左衽者已交錯往來·內地各處·皆任其游歷·任其傳教矣·何獨於商人而反靳之·且租界之設·專爲通商·遍地通商·則應收回租界·因而正教之曰·目下商務既廣·任便居住之例已行·凡教士商民·在我國者·我既任保護之責·即當有約束之權·而又無辭以難我也·則內治有權·釁端可弭矣·且分年開辦·或十年或二十年·我自主之·即沿海之地·先行試辦者·亦必

訂立條約・彼此會商・夫然後行・仍非一朝一夕之故也・我以其暇日・整軍經武・自可圖自強・安見通商必能爲害哉・況通商之區・各國視爲公地・平均霑利益・而莫之能專・有事互相箝制・而莫敢先發・觀於甲午乙未之交・日本縱橫海上・天津上海以通商公地・獨免被兵・是明爲推廣・示無外之規模・實隱固藩籬・作無形之保障也・

查日本與各國訂約全國通商・然聞商情仍願萃處繁富口岸・以運貨內地・路遠利微・情形大略相同・如我已弛禁・而彼不能來・是陽與以虛名・而坐收其實利也・論者又謂開通之地廣・則通商愈多・通商愈多・則我民生機愈困・不知前者通商之地・皆成繁富之區・且自通商以來・內地華商・不少豪富・而輪船不到之處・生機反益蕭條・是通商不足以病我明矣・蓋彼以貨來・我以貨往・有無原可相通・即我貨之往・不如彼來之多・然日用所需・傭賃所費・展轉流通・小民可均霑其利・我若能廣拓商務・精求工藝・並可師其所長・輔吾所短・互相規倣・厥益良多・臣觀泰西各國・或百年或數百年或且千年・圖治之源・具有條理・然因通商以立國者有之矣・未聞因通商以失國・亦未聞藉通商以取人國者也・必謂通商既多・則朘削小民・剝喪元氣・豈通論哉・至於入口稅重・出口稅輕・環球通例・中國反是・未免受患・今既破除成例・各處通商・即當倣行西法・加重入口稅・所有煙酒各物・查照各國稅則・一律加增・於國貨必有裨益・試能控制得宜・權衡得當・亦異日富強之基也・

若夫法律原以齊民・輕典重典・時爲損益・伊古以來・帝王不相沿襲也・臣愚以爲中西法律・固不能強同・然改重從輕・亦聖明欽恤之政・況因不一之故・以致華民科罪・則雖重猶以爲輕・洋人定案・則極輕猶以爲重・無術以杜彼族之口・豈足以示廷尉之平・夫法無不變・制貴因時・應請飭下部臣・採各國通行之律・折中定議・勒爲通商律例一書・明降諭旨・佈告各國・所有交涉詞訟・彼此有犯・皆以此爲準・此律一定・則教民教士知所警而不敢妄爲・治內治外有所遵而較爲劃一矣・

以上數端・跡近紛更・或駭觀聽・然事變如此其亟・時局如此其難・非破除成見・早爲之所・恐不免爲彼所淩侮・臣熟計深慮・反覆籌思・慨內憂外患之迭乘・非拘文牽義所能定・惟有探源以導・握要以圖・消隱患於未萌・庶時艱之有補・用特不揣冒昧・略陳其愚・謹奏・

通告全國文

廷與前清內閣協議清帝辭位後之優待條件・已於初九日致各省都督青電略陳梗概・諒蒙洞鑒・初十十一等日・與前清內閣往復磋商昨日得其復電・已全體承諾・案清帝辭位問題・籌商一月有餘・關於辭位以後優待條件・尤費籌畫・民國政府宗旨在合漢滿蒙回藏各民族・以建中華民國・已屢次剴切宣明・而所定滿蒙回藏各民族贊成共和待遇之條件・於平等大同之義・委曲調護之心・皆已周至・然滿蒙王公所注目者・不僅在本族之位置・尤在清帝辭位待遇之厚薄・果使清帝辭位・得蒙優待・則皆以爲清帝且如此・滿蒙諸族・更何所慮・設其不然・則皆以爲清帝猶不免如此・滿蒙諸族更無待言・此種存心・驟難解說・前因優待條件久未商定・大

起恐慌・謂既不見容於漢人・不如托庇於外國・東三省及蒙古等處已見端倪・因疑成隙。將爲巨患・廷勞心焦思・迭與臨時政府商酌・以爲中國歷史上・凡遇鼎革興朝・對於勝朝餘裔・恒從優看待・既以成寬容之德・亦以安舊臣之心・

況今者民國政府・持人道主義・又値清帝贊成共和・自願辭位・民國政府法漢高雍齒且侯之意・承明祖寬待元裔之風・予以優待・必爲民國所不拒・惟事關重大・廷雖受議和全權代表之任・而再三審度・不敢擅作主張・爰於本月初四日將前清內閣所開優待條件攜赴南京面商・政府諸公於所開條件・有所修正後・提交參議院再加修正・得多數表決・並謂將來字句之間・如稍有斟酌・無關大體者・不必復須得參議院之同意・廷以議決案電達黎副總統・承表示同情・復前清內閣後・復有所爭持・當經稍加修改・告以自此無可再讓・民國政府於贊成共和自願辭位之清帝・雖可予以優待・然萬不能於共和國體稍有妨碍・得蹈虛君位之嫌・迨十二日下午得前清內閣回電・已全體承諾・同日清帝辭帝之詔・亦已宣佈・自此清國統治權・全歸消滅・中華民國統一全國・永無君主之餘跡矣・

詳審優待條件中多關于清帝之一身及其祖宗家族等事・與政治無關・其必宜注意者・應一一解釋・以期共喩・謹歷舉如下・

一・清帝名號・案關於清帝一身之待遇・廷前祇許以待外國君之禮待之・旋經彼此磋議・以爲雖以外國君主之禮相待・不能無所稱謂・乃予以讓帝之號・而彼方以爲近於謚法・堅不肯從・始定爲清帝辭位之後・尊號仍存・不廢清帝與大清皇帝名稱・不過有詳略之殊・猶之直隸總督簡稱則爲直督・故參議院所堅持者・在辭位之後四字・而於清帝與大清皇帝之別・謂爲無關閎旨・所以大清皇帝辭位之後・尊號仍存不廢・爲最後之決定・蓋如是則辭位之後・自可稱爲已經辭位之大清皇帝・與虛君位主義風馬牛不相及也・至於前清內閣初所要求者・爲大清皇帝尊號相承不替・廷已嚴加拒絕・彼亦慮蹈於虛君位之嫌・承認廷所主張矣・二・清帝居住・前清內閣所要求者・爲大內宮殿或頤和園隨意居住・廷以專制君主・爲萬目所共瞻・且居城之中央・阻礙東南西北之交通・必當拆改・清帝祇居頤和園・不可仍留宮禁・而前清內閣謂嚴寒之際・倉猝之際・未能即行遷移・應聽暫爲居住・日後再退居頤和園・此不過暫時之事・三・禁衞軍編制・前清內閣以清帝辭位後・雖不應仍有禁衞之軍・而數近萬人・一旦解散・將以失業之故而起恐慌・要求將該軍額數俸餉・仍如其舊・廷以該軍原名禁衞・必改歸中華民國陸軍部編制・然後可儕於國民軍之列・而不使人疑爲已經辭位之清帝・仍有宿衞之兵・四・王公世爵案・美法同爲民主之國・法有世爵・而美無之・此各因於其歷史・美以平民手創新國・故世爵之制無自而生・法以革命之力變君主爲民主・其歷史所貽留之制度苟無礙於共和主義者・未盡改易・故世爵之制・仍存不廢・今我中華國體新定・而蒙古回藏各處因於歷史部落之制・未盡蠲除・一旦去其王公・各部驚疑・必滋大亂・故待遇滿蒙回藏條件・有王公世爵・概仍其舊一條・此中情形・想必爲識者所鑒諒・

頗聞論者有謂既受世爵・不再享公權案・共和國以國民

平等爲原則・即有爵號・不過以歷史所留貽爲一家一姓之榮譽・故平時以私人資格・雖可以爵號自娛・而當其行使公權・如爲官吏及議員等・則不能以爵號並列・故關於清皇族待遇及關於滿蒙回藏各民族待遇條件・於一面留其爵號・於一面使其公權私權與國民平等・庶於共和國體無所妨碍・以上條件・因易滋疑議・故略爲解釋・其他皆清帝辭位後關於一身及祖宗家族等事・無關宏旨・予以優待・使各國曉然於此次革命純持人道・尤爲民國之榮譽・至於待遇滿蒙回藏各民族之條件・係因滿蒙回藏各民族贊成共和・合五大民族・同建中華民國・民國當然有此辦法・非因清帝辭位之故・參議院既已切實宣明・已一併於清帝辭位之後由兩方代表照會駐京各國公使・請其電達各國政府矣・茲將全文・電陳左右・尚祈鑒察爲幸・

甲關於大清皇帝辭位之後・優待之條件・

今因大清皇帝・宣佈贊成共和國體中華民國・於大清皇帝辭位之後・優待條件如左・

第一欵・大清皇帝辭位之後・尊號仍存不廢・中華民國以外國君主之禮相待・

第二欵・大清皇帝辭位之後・歲用四百萬兩・俟改鑄新幣後改爲四百萬元此欵由中華民國撥用・

第三欵・大清皇帝辭位之後・暫居宮禁・日後移居頤和園・侍衛人等照常留用・

第四欵・大清皇帝辭位之後・其宗廟陵寢永遠奉祀・由中華民國酌設衛兵・妥愼保護

第五欵・德宗崇陵未完・工程如制妥修・其奉安典禮・仍如舊制・所有實用經費・均由中華民國支出・

第六欵・以前宮內所用各項執事人員・可照常留用・惟以後不得再招閹人・

第七欵・大清皇帝辭位之後・其原有之私產・由中華民國特別保護・

第八欵・原有禁衛軍・歸中華民國陸軍部編制額數・俸餉仍如其故・

乙關於清皇族待遇之條件・

一・清王公世爵槪仍其舊

二・清皇族對於中華民國・國家之公權及其私權與國民同等・

三・清皇族私產一體保護

四・清皇族免當兵之義務

關於滿蒙回藏各族待遇之條件・

今因滿蒙回藏各民族贊同共和・中華民國所以待遇者如左・

一・與漢人平等・

二・保護其原有之私產・

三・王公世爵槪仍其舊・

四・王公中有生計過艱者設法代籌生計

五・先籌八旗生計・於未籌定之前・八旗兵弁俸餉仍舊支放・

六・從前營業居住等限制一律蠲除・各州縣聽其自由入籍・

七・滿蒙回藏原有之宗教聽其自由信仰・

以上條件・列於正式公文由兩方代表照會各國駐北京公使轉告各國政府前・

忠告清監國贊成共和文

攝政王殿下．川鄂事起．罪己之詔甫頒．殺人之禍愈烈．以致旬日之內．望風離異者．十有餘省．大勢所在．非共和無以免生靈之塗炭．保滿漢之和平．國民心理既同．外人之有識者議論亦無異致．是君主憲政體．斷難相容於此後之中國．爲皇上殿下計．正宜以堯舜自待．爲天下得人．倘荷幡然改悟．共贊共和．以世界文明公恕之道待國民．國民必能以安富尊榮之禮報皇室．不特爲安全滿旗而已．否則戰禍蔓延．積毒彌甚．北軍既慘無人理．大位又豈能獨存．廷芳不忍坐觀．敢爲最後之忠告．聲嘶淚竭．他無可言．

致奕劻書

比者武漢變亂．天下響應．旬月之間．大江南北．相繼獨立．其志在乎掃除專制積弊而建共和政體．時局岌岌．不可終日．朝廷不得已．乃下罪己之詔．開黨人之禁．以爲今之革命．實基於政治．舉凡吾民所向叩閽呼籲捐棄頂踵求之而不得者．盡見於近日之上諭．夫年來假立憲之美名．行專制之虐政．上下中外．罔不周知．朝廷之大信已漓．雖復家喻戶曉．其誰信之．上月中旬．廷芳計無復之．思欲以保皇室之尊榮．免生靈之塗炭．電請皇上及監國遜位．同贊共和．以應時機．區區之忱．未蒙見諒．或將責廷芳以不忠．然此廷芳之辜恩．實由忠言不聽於前．至於今日．舍此別無良策也．

庚子之變．乘輿播遷．舉朝束手無措．端王矯詔．召回使臣．以絕外交．維時廷芳駐美．首不奉詔．商請美國佈告列強．保全中國領土．是以得免瓜分之禍．迨及返國．待罪京師．又嘗竭千慮之一．屢陳改革之策．使其言聽計從則中興尚有可期．不幸未蒙採納．以至今日土崩瓦解之勢．夫諫不行．言不聽．孟子且謂爲寇讎矣．廷芳之於朝廷．讎則何敢．顧亦嘗諫之言之．自覺已盡臣職矣．若殿下鑒察此心．採及芻蕘．致君於堯舜之揖讓．與民享共和之幸福．則皇室不失其尊榮．生靈得免乎塗炭．猶是廷芳報恩於萬一者時也．

抑更有進者．比聞濤邸及良弼等．重募死士．暗殺漢人懸賞三等．廷芳亦在應殺之列．道路傳聞．必非無因而至．竊謂若此野蠻舉動．原非親貴所宜爲．且漢人百倍於滿．果使挺刃尋仇．互相報復．爲漢旗計．後患何堪設想．利害安危之機．惟殿下審度而圖維之．天下幸甚．不勝翹企之至．

覆清內閣袁世凱文

頃接鹽一電．深爲詫異．此次唐使來滬．攜有總理大臣全權代表文憑．開議之始．互驗文憑．本代表即認唐使有全權會議．五次所訂各約．一經簽字．即生遵守之效力．來電所稱唐使電開會議各條．均未先與商明．遽行簽定．本代表實不能承認此言．但知一經唐使簽字之後．貴政府即當遵行．今唐使雖辭職．而未辭職以前所簽字之約．不因此而失其效力．貴大臣深明交涉．諒必能守此公例．

至於所稱應商事件．先由貴大臣與本代表直接往返電商云云．應商各件．有非面商不能盡者．遠隔數千里．僅以電報往返・必有難於通悉之處・故會議通例・必須面商・通函尚不能盡・何況電報・本代表此次與唐使會訂國民會議辦法・已將就緒・只餘會議地方及日期・已由唐使電達中外・想望以和平解決・指日可俟・今忽有此意外・和局難保不因此動搖・貴大臣如果有希望平和之決心・應先示人以信・宜迅照初十日所訂定退兵辦法・飭各軍隊於五日之內・退出原駐地方百里以外・以昭大信・是所切禱・

覆袁世凱文

銑三電悉・國民會議・由各處代表組織・其辦法已於十一月與唐使簽字・自應彼此遵行・毋庸再滋異議・否則不惟爲全國人民所笑・且將爲天下萬國人民所笑・閣下所開辦十七條・與前唐使所提議者大致相同・惟因彼此和衷商榷・各將所提議・斟酌删改・以成十一日所定之條欵・本電謂每省祇有代表三人・仍蹈少數專制之弊・顯見閣下與北京諸公尚未知文明選舉辦法・須知代表既由各處由衆舉出・自能代表該處人民之意思・合各處人民之意思・以爲全國人民之意思・何云專制・且各處既有三人・何云少數・若如來電所開辦法・無非故意遷延遲滯・

此次國民會議之發生・原爲彼此欲息戰爭之禍・必早日開會議決國體・人心始定・戰禍始息・未開會議決以前・雖兩方停戰・而人心未定・則和平仍無確實之希望・試觀前次停戰期內・兩軍仍不免時有衝突・即是人心未定之證・故十一日與唐使所簽定之條欵・注意在國民會議・早日開會・俾得早日議決國體・以定人心・而息戰禍・實爲至要之圖・閣下如果欲確保和平・不宜另生枝節・以耽誤時日・

凡此所述・皆爲解釋閣下疑慮起見・至本代表所始終堅持者・因唐使所簽字之條欵・萬無可以更動之理・來電謂唐使未先與閣下商明・遽行簽定・夫唐使果已商明閣下與否・本代表不必過問・但既認唐使爲閣下之全權代表・則唐使所簽定者與閣下自行簽定之條欵無異・而猶欲橫生枝節異議・實爲天下之異聞・應請閣下自後磋商・祇以唐使所未議定者爲範圍・如開會地方及日期等・本代表當詳加商定・至於唐使所已經簽定者・毋庸再議・庶議和條約・可以有效・是所切禱・

覆孫文文

巧一電悉・細譯尊意於辭職推袁二事均已決心・但慮袁被舉後即北京設臨時政府・强全國服從・則必不能收全國統一之效・故改一二四五諸條以爲防閑・用意至爲深遠・接電後・即轉達唐君・唐謂清帝退位後・北京必不即設臨時政府・此層可以無慮・但全國統一之政府・必不可不迅爲成立・否則北方陷於無政府之狀態・而統一政府雖舉袁爲總統・決不能由袁一方組織・故孫公辭職・袁公被舉之後・兩大總統爲交替起見・對於組織統一政府・必須直接籌商・唐所以屢欲孫公來滬・即爲預籌統一政府辦法・免致臨時倉猝・

至於通告外國・要求承認・既不必待各國之回章・自不必列於條件・蓋成立在我・承認在人・今宜先求其在我者・清帝雖退位・而統一政府尚未成立・外人無從承認也・總之

清帝退位一層・若能辦到・則以籌設統一政府爲第一・如此事與唐汪等商議・意見俱同・特聞・

復滬軍都督書

敬復者昨奉

惠書對於裁判姚榮澤一案組織之臨時合議判所・頗以正副所長名稱有所商榷・此中曲折・廷已深悉・但此事爲中外所注視・關係甚大・前書已略陳梗概・倘辦理稍不愼・重貽民國羞・故廷不惜往返商量・以求至當之辦法也・抑廷尤有區區之意・欲白于執事者・目下我國法學漸明・已有律師公會之設・各省裁判所且確許律師到堂辦理案件・上海爲華洋雜處之區・租界有律師而內地無之・近雖業已准用・而中國律師不能到租界辦案・甚不平允・廷意以此案如姚榮澤欲聘外國律師・擬准其任便聘用・以爲將來中國律師得行諸租界張本・且聞姚榮澤有外國人爲之到堂指證・如是則裁判官必須通達歐美言文・且熟悉歐美裁判制度・方足以資應付・蔡君才望・夙所欽仰・非敢以此屈之・特陳君生平・廷較與之稔悉・仍擬依前議・以陳君爲所長・如萬不得已・不必加正副所長之名・統名之曰裁判官・惟先規定坐位・以陳君居中・蔡君居左・丁君居右・此亦通融辦法・請望高明諒之・

廷所以斤斤以此爲言者・非有他意・蓋深知外人輕視我國爲不法之國・已非一日・此次民國已成・所有才智之士・均得自行其志・仍如前清時代行不規則之裁判・豈不令外人仍存輕視我國之心耶・居恒自待・如何一旦得所藉手・尚不略爲整頓・恐非改革之本心・且吾人常存收回領事裁判權之希望・若於本國之裁判・不能示人以文明氣象・將來承辦此事者・更何恃以爲持論之報據乎・執事深明大局・想不以此言爲河漢之無極也・凡此皆爲大局起見・非僅職權上之關係・尚乞鑒原・

復滬軍都督書

敬復者・四月三號接到大咨・適廷已辭職・不能再以正式公文互相商榷・惟念眞理不明・則是非顚倒・黑白混淆・受其害者・將不止一人一事・雖前日咨復貴府文稱萬一不蒙鑒許・惟當痛心息喙以聽天下人之集矢・然廷與執事究有朋友之誼・默爾息乎・恐非愛人以德之道・用敢再掬愚誠・竭其所知・以告左右・幸垂聽焉・

廷自勝衣就傅以來・習聞民權之說・私衷馳慕已非一日・惜其時處異族專制政府之下・不能發展所能・以行生平志願・抱憾良多・然凡發之於言・與夫見之於事實・未嘗稍違斯旨・此固中外人所共知・非廷故作大言以欺人也・今者民權之說散布於全國・故一舉而傾覆滿清政府・得以改造共和政體・此正民權恢復之時・萬不容再有絲毫專制事實存留於天壤・如有悍然爲之而不顧者・無論勳勞如何・資望如何・均當視爲人民之公敵・蓋因民權而起戰爭・若既得之・而復加蹂躪・則其罪惡之深・必有甚於單方主持專制主義者・故前此屢次辯論・皆在此點・而絕無一毫私意於其間・

執事辦理宋漢章一案・跡近蹂躪民權・又反夫法律之原則・故特破除情面・反復申明・以冀執事之悔悟・乃執事不明此義・似疑廷之好辯・然廷豈好辯哉・細讀來咨・所坐宋

伍廷芳

漢章之罪．莫甚于侵吞欵項一節．至解釋其受理之非．則指爲軍事裁判．豈知此兩說皆非也．今姑無論受理與捕獲是否台於法律．但問執事何以知其侵吞．若謂據原告之詞．謂其爲侵吞乎．何以原告並無確定證據．而有待於執事招人淸算賬目．又何以既捕獲之後．不聞取原告口供．但聞取被告口供．對質之謂何．古今中外．想無此等審判之成例．即此已足見原告指爲侵吞先不的確．執事奈何偏聽一面之詞耶．如果偏聽一面之詞．則廷嘗聞人言．謂執事於經手捐欵不無弊混．且常事狎遊．吾人亦將信以爲實乎．

廷知執事品行端正．必無是事．萬一有權力較勝執事者．偏聽不明．以執事之所以待宋漢章待執事．執事其亦甘之乎．於是足見偏聽之流弊甚大也．若謂執事自疑其侵吞乎．果爾．則執事自爲原告．更須呈出確實證據．方能坐人以罪．尤非可以自由捕獲．自由審理．濫用政權也．

至牽入軍事裁判．更爲不合．來咨一再謂宋漢章爲銀行經理．則宋漢章並非在軍隊之內可知．雖軍政府初成立之時．宋漢章或受貴府委任．此不過以軍事而兼轄民事．非可認爲完全軍事也．委任已屬權宜．一誤不可再誤．而認爲直接處理之權乎．況來咨所謂淸查者．明明謂淸查銀行賬目．而非淸查軍隊內之賬目．尤不得以軍事裁判爲藉口．夫軍事裁判．祇適用於軍人犯法．而不能施之軍隊以外之普通人民．不能援之以自解也．

來咨謂函傳尙不肯來．豈傴於正式簽傳而即能到案云云．此正執事最誤之點．夫函傳私也．正式簽傳公也．私則不能責其必到．公則於法律上不許其不到．如正式簽傳之

後．逾限仍不到案．得發拘票而捕獲之．手續可以施行矣．舍此不爲．而遽加捕獲．剝奪人民之身體自由權．此非執事違法之顯據乎．

至誘捕二字．執事似不承認．豈知未將罪狀告知本人．而偵其不備．突加捕獲．此强盜之行爲．而非官吏所應爾．比諸誘捕．其罪尤重．又謂本府組織之始．南京尙未光復．臨時政府尙未提議組織．貴部更無雛形．即欲妄干行政之權而無所藉手云云．此論更爲誤會．當臨時政府未成立以前．對於一切事務．應如何設施．自不能不聽貴府之命令．若臨時政府已成立．各都已組織完妥．則當分權辦事．宋漢章一案無論發現在各部組織伊始之時．固應各有專司．即使此案發現之時．各部尙無雛形．而至今日各部業已成立．仍須分別移交辦理．萬不能以組織先後爲詞．即欲侵越權限也．

總之執事對於此案既不能任意受理．即不能任意捕獲監禁及審問判斷．廷之所以斤斤爭辨者．皆爲保護民權起見．決非出於沽名冀博流俗之虛譽．執事以大才而居高位．充權力之能及．亦何施而不可．但恐政權濫用．效尤者衆．都督可以濫捕人民．總督即可濫捕都督．專制時代．廷杖大臣．腰斬督撫之風．何難復見於今日．執事即不爲全國計．曷並不爲一身及子孫計耶．

執事又謂宋漢章曾受委任．與之尙未斷絕關係．因指廷所引淸帝退位與各官斷絕關係之譬爲不確．此言雖似近理．抑思宋漢章即曾受委任．但至今日則已隸於中央政府．執事即欲淸查．必不能直接處分．蓋所以明政治統系也．執事安得猶以爲尙未斷絕關係．爲所欲爲乎．

綜核執事辦理此案始末情形．其大錯之點．首在司法與行政之界限不明．遂以爲行政官可受人民之訴狀．因受訴而捕獲．因捕獲而監禁．而審判．毫釐之差．謬之千里．定爲此案爭辨之根原．又因爭辨之故．欲迴護前短．遂謂尙未斷絕關係．得就該經理捕獲之．而淸查之．又謂不得以私人財產爲比例．又謂作爲軍事上之裁判．此皆委曲掩飾之詞．而非確切不易之論．竊願執事愼於發言也．

尤有一事．廷戰栗恐怖．有不能已於言者．來咨謂吾輩革命事業．本以積極爲進行之手段．甘冒不韙非一日矣．云云．夫積極云者．破壞之謂也．滿淸政府未推倒以前．愈積極愈破壞．足以速進行．其時國爲滿淸之國．盡力破壞之是也．其時以破壞爲不韙者．乃滿淸加我黨民黨之詞．冒之亦是也．今日滿淸已倒．民國乃漢族自有之國．自南京政府成立以來．孫大總統以次．羣策衆力．方勞心焦思．日夜以求收拾破壞之術而不可得．執事猶持此論．毋亦將持前此破壞主義以施之滿淸者施之吾漢族同胞．而破壞我胚胎方新之民國耶．宋漢章一商人耳．勿論持何主義．均易處置．若夫民國全體之關係．則不能不望執事眷顧大局．稍一降心迴意也．至前此兩權不能混合．及得已不得已之辨．此次執事咨復．未蒙齒及．當荷采納．不勝感佩之至．

致袁項城書

敬啓者．竊廷芳自辛亥光復之後．久置國事於不聞．近窺人心不古．愈生厭棄．平日杜門謝客．專心硏究道德宗教等書．無心再預塵世事．惟是北京發起籌安會以來．圖謀恢復帝制．國民皆不以爲然．凡所代表贊成者．無非爲個人權利而已．廷芳迭接各處函電．敦促出爲阻止．均以婉辭却之．不期滇南首先宣告獨立．黔省又獨立．不移時而桂而粵而浙．聯翩繼起．默觀大勢．恐獨立者尙不止此也．從此彼則抗拒．此則征伐．兵連禍結．塗炭生靈．思之良深憫惻．乃國人復要求廷芳帮助．廷芳不應．輒以大義相責．僉稱前因淸廷政治窳敗．謀改共和．推翻專制．公亦與有力焉．旋經十三省推公爲軍民代表．與淸室代表議和於滬上．卒使淸帝遜位．民國告成．初舉孫大總統．未及百日．即讓與袁大總統．公皆極力贊成．推公之心．無非爲國利民福起見．故功成身退．一無權利思想存乎其間．試問袁大總統蒞任四年．有何功德於民．否則何人民怨望若此．各省吏治未見整頓．僅於設官分治稍事更張．並不實行德政．貪官汚吏依舊暴斂橫征．祇知募債加捐．花樣百出．商民怨聲載道．近復允開三省煙禁．辱國病民．今更聽從籌安會諸人謀復帝制．設大典籌備處．以萬民之膏血．博一己之尊榮．逼令將士倒戈．四民解體．影響全國．幾成一局殘棋．謂前淸政治不良．誰料于今尤甚．若此次公再一言不發．袖手旁觀．何以對四萬萬同胞．實毫無國民資格者．問心能無愧乎．

廷芳受其迫促．不得已特函告我公．然平心而論．似彼所云．未免言之過甚．但細味所云．亦尙言之近理．蓋當時組織共和之際．原欲改良政治．興旺中華．不使專制再行發現．縱不能蒸蒸日上．總可較前淸稍勝一籌．試問今日較淸如何．頻年四方不靖．內訌外患．相逼而來．即觀敝省一隅．海盜橫行．擄人勒贖．數見不鮮．糜爛地方．目不忍

覩・此皆由政治未能改良也・

我公雄謀偉略・膽量過人・欲假武力以治天下・雖治亂世用重典・前人亦有是言・然必有實惠以加於民・乃能心悅而誠服・況今二十世紀時代・較前我國閉關時代大有不同・若泥古法以治民・未免膠柱鼓瑟・蓋用於古時則可・用於今時則不可・所以識時務者爲俊傑也・於今青年士子・留學外洋・沿海商民・貿易他國・鑒於歐美日本文明制度・咸思而效法之・倘舍新法而專以威勢壓人・終有反動之一日・如水之流下・其勢不可阻擋・我公四年以來・多方改革・苦心孤詣・未始不可告人・其奈人民不諒・變亂環生・蓋所改革者未能從根本解決・以表面觀之則可矣・此番各省獨立之舉・雖爲反對帝制起見・縱無帝制問題發生・早晚亦必生變・但無如此之速耳・

我公槃槃大才・海內共仰・特於共和政體微形隔膜・緣我公僅到朝鮮一國・未曾遍歷東西洋・未親見各友邦文明政治・又不諳外國語言文字・所寓目者惟繙譯華文數書籍而已・以致無從著手・亦何怪公之不能實行共和耶・今數省起義之人・亦係愛國熱忱・逼而出此・非故意與公爲難也・廷芳細思此舉・關係全國內政外交・稍一不愼・後患無已・爰不揣冒昧・略擧數端・惟公熟思之・今各省既經起事・若以兵力解決・一時未必即平・將來生出事端・或召瓜分之禍・則公不能辭其咎・是愛國反以禍國也・此請公熟思者一也・查各省擧事者非爭奪權利・實因政治不良・欲圖改革・若蔡梁唐諸君・俱夙饒名譽之人・非寇盜倡亂者可比・倘定以干戈相見・恐萬國公論亦不甚爲然・此請公熟思者二也・自古兵凶戰危・彼此決戰・終至兩敗俱傷・而人民生命財產勢必大受損失・即商業亦當停滯・以一人之意見・而禍數十萬生靈・損毁數千百萬財產・愛民如我公・當亦不忍固執己見耳・此請公熟思者三也・自滇黔事起・內地人民紛紛逃往各省租界・或香港等埠・作避地之計・流離失所・苦不勝言・匪徒乘間蠭起・擾亂治安・搶劫日有所聞・商務大受影響・出口之貨益少・若不趕速了結・商民受苦何堪・尤恐外國商民要求彼國政府出爲干涉・縱不干涉・而中外商人日深憤恨・防有意外之擧・不可不慮・究其原因・皆爲我公一人耳・想關懷民瘼者定早幡然改計也・此請公熟思者四也・至用武力戡亂・一在軍械・二在軍餉・三在軍人・今鎗礮當歐戰之際・無從向外洋購買・中國各廠製造有限・亦恐供不給求・若論餉需・各省獨立者無論矣・其他行省咸思自衞・解欵已難照常・何從再事籌餉・而內國公債今又鮮人願購・至借外債・則大局未定・咸存觀望・亦恐難如願以償・縱獲借成・則國累愈重・前途何堪設想・若論兵士・則民心不向・軍心亦必動搖・原有者既難盡恃・倘倉猝招募・應募者毫無軍事知識・萬難濟事・況不敎而戰・聖人所不取焉・蓋民爲邦本・不固民心・專事窮兵黷武・恐亦勢成弩末矣・此請公熟思者五也・如定用武力・未必全能制勝・縱或僥倖成功・而民心已去・畏威而不懷德・不能使國民無藐視之心・恐外邦亦漸起侮慢之意・他時號令不行・何樂爲此・此請公熟思者六也・各省繼滇黔而起・風潮所激・勢將全國洶湧・屆時逼令退位・更失體面・不若預籌之爲妙・上臺終有下臺時・此請公熟思者七也・至謂退位之後・恐無合格之人接手・此

言稍差・查民國約法註明總統去位・副總統得代行其職權・今黎公元洪・秉性慈祥・素孚衆望・且爲民國第一建功之人・以之接替・誰曰不宜・即行組織內閣・擔其責任以輔佐之・互各懲前毖後・當可有裨國民・無庸過慮・此請公熟思者八也・公服官前清・外任封圻・內掌樞密・未晋侯封・至民國被舉爲正式總統・又曾躋九五・頒布帝號・貴至極頂・蔑以加焉・夫復何求・況今帝制取銷・退歸總統・無異降級・如尚書之降爲侍郎・督撫之降爲司道・辭尊居卑・公何取焉・此請公熟思者九也・公今年近花甲・數十年勤勞國事・鬚髮蒼然・亦宜稍息仔肩・林泉頤養・或借此機會・游歷外洋・考察政治・得其綱領・他時返國・國民知公富有政治經驗・再推舉爲正式總統・亦意中事也・此請公熟思者十也・

以上數端・因與公相知數十載・夙荷優容・用敢竭盡愚衷・一以國家爲前提・一爲我公絕後患・所言非害公・實利公耳・公久住京畿・外情稍形隔閡・謹以見聞所及・縷析上陳・藉獻芻蕘・以全交誼・不識高明以爲如何・抑廷芳更有陳者・自維邇年放棄名利・一無所圖・去歲本擬作印度之游・藉以研究禪學・及婆羅門等教・祇因歐戰未息・不克成行・若他年公許同遊・尤爲欣幸・蓋人生在世・不過數十春秋・縱講衞生者亦不過百有餘歲・始終總有一死・所不死者惟靈魂耳・凡爲善者靈魂永授安樂・爲惡者靈魂當受苦惱・天理循環・報應不爽・若佛家之茹素・非故爲立異・不過少動殺機而已・物猶畏死・人更何堪・今世塵身・聊當過渡・終不及靈魂之久遠・廷芳近數年來・專假塵身・力行善事・欲修得良好之結果・其目的惟圖靈魂安樂已耳・不知公亦念及此否・狂贛之言・統祈涵鑒・專此布臆・祇頌籌祺・諸維垂照不備・伍廷芳上言四月二十日・

鄭觀應 一八四二年生 一九二二年卒

字陶齋・中山人・初業儒・長乃從事計然之術・習西文・出國遊學・研究政治實業・總理寶順及太古輪船公司事務・創辦公正輪船公司凡三十餘載・光緒初年・爲抵制洋貨挽回利權・謀建上海紡織工廠・世人謂上海織布局・由李鴻章首創・實則經營擘劃・全出觀應之力・五年・經辦山西賑捐・李鴻章激賞之・談洋務者・如張之洞・左宗棠・劉坤一・盛宣懷・彭玉麟・醇親王等皆資倚畀・歷辦上海電報局・上海漢口電線局・開平礦務局・漢陽鐵廠鐵路公司・萍鄉及宣城煤礦・吉林三姓礦務局・上海醫局・粵漢鐵路・中法戰爭時・赴暹羅作軍事活動・並在香港厦門・辦援台事宜・觀應乃一深受西方思想影響之知識份子・以當時洋務派提倡買軍火練洋操謂可强國之說・無補於事・乃提出具有政治要求之改良主義・與頑固派洋務派展開思想鬥爭・吾粵何啓・胡禮垣・皆此期之代表人物・光緒十八年觀應出版盛世危言一書・批判洋務派喪權辱國之外交政策・以爲西方資本主義國家經濟不斷發展・必向東方落後國家尋求原料基地與商品市場・我國應先採用機器製造商品與列强進行商戰・又深知封建勢力徒然縛束民間工商業之發展・乃向滿清政權提出不由官辦專由商辦之議論・以保護私人利益而圖富强・惜未能用其議也・

商戰

自中外通商以來・彼族動肆橫逆・我民日受欺陵・凡有血氣・孰不欲結髮厲戈・求與彼決一戰哉・於是購鐵艦・建礮臺・製水電・設海軍・操陸軍・講求戰爭・不遺餘力・以爲而今而後・庶幾水慓而陸讋乎・而彼族乃啞啞然竊笑其旁

也．何則．彼之謀我．噬膏血．匪噬皮毛．攻資財．不攻兵陣．方且以聘盟爲陰謀．借和約爲兵刃．迨至精華銷竭．已成枯腊．則舉之如發蒙耳．故兵之并吞．禍人易覺．商之掊克．敝國無形．我之商務．一日不興．則彼之貪謀．亦一日不輟．縱令猛將如雲．舟師林立．而彼族談笑而來．鼓舞而去．稱心饜慾．孰得而誰何之哉．吾故得以一言斷之曰．習兵戰不如習商戰．然欲知商戰．則商務得失．不可不通盤籌畫．而確知其消長盈虛也．孫子曰．知彼知己．百戰百勝．請先就我之受害者縷析言之大宗有二．

一則曰鴉片．每年約耗銀三千三百萬兩．一則曰棉紗棉布兩種．每年約共耗銀五千三百萬兩．此盡人而知爲巨欵者也．不知鴉片之外．又有雜貨．約共耗銀三千五百萬．如洋藥水．藥丸．藥粉．洋煙絲．呂宋煙．夏灣拿煙．俄國美國紙捲煙．鼻煙．洋酒．火腿．洋肉脯．洋餅餌．洋糖．洋鹽．洋乾果．洋水果．咖啡．其零星莫可指名者．此食物之凡爲我害者也．洋布之外．又有洋綢．洋緞．洋呢．洋羽毛．洋線絨．洋羽紗．洋被．洋毯．洋氈．洋手巾．洋花邊．洋鈕扣．洋針．洋線．洋傘．洋燈．洋紙．洋釘．洋畫．洋筆．洋墨水．洋顏料．洋皮箱篋．洋磁．洋牙刷．洋牙粉．洋胰．洋火．洋油．其零星莫可指名者亦夥．此用物之凡爲我害者也．外此更有電氣燈．自來水．照相玻璃大小鏡片．鉛．銅．鐵．錫．煤斤．馬口鐵．洋木器．洋鐘表．日規．寒暑表．一切玩好奇淫之具．種類殊繁．指不勝屈．此又雜物之凡爲我害者也．以上各種類．皆暢行各口．銷入內地．人置家備．棄舊翻新．耗我資財何可悉數．是彼族善於商戰之效既如此．而就我奪回之利益數之大宗亦有二．曰絲．曰茶．計其盛時．絲價値四千餘萬兩．今則減至三千七八百萬兩．茶價値三千五百餘萬兩．今僅一千萬兩．雜貨約共値二千九百萬兩．罄所得絲茶全價尚不能敵鴉片洋布全數．況今日茶有印度．錫蘭．日本之爭．絲有意大利．法蘭西．東洋之抵．衰竭可立待乎．次則北直之草帽辮．駝毛．羊皮．灰鼠．南中之大黃．麝香．藥料．甯綢．杭緞．及舊磁器．彼族零星販去．飾爲玩好而已．更賴出洋傭工．暗收利權少許．然亦萬千中之十百耳．近且爲其擯絕．進退路窮．是我之不善於商戰之弊又如此．總計彼我出入．合中國之所得．尚未敵其鴉片洋布二宗．其他百孔千瘡．數千餘萬．金之虧耗．胥歸無著．何怪乎中國之日憊哉．

更有絕大漏卮一項．則洋錢是也．彼以折色之銀．易我十成之貨．既受暗虧．且即以錢易銀．虛長洋價．換我足實．行市朐變．又遭明折．似此層層剝削．節節欺紿．再閱百十年．中國之膏血既竭．遂成羸瘠病夫．縱有堅甲利兵．疇能驅赤身枵腹之人而使之當前鋒．冒白刃哉．夫所謂通者．往來之謂也．若止有來而無往．則彼通而我塞矣．商者交易之謂也．若既出贏而入絀．則彼受商益而我受商損矣．知其通塞損益．而後商戰可操勝算也．獨是商務之盛衰．不僅關物產之多寡．尤必視工藝之巧拙．有工以翼商．則拙者可巧．粗者可精．借楚材以爲晉用．去所惡而投其所好．則可以彼國物產仍漁彼利．若有商無工．縱令地不愛寶．十八省物產日豐．徒棄已利以資彼用而已．是宜設商務局以攷物業．復開賽珍會以求精進．攷易言日中爲市．書言懋遷有

無・周官有布政之官・賈師之職・大學言生財之道・中庸有來百工之條・通商惠工之學・具有淵源・太史公傳貨殖於國史・洵有見也・

商務之綱目・首在振興絲茶二業・裁減釐稅・多設繅絲局以爭日印之權・弛令廣種煙土・免征釐捐・徐分毒餌之燄・此與鴉片戰者一也・廣購新機・自織各種布疋・一省辦妥・推之各省・此與洋布戰者二也・購機器織絨氈・呢紗羽毛・洋衫袂・洋襪・洋傘等物・煉湖沙造玻璃器皿・煉精銅仿製鐘表・惟妙惟肖・既堅且廉・此與諸用物戰者三也・上海造紙・關東捲煙・南洋廣蔗糖之植・中州開葡萄之園・釀酒製糖・此與諸食物戰者四也・加之製山東野蠶之絲繭・收江北土棉以紡紗・種植玫瑰等香花・製造香水洋胰等物・此與各種零星貨物戰者五也・六在徧開五金煤鑛銅鐵之來源・可一戰而袪・七在廣製煤油・自造火柴・日用之取求・可一戰而定・整頓磁器廠務以景德之細窰・摹洋磁之欵式・工繪五彩・運銷歐洲・此足以戰其玩好珍奇者八・以杭甯之機法・仿織外國綢縐・料堅緻而價廉平・運往各國・投其奢靡之好・此足以戰其零星雜物者九・更有無上妙著・則莫如各關鼓鑄金銀錢是也・分成兩色・悉與外來逼肖無二・鑄成分佈・乃下令盡收民間寶銀・各色銀錠・概令赴局銷毀・按成補水・給還金銀錢幣・久之市間既無各色錠銀・自不得不通用錢幣・我既能辦理一律・彼詎能勢不從同・則又可戰彼洋錢而與之工力悉敵者十也・

曰・如此興作誠善・奈經費之難籌何・則應之曰・我國家講武備戰・數十年來・所耗海防之經費・及購槍械船礮・與礮臺之價值・歲計幾何・胡不移彼就此・以財戰不以力戰・則勝算可操・而且能和局永敦・兵民安樂・夫固在當局者一轉移間耳・第商務之戰・固應藉官力爲護持・而工藝之設・尤必藉官權爲振作・法須先設工藝院・延歐洲巧匠以教習之・日省月試以督責之・技成・厚給廩餼以優獎之・賞賜牌扁以寵異之・或具圖說・請製作者・則借官本以興助之・禁別家仿製以培植之・工既別類專門・藝可日新月異・而後攷察彼之何樣貨物・於我最爲暢銷・先行照樣仿製・除去運脚・價必較廉・我民但取便日用・豈必從人舍己・則彼貨之流・可一戰而漸塞矣・然後視其所必需於我者精製之・而貴售之・彼所必需・斷不因糜費而節省・則我貨之源・可一戰而徐開矣・大端既足抵制・零星亦可包羅・蓋彼務賤・我務貴・彼務多・我務精・彼之物於我可有可無・我之物使彼不能不用・此孫子上駟敵中・中駟敵下・一屈二伸之兵法也・

惟尤須減內地出口貨稅・以暢其源・加外來入口貨稅・以遏其流・用官權以助商力所不逮・而後戰本固・戰力紓也・攷日本東瀛一島國耳・土產無多・年來效泰西・力求振作・凡外來貨物・悉令地方官極力講求招商集股・設局製造一切聽商自主・有保護而絕侵撓・用能百廢具舉・所出絨布各色貨物・不但足供內用・且可運出外洋・并能影射洋貨而來售於我・查通商綜覈表・計十三年中・共耗我二千九百餘萬元・從前光緒四年至七年・此四年中・日本與各國通商・進出貨價相抵外・日本虧二十二萬七千元・光緒八年至十三年・進出相抵・日本赢五千二百八十萬元・前後相殊如此・商戰之明效可見矣・彼又能悉除出口之徵・增入口之稅・以

鄭觀應

故西商生計日歉・至者日稀・鄰之厚・我之薄也・夫日本商務既事事以中國爲前車・處處借四鄰爲先導・我爲其拙・彼形其巧・西人創其難・彼襲其易・彈丸小國・正未可謂應變無人・我何不反經爲權・轉而相師・用因爲革・舍短從長・以我之地大物博・人多財廣・駕而上之・猶反手耳・夫如是・則中國行將獨擅亞洲之利權・而徐及於天下・國既富矣・兵奚不强・竊恐既富且强・我縱欲邀彼一戰・而彼族且怡色下氣・講信修睦・絕不敢輕發難端矣・此之謂決勝於商戰・

語云能富而後能强・能强而後能富・可知非富不能圖强・非强不能保富・富與强・實相維繫也・然富出於商・商出於士農工三者之力・所以泰西各國・以商富國・以兵衛商・不獨以兵爲戰・且以商爲戰・況兵戰之時短・其禍顯・商戰之時長・其禍大・善於謀國者・無不留心各國商務・使士農工商投人所好・益我利源・惟中國不重商務・而士農工商又各自爲謀・雖屢爲外人所欺・尚不知富强之術・籌餉則聚歛橫征・不思惠工商以興大利・練兵則購船售礮・不知廣學業以啓聰明・所謂祇知形戰・而不知心戰者也・

形戰者何・以爲彼有槍礮・我亦有槍礮・彼有兵艦・我亦有兵艦・是亦足相抵制矣・孰知舍其本而圖其末・遺其精義・而襲其皮毛・心戰者何・西人壹志通商・欲益己以損人・興商立法・則心精而力果・於是士有格致之學・工有製造之學・農有種植之學・商有商務之學・無事不學・無人不學・我國欲安內攘外・亟宜練兵將・製船礮・備有形之戰・以治其標・講求泰西士農工商之學・裕無形之戰・以固其本・如廣設學堂・各專一藝・精益求精・仿宋之司馬光求設十科考士之法・以示鼓勵・自能人才輩出・日臻富强矣・蓋利器爲形・利用爲心・有利器而不能利用・則人如木偶・安得不以制人者而制於人・故有治法・必須有治人・西人以商爲戰・士農工爲商助也・公使爲商遣也・領事爲商立也・兵船爲商置也・國家不惜鉅貲・備加保護商務者・非但有益民生・且能爲國拓土開疆也・昔英法屢因商務而失和・英迭爲通商而滅人國・初與中國開戰・亦爲通商所致・彼既以商來・我亦當以商往・若習故安常・四民之業・無一足與西人頡頏・或用之未能盡其所長・不論有無歷練・能否勝任・期其事者・皆須世家科甲出身・而與人爭勝・戛戛乎其難矣・

是故國家・首貴知人善任・尤要洞識時局・如我力量不足・當忍辱負重・相與羈縻・待力量既足・權操必勝・有機可乘之時・則將平日所立和約・凡於國計民生有礙者・均可刪改・如彼重稅我出口貨者・我亦重稅彼進口貨以報之・亦以恤我商者制彼商也・今當軸者不知振興商務爲開闢利源之要端・只知征商以媚上・凡有所需・非以勢勸・即以術取・如廣東往來內河輪船・每船已報効銀若干・尚爲各關卡留難阻滯・而卡員差役往來附載・皆不出舟貲・若掛洋旂之船・雖載貨闖關・亦惟瞠目視之・無敢勒索・華商之貨・逢卡納釐・多遭搜詰・時日耽延・不如洋人三聯票子口稅之便・安得不納費洋人・假洋人之名以圖利益歟・所以代報關之洋行・日見其多・無異爲淵驅魚・爲叢驅爵耳・我中國宜標本兼治・若遺其本・而圖其末・貌其形而不攻其心・學業不興・才智不出・將見商敗而士農工俱敗・其孰能力與爭衡於富强之世也耶・況乎言富國者・必繼以强兵・則練兵鑄械・添船增壘・無一非耗費鉅欵・而府庫未充・賦稅有限・公用支絀・民借難籌・巧婦寧能爲無米之炊・亟宜一變舊法・取於人以收富强之實效・一法日本振工商以求富・爲無形之戰・一法泰西講武備以圖强・爲有形之戰・知己知彼・戰守無虞・自然國富

兵强．何慮慢藏誨盜．豈非深得古人能富而後可以致强．能强而後可以保富之明效也歟．

防邊危言

自古以來．皆有邊患．周之玁狁．漢之匈奴無論矣．降至晋唐．以迄宋明．其間如氐羌羯鮮卑．突厥契丹蒙古．莫不强横桀驁．至本朝而後．盡隸版圖．似今日邊防易于措置．而不料爲邊患者．乃更有海外諸邦也．聞嘗盱衡時勢．綜覽坤輿．而知今日之防邊．尤重于防海．以常理測之．海屬外．陸屬內．太海曠邈無垠．陸則有物產．有城池．得寸則已之寸．得尺則己之尺．故陸路爲天下所必爭．即邊防爲兵家所極重．譬之人身．京師腹心也．邊塞則手足皮毛．肌理也．善養身者．衞其手足．護其皮毛．固其肌理．偶有燥濕風寒．不能乘隙而入．則根本益固．神氣益完．否則外感紛乘．四肢不保．一擧一動．皆蹈危機．腹心雖存．豈有生理．此邊防措置．所以不可踈也．况中國四邊．東至庫頁島．南至臺瓊．西至噶什喀爾．北至外興安嶺．無一不界强鄰．一有釁端．逐處可以進攻．隨時可以內犯．將來設有不幸．棄玉帛而動干戈．其必由陸不由海也．無疑義矣．

蓋海戰雖各國所長．然必遠涉重洋．又不能于海中長較勝負．相持既久．仍須登陸．孤軍無繼．此危道也．彼西人心計最精．豈肯趨難而舍易．前此法人擾我閩防．特因失利于劉軍．欲取償于中國．我又未能隨機應變．致釀兵端．非果有謀我之心也．使有侵地之志．或分兵而虛擾．或合力以專攻．則必由陸而不由海．故中國之防務．防海猶可從緩．防邊實爲要圖．

然而邊地廣矣．在南則與法之越南．英之緬甸交界．在西則與印度比鄰．在東北西北．由東三省內外蒙古．迆邐而至新疆．又在在與俄接壤．皆强鄰也．防英乎．防法乎．抑防俄乎．曰防俄宜先．蓋俄人包藏禍心．匪伊朝夕．爲我邊患．亦已數見不鮮．咸豐八年．乘中國方有兵事．據我烏蘇里江東之地五千里．誑佔我沿邊卡倫以外之地萬餘里．薄人之危．幸人之禍．其處心積慮．可想而知．又與日本易唐太島．（即庫頁島）儲軍械．屯重兵．近來造西伯利亞鐵路．由彼得羅堡直達琿春．查鐵路之造．雖所以便用兵．亦所以興商務．是以各國鐵路．大都造于繁庶之區．今俄人獨不惜巨款．造于不毛之地．非有狡謀．更何爲乎．故曰．防俄宜先也．

然而防俄防于西北乎．抑防于東北乎．曰昔日以西北爲急．今日以東方爲重．何則．向日俄之精華富庶皆薈萃于西．故其鎗砲之屯藏．部落之雄壯．皆在西境．若與中國有隙．必先擾動新疆．倘西伯里亞鐵路造成．則由彼國京都達我邊界．調兵運械．不過瞬息之間．是其今日之東路．已便于西路數倍．况我京師首善之區．正居東北．故中國及今籌備防務．當先于東北之奉天吉林黑龍江一帶．俟有餘力．再兼顧新疆．此亦先難而後易．先急而後緩之道也．

且夫措置防務．非可徒託空言也．非可狃于近效也．是宜添練防兵以聯聲勢．建築砲臺以扼要衝．趕造鐵路以便營運．增設電綫以靈消息．而尤要者．在乎多築土壘．土壘者．防邊之急務也．昔羅馬稱霸．歐洲大者畏威．小者向化．即以土壘之功．蓋有土壘．則據高臨下．敵必不克驟攻・我又藉以遮避・易于伺擊・明嘉靖時・西班牙王喀爾五與敵交鋒・患敵之衆・急築土壘・敵不克攻・越日援兵至・遂以獲勝・萬歷十三年・西班牙用土壘之法・攻恩脫爾亦獲大勝・嗣後歐洲有三十年大戰・皆以土壘之堅否・分兩軍之勝負・然則土壘非防邊之首務哉・

嘗聞羅星潭觀察云・築壘之法・必須營壘・如回字形鑿四方空處之土・深五尺・累四面爲牆・下厚五丈・上厚三丈・所鑿低下之處・修營房・兩傍如街・然其街心則挖深溝・回字中心則鑿池・蓄水・惟留一方豎桂竿・以繩上下而望四方・如是則營房在土中・地高于人矣・房則蓋竹木泥土外覆・城頂後接池邊・中臨街心・勢陡而土厚・旁高而中低・攻擊以開花彈・前墮城外・後墮池中・中墮溝下・彈雖開花・于我無損・即使彈落房頂而即炸・則竹木土皆輭厚之物・柔能制剛・似可無慮・若用鋼彈擊我・則牆厚數丈・小彈亦難穿也・西國築土之法・亦猶是歟・今東三省崇山峻嶺・所在俱有・誠使扼其險要・多築土壘・則進攻退守・綽綽有餘・所謂王公設險・以守其國者・此之謂也・

雖然・武備講矣・防務固矣・而不籌足食之道・仍不足以持久也・是非屯田不爲功・屯田之法・創于漢文帝・募民耕塞下・爲行屯之權輿・及趙充國留屯金城・而屯田之利始普・晉唐以還・其制屢更・有所謂軍屯者・如漢武元鼎六年・初置張掖酒泉郡・而上郡朔方西河河西開田官斥塞責六十萬人戍田之是也・有所謂民屯者・如唐初行民屯・及天寶間天下屯田・歲收一百九十餘萬斛是也・有所謂商屯者・如明永樂間・下鹽商輸粟于邊之令・每納米二斗五升・給鹽一引・小米每引四斗・復令近邊荒間田地・得自開墾・使永爲業・商人憚轉運之勞・無不自出財力・招致游民以事耕作是也・今東三省土壤沃饒・水泉豐溢・誠使參酌成法・擇善而行・則數年後貧瘠之區・皆可變爲富庶・況以民養兵・而兵可不潰・以兵衞民・而民可無憂・兵民相依・人自爲戰・而邊防安有不固者哉・

防邊之要著・固莫急于東三省矣・其與東三省壤地相連・安危相繫者・尤在朝鮮・朝鮮世守中國藩封・不侵不叛・我中國亦處之甚厚・待之獨優・比來遣員・理其商務・使開口岸・與各國立約通商・所以撫綏之者・不遺餘力・誠以朝鮮與奉吉毗連・實爲東北之屛蔽・其地存則東三省之基固・其地亡則東三省之勢孤・欲固東北之邊・實以保朝鮮爲第一策・然保之亦有難焉者・其國小而弱・比之春秋・則猶晉楚間之鄭也・比之戰國・則猶齊楚間之滕也・而又不思自强・不知自奮・不能與自然之利・不克培有用之才・其地自圖們鴨綠二江以迄南海百濟・袤延一千三百餘里・土饒礦産金沙尤多・俄人早已逐逐耽耽・欲踞之爲外府・然後徐圖東省・爲併吞囊括之謀・日本亦有心圖此久矣・是朝鮮一隅・爲俄倭所共爭・亦中國所必守・然恐非中國獨力所能支也・何則・朝鮮交患俄日・俄之土地廣・兵甲强・以取朝鮮・不啻以虎搏犬・數年後・其鐵路造至琿春・一日有釁・添兵運餉・速于置郵・中國雖欲保之援之・而緩不濟急・縱百戰百勝・恐援兵既至・而朝鮮已蹂躪不堪矣・日之對馬與釜山僅隔海岬數十餘里・朝發夕至・勢類探囊・爲今之計・獨力當俄日之狡謀・不如合力以制俄日之鋒銳・・此連橫之策・不

可不講也．

其策奈何．曰．無事之日．結英吉利．同心合力．以拒俄日．中英聯盟．則與俄日勢均力敵．兩國或能知難而退．不折一弓．不絕一矢．不傷一卒．不費一錢．而朝鮮有磐石之安．東省有金湯之固．便孰便于此者．或謂英人貪詐．素輕中國．若與連衡．彼未必從．即從矣．或陽助我．而陰助俄日．或乘間窺朝鮮．以取漁人之利．可奈何．而不然也．俄人貪而無信．天下莫不知之．苟吞併朝鮮．東得志于亞洲．西必橫行歐土．勢同東帝．浸假而進窺印度．亦英人所深忌也．故數年前．有巨文島之佔踞．藉分俄勢．日人得志于朝鮮．亦非英所樂聞．豈有不交中國以保朝鮮．而反助俄日之理乎．若慮其乘間窺朝鮮．則又不然．英人商務．交涉中國財產頗巨．本無東封用兵之志．貪小利而啟大害．吾知其必不為也．況近來英國保泰持盈．頗願中國自强．共圖拒俄之策．誠以其國勢雖在歐洲．而印度緬甸既屬于英．命脉精神皆在亞洲之內．英東方商務．較各國首屈一指．其防人之攘奪也．蓋無日不廑于念慮．俄併朝鮮．則東海之利權與英匹敵矣．英以香港為外府．自通商以來．締造經營．不遺餘力．迄今繁華富庶．遂為各島之冠．南洋新加坡等處．皆設埠頭．貨物之豐．闤闠之盛．俄人豈不垂涎．一旦既得朝鮮．勢必旁溢橫出．香港近在咫尺．豈能安枕無憂．即南洋大局．亦豈能毫無變動．不特是也．俄謀印度之心．未嘗一日忘．朝鮮既得．則籌餉有所．屯兵有所．不難逐漸而西．英人雖强．恐難相禦．日本嘗自稱．東方復出一英國．此言實深中英人之忌．決不願其坐致强大也必矣．然則朝鮮之存亡．亦英國盛衰之所係也．

故侈言以夷攻夷者妄也．若利害相同．則虎豹可馴而為我用．況彼亦靦然人面乎．孫武子曰．善用兵者．屈人之兵．而非戰也．必以全爭于天下．故兵不鈍而利可全也．是必于無隙之時．先與英訂立密約．庶俄日均有所顧忌．不敢輕于動兵．而後朝鮮可固．朝鮮固則東三省亦固．是我保朝鮮．仍不啻自保邊疆也．因議防邊而縱論及之．世有深明大局者．當不以余言為河漢也夫．說者謂俄日既係虎狼．不可狎近．遠交英人．以衛屬土．亦恐不能大得其力．不若聽朝鮮布告各國．公同保護．如歐洲之瑞士．准其自立于各大國之間．無論何國不得貪其土地最為妙著．所說未為無見．姑附存之．

古之邊患．不過一隅．今則南北東西．幾成四逼矣．古之禦戎．不過數國．今則書文車軌．徧及五洲矣．自非總攬全局．必不足以禦人．苟非思患預防．亦不足以立國．是以防邊之道．雖以防俄為急．而英法亦不可不防．鄙人生長海澨．粗識洋情．目擊時艱．孤懷忠憤．前奉檄赴南洋各邦偵探敵情．遂歷越南之西貢．金邊暹羅之都城．英屬之新加坡檳榔嶼等處．縱橫萬六千餘里．東南盡海．西極印度孟加拉．北至滇黔之邊境．輪舟來往．一葦可航．道光季年．海氛四起．英法二國．以兵舶侵擾南洋．如暹羅越南緬甸精華繁盛之區．先後為他人所據．我雲南一省．五金礦利甲天下．英法覬覦．已非一日．特三國蔽其外．未能逕入藩籬．今暹羅雖存．受制英法．越南已為法佔．緬甸復被英吞．是雲南一隅．絕無屏翰之可恃矣．嘗聞英法遺員游歷黔滇西藏緬甸越南諸境．繪圖具說簡要精詳．並見英鐵路圖．以深貢為始基．向北直穿緬甸全境．由蠻暮入雲南永昌．又迆東行穿葛亮老撾．經緬甸三境．由阿瓦京城會英鐵路入雲南永

鄭觀應

昌・又迆北行穿越南北圻・由天洞山入雲南蒙自縣境・英法蓄謀已數十年・曩曾探悉外情密稟粵中大帥・誠恐不出十年・二國火車必交萃于滇境・滇中兵燹甫息・庫藏空虛・倘不及早防維・一旦强鄰入寇・何以應之・是宜亟籌固滇之策也・

夫滇之永昌思茅蒙自・以及毗連緬越各要隘・皆須鎮以良將・守以精兵・多築堅臺・廣列巨礮・克敵利器・精益求精・今滇省所用鎗礮・購自西國委員・由粵滬解往・所費甚鉅・重大之礮難踰峻嶺・轉運之艱如此・何如就省創設機器局・購置西國合用之機器・延請西國精于機器之人・敎我華工自行製造・一切鎗礮軍械・日新月盛・則守禦之具・無虞缺乏矣・更開採五金各礦・以充軍餉・絶敵人之窺伺・壯邊塞之聲威・則地寶之豐・出爲世用・何至呼庚呼癸・動費川湖協濟之款哉・

至西藏與印度毗連・英人于數年前興兵侵據我獨脊嶺外地千餘里・嗣後訂立和約・水西流之地皆歸印度・東流之地歸于西藏・番民雖不服・無如何也・今英人設埠通商・漁其貨財・利其土地・蓋藏地徧產五金・綽思甲士司・地連俄境・與蜀之打箭爐諸處・金沙銀礦隨在皆有・英之游歷者・處處搜采泥石・攜之而去・垂涎之意・行道皆知・苟非刻刻隄防・安不忘危・整頓邊防・開採各礦・西藏不保・蜀境豈能久安・

或謂泰西各邦・款關通市・不過貪利而已・原無兼併之心・豈願中外戰爭・致爲貿易之礙・各國公論・亦可畏也・不知英奪緬甸・法併越南・一朝鐵路告成・窺覬雲南・進擾西藏・入圖巴蜀・兵由陸路・勢若建瓴・並不擾及通商大口・貿易何礙・各國何詞・然則籌備之方・其可緩乎・孫子云・毋恃其不來・恃我有以待之・禦敵者・以自强爲本・以自守爲先・不能戰・安能守・製器難・練兵難・籌餉難・得將才以製器練兵籌餉・則難之又難・兵法曰・器械不精・以其卒與敵也・兵不習練・以其將與敵也・將非才武・以其軍與敵也・可不愼歟・西藏川滇・現雖安堵・積薪厝火・一發難收・未雨綢繆・是所望于深識遠慮之君子・陳君灃之・久居緬甸・嘗徧歷緬甸前後藏印度毗連之地・已丑秋初歸語余曰・緬甸水道伊里窪里江・南北三千餘里通至滇界土司地・其水道最要之區・土名貼交墩・一名上石坑・即前明分界處・灣曲甚多・兩旁皆崇山峻嶺・有一夫當關萬夫莫開之勢・大羅江之西由蠻暮新街至孟拱等處其地數百里皆前明孟養土司之地土名孟養・此中多產翡翠琥珀樹膠梗木等材料・而膠樹取膠・尤勝于阿非利加・按五大洲產樹膠處・惟緬甸與阿洲耳・當英人據緬時・曾遣人窺探該處均無華人・遂盡爲所有・如先派發華兵數十名駐守・彼必不敢奪取・旣奪取後・華兵始至・彼反行文詢詰總理衙門・凡孟養司屬地新街蠻暮等處・究竟誰屬・我朝執政未悉其中出產・恐釀事端・遂許盡歸英國・今但以野人爲界・山之內外皆土司地・與雲南迆西等處毗連・由蠻暮分三路通滇界・一通騰越・一通龍陵洲・英人已有鐵路・由仰江（即英屬埔頭）達阿瓦（即緬甸京城）二十六點鐘可到・另有鐵路由印度孟加拉達阿桑・現擬一由阿瓦達滇之思茅・一由阿桑達緬甸之老玉廠新玉廠琥珀廠・產樹膠之地・入迆西諸部・一擬由各廠至孟拱直至格薩・較前所繪之鐵路尤捷云・此英緬近年交涉情形也・至北印度與前後藏只一路相通・名怕里關二・內有地三百餘里屬哲孟雄雪山內・土名竹木・山外土名錫起・哲孟雄酋主面許英人在其界內修築馬路・每月私受英人銀一千路卑・名爲請英保護・而英則直受之爲附庸矣・藏王聞英人越界築路・即責問哲孟雄酋主・而酋主佯作不知・藏王乃率兵出關據守・英人囑其即退・逾限不退・立即開仗・英人攻退藏兵・旋據其地・後復强要入藏設立領事通商焉・此英藏近日交涉情形也・今觀雲南界・連後藏與緬甸印度接壤之處・險要盡失・惟有陰結土司・勿使外溷・凡通緬甸印度各要隘・均須堅築礮臺廣列巨礮愼選精兵嚴密守禦尤須駐藏大臣與之交涉・操縱自如・固我番民之心・遏彼覬覦之念・庶可稍免後患云・

防海危言

嗚呼・籌海防於今日・蓋夫人而知其難矣・抑知所以難者奚在耶・防海於昔日易・防海於今日難・昔日之艟艨樓船・不敵今日之鐵甲飛輪衝風破浪也・防海於遠易・防海於近難・昔日泰西各强敵・越國鄙遠而來・今南洋各島悉爲佔據・則邊鄙已同接壤・郊坰無異戶庭也・況中國自東北迄海南・爲省者九・曰黑龍江・曰吉林・曰奉天・曰直隸・曰山

東・曰江蘇・曰浙江・曰福建・曰廣東・綿延萬餘里・其海口最著者・則曰混同江・黑龍江・海琛威・琿春・牛莊・旅順・大沽口・烟臺・威海衞・吳淞口・崇明・乍浦・定海・玉環廳・馬江・厦門・汕頭・臺灣・南澳・香港・虎門・珠江・老萬山・七洲洋・雷州・瓊州・北海・其餘零星港口・可寄椗停泊及用淺水小火輪突入・尤指不勝屈・於此而欲節節設防・期如磐石之固・則備多而兵分・是故備北而南寡・備南則北寡・備中則南北俱寡・備此省則彼省又寡・無所不備・則無所不寡・此設防之所以難周也・

爲今之計宜先分險易・權輕重・定沿邊海勢・爲北中南三洋・北洋起東三省・包牛莊・旅順・大沽・煙臺爲一截・就中宜以旅順威海爲重鎮・勢如環玦拱衞京畿・則元首安也・中洋起海州・包崇明・吳淞・乍浦・定海・玉環・馬江爲一截・就中宜以崇明舟山爲重鎮・策應吳淞馬江各要口・則腹心固也・南洋起厦門包汕頭・臺灣・潮陽・甲子門・南澳・虎門・老萬山・七洲洋・直抵雷瓊爲一截・以南澳・臺灣・瓊州爲重鎮・而控扼南服・則肢體舒也・

今國家雖已設海軍衙門・而皮毛徒具・精義未講・呼應不靈・規模未備・則猶未能言實效也・是宜就海軍衙門王大臣中・歲遣一大臣・爲巡海經略・總統北中南三洋海軍・四季四小操・歲終一大操・於三洋設三提督・以統率之・每督標設左右二總鎮・以分統之・提督居大鐵甲船・總鎮駐中等輪艦・其餘將弁・各居所帶之船・就三洋中・各擇要害・多儲煤斤・如北之旅順威海衞・中之崇明舟山・南之臺灣南澳雷瓊等處・即用舟師・扎爲水營・不得上岸・建造衙門・安居而逸處及嫖賭冶遊・每歲三洋兵船・交巡互哨・所到之處・務以測沙線礁石水潮深淺爲考績・每歲於三洋所轄兵輪中・各抽一船・出探南洋各埠・如越南暹羅小呂宋・新嘉坡等處・由近及遠・徐及於印度洋波斯海水道・沙線風潮礁石・繪圖具説・坐言起行・夫而後逐漸前進於紅海・地中海・大西洋・太平洋・皆無不可到之理・一旦海上有警・則調南洋各海船・以扼新嘉坡及蘇門答臘之海峽・迎擊於海中・次調中洋臺灣南澳之舟師・爲接應包抄之舉・再次則調北洋堅艦・除留守大沽口及旅威二口外・餘船亦可徐進中洋・彌縫其闕・坐鎮而遥爲聲援・此寇自南來之説也・

若自混同黑龍江北下・則反其道而應之・如由太平洋直抵中洋・則南北皆應之・兵法云・善用兵者・勢如率然・率然者・常山之蛇也・擊首則尾應・擊尾則首應・擊其腰・則首尾皆應・

如北洋有事・除大沽旅順威海等處防守外・宜分船兩隊・一防守海口・一出洋游弋・防守者・以兩鐵艦兩雷船一蚊子船爲正軍・一駐山東之成山角・一駐高麗之鴨綠江口・東西對峙・見敵至即擊之・游弋者以四快船八雷船爲奇軍・梭巡不絶・往來於成山鴨綠之間・一遇敵船・則一面與之交仗・一面發電通傳東西兩營・同出圍擊・如此布置・則渤海爲雷池・而威海旅順成堂奥矣・

或謂旅順地勢・黄金山礮臺太高・止能擊遠不能擊近・倘敵船沿鴨綠江灣遵海岸而北逼近黄金山左背山低之處・用桅礮翻山懸擊・山下則大船・澳北則船塢・一時皆燬・縱口不失守・如修船何・其慮一・口外西北・距近羊島・無礮

鄭觀應

臺・亦無守禦・恐敵船寄泊於此・而用小舟渡兵上岸・其慮二・旅順瀕南・後路接連大連灣・由大連灣再北約金州交界處・地勢如人頸・忽然收束・東北兩面皆海・（北則近牛莊海・南面則大海・）狹僅七十里・倘敵人於此登岸・堅築營壘・以斷我後・再以鐵艦游弋口外・以扼我前・則旅順遂成絕地・援兵軍火餉道皆不通矣・其慮三・有此三慮・亟宜預防後路・多築礮臺・左近港汊・猶宜添佈水雷・常駐鐵艦雷船・斯可有備無患・

或又謂用王大臣出爲巡海經略・其論固當・惟必須於王大臣中・公擧一夙諳軍旅・熟知水軍事務者・膺此重任・方能實力經營・尤須久任不移・乃能上下一心・日求精進・當今王大臣耆年碩德・雖不乏人・求其能深知水軍事務・膽識俱優者・恐難其選・似宜於王公貝子貝勒中・推選年富力强・有志軍旅者・先赴外國水師學堂・觀政三五年・學習有成・乃授此任・如英國太子・當兵船伙長之例・數年之後・督率有人・挾持有具・可以日增富强矣・聞日本王之弟・亦學習水師・將爲統帥・

前海軍教習琅提督云・中國重文輕武・往往小視海軍將弁・故世祿之家・不喜入軍籍・且各兵弁死於戰者・無以撫恤・其妻子受傷者・又不代爲醫治・和議成後・即遣散歸家・所領口糧・不敷水脚之用・往往流爲匪類・初則鼠竊久則搶劫矣・（聞馬江之戰・某礮船洋學生・燃礮傷孤拔者・船沉浮水回・見大帥僅給銀三圓・不敷舟資）西例則武重於文・亦水優於陸・營中俱有良醫・受傷者即爲醫治・爲武員者・皆折節讀書・不徒血氣之勇・且多有親王子弟・宗室近支・投入水陸軍營効力者・水陸將弁・必須由武備水師兩學堂出身・否即久歷戎行・迭獲勝仗・亦不能升爲武官・只拔爲哨長火手頭而已・今中國海軍提鎭・多由營伍軍功洊升・亦有由陸路人員升調者・既不深知水師事務・又未經出洋訓練・觀戰他邦・毋怪昔年各海口之戰・我中國兵官・皆徬徨失策・措手無從・非盡因洋人不守公法・未示戰期而即開仗也・

昔年彭剛直公督辦廣東防務時・有謂守海口不守內港・宜捨虎門礮臺・專顧黃埔沙路之說・剛直公以其議下詢諸將士・余時任營務處・對曰・其說本自魏默深云・守外洋不如守海口・守海口不如守內港・蓋當時水師未精・無鐵艦水雷護衛故耳・今若不守外洋・則爲敵人封口・水路不通・若不守海口・爲敵人所據・施放桅礮・四鄉遭燬・彼必得步進步・大勢危矣・愚見現無鐵艦・雖不能出戰外洋・惟既有礮臺水雷・仍可扼守海口內港・所云沙路黃埔魚珠之礮臺・極應固守・虎門爲合省門戶・地勢扼要・有險可守・尤不可廢・惟外洋平衍・海口礮臺・不似內港易守・必須護以鐵艦快船・成犄角之勢・布置水雷・不使敵船近前・（所放水雷之處・須派兵船看守・勿爲敵人偷進・）若使鐵艦出戰・宜張鐵網以避水雷・（聞水雷網尚未購備）備魚雷以破敵艦・海口以內・礮臺守備・尤宜周密・然後敵船不能闖越・至統兵大帥・當於早晚或風雨晦明之時・出其不意・傳令操演・恍若偷營劫寨・觀其各部有無準備・以驗其平日之勤惰・凡兵船礮臺之司礮者必須精於測量・方能命中及遠・宜飭令營官監臨・不時打靶・日發幾礮・中幾次用簿記明・核實認眞・無使虛糜火藥・剛直公深以爲然・若水師人員・盡如剛直公置身家性命於度外・事事認眞・集思廣益・講求整頓・何事不成・

西報謂中國固守成法．科目政治．決難更改．縱深知積弊．擇泰西之善者行之．然猶諱疾忌醫．不肯實心實力．惟略示變通而已．有名無實．我西人無庸畏懼．儘可放膽爲之．又謂中國水師未精．邊防未固．將才未足．鐵路未成．年來日本講究水師．頻添戰艦．多置軍械．及遣人分往各口貿易館．習方言．託言學賈．實則交結匪人．時入內地．暗察形勢．繪圖貼說．其志叵測．恐終爲中國邊患．俄英法三國屬地鐵路．皆將築至中土．託名商務．意在併吞．倘俄英法合力侵犯．水陸並進．南北夾攻．恐西人之大欲．將不在賠費．而在得地矣．俄法有事．英德美日．必以屯兵保護商人教士爲名．亦分佔通商各日．後患之來．不堪設想．噫彼族之貪如此．中國之弱如此．天時人事之循生迭起．相乘相迫又如此．而謂我中國尚可墨守前規．不亟亟然早思變計哉．此天下有心人所爲扼腕憮心．痛哭流涕而長太息也．

吳君瀚濤記日本議院論中國創設海軍事云．昔從美洲回經日本．小息征塵．養疴於摩崖山客館．時值中法和議既成之後．中國乃憬然有賊去關門之慮．爲羊亡補牢之圖．創設海軍衙門．宏議偉辭．綱目條舉．日本聞而大懼．乃開議院集衆諏諮．院長之言曰．中國向來武備不振．今法越戰局已畢．反蹶然奮發．設立海軍．竊料其未必能報法恥．特恐有事於東海．則我國首被其鋒．是不可以不亟圖．所以禦之者也．於是羣議蜂起．有謂宜聯中國爲援者．有謂援不足恃．不觀安南屬土．且不能終保者．有謂宜大振海軍．以先發制人者．有謂宜於各險要海口．堅築礮臺．以固守備者．紛紛擾擾譁然如蛙鼓之怒鳴也．忽有元老院中一大員．佝僂而起．排衆而前．微笑而陳詞曰．諸君且無譁．其各緘爾喙．靜聽老朽之一言．諸君所論．非不忠於國．切於事．有益於武備．然必謂中國海軍之可慮．則實不足以知中國也．蓋中國之積習．往往有可行之法．而絕無行法之人．有絕妙之言．而斷無踐言之事．先是以法人之變．水軍一旦灰燼．故自視懷慚．以爲中國特海戰未如人耳．若陸戰固不畏爾犬羊也．於是張皇其詞．奏設海軍衙門．脫胎西法．訂立海軍官名及一切章程．條分縷析．無微不至．無善不備．如是而中國海軍之事亦既畢矣．彼止貪虛有其名．豈必實徵其效哉．又何嘗有欲與我日本爭衡於東海之志哉．諾少年其休矣．奚必抱此杞憂爲也．於是院長及議員羣起拱立．揖元老而退．其人名副島種臣．蓋以日國天潢之貴冑嘗持使節於中華．通華言工漢文．能詩善書．其於我中國情形知之最熟者也．

訓兒女書

處適者生存之時代．而不爲天演所淘汰者．首貴自立．然能自立矣．離羣索居．則不免有孤陋寡聞之誚．是又在得賢人以相助爲理也．故擇交不可不愼．擇交既愼．則結納皆賢．聲相應．氣相求．既能孚以道德．過相規．善相勸．自不入於邪淫．居家猶如同舟共濟．必須和睦．所以張公教人容忍．書云．父爲子隱．子爲父隱．父子尚屬如是．何況兄弟有過．規諫不從．尤宜積誠相感．切勿起鬩牆之釁．夫婦妯娌亦然．

至於勤儉．尤處家第一要義．無論貧富．若怠惰自甘．則家道難成．蓋大富由天．小富由勤．勤而不儉．終難積蓄．人生處世．如白駒過隙．大禹惜寸陰．吾人當惜分陰．故光陰不可虛度也．

略述古之明訓．爲爾等告之．許眞君云．忠則不欺．孝則不悖．廉而罔貪．謹而勿失．修身如此．可以成德．寬則得衆．裕然有餘．容而翕受．忍則安舒．接人以此．怨滌咎除．先哲有云．凡人之生．無論貧富．自食其力．若藉父兄之庇蔭．戚族之周卹．雖豐衣美食．亦可恥也．此勉人自立．

子奇年十八．齊君使治阿．既行．君以其少也．悔遣之．乃使使者追子奇．使者返報曰．子奇必能治阿矣．其共載皆賢人也．子奇既至阿．厚撫其民．勸課農桑．會魏師至．阿人父牽子．兄率弟．以私兵出戰．逐敗魏師．此勉人交賢．

邵子云．天人感應之理．春氣則萬物發生．秋氣則萬物彫零．世所共知．人之和藹如春氣．人之恆怒如秋氣．無論老少男女．會友御下．必須面有春氣．和藹迎人．方得興旺．若驕傲凌人．時有怒容．面有秋氣．衰敗必矣．此勉人和氣。

人之一生其猶一歲之四時乎。春風和煦。草木萌動。一童年之活潑也。夏雨時行。草木暢茂。一壯年之發達也。經秋成實。歷冬而凋。則由壯而老。由老而衰矣。然冬盡春來。循環不已。而人之年華。則一去不返。老者不可復壯。壯者不可復少。語曰時乎時乎不再來。凡我少年其識之。此勉人要惜光陰。凡此數條。爾等宜書紳誌之。愼勿忽諸。

胡曦　一八四四年生　一九〇七年卒

字曉岑。興寗人。同治拔貢。嘗輯鄉先哲詩曰。梅水滙靈集。與嘉應黃遵憲提倡新事物入詩。有火輪船七古長篇。傳誦一時。文稿詩話及枌榆碎事。編入興寗先賢叢書。

宋鄉賢羅學士遺事考略

宋鄉賢學士羅公。其遺蹟見諸興寗者。以李忠定梁谿集所詠翰林堂。王象之輿地紀勝。所引洗硯池。數語爲最古。明嘉靖間。戴璟纂廣東通志。天啓間。廖用賢纂尚友錄。採公本傳。俱據成化侯爵興寗初志之文。輾轉稗販。觀王員外璉序。傳寫譌謬。罔有據依之論。其時如惠循二州新舊圖經。齊昌文獻諸書。應皆湮沒不傳。前賢遺事。搜訪維艱。又昔人論明人著書。率以意爲增損。地志塗飾。抑又甚焉者。職此故也。

按學士自宋距今。歷有年所。譚者輒稱其孝。曦嘗細繹本傳。已云累官翰林諫議。何以立朝梗概。別無傳述。洎閱黃佐通志。又有興寗令方述。招魂葬公之說。於此思勝國諸志。參差猶豫。傳聞異辭。其由來非一日矣。

最後得同治乙丑。公裔楚北羅孝廉有文。郵興寧書。并公神道碑一帙。始知公故宣和進士。紹興中入翰林。力詆和議。忤檜。謫興國軍。不歸。史所傳五十三人同貶者。公其一也。昔托克托修宋史。論者謂建炎以後事。殊多漏脫。則史佚公名。亦無足怪。而陳振孫書錄解題。所載紹興正論一卷。所錄自張浚至陳剛中。凡三十人。而公仍與二十二人者同佚。烏乎。以公魷魷忠讜。皭然天壤。乃於數百年若晦若顯之下。卒賴碑刻遺文。補史乘之闕。毋亦公之靈呵護使然耶。

粵志所傳瑣事。其有無不足爲公輕重。獨登第出處大節。碑與本傳牴牾特甚。爰即載籍所有。各爲條錄。附辯於後。依類析爲三卷。略如向所輯明鄉賢王御史遺事考略之例。惟年譜之編。不敢貿然去取其間。姑俟異日。世有篤古君子。其庶幾取乎是也。光緒八年三月同縣後學胡曦敬序。

跋竹南樓署額後

城西竹南樓落成。中層本昌黎語。署額。東之二字。蓋宋時左右二別谿今分屬興寗長樂二縣。皆唐時所謂興寗水。古時寗水是也。公謫潮道此。迴瀾障川。學爲可師。言尤有據。因跋於後。

自唐以來。由廣惠入循潮興寗。水旱俱驛。大歷末。常袞謫潮。道經丞相嶺。一統志所云。今長樂歧嶺者是。其時長樂即舊興寗縣地。今興寗縣舊齊昌縣地也。第攷南宋王象之輿地紀勝。潮州循州。兩載丞相嶺。在循州者。引寰宇記曰・在興甯・循廣二州分水嶺也・常袞除潮州・途經此嶺・土人呼爲丞相嶺・在潮州者・則云有題詩者曰・有唐常袞刺潮陽・南出龍川驛路長・自此呼爲丞相嶺・茂林修竹有輝光・不著題者爲誰・然則唐賢謫潮・由後溯前・如劍南跋李莊簡家書・所云趙相悲憂出涕・及知稼翁集・赴潮道過分水嶺・嗚咽泉流萬仞峯・斷腸從此各西東之句・所云過嶺・俱指此地無疑・分水嶺・固唐之舊名也・

昌黎元和十四年正月貶潮・謝表有曰・即日馳驛就路・經涉嶺海・又曰・過海口・下惡水・濤瀧壯猛・難計程期・颶風鱷魚・患禍不測・新修滕王閣記又曰・便道取王疾以至海上・據此・今附會龍川長樂之交・秦嶺藍關諸地・本公詩指鄧州商山及藍田關者・附會此地・固屬失攷・第昌黎經驛由此・則確據也・

由今長樂興甯旱驛・直抵豐順揭陽・溜隍買舟・三日可至潮郡・今豐順西關・亦尚有稱爲昌黎遺跡者・此亦如丞相嶺循潮兩紀矣・

紀勝又曰・鱷谿以鱷魚得名・舊傳爲惡谿・韓公刺潮謝表云・過海口・下惡水・濤瀧壯猛・是自廣惠而循潮・順流而下・今程鄉松口・俗號惡谿廟・安濟廟・乃其所也・廟有鱷魚・餘骨尚存・後人留題・有古廟巖巖鎮惡谿之句・

又唐劉恂嶺表錄異曰・李太尉德裕貶官潮州・經鱷魚灘・損壞舟船・平生寶玩古書圖畫・一時沉失・遂召舶上崑崙取之・但見鱷魚極多・不敢輒近・乃是鱷魚窟宅也云云・

按衛公於宣宗大中元年・貶爲潮州司戶・據此則與韓公俱自過嶺後・即由水驛・歷今嘉應・大埔・三河驛入潮・宋人地志・所謂梅口鎮・今州志所謂鱷骨潭諸地是已・興甯於長樂・爲唐宋釐割之地・又與今之豐順爲毗連地・爲乾隆以前揭陽地・要之・皆爲韓公存神過化之區・固不必拘執水旱二驛・斷斷置辨也・昔施侯得仍・創興甯書院・額曰韓蘇・仲侯更之・而祀公如故・然則韓海蘇潮之說・學者自宜知所嚮往・今二公已闢專祠・復即文公進學解語摘二字額於斯樓・用諗來者・由公之學・溯公之化・庶幾得所藉手也・

湯貞愍公瘞齒墓碑銘

常州一郡・代生節義之才・甯昌故官・兼職忠貞之概・矧龍鸞曠世・文武平分・金石同聲・山川能說・如前明劉公熙祚後・今所傳樂清副將湯貞愍公是也・

謹案公名貽汾・字雨生・武進縣人・祖大奎・乾隆進士・癸卯宰鳳山・値林爽文之亂・公父荀業・同時殉節・傳家人鑑・勵大父通籍之年・迸命瘴鄉・留海外迎神之曲・公母太夫人・終天泣血・塡石禽冤・午夜斷釵・和丸熊苦・

歲壬子・公年十五・入京引見・上爲垂詢者再・成童應詔・識卿爲忠孝子孫・儒將知書・專閫寄旄旌嶺表・年三十六・以雲騎尉・授官興甯都司・時則鈴閣書稀・戟轅風靜・從魯諸生之後・雅歌投壺・踰漢飛將之能・俠腸看劍・晴雲清嘯・倚樓之酒何多・墨沼追摹・餓隸之書爭乞・江城坐鎮・旗鼓能豪・煙月文章・由來遠已・

未幾・公以恤恤之苦・并罹至矧之災・自愴忠門・幸留遺體・不忘毀齒・康爾幽宮・爰從南郭之山・命負佳兒之土・祝哽祝噎・曾非暮齒之頹・某水某邱・幸託山靈之護・

從此春蘿石磵・秋菊叢巖・燭夜氣而厓明・望白雲而天遠・輔車封碣・將軍之樹千年・堅白名阡・先生之風終古・既而遷官東浙・佐秩元戎・指雁蕩以作家・辭羅浮而西笑・口齒之巷何許・情幻夢而秋多・地肺之海重來・訣登眞而老及・遠懷身世・爰謝戎行・畫梅樓好・悟晚節於蒼毫・琴隱園幽・作寓公於白下・材官候尉・緣却劍人・竹色水光・賞逢蝯叟・從此韻絃酌酒・讀書焚香・落落然・灑灑然・是又李思訓之流・而曹景宗之亞也・

無何紅巾釁熾・黑子城危・翼翦灘湘・咽塡江鄂・樓船王濬・風利未來將軍・編筏黃巢・飛渡遂傾天塹・斯時也・龍蟠虎踞・坐昧戎機・牛首石頭・幾沉王氣・凡夫舊家門子・貞女靜姝・緋綬兩城之官・綠營八旗之旅・靡間閒曹之伍・同歸戶解之仙・蓋自咸豐三年二月・洪楊等淪陷江寗・而公闔門殉難矣・

乾坤今古・到頭付萬事滄桑・東南山川・遺恨在一囊詩草・茫茫異路・脈脈孤忠・道並消乎猿鶴蟲沙・魂兼繞乎甌江粤嶠・死而猶握・乏塚中卡壺之拳・生也有涯・賸淮北張巡之齒・或者謂以公一家碧葅・三世黃封・祠祀昭忠・秣陵與京畿並永・謚崇貞愍・鳳山繼父祖逾傳・藐茲三尺之碑・何關一撮之土・不知萇宏碧血・氣共鬱乎秋燐・伏波沙場・屍孰收乎馬革・迨十年氛掃・化干戈瓦礫之場・而千里江流・盡兒女英雄之淚・六朝蔓草・委骨同塵・七里蠻花・招魂欲語・猶傳故老・捍歲月於採樵・大有騷人・酹重陽之杯酒・情所難已・禮亦宜之・

況當日者・藥孫詩老・蓮仙散人・接蔆坪之吟壇・挈秋田爲詩匊・溯其節概・又白兼有遺篇・假之歲年・次青傳爲先正・皷根薦菜・勝東城古塚豚醪・絕命留詞・猶忠毅永陽血淚・山鬼悽薜蘿之嘯・木客酸巖阿之吟・人亦有言・天乎應讖・

今則傳搜文苑・仕履幾湮・路探神山・封塋猶昔・窩餘燒紙・難倖主簿之鬢鬚・塔認牧原・空憶孝廉之髮爪・四千餘里・香火前因・五十一年・煙塵迴首・坏土之戲封宛在・千秋之毅魄轟然・嗚虖・浩劫河山・羈魂風雨・東流白骨・歸無先軫之元・片壤黃腸・賸有常山之髮・拜梅花妙墨・通靈東利之禪・過蕉雨詩軒・無恙北門之管・大忠祠古・擬尋榕蓋以薦馨・演武亭高・夙嬗蒲濤而壽石・用陳大節・載泐貞珉・銘曰・

峩峩神光・或謞六石・唐圖既亡・孰摧陳迹・緊維宋代・是誕羅公・張銘戴傳・忠孝其同・全節一門・聖清貞愍・都尉初官・祭齒茲韻・遠維毘陵・忠義篤生・綠榕講院・劉公錚錚・勝國徵文・時惟我祖・題墓弔廬・感同不朽・僂指百載・我後湯公・重鐫墓石・舊碣苔封・南山之陽・硯池之北・上麗三光・下訊無極・

外舅陳爍林先生誄　代

維同治十有二年端月之八日爍林陳老先生・考終里第春秋六十有三於戲痛哉・先生醇德懿學・著於里閈・樸誠易直・孚於友朋・至其潔身尚志・抱慤植廉・以孤行於舉世不行之時者・人咸莫得而窺之・即窺之究莫得而學之也・先生幼而警敏・年十三・失尊人鼎云先生怙・即上懔先太孺人

教・率羣季子弟以讀・騰英茂實・踵譽於黌・凡過其門・聞課誦聲者・莫不指顧嘆羨・欽爲學人端士之式・先太孺人內顧慰甚・若忘乎四十年來冰蘗苦也・

先生先世・率居奇贏・號饒裕・洎中歲寙落・乃出謀館穀・爲資生計・然先生居恆寬鞋闊扇・大布衣冠・閲六十年如一日・固未嘗有榮悴異途・足以易其履操者・於時從遊士日益衆・先生說經鏗鏗・隨叩隨答・窮日夜之力・指授忘疲・塾滿至不能容・尤精核名物象數・嘗深夜剖元析奧・雖漏下四十刻・憑几危坐・語纚纚不休・故有課蒙宵暇・輒乘閒走從別館聽講者・亦有篝燈夜讀・輒深更冒風雨乃歸者・蓋先生闢一疑竇・諸生即如獲一智珠・先生繩一歧途・諸生即如芟一荊棘・以故及門一日曠教・若呼負負・而蹶然皇然・不自知鼓舞之何從也・其沾丐後學・多所裁成者蓋如此・

先生素不談因果・而以惜字乃吾儒之本・最爲留意・所釀同文一社・累產千金・利賴實鉅・嘗憫鄉胥村究・字學壞廢・爲精研形聲之異・刋尊人所著字體辨僞・及自纂字音辨同二書・導童蒙先路・乞求傳鈔者不脛而走・復留心文獻・特輯文場紀捷一書・俾一邑靑衿宿學・藉垂不朽・或曰・是非先生經意之作・先生謂夫人爲能自用心・乃知人用心之所在・是雖小道・然必攷求數十百代制科之廢興・搜訪數十百年儒林之耆舊・未嘗不竭蹶心力・乃區區獲此・爾曹事無小・愼毋輕心以掉可也・聞者皆奉爲至論・誌不敢忘・

先是咸豐甲寅乙卯之歲・邑土寇數廓淸・當道知先生能・議開誌局・以纂修請・先生聞而瞿然曰・縣誌雖百里書・然準此而郡而省而朝廷・即與國史相表裏・且今之脩誌乘者比比矣・非阿私所好・即紀事多誣・是故穢史搢紳家乘之譏・今古一轍・矧傳聞不一辭・紀載不一手・書出嘖有煩言・某敢辭也・旣當道請益力・先生恐重違其意・乃力謝開局・獨自一室中・鱗次編皆・星纂露鈔・凡缺者補之・譌者正之・未誌者續之・無糜費・無曠日・更六閲月而告厥成・稿出・同事稱善・

惟是時寇難甫平・當道欲鋪張一二・爲邀功上游之地・所有敍述戰事處・稍稍增飾・先生輒乙所易・以原藁付手民・當道卒無以難也・其膽識卓絕・毅然自立者又如此・特是先生秋肅春溫・亦隨時異用・生平最嚴取與・一介不苟・故有以非禮義干者・雖搢紳大人必面驅之・至於說經論史・雖後生小子與之窮極詰駁・曾不之怒・必折衷於至當而後已・蓋先生峻身之品如泰山・虛已之懷如空谷・不沾名・不市直・釗德植學・誠有非晚近所能窺其涯涘者也・

嗚呼・使天以豐先生之學者・並豐先生之遇・將見達諸明廷・其特立獨行・必有以風勵一世・即或不豐先生以遇・而或豐先生以年・將所謂楷模後進者・其造就亦必不止此・奈何造物以學之豐者・靳斯人以靳先生・遂以不甚靳之年而亦靳之・轉令先生之學・猶可想見・而先生之年・弃不可禱祀求也・嗚呼痛哉・

光輔等卌載神交・一朝契闊・祇識先生之來・不測先生之去・又曷勝對山河曠渺・不知涕泗之彌襟也・

誄曰・天生名儒・曠世所稀・先生品學・賢聖爲依・胡爲乎先生之教・吾黨留輝・先生之身・遽爾相違・嗚乎・露

雞絮酒・灑淚欷歔・所謂行誼著一鄉・没而可祀于社者・非先生其誰與歸・

沈澤棠 一八四六年生 一九三一年卒

字芷鄰・番禺人・同治癸酉舉人・世艮子・早孤・與兄石臞守貧讀父書・性殊卓犖・工詩文詞・書法董香光・廣州將軍長善聘入幕府・並授志鋭兄弟課・極器重之・著有懺庵詞・懺菴隨筆・

汪君憬吾七秩開一壽序

古者養老之禮・燕飲之節・莫不有孝弟仁義之道存乎其間・非徒酬酢虚文而已・後世養老禮廢・惟介壽稱觴之辰・乞言於鄉之士大夫以抒敬老引年之誼・是猶有古禮之遺意也・

今年四月・爲汪君憬吾覽揆之辰・同人屬爲壽言・余雖不文・而念與君交四十餘年・其行誼素所敬仰・何敢以恆泛頌禱之詞進・

蓋君有道之隱君子也・生有夙慧・十歲能賦詩・太翁省齋先生精申韓之學・素承庭訓・又游於陳東塾先生之門・並得令叔芙生先生詩古文詞之傳・弱冠補學官弟子・越五年・考取優貢・朝考一等・奏旨以知縣用・家貧親老・不能遠宦・仍以律學爲幕客・博脩脯以供菽水・公餘肆力學業・旋舉於鄉・名愈噪・家愈貧・豐裁亦愈峻・所至皆能平反冤抑・澤及於民・

順德多鬭案・藉細故啓釁・焚殺至慘・君告居停・先事消弭・此風稍戢・奉諱里居・同年生孔季脩比部聘襄樂桂埠事・埠在韶州樂昌縣治・鹽引行銷湖南・彼省大吏議改官運・竭澤而漁・君援曾文正公駱文忠公當時籌議粵鹽成法・函牘爭辨・持之甚力・卒罷其議・大府聞君名・羅致入幕・有廣西某守・以加當店息撥作學費爲請・君謂違禁取利・律有明條・剝削貧民・是辦學適以府怨・固非興學育才之道・且易啓小民疾視長上之心・建議駁之・識者歎爲能持大體・嘗謂官事即幕事・官幕賢志同道合・地方無不治・旨哉言乎・

君後返樂昌・地有園林水榭・荷花萬柄・足以消夏・事暇輒著書以自娱・君得官二十餘年・迴翔不出・人多惜之・而君澹泊爲懷・蓋自州邑臺省・閲歷者深・知事不可爲・遂無用世之心久矣・辛亥事變・樂昌城陷・君設法維持・縣地幸免擾害・至今韶州人士能言之・而當道屢聘皆婉謝・

君語人曰・古之所謂顯者・建大纛・擁高牙・吞吐日月・叱咤風雲・天下英雄・趨附奔走・爲之蹈湯赴火而不辭・迨事移世易・求爲一農夫野老而不可得・余思之爛熟・甘老牖下・又何怨焉・避居澳門・韜光匿迹・事定歸里・常與二三耆舊・酬唱酣飲・三爵耳熱・慷慨高歌・以明季吾粤遺民多逃於釋老・乃約友游羅浮・攬華首酥醪諸勝・杖履在飛泉碧嶂間・流連不忍去・注籍爲道士・去年春・復攜子姪歸山陰省墓・探禹穴・訪蘭亭故址・並泛舟西湖・慕林和靖謝皋羽之爲人・俯仰低徊者久之・

君性肫厚・睦婣任恤・不稍吝・治家嚴肅・復節操耿介・人有干託峻拒之・而培植寒畯・則甚殷・論事論文・不苟同・亦不立異・番禺縣志・歲久未脩・咸以君有史才・延

任纂脩．稿本盈尺．然君著述宏富．此特其緒餘也．

君生平於友誼尤篤．新會陳茂才樹鏞．行高學博．身後遺著．有漢官答問一書．稾帙叢殘．爲之排比校正．由梁文忠公鼎芬刊入端溪叢書中．蕭山朱布衣啓連．工詩及古文．歸道山後．君與陶中書邵學商搉編校．而自出資付梓以傳．此豈流俗所易及耶．

哲嗣通甫昆季．皆以劬學畢業．揚名顯親閭里戚鄙間．莫不以克家有子．嘖嘖稱羡．君少壯艱劬．晚歲得以頤養天和．環顧桐孫林立．含飴爲樂．此天所以酬有道君子也．孔子曰．仁者壽．不其然歟．君之先世．有青湖先生者．風節治行．具見明史本傳．所爲文集．四庫著錄集中三仙捧壽圖序．祝蕭翁之詞．初祝曰．願翁弗騫．如岡如陵．以享多福．次祝曰．願翁耆德．保艾厥後．不戾於行．淑延世世．三祝曰．願天降康．四陲寗謐．家室和平．復我邦族．君能亢其宗．余即援此以爲君祝可也．

胡禮垣

一八四七年生
一九一六年卒

字榮懋．號翼南．晚號逍遙遊客．三水人．十歲通四書五經．未冠補諸生．應鄉試不售．即棄舉業．專研經史．肆力於詩古文辭．復究西學．畢業於香港皇仁書院．曾創辦粵報．有英例全書之譯．欽差大臣鄭藻如陳蘭彬先後出洋．聘請襄贊．辭不就．其淡於榮利．素性然也．中年客居南洋．協助英商開闢北般鳥地，數年拓墾．竟成鉅埠．其鄰蘇祿國王聞而賢之．延爲客卿．待以殊禮．國家大計．政無大小悉與聞．遂欲委之國事．且讓位焉．禮垣聞之大驚．藉言避去．時人莫不誦王之賢而歎禮垣之高．光緒二十年．遊居日本．值甲午中日搆釁．中國駐日本使臣奉命歸國．旅日僑商推禮垣權攝領事．兵事方棘．調和撫戢．商民賴之．其爲外人所信服如此．和議成．返港退隱於家．閉門著述．考察列國得失．與南海何啓合著論議．鼓吹新政．日本史家稻葉君山亟稱之．晚年復研求佛學．具有心得．著有英例全書．新政眞詮．曾論書後．新政論議．康說書後．新政安行．勸學篇書後．新政變通．梨園娛老集．伊藤嘆．滿洲嘆．民國樂府等．尚有宗教佛教略異未編定．

與孫中山書

中山先生有道．民國軍之起也．如春霆．如旭日．如太陽之沃霜雪．如大旱之現雲霓．水未到而渠成．風乍吹而響應．稽之史册．亘古未聞．所以然者．題爲民主．已立於常勝不敗之地．而熟謀後動．構會逢機．因種廿年．果收一旦．其功效固當如是也．自非有險詐者出於其間．則此一舉也．直不啻相見以天．誘彼滿人．同歸大道．定當棒喝頓悟．驀地回頭．一矢加遺．理所不必然．而先憂後樂．尤彰救世之忱．好事經磨．愈保他年之慶．何則．天下未有人人同心而其事不成者．亦未有人人効命而其戰不勝者．今爲敵計．縱使內用李斯商鞅之謀．外用白起王翦之卒．亦難爲役．而況士盡離心．人無鬭志者哉．

說者謂乙未之歲．獨虎猶挾．如一木然．槳櫓不備．欲以撐天．宜其不足也．辛亥之歲．六龜已藏．如一劍然．橫磨十年．以之屠豕．宜其有餘也．符讖之言．原不足道．聊博一噱耳．所望北伐收功．南風解愠．前驅者顯徐常之神勇．集事者展陸賈之長才．聚米觀情．推枰決策．破其專制．白山之妖雪驚飛．還我自由．黑水之陰霾盡散．先生則指揮如意．默運神機．轡攬澄清．輪扶大雅．香江翹首．欣忭奚如．

僕義主大同．心懷至治．際此昌期聿應．尤思進我深言．以謂通工易事．相助爲理者．一國國內之情．亦天下環球各國相與爲國之情也．夫事愈推則愈廣．力愈合則愈宏．誠使天下各國之人．融其畛域．忘其形色．惟以自由爲主．彼此皆相生而不相尅．相愛而不相憎．視已猶人．冲融和會．相與通力合作．酌有濟無．以共開宇宙之豐功．以擴張斯人之幸福．擧天堂如塵土．化鄙陋爲莊嚴．洵如是也．世界之歡娛．曷其有極．此鄙人之所謂大同至治也．

或謂大同至治者．堯舜其心．孔顏其行．豈能旦夕望之於天下各國之人人．而不知其中有握要之圖．而天人德性之事．非所遽及焉．但使各國聯盟．永敦和好．相與銷兵弭戰．惟專辦巡警．誕保治安．以廣營商務工業．如兩國遇有齟齬爭執．以或橫逆衝突者．則倣赫城法．開萬國弭兵公會．公擧臨時主席．全用和平了結之法．即以各國公使爲陪審人員．而判斷曲直．只罰賠款．無得興動兵戎．不遵判者．諸同盟國則用抵制其商貨之法以絕之．如此則殺伐兇殘之慘．必不復見於人間矣．而各國年中軍火兵費造艦製械等項．除用以添辦巡警外．以之營業．軍人則還作四民．如此則人皆生利．而利無不興矣．其有開闢疏鑿等事．不論當於何處．而工程浩大．利益廣遠者．各國則科合貲力以成之．務使功均利普．如此則路皆坦蕩．國盡和親．大同之基．卓然成立．由此而進．郅治可期矣．

大同至治之理．詳於近日拙著梨園娛老集及伊藤歎詩卷．至所以著此等書之原因．則前寄李提摩太博士一書．述之備矣．今謹附呈．乞爲賜目．日前致伍秩庸書．不過欲效愚者之一得耳．至新漢樂府一篇懲前毖後．實爲此時堅定人心起見而作．筆雖拙矣．望爲廣傳．今日北伐之軍．鄙意務宜廣集加以訓練．功成而後．除中央政府所需定額軍數外．可散歸各省巡警隊．而有急需．兵仍可調用也．故此時之兵．多多益善．他日以兵辦警．則人無冗員．其費亦省矣．近讀借款大論．及堪馬李君灌輸自由之說．雖不明言大同．而實已盬大同之腦．夫惟非常之人．乃能成非常之業．勉之勉之．毋令僕徒爲蝸吻之好望也．耑此即請道安．希爲荃照不宣．

附孫中山覆函

周宇傳來言．知陶弘景必無能致之理．拜讀華函．并大箸三册．崇論閎議．欽服無已．此次南軍崛起．胡虜敗北．幾月之間．使東南半壁．氣象一新者．自是我族茹苦含辛．久困必亨之所致．文何功焉．所願虜酋知機．及今遜位．不勞兵力．克底共和．還大漢之河山．免生民於塗炭．則文之志也．來教主張大同．尤見婆心濟世．蒙雖未逮．敢不勉旃．

寄嚴幾道書

僕每讀大箸譯撰諸篇．未嘗不掩卷生慕．幸得與先生生同其時．夫譯他國之文．而能自出心裁．上下五千年．縱橫九萬里．節節評論其得失．使閱者反求諸心．而得其師之所在．此非識高於頂．力大於身者．決乎不能．僕之賞才子爲艮知．極欽遲於副墨也久矣．是以拙作娛老集第一册第三首．當世之盛名鼎鼎．說經鏗鏗者．都有所不足．惟於先生

諸作・則歡喜讚嘆・情見乎辭・豈有他哉・謂文以載道・而道必期爲斯世裨耳・

因微言之識五・遂雅奏之登三・拙集初成・急以一部輾轉呈覽・輕脫苟且・未免不恭・乃昨讀英歛之君寄示尊扎・寥寥數語・已直揭吾心・觀書桶脫・眼底無花・人仰宗師・信有由矣・乃知王筠讀雌霓・沈約爲之撫掌欣忭・確有此境・倘使暢而論之・當不知令僕傾倒何如也・

拙集諸長篇・思力務深・設色務濃・如以萬重山翠而畫雙蛾・以九曲明珠而穿一笑・沉著痛盡・悱惻纏綿・不憚詞費者・誠欲以此爲少年男女課本之用・則益智之粽・續命之湯・弱小得之・多多益善・蓋將欲使之收視返聽・必先爲之盡態極姸・爾正平曰・豈羽毛之足惜・閔衆雛之無知・此之謂也・夫寫靖節之閒情・則托管絃於太傅・尋邊撩之晚景・則拾香草於童蒙・老安少懷・道當如是・然而如來圓覺・獨閔衆生・孔子思歸・爲裁狂簡・先後輕重・自有攸分・蓋必睹英賢之蔚起・乃能捧僎爵以康娛也・

僕竊不自量・欲進拙集爲教科書・歸道德一門・而存韻學一道・倘今茲未能・仍欲俟諸異日・則以平等自由之理・將胥天下萬國以同歸大同至治之規・實爲世上學途之究竟・斯道也・未逢其會・且學愚公訓子以移山・如若其人・易若孟子王齊於反手・

先生爲文明之司命・握進化之樞機・知必有以示我周行・贊成斯舉矣・可否尚祈明示・因思日本坪內逍遙譯西戲劇而院本改良・梅花美妙・賞新體詩而風氣丕變・國運文學惟新之速・有大力焉・先生與予肯讓他人之專美乎・夙欽德音・曷勝仰止・不揣冒昧・布露區區・耑此并請道安・希爲朗鑒不宣・

新政始基序

伊東謂丁汝昌曰・爾中國如此・何以爲國・伊藤謂李鴻章曰・使我在中國・決不爲官・噫・日本一將一相・可謂深知中國之弊者矣・何以知之・知之於中國之法也・今試問用人之法・有當於人心否・刑罰之法・有當於人心否・君民隔絕之法・有當於人心否・外國以無是法而富・則知中國以因是法而貧・外國以無是法而强・則知中國以因是法弱・既貧且弱・則不能獨立於諸國之中而成一國之號・此伊東氏所以深爲中國之國危・伊藤氏所以深爲中國之官惜也・

曩者新政論議之作・拳拳焉・懇懇焉・以除舊法望於國家者・職此之由・雖然・理者源也・數者流也・從源溯流・源雖濁・人猶冀其流之或有可淸・從流溯源・流欲淸・人則知其源之必不能濁・故欲知其理之可不可・則必察其數之可不可・既已知其數之可不可・則必知其理之可不可・可者得也・不可者失也・可者興也・不可者衰也・其數既具・則得失興衰之故・如與目接・如與心侔・此吾友何君沃生以理財之法爲新政之始基也・蓋觀於財用之困・然後知理財之法之非・觀於理財之拙・然後知用人諸法之非・而欲變用人諸法・則必自理財之法始・欲變理財之法・則必自明其財用之數始・今者强鄰日逼・洋債難償・外府告空・內藏胥竭・司徒致嘆・計吏興嗟・百補千營・終於必敗・理財之法・雖欲不變・有所不能・則此篇之所以作也・

嗟乎．由今日而上溯以至於秦．二千年來．中國財用之數．曾未有知之者矣．果其知之．則中國之風俗．必不至若是其頹靡．中國之人心．必不至若是其澆漓．中國之國祚朝綱．必不至若是其反覆而無定．夫財用者．登於黃籍．總於司農．上於大僚．責於州縣．曰賦．曰稅．曰漕．曰課．曰正供．曰軍需．曰海防．曰善後．名目不一．皆財也．而出諸庶民．藉諸商賈．斂諸關卡．驗諸舟車．曰徵．曰科．曰收．曰繳．曰完納．曰清釐．曰上餉．曰捐輸．名目不一．而皆取也．是其爲財也．下以供之上．上以供之國．而其取之也．出於下者其數存．入於上者其數亦存．而吾以爲未之或知者．其故何居．

一則昧於清談誤國者也．久宦而猥無宦情．居官而不言官事．彼託爲口不言錢者．固以失其數而亡其國．亦以失其數而亡其身．一則昧於坐鎭雅俗者也．在位而祇能伴食．遇事而輒作模棱．彼貌爲清淨寡慾者．則以失其數而存其身．因以失其數而誤其國．一則昧於黷貨寡恩者也．歌得寶以結主知．上牙盤以斂民怨．則是彼其所知之數．在肥一人而不顧天下之瘦．而其所不知之數．在天下瘦而一人終不能肥也．

一則昧於多藏厚亡者也．榷會入而逾國稅．定苞苴而號市曹．則是彼其所知之數．在厚其家者宜如何取之國．而其所不知之數．在喪其國者必不能保其家也．若是者．烏足以知之．惟其不知．故民窮而財匱．惟其不知．故用絀而國危．由是財之入也．不以正而以邪．貨之充也．不能名而但曰賄．嗚呼．自賄之說出．而人心漓．風俗壞．天下事不可爲矣．

剝民有禁也．而賄賂既至．則無復議其剝民．枉法有禁也．而賄賂既通．則無復議其枉法．宰相非下僚之可用也．而蹈以賄賂．則宰相亦聽其指揮．近侍非邊臣之可使也．而屬以賄賂．則近侍亦爲之聽命．私梟之漏稅．官府不知也．知之則無不捕而殺之也．以無賄故也．官府之瞞稅．國家皆知也．知之而無或議而疵之也．以有賄故也．盜賊之刦財．官府不覺也．覺之則無不執而戮之也．以無賄故也．官府之奪財．國家皆覺也．覺之仍無敢詰而責之也．以有賄故也．庸惡陋劣者．鄙夫也．而有賄則爲名臣．清愼廉明者．好官也．而無賄則爲溺職．武斷鄉曲者．奸民也．而有賄則任其恣睢．守分安命者．良民也．而無賄則辱於塗炭．朝廷以賄賂相高．百官以賄賂相尚．衙門以賄賂相勝．鄉黨以賄賂相矜．賄賂之風．習若性成．賄賂之事．視爲最當．雖有伯夷之清．必須雜以跖蹻之濁．乃能容於今之世而立於今之朝．是措一世於崎嶇邪曲．置國家於困塞傾危．皆此理財之法之不善．有以致之也．亦皆此用人諸法之不善．有以致之也．此予所以深許何君之意也．

顧是篇久而未成者．以謂肉食者謀之耳．未幾．何君將有外國之行．而上游忽爲鐵路銀行等事．以厚幣來聘．止班生於道上．挽祖逖於中流．此邦之人．識與不識．莫不喜色相告．謂中國用何君矣．獨予聞之．一則喜而不寐．一則如有殷憂．喜則喜其畫策素定．成竹在胸．坐言起行．必有所合．而簡賢籲俊．當以彙征．富國裕民．將從此起．而中國庶幾一變．憂則憂特達之知．難逢今日．使權不由己．志不能行·則歎致歸歟·行不脫晁·而中國之興·不知何日也·乃未兩月·果以水土不服而回·旣愈而亦不思復往·是豈其得已耶·抑豈其不得已耶·何君回而予亦從此逝矣·此篇之作·所以遲之又久也·今春匡居之暇·從諸友之言·廣何君之意·而作是篇·同志諸君·爲付鉛槧·將分寄當道·使上達九重·以獻曝之誠心·明懸貂之古制·意甚美也·書成·爲著其未竟之論·幷述其源委如此·

且夫謗帝之書·平情之所不作也·則以帝無可謗也·愛君之說·疎逖之所能託也·則以君國難忘也·事時之非·痛言之所不禁也·則以人同此心也·在位之政·末議之所能參也·則以當局或迷也·此篇於虐政害民古今同慨者·深言其故·無復隱情·誠欲出胸膈以示天下之人·亦欲天下之人出胸膈以示我·庶幾得失盡明·是非共見·公行大道·相與維新耳·不然·困而不達·窮而不通·泄沓成風·胥溺徒歎·使中原之士·四裂五分·一統之邦·六王七國·臣僕奴隸·伊戚自貽·帝迹皇輿·聲靈盡掃·勢非得已·事尙可爲·人自無能·天何曾醉·他日有過劍閣·譏劉禪爲庸才·登廣武笑沛公爲豎子者·必將因人知世·因世知人·謂當吾之代·竟無一謀一策·足以扶國運而奠民生·靖內訌而消外侮·此則濡迹匡時之士·所爲痛心疾首而不能已於言者也·

夫策無所謂良·而以能濟於世者爲良·謀無所謂善·而以能洽於心者爲善·而況弊除則法立·害去則利興·轉移之間·易於反掌·失今不治·後悔噬臍·是故吾方欲一振其敝·正不妨大明其敝·使人皆知其敝而敝以驅·吾方欲一去其衰·正不妨洞悉其衰·使人共扶其衰而衰以起·其言如此·其志如此·是猶敢稍存齷齪囁嚅之見·而以忌諱行於其間哉·嗟乎·無懷襄則禹不能興夏·無砲烙則武不能興周·無射鈎則桓不能興齊·無斬袪則文不能興晋·今中國財用之蹙·實無異於懷襄砲烙射鈎斬袪也·吾願憤然一變·轉敗爲功·毋爲日本兩伊氏一言料定·則其爲中國之幸者·固不止於斯世斯民也夫·光緒二十四年歲次戊戌二月胡禮垣·

新政安行序

子嘗論中國古今帝王·才智絕倫·以虞帝秦皇爲冠·稷契皋陶·其德皆足以任天下之重·而舜獨能明揚側陋·登天位而無慚·問庶民崛起有如是者乎·無有也·齊楚燕趙·其力皆足以抗天下之衡·而政獨能遠交近攻·掃八荒而一統·問諸侯吞倂有如是者乎·無有也·是故政之用起翦也·無異於舜之擧元愷·政之滅六國也·無異於舜之流四凶·政之禁腹誹也·無異於舜之察邇言·政之却匈奴也·無異於舜之防猾夏·公私之界·雖判若天淵·而才智之長·則如出一轍·故曰舜與政·中國帝王之冠也·

然而歷古帝王·學舜學政·皆覺不能者·何也·學爲舜而官天下·其公得矣·而其私則不無遺憾·且舜亦幸而得禹耳·若所擇如王莽·舜不將貽悞蒼生·是私失而公亦失也·學爲政而家天下·其私得矣·而於公則大覺其非·且政亦幸而生扶蘇耳·若其子爲隋煬·政不將已身爲戮·是公失而私亦失也·然則帝王之冠·俱不可學乎·曰否·以政之私·而學舜之公·即以舜之公而成政之私·其私愈摯則其公愈明·其公愈眞則其私愈遂·離之兩傷者·合之則兩美·此之謂也·

胡禮垣

是說也・其意義具於先睡後醒論書後・其規模具於新政論議・其從事具於新政始基・其質疑具於康說書後・而其歸宿之地・萬派之源・則具於是篇矣・然猶恐人之或疑爲非孔孟之道也・故以勸學篇書後明之・

新政論議序

我聞蚩尤戰阪泉・妖雲毒霧天茫然・又聞項羽戰鉅鹿・十二諸侯盡駭目・兼斯二者洵大觀・其惟普法戰師丹・師丹之戰空萬古・法皇普皇並英武・法皇普皇今何存・剩有斯圖衆口喧・我觀斯圖增惆悵・胡不畫心祇畫相・普皇當日墜壇臺・道功雖成心轉哀・豈惟無功直是罪・屍橫遍野徒追悔・一歲酬醫卅萬金・貴人賤已竟何心・我今天子經綸務・修文不爲斯圖誤・定有銀河手挽人・甲兵洗盡宇宙新・此甲午元旦予在日本題大坂普法師丹戰圖詩也・日人尚氣任俠・樂於戰鬥・黃公度詩云・解鞘君前禮數工・出門雙鍔插青虹・無端痛飲圍鑪醉・笑看仇人頸血紅・履斯地者知其言之信矣・予詩託諷・戒其勿黷武也・乃未及數月・果有高麗之禍・觀其背理逞强・何異於蚩尤項籍・冒暑披雪・何異於妖雲毒霧・各國觀戰・兵船畢集・何異於十二諸侯・初・丁亥之夏・法越之事甫平・予取何君啓之意・而增以已意・爲中國先睡後醒論書後一篇・當時閱者・或嫌其言之過激・及觀平壤之戰・華人無不憤然曰・兵無紀律・固若是其不可用哉・觀旅順之戰・無不駭然曰・礮臺雖堅固・若是其不足恃哉・觀威海之戰・無不嗒然曰・鐵甲雖重・固若是其無所濟哉・於是皆以書後之言爲確當不可易・而謂中國之政令必須改革從新也・雖然・改必有其方・乃可以推行而如意・革必有其道・乃可以收效而呈功・蓋安危有相反之形・使不改乎危我之機・而欲求乎安我之機・是安危並處・兩不能憑・而危地先居・安宅難卜・其所止仍在危而不在安也・禍福有倚伏之勢・使不革乎禍我之道・而欲求乎福我之道・是禍福並行・斷無中立・而禍根未拔・福種難栽・其所得仍是禍而不是福也・昔曾侯以醒論中國・謂其能變也・抑知不揣其本而齊其末・是似變而非變・雖變猶未變・若是者非惟無功而有過・非惟無益而有傷・何則・未有此變・則吾行吾素・尚知量力而爲・既有此變・則吾逞吾能・或爲行險之學・其不僨事者鮮・書後一篇・辯之詳矣・

是故改必求乎實濟・切勿事乎虛名・革必出以眞心・最忌行乎粉飾・建屋者見棟桷之朽蠹・牆壁之傾頹・則必移而再易・拆而再築・不得徒事於丹雘黝堊・而謂可以蔽風雨而勿敗也・治國者見道德之不行・富强之不必・則立推求治理・興起物情・不能泄沓於因陋就簡・而謂可以保太平而苟安也・董子曰・琴瑟不調・甚者必解而更張之・乃可鼓也・爲政不行・甚者必變而更化之・乃可理也・此改革新政之說也・予方有所欲言・而何君啓乃條列新政要略・出以英文・郵寄與予・予喜其意之與予合也・重感於懷・不能自已・遂增以已意・復爲此篇・議之而復論・論之而復議・反覆推詳・以見中國此時改革之爲實有不容再緩者・而理必推以至平・情必求以至近・道必行乎至順・量必極乎至公・見所以維君民・治上下・服遠邇・致安和・絕危機・綏福祚者・莫不本諸古帝王之心法治法而酌以時中・則此篇之意也・

夫一國之治・在用人行政二者而已・惟能用人・乃能行政・亦惟能行政・乃能用人・二者體用相合・終始相成・故改革而在於用人也・則必改革乎行政・改革而在於行政也・亦必改革乎用人・此篇之用人行政所有改革・不知者以爲用夷變夏・其知者則以爲用夏變夷・今人見西國器用之精良・貨物之豐阜・民情之暢達・衆志之咸孚・第以爲其中必別有道焉・而不知凡其因才器使之方・責實循名之法・雷厲風行之令・公爾忘私之規・所以和衆而安民・保邦而固國・生財而阜物・格致而闡微者・無非循我古先王之法・而實事求是・與時變通而已・夫外國爲之・其效尚能若是・使中國自爲・吾誠不能測其效之所至將復何如也・

此篇舉復古之事約之爲七・而一曰擇百揆以協同寅・二曰厚官祿以清賄賂・三曰廢捐納以重名器・四曰宏學校以育眞才・五曰昌文學以救多士・六曰行選舉以同好惡・七曰開議院以布公平・而舉因時之事・約之爲九・而一曰開鐵路以振百爲・二曰廣輪船以興商務・三曰作庶務以阜財民・四曰册戶口以嚴捕逮・五曰分職守以釐庶績・六曰作陸兵以保疆土・七曰復水軍以護商民・八曰理國課以裕度支・九曰宏日報以廣言路・前之七事・是意在於得人・而得人乃所以行政也・後之九事・是意在於行政・而行政必資乎得人也・新政之興・宜不止此・而莫先於此矣・

且夫洪水滔天之會・天之所以興禹績而成賦於九州也・風雷交儆之餘・天之所以啓成周而定基於八百也・時不極於陽九陰六・則剝復之理不彰・事不至於衡慮困心・則否泰之機不轉・故轉禍爲福者・禍愈重則福愈隆・因敗爲功者・敗愈多則功愈大・君子觀於消息盈虛之故・出於天而不可違者・則知吉凶悔吝之機・由於人而不能諉也・今中國朝多好古之儒・野有匡時之士・使循此而行・實力而赴・毋固執・毋拘迂・毋游移・毋苟且・則革故鼎新之象・乾旋坤轉之功・所謂手挽銀河・重新宇宙者・直將旦暮期之耳・

書成・而中日和局亦將就緒・不禁欣然序其事・而還以質之何君啓・並以質之當世之識時務者・光緒二十一年歲次乙未仲春胡禮垣・

香港創設大學堂勸捐序

香港自開埠之初・規模粗定・即立學校・數十年來・漸次充擴・迄今學舍林立・英才輩出・斐然可觀・賢有司之薰陶・我華人之嚮・學已可概見・由今觀之・所欠者爲大學堂未曾倡設・誠青年志士一大憾耳・大學堂者・專門之學・學業程度高下・與英京諸大學院同科・學成而後考試獲雋・由英廷給權與本學堂頒發憑照・視爲正途出身・許其以學業問世者也・近歲識時務者深知其學之利用・思欲登堂嚌炙・罄其所長・是以遊學之士絡繹於途・然而察其求學之情形最難者・其事有二・

夫一別十年・費金數萬・微特寒門之士興歎望洋・即中人之產雖好學心殷・亦應裹足・可勿論矣・富豪子弟使於幼稚之年・往學其家庭之應對進退・其本國之風俗禮儀・見聞未熟・不能記存・居外既久・濡染於異鄉之習俗日深・比其反也・學業之深淺精粗尚未可知・而其人之性情好尚・迴異乎相與狎處之人・言笑談常・格格不合・反親爲疏・十居其

胡禮垣

五・人亦何樂而爲此・尤可慮者・少年立志未定・往往見異思遷・未有室家・何堪命隻・既鄰彼美・誰學童貞・自由之眞理未明・品格之踰閑難保・直將拮据貽父母之憂・夫子之幼也・父母愛之・保抱提攜・亦既相依爲命・乃鼠思飲泣割愛者十有餘年・而其效果之在人意中者或竟如此・遊學之最難者・此其一也・

使年在弱冠而後始志遠遊・其時既有妻子・似無變性縱情之慮矣・不知其時父母多在已老之年・兒子正當幼少之日・堂中問膳・既愧缺如・膝下牽衣・更爲難捨・遊學者爲其父母妻子苦衷・自無可訴・而父母妻子爲遊學者之苦衷・更無可言也・讀陟岵之詩・旁人隕涕・而況身歷其境者哉・夫庭幃隔閡・亦人事之常・但使欲見則能見・欲親則能親・問訊往還・通靈不遠・則光陰迅速・成事不覺其遲・今乃孑然萬里・故土長辭・關河阻而魂夢難通・魂夢通而形骸終隔・吾知身居其地者・必有度日如年之歎也・內顧之憂既縈其念・向學之志必減其堅・苟其以四海爲家・而恝然於父母妻子・隨緣聽化・諧俗忘情・任歲月之蹉跎・以忘形爲自在・則比其返國・縱使學問精通而已減却多少天倫之樂事矣・遊學之最難者此其二也・

此二難者・且費數萬金而始得・夫遺子以多金・不若遺子以實學・近世達人多明此理・乃苟一深思・亦復誰甘爲此・然則竟棄西學・謂但取其普通之皮毛・不須復求其專門之精妙・可乎・是又不然・學之道猶水火也・苟得其故・則可以明並日月・潤等江河・不然・則爝火勺泉而已・今西學之行於天下・何殊日月江河・可勿深求其故哉・深求其故・必設專門教育者・惟求去其難而取其易耳・香港大學堂之設・正爲此也・

此大學堂既成・則學費可減五倍以上・如工程一項・使特聘一工程師以爲教習・其費每年非萬餘金不可・即聘一副教習亦須五六千金・其餘如內外諸科・醫師剖解師格致師律學師・及各科教習・以凡一切諸般藝學農圃畜牧等皆有專師・其價値視工程無以異也・香港則各科諸師皆備・俱有實任職役・若聘其於公餘之暇・每一星期到堂三二次・不等如法以演說一二點鐘之久・以爲教習・蓋所演說・在聽者已足爲一二日之學也・如此則爲師者既不拋廢其時・而學者亦能盈科而進・以萬金而得之師・千金可得之矣・數千金而得之師・數百金可得之矣・他費雖或不可減・師費則減其十倍・故合而混計可減五倍以上也・

況香港爲遠東各埠之樞紐・船塢鐵路電氣機器織造等廠與農圃商場・莫不局面宏大・尤堪爲各科實驗教育之資・至於中國內地如省城如廈門及上海天津等處・學者雖多・教育亦廣・京師首善・風氣尤先・然終不及香港・故大學堂之設・應以香港爲最宜・且其於英文之學・孕毓既深・浸淫有素・將來高足弟子・必視他處爲尤衆・商賈雲集・百貨駢羅・遠方之士・就學於此・起居飲食・無有不周・加以舟車利便・家鄉雖遠・父兄戚友相見無難・藏修游息之方・涵育甄陶之處・無有勝於此地者矣・此大學堂之設・不論何國之人皆可入學・然將來得其大利者必在華人・以其民衆事煩・在在皆需此實學以爲振興之根据也・

今者中國朝廷派遣游學諸生皆以所得於香港者爲最・若

大學堂既成．則香港畢業之學生．即與出洋畢業者無異．將來爲國宣猷．從公于邁．近取即是．何俟遠求．且此大學堂將來教育人才．必擇實濟之事有益於現在營業所需者而爲之．與存諸理想空懸其說者特異．是所謂用世之實學也．用世實學無地不宜．核計地球諸國．英與之通商立約者十居其九有奇．是環球皆英商所到之處．凡在此大學堂考得執照者．天下之大．無處不可爲其榜門應世之地．此可爲他日青雲之士．所預賀者也．而爲之父兄者．及凡我華人．當如何其振作玉成之哉．且夫立不朽之功者．必有其機．成不世之業者．須逢其會．大學曰以義爲利．曲禮曰積而能散．皆謂財之用貴得其宜也．計香港自開埠以來．其用財之宜．無有過於此舉者．此堂約計所費須要儲款壹百弍十五萬圓．其必需此數者．以每年儲款所出之出息須六萬圓．方足於用也．此是一勞永逸．作一次捐足．以後更不復捐．其建造學堂學舍諸費約數十萬圓之譜．已爲西人麼地君一人担任．至解剖房及醫學舍約費五萬金則爲吳君理卿承當．又曾蒙鄧君竹溪身後遺囑撥以家產叁分之一約萬餘金爲醫學堂存款．其餘認捐者雖未明言其數．而已樂助有人．大抵總在過半以上．譬爲山於平地．羡彼三君既已一簣先施．若造塔於諸天．願我同人莫懈合尖之力．伏思去歲水災．本港賑濟簽題尚集成數十餘萬之鉅款．而況大學堂之爲利於無窮者哉．當仁不讓．敢布區區．併將港督盧大憲之言譯錄於後．讀者應知盧制軍不憚詳言．挺身提倡．爲我華民謀長久之幸福．胞與之懷．仁言利溥．聞其偉論．咸宜額手歡迎．凡我同情．當因是而愈爲踴躍也．

冼寶幹 一八四九年生 一九二五年卒

字雪耕．南海人．同治十二年癸酉科舉人．光緒元年選學海堂專課肄業生．九年中癸未科進士．歷知湖南祁陽永興平江沅陵等縣．所至有聲．並充己酉戊子丁酉科湖南鄉試同考官．二十四年告養歸里。民國元年任佛山志局總纂．二十五年卒．年七十七．遺著有說文部首音義表．皇輿圖詠．佛山忠義鄉志．讀禮四種．服制釋義．易學體例圖說．永興縣公餘錄．冼字考．嶺南冼氏宗譜九卷．鶴園冼氏家譜等．

嶺南冼氏宗譜序

民族之盛衰．與國勢之强弱相表裏．周之興也．建侯樹屏．司空授土．司徒授民．其民族强者．其國勢愈固，魯之殷民六族．衞之殷民七族．唐之懷姓九宗尚已．是故夏有鄩灌二氏．而少康以興．秦棄其民．卒亡於六國之後．漢高祖徙齊楚大族於關中．用能强幹弱枝．隆上都而觀萬國．顧不重哉．惟民與國有關係．故國家所以保聚其民者亦益周備．周禮大司徒以九兩繫邦國之民．五曰宗以族得民．凡民間生子．自命名至冠婚喪葬．靡不掌之於官．籍其名與事．而藏之天府．又爲之奠繫世．辨昭穆．百世以下．皆能知其所自出．極之千支萬派．如同一家之親．是以族不離散．民用和睦．此譜牒所由立．民族之所以盛．而國勢之所以强也．自秦以降．務弱其民．於是宗法喪失．强宗大族．日以陵替．而國勢亦弱．此古今得失之大較也．

吾粵在服嶺以南．其開化較中原爲遲．而民族之强．亦較中原爲後盛．我冼氏於是著焉．當始皇之時．趙陀將謫卒數千萬戍嶺南．我先人已出佐尉陀．共守茲土．自是世爲武帥・部曲繁多・至晉忠義公殉盧循之難・以節烈聞於時・我族益大顯著・前乎此者・有保窩冼氏・威振鄰部・後乎此者・有譙國冼氏・世長高涼・逮隋之季・中原大亂・嶺南推冼氏爲主・此皆載在歷史傳記及省府縣志班班可攷者・然卒以此・爲有司所忌・故有唐一代・罕有聞焉・自宋汔明・乃稍以仕宦顯・文章政事・非不彪炳一時・以視昔之根深磐固・屹然作炎荒之保障・不可同日語矣・亦由國家不以民族爲重・故不能不與世推移・而國勢亦自此弱矣・

天崇之交・流寇滿天下・蔓延將及嶺南・宗先達懼我族之淪胥以鋪也・糾合二十八房於會垣・聯宗建廟・奉忠義公爲太始祖・嶺南冼氏・爲之一振・其時即立有譜牒・國朝康熙己丑・喬之太守重脩之・序稱檢舊牒詳愼披閱・頌祖訓則可垂鑒戒・遡里居則可念開創・崇芳躅則可樹標準・考世系則可知萬殊而一本・足見初譜之善・道光己酉・卿雲孝廉又續脩之・而宗法益備・此我冼氏之著於嶺南及創脩譜牒之源委也・且夫莫爲之前・雖美弗彰・莫爲之後・雖盛弗傳・我族繫嶺南之望・同宗之內・不能以時紀叙・豈所以緜先澤垂後昆哉・宣統己酉・劍坡孝廉・燕穆中翰・與宗人倡議脩譜・就商於余・寶幹曰・禮樂百年而興・康熙之距天啓譜・道光之距康熙譜・數亦相若・起廢振墜・今其時矣・惟是脩譜之事・采取欲其寬・而義例欲其嚴・撰述欲其詳・而期限欲其速・欲兼四善・良不易爲・因詳閱舊譜・以其不立門目・序次參差・又各房僅載人物・不足以饜衆望・乃先定體例・區爲九譜・而分房譜尤詳・依據宗法條列・采訪事宜・啓告各房・以是年二月開局・越歲庚戌八月告竣・較之舊譜・增逾兩倍・其分房譜則劍坡孝廉燕穆中翰分任之・自餘各譜・則幹所編定・隨時互商・而各有合者也・譜成・委序於余・

寶幹竊以爲國依於民・民依於族・而族依於宗法・譜牒者宗法所由寄也・張子曰・管攝天下人心・收宗族・厚風俗・使人不忘本・須是明譜繫・立宗法・宗子法廢後・世尚譜牒・譜牒又廢・人家不知來處・無百年之家・宗法若立・人人各知來處・朝廷大有所益・此即民族與國勢相表裏之旨・今即周禮成法・所謂奠繫世・辨昭穆者・不復掌之自官・而民間脩而明之・亦足以永其族於不敝・而爲國家之所倚重・爰取民族主義・以明譜牒之重・追原先烈・知我姓之世有造於嶺南・揭其大指・弁諸簡端・用諗來者・凡我宗盟・思夫昔日之所以盛・相與講求宗法・庶幾乎三代上之故家遺俗與國咸休焉・又豈徒一人一家之事哉・孟子曰・人人親其親・長其長・而天下平・聯宗大義・如是焉已矣・

是役也・冰檢博士兼綜局務・籌畫經費・不遺餘力・而各房之踴躍助捐・在局諸人之勤儉將事・統籌兼顧・曲折繁難・以求副乎脩譜之四善・燕穆中翰撰有紀事本末・言之最詳・劍坡孝廉亦撰有後序・足備徵信・故不復贅陳云・嶺南冼氏宗譜・

孔繼宣　一九一二年卒

字綸庭・號建康・番禺人・學海堂專課生・劬學好古・曾遨遊江浙各省搜羅古籍・故家富藏書・著有綸庭筆記・守瓻堂詩文稿・孔氏宦吏圖考。

安南述

孔繼宣

恭讀高宗純皇帝寶訓・安南之役諭班師孫士毅・欲窮寇以致斷橋之敗・說者以爲孫士毅旣渡江・其親兵即將浮橋砍斷・未必然也・吾邑麥淳卿・隨其尊人茂歷任永淳等縣・當碾米解赴軍臺閱歷・其時爲吾述此・因而錄之・故又疑鎭南關常程八九日者・似不必兩旬後始達・黎城失餉一節其延擱矣・朝廷以國之大體・而止戈爲武・傳諭班師・何等堂堂正正乎・又恭讀御製武功十全詩注而補述之云。

黎氏之有安南・近三百年矣・明嘉靖間・其臣莫登庸篡之・據諒山以北之地・明末莫氏弱・黎氏伐之奪回諒山高平等州・我朝定鼎之初・其孫莫元淸來歸・授安南都統使・黎維禔亦來歸・未受封而殞・子維熙立・康熙五年遣官册封安南國王・二氏仍相仇殺・迨無虛日・七年朝廷遣官諭服之・而莫氏終滅於黎・至西山小姓阮岳阮惠之起釁也・以鄭棟・棟與廣南王爲世仇・考其先左右輔政之源也・右輔政・左阿保乃左輔政阮氏之壻・阮子幼而政最重・因委政於壻・壻謀奪其權・久之鄭之妻語於王・以爲弟長矣・可還政・王偏鄭・怒而出・鄭之妻及妻弟居順雅・爲廣南王二百年來淸糧納貢・至是棟欲滅之・謀於岳與惠・岳乃滅廣南王而居其宮・稱天皇帝・號光平・紀元泰德・數年以來・黎王未覺・會棟之子瑞南王宗與鄭都王幹搆釁・殺幹之臣黃廷琠・其屬貢整奔告岳・岳以事難之・使其出力奪占城地以覲之・遂與謀滅宗家・黎王喜其滅宗・以女妻惠・岳怒回廣南・乾隆五十二年黎王薨・維祈立・爲昭通王・惠盜象馬金帛亦回廣南・維祈知之・使人追回象馬・而岳亦奪惠之金帛・由是兄弟不睦・別居富春壘・使其臣阮任逐王而據黎城・岳亦起兵數萬・揚言誅任・乃大鬧黎京・毀宮室廟宇・搜婦女財物而去・鄭棟逃出自盡・維祁播越在外・失去國印・其母與妻阮氏及臣妾等六十二人奔投內地・叩龍州水口關求救・阮兵逼其後・狠狽可憐・守者收之・太平府陸有仁馳報東省・時兩廣總督孫士毅以臺灣林爽文之役・駐潮蔵事・聞報即檄安南各處總兵起義兵・而身自領兵防守鎭南關・廣西巡撫孫永淸參贊軍務・左江鎭尙維昇督粵西兵五千・又調粵東兵五千・幷力協濟・高宗純皇帝以孫士毅識輕重・知大體・命提督許時亨送黎氏母子還國・孫士毅率兵相助・乃以總兵張朝龍・李化龍中軍副將慶成分部督兵・以八千兵攻黎城・二千兵駐箚諒山以爲聲援・田州土司岑宜棟・安南保樂州土官農福合帶兵三千・雲南烏大經帶兵五千・取道馬白・五十三年戊申十月二十八日・進兵出南關隘口・兩壁高峯・突見男婦出山上・喧嘩不止・偵者疑伏大兵・退保數里・戎馬雜沓・糧餉有失去者・孫士毅乃命鎭安府陳玉麟及岑宜棟捐賠之・十一月十三日夜抵壽昌江・孫士毅與許時亨分兵前進・期於下路取齊・所過諒山夷衆欣迎編筏渡江・七州義勇・爲之前導・傳諭烏大經兵由宣江一路合剿・阮衆大潰・張朝龍擒斬賊黨甚多・所獲糧械鉛藥無算・副將慶成生擒三人・其一乃旣降復叛之陳名炳・立即梟首・十六日至市毬江・阮兵拒守・張朝龍帶兵從下游二十里夜渡江擊之・奔散時阮惠已屢爲緩兵之計・十九日直抵富良江・阮衆將沿江竹木舟船撤盡・對江施放大砲・忙亂無紀・我兵尋農村斗籃船渡江・奪彼大舟・

孔繼宣　吳道鎔

配載官兵二百餘人乘夜急渡以火攻之・阮衆逃往富春去矣・黎之民跪迎入城・先是傳檄夷衆・各舉義兵・又使其陪臣歸尋嗣主・興滅繼絕・申明大義・故賊之附阮者・倒戈相向・維祁避於山南民舍・復竄至諒江府春蘭社等處・於是乘夜歸國・天朝補鑄印敕・郵致軍前・傳旨册封爲安南國王・孫士毅封一等謀勇公・賜紅寶石帽頂・提督許時亨封一等子・賜花翎・並巴圖魯名號・下詔班師・孫士毅將厲兵窮寇・而黎城當大兵之後・國用空乏・維祈庸懦・不能自立・阮黨復以兵犯境・孫士毅每下一令・即已制勝・其爲罯疲楚之法也・五十四年已酉・正月初二日・忽報阮兵大至・孫士毅許時亨分兵剿禦・而黎維祁已攜眷復逃內地去矣・大兵退保市毬江岸・孫士毅已渡江・而橋已砍斷・岑宜棟與張朝龍等兵相爲犄角・背水而戰・晝夜相持・賊不能勝・惠驅火力炬象・冲陣奮擊・我兵行列漸疎・溺水死者無算・張朝龍奮身力戰以戈指日・罵賊不休・復由古廟冲突・手刃賊首數人・遂被害・許時亨對陣不支・手射數人・尚欲奮戰・賊不能執・爲砲所斃・時有背令把總・陳得光逃入民間・目擊其詳云・

孫士毅以此次折兵・上書自劾・繳還恩賞・上命福康安由臺赴粵・駐廣西籌辦軍務・張朝龍許時亨俱加爵世襲・尚維昇亦以陣亡・一體賜卹・阮惠前據黎城・截路稅人・望門漁女・無所不至・至此乃再三懇請納貢投誠・福康安以黎王既逃・不合追剿・以全國體・因代爲轉奏・阮惠縛送戕害員弁賊黨數人・皆殺之・建立張許等祠廟・以贖前罪・遣侄先顯入京謝罪・上命專使成林・副使王撫棠册封爲安南國王・阮光平王印封號・五十五年庚戌八月・光平入京・至避暑山莊・瞻觀・天顏欣悅・賜紅寶石頂三眼翎・蟒袍黃掛及進京祝釐・仍命用該國衣冠・以昭體制・光平回國遣陪臣陳玉視等來京謝恩・五十七年光平卒・子光纘立・世爲國王・而黎維祈母妻等遷至桂林・撥給房屋口糧薙髮易服・列於編氓・

先是光平既降送回受傷醫痊官兵七百餘人・其一碣石游擊張會元守浮橋・時與賊夜戰・受傷七十二處體無完膚・朝廷以戰功及之・其餘員弁總鎮以下陣亡者・世襲雲騎尉恩騎尉・此外如道員湯雄業官至粵西布政使・南甯府顧葵官至左江道・歷任臬司・太平府陸有仁官至廣東巡撫・孫玉庭至兩廣總督・皆軍功之後而陞秩者也・其張朝龍李化龍亦以隨福康安征臺有功・並賞巴圖魯名號・圖形紫光閣云・

吳道鎔

一八五三年生　一九三六年卒

字玉臣・號澹庵・番禺人・少劬學・年十七・補縣學生・光緒乙亥恩科舉人・光緒六年庚辰・成進士・入翰林・假歸省親・尋丁外艱・丙戌服闋入都・寓順德李文誠公（文田）之家文誠知其淡泊・從容謂曰・吾不能以祿仕相勸・他日當思吾言也・散館授編修・遽南歸・不復出・歷主潮州韓山・金山・惠州豐湖・三水肄江・廣州應元等書院山長・又於郡學設館授徒・時學制初更・廣雅書院改爲高等學堂・聘爲監督・選就材器・多見重於時・歷充學部諮議官・廣東學務公所議長・辛亥後・閉門著述・翛然絕俗・工書法・骨力遒勁・自成一體，求者接踵・自言初學爲詩・聞東塾陳先生言，粵東多詩人少文人・因發奮爲古文學・其爲文・尊言於史漢・而涵泳於諸子・每有所作・精心獨造・思沉而氣銳・力矯浮靡・仍具深微淡遠之致・顧嘗論文之至者・妙合於自然・著力求之・終非極詣・論者咸重其文・以爲卓然可傳・非拘拘於桐城・陽湖諸家者比・道鎔既專攻古文・迺博攷吾粵作者・以明季屈氏文選及乾隆中溫氏文海・傳本日少・遂根據二書而再加蒐討前代散佚者輯補之．嘉道咸同光宣間諸人遺書．悉力甄錄．彙爲廣東文徵．凡七百餘家．文三千餘篇．纂輯之勤．歷二十年．病中猶校補弗輟也．所著書已刊者有明史樂府八卷．續修番禺縣志．手定條例．成書四十四卷．澹庵文存詩存各一册。廣東文徵及作者考稿本幾經戰亂播遷．幸得保存．近年始由廣東文徵委員會同人醵資校刊．香港中文大學列爲叢書第一集。

與溫毅夫書

毅夫足下．執別以來．日月駛征．倏逾二稔．弟既病廢．執事亦罕涖羊垣．瞻望停雲．私衷軫結．比聞大旆．冒暑北征．感歎賢勞．彌增遐眷．重念以衰朽之身．鄉書重舉．過承拂拭．援故事上達渥荷天褒．極知跼蹐．高厚未酬萬一．而感念風誼．未能忘言．病榻中成七古一章．錄塵清誨．意重詞拙．惟冀就所能言．洞鑒其所不能言者而已．

執事與闇公書．甘苦之言．敬佩敬佩．側聞前席問答．有自今以後始有膽可嘗．有薪可臥之語．含義深遠．目前局勢．展轉變幻．尚難逆料．沈幾應付．當有一定程序．齋粥之輩．未足與謀．知難不難．事在賢者．空山老朽．每思拭目．河清一語．竊願少緩須臾相待也。溽暑惟餐衞自愛．不盡．

與姚君愨書

讀手書幷尊著太夫人阡表．嚴潔有法．雅近曾王．其語無溢詞．尤得昌黎事親以誠之意．至爲歎服．屬撰志銘．勉成一首．自視凡弱．不逮尊著遠甚．憶歲在辛酉．大病自夏徂冬．病起後．氣體漸次復元．心力銳減．每一執筆．神思阻閡．文不逮意．方知神明之衰．甚於氣體．讀其文．略可知也．

吾弟年未周甲．秉賦素強．來教所述近狀．不佞六十之年．曾親歷之．究之氣體之病．無損神明．悔不早計．因循至今．君形者亡．平素所得．遂致如敗葉滿山．不可收拾．以此敬告後賢．名山大業．當早圖之．毋待於及之而後知也．

承訊生計．並貺俸餘．且復曲折代籌．使居於必可受之地．風義之高．用情之摯．殆逾骨肉．感何可言．唯鬻字之學．實因亡兒次第摧折．暮景無聊．姑以澹媚之俗書．效寵鵝之故事．情有所託．不盡憂貧．至於拙著詩文．少者淺薄．近者頽唐．每一發篋．嗒然意喪．雖吾弟阿其所好．欲過而存．而得失寸心．自知久矣．就此二事．皆不敢蒙逾分之賜．致玷高誼．唯適有一事．欲爲吾弟告者．昔黃梨洲序明文案．標舉唐之韓柳宋之歐蘇．金之遺山．元之牧菴道園七家．謂以成就名家而論．則有明一代．如七家者無其一人．以一章一體論之．則有明未嘗無七家之文．竊嘗持此意．推論吾粵數千年來．古人名家雖不多覯．然既稱一代作者．亦必自有門庭．否則一節一章．亦必有至情孤露之處．其他因人因事．當存之以資考證者．尚不在此例．而吾粵文總集．若張氏文獻．屈氏文選．溫氏文海．三書流傳日稀．幾成孤本．且應選之文亦多遺漏．溫氏以後．如馮氏潮州耆舊集．吳氏高涼耆舊集．陳氏嶺南文鈔．皆就聞見．偏舉一隅．無續纂成大部者．竊不自量．欲彙而集之．復取方志及諸家文集．滌其繁蕪．加以捃摭爲廣東文徵一書．從事累歲・粗具規模・尚未寫定・茲者拜廉泉之賜・輒欲挹彼注茲・以爲繕錄之費・私冀一二年內・如此身未塡溝壑・當可成書・書成之日・尚當求賜一後序・以志文字因緣・視抄錄拙集・徒供飽蟫覆瓿之資者・爲計似較得也・

夙承愛注・敬布腹心・暮春薄寒・伏維自愛・

附廣東文徵略例

一・是編擬名爲廣東文徵・大旨以發明經史・敷陳政術・攷見風俗・能說山川・可備掌故數者爲主・尚實而不尚虛・凡空衍靡曼之文・皆不列入・但徵文與選文微別・選文則或以義法・或以格律・別擇必嚴・惟徵文則因文考獻・別有取義・故或有義法稍疏・瑕瑜不掩者・亦不免過而存之・

一・省郡文章總集・或以人而分・或以體而分・各有不同・如廣東文獻・江右古文選・東甌先正文略・皆以人爲次第・惟湖南文徵・則分體編錄・而分體之中・其人又順時代而分次序・較爲適要・是編擬用其法・

一・乾嘉以前志乘・於藝文多載詩文・古人一鱗片甲・往往而有・其爲益於闕文者良多・惟其中所錄・率皆山水祠廟廨舍津梁紀事之作・或過於蕪雜・未能悉中度程則・不得不從遺棄・各家稿草視此・

一・登錄多寡・本無成見・揚十卷全蜀藝文志則謂諸家全集如陸與蘇盛行於世者祇載百一・從呂成公文鑑例也・茲仿其意・名家鉅集・流傳衆口・略采精華・足見宗尚・至若才豐遇嗇・聲采銷沈・舊帙雖梓・已經散落・亟爲甄錄・以闡幽光・

一・湖南文徵選例云・累牘連篇・文之盛也・單詞片語・豈謂非文・其不以文著而以書稱者・則徵諸題下之小引・不以文著而以詩見者・則徵諸帖中之跋尾・縱波瀾之未沛・亦掌故之聊存・茲擬仿之・凡詩家之小引・書家之題跋・亦可節錄・

一・文家每輕視駢偶・然駢散兼行・各有適用・即韓歐大家集中・亦並存不廢・是編擬二體分錄・偶體即附散體各類之後・

一・詞賦一類・亦列編中・然古賦律賦・體實區分・姚鉉唐文粹一書・選古賦而遺律賦・茲擬采其例・律賦概從割棄・

一・作者不詳事蹟・無以論世知人・唐元合編極元集・於名字爵里及登科之年・一一詳載・從來編集之有小傳・實仿於此・其最爲詳贍者・則元遺山中州集・王漁洋感舊集尤多遺聞軼事・湖南文徵變通之・編中文以類分・小傳別爲部帙・正文略紀里貫仕履・其事蹟之已見前載者・附錄於後・用存遺事・其例頗善・茲擬仿之・於編後別爲小傳・參攷志乘傳狀・摘要書之集中・叙跋之屬・足徵生平學行・以及師友贈答・名人紀述皆所酌采・

一・盛伯熙八旗文經・於本編之後・別編作者・考其例與湖南文徵同・惟文經於叙述里貫之後・並列入選之文若干・編載於編中某卷・於調查良便・茲擬兼

師其意・

一・其人已往・乃可論定・編中采列・不及時賢・此從海虞吳敏德文章辨體先例・生存一概不錄・以避棄取之嫌・

勝朝粵東遺民錄序

辛亥之變・九龍眞逸棄其圖書宅舍・遯於海濱之龍湫・龍湫・宋季故墟也・桑海易觀・異世同感・乃纂輯吾粵明季遺民舊事得二百九十餘人・爲粵東遺民錄四卷・其自序極言吾粵人心之正・風俗之厚・傷今思古・有餘痛焉・嗚呼・此其由來遠矣・

溯自廉恥道喪・至五季而極・士之談節義者・昌於宋・盛於明・吾粵在宋時被中原文獻之傳・訖明而嶺學大興・與中原埒・名臣鉅儒先後間出・莫不敦崇名教・倡導鄉邦・夫粵人自好・天性然也・居常蹈利則若慚・赴義則若渴・其倡導也易爲力・重以同志之羽翼・師友之講明・翕合類應・漸漬成俗・故宋崖山之亡也・烈士殉於前・遺黎慟於後矣・明之亡也・桂王西奔・吾粵倡義爲牽綴之師・同志嚮應・其敗者沈身隕族・瀕九死而不悔・其存者間關奔走・亦至萬不可爲而後遯居窮山・或涸跡方外以終・餘若一介草茅・抗節高蹈者・復所在而有・視宋之亡加烈焉・凡此皆吾粵數百年醞釀潛蓄之正氣・不幸值世變而於諸君子一襮之・蓋積久而不可遏也如此・

顧嘗論之・風俗者・積而盛者也・世變者・積而大者也・士志不素定・不足當世變・世變不一端・司馬氏孟荀列傳利爲亂之始一語盡之・顧其傳貨殖也・歷舉當世趨利之流・並隱居巖穴・設爲名高者屬之・又以無巖處奇士之行・長貧賤好語仁義者爲足羞・蓋謂語仁義者・惟巖處奇士可信・而設爲名高者皆靡靡・意未嘗羞貧賤也・疾夫利爲亂源・而舉世競其中正・言若反意未嘗崇勢利也・班氏不察・以此相譏・人心趨利・苟便其說・希通而惡介・媮爲而務得・夫如是・故積漸之久・官常國紀・日即於呰窳・夫如是・故大奸乘其敝・得別恣其邪說詖辭・摧毀名教以自便・夫如是・故趨利者無復顧忌・而古我先哲所恃以正人心維風俗之具・塞源拔本・掃蕩無餘・士無特操・靡靡隨之・竊嘗觀於晚近・而後歎司馬氏立言之痛與諸君子志定之可貴・又以爲致此極者・非一二人之事・一朝夕之故也・蓋世變積大而不可測也・又如此・

然而所謂志定之士・往者已矣・固無意於身後之傳來者・蒿目世變・方自得於山巔水湄・亦豈患德孤而援古人以自壯・此未嘗兩相待也・兩不相待而兩相感・不得已而發憤道之・使後之論世者・皆知風俗世變之相爲乘除・其養而成之也有因・其敗壞而流失也且無止極・俯仰今昔・蓋有憂焉・然則讀此一篇・徒歎其采摭之富・考證之精・未足以知其用心也・嗚呼微矣・

鄧和簡公奏議序

奏議之文・與史傳相出入・故目錄家不入集部・阮通志自宋元迄明・著錄者二十餘家・佚未見者十之九・然溫氏文海所錄・尚存厓略・亦有今書具在・而阮志注未見者・至於

國朝諸鉅公・自吳荷屋中丞駱文忠羅文恪兩尙書外・餘諸公多藏完帙・未及刋行・其附存本集・旁見他籍者・尤紛紜錯出・嘗私擬推廣其例・仿照明黃訓經濟錄唐荊川右編意・上起漢唐・下迄近代・分門區類・彙成巨帙・略存鄉邦文獻・而恨其力有未逮也・

順德鄧和簡公自諫垣出守・洊膺疆寄・爲邑中二百餘年開先・懸車而後・怡愉林下・積十餘稔・翕然推鄉黨耆碩・所遺奏議・公子用甫觀察毓生太守彙輯爲諫垣一卷・撫皖五卷・撫黔二卷・其立言率平易剴切・務規審根本大計・不趨逐時名・亦不張皇高論・張漢三提法謂光緒初元・言路盛開・識者預憂其雜・庚子以後・外患日迫・議論愈紛・公於其間居台諫不露鋒棱・居巖疆務持鎭靜・一持保民以保國爲宗旨・實能不隨風氣爲轉移・洵篤論也・

夫慷慨者尙氣・和易者切情・此緣稟有剛柔・而立言不在此・故言路之雜・終於標榜角逐而無實・外患之迫・則始於道光辛丑・而極於光緒庚子・此上下六十餘年・時局變遷・禍亂迭作・其賢者流涕太息・發爲讜論・而揣摩風尙以騖時名者・亦因緣依附其間・夫是以朝局蜩螗・而國是愈病・然而蹇諤之忠・閎達之彥・則固後先相望也・

即以吾粵論・如歸善鄧鴻臚伯訥・與公同列諫垣・直聲震世・今語冰閣奏議出・世爭物色・而傳本無多・餘若高要蘇賡堂河帥・香山曾卓如何小宋兩督部・豐順丁雨生中丞・幷敭歷中外・當日封章・海內傳誦・使出其完帙・與公此編並時流布・何嘗不分道揚鑣・各有其至者在哉・而惜夫不可得也・吾於是益賢用甫毓生昆仲不置矣・

元廣東遺民錄序

九龍眞逸既輯宋明粵東遺民錄・淸谿漁隱復輯元廣東遺民錄二卷・補其闕・以示余・余受讀竟・綴言其後曰・宋明之亡・吾粵義士奔走國難・至事不可爲・始不得已以遺民終・

元之亡也・君既遜荒・嶺表隔絕・東莞籍士・歸附有明・至比於竇融李勣・其事勢與宋明太異・又是時明祖於勝國人士嚴不仕之罰・明史文苑傳載戴良王逢・並以不忘故主形於歌詩・其後逢備受敦迫・僅而獲免・而良竟以不得其死・賈裕伯屢徵不起・手詔嚴切・至於流涕就道・然則士生其間・誠能端居遺世・不辱其身・不可謂非信道之篤・決幾之明者也・

錄中諸人儉德晦名・其行誼散見志乘・數百年來若存若沒・淸谿漁隱彙爲一篇・捃理務覈・既章潛德・且使知士人立身大節所繫・非可藉口以自寬假・此尤其微旨所寓・若云補闕・又其餘事焉爾・

宋臺秋唱序

九龍海汭・巒嶂沓匝・中有崔嵬峙列者三・大書深刻曰宋王臺・臺南平眺・綠樹寒蕪・風煙掩抑・有村曰二王殿・居民沿故稱・莫詳所自久矣・

辛壬之交・燾公卜居其地・自號九龍眞逸・登覽之暇・鈎攷史乘・知其地爲宋季南遷之官富場村・即以宋故行宮遺址得名・陵遷谷變・閱七百年・今且淪爲異域・而久湮之

蹟・顧發露於易代避地之遺民・此非偶然也・自是而後・懷古之士・俯仰憑弔・稍稍見之吟詠・

丙辰秋・眞逸以祝宋遺民玉淵子生日・大集同志於茲臺・酒糈既設・魂招若來・有詩一章・有詞一闋・和者喁喁・遂以盈帙・蓋痛河山之歷劫・懷斯人而與歸・其歌有思焉・其聲有哀焉・昌黎所謂曠百世而相感・誠不知其何心者・非耶・

其同邑蘇君選樓・雅尚士也・彙而集之・名曰宋臺秋唱・又別爲圖・徵題弁首・懷古憑弔諸作・輯附卷後・其視杜伯原之谷音・謝晞髮之天地間集・吳清翁之月泉吟社・託旨略殊・體亦差別・然而性情所得・未能忘言・其所感一也・雖然・感生於心・亦既不自知何心矣・心之忘・何所不忘哉・而有不忘者・存斯可以觀性情焉・噫嘻・其忘也・茲其所以未能忘歟・

番禺縣續志序

吳道鎔

吾邑李志之修・上距任志百年・成於同治辛未・辛未後下逮宣統辛亥・甫四十年而時局遷變・法令更張・不惟百年・千百年未有也・電掣飆馳・不及一瞬・掌故散佚・文獻淪墜・邑之薦紳先生・惴惴然懼・疊次集學籌議・續修邑志・以戊午年二月開局邑學明倫堂・推凌君孟徵・汪君憬吾・徐君信符・謝君次陶・潘君漱笙・鄔君伯健任纂修・而以總纂推丁君伯厚・梁君小山・並濫及不肖・固辭不獲・因與諸君參稽志籍・𣁽斟義例・定名曰續志・

李志譌闕・訂之補之・門目次第・略如其舊・惟稍移併損益・並裁略名・一例稱志・爲目十三・爲子目七十有四・其略曰沿革附圖・圖有總分・分格布里・縱橫秩然・晷度氣候・山脈水源・皆從實測・附以方言・志輿地第一・建設紀新・新多於故・局廠營房・鐵路馬路・船隖堤岸・公建亦附以此・觀政時變可悟・志建置第二・戶籍紀實・勝舊虛編・田賦鹽課・益以房捐・兵防警察・水巡馬巡・自治有會・要政略全・志經政第三・大祀崇陞・從祀定位・學堂代興・書院廢墜・此大沿革・事關學制・裁篇別出・不屬建置・志學校第四・邑境物產・利源所開・農漁工商・於斯取材・物質富國・萌芽胚胎・充實光輝・庶待將來・志實業第五・宦績人物・兩不相蒙・職官表傳・義類則同・取類稱名・二者折衷・近師靈壽・遠法武功・志官師第六・制科薦辟・辨章統系・科舉既停・畢業獎勵・同名異實・因類附隸・餘從同同・不別起例・志選舉第七・晋宋元明・昭代先哲・義取表章・搜遺補逸・邑士居前・寓賢退列・可法可傳・甄采務實・志人物第八・目錄分部・釐如界畫・亦有叢書・無可分析・一人之箸・一家之刻・增此門目・部居不忒・志藝文第九・碑刻出土・遠代逾珍・廣搜近代・亦資博聞・證釋文字・兼考其人・石墨鐫華・如挹古芬・志金石第十・登臨憑弔・思古懷賢・豈惟誇飾・點綴山川・逮於坊表・義取流傳・觀感百世・移隸斯編・志古蹟第十一・時事時政・繫屬一方・分門紀錄・此挈其綱・體限編年・遠者難詳・軼聞瑣記・相輔而行・志前事第十二・餘事第十三・至其移併・損益詳義・仍於臨文敘述・隨條發明・惟尋方志爲體・本屬通史・無斷限可言・顧辛亥後・一切紀述・無所據依・若惟摭

取要聞・甄錄一二・非惟挂漏・例亦不純・此則概付闕如・事非得已者也・（如梁文忠公直節蓋代以卒・辛亥後人物無傳陳伯任縣長修屈翁山墓并與士紳修陳獨漉墓・皆爲二百年來盛擧・亦以在辛亥後不補入古蹟・）憶初設局・苦絀經費・同人知茲事體大・非可刻期蕆事・相約欸無論盈絀・時無論久暫・通力合作・務底於成・歲月侵尋・倏逾十稔・操觚伊始・材窘於伐山・脫稿以還・期淹於災木・幸完夙約・免誚素餐・而同事諸君・殂謝幾半・今存者・惟汪徐謝鄔四君・以逮不肖・而汪君以書成・促序甚力・衰病餘生・濡筆序此・念此非一人一時之事・訂譌補闕・有待後賢・惟幸觀厥成・轉增懷舊之感云爾・

孔氏宗譜序

先聖有言・吾志在春秋・行在孝經・而鄭康成六藝論云・孔子以六藝題目不同・指意殊別・恐道離散・後世莫知根原・乃作孝經・以總會之・蓋春秋者・聖人經世大法・而人本夫天・物本夫祖・至德要道・以順天下・莫先於孝・其精者・天明地察・無所不通・而其顯者・則教民尊祖・敬宗收族・各親其親・而天下平・先之以敬讓而不爭・示之以好惡而知禁・於是而禮樂刑政・自此出焉・故孝者・道之根原・教之所由生・而法者・則所以弼教而成俗・義固相爲表裏也・

數千年來・吾中國立法於親疏服屬之等・倫常名義之防・至嚴且密・故宗法雖亡・而聖人孝治天下之意・常維繫於法律之中・

自法家憯覈・嚴而傷恩・壞之於先・薄俗乘之・習爲澆漓・潰之於後・識微之士・蒿目深憂・觀顧亭林華陰王氏宗祠記・謂有人倫而後有風俗・有風俗而後有政事・以爲末世宗法既亡・積汚之俗・傷害風教・人道或幾乎息・此亦慨乎其言之矣・然亭林所言・第痛法之不修而俗敝・而法之本意・固在人道・雖息而未息也・

至於近世異俗憑陵・國勢積弱・一孔之士・不咎俗之敝・而蔽罪於法・又不審一國之法・根原宗教・妄議雜取彼法支離・補綴其敝也・蔑親疎服屬之等・潰倫常名義之防・拔本塞源・生心害政・此誠所謂五帝三王之大去其天下・而人道或幾乎息者・不知起亭林於斯時・又若何感慨也・然則將挽横流之勢・而大爲之防・使我中國億萬神靈之胄・曉然於法之所由立・與教之所由生・而無失先聖作經維世之旨・其道必自脩明宗法始・而所以修明宗法・樹之風聲・其道又必自聖族始・斷可識已・

曲阜聖族・各行省著籍者・皆有世次可稽・故譜率數十年一脩・修則徵牒於各行省・彙集成帙・合之則絲聯繩貫・分之則昭穆釐然・吾邑詵敦鄉孔氏・占粵籍五百餘年・譜脩者累矣・嘉靖二十三年彥韶一修・乾隆庚午尚訥一修・俱赴山東進香・以應曲阜徵牒・今宣統元年・將再修譜・佩然學博仲明別駕兄弟・以余夙與交好・辱徵弁言・余維聖澤之遠・通材碩德・標映海內・人盡知之・無待揚詡・惟宗法與政教相維繫之故・竊撢簡經術・推原聖教之本・而益想見聖澤留貽之有自來・且欲使喋喋然輕於議法者・一息其狂喙也・故不辭而爲之序・

愛古堂文略序

陳東塾朱九江兩先生・並以通儒爲吾粵大師・東塾著書・言學不言政・出其門者多樸學及淹雅之士・九江則以儒術爲循吏・學在經世・故其教人以掌故之學・與經史性理並列・而其高第弟子梁君巨川・獨以文學稱・余近搜訪粵人文集・得君集於梁小山閣讀・文凡若干首・中多論學語・而亦頗涉經世・卷首有廖澤羣前輩序・序中標舉君論學宗旨・言文章學問・經濟利病・不原於古則不深・不按諸今則不切・此眞九江家法・南海志乃列君文學傳中・嗟乎・士人鼓篋從師・幸廁大賢門墻・通知學之體用本末・以期儒效・不得已・而以文章見知於世・世亦但以文人目之・如君者可慨也哉・

君館於閣讀有年・讀其集中與閣讀書・閎旨深情・使人意遠・閣讀與余言・頻年亂離・倉皇遷徙・百物棄置・惟此集在行篋中・舟車逆旅・必與之俱・余曰・吾子亦思莊子壑舟之義乎・固而藏之・不如藏之無可藏之地也・閣讀曰・然・乃汰其牽率應酬之作・及題目之稍瑣細者・存文若干首・又南海志藝文有錢錄自序一首・集中不載・附益之以付梓人・顏之曰文略・示君文之精華・將不止此也・然而如此・編者足以傳矣・

林樸山四庫全書總目表箋釋序

注前人情微旨遠之文・鈎沈索隱得意難・注前人閎雅眩贍・沈博絕麗之文・詞必尋源・事必搜根・徵實尤難・惟我朝四庫全書館之開・搜羅繁富・內府所藏・私家所獻・諸行省所採・進逮永樂大典中・所散見之亡佚古籍・如川歸澥・浩漾渟滀・經時纂輯・編訂咸萃・一代之通博儒臣・與海內宿學・整派依源・精析流別・撰爲總目百一十卷・重以聖學閎深・進退羣籍・折衷定論・紀以詩文・蓋凡歷十載而書告成・而河間紀文達公・以博洽綜貫之才・實始終其事・書成之日・檃括旨要・鋪張排比・撰表呈進・洵所謂閎雅眩贍・沈博絕麗者也・

百餘年來・家絃戶誦・欽其寶莫名其器・良以事係一代右文・大典徵引之籍・不盡流傳・京朝達官得之易矣・搜討鮮暇・則窮於日力・呫嗶之士・搜討勤矣・徵集不備・則窘於取才・以愚所見・惟先師順德李文誠公・聰強絕人・又久値內廷・通知掌故・已成注本・未及校刊・遽感梁木其餘・操觚之士・志焉而未爲・爲焉而未就者・計不知凡幾也・信矣哉・徵實之難也・樸山林君・積二十餘年・博稽覃思之力・易稿數四・以爲箋釋・最後挾稾走京師・得純廟御製詩四集・條列勘證・疑滯頓釋・成書四卷・浙中劉氏・採刻求恕齋叢書中・既而君復取原書・增删斠訂百數十條・將重刊粵中而索序於余・余既歎君用心之勤・又念吾粵人・今存遺著・以校明史藝文志・阮通志所著錄僅千百而十一・而南海伍氏・刻嶺南遺書・其本有粵中所無・反得之他省者・又如陳清瀾之學蔀通辨・方九谷之環書・傳播藝林・久有定論・皆載諸家叢刻・而粵坊間或轉無其書・以爲著一書者・成之之難・而永其傳者・不易易也・今君書刊浙中・吾粵傳本無多・他日安知不爲陳方之續・然則重刊之舉・其烏可以已

耶・故爲之序・並勗君早從事焉・

高等學堂同學錄序

吳道鎔

茲堂以高等名・自光緒癸卯西林岑公督粵始・時道鎔忝綜學事・循學章設預科・歷七載・迄今三舉畢業試・又合各中學畢業生・攷校升選・得本科生百八十九人・益以續選預科生七十七人・都凡二百六十六人・於是同學諸子・次其名籍里址爲錄・請弁言其端・惟諸子際興學萌芽・淬厲奮發・來游茲堂・懼其久而渙也・編爲茲錄・用示紀念・在學記曰・敬業樂羣・豈不然歟・

雖然諸生之羣於茲堂也暫耳・若極夫羣道之大・齊於志・託於業・所謂志業・豈惟一日觀摩一堂之講習已哉・荀子曰・羣道當而萬物得其宜・羣之乖也・雖日揚搉新理・貫輸文明・或情扞勢格・不適於用・故萃羣渙而使之久而大・誠不可以無道・

易傳言・物不可以終渙・故受之以節・節之象曰・君子以制度數・議德行・諸子羣於茲堂・規守秩序・可以觀度數矣・擇善齊賢・可以觀德行矣・然而有秩序・而萬物義以裁・由是而宰斷也如割・由是而修法也如辨黑白・則羣之分也・其視此也・有德行而萬物觀而化・由是而和以聚・由是而强有力以勝物・則羣之合也・其視此也・故曰・羣道當而萬物得其宜・而易之渙也不受以萃而以節明・夫度數德行・所以萃羣渙・而久且大也・諸子信知羣道乎・他日充類求之志・齊於中・而發抒之於業・吾知雖四方離索・如羣斯堂・而相與語・則茲錄也・其筌蹄也・然後有作者・賡續爲之・亦足徵樂羣之雅・則茲錄也・抑又其嚆矢也・

怙德錄序

陸士衡云・詠世德之駿烈・誦先人之清芬・李善注先人爲先民・謂先世之人有清美芬芳之德而誦勉・因引詩先民有作爲證・然玩毛鄭意・先民皆指古之先生・而士衡言先人・則與世德對舉・自是子孫稱其祖父之詞・非泛指先民可知・其不若述而曰誦者・蓋以先人名德・非文字不傳・爲子孫者・第誦而勉之・足以彰前功・訓後嗣・不必其盡出已作也・

顧沿茲義例・纂錄漸繁・有以子孫而通紀一姓者・如明粲明氏世錄・崔鴻崔氏世錄之類是也・有以子孫而專紀一人者・如王暭沂公言行錄之類是也・近世如嘉定錢氏・有錢氏先德錄・寶應劉氏・有劉氏清芬集・歸安鄭氏・山陰汪氏・咸纂集其紀述先德文字爲誦芬錄・雖皆通紀一姓・初非專紀一人・要之以彰前功・訓後嗣・其旨無以異也・

南海黃君芡棠・重仁襲義・多長者行・士大夫與之遊・或作爲文字紀述其事・哲嗣秩南・彙而集之・合以墓銘表傳及哀誄諸作・共成一帙・名曰怙德錄・而匄弁言於余・此爲專紀一人之體・而無父何怙・報德罔極・玩其命名之意・其能誦而勉焉必矣・

慨自末俗凉薄無德・以型其家・故雖有孝子慈孫・苦無述焉・其或有述矣・而爲子孫者逸諺既誕・或務逐時尚・學先人之懿德美行・芻狗視之・兩者常相背馳・此世德之不昌・而風俗所由滋敝也・使爲之前者盡如芡棠・將相摩以

義・而世多任卹之行・爲之後者盡如秩南・將門基克荷・而世多象賢之才・其裨於風俗・豈淺尠哉・吾願覽斯編者・毋徒斤斤於文字・而深維古人誦勉之旨・有味夫言之也・丁巳臘月番禺吳道鎔敬序・

許母陳宜人七十壽序

歸善許君鶴儔與同邑陳君弼階・賴君炳如爲深友・而皆嘗從余游・三君以學行相切劘・各負識趨・不相依附・余年來偃仰湖山・得三君差不寂寞也・

鶴儔之尊人曰虛谷先生・余夙聞其通敏絶人・主鄉政數十年・活人以千百計・嘗從容與弼階炳如言・謂負此才不世用可惜・又惜余之不及見也・弼階曰然・先生以遭家難・故澹進取・公論所惜也・

因述咸豐中邑會匪煽亂・先生及其尊人伯兄・爲某令以捐饟事・幷陷獄中・而先生之室陳宜人拄危局・完覆巢・拮据萬狀・以爲賢尤不可及・

炳如又言・是時紅巾逆熾於省・大吏慮與郡響應・檄所屬捕治嚴急・許行法不待・時又公私困・轉輸徵饟於富室・先生家有富名・故某令以爲詞・而先生之伯兄則曰・家世清白・衣食粗足・急公義也・若事同罰鍰・名不正・言不順・恐非賢父母廉惠之意・詞過峻戇・故某令慚且怒・又度新令嚴・即枉彼無所控訴・故遂文致以重法也・於是先生之尊人以憤痛竝命・先生又陷圜中・親知畏避・宜人毀容撤瑱・日哭訴公庭・淚盡繼血・哀動行路・故先生獄稍緩・得徐申雪・又於驚憂哀迫中・經紀重喪・必誠必信・有才智男子所不逮者・至今邑人能言之・豈天不以尋常待宜人・而嘗以奇變歟・余喟然曰・奇變出於數・天道無可如何也・抑天不欲泯滅許氏之清德・而假手彰之於宜人・則天道之可信者也・因相對太息久之・

今歲鶴儔登拔萃科・將以來歲上春爲宜人七秩稱慶・徵文於余・余維今之號知文者曰・壽序・非古不可爲・此不然也・夫文體以義植・以時變・古無今有者・不獨壽序・徒以爲之者・美辭泛祝・言從同同・甚者加以諱飾・故義不植而體益敝・然嘗讀詩至豳風・瘏口嘵舌・跋胡疐尾・多不諱之詞・及繼以小雅天保南山諸篇・則松柏臺萊・善頌善禱・而釋之者曰・明小雅之盛・由於豳也・然則宜人今之康强逢吉・保艾於無窮者・準詩義求之・雖事不同科・不難灼然於其所由矣・故就所聞・擧其犖犖之大者・其他懿行・盛言之類於從同者略焉・且爲鶴儔告曰・余將以此義明宜人得壽之不誣・非敢以侑爵也・抑鶴儔負通敏才稱者・咸曰有父風・爲世用者正未有艾・倘深維詩義而進求所以養志・知又必有道也已・

又

許子鶴儔既歷述其母陳宜人・憂苦勞瘁・造其宗・以歲在箸雍閹茂之●月・爲七秩誕辰・徵余文爲序・余因推論古人盛業・皆由艱難・託詩小雅次豳之義以明之・而終以養志勗鶴儔・且告之曰・茲文非所以侑觴也・於是鶴儔讀余文怦怦然・以爲能發其欲言而難言之隱・而謀所以奉斝者不可無詞・爰再徵文於余・

吳道鎔

余曰詁壽之理則前文備矣．抑所謂養志者．其道無方．請仍證以詩義．爲宜人進一觴可乎．惟大雅既醉詩序．稱人有士君子之行．而其五章曰．孝思不匱、永錫爾類．其卒章曰．釐爾女士．從爾孫子．夫女有士行而子孫從．此不易之道也．若推不匱之義．則必人有士行．然後可以言錫類．此其說嘗得之荀子之論儒效．所謂儒在本朝則美政．在下位則爲美俗是也．且夫國家之貴士久矣．自漢董仲舒請令列侯郡守．歲貢吏民之賢者二人．爲後世歲貢之始．逮於明初．歲選各學生員讀書太學．曰歲貢．命名取義．蓋猶漢制．洎其中葉．衰廢濫竽．於是章楓山請行選貢之法．又爲今日拔貢之始．

我朝設科取士二百餘年．春秋兩試外．若經學鴻博不常舉．常舉者．曰優行．曰選拔．優行之舉以三年．選拔之舉以十二年．夫寬以十二年之期．萃百里數百里郡邑之弦誦彥秀．拔其尤者僅一二人．雖事類均額．如曩所謂濫竽者間不免焉．而瑰材偉器．往往錯出其間．其由斯途致通顯．樹名業者．指不勝屈．然則科第不足輕重人．而恆視其人爲輕重．應斯選者．當如何自待也．

吾聞鶴儔之尊人虛谷先生．有大功德於鄉里．故鶴儔之獲選拔也．環遠近百數十鄉．踴躍歡忭．如慶其私．而宜人之訓勗其子．益宏以遠．宜人誠不愧女士．而鶴儔者．亦豈以宗族交遊光寵爲錫類哉．

方今異族憑陵．黠桀搆煽．中智以下．咸抱深憂．然而救時衞道之士．其出而許國．誠振起痿痹．洗滌腥羶．其退而修於鄉．誠激發名義．因衆志之聯屬．作無形之干城．人知廉恥．如水有防．竊謂雖波靡瀾狂．未必無安流順軌之一日．今者鶴儔方將會選於都．其出處未決也．他日權衡進退．其思貽親以令名．而無愧錫類者．儻於是乎在．是則養志之大者．抑亦鶴儔所處之地．所負之才．優爲之者也．鶴儔勉乎哉．謹序．

端崖先生伉儷七秩開三雙慶壽序

聖朝敦崇儒學．垂二百餘年．各直省既簡學臣．行部視學．復以府廳州縣．分設教官司訓廸．蓋教官．官而師者也．顧氏亭林云．教官必聘其鄉之賢者．而無隸於仕籍．又曰．師道之亡．始於赴部候選．今教官雖亦注選．而功令平遷．卒滿三秋．猶久任責成之意．又謁大吏皆長揖不跽．猶以禮賓之之意．自居官者不舉其職．其自好者廉敕而已．其甚者．或視爲冷官．頹然自放．士習窳敗．文風衰薄．有自來矣．

端崖先生．以名諸生辦鄉團剿寇．獎敍得教職．辭不赴．咸豐辛酉登拔萃科．廷試優等．選會同縣教諭．會同居瓊島間．士樸陋少文．先生既之官．迺集諸生講課．以讀書植品相切劘．不率教者．嚴加戒飭．士風稍稍振矣．以倪太夫人春秋高．乞養歸．歸則授徒奉母．肆力於古經傳子史．探涉奧窔．淵渟穿貫．爲文章奇博．而義法不詭於前人．門下著錄者以數百計．經其指授．咸中法度．其尤者且速飛去．

今先生年六十有三矣．學道日益深．著述日益富．天將以大成而福庇之．回視官職去來．蓋如塵埃．且不以名位易天性．故士觀感而歸厚．先生之歸也．賢於其在官也．而作育鄉邦．敎不惟其官惟其實．尤與顧亭林所論事殊而旨台．先生之歸也．一如其在官也．

是歲之陽月與德配蔡孺人爲雙壽．門下士謀稱觴．而徵文於道鎔．夫慶壽非古也．顏氏家訓稱．東南風俗．是日有供頓聲樂．蓋起於齊梁間．以文爲壽．亦非古也．方正學歸震川．以其文入集．踵爲之者相率貢諛．故其爲體益靡．先生達於文．必非之久矣．

顧道鎔以辛巳遊潮．傾心翦燭．屢接音談．又哲嗣簡生．溫雅有文．從遊久．故知先生益深．中心欽挹．九歲於茲．茲行別矣．姑託侑壽之文．附贈言之義．或與世俗祝嘏之浮詞異．而先生心許之乎．

九龍眞逸東莞五忠傳跋

宋之季．東莞有八賢．尚已．九龍眞逸近修莞志．以袁襄愍崇煥．陳忠愍策．蘇閣部觀生．張文烈家玉．陳侍郎象明．五公明史皆有傳．而皆失其實．重纂別行．名曰明季東莞五忠傳．配宋八賢．既成書．以示余．讀再過．太息書其後曰．士丁時艱．生蹈不測之禍．歿蒙不白之冤．其心迹若伏若匿．若存若沒．表而章之．史氏責也．

史傳采官私記述．或是非錯出．恩怨異詞．疎於裁擇．得者八九．失者十一．或遐荒僻壤．阻于聞見．存者二三．遺者八九．讀史者嗛焉．不能空言勝也．散見旁證．求諸雜史．論者因有讀雜史．而後可讀正史之說．然散見旁證．固有即在正史諸紀傳者．且自雜史充類．求之實錄．方志．家傳．誌狀．逮於諸家文集譜錄．爲秘籍．爲晚出．至繁且雜．殆難僂指．夫繁者不博求．單文孤證．不足據也．雜者不覈審．贅聞瑣事．不足錄也．即博矣覈矣．而以博故．複頤而隱．則排比鈎考難．其若伏若匿者如故也．以覈故汰存益寡．則體要賅備難．與若存若亡者無異也．此而欲加纂錄．糾正前史．非通才不能爲．且即具通才而排舊論．如移山補漏．義如吹網．窮心力以與古人訟直．百勞一獲．或亦能之而不爲．然則忠臣義士．捐不貲之軀．待定論於不可知之史筆．亦危矣哉．

眞逸此編．刋補漏失．既博以覈．附以論斷自註．旨益昭晳．五忠有知．當無遺憾．顧余竊有感者．程氏漩聲云．袁公癡人也．余維忠士義士．蹈不測．蒙不白．豈逆計後有南董其人者．操簡其後．而致命遂志．身膏原野．西市之痛．俘囚之辱．甘如飴而不悔．豈惟袁公．凡如五忠皆癡人也．世惟不爲五忠之癡．故可苟得．無不用．可避患．無不爲．愚者．若固然．靡者曰．不得不然．神奸巨蠹．復簧鼓其邪說．使人人不惟以癡爲戒．而且羣相詬病．誣未死之心．枉尚存之直道．若此則五忠者．當在無足辨論之列．窮極流變．寧止爲古人危哉．

眞逸年來．方自得於山巔水涯．何者．不可寄意．顧引古人冤憤爲切身之痛．老屋深鐙．矻矻然忘其勞悴．謂孤心窮照．黨於其鄉先達．余知其不然也．謂與史臣角才．余亦知其不然也．事曠世而相感．不自知其何心．然則眞逸亦一癡人也．嗚呼．眞逸不以癡外余．以此編見示．余亦安能自外於癡．而默爾息哉．

跋張文襄公手札

吳道鎔

張文襄公論書・不喜北派・嘗爲哀六朝詩・斥爲險詭・其學蘇書・自交福山王文敏公始・文敏學蘇書・公所稱爲九州霸行・筆來風雲者也・

此冊皆與梁文忠公手札・馳騁之氣運以沉著・洵善學長公者・中多商榷兩湖書院課士事・其所稱東人・當爲日本長岡・護美公集贈長岡氏詩・有止有合從紓急劫・固知通道勝要盟之句・極相引重・又言君游武昌・此間勝流・多與欵洽・蓋亟欲文忠一見・以實其言・故知即其人也・

公在粵廣雅・鄂兩湖・皆延文忠主院事・其建廣雅時・高掌遠蹠・直欲駕阮傳學海而上之・計與文忠書函・商榷必有無數楮墨・若物色得之・合裝成册・不惟窺見公前後造士用心・而亦可以觀世變矣・庚午秋七月・

普寧許氏清芬堂宗祠記

三代而後・仕無世祿・大宗不收族而人輕去其鄉・貴爲大夫・猶薦於寢・有宋大儒憂世之背宗忘本・因謂人本乎祖・始祖皆可祭服・制逮高曾祭亦當如之・禮緣義起・定爲祭法・實後世宗祠所由昉・南渡士夫・避地嶺表・其後多成望族・故吾粵諸鄉・大小宗祠林立・春秋祭饗・奠獻拜饋・秩然有序・蓋宗祠非古禮・而禮意存焉・此宋儒講論折衷之效也・

普寧許氏來自閩・七傳至德軒贈公・精形家言・得吉壤・不自營宅而作祖祠・子忠卿資政公以商業起家・復捐鉅資・務成先志・謙齋中憲君繼之・始規畫建築・定祠約・置祭田・凡積三世經營之力而祖祠成・名曰追遠堂・於是族之人高其義德・軒公忠卿公卒・咸附祖祠・而祠後有地閎敞・中憲君子修園・昭武君得之・將以爲中憲君祠・卜之吉・相之亦曰地吉・亞追遠堂・規畫未竟而昭武君卒・弟修樓明經少鴻司馬踵其事・又以增拓餘地・與鄰界某議累歲始克鳩工・逾年落成・乃次其本末屬余爲記・余按宋儒言・得祭始祖謂大宗也・若小宗之祭四親身於先人・若爲曾元・得祀高曾・若爲宗子・祖以上皆限於分所得奉者・爲禰廟而待於子孫世其祭・蓋世次推嬗・視吾身爲進退・此於法應爾而非豐於昵也・今昭武君以宗子得建禰廟・身雖前卒・實尸其事・揆之祭法・誠爲允協・且忠憲君相其祖若父・殫力祖祠・昭武兄弟篤念貽謀・克振先緒・雖形家言儒者弗道・而冥漠之中・留此善地爲敦本勸・又使其後之人艱難委曲而卒償其志・可以觀天人之故矣・

余故樂述其事・乃爲之記曰・歲在辛酉八月・普寧許氏清芬堂宗祠成如令式・凡爲門若干重・丙乙舍若干・楹前堂後・寢堂曰清芬・誦德也・寢額曰孝友・型家式遺訓也・祠始本家塾・名三省軒・其改建祠堂・主議者修園君・董其役者修樓少鴻暨諸弟・其將修樓命求余記者・修樓子克臣也・地在邑處・寮鄉仁厚・前距追遠堂約百武云・

禮部右侍郎李公神道碑銘

光緒二十有一年十月丁亥・禮部右侍郎李公卒・事聞・天子軫悼・諭以學問淹通・克勤厥職・照侍郎例賜卹・十一

月丁巳・禮部遵行諭祭禮・逾年喪至廣州・權厝城北小西竺岡・塋域褊陋・不稱體制・宣統二年十一月乙巳・公配陳夫人卒・爰合葬栖霞山・六年八月・今上篤念儒臣・追謚文誠・公之子淵碩乃別卜地城北象牙峯之原・以十一年二月己未奉公及陳夫人之柩合窆焉・既立祭葬碑如令式・而神道之左屬道鎔爲銘・道鎔以與弟子籍早・不敢辭・謹再拜而次其事曰・

公諱文田・字若農・一字仲約・其先世自南宋寶祐宅居南海・明景泰中・析其地置順德・遂爲順德縣人・曾祖社書・祖偉行・父吉和・皆不仕・誥贈光祿大夫・曾姐妣歐陽氏・祖妣歐陽氏・妣何氏・皆誥贈正一品夫人・所生母徐氏誥封夫人・累贈正一品太夫人・公年二十二・舉咸豐五年鄉試・九年會試・中式賜一甲第三名進士及第・授翰林院編修・旋直南書房・典四川鄉試・升左右春坊贊善・洊升侍講・典浙江鄉試・督江西學政・在督學任內・轉侍讀・升左庶子侍講學士侍讀學士・任滿・仍直南書房・同治十三年六月・疏言臣母年七十餘・京師道遠・不便迎侍・乞解職歸養・許之・光緒八年丁憂・十年服闋・十一年入都起原官・仍直南書房・典江南鄉試・轉少詹事・典浙江鄉試・升內閣學士禮部右侍郎・督順天學政・兼署工部右侍郎・充會試副總裁經筵講官・領文淵閣事・二十一年九月・管理戶部三庫事務・以查庫感寒疾卒・年六十二・

綜計公通籍後・自乞養外皆官京朝・久直內廷・嫻習掌故・應奉文字・工敏無抗手・屢掌文衡・甄拔才俊・名流宿學・多出門下・書自唐賢上窺北魏・石墨榜題・映照海內・秦篆漢分・臨摹精絕・其學自經史諸子小學金石輿地歷算暨諸藝術・旁逮西人政學諸籍・博涉潛研・咸洞指要・翕然稱一代通儒・惟蒿目中興以後・孽牙隱患・當事復務爲選・諉避・常思激發忠讜・一救世敝・世之人顧以文學相推重・益與素心刺謬・若愀焉別有心憂者・其乞養時疏已具矣・

聞方繕修圓明園・乃先疏請停修・力陳天災人害・責內務府諸臣及左右宵人熒惑聖聽・導皇上以朘削窮民爲自利之計・深論危言・詳盡痛切・疏入・上爲動容・逾月奉諭停止・自是公家居奉母者垂十年・

其再入都也・值安南之役・諒山告捷・朝野晏然・邊備寖弛・光緒二十年・日人藉朝鮮東學黨亂・與我開釁・六月・我海軍禦之大東溝・羣艦殲焉・惟時親信執政・無遠略・樞臣疆臣互相諉飾貽誤・公乃偕同直南書房諸臣疏請起用恭忠親王・略曰・禮親王世鐸・才思平庸・無人不知・今日之恭親王・當棄瑕錄用・然而執政不敢言・恐罪在不測・夫事至艱危・而猶避不測之罪・國家養士・其又安用・臣愚以爲宜豁除瑕纇・開張聖聽・庶早收一日之用・即早成一日之功・若遲久後用・無論挽回匪易・即使及事・所傷實多・方草疏時・方懼干天威・願獨任咎・同直者不可・乃刪疏末臣文田主稿語・疏入而廷臣聯銜奏請者踵至・於是諭恭親王會辦軍務・仍爲軍機大臣・恭親王出・嚴軍紀・覈功罪・廟筭既定・人心始安・

十月皇太后萬壽・諭停受賀・承辦慶典大臣猶請點景・公密疏言皇太后膺天錘慶・他日紅旗報捷・何時非祝釐之時・必於此敵踪叵測安危呼吸之時・汲汲鋪張・諸臣之見・

誠爲未廣・

逾年・馬關和議成・償日兵費二萬萬・稅務司赫德言中國四萬萬人・人賦一金・得數且倍・公奏其五不可・且言計旬日間・言利諸臣・必紛紛繼進・然皆務財用之小人・止能菑害並至・決無補於萬一・疏累數千言・詞絕憤痛・皆人所難言者・自是以國事日非・遇要人雖故交多責備語・遇同志則流涕・數月之間・頭鬚皆白・病亟・聞侍郎汪鳴鑾長麟因前言事獲譴・浩然長歎・謝醫拒葯・遂以不起・身後飾終優渥・聖明固深眷公・公匑匑不自容・與平日讜論危言・蹈不測而不顧者・用情雖異・而同出於憂國之誠・其始終以文學結主知・始終不以文學掩大節・史傳以淹雅稱・未足槪其生平也・

初公乞養歸・杜門奉母・劉忠誠公督粵・以故交延訪・聘主應元書院講席・奬植士類・如恐不及・道鎔不才・亦其一也・粵水患北石角圍西大路圍皆要衝・公先後督修兩圍堤・審形勢・排羣議・堤成・積數十年屹然爲西北江保障・服闋・將入都・值中法役起・欽使彭剛直公粵督張文襄公奏留辦防務・籌餉籌械・接濟西師・力陳提督馮子材忠勇可倚任・使得行其志・卒奏諒山之捷・此公在籍表見犖犖大者・

公志在經世・尤究心朔方地形・著有元聖武親征錄注一卷・元秘史注十五卷・雙溪醉隱集箋六卷・西遊錄注一卷・朔方備乘札記一卷・和林金石錄一卷・和林詩一卷・撼龍經注一卷・已刊行・元聖武親征錄注元秘史注尤精博見稱於時・別有元史地名攷・西使記注・塞北路程攷・進四庫全書表注・詩文集・金石跋尾若干卷・稿藏於家・子一淵碩・特賞員外郎・側室陸淑人出・女三・皆適名族・

銘曰・北斗光移曜南粵・海內咸仰哲人哲・學貫九流道不絀・下視麐楦非祥物・獨憑浩氣揩儒術・青蒲屢伏腔灑血・漢賈唐陸風敻絕・得公而三鼎峙列・易名以誠鑒天闕・有崒象峯奠兆域・大節豐碑同屹屹・

屈翁山先生墓碑

吾粵自宋崔清獻公・以晚節爲海內士表・至明白沙私淑其旨・學名節道之藩籬語・提倡嶺學・泰泉繼之・敦尚學行・而益以博約爲宗・故無無用之文・亦無無文之學・自是文章氣節・合而爲一・學者承流・淵源遞衍・含吐風雅・發揮忠愛・鬱積既盛・至明之亡・乃大㬥著・倡義勤王・湛身隕族・非儒林之宗匠・即壇坫之才流・至道窮不復灼・知事無可爲・遯跡山林・託之著述者・更指不勝屈・而世所嘖嘖・尤推獨漉翁山兩先生・

獨漉少遭家難・中罹世網・晚而韜晦・不降不辱・翁山倦遊風塵・所志不遂・出入儒釋・網羅文獻・託微旨於三外・追宗風於楚些・其志激・故其音哀・其才博・故其辭放・身後遺文・有抵觸干禁者・其後人惴惴然・抱懲羹之慮・幷其葬地不封不樹・長掩抑於荊榛蔓草中・嗚呼・天將以先生終吾粵有明三百年氣節文章之局乎・不然・何世變之適相阸也・

近者・先生遺書漸出・南海陳侯伯任讀而慕之・適宰吾邑・訪求墓址・爲之葺治・復於墓迤南數百武築亭・因先生自號八泉翁・即以八泉名亭・自爲之記・而以墓碑文屬余・

夫士志不素定・不足當世變・世百變而志不與之俱・彼其人固有自知自信者在也・

觀先生易簣時・不忘曾子得正之語・其自知自信者・方將窮宇宙・亘古今・獨立不懼・而何恤身後一坏之寄・即陳侯之爲是舉也・亦豈求結古懽於曩哲・飾觀聽於時流哉・性情所至・不相謀而相感・此昌黎所謂不知何心者也・

先生諱大均屈姓・番禺沙亭鄉人・墓在北村寶珠峯之原・其上爲先生父澹足君墓・左爲母黃太夫人墓・生明崇禎庚午九月・終清康熙丙子五月・蓋葬二百三十餘年而始表於世・桑海再更・九原人遠・曠世同感・乃爲斯銘・銘曰・干將可折・不掩鋩兮・珵玉可碎・不奪貞兮・委蛻埋憂・上有芝莖兮・高馳不顧・神遊滄溟兮・日月代謝・晦則明兮・高阡華表・鬱崢嶸兮・松柏交蔭・柯葉青青兮・返轡迴馭・尚昵於所生兮・

內閣中書陶君墓誌銘

吾邑陳東塾先生・以通儒名海內・其言曰・讀書明理之人多・出而從政・必有濟於天下・故所著書・言學不言政・先生卒二十年・其鄉後進師此意以講學者・有頤巢陶君・君諱邵學・字子政・所居曰頤巢・因以爲號・系出晋陶桓公・元末有曰嶽者・遷會稽之陶堰・十七傳至君之高祖曰元勛・始入粵・祖汝鎮・佐潮州吳太守均平寇亂・潮人德之・以配太守祀・父文鼎・工詩・世稱陶孝子・入祀孝弟祠・自高祖以下四世・習名法學・雖幕游居粵・仍浙籍・至君始籍番禺・君游心古初・妙通音律・文學曾南豐・詩宗陳后山・書出入李北海米元章・才流藝士・所謂能者無不能也・而必根極於道・其論學之言曰・一經之師・則有奴主・一隅之辯・則有是非・一時之治・則有操舍・彌綸萬物・紀綱庶類・惟禮爲之宗・故其學自六經聖人之道・至於百家羣史・無不習也・而必歸宿於禮・年二十六・中光緒十五年恩科舉人・二十年成進士・以內閣中書用・是年有中日之役・其秋假歸・逾年・肇慶太守張公曾敭延主星巖書院講席・二十九年・地方有司奉明令・廢書院課士制・設學堂・郡守多公齡・復延爲中學堂監督・三十四年戊申六月卒於肇城・年四十五・妻劉宜人・先君卒・無子・以從弟子宗藩嗣・

君之壯年・雅志用世・嘗作論政本疏・言行法之弛張在人・人材之盛衰在學・以無學之人馭一切法・姑言之・姑試之・迄於無效・又概置不問・此今日患之大者・每欲得知類通達之士・究極古今・以待世變・顧甫參朝列・遽値多故・朝野士夫・覩國威之挫衄・炫他族之富强・趨新者爭先・而篤舊者持之力・險躁之徒・因緣搆爭・煽其邪說・君懼其生心害政・蓄積幽憤・託之文詞・終以胥漸之勢・不可口舌爭・思退而修學儲材・起一隅爲天下始・故假歸後・留肇十餘年・竟不再出・其主講星巖書院・隨學者幹局才器・開示儒效・咸能通知其意・其督中學・導之親師樂羣・而廸以國家倫理・正義務・端士習・不抑法詭隨・蓋君之志業・至是一變・而精力亦凋涸矣・

自君之卒・肇之人士・通材如失依歸・後生者如失模範・感慕相弔・過於所親・爰於是年冬仲某日・奉君及劉宜人柩合葬於肇城西仙人鞋岡・羣弟子置祭田・歲時祀焉・以

前粵督張公人駿．保薦人才．嘗以君與余應詔來徵銘．唯余之學不足知君．又惜君所著書．成者止琴律一卷．補後漢書食貨刑法志二卷．續漢書刋誤二卷．頤巢類稿若干卷．劬于教．嗇于年．不克如東塾先生從容述作．以詔學者．然觀君所得於肇之人士．與肇之人士拳拳於君．其無窮之志．可思也．銘曰．

辨章學術．讀書作記．君承其流．殊迹同意．唯學於政．如輿有轡．轡苟失馳．得毋顚躓．三古道遐．彌縫破碎．西風東漸．益滋歧異．君綜衆流．淵淵無際．折衷淆亂．發揮平議．妖鳥羣飛．冥鴻遠逝．名山待傳．伊豈初志．而況所傳．百未一二．高弟如雲．登堂霅涕．祀比桐鄉．是何風義．固知經師．不讓循吏．銘詞不泐．以訊來世．

馮平山墓表

君諱朝安．字昆炎．號平山．姓馮氏．系出北平．自懷化侯業避地南遷．官岡州守．積四世至唐越國公盎．並以勳閥．焜燿史册．厥後支派蕃衍．散居各州郡．閒人間出．爲嶺表望族．其著者如趙宋章靖公元．以經學輔導仁宗．官至戶部侍郎．至元有曰喬者．官翰林院秘校．其七世孫用．始遷新會之田心．歷十三傳至祚祥．遷邑城．又歷二十傳而至君．君以商業起家．少從叔父商暹羅．既而歸．溯長江入蜀．至重慶．喜曰．此可爲也．乃籠致蜀貨歸．與粵貨互貫輸．復於廣州香港安南諸要區．增拓營運．其爲人沈敏豁達．徵物貴賤．應機剖決．百不爽一．知人善任．能者輻輳．惟深疾姦富．有謀鬻鴉片者．謂君在蜀兼營此業．因地因人．不別勞規畫．而歲可坐贏數十萬．君笑謝曰．吾不爲也．滬上創交易所．浸淫及港．市儈投機爲商蠹．以股票二萬餌君．君峻拒之．復白港官．請加厲禁．商情大安．人以是重君．而君所業乃愈贏．

君在港累舉總理東華醫院．保良局．團防局．及監理大學堂．慷慨好施．聲溢島上．而識者推論．則以在籍獨力建祚祥祖祠．析私產．爲嘗業．得收族遺意．又建白沙象山兩先生公園．表章先哲．能見其大．生平於興學尤注意．在籍創立貧民義塾．職業學校．小學校．及景堂圖書館．在港立男女義學三校．華商總會圖書館．又於孔聖會內倡辦中學．後併入官立漢文中學．益加展拓．君之力也．其他如廣東高等師範附屬小學建築費．香港大學基本金．漢文大學經費．平山圖書館．貧民工藝院創辦費．雖輸財．不親其事．而提倡最力．捐欵亦最鉅．前後逾百萬．

君顧自視欿然．嘗曰．吾中國聖人修道設教．積文化數千年．爲環球冠．逮至今日．虐古榮今．棄雅崇諺．主持一誤．而人心風俗蕩然．每見縉紳．太息此事．猶自恨一簣不障江河．矧余以不學之身．益復何能爲役．然顧亭林有言．匹夫有責．正爲此事．但使聖教得存一綫．爲他日昭蘇回復之地．則竭吾區區能盡之力．於責既不敢辭．於誼亦無多讓耳．嗚呼．味斯言．知君所慮遠而宅心純．非逐名爲豪學者比也．

君嘗納粟得光祿寺署正．卒辛未六月十九日．年七十二．父景堂贈如君官．配李夫人．先君卒．子三．秉華．秉

芬・秉芹・咸能承君志・以辛未七月朔奉君葬香港華人永遠墳場・余既次君言行・乃爲之表曰・

鈞是人而天獨予之富厚・天非私其人・爲羣生託命也・賢者善於承天・既知富厚・非以自私・則又何取於苟得・人第見君恥爲姦富・所守介然・不知取難舍易・其有而不與也如遺・其積而能散也如寄・義聲流溢・天君灑然・皆此不爲苟得一念基之・所謂人有不爲而後可以有爲也・史遷傳貨殖言・人富而仁義輔・夫必待富而後輔以仁義・好行其德・中士莫不勉焉・然較之性於仁義・能以其道得之・富輔之者何如也・知此者可與論君矣・

郭節母廖太夫人家傳

節母廖太夫人・潮陽司馬浦鄉魯山國學生長女・年十八・適同邑銅砵盂鄉郭祥山贈君・甫五年生子元聲・方再娠而贈君卒・先是贈君連失怙恃・太夫人歸・見其哀慕如初喪・又自以不逮事舅姑・每就贈君縷詢其舅姑家法遺教・帥而行之・如實親婦職者・值忌日・贈君泣・太夫人亦泣・於是贈君喜得賢婦・痛親之不及見・益勉圖立身而劬於學・病革・謂太夫人曰・汝知予心・予知汝意・汝爲其難・我目瞑矣・比卒・太夫人慟甚・既茹痛治喪・逾數月・遺腹子元勳生而家貧甚・挈兩孤子幷日而食・逮於勝衣次第就傳・朝舂夕績・鬻閔所資・皆出十指・憂勞疢疾・叢萃一身・二子感念太夫人劬勞・亦互相淬勵・

既長・咸自樹立・元聲首創商業・元勳繼之・尤負偉略・遂以財雄於鄉・於是爲贈君建祠・升祔之日・內外戚族咸集・太夫人進元聲元勳誡之曰・余自而父歿・積苦數十年・不意有今日・其有今日・而父潛德之貽也・余聞而父言・天道晦而章・盈而闕・自今以往・而兄弟其嗇身澤物・倡導其家・以永先德・余雖老・不以而輩侈於奉爲能養也・聞者歎服・太夫人子二・次子元勳以淸同知援例得五品封典・誥封太宜人・孫六・其長者國華以候選道加三級・得二品封典・晉贈太夫人・萃庭・國棟候選同知・國樑都司・之松運同銜・國均都司・曾元以下繁衍至百餘・多以才能著稱者・

其卒在同治甲子・年七十五・溯年二十三而寡・凡守節五十三年・光緒甲午・邑士夫以太夫人年行中旌典牒・大吏請於朝・於例得建坊・國華以選擇坊址・久而未定・遺命子兆霖務竟其事・並求當世能文者爲傳・備家乘・於是縣視學官陳鍾毓明經譔次行狀・前史官吳道鎔爲撮其大者著於篇・

論曰・曩主金山講席時・鍾毓明經與太夫人曾孫茂才芳・陳孝廉宗虞・同及余門・孝廉故與兆霖姻連・篤實不妄語人也・嘗與余論史記程嬰杵臼事・不載三傳・而死與立孤難易・其義實通於婦人之守節・因述太夫人事爲證・忽忽三十餘年・孝廉茂才墓皆宿草・今讀明經行狀・憶前事信有味夫其言也・夫窮巷孤嫠・生事無賴・一瞑不視而有烈名・自好者能勉爲之・若夫俯仰一身・知一死不足塞責・支拄門戶・罹百憂而不恤・彼其時不知死之可懼・遑知生之可冀哉・太夫人惟不自意今日・此所以能爲其難也・而苦節之甘・卒以再造其宗世・有不幸而際其難者可勸已・

姚君嵩生家傳

吳道鎔

君姓姚氏・諱艮材・號嵩生・先世自福建莆田遷廣東揭陽之仙陽・又遷鳳林・遂爲揭陽人・考曰大成・少好讀書・遭世亂不竟所業・然多禮接通人長者・故君幼而知學・稍博涉羣籍・期於實用・年三十・補諸生・林務堂總戎鎭南澳・聞君名・延主戎幕・南澳海島・綰閩粤衝・君周覽形勢・爲條畫利病・將上之當事・以時大亂初夷・吏方務因循・憚興作・不果上・方照軒軍門鎭潮・清釐積案・委主局事・君論斷明決・曲盡情理・人或稱其能・君太息曰・吾爲所得爲者耳・天下事當爲而不得爲者何限・疚愧不暇・敢言能乎・

君志用世而操尚峻絕・既所遇局局無展布・中歲後・絕意進取・惟讀書自娛・每端居一室・神與古會・慨然有尚友之志・時或高吟抗誦・抒其怫鬱・頓挫激壯・聲出金石・祖祠圮于風・聞而驚涕・亟鳩貲建築・工成・釐定祀事甚具・又去縣治二十餘里・地曰深浦・有宋姚子信舊築橋・廢數百年・久病行者・鋭意修復・以工鉅費重・經營累歲不就・戚張君・感其誠・倡捐鉅資・應者麕集・橋成・君爲記・盛推張君・以爲中周官六行之任・人盡如張君・天下事不足爲也・

君遇人無賢不肖・一將以誠摯和易・惟持論不徇俗・尤嫉世之急科名者・其言曰・讀書致用・用在我・遇不遇一也・世之讀書・乃以求科名作官・作官矣・而移曩所求・求速化・求固位・一念輾轉・何所不至・人盡如此・天下何望・而世蔽于俗見・視若當然・庸非奇變耶・聞者咸駭詫・然君有子曰梓芳・累躓省試・君破產資之游學・無悔意・卒成通才・後科擧廢・梓芳畢業京師師範科・獲奬擧人・旋監督廣西師範・君手書惟勗以實心教育・無負夙望・餘無一言・卒梓芳體君志・辭長師校職・復入都肄業京師大學・得文科學士位・嗚呼・觀君之詒其後人・其素所蓄積可知已・所著有磐谿治事二卷・雜文若干篇・存于家・

前史官吳道鎔曰・朱子有言・不是科擧累人・直是人累科擧・觀君排斥世俗讀書求官之論・何其若重規疊矩而言之加痛也・法敝而變・科擧廢矣・而俗蔽不袪・歷千百變而弊固在・法豈任咎哉・君之邈然高寄・抗心古人・嗚呼遠已・

何少詹家傳

公諱如璋・字子峩・姓何氏・大埔縣人・家世業農・至公始習儒・以科第仕宦顯・年十九・補縣學生・中咸豐十一年擧人・同治初元・左文襄公督師剿金陵餘寇汪海洋於閩・公襄汀州某太守戎幕・保知縣加五品銜・同治七年成進士・改庶吉士・散館授編修・

時海內戡定・西學東漸・中央諸鉅公・頗思開通風氣・清流之士・顧持異議・公獨研究西學・爲詞臣先・合肥李文忠見而詫曰・詞館中尙有斯人耶・爲言於宛平沈文定公・文定時方贊樞垣・又公座師也・光緒二年朝廷簡通知中外之士・持使節分駐東西洋・於是晉公侍講・充出使日本國大臣・

初日本爲俄美劫盟・悟鎖港非策・與泰西諸國通商結

約・頗喪利權・知我國結泰西約・中有利益均霑語・思以失之泰西者・取償於我・乃遣外務部柳原前光求通商・初呈約章・以兩國利益爲詞・再至則耑欲仿泰西諸約・議約大臣斷斷持議・久而後定・中如設領事裁判・禁內地通商・皆與泰西互異・以爲歧視・怏怏觖望・既而臺灣生番戕琉球難民・彼遂冒琉球爲屬國・於是有征臺之議・陸軍少將西鄉從道冒險興師・我執政求息事・償以恤欵・益狡然思逞・既阻琉球貢使・復挾故智思嘗試於朝鮮・朝鮮礮擊彼雲陽艦・外務卿森有禮來・陽乞我勸告朝鮮・實陰伺吾國舉動・雖懾於李文忠朝鮮藩屬・我所必爭之一言・覬覦固未息也・

顧以中國地大物博・又以數千年同種同文・終欲相引爲重・故聞公使至彼國・耆舊詡爲隋唐來千餘年未有之榮・達官名流・校秀閨彥・使節所至・爭望顏色・求書翰徵題詠者相屬・公一一酬接・合滿其意去・唯事關國際・機牙肆應・不少假借・

始至議廢居留華民舊規・設橫濱神戶長崎三口領事・初頗梗議・公據約力爭・卒收回裁判權・又以公使之職・在周知與國情僞・達之本國執政・尤當先其要者・故於內地通商・則謂日本物產多同中國・其地自北洋三口至於滬浙江漢閩粵臺瓊・皆一航可達・視內地隔絕者・運輸反便・其入口有關稅外加子口豐稅・隨地可售・視內地釐捐雜稅者・成本反輕・夫同一物產・而運輸便・成本輕・其取價必廉・勢將攙奪內貨・失業者衆・害即中於民生・欲救其弊・勢將輕減稅釐・而害又中於國計・且西人之居內地者・多屬上流・顧惜名譽・日人則貧且貪・內地禁開・肩挑負販累萬盈千・其中良莠不齊・萬一勾引奸民・包攬稅率・又不能繩之以法・將何策以善其後・西約損失・往者不諫・猶幸東西各異・一旦有事於西・雖無望東之助我・而可冀其中立・若離者縱之使合・勢必轉相依附・肆其要求・甚或反助敵邦・乘吾危以邀厚利・此尤貽害之大者也・故改約一事・除堅拒外・無他辦法・可斷言也・

其於琉球・則謂日人志在滅球・以阻貢發端・及其國是未定・兵力未充・急與爭衡・猶尚可及・若爲息事計・隱忍遷就・阻貢不已・必滅琉球・琉球既滅・必及朝鮮・讓一琉球・未見其果息事也・爲今之計・宜出兵艦責貢於琉球・陰示日人以必爭・彼將氣懾・而球可全・次則約球抗日・我出偏師助之・彼將力屈而球可全・又次則援引公法・邀各使評之・彼知理曲而球亦可全・若仍恐猝開邊釁・猶可罷斥使臣・爲轉圜地・何爲先自示弱・舉外藩之土地人民以資敵耶・

其論朝鮮・則謂朝鮮之在中國・藩衛神京・實爲左臂・而在亞細亞・西人比之歐洲之土耳其・爲形勢必爭之地・俄瞰其北・日伺其東・彼素狃於閉關・熟視無覩・近則稍稍悟矣・泰西通例・凡兩國戰爭・局外不得偏助・唯屬國不在此例・又屬國與人結約・多奉其主國命令・故今日之朝鮮・我能郡縣其土地・修明其政治・上策也・仿蒙古西藏設辦事大臣・主持其內政外交・中策也・二者不得・唯令其於英美德法諸國通商・簡派大臣・往主約事・約中聲明朝鮮國王奉大清國政府命・願與某國結約・如此則名義既正・設遇外釁・我有操縱之權・若聽其自行結約・各國皆視爲自主・彼既失

所依附・我亦自潰藩籬・此兩敗之道也・凡諸籌議・皆先後上書於政府總署・及北洋大臣・累數千言・剴切詳盡・

其後內地通商・終公之任・日人百計求之不得・公去任後・日人遂夷琉球・設沖繩縣・朝鮮則以東學黨亂・我與日有甲午之戰・日既戰勝・馬關改約・奪我藩屬・强之自主・并前百計求而不得之內地通商・亦圖翻異・於是公之籌慮燭照數計於二十年前者・竟不幸而言中・則以任事大臣・當日雖韙公言・顧重開釁・不能盡用・養虎坐大・以貽斯患也・

公在使任六年・自侍講累升至少詹事・八年歸國・逾年復出爲福建船政大臣・船政廠在福州馬江・始任督辦者沈文肅・閩人也・故廠之員司多任閩士・公至・鈎稽工材・將有所興革・規畫既定・窘於經濟・乃以節浮費裁冗員爲入手辦法・由是失職者多怨・值中法以爭安南和議決裂・法水師攻閩・時會辦海軍大臣張佩綸・公儕年生也・方調集南北洋七兵艦駐節馬江・與公同籌戎備・朝議敦切戒先開釁・法人不戒朝而襲擊我・七艦殲焉・於是將據船廠・爲廠暗臺礮擊・退泊五虎門・

是役也・論者謂法酋弧拔實中礮殞・故船廠獲全・而法人諱言之・公亦不欲以傳聞之詞自解免・唯引咎自請議處・初議革職・繼而論戍・戍地苦寒・得脚氣疾・在戍所三年賜環・主潮洲韓山講席・舊疾擧發・卒於院舍・年五十四・所著使東日記一卷・東瀛百詠一卷・詩文集　卷・奏疏　卷其管子析疑三十六卷・成於戍所・尤精博爲世所稱・蓋公雖獲譴・而用世之志未衰・實於是書寓微意云・

廖澤羣編修像贊

眾流趨海・導者河江・東塾學派・得君而長・大道藩籬・貴者名行・東塾門牆・得君而峻・名山之藏・著作等身・嶺學之祀・俎豆方新・夙心推許・曰君傳人・今瞻遺像・當不易所云・

許氏四賢贊 幷序

普甯許氏宗祠成・屬撰錄其先世名德・各系以贊書刻祠門・

夏侯傳書・衍自長伯・術通天人・五行論歷・濟濟門牆・四科分席・學有淵源・來哲之式・

右漢九卿長伯許公商・　漢書儒林傳・許商字長伯・長安人・仕至九卿・

少府大讓・別居取羸・蒙垢召譏・遂成弟名・荆既循吏・馘亦台衡・綿綿世德・燿此聲馨・

右漢長樂少府許公武・　後漢書循吏傳許荆祖父・武會稽陽羨人・仕至長樂少府・

平輿之淵・二龍翱翔・高節偉鑒・獨推子將・袁恥車徒・曹服裁量・至今月旦・故里流芳・

右漢郡功曹子將許公邵・　後漢書・許劭字子將・汝南平輿人・仕爲郡功曹・

五經殊師・傳說既異・文字九千・復相雜厠・偉哉叔重・裁量異義・理類解謬・人乃識字・

右漢洨長叔重許公愼・　後漢書・儒林郎許愼字叔重・汝南召陵人・除洨長・

廣東高等學堂豫科生畢業訓詞

吳道鎔

光緒二十四年戊申六月・本學堂豫科甲乙兩班畢業・既甄錄成績差別等第・八月舉行畢業禮・諸大吏咸蒞其事・禮成・督部張公・提學沈公各宣示訓辭・勖勵諸生・道鎔忝司堂紀・復進諸生而告之曰・本堂豫科第三次畢業矣・前次諸生畢業・嘗以高等之名至不易副・復舉恆言所稱・顧亭林保天下者匹夫有責一語・反覆其立言本旨・而歸本於循名責實・以勖諸生之力於學・由今思之・其義固未盡也・

高等之學所以異於普通者・普通第求必須之知識・而高等則漸近專門・將造就通才以爲世用・故其名實之辨・不徒在學・而尤在於所以用其學之志・荀子之言曰・道之所善・中則可從・畸則不可爲・匿則大惑・又曰・行水者表深・表不明則陷・夫學者懸中正爲的・專志定氣而赴於沈毅・其取途雖紆・而致用也必達・此亦學者行水之表也・不明夫此・而惟捷獲速化聲名標榜之求・舉所學以徇之・夫是之謂畸・其甚者匿・其捷獲速化聲名標榜之私・託於甚美可居之名・而挾所學以文之・夫是之謂惑・凡此皆不審名實之尤者也・

諸生歷普通・躋高等・學科雖賾・學期雖促・苟克自力・不患不既其實・惟此所以用其學之志・決趨向於方寸・辨疑似於毫芒・其事至難・重以學界變遷・紛歧之說・日角立橫出而震撼之・儻內役於自市之見・而外劫於衆楚之咻・所學不至無論也・而誤於所以用其學者・如策騏驥・北轍而南馳・馳愈疾・失愈遠・韓昌黎曰・行成於思・毀於隨・吾願諸生思之思之・毋隨俗而眩於名實・重爲所學累也・道鎔老矣・炳燭餘明・無益世用・以期於諸生者遠・故就前者名實之說引申之・以爲先辨夫此・始可與言責實之學・亦惟能辨夫此・斯不患無責實之學・而亭林所謂匹夫有責・或與徒託空言者異也・諸生勉乎哉・

廣東高等學堂本科生畢業訓詞

宣統三年辛亥秋七月・本學堂本科甲乙兩班第二次畢業・既甄錄成績・差別等第・在學令當以踰年三月・集同等畢業生朋試於學部・屬學令更革・先期徵集・爰再踰月將授學牒・使合符試於學部・於是爲舉畢業禮・禮成・提學秦公宣示訓詞・道鎔忝督堂事・復進諸生而告之曰・昔太史公讀功令於廣厲學官之路・至於廢書而歎・玆者諸生畢高等業・羣謂及時・應部徵躋上選・當得美仕・名莫榮焉・

或則曰・士之自待與世俗之相待者異・榮名利祿・不足爲諸生重・余唯諸生勤勤玆堂・淹歷寒暑・以有今日・其異日樹立所至・吾不敢豫知也・顧念載籍之博・益以科學繁賾・亦既分類研稽・如射志鵠其上者・觀名數之稠奧與質力之聚散・以究極乎古今中外興衰・倚伏之由審同・析異而折其中・艱難錯迕・而求其合其次者・亦就性之所近・研習專門以適時用・凡此皆諸生所宜・有事皆不能無所籍以自樹立・然則士懷進取・固與朝廷勵士之旨不悖・若夫太史公所歎・俯仰懷抱・言非一端・非謂士之發奮以名於時・遂與曲學阿世者同類而幷譏也・雖然・名之一途・士無賢不肖・所幷集者也・然而賢者副焉・不肖者附焉・士之自待異乎世俗之相待・諸生宜審之素矣・躍冶之金・求爲鏌鋣・泊乎器

成・遂爲世寶・何則・彼所求者固稱其才者也・諸生行矣・盤錯時間・亟資利器・尚求所以稱其才者・於自待之道蓋庶幾哉・

林樹勳 一八五三年生 一九四二年卒

字建侯・晚號近瀛居士，潮陽人・清優貢生・善書法・楷宋王趙・草法孫過庭・榜書大可數尺・小楷細若蠅頭，求書者踵至・嘗爲汕頭林氏大宗祠添書神位二千，匝月而成・成嘆觀止・設賬授徒七十年・誨人不倦，篤學力行・深受敬仰・

小北巖遊記

我邑東山。夙稱名勝・以其地多岩泉趣致・山海奇觀・而小北巖出其右・尤幽邃可人・予素頗躭知仁癖・涉足於斯者屢矣・歲壬戌辰仲偶檢舊卷・懷及禮經・是月爲炎帝司權・可處臺榭・可升山林・不禁登臨有興・因邀二三同志偕遊其間・

自東北迤邐而行・雜木夾道・翠黛如帷・蓋造林園之模範場也・不數武詣其地・疊石天然・洞開門戶・顏曰石雲洞・洞口巨石上有近人所書覽勝二字・筆力遒勁・頗近古・遇此峯廻路轉・寓目成色・切景有情・一椽屹立・爲漢壽亭侯廟宇・益令我崇拜英雄・忠義之心以生・側身松石徑・則洞天一室・修篁千竿・盤根石端・渾然忘暑・進九曲門・參謁菩薩・堂闢眞隱・廟貌森嚴・庭除軒敞・砌環堵・鑿方塘・架石欄・蒔花卉・卓然有千里巨觀・左門口餘隙・結小草亭・可容數客・竹樹交錯・地尤陰翳・今之政客騷人・多會於此・復振衣而上・所過有蓬萊塔・聽泉井・漱石門諸勝・水聲潺潺。穿礎道・上出龍泉口・一片冰心・塵慮都淨・俯臨當前練江一帶・滄洲兮在水中央・有卷者阿風光特色・未識廬山眞面・此地寧復獨殊・顧東山雖饒風景・尤賴名鉅公與賢士夫留題寄興・因以相得益彰・此間尚少殘碑斷碣・藉存古意・其不能相與膾炙人口・或以此乎・

然地以人傳・亦興隨時寓・今者幽賞未已・高談轉清・睠懷時局・滿目風雲・四塞曷禁・百感交集・覺人世憂樂無常・百齡俄頃・不有作者・恐事過境遷・轉瞬即成陳迹・況茲聖學荒蕪・文字瓦棄・爲此大好風光・更不知憑誰領悟・則夫今日之得優游以樂於斯者・此情此境又烏能已耶。

時日已薄暮・諸友言歸・余亦將興盡而返・適諸君囑記於余・而深慨於心・因遊觀在目・沃然有得・爰出俚言・付刋山石・藉留紀念・同行者有李君傑夫・黃君鏡秋・宗人燕庭君・蘋洲君・及余偕姪慎之凡六人・其撰與聖門曾點將毋同。

凌鶴書 一八五四年生 卒年不詳

字孟徵・番禺人・光緒已丑舉人・朱次琦弟子・康有爲簡朝亮二人外・於九江門下自樹一幟・專研經史・餘力爲詩・畢生從事教育・久任八桂中學校長・造就甚衆・遺著有瀛海論箋正・海闊天空簃詩鈔。

瀛海論箋正序

鄭詩譜云・舉一綱而萬目張・解一卷而衆篇明・誠有取於用力少而收效多也・邇來洋務之書亦夥矣・初學苦於望

洋．茫無涯涘．嘗取羅江笠之父瀛海論而讀之．喜其於外洋疆域掌故事迹．靡不提要鈎元．能通曉之．奚啻若網在綱．有條不紊．但包羅宏大．無注不明．竊自忘謭陋．繫以箋釋．或加推衍．以廣異聞．裴松之注三國志例也．分段揭明義指．賈公彥禮疎．朱子大學中庸章句皆若是．至所見不同．隨文訂正．閒亦有之．輒沿石琢堂先生注袁文之名．亦重蘄博雅君子有以正余之不正也．遞相糾正．擇精語詳．其於海國之書．庶幾鄭君所云解一卷而衆篇明者．以之餉饋童蒙．豈不或事半而功倍也邪．光緒辛丑孟冬凌鶴書序．

送方啓東賢友序

潮爲粵徼東南．海濱鄒魯．余授徒穗垣時．潮人士來學者．有潮陽朱生向榮．澄海黃生尚烱．惠來方生華堂．皆落落負奇氣．不因循時俗．今皆久闊．蓋滄桑屢易．余亦撤皋比有年矣．

華堂房弟啓東．肄業國立高等師範學校．有聲．猶不自足．過委巷相從問業．誠昌黎所稱「何下而恭者」．惜欲告生以其道．而無道之可告耳．

數年以來．第相與掎摭文章利病．何道之能言．況今之時．習尚不同．轉喉觸諱．又豈能引昌黎之說而伸之曰．非三代兩漢之書不敢觀．非聖人之志不敢存．書勿徒騖乎最新．志勿求過乎聖人．又曰遊之乎詩書之源．行之乎仁義之途．遊詩書之源者毋廢經．行仁義之途者戒暴行．不顧時髦之掩耳．名流之唾且罵也耶．

雖然．數年以來．時時與啓東晤對．見其骨性磊砢．行文獨往獨來．且常以其先人善行芳烈爲念．初非不可與言者．子曰．可與言．而不與之言．失人．故於其畢業將歸而贈之言．噫．鶴書老矣．晚得生．正昔人所謂可資以老者．忽而言歸．其愴恨又何如也．時民國九年季夏．書於海闊天空簃之東軒．以應 啓東賢友大雅之屬．並請兩政．民國九年七月．

宋廣東制置使凌公死事跋

烏嘑．自元史易宋史之劉俊爲凌震．而我祖之沈冤幾莫白．然則我祖之死．劉俊之降．一生大節．根諸素行．驗諸當時．傳諸後世．其是非有不得不辨者．

攷宋史二王坿紀稱益王昰爲天下兵馬都元帥時．汀建諸州方欲從黃萬石降．聞昰將至．即閉城卻使者．萬石將劉俊宋彰周文英輩．亦多來歸．是劉俊於端宗將入閩之前．已嘗從萬石降元．其不忠於宋．蓋已處心積慮久矣．故終於降元．心迹昭然．

若我祖素以武節著．雖嘗登進士第．而素無工篆名．且宦粵年久．其後人散居嶺南以萬數．官民家族．其手蹟並無一字流傳者．而光緒十九年所修新寗縣志．載黃文學搰地所得靈湖山水記殘碑．有至元廿五禩中奉大夫海北海南道宣慰使凌震篆額之文．遂謂公降元且爲其官．豈不重誣邪．元初．不知公死．致有宣慰使之授．亦猶南唐劉仁瞻固守壽州不降．其後病篤．監軍詐爲書以降．而周世宗復授以天平節度使耳．金石冒賢者之名．古今多有．無足異也．

抑鶴書尚有疑者．仁瞻本南唐淸淮節度使．周所授官．

固自相當公原官都統制升廣東制置使・既降・而僅得一道宣慰使・遠不相當・視呂師夔范文虎諸降人・何遽不若・

攷宋史職官志・文武臣封贈對換・中奉大夫換團練使・元初官制多相類・劉俊本團練使・降元之俊・尋常對換・應授中奉大夫・豈此凌震二字・即劉俊自詭歟・俊以公姓名適與己姓名對音・即用自代・以嫁其惡於公・而售其欺於姚燧蘇天爵宋濂等・卒之宋史及元史恆傳前文・昭忠錄等書皆不可掩・遂成千古信史・乃舍信史而據荒寺無稽之廢碑・竊爲纂斯志者惜之・（張氏史氏前後廣州府志稱廣海靈湖寺六祖堂前菩提樹・爲梁天監中智藥三藏所手植・迄今千餘年・茂盛不改・與先孝寺一株同・而璣師之記羅天與之跋・皆以靈湖爲幾千百年未經人到・其山無青林巨木・造物久秘其藏・至宋乾道初・永師而始露・與廣州府志異・以事不涉公・故不辨・）是用再有所言・即以綴諸老先生之後・

凌鶴書　黃映奎

黃映奎 一八五五年生 一九二九年卒

字日坡・中山人・學海堂專課生・陳澧弟子・光緒辛丑歲貢・宣統元年己酉・粵中舉貢會考・被選送京職・不售・乃偏遊關外諸勝而歸・梁鼎芬倡議修廣東通志・聘任通志局分纂・創辦時中國文專科學校・課徒三十餘年・晚入羅浮酥醪觀爲道士・生平勤於著述・遺著有續廣東通志藝文略初稿十二卷・元人名畫錄三卷・國朝嶺南駢體文鈔六卷・山堂思舊集十卷・感事雜詠彙存四卷・求在我軒駢體大鈔二卷・杜齋文集一卷・杜齋詩錄四卷・

夢痕仙館詩鈔序

映奎交豫荃太史垂三十禩矣・亦嘗摳衣請業・同趙德之門・刻燭催吟・結吳渭之社・敬禮下問・陽春數聆・君苗自慚・下風甘拜・

洎雲壤之一判・倏燠寒之載徂・其間鳳翽承明・梟飛望邑・猶復寄情落月・惠訊涼風・喜千龝之定傳・靡一行而遂廢・逮夫甲辰仲夏・謁君於東官寓園・時則平子歸田・泉明開逕・春風傾入座之悰・夜雨續聯牀之懽・得悉讀大箸夢痕仙館詩鈔・如酒傾元石・心醉三年・如粥齩防風・口香七日・廼知神鋒電淬・大樂雲龢・擷彼菁英・爍成鴻采・偉矣哉・瓌編玉海・佳句金聲・足令大雅驚其絕馳・小巫聞而卻走者矣・

君儒雅宗匠・神仙宰官・强臺早登・弱水暫阻・雖東西南北・多過客之光陰・而風月江山・是福人之供養・輪蹏偶涉・詩膽翻雄・煙雲鬱而藻穎標・川嶽蟠而襟靈擴・本旭歷銳銀之學・縱飛超騰踔之才・稽其吳會薄游・燕京遠客・應瑒赴舉・幾度看花・李固登科・一朝彈柳・侍西清而弭筆・詣東壁而觀書・固已抒采雲間・蜚聲日下・較之宿春申之浦・月話題襟・汎西子之湖・煙心入句・覽古而追供奉・述行而繼廬陵・回溯曩游・又成異境・俄以九華纂述・宣三晉弦歌・民物歡娛・簿書清暇・凝冰呵硯・具梅花水部之風・永日垂簾・布桑下神君之化・斯則桐鄉朱邑・謝厥雅懷・句漏葛洪・慚茲茂績者焉・驚波人海・歸颿浩然・別業仙山・初服無恙・盤谷大隱・弗藉韓序而傳・輞川閒居・時索裴句之和・宜夫律以調而入細・格以變而彌工也・

蓋嘗僭而論之・君詩幾逾千篇・不名一體・遺情則白太傅・書事則杜拾遺・擷豔則李義山・騁豪則蘇玉局・唯其有我之見在・非徒酌古而步趨・藉非皋牢六合・卓躒五際・而能臻斯勝乎・輒歎世降以來・風雅寖汩・新製日競・異文猋興・竊娵隅於參軍・便侈蠻語・襲吐嚕於阿蓋・空煩譯詞・

妖同郭奴．澀甚樊氏．詫跂鼈之自苦．蹉戰爲其安窮．惟君結體清新．覃想緜邈．裴秀儒林領袖．偉作包夫昔賢．王筠後進楷模．頹瀾挽夫末學．槃敦有主．琳瑜自珍．停澆濟溺．匪異人任矣．

映奎瓠質旃賚．蓬心飄搖．辱附蘭交．誘爲粃導．譬之譚筍韶於聾俗．詆章冕於裸人．猥作引喤．曷窺涯涘．他日者秋澂玉宇．再乘天上之風．雲起鐵橋．更作人間之雨．會昌一品．愈展公才．元和四言．勤宣聖德．敷揚景藻．垂光虹蜺．則夫龍燭之所騰．亦復麟編之莫讚也已．光緒三十一年小陽春月愚弟黃映奎謹序．

濂泉讌集圖序

光緒戊申七月立秋前一日．同管漢池孝廉．陳叔和大令．張壽南明經．成堯文鹺尹．陳子穀．梁子芹．蘇選樓三茂才．李厚菴山人赴濂泉讌集．

是日也．曉色晃朗．朝暾融融．布襪青鞋．言出東郭．思代足力．爰呼輕車．四人一馬．馳騁先後．煙翠眩目．山光趁人．一塵不驚．十里瞬息．俄然小駐．息鞭亭左．時則利宇在望．猶隔林表．泉聲若聞．儼出雲罅．相與緩步．彳亍山逕．陂陀下上．縋幽陟險．清梵乍近．爰抵寺門．喜參老禪．同憩丈室．高談間作．素筵雜張．塵累頓空．歡笑竟日．詩壇一弔．遺蹤漸荒．蕭寺重覓．古屋半塌．少焉月出．布簟寺外．俯仰坐臥．長歌短謠．風聲瀑聲．迴答人籟．沈酣跌宕．渾忘深夜．山間清氣．呼吸無盡．寺衲延客．重添佳醞．留連拇戰．申夕不疲．欣欣然．陶陶然．眞不知暑惱之去人間．秋光之起天末也．人生行樂．斯會難得．同人囑梁君繪圖．余因序以誌之．爲弁圖首．同人有詩．悉付於後云．

山堂賞雪圖序

吾粵地處南離．天氣奇暖．輒屆窮冬．罕睹飛雪．粵人謂梅當花時．即作雪觀．良非虛語．山堂舊植寒梅數十本．花際盛開．彌望如雪．稱幽賞焉．東皋陳子．曾繪山堂賞雪圖見貽．尺岡先生．亦錄舊作賞雪詩題誌．殆以冷趣足味．素心交勗也．

斯堂上倚玉山．下瞰珠海．房宇寥閴．陂陀起伏．納三城之煙月．萃五管之風雅．睇越王臺址．人多古懷．謁太傅堂廡．世渥遺澤．蓋課士之地．已逾百年．種花之徒．更閱數輩．半生問業．頗多岩隱之彥．窮年蒔古．靡渝歲寒之盟．緬維名山．不乏韵事．當夫凜冽天氣．蒼茫山色．寒鴉方集．獨鶴未歸．正升高望遠之期．爲急景凋年之會．詩虎坌至．酒龍疊來．攜紅泥小火之罏．汲白石清泉之井．裴回小憩．咏林間之早春．彳亍偕游．立檐底之積雪．既乃石磴命酌．一樽競歡．雕闌嗅馨．萬花如笑．落落寞寞．沈沈酣酣．羌不知嬌墮仙雲．夢落山月也．

追維此境．曾幾何時．世變倏更．風流頓盡．文翁之堂遽廢．胡瑗之齋寖荒．花事闃如．雪香何處．砌仄無沒．逕凹苔淪．研經之室．耆宿凋謝．問字之酒．生徒寂寥．碑碣罕存．圖籍散佚．悵松菊其誰主．嗟蘭艾之同焚．吞花臥雪．睠往事兮難再．尋詩拄杖．跋寒交而不來．則撫斯圖

也・曷免右軍今昔之感・蘭成興廢之悲耶・嚴冬多暇・呵凍序之・借畫攄懷・愴恨而已・

香山縣志跋

吾友張仲弼部郎續修邑志成・而屬書其後曰・邑志之作・倡於汪大令泮樵・曩宰錢塘富陽・曾修邑乘・歸里後・以同治邑志之不備・毅然自任纂修・賫志遽歿・余與諸君足成之・其創始之功・不可忘也・

志例一如前時・輿圖則新繪者也・氏族則增輯者也・餘則誤者正之・遺者補之・參稽述錄・至宣統年止・蓋本近時各省修志例・亦斷代爲史意耳・

映奎披覽一過・深歎其綱舉目張・足補前志之未及・而獨竊有言者・則以嘉靖邑志成於先文裕公・道光之志・從祖香石公曾彙其總・今是書之成也・長子佛頤竟得載筆從諸君子後・附驥以傳・欣幸之餘・第恐有忝家學爾・辛酉大暑後邑人黃映奎跋・

游肇慶七星巖頂湖慶雲寺記

辛酉二月初十侵曉・同新會伍太史叔葆・惠陽楊孝廉果庵・新會許君杏雨・番禺汪君希文及保兒搭火車赴輪渡・溯端江西上・一路紅棉絢爛・碧波盪漾・嶺勢千疊・若笑行客・峽門廿里・遙通大船・極夷猶於欲雨未雨之間・舵樓雜坐・談詩把酒・洵江行快事也・

申刻抵肇城・高要縣令汪子君直・備輿懽接・是晚飲於縣齋・同集頗多舊雨・十一日早・偕到端溪中學・展禮故人

梁文忠節庵神牌・以節老曾主講端溪・敎思在人・歿後二年・官紳僉議奉祀景賢閣・以配全謝山朱鼎甫諸先生也・禮畢・叙飲於陶君子正祠・與會者俱端州士紳・即午・與諸君乘輿游七星巖・山石黝黑・巖洞幽閟・恍有神鬼出沒・石乳凝結・波詭雲駭・靡可殫述・黑巖泥濘・惜未窮其勝・摩挲唐宋題名石刻・裴回久之・返時已薄莫矣・

晚端溪校長程君鑑瑜招飲・賓主忘形・讌談甚愜・不覺夜深・十二日在縣齋早膳・話別登舟・往游頂湖・汪縣令躬送下船・備極慇摰・伍君叔葆爲誦桃花潭水深千尺不及汪淪送我情二語・擬分韵賦詩紀事・

午刻抵羅隱滦口・楊君果庵匆匆返省・未與同游・乃步行至慶雲下院・即喚山兜登山・嶺路盤曲・石奇水冽・宛若前導・流憩小坐・清浸毛骨・峯迴路轉・彌上彌峻・人聲漸微・水聲愈放・先止半山亭・徐躋飛水潭・臥石觀瀑・白龍千尺・劈峯而飛・石磴數盤・欲截不斷・但覺珠璣萬斛・散落潭底・眞奇觀也・掬水洗眼・枕流覓句・未忍遽去・兜夫促路・爰過慶雲・山僧候門・迓入禪室・寺長老佩珍爲十載神交・執手欣然・恨相見晚・齋筵迭進・欵接周洽・夜秉燭讀各種嵌壁詩碣・與諸同游刹門候月・促膝清譚・娓娓忘倦・

游興既盡・相訂翌日下山・十三日・揖別寺僧・乘山兜到下院・坐片時・許伍兩君仍回肇城・而予則與汪君希文暨保兒在羅隱滦候船乘車返省矣・攜歸者在肇所得包孝肅公像・佩公贈紫貝天葵柚片也・是游也・風日和煦・不晴不雨・往返千里・弗逾四日・可謂極山水之奇・友朋之樂矣・

歸寓稍暇・泚筆記之・

重建雲泉山館記

雲泉山館・在白雲濂泉之間・嘉慶十有七年・先叔祖香石先生・曁張南山孔繼廷段紉秋諸先輩所創建也・水合一澗・蒲抽九節・山有仙氣・花含古香・萬綠陰沈・當晝訝夕・孤館悄寂・未風遽秋・山迴谷隱・擅穗石之名勝・雲溶水洌・稱蒲澗之幽築焉・

加以三賢崇夫禋祀・（中祀蘇文忠崔清獻先文裕三先生）七子樹其壇坫・吟咏時集・風雅遂倡・伊汀洲古壁鐫銘・翁覃溪舊題勒石・飛瀑吼壁・激作雨聲・斷雲墜階・盪碎波影・睠北郭之勝賞・林壑不俗・挈南園之幽伴・琴鶴亦仙・情忘簪組・屐宜蠟以幾兩・懽結文酒・山常住其十年・此固水石致佳・匪隨園所能及・（陳厚甫先生鍾麟嘗謂雲泉山水非隨園所及）林泉趣逸・差雲淙所略同者也・

既而紅羊劫換・白石盟寒・歲月久淹・風流頓盡・遺構弗覩・詩叟則李杜不來・勝槩悉湮・詞客則姜張尠至・往事莫問・白雲流影・雅音誰嗣・寒泉作聲・繼廷哲嗣少唐比部・過而憫焉・爰於光緒十有六年・獨任重建之舉・庀材鳩匠・礱石甓瓦・分流劈翠・移巖塹山・剔斷碑於殘蕪・搜廢草於荒蘚・青壁峭立・構以飛亭・蒼松孤撐・嵌彼危閣・磴複界碧・幽篁撲其空翠・闌迴錯紅・老梅吐其暗香・穿雲得逕・窄僅容鶴・鑿池通澗・光能鑑人・況復尚友前哲・鋟遺像於巍宇・瓣香騷客・妥吟魂於虛室・敬恭仰止・彌深遠慕・藏脩游息・用成偉觀・昔柳子厚云・美不自美・因人而彰・韓昌黎云・莫爲之後・雖盛弗傳・其山館之謂矣・

僕偶陟名山・忽覩幽構・佳境新闢・（雲泉舊有二十二境今添十境共三十二境云）眺覽靡倦・勝宇重廓・登臨忘歸・芒鞵藤杖・幸雅游之克踐・清泉古磵・忻詩壇之振興・剛値落成・因濡筆而爲記・

陳汝松

一八五五年生
一九五　年卒

字墨樵・號娛園老人・又號龍岡臥月樵者・羅定人・清附生・工詩古駢文・教授多士・宏奬風雅・組龍聲詩社與州人唱和・羣推主盟・有課綠簃詩草傳世・抗戰勝利後數年卒・計近百齡矣・

三水何君榮熙墓志銘

君諱祖棉・字榮熙・三水何氏・考秉賢・妣陳・生三子・君其仲也・中華民國二十五年丙子八月・君之外孫・南海荔莊吳郁熙・即今以字天任行者・既不遠千里・就余問所業・復奉君之行狀以銘墓請・

余按・君幼失恃・事父以孝聞・稍長就讀塾中・勤勉異常兒・以家貧輟學・未足臻於大成・即隨大父超然公服賈四方・超然公愛君敏穎・使習丹青・不期月而藝大進・所作人物花鳥・神躍楮外・惟不屑屑自炫・故知者絕鮮・君亦自視游戲人間・託迹市廛數十年・洎垂垂老・乃還其鄉鷗村・畜牧山羊・食志任力・深自隱晦・時天任方五齡・依母氏紡織肄江・貧寠不自給・君使就養其家・相隨牧羊・君晚年家稍裕・而自奉廉約・冬則破襖布被・夏則短褐不完・荷蓑荷笠・蕭然於世俗榮利之外・君雖儉以持躬乎・然鄉人有急難告・必慷慨樂予・不少吝・歲時令節・祭掃祠墓・或村中有

興革大事・集議一堂・君必諤諤發言・力持正義・決其可否・村人莫不韙然從之・每有爭訟・得君一言剖析利害・爭者頓解・故鄰里宗黨咸欽服之・

生平讀書雖不多・然雅重士林・以天任夙秉天慧・因悉心獎掖・使劬於學・室中爲置書史筆硯・常指授之・出牧則挾欖持鞭・掛書垂笠・祖孫共驅羣羊出郊・白首黃童・樹下講誦・天任時猶未就學・而能識字作書・喜事塗抹・鄉人莫不以爲君之教也・十五年丙寅・天任年十一・君乃使入學就傅・君督教益嚴・越明年・歸其鄉茘莊・君猶殷殷提命・勗以有成・計自辛酉至丁卯・天任感君誨育・前後歷七寒暑・益自振厲・今卓然能自樹立・皆君成之於始・惜君之未及見也・

二十年辛未十二月・君病終鷗村・年七十・初配梁氏・早亡・繼配黃氏・生長同邑・年十八歸君・恭儉有德・無子・一女名蓮・適南海吳氏・即天任之母也・天任育於外家・黃氏噢咻愛撫・既長離去・每見猶執手呵護如小兒時也・二十七年戊寅八月・倭寇陷廣州・進佔三水・豺虎遍鄉井・天任避亂幕遊在外・數年未一歸省・黃氏僻居鷗村・三十一年壬午七月謝世・壽七十有四・蓋距君卒後十有一年矣・

昔洪稚存童牙孤露・藉外王父之教養・遂能振拔・今天任之視稚存・同耶否耶・銘曰・生而慧・守其樸・爾牧維羣戢其角・幻作塵中一夢覺・

中華民國三十二年癸未八月・瀧江八十八叟陳汝松墨樵敬撰・

蘇若瑚　一八五六年生　一九一七年卒

字器甫・號簡園・順德人・光緒丙子舉人・三試進士不第・從同邑李文誠公遊於北京・精研碑帖・盡得其魏唐三昧・渾厚壯栗・論者謂秀逸猶或過之・旁及蒙古史及西北地理・文田以絕學有傳人許之・既充咸安宮教習・不二年・辭歸・仕途冰炭・中歲抽身・遂精研訓詁・金石及圖算地理之學・不獲展時用・乃以書藝名・備漢魏唐宋諸體・尤工劈窠大字・世人量金求書・遺著有宮教集・詩文若干篇・

書學答問

問書派可得而談乎・曰・可哉・書體雖多・然由蝌蚪變爲籀文・由籀文變爲小篆・由小篆變爲漢隸・由漢隸變爲今之楷書・損益更革如五德相承・同歸正統・其外雖多・或因積分餘氣・或爲大都耦國而已・

問何以稱正統也・曰・秦兼用八體・而以大小篆爲主・餘稱六技而已・隸減小篆・是爲佐書・則六技中之最重者也・漢制策諸侯王用篆・餘詔告皆用隸・西漢尚多秦隸・東漢則純用漢隸・賈魴三倉・蔡邕石經之類・皆漢隸也・漢末華山廟碑・漢隸也・中有物亢之也四字・已啓眞書門徑・三國孔明十四字・陽字亦大有眞書之勢・自魏迄晉・由漢隸漸變爲楷書・楷書之得統・其在東晉乎・問三體之形大異・其變更之際・可得言乎・曰・不能盡述・多看碑文・便知變更有漸・四時迭代・必無驟寒驟暑之理・試略言之・蝌蚪幻作大篆・大篆繁用小篆・小篆緩造秦隸・秦隸之放・流爲漢

隸・漢隸之急・遂成楷書・觀漢祀三公碑・見由篆入隸之漸・觀北朝諸碑・及晉宋墓甎・知隸變楷之由・

問三者之外無書乎・曰・非也・鐘鼎款識・有似古篆者・有似小篆者・有似秦隸者・以其增減不同・別為一種八分書者・亦在篆隸之間・隸之變・又有散隸・有章草・有草書・有行書・有飛白・有游絲草・若此者高文典册所不用・故不得為正統・

問或謂隸有古今・是秦漢之謂乎・曰・否・秦隸無波勢・如秦權秦量可考也・漢隸有波勢・漢碑用之・而有長扁圓方之別・此秦漢所以分也・晉人變漢隸為楷書・故以秦漢為古・而以所變為今也・

問然則楷書耳・何以稱隸・曰・所謂寒暑無猝變之理也・隸形小變・其骨韻氣勢・純是隸書・隸之舊名未除・楷之新名始出・故兩名之・

問然則隸之始作・亦名為篆乎・曰・篆者引書之謂・隸者隸人佐書・省篆而趨簡易・繁簡既殊・方圓亦別・至漢人相承以隸為名・隸非美名也・楷書言書家之書可為楷則也・故因其舊俗・而隸之名存・美厥新規・而楷之名立・

問八分之說何如・曰・難言也・自張懷瓘以後・分隸不辨・論者混隸為分・自知無以處隸・則欲專以今之楷書為隸・而專以漢碑之隸為分・而或者中立調停・謂漢隸之未有挑法者・比秦隸為易識・比漢隸則微似篆・依稀髣髴・而終無所擧似・惟明郭秉詹論天發神讖碑曰・此正分書也・國朝阮文達曰・疑八分書也・惟阮公謂蔡中郎造八分以存古法・與自來稱王次仲作者不同・欲考王次仲之為秦人漢人・則請觀隸辨・

問天發神讖之狀何如・曰・結體用篆・起筆行轉是隸・

問楷書何以又謂之眞書正書・曰・陳繹曾之說曰・五楷六眞・其意以魏晉人近隸者為楷・而今之正書為眞也・其實筆畫嚴整・可為楷模・非行非草・則眞而正耳・不必過為區別也・其不以正書為楷書・有二說焉・王愔曰・王次仲始以古書方廣少波勢・以隸書作八分楷書・泥斯言者・遂謂八分為楷・此一說也・或曰・動合楷法・謂之楷書・惟鍾繇二王・虞・褚・歐・顏・可稱楷書・餘稱眞耳・此又一說也・夫史傳之稱善楷書者・豈獨七家・蓋楷者・統一體而名之・通天地人謂之儒・何以小人儒・迂儒・俗儒・亦謂之儒・以其儒服儒冠・不得名之為農也・渾而言之・不必精而覈之也・不然・學隸者・皆隸也・兩漢諸碑・非隸人所書也・其將何以名之・

問然則正書無不同矣乎・曰晉人深於理而自合於法・唐人謹於法而不失於理・宋人輕唐之法而欲取晉之理・然去古已遠・惟四家聰明絕世・追蹤古人・今之學書者・唐碑具在・無他求矣・

問何不言二王乎・曰・二王無碑碣・若法帖則輾轉鈎摹・無論其偽・即其眞傳・亦徒傳面目・筆氣無可窺尋・一帖百本・本本不同・尚可信乎・晉之帖不如唐之碑・大較然矣・

問碑帖何以異・曰・碑則書丹・帖則長牋短牘・鈎摹上石・欲知此義・以破俗見・亟取阮文達公研經室集南北碑帖論觀之・可恍然悟矣・且前後數篇皆論書・第一篇南北書派

論・可熟讀而深思之也・

問書有南北・說始阮公乎・曰・尊北派自阮公始・明馮鈍吟略言之曰・書有南北・書亦有南北・至其所以尊北派者・請不惜頃刻眼力・無費我唇舌矣・

問今之所謂寫六朝者・豈北派矣乎・曰・六朝指江南言之・如閣帖所收六朝之書備矣・阮公惡夫閣帖之爲王著所改・無復眞面也・而痛斥之・而引人看北朝魏齊周隋相承之法・謂其由隸而楷・脈理可尋・而俗人翻曰學六朝・何淺陋至此・

問然則不學晋人・古厚之意不少減乎・曰・阮公具論之矣・余姑勿論南派不長碑榜・即如世傳右軍書・雄秀獨出・龍跳虎臥・而石刻可憑者・安在哉・擬正書於八股・篆隸則史漢八家也・鍾衞慶歷也・二王啓禎也・唐人國初諸大家也・今之學文者・尊啓禎矣・向使金陳之文・屢經兵燹・散失殆盡・存其一二亦爲淺人刪改・至有不可通者・君等亦必取而讀之耶・吾知其必自國初始矣・欲培其根柢・則必熟於史漢及八家矣・此理易明・人自不思耳・

問唐固可學・敢問北碑之所長・曰・阮公不云乎・北朝恪守舊規・拘謹拙陋・而方整遒勁・無南朝佻弱之氣・可謂持平之論・且阮公之意・止欲人博觀魏齊諸碑・識歐褚所從來・而於漢魏一線・不至中斷・故其言曰・所望穎敏之士・振拔流俗・究心北派・守歐褚之舊規・尋魏齊之墜業・庶幾漢魏古法・不爲俗書所掩・佩服數言・五體投地矣・

問今之學北碑者・李先生文田爲最著・其果北碑矣乎・其北朝某碑能知之乎・曰・孔子之敎子路曰・若藏仲武云云・而終曰文之以禮樂・李先生之書・何所不學・豈能專一碑而求之・且子之問・不過驚異之耳・今試搴歐顏之書・置之案上・不使知其名也・爾將曰枯曰鈍・又試懸東坡乳母銘・蔡君謨萬安橋記於壁間・爾必曰太拙太闊・則唐宋書猶以爲異也・況其他乎・幸而李先生亦以唐人之體質・而參之北朝・以博其趣耳・向使竟逼眞楊大眼孫秋生諸碑・爾輩能無失笑乎・

問李先生之書・其竟上追北碑矣乎・曰・難之北碑之佳者・雄健絕倫・自饒古秀・即唐初諸家・生或同時・未知孰爲伯仲・今之效顰・而無根柢者不具論・即趙益甫金石之學・不讓李先生・其學北碑也・更深且久・而亦得其枝節堅勁處・終不能及・想亦時世爲之・無可如何也・

問此體一出・不獨一人駭之・衆人共駭之・蓋謂其在漢隸之下・唐隸之上・其形可怪也・曰・子生順德・以土音爲正・狃所習也・忽聞以省城之聲・以爲是都會之地・全省所宗・不敢議之・有佛山之人焉・其聲音在省城順德交會之間・聽者色然駭之・識者笑其癡矣・何也・生於省則省音・生於禪則禪音・生於順則順音・無足怪者・但聲音不必學人・翰墨雅道・無所不可・則異耳・善觀篆者・見篆有與隸相通之理・即示以不篆不隸之間者・不怪也・善觀隸者・見漢隸與魏晋之隸・魏晋之隸與北朝之隸・北朝之隸與唐隸・皆有相通之理・亦曷足怪乎・乃不疑人之孫・不疑人之祖・獨疑於祖之子孫之父・吾恐於其祖其孫亦皮相耳・且篆隸並與今書異形・人以爲此非耳目近玩也・即未識其工拙・徒聞人道是古法・如此則信之矣・而北碑盛於乾隆間・學者尚

鮮・愚者復恐其果泥於今之書・而不能復辨也・若欲乘其未偏習也・而力沮之・豈知篆隸非深於書者・不容問津・北碑亦非深於書者・不能學步・豈煩慮人人能之・但有志者・當少而習歐褚顏柳・久之自得北法・北法通則篆隸亦不誤於俗・乃爲通人耳・若好疑之人則何不疑・好議之人則何不議・予憶四歲初入塾・倣家嚴字・則見家嚴字甚佳・見他人書皆不悅・問之家嚴・笑曰非也・如某某爲善書・心尚不以爲然也・尚不以爲然也・當時之見・實如此其不可强也・此亦少見多怪之謬・

問然則北碑固書之嫡派乎・曰・上承漢魏・下起隋唐・非嫡派而何・世人亦知隸楷必有交接・而强指僞帖中黃庭曹娥之類曰・是有隸意也・較北碑孰爲著明乎・歐褚之書帶隸法・固同於北法・而迥異於黃庭樂毅・凡事信耳・不如信目・特目不見碑者・則强聒無益耳・

問然則學書有所從入乎・曰・有書法正傳十卷・處士馮武著・第一卷翰林要訣・第二卷書法三昧・第三卷永字八法・第四卷大字結搆・第五卷第六卷第七卷纂言・第八卷書家小傳・第九卷名蹟源流・第十卷鈍吟書要・可謂金鍼盡度矣・漢溪書法及書學南鍼・少時偶見・今盡忘之・蔣氏書法正宗・便於初學・但語焉未詳・且圓活而入於俗・以之干祿則有餘・以之登書家之堂則不足・問書學古不戾於今乎・曰・昔人謂書宜拙多巧少・其拙處乃沈浸於古・下筆如鐵・神與古會・指與物化・而巧即寓於其中・唐初諸書家・何嘗有戾於今・今人亦誰不稱羡之・惟泥古則大不可・泥古有二・一是蟲蝕狀・一是刀痕・殊不知石經泐則字畫爛・石經磨則字畫小而刀痕見・不明斯二者・終爲好古誤・

問法度必取唐碑・如某無所藏・當買何碑・曰・未易言也・余欲約言之・則恐示人以陋・欲詳言之・則汎濫而無歸・若子既得書法正傳矣・得研經室集矣・則購求唐碑自不能已・欲溯源流・有金石萃編爲網羅古今之書・不可不流覽・然空文無實・未能快意・須訪城邑中有能蓄法書者・造門索觀・務期多見名蹟・不拘古近・心目開朗・自然知唐初諸公果是中庸不可能・而胸中了然能辨諸家之異而同・同而異處・囊有餘金・則隨見隨買・西安府學舊號碑林・今稱碑洞・都市琉璃廠・則又圖書之淵也・然買唐碑者・當別有肺腸・超乎塵埃之外・必求歐褚數家・不得也必求書人姓名・不得也必求完好・不得也數千字之碑得三五字可見亦買也・如馮宿牛秀等碑是也・百碑之中・求未磨者僅得一二・而殘破已甚・雜碑少翻刻・流傳愈盛者・翻刻愈多・亦愈劣・若必待歐褚完好舊拓・間有亦需數百金・猶恐其未必宋拓也・如是則天假百齡・恐未有學書之日矣・

問論者謂石刻不可學・其說非耶・曰・此必博覽石刻之後・復得古人墨本而恍然於筆墨間・具有精神飛動處・非碑拓所能及・今子欲學書石刻・規模備矣・規模備而神采自生・或得見宋元明及國朝諸名家墨蹟・挹其風流・化吾渣滓・歸於自然・至是乃深喜而若有憾焉・曰・吾幾爲石刻誤・則謂其不可學也・亦何不可・夫不龜手之藥・一耳・我不免於洴澼絖・而子則受千戶之封・斯爲善學耳・今曰石刻不可學・然則子猶有蓬之心也夫・

問宋元明所學・魏晉乎・抑唐乎・曰・東坡之言曰・予

蘇若瑚

嘗論書・以爲鍾王之迹・蕭散簡遠・妙在筆畫之外・至唐顏抑・始集古今筆法而盡發之・極書之變・天下翕然以爲宗師・而鍾王之法益微・又云・詩至杜子美・文至韓退之・書至顏魯公・畫至吳道子・而古今之變・天下之能事畢矣・而東坡又學北海徐季海楊風子・不獨平原也・山谷云・余極喜顏魯公書・時時意想爲之・筆下似有風氣・趙文敏書宗李北海・董文敏書本歐陽率更・而其臨仙壇記自跋云・余初師顏平原多寶塔・欲拓其筆力・則數家淵源・略可見矣・

問古人之筆・與今人同乎・曰・古人云・紙剛用軟筆・紙柔用硬筆・純剛則如錐畫石・純柔則如泥印泥・既不圓暢・神格亡矣・後人或好用茅筆・或專用羊毫・均未盡善・考之往藉・筆以秋兔爲常・或鼠鬚・或狸毛・又或獺毛・又有鹿毛・嶺外少兔・或鷄毛・隴右以羊毫・昭州亦擇鷄毛爲之・然則劉克莊詩・五錢買得羊毫筆・自寫年勞送有司・東坡跋孫叔靜諸葛筆有云・至用雞毛筆拒手獰劣・是羊與鷄・古人之所謂下品也・又曰・魯直出衆工筆・使僕歷試之・筆鋒如着鹽曲蟮詰曲紙上・意亦羊毛之屬・余別有筆考・要不外長圓勁銳四字・

問善書亦擇筆乎・曰・善書不擇筆・此語不知出何典記・異乎吾所聞・略舉一二・以解子之惑・褚遂良傳・遂良問世南・某書何如歐陽詢・世南曰・詢不擇紙筆・皆能如意・公豈得若此・遂良曰・然則何如・世南曰・若使手和筆調・遇合作者・亦深可貴尚・是褚固擇筆也・歐不擇筆・試思彼案頭・豈尚有着鹽曲蟮之筆乎・東坡云・前謂徐浩書・鋒藏畫中・力出字外・杜子美曰・書貴瘦硬方通神・若用今時筆工・不經師匠・妄出私意選毫・雖精製詭異・不與人手謀・獨錢塘程奕所製有先輩意味・使人作事不知有筆・亦是一快・又云・過水西見賣筆者・形製粗似筆・以二十錢易兩枚・墨水相浮・紛然欲散・信嶺南無筆也・是東坡亦擇筆也・廣川書跋・余求前人論書・必先擇筆・至於動作・皆得如意・非是則未嘗書也・此又見古人皆擇筆也・

問銅錫筆管・可助腕力乎・曰・余學陋・未之前聞・筆經云・昔人或以琉璃象牙爲管飾・則有之・然筆須輕便・重則躓矣・余守此說・是以不敢用重管・

問用墨同乎・曰・余聞之前輩・用筆易說・用墨難知・須多見前人手蹟・書家用墨・不可太濃・使見墨不見筆・古人惟東坡用墨如糊・執筆近下・其性使然・又聞之今人・謂用墨須如東坡・所謂湛湛若小兒目睛乃佳・董文敏以作畫法作書・終覺枯淡・此二說也・若今人浸墨細研・貯壺待數月而用・此又隨時制宜・不能拘於古也・

問用紙同乎・曰・古之評紙曰堅薄白滑純柔光澤・又曰滑細如卵膚・又曰光潔精華・又曰光潔如玉膚・又曰白滑如鏡面・即此可想矣・陸放翁詩・閒吟寄友唯生紙・草具留僧只野蔬・古人生紙不甚貴重・或以作畫耳・

問書道盡于此乎・曰・所談皆皮相耳・苟不向三書留意・又博觀唐碑・不時臨倣・知行並進・終日談無益也・

問子之書進乎・曰・慚甚・何必以矛攻盾・余正所謂三孱不足滿隅者也・朱子謂今之學者・每將自己所當爲者告與人知・即孔子所謂道聽塗說而已・然余以筆硯爲耕耨・必待有諸已而後求諸人・不亦難乎・抑余所望於諸人・則猶有

進・東坡云・退筆如山未足珍・讀書萬卷始通神・書雖小道・不以淺陋得之・又云・世之小人・書雖工而其神情終有睢盱側媚之愁・古之論書者・兼論其平生・苟非其人・雖工不貴也・山谷論東坡云・挾以文章妙天下・忠義貫日月之氣・本朝善書・當推爲第一・觀二公之言・有志者可以興矣・

此自成曩時見地・覆視之覺許多長語・再閱數稔又當有異・　簡園記・

三老五更解

文王世子適東序釋奠於先・遂設三老五更羣老之席位焉・鄭康成曰・三老五更・皆年老更事致仕者・天子以父兄養之・示天下之孝弟也・羣老無數・其禮亡・今以鄉飲酒禮推之・則三老如賓・五更如介・羣老如衆賓・必也三老五更各一人・名以三五者・取象三辰五星・天所因以明照天下者・自是確解・

司馬彪續漢志云・養三老五更之儀・先吉日・司徒上太傅若講師・故三公人名・用其德行年耆高者一人爲老・次一人爲更也・此可以證鄭君一人之說・但志獨言三公・而注引盧植禮記注曰・選三公老者爲三老・卿大夫中之老者爲五更・蓋漢制純用三公・商周兼用卿大夫・鄭謂皆致仕者・不專指三公・意當與盧同也・

蔡邕曰・三老三人・明天地人之道・五更五人・明五倫之理・以善道・更迭而陳・且使人更善改過也・其以三才五倫釋三五・似可與鄭君各明一義・然使得一明三才之道者・自可名爲三老・乃謂必須三人・豈一人明天・一人明地・一人明人乎・得一明五倫之理・使人更善改過者・自可名爲五更・乃謂必須五人・豈一人明父子・而不明君臣・一人明夫婦而不明兄弟乎・不可通矣・即一更字・而更迭更善・自生歧說・與三而又三・五而又五・同一轇轕・亦無謂也・

後漢書明帝紀注引宋均說・謂老人知天地之事者・言天地不言人・想相傳有是說・特與蔡邕稍異耳・又云五更・老人知五行更代事者・此乃章懷太子自注・未詳其所本・然無關宏旨・不必辨也・惟陳祥道學三公在朝・三老在學二語爲據・則似三人之說立於不敗之地・然三公不必備・三老當亦然・故永平中拜桓榮爲五更・建初中拜伏恭爲三老・一人之身可當三五之稱・當時不以爲非・蓋古經大備・師說詳明・必有所受之矣・

若杜預解左傳・以三老爲上中下三壽・彼獨解三老凍餒・故可望文生義・若以五更對擧・將以五更爲如何五等乎・續漢志引月令章句曰・三老・國老也・五更・庶老也・若然・則有虞氏分地而養・後世同地而養・又恐未必然者矣・夫高密三禮之學・自蔡邕已非其匹・況其下焉者乎・

北朝書派述

夫河流屢徙・鉤盤偕覆鬴俱湮・江左遙稽・太原與韓城並隱・況乎書體之懸別・重以文人之相輕・家家誦藺紙之芬・人人豔鵝籠之韻・唐宗特贊・學士分臨・縱鼻祖於元常・實心儀於逸少・遂使中原鉅手・名嶽穹碑・讀史則點鬼

同識・攬勝則披雲莫覩・一編金石・幾度滄桑・幸有鴻儒碩生・雅才博識・元元本本・井井條條・如桑門談頓漸之宗・若博士辨中西之術・然後指碑帖之殊塗・鼓藝舟之一楫・盧陵集古・遜此分明・寰宇訪碑・同茲該洽・北朝書學・可略言焉・

然而事猶師古・人不好名・駐馬循觀・莫知姓字・剜苔雒誦・祇玩文章・贅察書於郭香・益滋聚訟・增及書於懷惲・從附傳疑・刻石不列書人・工隸僅傳史冊・縱使鑽魏收之故紙・繫屬無由・擬竇衆之雄篇・精詳難及（竇衆述書賦俱述南派）是惟書名未勒・碑目兼詳・則八十餘人・概淵源之未悉・而二三百種・喜支派之能分・且往觀乎・所可道也・

自光嶽既分・質文異尚・北人拘謹・尚守舊規・贏劉遠溯・實程蔡之象賢・許洛近承・洵鍾衞之肖子・元常伯玉・南北同源・是猶山河兩戒・俱本昆侖・郵檢二江・悉由岷谷者也・衞家父子・往蹟微茫・鍾傳篆分・遺縱沈寂・惟乙瑛一碑・尚云鍾蹟・若建安賀捷之表・始興衣帶之傳・雖徵信於僧虔・已見疑於董逌・其然豈其然乎・

而北史崔浩傳・明言崔悅盧諶諸人・世傳鍾衞索靖之法・瓣香斯在・殆不誣矣・索幼安別子爲祖・崔盧二子・繼別爲宗・諶法鍾繇・悅法衞瓘・而俱習索靖之草・皆盡其妙・魏初重崔盧之書・自非朝廷文誥・四方書檄・初不妄染・鳳翔千仞・鯤化重溟・事缺雕鐫・莫能名狀矣・

至若崔潛以下・尚記十人・（潛宏浩簡衡光高客亮挺及北齊有崔季舒）盧偃以來・猶推四俊・（偃邈伯源及北周有盧昌衡）兩家子弟・若南朝之王庾矣・齊有杜弼姚元標之儔・周有冀儁趙文淵之輩・類皆潤色縑緗・鐫華石墨者焉・

竊嘗上稽拓跋・下迄楊隋・綜厥條流・不出兩派・如王遠之石門銘・滎陽之觀海童詩・永平有鄭文公之碑・熙平有刁惠公之志・皆乙瑛遺風・所謂雲鶴海鷗之態者・如德州之高羽眞碑・曲阜之張猛龍頌・楊大眼同於魏靈藏・孫秋生類於解伯都・皆孔羨餘裔・所謂龍威虎震之規者・他若東魏興和・如李仲璇・如敬顯儁・別饒逸趣・雅近右軍・隋開皇龍藏寺碑・清淡峭秀・下開登善・此則偶參異派・而未離本宗者也・至若依稀至象・髣髴神功・鵬擊曇花・鳳昇道樹・結嘉應於冥運・締慶想於幽津・或數寸之區・衆采丕煥・或盈尺之石・諸佛畢圖・或預祝長齡・或永除惡道・祈衆生之同福・願國運之咸亨・一方則盈百盈千・一人而至三至再・前所云楊魏孫解之外・朱義章書始平公造像・其最著焉・陰其外而陽其中・促其體而寬其廓・骨重而神閑・體腴而韵逸・造像雖多・其稱首矣・

小書墓志・別具風流・司馬四志・（紹一・景和妻二・昞三・昇四・）由永平而迄天平・李氏兩銘・自武平而溯武泰・（東魏武泰二年・李超齊・武平五年・李琮・）並骨采隱秀・姿態橫生・世傳樂毅黃庭・方斯褊矣・要其歸趣・其包愼伯先生之言乎・

落筆峻而結體莊和・行墨澀而取勢排宕・其貌雖異・其旨大同・可謂知言・無煩轉語・而必欲推一人爲冠冕・舍鄭道昭其誰與歸矣・

觀鄭文公上下碑・雲峯山天柱山諸作・永平十餘年間・中岳四十餘種磨崖巨書・題名快筆・風雲變幻・渤澥汪洋・廓乎有容・渾乎無迹・歷尋丈而滾滾相生・融分篆而源源可

溯・擬之漢石・其石門頌楊淮紀之流也・

碑言道昭・才冠祕穎・研圖注篆其本原・洵足尚哉・攷北碑之署名者・道昭之子・順祖則記雲峯・述祖則銘天柱・足以輝映山陰・超越范陽矣・

自茲以外・朱義章書孟達之文・王長儒書仲璇之石・于府君石橋・則穆洛之筆也・楊義忠造像・則邊義思之手也・（邊或疑夏）後齊感孝頌・有梁恭之之八分焉・隋龍藏寺碑・有張公禮之今隸焉・史之所傳絕異・碑之所記代祀緜遠・名存所知而已・

唐之歐陽褚薛・顏柳李徐・王知敬之堅凝・顏師古之雄肆・色文該兗公之頌・體格森嚴・梁高望雲居之銘・骨勢奇宕・是豈服膺義獻・取法羊蕭・詑瘞鶴爲神奇・效綰蛇之柔媚者乎・斯道方昌・溢於南服爨寶子之方險・爨龍顏之瑰奇・北方學者・未能或先・

至謂晉宋墓甎・依然漢碣・玉泉鐵鑊・直比秦權・此又癖等嗜痂・拘同膠柱・何則・匠氏之手・波磔未諳・聚墨成形・任筆爲體・況合土成模・范金作字・取其可識・原異銘勳・譬之署金視屋・逆筆書干・何古何今・何秦何漢・況北朝造像・工固不乏・拙亦何恨・拾橫斜之麤礪・綴謬陋之文詞・富貴固可釋迦・貧賤何妨彌勒・若兼收並蓄・折軸盈箱・博則有之・精且未也・好古之士・有古必存・元明尚然・何論遠古・是以搜羅與摹倣殊科・賞鑑與攷稽異轍・因述衆派・並釋羣疑・縱有輸攻・自完墨守・

乃或據時賢之墨妙・遂希大代之筆精・炫惑庸愚・誇示閭里・斯爲刻畫無鹽・唐突西子・亦無取焉・若能篤志歐褚・希縱秦漢・然後知隸之變楷・晉之逮唐・猶沈李浮瓜・不能換狐裘於頃刻・垂髫丱角・不能曳鳩杖於斯須・樞紐所存・徑途不廢・從此夏王周聖・識棗板之傳誣・企羨臨河・訂蘭亭之附和・是所望於後進・庶不昧於前脩也夫・

勸學帖示門人

夫士積成山・張華有勵志之作・冰寒於水・荀卿傳勸學之篇・矧方朔上書・九尺三寸・老泉知學・二十五齡・代計光陰・能無慫恿・於時漏滴宵長・人驚晷促・翁檠猶在・宜思更倍之功・董帳初寒・當切專精之志・蓋過此以往・馬齒加長・況自昔以來・蟫編多蠹・故自晝者・以爲今歲之餘光・求學者・以爲來春之先導也・邇者師道尚圓・士風不古・教者引嫌結舌・學者縱意任情・是以西銘理學之堂・東壁圖書之室・燈花談放・鶯粟膏融・手握蔗鎗・口談粉籍・或習牧豬奴之戲・或唱打魚兒之歌・與言讀書・翩其反矣・

諸生訓稟鯉庭・緣深蠹冊・慧根未斷・眞樸猶存・前之所陳・尚非所嗜・惟是鑽研之苦・不如逸諺之甘・麈尾之習旣沿・螢案之神不歛・萃諸談藪・孤我書林・一枕忘溫・八磚效李・想乏碧雞金馬・錄夜話而成篇・坐令駟隙風駒・曠冬餘而不課・曾幾何時・而郡邑遴才・膠庠選士・子將何以應之・君其亦有備矣・夫苗晉卿之賞拔・貽一字不下之羞・鄒泗山之生徒・有七藝皆鈔之辱・則世之所謂捷徑者・似可恃而未可恃也・若不肅文壇之紀律・揚學海之波瀾・金錯未懷・鉛刀誤割・正恐門窺泮水・芹苑徒思・即使縣入河陽・桃花竊笑・然而今之學非古之學・今之文非古之文・苟面壁

以三年・亦成丹而九轉・鶯喉圓滑・弄花逕之淸音・雉翟輝煌・奪桐岡之渥采・誰不觸目情契・傾耳神移・韓子所云・一蓋有幸而獲選・孰云多而不揚・可不念哉・

且夫伏獵弄麞・麤心不可以道古・篠驂卉犬・澀體非所以宜今・稽八病於隱侯・盡去蜂腰鶴膝・考六書於洨長・莫言小兔神蟲・此皆日用之所需・尚未風流之特出・然使奉班生平平之論・存向朗孜孜之心・酌理以富才・積學以儲寶・行見官持玉尺・先推花樣之工・吏唱璇題・共羨青錢之選・乃知當年洴澼・捷得侯封・此日針砭・殊非孟浪・勗哉・雲路非遙・天閶可到・副予鵠企・奮爾鵬摶・

重脩族譜序

蘇若瑚

古者本五音以定姓・高陽氏以水德王・子孫當爲羽・蘇・羽音也・姓定而譜系從茲昉矣・夫譜牒所以維宗法・與國史相表裏・周官奠繫世・辨昭穆・掌於小史・史記紀五帝・訖夏殷周秦・並詳其子孫氏姓・而世本一書・漢志隸春秋家重矣・世祿廢・宗法亡・而譜學亦曠絕不可考・漢興・君臣奮起草莽・莫知本系所由來・魏晋至唐・仕宦重門閥・百家之譜・上於吏部・而譜學復興・及五季流離・蕩然無紀・宋人輕去其鄉・賢者不免・此家不尙譜牒・身不尙鄉貫・陳止齋所爲致慨也・士大夫尙爾・矧在齊民・我始祖肇居烏洲・在元中葉・數世以來・未遑脩譜・譜之脩也・始於崇禎時五雲行庸諸公・當是時・故老之傳聞遠矣・其淵源之自・生終之辰・言者述聞・聽者書焉・譬諸龍門・其夏殷之紀也・三世而降・子孫漸蕃・年代近而記憶者多・始堪徵

信・入本朝譜凡三續・其間或疏或密・殆人事使然・自某某公脩於嘉慶己巳・是後無踵事・●幾七十年矣・少而壯・壯而老・巋然存者無幾靈光也・

某自垂髫・即聞族譜荒略・亟賴纂脩・寖經廿載・搜討愈難・今上御極初年・請之父兄・以從事於此・自惟生晚・且客授他鄉・族人未列茲譜者・十不識一二・幸家嚴康健・强記博聞・派別支分・有條不紊・更詢之各房父兄暨子若弟・令各檢其沒者存者之名字年辰葬地及妻妾姓氏・臚列具聞・家嚴方課徒於練波公祠・即以此爲脩譜公所・孟房世儼叔父備稿全帙・世次井然・仲房季房亦接踵而至・中有未審・極意周諮・而枝葉於是乎大備矣・丙子鄉闈榜發・怱怱治裝具與計吏偕・此事中輟・今以下第家居・理其未盡之緖・命工繕成・其一二遠出未報者・姑空數紙以俟補入・不得已也・

夫元脩宋史・五閱月而書成・論者訾之・況以硯耕之隙・或作或輟・續六十餘年未脩之譜・其疏略可知・然仲房之後・已有遷於異地而莫尋踪跡者・孟房季房・且有混其神主而莫分配偶者・過此不脩・後將安據・故補苴掇拾・亦所不辭・惟是自揆遠遜前人・舊譜成規・無敢變亂・附編之例・若近於創・然年代既遠・有名無字者不得槩以三殤削之・郭公夏五同此千古焉爾・至若繕寫再三・焉烏成馬・姑綴數言・以質來許・凡所爲敬宗收族・光前裕後・如老泉公云云者・前人所序詳矣・何贅焉・光緖丁丑季冬・

嚴居士生壙誌銘

蘇若瑚

生壙有誌乎．曰有．始於漢孔耽趙岐．而代誌生壙之文不著．則謂自我誌嚴居士始可也．

居士名荄．字根復．號復齋．四會人．少孤露．未嘗就傅．性警敏嗜學．過目輒能省記．所見詩古文辭．必領其趣而後已．家貧．親舊無可依者．間關至滬上．爲人作書記以自給．好書畫．善談論．獲交寶山蔣君敦復．蔣君所著嘯古堂文集．有嚴根復字說．嚴根復山居習靜圖後說．嚴叔子灌園記．集外又有贈別一篇．規勉切至．一時錢塘錢君松．富陽胡君震．仁和龔君橙．嘉興秦君光第諸名士皆樂相接席．初得上海徐渭仁家藏金石善本彝．就正於歸安吳觀察雲．相與推論．遂通金石學．永康應廉訪寶時．時爲蘇松太道．亦折節稱莫逆焉．

咸豐庚申．賊陷杭州．錢君闔門殉難．未幾胡君亦卒．居士憫其湮沒．促蔣君爲立兩傳．致志局有司詳請．錢例得世襲雲騎尉．輯其刻印彙譜．遍贈知交．自序云．摹印雖繆蒙．然非識古文．通六書．浸淫漢氏．未能工．則匪僅印人傳中爲吾友增置一席已也．吳觀察爲弁言．應廉訪爲跋語．華亭胡公壽題詩云．錢胡二子浙中彥．身後風流等逝波．賴有君平能好古．江干片石盡搜羅．二君轉藉以傳矣．

前後溯大江入京口．登北固．上金焦．過蕪城．所至披尋往蹟．兵燹後．故家所藏．散於市肆．每馱款段薄遊．自吉金樂石．漢瓦晉甎．歷代公私銅印．唐宋元明人妙墨．皆歸攟拾．海內菁華．萃於一室．槖以南歸．吾師李仲約侍郎嘗稱之曰．復齋金石．獨具神采．多爲題識．番禺葉樞密衍蘭．時相過從．服其精博．呼爲張鳳翼後身．四方文士至粵者．識與不識．皆知嚴叔子精賞鑑．富藏弆也．楊太史翰來遊時．三造其廬．索閱所藏．推爲嶺南大觀．爲跋尾數千言．光緒乙酉用泰西脫影法上石．印出嘉興張解元廷濟手跋金石字數百事．以公同嗜．其所藏最名重當時者．則有泰山廿九字．嵩山三闕．王稚子雙闕．夏承碑．郙閣頌．水前精拓瘞鶴銘濃淡二本．皆小蓬萊閣清儀閣舊物．墨蹟則與元和顧觀察文彬所易蘇黃米蔡四卷．及鎮江戴氏所藏宋劉原父南華秋水萹長卷．晚得翁蘇齋筠清館聽颿樓舊藏卷册．思陵宋宮紈扇．倪迂詩札．張雨詩草．文待詔小楷袁安傳．祝京兆前後出師表．方正學溪喩序稿．邵文莊點易臺詩．黃石齋詩序．周忠介手札．畫則宋元明名蹟．及三王吳惲爲至心賞．生平所得．輒臨本自怡．故所作書畫皆軼凡俗．然婚嫁之累．每割所愛得値以償．三十年來所易．不下萬金．南海潘學士衍桐與居士素交．能覼縷道其營助戚郇婚喪事．至若談言解紛．全人骨月名節者．不可勝計．此尤犖犖大者．

光緒戊戌年七十有五．擬營生壙．卜地於省城東門外河水村蟠龍岡．外孫張文達買地運石．築阡以娛之．居士定向指穴．皆內斷於心意．豁如也．嘗援例得員外郎．加級追贈其先德．淑配陳宜人先卒．欲遷葬以待己．未果．子二．徹徽庶出．女七．長嫡出．適漢軍駐防張．次適順德何．餘未字．均庶出．余以居士癖古器書畫．勝於錢癖萬萬也．故及其生也而誌之．且銘之．

銘曰．古耶今耶．石耶金耶．其畫藪耶．其碑林耶．胡

鼎非岑・胡鈞非沈・君壽文字・鬼神所欽・千齡萬葉・松柏森森・

爲李學士師編泰華山堂碑目書

頃者臨水觀瀾・挹澄波於一勺・望岳循麓・訝峻嶺之千層・朱光庭偶坐春風・尚迷覺路・張茂先縱觀福地・徒駭靈篇・然而懵學雖甚於銀車・諷籀幸窺乎玉笏・訣傳三昧・無煩發塚而求・格布九宮・直可按圖而索・觀夫顏諮長史・蘄以數年・素別兵曹・僅貽兩語・古來名士・大半欺人・茍胸臆之廣開・知度量之相越・

某幽介之士・雒誦之孫・溯孔李以登門・旣無慧辨・企富韓而投刺・更乞高文・豈圖不棄愚蒙・曲加訓廸・尼山教思・並裁狂簡於陳亢・庾公端人・懸定品評於子濯・講去其非以趨是・欲損其過以就中・證之時事以破其拘牽・進之古人以樂其固陋・二千餘年之殘斷・壓架總屬奇觀・三四十載之蒐羅・更僕豈能遽數・恣其飽目・書生不負雙眸・笑我相皮・筆法粗明六代・

無奈多愁吳質・餌藥爲常・幾同嗜古歐詢・寢碑未饜・袖攜石本・歸置管牀匡壁之間・手錄碑題・夢遊周鼓秦臺之側・分任童蒙繕寫・不無屢混焉烏・祇從約略編排・猶恨未窺全豹・先呈尊鑒・仍俟重鈔・春到硯田・鳥語盡催耕之韻・風和綵砌・烏私牽遊學之心・或俟裘葛之一更・再具丹鉛而效命・

羅獻修

一八五六年生
一九四二年卒

字黼月・一字孝博・興寧人・光緒十一年乙酉・受知學使葉恂予・試五屬經古第一・膺選拔貢・名藉甚・張之洞督兩粵・建廣雅書院・遴兩省雋才肄業・獻修與焉・山長梁鼎芬以其精思果力・屬治三禮・並易其字爲孝博・院規以經史性理詞章課士・每試經說・之洞得卷・輒手加丹黃・許爲滙通漢宋・歷任廉州味經書院山長・興寧師範縣立中學監督・廣東諮議局議員・旋以舉貢考職・選取入都・名滿輦轂之下・受聘京師大學爲三禮教習・民國成立・居鄉設教・二十年後・復出任國立中山大學教授・旋返里任興寧修志局總纂・卒年八十六歲・獻修爲文・初學左國班馬・下逮韓柳歐蘇・自抒胸臆・與古爲新・間爲詩歌・蒼勁拔俗・講學著書・歷六十餘年・所著有三禮講義・尚書大義述・周禮學・修身學・及螺莊詩稿文稿等・凡三十餘卷・

與門人羅幼山書

幼山賢友弟台如晤・接得來函・深以余命五月有厄爲憂・具徵高誼・而不知生之厄較死之厄・尤無窮也・自入四十來・已悟生不如死之説・撰一自輓聯云・其終四十猶見惡・莫問三生未了因・但未與吾子言耳・今子推吾命如此・是數與願合・諒得還吾木石之性矣・

吾之性厭繁華・喜寂寞・過城市則避之惟恐不及・入山林則留戀不能去・想前身定是深山木石・數年來好獨走山水佳處・兀坐忘機・惟思梁伯鸞要埋要離冢旁・劉伯倫要埋陶家側・余則欲埋佳山水處・殆其中有性存焉・眞不可解者矣・

今已覓得一所・山清水綠・頗有佳妙・圖之亦將就緒・

倘得緩至五月而後死．則率子至其處一遊．死後即勞子率諸門人送至此山．幽藏畢．立石題曰．鐵傭山人之墓．惟是數十箱書籍．是余所好．亦余半生來節衣縮食所自置．不欲令其散失．藐諸孤恐非能守之人．將書一遺命盡歸諸吾子．蓋吾子才力志氣．俱能任此者也．一日長羅獻修丁酉夏．

論荀子傳經之功爲儒家最

初漢劉向校讎中孫卿書凡三十三篇．除復重定著三十二篇．爲孫卿新書．十二卷．漢書藝文志．儒家孫卿子三十三篇．（二誤爲三）．師古曰．本曰荀卿．避宣帝諱．故曰孫．隋書經籍志．舊唐書經籍志仍稱孫卿子．至唐楊倞分易卷第．（三十二篇．次第先後．多所更易．定爲二十卷）更名荀子．（今荀子書中尚有數篇稱孫卿子者）新唐書藝文志．宋史藝文志．俱著楊倞注荀子二十卷．即今之傳本也．劉向叙錄言孫卿．趙人．名況．方齊威宣王之時．聚天下賢士於稷下．尊寵之．若鄒衍田駢淳于髡之屬甚衆．號曰列大夫．皆世所稱．咸作書刺世．是時孫卿有秀才．年五十始來游學（史記亦作年五十．風俗通作年十五．鼂公武讀書志所引亦同）諸子之事．皆以爲非先王之法也．孫卿善爲詩禮易春秋．至齊襄王時．孫卿最爲老師．齊尚脩列大夫之缺．而孫卿三爲祭酒焉．

近人以劉向孫卿善爲詩禮易春秋之言．爲之博考證明．陸德明經典釋文．敍錄毛詩．子夏授曾申．申傳魏人李克．克傳魯人孟仲子．孟仲子授根牟子．根牟子授趙人孫卿子．孫卿子傳魯人大毛公．陸璣毛詩草木蟲魚疏云．孔子刪詩授卜商．商爲之序．以授魯人曾申．申授魏人李克．克授魯人孟仲子．孟仲子授根牟子．根牟子授趙人孫卿．卿授魯國毛亨．亨作詁訓傳以授趙國毛萇．時人謂亨爲大毛公．萇爲小毛公．此毛詩得荀子之傳也．漢書楚元王傳．楚元王交．嘗與魯穆生白公申公．俱受詩於浮邱伯．伯孫卿之門人也．浮邱伯在長安．元王遣子郢客．與申公卒業．文帝時．申公爲詩最精．以爲博士．申公始爲詩．號魯詩．此魯詩得荀子之傳也．

韓詩之存者．外傳而已．其引荀卿子以說詩者．四十有四．書闕有間．雖未著其傳授淵源．要之韓詩亦荀子之別裔也．史記仲尼弟子列傳．孔子傳易於商瞿．瞿傳楚人馯臂子弓．子弓傳江東矯子庸疵．荀卿善爲易．得子弓之傳也．楊倞注非相篇云．馯臂子弓．受易者也．荀子尊子弓．比於孔子．屢以孔子子弓並稱．荀卿傳易於何人．不可考．要其得子弓之易傳．漢易九師．未能或之先也．經典釋文云．左邱明作傳．以授曾申．申傳衛人吳起．起傳其子期．期傳楚人鐸椒．椒傳趙人虞卿．虞卿傳同郡荀卿名況．況傳武威張蒼．蒼傳洛陽賈誼．按荀卿從虞卿受左氏春秋．故作春秋公子血脈譜．蓋據左氏傳文．及左邱明世本之姓名篇．以成書也．王伯厚玉海．引宋李淑書目云．譜之枝分派別．如指諸掌．非殫見洽聞不能爲．其書之善可知．此左氏春秋得荀子之傳也．

楊士勛穀梁疏．穀梁子名俶．字元始．一名赤．魯人．受經於子夏．爲經作傳．授孫卿．卿傳魯人申公．申公傳瑕邱江翁．顏師古亦云．穀梁授經於子夏．傳荀卿．此穀梁春秋

羅獻修

得荀子之傳也．荀卿尤善於禮．今授受源流不可考．然漢書儒林傳．東海蘭陵孟卿．善爲禮．授后蒼．蒼說禮數萬言．號曰曲臺記．授戴德戴聖．據劉向云．蘭陵人善爲學．蓋以孫卿也．長老至今稱之曰．蘭陵人喜字爲卿．蓋以法荀卿也．孟卿蘭陵人．善爲禮．又字卿．必得荀卿之傳也．二戴傳禮．實由孟卿．大戴禮曾子立事篇．載脩身大略二篇文．小戴樂記三年問鄉飲酒義篇．載禮論樂論篇文．由是言之．曲臺之禮．荀子之支流餘裔也．

蓋自七十子之徒既沒．漢諸儒未興．中更戰國暴秦之亂．六藝之傳．賴以不絕者．荀卿之力爲多也．劉向云．漢興．江都相董仲舒．亦大儒．作書美孫卿．孫卿卒不用於世．老於蘭陵．疾濁世之政．亡國亂君相屬．不遂大道．而營乎巫祝．信禨祥．鄙儒小拘．如莊周等．又滑稽亂俗．於是推儒墨道德之行事興壞．序列著數萬言．而趙亦有公孫龍．爲堅白同異之辯．處子之言．魏有李悝．盡地力之教．楚有尸子長盧子芋子皆著書．然非先生之法也．皆不循孔子之術．惟孟軻孫卿．爲能尊仲尼．太史公敍列諸子．獨以孟荀標目．相提並論．餘若談天雕龍炙轂．及愼子公孫子尸子墨子之屬．僅附見於孟荀之下．

蓋自周末．歷秦漢以來．孟荀並稱久矣．韓退之於荀子．雖有大醇小疵之譏．然其云吐辭爲經．優入聖域．則與孟氏並稱．無異詞也．竊嘗讀其全書．而知荀子之學之純正．文之博達．自四子而下．洵足弁冕羣儒．非一切名法諸家．所可同類齊觀也．

湛此心齋詩集序

曉岑先生．勵品劬學．優長考據．而吟詠夙嫻．自具風格．一空牆壘．顧雅不欲以詩鳴．讀其自所題辭．一斑窺豹矣．生平心安久約．口不言貧．弗問家人生產．躭研著述．冥搜深造．矻矻窮年．或迂闊之．聞而自嗤．因別號迂僊．兼工書法．超拔近得晋人王子敬氣韻．人每重幣相求．輒恡不予．謂相如鬻文爲活．稱爲自食其力．究乖雅道．文字而可貨取．其文字奚貴焉．以故片紙隻字．獲者珍爲秘寶．不肯出以示人．

先生歸道山後．遺著亦多流落人間．迭經大索．散者復聚．湛此心齋詩集．叔蕃孝廉．親炙有年．取其原稿．見塗改鉤乙．聯綴紛紜．悉心校訂．編定十二卷．茲同人謀梓其遺著．以廣厥傳．擬先成其詩集一帙．蓋以詩言志．誦其詩．友其人．繫懷高山流水之雅調．而弗諠也．

鄙人忝與先生拔萃科先後同年．時相過從．上下其議論．頗稱莫逆．倦游歸自省垣中山大學．樂觀厥成．援筆而爲之序．歲在乙亥暮春月杪．作于九十九墩鑄新寄廬．年愚弟羅獻修時年七十有九．

希山叢箸序

文以闡道．詩以淑性．有德必有言．稱心而出．自足信今而傳後．人以言傳．猶難盡歟．言以人傳．則人重而言不刊．聖賢經傳．昭垂不朽．初何嘗蘄以言顯也．後世文推昌黎．詩稱少陵．道義深純．性情眞摯．菑畬經訓．原本忠愛．讀之使人興感．用能歷劫而不磨．若王荊公執拗營利．假官禮．誤蒼生．其詩若文．雖獨立雄悍．顧有區別．唐宋八家屏斥勿與諸君子列者．即謂君子不以人廢言．而其言究與君子有間矣．竊謂詩文傳者尠．幷傳其人者尤尠也．

吾家幼山．門下佳士．食貧劬學．性厚砥德．永矢勿欺．人皆信服其志行．樂與結納．自聚徒講習．至歷官粵閩．素履不越．所至有聲．歸里興學．推長本縣．不隨不激．爲守兼優．從未以詩文炫也．

辭世後．子香林．編其文鈔五卷．詩鈔一卷．東亞史二卷．寧東羅譜禮俗譜一卷．附年譜一卷．香林克承父業．從海鹽朱逷先先生希祖遊．獻修教授中山大學．忝與同事．先生邃史學．雅愛香林．則東床選．攜赴南京．充中央大學史學系講席．尋兼上海暨南大學教授．印行其先君遺著．予嘉幼山苦志有成．弗虞沒世無稱．又喜其有子克家．繼志述事．傳詩文以傳其人．爰爲弁其簡端云．時在丙子春月．八十老叟羅獻修譔．

廣雅書院賦

今上御極之十有三年．太歲在疆圉大淵獻．南皮張公．節制兩粵．四年於茲．羌海氛之甫靖．總庶政而不紛．思樹人之在豫．乃整起而修文．期博通而致用．先殫功於典墳．賴切磋以成器．宜敬業而樂羣．將使大庇乎寒士．安得廣厦之連雲．

西村之西．南岸之北．浮邱臨其巔．滘江縈其側．隔囂塵於三城．開清淨之勝域．擬千萬以買鄰．構精舍而講德．表文明於牽牛之墟．靈龜告其墨食．工呈能而尼材．吏指揮而效力．越日月而百成．儼峩峩而翼翼．

爾其爲狀也．圜崇言之雉堞．縈噴歙之海潮．偃隄臥其龍脊．雙橋跨其虹腰．柳扶疏而遶屋．蕉蔽翳其碧霄．遠而矚之．青山隱隱而寂寥．迫而眡之．千門萬戶而迢遙．雖茂先之穎慧．恐畫地而難描．然此第眩駭於宮牆之外望也．猶未升堂入室與之永夕而永朝．

爾乃高門崔巍．豁然大空．縱覽旁皇．仰視穹窿．窊平地．突高峯．軒四照．簷百重．涼亭燠館．畫檻雕櫳．花光霞駭．徑絕雲通．其大庇士類而懽顏者．尤在乎萬間之廣厦．排左右而峙西東．是爲招賢之館．漫詡章華之宮．士之欲藏修游息者．擔𥫗負笈．鱗萃乎其中．

故夫無邪之堂．懲士逸也．蓮韜之館．養嘉實也．登一簣之亭．爲山必至也．遊豐湖之舫．樂水取智也．釣非磻磯．客忘機也．清泉佳木．留德輝也．荷宜君子．梅殊娬媚．桂無俗芬．竹有佳致．錯雜水石之間．欣榮庭階之地者．皆將游目騁懷．顧名思義．若徒詡其壯觀．詫爲詭異．是猶入瑯環．莫名其奇．第目幽而心醉．

乃有稜稜節士．矯矯詞臣．五車學富．千載道伸．郭林宗人倫師表．程明道座上風春．行束修而皆誨．贄百錢以恤貧．黜帖括之無用．羅造士而維新．化漢宋門戶之爭．進經義治事之倫．尸位懍於素餐．教不倦而諄諄．開南邦學派．侍皋比者數百其人．兼面命而耳提．弄三至而重申．奇斯賞而疑斯晰．程以日而覈以旬．會朔望而習禮．仰光霽於前人．拜起之容秩秩．登降之節彬彬．誰謂海濱僻處．異乎洙

泗之齗齗・

爾乃括會稽而搜箭・遡楚材而登梓・東迄梅循・西窮交趾・誘掖咸周・邊隅有喜・行齋漆叟之糧・監河伯官之水・日月遵省試之經・俸旣分爲鶴廩・人欲稱於召子・奏賦給其粉紙・法盡善而並舉・洪纖嚴更徹宵・僮約載大夫之使・足仰取而俯拾・雖美備而非侈・士如歸而幾忘遠徙・時百廢之俱張・尤懇懇殫心而爲此・

且夫未探二酉・漫語三餘・流連過肆・展轉僦居・思擁城於兀坐・甘屈身而鈔胥・惟朝章國典游藝・極天算地推・大者兼羅經傳賢聖・小不遺乎箋註蟲魚・或典重三代之彝鼎・光華逾元圃瓊琚・爲圖籍之山海・足才俊之佃漁・充棟而櫛比鄴架・部分居而秩如・夫旣已人知耕耨・士足菑畬・競偕讀與傳觀・又計日而無虛・故無論校讎於天祿・討論於石渠・恨不十年寢饋・讀人間未見之書・

於是桃李盈門・芝蘭植圃・異地一堂・羣分類聚・漸氣吐而眉揚・盡腹鼓而軒舞・論同異而升堂・殫爭妍而門戶・或豐玉而荒穀・或川楫而旱雨・或崔琳通今・或仲舒博古・澤霧豹之文章・待逵鴻之儀羽・或春誦而夏絃・或趨繩而步矩・雅雅魚魚・希蹤鄒魯・聞風而不遠千里者・又不可以更僕數・拓餘址而增外舍・亦幸庇乎仁人之宇・

盛矣哉・甄陶百越・化育羣英・急先務而知本・成不日之經營・麗正無紛騖實・石鼓遜此崇宏・行道識蘇湖弟子・條教媲鹿洞專精・此地誕登道岸・其人如在蓬瀛・樂得英才而教育・行期騰茂而蜚聲・誰其效范文正・庶無負此培養之深情・

鄭國藩 一八五七年生 卒年不詳

字曉屏・自號塵外塵居士・普寧人・早歲選拔貢・八上秋圍不第・辛亥後歷主汕頭同文學堂・金山中學・潮州中學教席・性誠而文醇・遇有關地方利害教化・風俗人心政治之事・則侃侃陳詞・晚年闢似園爲游息之所・逃於禪・故取號以明志・遺著有似園文存八卷・

潮州先正叢刊序

徵文考獻・儒者事也・潮自韓公敷化以來・海濱鄒魯之稱舊矣・顧吾觀郡志所載・唐宋元三代述作・所以彰往哲信來葉者・指不多僂・即號稱八賢・若趙德許申張夔劉允林巽王大寶盧侗吳復古諸先正・亦惟以功名事業・輝映名臣循吏儒林列傳間・不以著述稱也・雖許申有高陽集・王大寶有諫垣奏議・經筵講義・及遺文若干卷・著錄藝文・鮮有見其書者・林巽所著易範・則當時已亡佚不傳久矣・其他更寂寂無聞焉・豈年湮代遠・不信無徵歟・抑考而徵之者之無其人也・

遜清道光時・教授馮奉初氏・承李觀察命・編潮州耆舊集三十七卷・自李宮詹至黃處士・著錄者二十家・嗣板毀於蠹・光緒之季・郡守李公象辰出俸錢重鋟梨棗・得書既易・幾於家置一編矣・然蒐採止有明一代・且嚴其例・錄不及詩・非郡人士所以表章鄉先賢意也・

前部主事國會議員潮安吳湘楚碧・以清世作家夥頤・擬仿馮例爲續耆舊集之刻・就商予與吳君子筠・予老無能爲役・遂屬子筠肩其責・且以分纂強予・既廣徵博訪而從事

矣・謂斷代爲書・示人範圍隘也・則自唐下迄清季・訪得輒彙入之・凡政書里志文集詩詞之屬・分類若干・其有零縑斷簡・等於桂林一枝・崑山片玉・分別爲靈光集附焉・顏曰先正叢刊・雖去取不嚴・輯錄不無少濫・然多識前言往行・以楷模後進・亦善善從長之義也・何也・徵文考獻・彰往哲・信來葉・固後死者之責也・書成・得專集九十八卷・三十一家・詩十卷・百五十二家・詞九卷・九家・合靈光集六卷・所錄百有七人・計之都一百二十三卷・百九十九家・亦可謂裒然巨帙矣・

是役主其事往來參訂兼總校勘者・吳君湘楚碧也・竭數載之勤・力任總纂・釐定體例・編成鉅集・而始終其責者・吳君鴻藻子筠也・予雖勉膺分纂・所輯無多・不足言勩・至於名公鉅著・善本佳鈔・多由筠君審定・殘編錯簡・散帙蟫篇・予亦每多致力焉・脫稿後將付剞劂・筠君先爲序・媵以凡例總目・徵言海內・兼屬予序・並弁諸編・辭不獲已・遂述其大略如此云・

蟄菴居士傳

蟄菴居士姓曾・諱習經・字曰剛甫・揭陽棉湖人・蟄菴其號也・少從兄述經學・請業請益・怡怡然・既補博士弟子員矣・會粵督張文襄公營廣雅書院・分東西齋造士・剛甫以選・與兄肄業東齋・並爲文襄器重・己丑恩科・述經擢高魁・剛甫亦領鄉薦・庚寅公車北上・聯捷南宮・分曹戶部・年甫二十三也・跌宕文史・藉甚都門・尤留意詩詞・剖律審音・有顧曲周郎之譽・然精食貨掌故學・累官至度支部左丞・綜覈名實・以善理財稱・

辛亥武漢事起・孫總理設臨時政府南京・大江以南・舉非清有・袁世凱擁重兵・逗留楚境・與南軍議欵・既達所欲・逼清帝遜位・遂開五族共和之局・剛甫當讓詔未下時・先引退・乞身去・出俸錢買斥鹵地楊漕間・布衣草履・日隨老農課晴雨・話桑麻・絕口不談時事・若不知其曾爲達官也者・袁氏既位總統・有異志・思羅剛甫自重・剛甫巽詞以免・與林贊老葉仲園陳詒仲林朗西溫毅夫梁次侯・夾岸結廬・衡宇相望・並稱清室遺民・時相與挐舟容與蘆汀柳岸間・以銷磨永晝・所著田園雜詠・多翛然塵外・有陶元亮登皋舒嘯臨流賦詩之概・初不感慼於滄桑・然觀其與諸逸民遺老詩・正未嘗不念亂傷離・隱抱冬青之痛也・

剛甫外圓內方・非其人不友・顧獨與梁任公親善・晚年刪錄所爲詩・手自寫定・屬任公爲之序・任公稱其詩境三變・蚤年宗玉谿大謝・中年取徑宛陵后山・晚歲神與境會・往往入陶柳深處・又言其生平詩不苟作・作必極錘鍊・洗伐糟粕・光晶熠熠・一字而千金也・鼎革後・潛心內典・自號蟄菴居士・隱示潛龍勿用之意・卒時年六十・民國丙寅十五載也・天下之人・皆多其氣節云・

康都司傳

康都司諱長慶・字曰葆瀾・潮安人・性剛直・有遠志・同治四年・以選赴美國學駕駛製造法・八年回國・充湄雲艦大副・在溫州海面緝獲盜艇四・擒其渠吳奇・轉飛雲艦・守口山東・又捕盜艇一・以功長把總・光緒改元・歷充海軍東

雲・建勝・靖海・操江・揚威・藝新諸艦管駕・積勞勩進守備銜・加三品頂戴・調管長門砲台・

會中法爭安南・諒山之役・法兵挫・別將孤拔統海軍內犯・清廷分命彭玉麟・張佩綸・視師廣東福建・孤拔瞷粵防固・且懾玉麟威名・遂犯閩・佩綸不知兵・惑英美人調停・一意主撫・嚴令其下勿首釁・至怵以殺一抵二語・及法人連艅入馬江・守台者皆瞠視壁上・無敢禦・時防閩軍艦十一・與法艦相對泊・撫議不成・約期將戰・猶勅無先發礮・法人窺無備・突進猛擊・悉沈之・趁退潮還擊沿江砲壘・馬江形勢天險・每曲夾岸置壘・而制不良・砲門盡向外・法艦從後轟・不能迴拒・各鳥獸散・長慶方守長門・憤甚・登台手自發礮・適孤拔過・回顧有所指揮・殲焉・是役法軍全勝・然失主將・不敢他犯・遂遯去・和議由是得成・光緒十年事也・事聞・加都司銜・賞銀八百兩・並翎頂袍掛燕窩白木耳等・異數也・

十六年授台灣滬尾水師守備・調補彰化都司・保升參將・旋調浙江管帶・錢江嘉防水師營・鼎革初・當道使率福康艦攻粵・長慶以父母邦不受命・下獄幾不免・洎釋歸・遂不出・民國十四年・薩鎮冰長閩・以同學誼・聘充幕府諮議官・聘詞謙挹・然長慶終不爲出・時論重焉・

澄海侯乙符爲長歌三十二韻贈之・其敘馬江戰功云・飛礮一聲海若號・血雨紛紛滾怒濤・梟帥碎身諸番倒・滿船狼藉空其曹・又云・可憐李廣老不侯・台外鐃歌邊月愁・射虎夜歸呵醉尉・酬勳空讓爛羊頭・蓋是役當優敘・疆吏抑之・故僅以都司請也・又云・漢家椎埋懸印綬・誰拔魏尚雲中守・兩戒紛紜正構兵・殺賊還須好身手・則述鼎革後下獄事・皆紀實也・卒時年八十・

廣東文徵續編　卷二

梁慶桂

一八五八年生　一九三一年卒

字小山．番禺人．祖同新．父肇煌．兩世翰林．侍學．京尹．慶桂幼承庭訓．讀書穎悟．光緒二年丙子．年十九．舉於鄉．歷官內閣中書侍讀．十二年．遭父喪．居里潛心文史．與同邑梁鼎芬．南海康有爲爲蘭契交．二十年甲午戰敗．翌年中日議和．偕有爲聯袂上京．參與各省公車上書之舉．入强學會．請拒和遷都變法．二十四年．參與京師保國會．庚子亂後．以侍讀回籍．光緒末年粵漢鐵路風潮湧起．粵督岑春煊恃勢斷行主張借外款官辦．有違政府判歸商辦諾言．慶桂以在籍大紳與道員黎國廉聯同力爭．春煊大恚．劾慶桂國廉反抗奏參．並擅發下拿辦密札．慶桂聞報．急化裝逃香港．國廉則深夜被拘．粵人羣情洶湧．罷市罷業．舉國震動．清廷卒降旨．撤革春煊．維持路歸商辦原議．以平民憤．幷復梁黎原官銜．旋學部奏．派內閣侍讀梁慶桂赴美籌辦華僑興學事宜．既抵美．與三藩市總領事許炳榛等協力籌辦．所至酬酢宴會．演說提倡．造成各埠華僑熱心興學空氣．其所領出差費僅二千餘元．而自耗家財逾萬．以私濟公．先立僑校十二所．遠超學部所賦予之任務．堪譽爲僑教開山之祖．歸國後以興學功入學部任參議上行走．不久又南返廣州．組織廣東自治研究社．倡粵民治粵．鼓吹憲政．與梁鼎芬．黃節．汪兆銓．汪兆鏞等重開南園詩社．總纂番禺縣續志．民國後避地香港．屢却大府延聘．志益淡泊．肆力詩文．爲詩得力於王士禎．駢文得力於洪亮吉．遺稿有式洪室詩文集一卷．

上學部呈送美洲華僑學册文

爲呈送美洲華僑學册事．竊慶桂於光緒三十二年十二月奉鈞部派赴美洲籌辦僑民學務旋因事請假回籍於三十四年正月下港．二月五日放洋．三月二日抵美．宣統元年事竣回國．順道歸粵．均經先後電報在案．查華僑散處美洲者．近日僅十餘萬人．每埠多則萬人．少或千數百人．其子弟能入初等小學者或數百人或數十人．大都生長異邦．習慣自然．幾成土著．且又爲就近謀生起見．故皆入西國學校．而於中國文字．反未講求．其間不乏異才．能在該國大學畢業者．要以祇供西人驅策．楚材晉用．良可慨惜．慶桂偏歷各埠．接見紳董．公讌私覿．廣爲演說．宣布朝廷德意．鈞部懿學．本諸孔孟遺訓．諭以忠孝大義．竭誠開導．以堅其內向之忱．僑民仰戴皇仁．眷懷祖國．遠近傳播．靡不感動．雖間有橫梗．遇事阻撓．而謠諑多端．究不能搖惑人心．而各校卒以成立．此在美籌辦之大略情形也．

由港動輪．先抵檀香山．旋駐金山埠．金山爲美國疆域之西．僑民流寓最早．人數亦最多．其公正純樸者固不乏人．然多不任事．此外良歹不齊．是非莫辨．劃分邑界．紛立堂名．意識愚頑．號稱難治．而各會館紳董謝林周三人．非惟無識．復喜生事．埠中善舉．多爲所敗壞．此次辦事．幸有二三殷富．出爲維持．故爾得所藉手．然幾經勸諭．幾經反覆．計濡滯全埠者．五閱月矣．

次抵沙加免度．人心謹愿．立學最先．惟商務無多．籌

梁慶桂

欵頗形竭蹶．次抵羅省技．迭次約集紳董．妥籌辦法．而人情散渙．徒事延宕．次抵梳了哥連．華盛頓．凡此三埠．皆以僑民無多．難足校數．惟以華京爲總滙之地．公使駐節於此．又值唐專使抵美．故彼此互商．欲在華京先立一校．聯絡數埠．究以距離較遠．車費浩繁．衆議紛歧．遂多觀望．次抵紐約．籌商經旬．開學禮成．遂赴芝加哥．該埠商業繁盛．而家族主義未除．其結習與金山之邑界略相彷彿．慶桂於各姓之間．幾經往來．始能聯合．故開學獨後．次抵砵崙．舍路．其人多懷忠愛．於學務尤屬熱心．著手較易．繼渡海入英屬域多利．俗所稱鹹水埠者也．衆情歡迎．從容籌議．購地建堂．蔚然可觀．次抵雲高華．自鐵路開通．埠中商務．日益暢旺．舊有學堂．爲之改良章程．酌定規則．均能遵守．無生迂心．以上八埠．惟金山建堂一所．可容學生二百四十人．將來經費漸充．多聘教習．分時授課．可容人數．當更倍之．域多利所建築與金山大致相同．至紐約．沙加免度．芝加哥．砵崙．舍路．雲高華六埠．均暫租樓房．一律開校．此各埠分別辦理之大略情形也．

興學要務．首在得人．是以每到一埠．輒擇公正紳董．與之周旋．幸皆能相助爲理．計金山則有陸步瀛．劉興．陸玉屏．鄧廷楝．黃金．若而人．紐約則有領署書記關慶麟．李奕洽．若而人．沙加免度則有周鳳文．鄺贊勳．陳苒芝．鄺天恩．若而人．芝加哥則有梅宗周．湯信．梅麟耀．譚昌．若而人．砵崙則有梅伯顯．薛伯．梅躍雲．若而人．舍路則有阮洽．陳文周．胡業棠．若而人．域多利則有李卓明．李鑑濤．盧椿年．林禮斌．若而人．類皆獨具熱誠．堅持正誼．不避嫌怨．力任其難．此次各校之成．實以茲十數人之功爲最偉．其餘籌辦學務各員．亦均和衷共濟．卓著勳勞．應請優予獎叙．以示優異．至各埠商董．萬里經商．終歲勤劬．獲利無幾．竟能凑集鉅貲．廣籌經費．具見愛國之誠．應請援照成案．從優獎叙．庶海外華僑有所觀感．此出力捐資各員．應給獎勵之大略情形也．

開辦之始．原擬中西並重．經訂定章程．刊刻分布．惟據商董條議．均謂教習人衆．欵鉅難任．自應審度事勢．略爲變通．故現定學堂課程．專以中文爲主．每日上六時．任各學童仍入美國學校肄業西文格致算術・下六時以四小時教授中學．均分經學修身國文歷史地理習字體操唱歌共八門．惟學童程度不同．人數多寡不一．不能不因地制宜．分定教授方法．以爲裁併教員．撙節經費之地．每年各將成績呈報鈞部及公使領事考驗．以昭核實．業經諭令各堂照行．此酌定功課時間表之大略情形也．

然此皆經始之謀．仍當籌持久之計．謹擬辦法．敬爲鈞部陳之．一．酌給常年經費也．泰西各國．凡事屬創舉．力有不逮．莫不由國家撥給經費．贊助其成．況建學爲興國要圖．今幸成立．僑民紛紛以補助爲請．應請鈞部每年補助金山學堂美金五百元．紐約美金三百元．沙加免度美金二百元．砵崙美金二百五十元．舍路美金二百元．芝加哥美金二百元．雲高華美金二百元．域多利美金三百元．量予恩施．方易行其干涉．爲數無幾．收效實大．

一．嚴定校長考成也．僑民人心散渙．現雖踴躍．日久玩生．擬請由鈞部札飭各埠領事爲校長．凡屬於該領事管轄者・皆隸之・酌定考成・自免推諉・一・歲派委員查學也・堂務之廢弛・教學之勤惰・必須查驗以期整頓・擬請每年酌派學堂教員或使館隨員・給予川資薪水・遍歷各埠・名爲視學員・成績若何・據報鈞部・事事核實・學務當日有起色・一・給予教員學生獎勵也・各堂俱名小學・而亦間有三數人・已有高等小學及中學資格者・將來四年畢業・擬請鈞部札派使館隨員領事或學堂教員會同考試如確有合於高等小學及中學程度者・擬請按照內地章程・給予獎勵・其教員亦請比照內地從優給獎・不限以畢業人數・俾昭激勸・一・飭撥公欵助學也・金山有舊中學會館一所・由公使撥欵建復・當經明白批示以後該會館租息・永爲辦學之用・泐石示遠・成案可稽・乃會館紳董謝林周三人把持盤踞・據欵不交・且造謠言・肆行簧惑・擬請鈞部咨行公使・札飭領事・照案提撥・毋任抗撓・以重公欵・此外各埠・亦由領事勸令商董於公欵內酌量佽助・紐約域多利已有成例・當可仿辦・以上五事皆爲善後之方・是否可行・敬乞鈞定・

總而論之・內地興學所以瀹民智而養人格・海外興學・所以收民心而保國權・辦法不同・難易亦別・華民生長外國・於西學不患其不通・於中學輒苦其不習・文字爲立國要素・若國民而不諳本國文字者・久則與之同化・勢將盡成彼國之民・俄於波蘭・英於印度・可爲借鑑・今中西學術潮流所趨・雖有相引漸近之勢・而究其歸宿・溯其本旨・相去實遠・僑民子弟・耳濡目染・相沿成習・守此不變・流弊滋多・況近年邪說橫行・遍翔海外・蜚言煽惑・民志易搖・惟多立學堂・澤以詩書・自可定其趨向・民情國勢・一彼一此・正待轉移・此所以挽回之策・經久之謨・尤不容須臾緩者耳・

又金山埠商民黃金・現充美國王家郵政局員而傾誠內向・喜辦僑埠公益・慶桂歸國時・囑其於已成學堂外・再爲勸辦・該商民已力爲肩任・檀香山商民唐球見義勇爲・慶桂兩經該埠囑令提倡勸導・現接來稟・均有成議・將兩處學冊寄到・擬請准令照章呈報・援案給獎・庶知勸勉・藉圖擴充・實於我國興學前途・關繫甚鉅・茲謹繕金山・沙加免度・紐約・芝加哥・砵崙・舍路・域多利・雲高華八埠學堂職務人員冊・學生姓名冊・籌備學務紳董姓名冊・功課時間表・共八本・內沙加免度・紐約・域多利三本・附學務公所職員冊・建築表・員役薪工表・購置器物費用統計表十二紙・另金山學堂圖式六紙・金山紐約芝加哥砵崙等埠開學拍照四紙・又勸學啓一紙・擬訂中西並習學堂章程一本・彙呈鈞部・俯予存案・另勸集紳董捐欵册約共美金三萬餘元・商撥公欵共美金二萬餘元・尚須核伸中國銀數・與籌辦出力人員・一併請獎・至領支欵目・亦須列冊報銷・容即續行呈報・再遊歷日記・已將經歷所及考察所得・分類撰箸・尚未脫稿・隨後補呈・合併聲明・謹先將籌辦美洲各埠學務情形・覼縷陳佈・伏乞鈞部察核施行・實爲公便・謹呈・

致張堅白制府書

公啓者・粵中風雅・盛稱南園・明初孫仲衍・王仲翔・黃荔灣・李仲修・趙貞伯五先生・嘗結詩社于此・迨歐崙山有五懷之作・因與梁蘭汀・黎瑤石・吳蘭皋・李青霞・復聯

吟於抗風軒・所謂後五先生也・陳文忠公敷藻揚聲・雅續前軌・風流文采・稱極盛焉・康熙朝・番禺令李公・建復抗風軒・列前五先生而祀之・乾隆朝・郡人士請以後五先生附祀・顏曰南園前後五先生祠・蓋由來者久矣・

自是以來・方聞之士・輒觴詠其中・每當熙春凜秋・霞朝月夕・招邀朋盍・縱論人天・攜徐邈之酒鎗・鬥江洪之詩鉢・古歡易索・良會有常・不知其有興廢之感也・

廼張安帥督粵・假其地爲圖書局・冠蓋往還・吏胥雜沓・文讌之擧・寂然無聞・旌節蒞臨・闔郡士夫・因以規復爲請・明公慨然許之・廉訪秦公・備文移交・成案具存・士林頌德・歷久弗衰・辛亥亂後・綱紀蕩然・梟徯下於鹿臺・詞壇荒於馬肆・士習頹靡・風化凌夷・世道之憂・惄焉如擣・

今値使星重蒞・甘澤敷布・遐思舊德・敢申前請・伏乞查照原案・仍將南園移交・幷飭令圖書印刷等局・遷移別地・出示立案・昭茲來許・庶幾先賢遺蹟・亘古不刊・續香火之前緣・成騷壇之韻事・扶植名教・丕振宗風・高風勝情・曠代若接・修函削牘・惟有主臣・

倡辦鐵路啓

嶺嶠以北・延袤數千里・以至漢陽・關河阻深・舟車勞瘁・商旅之難・自昔然矣・張侍郎弼士・上承朝旨・下思民艱・擬建粵漢鐵路・以接軌蘆漢・統宇合之全局・規中原之大勢・管樞楚越・控制東南・恢乎大觀也・太常寺少卿盛公・表其才于朝・使總厥事・侍郎於是借洋欵・招商股・聯絡中外・姁姁集事・可謂能矣・廼或拘蔽之・夫持一孔之見・以爲事繁功鉅・易駭民聽・不知英據九龍・法割海南灣・虎狼偪處・耽耽覬伺・久思窺我堂奥・攘我利權・失今不圖・噬臍何及・

況吾粵遠處邊徼・外瞰重洋・地狹民稠・穀米匱乏・歲時荒歉・藉鄰省爲轉輸・姦宄充斥・視他省爲繁劇・鐵路一行・化巖疆爲康衢・收邊鄙如腹地・于以均物力・利商運・便徵調・資戰守・所謂形勢一連・根牙永固者非歟・急公好義之士・盱衡時局・必能相與以有成也・謹拭目以俟・

闔省業戶爲沙捐事上廣東督撫各憲公呈 代

前奉憲示・凡屬沿海沙田・無論老沙新沙・一律換領院照・方准管業・及頒發章程各等因・田賦爲朝廷維正之供・凡屬食毛踐土・莫不踴躍輸將・奉令維謹・乃大吏觀成於上・吏胥荼毒於下・舞法罔利・假公營私・則有違憲章者三・不便民者六・羣情洶洶・不能不涕泣而訴之大人先生之前・

一索驗粮串・查章程內有契照者・祇以呈驗契照爲憑・無契照者・方以粮串爲憑・乃委員故意苛求・於契照之外・仍須粮串・不知各鄉皆免差圖甲・各粮歸戶長統納・是合百數十丁爲一戶・即合百數十人而共一粮串也・既難分析・自難分驗・若一人驗契・即繳總串・則同一戶之串・必致呈驗多次・驗一戶之契・必致展轉多時・示期促迫・勢將逾限・況委員又以其契串未符・抑不與驗乎・

一發契留難・查章程內驗明契照・即行發還・乃十月以

前繳呈番禺分局之契約．一百五十餘起．迄今兩月多半未發．甚至將契藏匿．誣以未經呈繳者．胥吏沿以爲奸．雷霆恐喝．小民惴惴．失業是懼．是欲人之驗契．而先以留契阻之．則業戶之惶惑觀望．抑有由也．

不頒丈尺．查章程內．此次清丈田測量之法．繪出之圖．著明丈尺．以昭大信．乃委員丈量各田任意出入．並不細勘量算．多無準的．而總局懸示．凡經勘丈之田．既無圖繪．又無丈尺．無論業戶．未必盡諳測算．即間有精於丈量者．亦何由駁證其誤耶．巧猾者則既誤會憲意．貪黷者遂藉此紛更．此顯違憲章之實在情形也．

若夫食業之人．情事各別．或則遊學服賈．遠適異地．或則孤孀老穉城鄉迴隔．或則展轉典揭．銀主他適．此次清佃．間未週知．戚友陳告．已需時矣．況前此丈量未見牌示．頃奉兩次牌示．皆以二十日爲限．公事例行．先下分司．分司頒貼．又逾旬日．是丈量驗契二十日之限．僅得七八日之限也．錄繕契照．繪畫田圖．復向戶長求取總串．殷實者使令有人．尚易集事．貧乏婦穉．舉措皆難．就令逾期．尚希體恤．乃委員必執章程內兩月之限爲衡．然既奉憲恩牌示展限．則當以展限之限爲限矣．

況呈繳契照時．一以字句少疵而不驗．一以未有專串而不驗．一以未有圖繪而不驗．一以未經牌傳而不驗．一以委員他出而不驗．層層酷制．種種吹求．是迫以不得不逾限之勢而復以逾限罪之也．病民者一．

清丈册費．每畝二錢．香東各縣．皆於換照時方繳也．乃番禺分局先收册費．方准驗契．及發還原契．則蓋逾限違章．驗不作據之戳．既經繳費．則不得謂之違章．既經准驗．則不得謂之不足作據．語意含混．强加之罪．是院照之能換與否．充公與否．尚未可知矣．病民者二．

查封田畝．必須核實明示．方昭折服．而示大公．乃委員封禁各田．僅以一溢字概之．僅以並無契據概之．嘗有一沙之田．封至數十頃．一頃之田．封至數十畝．又有以數處溢出之坦併封於一處．膏腴之田．是何坵段．不問也．若何浮溢．不問也．有無遺失契照．不問也．有無粮稅戶口．不問也．截流而漁．擇肥而噬．則今日僅封百餘頃．逾時將封至數千頃．不知將此無業之戶．如何拊循．將此無田之稅．如何徵收．吾恐追呼在前．餓殍在後矣．病民者三．

廣東海國．凡有潮水可到者．皆可謂之沙田．其實與通丈闔省田畝無異．清丈之難．昔人已屢言之．康熙清丈一次．乾隆改章一次．同治光緒又先後辦理兩次．其時祇辦新沙．不辦老沙．非厚此而薄彼也．老沙之田．多有承自宋元以來．未有易主者．年代之遷移已屢．契照之遺失必多．官府之文劵亦多有未存者．核實綦難．開端必擾．官差衙役．朋此爲奸．鹿馬之指．豈可勝言．故清丈一行．奸宄生心．豪强越占．三四年後．訟獄繁多．必百倍於今日矣．病民者四．

照契學單．同爲食業者之左劵也．照固爲眞．契與學單．亦幷非僞．故僅以粮串學單管業者．諭令補照．可也．以縣契管業者．强之換照則不可．藩照之發．始自乾隆二十九年．其不能盡田而有照者．法制然也．一照之田．或因析產而分．或因變業而分．田分而照不能分．其不能一田一照者．又事勢然也．國家無民田不許分賣之禁．功令又無買一田．必請一照之條．同此田疇．同此價買．同此炳據．何以或則換照．或則不必換照．其輕重懸殊若此．或謂法制原可隨時變通．不知歷次辦理．皆嘗變通章程矣．亦未聞有一律換照之舉．歷朝辦理之案．既不足以信今．則今日奉行之案．自不足以信後．倘繼此而起者．又議行新式督照．新式部照．小民果何所適從乎．同治光緒年間．凡已頒補升部照者．其乾嘉原承之藩照猶存．若辦理未善．則沙棍以前照影射分期瞞驗．再領新照．是一田兩照．官不知也．十數年後．起．而與鄰右相爭．令尹賢明．恐亦無從究詰矣．病民者五．

買賣產業．赴縣印契．此定章也．乃有以今年新印之契呈驗者．委員呵斥．屏不與驗．若謂印契爲僞．則縣官竟亦誑民．若謂印契不足爲憑．則朝廷不必設律．若以其係屬新契．并非舊契．則清丈以後．未經撤局以前．皆不得買賣田畝矣．買田而不印契．則有罰．買田印契．而呈驗．則亦有罰．買田不印契而呈驗．將更有罰．天荆地棘．非猛於虎乎．病民者六．

夫業戶不必盡殷富也．女戶幼丁．藉數畝之田以糊口者．所在皆是．一紙官契．性命以之．託人則度受棍騙．不繳則恐至充公．襁負提攜．號泣呼天．莫可告訴．故目下殷戶之受累．自不待言．而窮苦之民被禍尤烈．四鄉父老涕泣相與言曰．自聖清二百餘年以來．無此苛法耳．事勢若此其煩．吏役若此其酷．貧民若此其困．沙棍若此其擾．此不便民生之實在情形也．

且夫國本在得民．民生在恆產．有土有人．此經訓也．方今海氛孔亟．索費據地．日益憑陵．正當收結民心．培養元氣．奸民煽惑久矣．仰賴列聖薄賦輕徭．皇上深仁厚澤．業戶等久戴國恩．喁喁化日．耕田鑿井．亦庶幾盛世之良民乎．不爲作奸犯科．不爲抗粮匿稅．薄田數畝．俯仰是給．乃無故而封禁矣．無故而罰鍰矣．無故而召變矣．禹甸畇畇．誰非赤子．而吾粵獨罹此厄哉．士食舊德．敢有怨尤．萬一不逞之徒．挺而走險．藉異教爲護符．援外夷以要挾．是爲淵敺魚．爲叢敺雀也．昔桑宏羊孔僅競言興利．而漢政以敝．宋王安石議行新法．卒以延害一時．貽譏千古．大臣體國經野．不可不深長思也．

吾粵旱潦連歲．農民觖望．鴻雁嗷嗷待哺．聖朝愛民如子．議捐議賑．惟恐失所．業戶等同在覆幬之中．何以買業不能．賣業又不能．食業則更不能．顛連困苦．以至於此極也．

督撫憲殷殷求治．保乂蒼赤．或未洞悉此情耳．鄭俠流民之圖．崔或復業之請．非鄉先生之屬而誰屬哉．謹用瀝陳．伏乞大人先生上達督撫大憲．庶幾於籌餉之中．仍寓恤民之意．毋徒爲竭澤之計．必思爲經久之謀．酌理準情．與民休息．則地方幸甚．斯民幸甚．闔省業戶公呈．

募修鼎湖山慶雲寺啓

蓋聞瑞雲凝蓋．金瓶開揵闥之壇．寶月騰輝．珠塔啓祇洹之利．虎林墮石．證慧力於華嚴．龍樹衍源．暢宗風於榆欓．是以敷和訶之寶樹．大海潮廻．叩靈闕之玄扃．寒潭雲覆．碑傳廣福．珍賜能捐．名記等慈．沈災待拯．載瞻靈宇．式振禪宗．

鼎湖慶雲寺者．經始于明季之時．重修于咸同之際．枕倚巖壑．縈帶河流．樹絡多羅．春茸繡竹．七重欄楯．芬流雕縷之檀．四霤飛簷．日晃鑄銅之瓦．梵菜園畫．臨目蘭規．香積山高．雷音巖護．簷蔔十笏．共參彌勒之禪．芬陀七莖．密覆勝音之界．一千三百衆．住揭陀鹿脅之山．八萬四千門．持普覺漚和之偈．洵祇樹之淨土．爲極樂之仙都．

而乃運逐三災．地淪十劫．付華林于半炬．火爥西隅．薰法苑之眞修．衲藏東壁．旃檀作供．歎佛殿之灰餘．貝葉繙經．聽梵音之風咽．璇宮紺宇．溯迴于三百年前．忍草悲花．感慨于萬千劫後．欲棲禪之未穩．思聚石以何時．倘復舊觀．須發宏願．敬告善信．同結勝緣．演尼邱化玉之符．說者闍布金之法．庶幾投花盈鉢．香凝陀衞之宮．施柰成林．金滿伽藍之苑．寫于闐之妙相．盡供龍龕．現舍利之全記．重開鹿野．對仙庭而護法．依寶界以資祥．僕言歸故里．偶作勝遊．從丈室以談元．應戒壇之索身．前身可證．曾參金粟如來．善果有因．誰是祇陀王子．聯爲喤引．敬演蓮宗．莫嗤讆言．伏遲檀施．

鄧筱赤宮保九十正壽徵詩文啓

吾粵山水．以順德爲特秀．而錦屏．鳳凰．金紫．諸山屏列．環繞乎龍江．龍山兩鄉間．陳獨漉．張藥房．溫質坡．諸名宿．先後輩出．惟蘊孕深且厚．發焉愈光．不墮益彰．至於今．則惟宮保鄧公應之．

宮保世有清德．始以名孝廉任秋曹．嗣其家聲．旋擢臺諫．建言國中要政．恒見嘉納．國家官制．惟督撫能行其志．惟御史能盡其言．官御史者多願內轉．而薄外任．時宮保以語熟名法．簡放雲南大理府知府．雖遠出．無少失望意．時賢卜爲大器．既之官．勤心吏事．勩成譽隆．調任首郡．途夷階升．重增眷加．旋晉監司．陳臬全滇．法平治成．開藩楚吳．上下輯和．來悅而去思．歷任安徽貴州巡撫．綱擧目張．每注意於察吏．安民．練兵．興學．表見愈偉．蓋宮保才大於其官．識餘於所事．爲民興利．而計及於久遠．爲國防亂．而鎭之於未然．至若待人以誠．自處以約．正身率屬．穆如清風．在世爲難數數覯也．士大夫推其心與天下相見．故所至人將仰焉而靡窮．

宮保宦績彌綸乎數省．被其澤者．人蓋以數千百萬計．未竟其用．書錦歸里．今鄉居又十餘年．精神强固．暇則以書畫自娛．獨有關乎全粵利害治亂者．毅然言之．爲全省保障．宜鄉人之蒙其惠．而樂其永年也．所爲畫．深入三王堂奧．復以所遊名山川潤色之．性和易．與之交者．輒求得其手蹟．聞畫家多壽．若再逾十年．以百歲人爲之．當有更爲藝苑生色而倍足珍貴者．

慶桂等建自治研究社於城西．承宮保教者．比平昔益密．今歲清和月二十四日．爲宮保九十生辰．夫以位祿名備諸身．前年鄉擧重逢．晉崇篇．子若孫又皆卓然自立．則海內之蓄道德能文章．知皆樂爲之頌．爰掇其略而引其端．凡諸名秩．敬俟編後．

復梁節庵書

涼風碭盪．秋陰黯儵．蜷伏斗室．瑟瑟不寧．猥辱惠翰．恍如覿面．文采瑰麗．詞意懃懇．出入懷袖．企想彌深．足下諄竺古誼．湛深道腴．扇玉局之遺風．成丁恭之講義．柳玭才技．足了十人．季長經師．洞貫九變．且鞏羅載籍．釐定課程．枕經葄典．廣厥咫聞．規策矩模．繩茲內行．他日河汾弟子．雅號通儒．高密門生．咸稱樸學．此則謝山碩宿．曠代若接．端敏直臣．異世同揆者已．

慶桂含悽風樹．未奠松楸．乃罔讀撼龍之經．徒負窺牖之見．山靈嶽嶽．迴矚已非．居諸攘攘．屐齒徒折．惓言負土．艮增哀恨．麥地舊塋．時論參趨．有負摯誼．如何如何．

承惠石刻數種．摘字皆金．凝楮成玉．置之座右．如升太學之堂．懍厥箴言．恍聆宣尼之訓．浩浩江水．滌我肝腸．落落英風．助茲膽目．勉挹嘉惠．敬拜明德．率爾操翰．未及詳報．鴻風若便．再惠端緒．

復張豫荃提學

香島一別．桑海十年．蕭艾之思．惟日惟歲．前得小兒來稟．秉誦惠札．猥以大著明遺民詩詠．徵及俚詞．雒誦迴環．尤滋媿悚．

執事才識宏達．枕葄勤劬．間居徐邈．自愛景光．老去王充．惟躭著述．西台慟哭．續皋羽之陳編．故國悲涼．攷水雲之詩史．綱常名教．賴此不墜矣．

桂飄泊港澳．遭廻歲月．人事龐雜．家累熬煎．仲平已損詩情．君苗久焚筆硯．曷能附驥．有願登龍．要令忠義之氣．垂千百年耳．一代詩名．君如好問．平生心事．我愧初明．白雲在天．相思何極．

致喬懋蓀左丞李柳谿右丞書

槀筆春明．仰聆榘訓．承雲光覆．撫塵逌然．伏維明公．康時寶臣．藝林哲匠．尋周孔之墜緒．發管墨之微言．采五大洲之土風．摘其粹醞．滙四千年之學派．用集大成．固將陶鑄羣流．皋牢百氏．

慶桂幼稟愚戇．長尟學識．閒居寂處．撫時興慨．仰惟朝廟日昃之瘁．俯念斯民飢渴之痛．外切才俊沉淪之嘆．內增身世蹉跎之悲．每思杖策以遊．聞聲而舞．自竭駑鈍．末由自致．廼蒙忘其蹇拙．加以驅策．試之觀風之任．豈彼擊楫之懷．去德日遙．慕義增切．

緬維北亞墨利加之域．本米利堅合衆之邦．剖球分半經而西．測地麗神州之下．雖皇仁之遠訖．實文風之未普．僑民利權．舶市俗效．島國每習陬隅之蠻語．漸忘鄒魯之德言．固當示以南針．導之寶筏．開文翁之講幄．溥任延之教澤．務使莊嶽齊語．罔雜楚咻．韶頀正聲．不聞秦缶．伯之遠客．覩邸書而動色．莊舄羈吟．懷土風而增戀．顯以收德成藝成之效．隱以勵敎忠敎孝之忱．願效長卿．諭漢德於巴蜀．欲求穎士．列師表於新羅．吾道南行．夏聲西被．區區愚誠．竊慕於此．所冀明公掞張道業．宏濟艱難．將使中外同文．遐邇禔福．人才蔚興．拭目可俟．別紙所錄．伏惟鑒

冶秋詞序

杯泛紅螺．織就錦樓之記．訊傳青鳥．翦餘香海之鐙．時也花田雨歇．漁笛風來．解絲纜而開睛．轉牙檣而泊晚．紺山碧水．樓閣參差．繡轂雕鞍．鸞鈴絡繹．踏江天之明鏡．鴛侶俱仙．卷水閣之珠簾．鶯聲十里．崔護唱迷香之引．門立桃鬟．張緒醉倚翠之魂．堤舒柳眼．人來今夕．與明月以俱圓．歡憶春餘．怕銀雲而流去．此南海康長素君冶秋詞所由作也．

於是尋巢舊燕．淨埽麈痕．舞鏡雙鸞．潛通眉語．篆沈薰於寶鼎．響畫屧於迴闌．拓朱鳥之窗．素娥窺客．譜文鴛之曲．綠綺調琴．百福簾開．迎撲花之酒氣．九華帳掩．聽墮髻之釵聲．指約彄銀．賦定情於五夜．眉長凝翠．問畫黛以何年．

然而蘭杜經春．易傷遲暮．鵜鴂啼雨．慣觸羈鰥．艷情如絲．蠶驚秋早．綺夢成寸．鷗怯波涼．問溝水於東西．好題紅葉．識桃江之姊妹．共載芳根．月照影以成雙．魚媚波而目比．盤龍鏡底．緣訂三生．神鵲橋邊．時剛七夕．香籠豆蔻．繡被同溫．露粉薔薇．晨妝共浣．數三商之玉漏．參昴星圓．挽百褶之仙裙．綺羅香膩．琶洲風信．佇傳妍唱於旗亭．珠海潮音．願播新聲於樂府．

後漢逸民贊序

夫高尚其事．義光爻象．獨寐寤歌．聲煥澗槃．故堯封全箕潁之貞．武聖有首陽之餓．楚狂繼其軌．魯連暢其風．嶽嶽四皓．閟迹商山．赫赫二仲．藏聲蔣逕．自茲以降．風流彌繁．然皆介焉超俗．默然葆眞．棲神巖竇之間．卷跡塵囂之表．茹蔬飲水．甘逾於八珍．敝裘麻褸．榮擬於五乘．皦皦乎若深泉之湛．屹屹乎若層峯之峻．書曰．君子在野．斯之謂乎．

然而大道泯沒．人情委枉．洗耳之水．飲犢者慮其汚．買山之隱．冥鴻者虞其浼．言樂啓期之志．硜循宣聖之規．青霞孤騫．明月獨朗．而矯其弊者．則又以鼓盆示曠．夷踞鳴高．於陵避兄．彥國稱父．標紺紫以矜色．騰靡曼而雜雅．是謂德賊．實昧時中．若斯之流．竊有未取．茲數公者．希古並駕．遺物植悟．寢巢以韜其采．漱石以激其清．雖或干旌遠孑．纁帛交賁．朝宁希前席之眷．蒸庶望幡然之歎．而浮海之志．同符聖揆．匪石之誠．獨屈帝命．志與秋天競爽．理則春泉齊沛．皜皜焉．浩浩焉．不可及已．迹彼逸軌．仰其峻裁．感至德之長民．扇高風於未沫．乃援短翰．作爲雜贊．庶幾綜厥梗概．如見蜀嚴之湛冥．置諸座右．聊當茂先之勵志云爾．

賀鄧筱赤中丞重宴鹿鳴序

聖天子御宇之三十四年．萬物芃蘭．庶彙敷豫．含譽見賓．連生卿雲．晝輝燾於階戺．甘露宵瀼於林澤．內外宣力之臣．踸踔職植．比肩輩出．若吾粵筱赤宮保去鄉舉之年．適週花甲．奉優旨賞太子少保銜．同時如仁和王相國．壽陽孫相國．長白銘留守．并以重宴鹿鳴．各邀曠典．此三公者．僉與公同登咸豐初元辛亥恩榜．名臣耆碩．萃於一科．

梁慶桂

五老遊河・招邀於華渚・千叟侍宴・舞蹈於彤墀・此固國家壽考作人・磅礴醞積・蔚爲上瑞・而公之德被黔首・功横宇內・其所以致此者・誠匪偶然也・

公擢科綺歲・燿姿郎潛・甫晋烏臺・首奏免廣東全省米釐・使服嶺萌黎・永無饑色・識者已知公之福澤爲靡涯已・滇省虔　輔之西南・而大理又處滇西之奧壤・其地窐窱而磽瘠・其人惰窳而儇虔・天子知淮平惟侯霸能勝・魏郡非岑熙不治・特命出守是邦・鋒車叚臨・摘姦普惠・剔稅務之弊・而減苛抽・撥府倉之贏・以閎善舉・旣膺上考・首郡量移・兵燹之餘・供億繁重・公黜冠虎之吏・恤離鴻之氓・佚役所需・改歸官發・大府代奏・懸爲定章・勸墾荒區・廣栽棉樹・善明之守海陵・課種榆櫝・沈瑀之宦建悳・令植桑柿・旋擢迤南道・値猓黑土司・惟蝮惟豺・蹂躪邊境・公殲渠散脅・改土歸流・增設鎮邊直隸廳・幷上改心下改心兩巡檢・南人不反・比戶以安・柏府洊升・棘闈監試・定科場之供給・免閭閻之驛騷・復懸監獄功過章程・清理十數年之積牘・遂使斷弊之書・不疲於聽覽・鉗釱之刑・靡積於牢犴・蓋公宦滇最久・善政最多・巍巍蒼山・勒此穹碑・蕩蕩昆池・涵此愷澤・葉榆拜棟之域・至今猶歌頌功德・而無或忘・

若夫移節蘇藩・則崇明之故城・蘇河常熟昭文之水利・以次修築・誇其壯麗・長康丹樓之語・藉其宣洩・薛務玉梁之規・民功曰庸・鏤諸篆素・乙未之歲・日人鴟張・時公方署漕督・知犬羊鱗介之族・不可無震㦔加也・又知熊羆虎貔之衆・不可以酣嬉飾也・廼築堅臺・廼簡軍實・敵人由是不敢規長江・

至任皖撫・則平渦易之賊・蒞黔撫則救南丹之失・在皖創設求是學堂・武備學堂・在黔創設通省大學堂・武功成矣・文教敷矣・夫輸槀垂・則納秸有經・大信也・免羅織・獄空囹圄・渥惠也・敗羣必鋤・籌邊自裕・壯猷也・頽墜畢舉・洪纖悉理・閎才也・公龕亂之旅・則電掃熒沃・循良之規・則楫猳牖邇・璽書襃美・簡在帝心・澤煦乎九垓・聲施乎萬國・以此膺寵祉・保鴻名・不其宜哉・不其宜哉・

抑聞之・蒲澗之蒲九節・餌之者長生・越王之井百尺・吸之者延齡・廼我朝二百年來・紱縫緹冠之儔・鄉舉重逢・恒不數覯・間有克逢其盛・則又戢影家衖・韜光衡門・名位弗顯・史宬之所不載・薦紳之所難言・甚矣純嘏格天之難也・至於青宮保輔・赤舃劻勷・官不必備惟人・上所改容爲禮・其爲尊寵・冠絕臣僚・吾粵叨斯賞者・以前唯駱籲門協揆・馮萃廷尚書・公以中興耆臣・特荷殊錫・爲商山四皓・爲魯殿靈光・位祿名壽・一身兼之・非甚盛德・其曷能語於此・

昔魯公修泮宮・服淮夷・道兼文武・詩美之曰・俾爾昌而大・俾爾耆而艾・某不敏・上景乎昭代明良之盛・次合乎風人頌禱之指・下慰乎海內忭舞之忱・作爲歌詩・以爲公祝・

詞曰・帝德龐鴻・壽寓遐昌・孰膺其慶・楨幹之良・芊野早賦・三肄再揚・何以貺之・鳳誥龍章・崇銜晋秩・前星煌煌・懿老臣之休休兮・匪南國是光・而盛世之嘉詳・願八千歲以爲春秋兮・俾永猶乎霞觴・

廣東地方自治研究錄序

天下大勢．有憲法之國．國恒强．無憲法之國．國恒弱．英倫發軔於始．德法接踵於後．而瑞典．而葡萄牙．比利時．則繼之．而日本則又繼之．俄窘於遼東之役．則又繼之．大地摶摶．時局儳儳．此亦天運一大轉機哉．今天子下明詔．定立憲．寰海萌庶．延頸望治．於是天津首創地方自治研究所．江蘇設立豫備立憲公會．若閩．若吉．若鄂．以次遞舉．而吾粵闕焉未講．是則士大夫之責也．

夫自治悖之學理之法．則不折其緒．無以盡通變之宜．不正其軌．無以杜陵替之漸．紊焉則謬．悖焉則亂．其大較然矣．顧歐瀛諸政治家．或偏注政府．或責重社會．其立說互有異同．即其所謂折衷至當者．亦有宜彼不宜此之病．且中外異勢．國力民質異致．挈他族之成法．證吾國之土俗．必有鑿枘而不相入者．叩槃捫燭．刻舟膠柱．徒取詬耳．

粵東濱大海．宅南交．爲東南一大都會．當乾嘉盛時．通商互市．海舶鱗萃．百貨駢闐．故開通風氣爲最先．講求外國之情勢爲最習．時會變遷．風俗頹靡．跅弛之士．輒拾西俗之唾餘．以陰縱其詭隨之術．而詖辭邪說．遂橫決而莫有紀極．以云自治．固憂時者所惄焉傷之者也．爰合同人．組織斯社．以研考憲法爲體．以編輯地方之政治．調查地方之政俗爲用．立社省會．定總滙也．聯合各府州縣．期普及也．外達於京省仕宦．遠布於五洲華僑．則又廣智識．資切磋也．易曰．探賾致遠．孟子曰．經正民興．其以維世道而正人心．以仰副朝廷期望之意而肩國民之責任者．其在此乎．柳氏宗元有言．視都知野．視野知國．視國知天下．則斯學也．殆合羣進化嚆矢歟．爰述其緣起綴於簡。

夏日泛舟大通寺偏歷花地園林序

若夫一舟溶滴．菱塘柳陌之中．幾曲彎環．淺水疎篷而外．長松夾岸．盡作濤聲．煙靄半空．不見日色．其間有大通寺焉．南漢時達摩禪師駐錫於此．後主更賜名寶光．是則人海菩提．夙修淨慧．佛門煙雨．近住游蹤．良以地僻多幽．人間好事．或招涼而選樹．或買夏而入林．隨意往還．此事邂逅．

時則殘暑乍退．清溪起涼．荷葉之陰鴨搖．蒲帆之影魚唼．煙波雙棹．張志和本是釣徒．書畫一船．米元章乃爲顛客．或擊祖生之檝．時吹世昌之簫．於是弭棹看徐．沿隄行緩．好風一片．夕陽幾棱．經白板之橋．艤紅門之寺．山僧道我．是坡仙蒲澗之遊．谿虎笑人．有靖節東林之趣．盱目遐睩．放歌徐行．水流則前溪後溪．花香則十里五里．

亦有莨沂竹里．蕭條輞水之莊．燠室涼亭．隱約平泉之築．橋纔通步．門正對江．衣香散而胡蝶陪．屐聲清而野禽避．何將軍之山館．杜少陵帶詩而來．顧辟疆之名園．王獻之肩輿而至．樓臺處處．長留二月之春．詩酒年年．還近衆香之國．桃源偶出．便得來船．蓮社重盟．何妨斗酒．

然而鬢絲禪帽．即皆香火之因緣．江月山風．詎僅水天之閑話．況復平田近接．美人之金粉飄零．破廩遙傳．故國之山河髣髴．即謂仙山佛屋．亦慣興亡．眞館靈祠．未經寥落．而荒壇煙黑．古井泉清．話陳迹以何年．極娛游於暇

日・則亦情來興往・感慨係之矣・

嗟嗟・蒲團花雨・清涼之世界非遙・野水閑鷗・漁釣之生涯何託・而芰荷聲裡・自放孤舟・松檜陰中・歸來斜日・名園誰記・且待洛陽李薦之書・高會長留・願學曲水王融之序。

廣州新建節孝祠碑

梁慶桂

粵昔懷清台築・巴婦傳苦節之貞・絕妙碑留・曹娥著純孝之懿・自來孤松比操・慈竹啣恩・作坊表於枌榆・邀寵榮於棹楔・稽諸志乘・振古于茲・報以馨香・於今爲烈・是以漢王聞立義之婦・邑以延鄉・齊侯見有禮之妻・封之石宛・凡以敦序天秩・矜式民彝・聞淑行於璇閨・揚清徽於彤管・然則貞魂毅魄・奠血食於崇祠・潛德幽光・表身名於變禩・是之取矣・亶其然乎・此廣州所以有新建節孝祠之舉也・

廣州雄蟠羊石・俯莅魚珠・分星躔婺女之墟・再索叶明離之象・名山清淑・婦人之鍾毓偏多・南海衣冠・少女之鑑鑿曾獻・塘名投女・蓮出水以難汚・石號望夫・栢凌霜而益健・以故嫫嫈弱息・茂四德以常馨・孤露嫠孀・潔百行而無玷・久矣稱貞縞屋・無慼吠厖・防意如城・不識相鼠已・

且夫從一而終者・陰陽之定位也・之死勿二者・姅合之深情也・當其袜褍相聯・瑟琴在御・賞如影響・舉齊鴻案之眉・誼治刑于・挽共鹿車之手・我紱子佩・難忘子貢之著簪・男愛女娛・並住維摩之花鬘・莫不願鏡涵兩影・絲綰雙心・鴛棲不死之床・蠶老同功之繭・可奈犀難驅病・鴆竟爲媒・飛龍之店無靈・弔鳥之山有兆・延津劍化・遽失雄鋩・豐水鐘沈・但餘雌響・以致天錫自名獨活・子融不許長生・慘怛靈輀・悵蘼蕪之夢斷・淒涼夜室・恨蘭芷之香銷・痛甚呼天・憂難埋地・城崩杞國・壺凝鵑血之紅・水咽湘江・羽映浮衣之白・願薦身於棺槨・何忍獨生・誓畢命於絲羅・甘將同死・

然乃尊章有命・勉存視息於人間・姑姆唁言・聊撫嫛婗於膝下・與其矢殉身之烈・則虞母奚依・況其有繼體之遺・則趙孤誰託・鴻毛義辨・燕翼謀殷・于是學嬰兒之事親・踵金娃之訓子・魚鰥秋目・坐織室以年年・蛾蹙春心・守空房而夜夜・此固全貞皓首・抱潔終身・求仁得仁・令儀令式者矣・

若夫天只不諒兒心・狂且欲移妾志・嫠乎何害・宋朝之猳競求・夫也不艮・子南之禽强委・遂爾義無改適・勢鮮兩全・或割鼻以明心・或毀形而矢誓・截臂引斧・碎且留香・斷指援刀・存難受辱・荀采粉書扉上・願以屍還・皇甫頭紉環中・但求死速・却寶帶而辭默啜・奮翠袖以罵姚萇・卒使嶺號清風・山名全節・蘭陵有縣君之賜・渤海崇夫人之封・洵大節之凜然・信白珪之無玷・至於斬旁岔地之首・親報夫仇・決韓楚言之頭・藉伸妾恨者・更巾幗之豪舉・閨閤之奇稱也已・

他若成溝渠而注地・慘矣娥金・緣旛竿以上天・寃哉青血・速答之女・墳湧土以瘞親・姜詩之妻・舍出泉而供母・澗旁蒿草・因養姑而始生・田畔壺漿・必拜母而後飲・荀灌則突圍求救・龐娟則袖劍揕仇・唐山之登堂乳姑・緹縈之上書代父・凡孝婦孝女之懿行・皆人綱人紀之留徽・莫不彪炳

汗青．恢張青白．

嗚呼．百年朝露．誰歟豹死留皮．千古高風．人且駿求遺骨．實名相副．始稱宇宙完人．磨涅親嘗．僉表房幃偉烈．將荼在手．悲生寡鵠之歌．刺棘當心．痛譜單鳧之弄．其有不人欽婦式．世仰女宗者哉．今日者廟貌崔巍．靈旗舄奕．丹楹畫桷．聿增少室之光．桂楫椒漿．時醱雎亭之奠．拜龍憐之墓．景仰堅貞．誦鹿佑之文．欽遲聖善．庶幾白蜺嬰拂．同安泰厲之壇．翠翟輝煌．永奉女媊之祭．

潘飛聲　一八五八年生　一九三四年卒

字蘭史．號光劍．槎客．筆名獨立山人．番禺人．詩才縱橫．少時有嶺南才子之譽．三十餘齡．德國柏林大學聘仕漢文教席．講學三年．遊歷歐洲．了然於中外政治之得失．歸國後．歷主上海報館及香港中外日報．廣州廣報．嶺南報．實報筆政．在香港曾設立戒煙會．不纏足會及仁智書樓．裨益社會甚大．晚年隱居上海．民國二十三年逝世．飛聲平生不應試．不做官．有名士風．遺著有說劍堂全集．飲瓊漿館駢文詞鈔．羅浮遊記．在山泉詩話．綠水園詩話．說劍堂集十四種．粵東詞鈔三編．老劍文稿．栢林遊記．一得芻言．西海紀行．天外歸槎錄．泰西鐵路圖考．香海集．弢弓集．江湖載酒集．海山詞．花語詞．長相思詞等。

上許竹篔星使書

往年飛聲到柏林．敬謁臺階．荷蒙辱存．以飛聲爲粵人．垂詢南洋情狀．幷勉以著錄海志．補汪大淵陳炯倫之遺．飛聲海濱野人．無所學識．得大君子甄陶而奬誘之．遂忘其賤且愚．竟欲貢言左右．惟深懼冒昧．故出諸口而囁嚅．方思再謁．而大人銜卹東還．閱三年．星軺重蒞德都．飛聲已先一月返里．迄今將逾十稔．而勗勵之語．耿耿不忘．譬諸懷碔砆之石．不陳於波斯賈胡之肆．其意猶不自安也．乃不忖闇陋．謹陳于大君子之前．幸垂採而教正焉．

按南洋溟渤汪洋．與中土雖距數千里．而島嶼羅布．實遙與中土犄角．康熙時．戡定臺灣．未移兵艦南定諸島．遂致今日有門戶之失．西人占東來之逆旅．設我軍與彼國戰．兵舶西下．彼已握重溟之筦鑰矣．昔者．日本人以國初失機惜之．而中人之閱地圖者亦惜之．然此皆既往之咎．中國雖有南洋．今日恐未能保守也．則就近時之大勢．酌提其要．躊躇滿志．創始爲難．當事巨公．謀國艱難．籌欵補苴．幾經竭蹶．邇者．又創銀行．開鐵路．議論紛如．有人焉忽語以國外經營．難圖速效．縱不笑爲迂談．即謂留作緩辦．不知天下事有關大局者．以輕易視之．即後日失機之始．中國百餘年來所辦交涉．屢坐此患也．

南洋各島．華民流寓．不下數十萬．其經商安南．暹羅．緬甸．亦將十餘萬人．各島民受制於人．若安南西貢．苛斂煩征．尤不堪其苦．今除新嘉坡設領事外．他島都付闕如．而華民之思慕中朝．若不得事漢而寢食不安者．是以富商大賈．遠自外域納粟捐銜．其意以必得朝廷名器爲寵榮．又凡遇水患洊饑巨災．電報一傳．紳董相告．無不樂輸巨欵．以賙恤桑梓．其心懸家國．一本於至誠若此．

竊維西國之善政．在保商而愛民．彼國人之貿易中土者．必設領事以治之．又設兵船爲護衞．稍聞某埠有警．立調兵船駐泊其間．故商民之財業有恃無恐．而向朝廷之心日益固結．此即孟子所謂保民而王．莫之能禦者也．南洋流寓華民．既少領事扼其利權．又無兵船爲之保護．較衡外國．得毋令其寒心歟．

側聞朝廷謀復海軍．在德購造大輪．革故鼎新．興利除弊．四萬萬之黎元．莫不翹首而觀中興之治業．飛聲擬請大人條陳總署．增設兵輪數艘．駐泊南洋．設領事等處．以收商民之望．無事則輪派往他埠游歷．藉壯聲援．而每次出使大臣及派至外國學習員弁學生．皆附此等兵輪護送．至一切經費．若籌欵不敷．即由出使大臣與領事婉諭商董．鼎力勸捐．吾知必有踴躍歡呼．抒誠恐後者矣．飛聲東歸時．重抵新嘉坡．聞人語前日有北洋兵艦數艘游歷至此．華人乍見．大爲欣忭．不減重睹漢官儀．衆情趨向．不可見耶．

大人國家柱石．謀畫公忠．方今皇上側席以待諮詢．王公薦剡而資倚畀．安危大計．策出萬全．非草野所能忖測也。

南洋地圖．承伯純觀察在柏林時．曾倩一日本人照和蘭音．將各島名譯出．惜未蕆事．不知後來有足成者否．茲乘楊部郎往德之便．肅啓上叩起居．外附一得芻言稿本．恭呈鈞誨．不盡惶恐至意．潘飛聲頓首。

致羅星使書

稷臣星使大人閣下．去歲鄉人公餞行旌於港上．飛聲草衣卉帶．趨陪座隅．得仰光儀．復聞偉論．閣下言此次奉使．必當竭力保商．夫歐西今日之富强．以保商保民爲要義．閣下熟諳中外．維繫蒼生．所謂天生社稷臣也。飛聲海角餓驅．忝爲主筆．明知一孔之儒．靡所建樹．然發揮時務．猶欲於報紙闡其愚衷．不賢識其小者．抑亦爲大君子所掖而進之否耶．

邇日美西啟釁．港中耳目較長．聞飛獵羣島封港後．旅宿務之華商受虐滋甚．縱火焚屋．幽之海濱．資本盡虧．性命莫保．此處既無中國之領事．又乏南洋之兵船．身難奮飛．泣告無路．哀哀煢獨．奚罪奚辜．旅是地者．類多閩粵省人．言念梓桑．曷勝憂憤．月前聞粵商公稟粵督譚制軍．代陳總署．遂由總署致電閣下．轉託英領事保護。此事急救燃眉．不過援例從權耳．乃昨晤島上逃返之人．備述受苦情狀．言是處幷未見有英領事保護明文．再待月餘．糈糧盡絕．凡我種類．雖未經礮火刀兵之厄．己罹死亡喪亂之凶．誰無父母妻子之思．顛播異鄉．其忍言耶．

又昨接鄭陶齋觀察電言滬上人擬請日本領事代保華民．而亞細亞協會幷議發船往接．愚謂前此既有英領事允爲保護．則再致函日本．未免枝節叢生．若亞細亞協會本紳商私設耳．美西戰務已開．協會之船．何能駛進內地．思維再四．惟有請閣下致書總理衙門．一面由閣下力託外部．如英既允保護．即須英領事在飛獵羣島懸出示文．明保華商．俾外人不敢欺淩．將來商業．或有歸着．而莫要於請王大臣電報劉峴帥．令其撥派南洋兵輪駛往駐紮．以安商旅．幷壯聲援．

查南洋兵輪雖非巨艦．尚存多艘．可以馳赴南洋一帶而有餘．蓋兵輪專駐一隅．平日亦需餉費．今當有事之秋．正宜援例觀戰．藉資操習．夫西人之所以淩藐我中國者。恆謂中國不知保商・自棄其民・素未聞有兵輪駐紮外埠及馳赴觀戰者・邇當嘗胆臥薪・力圖整頓・看此一舉・則不徒急拯難民于水火之中・且振奮士氣・保存國體・其關繫大局・非淺鮮也。

中國近時則困於度支耳・使國脈尚存・與民圖治・恢復海軍・詎能緩耶・竊謂海軍欲興・苟能派駐外洋・則得商民之捐欵・易于反掌・蓋以商戰・則五洲無不可戰・以商守・則天下無不可守也。閣下尊俎周旋・熟籌大計・輶軒下採・不薄芻言・飛聲顧以梓里之私・乃爲海外生靈妄陳籌策・閣下嗤其愚耶・抑諒其誠耶・萬里滄波・不盡洄溯・統希原有・上叩起居・潘飛聲頓首。

寶鐵硯齋書畫記序

吾粵藏弆書畫以葉氏風滿樓吳氏筠清館・又吾家聽颿樓海山仙館爲最富・所收名蹟・不亞項氏墨林・然吳荷屋先生有辛丑銷夏記・吾從曾祖有聽颿樓書畫記・傳播藝林・家珍可數・若風滿樓海山仙館・則卷軸散佚・過眼雲烟・肆賈又割裂品題・描摹贋本・致令後人傳信傳疑・等蘭亭之聚訟・殊可慨也・

哈君少甫・夙嗜丹青・性耽翰墨・結客湖海・足跡所至・北逾燕山・南極嶺表・蚧洲諸島・搜索古籍・積數十年之心血・窮幾千里之梯航・購求珍秘・不下數百種・顧常不自私所好・遇有眞賞輒肯相讓・今老隱閭濱・間與二三遺老品評于爐香茗盌間・回溯滄桑・人琴無恙・雖所存不及昔年之半・然宋元明眞本具在・亦足自豪矣。題襟館同人・勸其輯錄成譜・少甫乃稍稍編次・成四巨册・辨別紙絹・詳載尺寸・印文跋語・一一無遺・取裁于高氏江村銷夏錄・陶氏紅豆樹館書畫記兩書・略變其例・附以近代名人投贈之作・吾輩自有千秋・後之視今・亦猶今之視昔也・是則少甫此編・有鑒于風滿樓海山仙館之迄未成書・流散可惜・鄭重墨緣・俾留考證・而與阮亭感舊・其年篋衍・同一風義矣・

晨風閣叢書序

昔張南皮有言・人自問功德著作不足以傳世・則莫如刋刻叢書。如歙縣鮑氏・南海伍氏・可決其五百年不朽・夫精選典籍・以餉學者・得非功德乎・書後題跋・附之以傳・得非著作乎・且偶然一書・流播千載・往往展轉重鋟・板片不完・繼以鈔本・唐宋以來・藝林珍秘・所在多有・簡楮之傳・詎能限以五百年哉・是則叢書之刻宜矣・近日刻叢書者・海內繼起・有編輯極精神者・有編輯未精者・然未有一部之衆・全無一可采者・自吾家海山仙館收入利氏算法・而元和江氏靈鶼閣・復羼入泰西政治游歷諸篇・不惟老儒士所旁涉・且爲新學派所歡迎・叢書之刻・又一變矣・

余嘗徧覽滬瀆書肆・書賈爲余言・去歲日本人來華・收去各種古籍・値七萬餘元・美洲人亦載去十四五萬元・伍氏粵雅堂叢書・選刻最精・又爲法人購全板片・移置巴黎博物院・余爲此大懼・懼夫東西人之能標重價・書賈嗜利・年年輸出・更有輂其唐宋秘本以供所購求・幾何不令吾華文物精華・典墳鴻寶・亡佚殆盡也・吾又大喜・喜吾華孔孟之道・

屈子史遷之文・以及諸子百家・灌溉西土・震旦文明・騰耀于博物院藏書樓之上・魁頭露介・低首于金題玉瞶之間・卷帙之殘闕者・爲我整而齊之・宋元之精槧者・爲我襲而守之・且彼既搜我所藏・他日我豈不能逐一獲回・如近人刻日本佚存叢書之例・吾更大喜・喜近日叢書之刻・吳縣潘氏・元和江氏之後・層出不窮・凡古之秘本・今之鈔本・皆網羅入於一部中・即可免流出外域・難望收復之虞・而綜彼繙譯各門・尤便新學派之采擇・如游萬生之園・五洲異物・供我快覽・如觀陳列之所・中西百貨・資我比較・是今日叢書之刻・益爲宜矣・

今秋余與沈君太侔・重晤于京師・出新刋晨風閣叢書贈余・僅第一集・而秘本鈔本已精美如此・太侔工詩文・平日足以信今傳後・是編之刻・爲保守國粹・免落外人・即以餉新舊學者起見・吾更願海內文學之士・家藏精萃以助太侔・功德著作・又不止傳之五百年已也・已酉十月・番禺潘飛聲序于都中春明池館。

盛世危言後編序

處昇平上下熙熙之日・而言禍害憂危・且處上下相蒙之日・以利交征・而籌畫以整頓之・更大聲以祛其私弊・人樂聞其言乎・而即從其條理乎・仁者用心・瞻言百里・非當時可行者也・昔馮氏校邠廬抗議・啚言官制吏治之當改・言人之所不敢言・幾於家置一編・乃共曉然家國之利病・同治之世・已復江甯・世許爲中興・當時曾左之徒・勛業顯赫・言行信于朝・猶未能奏而請行也・以迄光緒戊戌・始下詔發諸臣簽批・其言斯可爲天下後世帝王法矣・

吾粤待鶴山人・凜于歐美之富强・非等金遼之崛起・爰探佉盧畫革之文・以求大泰愷撒之史・上下議論・評隲輶軒・成易言二卷・危言八卷・公卿震鑠異材・采取進呈草野著書・窮極八表・洞矚洋情・爲數千年儒家之所無・補馮氏校邠廬所未備。天家留覽・東鄰翻鋟・不可謂非草野之榮也・顧書生之見・言易行難・長沙臨川・爲世悼惜・然觀山人出而任事・創辦電報局・則與西人大北公司爭回利權・贖還吳淞旱綫・并厦門鼓浪嶼海綫・迨津滬江浙閩粤長江等處電綫告成・即辭上海電報總辦・而預訂商股善後章程・繼而創辦上海機器織布局・造紙局・經營籌畫・均不受薪水・且爲各友押賬・賠累巨欵・創設開平粤局・與接辦漢陽鐵廠・開源購煤。條陳靡絕・總辦輪船招商局・大有起色・中日之役・密策換旂・賴以保全・而抉剔積弊・凡數千言・不稍忌諱・同列瞠目・洋役喪魄・莫敢欺飾・

及受神機營札委駐滬・隨時選購軍械・兼偵探敵情・彭剛直奏調粤防・親赴西貢・密察法人舉動・又至暹京・說其內附・毋資敵人・復密授越南漁人聯結奇計・皆以身投虎口・若犧牲其性命者・代理左江道時・西氛最熾・大吏弭盜術窮・山人先清理教案・以省交涉・擒獲匪首羅慶基等・境內晏安・創設巡警・興辦中小兩學堂・僅月餘而左江大治・羣盜歛息・士民交頌・總辦粤漢購地局・以美工程師沿途欺壓鄉民・即將所犯各罪・列明布啓・旋與湘省合力・爭回此路自辦・在廣州與同志創設商務總會・親擬振興工藝廠工程・舉凡四十餘年・殫精竭慮・以期不負所學・蓋昔之所言

者・皆以一身踵而行之也・

平生所蓄條陳上書論說序跋稿本叢積・可束牛腰・余于戊申十月至澳門・寓待鶴山房三月餘・與山人日夕討論時局・盡讀叢稿十六册・乃采擇要著・編爲八卷・名曰盛世危言後編・以別於前編・蓋前編者・言其所知也・後編者・行其所言也・山人坐言起行・斯世推爲經濟家・詩文其餘事耳・然天下滔滔・大材難用・范文正十事而未能行其二也・則山人行其所言・猶有待于斯世歟・宣統二年冬月・番禺潘飛聲序・

中華會館落成記

港中華商薈萃・貿易繁盛・向未設有會館・光緒二十一年乙未十二月始落成・初三日奠土・是日紳商諸君・衣冠雲集・恭詣關聖帝君神座前行禮・九龍協陳崑山副戎・命駕渡海而至・同人即延副戎主祭・華堂既敞・酒醴備陳・樂三奏爲迎神曲・三獻禮・皆有肅穆之容・神之格斯・如在其上下・陪祭諸君・以次拜階下・趨蹌左右・恭敬以將・曲譜送神・繼之團拜・諸君安和愉悅・揖讓從容・一堂之內・其氣雍雍焉・至夜張筵祀宴以樂之・歌頌辭以祝之・酒壺畢傾・酬酢悉洽・是日之會爲極盛矣・

館址據山之崇阜・搆堂三楹・紆迴以上・其地爽塏・距遠市廛・九龍諸峯・列於堂下・海澄若鏡・晃耀南榮・具山海之奇觀・洵巨靈之鴻寶・來游者莫不嘖嘖美之曰・是地鍾靈蔚秀・形勝佳哉・

余維會館之設・所以聯鄉誼而通商情也・港中商務日興・吾華旅其地者亦日見其衆・整頓商務・國家之關繫重焉・然非設館以聯絡之・必有勢分懸殊・扞格相窒者・今諸君鼎力以成此舉・其維持商務・即有裨於國家也・春秋子產對韓起曰・先君與商人・世有盟誓・詩曰・維桑與梓・必恭敬止・余觀是會之禮容・而知諸君之成全商務大矣・因樂爲之記・

擬重修前後五先生抗風軒碑記（集文選句）

子夏序詩曰・一曰風・（皇甫謐三都賦序）風・風也・（卜子夏詩序）風之所被（司馬長卿難蜀父老）上以風化下（卜子夏詩序）移風俗・（同上）故孔子采萬國之風・（皇甫謐三都賦序）曰若先生・（顏延之祭屈原文）芳風晻靄・（曹植王仲宣誄）抗茲同德・（陸倕石闕銘）前輝後光・（沈約齊故安陸昭王碑文）逍遙乎文雅之囿・（王儉褚淵碑文）游觀乎道德之域・（王褒四子講德論）以著述爲業・（班固答賓戲）取樂名教・（任昉百辟勸進今上牋）莫不北面人宗・（任昉王文憲集序）風美所扇・（袁宏三國志名臣序贊）於茲爲盛・（班固公孫宏贊）覩先生之縣邑・（夏侯湛東方朔畫贊）桑梓接連・（左思蜀都賦）故又爲郡人焉。（夏侯湛東方朔畫贊）或所曾同游一塗・共宴一室・（陸機歎逝賦）賦詩歸來・（顏延之陶徵士誄）習隱南郭・（孔稚圭北山移文）交得意而相親・（司馬長卿長門賦）園日涉以成趣・（陶潛歸去來辭）其制宅也・（石崇思歸引序）虛檐雲構・（王融三月三日曲水詩序）雕閣霞連・（張協七命）彤軒紫柱・（枚乘七發）綠葉朱榮・（曹植七啟）臨清流・（嵇康琴賦）擢水蘋・（曹植七啟）登翠阜・（張協七命）坐磐石・（成公綏嘯賦）承倒景以開軒・（張協七命）締構之初・（左思魏都賦）何其麗也・（嵇康琴賦）追思曩昔游宴之好・（向秀思舊賦序）猶在心目・（魏文帝與吳質書）去之彌遠・（沈約謝靈運傳論）歷世承基・（袁宏三國名臣序贊）無所改修・（任昉蕭公行狀）而州之有司・（潘岳馬汧督誄）以興廢繼絕・（班固西都賦序）纂修堂宇・（王屮頭陀寺碑文）自茲以降・（范蔚宗二十八將論）百有餘年矣・（賈誼過秦論）今而經焉・（潘岳懷舊賦序）厥跡猶存・（張衡西京賦）乃瞻衡宇・（陶潛歸去來辭）綠苔生閣・（謝莊月賦）芳草被隄・（班固西都賦）步寒林以淒惻・（陸機歎逝賦）撫錦幕而虛涼・（江淹別賦）訊之遺老（任昉王文憲集序・）凡此數子・（吳質答魏太子牋）蓋嘗賦詩云・（任昉王文憲集序）古人有言・（曹植洛神賦序）芳流歇絕・（顏延之陶徵士誄）大雅之所歎息也。（桓溫薦譙元彥表）於是纓緌之徒・（蔡邕郭有道碑）冠帶之倫・（司馬長卿難蜀父老）對之惆悵・（謝朓拜中書記室辭隋王牋）相惟先生之德・（蔡邕郭有道碑）慨然歎曰・（潘岳夏侯常侍誄）邈邈先生・（夏侯湛東方朔畫贊）振起清風・（袁宏三國名臣序贊）毓德素里・（謝莊宋孝武宣貴妃誄）爲世之範・（袁宏三國名臣序贊）詞賦作焉・（皇甫謐三都賦序）靡然向風・（陸倕石闕銘）誰之功歟・（任昉百辟勸進今上牋）若好古博雅君子・與我同志・（孔安國尚書序）庶幾有補於將來・（孔安國尚書序）是以察茲地勢・（陳琳爲曹洪與魏文帝書）觀其結構・（王文考魯靈光殿賦）爲之薙草開林・（王巾頭陀寺碑文）披榛覓路・（趙景眞與嵇茂齊書）閱水環階・（顏延之三月三日曲水詩序）傍巖拓架・（任昉南徐州蕭公行狀）爾乃文以朱綠・（何晏景福殿賦）修飾丹靑・（傅亮爲宋公修張良廟）五色並馳・（宋玉神女賦）如彼錦繢・（潘岳夏侯常侍誄）歷吉日・（揚雄甘泉賦）修完補葺・（陳琳爲袁紹檄豫州）可計日而待也・（諸葛亮出師表）想先生之高風・（夏侯湛東方朔畫贊）此一役也・（潘岳籍田賦）不亦重乎・（同上）是以論其詩（傅毅舞賦序）如千卷・（任昉王文憲集序）或爲雅或爲頌・（劉歆移書讓太常博士）固衆作者之所詳・（潘岳笙賦）此五子者・（李斯上秦始皇書）導清源於前・振芳塵於後・（沈約謝靈運傳論）騁馳翼驅・（嵇康琴賦）衆聲繁奏・（成公綏嘯賦）來芳可述・（顏延之宋文皇帝元皇后哀策文）百代同風・（阮籍爲鄭沖勸晉王牋）不亦遠乎・（潘岳籍田賦）僉曰休哉・（曹植王仲宣誄）士有此五者・（司馬遷報任少卿書）皆先儒之美者也・（杜預左氏傳序）惟此名區・（王巾頭陀寺碑文）復興於當今・（范蔚宗宦者傳論）然後以獻精誠・奉禋祀・（張衡西京賦）神鑒孔明・（夏侯湛東方朔畫贊）草堂之靈・（孔稚圭北山移文）於是乎存焉・（班固西都賦）自茲厥後・（王儉褚淵碑文）觀先生之祠宇・（夏侯湛東方朔畫贊）流管絃而日新・（陸機文賦）四百餘年・（沈約謝靈運傳論）風流彌著・（同上）思人愛樹・（潘岳馬汧督誄）有自來矣・（潘岳楊仲武誄）既畢・（孔安國尚書序）乃刋石圖徽・（沈約齊故安陸昭王碑文）直書其事・（杜預左氏傳序）以俟後賢・（同上）可得按記而驗・（皇甫謐三都賦序）

鄧壯節公傳

公姓鄧・諱世昌・字正卿・廣東番禺人・生性沈毅・氣體剛健・好讀書・嘗謂當求有用之學・少隨其父游滬上・目睹五方情形・語人曰・中外通商以來・交涉日繁・防海益力・中國輪船槍砲・事事取給於外洋・無論耗費已多・若不廣開藝學・振厲人才・何以爲制勝之具・聞者皆奇之。

同治七年・詔於福州設船政局・學習駕駛・凡風濤沙線測量電算轟擊撞截諸法・靡不研究精通・考列優等・十年派管建威兵輪・旋調琛航大副・歷充海東雲振威飛霆鎭南揚威等管帶・其時船政大臣沈公寶楨嘉公才識・即由五品軍功洊膺專閫・以公有志遠涉重洋・操習駕駛・派赴英德諸國・督帶新購俄艦回華・及援朝鮮亂黨・往返數四・皆備嘗艱險・歷保都司游擊・陞用副將・賞戴花翎・賞給勃勇巴圖魯勇號。光緒十年・法越構釁・公奉檄防堵・途次聞父喪・懇罷職歸里守制・大吏以軍務吃緊・按照軍營例・諄切諭留・十四年・臺灣後山番匪滋擾・大吏復調赴助勦・公冒險進攻・直擣巢穴・擒其渠魁・攻克呂家望大莊等處・諸番懾服・後山肅平・奉旨以總兵記名簡放・並加提督銜・旋借補北洋海軍中營副將・統帶致遠戰船・十七年海軍大操・賞換噶爾薩巴圖魯勇號・

公疊膺寵錫・益加振奮・自晨至夕督察船務・不肯稍息・有勸以節勞惜身者・公厲色曰・君未讀書耶・古人以身致君・苟於軍國有裨・身何足惜・且天地間有不死之人耶・我輩武夫・衽席風濤・不避艱苦・是分內事・況受國重恩・不趁精力强壯・力圖報稱哉・

二十年・倭人犯順・侵據高麗・公聞警報・義憤塡膺・激厲士卒・謂海疆有事・正英雄立功之日・今與弁勇約・殺敵互相戮力・違令者死・萬一不測・斷不獨生・即駕致遠兵

輪駛赴威海迎勦・復率海軍全隊押護陸軍八營赴大東溝・其時陸軍相率登岸・海軍統領丁汝昌排列諸戰艦・將與敵開擊・而統領知公能・倚爲左右手・令公所帶致遠船移翼座駕・無何倭艦魚貫而至・猛撲我軍・我軍戰艦列人字式以備・左右策應・而倭艦平排一字・爲斷續圍攻之形・漸移漸近・將圖扼困我軍・發砲衝擊・倭艦矯捷・閃爍靡常・公目眥欲裂・髮皆直指・鼓輪直出・舍死撲攻・瞥見倭酋巨艦突前放魚雷・欲擊統領座駕・將及・公親發砲擊魚雷沈之・再發砲中倭巨艦・艦亦傷毀・是時烟浪沸騰・敵船大震・公勇氣百倍・乃開足輪機・駛近倭陣最巨之艦・復轟燬其一・倭陣大亂・莫不驚慴公之雄猛・遂舍我諸艦・合力環攻致遠・開花炸彈・密如驟雨・飛空而下・聲震巨霆・黑霾障天・惟見炮光激射・咫尺不可復辨・公見危愈奮・督戰愈嚴・左右前後・罔不受敵・雖極力還砲・衝突欲出・而船已受重傷・船底又爲魚雷轟裂・倏忽沉沒・公墮水中・猶奮擲大呼殺賊不絕・義僕劉忠隨從同蹈海・倉猝間携得浮水木梃・讓公抱持・公拒弗納・浮沉波浪中・有平日所豢犬・鳧水尾隨銜公臂・極力拯出水面・仍墜波底・公遂抱犬俱沉・時八月十八日也・

奏聞於朝・天子震悼・奉上諭着照提督例從優議卹・鄧世昌首先衝陣・攻燬敵艦・被溺後遇救出水・義不獨生・奮擲自沉・忠勇性成・死事尤烈・著加恩予謚・旋經部議・加贈太子少保銜・予謚壯節・

論曰・大東溝之役・倭人以兵艦十二艘圍撲我軍・我軍以十艘禦敵・互相轟擊・相持至數時之久・公卒能轟沉敵艦・衝突敵圍・各國觀戰者咸謂公之奮踴直前・爲環球水戰以來目所未睹・設使致遠猛撲倭艦時。定鎮廣甲各巨船左右夾攻・踴躍相助・敵船雖衆・何難一鼓聚殲・乃致遠被敵環攻・又復畏葸坐視・不相援救・致公力竭捐軀・全船俱沒・長城先壞・大局遂至決裂不可收拾・今道公事者・無不哀悼流涕・深痛恨於僨事諸將也・

越臺秋望賦

噫嚱乎・金虎殺節・朱鳶成秋・登越臺以一望・杳炎海之悠悠・森寒煙於日腳・悲落木於城頭・念關河之歲暮・悼烽火於窮陬・對此西風殘角・古堞危樓・莫不溯滄波而欲絕・感戎馬以增愁・若夫萬瓦欲流・烟郭如畫・帆影無極・江聲忽邁・遵銅柱以爲期・指金滸而問界・睇澤國之露零・聽土囊之秋噫・攬佳日以翺翔・席嵐翠而成疥・

何乃頻催白雁・數劫紅羊・天慘慘而送雨・雲漠漠而含霜・風日淒緊・山川悲涼・悵攜尊於九日・愁捐玦於重洋・登高落帽・望遠沾裳・況復袄氛上河・蠻烟沈海・斷港蕭瑟・戈船逶迤・觸貪狼之兩角・掉飢蛟之一尾・初捲浪於龍堂・近吹腥於海市・黃灣之橋臥虹・魚珠之山對壘・咽哀笳而未斷・釣孤月而忽起・則登斯臺也・將有裂眦越裳・嚙齒五嶺・倚劍甌閩・揮旗參井・戮鯨鯢以封觀・洗劫灰於俄頃・正天地之義氣・壯河山於服領・豈必撫空谷之搖落・弔滄洲之頑獷也哉・

於是僕本恨人・遙懷曷已・漆室同憂・危欄獨倚・方欲挽銀漢於高秋・請長纓於南紀・腸斷黃花・魂銷白水・下歌

舞之岡頭・溯蒹葭於萬里・

閏端陽賦

維乙未之歲・日次斗宿・夏巳三而非季・月過五而未六・蘭湯將冷・蒲酒再熟・余羈蹤海角・逭暑塵中・披襟自適・載酒相從・與客登港山之頂・遙盼海門以東・見乎戰雲悽黯・兵氣冥濛・長蛇欲徙・京觀未封・黑旗待奏天山之捷・鐵艦不渡海馬之宮・而斯地也・赤靈辟兵・飛白扇暑・青山如故・白日可舞・縱觀飛鳧水馬之爭捷於曩評也・繁絃雜吹之幽怨於昨盟也・香羅細葛・釵符繭虎・重來雜遝・而愈覺其多於情也・

於是客顧而樂之曰・夫良辰莫再・佳境易失・况氣朔之餘・一閏千日者哉・今吾與子垂翅南溟・鍛羽喬嶽・投文弔屈・破浪慕慤・借馬當之神風・飲滄海若河朔・賽龍逐興・鼓鷁追豪・佩仍結艾・印復懸桃・解連番之菰黍・合衆醼之檀槽・奚獨醒而戚戚・當宿醉以陶陶・是天地與吾以可樂之境・幾何時而不遷・造化與吾以可樂之機・忽過眼而又遭・且夫此日之江城玉笛・其同於前日耶・抑不同於前日耶・前日之洛水緣船・其異於今日耶・抑不異於今日耶・

余爲之愀然答曰・君不見瀘水之師乎・尚入不毛之地・又不見海外之賊乎・猶待續命之湯・彼蛟蜒之欲上・此角弓而未藏・吾不避兵而魍魎弗遇・吾不躡柳而戎馬敢忘・繼水嬉之角逐・取一鼓於龍驤・夫驚弓之梟而不弋羹之・缺食之虎而不鏃擒之・月何爲而多此卅日・歲何爲而閏此一陰・天授以時・而虛靡兩度之金・惡類不翦・且恐游光之相尋・故樂子之樂兮・誠不可以終極・而憂吾之憂兮・孰知永傷於余心・客乃俯而思・仰而悟曰・時哉時哉・其在此度乎・遂重與酌艾菹龜・而補天中皷鬼之賦・

蔡乃煌 一八五九年生 一九一六年卒

字伯浩・番禺人・清光緒十七年順天鄉試舉人・少警敏・文藝捷給・納貲以道員分發湖南・主湖南礦務局・善後局・署督糧道・隨調四川洋務・礦務・商務・軍裝諸局總辦・升郵傳部左參議兼署右丞・授蘇松太倉道・民國五年任廣東禁煙特派員・以政治牽連爲粵督龍濟光戕害・

行素齋雜記序

夫郢書燕說・本稗史之濫觴・賓戲客難・迺滑稽之隱語・猶且珍殘編於拱璧・捃逸竹於淪琛・況復內府球圖・中原文獻・許懋學語邦典・應劭事達國章・掌故所登・於斯爲信・

蓮畦廉訪・妙年通籍・等身著書・郎署迴翔・許窺中祕・樞垣供奉・諳習官儀・每當邸舍春寒・僕廬夜永・借上方之筆札・抱別錄而校讎・凡夫臣向編摩・帝嫣歌詠・郊壇封禪之表・河渠鹽鐵之書・靡不洞澈條流・綜歸貫串・所著有行素齋雜記・閎綱鉅典・鎖聞軼事・如掌斯指・熟耳能詳・蓋史家記載體也・

今夫懸圃未御・烏睹璆琳之奇珍也・蠡勺甫傾・難語渤海之巨浸也・世有目營四部・身局一隅・往往說建章之千門・觚棱莫辨・會叉闍於萬國・蕠幣茫然・又或藻飾雕輿・張皇法服・謬獵馬卿之賦・浮采揚雲之詞・踳駮滋多・譌舛

斯甚．是書有張華之淵洽．同蘇晃之精詳．每下一籤．知綿蕝之手訂．偶陳半解．如琅嬛之昔游．斯則安石碎金．攸裨册府．昭明錦帶．永寶謨觴者矣．

時局推遷．車書混壹．工習侏㑩之巧技．士效佉盧之異文．而廉訪久厭承明．思拓遠略．權節方秉．臬事遽陳．顧下走而傾襟．出新編而命序．江河萬古．願同迴滄海之瀾．鉛槧千言．且更續春明之夢．光緒辛丑秋七月．

何啟

一八五九年生　一九一七年卒

字沃生．南海人．家素豐．而苦學過於貧賤．弱冠游學英倫．卒業醫科．後習法律．考試列第一．獲大律師資格．初在香港以醫術問世．旋改操律師業．時中西大吏均欲羅致之．啟謂寧爲無俸之員以利華民而行吾志．留英時．娶英國貴胄雅麗女士．不數年病逝．一八八七年以其遺產捐建雅麗氏紀念醫院誌念．沾其惠者甚衆．附設香港西醫書院．親自授課．孫中山先生第一屆第一名畢業生也．啟在港．常發表有關革新救國之主張。所作多以英人文發表．而由舊同學胡禮垣譯爲中文．其重要論述有中國宜改革新政論議．勸學篇書後．新政眞銓．新政安衡等．光緒二十一年八月．中山先生假香港西營盤杏花樓召開會議．商討廣州起義方略．啟與德臣西報記者英人黎均出席．被推主持會議．任革命軍發言人．又負責與黎德起草英文對外宣言．期起義成功．即分送各國要求承認義軍爲交戰團體．事洩失敗．是爲乙未廣州之役．二十五年．與區鳳墀等助陳少白在港創刊中國日報．鼓吹革命．翌年．義和團亂起．瓜分之禍．迫在眉睫．時李鴻章督兩廣．故主張興中會與鴻章合作．鴻章宣告兩廣獨立．而孫先生率興中會員助之．推行新政．啟與港督卜力爵士面談．極表同意．允代向李接洽．李初表好感．後因聯軍入京．兩宮西狩．鴻章北上．此事遂寢．宣統元年．任香港大學勸捐董事會主席．越二載．即民國元年．香港大學成立．次年．啟創辦之香港西醫書院併入焉．六年逝世．年五十有九．

中國宜改革新政論議序

丁亥春閱西報有曾侯中國論．謂中國昔睡而今醒．舉其購戰艦．築炮臺．保藩鄰．防外侮等事．凡所謂外攘夷狄者．言之歷歷．而於任賢能．黜浮僞．核名實．洽君民各節．凡所謂內修政治者．則略而不詳．予見其本末舛逆．先後混淆．雖其在官言官．或別有說．而事不離實．恐虛文粉飾．非徒無益．而又害之也．乃爲英文書以辯之．將中國弊政大端．亟宜改革者．侃侃而談．賈生之痛哭上書．敢云謗議．劉向之條陳封事．自許直言．

未幾曾侯之文．有譯登華文日報者．予恐其附和者衆．而中國愈不可爲．乃以示胡君禮垣．胡君取予文而衍諸華文．遂爲中國先睡後醒論書後一篇．言之切直．具有同情．然其時法越之難已解．讀者或嫌其過激．疑爲無病之呻吟．不知方今之勢．正如抱火措之積薪之下而寢其上．火雖未及燃．不得謂之安也．

不然．今者高麗之變．中日所爭．宜於平壤一戰而止．而日本之兵．乃渡鴨綠．攻九連．據蓋平．越分水．一擬由遼陽而犯順．一擬由威海而寇京．噫嘻．何其貪天之功．夜郎自大．一至於此．然究其實．無非中國積弊之由．蓋孱弱之人．其不能執干戈以衞社稷者．理則然也．腐敗之物．其不能作砥柱而鎭狂瀾者．勢應爾也．是故民政爲本．軍政爲末．內修爲始．外攘爲終．次序後先．決不能紊．今既不幸而書後之言幾於無一不中．向之嫌其過激者．皆謂中國弊政．宜乘此時改革從新．來相問訊．以予既有是言．又忝居

議政局員・參議於外國政府者・歷有年所・意予必別有所見也・

予應之曰・中國而欲興・其惟復古因時乎・復古可以改・因時則無不革・新政在是・無俟他求・閒嘗推求經國之故・見乎外國之爲・稍有合於我中國古帝王執中之理・隨時之義・則無不興・反是則無不廢・然則中國欲新其政・以興其國・正吾夫子所謂我欲仁・斯仁至耳・乃條列復古因時各要略・而次其本末先後・時胡君在日本・亦以書來・即以是質之・蒙其引伸觸類・暢我欲言・復成此論議一篇・還以質之於予・同人閱者・爭醵資付梓・欲達其言於當道・明知不在其位・不謀其政・然而時艱蒿目・日切杞憂・情在於斯・義不容已・故從衆所請・聊作芻蕘之獻・以備衮衮諸公之採擇焉・光緒二十一年歲次乙未三月何啟序・

新政安行序

客有問於予者曰・今中國時事之迫・如馬在埒・如弩在弦・速者一年・久者二年・最遲亦恐不過三年・而瓜分之事必見・蓋離析分崩之局・久已存於外國之意中・而侮亡摧亂之機・又已露於中東之一戰・其所以持而未發者・尚欲中國之毅然一變耳・乃閱三年而弊政依然也・則中國之不能自治可知矣・再閱三年・而弊政依然也・則中國之不能自治愈可信矣・至天下各國共信中國之不能自治・而中國又不可以不治也・則瓜分之事・勢所必然・使先生處此・將何以整軍經武・却退强鄰哉・

予應之曰・是謀非吾所能及也・無已・其行新政乎・新政者・所以救中國之藥也・今不乘他人遲而有待之日・爲我立行補救之時・而惟是惴惴然・日恐他人之來・竊竊然・日幸他人之未來・或且皇皇然・亟亟然・治我軍械・修我甲兵・以爲防禦他人之果於一來・蒙竊惑焉・何則・中國而與一國戰・中國猶未必其能勝也・以中國而與數國戰・中國更何望其能勝也・使借助於鄰國而勝焉・是中國雖勝猶敗也・使借助於隣國而敗焉・是中國一敗再敗也・縱使勝負無常・僥倖一勝・試問中國果能善於其後否・

戰陣之事・如奕棋然・其子能動者則勝・其子不能動者則敗・今中國戰局・蓋必不能勝之局也・旅順非我有矣・威海非我有矣・大連灣非我有矣・廣東灣非我有矣・澎湖非我有矣・舟山亦將非我有矣・此數處者・皆出入中國之門戶也・而已盡爲他人所踞・全局之輸・可望而見・猶欲驅不教之民・以當鋒鏑・一何其計之左・心之忍也・

夫殺機逆天・移星易宿・殺機逆地・龍蛇蹈陸・殺機逆人・神號鬼哭・誰則忍是而生此殺機哉・迹其所由・乃不行新政之故・而新政雖行・亦有所不能者・乃不能先行厚祿之善法・次及理財之良規耳・客唯唯而退・子思中國非不欲行新政・而獨未得其方也・因與吾友翼南商推而成是篇・並作勸學篇書後・使行新政者勿復疑・

何國澧　一八五九年生　一九三七年卒

字定怡，號蘭愷・一號蘭陔・順德人・光緒戊戌進士，授翰林院編修・歷充國史館纂修・實錄館本紀處・武英殿協修・

本啇門保薦碩學鴻才．掌教本邑鳳山書院．作育多士．民國後居鄉不出．日唯賦詩飲酒自娛．遺著有易義闡微．古鏡妄言．澎海老人詩文集．

香港永安公司二十五週年紀念序

何國澧

蓋聞天地人皇之統．迴八萬一千歲以爲期．夏商周代之基．紀四六八百年而遞算．赤精頌漢．則曰六五四三．黃裔傳華．何止百千億兆．昔孔子端門受命．一百二十國之寶書．泗水奉天．二百四十年之青史．是皆囊括古今．筆宣日月．若乃表蓮華之瑞．隨時而鳩祝南安．布樹蘭之威．志地而鷹揚北井．梅感春秋而有賦．宋璟之館授東川．花逢朝日以成吟．李白之城登西蜀．白傅得詩．樓傳江郡．坡公作序．渠誌唐州．莫不記地書年．光前裕後．

今香港永安公司之設也．雖三三創自清朝．實寓萬年永漢．況九九居乎租界．豫徵五代安和．堂倚平山．等閩中之福地．江環香國．擬湖上之蘇臺．此臺勝夏癸之瑤．兼增瓊室．此地通春申之寶．無患李園．昔故絳之北翟東河．強稱天下．益州之西戎南越．富擅國中．其即香港之謂乎．若公司者．羅萬貨以開場．統六洲而互市．地珍天寶．則二五之精凝焉．日光月華．則二五之數闡焉．足蹈二五者．手把何止十文．指勾二五者．音賞豈惟三弄．不分東外．二五之耦偕來．多有弟兄．二五之流盛集．漫笑燕丹結客．金屬虛糜．何妨叔隗待郎．玉求善價．書曰．資富能訓．唯以永年．詩曰．雖則劬勞．其究安宅．其即公司之謂乎．

迺者花風已過．洄溯風流．菊月方臨．持評月旦．週二十五年爲紀．懸二千七賞於門．仿開元之明經．試招博士．借元嘉之文德．作戰雄師．布以宗均．合羣有告．求之特秀．捷足先登．金品分三．標題列六．

其一曰．今後我國之補救及對外政策也．試思共和之謂何．豈不聞建康檜相．外不戰而內爭．卹民之謂何．豈不聞輔政桑哥．利未興而害至．或如周廷告難．而晋豈長依．或如楚國聯盟．而秦烏足恃．縱日巡木鐸．空張驪騶之旂．亦僅得皮毛．未振豹貂之勢．非通濟太平之有策．欲里鄰相助而無從．夫惟戮力壹心．人人學魯．攻遼收代．將將如嬴．文辭求善於諸侯．而國書毋折節．甲兵數精於庀賦．而民戶毋勤輸．接使者盡王融．有辯才則不辱．居官者皆李勉．無私積而忠公．則雖僭越國若日烜．可使之謝罪．襲新羅若承慶．可率以從華．內政外交．或可漸資補救也．

夫其二曰．開發全國實業簡易計劃也．竊謂乾以易知．五奇之積．坤以簡能．十偶之成．而二氣之化行焉．儻實意弗存．呂壽州之忠良鮮矣．虛名空騖．蘇桐山之制誥徒然．宮市則白望交橫．委官搜索．錢穀則朱簽鈎考．計戶取充．何不憚煩．卒難爲計．夫全國者．皆神明之後也．思其始而成其終．開發者．救時務之先也．憂人憂而樂人樂．法朱公之去越．治產不外力耕．戒閹宦之蔽明．開鑛自饒國利．但使度厥山川．量其入而修其賦．利吾器用．政得節而官得人．以實業之物勸商．而金像珠子不必貴．以實業之科課士．而四門太學不必誇．以實業之事率農．效劉昌之墾田爲軍食．以實業之器考工．戒孫晟之撤案而臺盤．斯爲簡易之方也．

夫其三曰．商業道德如何增進也．慨乎大賈居奇．敢借異人而竊國．貪商肥已．不慚武伯之食言．詐重信輕．人誇芒卯．玉貴珉賤．市棄聖俞．如漢文帝之中年．告緡盜鑄．似韓景侯之末造．時絀舉贏．造贋物以欺人．古鼎舛魏朝之月．射倒光而眩客．華燈接明廟之期．夫交子錢引用之常也．乃慘刻聚斂以爲工．薪粒貴踊時之變也．胡休養生息之不恤．嗟夫．世道如斯．商場爲甚．盍思聖門億中．史何以大書端木之生．國寶庇民．傳何以深著晋文之信．蓋經濟必原於道德．增進首在乎公平．造私引者衆莫容．匿鈔錠者人共棄．有時和糴．毋限三日之糧．或遇賑饑．毋欺數口之粥．苟舉一而反三．可積千而累萬矣．

其四曰．推銷國產之最良方法也．論者謂物日出而日新．工愈研而愈巧．閉關未必智．安土未必仁．然如荀勗之律具．何承天之漏箭．則時表奚假外求．羲皇之天數．梁武帝之地圖．則算術實由中出．是或然與．以言國產．衣服其一也．綾有取乎淳于．美哉鉅鹿．錦何需乎大食．鈍矣橐駝．飲食其一也．茶貴建寧之紫筍．靴奚愛夫胡人．酒逾西域之蒲萄．醪莫先於儀狄．器用其一也．錦障分石崇之半．已覺有餘．屏風列庾信之全．常無不足．動植物其一也．合穗表嘉禾之瑞．大圍類樟樹之多．陽雁來懷集之區．神馬出夷陵之穴．悉數無窮．推銷有法．官不設都均之擾．關市無征．令不懸開採之苛．比閭相勸．觀於外國．古里東南之忽魯．布盡彰身．丹眉西北之洛華．紵皆纏首．況五土旺於中央．五材生於民用者乎．夫伐鼓而日銷其蝕．固有同心．然用幣而社推其通．尤爲實效．此則善能舉要者矣．

其五曰．現代經濟變遷之概要也．夫使政若宋苛．猛虎視眈而欲逐．遊如元獵．飢鷹食飽而飛颺．等嘉靖之交鈔．空居主位．同萬歷之銀礦．全進內廷．征百陪於漆林．餉萬加於兩乘．遂至陰陽感召．而論者斥爲迂．盜賊繁滋．而攻之猖益甚．豈苟變之民果賤乎．儻復限口而算牛．縱使有牲而無幣．化民乏條桑之食．餘夫鮮一畝之耕．然觀夫城市中．則案牘之張皇．有踰於大理．景物之鋪設．直擬乎帝京．服物鬭西華．不數兩河之絹．屋居陵北極．連排宿衞之楹．歌兒夜月之絃．年年元鼎．酺客秋風之宴．日日祥符．以言婚嫁也．淫固犯任延之禁．正亦踰媒氏之儀．以言生終也．盛三日一月之筵．僭四綍六軍之制．尤其變遷之大者乎．

其六題則香港永安公司二十五週年紀念序也．昔之泉上爇香．指月念罽賓之祖．山前浪港．計日紀高麗之蹤．永和之九載蘭亭．今昔文增俯仰．安邑之千株棗樹．貨殖傳有留存．若夫山棧海航．曲水則序成三月．隧分貨列．市場則序合兩都．勸農即以通商．則大定二十五之年可念．遠方而致異物．則中統二十五之紀堪傳．今公司之徵序也．盛矣「哉．」若僕者無李廌曄然之作．難見賞於東坡．非右軍神品之書．亦未師乎北海．惟是二五徒知．安望顏回之十．公平徵理．敢參至正之司．題原六目以分標．僕總一篇而謬論．得毋見笑於大方家也耶．序云乎哉．

甲子何厚本堂聯壽序

維閼逢困敦之歲．距清遜國者十三年．其間世事幾滄桑．吾鄉幾風鶴．戰戰慄慄．日愼一日．以綿此十年一度之壽會．存存養養．歲增一歲．以集此百五十八之壽人．不可謂非天地之仁．而我祖宗德澤之厚也．

擧族欣欣然．介壽登堂．屬澧爲文．以侑康爵．澧笑曰．余今年六十有六矣．忝陪諸父兄居末席．毋乃以文自壽耶．況舊序相承．何必改作．僉曰．此一族盛擧．非爲爾一人．且值此新世界．新歲月．烏可以無新壽文．余唯唯不敢辭．惟聞新之一字．則大有感矣．

夫昔之所言新者．曰新命．命受自天也．曰新德．德建自皇也．曰新朝．朝必有主也．曰新民．民統於一也．賈誼不云乎．冠雖敝．必加於首．履雖新．必貫於足．何者．上下之分也．今之言新者何如哉．紊而尊卑．亂而長幼．混而親疏．詡詡然號於衆．曰同胞．曰平等．以是行之一國．而一國不知誰尊．誰長．誰親．行之一家一族．而一家一族．不知誰尊．誰長．誰親．勢且流爲貴壯賤老之異俗．尙得有如今日者．父兄居上．授几肆筵．子弟居下．稱觴舞綵．皤皤然．濟濟然．以共享天地祖宗之福也乎．此可見家族大義之容渝而深．幸我父兄子弟．古處同敦舊德．先疇循循未泯．不隨今之所謂新者以爲新也．

惟是新之一字．又有可爲我父兄祝者．莊子曰．吹呴呼吸．吐故納新．熊經鳥伸．爲壽而已矣．淮南子曰．王喬赤松．吸陰陽之和．食天地之精．呼而出故．吸而入新．儲光義詩曰．願以桑榆末．常逢甲子新．今正當甲子之年．古人迨爲我頌也．有可爲我子弟勉者．國語曰．尊貴明賢．庸勳長老．愛親禮．新親舊．然則民莫不審固其心力．以役上令．以此言新．直萬古常新可也．澧也兼父兄子弟之班．故敢以諸說進．是爲序．

清故中憲大夫封川縣儒學訓導蘇君墓誌銘

君諱若瑚．字薌林．號器甫．順德縣人也．生道光之季．時士鶩帖括．而君一以通經學古爲高．齓能詩．寫呈外祖何公．耆宿也．兩賞之．而君志不在是．長則大肆力於經解諸書．通古音．又日討金石以證史傳．逮圖算地理罔弗究．閒以其餘及詩古文辭．中晚歲道益尊．名益高．問業者．求書文者．商攷訂者．屨恆滿也．而心益下．嘗謂學無窮．吾讀四庫總目．而知著書非易易也．故矢志不著書．教亦無窮．吾始自信盡吾心當得賢子孫也．既而歎曰．吾安得有賢子孫．士習囂怠．而莫克挽也．嗚呼．由後之說．倘所謂何有於我者耶．觀乎門多俊彥．家有傳人．非其盡心大驗哉．

至於東脩之餽．時辭多受少．貧者且免焉．或更資以膏火．猶其餘耳．君不以道學自鳴．而動必以禮．取必以義．和不詭隨．貞不絕俗．四歲時．市履有有號夫子履者．母解爲孔聖人．則大喜．若將步趨焉．年十一．塾師客有饋於君．卻之．其人後以姦敗．師歎其識守．與人交不爲崖岸．而有所不可．輒規正之．余嘗以豔服過君．君曰．非後輩式也．雖小節乎而可想見君爲人矣．

自革命以來．向之負盛名於時．一旦進退失據者．比比也．君則寓書其子都門曰．與爲知幾之聖神．甯爲安命之君子．又恆自語曰．恨不死辛亥前．辛亥後則贅日矣．乃隱居城西村舍．非其人不見也．而自號曰艮廬．殆可止則止之義哉．

余交君久．甲寅秋歸自京師．一晤君．微語及時事．若有隱痛者．而君遂從此逝矣．以丁巳正月卒於烏洲里第．春秋六十有六．余惟君名節犖犖者蓋如此．而不知君者乃徒重其書．然君書亦實足重．書由漢魏以逮唐宋．諸體備而工．凡勒金石額祠宇．非君書不貴．學人經指授．多有所成．故君書蹟遍遠近．

君爲光緒丙子舉人．充咸安宮教習．大挑選封川縣訓導．以子寶盉官禮部主事．覃恩封中憲大夫．妻梁氏．封恭人．妾周氏．子寶盉．寶慈．梁出．穀似周出．後君弟女二．適馮嚴．孫男女二十三人．以某年月葬君於本邑小灣鄉相公岡．

銘曰．遺老之逝兮．忍閱此滄桑．嗟余後死兮．若存而若亡．抑將慰君以無憾爲．身名節而子義方．君乎君乎．藏其永臧．

張啟煌

一八五九年生
一九四一年卒

字筱峯．開平人．孤苦向學．博通經史．受業簡岸讀書草堂．三年乃歸．與台山趙宗壇設教新昌．鄰邑來學者衆．舉光緒癸卯恩科鄉試．服官山西．辛亥後．設帳澳門．旋遷教香港原道書院．遵簡岸遺規．沈潛務實．不尚聲華．著有學門述要．五經述訓．孟子講義．四書文法．朱九江先生集注．殷粟齋文集．帖聯會編等．

開平縣志序

二十四名史者十．名書十有三．獨三國以志爲名．志．誌也．凡以誌事也．周官外史．掌四方之志．小史則掌邦國之志．今之縣邑．古之邦國．今之縣邑志．古之邦國志．開平以順治六年歲次己丑立縣．縣之有志．薛志最先．陳志繼之．薛志成於康熙癸丑．然未付印．付印自陳志始．時康熙乙未也．道光癸未．則有王志．於今百有十年矣．歷年既久．益以喪亂．志之尤其亟卻尤其難攷．光緒乙未．劉令以志事聘陽湖吳翊寅主藁．藁成未及梓．久乃失去．宣統己酉．馮令奉檄輯鄉土史．聘予啟琛弟主之．予時聽鼓山右．以書勗曰．鄉土史．吾弟之碎金云爾．出此碎金．勉成完璧．修志不難耶．旋啟琛赴京應學．以學首籤縣江西．而斯事又不果．

自辛亥之變．越九年庚申．李令設志局長沙．仍推啟琛爲總纂．啟琛豪於文．其文中之史．尤吾子京也．宋子京能成新唐書．宋公序可以無事矣．竟多年不成功．因亂告罷．而其藁亦遭毁．無僅存者．見秦煙而不豫爲魯壁．賡續之難何如哉．

今縣長高要余公．以辛未蒞政．明年春．踵庚申故事．復設長沙之局．局中自采訪編修．以至校讎謄錄．皆效其職．而殷殷以啟琛所未竟者屬之於予．予辛亥去官歸來．伏處海濱．自分謝人事久矣．獨於修志之事．欲謝而不能絕者．律以浮海之議．父母之邦縱可去．揆之維桑之敬．父母之邦之事不可忘也．賴余公始終其事無少懈．向所爲三學三輟・乃幸觀成於今日・天時人事・良非偶然・蓋事之相左者・易而難・時之已至・則難而易也・然則辭總纂不居而與同人居分修之職何也・歐陽公與宋子京之於唐書・總則俱總・分則俱分・無階級之異也・成書期以半年又何也・明人以一年成元史・爲史家最劣・然邑志與國史不同・且爲經費所限・不得不策馬遲以追枚速・聖人云・速則不達・亦云敏則有功矣・

是志分十有八門・圖居首・易以圖成卦・書以圖獻卜・蕭何收秦圖書藏之・沛公具知天下阨塞・戶口多少彊弱處・圖之足尚久矣・圖是圖其地・應次以輿地而必先列沿革者・沿革爲未定之輿地・輿地爲已定之沿革也・有輿地而後建置興・禹貢爲地理最古之書・言厥土・亦言既宅・故次建置・周禮言建國者曰・體國經野・建置次以經政宜也・又曰・設官分職・經政應次以職官・今介前事於經政職官之間者・由今日職官所施之經政・溯及以往之經政・前事蓋徹上而徹下也・職官由選舉而來・當其爲職官・亦非選舉人才不可・孔子所以告仲弓之爲宰者可思矣・故次選舉・選舉行・則職官有善政・武城弦歌・滅明有力焉・故次宦績・間有宦績於彼而流寓於此者・凡名人蹤蹟・皆足爲山川生色・不必其施政也・故次寓賢・宦績寓賢雖外人・而觀感所及・則本境之人物應之・故次人物・列女亦人物・而禮云・男女異長・易亦男女分索・示有別也・故人物專屬男子・而以列女次焉・列女匪盡屬節孝・有長皆錄・再標節孝・爲表變風柏舟之義也・依旌例・節孝建坊・耆壽百歲亦建坊・五福之首・人瑞宜彰・故次耆壽・孔子言禮重文獻・耆壽・獻也・藝文・文也・故次藝文・漢藝文志不收金石・然金石亦藝文之一端・宋儒已有專輯・故次金石・古蹟多有碑石爲標識・故從阮通志次金石後・其有屬於此不稱・屬於彼而亦不得者・且或事涉細碎・捐棄足惜・又當如昌黎所謂兼收並蓄・細大不捐・故以雜錄終焉・張啓煌謹譔・

朱九江先生集注序

啟煌有幸・以及壯之年・得從學簡岸簡先生之門・三年而歸・既歸踰年・則朱九江先生集時方刊行矣・啟煌素憒憒・今賴先生之教・得聞九江脩身讀書大法・始恍然於三十年前凡百之非・而適以自勉也・斯在三之報固罔極焉・自光緒丁酉以來・得讀斯集・隨讀隨注・以備輒忘・然祇大略爲之・未敢希是注之成書也・

越三十有二年・己巳歲二月・先生從滬寄同門劉雪一書中・有書屬啟煌曰・在昔文選諸詩・皆得李善注而明・固也・惟其先顏延年沈約爲阮籍詩注者・原在文選注之前・李善因而采獲耳・今聞筱峯於九江集・錄其出典甚多・盍爲之撰注・附於集後・蓋亦傳習者義所當然也・啟煌承斯而以注成書之志始決矣・仍懼隕越長者之命・又深藉同門厲翼・將從容之以時日而成也・

是歲孟冬・先生從滬南歸・抵香港・啟煌與同門諸友謁之旅次・先生惓惓以九江集注爲言・命速將事・曰・今國文多荒矣・斯集不可無注以釋之・今予年七十有九・欲及見汝是注之成也・啟煌聞之喜・喜是書得先生及而正之・庶不至獲戾也・踰年三月・先生方在病中・啟煌又且懼・是用汲

汲．不避速成．迄夏秋間迺脫藁而呈焉．先生時病已瘳．遂袪其誤．刪其繁．命校刊之．同門關廉石校注文．其子集翰錄注．發刊時庚午歲臘月也．

利母黃太夫人行狀預藁

張啟煌

予自中元乙丑．由澳門教席移之香江．第四年兼應利宅夜學一小時之聘．其嫡次榮森．相長六年矣．旋考入燕京大學．初次伏假南歸．謁予言曰．先生成書多矣．今後仍有必須之著作者幾何．應之曰．為吾師簡岸先生作傳．無敢後．此外則森汝太夫人行狀．若為預藁．亦可以不請他人．六年內予知之悉矣．祇告予以其世系年譜．及一切子女便足．才與德之兼備．則無待為子者再述也．

森告以世系曰．母氏黃．一世軒轅．一百一十世澄洛公．生二子．長居政公．湻熙二年進士．已未聘入天章閣為待制學士．歷官中奉大夫．由福建莆田縣遷回南雄府保昌縣珠璣里．是為廣東省黃氏始祖．居政公傳至廿四世善遷公．即母氏之高祖．生子永輝永燦永珍永彰永琪永輝．公重遊泮水．生二子虞樂芹樂公．俱貢生．永燦公第二子平樂公庠生．官武略騎尉．其第五子鵬樂公．庠生．永琪公第二子華樂公．貢生．永彰公遷台山德星里．即母氏所生之地也．永彰公生五子．次子儀樂公．庠生．公即母氏之祖父也．儀樂公生沃為慶為溱為．長子沃為公．即母氏之父．公配赤坎司徒氏．氏之四弟武庠．司徒氏生二子．母氏其少者也．

又告以年譜及一切子女．曰廿六歲長女寶瓊生卅一歲三男榮根生．卅五歲次女舜華生．卅六歲四男榮森生．卅七歲香港堅尼地道新居落成．由澳遷港．四十歲四女舜賢生．四十九歲希慎公卒．側室張氏蘇氏吳氏．子七．銘澤銘洽榮根榮森榮杰榮康榮達．女八．寶瓊舜華舜英舜琴舜賢舜豪舜儀舜娥．寶瓊早夭．孫漢釗．孫女慶雲．告訖．予即將所知太夫人才德．舉其大者言之．

太夫人以子榮根游英．學成．得大狀師歸．及時未肯定昏．屬予勸之．曰男子雖甚智能．幾見無贊助於內．而能發展於外者．予初歸時．夫希慎一窮措大耳．俄漸起．起仍仆．何以仆而又大起．先後迴然若兩人也．予聞言．乃憬然悟曰．家人六四所謂富家大吉者乎．四於他卦為臣道．於家人卦則妻道．富家朱義以為能富其家．是由貧而富也．程傳則云能保其富．謂既富不使不貧也．此兩義．太夫人兼之矣．

其由貧而富．雖難尚易．富而能保其富．似易實難．忌而欲中傷之者多也．試問希慎翁及身．與其身後．內外所經過景況何如．太夫人於倉猝之中．持以鎮靜．卒能安內而應外．雖智能之男子不及焉．予以知太夫人之有才．才無大於此者．

鵲巢鳩居．宋儒以為鳩取性拙．幾於女子無才便是德．夫無德之才可賤．以無才為德．亦未足貴．召南之鳩．是鳲鳩．非取其拙．取其均平專一．是以詩詠鳲鳩者養七子而有餘．曰其子七兮．太夫人剛是七子．並女子及孫男女各一計之．現為十六．禮子統於父．庶統於嫡．故側室子亦夫人之子．觀太姒十子．而大雅思齊．曰則百斯男．其例也．惟其例仍須以太姒嗣徽音定之．無徽音．雖已出之子不能子．

徽音·才而有德之謂也·德又不妒忌·而均平專一之謂·太夫人已出之子·有兩妾子居長·其不妒忌可知·

予多年觀於其家·見子女熙熙·但分長幼·難判嫡庶·猶憶森從予受公羊·至隱七年傳·母兄稱兄·母弟稱弟·曰此大是語病·均是父之子·同母始稱兄弟·不同母遂非兄弟乎·予應之曰·昔顧亭林亦嘗向此辯論·森可云善讀書如古人·故與其兄根之處異母兄弟也·均若同母·然亦太夫人所感者然也·其均平專一可知·於文·惠從叀心·專一存於心·故均平見於事·予以此知夫人之兼有德·德無大於此者·

其餘家中任使·太夫人肅而雍·一門化之·從未聞有疾言遽色加之男僮女僕者·旅人之懷資得童僕貞·本義以爲六二中正柔順·故占象如此·以旅人通之家人·亦太夫人見德之一端也·

雖然·太夫人有如此之才·誰使之盡其才·有如此之德·誰使之不負其德·希慎翁知人之明·不可及矣·從來手創巨業之人·必其識量有大過乎人·如自天生成者·識一賢臣·不以讒間之·國立治·識一賢婦·不以色間之·家必興·二南多贊女子·少贊男子·觀此則不贊之贊自在也·清山西知縣癸卯恩科舉人張啟煌謹譔·

黃恩榮 一八五九年生 一九四三年卒

字幹南·三水人·光緒辛卯科舉人·官法曹·迴翔都下·任民政部醫職·辛亥後南歸廣州·隱於醫·創黃幹南藥行·與順德何翽高襄辦廣東醫學求益社及醫藥實習館·訓迪生徒·成就甚衆·著有幹廬叢書數十種·洄溪醫案唐人法·徐靈胎外科·唐千金類方二十七卷·刊行於世·

影存三水縣志後序

一代之沿革·必有一代之時勢以趨之·一邑之沿革·必有一邑之政俗以緯之·天道數十年一變·疆域山川、道理建置·數十年亦一變·惟人心風俗與鄉土人物相維持·恆數百年而不變·雖時有背鄉井·馳域外·思以趨新風氣·輸引而移易之·而葉墮歸根·水流返壑·卒不能以故棄其鄉·吾邑建自前明·割南海·高要數十里·畫區而治·其民愿·其俗醇·其力農·其業織·其男女勤而儉·耆儒碩學·名臣循吏·孝義節烈之行·志不絕書·大官大邑·身之所庇·蓋猶有先王之遺風焉·

夫運不極不終·數不剝不復·國變而後·東南民力竭矣·三水勢居上游·兵車輻輳·皆形勝所必爭·原野蕭條·人民遷徙·泥塗墜於軒冕·禮義藐若弁髦·識微之士·思返末俗·振儒風·慨然有鄉先達之想·誠慮陵谷既遷·文獻遽絕·後生小子·即欲諮耆舊·訪遺聞·考疆理物土之宜·搜文藝金石之略·渺乎不可得·士夫之責·又惡能已·

舊志始於嘉靖·脩於崇禎·至清而康熙·而嘉慶·中歷四朝·屢經纂輯·缺而未補·於今百有餘年矣·耆老大夫·搢紳先生·奔走相告·咸以吾邑文化之盛·極於同光·朝廷政局之變·終於宣統·其中書院之建設·公儲之蓄積·風俗政教之留貽·科舉人物之興廢·在在與文化相關繫·失今不載·滄桑再閱·杞宋何徵·第茲事體大·經費未集·採詠爲

難・起例發凡・後賢有待・乃相與搜求舊本・顧十無一二・叢殘守抱・竟落落如晨星・夫前事之不忘後事之師・名氏不傳・誰彰舊德・畝畝雖服・孰問先疇・遺本僅存・影留自易・字不煩於校對・圖有藉於鉤稽・梁君致祥・致廣昆仲・更創爲大事表記・補錄成篇・用諗來者・

昔章實齋著文史通義・謂郡邑志乘・隔三四十年・便當續修一次・遲之又久・故老淪亡・書缺有間・不特先輩嘉言哲行・義夫烈婦・與夫文人學士之偉著・泯泯無傳・即通邑大治・大亂而後・其事迹亦無從探討・余讀而韙之・此編之存・若斷若續・因是以覘時局之變遷・人材之消長・百年來政俗文化之盛衰・不可闕也・是爲序・

唐千金類方二十七卷自序

昔柯韻伯之著傷寒論也・分經以類證・徐洄溪之纂傷寒論也・隨證以類方・類證則以證爲主・而方附之・類方則以方爲主・而證附之・一則擧綱而張目・一則從流以溯源・義例雖殊・其便於通撿一也・顧傷寒一百十三方其類也易・千金五千三百方其類也難・傷寒一百十三皆經方・其藥悉本神農・無一毫之假借・其類也易・千金五千三百多古方・其藥不盡本神農・或有二三之偏雜・其類也尤難・石刻原文・毀於漆沮合流山下・叢殘掇拾・及得於道藏・書中全文竄亂甚矣・自宋高保衡・林億等・按文挍定・各加題別・稍有眉目・然證候錯雜・方藥參差・類而不類・論者惜之・

夫精研之力在平日・尋撿之用在臨時・千金要方・備急方也・觀其自序・謂諸方浩博・忽遇倉猝・求撿至難・比得方論・疾已不救・悲夫・欲求救急・莫如類方・不揣固陋・竊取史遷整齊故事之義・每方標擧一義・每義分列各方・其始按義以撿方・其繼審方以知義・羣言鱗集・附案尾加・眼光定而後手法明・界限清而後尋撿易・理固宜焉・顧或者疑之・仲景之學・雖至唐而一變・思邈於開皇咸亨間・獨開一派・淵源亦本長沙・麻黃・桂枝・乾薑・附子・搖筆即下・論者以爲漢唐家法・皆尚溫補・不知古今異方・南北異治・國運既變・病亦隨之轉移・近數百年・大江以南・葉・薛、繆三家・溫病・溼熱・內傷・虛勞・醫方流傳・備前人所未備・沾溉後人不少・至如肢體大證・沈痼奇疾・確非博採千金諸法不爲功・是書採奇搜秘・海上仙方・家傳絕學・包羅迨盡・徐洄溪爲一代名醫・治病多用金石・義本千金醫案所載敷塌蒸熨諸方・獨得外治秘法・中流一壺・豈足喩哉・

此編之成・藁經五易・歲閱六週・雅不敢與韻伯・洄溪相比擬・然體裁義例・成一家言・視張璐之隨文衍義・無所發明者・或似過之・區區苦心・即以備千金通撿之一助可乎・光緒三十四年戊申正月元日・

徐靈胎外科自序

天下之病・內科六而外科四・脚氣之成瘡・傷寒之刖足・時毒之發腫・內癰之隱痛・痰積之結痞・血瘀之留毒・是內是外・有形無形・經氣之不明・陰陽之失理・無以治內科・更何以治外科・熨湯之乏術・敷貼之失宜・無以治外科・更何以治內科・薛立齋之逍遙散・王洪緒之陽和湯・歸柴殭桂・專以內科之方治外科・非善治外科者也・神於外科

者・有清一代・洄溪徐靈胎一人而已・

靈胎精讀內科書・而往往以外科治病・醫案一書・發背對心・腸癰臂癰・乳癤流注・寥寥十餘條・手眼通靈・秘術心傳・開後人神智不少・外科正宗・瘍醫選粹兩書・亦經其次第批閱・指瑕摘謬・淘沙揀金・往往得寶・但方多徇俗・論亦多歧・初學讀之・不免神明自亂・因爲傳其精華・芟其駁雜・一以徐氏點定爲宗・求無背於洄溪辛凉透發・清熱解毒・通氣活血諸主旨・幷附以吳師機理瀹駢文効方・旁及西醫病變・手法治法・間參末議・雖未足闡揚萬一・洄溪外科宗傳・亦庶幾發一二矣・

千金癰疽諸方・首列五香連翹湯・洄溪謂香燥耗散之藥・斷不可輕於嘗試・近人推重林屋山人證治全生集・其自言藥味・香散猛烈・人多畏而不服・養癰貽患・非予之咎・未免自信太過・顯與靈樞空氣化熱・熱勝則肉腐・肉腐則爲膿・爛筋傷骨・及熱氣淳盛・下陷肌膚・筋髓枯・諸旨相戾・欲求瘡科無枉死之人・難矣・因復辯而正之・羣言淆亂衷諸聖・靈胎亦謂諸痛癢瘡・皆屬於火・膿流肉腐・皆傷之陰・凡屬外證・總以清火養陰爲主・靈胎外科・即靈樞外科也・

然余猶有說・醫學流傳數百年・隱晦極矣・外科一門・曾不思研究新法・求奇伎異術・以起廢疾而針膏肓・器械之不精・組織之未備・競欲以普通內科之方治外科・否則雜鈔一二經驗方・以矜神祕・一遇奇難怪病・輒復棘手・世遂疑中醫外科・遠遜西醫・試思扁鵲元化非異人・任良法具在・以約鮮失・即以病之能治與不能治・結果而論・與其信用西法針割痛苦而生・曷若師中法消託自然而痊・與其信用西法針割痛苦而死・曷若師用中法從容待盡而滅・如跌打傷科・西法則截趾斷肢・卒成殘廢・中法則續筋接骨・無損形骸・孰得孰失・必有能辨之者・

僕先祖積昌贈公・世傳外科・先大人愼堂中憲公・敬承心法・以醫濟世・廣州・佛山鄉志有傳・爰本其淵源家學・及私淑眞傳・爲世之讀內科書而學外科者告・

洄溪醫案唐人法自序

余少覽徐氏洄溪所著書・深服其議論・以爲學問理解・貫穿古今・澄思衆慮・每有疑義・一經疏析・洞若神明・及讀醫案一編・手法眼光・且驚且喜・誠有如袁太史作先生傳・所謂目瞠心駭・帖帖讋服・而卒莫測其所以然者・至其用藥・或引其緒・而未組其綱・或隱其方・而未詳其製・博檢冥搜・初學讀之・不無疑誤・晚著唐千金類方・始悟妙義精思・內治外治・唐人搜集之奇方・皆洄溪善用之神術・

先生自言喜用唐人方・今觀案中論治中風・首取小續命・產後血臌・變用肉桂大黃・黃連・肺癰亦集唐人以來治法・所批葉案・斤斤以天士未讀唐人書爲憾・因述徐案唐人法・以明所自本・參悟通徹・具有師承・其法雖不盡出於千金・而變通利用・足與千金相發明者不少・爲一一揭出・幷附鄙見說明・疑義旣伸・祕方盡泄・亦讀洄溪書者所樂聞也・癸酉七月叙於佗城西之幹廬・

幹南有政醫廬記

客問於幹廬主人曰．先生少工文學．長習經方．探微索隱．明陰洞陽．進醫人而醫國．儲宰相之材良．方將砥砭石以厲世．起痿廢以救亡．胡爲乎藥爐一室．奇書滿牀．器以大而適小．用取短而遺長．蒙竊惑焉．請明其志．主人曰．吁．子疑醫術非政要乎．夫岐軒論道．裁政之樞府也．甲乙鍼經．行政之鈞軸也．斟酌刀圭．驅使金石．敷政之經權也．僕從大夫後．與政治家相講求．見夫時局痿躄．士習詁狂．民情癰腫．營衞不通．骨脈解墮．脂髓焦枯．退而煎湯液．調醪醴以救之而未遑也．將以醫吾國者返而醫一身．

孔子曰．孝乎．惟孝．友于兄弟．施於有政．一門之內．整齊嚴肅．崇儉而黜華．去邪而扶正者．新刑律也．父賢子孝．兄愛弟敬．夫義婦順．書可讀．田可耕．守先人之敝廬．傳先人之志業者．新法令也．禮有之．醫不三世．不服其藥．吾祖業是有年．吾父業是有年．童而習焉．長而究焉．老而劬焉．士大夫以官爲家．罷則無所于歸．吾則以官爲寄．以醫爲歸．歸政於醫．即歸政於家．飲冰以治熱中．和神以舒膹鬱．澄心以靖瞀瘛．發墨守．起廢疾．鍼膏肓．此物此志也．

客聞斯論．矍然捧手興曰．偉哉．言乎．敷政優優．百祿是遒．行道有福．敬以爲先生祝．客退．爰泚筆而爲之記．

張其淦 一八五九年生 一九四七年卒

字豫泉．東莞人．光緒五年已卯領鄉薦．十年．補學海堂專課生．十八年壬辰成進士．二十年補殿試．授庶吉士．散館．改山西黎城縣知縣．在任四年．值義和團之亂．教民七名被戕．以保教不力被參．回籍．大府聘主龍溪書院．課士七年．栽成甚衆．後改捐安徽候補道．宣統二年夏．署安徽提學使．民國改元．寓居上海．著述自娛．遺著有邵村學易二十卷．洪範微一卷．左傳禮記十卷．老子約六卷．松柏山房駢體文鈔四卷．夢痕仙館詩鈔二十卷．五代詠史詩鈔六卷．邵村詠史詩鈔十八卷．明代千遺民詩詠初編十卷．明代千遺民詩詠二編十卷．明代千遺民詩詠三編十卷．元八百遺民詩詠八卷．東莞詩錄六十五卷．吟芷居詩話四卷．以上均存．未刻者有春秋教旨二卷．春秋持平十卷．讀老隨筆十卷．莊子旨歸十卷．郭子翼莊偶釋一卷．讀列隨筆二卷．寓園文鈔二卷．兩漢史論二卷．孟子學說十卷．紫筠籍雜綴四卷．

與黃日坡書

別離十載．風雨三秋．滬瀆花開．望珠江而浪遠．池塘草長．夢珊島以雲深．（吾邑城西門有珊瑚島）維道兄冲襟遠標．逸氣朗抱．禺陽深處．大好著書．求我軒中．有時覓句．寒矜雪格．合比松枝．詩雜仙心．視此蘭佩．

前月九日辱手書．訂西湖之遊．月何秋而不明．雲無心而偶出．六橋待緩春帶．三竺當折秋杯．然而新雨不來．舊約仍爽．悵碧雲於天末．采紅豆於江南．竹徑遲客．誰爲空谷之足音．梅花笑人．不念孤山之延頸．諺云有約．不到羅浮．不謂西湖．亦符斯語．僕舊歲暮春．暫返寓園．招邀親舊．足下惠然肯來．敷衽論心．舉杯申款．坐無車公不樂．

室有文學淸談・聯韓孟之吟・人數晨夕・寫松喬之頌・我亦神仙・特是左股蓬萊・跬步荆棘・未能同茗話於石竈・酌釀泉於酥醪・爲可恨耳・

夫徐福望海・嗟弱水之三千・庾信哀時・悲江陵之百六・方今大地霜降・神州陸沈・鶴言城郭之非・鷗覺海波之冷・陵谷既變・則皆爲草萊・萑苻所至・則俱成榛莽・九折之登比難・五丁之開匪易・仙山咫尺・不啻天際・黃龍聲吼・白鶴影單・望雲既遠・梯霞無期・自厓而返・如何可言・

爰於蒲月・復買蘭橈・相見乎羊石・相泛乎鵝潭・言返春申・恰逢夏午・足下開樽於訶子之林・扶杖觀金塗之塔・津梁之疲・一訊臥佛・羲爻之義・同參仲翔・德星朗而客聚・紫氣占而人來・良會不易・吟情漸豪・壺觴在手・則喝月月行・珠玉脫口・則餐霞霞暖・

於時驪歌在門・鶯聲留客・榴實綻赤・梅子添黃・更復垂楊落日・招珠女而喚船・芳草寒烟・訪花田而奠爵・蒲澗采蒲・正宜此日・荔灣啖荔・更訂他年・各有秋意・吟四壁之寒螿・黯然銷魂・聞一聲之去雁・凡我同志・皆有贈詩・量來十斛秦珠・操得千絲越網・篇什既積・深情如傳・足下輯而存之・名曰天南送別錄・乃知蘇李河梁之別・獨有千古・月泉吟社之集・祇留百篇・依依潭水・比桃花而更深・采采澗蘭・壽梨棗而長在・心乎愛矣・何日忘之・勉究玄學・愼保清虛・不盡縷縷・嶺雲在望・

答何菊朋世丈書

菊朋世丈閣下・執別以來・倏經隔歲・回憶梅花開候・竹院陰時・追隨學耕堂中・躑躅小山亭畔・銅鉢敲而明月出・玉軫調而綠酒淸・茶竈筆牀・鬢絲禪榻・評詩讀畫・樂何如也・

比者買棹珠海・賃廡穗城・開篇常對古人・臨池頗減吟興・春風跌宕・偶看北郭之花・舊雨迷離・尚想南皮之會・頃奉尺一・訓詞周備・承惠袁文箋正一書・乃是石君琢堂初刻・元圃華林・分片鱗以餉我・班香宋豔・隨隻雁以飛來・古抱今情・感泐奚似・

昨日張子鴻邑侯・亦惠朱墨本四六法海等書・酬之以小詩・物聚於所好・孫敬閉戶・蘇秦刺錐・愧超宗之俗譽・殊有鳳毛・似皇甫之書淫・幾忘馬足・然而父師督責・專在時文・騖博慮其紛心・飛騰欲其速化・遂使庭筠好學・戒讀南華・高鳳專愚・未窺東壁・每照月屋上・置燈榻中・驚雷不聞・發篋竊視・饜飫衆香之國・徘徊羣玉之峯・落霞秋水之句・流齒頰而亦芬・寒陵片石之言・雖夢寐而可語・文在斯乎・我之懷矣・

足下淸襟盛抱・畫手詩心・坐管甯之藜牀・效阮孚之蠟屐・圓茶夢而展謔・睹花落而傷春・小風波處・漁隱珊洲・有會心時・禪參玉版・猶復侯芭問字・承子雲之書・鍾期移情・聽伯牙之韻・因錦瑟而作註・衍槐火以傳薪・遂使少陵哀淚・流落人間・圓澤精魂・招來紙上・蓋梅士夫子草堂詩集・近已刻成・分貽朋輩・早已家奉驪龍之珠・人珍老鶴之

羽・梨棗壽之千載・梅花笑於重泉矣・

近復聞有夫子鋤月山房文集之刻・竊嘗披槐市之遺書・盥薔薇而卒讀・雅俗共賞・駢散兼收・因思國朝諸老・如稚威之奇才・容甫之鉅手・毛大可之傑作・阮芸臺之博學・以及邵荀慈之玉芝文集・胡竹巖之綠蘿山莊・均有成例・無煩贅述・

惟是夫子精華多在散文・雖江河不廢・間效王楊盧駱之篇・而金玉其音・實惟韓柳歐蘇之體・試觀菊會有引・句多游戲・花球紀遊・篇似少作・又如梓里勸輸租之啓・薤露成哭友之文・本非刻意・宜從刪節・倘謂安石碎金・流傳已久・醴陵餘錦・割裂綦難・亦或除香山之累句・置蒙莊之外篇・庶得枯樹傳而藝林驚・春蕪芟而孤花出・輪扶九服・桃壽千春・設使起夫子於九原・當不以余言爲河漢也・

晚近文人・希心弋獲・奉兔園爲鴻寶・指越馬作韓盧・販鼠難以得家・徵驢莫逢博士・今足下砥礪名山・留心鉛槧・文字可食・千年之脈望成仙・聲聞日高・九皐之鶴鳴能和・楮葉刻而玉編成・鄒律吹而黍谷暖・於以矯末俗・振頹風・鍼左氏之膏肓・表韓門之郊藉・甚盛事也・

然又聞足下每於大比之年・輒結數文之社・專習帖括・嚴定課程・話般若之元燈・尋終南之捷徑・蒙竊以爲過矣・且夫研經讀史・雖曰專門・潤古雕今・定多傑構・溯源頭於星海・植根柢於詞林・飲墨汁之三升・燒丹爐以九轉・門既探乎秘籥・選自中乎青錢・幾見董晁應策・龍鼎能扛・班馬復生・鵠袍久困也哉・雖曰文字之無憑・抑亦命宮之是繫・然而臨淵羨魚・不如操繩結網・入市尋貝・豈若採礦求珍・設使馬牛襟裾・蹲鴟誤解・怕聽才語・直是盲心・指王莽爲蛙聲・同挺之之伏獵・謂文選之孟堅非固・問峴山之太傅何名・此即秋賦竊登・春明選夢・本是濫竽之奏・久同沒字之碑・亦猶弋禽倖中・終殊善射之由基・汗馬徼功・豈似能飛之李廣・名實不副・識者嗤焉・

足下領袖詞壇・飲聯文字・竊謂宜精舍倣菊坡之例・山堂遵學海之規・剛日柔日・惜陶侃之分陰・文家詩家・識安世之三篋・五業並擅・九能兼長・尚有餘力・乃及制藝・在揣本而達末・毋急功而近名・庶幾採擷春華・鬱爲秋實・成東南之竹箭・收補救於桑榆・

他日者登科記在・珊瑚勞鐵網之搜・選佛經存・桑梓盡藥籠之物・鳳凰臺上・馬已空羣・金鼇塔前・魚眞可化・金鍼我度・玉尺人量・此則望切登龍而願深附驥也・敢竭款懷・以備採擇・更冀良訊・毋忝前修・

答陳子礪書

渡阻弱水・刦遇罡風・蘧廬歸臥・蓬山已遠・猶憶春明夢粱・掎裳連襼・王灣詞賦・可作楷式・呂溫聯句・如唱珠玉・方謂著書汗青・連榻輭紅・豈意遽成淪落・遂爾離暌・劉井叢桂・曾非留人・柯亭翠竹・望若天上・升沈之感・能無悵然・

自賦歸來・輒好沮澤・柳岸蓼汀・漁釣忘返・閒復溯獅子之洋・觀虎門之潮・洪濤瀾汗・蕩我胸臆・駭長鯨之截浪・睹浮鷗之隱霧・輒欲侶志和・友陶峴・作江邊漁父・呼蘆中丈人・虛舟涉世・持以忠信耳・

近者・酥醪道侶・招往羅浮・小隱棲遲・（酥醪觀有小隱樓）將近一月・洞天五百・風雨離合・奇景異趣・筆莫名狀・足下住山有年・領略已慣・重爲敷陳・定嫌枝贅・惟是夜半籟寂・瀑聲蕩魂・清晨夢興・鳥鳴奏樂・沈冥之趣・實在此時・領悟之懷・自謂獨得・然而持以語人・未有不听然笑也・

昨奉手教・敦勸出山・致惋惜之意・敍勉勵之詞・善明遺書・勗以忠槩・李燮交友・好成人美・循誦數四・彌切縉綣・〔侍〕之不謁選人・遽賦歸什者・非效孫楚之漱石枕流・崔駰之耕草茹木也・特以縣令一官・治民百里・子瞻未嘗讀律・薛惠自慚不稱・操刀懼傷・進退維谷・甯有歎士元之屈・慕淵明之高哉・

雖然・熱不因人・饑來驅我・充隱之士・未免噉名・饋貧之糧・何嘗非計・每念虞翻錯節之訓・亦效毛義捧檄之喜・正切漆雕未能之慮・已有尹何學製之思・雖復猿鳥獻嘲・巖谷騰笑・微覺顏汗・可爲齒冷・即日金臺樹色・好月依人・珠海蘭橈・微波送客・謹當携治縣之譜・馱如葉之裝・再尋人海・赴選吏部・並依仁宇・藉叨雅誨・韓愈之於東野・願作雲龍・潘尼之贈安仁・還歌騏驥・聊申悃愊・仰願珍宜・遊山有詩・別紙所具・尚希鑒政・

長壽寺半帆秋禊序

長壽之寺・妙證之堂・環以池水・水通珠江・池之北爲半帆・叢木幽勝・佛桑寶相諸花・延緣左右・菰蒲兩岸・已泛秋色・潮汐一起・皆聞漁歌・同人於此作秋禊焉・

夫金谷之筵・宴招豪士・蘭亭之會・記稱羣賢・或爲紫氣之占・或說德星之聚・侈談往事・皆屬勝流・我輩登臨・則異於是・略薙衰之迹・爲竹柏之交・縱遐眄於霜華・寄遙情於霞舉・借此蘭若・以流羽觴・興幽可以觀魚・心閒同乎歸鶴・崇山峻嶺・未若此初地・（粵華林寺亦名西來初地）東堂南澗・何羨乎古人・松菊三徑・即是淵明之居・桄榔一樹・遂成東坡之什・

加以蓼穗垂岸・萍根聚波・綠陰減桐・素心駢蕙・鴻來雀化・休文於焉作歌・蟬歇螿鳴・香山因之興感・誰攀丹桂・快心猶說中秋・遍插茱萸・轉瞬又將重九・縱探莊列之旨・詎泯彭殤之哀・而且麻姑塵海・冷看仙掌之莖・哲匠蕭晨・怕撿樓羅之歷・落花綺席・泛綠酒以欷歔・衰草微雲・按紅牙而婉轉・豈是歡娛之會・聊爲祓除之言・功德之水・藉阿耨以滌塵襟・菩提之紗・入訶林而詢寶偈・

嗟嗟・人淡如菊・記陳迹於勞薪・佛笑拈花・證前因於勝果・聯吟慈度之閣・暢敍幽情・焚香離六之堂・同參妙諦・樓登懷古・遠瞰鵝潭・洞入高明・疑登鷲嶺・昔年春水・渡桃葉與桃根・此夜秋光・照珠兒與珠女・宜雨宜風・漫憑弔素馨墳畔・一觴一詠・且流連紅荔灣前・休詢煨芋之因緣・最慨秉蕳之風俗・研經有室・曾書丁巳之秋・樂志名堂・亦誌庚申之歲・（阮文達及譚玉山皆有秋禊序）余爲此會・已忘歲年・話劫灰於昆明・感風花於人海・希心往哲・聊補序之・匪撰志於詠歸・實倦心於既往云爾・（撰志二語見阮序）

宋臺秋唱序

放珠江之片帆・遂渡兩虎・棹香海之一葉・言登九龍・其中有宋皇臺焉・幽徑鶴啄・重重古苔・寥天雁飛・寸寸秋

色·屢換紅羊之刼·誰招朱鳥之魂·客告余曰·此宋端宗駐蹕之所也·

舟次梅蔚·詳南宋之書·場名官富·入新安之境·古瓦赭黝·有人指景炎之宮·（九龍眞逸有景炎行宮遺瓦歌）叢林青蕪·無處覓慈元之殿·況復三山海闊·事愴庚申·一柱天頹·門開甲子·金夫人之墓圮·誰迓香輪·楊侯王之廟存·徒留蘚碣·（宋皇臺側有楊太妃女晉國公主墓·公主溺水死·鑄金身以葬·俗呼金夫人墓·又有楊侯王廟·眞逸考據以爲楊亮節也·）弔古者因之悽愴·讀史者所爲傷心·芳草仍綠·怨王孫之不歸·怒濤捲青·問塊肉其安在·

爾乃采芝壽客·紉蘭高人·蹈葉扶笻·餐花載筆·譜作吳歈之曲·同招楚些之魂·則有霜風厲天·征鴻和以唳響·松柏翳影·羣猿助其哀號·淮南子曰·秋士悲·不其然歟·桂花香殘·茱萸節屆·茅屋自古·菜羹亦馨·（趙秋曉詩詩人只合住茅屋天下未嘗無菜羹）首山薇蕨·嗟我生之不辰·寒泉菊花·惟竭誠以將事·則九龍眞逸約同人祀趙秋曉先生生日也·

荔丹蕉黃·神具醉止·蕙綢蓀壁·魂兮歸來·啼鳥總怨乎斜陽·寒螿自鳴於秋夜·各有吟詠·不無感慨·乃知庾子山之哀賦·蕭瑟何多·杜清碧之谷音·蒼涼欲絕·詩仙吟而松月冷·山鬼嘯而蘿衣寒·南不見蒼梧之雲·北不見燕臺之日·西風起而人老·東海塡而禽寃·卷葹之心·所以不死·秋蓬之鬢·於以漸彫·八根霜降·聲應豐山之鐘·一曲絃哀·池躍蕤賓之鐵·所謂曠百世而相感者·是之謂矣·

嗟乎·秋衾銅輦·塵中之風雨何多·心史鐵函·海上之波濤詎識·詩比月泉而更好·人招汐社以同來·淒涼一卷之吟·珍重千秋之業·蘇君選樓彙集成編·名曰宋臺秋唱·僕既題四絕·今復序之·陶潛招隱·一棹泛乎桃源·宋玉悲秋·九歌繼乎蘭畹·落落古調·沈沈刼灰·精靈倘逢·今昔同視·爰參微旨·以諗知者·

趙秋曉先生生日詩序

東籬菊滿·有黃花晚節之香·南嶺月明·正烏鵲羣飛之候·人間何世·異代相思·荒亭草樹·怨孱王之不歸·（九龍有宋王臺）秋水蒹葭·溯伊人而宛在·九龍眞逸乃約同人拜趙秋曉先生生日焉·

於時秋也·江水黯色·天風枯聲·烟青欲流·露白如洗·龍山會後·落帽對乎涼飆·雁陣橫時·翰音失其恆響·乃設豆籩·乃陳酒脯·祝詩星之下降·知詞客之有靈·精魂歸苦雨酸風·哀涕下殘山賸水·效蘇髯之好事·不妨秋菊寒泉·譜楚些之神絃·怕聽冬青樂府·豈不以庚申國絕·黍離之感何多·甲子編留·桃源之仙尚在·春草啼鵑·莫問慈元之殿·秋郊牧馬·依然官富之場·嗟乎·海山蒼蒼·海水湯湯·奠酒一觴·賦詩四章·懷古人兮悲涼·嗟今日兮蒼茫·亦可傷已·

蓋秋曉先生·宋室遺民·天璜貴胄·當南渡之終局·隱東官而結廬·八大山人·同此境遇·十三家集·留其詩歌·一雨鳴蛙·是何世界·數聲啼鳥·只怨斜陽·（嶺南十三家詩有趙秋曉覆瓿集　四庫題要云·體格清勁·如一雨鳴蛙亂深夜·數聲啼鳥怨斜陽諸句·綽有情韻·）我生如夢·萇楚久歎無家·浮世有身·杜史以爲大患·（秋曉詩·浮世有身元大患·此生何處是眞家·）酒緣詩債·平生之結習難忘·茅屋菜羹·當日之窮愁可想·（秋曉詩·詩債塡償難一頓·酒緣結習是三生·又題其室曰·詩人只合住茅屋·天下未嘗無菜羹·）加以守貞抱朴·同道得朋·竹隱既秀比孤松·（李竹隱詩·冬嶺秀孤松·松枝傲霜雪·）梅外亦同甘薇蕨·（李春叟字梅外·）巡檐索笑·和華巔之詩·（趙時清·號華巔·亦宋宗

室．敧月成吟．留小山之集．族祖衡字小山．有敧月集．榴花塔矗．愁聽銅鼓之鳴．邑人熊飛勤王．秋曉使建宋號．莞水波長．永悼金甌之缺．眞逸所以祀先生生日．並祀偕隱諸公也．

余七世祖寶大公妣三趙氏．皆秋曉先生女也．有壻稱翁．獨精衡鑑．以姨繼室．何妨再三．衞玉樂冰．既見稱於當世．德輿孤郁．表卓絕於人倫．廐有麒麟．族無鸛雀．布史遷之著作．承白傅之琴書．乃知美玉多出於崑崙．明珠必傳於滄海．二語用杜甫萬年縣君京兆杜氏墓誌語．家寶大公生五子皆貴．迄今登道家之山．觀市橋之水．牛眠足貴．鳳德有鄰．三趙氏墓在南城外．近道家山鳳凰臺．亦可異也．

余久別獅海．偶過龍湫．弔古蒼涼．懷賢念切．慨中原之鼎沸．見江國之塵生．維眞逸撫劍悲歌．扶筇指點．殘棋屢換．劫灰重尋．黃龍北狩．攀髯誰向乎冰天．朱鳥南招．塊肉終塡乎炎海．遂使泿咽厓門．愴歸魂於杜宇．苔侵殿瓦．埋斷字於鴛鴦．入楊侯之廟．花落何多．登宋王之臺．禾油共歎．既撰遺民之錄．眞逸著宋東莞遺民錄二卷．余爲作序．同深故國之思．地限一隅．時維九月．荒城已廢．雜居犬羊．時九龍城爲英所有．好友能來．閒盟鷗鷺．歌九辯之章．魂魄欲招湘蕙．上千春之頌．英靈定飫綏桃．安期瓜棗．合祀蓬萊之仙．子昂松雪．有愧柴桑之士．七百年與論肺腑．八千歲以爲春秋．烏絲共寫新詞．黃絹同留妙句．眞逸次秋曉生朝韻詞四首有桃實千年棗若瓜．蓬萊仙子迴雲車．及緬清風晉室柴桑．周家孤竹．松雪齋中丹詔至．未肯餐芝商谷．又云不有黃冠歸里客．曠千年．誰與論心曲等語．丁伯厚吳玉臣張漢三前輩及同邑人均有和作．西臺夜月．擊如意以高歌．南海明珠．誦覆瓿而奏樂．唱和比月泉吟社．交遊盡烟波釣徒．鶴唳猿啼．總是滄桑之淚．雲車飆馬．如見草堂之靈．一瓣心香．千秋俎豆．責眞後死．羣拜先生．

午節珠江競渡圖序

余以甲寅三月．歸來寓園．五月望日．復往申浦．瘦鶴詞人貽我以午節珠江競渡圖．誌別也．珠江冶遊．重五爲盛．掉輕舠之蘭槳．懸畫扇以艾花．靚粧炫服．各各爭妍．隨波逐流．紛紛喚渡．水餠懷鄉．正吟蘇軾．角黍傚楚．云弔屈原．有同飛鳥．方賦競舟之篇．向道是龍．果見奪標之客．沸天金鼓．雨驟風馳．罄地笙歌．金迷紙醉．亦有胸佩繡囊．辟兵符小．衿縈綵縷．續命絲長．雖操土風．相沿陋俗．筵開九子之粽．盤承五色之瓜．人來榴萼紅時．船繫垂楊綠處．

余以暇日．欣然來遊．亦嘗入訶林之寺．訊菩提之紗．登鎮海之樓．望波羅之樹．花田憑弔．芳蹤猶想乎素馨．珠石留連．直節尚懷乎忠簡．前塵欲證．而劫灰已平．好句將成．而舊夢棖觸．正涉遐想．忽聞繁聲．鼉鼓一響．龍頭萬攢．霧如蜃氣之噓．泿自鵝潭而下．誇黃頭之習水．奪赤幟而無難．紛珠兒與珠女．絳雲成堆．雜漁烟與蠻烟．白日匿曜．雷聲續而不斷．水痕合而復離．洵舉國之若狂．詎畫筆之能象．

竊謂楚俗買舟．元微之詩．買舟俟一競．本因正則．會稽競渡．亦說曹娥．故唐明皇午節三殿宴羣臣詩序云．感婆娑之孝女．憫枯槁之忠臣．乃知糉名益智．有繫乎人倫．舸號飛鳬．亦沿於弔古．今則三綱既淪．九法已斁．言忠之經．棄若敝屣．非孝之論．珍同寶書．戶飲狂泉．波沸人海．雖逢令節．羣效水嬉．栲栳量金．錦貂換酒．贈芍相謔．傾城縱觀．亦不過

聞歌輒喚・同子野之奈何・有夢皆香・效樊川之薄倖已耳・

杼軸已空乎百越・繁華尤勝於曩時・木棉北郭・久閱興亡・芳草南園・誰論風雅・海山館圮・祇聞烏臼之啼・歌舞岡荒・又換紅羊之刼・當此浴蘭令節・采艾佳晨・效鬬草於荆人・比結蘆於楚客・唱大招之曲・感極山河・歌小海之章・咽同潮汐・然則對斯圖也・夾岸綵旗・今宵酒醉・凌波羅襪・往日塵生・能毋撫時而感事・懷古以傷今也哉・

猶憶童時・肄業羊石・或春宴乎花埭・或秋禊乎蒲澗・每當午節・尤耽雅遊・釵簪艾虎・客過載酒之船・衣換茅龍・人識著書之屋・

今則飛鴻何處・總印泥痕・跛烏疾馳・徒尋履跡・太息青山故國・依然白髮漁蓑・登龍有願・同舟誰識神仙・化鶴歸來・此日休詢城郭・水天閒話・最愛斜陽・桑海同嗟・誰尋古渡・知溺人之必笑・奏流水以移情・對此畫圖・彌增感喟・聞歌別曲・倍添楊柳之離思・盍寫扁舟・更誌萍蓬之浪跡・

重修茶山觀黄仙祠暨行窩引

張其淦

光緒庚寅八月・余遊羅浮・宿於茶山・芒鞋既脫・茗椀徐進・紅日已匿・白雲自歸・羡幽棲之懿濞・瘖虎守戶・驚繁響之駍磕・晴龍吼天・蕩拂遺塵・爰借黄仙之榻・靚覷授袟・並披葛洪之書・蓋遊仙一枕・飄飄乎與赤松把臂・浩浩乎有洪厓拍肩矣・

曉起漱流・含歡昇眺・杖竹經壑・援蘿騰崟・雲碓飛清・(茶山瀑名)景乞之圖狀・傾耳乍聽・雷霆萬聲・拂袖而起・冰雪千片・循磵逐下・有亭翼然・盤紆錯繆・收未了之青・茀離覶鬖・接無邊之綠・繞亭而北・梅花千株・攢柯挐莖・結根竦本・爛若香雪・融爲古春・師雄入夢・乃遇美人・東坡有詩・愛此仙影・於是爇南豐子固之香・登西泠和靖之墓(梅園有梅士夫子寄山人生壙・)鐫山骨・薦溪毛・憶奠楹之夢・灑墮淚之碑・睎高望遠・情不能已・熊經鳥申・欲問仙訣・雲軒風駟・且登歸途・

夫其幽谷嵜岑・陰崖壘峷・抗青邱而障日・舒丹氣以爲霞・巨瀑瀉以飛瓊・盤盓激而成窟・丹房叫窱・羽客之所咽華・崑崙閶闔・僊人之所息踵・則棲眞之淸境也・濯靈芝以朱柯・採菖蒲於綠澗・梅守丁丁之鶴・松舞嵤嵤之龍・木禾五尋・草芋一碧・莫不猗狔豐沛・橚爽欀槮・迴飆振籜・奥庌搖竹翠之陰・細水浮花・複陸漲蘅蘭之炁・則靈產之奥區也・誰牽薜荔・取暢林木・山石犖确・誦昌黎之詩・梯徑狋鬵・披道元之注・蒸煙液而餐溜・冒松光而入深・振錫則雲流有聲・聽泉則日午猶暝・嶺猿笑客・應寺鐘而一啼・野蝶迎人・雜仙衣而並舞・則登臨之異觀也・巖谷草木・言蓬萊之所分・雞犬桑麻・擬桃源而何異・飛雲片白・肅何千千・分霞界碧・翯乎滈滈・叢桂發歌・誰招隱士・孤桐動操・我志高山・風輪轉於世外・何礙讀書・靈圄燕於崖間・招之入座・則棲息之佳所也・

茶山觀側・舊有虛堂・梅士夫子與先嚴改建黄仙祠・復構道室・顏曰寄窩・林樾相望・蹀躞其中・鑿石嶄巖・因崖結構・遠瞻檐栱・疑浮碧空・近開綺疏・常繞雲氣・金臺耀彩・銀牓相輝・瑤室揚芬・瓊函並列・梅子眞飛昇之處・遺

跡猶存．孫公和隱遯之區．流風共仰．擬邵窩而安樂．比疏圃而登遐已．特是風雨合離．煙雲剝落．笠屐亦煩修葺．廜蘇有待補苴．願諸君同結仙緣．俾福地長成樂國．何待十年樹木．居然一簣爲山．他日鐫名石上．遯迹巖間．咀芝飧霞．掎裳連袂．爲種瑤草．呼龍耕煙．共尋瓊華．策蹇踏雪．寄遙情於邱壑．蕩煩想於心胸．俯視塵世．笑雞鶩之羣爭．仰觀太虛．招鸞鶴而下語．不愈足以馳跨乎坑谷．管領乎煙霞也哉．

方今江統著徒戎之論．唐蒙思制敵之才．我輩豈老蓬蒿．異日誰爲樑棟．毋貽小草之誚．同支大廈之艱．讀書養氣．宜在山林．抗俗走塵．何慚澗谷．庶幾隱鱗版築．藏器屠保．同此襟期．並攄懷抱耳．如必謂呑響乎幽山之窮奧．絕耀乎長林之蘋芋．泉石爲膏肓．烟霞爲痼疾．躁擅榮利．懕穢風塵．宗尚虛無．師友靈聖．講鍊金之訣．傳餐玉之方．則雖室能生白．參妙諦於莊周．鼎可還丹．斅修眞於李脫．非余之所厚望也．願爲引喤．以當息壤．我非巢父．還思依樣買山．君是鍾期．豈必移情流水．

左傳禮說自序

中國．禮治之國也．禮始於燧皇．作於黃帝．傳於堯舜禹湯文武．而盛於周公．孔子曰．殷因夏禮．損益可知．周因殷禮．損益可知．其或繼周者．雖百世可知．所謂因者．三綱五常也．所謂損益者．文質三統也．其中有禮之意．有禮之文．故百世可知．吾今乃知中國眞禮治之國也．六經皆典禮之書也．惟周公攝政．制禮作樂．集羣聖之大成而禮治隆．惟孔子服膺周公．常夢見之．於以贊周易．刪詩書．定禮樂．而禮教昌．

昔者韓宣子適魯．已知易象春秋之爲周禮矣．乾坤之尊卑．天澤之定分．家人嚴君歸妹女貞之訓．孰非禮教．若夫右史記事．左史記言．事爲春秋．言爲尙書．典朕三禮．汝作秩宗．天秩有禮．自我五禮．然則典謨訓誥誓命．非禮不行也．

樂與禮通．詩與樂通．曰風．曰賦．曰比．曰興．曰雅．曰頌．大師之職．凡饗射師旅祭祀之禮皆用之．孟子曰．王者之迹熄而詩亡．詩亡然後春秋作．乃知春秋以道名分．是禮教之所存．詩以正性情．皆禮教之所在也．詩曰．人而無禮．胡不遄死．禮之於人重矣．孔子以六經教萬世．遂爲禮教之大宗．後來之諸子百家．皆禮教之支流餘裔也．

攷之周官．司徒以祀禮教敬．以陽禮教讓．以陰禮教親．以樂禮教和．子所雅言．詩書執禮．曰君子博學於文．約之以禮．其教伯魚也．曰不學詩無以言．不學禮無以立．其教顏淵也．曰克己復禮爲仁．非禮勿視聽言動．聖人之教人以禮．蓋如是其備也．豈非上下之紀．天地之經緯．不可不曲折以赴之也歟．

孔子作春秋．紀二百四十二年之事．明天理．正人倫．誅亂臣．討賊子．尊周室．外夷狄．筆削之旨．皆本乎禮．左氏作傳．亦言禮特詳．鄭康成曰．左氏善於禮．誠哉是言也．雖其中或有舛誤．後世儒者．每援三禮以折衷之．然周禮之書．已非周公之舊．故孟子言諸侯惡其害己．而皆去其籍．禮記輯自漢儒．成書在左氏之後．未可據以說春秋．所

張其淦

可信者．儀禮而已．左氏言禮比檀弓爲徵實．春秋賢者．如季札伯玉叔向子產之流．其言行皆著於篇．余最愛左氏之言禮．得禮之意．是儀非禮．必表而出之．觀其粗而得其精．因其緐以探其本．誰謂其是非謬於聖人乎．

夫禮者．所以明君臣父子兄弟夫婦朋友之倫．形孝弟而顯仁義者也．其始也．起於飲食之微．（禮運孔子曰禮起於飲食）其繼也．範以綱常之大．其終也．可以參天地而贊化育．是故天之經也．地之義也．孔子以言孝．子產以言禮．天地之經．而民則之．故曰民之行也．民之所以生也．左氏於國之存亡興衰．人之榮辱生死．每以禮斷之．而不爽銖累焉．亦可異矣．余嘗謂聖人因人情而制禮．實因人性而制禮．孟子性善之語．見道獨眞．乃若其情．則可以爲善．可以爲不善矣．人惟性善．故教之以明人倫．形孝弟．顯仁義．與夫恭敬謙讓之道．拜起坐立之節．成之若天性．而無待勉强．狙猿之形．非不若人．設使教以人倫愛敬忠信之道．揖讓擎跪曲拳之節．則惟有穿山林．遵沮澤而走耳．何也．其性不同也．然則中國成爲禮治之國．人類不至同於禽獸之倫者．豈非先王先聖之遺澤長哉．時至春秋．禮之意寖失矣．故孔子有禮云禮云．玉帛云乎哉之嘆．林放問禮之本．而孔子嘉之．老子亦曰．禮者．忠信之薄而亂之首．慨世之人務其末而忘其本也．左氏之傳．獨於禮之所謂忠信共敬謙讓者．諄諄言之．誠得周孔禮教之遺意．

辛酉之歲．余閉門讀禮．因摘取左氏言禮者．輯爲茲篇．附以論說．余於禮學．習焉未精．語焉未詳．聊倣魏叔子左傳經世鈔之意．以發其蘊．夫今日三禮之書．尚未能盡周孔禮教之傳．敢謂左氏之言．遂可盡春秋禮教之傳乎．禮儀三百．威儀三千．書缺有間．斷圭碎璧．皆可寶也．孔子曰．夏禮吾能言之．杞不足徵．殷禮吾能言之．宋不足徵．文獻不足故也．然先王之文獻雖不足．而先聖言禮之精意猶存．故孔子曰．文王旣沒．文不在茲乎．文武之道．布在方册．子貢曰．夫子之文章．可得而聞也．六經以外無文章．洵乎孔子爲禮教之大宗．六經皆典禮之留貽也．

管子言禮義廉恥．國之四維．禮也者．所以示人以仁義之道．而屬之以廉恥之節．時至今日．禮崩樂壞．經學日荒．廉恥之道喪矣．後之君子．誠欲使中國永爲禮治之國也．其亦於古聖賢言禮之書．加之意焉可也．歲在玄黓閹茂十二月張其淦自序．

邵村學易自序

有上古之易．有中古之易．有下古之易．上古之易．伏羲神農之所作也．中古之易．黃帝之所作也．下古之易．周文王之所作也．孔子曰．易之興也．其於中古乎．謂黃帝也．作易者．其有憂患乎．謂文王也．於何徵之．亦於孔子之言徵之．繫辭言包犧氏之王天下．始畫八卦．包犧氏沒神農氏作．神農氏沒．黃帝堯舜氏作．通其變．使民不倦．神而化之．使民宜之．易之興於中古者謂是矣．

劉牧謂河圖洛書．皆出於伏羲之時．斯言或然．蓋八卦成而易之理已具也．故曰河出圖．洛出書．聖人則之．嗣是而後．神農氏作連山．黃帝作歸藏．連山歸藏雖不名易．而後人稱連山夏易．歸藏商易．或亦因周易而並稱之也．繫辭又曰・黃帝堯舜垂衣裳而天下治・論語曰・無爲而治者・其舜也與・無爲之旨・即黃帝歸藏之要義也・黃帝調歷授時・作杵臼・作舟車弧矢・作衣冠宮室・作禮樂書契・百年功成・默契道要・乃作歸藏・以坤爲首・以靜爲道・以柔爲用・以無爲爲治・蓋無爲之道・黃帝上述羲農・下傳堯舜・其曰垂衣裳而天下治者・即恭已正南面而已・夫何爲哉・孔子祖述堯舜・即祖述羲農黃帝之道也・

天不變・道亦不變・而易爲言道之書・至文王作周易・以乾爲首・猶之連山以艮爲首・取義不同・而爲道未嘗不同・設使黃帝之言道也・與羲農堯舜異・孔子繫辭・何以於包犧神農之後・特合黃帝堯舜・取諸乾坤言之・若統言諸聖人之作易・其淵源授受・蓋如是其顯明也・故曰易之作・興於中古也・

迨文王囚於羑里之時・蒙大難以衍易・專明人事・以致其憂患天下後世之意・故曰・作易者其有憂患乎・又曰・易之興也・其當殷之末世周之盛德耶・當文王與紂之事耶・惟其切於人事・故即器以明道・即象以明義・而天尊地卑・燦然具陳・其以乾爲首也・明天道即明人事也・黃帝訓顓頊之言曰・爰有大圜在上・大矩在下・汝能法之・爲民父母・大戴記曰・黃帝顓頊之道在丹書・武王所以端絕東面而受于尙父也・然則天尊地卑・乾坤定矣・黃帝嘗言之矣・其作歸藏也・以坤爲首・蓋易之道則然・邵子言易・有先天圖後天圖・以文王之易爲後天・則先天之義亦可識已・

竊嘗論之・黃帝之言道・道立於未有天地之先也・文王之言道・道昭於已有天地之後也・天地亦一物耳・近取諸身・遠取諸物・以乾爲首・則君臣上下之分明矣・周孔繫辭・亦沿茲義・如帝乙歸妹・高宗伐鬼方・箕子明夷・非商事乎・密雲不雨・自我西郊・王用享于岐山・非周事乎・顏氏之子・其殆庶幾・非當時之事乎・即事以明道・猶即器以明道也・雖然・豈有異道哉・文王周公孔子之道・其即伏羲神農黃帝堯舜之道也明矣・

有老子者出・本歸藏首坤之義以明道・卑仁義禮智不言而獨言道德・其後莊周列禦寇之徒・又放言高論以張之・遂爲世儒詬病・一若黃老之道與堯舜周孔異・遂析之爲道家者流・然孔子與老子同時・相從問禮・未聞詆譏・即顏曾思孟諸賢・亦無有毀老子者・蓋亦知老子之所謂道・即羲農黃帝堯舜禹湯文武相傳之道也・

文王即象器以明道・周公即人倫制作以明道・孔子即仁義禮智信以明道・老子即用柔致虛守靜以明道・其流不同・而其源未嘗不同・桓譚言連山八萬言・歸藏四千三百言・又曰連山藏於蘭臺・歸藏藏於太卜・似漢時猶傳其書・今不可得而見矣・而得見者・老子之五千言・於歸藏首坤之義・蓋有合焉・

余僑寓滬濱・閉門思過・以易爲寡過之書・法孔子之假年願學・博稽舊說・遂有著述・頗採老子之義・以補先儒之所未及・復以周易之言・切於人事・又採諸儒之證史事・闡儒理者・附錄於後以發明之・先天後天・皆可會其通也・

馮當可謂王輔嗣蔽於虛無・而易與人事疏・伊川專於治亂・而易與天道遠・又謂近有伊川・然後易與世故通・而王氏之說爲可廢・余謂此非知言也・夫易之爲道・廣大悉備・

諸家之說・見仁見智之不同耳・伊川之注・注周易也・輔嗣之注・不僅注周易也・余之所述・亦輔嗣之意也・若同人大有二卦・發前人之所未發・他人見之・必有大笑之者矣・老子曰・不笑不足以爲道・而禮運之言大同・實與易義相表裏也・因不揣謬妄・仍著於篇・癸亥十月・張其淦自序於上海吟芷居・

五代詠史詩鈔自序

漢魏樂府詩・辭質而不俚・淡而彌永・有三百篇之遺・其後作者代興・青蓮尚已・然多仍舊題・不專詠史・此體專詠史者・以楊鐵厓李西涯爲最・西涯謂鐵厓樂府・力去陳俗・而縱其辯博・於聲與調・或不暇卹・王元美謂西涯樂府太涉議論・翦抑之十不得一・後又謂其奇旨名語・雖未可被之管絃・自是天地間一種文字・夫今日擬古樂府・豈可被之管絃・要其長短高下疾徐・期發吾意之所欲出而已・

余自辛亥國變・遯跡滬濱・苟全性命・屏絕人事・每慨世亂之未已・國亡之無日・胸中幽憂悲憤・抑鬱不平之氣・時流露於詩歌間・取新舊五代史・十國春秋・摘題成詩・得樂府雜體詩千餘篇・皆辭取達意・不事雕飾・未敢與鐵厓西涯競爽也・

夫古人往矣・歐陽所書・亦既論定之矣・今必取其成迹・或贊歎之・或嬉笑怒罵之・無乃多事・然好賢如緇衣・惡惡如巷伯・詩之爲敎・欲使人知所勸懲耳・昔者大禹鑄鼎象物・使民不逢不若・余覽五代諸史吟詠之餘・每覺魑魅魍魎・檮杌饕餮之倫・集吾筆耑・惜吾筆弱・未能形容盡致・然未嘗不太息痛恨・慨然於禮義廉恥之亡・天理民彝之幾於澌滅・而人類之直同於禽獸也・又慨當時忠義氣節之士・史傳所書・寥寥無幾・蓋自白馬清流之禍・賢人君子・皆伏而不出・亂世崩離・書傳殘缺・後世遂泯沒無稱・今欲取而歌詠之而不可復得・又未嘗不提筆四顧・泫然不知涕之何從也・

嗚呼・五代之亂・可謂極矣・四海鼎沸・魚潰肉爛・其自鳴得意者・惟强悍之武夫・與脂韋隨俗之士而已・上焉者擁兵自雄・爭權爭利・殺人盈野・殺人盈城・加以嚴刑峻法・聚斂無厭・以飽其囊橐・以傳其子孫・其次則朝秦暮楚・視爲固然・亦惟權利是競・豈復知人世間有羞恥事・甚則食人之肉・吞人之膽・如嗜膾炙・恬不爲怪・斯時之民・其困苦如何哉・茲篇之詠・所以爲五代之人悲也・雖然・吾豈僅爲五代之人悲也・丁巳十月・邵村居士張其淦序於春申浦吟芷居・

新刊族祖文烈公（家玉）遺詩序

吾嘗讀文文山指南錄詩・如飛霜走電之清泠・如天風海雨之颯爽・如鄧林巨枝之森竦・如錢塘怒濤之奔馳・拔地倚天・既欽氣節・敲金戛玉・更愛謳吟・今讀家文烈公遺詩・風起水立・沙鳴石飛・日陷星墜・珠啼玉泣・美矣哉・雲屋天搆・星海源探・知其與文山指南錄・雙烟一氣者也・

且夫平山風露・今夕何夕・廣陵潮汐・吾戴吾頭・霜枝一葉・隨犬羊兮馬蹄・雪窖三遷・悵庭臯兮虎踞・過零丁而歎零丁・人誰無死・渡惶恐而談惶恐・公不生還・孤臣揮

涙・祇灑南風・首邱無心・任荒吉水・三年羝牧・霜滑琉璃・五夜鵑啼・魂歸柴市・既極煩冤之思・亦多悽悱之音・楚囚調接風騷・吳歌哀感頑豔・此文山詩也・

又若漁陽鼙鼓・舊京未收・絳闕天魔・義旗遂起・椒山則吾膽自有・常山則吾舌尚存・桃源無路・誰可逃秦・春陵有人・庶幾興漢・津亭曉渡・飛鳥沒雨・河源夕行・殘星帶波・白骨窮巷・有荒村之吟・青燐夜臺・痛先塋之伐・命也百六之辰・卓爾千秋之業・李陵屑效・張浚非愚・鼎湖龍去・愁聞建業之鐘・華表鶴歸・劫話煤山之火・此文烈詩也・向疑杼軸之工・寸心自運・雕鑱之巧・能事不同・而乃奮倚天之劍・不辨雌雄・運修月之斤・有如伯仲・空桑枯竹・異地而合響・鸞笙鳳琯・曠代而同音・其何故哉・荊棘銅駝・感歎之心一・關河鐵馬・雄豪之氣侔・忠貞之矢・範同鑪錘・心聲之發・合若符節・所以命題雖等楚越・繼音則若喁于・豈非乾坤正氣之留・集義而取義・國家破亡之感・愈唱而愈悲乎哉・

特是文山之集・流傳已久・文烈之集・若存若亡・李杜之詩・留泰山於毫芒・蘇黃之作・隨禁書而淪沒・余以暇日・搜其遺詩・稍加删節・爰付手民・嗟乎・蠹魚兩字・已食神仙・杜字千年・猶留血淚・東林存其遺墨・船山賞其零縑・（王船山文烈公傳敍其詩・眞同喪狗生無愧・縱比流螢死有光二句）不爲莊舄之呻吟・祇效張巡之激烈・野塘苔蘚・問沈碧以何年・到滘波濤・（詳余到滘大墳記）愴落紅於往代・其遺詩中有集文文山句六絕句・是可見其沆瀣之相同・淵源之有自矣・

嘗攷唐王賜敕・翁山行狀・餓七日而不降・節符蘇武・數十罪以罵闖・舌奮眞卿・而乃史臣無識・紀敍多誣・遂有磔汝父母・遽屈乃跪之語・竟以斷頭將軍・等諸屈膝降虜・顚倒黑白・傳信傳疑・九龍眞逸博稽史乘・遍攷秘書・知阮大鋮之捏造・乃傾陷東林之言・吳偉業之紀聞・是相沿野史之誤・史誤採之・殊乖實錄・此則伊尹割烹・非孟軻誰辨・帝堯幽辱・疑虞舜不仁・甲乙名史・本屬齊東之野人・甲申傳信・殊異董狐之直筆・劉知幾曰・秦人不死・驗符生之厚誣・蜀老猶存・知葛亮之多枉・史之不足信也久矣・

嗚呼・精衛啣石・東海之寃易沈・蚍蜉撼樹・昌黎之慨應爾・調已聞乎流水・集宜壽乎名山・（文烈公有名山集擬續刻之）感劫灰之靡常・慨風輪之常轉・遠溯景炎丞相・欲搘襴襦・近瞻增城故侯・思沾膏馥・自知蕭瑟・有同庾信之平生・無限蒼茫・最愛岳飛之詞筆・

新刊寒木居詩鈔序

春草離離・永斷池塘之夢・寒林寂寂・愁聞禾黍之音・天下之傷心者・孰有過於鴒原之痛・鴞室之毀乎・而況鬼雄一去・毅魄何之・楚些九歌・招魂無處・龍門壠小・留朽骨於金臺・（璩子公有夢馬詩收入屈翁山新語）馬革屍分・懾飛睛於珠海・（屈翁山家文烈公行狀云敵懸首東門佟養甲過其下公怒眥睨之雙瞳飛出丈餘養甲駭慄）井里爲墟・縱橫虎跡・祖塋被毀・淒絕鵑啼・嗟塊鞠兮艱難・長罹殃兮愁苦・南海波濤・牽離騷之蘭芷・西臺痛哭・譜樂府之冬青・吾觀於家璩子公寒木居詩鈔・而不勝蹇蹇之煩冤・悁悁之慘慄焉・

璩子公者・文烈公弟也・諱家珍・年十七・隨文烈公於軍中・別率所部千人爲奇兵・轉鬭數勝・（見廣州府志傳）以犀角之綺

齡・留豹皮之壯志・帶小金冠・（見廣州志）銀手如斷・佩長劍鋏・銅行不渝・穀城黃石・少讀兵書・伯壎仲篪・同賡詩句・豈不以忠憤所激・人皆思漢・宗邦傾覆・嫠亦恤周・懍大節之秋霜・扶再中之墜日・藉金玉之昆友・識板蕩之君臣・

無何・石鼓夜鳴・金精晝見・常山之舌仍在・睢陽之水不流・惠潮募兵・而綠林之豺虎化・西鄉奔命・而舟師之文豹殲・到滘血戰・三日而大墳之白骨高・增城搴旗・一折而野塘之碧血葬・地名全節・天鑒孤忠・將軍死而大樹摧・山鬼歌而女蘿怨・望門張儉・複壁趙岐・愁聽瓊樹之音・淒絕銅仙之淚・呼玉帶生而作伴・擊竹如意以悲歌・謂天蓋高・搔首難問・謂地蓋厚・託足無所・巢烏九子・須防斷竹之機・夢馬十年・未浣戰衣之血・（見璩子公詩）登樓而懷獨漉・枕石而憶翁山・生還黯黯・永念晨昏・死別悠悠・倍嗟同氣・（璩子秋懷詩生還黯黯空依父死別悠悠復念兄）年不求永・秋最可憐・當其胸觸古悲・意牽今感・蒼涼欲訴・淒鬱如傳・夜過金繩之菴・煎茶訝苦・曉返珠江之棹・聞笳最悲・此則隴首飛雲・悽涼隻雁・林間落葉・斷續哀蟬・鄒衍一哭・知寃霜之夏零・杜陵七歌・似憤泉之秋沸・固宜其謠吟中野傷懷永哀也已・

公詩歌而外・尤善蘭竹・孤根無土・寫怨意於所南・秋痕滿紙・寄遐心於朱耷・斯又處處芳搴・湘水之波瀾未歇・年年節挺・首陽之薇蕨誠甘・豈非言以窮而益工・藝以苦而愈進乎哉・

寒木居在金鼇洲之南・珊瑚洲之東・國士橋圮・常聞哀濤・孤竹山荒・猶留履迹・秋花一叢・時帶碧沼・恨血千古・尚凝蒼苔・余嘗冒雨看碑・入祠拜像・聆村頭耆老之話・觀月夜談兵之圖・（文烈公家在村頭有月夜談兵圖）白雲可望・人知仁傑之家・黃菊猶存・客指淵明之宅・誦屈原詩歌・難期郢復・痛陸機兄弟・正值吳亡・挈壺憑弔・秋風宋玉之悲・結軫自傷・歧路楊朱之泣・沈吟浩劫・又換滄桑・步武遺規・惟貞松柏・

余按文烈公之卒・年三十三・璩子公之卒・年纔三十・南八是眞男子・龔生竟夭天年・先軫既慨歸元・顏回本居陋巷・彼夫瀛王長樂・與宣聖而同壽・褚公耆望・作中書而不死・縱齊大齡之百・何如不朽之三・蘭亭敍曰・死生大矣・感慨繫之・又曰一死生爲虛誕・齊彭殤爲妄作・其不然矣・

嗟乎・陵谷推遷・此心不變・江關蕭瑟・有夢皆空・落日廻飈・感烟塵於海外・吉光片羽・留珠玉於人間・爰付手民・恍披心史・竹垞交訂・曾爲擊鉢之催・秋曉意同・試讀覆瓿之集・（朱竹垞游東莞贈璩子公詩可歎張公子流離自妙年云云・）

陳子礪宋東莞遺民錄序

宋東莞遺民錄・九龍眞逸之所著也・嗚呼・冬青樹老・見蹈海之冠裳・薇蕨風清・挹空山之冰雪・十步非無芳草・一篇永壽貞珉・表梓里之精靈・寓黍離之感喟・作者其有憂患之心乎・

慨自濃花淡柳・不說錢塘・剩水殘山・惟餘嶺嶠・水濱則昭王孰問・蟲沙則穆滿難歸・

吾邑熊將軍（飛）以草莽臣・扶綱常節・驅市人而執梃・旋巷戰以捐軀・銅嶺烽滅・化爲燐火之場・銀塘浪飛・湧出榴花之血・美矣善矣・求仁得仁・維時盂嶺骰頑・珊洲阮逸・志同道合・履潔懷清・或則派衍天潢・倉皇荷戟・或則

姻連宗室・垂老投簪・管甯皂帽・遼海潛蹤・元亮白衣・柴桑高臥・往往書編甲子・恨寫庚申・種菜圃以招朋・望厓門而隕涕・擊竹如意・來浙水之高歌・呼玉帶生・憶文山舊雨・黃陵永恨・塊肉難尋・碧海將枯・淚痕可續・命之衰也・傷如之何・然而卷葹之心・拔而不死・申椒之氣・鬱而彌馨・武嘉一簣・思障江河・逄萌三綱・言凜霜雪・國香零落・吟芳草以怨王孫・湘水波瀾・賦女蘿而招山鬼・漢史所稱・不屈潁陽之高・終全孤竹之絜者・其在斯人歟・

嘗考宋代遺佚・多以詩文自顯・吳月泉之吟社・杜清碧之谷音・元趙景良忠義集所編・明程敏政遺民錄所輯・冥鴻著其幾輩・窺豹略見一斑・又若吳之振宋詩鈔・顧嗣立元詩選・厲樊榭七人雜事之詠・曹六吉百家宋詩之存・刻意搜羅・足資考證・而秋曉諸賢・既有遺集・各家所著・采錄者尠・人則振振・詩歌麟趾・名則寂寂・句同鳳毛・秘片玉於于闐・遺明珠於合浦・斯則杜鵑望帝・同拜荒山・精衞冤禽・終沈恨海・後世不生子雲集之覆瓿宜矣・

嗟呼・鼎翁吾汶・相對蒼茫・皐羽西臺・不忘痛哭・汪水雲之石硯・有淚成斑・鄭思肖之鐵函・以心名史・蛟蜂門戶・讓白石以主盟・蝶軒文章・溯閬風而載筆・凡厥逸民・並彰竹素・留貽一卷・永壽千春・粒米皆丹・碎金亦寶・

若夫獻之有坡谷門風・月卿號泉田隱遯・倣陶書之例・遂顯秋聲・寫山民之圖・等閒湖水・遺篇鉅製・尚難更僕數也・

庾子山之賦好・江關助其老成・孔巢父之名傳・天地長留詩卷・獨吾邑遺佚・標榜未聞乎汐社・篇章幾付乎刦灰・慨當時推挽之無人・問後世表章而誰屬・

嗚呼・銅仙辭漢・我吟長吉之詩・玉馬朝周・人重子昂之畫・披夢華之錄・孟老遊仙・考逸民之傳・野王名佚・此讀史者於以欷歔・而懷古者因之悽愴也歟・

眞逸遯跡海濱・徵求文獻・念維桑而恭敬・發潛德之幽光・倣莞八遺民舊著・數見其增・考粵十三家新篇・詩仍待輯・蒼涼憑弔・聞落葉而憮然・編纂成書・折疏麻而遠寄・

其淦懷賢念切・好古心同・竟日披覽・如獲琅書・當年護持・定煩神物・滄江朱咮・難招異代之忠魂・故里黃冠・喜有千秋之知己・

眞逸著有勝朝粵東遺民錄・既付手民矣・或慫恿之復爲宋粵東遺民錄・他日者・星鈔露纂・不遺屑玉零金・月苦風酸・羅列貞松勁竹・夢粱己醒・茹蘗誠甘・彌增嶺海之光・不盡滄桑之感・所謂藏之名山・傳之其人・匪異人任也・

虞卿避地・乃著窮愁之書・子安有言・不讓當仁之筆・後死之責・亦安可辭・敢綴蕪詞・以爲喤引・人間何世・哽咽同深・

黃日坡求在我軒駢體文集序

儈儒傭書・足備訪對・子山著作・允稱老成・此學隨年進也・士龍清新・要存眞宰・休文富溢・蔚爲詞宗・此文以品貴也・吾友黃君日坡・修學好古・抱德煬和・其持身也・不取一介・其練心也・橫掃六合・能亢高以絕俗・不圓轉以隨時・發爲文章・獨標風骨・筆張牛弩・手扛龍鼎・才峯峻立・文藻條流・似元圃之積玉・無非夜光・依騷人之新辭・

琛若珠貝．

庚戌之歲．稅駕燕京．游昌平之明陵．出居庸之故關．昇眺盡乎原隰．寥情發乎烟墨．易水蕭颯．有時高歌．廣武登臨．不無感慨．採風有記．文境愈進．寄我遊草．瞻同驛梅．謂將返黃歇之浦．紱嵇呂之交情．且並遊西子之湖．爲孟韓之聯句．時余滯跡皖江．未能赴約也．

辛亥之變．君遂黃冠．靈運遊屐．思踏鐵橋之雲．巢父釣竿．欲拂珊瑚之樹．余與君綺歲論交．別離十載．今歲返粵．極叙懽情．握手以共暄寒．素心與數晨夕．問靑蓮之蹤跡．君獨憐才．飲公瑾之醇醪．．我常自醉．方平寄慨．話滄海之都湮．仲翔著書．幸名山之可託．舊學邃密．正待商量．夜闌相對．有如夢寐．訪舊遊之學舍．語蕭瑟之江關．能毋塊壘塡胸．瓊瑰盈袖也乎．

旣屆蒲節．復遊滬濱．君與哲嗣慈博．折柳臨歧．河梁遠送．贈我新詩．勗我晚節．同人唱和．環情積章．君編成卷帙．名曰天南送別錄．桃花潭水．倍感汪倫之情．柴桑酒杯．未改陶潛之志．瀕行出其求在我軒駢體文集．問序於余．余受而讀之．把玩彌日．挹其腴麗．雲構風駭．析其條理．電坼霜開．其學邃．故其樹骨也堅．其品高．故其振采也逸．其氣斂．故其捶字也響．其志潔．故其稱物也芳．邵荀慈曰．於綺藻豐縟之中．有簡直清剛之制．日坡之文．不愧斯語．長卿幸得同時．成連能移我情矣．

世變愈亟．文品日下．剽剝儒墨．爲連忭之詞．陶鎔歐亞．作娵禺之語．腹儉之輩．或詭製以掩空疏．傖父之言．謂文字亦當革命．新徑別闢．古義寖失．而守昌黎之軌．尊

眞氏之宗者．則又薄徐庾爲夸人．等齊梁於自鄶．不知昭明之選．離騷尊若六經．王盧之作．江河流於萬古．各尊所聞．各行所知可也．

余與君霜雪鑒色．笙簧同音．學海專經．文壇角藝．入善人之居．芝蘭味永．記靈山之會．香火緣深．余乃宦海浮沈．半生蹭蹬．況經喪亂．學殖荒落．見故國之河山．愁滿千絲白髮．對荒徑之松菊．恨抛十載靑燈．惟君養志邱樊．怡情墳典．禺陽之山．早牽薜荔．雲泉之館．時採菖蒲．阿咸共語．詞客推襟．子雲草玄．門生載酒．琴觴詩囊．振山谷之墜緒．文房武庫．紹泰泉之家聲．名筆共推潘樂．鉅製有同燕許．辱承委序．艮用愧赧．過雷門而已澀．持筆硯以都焚．覼縷未畢．欽遲而已．

君入道酥醪．拜先嚴爲師．東坡之於抱朴．眞契前生．子房之從赤松．原修故志．叢桂留人．合招隱士．梅花入夢．定遇眞仙．竊謂斗南一嶽．蓬萊左股．羣眞伴侶．山靈知己．當有文人墨客．棲隱其間．若游巖之入太白．韓康之居霸陵．於以嘯鸞鳳之響．發朱明之光．留薇蕨之歌．增洞天之色者．其在斯人歟．月泉吟社．定有傳人．茶山寄窩．容君小隱．何日踐羅浮之約．尊酒論文．愧余滯申浦之蹤．萍蓬浪跡．

賴介生浮山新志跋

浮山新志三卷．吾邑賴介生先生所著也．八鴻縈帶．方朔於焉製銘．三神望海．徐市之所曾見．彼夫李沖昭之南嶽．陳聖俞之廬山．倪守約之赤松．鄺湛若之赤雅．類皆塗

飾景物．鋪叙林藪．對煙霞而展容．與松石而道舊．尚矣．

若夫洞天福地．四百卅峯．璇房瓊室．七十二所．茅君內傳．載紀曜眞之天．彥伯遺聞．是曰朱明之洞．碧霞授藥．書付眞卿．綠波乘桴．夢入靈運．列仙靈異之記．羣眞紀叙之篇．莫不幽谷摹景．窮崖潤色．導殊勝．廣異聞．然皆羅浮合體．山志同編．未能顯仙島之靈奇．表名山之深邃．宣翰墨於至妙．謨神睿而爲言也．何則．風雨離合．雖曰一致．蓬萊縹緲．原是飛來．余以暇日．此焉登陟．既至羅陽．即挹嵐翠．黃龍之飛瀑吼壑．白鶴之古松參天．拜石上老人之峯．拓碑宿華首之臺．復有沖虛丹竈．延祥寶積．飛雙鳧之舄．釣五龍之潭．幽致引輝．景移樂極．以爲麻姑鳳舞之境．葛洪蟬蛻之地．師雄梅花之村．龍公竹葉之島．羅山奇趣．歎觀止矣．

既而登佛子之凹．迎小鳳凰．入酥醪之洞．見大蝴蝶．黃精百畝．地髓抗根．紫芝千莖．山骨挺秀．清澗飛瀑．響天畔之鼓鐘．素瓔翠鬣．奏巖間之琴筑．以及萬年之松．千丈之杉．薜蘿藤茘之屬．梓柏桂樟之木．衆藥灌乎叢莽．萬香送乎迷迭．奇形異色．莫可名狀．又如石竈翠微．乳泉山腹．道觀丹榭．雞犬雲中．耳目所接．光景一新．仙靈所棲．人境迥異．更復登白水之門．溯紅花之溪．玉龍蜿蜒而欲飛．瘖虎馴伏以前導．古瑤臺之石．爛若錦繡．飛雲嶺之茶．氣帶煙霧．丹梯千丈．石樓萬重．垂天羽之霞彩．運海靈之雲術．東坡見日．山雞一鳴．鮑姑委衣．仙蝶倏化．然後知一草一木．皆蓬萊之所分．縣圃疏圃．實崑崙之可擬．惟此新志．夐乎獨立．螭腸則千載欲化．鳳翼則一毛亦珍．斯豈孝標金華之志．耆卿赤城之記所可同日而語哉．

要而言之．羅近而浮遠．羅曠而浮奧．合之爲羅浮之二山．分之則蓬萊之一島．仙山之實不沒．地記之言可徵．道書謂西流最貴．今浮山西流之水數十里．匯羅水以入江．洞天第七．此爲鐵證．客有疑吾言乎．試與扶筇竹．步鐵橋．觀天匠之綴補．想神工之爐鞴．月斧摩空．雲根連絡．萬古鼇戴．千秋鵬蹲．猶可見左股之仙靈．布武之佛跡也．

夫道元登霞氣之表．山靈亦驚知已．昌黎探華峯之邃．歸路覓而無從．蓋必援蘿騰岭．鳧沒鸞擧．離離蔚蔚．方入神居．乃袁子才太史訪百越．遊羅浮．濟勝無具．淺嘗輒止．輕肆詆譏．著之詩話．是蓋祇見羅山之近而曠．未見浮山之遠而奧．譬諸簡篇偶涉．輕談脈望之神仙．瀛海未觀．即誚麟洲之小水．惜哉．先生此書．隨園未及見也．

先生遯迹洞天．垂二十載．殫志竹素．移情酥醪．星鈔露纂．浮夸不同．圓嶠方壺．推類可見．又復詩聚珠玉．文編瑯環．語寒陵之片石．詞客傾心．草新宮之銘詞．羣仙亦醉．余宦轍所經．輒携此卷．晉國雲山．皖江煙月．開篋展覽．如逢故人．不啻師政指掌之圖．少文臥遊之畫也．

先生鐵橋銘曰．羣玉策府．崑崙柱天．絕跡飛行．揮手雲煙．竊取數語．移贈斯篇．倘亦懸國門而不刋．與羅浮而並壽乎．

跋元廣東遺民錄後

吾粵清谿漁隱著元廣東遺民錄．余讀之而歎曰．此嶺海之文獻．歲寒之松柏也．雖祇表章乎吾粵．尚未搜羅乎各省．已可與九龍眞逸之明粵東遺民錄並傳矣．

元之季世．余闕以鼎甲起家爲元帥．守安慶殉節．而達兼善爲浙東元帥．死于海．李子威爲江洲太守．死于郡．皆鼎甲首也．同稱節義．不負科名．與文信國後先輝映．而留夢炎．陳名夏．錢謙益．吳偉業輩可以愧死矣．

又嘗攷之元之遺民有載史傳者．資中折足．齎鴆酒以自隨．（巴延資中）子英爇鬢．思龍顏而痛哭．（蔡子英）明太祖言．吾不能臣王保．保是乃天下奇男子．所以致七書而不發．戰五載而乃遁．豈非遺民之卓爾者乎．（庫庫特穆爾）鐵厓傑出．文采炤世．（楊維楨）五色之詔不受．九華之伯迎君．羅刹江前．舟迎知己．（錢惟善）雲松野外．衲留逸民．（陸居仁）同葬干山．稱三高士．若夫祖幹師道．並入儒林．（范祖幹汪與立）景翰德齡．羣推耆宿．（葉儀何共明）行吟楚澤．見山人於金華．（戴良）終老烏涇．稱山人以席帽．（王逢）九靈誰題像贊．七旬自製墓銘．皆爲禾黍之悲歌．安問萍蓬之浪迹．

是以敬初指斥．憿等陳琳．（陳基）仲子文章．氣凌王禕．（胡翰）笑張狂生之隱遯．野寺啼鵑．（張憲）話丁孝子之歸來．荒城化鶴．（丁鶴年）豈若玉山佳處．茜涇儲其鼎彝．（顧德輝）清閟閣中．雲林寫其妙墨．（倪瓚）然而靜之武夷之隱．亦徙濠梁．（藍仁）元臣騎尉之兒．追隨金粟．（顧元臣）同作新豐之雞犬．皆成去國之衣冠．

於是梁鴻賃廡．櫟社人歸．（高明）林逋欲仙．樂邱墓在．（張昱）浮海豈無大老．可閒宜號老人．此則履道爲客．書畫益佳．（周砥）溯洄論醫．方技同重．（王履）況復命本有錄．聞過名齋．誰識閩人．已成魯客．（吳海）

若乃修禮書者有人．修元史者有人．鐵厓雖已應徵．朝宗力辭不赴．（即吳海）彼夫星溪茹結．悼皓首之桓榮．（趙汸）桐江釣圖．憶黃冠於賀老．落日已寒北陸．逢人猶說東周．失節非危素之倫．原心有戴良之論．誰云鐵體．眞有蓬心．（宋禧）

又若原昭耄耋．惜未遁乎花溪．（沈夢麟）居敬病歸．幸無慚乎樗隱．（胡行簡）止仲居石湖之間．忽被刑於京邸．（王行）伯貞戀西樵之景．乃旅卒於南昌．（趙介）趙絢種菊．隱居則大有父風．（趙絢）彥晦勞薪．久戍而遂歌人老．（黎貞）此元遺民之見於史傳者也．

汪德輔禮經補逸．儒林傳成．（汪克寬明史有傳）周伯琦說文字原．鄱陽老死．（周伯琦明史有傳）詩經辨說．隱豫章之湖．集傳纘緒．衍紫陽之派．（劉玉汝）文璣有四書管窺之著．（史伯璿）訥菴有學庸集說之編．（景星）春秋讞義．學富子英．（王元杰）諸傳會通．世尊行簡．（李廉）石門山好．梁五經祇有優游．（梁寅）吳越人多．賴千篇宜稱大雅．（賴良）是草澤之閒民．見坦之風雅．（劉履）有張劉之遺響．附胡布樵音．（胡布張達劉紹）呂則耕之槀傳．樓眞得月．（呂不用）左克明之奏雅．曲善歌風．（左克明）選政能操．品評自當．無慚作者．定是傳人．

更有學問要篇．撰自劉子．（劉君賢）日聞舊錄．成於李公．（李翀）農田餘話．聆長谷眞逸之談．（長谷眞逸）千慮一得．留貞固處士之號．（華悰韡）熊氏冀越之集．太古名垂．（熊太古）沈氏茶山之編．老人志適．（沈貞）書山集在．羣尊獨足先生．（吳會）稗傳寫成．聊慰姑蘇旅客．（徐顒）領略蒓羹鱸膾．往來楓涇漁舟．所以華山老者．書飲食須知．（賈銘）平江閒人．著易牙遺意．（韓奕）豈僅荻港集古．王叔雨雅善丹青．（王偕）梅軒賦傳．程登雲響擲金石．（程從龍）董養性之閒雲．隱匡廬而不出．（董養性）姚樂年之私語．指桐江爲樂郊也哉．（姚桐壽）且夫鐵函心史．冬青之引如傳．栗里琴書．柴桑之篇偶和．所以十二月樂曲．同賡天暐之詞．（孟昉）三萬日春遊．並紀志湻之什．（吳志湻）文學則野亭花好．（沈鉉）元實則小橋柳垂．（孫華）

張夢辰同稱林泉之民．張樞魯道原只想義熙之歲．魯淵維貞詩社．遙指壺山．郭原用晦田廬．並耕茗水．方坰仲公豹隱．寄懷退密之庵．李存子尚鱗原．晞髮西臺之淚．王禮

亦有維寅維允．似塤篪奏樂之不同．陳汝秩陳維允永之性之．原金璧琢辭之無異．貢性之劉永之舒道原之高臥．華陽白雲．舒頔徐方舟之垂釣．江皋暮雪．徐舫龜巢一編．箕裘幸傳於璠樹．謝應芳謝珩樹雁山三老．神仙同望乎瑤川．朱希晦吳主一趙彥銘

又若葉家雲顯．葉涓南金氏青村．金涓老漁不繫之舟．陳高乘龍傲軒之草．胡天游用文似女．豈再適人．王翰希蘧悼友．恨不同死．李祁呼鹿皮子．千秋定傳．陳樵擁牛衣人．一寒至此．郭鈺堪嗟清節八旬．石田無用．周霆震寫出灤京百詠．鐵硯磨穿．楊允和

然而窮乃工吟．芳揚益烈．是以編題甲子．見桐峯之老農．魯貞稾署山窗．藏石蒲之破屋．甘復吾吾自喚．溯吳澂之傳薪．吳皋落落難合．笑如心之賣藥．許恕李一山格同馬異．李祉本吳伯尚身似鴻冥．吳當元章潦倒．長居綠竹之軒．成廷珪彥清潤澤．屢易黃楊之稾．華幼武比明祖於井蛙．視同囂述．劉仁本識詩人於來鶴．疑是韓蘇．呂誠蕭蕭白髮．話佩玉之還鄉．揚翮鼟鼟寒雲．幸菲材之被放．鄧雅豈不以性情新集．耄艾龍唐．周巽縣尉舊官．梨花凫影．顧觀甘張名顯．齊克敬為三高．甘彥初張可立徐陳並徵．惟翔南是大隱．張翼身願居乎箕潁．心豈戀乎京華．

所以雲間博士．訊老鐵於桃源．瞿智廬陵布衣．引新泉於竹塢．易恆瀾伯是吳城隱士．偏與侍中齊名．許觀正道本永豐教官．只赴新朝議禮．周南老比錢伯行．行藏一例．錢逵問劉雪樵．避亂何方．劉養晦嗟乎．滄波無極．汐社同來．周易凝鶴骨松形．周之翰邵思文青衫白髮．邵思文寄弟子通之作．苦吟青田．留睿憶友王逢之篇．釋耕綠野．董佐才道人何往．中立訊太乙之宮．范立判官不歸．廉夫拜睢陽之廟．吳訥楚國兒之題畫．山翠捫空．李延興葦杭子之浮家．圖書滿壁．唐元

亦有公琰高尚．鄙大章之得官．滕公琰宗弼孤潔．約梁寅而同返．劉宗弼景明儲同美玉．陳亮蔡深歸仍布衣．蔡深殷弼望吳淞作歌．殷弼仲實隱武夷課讀．唐桂芳頌盤山之高士．梓里銘勳．李勝原稱後圃之先生．竹笻代足．黃樞上虞山長．未染緇衣．張庸石潭幽人．偶歌黃竹．陳凋仲簡樵侶．約伯雨為道人．張簡履安藥囊．偕公望以醫隱．與論仲景．何愧蒙齋．王履安

即謂文通為詭譎秀才．吳徹子靜是草檄居士．定位作上梁之文．乃有盤谷．周所立和文正之什．曾來虎邱．馬玉麟白雲靈隱．句可參禪．自悅庶子寄亭．詩眞壓卷．陳秀民物元以精舍顯．世傳无逸之文．如皋復原主騷壇盟．能續蘭亭之會．福報是皆心超塵外．春在壺中．元璞之遊偕西白．良琦力金清遠之句送一初．懷渭一初或觀西湖之梅．或采東籬之菊．羣美摩詰之畫．同尊寶月之篇．

別有詩名同震乎嘉定．張宰隱淪羣效乎孟安．錢岳貢貞晦之詩歌．更名張祿．貢悅徐仲由之詞曲．雅慕陶潛．徐晅仲孚老儒．豈為明相．鮑恂士脩雅度．疑是晋人．許讋饒介之亦號醉翁．饒介鄭仲涵合謚貞孝．鄭淵蘇昌齡祝宗祈死．蘇大年趙廷嶂耄耋耽吟．趙善瑛豈特方谷眞之愛子．亦著篇章．方行陳安國之雄才．能附風雅．陳有定宗海從死．允稱完節．陳有定子宗海仲光玩世．每說醫方．王賓若而人者．皆有卷帙之流傳．足與河山而並壽．此元遺民之以詩文見者也．

又若句曲外史・隱華陽而著書・（張雨）郊居小生・哭銅仙之辭漢・（郊居生）至公熙公・趙袁咸訂縞紵・（天隱晦機）蒲菴蒲室・海宇同仰緇壇・（來復大訢）歸槎峯上・住蓮界以逍遙・（宗泐）天禧寺中・建浮圖而屹若・（溥洽）禪機共推無夢・（曇噩）兵書亦授古春・（如蘭）曾偕夢觀・（守仁）從遊鐵厓・能爲詩歌・雜以禪偈・豈僅雪廬慧日之集・幾輩傾心・（克新）鍾山法會之篇・九重擊節・（夷簡）

亦有得子璿之祕牒・不泄天機・（張眞人宇初）爲道衍之眞師・遂傳兵法・（道士席應珍）南洲是放翁之後・（溥洽）懶庵主淨慈之宗・（廷俊）吳越同美九臯・（妙聲）日本欲延空室・（無愠）此輩道釋・皆荷朝廷之召・旋爲巖穴之棲・衡以有明函昰宗騋之例・弘儲正志之倫・亦孰非元之遺民乎・

守仁和尚嘗以南粵進翡翠詩寓諷・明太祖曰・汝謂我法網密・不欲仕我乎・止庵和尚（德祥）亦以西園詩忤太祖・禍幾不測・然則諸僧羣居蘭若之中・皆有故國黍離之感・亦可識矣・（以上遺民除吾粵三人外共一百七十餘人）

說者謂陳高孤憤・王逢遠引・海巢不忘忠愛・吳臯長隱姓名・似此輩者・擬諸古賢・差無愧色・若劉仁本・周伯琦・蘇大年・顧元臣・王翰・周砥・陳基・張憲・高明・饒介・吳澈・周所立之倫・或仕於張氏士誠・或仕於國珍友諒・垂諸靑史之傳・不無白璧之瑕・

不知當是時也・皇室阽危・風塵澒洞・矢志返魯陽之日・有時借回紇之兵・所以韋莊啣使命留蜀・孔甲抱禮器歸陳・張良從漢・爲報韓讎・羅隱仕吳・乃心唐室・然則此輩遺民擬諸古人管幼安之渡東海・例以當日趙臨淸之居南園耳・

說者又謂召修史即來・召議禮皆至・幾山林之永別・參芻豆而彌甘・不作亭林梨洲之卻聘・卓絕時流・幾爲迦陵西河之得官・似乖人望・所可幸者・恥隨降虜・懶作熱官・雖染緇素於京塵・猶寄遐心於空谷・宋景濂贈楊廉夫詩云・白衣宣至白衣還・是可喜也・

嗟乎・孤竹子之不作・誰振薇蕨淸風・老客婦之謠成・猶是蓬臺明月・高山仰止・流水移情・皆擬收入於詩囊・藉以表章乎往哲・玆錄所著吾粵遺民七十六人・吾邑祁君武垣爲宋元明三朝東莞遺民詩詠・於此錄外・又搜得吾邑元遺民五人・曰陳秉・祁以泰・何本・何有容・王觀安・合之余所披覽・已有遺民二百五十餘人矣・設使廣爲搜羅・自當更僕難數・夫致堯表聖・殘唐留桑海之編・臯羽所南・有宋紀篁墩之錄・然而刧塵久換・人數寥寥・比諸元代・似乎不及・非節義之士稀・實編錄之人少・淸谿漁隱・著述不休・老猶好學・伏願其發竹素・表潛德・皆爲列傳・藏諸名山・由吾粵推及各省・知遺民大有傳人・則又望古遙集馨香祝之矣・

（指桐江爲樂郊也哉下添一句此皆元遺民之以著述見者也）

浮山第一樓讀書記

浮山第一樓者・在蓬萊島中・是卧遊佳處・能滌塵抱・能愜幽襟・爽撲眉宇・現四山之靑・俯鑒鬢髮・釀一塘之碧・松濤響乎屋角・蘿月挂乎窗前・涼蟬噪秋・孤鶴守夜・余以暇日・讀書此間・廬擬仲蔚・卻無蓬蒿・牀登元龍・喜摩竹簟・舊雨今雨・時來故人・朝雲暮雲・似解留客・耳目異觀・心胸頓豁・潄齒則石可礪・聳肩而山並寒・經誦道

德·案無雜書·詩寫性情·壺或擊碎·有時扶笻·閒步觀外·五色補天·覓忘機之石·萬翠成海·登朝斗之臺·邀水盟白·襟無纖塵·遊心入玄·門識衆妙·每覽景物·輒有領悟·崖挂甕繭·黄於野人之衣·樹施匏瓜·青垂安期之棗·雙石負巖·疑是啓母·一竹橫澗·呼爲龍公·麻姑已去·乃留丫髻之峯·稚川倘來·與尋丹竈之藥·

清興未遡·夕陽忘歸·山鳥怪客·野花笑人·見斑毛之㾀虎·已出深林·幸朱明之鳳凰·能引歸路·遂返茲樓·還讀我書·藉茗椀以解渴·拂松麈以談元·有釀泉之飲人·無俗客之溷我·手一卷以忘世·醉千日而不辭·落落然·陶陶然·劉伶蜾蠃·飽嘗酥醪之味·莊周蝴蝶·又到梅花之村矣·有窗不閉·嫦娥窺人·抱雲共宿·楚襄同夢·愛吟郭璞遊仙之詩卷·不惜盧生邯鄲之枕頭·將近晨曦·忽聞天樂·清緊似敲玉·深圓如轉簧·秦瑟奏乎芝房·胡琴響於竹徑·則後山之鸞咽·叢林之鳥聲也·

昔人買山而隱·有一瓢之樂·擁書自豪·傲百城之王·今茲盤桓·以永朝夕·露帶風襟·足遂麋鹿之性·烟蓑雨笠·不羨鷗鷺之盟·何異超碧海·仰青雲·陟丹邱·見黄石·會當采竹葉之符·度杜鵑之溪·登上界之峯·宿撥雲之寺·羅浮上界三峯有撥雲寺

瑤臺疊疊·三更之日已紅·珠江濛濛·千家之夢未白·鴻爪能證·鶴心自閒·茁靈芝以充庖·拾芳草以爲佩·青松長在·同耐歲寒·紅棉依然·續此詩句·賴介生先生居此樓二十年著有紅棉山房詩集是亦叢桂之招隱·空谷之足音也已·

蘿岡洞探梅記

瞢騰之夢·忽墮蓬島·落莫之路·喚起梨雲·前賢孤蹤·來者接軫·是以湖上巢居·林逋遂隱·水邊籬落·魯直尋香·遊興既發·移情斯在·乙未冬月·稅駕蘿岡·時則野外風峭·洞中花開·短短牆陰·落落枝影·山石疑凍·都凝古香·嵐霧欲蒸·純作縞色·閒有蠟蕚·檀暈九英·儘多虬枝·樛曲萬狀·玉烟晨積·喚白龍而來耕·瓊霜宵零·有玄鶴以堅守·豈非挂月之村·賸春之洞也乎·

同遊雅興·爭欲賦詩·余獨默爾·頗寄遐想·夫以吾粤梅花·顯名者衆·庾嶺驛道·南枝北枝·羅浮古村·舊雨今雨·濂泉蒲澗·見橫斜之清影·素馨花埭·有暗香之襲人·莫不遠挹幽芳·近邀勝賞·折枝則事傳陸范·築亭則詩附蘇黄·惟此深洞·獨藏古春·清香自閟·聲稱寂然·玉妃冷落·謫墮烟雨之村·國色誰知·招魂珠海之月·春風依舊·敢笑乎野棠·王安石梅花詩依舊春風笑野棠調羹休問·已沾乎泥絮·祇有鄰僧之惜·敢嫌俗客之看·何遜所以吟飄落·王筠所以言顛頓也·

余亦嘗上弧山·訪鄧尉·飲西湖之水·歌南浦之章·見夫樹樹弄影·離離播馨·窺清尊於落月·砌墮仙雲·濟寶筏於迷津·海通香雪·玉川家見練帨·髯蘇門叩縞衣·團雪散雪·觸手則春生·古月今月·荷鋤而人種·蕭灑本殊乎凡卉·栽培遂植乎上林·爾爲鹽梅·問幾生之修到·不爭桃杏·占百花而稱魁·乃知物之顯晦也有時·時之升沈也有定·愛此好花·聚居幽洞·踏雪偶訪·餐霞亦香·他人豈知·惟我能賞·

然而涵水月之影·養烟霞之軀·眷言江介之品·獨表癯仙之度·儷以松竹·鐵幹三友·傲彼霜雪·玉鱗四飛·蛋雨蠻烟·自嗟流落·霜禽粉蝶·同話斷魂·老子曰·知希者我貴·梅花所以爲清高也·客踵斯言·不遺葑菲·更約來歲·同食荔支·（蘿岡洞亦多荔支）誰爲百詠·（昔人有梅花百詠）如賡白雪之音·我醉千塲·當飫紅雲之宴·

宋宗姬墓記

嗚呼·黍離哀怨·杜鵑愴萬古之魂·茵溷飄零·蝴蝶醒三春之夢·鶴歸遼海·城郭都非·鳳別秦樓·簫聲永咽·吾觀於宋宗姬墓而不禁慨然也·

宗姬者·宋徽宗之孫·高宗之女也·少值亂離·播遷湖海·吾邑人鄧銑獲之以配其子·生四子焉·夫其娥臺玉質·帝室金枝·嬌比蘭陵·出乘寶輦·宣和書畫·描天孫之七襄·宵明燭光·降帝子之北渚·向使金甌永奠·玉壘無驚·則將穠華桃李·好合瑟琴·詩美王姬之車·易占帝乙之妹·奚至下儕於牧豎·棲止於農家·

無何·天狗出乎薇垣·妖狐升乎御座·百姓救我·太子哭於南薰·大事已去·乘輿遂皆北轍·一家莫保·二聖蒙塵·悲哉白馬之謠·慘矣紅羊之劫·當斯時也·九廟震驚·鬼歆曹社·六宮涕淚·痛泣胡鞭·讀南燼紀聞·知潛龍之受辱·過望鄉橋水·羨飛雁之能歸·國事若此·天道甯論·

康王以泥馬渡江·崎嶇立國·暮雨朝雲·已迷艮嶽·殘山賸水·祇說西湖·業萇楚之無家·賦蕪城而慨歎·道君氈笠·永痛乎青城·憲節金環·長悲乎嘉國·（高宗邢皇后從三宮北遷不返）亭扁芍藥·夢白羊之花·（高宗吳皇后事）枕函水晶·進紅霞之帔·（高宗劉貴妃事）香藥徵乎番帕·珍珠進自廣州·（高宗劉婉儀事）豈知弱息·流落天涯·邯鄲才人·嫁爲廝養之婦·清河公主·賣於張溫之家·此讀史者所以傷心·而作志者因之嗚咽也·

宋史言政和三年·改公主號爲帝姬·徽宗三十四帝姬·早亡者十四人·餘皆北遷·獨恭福帝姬·生纔周晬·得以不行·吾思宗姬·必同一例·以繡葆之嬰娩·困倉皇之鋒鏑·以蕙蘭之豔質·逐萍蓬之漂流·泣下銅駝·荊棘之悲曷極·歸來玉馬·銀潢之派原尊·乃紹興之年·存問皇族·薄海宣詔·州縣上聞·而宗姬不聞入京·史臣亦復失錄·則又何也·豈不以春女悲春·越人安越·織女兒之箱·已歌黃竹·洗田家之缶·久著青裙·禁烟綿隱·遑問龍歸·焦尾桐孤·羞言鳳集·譬諸南陽逃莽·安仁記公主之峯·永嘉避胡·平城築望鄉之館·差無愧色·同感亂離·彼夫安樂驕貴·貪似婉兒·玉眞風流·思嫁張果·人誇銅鏤之綬·家侈金根之車·或嫌萬徹之粗豪·或鄙李瑋之弇陋·詎可方斯·同年而語·

或者謂康王之女·不見史書·徽宗之女·亦有假冒·靜善貌似柔福·本是開封之尼·易氏自稱榮德·原屬商人之婦·（榮德柔福皆徽宗帝姬）遂得身附天潢之貴·夫稱駙馬之尊·今之宗姬·得毋近是·

然宗姬不貪富貴·不慕榮名·既藏晦於生前·祇上書於身後·（其子鄧林以母手書上聞）湖海之飄零已久·宮闈之證據非誣·光宗憫之·詔賜祀田十頃·苦桃之姊弟·句沐而能言·錢鏐之孫母·壽考而免禍·圖書備叙·（宗姬事見圖書集成職方典）邑志堪稽·迨至禾油

麥秀・猶保陶公嫁女之田・瓜衍椒繁・不減謝氏盈階之樹・光宗既以爲眞・亦誰敢以爲僞乎・

嗟嗟・罄地烽煙・難完骨肉・臨江歌曲・祇有愁思・豈無杞婦之崩城・不少樂昌之破鏡・望夫石遠・思子臺高・命也難言・天胡此醉・設使宗姬相隨北去・不向南歸・紫玉易碎於烟中・明珠孰擎乎掌上・正恐一霎曇花・終塡雪窖・三秋病葉・遂隕冰天・奏文姬之笳・誰將錢贖・歸女挐之骨・孰作壙銘・然則宗姬之遠來瘴海・永墮蠻烟・定有前緣・便成佳耦・野榼餉乎冀缺・椎髻侍乎梁鴻・老萊隱淪・相從砥礪・劉綱匹配・即是神仙・是可嘆也・亦可幸也・

君不見趙家他日・曾難塊肉之留・景炎紀年・誰作海濱之問・鳳去慈元之殿・鹿遊宋王之臺・冬青老樹・痛校尉之摸金・如意西臺・有遺民之泣血也哉・今日者・滄桑變幻・山嶽潛移・龍漢之劫屢更・馬鬣之高宛在・人來石井・（墓在石井村）猶瞻松樹之阡・客過銀塘・更弔榴花之塔・（宋末熊飛將軍起義兵處）至今鄧族・同蔭福田・先趙秋曉而莅止・何慚茅屋詩人・（宋遺民趙秋曉宗室也隱於吾邑有詩云詩人只合住茅屋）媲方幼學之淸高・亦尚濮王郡主・（吾邑宋遺民方幼學曾尚濮王郡主官郡駙）迢迢銀漢・紅牆之樹四圍・鬱鬱佳城・黃臺之瓜一摘・宜鐫貞石・永壽貞珉・

重修黃仙觀記

張其淦

羅浮二山・仙靈所聚・安期瓜棗・棄楚項而入朱明・軒轅藥囊・別唐宗而歸碧洞・麻姑鳳舞・序有于卲・佛跡象頭・記傳蘇軾・若夫稚川仙跡・流播尤廣・潞州橘井・圖三晉之雲山・葛嶺蘿軒・瞰一湖之烟水・維時犬羊肆虐・魚羊食人・瞻烏爰止・遷鶯出幽・南荒作令・求句漏之丹砂・東海得仙・隱蓬萊之日月・

相傳黃野人者・稚川之隸也・宋留元長羅浮金丹世系記云・安期以法授朱靈芝・朱授陰長生・陰授蘇元明・蘇授葛孝先・葛授鄭思遠・鄭授孝先從子洪・洪授鮑倩妻鮑仙姑・亦傳於黃野人・李耳無爲之道・衍而愈長・鍾離授受之籙・徵而可信・然則冲虛南觀・白鶴東庵・酥醪釀泉・長壽西澗・牛石鄺仙之跡・羊峯青童之蹤・洵有淵源・非同荒杳也・夫尺鷃之搶・詎儕大鵬・跛鼈之行・難追飛兔・必欲發揮至道・開鑿妙門・言橫玉輪・名載金策・遊碧落以千仞・希營魄之九昇・則必棲蓬島之長春・看桑田之屢變・一百五日・靜守乎丹竈・三十六天・乃返乎玉京・當葛仙移家之日・正野人負笈之晨・鮑家小女・手把芙蓉・伏波將軍・足躡芒屩・上瞻縣圃・羽服翩翻・旁眺方壺・鐵橋風雨・丹雞白犬・隨淮南而上昇・鶴蓋鸞驂・先道開而莅止・山青月白・片雲自來・暮粵朝吳・水天一碧・（羅浮石竈旁有字云朝吳暮粵水天一碧長嘯歸來山青月白相傳是黃野人筆）然則野人之成仙也・蓋已久矣・

茶山舊有黃仙祠・何梅士夫子與先嚴改祠爲觀・因重修之・搆室其右・名曰寄窩・綺窗明月・古桂飄香・丹房曉風・長松成韻・烟巖瀉碧・浥秋露以披襟・雲碓飛淸・（雲碓飛淸皆茶山瀑名）合宵霆而作響・長金指甲・寶相莊嚴・老鐵鬚眉・梅花環繞・（觀外植梅花數百株）白玉之簡・索銅龍而並觀・青雲之衣・騎瘖虎而偶出・洵幽深之逸境・栖眞之勝地也・余屢遊羅浮・此焉止宿・望芝壇而儼若・飲桂酒以陶然・盪雲爲胸・招月入戶・常欲叩分明之紫訣・詢吐納之元科・談劫火於阿耨之

池．鍊丹藥於紫霞之洞．而塵事牽綴．素志未償．紅花碧澗．徒招杜鵑之魂．（羅浮高處有杜鵑峯下即紅花溪）白髮青衫．愧飲酥醪之酒．

又稽山志．人多遇仙．僉云野人．蹤常出現．洞賓飄然．尚佩古劍．眞卿猶在．曾寄尺書．余屢遊山．乃慳一面．得毋王烈仙方．未經洗髓．抑或昌黎崛强．不願囚山．既非引爲同心．是以失之交臂．或曰否否．野人一睡．即三千年．揚塵之海．屢見生桑．爛柯之棋．猶未終局．當我遊日．正君睡時．然則見君遊戲．應爲蒙莊之椿．與我周旋．當倚喬松之杖．又不禁啞然而自笑也．王道人言．（時道侶王至明住持斷觀）觀外常有臥虎．從不傷人．言倘不誣．是亦靈蹟．世傳稚川授野人丹藥．虎曾食之．所以曇猷茅屋．李父聽經．董奉杏林．於菟守樹．是即籛鏗之仙室．何殊司馬之丹臺．

余於宿時．曾作佳夢．栩栩蝴蝶．入鳳凰之谷．亭亭美人．醉梅花之村．權借先生枕頭．來臥淵明北牖．等遊仙之郭璞．效記事之唐庚．早已雜仙心而作詩．不必結仙緣於覿面矣．余亦嘗入黃龍之洞．訪天華之故宮．披南漢之史．話金盤之贈藥．竊謂此事．當屬黃劚．（南漢黃劚亦稱黃野人）姓名或同．仙凡迥異．當時哀鴻嗷澤．猛虎當關．毒霧沈沈．蠻烟慘慘．不見安期浮海．爲避祖龍．豈有野人進丸．乃壽蛟蜃乎．金圓白證仙之處．（賴介生紀其事見浮山志）事近荒唐．張南山作記之年．（黃香石紀胡紹甯遇黃野人事張南山爲作記）語原恍惚．頻施藻繢．聊佐茗談．爲語後賢．當翻前案．且餌松實．來看抱朴之書．盍築茶庵．並祀逍遙之子．（茶山舊有茶庵住庵者爲逍遙子有詩載山志會編）

陳子礪誄

維庚午八月二十日．陳文良公子礪方伯．卒於九龍．僕於月之十八日．接君十二日來書．言酥醪觀碑文事．（信附後）纔隔兩日．電傳噩耗．嗚呼哀哉．呼子敬而歎．遂痛人琴．成向秀之賦．忍聽鄰笛．宋臺日淡．聞落葉而愴然．汐社風淒．撫叢蘭而太息．凡屬同志．莫不哀悼．況僕與君．少共筆硯．長訂蘭譜．並擧鄉會之榜．復聯兒女之姻．憶自稚齒結契．逮乎三次計偕．素交矢久敬之心．無日隔同年之面．從則雲龍．依則蛩駏．竹柏性悅．笙簧音同．得無空王坐下．眞有香火因緣．大羅天上．本是霓裳伴侶也乎．

然而通籍金閨．再朝玉陛．君爲南齋侍從之臣．遠馳駿譽．僕爲西署風塵之吏．自嗟駑庸．不無江湖之思．已覺雲泥之隔．

迨乎庚子拳亂．兩宮幸秦．長安日近．君穿杜甫之麻鞋．珊海雲歸．我戀季鷹之蒓菜．來鴻去燕．相遇綦難．五角六張．有時自歎．每當屋梁落月．春樹暮雲．雖出處之途不同．而相思之情彌切．所以蘇李賦河梁之別．李杜成楓林之句．思公瑾之語．如飮醇醪．馳張敏之夢．有時迷路．紅鱗遞簡．黃耳傳箋．恆即景以懷人．或撫時而感事．一掬瓊瑰之淚．千行珠玉之字．數十年來．積書盈篋．如舒麗錦．如握美珵．出入懷袖．永矢弗諼．

迨宣統之改元．戀觚棱而再出．時君則秣陵視學．疊權藩篆．馳比風馬．盼若牽牛．湛湛江水．皖公之杯酒難同．峨峨石城．廷尉之山頭徒望．指銅駝之荊棘．補華黍以笙詩．曾無幾時．君亦告終養矣．輸我神器．居爲讓王．江南之哀．子山賦焉．

於時陵谷變遷．天地異色．我隱歐浦．君隱香江．雖枌社不可依．而苔岑則無閒．互通書札．只有涕淚．猶憶甲寅之歲．余暫歸寓園．訪君九龍．與數晨夕．十年離索．一笑傾倒．時與玉臣漢三前輩．香輪叔葆同年．掎裳連襼．圍坐斗室．感事之篇．各出詩草．聚談之下．閒話滄桑．擊竹如意以高歌．敲玉唾壺而幾碎．君與僕登宋皇之臺．入楊侯之廟．尋景炎之片瓦．指行宮之遺址．弔古傷今．蒼涼欲絕．

既而僕返春申之浦．將出鯉魚之門．君偕選樓送於輪舟．賦詩二章．以誌離緒．浦波春草．江淹之賦銷魂．潭水桃花．汪倫之情不竭．此一時也．（礪公送別第一首有嶺南著籍同無分愁絕筵前唳荔支語第二首有天地長留巢父卷烟波仍泛釣徒家語並寫二句爲楹聯贈寓廬補壁日坡將詩編入天南送別錄）當皇上大婚之日．是禁城騎馬之年．（礪公於大婚年入京朝賀．得賜紫禁城騎馬．）往返滬濱．欣然握手．話味蒓之風景．已換巢痕．（張氏味蒓園久已改觀）況離黍之歌聲．忍行周道．未能改鑿．又詠將離．曾與流連乎舊書之肆．相約爲非園之遊．（甘翰臣花園）讀畫忘飢．燒燭愁短．月泉之吟自樂．金谷之罰奚辭．說莊說列．談道或入玄虛．宗孟宗荀．言性相與駁詰．主人隱几而鼾睡．僮僕窺窗而竊笑．此又一時也．

丁卯之歲．携七兒就婚九龍．幸託葭莩．爾敦蘭臭．望衡對宇．鼓瑟吹笙．暫爲賃廡之梁鴻．又作乘舟之范蠡．烟波十里．望珠海而未迴．茱萸九日．叨瓊筵而共醉．此又一時也．（是年余六十九歲．）踰歲七旬．礪公壽以七律四首．末篇云．客歲高軒引鳳雛．蓬門深幸忝葭莩．方期比屋棲三島．忽漫迴舟返五湖．洞口桃花誰得路．海中瓜棗近充廚．黎牀歎我垂垂老．未獲過從倒玉壺．

慨夫南山有隙．東陵告災．赤眉發邱．綠林盜土．仲尼遺讖．顚倒衣裳．曹瞞校尉．善摸金寶．君餽結增歎．累欷立說．修復倡獻鉅款．呼號徧於寰瀛．西臺臯羽．成披髮之歌．南陲玉潛．哭冬青之樹．而君之病．從此增劇矣．余嘗謂君之科名若張文襄．（香濤相國）君之憂國似翁文恭．（叔平夫子）君之深識如李文誠．（仲約夫子）君之督學勝張文達．（野秋尚書）若夫學問之淵博．政績之昭垂．志節之忠誠．著述之不朽．應列史傳．並詳墓志．今所言者．詳君與僕蹤跡之離合．及國變後隱淪之憂憤而已．

君廻翔館閣．出任藩學．豈謂非達．然而鹽梅儲器．秋菊晚節．曾不能爲陸宣公之進言．文信國之開閫．謝太傅之從容卻敵．袁司徒之正色立朝．位未稱德．不無遺憾．君嘗語僕曰．江南財政．諸待整頓．述職陛見．痛切敷陳．而高坐者厭聽．亂以他語．乃知當道本不留心人才．誰念王室．祇有自然流涕．大廈非一木可支．橫流非一簣可防．詩曰．載胥及溺．其何能淑．可勝痛乎．嶺海忠義．桑梓不乏烈士節士．叔季尤多．芳草十步．寒松千歲．精衞抱塡海之心．杜鵑染啼殘之血．君所著宋東莞遺民錄．明東莞五忠傳．勝朝粵東遺民錄．可覆按也．

君以名山管領．（礪公爲酥醪觀主持四十餘年．）爲窮海逋臣．問避地兮何之．即居夷而非陋．烏衣門巷．飛燕誰家．龍湫草廬．冥鴻孰弋．管甯黎牀．皆寂寥之境．袁閎土室．著窮愁之書．詩曰．瞻烏爰止．于誰之屋．可勝悲乎．嗚呼哀哉．

遺我鯉魚．中有尺素．狎彼鷗鷺．忽聞虞歌．鳳去麟亡。芝焚蕙歎。析津雲黯。猶朝化鶴之魂。瘴海星沈。同悼嗟蛇之歲。是西山之義士。亦東陵之故侯。效表聖之潛藏。嗟元伯之長逝。愴懷老友。悲甚生離。然而忠肝古誼。褒一代之藎臣。松心玉性。聞九重之天語。（玉性松心・忠肝古誼・皆御賜礪公匾額・）漫傷身世。備極哀榮。所以死而不亡。杜史言壽。生豈足樂。蒙莊達觀。要惟哀情。不能已已。乃爲誄曰。

鳳涌雲蒸。虎門霞蔚。洞天朱明。牛眠主貴。（礪公居吾邑鳳涌・羅浮山有祖墓・）我既垂政聲。亦深道味。挺松柏操。挹芝蘭氣。君之學術。我知之詳。學海同業。菊坡抗行。能善攷據。有佳詞章。視草入官。探花稱郎。君之文章。高羅浮頂。（礪公己卯解元・陳東塾夫子贈聯云文章高似羅浮頂・科第連登會狀元・）標能擅美。彪炳英挺。星軺載道。滇黔遠省。泰山觀雲。孔林啜茗。（礪公曾爲雲南貴州山東主考）曾過漳河。懷我有詩。吏治風雅。夢中相思。（赴滇道過漳河時・余在黎城任・君贈我詩・有吏治飾風雅語・）懷柔坐困。長安奔馳。

回鑾隨扈。哭廟涕洏。（拳匪亂時礪公避於懷柔・旋回籍・即赴長安行在・孫相國奏派爲回鑾隨扈・）我之交君。垂六十載。自嗟茵溷。遂隔雲海。督學攝藩。秣陵顯仕。我居皖城。盈盈一水。顢天不聞。浹地虔劉。亡也忽然。鼎沸九州。桑田已變。梓鄉難留。龍湫遂隱。蝸廬潛修。宋臺遲我。申浦迎汝。重到故京。傷心禾黍。方期酥醪。（羅浮道觀名）永結儔侶。有壑藏舟。見天倚杵。丹穴鳳去。皂帽龍藏。魂返孤鶴。聲淒五羊。官富場空。蓬萊路長。何處尋君。兜率渺茫。嗚呼哀哉。

見金椀於人間兮。出玉魚於幽扃。灑孤臣之涕淚兮。馳函電於滄溟。結鬱鬱之憂思兮。心慘怛而不平。惟祝宗之是祈兮。甘九死而亡生。嗟卷葹之心拔兮。竟芝蘭之隕零。儷文忠以文艮兮。帝鑒臣之精誠。（梁節菴前輩賜謚文忠・）知飄颻之高舉兮。登九萬之雲程。雖嗟我生之不辰兮。然已極乎哀榮。永俎豆之馨香兮。垂千秋之令名。

粵嶽祠銘（有序）

蓋聞南稱儵帝。控海若而居尊。東渡秦皇。驅神鞭而豎柱。源傾三峽。巫雲疑神女之祠。簾挂千珠。蛋雨濕鮫人之屋。問諸天之洞壑。孰若蓬萊。授碧落之神書。遂名洞府。二山離合乎風雨。三神廻旋乎泰蒙。望悠悠之綠草。鬱蒼蒼於翠微。是以鵬霄雲構。層城開太乙之庭。鸞闕霞標。南極奠壽星之宅。十景棲烟。炫離精於丹穴。三千弱水。浮左股於蒼垠。雞聲一唱。羣來白玉之京。鼇足前蹲。合築黃靈之館。粵嶽祠者。祀羅浮君黃君香石。顏以粵嶽。紀粵望也。

或曰神州赤縣。五嶽爲高。越嶠炎洲。兩山並峙。稱之爲嶽。無乃非宜。不知黃壤白壤。未刋遐荒之土。戴日戴斗。必窮積陽之墟。瀛洲方丈。孰能窺九室之天。崇館層崖。必先競千巖之秀。君徒見乎杲杲叢木。峨峨衆巒。按龜籙而測坤靈。授鳳書而談封禪。是徒知嶽之所以異。而不知嶽之所以同也。嶽乎嶽乎。請畢吾說。

夫天地積氣。漱正陽而含朝霞。崑崙中柱。浮大海而入中國。瑤臺十二。實湧南溟。瓊華千重。亦環北極。若夫貝多壇墠。得仙石於龍門。荊巫岣嶁。踞離宮於鶉尾。慕容燕玉。案發神光。玉女明星。盆涵碧綠。能小天下。惟登岱宗。亦名天孫。是曰神府。日觀皆能足躡。雲扃於焉手開。紅輪浴浪。初出海中。黃河如帶。若現山頂。然而君聽雞鳴。泰岱攀雲於五夜。我思鶴跨。羅浮見日於三更。此一同也。

山嶽爲靈氣之所宅．神仙之所居．七十二代．得玉牒之書．二十四物．奉丹井之水．瑤函芝帙．青童由漢武招來．竹箭松心．天神與秦昭共博．劉璘采藥．發石困而忘歸．虞舜巡方．埋雪輪而紀瑞．凡茲五嶽靈蹟．多屬上古仙蹤．若羅浮則安期之鴻飛．葛洪之蟬蛻．道開之石室．延陵之茅坪．麻姑鳳舞之臺．鮑靚鸞棲之宅．東坡流落．約同叔而訪初平．眞卿猶存．餞長樂而逢陶八．更何論守安寶積．景泰僧歸．此二同也．

玉芝紫露．原產具區．瑤林絳雲．長茁仙域．紅蓮十丈．對洗頭之盆．蒼松萬株．倚繫練之石．桃花仙種．爛雲錦於朱陵．蓬虆長生．護靈根於陰嶽．瓊環開而仙童去．石髓折而鬼谷來．未若茲山．尤多奇草．作杖之藤．既稱萬壽．如瓜之棗．疑結千年．筳非王母．輒供蟠桃之飯．凹入佛子．即見龍宮之竹．菖蒲九節．靈芝百莖．黃精產丫髻之峯．人參茁羅陽之圃．噀寥天之沆瀣．爲酥爲醪．訊孤村之梅花．如醉如夢．此三同也．

亦有鳳鳴嵩阜．子晉吹笙．鶴舞泰壇．高宗奠爵．控麒麟於二華．石劍攢青．歌鸜鵒於三峯．雲甕凝白．虎名李父．入黑帝之宮．蛇號率然．守元神之府．大都珍禽奇獸．多出靈山．獅吼鸞音．即同佛地．茲山所畜．靈異尤衆．痦虎守乎鐵橋．癡龍吼乎石竈．哺兒古洞．見小鳳凰．仙翁遺衣．化大蝴蝶．林垂如甕之繭．家置緣壁之蠠．佛跡巖下．人覓辟蠅之龜．阿耨池旁．仙留擲錢之蟹．此四同也．

夫天下諸山．稱嶽者多．魚嶽見乎蒲圻．龍嶽稱於平樂．幕阜天岳．載雲笈之道書．會稽稽嶽．有秦政之刻石．書廬嶽於孝穆．峯號香鑪．溯艮嶽於宣和．綱聞花石．奚止天柱尊南嶽之奇．黃山連白嶽之秀．凡茲巖壑．標榜爲多．惟有羅浮．名實具稱．四維載地．獨處於炎方．八柱承天．作鎭乎南越．洞天第七．潛通句曲之宮．滄波八渟．已綠瀛洲之草．

彼羅浮君者．太清之神仙．眞靈之位業．白雲帝鄉．上碧霄而鍊石．朱明仙洞．留丹竈以傳薪．飛軒引鳳．雲中之羽葆莊嚴．遊履驂鸞．洞裏之乾坤廣大．騎五羊而莅止．穗石得朋．駕一龍而上升．茅家訪道．聿新祠宇．高倚雲霞．天號曜眞．門開甲子．波羅同祀．合尊南海之神．鬱儀來朝．早見東方之日．願師抱朴．話眞契於前生．況有老聃．傳谷神於不死．求仙海上．盍賫玉檢於靈壇．望雲封中．且進銀泥於寶墠乃爲銘曰．

峨峨二山．南天之門．晻靄靈嶽．宋人所言．蓬萊割股．溟澥蟠根．作鎭南粵．祀羅浮君．明月珠臺．白雲蒲澗．未若茲祠．去天一間．高建霞標．低瞰雲棧．洞壑棲寒．華嚴非幻．紫局畫拱．丹邱碧炳．觀日臺後．撥雲寺前．紅輪現海．白水（門名）瀉淵．雞鳴一聲．飄飄欲仙．古瑤臺下．有十三峯．溪滿杜鵑．竹環龍公．璚樹三島．瓊林一叢．休誇漢柏．不數秦松．晷拒雲旌．斧修月殿．白鶴（觀名）翶翔．黃龍（觀名）隱見．丹竈午餐．梅花夜宴．飛雪枝枝．仙雲片片．三峯上界．太華削成．石樓懸空．鐵橋縱橫．軒窗碧落．闌干赤城．誰入妙門．乃瞰仙扃．瑤策鬱契．珠泥暢績．痦虎守壇．銅龍鎭域．霧棟凝紫．星漢連碧．月地雲階．寸田尺宅．三日足繭．一瓣心香．竹葉蒲桃．荔丹蕉

張其淦

黃・豐飫堯膳・醉浥軒漿・四百芙蓉・流澤孔長・

綠綺臺琴銘（有序）

綠綺臺者・明武宗之御琴・唐武德年製也・鄺湛若先生得而寶之・時見吟詠・及廣州殉節・抱琴而死・王漁洋詩所以云・海雪畸人死抱琴也・嗣是而後・琴爲馬兵所得・鬻於市中・惠陽葉錦衣猶龍・以百金贖之歸・星霜屢易・二百餘年・復爲族叔祖德圃方伯所得・藏諸可園・

夫綠綺之號・本相如之所名・朱絃之異・似雷威之所製・流傳出於宮禁・寶貴勝於妻　・酌羽客而流韻・對湖水而奏音・（見湛若詩）路氏愛木性之枯・伯山識唐代之軫・四壁無歸・且質琴劵・三河欲上・又負琴囊・（見湛若詩）紅鸚鵡之詩卷・人笑狂生・黃牡丹之狀元・彼眞同調・卒以一曲履霜・悽愴隕雍門之涕・千年碧血・倉皇染寡女之綵・琴兮有知・當可無恨・

可園花竹環徑・圖書滿壁・廣厦細旃・眠琴其中・明月直入・窺見嫦娥之鏡・大江前橫・聞奏湘靈之瑟・（可園高樓有聯云・大江前橫・明月直入・）寫叢蘭之畫卷・（德圃方伯善畫蘭）薦秋菊以寒泉・灑疏雨於碧梧・振清風於寒玉・余手爲摩挲・心寄元賞・懷古欲泣・契機能歌・族叔桂生舍人・以拓本見貽・袖中有東海之奇・過眼即雲烟之錄・何必高山流水・方移我情・乃爲銘曰・

毅皇之琴・製自唐代・竹風欲流・松雪可愛・懷素寶書・不疑劍佩・畸人得之・與琴俱碎・亦有南風・出於宋宮・艮嶽石碧・茄花劫紅・（湛若亦有琴曰南風・宋理宗之琴也・）祇有綠綺・猶在塵中・誰能操之・廣陵散同・幽谷香蘭・故宮堅木・妙臻羊體・紋有蛇腹・應侯何悲・孟嘗欲哭・吁嗟琴兮・時當百六・陵谷已變・琴來名園・漫奏別鵠・時聞哀猿・斑帶血點・拭有淚痕・以筆插之・亦醒詩魂・

重脩酥醪觀碑銘

覓桃花於洞口・誰人識路・割蓬萊之左股・何日浮來・一例荒誕・世人疑之・然而飛來靈鷲・事證烏猿・宴向瑤池・書傳青鳥・是仙家之故實・豈塵世所能知・酥醪洞者・安期生觴神女之處也・玄邱玄碧之香・釀成甘露・爲酥爲醪之味・散於諸天・然則山縱非海外浮來・仙已向洞中莅止・當日干項羽而不用・偕蒯通而並行・名見史記・信而有徵・所以青蓮慨慕・稱爲上仙・騎鶴之流・髯蘇傾倒・贊以出世乘龍之士・此固秦皇漢武欲求而不得・赤松黃石把臂而入林者也・夐乎高哉・東海千歲・羣呼賣藥之翁・浮山一泉・即是延齡之酒・而酥醪之名・亦遂千古・

迨夫晉室將亂・稚川移家・既求句漏之丹砂・遂結羅浮之丹竈・呼吸沆瀣・棲遲林藪・東西南北・爰有四菴・或改長壽・（初名孤青後改長壽）齊白鶴之名・本住冲虛・近青霞之谷・酥醪厥爲北庵・院宇尚存南宋・紅花溪邃・連玉蘂於瑤臺・白水門高・運璇流於艮壑・遠望石竈・蒸出浮浮之雲・近接茶山・喧以浩浩之瀑・斗壇峙其側・釀泉居其下・梅隴之花千種・符竹（峯名）之雲萬重・洵棲靈之奧區・修養之福地・自宋以後・屢興屢廢・偶指麻姑之海・三見成田・敢偸曼倩之桃・千年結實・管領誰屬・風景已殊・暨康熙年間曾山山諱一貫師・爲龍門正宗十一代祖總住持・其弟子柯陽桂號善智者・實創

建酥醪之觀．江本源號瀛濤者．能善紹蔡（名求端號坐雲）童（名復魁號傭庵）之師．其後繼之者鶴侶（姓葉名台賓）梅村（姓蕭名台三）皆有道行．悟醒（姓陸名敎愚）菊齋（姓謝名永靖）亦著勳勞．丹室纔安．羽衣可服．

無何．綠林紛起．紅巾驟來．壇宇竊據．道侶星散．瘖虎朝伏之門．亦嗟荊棘．寒鶴夜守之樹．摧為爨薪．迨方合矩瑚洲世丈．陳敎友友珊夫子．芟除榛莽．並主壇坫．然後備法物．集徒衆．修殿宇．復舊觀．由是觀中住持遂有兩人．方合矩之後．繼以熊敎如養眞與友珊師．捐募經營．規模式廓．遊客頻來．咸識黃山之隱者．中興是賴．比諸白水之眞人．嗣是而後．觀中住持遂有三人．故王至賢與呂敎忠贊臣夫子．先嚴敎恕介愚府君．同時余亦與黃明襄薌池．陳永壽子礪二君同時皆遊仙賦郭吳．曠達慕莊列．神交託嵇阮．規隨效蕭曹．珠樹之鳥同棲．芝田之雲皆瑞．羣謂壽人之多．首推茲觀．賴介生太老師住觀廿載．壽臻大耋．其所撰浮山新志有云．余所親見觀中童復魁師九十八歲．何復川師一百五歲．金莊馬師幾及百歲同時師兄弟師弟子松齡鶴算．容與一門．余維我觀龍門之道派深合柱史清淨之要旨．以儉慈讓為三寶．損之又損．悟夷希微於一旦．玄之又玄．深根固柢．長生之道．商山有四皓．淮南有八公．誠無足異者．

余與子礪師兄住持斯觀也．四十餘年矣．久吟杜老之古稀．更思魏公之晚節．逢此亂世．是苟全性命之身．倘登耄及．亦闡揚道敎之力．詎必飲南陽之菊水．乃可延齡．餐華陰之松實．始云輕擧．周易曰．何思何慮．老子言．無名有名．盟白水則心潔．瞻紫氣而人來．開瓜棗之筵．羣話安期生所賜．飲酥醪之酒．盍拜抱朴子為師乎．居諸屢易．劫塵又生．古洞雲寒．舊楹月落．同人募集鉅金．重修殿宇．經始於己巳五月．落成於庚午五月．瞻鴻構之屹若．歷龍漢而常新．專氣致柔．道侶戾止．皆講道德．永藉安閑．子礪屬為記之．昔者沈休文金庭之篇．梁簡文招眞之館．既立豐碑．亦鐫銘語．爰倣其意．乃為銘曰．

方壺湯湯．圓嶠眇眇．一角蓬萊．乃在嶺表．蝴蝶五色．鳳凰千鳥．三更日出．天雞報曉．酥醪古洞。秦時雲封．安期擧觴．神女駐蹤．酒香逼天．花雨濛濛．留此釀泉．羅浮春融．誰尋福地．長居洞府．北庵誅茅．守以瘖虎．藥環丹竈．花滿瑤圃．應禮葛仙．更尊雷祖．（正殿祀雷祖葛稚川．呂洞賓．）龍門道脈．出於長春．北宗南宗．自昔已分．派衍重陽．敎立全眞．亦祀洞賓．時來野人．柯師開基．徒侶殊衆．擘漢分星．架雲連棟．龍虎永守．鸞鶴飛鞚．蘇羅老村．位置古洞．殿宇舊矣．鼎革新之．金牓仙篆．醮壇靈旗．宮望丹桂．庭環紫芝．羽客上壽．視此銘詞．

嶺南名臣序贊

嶺南州郡殷曠．區宇奧密．巖壑巉秀．川澤孕靈．綿疆峻嶺．代有偉人．文川武鄉．常產賢哲．是以鴻圖式廓．掇蘭芷以升廷．鼇極奠基．挺楩楠而報國．其或曠度各異．遭離不同．而風美所扇．道契不墜．前代後代．其揆一也．粵稽九鼎聲歇．兩京道墜．帝室夷而侯服霸．兵車重而冠裳輕．爰乃窮沅湘．假斧柯．奏笙簧於聾俗．被文繡於裸壤．即彼永元之間．兵革大起．深心憂國．正色陳書．是皆開嶺

海之人文・興炎荒之道敎・迄今溯石邊之穗・豔說楚庭・指河上之松・尚談楊宅・大雅不羣・厥風古矣・時則有高固楊孚其人・

自漢而後・羣材緝興・厥有分途・並堪名世・憶夫公輔襟期・璣衡位業・丹青神化・赤舄儀容・羽扇之賦・風度可思・菊坡之名・馨香永慕・執憲轂下・書詞笏中・莫不業貫夔龍・聲符丙魏・是霞津檜檝・亦雲搆梓梁・桴鼓鹽梅之任・帝夢吹塵・鑾臺鳳閣之中・臣司補袞・此名臣中之功業可述也・時則有張九齡・崔與之其人・

若乃感星精而降世・濯冰魄以爲心・周昌則氣壓同僚・老瑀則慣凌宰相・眼中有鐵・簡上飛霜・北闕有知・南人無黨・無慚休奕・信此骨之錚錚・直是比干・雖剖心而諤諤・此名臣中之直諫可述也・時則有李昴英・海瑞其人・

論語半部・亦致太平・理氣二言・敢差著述・若夫出則羽儀皇國・入則羽翼聖經・補衍義之篇・垂樂典之作・備治平之要・洩造化之秘・盡美盡善・無得稱焉・山川鍾毓・共談五指（山名）之雲煙・嶺嶠英賢・盡作一門之桃李・此名臣中之著作可述也・時則有邱濬・黃佐其人・

蘊之爲德行・發之爲事業・理原共貫・道本同途・則有陽春臺上・默驗端倪・西樵院中・先嚴禮範・要使秘書悉讀・諫疏長留・靜坐常自澄心・格致乃能誠意・曰活孟子・是眞名臣・斯又學窮洙泗・恰驗黃雲赤水之奇・派異陽明・彌昭霽月光風之度・此名臣中之理學可述也・時則有陳獻章・湛若水其人・

若夫溫序齒劍・血灑玄黃・文山作歌・聲滿天地・見危授命・殺身成仁・乃有薊遼督師桑梓起義者・五年期促・竟誣大帥以和戎・九江兵殲・尚驅市人而使戰・迨至寃沈三字・節殉一門・雲車飆馬・常驚伍相之濤・洞蛋林蠻・俱葬田橫之島・碧難埋血・丹可明心・此名臣中之死節可述也・時則有袁崇煥・陳子壯其人・

之數子者・樹立不同・風徽如見・俎豆永薦・簡冊長垂・朝漢臺廢・合築百越先賢之祠・文選樓高・應效三國名臣之贊・僕伏居嶺表・心嚮往之・高山仰止・景行行止・以類而擧・擇尤而論・爰爲之贊曰・

嶺海挺秀・蕭湘效忠・匪尚霸業・已興儒風・旨彰鐸椒・學侔鸞熊・鳳兮鳳兮・誰歌道窮・羊石披圖・麟經表功・澧蘭沅芷・應祠文翁・（高固）

孤雛腐鼠・欲開邊釁・議郎憂國・諫書獨進・其言則危・其心則愼・素節不移・清風彌振・河畔雪飛・嶺外雲峻・維松與柏・中有瑤瑾・（楊孚）

相公風度・卓絕人寰・狡爾胡雛・先幾燭奸・羽扇秋感・絳霄鶴還・淋鈴一曲・蜀道險艱・常看金鑑・詎悲玉環・曲江遠識・夐乎莫攀・（張九齡）

菊坡偉人・威鳳獨鳴・淮南屯馬・西蜀用兵・奇節久著・大功克成・溯張（九齡）姜（公輔）余（靖）・唐宋垂聲・先生晚出・交垂令名・至今海上・錄重澄清・（崔與之）

文溪立朝・孤守丹悃・觸邪之羊・以補龍袞・頭銜任損・心迹逾遠・風神元定・志節不損・庾嶺梅花・寒香萬本・傳說騎箕・星精遂返・（李昴英）

卓哉剛峯・風骨稜稜・臣面似鐵・臣心若冰・韓瑗鳴

鳳・崔洪效鷹・市棺相從・死生亦輕・攀髯志痛・涕泣莫興・忠肝直節・千秋令名・海瑞

瓊山傑出・鬱爲璠璵・好學博覽・偉論獨攄・天災屢陳・危言孰如・天性激厲・克終永譽・書補西山・治平不虛・海外相業・此爲權輿・邱濬

泰泉直諒・陽明畏友・如彼白圭・質無塵垢・理氣獨特・知行並守・爲親受過・臣孰辭咎・原情致仕・著述不朽・卓爾先正・步趨敢後・黃佐

白沙先生・抱德章美・端倪默養・靜坐齋裏・魚躍鳶飛・澄心析理・灑然自得・際可偶仕・歸去來兮・爲賦陟岵・名山事業・亦從此始・陳獻章

湛王講學・致知各異・艮知爲宗・方寸而已・隨處體驗・乃具衆理・危言格君・薄俗懲侈・體用兼備・言行如彼・心性圖說・堪以教士・湛若水

巍巍督師・老羆臥道・議軍甯遠・誅帥皮島・便宜雖假・責效偏早・長城乃壞・自喪國寶・赤心任剖・熱血長抱・耿耿孤忠・永質蒼昊・袁崇煥

煤山故主・攀髯莫從・嶺表吮血・拚爲鬼雄・勁節無撓・遭時獨窮・發策刺閹・板蕩識忠・文烈張家玉忠愍・陳邦彥道合志同・儒立頑廉・永慕餘風・陳子壯

此張香濤相國督粵時觀風試題也・余時肄業菊坡精舍・此篇蒙取冠軍・批云・製體鑄詞・具有家法・鴻博選也・己丑會試・廣西張君其鋕中式・有電回粵・鋕字錯碼・相國語菊坡山長・謂余中式・本是知名之士云・相國學問詞章・一代宗匠・歷官中外・赫赫有聲・然數十年來・余未一登其門・今相國已歸道山・特記此以誌知己之感・庚戌四月其淦自記・

明袁督師崇煥像贊有序

古之所謂一柱擎天者・吾知之矣・必也・君無猜忌・朝無諑譖・敵間不入・離謗不攘・然後壹志難徙・三靈永奠・靖烽烟於九月・扶日月而再中・是以唐生李晟・原爲社稷・夏有伯靡・遂成中興・晋用謝安・而淝水之功成・宋仗寇準・而澶淵之敵退・小白信管仲・而東海之風遂雄・阿斗信孔明・而劍閣之險不失・未有君非甚闇・臣已奏功・比干剖心・道濟投幘・太白幾懸・長城竟壞・易水寒風・惜荊軻之永去・東海冤雪・見湞于之血流・袁墓在都今袁督師墓在北京廣渠門外明社遂屋・埋憂地下・定化萇宏之碧・相逢天上・應瞻箕尾之靈・如有明袁督師者・雖自剖而飢君・傷靈修之數化・忠而見疑・信而被殃・胥濤一號・愁見東來之轍・岳墳千古・曾無北向之枝・此讀史者所以增欷・而尚論者因之憯怛也・

維督師草廬臥龍・榆關躍馬・借箸而談戰略・聚米以成山川・得周亞夫・足備東南・非劉豫州・誰當大敵・當夫甯遠固守・羽書刺血・拓礔礰之弓・餓鵙鳴野・發碚礌之礮・老羆臥城・九攻九拒・出鑿凶門・一鼓再鼓・入聞吉語・遂假王導以安東之節・命廉頗代馬服之軍・方謂虜盡目中・算操掌上・一擲不同孤注・五年可收全遼・

而其時魏閹氣燄・毛帥縱橫・拜九千歲之貂錦・配享尼山・比陸萬齡之狐媚・較量奧竈・名曰牽制・義實顛倒・從之則貶節・縱之則生亂・惟聞筐篋之求・竟成癰疽之疾・暨乎冰山既摧・鋃手如斷・丹一寸以棒日・身八翼以沖天・柏臺

張其淦

之對・帝咨夔龍・蟒玉之錫・人賡召虎・當震金鼓・行馬角之窮邊・生入玉關・奏燕頷之偉績・試一呼乎蒼兕・期痛飲乎黃龍・封狼居胥・勒燕然石・作金湯於重鎭・標銅柱以千年・豈非明良同德・身名俱泰乎哉・

而豈知湛露汪汪・邊風烈烈・衞霍之功勳未就・李牛之恩怨原多・當大清兵之入龍井關大安口也・進圍遵化・直逼燕京・波濤驚乎太液・烽火照乎甘泉・督師慷慨赴援・倉皇振旅・命徐敷奏守榆關・命劉興祚守沙河・處存入援・不俟詔命・子儀衞主・聞警即行・裼裘夜至・突厥知有救兵・遺柑朝來・撒離訝其神速・隨風雲以振敵愾・本心肝而奉至尊・

無何・國歎無鳩・市成有虎・合千奴以共膽・聚衆蚊而成雷・彼溫體仁者・藍面同奸・白簡屢劾・青蠅止棘・瘈狗吠人・薏苡之謗旋興・萋菲之言靡極・借傾龍錫・遂殺虎臣・鷗波漁話・紀魚素之寄家・蠅鬚館詩・即烏程之實錄・鷗波漁話引溫體仁家書即害督師密疏中語又云此家書三則見烏程張秋水蠅鬚館詩話此則秦頭壓日・遂成三字之寃・赤舌燒城・誰作百身之贖・

嗟乎・涼風血濺・一輪明月之謠・鐘室漏沈・萬古淮陰之恨・七萃之沙蟲易化・八公之風鶴皆驚・朱鳥魂招・應灑厓山之淚・紅羊刼重・終成昆明之灰・國之亡也・臣之責也・敵之用間也・王之不聽也・讒諂之蔽明也・邪曲之害公也・明史謂議戰守自崇煥始・崇煥死・邊事益無人・明亡徵決矣・豈不信哉・

或者謂遼境之復・期以數載・平臺之對・徒作大言・豈有籌邊之略・聊爲慰藉之語・未見丸泥能封函谷・已聞鄉導先賣盧龍・雖嚴東道鐵牝之防・殊乖北門鎖鑰之寄・不知武侯分鼎・早定南陽・安國屯田・終平西域・督師經緯訏謨・長駕遠馭・虎墩兎之納款・既刑白馬・東不的之求糴・亦憫哀鴻・苟無西鄰之責言・自見東方之永靖・曾疏言插漢當示羈縻・薊門應愼防禦・策首尾之應・懼唇齒之寒・豈知虎豹當關・龍蛇入壑・韓信井陘之爭・拔幟入壁・鄧艾陰平之渡・裹氈縋山・敵國非在閫外・將軍似從天下・我則招攜失臂・人則乘虛搗心・然而誓衆澤袍・勤王桴鼓・若奉漏甕・如沃焦釜・一夜馳三百里・一朝復七十城・桑榆望收・樑棟猶在・不同疏勒圍而井竭・居延戰而矢窮也・

或謂人稱島帥・地屬邊防・當泯嫌猜・詎應殺戮・所以兩虎鬬而相如先避・一蛇去而介推不言・重反交惡・楚間可知・將帥不和・梁亡無日・不知毛文龍之在皮島也・跋扈飛揚・冒功吞餉・拜權閹爲義父・賂中貴以兼金・走私販之鴟夷・是野心之狼子・難羈鷹隼・飽則遠颺・出柙虎兕・緩則生變・不誅馬謖・軍法何以肅・不斬崔衆・壁壘何以新・且自謂取南京如反掌・視北辰若無有・作賊通敵・罪案如山・何可綱嘗語督師曰・生文龍・國不幸・用文龍・朝廷不幸・殺文龍・公不幸・語極沈痛・然則毒蛇螫手・壯士斷臂・很羊難使・霸王必誅・是馭將之要略・非乖刺而無當也・

或又謂通使咎在議和・市米情同款敵・以此言罪・公當無辭・不知兵交使在・禮載前經・秦饋晉粟・史稱義事・若果乾綱獨斷・交鄰有方・非同增幣・姪嗟宋室之卑・不憂割地・兒錫石家之號・則封疆之畫・書在盟府・聘弔之舉・事同敦盤・上國之通楚・豈咎乎巫臣・通天之罪漢・不尤乎衞

律・最可痛者・尙政同鄉梁廷棟餌以節鉞・楊闇臥聽・高鴻中陰縱歸來・當揭證之言陳・正反間之謀售・遂以爲回紇軍至・皆僕固引來・吐蕃兵强・非渾瑊能拒・毛卯鉤鬚・臚言風聽・掇蜂則危伏・見蠏則怒移・變白成黑・是丹非素・獨不念趙用李牧・數破秦軍・漢有去病・乃置屬國・燕山萬古・長卿之凱樂同聞・壽春一圍・傳永之救援最力・即至彭越被執・蕭何見囚・獄裏蠟丸・猶招部曲・城中貝錦・愈苦披猖・金鑠堪嗟・玉焚何惜・此固天命之有歸・抑亦廟謨之不臧也已・

向使關門屹立・燕薊無驚・雖有棄郡珠厓・非等畫河玉斧・或馳露布・請受纓羈・望肅愼之矢來・話扶桑之弓挂・采芑之歌・師出六月・零雨之什・期以三年・平臺之對・或非妄語・

然而上有猜疑主・內有讒搆臣・近郊是驕將・護京無勁旅・玉壘經營・欲使廬空服匿・鐃歌歡樂・幾時鞍上橫吹・則亦裹馬革之尸・閔鴞室之毀・唧溫序之鬚・歸先軫之元已耳・安有圖金城而策勳・挽銀河而洗甲・奏仁貴東征之烈・成會宗西附之功也哉・嗟嗟・黃封三錫・昔也何優・白骨一坏・今也何酷・怒魄猶生・應挂胥門之目・殘膏任委・幾燃郿塢之燈・危巢既覆・徒哭孤鷀・鷙鳥已亡・莫尋勁羽・白頭有母・愁聽塞馬之鳴・黃口何依・齊下杜鵑之淚・此則長平坑闊・誰塞愁倉・精衞石啣・難塡恨海・問人間兮何世・嗟天地兮不仁・

今日者・蕭艾芝蘭・薰蕕早判・茄花委鬼・塵劫都空・鼎湖龍去・愴風雨於煤山・華表鶴歸・咽波濤於珠海・粵嶠浙江・無限藎臣之骨・雲車風馬・猶隋望帝之魂・九龍眞逸發秘籍・撿殘竹・訂正明史・補遺糾謬・匪憑臆說・咸有依據・垂千秋之竹帛・掃萬古之蚍蜉・若云伯仲・伊呂可侔・與論戰守・熊孫不及・眞我朝之勍敵・非梓里之私言・

若夫設間出乎兵謀・孤忠表於昭代・乾隆四十八年諭旨卹廕・嘉慶元年復予從祀鄉賢・二十二年准立專祠・覺乾坤之高厚・彰河嶽之英靈・梅花滿嶺・先史閣部而留芳・俎豆千年・後于忠肅而立廟・北郭眺君臣之冢・萬井迷烟・東門讀文烈之碑・三忠炳日・榴花銀塘・隔秋江而蕭瑟・蓮峯旗嶺・環衆山而豪雄・知鐘毓之不虛・殷景行而仰止・昔往石龍・曾望水南之烟樹・（督師是吾邑水南村人）今瞻遺象・倍欽山斗之鬢眉・爰爲贊曰・

屋有樑棟・棟摧屋傾・國有賢才・爲幹爲楨・奈何當亡・自壞長城・金甌地墮・玉弩天驚・蹇蹇督師・鵠峙鵬起・荊棘願披・韜鈐足恃・責効五載・決勝千里・環衞築營・鐵甕成壘・前有廷弼・後有承宗・當此大敵・智勇則窮・言戰言守・始於袁公・季野史才・斯言最通・（明史督師傳是萬斯同所作・）魏閹義兒・文龍通敵・尙方請劍・旌旗煥色・屯田老謀・市米布德・屹然重鎭・威震異域・才能濟世・世亦須才・用才勿疑・用賢勿猜・敵間縱閹・尸臣幸災・哀哉懷宗・梁柱竟摧・曰莫須有・岳飛死矣・廷茁檜枝・相國溫氏・鷗波老漁・蠅鬚秋水・烏程鄉人・我聞如是・讒人之口・僉人之心・錢相黨魁・嗟爾東林・（錢龍錫東林黨魁也・）陳蕃魅死・韓信寃沈・孰禦東方・失此南金・長河涸流・大星隳地・憤雲秋積・寃雪夏墜・爲敵報讎・有天如醉・松山杏山・一戰遂棄・維我督

師・國士無雙・此事推袁・洪則潰降・悲哉老驥・困于吠尨・況有蛾賊・陸沈大邦・我拜偉人・肅進樽簋・我瞻遺像・敬恭桑梓・銅嶺千秋・珊洲一水・淚盡杜鵑・詞託蘭芷・

羅浮草木頌（有序）

羅浮靈藪・蓬萊左股・風雨離合・雲霞沃蕩・濃綠壓海・凝青逼霄・丹石萬重・芙蓉四百・腴抗地髓・崖巘充牣・寒入山骨・草木堅瘦・洵越嶽之神府・滄溟之灌叢也・余讀書其間・徙倚林壑・奇藥神木・以千萬計・春青冬綠・緣谿庇崖・閒入吟詠・欲寫圖狀・既而染輭紅之京塵・溯浮沈之宦海・覽晉國之雲山・泛皖江之煙月・仙山廻首・前塵徒憶・澗谷獻嘲・猿啼鶴怨・爰於公餘之暇・懸想嘉植・擇其所愛・各爲一頌・得三十首・宏景未忘欲界・文通以寫勞魂・忽臨睨乎故鄉・將復修吾初服・入林把臂・以遨以嬉・

奉宸橋南・白鶴觀東・風雨離合・忽現蒼龍・七仙常集・千尺蟠空・凝神星客・詎慕秦封・（松）

竦枝碧空・臥根丹竈・靈禽偶來・燭龍常照・誰見花開・靜對竹嘯・千錘百鍊・挺此貞操・（鐵樹）

靈藥除疴・結根千年・澗底蚪蟠・盆中馬鞭・一寸皆節・九花並妍・誰勸我餐・蓬萊上仙・（石菖蒲）

垂根一樹・其蔭十里・葉混冬青・鬚絡松子・庭鶯亂啼・木龍連理・榕城誰移・蓬島永峙・（榕）

葉如車輪・高者八九・疑竹疑草・君子曰否・荀廚剖癭・雲壑奉帚・漫覆訶陵・寶此林藪・（栟櫚）

金衣表異・丹實延齡・石蜜千斛・天漿一瓶・南樓誰記・新宮草銘・醉此春色・何殊洞庭・（柑）

羅陽之溪・嶰谷之種・芭蕉葉大・浮出雲洞・宜名龍公・常宿鸞鳳・仙人醉日・月滿春甕・（龍公竹）

太陽之草・服可長生・神農上品・張華紀名・形混鉤吻・功侔茯苓・長鑱託命・劚此瑤瓊・（黃精）

石竈九畹・鐵橋百畝・偶思美人・似得良友・兩山皆香・十步必有・幽人之居・君子之守・（蘭）

聚霞成峯・飛雲若濤・叢生桂樹・與月俱高・翔鳳夜集・綵鵬晝號・落花釀酒・爲酥爲醪・（桂）

不死之藥・在蓬萊島・石樓雲氣・瓊田神草・蟬葉延年・燕胎在抱・神仙海穴・永錫難老・（靈芝）

移自交阯・樹之洞天・爛燭海日・暖蒸島煙・雲披絮輭・花落瓣全・朱明仙境・稱此木棉・（木棉）

龍鬚匪偶・燕麥誰匹・紫背靈草・岣嶁所述・桑陰咒語・蒲節齋日・洞天福地・衞福祛疾・（天葵）

南國佳木・仙都靈株・競剖綠囊・唊此紅珠・奇麗共賞・滋味亦殊・可以解酲・可以充虛・（石榴）

酥醪洞中・有菜勝蓼・蓀芥心芳・風露氣飽・辣玉詩成・采蓴夢繞・小畦荷鋤・樂聽山鳥・（酥醪菜）

木性如竹・直干青雲・櫚花詎似・松濤不聞・衆樹斂望・旁枝未分・海槎著錄・卑視榆枌・（桄榔）

老而彌辣・其形則小・種向洞中・攜出雲表・烏頭湯成・魚腹疾了・仲尼不撤・聽藥常少・（薑）

妃子白玉・仙人絳襦・誰將尤物・植此名區・紅雲之

宴．下界所無．請廻鸞駕．薦此虬珠．（荔枝）

紅花溪上．兩岸皆花．東海之雲．赤城之霞．枝啼血淚．根植仙家．桃源誤認．飯此胡麻．（杜鵑）

羅浮之茶．雲霧片片．露芽初摘．月團同薦．赤松與遊．白石可飯．兩腋清風．滌我胸悶．（雲霧茶）

豫章夾日．長松吟風．曷若茲木．矗立山中．王母青鸞．葛翁赤龍．長入煙氣．與參鴻濛．（杉）

羅浮山下．四時皆春．老梅着花．清迴出塵．昔有高士．曾見美人．莊周化蝶．疑幻疑眞．（梅）

藤生巨壑．靈壽佳名．叢萼競秀．勁節獨撐．雷公劈山．伐木丁丁．成此藤杖．高步玉京．（靈壽）

華首臺前．貝多幾樹．菩提着紗．金粟隱霧．婆羅寫經．思維成賦．佛笑拈花．是觀心處．（貝多）

稚川遺跡．有蓬萊閣．晨霞遠帶．秋雨靜落．翠條疏圃．綠柯幽壑．聲中琴瑟．龍潭魚躍．（梧桐）

丫髻峯前．南向一枝．玉棗侔色．冰桃遜奇．君子交淡．諫軒朶頤．餘甘咀嚼．是味囘時．（橄欖）

雲腴紫府．露貯金盤．誰簪寶髻．琥珀初寒．睡驪吐後．海鳥啣殘．野人相贈．疑是霞丸．（櫻桃）

秋豔碧壑．縟彩丹邱．錦幛初步．絳英孰儔．酡顏未醒．眞仙與遊．薜蘿幽怨．騷客同愁．（木芙蓉）

獵獵卓旗．亭亭遮路．靈苗非木．展葉成樹．綠扇迎風．朱明浥露．石牀爲簟．入此室處．（芭蕉）

劉仙舊壇．葛洪仙井．甘蔗叢生．彌望烟嶺．石蜜搗漿．飴餳作餅．誰來福地，漸入佳境．（甘蔗）

木棉頌（有序）

南海之墟．神維祝融．株株各各．實生奇卉．名曰木棉．高千百尺．當其花時．如紅錦之被野．如火雲之燭天．如丹雘之塗於山．如珊瑚之種於海．則有陸賈之城．葛仙之祠．海珠之寺．黃木之灣．挺百仞而直上．爛九華而烘春．神烏浴日而登岸．仙犬望雲而驚吠．炎官張傘．北郭之雲盡紅．詩客餐霞．南園之草不綠．然皆皇剡剡其揚靈．日暾暾而騁奇．未嘗甘朴素以自守．廓落寂而無友也．

惟余寓園松柏山上．有樹一株．不知歲年．覽高岡兮嶢嶢．出城堞兮峨峨．聳立杶幹．扶拱枝葉．影老逾勁．獨專丹邱．花疎綻空．微帶黃色．余於樹下搆宜亭焉．夕陽多處．玫瑰醉人．紅雨酣時．鸚鵡喚客．愛此喬木．遂性孤嶺．不慕緋錦．不披朱衣．守眞抱朴．婆娑歲月．然而孤直出乎天性．高聳自表異態．雖曰炎方之火樹．卻有中央之土色．苔石點綴．遂成老人．藤花纏抱．如蔭嗣息．洵嶺海之奇葩．松柏之嘉伴也．乃爲頌曰．

樹樹出堞．枝枝雲封．南離正色．間氣所鍾．鎭海樓北．波羅廟東．照海涙赤．蒸天霞紅．亦有奇樹．在我桑梓．亭亭獨立．松柏山裏．葉疏彌姸．花淡逾美．斂華隱曜．似隱君子．里近紫霞．洲環珊瑚．（寓園近紫霞里．城外有珊瑚洲．）暖風入林．炎雲然株．句漏還丹．銖衣淺朱．黃裳被體．絳羅襯襦．是迦羅婆．亦號古貝．花落瓣全．園藉丹繪．皓月亭前．紅雲宴外．茂哉松柏．留此春靄．

盧乃潼　年生　年卒

字梓川・順德人・光緒乙酉科擧人・曾任廣東省造幣廠廠長・廣州中學校長・

恭祝誥授振威將軍黄鑄山年伯暨德配崔太夫人八秩雙壽重逢花燭大慶

壽考爲道悳之符契・長生可蘄・伉儷實倫紀之權輿・偕老是貴・篤本覃澤・則讎報隆矣・葆龢嗇神・則倡隨永矣・賁禺奥區・川嶽神秀・浮山壽草・五葉三椏・濂泉仙蒲・一莖九節・萬家鑽燧・引葛洪之丹竈・百里挈瓶・溯何姑之玉井・涵孕精爽・代有瑞人・先後若馮潛齋鄉賢・若樊昆吾大令・若伍星南封翁・若陳石樵部曹・皆干支再週・䕺簧共樂・家乘紀實・章縫掞芳・鑄山年伯・湖海奇氣・風雲騰躍・懸車晚歲・口碑載塗・際一陽之初生・逢八鬀之雙喜・回首憶玉臺之聘・齊眉均絳縣之年・卓絶勛勞・合膺㡗算・若論福澤・突邁羣賢矣・請敭其概・

當石麟誕生之日・正黄龍渝約之年・狠機震天・鷁船横海・太年伯榮祿公・裹瘡奮戰・瞑目猶視・眷呱呱之在抱・決疑疑之興宗・太年伯母王太夫人・茹蘖耐貧・折蔑示訓・母也天只・殷斯勤斯・公劬業於青箱・絜養於朱萼・視無形而隱通眉語・有深愛而奚慮色難・遞捧壽卮・孝懽故戲其綵・乞旌綽楔・懷淸再屹其臺・圜穹昧誠・風樹靡靜・燧穀已改・屏鹽酥而悼心・霜露既降・撫瓶罍而灑慟・終身孺慕・純孝稱焉・公夙嗜學・會奉明詔・停止文科・改應武試・既學於鄉・旋補驍騎・校升防禦・遞轉佐領・署步軍營協領・

掌左司關防・兼八旗房捐巡警兩局・晋崇階二品・鸞誥遙頒・惛栽黎萬人・雀翎特錫・其兼統洋操也・編口號以齊步伐・習用英文・改國語以易衣埃・是尊國體・將軍下令・同官結舌・公指揮若定・叱咤自雄・酌天地人三陳於兵書・一洗魚麗舊式・譯遼金元三史之語解・不煩貉隸專官・法越搆兵・沿海騷驛・彊臣念鱗介犬羊之族・不可無震憲加也・念虎貔熊羆之衆・又不可以凡庸馭也・特令選精鋭・備前驅・壯夫當關・强鄰沮氣・公之才武・窺豹一斑・國家長白龍興・遼陽虎步・九邊勁旅・六郡豪家・咸執干戈・願備鞭弭・隸分防各省・仍列八旗・東遷盡良將之家・北郡是大人之種・唐設十六衞・遜此森嚴・周號三千人・媿茲聯屬・

廣東川原包絡・齒類繁衍・太倉之粟不飽・水衡之錢易空・惟公酌盈劑虚・捐贏蓄羨・俾婚嫁有助・生育有養・緘繩楄柎之需有備・欗衫鏁院・貲以辦裝之錢・短檠寒窗・繼以焚膏之費・復立兩旗義學・英文學塾・儲璧栽章之彥・蔚爲鄒魯・佩觿舞象之童・置之莊嶽・沃澹蒸灼・滌除昏墊・百廢具擧・人存則興・休沐餘閒・則與鄧筱赤宮保・易蘭池農部・闢精廬・傍古刹・觴斝引滿・鷗鷺不驚・追軌香山・論文白社・如李昉在洛・都官還吳・趙嶬聯鑾於瀨中・端恪徵詩於粵嶠・幷名九老・共峙千秋・魏闕江湖・神存富貴・池臺琴筑・消遙暮軨・呂衡州有言・身既安而思以安人・性既適而思以適物・今公後天下而樂・先天下而憂・儒將襟期・加人一等・夫榮祿公以精忠厲俗・公以竺孝垂範・天之所佑・人之所輔・豐福吉祿・崇慶繁祉・萃於一時・疇曰匪宜・

德配崔太夫人・菊坡衍派・蘭閣毓秀・慈惠昭則・婉娩合誼・手膳江膾・侔孝蜀龐・身操廡臼・凌暉漢孟・庭除洒掃・陶令之徑不荒・僮僕使令・王褒之約弗酷・有閨望焉・壼德焉・哲嗣宣庭星使・木天翔步・蓬山儤直・捧珠槃於義國・持繡斧於秦疆・譽滿華彝・心存廊廟・盆三都轉・蘊高騫遠峙之志・負四窗八達之才・虎榜蜚聲・麟洲樹績・秩儕於李固・勛懋於王襄・其餘孫曾・蘭森玉秀・公掀髯點頷・樂也何如・惟長至添線之辰・值二老稱觴之日・溯結褵之始・甲子重週・逮釣璜之年・庚辛共守・天河瑞彩・壽星合件黃姑・陸地神僊・容成宛偕素女・長生之藥不餌・連理之松後凋・廠孔雀之屏・拜鴛鴦之社・金絲奏廡・巾纓充庭・乃潼係屬年家子・又申之姻婭・備聞穆行・敢陳頌語・嶺表梅花十萬樹・凌冬敷幷蒂之葩・海上桃實三千年・獻瑞佐同牢之宴・是爲序・

陳天驥 一八六〇年生　一九一五年卒

字達瑜・一字國祥・晚號鐵奇・南海人・光緒乙未補縣學生員・居鄉教讀・超然自潔・

黃霄鵬先生傳

先生姓黃・諱保康・字培聲・號霄鵬・南海學正鄉人・性穎悟・勤靜好讀書・幼時自塾歸・母對月織・階前書聲與機聲相和不絕・年九歲・隨其父學於外・十八歲改從從叔秋皋先生遊・時文字崢嶸・論史有特識・深爲從叔所獎・十九歲始授徒・凡二十餘年・席無定所・每獨宿荒館・雖燐火怪聲不畏・迫於貧也・

中年以文會友・進學尤深・自命不凡・卑視儕輩・然應童子試・屢前而輒躓・至四十歲・僅錄佾生・自此心遂淡矣・

先生讀書深粹・洞達世情・嘗謂子弟曰・必有忍・乃有濟・此處世要言也・不然・機鋒相角・所得豈償所失耶・又曰・人有賢否・事有成敗・訂交作事・安可率行・吾生平能寡尤悔者・以知人明・應事活耳・欲明與活・惟靜者能之・其名言多類此・事父母孝・母老多疾・藥必親煎・訓子姪嚴・不啻聲律身度・居鄉里能行其德・鄉有文筆塔・眞武廟・因傾壞・幷重修・村前沿水之路・向苦泥濘・後築以石・行乃始安・始祖祠絀於支・祭禮幾不能舉・及集崇祀義會・春秋始克頒胙・此皆先生所倡議而力行者・晚年精醫術・前後活人無算・求醫者無論親疏・皆盡心而不取謝・遇窶人且給以藥・幾自忘其爲貧也・由是名重一時・光緒庚寅七月得疾・九月十五日遂終・年五十二歲・著有吳鞠通方歌一卷・陳修園方歌一卷・醫林獵要一卷・

論曰・天驥幼從先生遊・密邇其鄉・知先生詳且確・其姪任恆・天驥妹婿也・編注先生醫書垂於後・更屬天驥傳其爲人・夫先生識卓而貌恂・學優而遇蹇・貧困重而刻苦自勵・其傳之久遠也・固宜・復得姪表其書・雖蘊學未伸・而名已彰・用益廣矣・爰即負牆所聞・反證其狀・著諸編以付之・

李綺青 一八六〇年生 一九二八年卒

字漢珍・惠陽人・光緒庚寅進士・出宰閩中・官至吉林知府・候補道員爲吉撫陳昭常所重　早歲即以詞名・與浙西張韻梅・嶺南葉衍蘭・江逢辰等倚聲唱和・藻厲詞壇・尤以江逢辰・同里同門・同官白下・雙鳳諧聲・並傳逸響・民國後息影故都・侘傺以卒・遺著有草間詞・聽風聽水詞・倦齋吟稿・

江孝通遺集序

辛酉十月・余寓居京師之郡館皓鶴亭・即庚寅計偕與江子孝通共晨夕之地也・於時窮谷景短・危檐雪深・獨處寡懽・薄醉欲醒・落葉滿屋・悽惻夫旅魂・哀禽叫林・愴念夫故侶・正思往事・忽獲家書・腸廻於傷離・感深於思舊・乃余弟望山近輯孝通遺詩・謀爲刊行・屬序於余・

聞山陽之笛・慨想生前・酬秣陵之書・低徊死後・引聲三歎・撫卷再思・方余與孝通髫齔同遊・潘楊締好・夢花小館・述先世之傳經・（先考嘗受業孝通尊甫文彥先生）招鶴荒廬・（在鶴峯文彥先生結詩社處）訪長公之履跡・既而五羊共學・雙鳳諧聲・吟蓮舠池上之風・對誦字齋頭之月・（誦字齋爲廣雅書院校舍）落花和句・惆悵秋期・疎影塡詞・商量曲譜・至於同領省解・共赴春明・寓廬猶對榻而眠・無日隔同年之面・豐臺贈芍・並飲青帘・楚海觀荷・相尋白社・乃余方驅飢閩海・孝通旋觀政農曹・萍跡分飄・苔岑長憶・而孝通既花源遂志・（花源孝通所居里）菽水供親・署名白水之民・題字朱明之洞・揚雲擔石・依舊空如・蔣詡蓬蒿・猶然徑積・乃猶左右圖史・驅遣烟雲・篝燈索句而忘疲・飯顆苦吟而未已・長江集裏・但載牢愁・昌谷囊中・半皆心血・既遭銜恤・益覺摧心・孝比中郎・未聞解帶・毀同崔九・致怯吹風・瀧阡之坏土未乾・海上之仙菴既築・時余方自閩歸・孝通殞已三日矣・

桐棺三寸・難已繐帷之哀・絮酒一觴・豈復黃壚之舊・況復桓嫠愁困・不免啼飢・伯道奄亡・並無繼嗣・楹書誰鑿・更無可讀之人・笥稿空留・僅託知心之友・甯不悲哉・甯不悲哉・孝通稟性醇篤・負質聰華・爲詩初效唐賢・晚規宋格・自遊廣雅・再客武昌・師友得證淵源・江山益加神助・故能敷辭綿麗・持律精嚴・清深之思・半參玉局・綺艷之作・偶仿金荃・宜乎春雪纔成・終動時賢之感・秋墳唱罷・同深故鬼之悲者矣・

今者俯仰廿年・盱衡一代・夢中綵筆・祇許文通・醉後青山・長思太白・而余霜毛暗泣・雨褐徒憐・既哀醬瓿之叢殘・益感旗亭之舊跡・閱蓬萊之三淺・視息人間・望修羅之一峯・遊魂天上・既叨夙契・敢謝引喤・彥升憶僕射之生平・文學敬虎賁之貌似・此日貞元回想・已慚非夢得之身・他時長慶續篇・願竊附微之之後・李綺青序於京師惠州郡館之皓鶴亭・

懺綺盦集序

素馨斜畔・遊人買醉之場・紅荔灣頭・詞客徵歌之地・珠簾處處・戶習豪華・銀管家家・人諳新曲・畫船霧集・吹來水調歌頭・花埠雲連・行去祝英臺近・春江喚渡・偶遇桃根・秋月當樓・或逢菱女・言情麗製・涴殘北里之羅裙・索笑香詞・灑滿東隣之粉壁・同醉銷金窩裏・爭思掛玉筵間・

則有世綵傳家．幼嫺樂府．海珠流寓．居近花阡．短轡羊車．見衞郎而歎絕．盈篇蠻紙．並韓泊而爭奇．以承平之少年．值端居之多暇．於是樊川落拓．多在青樓．山谷嶔崎．乃耽綺語．哀絲豪竹．中年之陶寫偏多．楚艷吳歈．英氣之銷磨不少．青衫淚盡．衹爲琵琶．紅粉愁深．自因羅嗊．

迨夫張騫空鑿．歷盡風沙．宗慤乘舟．閱殘滄海．重來日下．再作朝官．已青鬢之全更．覺華簪之無賴．況乃刼灰驟換．海水長乾．陵谷輕移．蓬池亦涸．頻年羈旅．隨白雁以同飛．滿目江山．覩紅羊而生歎．大有居夷之感．益多思越之吟．遂乃摭拾土風．調諧鄉話．本性情之摯語．狀里巷之形容．或假託倡樓．借嘲詠而寫志．或描摹客況．感飄泊以言愁．或烈士暮年．而暗傷蒲柳．或才人失路．而寓意烟花．或藉兒女之私情．而自抒騷怨．或指市廛之瑣故．而隱託箴規．例以變風．即匪風下泉之慨．言夫正俗．亦皇華四牡之遺．或以郢曲荒唐．事皆虛搆．蠻音鴂格．聽者多訛．格律只囿一隅．俚俗難登大雅．彼世儒之目論．實達士所心非．

夫六醜三臺．豈市人之能解．紅鹽白苧．非下里所可通．暮雨朝雲．何處更徵故實．子虛烏有．誰云定屬時人．自不若白傅歌行．老嫗能識．巴人諺語．估客皆傳．已知詠歎之可尋．彌覺纏綿之有味．趙家莊上．盡唱蔡邕．明曲譜中．盛傳水滸．此其例也．況復蘭成北去．故國都非．仲宣南遊．家園安在．牂牁一水．蜃樓起伏於須臾．羅浮兩峯．鼠穴爭持而未已．昔年紅豆．舊跡誰尋．此日朱絃．哀歌欲咽．此尤綿駒善唱．徒留諷世之詞．阿鵲成歌．半是傷心之語者矣．

僕以投老關河．藏居人海．燕都擊筑．乞食無方．淮上負琴．行歌何地．衰年杜老．聞斫地以生哀．白首初明．過通天而下淚．早醒揚州之夢．分無遼海之歸．徒以牢愁．謬爲喤引．自非宋玉．誰招嶺外之魂．請叩涪翁．亦是空中之語．甲子二月．歸善李綺青漢父序於京師寓廬之皓鶴亭．

聽風聽水詞序

余自光緒戊己間與孝通學填詞．然不過取宋人作規仿一二而已．迨辛卯之官閩中．始識張韻梅．韻梅固浙西所稱詞家者也．乃相與討論音律．辨正聲韻．遂爲填詞之始．

韻梅自言其酷嗜倚聲．自十八至今五十年．萬氏詞律凡批點至十六次．謂長調創自北宋．然如耆卿淮海間有協律者．其他皆未能也．至美成．夢窗．梅溪．白石．草窗．玉田．碧山．遞相祖述．抽祕騁妍．以律爲主．所辨別去上二聲尤細．彼此互證．不差累黍．又如凡一調而甲乙互異者．以大家爲正．一人而先後偶殊者．以名作爲準．此萬氏攷證之獨精者也．又言近世詞人．務爲艱深．謂即清眞夢窗．不知相去愈遠．夫玉田學清眞者也．雖無周之意境．而清婉近之．草窗學夢窗者也．雖無吳之奧麗．而雅密似之．所謂善學前人者也．韻梅之論多如此．

同時番禺葉南雪亦務填詞．郵筒往來．於韻梅多所折正．間爲倡和．今韻梅墓木拱矣．余亦萍飄人海．牢落終歲．綺語之債．分亦將了．久以少作．不敢示人．自惟年逾六十．精力銷耗．已無塗乙之暇晷．而詞家如韻梅可以就商者．尤無其人也．爰檢戊子迄壬子夏．計得詞若干首．暫付刊存．並詳記韻梅之論於簡端．以誌艮友切磋之誼焉．已未十月四日．歸善李綺青識於天津聽風聽水樓．

番禺梁文忠公配享豐湖蘇祠記

己未十有一月又四日．文忠番禺梁先生卒於京師．越十二月六日．郡人爲位．祭於豐湖書藏．遂奉主配祀於蘇文忠公之祠．

夫文翁立教．石室斯建．晦庵講學．鹿洞遂傳．况復鄭玄家法．淵源季長．朱游節概．伯仲汲黯．蓋五嶺文化．胚胎於儀徵．瀕海學風．導揚於東塾．先生爲登樓之高足．作傳衣之替人．於光緒丙戌．主講豐湖書院．惠州僻處東鄙．榛狉未除．陋甚南荊．藍褸待闢．青領之子．手未窮綃緗．絳帳諸生．口惟誦帖括．先生乃進諸生而詔之曰：湖州教授．分設經沼．永嘉學院．綜貫古今．方今南皮尚書．宏獎風雅．八比之餘．導以騷賦．四子之外．進及傳箋．捫燭終夜．始悟迷途．窺管窮年．乃睹晴昊焉．

先生又謂：東觀秘籍．雖及於孤寒．雲林家藏．詎容於傳借．方今學海存古．粵雅蒐遺．尚屬椎輪．乃走簡名流．投書賢吏．萬籤錦贉．室啟謨觴．百軸油拳．府成羣玉．遂於書院之西．建樓三楹．四部略備．名曰書藏．已定借書之約．復設掃蠹之傭．親手題簽．自裝部目．每當柳堤香暖．槐院晝長．野航在門．子衿盈室．或經生對案．証諸說之異同．或吟客攤床．手一編而哦咏．二雅鱗集．八風棣通．蓋書院之有書藏．由惠州始也．

先生又謂．田春節義．衆推士雄．范滂黨錮．終光漢室．有宋蘇公．詆新法而左降．忤奸黨而遠遷．豐鱷傳笠屐之圖．紫翠接綦履之軌．隨會九京．長留風誼．柳下百世．儼若師承．爰拓書藏前楹．建堂奉主以祀．歲時率諸生釋奠．爲作生日．表孤忠．志嚮往焉．今者星霜代移．箕尾同逝．賸雪認斷鴻之跡．夕陽期大鳥之來．鄉人追念於先河．小子敢辭乎礱石．

望霞亭記

豐湖書院舊有夕照亭．爲郡守汀洲伊公所建．後漸傾圮．改爲奎閣．今駐郡鎮守隆公世儲復爲亭．新之．更名望霞．同人書來．屬記其事．夫樹人之化．百年而後興．茇舍之思．異代而彌摯．是以歐陽治滁．曾署醉翁．文惠守循．亦稱野史．攷是邦之文獻．想爲政之風流．雖平泉已代以榛蕪．而高山實爲人仰止．况是時主講．爲宋芷灣先生．紅杏詞仙．白蓮社長．笙歌列於帷後．風月聚於窗前．笠屐之致．雅慕東坡．軒楹自開．專挹西爽．蓋伊公此亭專爲先生作也．

一笠若塔．四面安棱．左瞰點翠之洲．右拂黃塘之寺．前臨斷港．後倚層巒．有美皆收．無景不聚．每當漁歌欲歇．樵擔將歸．綺霞滿山．烟雲四壁．拾丹楓之片影．哀豔亦足悽心．分紅蓼之疎花．荒率不嫌著色．罨畫一水．光動屋簷．殘紅兩竿．影落書幌．昔人以黃葉名樓．秋聲著館．皆此意也．

鎮守隆公．褒然南士．保我東陲．以裘帶之餘閒．托絃歌之雅興．屏呵戾止．蕩槳閒來．憫遺跡之就湮．訪故基而改作．謂奎文之號．已嫌非經．夕陽之名．亦殊佳讖．易以望霞．取其直對落霞榭也．余京塵游倦．筆硯久疏．殊照無多．類投林之烏鵲．秋風易感．托歸思於鱸魚．鷗波渺然．鴻泥無恙．龍華換盡．感初明通天之文．雁帛傳將．補滁州豐樂之記．乙卯十月．撰於京師．

重修西湖紅棉水榭記

西湖紅棉水榭．建於光緒己卯．時郡守江都張公初蒞是邦．惓懷故迹．慕坡仙之雅緻．有野吏之遺風．禾稼秋成．萑苻宵靖．於是結湖山之契．締鷗鷺之盟．召匠經營．隨地結構．拓窗四面．在水中央．有樓一層．去天尺五．榜之曰紅棉水榭．以地有紅棉二株得名也．

樹陰半角．葭水一泓．翠洲臨其南．花洲峙其北．瞰大聖之塔．唬烏相聞．望棲禪之庵．移舟即至．浴鳬戲舞．如習水嬉．游魚貫行．爭唼花葉．水窗洞啓．臥亦見山．石磴橫陳．坐可垂釣．長夏而南薰自至．未秋而西爽先迎．當夫榜嶺春明．豐湖日霽．火雲四合．如雙蓋之高撐．絳玉千瑲．疑聚靈之乍至．流江逐水．爭染清波．晴絮拂簷．若滾春雪．爲烟水別開生面．比湖亭更愜雅懷．每值棉羽初調．葵花欲碧．修禊之約．不後蘭亭．泛月之遊．有同赤壁．詠歌競作．飛觴若流．竹肉齊喧．聽水成曲．莫不烟霞寄趣．仁智瑩心．烏幘岸而蒲褥低偎．油蓬張而瓜終細嚼．挂杖之錢易辦．秉燭之會無愆．非惟表山水之奇．抑亦爲承平之鼓吹焉．

而乃日月易徂．滄桑亦改．邊鴻再至．已異人間．遼鶴遄歸．頗疑城郭．四郊離黍．荒涼薦福之碑．滿地菟葵．寂寞元都之觀．而斯榭灰留劫後．厄共陽終．棟宇就傾．窗櫺半毀．野渡無客．惟繫孤舟．秋風黯魂．但聞落葉．待補夢華之錄．難尋種柳之人．宜乎感愴前遊．傷懷梓澤．溯洄伊始．淚墜羊碑也已．

里人星閣大令．江山意遠．水墨緣深．值蓬萊三淺之時．營步桑一畝之宅．重尋鷗夢．用感龍華．爰商當事董役興作．並及於鏡芙軒焉．思召公之舍．兼愛甘棠．載米家之船．更多奇畫．尙憶昔年之綦履．欲留後代之觀摩．徵文及余．久稽前諾．今星閣之歿．已三載矣．嗚呼．人事代謝．不待於百年．世運遷流．甯知乎後日．而雙舄鳬化．已近蒼茫．百衲琴存．徒深感喟．此尤聽山陽之笛．輒用悲來．過黃公之迹．流連陳墟者也．因序其緣起．而並及重修之始末云．

王覺任 一八六〇年生 一九二九年卒

字鏡如．號公裕．番禺人．年十六．遊康有爲之門．由長興學舍而萬木草堂．長於經史之學．有爲赴京會試．以草堂交其主持．戊戌政變．護康家人走澳門．與何穗田開辦知新報．旋往香港辦商報．後三年往南洋庇能埠辦學．宣統初年回國．居武昌．民國三年任東莞縣知事．後在鄉辦聯防．以維治安．十八年卒．年七十．

增廣同文館章程議

海禁既開．需才日亟．議者欲通西人長技．以圖自强．

王覺任

於是創通新例・設同文館・厥意甚盛・顧設館以來・三十餘年矣・未聞有瓌特之事・足供國家之用者・則以諸學未立・規模太小故也・

蓋同文館之學生・祇學西國語言文字及算學・攷中國古法・七年出就外傅學書計・則文字算法・本爲小學・非成人以後所有事・西國學校・分爲三等・小學自七八歲・凡國中男女・貴賤皆須入學・至十五歲爲小成・但求精通文算・並凡地球史志等書・兼習它國語言文字・此爲初學之事・初學期滿・則升中學・入學之期・以十五歲二十一歲上下爲度・所窮者・如天文測算製造富國交涉農商刑律聲光化電礦重物質圖畫等學・學成・則升上學・上學以二十一歲二十六歲上下爲度・所事略同中學・第淺深有異耳・自此則精益求精・必能由故得新・自箸一書・爲前人所未發・自創一器・爲前人所無有者・乃始予以榮途・謂之成學・故舉國之士・咸思磨厲・學校之間・通材成市・今我同文館・設於京師・領以重臣・蓋上學之規也・然其所以爲教者・僅及書計・則小學之事也・今東西諸邦・乃至日本比利時之小國・兼備諸學之大書院・皆百數十所・中學則以千計・生徒數十萬・而我不獨無大書院・幷中者亦無之・何以禦侮哉・夫習西語者・猶閩粵之人・游京師而學燕言・習算法者・猶操奇之徒・握珠盤而記名數・謂爲諸學之嚆矢則可・若業止於此・而謂之成學・此何異聚能爲燕語能記名數之人・而責之以治天下之道也・

今言治天下者有大蔽二・不治其本而治其標・一也・不務其大而務其小・二也・言西政但講船械・而不講學校・所謂不治本而治標・言西學但習文語・而不習羣書・所謂不務大而務小・試略言其故・船壘砲械・國之利器・固也・然製造之學不開・不能自製而購之外洋・它人以若干金即能成之者・我購值必倍之・是絫藏漏巵於外洋・一也・購辦之員・不通製造・則於器之利鈍・式之新舊・皆非所習・往往西人廢棄不用之物・我利其賤值而購之・及至臨敵・乃不可用・二也・即購辦精良・式樣新捷・而用之之人・不通製造・指揮錯謬・調度乖方・雖有利器・必爲敵禽・三也・三者皆已然之效・中國數十年來・東挫西衄・以至於辱國如今日者・皆坐是也・夫講求船械・二十餘年・而其成效乃若此・則亦可以知所變計矣・

今者同文館及各省水師學堂・武備學堂・廣方言館・實學館・自强學堂之類・所在多有・則於學校・此非不講・然所肄習・皆西人小學之事・無以成異材・一也・西人自十五以上・各生咸自仞專門之業・如天算地礦聲光化電仕學武備講道農商・悉心講求・終身不遷・故無人而不成學・無業而不致精・今學堂諸生・既非絕特之才・而所習又囫圇塞責・未嘗專門立課・故究其末・一無所成・二也・西國選學・皆由學校・學校之成否・寵辱視之・人懷自厲・故易有成・今祿利之途・既不在是・一命以上・無屑意者・故入館肄業之徒・皆非瓌俊之材・先不自重・人亦輕之・故强半廢棄・莫能成就・三也・今欲易其道・建首善・自京師始・宜因同文館之舊・廣立諸學・博請教習・徧譯書籍・備庋圖器・大集生徒・分遣游歷・嚴定功課・量予榮途・上自天潢之親・中逮命士之貴・下及俊秀之微・咸聚一堂・以資觀善・數年之

後・推及行省州縣・皆推例立學・以代武科・才不可勝用矣・謹略草條目・以備垂擇・其詳細節目・或咨取外國書院章程・酌而用之・通人志士・其諸有樂於是歟・

一・同文館舊章・以學習語言文字及算學爲主・實爲諸學之基・從事外學者・皆當有事・今請凡在館學習及學生・無論專門某學・皆兼西文西語算術・以資入門・人人先通書計・然後從事諸學・

一・漢儒傳經・咸有專家・安定學齋・亦立分門・蓋人生有涯・好一則博・故西人自十五歲以上・皆各占一學・白首不遷・藝學之盛・實由於此・今宜上依古義・旁採西例・分立諸學・庶易講求・

一・天文地質化學電學光學聲學重學動植物學之類・西人皆有專門・以爲一切器藝學問之本・富强之道・皆從此出・非分門講求・不能成就・今皆宜各立一齋・聽人肄習・庶幾學有本原・新法可出・與書計分時並課・

一・古人爲學・左圖右史・蕭何入關・首取圖籍・漁洋作志・特詳圖譜・今宜立圖學齋・以測繪地圖爲主・始自京師・及於行省・推之五洲・有總圖・有分圖・總圖者・地球全圖・中國全圖之類是也・分圖者・有一洲之圖・有一國之圖・有一省之圖・有一府一州・一縣之圖・有一城一市一鄉一鎮之圖・險要扼塞・微細纖悉・無所不具・此外如山圖・海道・河道・江道圖・金銀礦煤鐵礦圖・輪船鐵路電綫來往圖・皆隨時增修・詳列細線・至於各學之機器圖・天文之星圖・農學之動植物圖・皆各歸其專門之學・不在此數・

一・儒者能知古今・厥賴史乘・大地旣闢・萬里比鄰・西鄰之事・東家不聞・可恥孰甚・今宜立西史齋・廣羅各國志乘・各國新報・上追埃及巴比倫希臘羅馬之舊史・旁搜冰洋非洲回部南洋羣島之遊記・庶幾審削弱之所由・知强盛之有自・舍舊圖新・可作金鑑・

一・子羽能知四國・鄭實賴之・漢武下詔・求通絕域・使才爲重・自昔爲然・兵法知彼・乃能百勝・講求無素・倉卒膺任・非動邊釁・即辱國體・今宜立使才齋・凡近年與諸國所立約章・及諸國互立之約章・曁萬國公法・各國律例・各國交涉之案等書・爲其專門・專考交涉事宜・旁及聘覲禮節・詳究近年西事及西人古史・以至一切西俗・用備折衝萬里・無或貽笑鄰封・

一・中國農書・著錄寥寥・半屬陳言・靡補實用・西人用化學新法・一畝能收數畝之獲・用機器新藝・一人能兼數人之功・地利盡闢・公私俱豐・農學一門・蔚成大國・今宜立農學齋・詳究各地土質・各種地質・種植之法・壅糞之方・收獲之宜・機器之用・旁逮畜牧之學・若牛乳之爲酪・羊毛之成毯・紡織之學・若蠶繭之成絲・棉紗之爲布・英國漁人之利・可以敵印煙・美國養蜜之利・可以比金礦・凡茲作業・皆歸此門・

一・藏富於地・中國爲盛・際茲困蹙・開採惟宜・但礦學未興・無從獲利・每一興辦・折閱隨之・今宜立礦務齋・凡辨識之法・開採之方・盤運之費・提鑄之術・分門別類・用資講求・此後國家欲開辦某處・即由該齋學生・繪圖貼說・帶員踏勘・經理厥務・庶開利源・

王覺任

一・通商以來・祇見洋商東來・未聞華商西往・以彼技巧・耗我脂膏・日侵月蝕・將成瘠毀・夫通商者・相通之謂也・來而不往・豈可謂通・且中國人民之衆・土地之腴・物產之盛・豈患貧之國哉・特未得通之之道耳・西人每一商埠・派一領事・查其地人民所喜用之物・暢銷之貨・歸報商部而製運之・故所至倍利・今宜立商務齋・令各國領事使館・詳查商務・月呈總署・發下商務齋・俾藉講求・考某地多出某產・某產可成某貨・中國某貨最銷行於某國・某國某貨最銷行於中國・中國銷行於外國者・若何而能多其出口・外國銷行於中國者・若何而能奪其利權・金銀漲落・若何而不受虧・稅則重輕・若何而可自益・貨物之運費・若何而始省・行市之通報・若何而更捷・凡茲繁目・不厭瑣求・

一・鎗砲既興・兵學異古・西人師有紀律・非徒悍鷙所能敵之・德國初變兵制・立武學院・凡兵丁出身者・雖累軍功職・不能過哨長・其營哨以上・非從武學院學成試取者・不得補授・蓋一切韜略・咸從學來・徒勇之夫・豈克勝任・邇者泰西各國・紛紛效之・去年日本之能勝我・聞其將官・皆德大將軍毛奇之弟子也・蓋淵源有自來矣・今宜立武備齋・凡兵法之要・操練之法・駕駛之方・營壘之制・船艦之用・鎗砲之式・藥彈之材・測繪之宜・瞭望之術・海道沙線之識・陸行扼塞之途・皆宜講求・以備選將・然中國現在無船艦鎗砲營壘・可資學習・選入一年後・宜分遣出洋・

一・語言文字・除英文英語・盡人兼習外・其餘法文爲泰西所尊・條約公牘・猶必用之・俄德大國・文亦通行・希臘文拉丁文・足資考古・有欲學者・宜立博文齋以教之・

一・算學之粗淺者・盡人能知・其精深者・乃通乎道・亦非專精・不能大成・除通行算術・人人兼習外・其幾何微積以上・深奧之詣・別立算學齋・聽人名家・

一・自漢以來・中秘藏書・自非從臣・罕得紬讀・西人國都城鄉・皆有書藏・廣庋縹帙・以供搜求・其最大者・爲法京巴黎之書藏・計藏二百二十六萬册・次則英都倫頓之書藏・計藏一百五十萬册・嘉惠士林・爲益非尠・今宜採其法・設藏書處・中分中書西書兩廨・中書調取殿本及各省官局所刻之書・各備全分・民間刻本・向坊購置・西書調取江南製造局全分・其餘新刻本・向坊購置・別由總教習開列未譯西書・擇其精善者・令各使臣購寄一分・藏於館中・以備隨時譯出・

一・西人城鎮・皆有博物院・專門諸學・皆有學會・咸大集諸器・以供試驗・今宜採其法・設藏器處・令各使臣・將諸學新器・臨時購庀・咨送到館・俾學生自驗心得・非託空言・

一・語言文字・未能速成・所讀之書・自恃譯本・但舊經譯出之書・爲數寥寥・且非最佳之籍・其論器藝者・江南製造局所譯・尚有可觀・其論政治者・益復罕見・即器藝之書・亦大半二十年前舊法・西人創技・日新月異・往往昔之利器・今成廢物・若僅拾其殘沫・未免貽笑大方・今宜立譯書處・廣求佳著・譯刻流布・以通彼學・

一・西人廣設報館・其主筆者・皆一時通材・故其報中・或論時局・或論治法・或載新藝・皆足以開擴耳目・裨助聰明・西人上自君后・下及婦孺・無不閱報・故雖不讀一書・而可以知天下・今宜立譯報處・擇各國著名大報・如英之代謨斯報・美之紐約報之類者・廣譯分播・以廣風氣・

一・同文館既規擬太學・儲養英才・則風聲所被・自當不遺遐逖・宜令各州縣擇諸生年二十以下・俊異好學者・每縣一人・保送到館・館中肄業・三年爲期・膏火之資・每歲百金・即令該知縣於保送時・自行籌辦・如該縣俊秀頗多・知縣欲於額外多送者亦聽・惟每多送一人・即由該州縣多籌膏火・劃定經費・按年解到・其督撫司道知府・欲自具膏火咨送學生到館者皆聽・惟必須所轄生員・且年不得在二十以上・其知縣額送人員・申該省學政咨送・道府所送人員・申督撫咨送・

一・凡申送各生・近省以文到二月爲限・稍遠者以四月爲限・邊省以六月爲限・皆須齊集都城・隨於二月四月六月限滿之時・分三次考閱・試以史論一篇・列爲等弟・不及格者放歸・亦不罪其舉主・惟將所繳膏火之費・改充公欵・

一・王制稱王太子王子羣后之太子・卿大夫元士之適子・皆與國之俊選・同造太學・蓋令貴近之冑・得以通達下情・開廣聞見・先王之法・精矣盡矣・國家於天潢懿親飲食教誨有逾尋常・然講習不過史文之間・睹聞不出邦畿之外・欲成學問・其道無由・今歐洲諸國・其君后之子・入學與庶民等・猶存三代遺意・今請上法王制・令宗室王公・貝勒貝子公將軍及其子弟・凡年三十以下・皆入同文館・與諸生一體肄業・各擇專門・庶幾冑子多材・必多朱虛東牟之賢・爲翊輔帝室之用者・

一・八旗高材生・亦由都統佐領擇二十以下者保送・加以攷試・不及格放歸・

一・此館既爲教練人材・開廣風氣・則職官舉貢・在所不遺・惟所學習・有西語一門・所選諸生・自以妙齡爲主・職官舉貢・在年二十以下者・頗難其人・今請凡有好學之士・京官正途出身者・聽其自行投到・其捐班及舉貢投到者・皆照南學例・加以考試・照考試游歷例・試以中外之故・通贍者准予入館・不謂之學生・謂之同文館學習・惟必須自仞專門功課・與學生一律・其學貢及七品以下官・月給膏火十兩・翰林及六品以上官・月給二十兩・皆於三月後察其功課・及格乃准給予・不及格者擯出・・它日榮途既開・人爭踴躍・則聽其自備資斧學習・不復給膏火・

一・既廣建諸學・中國風氣未開・教習尚難其人・同文館向設有洋教習・即仍其例・每齋設西文專門分教習一人・其譯書譯報二處・亦以西人學問優長者襄辦・別聘西士之久游中土・才識閎達・曉暢華文者一二人・爲總教習・

一・光緒初・嘗遣學生百餘・往美國學習西藝・雖無傑出之才・其間亦薄有成就在彼中書院能入選者・中朝無用之之地・故益自棄耳・今請擇其學已有成者・召回同文

館．爲各齋學長．其精通者升授教習．或補副教習．則與學生情意較親．當學語言文字未成時．亦可有所講貫．不至與洋教習格格不入．

一．學生每日設功課册．於所讀之書．有所記識．有所心得．皆書於其上．由管理同文館大臣．派人會同各齋分教習．半月一察閱．在館學習者．功課皆同．

一．學生每月作課一次．由管館大臣．督同總教習．命題閱卷．在館學習者．聽其應課．列高等者依南學例予獎．

一．學生肄業．三年期滿．管館大臣會同總教習大考之．試以所仞專門之業．學成者即作爲同文館舉人．准其一體會試．不成者放歸．其職官舉貢．三年學成．或充本館分教習．或充外省教習．或遣游歷皆量加升銜．以資獎勵．不成者放歸．其能箸一書．發明新學在二十萬言以上者．管館大臣會同總教習．察其實有心得．不論肄習期滿與否．皆咨送入儲材館行走．歸奏留班．貢生生員．仍賞舉人．舉人仍賞進士．品官仍加升銜．以勵成學．

一．學生童年受學於總教習．及其本齋之分教習．宜有長者之敬．其在館學習各員．則相與講習一律平等．其學長雖與學生亦一律平等．其願執弟子禮者皆聽．

一．同文館亟宜分遣學生出洋．游歷學習．以備變法之用．惟向者派往美國之學生．皆少年未學．於聖賢大義．未一講求．故一入歐洲．幾成左袵．今請咨送到館之學生．及職官舉貢自行投到者．由管館大臣會同總教習考取高等．其願出洋學習者．由總署咨送分往英俄德法美日本六國．作爲出洋學生．年以百人爲率．各交出使該國大臣．保護約束．學成而歸．由大臣總教習考試．照肄業例．諸生作爲舉人．舉貢職官．升銜獎勵．數年之後．必成多材．

一．同文館既集多士．宜廣廬舍．請擇廣地．大建崇規．以歡士顏．而壯國體．若驟未能建．請暫借寺廟之大者開辦．

一．同文館建自京師．領以重臣．既同太學之規．當取廣博之義．舊名同文．其道甚隘．今既兼備諸學．自宜別錫嘉名．或取增廣學術之義．名廣學館．

一．同文館經費．除學生膏火．由各州縣自行備送外．其餘教習之俸．學習各員之薪．游歷之貲．購書購器譯書譯報之費．建舍之用．所需尚復不貲．宜下各省督撫籌辦．督撫中稍達治體者．必能踴躍籌辦．若仍不足．則借洋欵．亦當舉行．

考泰西各國．學校經費．美國每年八千萬．法國德國二千萬．英國一千六百萬．俄國一千二百萬．其數之鉅若此．彼豈不知撙節之爲貴哉．誠見國家之事．未有重大於此者也．今雖大加整頓．不及俄國之半．已可措置裕如．以中國之大．而籌數百萬之金．豈遂仰屋無術哉．夫學校不興．安有人才．人才不多．誰與爲政．百廢不舉．積弱日甚．强鄰四迫．耽耽伺隙．不及閑暇．大正本原．及至臨事．戰而輒敗．皆由講學無人故也．與其後費數萬萬之欵以予强敵．何如費數十萬之金．以興實學．以育人材．以壯國體．以雪重恥．有利無弊．斯亦憂天下者所當有事也．

張蔭棠 一八六〇年生 一九三五年卒

字憩伯・南海人・光緒十八年納貲爲內閣中書・考取海軍衙門章京・隨伍廷芳赴美充參贊・改舊金山總領事・尋調西班牙代辦・唐紹儀赴印與英議藏約・派充參贊・議不諧・紹儀告病歸・以蔭棠代・三十二年紹儀在北京・與英代議藏約・清廷命蔭棠以五品京堂候補・並賞副都統銜・入藏查辦・妥擬商埠章程・回京・授外務部右參議・署右丞・旋升左丞・民國後屢使各國・頗著政聲・蔭棠奉使外邦・洞知國際形勢・故其入藏赴印・撫輯藏人・折衝尊俎・深具才識・其奏劾駐藏大臣有泰等・瀝陳積弊・請旨懲革・尤見敢言・傳諭藏衆善後問題・頒發訓俗淺言・及藏俗改良諸事・雖因地制宜・要皆殫心藏政・力圖振作・且赴英續訂商約・爭回權利甚多・固使節中不易才也・遺著有張蔭棠奏牘・

奏覆西藏情形並善後事宜摺

奏爲瀝陳西藏情形並善後事宜・恭摺仰祈聖鑒事・竊臣此次奉命查辦西藏事件・欽奉勅諭・著將善後事宜・悉心籌畫・奏明辦理・欽此・臣抵藏後・當以維繫邊圉人心・首在澄肅吏治・業將貪劣漢藏官・分別奏參懲撤・漢官威令始行・民氣一振・又以漢番隔膜・氐信未孚・先設善後問題二十四條・交商上籌議・以覘衆志・商上百端推諉・臣親至大公所會議・力陳物競天演之公例・怵以印哲覆轍・藏衆感泣・隨飭立財政督練交涉學務鹽茶路鑛農工商巡警裁判九局・譯換草章・會同駐藏大臣聯豫・先行選派藏官・分途次第籌辦・又撰譯藏俗改良訓俗淺言兩編・頒發民間・將藏俗汚點切實曉諭改良・除遵以孔孟三綱五常之正理・愛國合羣尚公尚武之新義・頗知警悟・此臣到藏布置之大略情形也・

竊查藏地縱橫五千里・人民百萬・英俄逼處・應付爲難・英自十六年蠶食哲孟雄後・極力經營・西北一帶・自大吉嶺至新辣・碉堡星維・隱爲防俄之計・藏屬江孜春丕之地・形如箕食・伸入哲孟雄布魯克巴中間・犬牙相錯・日本人城田安輝遊記言・英若蠶食春丕・可以賤價向布魯克巴購地・聯成一片大陸・而隆吐咱利天險・迄成重鎮・蓋英人志圖蠶食春丕江孜一帶・席捲後藏・以通阿里拉達克阿富汗波斯灣等處・與俄西北利亞鐵路爭衡・此印度政府長駕遠馭之遠心・非圖爲窺川滇計也・英於三十年進藏後・遣兵佔據拉達克・近又屢派員查探後藏十卡子・煽惑班禪・志可知矣・

查二十七年・英日協約・英承認日本經營高麗之權利・日本承認英經營西藏之權利・兩國早定其勢力範圍・今日之高麗・即西藏前車之鑒・可爲寒心・英乘日俄戰爭之際・中俄不暇兼顧・輿兵進藏・其禍實源於二十六年達賴遣使到俄・俄待以殊禮・隱觸英忌・當時英使警告我總理衙門大臣・言俄誘藏自立・歸俄保護・俄藏若立密約・西藏便非中國所有・總理衙門電詢駐俄使臣胡惟德・特向俄聲明・如與藏人訂約・中國決不承認・英人恐俄藏交通・於英不便・窺藏之謀日亟・印度政府屢以達賴通俄・信任俄人多哲夫爲口實・日以防俄聳動英廷・迨英軍進藏・拉薩定約後・倫敦政府持緩取政策・頗有與印督寇仁反對者・言藏約須與中國協定・始有效果・故不得不與我定三十二年之約・其意亦恐俄有責言也・至今年八月・英俄又訂協定・貌似和平・實則英要求俄承認其藏約・英以波斯利權讓俄・俄以西藏阿富汗權利讓英・前日尚賴英俄互相牽制・今協約既定・藏地益危・

中英新訂藏約．雖有不佔土地不干預內政之語．非有實力以盾其後．萬不足恃．歐洲各國交涉手段．朝夕百變．英俄互持．此厚彼薄．在我雖欲爲甌脫之棄．而强鄰必持均勢之說以相責．此英俄關涉西藏之大略情形也。

雖然印度政府懷開邊野心．而內亂未靖．土人時有反抗英官舉動．印民苦英官壓制太甚．不能與加拿大英屬享平等權利．近年印度民智漸開．設抵制英貨會．勢力頗大．自設銀行報館．沿市演說．英官莫能禁制．日本戰勝俄國以後．印人視爲亞洲將强之機．風潮尤劇．去年倫敦下議院工黨領袖到印調查其事．力言應准印民參預政權．不宜壓制．駐印英官羣斥其非．英廷深識之士．多持印度宜先內治勿遽外略政策．及英廷未遑遠略之時．爲補牢顧犬之計．失今不圖．後益難治．此我國應及時切實整頓之大略情形也．

且我朝撫有方夏．以綏服蒙古．爲王業之肇基．蒙古素信紅黃教．實以西藏達賴之向背爲樞紐．西藏弱小．介居雨大．外雖馴服．在我苟無保護實力．亦難保無事齊事楚之見．西藏苟有挫失．蒙古新疆青海川滇必不一日安枕．近年議收三瞻．改土歸流．特置川滇大臣．駐扎巴塘．設官練兵．不惜重費．而西藏爲巴塘外蔽．拒盜者當於戶外．能保西藏．則巴塘自形鞏固．藏屬地曠民稀．礦產豐富．他日當可資爲殖民地．此藏防關係全局之大略情形也．

西藏內屬二百餘年．康乾間屢煩兵力．爲平定內亂．設駐藏大臣．以鎮撫其地．迥非越南高麗藩屬可比．但我朝政尚寬厚．向不干涉其政教．至今日而時移勢易．强鄰窺伺．封豕長蛇．勢不可遏．加以漢番自分畛域．互相仇視．二十二年．藏中至有勦殺漢人之謠．傳播印度．致啟戎心．駐藏大臣．素不理事．久爲藏衆所輕視．既無兵力以資鎮撫．政事概不能過問．英人誚我在藏無主權．不能盡主國義務．自問亦滋慚恧．漢番既如此齟齬．近年達賴班禪又互相猜貳．班禪自到印京見英儲後．隱恃英援．欲與達賴爭權．英員時至後藏．煽惑班禪．又派班禪爲印度奪巓地方佛教總管．百端籠絡．冀遂其鬼蜮之謀．查英人紀載．偵探西藏者十數輩．皆從後藏而入．言蒙班禪優待．可見外人窺伺後藏．處心積慮．已數十年．此西藏內閧危險之大略情形也．

爲今之計．自以破除漢番畛域．固結人心爲第一要義．以收回政權與學練兵爲入手辦法．在我絕不存利西藏土地財產之見．助以經費．派員代理農工商鑛諸務．以西藏之財．辦西藏之事．但求西藏多籌一文．我國即可少補助一文．握其政權不可佔其權利．使先懷疑貳．西藏苟能自固其圉．則邊境安謐．我之所獲多矣．

或謂收回政權．藏官恐滋反抗．致釀第巴桑結朱爾墨持之亂．臣竊料藏人貧弱而愚．現在尚無反抗之能力．即有小衅．苟有練兵三千．足資鎮撫．番官薪俸素薄．幾不自給．半多卑瑣．誠能優予月薪．必將就我範圍．樂爲我用．藏民素苦營官魚肉．倘易以廉惠之吏．更如風草之偃．誠本此意．以善爲經理．數年以後．全藏政權．均將潛移於我掌握．蓋政權不收回．藏事實無從經理．亦難杜强鄰口實．是在藏臣之得人．能服民心．不激不隨．隨機操縱而已。

查英人治印．因其教俗．以土王治印民．而以印督駕馭其上．以印兵充兵役．而以英兵督率訓練之．一切胥形帖伏・中國之治西藏・當如英之治印度・臣謹參訂英印之制・與我財力所能辦者・謹竭管見粗擬善後條陳・恭呈御覽・臣材識淺陋・難效千慮之一得・籌畫未能周備・伏懇飭下軍機處及各部院大臣・統籌詳擬・切實舉辦・大局幸甚・全藏幸甚・所有瀝陳西藏情形並善後事宜緣由・理合恭摺馳陳・

敬陳外交事宜並請開缺簡授賢能摺

出使美墨秘古國大臣張蔭棠奏・爲敬陳外交事宜・並請恩准辭職・簡授賢臣交代微臣本任・恭摺仰祈聖鑒事・竊維吾國嚮來一統自治・閉關日久・士大夫多昧於五洲大勢・遇事習爲虛憍・不察敵情・軍事外交・平日既漫無預備・一有紛爭・動輒言約某國攻某國・若可輕易掉弄列國於股掌之上者・然自鴉片戰爭以來・七十年間・外交之事・無一不失敗・即所結之約・無一不受虧・考其實際・由於列國之威脅强逼・智算術取者半・由於當局之不解國際法律自誤者亦半・如朝鮮本吾之藩封也・既認之爲藩屬・又許其外交自主之權・聽其與日俄等國直接締結條約・進退失據・致啟戎心・此不達於國際法之弊也・

昔黑龍江沿岸之地・千里無兵・俄國遣海軍士官探得・建旗佔領・乃隨後遣使求開疆界談判・迭次交涉・吾國遂舉黑龍江以北・烏蘇里松阿察兩河以東之地・盡畀於俄・此放棄土地主權之弊也・

昔朝鮮之亂・日本既派兵入漢城・動判機先・仍請吾國同心協力・共謀朝鮮國政之改革・而吾國不應・於是有甲午戰役之禍・此不察國情之弊也・

臣不敢過引陳迹・但往車既覆・來軫當鑒・自今以後・又豈有異於前・彼歐洲諸强國・固自以爲文明・而視吾國爲半開化之國・未許同入於國際公法範圍之內・而向來吾國與列强訂結條約・又多在於兵敗之後・近於城下之盟・其不得平允公正・固無足怪・海關稅權之淪失・領事裁判之施行・損害獨立之權・爲有國者所大恥・欲圖挽救・須於內政外交・一一布局預籌・非旦夕可以收效・臣職司奉使・謹就見聞所及・略獻芻蕘・

竊以爲對外之方・其要在於勿忽略國際公法・勿放失土地主權・勿懵昧於列國情勢而已・欲洗從前外交失敗之恥・復國家自存之權・一切措置・又不可不昭示大信於各國・欲昭各國之信・先要本國政府有一定之政策・內官外差誠意相孚・足以自信・又明定權限以辦事・勿相侵越・勿相牽制・勿相推諉・然後折衝壇坫・有程效赴功之望・列國並峙・聯協交際之事・無時無之・或主張兵力侵略・或主張社會和平・雖建議者莫不以利害己國爲先・然趨嚮之公私既判・結果之良惡自殊・應付之方・不可不審也・

今日武裝和平・强者權利弭兵之說・固非可期之目前・而和平公判之約・美倡之・英和之・法蘭西繼之・今日本已將加入矣・此以主持萬國公義爲目的・與他項戰守同盟條約結甲國抗乙國者不同・預其列者・有益無損・臣謂我國亦宜審察情形・應時加入於美國建議之和平公判約內・以期暫收國際同權之效者・是其一也・

嘗觀歷來歐洲强國・凡著名之外交家・其手段類皆强武不屈・而議院則多主和平・此足覘强大之效矣・吾國情形則

適反手是・當局主退讓・國民叫囂不擔任・如此外交・安得有效・國事安得不危・其弊在於未有國會議員協贊結約之事・愛國之心既無所施・又不知交涉艱難・輕於置議・當局苦衷・亦無由共白於國民・夫外交條約・外以持國際之平衡・內以保國民之權利・正宜得多數才智・各竭其心思之所長・經營之所得・以資裨補・故議員協贊・非於國家之元首大權有所齟齬也・

夫美國大總統・於簡授使節・宣戰講和締結條約・非無權也・外部官職・有大臣・有副卿・有律師・有總辦・有管理出使事務官・有管理領事事務官・非無才也・然必於元戎與代議兩院置對外關繫委員會・使審核國交事務・以監督政府對外之政略・誠以交鄰保邦之道・大本在是・且抒謀操術・不厭其求詳慎也・今吾國上下兩院・尚未召集・臣謂宜先准資政院議員行協贊結約之權・又於院中設專科委員・予以審量外交事務之權・引起國民關心大局・造成健全之輿論・以為外交之後盾者・又其一也・

抑臣尤有請者・凡有憲政內閣之國・於簡放使臣之際・其君主或總統・則宣示以外交之方針・使臣得循以行事於所駐國・代表已國政府・而外交事情・瞬息可變・處置之方・須靈敏剛果・迅速秘密・有時相機而行・但期無背於宣示之方針・不逾於使節之權限・則政府亦須承認・此使臣之然諾・所以能見信於所駐國之政府・遇事交涉・易於奏效・今吾國既入憲政時期・責任內閣既已設立・內外臣僚所任職務・均當循名核實・一洗敷衍粉飾之弊・考歐美各强國任外交使職者・皆須有法律專門之學業・明達於國際公法・嫻習於外交辭語・千數百年之外交歷史・百數十國之政俗民風・燦然於胸中・又必其才長於機變・敏於肆應・始足以勝任愉快・如臣學識謭陋・性尤迂直・且於外國語言文字・非所素習・特蒙聖恩・委以奉使重職・視事以來・於國未有涓埃之補・夙夜兢兢・時虞隕越・伏乞聖裁・准臣辭職・簡授賢能交代奉使美墨秘古事務・庶國家得收聯絡邦交之效・而微臣亦可免素餐竊位之愆・所有微臣敬陳外交事宜・並懇恩准辭職緣由・謹恭摺具陳・伏乞皇上聖鑒訓示・謹奏・

致外部電陳治藏芻議

印政府主侵略・開埠只表面名詞・應亟籌收回政權・練兵興學・以圖抵制・而杜藉口・欲收政權・必趁達賴未回・得陸軍畢業生百十人・密為布置・事半功倍・現藏衆悔禍輸誠・願變法聽指揮・唯棠智小謀大・咯血日劇・本欲埠事妥後・回京調理・再上善後條陳・但以大局攸關・機不可失・苟能為國家辦一事・軀命亦何足惜・倘敷衍塞責・非棠入藏初意・亦負公經營苦心・因先獻芻議・乞公裁正・或交外部作公牘・密向邸樞妥籌・倘蒙採納・即代奏賜覆・俾先布置・尚須回京蒐羅人材備用・事機危迫・不在紙上空談・貴得人切實辦理・倘鄙意不可行・則棠開埠事竣・查而不辦・奉身而退・以俟能者而已・芻議如下・

一・擬達賴班禪優加封號・厚給歲俸・如印度各藩王之制・照舊制復立藏王・體制視達賴・專管商上事・而以漢官監之・

一・擬特簡親貴為西藏行部大臣・或就國・或遙領・候聖

裁・體制事權・一如印督・用王禮・則主國名義自定・設會辦大臣一員・統制全藏・下設參贊副參贊參議左右副參議五缺・分理內治外交督練財政學務裁判巡警農工商鑛等局事務・其亞東江孜扎什倫布阿里噶大克察木多三瞻三十九族工布巴塘等處・酌設道府周知・均用陸軍學堂畢業生・督率番官・治理地方・兼辦巡警裁判・均優給廉俸・查藏番以營官分治・如內地之州縣・每有番官之地・應設一漢官。

一・撥北洋新軍六千駐藏・藉壯聲威・餉械由北洋撥給・歸行部大臣調遣・三年後遞撤回・改募土勇・以省遠戍費繁・應如何調撥之處・由陸軍部核辦。

一・藏番民兵約可得十萬・餉由藏撥・擬派我武備生統帶訓練・俸薪軍械子彈藥由我給。

一・巴塘電綫・應由部飭速接至拉薩・

一・趕修打箭爐江孜亞東牛車路・以便商運・俟鑛務旺・再修鐵軌・現查江孜至帕克里・可行電車・由工布至巴塘・有草地・平坦向無人行・比官路近千餘里・已派員踏勘・

一・廣設漢文學堂・使通祖國語言文字・兼習學兵式體操・教習均用南北洋蜀粵陸軍畢業生・三年後兼教英文・六年畢業・所有藏中官兵・約由此選・

一・現與商上議定・藏屬除封禁雪山外・凡五金煤鑛・准中國西藏軍民人等・報明鑛務局開採・出鑛後官只收什一之稅・凡開平大冶及南洋美國華鑛工・均可招徠試辦・

一・藏中差徭之重・刑罰之苛・甲於五洲・應一律革除・以蘇民困・

一・巴塘新收鹽稅頗旺・藏中向無鹽稅・擬於喀喇烏蘇鹿馬嶺等處各鹽井・設局徵稅・官商並運。

一・羊毛牛尾骨角豬毛藥材・將來必為出口貨大宗・三埠設關後・應酌定出入口稅則・

一・收回鑄造銀銅紙幣之權・設銀行以利轉輸・官兵俸餉・皆由此發・以上三條・於經費不無小補・但現難定確數・

一・前後藏台站額兵・老弱缺額・徒飽私囊・應裁撤改辦巡警・以警兵兼督修路・

一・設漢藏文白話旬報派送・以激發其愛國心・進以新智識・

一・印茶入藏・勢難久禁・鑛稅必日絀・將來應酌量免稅・宜破除故見・以川茶子輸藏・教民自種・以圖抵制・鑪茶或暫由官局督運・以平市價・

一・拉薩向有製鎗廠・惜狹陋・應派南北洋製造局匠頭來藏・另購機器・以圖擴充・

一・布魯克巴廓爾喀為藏門戶・布貧弱受英籠絡・廓近仿西法兵强・英頗忌之・世修職責・宜派專使宣布威德・諭以脣齒之義・結廓藏攻守同盟之約・

一・由部揀派明幹總領事駐印京・偵探印事・密報藏防備・

一・歲費綜計約二百萬・由部核議指撥・藏屬縱橫七千里・鑛產甲五洲・將來必為我最好殖民地・經理得人・十年收效必倍・每歲商務所入・何啻千萬・及今不經理・恐落他人之手・況英俄交伺・在我雖欲為甌脫之棄・而不

能以他日邊防之費・爲今日治藏之用・所費實多矣・

致外部丞參函詳陳英謀藏陰謀及治藏政策

張蔭棠

敬啟者・上年十一月十五日寄呈十五號公函・計呈冰案・嗣於十二月初二日・並二十二日・兩接大部致有大臣公電・均各譯轉・並函致有大臣・請於飭派藏員來印時・備文將藏員官職・暨隨從人數聲明・以憑到印後・飭人照料・昨接有大臣函・據稱賠欵一事・已遵部飭傳諭商上・遴派噶布倫策丹汪曲等・於正月十一日起程來印等語・弟復函致靖西同知・飭令將上列情形・探明聲復・並函詢噶布倫行抵春丕後・由何路起程來印・有無預行賃定房屋・令其先行詳復・以便飭人布置・現計該藏員約五月杪到印・屆時當遵照電諭・妥爲商辦・

班禪自回藏後・雖未探有私商事件的證・惟聞英與班禪已訂私約・以哲孟雄及布丹兩王作證等語・又聞哲孟雄有當沙巴拉・係哲孟雄最有權勢官員・熟悉藏情・前年隨同英兵入藏・探聽藏中虛實・隨時報告英軍・是以直達拉薩・及事定後・英人封以王號・以旌其功・又班禪處有信任藏官一人名小忠・先爲藏人驅逐・乃英人載至倫敦・並往印度令學英印兩處語言文字・英復令其回藏・漸爲班禪倚任・英軍入藏時・或謂小忠有私通消息情事・現在班禪回藏・受英恩過・以當沙巴拉蠱惑於外・以小忠煽惑於內・班禪或有異志・在所不免・以上各節・是否確實・雖難憑信・惟既有所聞・自當瑣達清聽・

弟上年臘月・迭上大部歌・覃、禡・三電・備述英人與班禪陰謀等事・早邀洞鑒・外人於我國藩屬・純用陰險手段・使我不覺・及事機暴發・在彼則謀畫夙定・在我則猝不及防・又其於所屬之國・則決不聽其自領政權・反令主國權力猶有所不及・而予外人以可乘之隙者・現在藏中情形・駐藏大臣・雖擁尊號・而舉辦一事・藏番外示誠樸・陰實抗違・近年藏中內政外交・駐藏大臣不得不以開導爲詞・誠實情也・英人經營西藏・已非一日・耗費不下千萬・陰謀百出・令人有不可思議者・前年乘日俄開戰・知俄勢力東西不能相顧・又趁我國多事・於是有侵藏之舉・此次又誘班禪來印・待以王禮・印報謂英人深知班禪與達賴不睦・勸令班禪請英保護・拒絕達賴・以圖獨立・惟班禪年少質愚・雖無遠志・難保不爲所動・然班禪豈足以自立圖存者・是即日本扶助高麗之故智耳・且西藏仰託我國庇下・深仁厚澤二百餘年・其仇英之念極深・豈甘反面事英・降心以相從哉・蓋深怵英之勢力・足以脅制全藏・而主國實有不能與抗之勢・則藏一無可恃・恐不得不反顏以相向耳・

竊思藏地東西七千餘里・南北五千餘里・爲川滇秦隴四省屏蔽・設有疏虞・不獨四省防無虛日・其關係大局・實有不堪設想者・且各省辦理邊防・均有重兵鎮守・西藏密通印度・邊患交涉・與行省不同・其危險情形・尤與上年不同・誠如當軸所謂整頓西藏・有刻不容緩之勢矣・惟整頓西藏・非收政權不可・欲收政權・非用兵力不可・查駐藏漢兵・除護粮台官兵外・祇有六百二十一員名・半供塘遞巡卡之役・番兵不過三千名・又星散數百里外・非調遣新練勁卒・不足

示威・蓋兵威不壯・則興革各事・既有多方掣肘之虞・尤有變生意外之險・明知經費浩大・國帑支絀・誠屬爲難・但外患方殷・內變自亟・一旦有事・英人乘機入藏・我則鞭長莫及・將來再圖補救・亦復無濟・得失相權・不待智者而後知矣・

擬請奏簡貴胄・總制全藏・並派知兵大員・統精兵二萬人・迅速由川入藏・分駐要隘・以救目前之急・俟大局稍定・陸續添練番兵・再行逐年遞減漢兵額數・此後常年駐藏漢兵・約需五千即足・以資彈壓・一面將達賴班禪・優加封號・尊爲藏中教主・所有內政外交以及一切新政・由國家簡員經理・恩威並用・使藏人實信國家權力・深有可恃・則倚仗之心益堅・又何敢再萌異志・況英人亦視我在藏兵力强弱・能否治藏地以爲因應・我能自治・外人無隙可乘・自泯其覬覦之念・弟爲藏事目前危險起見・謹披瀝上陳・伏希代回堂憲・以備采擇・不勝幸甚・敬請勛綏・

徐紹楨

一八六〇年生
一九三六年卒

字固卿・番禺人・灝子・幼承家學・光緒甲午科擧人・歷任兩廣幕職・後官江蘇候補道員・時南中編練新軍・奉派至日本考察軍事・回國後・兩江總督李興鋭重其能・任爲兩江兵備處總辦・訓練新軍・兼第九鎮統制・爲中國首先實行徵兵制之始・旋簡授江南綠營總兵官・仍兼統制如故・並兼攝江北提督・紹楨早已同情革命・宣統三年九月・林述慶在鎮江起義・江南地區爲民軍所有・兩江總督張人駿・在江寧嚴加戒備・將原駐城南之第九鎮調往秣陵關・收繳其子彈・新軍人人自危・因而激起紹楨反正之決心・時武昌民軍派蘇良斌等潛入南京城內・策動城防營及總督衛隊於九月十七日午後起事・約爲外應・紹楨乃率新軍攻雨花臺・遭張勳之江防軍反抗・未能奏功・退至鎮江龍潭一帶・徐圖再舉・復親赴蘇州上海請援・時蘇浙滬鎮民軍首領・公舉紹楨爲江浙聯軍總司令・十月初七日・牽浙濟（粵軍濟字營）兩軍攻太平門・破清軍・同月十二日・南京正式光復・南都既定・乃自解兵柄・被任爲南京衛戍總司令・繼亦辭去・孫大總統爲酬庸叙功・頒贈八厘公債一百萬元・紹楨除提出一萬四千元爲革命喉舌之民立報作補助費・一萬元爲女子北伐軍結束費外・餘概奉還政府・分毫未入私囊・淡泊高風・尤爲世人景仰・自是守貧居滬・閉門著書・直至民國六年・應中山先生之邀・至穗共商國是・決議護法・九年・任兩廣各路招討軍總司令・與北方政府斡旋・十二年・出任廣東省省長・繼任總統府參軍長・國民政府委員等職・既奠都南京・紹楨亦移寓上海・對國是每多獻替・二十五年九月病卒・年七十有六・生平嗜書・搜藏極富・雖參戎幄・亦以書卷自隨・嘗購地五十畝・建藏書樓於秣陵・所藏達二十餘萬册・惜辛亥起義時・悉爲張勳焚去・民國後訪求靡已・所積漸多・築學壽堂以藏之・晚年致力著述・尤精版本・歷算之學・著有學海叢書・學海堂題跋・學壽堂日記・四書質疑・道德經述義・大學述義等・

六書辨

許叔重說文叙曰・倉頡之初作書・蓋依類象形・故謂之文・其後形聲相益・即謂之字・文者物象之本・（各本無此六字・段懋書依左傳宣十五年正義補・今從之）字者言孳乳而寖多也・箸於竹帛謂之書・書者如也・以迄五帝三王之世・改易殊體，封於泰山者七十有二代・靡有同焉・周禮八歲入小學・保氏教國子先以六書・一曰指事・指事者視而可識・察而見意・上下是也・二曰象形・象形者畫成其物・隨體詰詘・日月是也・三曰形聲・形聲者以事爲名・取譬相成・江河是也・四曰會意・會意者比類合誼・以見指撝・武信是也・五曰轉注・轉注者建類一首・同意相受・考老是也・六曰假借・假借者本無其字・依聲託事・令長是也・許君此敘・說文字之源流・六書之名義可謂詳矣・而後儒治說文者每多出入其說・六書之中・轉注假借彌復紛歧・不知許君每事說以八言・又各舉二字爲證・求之本書・實有截然不可淆混者・今特按其次第一一辨之・用諗學者・

許君既曰倉頡之初作書・蓋依類象形・則象形實爲作書最先之法・（許君後說六書次第又首指事・疑爲後人傳錄倒亂・漢書藝文志云六書謂象形象事象意象聲轉注假借・此其次第於義爲順・今之所說・竊從之焉）象形之法・許君既以畫成其物隨體詰詘，則凡畫之而不成爲物與物之不可以畫及夫所畫雖有物而尤待系以他文其義始見者皆不得爲依類象形也・於稽其類・有仰觀之形・有俯察之形・有正面之形・有旁面之形之曰者・已盡畫之能事・而後儒或謂又有兼聲之形・兼意之形・則以指事會意諧聲之字入之・非制字之本意矣・

許君舉日月二字・其古人蓋作日月・太陽之精不虧・故象其全形・月則闕時多圜時少・故畫半圜以象之・他如水爲水・而波浪起伏之紋皆見・（益字從水猶是橫體蓋始作之象形・文本如是・後乃易爲直耳）畫爲田・而溝塗經界之制皆通・飛禽則有鳥（即鳥字）鳥・（即鳥字）水族則有魚（古文龜字）魚・（即魚字）無不曲肖其形・最奇者同一人也・象其側立則作人・（即人字）象其正立則作大・（即人字）象其小步則作彳（即　字）象其長行則作廴・（即廴字）所差者不過一畫二畫之微・而或長或短・遂使狀貌肢體儼然如生・隨體詰詘之妙・固有如是者・

然古人制字・所以備人事之指撝・天地之間・有物必有事・如曰從象形而已・猶未爲適於用也・故又制指事以濟象形之窮焉・指事者・許君以爲視而可識察而見意・而舉二丄丅（即上下之古文）爲例・上之從一・猶乎天也・下之從一・猶乎地也・至上者莫如天・至下者莫如地・故畫一以爲天地（上下之所從之一・許君未言爲天地・然說文中從一之字以爲天地者多點・此亦可推而知之也）而加・於一上以指爲上・加・於一下以指爲下・此指事之文之最純者・故許君舉之・同乎上下之例・則有如不至天立四字・（即不至天立也）不鳥飛上翔・不下來也・從一猶天・而畫不以象鳥向上飛・指其不來之意・至鳥飛從高下至地也・從一猶地・而畫至以象鳥向下飛指其來至之意・天從一大・立從大・（此籀文大字）一・大者人正立之形・仰而視之・其上之蒼蒼者非天乎・故加一於大上以指其爲天・立即古位字・（周禮小宗伯掌建國之神位・鄭注故書位作立・鄭司農云立讀爲位・古者立位同字・古文春秋經公即位爲公即立・許君訓立爲住・而說文無住字・蓋即位之譌也）人立必有其地・故加一於大下・以指其爲立・以上四文・謂之象形・則固有爲鳥飛人立之象・然不得爲象形者・必待加一指之・其義始明也・以爲會意・則鳥向上飛爲不・鳥向下飛爲至・大上有一爲天・大下有一爲立・亦似乎各有所會・然不得爲會意者・故明明有不至天立之形與事可覩也・

大抵指事之文・視而可識則類於象形・察而見意則類於

會意·後儒往往不能分別·遂有謂六書中惟指事者絕少矣·豈眞少乎哉·古人制字既有象形指事而復繼之以會意者·蓋人日用云爲之事·不盡有物形可象有實事可指·故又比合其形與事之文以識其意宜義之所指·所謂比類合誼以見指撝也·許君舉武信二字·武以定功戢兵·故從止戈·信者遺人傳言·故從人言·（魏志馬超等屯渭南遣信·求割河以西請和·晉書王渾遣信要濬暫過論事·皆謂使爲信·蓋古義也·使人傳言·故從人言·會意·信使既通·然後知其事實·固有誠信之義·此紹楨聞之先大夫者·說見先大夫說文注箋）此皆合二體爲文·更有合三體爲文者·如祭從又從肉從示·言以手持肉祀神·以手持肉·可以謂之指事·而非從示則祀神之意不顯·示之爲祀神固又不能實指其事也·又有合四體爲文者如茻爲眾艸·㗊爲眾口·屮與口皆象形文·然此二字其義主於艸之眾·口之眾·眾艸眾口不止於四·其以四屮爲茻四口爲㗊·蓋聊以見其象多之意而已·所以亦不得爲象形也·

大凡象形指事之文多獨體·而會意則多合體·亦偶有獨體者·如亍從反彳·彳小步也·反其意則非小步·故亍訓步止·此類字後儒或誤爲象形指事·不知彳訓小步之義·反之可爲步止·其字則固無步止之形·亦無可指之事·非會意而何矣·夫制字之法·既象其形指其事會其意·亦幾謂可以盡之·然而未也·天下之物·同類者實繁·即以水之類言之·江河淮漢無非水也·制此字者將畫爲江河淮漢之形乎·抑畫其水而別加堤岸之屬之以指之乎·或推其意之所在而會之乎·此皆有不能之勢也·則非形聲何以屬之·許君之言曰·形聲者以事爲名·取譬相成·蓋未有文字·先有聲音·江河淮漢之名·本爲古昔所先定·制此字者即因其名而取譬於聲與義以成之·於是取水而加工於其旁即可知爲江·加可於其旁即可知爲河·加隹於其旁即可知爲淮·加𦰩於其旁即可知爲漢·所取之義·水是也·所譬之音·工隹是也·（說文漢從水·難省聲·然難固從𦰩聲·則漢似亦可從𦰩聲·不必省也）

自中古以來·事物名義日出不窮·凡像形指事會意之所不能達者施之形聲·即無不可成之字·其道亦云廣矣·然有一事即制一字·則未免太繁·制一字只有一用·亦未免太簡·故又於形事意聲之外別制轉注假借以通其變·轉注者因其意而輾轉訓釋此字·求之此字最始之義則無不相因而生·所謂建類一首同意相受也·（建立也·受承也·言立此類之一字·同意相承而轉注之也·）假借者因其聲而假借以爲他字·求之此字本有之義不必相因而生所謂本無其字依聲託事也·總其大較·形事意聲所以施之制字·轉注假借·所以施之用字·語乎制字·則轉注假借無非形事意聲之文·語乎用字·則形事意聲·亦可通於轉注假借之說·實皆相須而成者·就考老令長四字論之·老從人毛匕·言須髮變白也·人須髮變白·則血氣衰弱·此當是老之本義·（書盤庚汝無侮老成人·無弱孤有仂·鄭注老弱皆輕忽之意·老與弱對舉·其爲衰老之稱可知·）因須髮變白多爲壽考之人·故轉爲壽考之稱·（晉語且楚師老矣·高注老久也·此又因壽考之人得年最久·故轉爲久·皆一意相承爲訓者也·）未轉注時·人但知老爲衰老之義·既轉注·則無不知爲壽考之稱·而衰

老之本義反隱·後又取老爲義·以丂譬其聲·制爲考字·故許君既以考釋老·又以須髮變白明其制字之本義·更於考下注曰老也·使人知考字實由老字轉注而成·其意之深切著明如此·後儒不察·以互訓當之·豈許君說轉注之旨哉·

至令長之爲假借者·令長本秦漢官名·古人不能逆知後世有此官而爲制此字·後世既設此官而即以古所有之令字長字名之·是謂假借·（此說令長字本之吾鄉先輩陳蘭甫先生東塾讀書記·）許君不舉他篆而舉令長者·他篆古雖借用·或其後已別制本字·學者難於辨別·令長則本義借義相沿·皆用此字·且當時之官·人無不知·尤其顯然者也·（考老令長四字依制字之法·則老從人毛匕·令從亼卪·皆會意字·考從老丂聲·長從兀已亡聲·皆諧聲字·故余謂轉注假借無非形事意聲之文也·）依余所說·稽諸許書·如鳥部·[illegible]古文鳳象形·鳳飛羣鳥從以萬數·故以爲朋黨字·烏部·烏·孝烏也·取其助氣·故以爲烏呼·來部·來·周所受瑞麥來麰天所來也·故以爲行來之來·韋部·韋·相背也·獸皮之韋可以束枉戾相違背·故以爲皮韋·（諸本以爲上有借字·許君凡言以爲皆不言借·獨韋言之·恐非其例·蓋後人羼入耳·）西部·西·鳥在巢上·日在西方而鳥栖·故因以爲東西之西·凡此皆轉注之義也·又如屮部·屮·艸木初生也·古文或以爲艸字·疋部·𤴔·足也·古文以爲詩大疋字·亦以爲足字·或以爲胥字·言部·詖·辨論也·古文以爲頗字·臤部·臤·堅也·古文以爲賢字·䀠部·𥄕·目圍也·古文以爲醜字·𠬪部·爰·引也·籀文以爲車轅以爲巧字·可部·哥·聲也·古文以爲謌字·日部·㬎·衆微杪也·古文以爲顯字·或以爲繭·㫃部·旅·軍之五百人·𣃘·古文旅·古文以爲魯衞之魯·宀部·完·全也·古文以爲寬字·人部·倂·送也·古文以爲訓字·大部·臭·大白澤也·古文以爲澤字·水部·汓·浮行水上也·古文或以汓爲沒字·洒·滌也·古文以爲灑埽字·且部·且·薦也·古文以爲且·又以爲几字·凡此皆假借之字也·

許君於轉注必先說其本義·乃言所以相承以爲某字之故·於假借則但曰古文以爲·籀文以爲·或以爲·亦以爲·而不復說其故·其體例本自較然不同·後儒從見其有以爲之字·遂概入之假借·而轉注無專說·竟假借之途亦因之而歧矣·古人制字之初·既以一義轉爲數義·字假爲數字·一則字雖少而自可應用不窮·其後孳乳寖多·又取所轉之義·所假之事·別制一字以當之·因而轉注之中·復有轉注·假借之中·復有假借·至於今日經傳中轉注假借之義·觸目皆是·學者不得其轉注假借之迹·而說以本字本義·則未有不失之毫釐謬以千里者·故治經必先明乎六書·而六書之中·尤以轉注假借爲要也·（近儒講求聲音訓詁·多以引申之義與假借並稱·引申實即轉注之謂也·

道德經述義自序

光緒乙未·余客桂林時·有所謂聖學會者·以老子罪案課會中士子·余聞之而驚曰·嗟乎·老子亦有罪乎·爰取道德經爲門弟子述其義·以爲欲治當世·舍老子之學不爲功

徐紹楨

得志於天下之說・時時爲所部將校道之・尤以果而勿矜・果而勿伐・果而勿驕爲戒・辛亥秋・攻取南京・所部將校・無有以殺人爲樂者・此得力於老子亦不少・顧南京既定・民國新立・余不能以老子治天下之學獻諸當局者・而遽自解兵柄以去・嘗清夜自思・未嘗非負老子也・

自是以來・人人有以爲・人人尚賢・人人貴難得之貨・人人以兵强天下・而天下百姓乃盡失其自然・世變之亟・蓋視前清尤甚・欲取老子之學救之・而余之所著道德經述義・則隨辛亥湖樓之火而亡・思補著之・而心灰意懶・更不欲言矣・

丁巳秋・歸廣州・故里門人尚有藏前稿者・因取而修訂之・將出以問世・顧余之所述・亦第就道德經原文更互演繹・求使學者一覽而知老子宗旨之所在而已・老子之學・實足爲平治天下之本・余甚欲擧近代中西政治大家之學說爲之證明・而二十年前・伏處專制政府之下・既不能暢所欲言・今不妨暢所欲言矣・而余則未暇也・道德經不言乎・道法自然・余知當世之人・必有自然之覺悟・自然之進化・余且守老子無言之教可爾・中華民國八年秋徐紹楨謹記

學一齋性理書前記

光緒戊寅之春・業師兪東湖孝廉辭歸・一時未得師・先君命紹楨以所學敎授諸弟・時從學者十弟紹枚・十一弟紹樸・均甫十三齡・十二弟紹　・後改名棨甫八齡・十三弟紹桓・則才啟蒙耳・時余方講性理之學・爰以己之所講・編爲極短之講義・敎諸弟讀之・有時竟以趨庭之便・呈先君正其是非・先君未嘗以爲謬妄・惟力戒以言論諸先傳・不可執一二語之不同意・便肆攻擊・

逾年己卯　先君棄養・諸兄弟遂不能更聚學於一隅・其後各謀食於四方・間有不廢所學・以書函互爲講論・所積書札亦復不少・而余遭南京湖樓辛亥之火・亦無存者・其時十弟十一弟均早病故・入民國惟余與十二弟十三弟時得相聚・又以國事未定・家食多艱・心灰意懶・少有潛心於此事之時・頃檢得曩日與諸弟講論舊稿・輒付印書局印行之・欲以存手足之愛而已・論學問則殊不足言也・民國二十年辛未七月・徐紹楨記・

學一齋性理書跋

紹楨年十三歲時・家君爲吾師沈貢卿夫子言曰・此子甚欠小學工夫・宜速補習之・沈夫子曰・當如何著手・家君曰・一切當以敬爲之本・爰檢朱子學的一段示之・朱子云・古人設敎・自洒掃應對進退之節・禮樂射御書數之文・必皆使之抑心下氣・以從事其間・而不敢忽・然後可以消磨其飛揚倔强之氣・而爲入德之階・攝伏身心之助・所謂不敢忽・即用敬之道也・余敎諸弟・皆本諸家君之訓・然數十年以來・曾無進境之可言・偶檢朱子學的・思及先君之言・惟有流涕而已・

紹楨少時趨庭・嘗擧窮理盡性以至於命爲問・先君曰・此言聖人知命之學也・所謂五十而知天命是矣・窮理盡性・乃先一步工夫・必至於天命・斯爲盡之・

論語子夏曰・博學而篤志・切問而近思・仁在其中矣・

徐紹楨

紹楨嘗承先君之教・篤志近思・皆所以求仁・宋儒或有以爲四項事者非也・凡在孔門・舍求仁・更無他事也・此亦十四五歲時庭訓・非教弟者・然後來亦以授諸弟・故並記之・紹楨一日趨庭・舉論語興於詩・立於禮・成於樂・問如何爲興立成・先君曰・此二程先生曾言之・興於詩便須見有著力處・立於禮便須見有得力處・成於樂便須見有無所用力處・此說最精確・可時時讀之勿忘也・

紹楨又一日・問宋儒心小性大之說・先君曰・張橫渠言心禦見聞・不弘於性・此說可從・以上四條・皆紹楨少時聞諸先君者・非教弟之言・然後來亦嘗爲諸弟告之・故幷附於此・謝顯道記憶程先生語云・鳶飛戾天・向上更有天在・魚躍于淵・向下更有地在・楨嘗舉爲趨庭之問・先君曰・此言學問無止境耳・故中庸以言其上下察也・解之・鳶魚猶知上下察・人可不上下察乎・

論語里仁篇・君子去仁・惡乎成名・君子無終食之間違仁・竊謂此言君子終食之頃・亦不能去仁・所以爲君子去仁・惡乎成名三句・及下造次必於是・顛沛必於是・亦當一氣連讀・一飯之頃・其時甚暫・跬步之間尤暫・顛沛則更急遽苟且矣・此而尚不去仁・則其存養之功密矣・紹楨嘗舉爲趨庭之問・先君甚贊美之・謹記之於此・

二程遺書・伊川先生語云・或問如何學・可謂之有得・曰大凡學問・聞之知之・皆不爲得・得者默識心通・學者欲有所得・須是篤誠・以義理涵養而得之・紹楨嘗舉爲趨庭之問・先君曰此即大學慮而后能得之義・熟讀大學・自然有得・

二程遺書・二先生語云・誠然後能敬・未及誠時・却須敬而後能誠・楨一日趨庭・持此問誠與敬用力如何・先君曰・誠者・天之道也・乃人所得於天之本然・中庸所謂不勉而中・不思而得・從容中道・斯非聖人不能有之・故程子有未及誠時之說・此則指人性已爲物化・其中之誠・早隨之以去・欲藉敬之力以收回之・孟子反身而誠者也・二程遺書入關語錄云・閑邪則誠自存・不是外面捉一箇誠・將來存着・今人外面役役於不善・而於不善中尋箇善來存着・如此則豈有入善之理・只是閑邪則誠自存・故孟子言性善・皆由內出・只爲誠便存・閑邪更着甚工夫・但惟是動容貌・整思慮則自然生敬・敬只是主一也・主一則既不之東・又不之西・如是則只是中・既不之此・又不之彼・如是則只是內存・此則自然天理明・學者須是敬以直內・涵養此意・直內是本・先君一日檢二程遺書此條示楨云・宋儒存誠工夫・大抵亦離不了敬・能敬以直內・則誠自存・而邪亦閑・楨自十七歲即奉持先君此說・數十年未敢違一敬字也・

道光年間・陳蘭甫先生有一書致先君云・吾兩人讀書皆同・惟宋儒書弟未讀・斷不可少・又不宜再遲・盍及今讀之・百年以來・專門漢學者多不讀此・如亭林百詩則讀之矣・澧又啟・先君答以恆讀二程之書・惟不欲與人言・已亦未嘗著述・蓋是時蘭甫先生恆讀朱子語類・先君則從事於二程全書・此在道光年間・楨之諸兄・伯仲兩兄尚幼・都未及此・及後楨稍知讀書・則已在同治年間矣・ 先君教吾輩恆以宋儒之書爲言・楨此書所述先君之言・亦多出二程全書・追述之餘・謹記之於此・以誌吾家學派云・

愚廬記

徐紹楨

孔門弟子以柴愚參魯並稱・參之魯・後乃傳孔子之學・柴之愚・則家語記其足不履影・啟蟄不殺・方長不折・執親之喪・泣血三年・未嘗見齒・避難而行・不徑不竇・皆仁者之至行・雖急遽苟且・而不去其仁・對微物細行・而不失其性・蓋愚之至・實仁之至・後之學者不能愚・必不能仁也・孔子嘗言甯武子邦有道則智・邦無道則愚・其知可及・其愚不可及・蓋邦有道・若無所用其知・邦無道・則多難殷憂・世之君子・方且以其知避艱險・保妻子・營厚祿・知愈多而事愈不可爲・此孔子所以歎甯武子之愚爲不可及也・余友伍君于瀚・築室於香港之濱・名之曰愚廬・走書告余・俾爲之序・余答而叩之曰・君將效古之隱者・韜光匿迹于海濱・不復問人境之事耶・是則天下知者之所爲・而不得謂之愚也・君乃還報曰・吾向嘗奔走于國民之事業・曰商戰・曰學務・曰選舉・曰行政・亦且一一竭其心力與捭闔萬變者鬥・而吾輒多所損失・人皆笑吾之愚・而吾亦自笑之・然未嘗悔焉・不改其愚・久之事定・人又有誇吾之知者・吾以爲皆前此之愚所獲之效而已・余聞之乃曰・君誠今日之甯武子也・甯武子當亂世・其君無道失國・卒用其愚以濟其君・而保其身・君之前事・誠有濟于時・能用愚・是誠聖人之徒也・今日之時・視春秋爲尤亂・吾粵之亂・邪說橫流・則更不可終日・愚乎愚乎・非今日討邪說之利器乎・願君更出其愚以助天討・則仁者之功成・而愚之盛德大業可與魯並垂于無窮矣・

民國十五年七月・徐紹楨謹記

通介堂文集跋

先君著述・生平不輕出示人・蓋有所爲必期於自得・而非苟爲名・故著書等身・而未嘗刊以問世・咸豐四年・曾刊通介堂經說五卷・則以其時問業者夥・聊假剞劂氏以代鈔胥而已・同治三年・門人朱熒又請錄靈洲山人詩六卷刊之・世之知先君者・乃僅僅守此兩帙・厥後著書愈多・愈不能刊・仕宦至二千石而不名一錢・即欲別寫一定本亦不遑也・

光緒八年・紹楨與弟紹枚同客昭平・始取遺稿敬謹寫校・既而游思恩・又游平南・游蒼梧・寫校不敢廢・成一帙輒郵付梧州手民・閱五年乃刊成通介堂經說三十七卷・樂律攷二卷・蓋距屬纊之辰已九易霜露矣・尚有說文注箋二十八巨冊・爲兄樾攜梓於桂林・未卒業而作令於吳・紹楨趨往繼其任務・亦未卒業・而有江西統兵之行・嗣是歷粵閩大江南北・日在兵間・更復無能爲役・時方多故・嘗恐一旦溘逝・無以對先君於地下・

民國二三年・隱身萬人如海之京畿・百事不問・日惟閉戶校此書・而年逾五十・精力頹唐・實不能舉・乃要兄樾於四川・弟棨於上海・同集京邸・兄弟三人・竭兩年之力・校刊成之・於是先君遺書所未刊者・庶無幾矣・而紹楨猶悽愴惕怵・有不能以一日自安者・則以通介堂文集之未刊也・紹楨年十六歲・嘗手錄通介堂文一冊・朝夕誦之・而先君所爲文・誠不止此・見背後・紹楨嘗欲搜集手澤所遺以益之而未能也・蓋先君散體文關於政治者至多・先君以爲因一時之政體而調劑之・非爲百世之計可不存・其他涉於經義之作・則

已歸入通介堂經說中．以是文集獨少．辛亥之役．余方督師．慮先人手澤淪於兵燹．無以保存．舉付弟棨敬藏之．歲月忽忽．遂逾十載．弟棨且於辛酉冬物故．時弟家流寓滬上．而紹楨則已旋粤．得訃之頃．急馳書問先君遺著．諸姪苦塊昏迷．答以無有．紹楨則惶急欲死．函電交馳．百端督責．卒不可得．及後紹楨來滬．而弟家又移杭州．今年蘇浙之鬨．始又以避亂聚於滬上．諸姪乃持此通介堂文集來爲言．吾弟生時視爲重寶．什襲藏之．雖家人不得知．久乃尋出．紹楨聞之而喜．既又悲且懼．悲吾弟已長逝．欲求如曩者兄弟三人同校說文之事而不可再得．更懼此書之得而復失也．乃急付中華書局以活字印行之．會弟紹桓亦自南京避亂來．相與伏案讎校．蓋吾兄弟九人遭大故後．各爲東西南北之人．不能聚於一堂．其得與校刋先君遺著者五人而已．而最後得見通介堂文集之出世．則僅紹楨與弟紹桓二人也．豈不悲哉．因歷述吾兄弟數十年來校刋遺籍之艱苦．欲吾兄弟之子若孫．以逮曾元．不知誰何之人永寶存之．此本雖未全．蓋猶是先君所手定．即紹楨十六歲時錄出之本．其所未刋．容待補遺．惟望先人吉光片羽．咸在人間．永永不滅．斯則愚衷所不容自已者也．民國十三年歲次甲子冬十一月男紹楨謹記．

唐紹儀

一八六〇年生
一九三八年卒

字少川．中山人．同治十三年派送赴美國留學．光緒七年歸國．初在李鴻章幕任南洋大臣通譯官．袁世凱出使朝鮮．隨充記室．轉仁川總領事．袁巡撫山東．轉天津關道．嗣授西藏全權大臣．進外務部右侍郎．歷遷滬寧京漢兩路督辦兼稅務大臣．郵傳部侍郎．三十三年授奉天巡撫．宣統元年辭職．優遊於南北間者二年．嗣授郵傳部尚書．抱病未就．辛亥武昌舉義．受袁世凱命爲南北議和北方全權代表．而陰袒革命軍．旋加入同盟會．民國成立．任第一屆內閣總理．中山先生辭大總統職．袁世凱繼之．紹儀以恪守約法．與袁不協．迺辭退．袁氏謀帝制．與蔡元培．汪兆銘聯名電袁警告．使辭職以謝天下．袁死．黎元洪繼大總統．以紹儀爲外交總長．遭段祺瑞阻．未履任．六年．在粤任軍政府財政部長．八年．推爲南北和議南方總代表．十一年．北京政府任命爲國務總理．不就．西南護法改組軍政府．設總裁制．推爲七總裁之一．退職後徜徉滬瀆．至二十一年再出任西南政務委員會常務委員．兼中山模範縣長．旋辭．寓滬．抗日戰起．日人賄其友好游說．餌以僞組織首長．紹儀不爲動．二十七年九月三十日．突爲兇徒以利斧砍斃於滬寓．聞者惜之．

考察各國財政情形摺

考察各國財政專使唐紹儀奏．爲恭報微臣考察各國財政情形．恭摺具陳．仰祈聖鑒事．竊臣於光緒三十四年七月．奉命前往日本及歐洲諸大國．考察財政．歷將馳抵各國並起程日期．先後電奏在案．

竊以財政一事．其組織之機關．與推行之進步．必須將國勢之經權常變．與物力之消長盈虛．審度事機．因時進退．舉凡開源節流．補偏救弊．有非輕心從事即可施措咸宜者．各國財政定爲專家之學．爲終身所不能盡．蓋其造端大而呈效難也．

臣才識疏庸．謬膺攷察．此次周歷日本及英法德俄義奥比八國．或二十餘日．或十餘日不等．往返計九閱月有奇．所有各國財政．沿革互異．時勢各殊．事變則日出不窮．法

令則隨時遞改・紛繁複雜・莫由枚舉・惟有將各國財政現在情形・與經營之要點・擇要分別臚列・用備參攷之助・謹爲我皇上陳之・

臣於上年九月行抵日本・會晤首相兼度支部大臣・導觀銀行及造幣機廠・詳細觀察・布置井然・雖規模不及歐洲・而日求發達之心・則有加無已・並出示賦稅則例統計表册等件・類皆編纂成書・流播海內・而於該國之實在內容・未能詳盡・經與各該大臣一再晤談・藉諗該國近來財政・殊爲支絀・綜計歲出歲入之數・尚不敷日幣二千萬元・目下開源不易・節流亦難・所可籌欵者・稅項而已・現提議修改稅則・以爲補救之計・預算改定後・每年入欵可增加三千餘萬元・將來出入兩抵・尚贏餘一千餘萬元・一俟決議・當即舉行・此舉爲該國最近切要之圖・又擬增加酒稅・此項爲入欵之一宗・亦未定議・此日本財政之情形也・

本年正月行抵英國・查英爲主憲最先之國・國家財政繫於議院・凡爲政府力所不逮者・議院得而輔助之・近年以來・籌辦軍政殖民事項・用欵日繁・歲入之數・不敷支應・而不敷之欵・隨時由院設法籌補・蓋國民樂於輸將・國家不慮匱乏・此上下休戚相關之效・故非各國所能並駕也・並觀國家銀行・勢力雄厚・幾欲統各國銀行胥入範圍之內・銀行者・全國之府庫也・公家所入與民間所積之數・皆於銀行儲之・至全國之資財・聚於銀行・皆從而利之・純從遠大着想・不與小民爭利・其全國之利賴銀行・銀行之維繫全國・幾有固結而莫解者・至於徵稅宗旨・皆從來源入手・亦其國人性質使然・意謂來源日濬・稅項日增・若銷場稅過度稅皆處於來源之後・而皆可寬免者也・其最著者・則有遺產稅・每年約得金三千二百餘萬鎊・營業稅每年亦得金三千三百九十餘萬鎊・又有進口稅以煙酒爲大宗・每年約收金二千九百餘萬鎊・以上三項・約得金一百兆鎊・其餘印花稅地稅房屋稅郵電及各項雜件・約收五千餘萬磅・統計每年約收金一百五十餘兆鎊・而全國不以爲怨・反以得納稅欵爲榮・是又關於國民進化之優・有所可强而致者・此英國財政之情形也・

二月行抵法國・該國國家銀行在歐洲大陸可稱巨擘・其現存金幣有八千餘萬兆佛郎・實爲各國銀行存金最多之數・蓋其人民商賈工匠・深信國家銀行・所得貲財・其日用必需外・苟有盈餘・無論多寡皆存國家銀行・以故積金最鉅・其造幣廠仍隨時鼓鑄・日出不窮・且通行義奥比等國・與其國幣並用・上年英國銀行以商務阻滯・周轉較難・惟法國銀行能出鉅欵爲之助力・有非各國銀行所能及者・惟法爲民主之國・而政黨民黨各執一見・凡國家籌欵・時有官民齟齬・不相浹洽情事・綜計法國歲入・亦復不敷・現議徵收進欵稅以資補助・此法國財政之情形也・

是月由法行抵義國・查該國財政・向來入不敷出・近三十年來・極力振興農務・日見發達・計輸出之品・以蠶絲酒果糧食爲大宗・凡各國上項出產之所不足者・皆取給於義國・實爲致富之源・現在各國經營政策不遺餘力・皆有入不敷出之患・獨義以農務富國・而國用自充・計所歷各國中・能以自給者・惟義一國而已・此義國財政之情形也・

旋由義國抵奥國・該國財政・所有租稅等項辦法・與各國大致相同・而皆有不足之慮・獨其法良意美者・則惟郵政

唐紹儀

儲金一事・其意在爲民藏富・而即以積纖成鉅之欵・利益國家・考其所存之數目・自一錢數分以上・皆可購買郵券・以爲儲蓄・此項存金・各戶籍計有八百餘萬之多・每戶籍多寡之數不等・實爲各國儲蓄銀行所不及者・良由奥國郵政・與銀行相表裏・同心合作・故便民與利國相資・此奥國財政之情形也・

潤二月行抵德國・德爲聯邦新造之國・全國稅則皆通行無阻・初無疆域之分・考其稅欵大宗・以進口稅爲最・即如漢堡一埠・整頓稅務・興旺市場・該處稅收每年約有五百兆馬克之鉅・由於轉輸出入之品日見繁多・而其相機酌定稅則亦復完善・故其效爲最著・其國中徵稅各項・除普通額稅外・有營業進欵餘利等稅・與英之進欵稅辦法略同・此項稅收・每歲所入亦復不貲・又有鐵路餘利一項・每年約入一百兆馬克・該國經營路政・極爲注意・故其進欵亦較他國爲優・此德國財政之情形也・

是月行抵俄國・該國地居寒帶・領土最廣・出產亦饒・計歲入額欵有二千四百餘兆盧布・若無額外急需・可供支應・前年與日本戰事竣後・全國安謐・尚無拮据形狀・其國力之厚・於此可見・現在庫存金幣一千二百餘兆盧布・爲各國國庫存金最多之數・倘遇有國用不敷・多借用法欵・積至九百餘兆盧布・然庫存既多・法亦願假以鉅欵・而造幣廠仍鼓鑄金銀各幣・以時增添・並於造幣廠內設造紙廠・凡國家所用紙張・自紙幣郵票以及契據車票文卷冊籍單據等項・皆由廠自造・以爲公家統一製造之權・此俄國財政之情形也・

三月行抵比國・比立國最晚・經歐洲公認獨立後・領土無多・治理較易・其地距法最近・理財政策取資於法・而尤以農工商三項爲重・迭經度支部大臣與各大臣導觀銀行機廠商會植物園等處・知其講求上項辦法・最爲精審・現在農工兩項・成績品物輸出極繁・實爲全國歲入巨欵・其國家又從而鼓勵之・蓋比國情形・初不必以軍事爲急・故能專力於農工商各務・是以呈效輕捷・而國家生財之道・即在於此・此比國財政之情形也・

綜觀各國・其現在情形・與經營宗旨・雖各有不同・而由其效果以窺其計劃・則大端仍復相合・臣謹參觀比類・考其原因・徵諸成績・而得其收效之重要大端・請更進而言之・

一曰・公債・國家資財之所自出・要皆取給於民・然多取焉則虐矣・至於債則借而非取也・各國公債盛行・良由國家銀行皆收入債票・以爲準備金・故各銀行即視爲現欵・小民遂視債票爲私產・無事時則藉息以養生・有事時則售票而得本・固由代售股票公司之機關・亦由國家自取債票・益以堅民之信・而全國流通之理・即在此矣・

一曰・畫一幣制・各國於生金生銀生銅三品・皆視爲貨・貨有貴賤而幣無貴賤也・以銅幣準銀幣而價如故・以銀幣準金幣其價仍如故・若生金生銀之價値・皆不與焉・且幣制非爲一國而設・又必須與各國之幣制互相比較・以期大致一律・預防外人操縱・則彼此來往・不致有盈絀之患・

一曰・定虛金本位・凡金不足者・其本位必先預定・使銀幣銅幣皆成附屬・而銀幣銅幣之價即由此而定・苟本位不定・價値紛歧・而徵收課稅・黠吏因而舞弊・小民不免受

累・其商家之土貨輸出者・又須俟滙回本金之時・始知有無盈虧・外貨輸入者・其售出之時期・又視滙價以爲漲落・實爲政治商業之損害・近來用金而並無存金之國・其與他國通商者・莫不定虛金本位・然後國家之出入有常・庶政之施行不窒・商業之操縱有準・農工之發達可期・

一曰・造幣・幣爲國家獨有之利・既有利則私鑄私印者起・故各國巡警偵探・隨時嚴查・蓋幣貴貨賤・凡生金生銀生銅三品・無論成色・皆視幣價爲低・民間之生金生銀・自相率而聚於造幣廠・而又設交換・各國大小幣處・所使外人之入境者・必須將各國之幣・盡易本國之幣・而滙費又從而取盈焉・此國家造幣之大利也・

一曰・修改稅則・各國訂立稅約・皆有年限・其預定年限之期・必先計劃訂約・期內凡已所缺乏者・則稅則從輕・凡已所盈餘者・則稅則從重・使民間藉外貨以自給・而土貨不因外貨而滯銷・因時損益得自保其利權・又歐洲列邦・近年經營軍政民政・用欵日增・大都入不敷出・因有加稅之舉・無論鉅細各欵・不難臨時籌集・此蓋由稅則自有主權・得以相機而進退之・至其所以能進退之原因・則惟以年限爲修改地步・以修改爲加稅地步而已・

一曰・保護民間財產・各國徵稅奇重・而民皆樂之・良以小民擁有資財・深慮攘奪・而無力自爲防範・有官以保護之・乃能專心致志・以自營其業・而課稅或什一焉・或倍蓰焉・若相忘也・蓋以已之資財・由保護而積・非經營之力也・各國於民事訴訟法・商法・大率主護產居多・至於裁判巡警各官・於其保護財產・尤爲加意・此即百姓足君孰與不足之義也・

一曰・國有營業・凡銀行鐵路郵電農鑛鹽煙酒糖印刷各項・都屬國家自辦・其所支出・分別成本經營・不視行政經費之消耗品・其經理員不論官民・純以商人性質相待・但綜其預算決算・責成其營業之得利與否而已・有官獨辦者・有官商合辦者・有官辦商附者・有商辦官助者・有舉內債者・有借外債者・大率經營開創・遺大投艱・非官力不爲功・其合辦者祇分餘利・而於政治上之牽涉・概不與焉・蓋國有經營之性質固如此也・

以上七項・皆經營財政之最重要點・爲現在各國之惟一辦法・臣猥膺使節・仰體朝廷參攷列强之意・因學其現辦之情形・暨共同之大旨・確切臚陳・用備聖明採擇・臣愚尤有進者・各國所辦各項財政・收效甚速・而我國獨遲・夫我國人民未必貧於他國人民也・所可異者・他國人民願出其資財以投之公家・公衆藉其資財以利其人民矣・方今預備立憲・民智日開・國債之深・國用之乏・昭然與天下相見・凡我國民・漸非故見自封己日有愛國急公之念・伏願皇上於理財各項要政・取列强之成法・合臣庶爲一心・我國財政進步之機・端在於是・此尤臣所惓惓於心而不敢緘默者也・所有微臣考察各國財政情形緣由・除咨部外・理合恭摺具陳・伏乞皇上聖鑒訓示・謹奏・宣統元年十二月二十一日・

詹天佑 一八六一年生 一九一九年卒

南海人・幼讀鄉間私塾時・即對機器極饒興趣・同治九年清廷選派聰穎幼童赴美・學習軍政步算製造諸學・期以十餘年

學成・歸國効用・天佑以十一歲稚齡報考技藝一門・得被取錄・此爲中國派遣官學生留學美國之第一批・翌年隨容閎至美・先入康省威士哈芬私立預備學校・十六歲升紐海芬高級中學・十八歲畢業・即考入耶路大學工學院・習土木及鐵路工程・成績優異・廿一歲畢業・獲工科學士學位・原擬在校深造・乃清廷恐派送幼童過於西化・光緒七年下令全部學生一律遣返・天佑歸國・被派福州船政局練習・並在水師學堂教英文・十一年應兩廣總督張之洞之聘・任測量廣東沿海地圖・凡此皆非其志・十四年開平鐵路展築至天津・主持者伍廷芳聘爲工程師・爲置身鐵路之始・嗣升關外總段工程師・三十年奉派爲京張鐵路會辦兼總工程師・是爲我國自籌款項並用國人主持路工之先河・京張鐵路雖長三百六十華里・但南口以北・中隔居庸關・穿長城・出八達嶺・層巒叠嶂・石峭彎多・工程異常艱鉅・且沿綫地方蔽塞・招工困難・天佑苦心孤詣・鼓勵員工・胼手胝足以從事・宣統元年全路完成・時間金錢均較原定節省・舉行通車典禮・中外來賓觀禮者近萬人・西洋專家咸認此路之成功實爲絕技・莫不刮目相看・二年以商辦粵漢鐵路正在粵境開工・衆股東推爲總理兼工程師・迫於鄉誼・乃南下就任・民國成立・確立鐵路國有政策・設川粵漢鐵路總公所於漢口・以天佑爲會辦・仍兼商辦粵路總理・三年擢升漢粵川鐵路督辦・以築路工款未充・北段僅成武昌至長沙・南段自粵至韶關而止・八年奉派參加戰後協約國西伯利亞鐵路監管會・並爲技術部之中國代表・會議頻繁・隆冬嚴寒・來往海參威哈爾濱之間・乃以工作過勞・飲食不調染痢疾・回抵漢口就醫・四月二十四日逝世・年祇五十有九・海內外知者・無不痛惜・惟留紀念碑矗立八達嶺上供後人憑弔而已・

籌議修造京張全路辦法並附圖說稟復督會辦大臣袁胡照錄原稟

敬稟者・竊職道等同奉鈞札・委辦京張鐵路所有一切興修事宜・飭令通盤籌畫・詳細妥議・稟候核奪・先於四月初一日・職道天佑奉憲台札・飭由京至張家口鐵路亟往詳細查勘・繪圖帖說・據實稟復・各等因・奉此・職道天佑・遵於四月初五日自津起程・從豐台起沿途測勘・二十八日行抵張家口・（前月十七日旋津・業將大概情形並繪具草圖說帖面呈憲鑒・前月十五日回京・業將大概情形面陳鈞聽・）伏查京張一路・由豐台發軔至張家口・延袤雖僅三百六十餘里・而中隔居庸關・八達嶺・層巒叠嶂・石峭彎多・徧考各行省已修之路・以此爲最難・即泰西鐵路諸書・亦視此等工程・至爲艱鉅・職道等猥以庸愚・荷蒙委任・而此路又中國籌欵自辦・爲各省倡・惟責重益覺才輕・而圖終必先慮始・固不敢鋪張從事・致鉅欵虛糜・亦不敢苟且速成・貽外人口實・謹就管見所及・擬約分三大段興修・敬爲憲台陳之・

其第一段由豐台經彰儀門・擬仍就關內外鐵路局原勘開築之路・修至南口・長一百零四里・沿途尚稱平坦・間有水溝・修造橋梁・施工尚易・

其第二段由南口經關溝・修至岔道城・長三十三里・斜度最高・所謂最難之工・即指此段而言・現測由南口至八達嶺・高低相距一百八十丈・形勢崔嵬・難安軌道・按照歐美鐵路辦法・必須開山鑿洞・長六千餘尺・若兩面以人力開鑿・日夜兼程・各通三尺・約計三年之久・始能開通・如用機器開鑿・則事半功倍・但購機費鉅・將來山洞工竣・未免廢棄可惜・復查關溝偏東・地名德勝口・石徑崎嶇・水溝錯雜・中隔峻嶺兩層・仍不免開山鑿洞・況平時人貨絕不由此往來・不若關溝寬大・尚易運載材料・況由此定綫・則路加長三十餘里・此路之不能行・無待再勘・惟查距八達嶺南二里餘・名青龍橋・向偏東北・名小張家口・中有黃土嶺・較

八達嶺稍低。軌路經行該處。雖繞越多十餘里。似可減開鑿之工。互相比較。此路約省費三十萬兩。即預計開車養路。亦所耗無多。職道天佑自張家口回時。匆促查閱。尚未細勘。擬俟第一段開工後。即派精細工程司。往彼駐紮。詳細測量。視何路爲最宜。即以何處爲定綫。總之此段之路。無論軌道繞越何處。斜度均屬至高。計由南口脩墊。每四十尺即須墊高一尺。形勢過斜。擬俟路成開車。所有南口岔道兩處。須多備機車一輛。以便上下斜坡。用兩機車推挽。帮助壓力。以昭愼重。

其第三段由岔道城經懷來。宣化達張家口。長二百二十三里。沿路一帶。間有稻田。多半園池。向稱腴沃。此處購地。價當昂貴。中間之上花園。距鷄鳴驛二十里。地名蛇腰灣。老龍背等處。石徑狹窄。下臨羊河。發源渾水。平時淺涸。一至夏令。山水漲發。河流奔湧。現擬依山沿河鑿取山石。墊高河身長約六七里。脩爲軌道。冀免開山鑿洞。以省繁難。由此至半坡街。石崗欹斜十餘里。高低不一。彎曲又多。石質尤極堅硬。必須逢曲取直。就低培高。自宣化達張家口。有小嶺名石壑子。形勢險窄。亂石塞途。而勘得山後尚有一道。頗爲平坦。向偏西南。可以繞越。但浮沙太多。開車以後。若遇巨風。須於養路之時。加意謹愼。庶不至沙壓軌道。至張家口一鎭。向分上下兩堡。地窄人稠。購地不易。下堡前隔渾河。有石橋一座。將來車站。擬即在下堡對岸園子地方建設。若設在上堡。即須添築橋梁。而軌道復延長數里。且將來全路通行。口外商務日盛。再由口外展修幹路。亦無庸經行上堡。若爲省工利便起見。似於下堡對岸設站爲宜。

又查渾河時常乾涸。若遇大雨水漲。其河身橋洞儘可容流。聞十五年前該處曾發大水一次。漫溢橋頂。然證諸居民所言。此爲數十年來所罕見。故車站雖設近河沿。亦無妨礙。此職道天佑查勘之大概情形也。惟現在節逾夏至。大雨時行。若即購地動工。不特於土石工作。諸形未便。且農田青苗正茂。收穫需時。若補給青苗　種之費。則地價又因之昂貴。職道天佑一俟稟請憲台核定後。即起程督同調派各工程司。先將第一段沿途插標。並將第二三段詳細測勘。另行分段估實工程數目。開摺呈覽。一面派員購地興工。

再此次勘路。所過大小集鎭。均不寂寞。沿途民戶亦繁。口外貨車。更源源不絕。此路早成一日。公家即早獲一日之利益。商旅亦早享一日之便安。外人亦可早杜一日之覬覦。而路工之難。亦實爲向來所未有。以上所查情形與所陳辦法。業經會同職道昭常悉心妥議。意見相同。謹將籌議修造京張全路辦法。開具清摺。繪圖帖說案呈鑒核示遵。謹稟。

京張鐵路工程紀略叙

世事至棼也。然衡其究竟。每敗於易而成於難。若因其難而畏之。則事之底於成者卒鮮。蒙於承修京張一路。益不禁憬然於既往矣。張家口距京師。驛路計四百餘里。既屬重鎭。又當孔道。不但互市之要區。實亦西北之屏藩也。

迨有清光緒三十一年。因京奉一路進款頗充。始建以京奉餘利。築京張全路之議。先是直省之唐山。開有煤礦。載運弗便・因集商股試築鐵路一小段・約三十餘華里・繼則逐漸擴充・而津榆・而關內外・而新民屯・以至西北達京師・東北抵奉天・遂定名爲京奉鐵路・積久利興・獲有盈餘・然其修路之款・實貸自英・修路之人・亦聘於英・彼時俄國因爲毗鄰・復訂長城迤北・不准他國修路之約・利益必欲均霑・兩持各不相下・政府有鑒於此・改議自辦・因而舉蒙以董全工・

維時我國風氣初開・於路工一門・研究恒尠・不獲已・僅擇諳習工程之學生二人・率同履勘・由豐台之柳村趨東而北・沿都城・越清河・抵南口・穿八達嶺・出岔道城・跨懷來宣化以達張家口・延袤三百六十餘里・其中層巒疊嶂・盤路峭石・實居全路十分之一・境險工艱・以及曲線坡度各作法・胥載本略・無事再縻楮墨・溯開築伊始・襄事者僅二三人・復因事他調・相助益孤・祗以此項路工・實關大局・竊謂我國地大物博・而於一路之工・必需借重外人・引以爲恥・更不得不力任其難・勉副衆望・於是晝則手胼足胝・夜則繪圖計工・困苦經營・其成功之遲速利鈍・初何暇計耶・

肇修以後・三閱月而飛橋通・兩周歲而山洞闢・迨至宣統紀元・全工幸而告竣・前塵回首・如在夢寐中・蓋始則幾忘其難・繼則不敢畏難・且直欲自秘其難・浸假中道而廢・其不貽笑於鄰國者幾希・此所以毖後懲前・益不禁懔然於既往也・

今則蕆事矣・推原厥始・若非督會辦大臣提倡於前・郵部贊同於後・與夫信用之專・籌款之速・曷克臻此・至於共事諸君・夙夜在公・尤當時深儆惕・以勗將來・或者繼起之

工・不至借助他山・取材異地・尤爲蒙所希冀者也・因誌本末・非敢問世・亦聊以供同志勵一已焉耳・南海詹天佑自敘・

京張鐵路通車禮演說辭

八月十九日・爲京張鐵路全工告竣・舉行通車之禮・蒙中外諸君蒞會・何快如之・鄙人自愧不才・又拙言論・今不揣固陋・聊貢數言・敬爲諸君陳之・

夫本路當建築之初・工程浩大・同事各員・晝夜辛勤・經營締造・常患難齊歐美・鄙人默坐而思・亦復戰戰兢兢・深慮有志未能・莫敢自信・今幸全路告竣・倘非蒙郵部憲加意籌畫・督率提挈・同事各員於工程互相考鏡・力求進步・曷克臻此・溯鐵路創始・起自英人斯特芬森・其時在一千八百二十五年九月二十七號・舉行路工告成通車之日・我國雖進步稍遲・而造成此路・幸得奏功於此日・預決將來必無退化也・不亦與斯特芬森先後輝映哉・

竊思曩日路工經始預算册表・限在四年・目前不至逾期・兼幸諸凡妥洽・事半功倍・欵不虛糜・則前此之視興築此路・不敢自信者・今可告無罪於國人・茲幸各國來賓惠臨・抱負非凡者・諒不乏人・萬望於路政一門・指教一二・匡其不逮・俾愈得增長學識・幸甚幸甚・

汪兆鏞

一八六一年生
一九三九年卒

字伯序・號憬吾・晚號清溪漁隱・番禺人・幼聰慧・十歲能詩・年十八侍從父穀菴先生讀書隨山館・致力於經史古文

詞・學學海堂專課生・爲陳東塾先生高第・光緒六年補縣學生・十一年以優行貢成均・考用知縣・十五年舉於鄉・兩應禮部試不售・遂南歸・以刑名之學遊州縣幕・岑春煊督兩廣・延入幕府司奏章・備加敬禮・岑去任・奏保四品頂戴・民國以還・地方多故・避地澳門・不問時事・以吟咏著述自適・與歸安朱祖謀・義寧陳三立・仁和葉爾愷・海鹽張元濟・錢塘張爾田等爲文字之交・咸相推挹・生平於學無所不窺・尤淹貫於史部・邃深於金石・訂譌補墜・其精覈處多前人所未及・著書等身・有孔門弟子學行考四卷・補三國食貨刑法志各一卷・晉會要六十卷・廣東元遺民錄二卷・續碑傳集三編五十卷・微尚齋雜文八卷・詩六卷・雨屋深鐙詞三卷・嶺南畫徵略十二卷・續補三卷・廣州拆城磚錄一卷・續貢舉表一卷・番禺縣續志四十四卷・山陰汪氏譜表一卷・附錄一卷・道德經撮要一卷・棕窗雜記八卷・澳門雜詩一卷・

復樂昌令黃君書

承示今樂昌縣爲漢桂陽郡曲江縣地・而漢志謂桂陽郡高帝置・以高帝時地屬尉佗爲疑・按水經溱水注・武谿水南入曲江縣界・名瀧水・西岸有任將軍城・南海尉任囂所築・囂死・尉佗自龍川始居之・與漢書南粵傳・絕道自守相合・瀧水今樂昌境・是秦時屬南海・高帝紀十二年師古注・引文穎云・高祖五年・以象郡・桂林・南海・長沙・立衡山王吳芮爲長沙王・象郡・桂林・南海屬尉佗・遙虛奪以封芮耳・南粵傳・南粵與長沙接境・高后時・有司請禁粵關市鐵器・佗曰・此必長沙王計・欲擊滅南海自王之・發兵攻長沙邊・以此推之・高帝末年・必於長沙南部置桂陽郡・（南粵傳王發兵於邊爲寇・不止長沙苦之・南郡尤甚・郡疑部之譌即桂陽郡地也・）故武帝五年・伏波將軍路博德討南粵・得言出桂陽下湟水也・六年南粵平・以其地分置儋耳・珠崖・南海・蒼梧・鬱林・合浦・交趾・九眞・日南九郡・未及桂陽・又桂陽先已置郡之證・漢志南海諸郡屬交州・桂陽郡與長沙國皆屬荊州・晉書地理志云・漢高祖分長沙爲桂陽郡・是漢志無可疑矣・

但文帝賜佗書云・服領以南・王自治之・如湻曰・長沙南界也・是高帝置桂陽郡時・曲江尚未隸入・後漢書衛颯傳・含洭・湞陽・曲江三縣・越之故地・武帝平之・內屬桂陽・知漢志桂陽郡凡縣十一・高帝時・但有郴・臨武・便南平・耒陽・桂陽・陽山・陰山八縣・曲江・含洭・湞陽三縣・越平・乃析屬桂陽耳・（續漢書郡國志・曲江仍隸荊州桂陽郡・今縣志謂東漢隸南海郡・誤也・）吳甘露元年・以桂陽南部爲始興郡・（陳壽吳志）晉太康中・以始興郡來屬廣州・（晉書地理志・）宋齊廣州屬皆有樂昌・實非今縣・乃今之四會縣地・（詳李申耆歷代地理今釋）南齊書祥瑞志・永明八年・始興郡昌樂村獲白鳩一頭・韓昌黎瀧吏詩・南行逾六旬・始下昌樂瀧・樊註引歐陽文忠公說・縣名樂昌・而瀧名昌樂・宋史地理志・樂昌有黃坑等二銀場・太平鉛場・開寶五年・廢仁化縣・入樂昌・尋復・乾道二年・析樂昌依仁鄉置乳源縣・元史地理志・樂昌隸江西省韶州路・皆足補縣志之疏漏・辱承下問・敢貢所知・若更屬邑之薦紳文學・蒐討羣籍・重修縣志・則尤此邦山川之光矣・（阮通志樂昌縣志所載周府君碑文一篇・曰張卤撰・卤不知何時人・其文稱熹平三年・而引昌黎驅鱷魚事・眞千古笑柄云云・今縣志尚存此文）

說仁

孔子不輕以仁許人・觀於孟武伯問子路・冉有・公西華・子張・問令尹子文陳文子可見・蓋仁之理・至深且微・不同事功才智之顯著也・樊遲問仁・子曰愛人・戰國時競尚

功利・爭地殺人・不愛人也・故孟子必以仁義立言・朱子仁說・仁者愛之理・心之德・深得孔子意矣・

仁所包甚廣・仁與不仁・惟對勘於二人之間乃見之・中庸・仁者人也・鄭君云・人讀如相人偶之人・以人意相存問・最能形容仁字・故朱子以爲有意思・（答呂伯恭書・阮文達公論語論仁篇說相人偶之義甚詳・）若楊朱爲我・知己而不知人・安往而有愛之理耶・仁者能好人・能惡人・其好惡公而無私・固不必皆出於愛・而無一非愛之理・子貢疑博施濟衆爲仁・子曰・何事於仁・足見仁不徒在施濟・說文・人・天地之性最貴者也・仁・親也・無親愛之心・非人矣・（朱子語類卷六・心之德主乎仁・）禮運・仁者・義之本也・無仁・則曰義・曰禮・曰智・皆不足貴・是以孟子言四端・以仁爲首・

由是推之・後世假愛民之說・以行其權利之見・所爲無非害人者・其不仁孰甚焉・不特此也・高談道德・而鍥刻寡恩・亦不仁之尤・孔子言志道據德・又必依於仁者・此也・（荀子・處仁以義然後仁也・列子・委之以財而觀其仁・說仁字甚精・）易云・君子體仁足以長人・是無仁不足以長人・即足以害人・仁義充塞・率獸食人・皆不仁之所致也・謝上蔡言・仁如桃仁杏仁之仁・譬喩尤顯・果核中實有生氣者曰仁・果有仁・植之可生・無仁則不生・人亦然・其殘忍不仁者・雖有事功才智・其乖戾之氣所感召・將必自戕而後已・長人云乎哉・孟子云・仁者無敵・又云・不嗜殺人者能一之・不嗜殺人・即愛人之仁者也・若日欲無敵而日嗜殺人・（不止以刃殺人・凡有害於人皆是・）則不仁也・非人也・賊民而已・（東坡云・孟子曰・仁者如射・發而不中・反求諸身・即孔子所謂克己復禮也・君子之志於仁・莫若自克而反於禮・凡一不如禮・在我甚微・而民有不得其死者矣・非禮之害・至於殺不辜・不仁之禍・無大於此・又云・孔子曰・剛毅木訥近仁・巧言令色鮮矣仁・吾生多難・凡免我於厄者・皆平日可畏人也・擠我於險者・皆異時可喜人也・是知剛者必仁・佞者必不仁・見文集卷五十七・朱子說心之德愛之理・可與此相發明・）乙丑十月・

晉會要敘例

史之有志・所以備一代之典章・爲來葉之考鏡・房喬晉書諸志・疏舛最甚・如李重傳云・時內官重・外官輕・兼階級繁多・重議之・見百官志・而職官志未載重議・張載傳末・弟亢・述歷贊一篇・見律歷志・而歷志又無之・國之大典・在祀與戎・乃郊廟之制・禮志未詳・又無兵志・刑法志詳於魏律・賈充所定律令篇名・反從闕略・晉代選擧・悉踵漢魏二代・未有專志・晉制遂難稽尋・班氏創志藝文・厥意宏美・晉賢著述彌盛・唐代尚多流傳・豈可置而不錄・他如地理則謬誤百出・職官亦秩序棼如・兆鏞昔讀晉書・每旁稽它籍・以資攷證・別紙錄記・積久遂多・因思嘉興錢氏・（儀吉）欲爲晉會要・迄未成書・（見三國會要敘例・高密鄭文焯撰・國朝未刊書目云・錢稿在蕭山湯氏散落不可緒正・）深用惜之・爰爲分別部居・詳加綴輯・匪云撰著・猶備省覽焉爾・

唐蘇冕嘗次高宗至德宗九朝之事爲會要・楊紹復等續之・至宋王氏・（溥）廼輯集賅備・會要之作・當昉於此・厥後徐氏（天麟）兩漢・斐然繼興・徐氏僅採本史・錢氏撰集三國・依仿徐氏・而旁及羣書・書雖未成・義指可知也・今之纂錄・亦循斯法・以房書爲本・而以諸書增益之・如於沈約宋書得郊祀禮・武帝改定五路六服制・皇太子朝會・冠服・杯槃・舞歌・於杜佑通典得太廟制・諸王卿大夫士廟制・雩壇制・喪葬禮器・諸博士議・百官品・諸王公城郭宮室制・卿大夫士庶人婚禮・榷稅法・於春秋左氏傳疏・穀梁傳疏・論語義疏・後漢書注・三國志注・隋唐經籍志・經典釋文・世說注・華陽國志・文選注・藝文類聚・初學記・北堂書鈔・

太平御覽·得晉人書目·晉律令逸文·於唐六典得賈充定律令篇目·於開元占經·得劉智正歷·雖不免挂一漏萬·亦稍資補闕拾遺·至臧王干何等十八家之書·遺文佚句·可訂正房書疏舛者·幷加採入·

晉地理志之作也·意欲據武帝一統之始·未及詳惠懷二帝之時·然江湘二州·置自西晉之季·爰逮江左·迄於宋齊·數代以來·相仍不改·晉志弗列方域沿革·遂莫得而詳焉·況與太康地志仍多牴牾·（太康地志·河南郡有長垣縣·兩漢志宋志皆同·晉志無之·太康地志有濟陰郡·無濟陽郡·漢志同晉書卞壺傳·濟陰宛句人·而晉志有濟陽郡·無濟陰郡）武帝省郡·復又羼入·（廣州高興郡志云武帝時省·）其爲紕繆·詎可勝言·渡江以還·增併僑置·錯綜迷亂·更無論矣·畢氏（沅）爲之補正·雖多輯舊聞·而條緒未晰·夫兩晉版籍·迥不相侔·混而合之·斷難宣悉·不烏不鵲·開卷茫然·今析爲兩編·西晉斷自永嘉·惠懷改置·逐一分列·先朝沿革·悉注下方·其元凱經注·休文史志·郭璞酈道元之說·樂史李吉甫之書·凡可資以訂補者·如僅屬孤證單詞·則附加小注·倘羣書皆有而房書獨無·輒用從衆之義·徑爲增入·洪氏（亮吉）有東晉疆域志·攷證精審·悉可依據·自此分編之後·兩晉區宇·釐然可稽·朱紫弗淆·始終畢貫矣·

兩漢會要·輿服別立一門·律呂則未詳攷·錢氏三國·又於歷數之外·別出祥異·竊意乘輿法服·非禮而何·六律五音·皆樂之制·今併輿服於禮·分析律歷·併律於樂焉·至於黃龍數見·日氣五色·與夫五行災沴·附會滋多·凡非關典要者·悉汰除之·以免蕪雜·

吏治隆替·風俗純漓·讀史者所當垂意也·今於職官門之末·凡晉賢討論政治者·皆甄錄之·又於民事門將清談莊老·崇尚浮屠·亦刺取臚載·俾資論世知人·

錢氏補晉兵志·祇祥宿衛一軍·其征鎮·防戍·水軍·車戰·多未詳及·是宜爲之蒐補·且漢志兵家·甄采權謀·誠以兵制·其形式也·權謀·其精神也·典午諸賢·行軍料敵·未可厚非·茲於兵門附列兵略一類·攷史者審覽焉·

金石可貴·導源歐陽·墜字孤文·有裨攷索·雖晉設碑禁·而散見於酈注·趙錄·薛識·陶鈔·輿地紀勝所稱·寰宇訪碑所獲·石室題名·墓闕隧志·地不愛寶·新出土發見者·尚復不少·縱罕瓌異·宜惜叢殘·茲於經籍之後·更立金石一門·備載年代地址·及原刻存佚·諸家攷證·有關典制者取之·其書家評論紛紜·概不贅錄·

夫載言緐襍·知幾之所不取·雕蟲小技·揚雄且以見譏·詞賦之文·宜可不錄·然有事涉典要·而湮沒無稽·藉彼遺篇·犄窺崖略·與其失之·無亦過而存焉·如潘安仁藉田賦·傅鶉觚鄉飲酒賦·潘正叔釋奠賦·嵇含祖道賦·亦皆采擷·其他浮藻·悉在刊除·

兩漢會要·門類凡一十有五·茲於舊目互有增損·釐定編次·曰帝系·曰禮·曰樂·曰兵·曰刑法·曰食貨·曰選學·曰職官·曰封建·曰民事·曰文學·曰經籍·曰金石·曰術數·曰輿地·曰四裔·凡一十有六門·都六十卷·惟經籍金石二門·及兵門中兵略類·職官門中吏治類·民事門中風俗類·是就管見增列·餘則悉踵前規·茲事體大·竊慚精思·直諒多聞·匡余不逮·是所望也·

昔衞正叔纂禮記集說·自謂他人著書·惟恐不出於已·吾此編惟恐不出於人·竊取斯義·凡採錄各條·雖片言斷

句・皆注出處・非以炫博・取便檢尋・國朝諸老・攷史最精・此編採顧氏・炎武・朱氏・彝尊・張氏・僧・姚氏・範・錢氏・大昕・王氏・鳴盛・趙氏・翼・畢氏・沅・洪氏・亮吉・洪氏・頤煊・李氏・兆洛・王氏・昶・郝氏・懿行・周氏・濟・錢氏・儀吉・勞氏・格・郭氏・倫・湯氏・球・丁氏・國鈞・丁氏・辰・周氏・壽昌・諸家之説・以資訂正・其有蠡測所及・加按字注於下・

苻秦修建學校・沮渠設置史官・雖偏據一隅・而文物殊盛・綜覈史册・有足述者・惟既斷代爲書・僞朝不當混入・今於房喬載記・崔鴻春秋皆未登錄・俟别加撰纂・以爲賡續耳・

碑傳集三編自敍

汪兆鏞

我朝政教修明・魁彥踵起・自公卿大夫士以逮閭檐秀淑・多聲烈彪炳・抗美前徽・史館列傳・暨滿漢名臣言行錄・所載綦詳・私家撰述・以道光初嘉興錢衎石給諫儀吉著碑傳集爲最善・光緒間・江陰繆藝風編修・荃孫復爲賡續・同光以前文獻足徵矣・宣統辛亥後・清史稿告成・大抵采用官書外・依據錢繆兩編爲多・而泰山土壤・河海細流・訂墜鉤沈・義未可廢・爰本兩家宗恉・續爲三編・網羅放失・期於光宣以來數十年政治之遷流・人才學術之隆替・可以攷鏡・往昔名流・有爲錢繆所遺者・亦補輯一二・於讀清史稿諸臣列傳・犆資裨助・厥有四端・一曰訂譌・宰輔張玉書丁母憂・服闋召補保和殿大學士王熙原缺・見熙朝宰輔錄・史傳謂服未闋入閣視事・忠節張國樑率師援鎮江・力爲戰主將和春之逆奴槍傷墜馬陣亡・香山何曰愈據黃彭年惻惻吟・辨論明晣・金陵克復・賊酋李秀成口供・賊中咸重國樑・體葬丹陽尹公橋塔下・尤有碻證・史傳沿繆輯蔣敦復等所爲傳狀・謂丹陽兵潰・國樑策馬渡河自沈・忠骸漂失無獲・誤也・二曰補遺・巡撫曾燠・文苑杭世駿・翁方綱・朱筠・大名昭著・史傳豈可闕如・即吳榮光之治績・爲程春海侍郎恩澤所稱譽・非止以善書名・注庾信集之倪璠・注李白集之王琦・注蘇軾詩之馮應榴・以校勘名之黃丕烈・秦恩復・鮑廷博・以詩名之舒位・孫原湘・史館傳稿已收・可無庸删汰・總兵趙國賢辛亥殉節・已奉旨褒卹・予謚忠壯・見錢塘吳子修提學慶坻辛亥殉難記・忠義傳未列・亦疏失矣・三曰參證・史體謹嚴・無取蕪蔓・而擷要闡隱・未可囿於一家之言・宰輔阮元督粵・奏免洋米入口稅・以濟民食・利賴至今・史傳未載・曾國藩幕府賓僚之盛・翊贊中興・無錫薛叔耘副憲福成敍記甚詳・翁同龢晚歲被譴・海鹽張鞠生學副元濟撰日記跋・瞭然於當時情境・雖非碑傳・亦當附錄備攷・四曰續纂・閩縣陳文忠師傳・寶琛歸安朱文直侍郎・祖謀侯官沈敬裕撫部・瑜慶均歿于清史稿成書之後・其餘高蹈遠引・終老山林者・仍依官秩編次・此舉其犖犖大者・

若夫史傳異同詳略・别裁各具・不復覼縷・其篇目則宰輔・部院・卿寺・翰詹・科道・部屬・督撫・監司・守令・佐貳・武臣・忠節・孝友・義行・列女・悉依錢繆所編・惟督撫之次・增河臣・使臣・守令之次・增加校官・（校官見漢碑）錢繆兩書・經學・儒學・文學之名・似未允洽・茲將經學理學・

統入儒林・文章辭賦諸家・統入文苑・文苑之次・增入算學・此本於阮文達公疇人傳之意也・東漢崇尚風節・蔚宗創立獨行傳・辛亥後・松柏歲寒之時・其有瑰節絕俗者・增立獨行一門・以表幽貞・

為書共五十卷・屢經寒暑・甄采未備・寡聞咫見・竊自慚恧・所願大雅閎達・多所匡正・而晚近風氣橫恣・狂瀾滔滔・靡所屆極・竟舉一切彝典・棄若土苴・動輒菲薄前賢・每抱殘編・不勝人亡國瘁之感・近有補編別出・采及時流・以媚濁世・此則非愚瞀所敢知矣・

嶺南畫徵略敍例

嶺南畫家・唐僧徵畫龍・宋白玉蟾畫梅竹・皆著稱於世・厥後名流妙墨・紛起疊興・乾嘉以來・海內盛推二樵・以孫文靖公爾準・翁覃谿學士為之延譽・故其名尤顯・而伏處嶺海・韜采匿景・湮沒無聞者・正復不少・比鄰李丈襄文・素嫻繪事・見聞亦富・曩與討論・深用慨然・爰事搜輯・纂錄成帙・自名公魁碩・文人高士・以逮方外閨襜・凡得四百餘人・其間或獲觀眞蹟・或名人紀載・皆屬信而有徵・排比詮次・釐為十二卷・吾粵士大夫以文章氣節著者・往往游藝所及・亦卓然可傳・此編意在以人存畫・不拘拘於丹青專家・逸事遺聞・多所采錄・稽文考獻・或有資於此焉・編輯凡例・條例於後・丁卯六月・番禺微尚居士汪兆鏞自識・

一・近人秦氏桐陰論畫・祗論畫法・未詳畫人・蔣氏墨林今話・張氏寒松閣譚藝瑣錄・體近詩話者流・未能賅備・馮氏墨香居畫識・彭氏畫史彙傳・徵引稍富・而敍述過簡・此編仿張維屏詩人徵略之例・每人先載仕履著述・略如傳體・其有涉於畫者・或自撰論跋・或後人題詠・皆為附錄・以資稽覽・

一・此編每條之下・均注出於某書・間有諸書異同・管見所及・則加按字以識別之・

一・此編以時代先後為次・惟一門統系・循序編列・以見家學淵源・其有行輩稍後而畫派相承者・亦倂附焉・

一・明遺老如薛始亨・陳子升・陳恭尹・屈大均・高儼・張穆諸人・康熙間尚存・惟其薇蕨自甘・若厠名新朝・殊乖素志・茲援晉書陶潛傳例・附於明代之末・

一・明人顏宗・畫史誤作顧宗・鍾學・畫史誤作鍾雪・彭睿瓘縣志誤作睿勳・陶璜更名竑・詩海誤作兩人・釋深度即賴鏡・通志亦誤作兩人・近人宋光寶・墨林今話誤作觀・葆・居巢・寒松閣談藝錄誤作居仁・茲均為更正・

一・徵引諸人詩文・初引詳載姓名爵里・俾資查考・續引則祗稱其名・如林良篇・引秀水王穀原刑曹又曾題林良九鷺圖・其後張穆篇・祗稱王又曾題張穆畫馬行也・其編中著錄之人・所題詠則亦祗稱其名・如陳白沙題李子長畫・謝蘭生題林良荷花・韓榮光題林良墨鷹也・

一・此編於士大夫之作・枯毫殘墨・亦為登載・畫史雖屬專家・而甄采務加詳審・近代畫家林立・謹依生存不錄之例・至於油畫洋法・概不濫登・

一・服領浩博・眇聞咫見・何敢言網羅靡遺・大雅閎達・匡其不逮・是所望也・仕宦流寓容再續纂

汪兆鏞

廣州城殘塼錄自序

元代毀諸路城隍・廣州獨無恙・見阮通志・宣統初元己酉・諮議局紳請拆卸城垣・以便交通・署總督長白增祺罷其議・辛亥後・於戊午己未庚申數年間・各城盡毀焉・余與盛濠堂裴回頹垣敗甓間・每見殘塼有文字隱起・日挈奚僮檢拾・工匠初以爲訝・繼而居奇昂其直・好事者益爭攫・遂不克過問・故所得止此・而籌鐙墨拓・檢書攷證・頗以自憙・濠堂初得摧鋒軍造塼・視宋明二史兵志・無此軍號・夜漏二下・馳牋侍問・余以宋光宗紀崔與之傳付之・翌晨來・相視大笑・呼酒劇飲・回憶恍如昨夢・而濠堂今已墓有宿草矣・

頃料量叢殘・彙裝一册・時流采獲・精品尚夥・骨董衒奇・間有贋造・非目覩手拓・茲不濫厠・編衷脞說・匪惟寄蕪城之悲・攄黃壚之感・而於五羊掌故・亦犄可參稽・玩物喪志之譏・所弗辭也・壬申浴佛節・汪兆鏞記・

澹盦詩存序

澹盦編修・履潔學邃・工古文辭・嘗繼屈氏翁山廣東文選溫氏謙山粵東文海之後・蒐輯累朝諸家之文・補屈溫二書所未備・爲廣東文徵若干卷・巋然鉅觀・詩不恆作・而觸興攄發・多有關於風教・迥絕凡響・都未寫定・歸道山後・門人纂錄成帙・張闇公提法爲之編校・屬兆鏞爲之序・余識君早數十年・離合之感・其何能無一言耶

光緒丙戌・余貢成均入都・君以庶常散館・同寓宣南上斜街・故事凡應制試於朝者試卷修短廣狹厚薄各殊・各置矮几・晨夕相對肆書・暇或商搉文史・推論古今成敗得失之林・每造謁李文誠公文田・張侍御鼎華・時海宇承平・兩公憂盛危明・常與深談・此一時也・

君南歸主講席・余客游旁邑・不得見・乙巳丙午間・世盛言興學・余在制府幕・主者數屬參酌學堂規制・獲常晤君・君繩墨維謹・余與黃嚴王玫伯同年舟瑤以爲部章頗有流弊・多所獻替・格於條教不得行・相顧欷歔・此一時也・

滄桑而後・遯跡海外・當道訂修省志・君與余皆力辭・里中薦紳耆舊・以續修邑志相約・則聯袂同赴・而一事之是非・一字之予奪・力諍至面發赬・齗齗不休・君屈從弗以爲忤・今書告成・追思之・自愧狹隘・而服君之閎豁・此又一時也・

夫朋輩周旋・各具懷抱・古人往往持論紛歧・而折衷同歸・無不相悅以解・是爲道義之交・余生平落落寡合・而於君始終日往來於胸中者此也・況世亂居夷・一水一山・皆昔年所共游處・今過其地・想其人・更誦其詩・雖卷帙無多・而往復沈吟・匪特死生契闊之思・益有感於時運遷流・禍變相尋之故・輒不禁睪然而思・愀然而悲也已・丁丑九月

元廣東遺民錄序

九龍眞逸輯宋東莞遺民錄・明粵東遺民錄二書・已刊行矣・說者謂宋明二代・主辱臣死・或躬采薇之節・大義皦皦・照耀史策・元順帝國亡北奔・其時宜少忠節之士・蒙竊以爲不然・夫君臣之義・萬古常昭・若時移世易・輒躡迹新朝・靦顏而不知耻・甚至持謬說以自解・此何異倚門市倡朝

秦暮楚之爲耶・

元人不仕於明者・如楊廉夫維楨・王原吉逢・倪元鎮瓚・徐方舟舫・吳朝宗海・丁永庚鶴年・錢思復維善・顧仲瑛瑛・皆明史有傳・他如王用文翰・許如心恕・金德原涓・舒道原頔・李繼本延興・甘克敬復・魯起元貞・顧彥章鈺・李一初祁・貢友初性之・王子尚禮・吳慶伯會・沈原吉貞・呂則耕不用・亦入明不仕・見元詩選・其餘尚多・第避地海上・倉皇逆旅・未及博採成書・茲就吾粵人攷之・已得五十餘人・番禺趙先生介與孫蕡・王佐・黃哲・李德・於元季同結南園詩社・明初・四子聯翩出仕・趙獨韜晦不出・德慶李先生穆與兄質從子震稱三李・質震皆仕於明・穆則遠謝朝榮・棲遲終老・尤爲人所難能・當時特立獨行・豈有覬名後代之心・而百折不回者・誠以改柯易葉之深可恥也・俯仰古今・慨然興懷・先錄此編・表章粵哲・中原遺逸・俟續纂焉・

嗟乎・元末大亂・羣盜蠭起・曾不聞有以奇渥溫氏爲非我族類而醜詆之者・明初・網羅遺逸・聘禮名儒・乃趙臨清・黎秫坡・陳月溪輩・屢辭徵辟・不旋踵而或被逮問・或遭謫戍・雖其事未詳・當由明初忌諱・志乘闕焉弗載・以意測之・未始非因抗節不屈・遂媒蘖而摧辱之耳・諸賢忍尤含垢・皭然之志・始終如一・固不必盡效宋明人所爲・而乾坤正氣・常存於嶺海間・足以後先輝映・豈持謬說所能淆惑天下後世哉・丁巳冬十二月・清谿漁隱記於澳門蕉園寓樓・

隋儀同三司建州刺史徐智竦墓誌銘跋

右徐智竦墓銘・宣統三年春・廣州城北鎮海樓後岡・耕農墾地得之・高二尺七寸五分・廣一尺四寸五分・首圓趾方・誌文刻於前後兩面・前面上有花紋・作雙鸞銜鏡形・前刻十八行・後刻十六行・正書・字大五分・無撰書人姓名・年久石朽・字多殘損・誌稱葬於南海甘泉北山・按太平寰宇記・菖蒲澗一名甘溪・嶺海名勝志・澗水注於粵秀山北麓・左爲菊湖・右爲越溪・至北山下爲甘溪・舊志稱南漢廣之爲甘泉苑・是甘泉即甘溪・此山當與今粵秀山鎮海樓相距不遠・侯康有甘溪賦・攷證甚詳・見學海堂二集・隋書地理志・南海郡統縣十五・有南海無番禺・當時地屬南海・徐智竦之名・史傳方志均未載・起家陸安縣令・陸安縣齊置・屬東官郡・李氏兆洛謂在今惠州府海豐縣東七十里是也・惠州府志謂在今龍川縣地誤・阮通志・陸安・梁陳間廢・智竦令陸安・當在陳初耳・入隋爲建州刺史・新唐書地理志・建州唐武德四年置・據此刻則隋已有建州・足以訂正歐志之誤・南朝士大夫・身宦兩朝・不以爲恥・良可慨歎・此刻初出土時・賞鑑家多有拓本・尋爲人椎壞數字・幷舁石運往海外矣・庚申六月・

前陳散騎侍郎劉猛進墓誌銘跋

右劉猛進墓銘・光緒三十二年夏番禺縣屬潭村旁鄉人墾地得之・高二尺五寸・廣一尺四寸五分・首圓趾方・左右有垂花紋・無撰書人名氏・文刻於前後兩面・前刻十七行・後刻十六行・正書・字大五分・誌稱穸乎南海郡西北朝亭東一里半・按宋書羊元保傳泰始四年・劉思道攻廣州・刺史羊希遣平越長史鄒琰於朝亭拒戰・當即此地・大清一統志朝亭在

汪兆鏞

廣州府城西十里戙船澳・舊爲迎送之所・成化間都御史韓雍扁曰華節・太平廣記引續仙傳劉瞻謫日・南行次廣州朝臺・泊舟江濱・是與朝漢臺不同・墓在朝亭之東與今番禺縣西北境毗連矣・劉猛進事蹟無可攷・誌言彭城綏輿里人・彭城今江蘇徐州境・南史宋武帝紀彭城綏輿里人此爲劉姓族望・特詳書里貫・長洲葉昌熾釋作綏興誤也・猛進祖曉・梁天監二年除甯遠將軍・桂陽太守・父仕□・仕下闕一字・以太清三年除宣遠將軍正階縣令・隋書地理志・始興下注齊曰正階・梁改名焉・據此梁沿齊舊・足訂隋志之譌・承聖三年・除洪烈將軍始昌縣令・南齊書州郡志・廣州有始昌縣・李氏兆洛謂在今四會縣地・是爲猛進父來廣州之始・又於陳永定二年・除武毅將軍歸善縣令・漢尹宙碑京夏歸德左旁作阜・此歸字與漢隸合・歸善縣見隋志・陳書無・地理志知歸善置於陳初・又可補隋志之闕・守令皆兼軍號・當時官制如此・誌有選司廣注天府輟徵等語・當是猛進父罷官流寓廣州・猛進仕陳・太建初爲散騎侍郎・階從五品・無定員無祿誌・稱掩氣蓬閭・不欣冠冕・大隋啓業・彌綸所覬・是入隋不仕・卒於隋初・未著何年・惟云大荒之歲爾雅釋天・在巳曰大荒落・是隋開皇十七年丁巳也・易代已逾一紀・絕未干祿新朝・而銘幽繫銜・猶稱故官・奄忽之歲・祗書甲子・標題特書前陳・與陶南村古刻叢鈔開皇廿年前陳伏波將軍驃騎府諮議參軍陳府君墓誌・後先一轍・顧亭林跋隋龍藏寺碑云・碑末題齊開府長兼行參軍張公禮撰・齊亡入周・周亡入隋・而猶書齊官・蓋君子之能不降其志・因攷顏之推仕歷周隋而家訓猶稱梁爲本朝・其時南北分疆・興亡迭代・爲之臣者・心之所主・見於名稱之際者・較然不易如是・與劉誌皆不忘故國・洵可寶貴・原石近流轉至滬上・爲香山甘氏所得矣・庚申二月・

宋紹定二年造石水筧題記跋

右石刻城南廂信女傅氏二娘捨錢造石水筧祈保平安者・紹定二年七月中元題・凡二十九字・正書・辛酉・廣州毀城開路・於西南隅得之・按新唐書地理志・廣州民不井汲・都督劉巨麟・始鑿井四・宋方信孺南海百詠廣之・井泉卒鹵鹻・惟越井味清甘・南漢呼爲玉龍泉・民莫得汲・東坡謫惠・與知廣州王古書云廣城人飲水鹹苦・可以大竹管引蒲澗水入城・分引散流・爲小石槽以便汲者・事在紹聖三年・此記紹定二年造石水筧・計逾一百二十餘年・廣韻・筧・以竹通水也・意者・當尚沿用東坡舊法・或易竹筧以石・或接筧於石槽上・故云石水筧也・不知何時・此製始停輟・今蒲澗水漸涸・未克引之以充民食・近年以西法引江水入城・水味終不敵山泉・而廣人飲水思源・得此足資攷證・顧亭林嘗論北魏迄唐・多造像祈福・蓋其時干戈擾攘・民人傷離亂而想太平・相率爲之・以冀佛祐・仁人君子・當惻然念之・傅二娘捨錢造筧・利賴及人・不尤可重乎・壬戌八月・

元張珪碑殘字跋

辛酉・廣州毀城開路・南海羅原覺得斷碑・長九寸・文字不完・僅存殘字七十餘・定爲元張宏範碑・出以見眎・余諦審之・非宏範碑・乃其子珪碑也・碑稱三謚獻武・元史宏

範傳・初謚武略・至大四年・改謚忠武・延祐六年・加封淮南王・謚獻武・如宏範碑・宜詳敍之・不應省文稱三謚・且上文負販如平時・師興以來云云・與宏範事無涉・宏範父柔傳・眞定武仙殺其帥史天倪・其弟天澤使來求援・柔遣將討平之・移鎭保州・保自兵火之餘・荒廢者十五年・盜出沒其間・柔爲之晝市井・定民居・通商惠工・遂至殷富・與碑師興以來負販如平時等語合・蓋先敍祖柔・次敍父宏範・乃敍及珪・否則宏範碑珪字上宜有子字・此無之・直書珪有文武才・以文義揆之・必珪碑乃合也・

珪傳・泰定初・珪議廣海鎭戍卒・病者給粥藥・死者給鈔・歸骨於其家・又奏免廣州東莞縣及惠州採珠戶爲民・中使督採・請悉罷遣・是珪有德於粵・阮通志宦蹟傳・元廣東宣慰副使呂恕・南雄路總管張搏霄・韶州路通判覃榮廣・人皆爲立碑・珪雖未仕粵・而民感其德・爲立碑頌亦宜・若宏範滅宋於崖門・磨崖紀功・後人且毀之・安有爲建碑之理耶・

碑石殘損・未審立碑年代・珪傳・泰定元年・封蔡國公・知經筵事・二年暫歸・三年・起珪商議中書省事・以疾不起・四年卒・石末知經筵事下・有商議二字・下缺・此碑當立於珪卒後・王氏金石萃編未收元刻・孫氏寰宇訪碑錄・阮氏金石略・收元刻而無此・通志載明嘉靖十三年・增築定海門月城・定海門即小南門・今石得于小南門壞垣下・知碑之毀失・當在嘉靖時・故孫阮皆未采獲・元隸書無多・此筆意頗近曹景完碑・惜未知何人所書耳・壬戌九月・

白月詞跋

南海崔子百越・嶔奇磊落人也・善詩詞・曩歲辟地・風雨鐙窗・相與縱論今古・致足樂焉・別來屢易寒暑・日者手詞一卷・屬爲識數語・讀竟欲紀以詩與詞・久皆未就・百越敦促至再・遂不能無一言・近世詞學大昌・元明淫哇俚調・枒卉幾絕・摧陷廓清之功・彊邨老人爲最力・顧其所爲詞・導源風騷・以逮晚唐五季兩宋・於東坡・清眞・稼軒・白石諸家・涵泫渟蓄・而後摩盪於夢窗・合爐而冶之・回皇萬態・根於忠愛・深病世之徒詡清空者・欲捄其弊・以生澀矯剽滑・而揜抑足以達其思・以縝密懲麤獷・而紆婉不以蹙其氣・沈欝悱惻・邁絕衆流者以此・若僅襲皮毛・彌以馳逐・靡曼無累・其弊與徒詡清空者等・抑又加甚焉・茲事固未易言也・

百越久客香島・於詞精擘深造・不肯一語落窠臼・鍥而不舍・自躋於古作者之林・而世變泯棼・即聲家小藝・亦恐流失靡極・亂離舊侶・耿耿於懷・有不能默爾息者也・爰泚筆以期就正有道・至其詞之工・識者自知之・無俟絮言表襮矣・癸酉小寒節羅浮汪兆鏞・

花嶼禊遊圖記

濠鏡澳之東・有山巋然・碧澥吸光・翠畦布罫・曲磴迴互・長松錯峙・涼蔭漏日・碎篩冰痕・喬柯鼓濤・暗畣琴響・相傳稱萬松山焉・

丙寅二月・煦陰致佳・南海崔子今嬰・爰約吟儔・言修

禊事・蓋右軍之會暮春・匪必上巳・東坡謂有明月・即是中秋・甚雅恉也・登羊腸之坡・躡蚷盤之徑・少長咸集・笻履自如・甫歷層崖・忽覿異卉・非雁紅而逾豔・似鵑紫而彌鮮・淺絳弄姿・片霞若墜・澹黃含蘂・清露未晞・楊孚之志所無・嵇含之狀未著・詢諸樵豎・來自海西・遂以海紫杜鵑花名之・夫朱木之產蓋山・見賦於司馬・董桂之出交阯・被詠於太冲・延翫葩華・寧區封域・麗矚既洽・幽懷頓興・

嗟乎・異壤久棲・春光足惜・避黃巾於海北・著皁帽於遼東・庾信蕭瑟・不知人間何世・王尼飄泊，但覺滄海橫流・誦杜陵再拜之詩・抱遺山中州之感・寒花猗狔・天風蒼浪・得無攬河山之殊觀・而頗申祓除之古誼乎・

肴核具陳・讌賞靡倦・斜曛漸暝・歸軫猶停・睠茲勝因・宜有雅製・紀茲圖繪・繫以篇什・庶幾馨香未沫・非徒作士女踏青之游・翰素長存・亦無乖風人煒彤之旨・同會者香山張仲球・吳叶篪・紫袍兄弟・今嬰・及其長女瓦注・幼孫　，女弟子番禺鄧小蘇・順德羅莊俞・莊俞・叶篪之室人也・攜稚子　偕來・並余凡十人・而余爲叙其略云爾・」

廣州李氏宗祠碑

李氏爲世望族・歐陽公唐書宰相世系表・李有隴西趙郡二望・隴西定著四房・趙郡定著六房・廣州李氏譜謂出自隴西唐西平忠武王晟次子憲・憲傳繇・江西觀察使・遷嶺南節度使・性明恕・詳正大獄・活無罪數百人・是譜與表傳皆合・譜又言・憲自嶺南歸・留居江西之吉安・宋南渡後・有諱邵者・徙居粵之南雄溪塘鎮・四世仙之公提刑廣州・卜居番禺鷺江鄉・實爲廣州房之始・

仙之公兄仙開・仍居南雄・遂分廣雄二房・五世才擧公徙城西龍頭市・生二子・天棐天亮・天棐公生昴英・璧英・奎英軫英・天亮公生胄英・自是後分棐亮二房・昴英公最知名・仕湻祐寶祐間・以直言極諫著・謚忠簡・讀書文溪・學者稱文溪先生・子志道・工部侍郎・轉尚書・廣南東路經略安撫使・宋亡殉節・父子皆省府縣志有傳・

元師入粵・子孫避亂・散居南海・番禺・順德・東莞・增城各鄉・世遠族庶・分析不下六十房・而數百年來・各祀徙居之祖・未及爲始祖建祠・宣統初・族人謀以壯甲・墨涌・謝村・沙頭四房公置城內舊倉巷試館一區・改葺祠宇・祀仙之公・并以各分房祖祔之・議甫就・會世變而罷・癸丑稍稍安集・復申前議・增購旁屋・益拓故址・鳩工庀材・經營兩稔・於甲寅季冬落成・堂室門廡庖湢咸備・有嚴有翼・洵懿擧也・

昔歸震川氏每惜古人宗法之壞而不可復・姚姬傳氏亦言天下罕有千年相傳之譜系・今李氏籍粵久・譜系秩然・復能追遠反始・溯本宗所自出・大起享堂・祔祀左右・支分派別・俾後之人僾然有所興慕・則宗法雖亡而其意不墜・揆諸歐陽公世系族房之義・亦無慚焉・

李氏長老礱石徵文・因爲敍而紀之・且以見先世明恕慎獄・用能昌大厥後・篤生儁哲・累葉殷蕃・繼自今當益崇禮敎・尚節槩・以光其宗・爲世取法・豈非述鄉土氏族者所願聞也歟・至材用之凡數輸助者・某名別鑱諸石・茲不具書・

乙卯三月・

傅維森傳

傅維森・字君寶・號志丹・原籍直隸南宮人・先世游粵・因家番禺・父國瑞・湖南沅陵縣知縣・維森性端敏力學・讀書過目不忘・年二十・府試第一・進邑庠・益窮研經史・爲學海堂專課生・總督張文襄公之洞閱其文・嘉賞之・選入廣雅書院肄業・所詣日進・名益高・光緒十七年・鄉試第一・考官稱爲南國之琛・二十一年會試成進士・改翰林院庶吉士・假歸省親・父歿・哀毀骨立・總督譚文勤公鍾麟聘延主講端溪書院・訓課勤摯・成才甚衆・

平日自處恂恂然・與人言・款曲詳盡・無簡傲之習・士論翕然・著有缺齋遺稿・文二卷・詩一卷・端溪書院志七卷・又以前院長梁鼎芬朱一新校刻先哲遺著二十種爲端溪叢書・工未及竣・貲罄中輟・維森節存院欵・爲之刊印成書・以資諸生誦覽・年三十有九・病卒・負才而不永年・與張陸爲時所惋惜・

祭三忠祠文

嗚呼・山頽天驚・海翻波立・慨想三忠・炳然大節・觥觥信國・心照汗青・日星河嶽・正氣垂型・行朝淒悴・樞密正笏・講經侍學・攀髯從歿・太傅英英・堅扼舟師・天乎不弔・柁樓死綏・陽九厄運・塊肉誰保・臣心不渝・白刃可蹈・殷有三仁・宋有三忠・忠爲國寶・長虹燭空・俛仰英靈・欷歔風會・遺琴可珍・故硯深喟・敎忠大烝・古有彝典・式薦蘋蘩・神其歆鑒・尚饗・

祭南園十先生文

陳留先賢・襄陽耆舊・皆有紀述・以垂不朽・繄茲南園・風雅之宗・前後十子・抗美比蹤・或際承平・或攖困阨・涵蓄文采・標舉風格・歗咏之餘・研經敦行・式秉雅操・豈事浮競・羽鎩惜翠・葩散傳芬・書收天祿・名著榆枌・蕭疏老柳・罨映清泚・池臺依然・風流誰嗣・涼飆八月・芳醪一巵・九原可作・百世同歸・尚饗・

祭朱彊村侍郎文

維辛未年十二月戊寅・廣州士紳謹設位致祭于前禮部右侍郎提督廣東學政歸安朱先生之靈曰・

嗚呼・茫茫大圜・睢盱成俗・姱節懿文・公乃人鵠・天不憖遺・哀動林谷・緊惟我公・茗霅毓靈・臚傳擢第・搴英大廷・雍容珥筆・鈐索西清・媄祠煽謠・震撼宮籞・抗論青蒲・實儕袁許・矯詔柴市・公顧弗與・公念蚩駈・老淚縱横・早焚諫草・今見史宬・觥觥大節・感激聖明・持簜南來・程試改制・公究世變・憂在士氣・西園悲歈・東吳歸枻・乾坤掀蕩・元黃俶㛹・痲鞋萬里・行朝駿奔・白頭吟望・晦景海濆・

以公之才・靡學弗賅・低佪南宋・荆駞寫哀・踔厲聲家・葩采天開・標尚四明・懲汰靡滑・蘇辛周姜・閎孕旁洽・曷云語業・雅騷斯匹・蒐逸刋誤・遠踰琴川・秀水青浦・竝遜精擘・摩挲井桐・委心餘年・願公百年・爲世坊表・以立儒頑・以養高劭・涪谿有銘・椽筆横掃・龍蛇之

厄・梁木之傾・風驚歐浦・雪涕佗城・桂旗來下・歲寒鑒誠・尚饗・

南裔異物賦

汪兆鏞

漢議郎楊孚南裔異物志久佚・會稽章宗源撰隋書經籍志攷證・引後漢書賈琮傳注・馬融傳注・水經葉榆河注溫水注・北堂書鈔酒食部數條・南海曾釗輯本引後漢書明帝紀注・文選蜀都賦注・初學記卷二十・卷二十七・太平御覽卷九百二十四・卷九百四十七・太平廣記卷四百二十四・本草卷十四・黃佐廣東志卷二十四・凡十餘條・尚非完帙也・今海國棣通・異藍物集・忘土物之愛・貽漏卮之憂・光緒甲申山堂秋課・廣雅督部以此命題・輒掇摭瑣言・爲賦一篇・匪云拾遺之資・觕申近取之義・治國聞者・或有採焉・

有北地公子問於南海主人曰・蓋聞服領之表・賁禺之濱・土豁閎而舒勃・勢磅礴而輪囷・蘊眞靈於宙合・鼓大氣於洪鈞・物產駢衍・珍異紛綸・山海之經靡載・爾雅之注未申・子能體物瀏亮・即事敷陳・摹瓌質之虺蘛・繪奇藻之璘彬乎・

主人曰・唯唯・爾其地拓蠻夷・境湊水陸・據常羊之維・應朱鳥之宿・五嶺錯峙而鬱盤・三江交灌而迴屬・二樵嵷巃・八桂森簇・地絡際於窮・天網宅乎燠・靈海膏流・炎洲氣毓・噓噏秀英・含孕清淑・穎采隱生・榮光旁燭・蕩爲鮮霞・幻如文縠・沛乎爔朗而棨菖・杳兮隱轔而滋育・於是朱草緣阜・白藤被壤・蒲九節而舒榮・茅三脊而成象・細翻蛾眉・高抗仙掌・愼火栽而敷蘙・知風驗而森爽・白蔻撇曳而穌曜・赤箘孑蜺而烱晃　蔤縮砂兮磊砢・藷染罽而焯朗・海藻地榆・虎耳牛蒡・吉利蘭蕤・沙麻放杖・咸蜿蟺以軫紓・迺紛溶而彯盪・木則紫檀漆樹・花梨黃楊・席織簩篔・麪屑桄榔・穈穀木而造紙・揉飛雲而琢鵤・棱菉篋兮鐵力・子軥夥兮金剛・翥雞翅而雨屑・垂馬纓兮雲張・石枬箣参而蕭蔓・頳桐巍峨而葱蒼・花則絲腎龍鬚・毿披鹿耳・胡蝶渲紅・杜鵑染紫・弔鐘形奇・風蘭品異・木緜高兮雄采・末麗香兮旖旎・採素馨兮結鐙・插玉簪兮列市・艷敷四時・香飀九里・果則丹荔黃蕉・羊桃龍眼・柑紅肌豐・橙甜味擅・蔗漿冰清・椰瓢雪豔・波羅魁碩而猔鬊・蜜望芳甘而峭倩・磋碟努乎鬼目・鮮扁暎乎人面・

凡夫麗質榮莖・瓊雕錦炫・扈扈皇皇・幾彌望而瞑眴・其中則有錦雞烏鳳・白雉綠鳩・孔雀花燕・鵁鶄鵂鶹・翡翠耀乎采羽・鵔鸃烱其丹眸・吉弔辟沴・青妝戀幽・或先顧而瞵閃・或倒挂而香收・更加文豹黃麖・元犀素牛・海馬駛娑而髮沭・石羊踔絕而踐蹂・貊食鐵而激曜・獸生風而蚴蟉・緣青梓兮木獸・餐素筍兮竹鼦・

又若鱟帆高撐・蜃市空結・鉤爪鋸牙・逆鱗芒舌・削珧殼而飾刀・聚蛤粉而搓雪・璞瑁駮樂而瞵煸・石鏡光熒而漂擊・明蠔堅而築垣・嘉魚肥而出穴・即至桂蠹飫香・蘭蠶含潔・仙蝶靃靡而效娃・諾龍焯跳而嗽齧・炫金花兮煥爛・衣白蠟而層綴・蚺蛇宛蜒以磨牙・禾蟲佶屈而灑血・蠕動蟄潛・跂行喙息・詭質怪章・難可識別・況乎沈香文貝・水精珊瑚・丹砂句漏之井・明珠媚川之都・冶蠻銅而鑄鼓・鏤伽楠而貫珠・青花膩兮硯凍・黃栗侔兮石膚・玢豳璀錯・焯爍

豐芙・涌麗光而忽霍・覞鼉采而邈殊・燭奇形於海豎・駭寶氣於天吳・至於剪葛爲紗・擘蕉製布・織羽兮毦氈・入筒兮縑素・鮫綃浣而光瑩・蜨繭皴而紋亙・花著綾兮耀華・竹編衣兮合度・黎錦獠緜・帶飾服具・銅街積雲・金市屯霧・鷙異珍者鹿趨・擷瓌材者鳥赴・誠恢瑋之觀・寶藏之庫・若夫纚絲成困・熬波堆素・邊壤灌輸・市舶布濩・固土宜之常產・尤更僕而難數也・

公子憮然曰・番禺一都會耳、包絡精英・囊括珍貝・彪外弸中・物博地大・何彼攟掩捋捊、僮惛眂眛・徒事務歐墨之奇巧・羨機變之狤獪乎・

主人遂忭舞而起曰・微子言・余亦將暢述其意也・夫古者水土有書・物產有志・豈徒攄寫芳華・衒悅幽邃・亦欲表文明之名都・遏荒鶩之奢思・方今琛賮麕來・梯航鱗次・實衣被乎盤瓠・奚眩悸於魑魅・惟培沃其本根・恆葆固其精粹・勿綱弛而紀隳・盍髃姸而抽祕・若幽并兗豫之材・吳楚滇蜀之地・曾不測其殷賑紛畀・鬱鞅夥茇・即交廣之荒遐・已瑰奇之攢萃・洵乎宏富之區・足以懾戎狄而引避・至若不貴遠物・所寶惟賢・或沈香於浦・或擲硯於淵・聿返醇樸・必則古先・義各有在・別著於篇・

虞泉銘

曲江縣北三里皇岡之麓・有舜祠焉・巖岫盤鬱・林木崟頟・舊傳虞舜巡狩曾莅此地也・祠下泉流潺湲・宋韶州守方公信孺・刻石以虞泉名之・昔者軒轅葬於橋山・溫泉毖涌・巢父棲於潁水・犢泉著聞・此殆其匹歟・陵岸遷貿・素沘瀰然・萬綠交陰・時相蓊藹・縠紋暎帶・漾永不波・鮮飆忽吹・聲若琴筑・東瞻韶石之闕・南望九成之臺・俛仰遺響・竝稱勝槩・顧斯泉也・境處遐迴・世罕知者・樵蘇溷迹・幽瀨閴寥・然其炎歊不竭・霖潦弗盈・荒翳累年・滲洞千古・其亦有類於抱一守元・隱德不曜者乎・爰綴小言・敢鏤穹碣・銘曰・

層巒參天・中鳴清泉・翠華一去・曾幾千年・松聲雨聲・苔色煙色・響雜跳珠・湍驚噴雪・臨流洗耳・俯淵鑑心・山冷欲凍・月來疑沈・掩映叢祠・陟降蕘豎・淒泠感今・蒼莽懷古・九嶷路渺・五絃韻遙・式薦勺水・何處靈飆・

三忠祠增祀劉防禦祝文

維宣統元年己酉八月四日庚辰・謹以特牲清酒致祭於宋和州防禦使劉公之神曰・惟公生當宋季・忠貞自持・元師圍攻常州・裹創固守・嗣復收集亡散・從王海上・撫時憂憤・致殞其生・每讀宋史至此・未嘗不感歎流涕也・光緒十七年署赤溪廳同知金武祥攷張詡厓山志知公墓在銅鼓山麓・爲之掃除祠墓・徧徵題咏・惟廣州城南三忠祠・乾隆間番禺縣知縣彭科增祀同時死難諸臣・而未及公・幽光久堙・亟宜表章・茲特補立栗主附祀祠中右龕・庶幾合馨欬於一堂・足以妥英靈而示來葉乎・敬聲之以詩・曰・

海濤咽兮殷銅鼓・埋忠骨兮鬱千古・厓門風雨兮白晝冥・霓旌颯兮揚靈・揚靈兮未極・思古人兮太息・羣鴟飛兮軍潰圍・從行在兮血濺衣・主辱兮臣死・荷鍤便埋兮猶裂

皆．冬青萎兮慈元蕪．攷山經兮懷壯謨．表微兮拾遺．薦寒泉兮城南．祠蕙肴兮瑤席．與三忠兮共芳烈．尚饗．

談屑四

元時詔令各路拆城．（見阮通志）廣東以邊遠．遷延未果．宣統初．諮議局紳請拆．迄未實行．辛亥後．異論蠭起．遂於己未庚申間．將全城拆卸矣．城中布政使署前雙門．爲唐清海軍節樓．中有元延祐銅漏壺．學使署環碧園．有南漢九曜石．多宋人題名．乃樓與園俱毀．漏壺既廢．石亦零落．頓失舊觀．布政使署．廣州府署．爲唐饗軍堂．南漢故宮遺址．巡撫署．爲明紹武行宮故址．

國初平藩．舊邸將軍署爲靖藩舊邸．以及粵秀山巔之觀音閣．爲唐萬善寺故址．道光時．粵督阮文達公創建之學海堂．結構雅邃．壁間石刻均佳．同治間．巡撫蔣果敏公將長春仙觀改建之菊坡精舍爲東塾先生講學處．一併摧圮．城西華林寺舊稱西來初地．蓋在達摩入中土之始．亦毀壞之．斥賣攫利．不及十年．名蹟蕩盡．如疾風吹籜．可謂浩刦也已．

大佛寺舊爲龍藏寺．廣州墮城．寺亦拆卸投賣．平藩遺蹟．尚無足惜．惟方丈堂中有天然和尚楷書壽道獨和尚詩直幅極精．（詩載瞎堂集）殆已爲刦灰矣．廣刹以光孝寺爲最古．有唐寶曆二年石經幢．南漢金塗二鐵塔．宋米襄陽書三佛號木刻．遼大康六年藥師銅造像．明宣德賜藏經敕書．海幢寺有千山和尚自書詩稿．天然命弟子今無出塞攜歸者．有伊墨卿太守（秉綬）程春海侍郎（恩澤）觀款．未知龍天諸菩薩能呵護有靈否．浮邱寺多藏書畫．有澹歸詩長卷．見東塾先生浮邱寺小集詩．今皆散佚．惟階下石桃二樹．猶是百年喬木焉．

米書佛號木刻藥師銅造象．今移置六榕寺附記於此．

廣州變賣寺觀．始自光緒三十二年．龍門劉某獻議於大府．毀長壽寺．開作街市．今片椽無存．一泓荒水．則昔日半帆亭下遺阯也．寺舊藏黎二樵書金剛經．曾賓谷布政修禊圖長卷．僧大汕畫羅漢册．余猶及見之．後移置清遠峽山寺．王漁洋有長壽寺英石詩．贈石濂和尚．（石濂大汕字）今石不知流落何許矣．（長壽寺後池修禊圖曾賓谷撰駢體序湯貞愍公同游賦詩．相傳圖亦貞愍所作．特假借他名耳．同治初元總督勞文毅公崇光設書局於寺中．修補學海堂經解卷尾有東塾先生詩紀其事．）

曾圖卷末有道州何子貞編修（紹基）修禊詩一首．不審何時失去．頃於友人齋頭見之．附錄於此．亦粵中掌故也．昔讀賞雨茅屋詩．瓊琚玉佩多風姿．虹橋修禊成往事．偶然清興託禪池．慈航半帆岸可渡．水仙一曲神爲移．先生於此有遐寄．彼十人者何由窺．勝游一時逾七載．粵秀山頭開學海．紅棉綠榕入圖畫．魁儒碩生得無楷．既甄羣彥究樸學．復萃陳編刻經解．巍然一代阮儀徵．氣壓曾南城十倍．小子研文亦治經．仰視兩公如熠螢．持衡手握家傳鑑．（原注先公丁卯典粵東試）照海珠明天上星．當時二萬七千卷．經策紛綸蒐採徧．（原注余典試三場無卷不閱．）淵源許鄭富諏覈．才筆京都見研練．十五年驚時事多．廿四人深知已戀．袖海樓頭慶盍簪．（原注諸君先觴我於袖海樓．）小浮山畔仍開讌．梵宮幽院足相羊．前輩風流未渺茫．君不見獵碣讖碑森兩壁．（原注寺旁新建補經堂．勞辛皆制府集諸生補刻皇清經解於此又撫刻石時文及天發神讖碑嵌置兩壁．）勞公新構補經堂．同治癸亥三月廿四日燕集已酉秋賦門人廿四人於半帆亭．即書曾都轉修禊圖後．道州何紹基草．（按曾時官布政使．此稱都轉誤也　刻天發神讖碑後移置學海堂詳見續番禺金石志亂後摧毀無存）

康熙初．平靖二藩．駐兵光孝寺．僧心月別於城西築法性禪院．中有簷蔔樓蘭湖之勝．高望公．陳獨漉．梁藥亭．王蒲衣．梁無技．吳山帶諸人於此結詩社．刻有法性倡和集．寺址不知何時廢圮．阮通志亦未載．順德馬氏晚聞室購得法性社侶送敏言和尚元默游嶺外詩卷．中有心月諸人詩．考五羊梵刹者所當知也．

陳榮袞 一八六二年生 一九二二年卒

字子褒．號耐庵．別號婦孺之僕．新會人．光緒戊寅．年十八入泮．奕奕有文名．二十八歲講學廣州．設館於六榕塔後之友石齋及芥隱堂．癸巳舉於鄉．選五經魁．名列南海康有爲之前．但讀其文．自謂不及．往謁．大服．即執贄萬木草堂稱弟子，與梁啟超．啟勳兄弟爲同學．於草堂內．見神龕有張弘範牌位．同學譁然．榮袞即作討張檄文．啟超朗讀．啟勳以刀斧碎其神位．謂鋤奸誅賊也．戊戌公車上書．强學會保國會成立．榮袞均躬與其事．八月政變．東渡日本．乘機調查蒙學教育．深得要領．返國後．實施改良小學教育．力行孤詣．初設蒙學書塾於澳門．創辦蒙學會．編輯婦孺報．刋印婦孺須知．婦孺淺釋．婦孺釋詞．婦孺三字四字書．婦孺新讀本．婦孺詞料．七級字課及諸史小識等．民國七年．遷校香港．兼收男女生．從學者益衆．開我國男女同校之先河．榮袞終生瘁力辦學．不愧爲一傑出之教育家。有教育遺議一書行世。

小學歷史平議

十七史從何說起．况童稚乎．往者蒙學歷史教科書．人人握靈蛇之珠．家家抱荆山之玉．熱心小學．慘淡經營矣．然其文則簡．其事則多．解釋一句．必數句乃了．教者學者均苦之．然則高等小學乃有歷史乎．鄙人不以爲然也．請以觀劇喻．齣頭之劇．孩子略能記憶．成套則亂腦筋矣．持此意以教小學歷史．初等四年．以個人之事授之．七歲入校．有無字之史．鄉土祠廟壁間圖畫是矣．其時由直觀期入記誦期．此爲濫觴．一年以後．則歷史小識尙焉．

少年史第一次則左傳．又次則史記．又次則前後漢書三國附．此後晉書．南北史．隋唐書五代附．宋元明史．均以小識授之．舉古來個人之事實．日染其腦．淺而譬之．令其觀劇耳．質而言之．與之講古耳．繪以圖畫．趣味盎然．綴以韻語．上口特易．由是而黃式如君淺史歌．由是而讀史論略．由是而蕭譯高等小學中國史．往者小學歷史．均一部大事記．不另爲補助．則伍員出關．蘇武牧羝．亦必待觀劇乃知此事．而欲鼓舞學子之精神．激發學子之志氣．厥道奚由．故初等小學．以個人之事爲歷史．所謂史意也．若高等小學．歷史亦有難焉者．高等小學歷史分三年級．不待三年．而第一年聽受消歸烏有矣．且教科書字數既多．又無文筆．縮之或可．諷之則難．固有高等小學卒業而南北朝以前爲何朝．問十不得五矣．故淺史歌．讀史論略．絲牽繩貫．首尾相應．先令熟讀．及閱全史或通鑑時．而某朝至某朝．某爲賢．某爲否．大事所繫．早記憶之．乃授以高等小學歷史．水到渠成．殊不苦也．

顧歷史講本．層見疊出．而適用者希．大約編輯此書．志在簡括．而一事首尾．頗不了了．往見某局小學歷史教科書．偶檢高宗南渡一段閱之．就中有云．綱相七十日而罷．遂殺陳東歐陽澈．夫陳東歐陽澈因何而殺．必須叙明．而此竟略之．是疎而非簡也．苗劉之變．與避敵無涉．且彼之作亂・厥有原因・此事宜另爲一段・今乃羼入南渡一段中・與上下文絕不類・是亂而非括也・諸如此類・不勝枚舉・用教科書者宜如何矜慎乎・

夫中國史書・浩如烟海・此事大難・而施之于小學則更難乎其難・然以小識導之于前・以歌本讀本進之于後・而後從事高等小學歷史・由簡而繁・由略而詳・循序拾級・其庶幾矣・

雖然・猶有說焉・讀史無表・有如亂絲・乘除之際・尤難分晰・試執一高等小學生問之曰・隋以前爲何朝・誤答者十之七八・更問之曰・北朝以前爲何朝・誤答者十之七八・故教授時於黑板表之・且括以簡語・當不屢誤・此張南皮所以津津于讀史論略而謂爲小學津梁也・教育家其謂之何・

教育女子論

陳棨袞

天閽穹穹・其可問耶・地獄沉沉・其可入耶・具花果之胚・而不澆以水・不能發榮而滋長也・含鸞鳳之姿・而困之於筊・不能翱翔而軒擧也・黯黯黮黮・沕沕濛濛・其我國女子哉・曹大家曰・敎男不敎女・殆蔽於彼此之數乎・不圖至今而此夢未醒也・叩其理由・厥有三端・可得言者・榛莽之世・知有母不知有父・于是聖人創爲扶陽抑陰之說・事勢使然矣・寖假而重男輕女緣之而生・白虎通曰・女生外嚮・詩曰・之子于歸・人人心理・謂女子於家族無所利焉・故訓導之者惟井臼縫紉・而求學則置之等閒・獨不思利人利己・一以貫耶・

人人不敎女・而我婦之來・木石鹿豕羼於人羣中耳・且以攢盒喻・國則輪廓也・家族則格子也・甲格乙格・畫井分疆・然綜而言之・則在輪廓之範圍內・以攢盒全體觀・忍令其格子破窳耶・其謬一・詩言無非無儀・惟酒食是議・易言婦主中饋・男子治外・女子治內・治外則經營八表・馳騖四方・若治內則米鹽筐篋外並無事業・學亦無用・雖極愛之女子・亦若以無用爲有用者・差之毫釐・謬之千里・其謬二・生子如狼・猶恐其尪・生女如鼠・猶恐其虎・女子無才是德之說・深入人心・牢不可破・故父母之於女子也・輒曰略識之無・粗解筆札・如是足矣・於是置而不敎・敎而不終其事・比比然也・爲父者處家如是・及其出而經營社會也・擔任行政也・亦數千年之舊政見也・男有校而女無校・男校多而女校少・熟視無覩・不痛不癢矣・其謬三・夫女學之關係・中智以下能言之矣・民國建設以來・主持教育者・號於朝・呼於市・亦曰女學女學矣・

邇者鄙人漫遊廣州市・見男小學星羅其布・濟濟莘莘・友人告曰・成立三十二所矣・問女學・則除女子師範外・落落晨星焉・怪矣・謂無欵可籌耶・何不分三十二所而半之于女學・抑三分之于女學・此大不可解者也・遊美遊日・官費生每年所費幾何・胡不撥此款以辦女小學・抑或半之・此又大可解者也・

往聞某某女志士入京爭平等教育權・似亦空言無補矣・然準情酌理・亦無怪其憤氣塡胸皆裂髮指也・不能望之于亡淸・又不能得之于民國・新官吏・新縉紳・雲霧濛濛・慘無天日・九州之鐵・不能鑄此大錯・一勺之水・不能蘇此涸鮒・毋亦數千年舊病未去耶・新官紳之爲女子計畫也・亦云

周矣・買婢則禁之・蓄妾則懲之・參政權則與之・獨此平等教育則遺同樵鹿・語曰・水深必回・葉落糞本・舍厥本實而徒事枝葉・未見其可也・見兔顧犬・亡羊補牢・是所望于主持教育者・

史學概論

陳榮袞

讀史之法・首重宗旨・博而寡要・勞而少功・無當也・陸桴亭讀史四法・曰政・曰事・曰人・曰文・南海先生加以經義史裁・其法備矣・顧諸初學・烏能語此・昔人史論・有闊題走窄路之法・施之讀史・六轡在手焉・竊謂言政則有九通・言事則有九紀事本末・言文則有文選駢體文鈔等書・惟言人則闕如・黃東發讀史日鈔・朱子名臣言行錄・王薑齋讀通鑑論・宋論・實爲言人之圭臬・然初學效之・非葫蘆依樣・即信口雌黃・初事丹鉛・便學議論・雞蟲得失・斤斤何貴焉・

大抵我輩讀書・當求實用・以言史學・政治風俗爲兩大宗・政治之書・浩如烟海・若夫風俗・麟角鳳毛・嘗謂史之爲體・有君史・有國史・有民史・廿二史實君史耳・九通可稱國史・民史則苦無以對・我國民史・或求之雜史說部・猶或遇之・日本支那經濟雜志・於我國民事・內外兼搜・而我國史書絕不著錄・豈禮失而求諸野乎・

夫王仲任論衡・詳叙當時之迷信・顏之推家訓・間論南北之風氣・東麟西爪・未饜所求・今欲定厥指南・以便觀縷・顧甯人日知錄世風之篇・竟成絕作・康南海東漢風俗之表・可作方鍼・地理志云・繫水土之風氣者謂之風・隨君上之情欲者謂之俗・蓋風俗有繫於人者・光武敦尚名節・遂有讓產辭爵之行・風俗有繫於地者・新鄭共谷而汲・遂成秉蘭贈芍之習・知人論世・由流溯源・往行前言・絲牽繩貫・欲考風俗・當不僅求于列傳中矣・諸君既無南海之神眼・然前人讀史・具有簿錄・獨不可舉一反三乎・宗旨既定・請言條理・

一曰擇讀・擇讀分兩方面言之・一擇史而讀・先後及之・史之優劣・具有理由・一資料・二憑藉・三時日・才學識其次焉者也・東漢名節・兩宋道學・自爲風氣・題目大佳・此爲資料・馬班二書・家學淵源・新唐新五代・有舊唐舊五代爲底本・踵事增華・後起者勝・此爲憑藉・史遷作史記・共二十餘年・李延壽南北史・凡十七年・歐陽修宋祁新唐書・亦十七年・漢書前後經四人手筆・閱三四十年・始成完書・新五代史・法嚴詞約・上法春秋・史記而外・斷推此種・其私撰年月・雖無可考・然陳師錫謂歐陽公潛心累年而後成・必非率爾操觚矣・元末修宋遼金史・不過二年・明初修元史兩次・設局不過一年・毋怪乎草率荒謬・爲史家最劣矣・此爲時日・大約史記三長兼備・故爲最佳・後漢書體大思精・洵乎無愧・加以爾時風俗・空前絕後・讀之可資激發・五代史史法謹嚴・手筆亦高・次于後漢書焉・南北史新唐書均好・餘則以次及之也・

二擇篇而讀・帝王本紀・不過某姓之家譜・武臣諸傳・譬如衆犬之鬩場・可緩置之・除一條鞭外・史記則太史公自序・孔子世家・仲尼弟子列傳・孟子荀卿列傳・此爲孔子學案・老子韓非列傳・游俠刺客日者龜策列傳・此爲周秦諸子

學案．後漢書則先讀黨錮傳．次自卓茂傳讀去．魏之釋老．宋之道學．皆一代特色．可先之．讀史以讀志爲最要．然當侯專求掌故時始讀．故從緩焉．即一例餘．可以隅反矣．

二曰互通．魏文侯首立博士．見于賈山傳．蔡伯喈生平諛墓．見于郭林宗傳．漢昭以黃金獎廉．乃于龔勝傳引之．太史公尊崇孔子．乃于陳世家吳世家伍子胥傳引證之．諸凡此類．觸處皆然．蓋作史者有互見之條．讀史者即有互通之妙．四通八達．未可刻舟求劍也．

三曰貫串．近人史學．校勘居十之九．廿二史考異．十七史商榷．尋章摘句．未見其通也．陽湖趙氏．實爲史學山斗．以廿二史箚記考之．布衣將相．識時勢之遷流．三朝宦官．衡禍水之殊派．目空千古．溝而通之．今用一條鞭法．則此例正可推求焉．若枝枝節節．不已瑣乎．

四曰參考．參考與校勘．似同而實異．校勘在字句．參考在事實．有求之正史中者．有求之正史外者．以唐士風論．汚垢甚矣．然考之儒學傳．概乎未見．惟選舉志間存一二．再求於通考選舉門．則牛鬼蛇神．令人作嘔．通考書多．嚴氏通考詳節．可置一編也．此外如廿二史箚記．陔餘叢考．均甌北大著．實治史學者之指南車矣．資治通鑑紀事本末．亦萬不可缺者也．

五曰查檢．地名．官名．年號．雖極淹博．猶難言之．齊召南歷代帝王年表紀元篇．李兆洛地理韻編．吳熙載通鑑地理今釋．官撰歷代職官表．（有說著善）萬斯同史表．汪輝祖史姓韻編．區區數種．最便學者．諸公作室．我輩居之．諸公播種．我輩食之．節勞獲益．胥在是矣．

六曰筆記．古人讀書．必有簿錄．諸君雖未暇爲此．然每有所見．即弁諸簡端．異日蒐尋．開卷便得．用簡括法．不費時日．亦艮得也．日積月累．可以著書．閻氏潛邱箚記．王氏讀書雜志．前清諸老．無不由此矣．

七曰分類．南北史likely華．人鏡類纂等書．即分類之榜樣．彼爲文學計．故繁瑣乃爾．治史學不必也．南海後漢風俗．略分九門．得之矣．專考風俗．枝葉可省也．

八曰割愛．好奇嗜瑣．學人結習．史遷不免．此外何識．范氏增損東漢一代．自謂無慚艮直．而王喬鳧履．出于風俗通．左慈羊鳴．傳于抱朴子．朱紫不別．穢莫大焉．雜言神怪．晉書與南北史爲多．後生小子．每喜談之．實用何裨乎．至如文藻．摛豔熏香．過眼都迷．釋手不忍．然溫公通鑑．不及楚辭．蓋既爲蓄德之資．自異修文之學．凡屬詞章．可闕如焉．右陳各節．大略如斯．因事立規．豈無心得．諸君以古爲鑑．鉤稽捃釽．綜觀得失．自知取材．將來風俗一編．蔚然民史．揆之崑山．何多讓焉．勉之而已．

史目

讀史開端．先看史目表．古者左史記言．右史記事．言爲尚書．事爲春秋．其後沿爲編年記事二種．記事者以一篇記一事．而不能統貫一代之全．編年又不能即一人而各見其本末．司馬遷參酌古今．發凡起例．創爲全史．本紀以誌帝王．世家以記侯國．十表以繫時事．八書以詳制度．列傳以誌人物．然後一代君臣政事賢否得失．總彙於一編之中．自此例一定．作史者遂不能出其圍範．洵史家之極則也．魏禧序十國春秋・謂遷僅工於文・班固則密於體・以是爲史漢優劣・不知無所因而特創者難爲功・有所本而求精者易爲力・此固未可同日語耳・至於篇目之類・固不必泥於一定・或前代所有・而後代所無・或前代所無・而後代所有・自不妨隨時增損而改易也・

本紀　古有樂本紀尚書世紀等・遷用其體以叙述帝王・漢書改羽本紀爲列傳・蓋謂其失當耳・不知一事繫於天下則謂之紀・項羽政由己出・且封漢王・則項羽可紀矣・事惟其實・不惟其名・孟子曰・三代之失天下也以不仁・孟子生當周末・赧王尚在・何得謂失・然考核實事・則平王東遷・已失天下・遷立項羽本紀・可作反比例也・三國志但有魏紀・而吳蜀二主皆不立紀・以魏爲正統故也・後漢立皇后紀・蓋仿史漢呂后紀之例・不知史遷以政由后出・故高紀後即立后紀・至班固則先立孝惠紀・孝惠崩始立后紀・其體例已截然・以少帝既廢・所立者非劉氏子・故不得以僞主紀年・而歸之于后也・若東漢則各有帝紀・即女后臨朝・而用人行政・已皆編在帝紀內・何必又立后紀・新唐書武后已改唐爲周・故朝政則編入后紀・宮闈瑣事・仍立后傳・較有斟酌・宋史度宗本紀後・附瀛國公及二王・不曰帝而曰瀛國公・曰二王・固以著其不成君・而猶附于紀後・則以其正統緒餘。已登極建號・不得而沒其實也・金史于太祖本紀之前・先立世紀・以叙其先世・又仿尚書世紀之名・最爲典切矣・

世家　史記衞世家贊・余讀世家言云云・是古來本有世家一體・遷用之以紀王侯諸國・漢書乃盡改爲傳・謬矣・然自漢書定例・歷代因之・晉書于僭僞諸國・數代相傳者・不曰世家而曰載記・蓋以劉石苻姚諸君・有稱大號・不得以侯國例之也・歐陽修五代史・則於吳南唐前蜀後蜀南漢北漢楚吳越閩南平皆稱世家・宋史因之・亦作十國世家・遼史於高麗・西夏・則又變其名曰外記・夫世家者・子孫世襲之謂也・孔子無公侯之位・而世家之・陳涉稱王六月・子孫不嗣・而世家之・之二者・爲後人矢的・不知孔子在周則爲臣道・在後則爲師道・陳涉在夏商則爲湯武矣・孔子陳涉世家・乃史公特識・與項羽立本紀同・蓋惟其實不惟其名・未可望風抨擊也・

表　史記作十表・昉于周之譜牒・與紀傳相爲出入・凡列侯將相三公九卿功名表著者・既爲立傳・此外大臣無功無過者・傳之不勝傳・而史不能盡沒・則于表載之・作史體裁・莫大於是・故漢書因之・亦作七表・以史記中三代世表・十二諸侯年表・六國表・皆無與於漢也・其餘諸侯皆本史記舊表・而增武帝以後沿革以續之・惟外戚恩澤侯表史記所無・又增百官公卿表・最爲明晰・另有古今人表・既非漢人・何煩臚列・且所分高下・亦非定評・殊贅設也・後漢三國宋齊梁陳魏齊周隋及南北史皆無表・新唐書宰相方鎮宗室世系三表・薛五代史無表・歐五代史亦無表・但有十國世家年譜・宋史有宰相宗室二表・遼史立表最多・世系表・皇子表・公主表・皇族表・外戚遊幸表・部屬表・屬國表・表多則傳可省・此作史良法也・金史宗室交聘二表・元史后妃宗室世系諸王公主三公宰相六表・明史諸王功臣外戚宰輔七卿共五表・

夫史之有表・隱寓抑揚・嘗讀史記之表矣・三代世表・

陳榮袞

所以觀百世之本支・六國年表・所以示天下之名分・十二國諸侯年表・所以觀天下之大勢・高祖功臣表・所以觀一時之得失・秦楚之際月表・上尊義帝・而漢居其中・所以明大義・將相年表・所以明職分也・唐書之表・猶有史遷遺意・宰相表則書杜如晦爲侍中仍監東宮兵馬之事・言宰相不宜下行有司之事・魏徵爲祕書監反帶參預朝政之銜・言他官不宜上參宰相之權・表宰相世系・則書裴氏之房有五・而宰相十七人・劉氏之房有七・而宰相十二人・蓋言唐之諸臣・能修家法如此・然則觀史之表・當取其抑揚之大義・不當專取其記載之年月也・近人萬斯同取正史之未著表者・一一補之・凡六十篇・益以明史表十三篇・詳瞻極矣・

書志　八書乃史遷所創・以紀朝章國典・漢書因之作十志・此外又增刑法五行地理藝文四志・其後律歷・禮樂・天文・地理・刑法・歷代史皆不能無・後漢書改地理爲郡國・又增禮儀祭祀百官輿服四志・三國無志・晉宋齊書大概與前書同・惟宋書增符瑞志・齊書亦有祥瑞志・梁陳書及南史無志・魏書改天文爲天象・地理爲地形・祥瑞爲靈徵・餘皆相同・而增官氏釋老二志・齊周及北史皆無志・隋書本亦無志・今志乃合梁陳齊周隋並撰者・其藝文則改爲經籍志・新唐書增儀衞選舉兵制三志・薛五代史志頗有減無增・歐五代史另立司天職方二考・亦即天文地理而變其名也・宋史諸志・與前史各目多同・惟遼史增營衞捺鉢部族兵衞諸志・其國族然也・金元二史・志目與宋史同・惟少藝文耳・明史志目・與宋史同・其藝文志內專著明人著述・而前代書流傳於世者不載・洵定法也・

列傳　古人之傳・大抵發明義理・記載故事耳・其專記一人爲一傳者・自遷始・又于傳之中分公卿將相爲列傳・其儒林酷吏循吏刺客游俠佞幸滑稽日者龜策貨殖等・又別立名目・以類相從・自後作史者各就一朝人物傳之・固不必盡拘史遷舊名也・如漢書少刺客滑稽日者龜策四傳・而增西域傳・蓋無其人不妨缺・有其事不妨增・至外夷傳則又隨各傳之交兵通貢者而載之・更不能盡同也・惟貨殖一欵・本可不立傳・而漢書所載貨殖又多周秦時人・與漢無涉・殊亦贅設・後漢書于列傳儒林循史酷吏外・又增宦者文苑獨行方術逸民・因劉向列女傳・又增列女・三國志名目有減無增・晉書改循吏爲良吏・方術爲藝術・不過稍易其名・又增孝友忠義二傳・其逆臣則附于卷末・不另立逆臣名目・宋書但改佞幸爲恩倖・其二凶亦附卷末・齊書改文苑爲文學・良吏爲良政・隱逸爲高逸・孝友忠義爲孝義・恩倖爲倖臣・亦稍變其名・其降敵國者亦附卷末・陳書及南史亦同・惟侯景等另立賊臣名目・後魏書改孝行爲孝感・忠義爲節義・隱逸爲逸士・宦者爲閹宦・亦稍變其名・其劉聰石勒・晉宋齊梁俱入外國傳・北齊各傳・名目無所增改・周書增附庸一欵・隋書改忠義爲誠節・孝行又爲孝義・餘皆與前史同・而以李密楊元感次列傳後・宇文化及王世充附于卷末・北史各傳名目大概與前史同・增僭僞一欵・舊唐書諸傳名目亦與前史同・其安祿山等亦附卷末・不另立逆臣名目・新唐書增公主藩鎮姦臣三欵・逆臣中又分叛臣逆臣爲二・亦附卷末・薛五代史增世襲一欵・歐五代史另立家人義兒伶官等傳・其歷仕各朝者謂之雜傳・又分忠義爲死節死事二欵・又立唐六臣傳・蓋五・

代時事多變局・故傳名亦另創也・宋史增道學一欵及周三臣傳・餘與前史同・遼史改艮吏爲能吏・餘與前史同・另有國語解・金史無儒學・但改外戚爲世戚・文苑爲文藝・餘與前史同・亦有國語解・元史增釋老・餘與前史同・明史各傳名目亦多與前史同・增閹黨流賊及土司傳・夫傳之爲體・大抵相同・而述者多方・有時而異・如二人行事首尾相隨・則有一傳兼書・包括全盡・亦有事跡雖寡・名行可崇・寄在他方・爲其標冠・自茲已降・史氏相承・述作雖多・斯道都廢・其同于古者・惟有附出而已・要之列傳褒貶・深意攸存・史遷與歐陽修最爲精覈・此事頗繁・容俟詳之・

釋老

釋典之藏・鄙人只涉獵圓覺華嚴二經・九牛一毛・太倉一粟而已・然嘗得諸耳食・微言精義・往往見寶・柳下飴糖・其在是乎・夫釋教流行中國・最盛莫如南北朝・南朝六十餘萬僧・北朝二百萬僧・亦云夥矣・加以繙譯諸經・皆文人墨客而性耽內典者所爲・文字精美・故流風彌扇焉・有宋一代・嘉祐治平以前・濂洛之說未盛・儒者沿唐代餘風・大抵歸心釋教・以范仲淹之賢・而手製疏文・請道古開壇說法・其他可知矣・

宋儒理學諸家・日言闢佛・而實入佛之範圍・大程稱佛說煞有精妙處・朱子晚年亦讀佛經・謝上蔡以覺言仁・純是佛學・陸子之學原于上蔡・陸學皆佛學也・凡言心學者・明代王學・皆佛學也・一陰一陽之謂道・佛與孔適成反比例・孔教之論學・民俗天理自然者也・其始作者也・佛教之去倫絕欲・人學之極致者也・其卒成也・孔教多于天・佛教多于人・孔教率其始・佛教卒其終・孔教出于順・佛教出于逆・孔教極積累・佛教極頓至・孔教極自然・佛教極光大・无孔教之開物成務于始・則佛教無所成名・狗子无佛性・禽獸無智識無煩惱・佛可不出・人治勝則煩惱多・佛乃名焉・是故天有毀也・地有裂也・世有絕也・界有刦也・國有滅也・家有裂也・人有折也・皆不能外佛教也・故佛至大也・佛經難得・然學者欲涉藩籬・我國經籍・有可比附得之・

一爲易經・何言佛與易近也・以象爲教・一近也・地獄天堂・諸佛國土・羅刹夜叉・即載鬼一車・見矢張弧之象也・以無爲有・空諸所有・即屯否之象・發剝革之義・陳亢極之悔・終未濟之卦也・華嚴八地・不舍諸有・隨喜順受・即進退消息居身涉行之義也・其所異者・佛說無王・故歡喜而游戲・易入人倫・故恐懼以寡過耳・

一爲列子・列子者・中國之佛也・林類曰・死于此安知不生於彼・即佛氏輪迴之說・但惡生樂死・在彼教中僅爲聲聞乘耳・未及不生不滅之精妙也・列子引夢幻泡影之說・周穆王篇發之甚透・其說已到瞿曇八地・然列子之學・僅至無可奈何舍而棄之之境界・未到地獄天宮皆成佛土・有性無性皆成佛道也・佛者言語道斷・心行路絕・久之覺光明・山河及大地・全現法王身・此是魂之靈處・仲尼篇使合于心數言・與之相印矣・然龍叔曰・吾鄉譽不以爲榮・國毀不以爲辱・視生如死・視富如貧・視人如豕・視吾如人云云・仍是可靜而不可動・能言而不能用・禪心已作沾泥絮・婆子固當燒菴也・至于佛愛異類・諸教罕有同者・說符篇引鮑氏子之

陳榮衮

言・宗旨適合矣・二書比例・或可得佛之髣髴歟・

我國佛學雖盛・而學其學者・非蕩則頹・同一飴也・盜跖得之・藉以爲盜・有何裨乎・其下者侈心冥福・香火因緣・遂令不耕而食・不織而衣之輩・藉以行其蠱惑・則又所謂不敗于仇敵而敗于蛆蟲也・

要之世人言佛・徒以空字貽累・不知佛有空門・有有門・十丈之高樓・其地址必與十丈相稱・萬丈之高樓・其地址更與萬丈相稱・不堅其地址・而貿貿然以萬丈高樓自託・此蕩與頹所以不能免也・

竊謂佛之有益身心者・因果二字爲最確最精・昔何易一先生以算學證之矣・其詳可另篇錄出也・蓋佛法初興・惟明因果・曁達摩東邁・始啓禪宗・譬以六經之傳・則因果如漢儒之訓詁・雖專門授受・株守師承・而名物典故・悉求依據・其學核實而難誣・禪宗如宋儒之義理・雖覃思冥會・妙悟多方・而擬議揣摩・可以臆測・其說憑虛而易騁・故心印之教既行・天下咸避難趨易・辯才無礙・語錄日增・而腹笥三藏・在釋家亦幾乎絕響矣・因果之理・似虛而實・倘棄數理而據事物・正所謂不見而不信・猶蟬不知雪乎・魏書釋老志・發揮寡要・今特揭而出之・至佛敎之事略宗旨方法・與夫魏書有未盡者・錄之如左・以令學者稍窺涯涘焉・

事略　佛之事實・經論所述・異同千百・今以慈恩宗之說爲主・而以近得西人之說補之・取慈恩宗者・爲其爲中國最後最精之譯本也・案佛生于印度劫比羅伐窣堵國・（其時印度分數百小國・劫比羅伐窣堵國・中印度小國也・）其生卒年月・頗不可詳・或曰去今（此引唐釋玄奘西域記說・今指唐貞觀言・唐貞觀至清朝光緒・計一千三百餘年・）千二百餘年或言千三百餘耳・或言千五百餘年・或云已過九百年未滿千年・晚近西人則謂佛約先耶穌六百年生・案耶穌生于漢哀帝元壽二年・止距孔子生凡五百五十一年・然則佛當與孔子幷世・而早於耶穌・兩皆五六百年・五百年必有名世者・其信然耶・

佛爲劫比羅伐窣堵國國主淨飯王之長子・爲刹帝利種・母基摩訶摩耶夫人・以三月八日・或云三月十五日・踰城出家・住森林中薙除鬚髮・去寶衣瓔珞・著鹿皮衣・祇其親戚五人遀之・依阿羅藍加藍婆羅門修生無所有定處・又依鬱頭藍婆羅門修非想定苦行六年・乃至尼連禪河畔菩提樹下・以三月八日或曰三月十五成等正覺・時年三十五歲矣・於是佛乃周流印度諸國・坐道場轉法輪者四十餘年・最後至拘尸耶揭羅國阿特多伐底河畔沙羅樹林中・以三月十五入無餘涅槃・時年八十歲・此佛一生之歷史也・佛入涅槃後・其弟子阿難集素呾纜藏・優波釐集毗奈耶藏・迦葉波集阿毗達磨藏・是爲上座部・皆佛大弟子所集也・其餘凡聖復集五藏・除前三藏外有雜集藏・禁咒藏是爲大衆部・

宗旨　人生之罪過痛苦・皆出自迷・去迷得悟・則一切罪過痛苦去而遊于極樂界・斯界也・匪惟一人占之・可率衆人達之・自迷至悟・歷界凡十・一地獄・二餓鬼・三畜生・四修羅・五人間・六天上・七聲聞・八緣覺・九菩薩・十佛・一至六純是迷界・曰六道・聲聞緣覺菩薩三界・有幾分覺悟・至佛而悟造其極・普通之人間亦迷界也・悲喜無端・死生倏忽・棲息于昏沉夢幻之中而已・必得大光明・大自

在・透澈宇內萬物之實相・身心所觸・無一非眞樂・入於無量福無量壽之果・是名曰悟・即佛界也・地獄至佛十界之別・由因緣之理而活動・地獄餓鬼畜生之界・以惡因緣而現・人間天上之界・以善因緣而現・曰地獄・曰佛・本來虛空無相・從因緣而循環者也・人積惡則入地獄・積善則成佛・人間萬事・皆有因有果・今歲之穀・爲去歲之果・來歲之因也・自迷至悟・境界懸絕・然無論何人・一經開悟・得平等入佛界・所謂一切衆生悉有佛性是也・佛界爲無量樂果・其至也・必有無量善爲之因・則自利利他之願行是已・了一己之悟曰自利・度衆生之悟曰利他・始發宏誓・期在必行者爲願・已而實踐以充此願者爲行・願行相合・始得達涅槃之彼岸・涅槃者・至善之境界也・佛教之主義・在使衆生盡到涅槃之彼岸・到此皆成佛・

方法　渡迷之苦海・而達悟之彼岸・未易言也・中有寶筏・則無數善行是已・善行之綱・是布施・持戒・忍辱・精進・禪定・智慧・布施爲慈善之行・捨財捨力捨言以濟人者皆是也・持戒爲嚴潔之行・戒法有五戒・十戒・二百五十戒・五百戒之別・而十戒爲本・一不殺・二不盜・三不淫・四不妄語・五不綺語・六不惡口・七不兩舌・八不慳貪・九不瞋恚・十不邪視・忍辱以防其退・精進以策其進・禪定一曰三昧・心注一境・不令散亂・萬念俱靜・始能悟澈眞理也・知慧有權知實知之別・權知者・洞徹萬般之現象而別其邪正利害也・實知者・參透眞理・即眞如之表裏也・無此知慧・則前五行・或誤方向而徒勞也・破迷而悟眞如之功・以知力爲主・故六行尤重知慧・以上所述・爲自力門之教義・發心修行・其能者必英邁之士也・佛教廣大・尚有他方教義曰淨土門者・修行簡易・常人所能・口念阿彌陀佛・即得佛果・如服良藥而宿痼頓瘳也・

往教說上

小戴記有言・禮聞來學・不聞往教・或曰・此孔教所由不廣也・嗟乎・孔教之至美至備至大至久・果藉往教以行乎・將無慕於外人傳教而爲是言也・吾聞君子之言曰・中國親親而尚仁・故如魯之秉禮而日弱・泰西尊賢而尚功・故如齊之功利而能强・蒙竊以爲外教如霸・霸者噢咻煦嫗・其驩虞如也・故其爲效也速興速滅・孔教如王・王民日遷善而不知・其效漸入而久始大・夫地球上別國之人之入孔教也・非必有所欣羡・舍家具而從我也・其勢使之然也・

夫九萬里之氣候・十四萬萬之士俗・道理遙遠・山川阻深・不相聞問・即聞問矣・而自釋迦牟尼路德穆罕麥德之徒・散諸四域・誘人以口舌・甚且刦人以兵・傳教之心苦・而其爲力也毅・且動人以禍福・下人以平等・志在皋牢衆生・日與孔教爲難・謀計譎黠者・竝倡爲合併之說・蠢蠢之族・且帖耳聽焉・孔教雖大・烏在其大一統也・雖然可爲智者言・未可與一孔之士論也・

天下之理生於勢・三人居室而道生焉・生于其勢也・據三人以揆一國・揆一國以揆萬國・勢出於不得不然・而理之自然者因之・所謂不期然而然者・夫孔教主仁・諸教皆從仁出・諸教尊天・與孔教言上帝同・所異者五倫之條理耳・知中國荒古之世・睢睢盱盱・混混沌沌・五倫未有也・五帝三

陳榮袞

王以後．然後稍明倫焉．猶未備也．孔子出而改制．而後立三年之喪．立親迎同姓不娶之制．凡類此者．莫可殫舉．五倫爲孔教特旨．蓋孔子差等百王．經緯天地之極致．而亦中國數千年之勢之所出也．

今日地球諸國．與中國異．異孔教也．非異中國也．中國荒遠之世．其風俗與今之外國同．中國在溫帶之中．聰明爲地球冠．故變革早．故孔子應運改制．其勢然也．外國聰明不及中國．故變俗遲．而卒範圍於孔教．亦其勢然也．以荒古五帝三王之中國．變而爲孔教之中國．以知今日之地球．亦將必變爲孔教之地球．何以知其然也．海禁既開．外國任子弟之來學．使臣之游歷．讀孔教之書．習聞孔教之俗．有所慕焉．舍而從我也．然此其小焉者也．外國地運漸昌．人心智慧日啓．有翹楚其中者．一旦覺焉有所不安．有所不安．必將變從前之陋而敦飭於倫常之事．或仍奉舊教而陰轉之．或另立教而盡易名號．當彼之時．創起由我矣．而孰知潛移於孔教中而不自知也．今夫男女有別之制．土耳其行之．至親不婚之制．權革拿定之．倫敦女子創行三年服制．尤爲非常舉動．此其漸也．所謂勢生理也．易曰．大哉乾元．乃統天．孔教者．元之謂也．以孔教統天．而諸星大一統．以孔教統天．而諸天界大一統．其故可冥推而知也．又何有於地球也．韙哉太史公之尊孔子矣．秦本紀曰．孔子以悼公十二年卒．吳太伯世家曰．闔廬十五年．孔子相魯．夫吳秦夷狄也．太史公以孔子紀年．雖夷狄之國．猶特筆焉．辨黑白而定一尊．括中外以崇師道．太史公深見夫孔教大同之故．意在斯乎．曾何病於往教不往教也．

往教說下

孔教有往教乎．曰孔子友教四方．其後子夏子貢澹臺滅明子張輩．或爲諸侯師．或率數百弟子講學鄰國．往教也．及戰國時．墨翟宋鈃禽滑釐尹文子之流．紛紛以爲人爲心．强聒不舍．此異端也．而孟子亦由齊而梁而滕而宋薛．往教也．然則禮聞來學不聞往教之說．其義褊乎．曰此爲治世言之者也．古者戶口少而材智之民多．且鄉有學．國有學．黨序州序．星羅而棋布之．自天子之元士．諸侯大夫之適子．下至庶民．皆入於學．逮其衰也．仁義充塞．禮樂敗壞．士民咸昧於親義序別之道．夫乾吾父也．坤吾母也．凡天地所生．皆吾兄弟親戚也．坐視晦盲凋瘵不一援手．仁人不忍爲也．往教之事．由是起焉．

雖然．言往教于今日．非徒無益．適又害之．孔教之行．萌芽於魏文侯．推行於秦政．大一統于漢武帝．逮至東漢以經學爲實政．制度風俗．斠若畫一．彬彬文學以來．而孔教益光明昌洋矣．晋太康九年．立古學博士．自時厥後．多行劉歆僞制．非行孔制．夫孔子以前．舊制舊俗．紛綸外錯．孔子改之．乃克大定．劉歆思篡教統．於是孱竄經文．雜以瀆亂不經之制．然而二千年來墨守之而終不悟者．劉歆僞於前．鄭康成糅於後．無一人焉別白剖決之也．

叔末士夫．日習僞制．問孔教之事．必曰吾不知也．問孔教之通變．曰吾更不知也．苟驅是人傳教．扶僞經數語．陳僞說百十條．而百二十女之淫賤．百二十聾瞽之侈汰．與夫刑人之在君側．關市漆林之雜說．幾何不以是疑孔子．而

貽外人口實詬病也・

然則傳教奈何・曰孔子以前之舊制・可正嫌疑也・孔子以後之僞制・可去蟊賊也・魁儒鉅德・起而撥雲霧以見青天・凡定曰孔制者著爲令・於是傳布外國・爲人耳目・饜人心思・凡有血氣・莫不尊親・喁喁姝姝皞皞如也・或曰往教之說・未聞諸古也・曰孔子設三統之義・立制有之・立言亦然・不往教者・筆下之言也・往教者・意中之言也・相反而適相足也・且夫父爲子綱・夫爲妻綱・儒教等差之說也・行親迎禮・以男下女・冠禮父醮子於客位・則又平等之義也・是其例也・

或曰往教非所以崇師道也・曰此師道之所以崇也・傳教得百千人・百千人崇師道矣・傳教得億兆京垓秭壤溝人・億兆京垓秭壤溝人崇師道矣・師道立則善人多・善一界之人・且善諸界之人・故曰往教則師道立・不往教則師道晦也・目論之夫・猶斤斤於不聞往教之說・是夏蟲不可語冰・井蛙不可語海也・悲夫・

曹大家女誡書後

嘗讀聖經賢傳諸子百家・大抵爲婦女說法者寥寥・除內則外・間及之者・幾於空谷足音焉・百思不得其解也・或曰扶陽抑陰・由來已久・使由不使知・何暇及之・或曰普通道理・普通智識・男如是・女亦如是・不必畛域爲也・而抑知不然・男聖人車載斗量矣・而女聖人無聞・既無女聖人・則爲女子說法者・毋怪其寥寥也・婦女宜法者宜戒者・雖以孔孟言之・未必動中肯綮・故惟婦人教導婦人・而牛渚所然之犀・夏禹所鑄之鼎・毫髮無憾・情形逼眞・其絕作也・吾讀曹大家女誡得之矣・

或曰・子非笄者・安知女誡之中肯乎・噫・鄙人家居日少・婦女情狀・等諸鬼神・然所見所聞所傳聞・非無一二・且鄙人服膺于女誡者・以曹大家之聰明之學力之家世之閱歷・固女聖人也・觀其言之不足・且重言之者・女子固可視爲夏娃之遺傳性・否則普通之溼伏病・而務有以變化之也・女誡七章・具見范書列女傳中・開卷即見・鄙人今擇其可爲圭臬者・及不可膠柱者・爲女子一一敬告焉・

一章卑弱・近日女子聞之・以爲怪談・然上古知母不知父之世・聖人扶陽抑陰・亦救時法耳・卑弱之誡・根由於此・然求之道德經中・則冥若合符・先人後已・有善莫名・此乃下人之至理・安得以爲詬病哉・

二章夫婦・其言曰・夫不賢則無以御婦・婦不賢則無以事夫・方諸二者・其用惟一・但教男而不教女・不亦蔽于彼此之數乎・味此語意・男女平等教育耳・遠而周孔・近而程張朱陸・何絕不見及・而讓此女聖人言之・我國數千年未開之風氣・曹大家言之特詳・謂非女聖人得乎・近日之教育司教育會員・稍讀女誡第二章・斷不令女學寥落至是也・

三章敬愼・其言曰・房室周旋・遂生媟黷・媟黷既生・語言過矣・語言既過・縱恣必作・縱恣既作・則侮夫之心生矣・此由於不知止足者也・此等洞中癥結之語・男聖人能詳細乃爾乎・

四章婦行・五章專心・比而觀之・一則曰擇辭而說・不道惡語・再則曰說所不當道・三則曰出無冶容・入無廢飾・

無聚會羣輩・無看視門戶・四則曰動靜輕脫・視聽陝輸・入則亂髮壞形・出則窈窕作態・噫・此數語何其于今日婦女怪狀曲曲描出乎・豈數千年來犯此者爲普通病乎・愈信女誡非男聖人所能道・幸有女聖人留此當頭棒也・古時女學缺乏・女子胸無一物・故不擇而説・常道惡語・所在皆是・亦毋怪矣・曹大家冷眼觀之・觸目皆然・故諄諄及之也・至若妖服怪象・十年前未有所聞者・近數年自由二字・掛人齒頰・遂至不可收拾・又何止看視門戶・聚會羣輩已耶・此則曹大家夢想不到者矣・

六章曲從・七章和叔妹・均至理名言也・然鄙人竊願進一解焉・其曰姑云不爾而是・固宜從令・姑云爾而非・猶宜順命・斯言有所未盡矣・仲尼有幾諫之訓・子于父母・婦于舅姑・一而已矣・朱子童蒙須知云・長者檢責・或有過誤・不可便自分解・姑且隱默・久卻徐徐細意條陳云・此事恐是如此・向者當是偶爾遺忘・或曰當是偶爾思省未至・若爾則無傷忤・事理自明・至於朋友分上・當亦如此・朱子雖爲童蒙言之・然成人知此道者寡矣・故曲從數語・當以朱子之説補救之也・和叔妹乃老生常談耳・其曰舅姑愛己・由叔妹譽己・叔妹之心・不可失也・誠哉・

雖然愛女不愛婦・婦人常態也・異姓同居・本已枘鑿・加以女子不學・指瑕摘隙・藉此消暇・新婦開罪・莫知由來・姑嫂之間・離多合少・奈之何哉・閩中新樂府云・百忍堂前善氣祥・百忍堂後戾氣殃・又曰・只有冥心不見聞・閨房戾氣成游氛・須知筵席無不散・何苦相聚成冰炭・果爾・分居爲不二法門矣・鄙諺曰・相見好・同住難・兄弟狎見・猶易生嫌・況異姓之姑嫂乎・家姑至尊・猶以隔膜相忤・況姑嫂居平等地位乎・或曰・父子異籍異財・唐肅宗下詔配磧西矣・祖孫別財異居・宋太祖詔以論死矣・宋眞宗時・有誘人子弟析居產者・令所在擒捕流配矣・分居豈非偷薄之尤・犯天下古今所不韙乎・

不知二男以上必分異・商君藉以治秦・千金分給而更食・陸生可稱爲達・姚崇遺令云・斗尺之間・參商是競・欲仿陸生之意・預爲分定・以善其後・此數君者・深于世故者歟・不然・務虛名而受實禍・誠如顏之推所云・娣姒者多爭之地・使骨肉居之・亦不若各歸四海・感霜露而相思・佇日月之相望也・況以行路之人・處多爭之地・能無間者鮮矣・娣姒如是・姑嫂殆有甚焉・昔人云・門內之治恩掩義・又云・家庭之間・是非不必太明・畢竟恩掩義・不必太明者・即百忍之意耳・孰若分居之爲得乎・

然鄙人期期以爲不可者・又在第五章・婦無二適一語也・婦人夫死・脫離法律・自由可矣・夫可再娶・婦即可再嫁・此公理也・夫禮經有同母異父之文・繼父同居者齊衰・衞有七子之母・不安其室・而孟子以爲小過・子思之母・改嫁於衞・薛居正之妻・嫁於張齊賢・一則名賢・一曰名相・未嘗以娶寡婦爲羞也・程明道之媳・改嫁於王氏・范高平之媳・更嫁於王陶・考漢書公主改嫁者・多至二十六人・唐貞觀間・有令寡婦再醮之詔・雖東漢雅重名節・而光武爲寡姊擇婿・可知再嫁亦天理人情之至・無所謂不合禮也・證之外邦・美國有娶寡婦之少年會・以鄙人所見・美國嘉牧師之夫人・乃第三醮・嘉牧師以前・均爲牧師婦也・夫牧師至高尚

至清潔．而安取寡婦．誠以合於情理之至也．我國舊俗．扶陽抑陰．乃生此種障礙耳．難者曰．如子言．以不再嫁爲悖理乎．應之曰．非也．聖人錄柏舟之詩．所以厲天下之不肖．聖人不立守志之禮．所以成天下之中材．守志如是．守寡何獨不然．質而言之．男子可以再娶．女子無不可以再嫁．否則百千萬億失其所天之寡婦．遂沉霾於暗無天日之地獄中．噫．忍矣．女誡不可膠柱者．此其犖犖大者也．雖然．讀女聖之書．安可以小疵掩大醇耶．敬告女子．韋絃佩之可矣．

譚鑣 一八六二年生 一九二四年卒

字康濟．號仲鸞．新會人．光緒十四年選學海堂專課肄業生．光緒己丑科舉人．民國五年任廣州文廟奉祀官．時廣州東郊東山龜岡掘地建築．發見古冢．鑣考定爲南越文王冢．紀其事．人服其博．十三年卒．年六十二．著有新會鄉土志．

擬上朱慶瀾省長保存漢初木刻字書

呈爲古物發見．懇請保存．以資文化事．竊鑣奉委廣州文廟奉祀官．經將到差日期呈報在案．查各省文廟．多有古物收存．藉壯聖域觀瞻．而備士林覽究．故京都文廟．則有周石鼓文．西安文廟．則有秦嶧山碑．紹興南昌文廟．則有漢石經殘字．廣州亦吾華繁盛都會．而文廟獨濯濯無有．殊爲缺事．

鑣奉委伊始．聞有台山商人黃夔石．於廣州城東三里許東山廟前．購得官產龜岡一段．建築樓房．掘土丈餘．發見一南越貴人遺冢．中有一堂三房．堂在房北．共約深一丈四尺．堂廣一丈二尺．三房共廣一丈六尺．冢屋高約四尺上下．四旁用堅厚香木密築．木外護以木炭．屋之上蓋木多已破壞．惟鋪地木尚多完好．房空無棺．尚有頭骨一片．手足骨數節．發掘時已應手毀棄．又有殘破木片數枚．似棺木剖毀蛀毀之餘者．西漢古冢．例無銘誌．無從得其主名．冢堂中則有周秦漢初古物甚多．除黃夔石所自收回四十餘件外．工人分霑散沽．已無可追詰．

鑣因兼廣東通志局員．以此事關地方古蹟．親往調查．悉心探索．於冢堂鋪地各木端．搜索得漢初隸書木刻字．其可辨者．尚有甫五甫六甫七甫八甫九甫十甫十二甫十五甫十八甫廿．初未解甫爲何義．後詢悉此種刻字木．爲冢堂鋪地木條．乃知甫爲鋪之古字．其字畫方整．間有參差．不作俯仰姿勢．純爲西漢隸法．其五七九字．尚沿篆體．甫字亦有沿篆體作山頭者．異於東漢諸碑．該冢雖銘誌無存．而有此木匠符號遺字．知其時未必有楷書．又必在由篆變隸之始．已足表示其爲西漢古蹟．

況此外尚有證據多起．冢中古物．瓦器最多．無一爲隋唐以下釉瓷之品．形式與周世彝器多同．其銅器之盤鼎尊罍．亦多周制．其尤珍尤古者．至有周九寸瑑璧一枚．周八寸瑑璧一枚．據考工記古說．則爲周時上公聘享天子之所用．璧爲現世古玉圖譜所未備．以此殉葬古物．推想其營葬時代．必距周世尚近．又可知所葬者．必南越貴人．故得有寶器多枚爲殉葬珍玩．鏡銘之文字．已雜有漢隸．而秦篆尚占多數．又有異形之古文．不可盡識．至其古錢之數．尤足

譚鑣

爲該冢時代之確實證據・計冢中所得古錢・據工人言・合以錢譜秦大半兩約數十枚・漢呂后之八銖半兩百餘・而漢武帝之五銖不過數十・此外更無別式之錢・以此推想其營葬時代・必秦半兩錢未停廢・而漢五銖錢已流布・其爲漢武帝未滅南越時・越之貴人遺冢・已無疑義・

鑣查漢武帝鑄五銖錢・在元狩五年・上距南越武王陀之死・凡十九年・冢有五銖・必與陀無關・史記言南越文王胡之死・在遣太子嬰齊入漢後之十餘年・考漢助南越王擊閩・在建元六年・而漢使諷越・嬰齊入侍・又在其後・大約當元光元年・循是至元狩五年爲十六年・胡死當在其時・又史記言嬰齊死在元鼎四年前・上距元狩五年・凡五年・是兩王死年相近・正值漢武帝鑄用五銖錢之初・其冢皆得有五銖錢爲殉・然嬰齊冢經於孫吳黃武五年發掘・事見太平寰宇記所引南越志・則此冢當爲南越文王胡冢・此後尚有南越王興・然其嗣王位纔一年・即爲呂嘉所殺・而國隨以亡・未必有此木屋堅厚葬物多美之冢・南越志言・嬰齊冢有干將莫邪・爲周世古劍・此冢亦有九寸八寸瑑璧・爲周世古玉・其以古物殉葬・正事同一例・水經注引交廣春秋言南越王陀死・有祕奥神密之墓・此冢入土深至二丈餘・世無知者・得以久存・殆沿用其先王陀神祕之葬法歟・

鑣聞保存古物・爲文明國諸公例・前清已將此事編入地方自治章程・入民國來・又經內務部著爲通令・而存儲古物・備士林覽究・又爲文廟應有之美舉・鑣從黃夔石家及得物之家・所見玉銅石瓦各古物・非貴重則細碎・不適用於文廟・惟所存各木刻字・乃由篆變隸之迹・爲學人研究文字原流不可缺少之資料・況海內西漢字存者甚少・石刻僅有五鳳朱博河平天鳳數小碑・甎銅亦復寥寥・海內木刻字可考知者・以閩縣王大王庵池記爲最古・乃唐天祐之遺物・前清端方於山東得北齊高橋造板木寫字・已驚爲絕無僅有・若廣東地方所出土之金石・上溯至孫吳之鏡・晉永康之甎而止・求一漢字而不可得・今有此新出土漢初之木刻字・誠爲曠世奇寶・允足冠冕海內・無論廣東・豈宜任其放失・此木於舊歷五月十一日出土・至今已四閱月・鑣始偵得・工人委置工廠路旁・容易毀失・至爲可惜・擬請鈞台・迅予保護・其應責成業主虔藏・抑或爰照各省文廟慣例・將刻有漢字之木・移置廣州文廟・以資珍守・而備覽究・伏祈察核批示・俾得祇遵・附繳搨拓之冢木刻字一紙・廣州文廟奉祀官譚鑣謹呈・

新會鄉土志輯稿例言

(一)本稿遵用部奏原議・定名爲新會鄉土志輯稿・

(二)本稿遵用部頒例目・其例目以外之事・未暇詳及・

(三)本稿與新會縣志體裁不同・與創撰新會鄉土課本及鄉土課本之參考書亦異・本稿之責任・在搜集鄉土資料・備學部編書局・編輯新會鄉土課本及參考書之採用・乃屬調查之範圍・非屬撰著之範圍也・

(四)本稿既是鄉土輯稿・並非鄉土課本・故於原有之縣志及其他地方志之關於新會事・誤者得爲訂正之・缺者得爲補足之・徒以編輯者成書期促・未能爲充分之考據・亦未能爲充分之調查・而以此爲鄉土課本採用之資料・則大略已具矣・

（五）例目第一篇爲歷史・而其子目・實則沿革也・本稿爲課本起見・於沿革每條下・並爲低格案語・附入沿革上・有興味之事蹟多條・以備編書者查考・

（六）新會漢時屬番禺・非屬四會・新會城・隋及唐初・爲岡州治・至唐開元後・岡州廢・新會縣治始由盆允遷於此・而新會城之名以起・此皆新會沿革最重要之節目也・前此省志・縣志・均未詳考・故鑣爲訂正補足之・言論頗繁・然輯稿之體裁・寗詳無略也・

（七）政績以下至實業・爲同事黎君璧湲所輯・鑣間有增改・本稿既是輯稿・與著書不同・故前後文例・容有參差之處・

（八）地理由鑣與同事林君燦余同輯・山脈至商務・則林君自輯・而鑣間有增改・

（九）政績者舊兩篇・由正續縣志摘鈔者十之八・其縣志以後諸條・由鑣與黎君分任調查增入・其文則黎君爲之・兵事由黎君摘採縣志之前事篇・貫串組織・裁爲紀事本末・

（十）地理之分目・遵用部頒例目爲之・其古蹟一類・據羣書重新編輯・多爲縣志古蹟篇所未有者・

（十一）山脈水道・縣志所載散漫・未有統紀・水道尤甚・今以大水大山爲幹・合散爲整・以篇編書者採用・並據水道提綱・定縣西之大水爲潭江・前此縣志所未有也・至何方距何水若干里・山內有何水源・由林君遵用部頒例目・調查補足・

（十二）道路・縣志僅有驛站・今多廢不用・本稿則據現在道路之交通最多者言之・

（十三）物產並詳性情功用・皆縣志所未言・其物名・用本境通常所稱者・別名古名・隨筆分注於下・

（十四）商務無從得詳確之統計・今由縣尊蔡公・向江門常關洋關・查得出入大宗之數・並參以調查員趙心堯所查江門商業情形・著其厓略・以完例目之一部分・

總編輯員譚鑣謹識

洪孝充　一八六二年生　一九三四年卒

號燉煌・世居香港・嫻熟香港掌故・主中外報及循環報筆政・著論以博愛爲主・不爲過激之談・光緒二十八年・嘗爲洪秀全從姪洪全福起草檄文・發揮排滿興漢・辭甚透闢・晚年患偏枯・猶以左手爲諸報寫稿・曾與鄭貫一辦公益報・與陳和辦中國報・與尹文楷辦大光報・民國二十三年卒

大明順天國興漢大將軍檄文

大明順天國興漢大將軍天賜爲聲罪致討事・案查滿清者・乃西胡鄙族・而東遼小邦也・政等虎苛・情同狼毒・當多爾袞渡江之後・乘吳三桂戰疲之餘・順踞京城・逆戕明裔・托辭討賊・恣志殺民・嘉定則屠戮全城・根苗盡薙・揚州則慘殺三日・玉石俱焚・迨耿尚之南征・成粵桂之奇禍・五羊城外・十八甫寸草不留・六脈渠中・四萬衆殘生莫保・君臣無罪・駢首受剝洗之刑・婦孺何辜・坦胸任干戈之刺・嗚呼・慘已・能勿淒然・

乃復外托仁慈・陰恣狠毒・藉口輕傜薄賦・肆意吸髓敲

膏・漢民則尺布寸絲・旣徵厘復徵稅・滿人則暖衣飽食・女不織男不耕・晋爵則漢卑而滿高・授官則滿多而漢少・凡此多偏之政・應爲不平之鳴・

況今日者・義和拳之亂・乃滿官釀之・非我漢人之咎也・而割地盡屬漢土・賠欵徵自漢民・頣和園之建・乃淸廷所居・非我漢人所到也・而初築八百萬・復修六百萬・欵項不足・稅厘重徵・貨物之價旣昂・田房之捐繼起・民不堪命・已同涸轍之魚・君尚晏安・無異怡堂之燕・明頒節約之詔・暗恣揮霍之豪・西陝回鑾・東陵謁駕・耗費者數百萬・北京修殿・南海葺園・撥欵者千餘萬・

嗚呼・賠欵交逼・民悲避債無台・浪費任情・君喜宴遊有所・良心何在・苛政頻加・是以民怨繁興・羣思撥亂反正・用能天心感應・迭生水旱瘟疫・此正天亡滿淸之時・即爲天興我漢之候・本將軍應天順人・弔民伐罪・邀集豪傑之士・爰擧義旗・務滅滿淸之政・重興漢室・爲此檄飭軍民人等・須知天命攸歸・可見人心所向・無失風雲之際遇・各秉精忠・佇看日月之重光・務淸妖孽・其各知之・須至檄者・

孔子爲宗教家之祖說

梁成久

年生　年卒

海康人・廣雅書院肄業・梁鼎芬弟子・

聖教不明也・於茲爲甚矣・時髦醉心歐化・無不以宗教奉之耶穌・於孔子則以爲非教也・雖欲無言・安能爲弗聞也者而過之・識時務爲俊傑・亦知宗教二字出釋典・而釋則仿於道・道則本於孔子乎・蓋教之稱宗・實始於孔子・司馬史記・孔子世家贊・孔子布衣・傳十餘餘世・學者宗之・此漢初以孔教爲宗教之最先覺者・後則班氏漢書藝文志云・儒家者流・宗師仲尼・王仲任論衡云・儒者之宗孔子也・可見漢諸儒之奉爲宗・一如司馬氏之言也・歐陽公夫子廟記云・自孔子沒・後之學者・莫不宗焉・故天下皆宗爲先聖・李齊論道云・夫子贊易删詩書定禮正樂作春秋・以爲萬世道德之宗主。又可見漢以後之奉爲宗・一如乎漢也・而宋仁宗釋奠登歌・首則曰大哉至聖・文教之宗・其所以表彰宗教尤昭然若揭矣・且孔子之時・已有可得而言者・禮記檀弓・孔子泰山梁木之歌・子貢以爲安仰安放・仰與放即宗之謂也・而以明王不興・致歎天下孰能宗予・其意蓋隱示以天下之宗予・不在身前之道・乃在身後之教・猶齊太史子與所觀夫子之逢明王・將垂訓以貽後世也・又周禮春官大司樂・凡有德者使教焉・死則以爲樂祖・祭於瞽宗・瞽宗云者・論衆瞽之所宗也・準斯以斷・孔子之教・束脩以上・三千餘人・心悅誠服・其奉爲宗教也・何待言・況教樂者死且爲祖・則孔子沒後・有不以爲宗教之祖乎・是更可於宗教之稱家證之・家也者・其自成一家之謂也・而此一家之教・則必自我創之・自我傳之・中國師儒之教・創於孔子・惟天下無道・天以夫子爲木鐸也・以創始・而謂爲宗教家之祖・一說也・

孔教曾子・再傳子思・三傳孟子・皆正宗則也・元文宗謂孔子之道・曾氏獨得其宗・唐韓昌黎謂孔子沒・孟軻氏之傳得其宗・宋楊龜山謂曾子後・子思孟子之傳得其宗是也・孟氏而後・傳宗教代不乏人・考之明淸諸儒所著書・若劉念

臺聖學宗要．孫夏峯理學宗傳．孔門心法．淵源具在．而萬斯大儒林宗派．記孔子下．迄明末諸儒授受源流尤詳．孔子之宗教．誠中國第一家矣．夫孔子既以宗教起其家．傳之已二千餘年．則以傳後．而謂爲宗教家之祖．又一說也．

昔史公以孔子入世家．即已備有斯旨．惟是學者宗之之言．宗之名則千古矣．而宗之義尚待發明．蓋宗者尊而以爲主也．罕譬而喻．則日爲陽宗．月爲陰宗．北辰爲星宗．尊而主之．見於天也．岱爲山宗．河爲水宗．海爲澤宗．尊而主之．見於地也．惟我孔子．其教如日月麗天．江河行地．人仰之如北辰泰山焉．明稱之曰宗．然則宗教家之稱．惟孔子所獨耳．他教惡得而有之．

然道家者流．其教亦稱宗．何也．蓋借重於孔子也．而先路則導之莊周．周之傳出子夏之門之別子．而其學則以老爲宗者也．故有孔子問道老聃．聃告以非是孰爲宗之語．故又自高其道曰大宗師．曰以天爲宗．曰大宗．與天和曰壺子．示季咸以未始出吾宗．而季咸走．夫南華寓言．問道之事．本不足據．即使有之．不過如之郯問禮．入太廟每事問已耳．何嘗師之．而爲老者欲藉以尊己之教．競哆然曰．孔子吾師之弟子也．而道家之教遂沿孔教而稱宗矣．

釋家者流．其教亦稱宗何也．乃道家之故智也．其爲佛者．曰佛遣三弟子．震旦教化．儒童菩薩孔子也．淨光菩薩顏回也．摩訶迦葉老子也．此其援孔子以爲已教增聲價．與爲老者於孔何以異．故亦自崇其教而稱弗曰世尊．謂爲世所宗主也．由是其教有二宗．有三宗．有六宗．至達摩東來．又啓禪宗．教以即心是宗．而宗風乃日益暢．故唐柳宗元無姓和尚碑銘云．凡授教者不失其宗．鄭愚大圓禪師碑銘云．僧事千百．各言宗教．而釋家之宗教．視道家爲較著矣．道教釋教．皆相沿而稱宗．孔子之宗教．不又作祖於二氏乎．

若耶穌者．初無所謂宗教也．考耶穌本於摩西．摩西舊約無此名．即耶穌新約亦無此名．究厥由來．則原於英文之釐離盡．本義蓋言神教耳．以神教爲宗教．則濫觴於日本．日本宗佛教者也．彼徒見耶穌言鬼神言天堂地獄．與佛教如出一轍．遂以佛之宗教而宗教之．而耶之徒．亦遂居之不疑焉．彼日本者．不知耶教之出於佛．並不知佛教稱宗．孰爲之前．惟見孔教徵於人．不徵於鬼．遂謂孔子非宗教家．中國新學之士．習矣不察．數典而忘其祖．亦羣起而和之．曰孔子非宗教家也．是何異生而眇者．揣籥以爲日．而不知有天上之日也．豈非寐言．顧有巧其辭．謂以孔子爲宗教家．爲小之乎視孔子者．孔門設教有三達德．五達道．有德行言語政事文學四科．有易書詩禮樂春秋六藝．舉泰西所謂教育倫理哲學經濟法律政治諸家．德育智育體育諸家．無能出其範圍．何大如之．第以神教爲宗教．宗教誠小矣．坐井觀天．而謂天在是．非天小也．所見者小也．且宗教果小道歟．釋之徒何樂得而稱之．耶之徒亦何樂得而稱之．彼之見豈皆出今新學者下耶．然此爲不知宗教者．撥雲見天．故舉孔教之全體．若指其一端．孔教言神．更僕難數．如精氣爲物．游魂爲變．則耶所云靈魂不死也．鬼神害盈而福謙．聖人以神道設教．合鬼與神教之至明命鬼神．以爲黔首則．則耶所云．神權使人迷信也．帝出乎震．獲罪於天無所禱．則耶所云眞宰主理世界也．且物本乎天．人本乎祖．郊社之禮・所以事上帝・則敬天之神也・宗廟之禮・所以事乎其先・則敬祖之神也・耶教祇言敬天・尚無以教民不忘所由生・俾孝放諸四海而準・豈非道邇求遠・而明乎郊社之禮・禘嘗之義・治國其如示諸掌・尤耶氏所未之或知也・顧弟弗深考・總之耶教言神・亦得孔教之一端耳・謂得一端者爲宗教・而有全體者非宗教・豈一手一足之爲人・而官骸具備・反非人歟・雖至愚極懵・誰則信之・嗟乎物必自腐也・然後蠹從而生之・彼西人惡知孔子爲宗教非宗教也・自中國人以孔子爲非宗教・西人非之也・中國人謂孔子非宗教家・由不究宗字何解・並不知孔教前事・故爲日本人應聲蟲也・日本人謂孔子非宗教家・於我國無傷也・我而謂孔子非宗教家・則數千年經書彝訓・自我而斷絕之・人心陷溺・伊胡底也・昔子思見孔子興歎・而恐子孫不修・將忝乃祖・讀孔氏書者不能振興孔教・而耶教之偏行五洲・已可愧然・乃欲滋他族而除去我本根・其忝教祖爲何如也・嗚呼・滄海橫流・國粹澌滅・我四萬萬神明冑裔・再數十年・人人不知其所自宗・將如老子所云・子呼我牛而謂之牛・呼我馬而謂馬乎・宗教非其前車歟・

趙宗壇　年生　年卒

字嶧山・台山人・廣雅書院肄業・梁鼎芬第子・曾任駐加拿大總領事・

儒行淺解序

孔子集羣聖之大成・爲中國民族教化之祖・其言可爲坊・行可爲表・設教東魯・學者宗之・名其教曰儒・漢書藝文志所謂儒家者流・游文於六經之中・留意於仁義之際・宗師仲尼・以重其言・於道最爲高・是儒教即孔教也・吾國民族倫理道德・本源於孔教・西國通儒・譯讀孔子書者・每稱中國倫理道德・爲五洲萬國之冠・乃吾國人民・日在孔教之中者・反多習焉不察・終身由之・而不知其道之所由來・

宗壇素習孔教・欲闡揚吾國倫理道德之美備・指明吾國風俗教化之本源・爰與海外同志・共立孔教會・將孔子遺書・就其專言教理者・爲之擧其要義・以備講習・適高要陳博士煥章・著有儒行淺解・流行海外・遂先將此書刊印・分頒會友・俾各手一篇・以資服習・此誠入孔教之門徑也・吾嘗考小戴禮記儒行一篇・爲儒者立身之模範・凡有志孔教者・如能朝乾夕惕・以此書自勵・並效孔子友教天下之熱心・以此書之義旨・廣爲傳布・擴充我孔教善與人同之量・即孔子之徒也・我孔教會中人・其共勉之哉・中華民國六年歲次丁巳拾弍月大雪日趙宗壇敬誌於坎京・

許壽田　一八六三年生　一九二九年卒

字鶴儔・號仲毅・惠陽人・光緒丁酉科拔貢・從番禺梁鼎芬、石德芬・吳道鎔三先生遊・肄業豐湖書院時・以憂勤惕勵見知於山長梁鼎芬・曾夜至黃塘寺寓齋親課楚辭・勉以忠孝節義・歷豐湖、端溪・廣雅三院・四載追隨・深相期許・三十年以在鄉辦團練得力・奏保知縣・分發湖北候補・即派武漢警察局及兼武昌讞局事・奉鄂督命・與標統黎元洪派赴湖南提解要犯有功・奏保以本班儘先補用・歷任湖北省・房・竹谿・巴東等縣・皆有聲・卸任巴東時・邑人立碑於寇萊公之秋風亭畔・

以誌去思．辛亥後曾兩度參與陳炯明粵督及粵軍總司令兼廣東省長幕．晚年整理師友遺篇．籌畫付梓．遺有靜涼軒詩文稿．文佚詩存．

葵霜遺範憶述示兩兒

許壽田

光緒十二年丙戌．番禺梁節庵先生來惠．主講豐湖書院．余幸蒙挑選得列門牆．時士習固陋．風氣未開．先生思有以啟迪之．進院之日．告誡諸生．勿祇重帖括．要向遠大處想．以陳東塾先生集顧亭林句行己有耻．博學於文相訓勉．蓋先生為東塾傳人．東塾為嶺學大宗師也．

書院有吾亭．前山長蔡錦青建．先生易名為洗肝．用東坡江上夜起對月詩．江月照我心．江水洗我肝意．復於院東築范孟博祠．南築書藏為蘇東坡祠．石師星巢遊豐湖時．有詩美之曰．范祠瞻拜一傷神．攬轡澄清志未申．有友平生師孟博．為營俎豆薦湖蘋．余亦紀之於詩．手建祠堂祀范蘇．文忠從此兩西湖．心香一瓣崇明教．漢宋傳人道不孤．

先生以書院缺藏書．坊間少書．更乏善本．乃建樓三楹．搜羅往籍．廣徵捐贈．自編書目．為學子用．額曰豐湖書藏．蓋創舉也．撰楹聯二．一曰西湖花草懷詞客．東壁圖書供謫官．又曰得地已高．當做第一流人物．有書可讀．坐想數千載人才．先生主講豐湖一年餘．調長端溪．選江孝通李漢珍與余等十人隨往．翌年．廣雅書院落成．南皮督部又聘掌院．亦選弟子十人進院肄業．

先生尊經重道．師承東塾．大義明倫．終生不易其操．自言與同門廖澤羣陳慶笙汪憬吾馬季立最相得．惜慶笙無年．少年摯友以學行相砥礪者．則徐巨卿．沈筠甫．顧宅南三人．時並稱梁徐沈顧．舊城梁石盛三世家．交往至密．石即星師．盛即季瑩．先生與星師有表誼．尤契合．名號亦相沿用．石師稍長諱德芬．字星巢．號惺菴．師諱鼎芬．字星海．號節菴．先生篤念故舊．對亡友遺孤．眷顧深切．慶笙孤子．鄧鴻臚之子元翊到謁．感懷悽愴．見之於詩．

先生至性孝友．而家運多迍．七歲喪母．七叔母（龍游余越園之姑母）．余太夫人撫如己出．十二歲喪父．孤露餘生．異母弟仲强衍若二人皆不壽．鴒原之痛曷已．元配龔氏．婚後數載即大歸．簉室三人．二師太某氏．三師太區氏來自余家．四師太王氏．來自王雪澄家．子女皆區出．長女蘭．未嬪卒．長子龍駒二歲而殤．次子劬．字思孝．幼年在鄂墮馬受傷．兩耳失聰．雙目幾瞽．婚後生一女．與祖父同日生．因名同生．未成年卒．先生常自嗟．我生孤苦．我心淒涼．噫．天何對此一代孤忠所遇如斯冷酷也．

余自受業豐湖端溪廣雅三院．以至隨宦鄂渚．得親師範垂三十年．先生視同骨肉．休戚關垂．睽離逾月．訊問數至．余四十後始得子．光緒丙午長男生於鄂垣．先生聞之喜．湯餅筵上為命名．賜呼循植二字．謂以循字為鶴儔之子安排名字．一則指出歸善為古之循州．一則嘉勉鶴儔為今之循吏．

余出宰巴東．以捐廉倡修施南利川入蜀棧道．三月有成．先生為之嘉許．因取寇萊公縣齋秋思詩．訟庭終日靜．晚樹生涼吹之靜涼二字名軒移贈．復為之銘曰．靜與躁異．涼與熱殊．萊公詩意．今為子書．又倩汪社耆丈繪圖刻石．賜跋畫尾．並囑思孝世兄撰寫．世間惟有靜涼好．吾友眞能

許壽田

孝弟兼擅聯見贈・

先生居鄂垣・抱冰堂時邀文酒之會・論詩・論字・論古人・南皮置評・節庵之字能傳否未可定論・惟節庵之詩則必傳也・先生凡有南皮翰墨・雖片紙隻字皆寶貴之・嘗賜函云・賢在張文襄公門下多年・能有親筆否・此件有數字・寄存之・前後賜贈多矣・

先生雅好刻石製箋・每石一名堂・凡百以上・如洗肝亭・棲鳳宅・毋暇齋・歲寒堂等・方圓大小不一・因時因地因人而用・寫景如二十八松亭・紀事如二十七歲罷官・咸有命意・箋紙分文箋信箋詩箋・各有幅度・詩箋絕律五七言皆有定格・深饒雅致・官武昌時・攝影電報初流行・先生頗喜新・敍友宴會必拍照留念・簡要函牘慣用譯電・嗜肉食・有豪量・嘗在湖北布局命厨治紅燒豚肉・每重二斤上・招叔葆與余共食・師弟三人能盡四簋・僕從旁觀爲之咋舌・

辛亥後・先生自粵北上・來往京滬間・卒定居故都・囑余遷入搾粉街故宅・爲料理家物及整理梁祠圖書・五載之間・兩地思懸・以書代面・一事一緘・一問一答・由交辦私務・探詢友踪以至縱談時變・累積不下兩百餘通・今已裝裱成册・付兒輩珍藏之・

生妣郭太夫人於丙辰九月・以痢症起病・不兼旬而棄世・不孝侍奉無狀・又不知醫・罪孽深重・先生聞悉・病中函電慰問疊至・接訃後・長函寄唁・囑思孝世兄繪慈竹圖並題詩・許生孝於母・一旦不可追・呼兒寫慈竹・塞此無窮悲・並於先妣遺柩歸葬之日・在北京陶然亭・手寫先妣靈位設奠・以朝廷賞賜食品・及梁格莊松蘑核桃・京師花果酒茗致祭・不孝苫次捧示・感激涕淚・不能自已・嗚呼・親恩師恩同其罔極矣・

自癸丑崇陵種樹・至丙辰奉旨在毓慶宮行走・兼爲帝師・先生以孱病之軀・盡其孤忠報主之節・築廬梁格莊・種樹讀書・甚少回籍・燕雲粵雨・萬里迢迢・而對鄉情未稍挈置・故人消息每函必問・宮廷頒賞・如崇陵祭品・御賜食物・必遠道寄贈・囑分送汪慵叟盛吾菴二處尤頻・

先生至囑・師友遺篇・雖任艱難・務求刊布・毋負先賢付出心血・而闡發幽光・現存寒舍尚有數家著作・殘篋相隨・出入與俱・已整理就緒者・有石星師遺稿・綉春詞・明史新樂府・幷詩文凡十二册・述彭六彌世兄囑送吳玉師審定付梓・玉師年來多避地香江・未遑及此・切望早日完成・江孝通遺稿・保存十餘年・余自媿不如王芥子・深恐有負邵荀慈・經與季弟靜菴計擬・浼有力者醵資刊印・與籌建江孝子亭同行事・

先生病篤時・猶以捐藏圖書爲念・余敬謹受命・督率子姪輩・先將梁祠藏書原列目錄詳爲檢對・防蛙補殘・分箱裝置・刻番禺梁氏葵霜閣捐贈廣東圖書館長條・蓋印紀念・列册移交就緒・而先生遺澤亦綿遠不斷矣・

先生遺詩・最先見諸順德龍氏鳳鑣硃刻本・次爲龍游余紹宋補輯・沔陽盧氏弼刻本・但遺佚頗多・余歷年抄存不下百餘首・先生捐館後・屢共汪慵叟廖伯魯楊果菴互訂增補・錄副分存・俟於補編時面世・

先生飾終大典・易名賜謚・撥款治喪・備極哀榮・惟生前無分毫私置・省城故居乏人料理・已由三師太出售・京師

祇餘一宅及字畫圖書．思孝世兄不幸殘廢．無法謀生．賴變賣產物度日．交親相助．難以爲繼．余老病無能．未克稍盡託孤之任．深負師恩．既慚且痛．廉吏可爲而不可爲．誦優孟以孫叔敖後人窮阨．歌動楚莊王遺事．不禁爲之長吁．

伍銓萃 一八六三年生 一九三〇年卒

字榮建．號叔葆．新會人．肄業廣雅書院．爲梁鼎芬高弟．光緒十五年已丑恩科舉人．十八年壬辰科進士．授翰林院編修．充廣西鄉試主考．張之洞督兩湖．隨宦鄂渚．官湖北鄖陽府知府．民國後．粵當局修省志．聘爲廣東全省修志局總纂．曾寄跡羅浮山酥醪觀爲住持．道號永覺．

愚廬記

石坂潭源出百峯山之南．迤東．流石上．飛練湍激．瀦爲深潭．復循西北而下．脈連溝會．逕昌平里．成蹊環之．里枕瓶山之西南麓．約四里許．奇山異水．一郡獨絕．中有愚廬．宗子于瀚居焉．廬主人拓地數百弓．誅茆其間．橫柯上蔽．疎條交映．鳥聲千囀．花隨四時．繡塍芳草．蔚然光目．輭紅盡悤．則萬象隱形．野翠宵盤．則衆山倒影．當其冲豫自得．與世無競．智者夷踞於隩區．愚者僶俛於崖谷．黠者閃榆於利藪．愚者廖廓於山阿．里名昌平．模范宣聖之鄉．室名愚廬．慨慕柳子厚愚溪愚谷之爲．生平愛嗜．不在人中．林壑之懽．此心往矣．

吾聞甯陽下坪之間．松杉竹梧之所蔽虧．蠻獠獐鹿之所出沒．有艮田數十頃．窈曲往復．世號沃壤．志稱澗口虬松．高摩十尋．老藤纏之．本達於杪．翔舞如龍．若登天然．比者闢爲大塗．蕩夷無存．野馗脩廻．禾黍彌望．霆車雲涌．飇輪風疾．汽笛一鳴．瞬息千里．自公益埠廻轡南行．出三台山．走上坑道．凡夫百貨之所輻輳．四鄰之所縮轂．飛芻輓粟．起責分利．胥於昌平爰止．繇是愚廬交通．稱極便焉．洒悟大巧若拙．大智若愚．老氏之談．豈虛語哉．

余以暇日．駕言出遊．眺石嶺之奇峯．汎紫霞之遙海．漾舟元圃．必集應阮之侶．徐輪博望．亦呼龍淵之儔．尚希懸豫章之牀．置欵段之驛．旨酒盈罍．嘉餚盈俎．淮南招隱．北海愛客．庶幾蕩累頤物．悟衷散賞．想居停有在．不俟繁言．

李翰芬 年生 年卒

字守一．中山人．光緒二十一年二甲進士．入翰林．充國史館纂修．編書處協修．翰林院編修。

進呈錄序文

皇上御極之二十有九年．例舉行癸卯科直省鄉試．恭值明年皇太后七旬萬壽．特開慶榜．嘉惠士林．六月禮臣以湖北考官請得旨命．臣李翰芬臣饒芝祥往典厥事．伏念臣嶺南下士．知識庸愚．渥荷恩綸．忝司文柄．寸衷悚惕．懼弗克勝．謹偕臣芝祥．星馳就道．中途臣芝祥緣事回籍．臣翰芬於八月初一日抵省．齋祓入闈．時監臨官臣端方．代辦監臨官臣岑春蓂．提調官臣梁鼎芬．外監試官臣譚啓宇．內監試官臣楊鍾羲．恪恭將事．爰進學臣胡鼎彝所錄士一萬零六百

餘人·扃闈三試之·臣翰芬率同同考試官臣顧印愚等·悉心校閱·取士如額·擇其文之尤者·恭呈御覽·謹拜手稽首·颺言簡端·

竊維我朝以科舉掄才·得人之盛·遠邁前古·屬海疆多故·詔天下講求實學·改試論策經義·甄拔明體達用·通知時務之士·士益爭自濯磨·聞風興起·臣聞國勢之强弱·係乎人才·人才之盛衰·係乎治術·天下不患無才·亦視上之所以鼓舞者何如耳·自庠序學校之制不行·人才乃歸於選舉之一途·隋唐以還·搢紳發軔·悉由科目·或試以論策·或試以詩賦·或試以經義·或試以制藝·勢窮則變·法敝則改·而千百年來名臣鉅儒·接踵相望·未嘗以乏才爲患者·上以是倡·下以是應也·論者謂泰西取士·胥由學堂·猶吾三代遺意·故其人才日盛·國勢亦日强·夫科舉較得失於一試之短長·不若學堂等高下於數年之積累·使吾中國人才·盡出於學堂·又當有駕歐美而上之者·特學堂成效·各行省尚未大著·時事艱難·需才孔亟·而士之以才稱者·又或患於誤用其才·仍不能不以科舉示之範圍·以論策經義覘其學術·論策仿於漢唐·經義沿於有宋·當時如晁賈之奏對·韓歐之著述·其文其人·類皆傳世而不朽·士苟博通於累朝掌故·天下郡國利病·以裕其學·參之以東西政教·以擴其識·復饜飫於六經四子之書·以端其志趨·其發爲文章·必具有本末·而人才亦即出乎其中·鄂地居東南上游·江漢炳靈·自昔爲人文淵藪·近學堂興起·得風氣之先·士生其間·類多魁奇絕特·淹貫中外·以臣愚昧·何足以識拔眞才·況區區文字間·以一人之心力殿最之·尤慮去取失當·惟慎重遴選·要以無背於國家所以掄才之旨爲歸·倘亦有學問淵博·志慮忠純·上副壽考作人之意者·斯則臣所夙夜兢兢·深願與多士共勉者矣·

維時官斯土者·則臣李岷琛·臣繼昌·臣陳兆葵·臣鄧嘉繽·臣琦璋·臣馮啓鈞臣原恩瀛等·例得備書·國史館纂修編書處協修翰林院編修臣李翰芬謹序·

廣東文徵續編 卷三

張學華 一八六三年生 一九五一年卒

字漢三・晚號闇齋・番禺人・光緒戊子舉於鄉・庚寅成進士・授翰林院檢討・二十二年充國史館協修官・二十七年以記名御史用・三十一年補授山西道監察御史・上疏要求革除積弊・外交上力爭國體・通商事宜等・摺三上・孝欽太后語諸大臣曰・近日言事多敷衍・此獨留心時務・且有辦法・因命下廷臣會議・多持所見・樞臣承旨・派充政務處行走・政務處與軍機處對立・時目爲要地・新政所從出也・踰年・出守登州府・勤政愛民・時學制新更・學華以師範速成科三月畢業・不足以爲人師・改建師範學堂・期以三年・躬自督課・爲之倡導・三十三年・調守濟南・煩劇倍他郡・以廉政自勵・吏民安之・於學風囂競・尤兢兢致意・以在登州府任內救護商船出力・巡撫吳廷斌彙案奏獎道員・宣統元年・巡撫袁樹勛奏保循良・傳旨嘉獎・二年・擢濟東泰武臨道・兼管濟南商埠監督・山東清理財政公所會辦・歷充法政學堂提調・通志局提調・省志久未成書・當局裁減經費・乃上書力爭・賡續編纂・刻期削稿・河防一門・尤踳駁・乃稽之往牒・正其訛誤・辨其源流・使治河者有考焉・三年四月・補授江西提法使・未到官而國變・辛亥後隱居歸里・吳道鎔纂廣東文徵・遺稿未及寫定・爲之整理・蒐遺補佚・遂成完帙・疊經烽燧・携往海濱・珍重護持・幸未散失・今全書印行・厥功至偉・遺著有闇齋文稿・采薇百詠・

鄧和簡公奏議序

順德鄧和簡公奏議・公子用甫觀察・毓生太守・所編曰諫垣奏議・曰撫皖奏議・曰撫黔奏議・凡若干卷・方景廟初元・臺諫爭言事・彈劾權貴・號爲淸流・朝廷優詔褒納・而王祭酒先謙・已有預防流弊之奏・謂言路不可不開・亦不宜太雜・蓋鶩於時名・隨聲以相附和者・往往而有也・疏上・朝論譁然・李尚書端棻・時官御史・嚴劾祭酒・莠言亂政・請治其罪・詔兩解之・恐開攻訐之漸・慮至遠也・（東華續錄光緒二十九）

和簡公官諫垣時・未嘗過露鋒棱・其所條奏・大旨以安民緝盜爲先・而尤急於裕民食・則根本之計・庶幾乎仁言利溥者矣・洎出守巖疆・洊擢開府・值甲午庚子之後・國威新挫・朝野上下・倡言變政・風氣所趨・或乃粉飾張皇・不惜爲夸大之詞・以炫觀聽・取快於一時之議論・而禍患中於隱微・不暇計也・公獨持以鎭靜・以爲疆臣之責・莫先察吏・深念夫民生之疾苦・於賑荒一事・蓋兢兢焉・至於興學堂・修武備・凡所以圖自强者・擘畫罔不詳愼・得其人而措之咸宜也・大臣謀國・若畏若訥・爲政豈在多言哉・

既引疾歸里・十餘年・時事日棘・其流極至於不可收拾・向之侈言變法者・身名多敗裂・惟公從容壽考・不渝其素・蓋貞固自守・乃能始終如一・豈隨風氣爲轉移者耶・公任臺垣二年・任封疆且十年・奏議今不盡存・茲編皆手自屬草・不假幕僚・彙而觀之・則知其拳拳於愛民者・即所以保國・其義可深長思也・

溫檗庵奏議序

張學華

嗚呼．國家興亡之故．豈不由人事哉．余讀檗庵奏議．不知涕泗之何從也．曩官京師．猶及承平．歲甲午．景皇帝初親政．勵精圖治．大考翰詹．以次召對．溫諭勗勉．仰企乾隆朝右文之盛．庸詎知隱患已伏．朝鮮搆亂．猝發而不能收拾．朝士闇於外勢．一意用兵．國威既挫．始言變法．戊戌庚子．一誤再誤．西狩而還．日益棼亂．然自辛丑逮辛亥．歲星一周．其時海內暫安無事．倘使急起維持．執政大臣有如曾文正胡文忠其人．上下一心．力籌振作．或重見中興之治．即不能而循常蹈故．猶未遽至淪胥至於此極也．顧以喪亂之餘．亟行新法．既爲衆論所劫持．而又遷就依違．鶩其名而亡其實．歐風東漸．遂乃倡言革命．無所忌諱．勢岌岌不可終日．當事者不之省．猶以粉飾張皇爲尚．至親貴用事．尤失衆望．三百年宗社．隳於一旦．可痛也夫．

原甲午一役．袁世凱駐節東藩．實爲禍首．既不加譴責．復任以治兵．養成羽翼．始裁制之．陳松山給諫嘗語余同臺聯摺劾袁．先謁南皮．松山大言曰．項城蛇蝎也．南皮猶謂其善外交．彈章上．解職放歸．內外重臣．袁黨盤踞如故．武昌發難．遂起用之．監國避位歸藩．盈廷唯諾．檗庵抗言袁世凱首先署名．語含斧鉞．而袁已內握政權．外倚兵力．陽與皇室周旋．陰與黨徒勾結．其勢不可復制．雖有言者．奈之何哉．檗庵官諫垣二年．章數十上．論新政一疏．洋洋萬言．痛砭時弊．賈生流涕．宣室論事．不是過也．其請監國始終勤政．及親貴入學．則根本之計也．其言新軍附亂．爲腹心之患．鄂禍蔓延．有肘腋之憂．則先幾之識也．其請懲治鄂省逃官．定勦匪之策．則救急之計也．危急存亡之交．所言皆關大計．非止於樞臣疆臣．彈劾無所避也．泣血椎心．披肝瀝膽．以求補救於萬一．百世而下．猶爲悚動．當軸諸臣．以斗筲之才．膺鈞衡之寄．言諄而聽藐．慮淺而智昏．及夫亂兵紛起．事機已急．猶是晏然處之．坐視淪亡．別謀擁戴．萬死不足蔽辜也．凶德參會．寗得委諸氣數乎．檗庵誠不負言職．後人論者．則太息痛恨於無窮矣．

余諫院舊僚．初到官上書言事．承命直政垣．于侍郎式枚謂曰．君今居政地．不復以言爲職矣．踰年改外．執掌簿書．碌碌無所建白．滄桑留命．洟涊偷生．循覽斯編．積憤塡胸．於身世有餘恫已．丁亥四月八十五叟張學華序．

元遺民詩序

張君豫泉既刻其所著明三千遺民詩．復蒐采元代遺民凡得三百五十餘人．爲詩若干首．將以付刋．郵寄索序．嘗考有元一代．以蒙古入主中國．中葉而後．權倖用事．盜賊蠭起．蹂躪徧於各行省．然皆饑民窮困．挺而走險．志在剽掠攫利而已．未聞有倡爲異說．姦人柄國．陰相附和．以成其篡奪之謀．悍然而不顧者．趨時之士．靦然異代．猶復巧詞文飾．甚且反顏醜詆．世道人心．敗壞極矣．昔元帝大去．仍主故土．一時耆獻．如鐵崖．清閟．九靈．席帽諸君子．皆能貞介自守．潔身高蹈．雖以明主之雄猜．亦不爲屈．獨非中原之志士耶．

豫泉自辛亥後．屏迹滬上．日唯以著述爲事．思古傷今．感懷身世．此二十年中．禍亂侵尋．元黃變色．茫茫天壤．以迄於今．欲求如蔡子英之追隨故主而不可得．何其悲也．於是闡發幽潛．表章忠義．積其牢落不平之氣．託爲詩歌．將質諸百世．以俟公論大明之日．此其作詩之微意也歟．

嗟乎．逸民首夷齊．而申之曰．不降不辱．以周武之仁．商紂之暴．猶懍然於君臣之不可易．采薇之歌．千古稱之．蓋遺民也者．必惓惓君國之思．具富貴不能淫．貧賤不能移．威武不能屈之操．非易代之際浮湛閭里者．皆可進於逸民之列也．豫泉甄采不苟．至其詩不名一體．或慷慨激昂．或低徊婉轉．使讀者感歎於不能自已．固無俟余之贅言也．

勝朝粵東遺民錄序

張學華

往讀全謝山鮚埼亭集．明季逸民．甬上最盛．當南都既覆．浙江屬郡相繼降附．獨甯波未下．錢忠介倡議抗守．諸君子投袂並起．及勢窮力竭．相與結爲湖上吟社．日抱麥秀黍離之感．以終其身．全氏生同里閈．流風未遠．凡所稱述．得之故老傳聞者爲多．故其表章易爲力也．

吾粵當桂王時．陳文忠．陳忠愍共舉義師．張文烈起兵東莞．遠近響應．海濱義民．如王興．鄧耀．陳奇策等．所在擁兵．咸奉號令．遙爲聲援．三公既殉國難．文忠之弟子升．文烈之弟家珍．尚保餘衆．力謀恢復．廣州再破．抗節不變．獨漉以複壁之孤．遷徙流離．屢瀕於死．顧其觀變待時．無一日忘故國也．忠義之氣．萃於一門．經百折而不撓．而聞風興起．以名節相砥礪者．非其門生即其故舊．其他孤臣節士．同謀舉事者．讀東莞張氏三疏．其人不可悉數．事敗以後．多能保其晚節．又或草茅韋布．未嘗有一命於朝．而潔身高蹈．誓死不屈者．比比也．

爰及方外．函可函昰．早歲出家．獨能表揚節義．宏暢宗風．則宋之杲公同時之南嶽大師也．從來忠孝大節．自二三賢者倡導之．後遂成爲風會．此非其效歟．明季距今二百餘年．桑海之交．文字散佚．稽諸志乘．或缺而不載．或載而不詳．至於私家著述．流傳日少．士之懷負殊異．湮沒而不彰者多矣．九龍眞逸．慨然以編輯自任．乃蒐集郡縣各志．及國朝諸老詩文遺集．旁加攷證．凡得二百九十餘人．成勝朝粵東遺民錄四卷．然後知粵人氣節之盛．尤非甬上一隅可比．若其纂述之勤．則過於全氏也．

昔黃太冲謂宋二王立國三年．文陸陳謝而外．豈無人物．今無一傳．以爲遺憾．篁墩程氏撰宋遺民錄．朱錫鬯謂其所收不及什一．吉光片羽．人猶珍之．茲編所錄．掇拾於殘編斷簡之餘．凡一人一事．散見於諸家集中．必爲之詳究其本末．於以永鄉邦文獻之傳．抑一代之瑰行奇節．其顯晦固有時也．夫古人往矣．彼其惓懷君國．耿耿未已．方蹙然引爲內疚．豈復計百世以下．有人焉表而章之．然而天理民彝．終古不絕．則此潛德幽光之發．猶有所興感．非細故也．

嗟乎．自新學盛行．奸險之徒．不惜破壞名教．倡爲異說．以便其私．而奔走於衣食者．又往往不能自固所守．巖穴之士・無可共語・徒欲求之古人・以寫其抑鬱不平之恨・使後之讀者・知名教之不容破壞・而又懼空言之終無補也・李杲堂之言曰・采薇硜硜・猶爲末節・然則此編之成・其隱痛爲何如也・

北郭草堂文集序

張學華

吾粵經學大師・百年來咸推東塾先生・及其門者・各能以所學顯於時・而南海廖先生澤羣・奉爲都講・薪火相傳・如白沙之有甘泉也・先生初至都・南皮張文襄公・即以顏子目之・通籍後・官詞垣・時清流滿朝列・先生無所干謁・亦不輕爲結納・甫踰歲・翩然歸里・竟不復出・平日篤守師訓・徧覽羣籍・精研三禮・著禮表十卷・少時於音韻之學・如有神悟・爲東塾所奇賞・後益博攷諸家・辨其訛誤・又有羣經古今文家法考一卷・乾嘉盛時・號稱經儒者・莫能過也・

先生深藏若虛・不欲出而炫世・海內名流・未嘗一通聲氣・蓋恥以名譽相高・光緒中葉而後・士習漸囂・負才之士・矜奇立異・先生泊然自守而已・間作詩文・非所措意・遺稿未及手定・伯魯世兄・掇拾叢殘・鈔存若干卷・頻年喪亂・兢兢保守・近者將付剞劂・以學華夙侍几席・屬爲一言・竊維時至今日・倒懸已亟・與言經術文章・方且羣笑爲迂・然斯文未喪・貞元絕續之交・他日必有起而張之者・烏可付諸消沈也・

先生晚觀世變・愍然憂之・嘗欲著安攘錄・裒輯累朝中外交涉事・凡見於史傳者・分門采錄・考其得失・彙爲一編・東塾述師說・謂辦洋務無成案・此可爲成案矣・削稿未就・論者惜之・顧先生不幸・而嗇於年・平生著述・多未成書・以爲遺憾・猶幸得從容講席・目不覩陸沈之禍・日輾轉於水深火熱・而淪胥以盡也・

昔白沙不輕於著述・甘泉遺書數百卷・今傳者寥寥・先生肩嶺學之傳・不在著書之多・而品詣卓絕・無愧古人・讀其文益慕其人・汪汪千頃之波・不當於文字求之・而文字足以傳矣・

丁潛客遺文序

潛客前輩・忠孝大節・師表人倫・晚遘滄桑・貞介絕俗・當時或憚其手裁之峻・歿後十餘年・鄉人士・景慕遺風・稱道弗衰・翕然奉爲儒宗・詩文其緒餘耳・往余與汪憬叟・輯其遺詩一卷已刊行・文不多見・唯君早直承明・封章屢上・皆報留中・洎主講席・勤於訓士・又爲桑梓籌保衞・未遑著作・辛亥後・隱居奉母・定省之暇・輒手一編・葄枕於經史百家・而以餘力爲文・然不輕爲酬應之作・故流傳絕少・

平生學宗程朱・嚴於自省・日必有記・讀書有得・鈎元纂要・並所作文・雜錄其中・往往削稿已成・未及寫定・君甥沈君建侯・收拾叢殘・得文若干首・彙鈔成帙・雖散佚尚多・彌足貴也・君多論古之文・史遷所謂好學深思・心知其意・昌黎所謂・作爲文章・其書滿家者耶・

余辱交君・校訂遺編・後死之責・回溯往昔・從容談藝・不可復得・而世變遷流・同時儕輩・相繼凋謝・余以漂

洎之身・自傷孤孑・每念君不屈不撓之精神・讀其文・如見其人・曠世猶相感也・建侯從君受學・不忘渭陽之誼・能於故紙堆中・蒐集遺文・可謂賢矣・承屬爲序・爰綴數言・以諗來者・知君不以文傳・而文亦不朽已。

秫音集序

秫音集者・新會陳朮叔暨順德黎六禾二人之作也・始譚瑑青在北京・寓書六禾・索二人近稿・六禾爲蒐集百餘首・錄寄都門・朮叔爲定名曰秫音集・此二十五年前事也・朮叔爲詞・致力夢窗・而六禾則醉心姜史・二人前後唱和・幾及十年・訢合無間・洎六禾北游・此事中輟・今檢得此稿・乃付之梓・以留鴻爪・問序於余・余於詞學未涉塗徑・辛亥後・客香江・六禾督爲詞・間有所作・輒加引掖・終以鈍拙弗習也・朮叔負譽詞壇・彊村稱爲海南大將・余歸後・嘗與二人遊・近歲避兵濠江・朮叔亦來・未幾返穗城・鬱鬱遽歿・今墓草宿矣・六禾老健・方提挈吟侶・倡設詞社・江霞盦謂其篋中存詞千首・嶺南詞客・靈光獨存・彊村表章夢窗・喜朮叔同調・顧未見六禾詞耳・並世詞流・鄭大鶴宗白石・況蕙風宗梅溪・異曲同工・不專一家也・茲集爲一時唱和之作・並足傳世・六禾所作・固不止此・嘗鼎一臠・可知味也・余何足論詞・迺略述數十年蹤跡・當此風雨飄搖之秋・追念疇昔・于喁之雅・結習未忘・六禾當亦不勝感慨已・戊子冬月・八十六叟張學華・

瓜廬詩賸序

陳文良公瓜廬詩賸二卷・哲嗣公眉世兄・將以付印而屬爲之序・公平生大節不必以詩傳・晚年著述・亦不欲以詩傳・顧其出處蹤跡略可攷見・

當夫入直承明・出膺使命・輶軒所歷・兩入滇黔・一登泰岱・憑眺山川・流連弔古・皆以助其攄寫・洎車駕西巡・麻鞋奔問・陟華嶽・渡河洛・足跡半天下・情來興往・紙墨遂多・此一時也・

甲午庚子而後・海波澒洞・朝局蜩螗・杜陵憂亂之篇・香山感時之作・俯仰太息・情見乎詞・及視學金陵・敷政之餘・吟事不廢・而積薪厝火・隱患已深・九諷憂時・五噫去國・此又一時也・

辛亥以還・桑海既易・管甯避地・焦先結廬・棲遲寂寞之鄉・問訊漁樵之侶・時與二三故舊・登宋王之臺・訪楊侯之廟・野哭欷歔・谷音忼慨・嘗擊竹而碎石・或呵壁而問天・此又一時也・

嗟乎・春明回首・陵谷驚心・祇此數十年間・世運之遷流・人事之變幻・皆得於公詩見之・如讀夢華之錄・陳迹都非・若譜冬青之吟・悲涼欲絕・綜公一生・燭先幾・則爲長沙之痛哭・堅晚節・則爲表聖之歸休・忠愛纏綿・蒼茫感喟・豈唯導揚風雅・模擬騷辯而已耶・公嘗語余・早歲學詩・得東塾先生指授・始解詩法・東塾少好爲詩・晚而棄去・公隱居後・注孝經以諷世・錄遺民而見志・凡所撰著・咸具微恉・詩亦其緒餘耳・不辭譾陋・輒爲喤引・世之讀公詩者・

當不能無風雨如晦・雞鳴不已之感也・

微尚齋襍文序

微尚齋襍文六卷・汪君憬吾自定稿・哲嗣等將以付梓・書來問序・余瞿然曰・君嘗以相屬也・曩君出視此編・屬爲之校訂・自言中多憤世之談・恐遭時忌・不敢求序於人・夙託相知・欲得數行弁首・略述其生平足矣・余因循未報・君遽長逝・以爲愧負・今讀其文・而重有感也・

君少從東塾先生學・講論經史・旁及詞章・生際承平・初不欲以文傳也・中歲而後・所學未得一試・時局迭變・異說紛紜・鶩新而厭故・炫名而亡實・禍患伏於隱微而莫之省也・君以憂時之遠識・爲救國之危言・感慨欷歔・其中有不能自已者・嘗恐學術之害・中於人心・辭而闢之・故不嫌於過激・晚遭喪亂・舉世波靡・獨不爲時風衆勢所劫・表章忠義・闡發幽潛・隱以寄其孤抱・君不以能文自詡・而一生志節・於文字見之・往日從容談藝・誠不料數十年後・徒以空言寫其身世之感也・

今者遷流日下・淪胥之禍已見・莫不服其先幾之識・至於公論大明之日・其人其文・益爲世重已・集中有古文・有駢文・有考據之文・東塾嘗謂兼擅此數者・海內名公・惟顧亭林・洪稚存・袁簡齋・阮文達能之・君諸體無所不能・足以方駕前賢・使東塾可作・其驚喜可知・余獨感於所謂憤世者・文章之道・與時勢相推移・有不期而然者・俯仰慨歎而爲之序・亦以副君之意也・

采薇百詠自識

余自辛亥後・避地香港・偶閱明代遺逸傳・輒摘敘事略・並爲短句記之・以便省覽・久之積成百餘首・潛客見而喜之・曰此空谷跫音也・署其耑曰采薇百詠・顧以國初時・吾粵遺老・傳者寥寥・因語九龍眞逸・輯爲勝朝粵東遺民錄・漁隱續輯廣東元遺民錄二書・表微闡幽・固宜刊布海內・使知南中氣節之盛・余詩既不工・所記又多當代大賢・無待於表章・聊以寓身世之感云爾・

往時錄有二本・以其一寄槐癭・爲柳純齋毛稚雲兩同年所見・遂以付印・余馳書力阻不得・諸君子傷今思古・具有微恉・唯以下里之吟・不免爲大雅所笑・迺述其緣起・後之覽者・或有同感焉・則詩之工拙可勿論已・癸亥三月・闇道人自識・

羅浮游記序

羅浮仙境自晋葛稚川後・棲隱之士・咸目爲洞天福地・其作爲圖志者・最先有宋王胄明陳璉・因之成羅浮志十五卷・吾友夀公道長・續爲增補・比昔加詳・唯歷代遊記・流傳不尠・陳志未能備載也・圓鏡道侶爲酥醪觀都管・去年六上羅浮・修分霞嶺路・種梅花千本・近者搜求舊籍・自宋迄明清・昔人所爲遊記凡若干種・出以見示・且語余曰・羅浮以飛雲頂爲最高處・多遊屐所未到・往鄒師正指掌圖贊・由寶積寺後之二石樓層累而登・當時謂之雲路・今已斷人行・

宋趙汝駁則自石洞開路而上・明劉克平則自金砂寺上・清潘耒則自華首臺上・又明歐大任李孫宸皆會登飛雲頂・攀陟險阻・所歷之境・又不盡同・並詳所作遊記・趙記見陳璉志・歐李劉潘諸記・世不多見・皆搜得之・上下千數百年・仙山靈蹟・不可勝紀・而徑路之變遷・祠宇之建置・或昔險而今夷・或昔存而今毀・賴此互相攷證・其有裨於掌故固多・抑可爲遊者之先導焉・此外如祝枝山李青霞歐子建陳獨漉諸先生・其著作尤可寶貴・淸嘉慶間・惲子居謝里甫諸公・每仕羅浮・流連經月・酬唱之作・傳世甚夥・里甫先生日記尤詳於敍述・皆志羅浮者所必收・今將先以付印・而續有事於纂輯・他日得成巨帙・或足爲名山增重也・子爲我序之・余曰・君之意善矣・余以衰病之軀・不克爲茲山之遊將四十年・讀茲編・既有愧於君・而益爲之神往・惜未能策杖登飛雲之巔・與諸先生所言相印證也・遂書以歸之・

永安鍾義士亭碑記

自古忠義之氣・磅礴鬱積・往往歷千百年而益以光大・其在海濱下邑・史乘闕略・幽潛之德・待闡於後人者尤多・明義士鍾公丁先・字後覺・永安琴江靑溪約蠟石坑人・考諱國祥・諸生・有子二人・公居長・幼負神童譽・年十二・補博士弟子員・崇禎壬午・幾社名士夏公允彝典粵試・拔公第一・有天南異人之稱・

時流寇徧天下・會試道梗不果行・甲申京師陷・公聞變痛哭・及王師南下・所至歸附・公傾家招集義民・力圖恢復・有衆千餘・屯於邑之下凹山・桂王授福建監軍道・陞參議・遷廣東按察使司副使・與汀州賀總兵惠州黃總兵鏖戰・相持累年・尋桂王西奔・號令不及・公知事不可爲・乃散其兵・耿尚二王以書招之・永安令王孫蘭・副總黃應傑等・皆貽書相勸・公答書不屈・風霜凜然・論者謂公世居南嶺・爲文信國駐師之地・流風餘烈・非偶然也・

然公之姓字不登於明史・不詳於省志・今所傳義士集・掇拾於刼灰之餘・清道光後・邑人許鼎亭編輯・長樂溫訓爲之序・公以名解元擢監司・稱曰義士・從其初也・自是而後・祠廟馨香・流傳不朽・則忠義之感人者深耳・公以頑民自處・又言霜鬢在堂・所欠一死・公之不死・以親在也・節彌堅・心彌苦・或誣其屈受冠帶・殆不足辨矣・

公解兵後・遁爲僧・號懺雲・居藍塘之彼岸庵・著四書明微十二卷・今存四十餘節・附刻集後・其論志士仁人・不以生死動其心・又曰・士窮見節義・非隱以自喻者耶・嗚呼・百世下可以興矣・

歲乙亥・邑人建公園於紫金山上・工既竣・流覽名勝・景仰前賢・以公精忠亮節・足爲山川增色・爰就雄鎮樓舊址・築義士亭・以資觀感・次其一生行誼・泐於碑・重爲銘曰・

嗚呼義士・君亡不可以仕・親在未可以死也・抗志孤往・艱貞以自矢也・遺書流傳・風霜滿紙也・金山峩峩・後人所仰止也・翼然斯亭・雄鎮樓之故址也・

清都察院副都御史南書房翰林溫文節公神道碑銘

張學華

歲己卯・秋九月癸卯・前都察院副都御史南書房翰林順德溫公疾終里第・春秋六十有二・遺疏聞・優詔褒卹・賞治喪費・予謚文節・海內舊臣・罔不嗟歎・吾粵自梁文忠公鼎芬後・繼之者唯公一人・靡高之翊中興・衰偃之從患難・二十年間・孤忠大節・其人零落以盡・尤可悲也・

公諱肅・原名聯瑋・字毅夫・號檗庵・晚自號清臣・世居順德龍山鄉・代有聞人・曾祖諱昌虞・祖諱維城・潛德弗仕・父諱徽廷・同治戊辰進士・戶部主事・里居授徒・學者稱藻裳先生・三代以公貴・贈光祿大夫・曾祖妣葉・祖妣陳・妣黎・生妣余・皆封夫人・公十二歲能作文・爲戶部公所賞異・年十九・補縣學生・光緒壬寅・順天鄉試舉人・癸卯成進士・改翰林院庶吉士・散館授編修・宣統庚戌・補掌湖北道監察御史・値朝議倡言立憲・風靡一時・而大權寖至旁落・公痛陳新政流弊・謂以紛更爲振作・以塗飾爲文明・以嚚張爲士氣・是率天下而爲僞也・今亂機四伏・亟宜籌消弭之法・屢劾親貴重臣・及部臣疆臣之不職者・在臺一年・章數十上・於國家存亡得失之故・反覆言之・冀當事者之一悟・疏皆留中・辛亥變起・攝政王避位・公言監國受景皇帝付託之重・義不容引退・不報・遂自請解職・

梁文忠公鼎芬至京・寓公家・有所規畫・而力不能有爲・文忠去國・公獨留・俟時觀變・壬子五月・赴瀋陽・以大義說趙爾巽勤王・爾巽不能用・是時恭親王溥偉・由大連移居青島・遺臣咸集・公與德化劉文節公廷琛・湘鄉陳侍郎毅等・密謀匡復・奉新張忠武公勳方駐兗州・往來通問・又約前陝督文忠公升允起兵西北・袁世凱偵知之・使其黨王天縱陰伺掩捕・節愍公玉春・朱貞愍公江同時被難・公亦幾不免・會忠武移鎮徐州・公客幕中・走金陵・結馮國璋・相與交懽・赴邕謁陸榮廷・赴粵謁龍濟光・皆以忠義激動之・袁死・奉直蘇皖諸帥聯盟・推忠武爲盟主・丁巳五月復辟・授公都察院副都御史・未到官而中變・公南歸・以電責馮國璋・志氣彌厲・聞者壯之・

辛酉・德宗實錄告成・賞頭品頂戴・壬戌入都・賀大婚・賜紫禁城騎馬・癸酉直南書房・恩賚稠疊・逾於平時・甲子・隨扈天津・疏請端主德以恢大業・進貞觀政要講義・閩縣陳文忠公寶琛題詞・有曰・虎口餘生益倔强・又曰・講義敷陳即諫章・皆紀實也・新京肇建・公已患痹疾・强起趨朝・屢攄忠讜・上嘉納焉・旋以病乞歸・上念公不置・迭賜帑金・五十六十生辰・賞扁額・公子必復・供職內廷・召對慰問・惟上知公之深・與公效忠之摯・契合無間・而運窮事極・江湖魏闕之思・日縈繞於夢寐・而有所難言・若其抗心孤往・始終一節・萬變莫能奪也・嗚呼・天鑒之矣・

歸里後・鬱鬱久居・比歲被兵・獨得安堵・時比於通德之鄉・平日於鄉邦文獻・多所纂述・博聞强識・詩文皆淵雅・於公爲緒餘也・著有奏議四卷・文四卷・詩二卷・年譜一卷・藏於家・已刊者・貞觀政要講義・陳獨漉年譜・所輯有龍山鄉志・龍山文錄詩錄・溫氏族譜・又輯感舊集・未成・配黎夫人・前卒・側室鄧・伍・子六人・必復・必達・

必果・必信・必清・出嗣子必穀・女四人・適黎・適周・餘未字・必復等葬公於龍山之龍頭崗・與黎夫人合窆焉・余與公先後爲詞臣言官・曩歲分巡濟東・公遊泰山・始得相見・國變後・公勤勞王事・丁巳之役・不幸中蹶・未嘗自餒也・壬申・訪公於杜鵑庵・夜分深語・所望於公者至厚・不虞其僅得中壽也・必復奔喪過謁・涕泣請銘・不敢辭・乃爲銘曰・

百六之運・身世多屯・疾風勁草・乃識貞臣・前席陳謨・大廷獻議・未盡人謀・遽悲天墜・烈烈葵霜・膽瀝肝披・知公赤心・靡鬲相期・唐禍諸藩・漢厄十世・忠義激發・誓同匡濟・中天復旦・蔽以重陰・梟獍狓猖・鸞鳳湮沈・邦舊命新・東都肇建・杜陵麻鞋・曲江羽扇・夢爭王室・魂繞君門・甯甘遺佚・終訴煩冤・萇血雖埋・鄭心不死・最迹鑱詞・敢告惇史・

學部主事楊君墓志銘

同歲生楊君裕芬・歿後六年・子履瑞・裒君遺著上於朝・得旨留覽・賞經明行修匾額・一時傳爲曠典・君平生學術一出於正・晚抱孤忠・鬱鬱以歿・黃巖王君舟瑤既爲之傳・履瑞葬君於廣州城北蚨蝶嶺祖塋・復具狀請銘・余不得辭・

君諱裕芬・字惇甫・廣東南海人・父守和・本生父守恕・附貢生・以孝友聞・君幼而端重・遊陳東塾先生門・爲學海堂專課生・補縣學生・光緒戊子・舉鄉試第一・甲午成進士・以主事用・分戶部・調學部・加員外郎銜・君通籍後・在官日淺・講學授徒・一如寒素・其爲學服膺東塾・不立漢宋門戶・淹貫羣經・於三禮尤精熟・嘗欲本經正無邪之旨・以維人心風俗・南皮張文襄公・雅重君・聘主兩湖書院經學講席・

先是文襄督粵時・仿阮文達學海堂遺意・創立廣雅書院・分科課士・兩湖規制如廣雅・君敎諸生以先儒立身讀書之法・務抑囂競・納於正軌・成就甚衆・其後學行新政・改學堂・廢科舉・派東西洋留學生・文襄負重望・著勸學篇・調停新舊・君獨謂新政更張・梯媒險躁之士・動搖國本・是大可憂・當時或疑其言之過・十數年來・思君前言・如燭照而數計・乃歎其所見遠也・君在鄂五年・以母老辭歸・迭主講鳳山明達端溪各書院・學制改後・京師大學及行省各學堂爭聘・君皆婉謝・肇羅道易君順鼎聘爲實業學堂監督・甫兩月辭去・嘗歎曰・今日學風・雖昌黎復生・障川挽瀾・亦苦無著手處・余病未能也・

丁未入都供職・會文襄管學部・奏調入部・審定圖書・凡宗旨乖謬・議論偏詖者・必爲駁正・然不諧於俗・浮沈郎署・終恨力微・無大挽救・去志遂決・辛亥八月假歸・甫抵里而變起・黨人洶洶・以剪髮相迫脅・君曰・吾留此以見先皇帝於地下・屹然不爲動・間作道士裝・語及時事・稠人廣坐・譙呵無所避・衆目爲狂・弗顧也・時主粵局者・多君門人・欲禮聘君・亟嚴詞拒絕・癸丑 崇陵奉安・君於北郊・素衣冠望祭・痛哭失聲・有言大淸苛虐病民者・君根據掌故・歷舉 先朝仁政・駁斥其非・聞者不敢復言・晚歲假寓華林寺報恩堂・以報國自誓・橫流波靡・耿耿之懷・無可告語・自是精力漸凋耗矣・

張學華

甲寅六月・疾終・春秋五十有八・配梁夫人・前卒・子三人・履瑞梁出・履璋履璁簉室李出・女三人・所著遜志堂經說・文集 ・補三國疆域志今釋若干卷・ 履瑞進呈御覽・稿藏於家・余與君同學鄉試・稔君學行・癸丑相見於香港・欷歔世變・君高談大睨・意氣猶昔・曾未踰歲・齎恨遽歿・今二十年矣・世難未已・朋輩益寥落・余衰病恨不得死・傷時感逝・因履瑞之請・乃爲叙次其略・而系以銘・銘曰・

觥觥雷塘・肇開嶺學・宗鄭述朱・書傳東塾・君守師法・研習禮經・講授橫舍・對揚大廷・世變遷流・邪說競作・羣陰沈沈・一士諤諤・履霜憂漸・厝火燭先・不幸言中・禍至滔天・始自用夷・終乃召寇・彝斁綱淪・率人而獸・避俗若浼・遯世佯狂・晞髮哭謝・埋血哀萇・有子抱書・達於宸扆・天鑒孤忠 ・哀褒錫美・嗟余後死 ・感舊歔欷・九原不瞑・視此銘詞・

鄧鴻臚傳

公姓鄧氏・諱承修・字鐵香・廣東歸善人・先代由嘉應遷惠州・父玉樵公・以鹺業起家・公幼而英特・習武事・年十五・折節讀書・補縣學生・舉咸豐十一年鄉試・援例以郎中分刑部・公在官絕干謁・日惟究心於朝章掌故・慨然有經世之志・同治八年・補四川司郎中・以御史記名・十二年・授浙江道御史・丁父憂歸・服闋・補雲南道御史・晋給事中・時光緒初元・言路最盛・詞臣寶廷・張佩綸・黃體芳・張之洞・稱翰林四諫・臺臣則鄧慶麟・孔憲穀・洪良品・咸號敢言・公相與鏃厲・風節尤峻・首以水災請勤修省・屢疏言澄清吏治・整頓科場・嚴核關稅・禁收賭捐・皆奉俞旨・論劾部院封疆大臣及監司守令諸不職者・先後凡數十人・懲處有差・又奏時政闕失・嚴劾樞臣・言尤切直・時以鐵漢稱之・

五年・出使大臣崇厚與俄人擅定伊犁界約・險要盡失・廷議廢約備戰・公上言地不可棄・兵不必動・請另派使臣往議・不至驟開邊衅・時在籍侍郎郭嵩燾・號熟悉洋務・與公議合・卒由曾紀澤使俄・另定條約・於界務商務・多所改正・其議自公倡之也・十年法越事亟・公疏凡十三上・規畫甚備・其要言敵以兵艦數十艘・擾我沿海・往來飄忽・我疲於設防・而窮於制敵・唯越南一隅・脚踏實地・戰事之始終・兵機之轉圜・實繫乎此・邊境遼闊・必須滇粵數路進攻・同時並舉・方克有濟・力保馮子材・王德榜諸人・其後鎮南關一戰・馮王各軍聯絡接應・敵大挫衂・遂急急乞和・皆如所言・朝廷屢采公議・知其洞明邊事・可大用・擢內閣侍讀學士・轉鴻臚寺卿・尋有總理衙門行走之命・總理衙門・以親王領其事・與樞廷並重・公驟膺異數・疏辭不許・諸大臣以公倔强・多忌之・公亦不爲遷就・旋以論救中允樊恭煦・嚴旨詰責・上意終嚮公・坐鐫秩・仍留任命・偕尚書錫珍・佐李鴻章與法使商定和約・約成・乞假歸省・未出都・命赴廣西會勘中越分界・公馳至龍州・單騎出關・與法使浦理燮會議・改正新界・浦理燮力持先勘原界・公曰・勘界而不改正・雖斷吾頭・不能從也・浦知不可奪・陽許歸文淵・保樂・海甯・而陰電其駐京使臣・詆公違約・非勘原

界・將罷議・詔催速勘・公歷陳三難二害・上責以遷延固執・予嚴議・公迫於朝命・扶病冒瘴癘以行・會浦使亦病・迺暫停勘・久之・法人別遣狄隆來・堅請按圖畫界・爭論未決・遽以兵驅江平黃竹居民內徙・公往復詰難・廷臣恐敗成約・許法使請・凡未定之界・在京商定・諭公先勘欽西至桂省全界・兩國所不爭者・具界圖以上・馳驛回京・會澳門議約・意見多不合・獨不署名・十四年乞解職歸養・疏再上・允之・

公喜接納名流・宜都楊守敬嘗主其家・與之攷訂金石・文昌潘存最相得・每具疏・必往商搉・或謂語過戇直・恐得罪・公弗顧也・出都日・諸名士餞於棗花寺・會稽李慈銘贈詩云・五十養親人子少・九卿高蹈近時無・殘棋入劫空持局・孤柱橫流敢惜軀・自此遂不復出・

公居諫院十年・海內想望丰采・是時士大夫爭尚名節・大臣猶畏清議・公直言無所瞻顧・洊居要地・謇諤如故・既乃奉使萬里・馳驅盡瘁・終與同官齟齬以去・不究其用・時論惜之・自公去後・同時言事諸臣・亦一時雲散・其後以直諫著者・屠仁守・吳兆泰・朱一新・安維峻・相繼獲咎・無以作敢言之氣・俯仰世變・輒慨然於直道難容・而尤有人亡國瘁之痛也・

公清操卓絕・餽遺無所受・既入譯署・總稅務司年餉王大臣各數千金・名曰津貼・公獨卻之・歸後讀書養母・蕭然寒素・邑人延主豐湖書院講席・公別創尚志堂・課以古學・倡建崇雅書院・士風一變・平時論學・以宋儒爲宗・砥礪名節・書法由北碑入・參以篆隸・瘦硬自成一家・晚年家居・時以鬻字取給・布衣徒步・力持儉約・而於族中孤寡・恒周卹之・鄉里莫不感慕・十八年卒・年五十二・母太夫人猶在堂・後　年卒・配林夫人・子五・昶・江蘇直隸州昀民政部主事・旭・暻・晃・出爲堂弟後・女適任・適陳・適任・適吳・適張・適梁・孫二人・所著語冰閣奏議若干卷・詩文稿藏於家・宣統元年・粵督張人駿疏公學行事績・宣付國史館立傳・

論曰・海禁既開・外侮日迫・獨俄法二役・不失國體・朝廷料敵制勝・於公所陳奏・多見采納・異於空言無當者也・若其彈劾不避權貴・整飭綱紀・非徒以抨擊爲能矣・中葉而後・日韓事起・論者爭言戰・而闇於敵情・一敗不可收拾・庚子拳亂・言者被奇禍・國事益壞・余讀公奏議・歎其識略之遠・又幸生不諱之時・得以盡言也・今揭其大者著於篇・俯仰數十年・政變之遷流・亦略可考見焉・

江甯提學使陳文良公傳

公諱伯陶・字子礪・姓陳氏・廣東東莞縣鳳涌鄉人・曾祖允道・祖夢松・父銘珪・咸豐壬子副貢・皆以公貴贈榮祿大夫・贈公邃於學・爲順德梁章冉先生高弟・具有淵源・公少奉庭訓・稍長從陳東塾先生遊・學益進・光緒乙亥補縣學生・己卯舉鄉試第一・己丑考取內閣中書・充咸安宮教習・館順德李文誠公家・壬辰成進士・廷試一甲第三人及第・授翰林院編修・歷充國史館協修・纂修・總纂・編書處纂修・起居注協修・文淵閣校理・武英殿協修・纂修・雲南貴州山東鄉試副考官・庚子景廟西巡・奔赴行在・請於西安建立

張學華

陪都．雖未行．世偉其議．旋隨扈回京．乙巳入直南書房．以淹雅稱．退直後．手一編．纂修國史儒林文苑傳．博綜條流．考覈精當．繆編修荃孫．極推許之．今史稿告成．兩傳多本於公之手筆也．

長沙張文達公議廢科舉．公言學堂龐雜．科舉不宜遽廢．當分科取士．以廣登進．文達不能用．丙午．學部奏派赴日本考察學務．署江甯提學使．蒞任後．崇實學．黜邪說．首以忠義勸導．務端士習．兩署江甯布政使．加二品銜．賞戴花翎．宣統己酉．補授江甯提學使．公先迎養母太夫人在署．至是送親歸粵．入都陛見．時方厲行憲法．而異黨潛滋．陰謀煽惑．公見時事日非．私憂竊歎．又以母老多病．遂乞終養歸里．辛亥武昌難作．九月．廣州城陷．黨人蠭起．洶洶欲致公．乃走避香港．奉母居紅磡．尋丁母憂．移居九龍城．九龍古官富場．爲宋帝駐蹕地．公登宋王臺．賦詩憑弔．感慨欷歔．署所居曰瓜廬．坐卧一小樓．湫隘人不能堪．布衣芒屨．日行田野中．村人咸知有陳探花．熊希齡．龍濟光欲挽之出．皆絕弗與通．聘修省志．亦不就．著明遺民錄以見志．顧於世道人心．無日忘也．尤拳拳於故國．

壬戌．大婚禮成．海上遺臣多報效經費．公倡貢萬元．趨叩闕廷．因與梁尚書敦彥謀．款接外賓．各國使臣入覲如平時．召見養心殿．溫諭有加．賜紫禁城騎馬．賞帶膆貂褂．及南歸．上賜高宗御用七寶金盒．御容一幅．御書玉性松心扁額．以寵其行．甲子．乘輿蒙塵．公憂憤成疾．不能奔問．馳電中外．力爭優待條件．兩疏請車駕出洋遊歷．凡數千言．及戊辰東陵被盜．公又電請當事緝匪嚴辦．亟籌修復．奏進鉅款．移書海外僑民．歷陳累朝恩澤．冀有所感動．或怵以恐遭時忌．弗顧也．公十餘年來．忠憤鬱積．志氣未衰．而危疑日迫．上久駐天津．慮有輕躁喜事者．妄有陳說．貽朝廷憂．復剴切上言．力請遵養時晦．以策安全．終引老子三寶．一曰慈．二曰儉．三曰不爲天下先．上嘉納焉．御書忠肝古誼扁額賜之．公感激恩遇．而心彌苦矣．嗚呼．公以愛君愛國之誠．不幸遭逢晚季．變故迭乘．旣天時人事之交窮．乃獨苦思焦慮以求一當．而卒無救於世運之遷流．此公之隱痛．而亦海內遺民所爲不勝悲憤者也．

庚午八月二十日．以病卒於九龍寓邸．春秋七十有六．上聞悼惜．賜謚文良．賜陀羅經被．異數也．公好學深思．博聞强記．每論一事．皆能擧其本末．詞翰書畫．旁及醫術地理．無所不能．負經濟才．不究其用．早歲隨贈公讀書羅浮酥醪觀．因注籍觀中．國變後．託於黃冠．潛心著述．成孝經說三卷．勝朝粵東遺民錄四卷．宋東莞遺民錄二卷．明東莞五忠傳二卷．又輯袁督師遺稿三卷．附東江考四卷．西部考二卷．又增補陳琴軒羅浮志五卷．重纂東莞縣志九十八卷．所作詩文．有瓜廬文賸四卷．外編一卷．瓜廬詩賸四卷．宋臺秋唱一卷．皆行於世．妻方氏．妾徐氏．龍氏．李氏．子四．祖蔭方出．前卒．艮玉龍出．艮士李出．艮耜徐出．女九人．孫七人．

論曰．公曩與余同避地香港．晨夕過從．每有撰著．必以見示．間述生平行事．感慨係之．故知公較詳．洎余歸里．甲子戊辰．兩遭奇變．公忠義憤發．往復商摧．一日數函・至今盈篋・偶一檢視・愴恨無已・公嘗戲語余・他日爲我作墓銘・余悚謝不敢當・追念故舊・日就凋零・余亦老病侵尋矣・今爲公作傳・以存梗概・刋石之文・俟諸大雅君子焉・

誥授通奉大夫翰林院編修吳君行狀

曾祖丹木曾祖妣沈袁・祖廷熊祖妣章・父學均妣梁・里貫廣東番禺縣捕屬原籍浙江會稽縣・君諱道鎔・字玉臣・晚自號澹庵・其先浙江會稽人・業鹾於粵・遂家番禺・三傳至渭川先生・生三子・君父普庭先生最幼・事母孝・有潛德・君少劬學・年十七・補縣學生・中光緒乙亥恩科舉人・丙子丁丑・兩上公車・皆報罷・君故貧・授徒養親・不亟求進取・順德李文誠公雅重君・敦促赴試・以庚辰科成進士・入翰林・假歸省親・尋丁外艱・丙戌服闋入都・寓文誠家・文誠知君淡泊・嘗從容謂曰・吾不以祿仕相勸・他日當思吾言也・散館授編修・君遽歸不復出・被服儒素・講學終其身・歷主潮州韓山・金山・惠州豐湖・三水肄江・廣州應元書院・又嘗與陳君石樵・石君惺庵・於郡學設館・從學者數百人・君日夕手一編・博綜經史・旁通算術・以及泰西政學諸書・無所不覽・尤拳拳於獎掖人才・在潮州最久・潮人仰之・如子弟之於父兄・然君不自表襮・澹於名譽・素性然也・

學制初更・廣雅書院改爲高等學堂・廣雅創建於張文襄公・規模宏廓・自番禺梁文忠・義烏朱侍御掌教後・姚謏臣學使・丁伯厚侍讀・繼主堂事・皆以學風嚚競・先後辭去・當道聘君爲監督・君貫融新舊・陰納於範圍之中・啓廸勸導・一出以誠・生徒翕服・在事八年・成就者衆・迄於國變・諸生以材器稱者・多見重於時・猶追懷教澤不置・歷充學部諮議官・廣東學務公所議長・粵督張公人駿・薦君學行堪備任使・報聞・君固不樂仕也・

辛亥後・謝絕一切・省志局學海堂禮聘皆不就・閉戶著述・翛然絕俗・工書法・求者接踵・自言初學爲詩・聞東塾陳先生言・粵東多詩人・少文人・因發奮爲古文學・其爲文導源於史漢・而涵泳於諸子・每有所作・精心獨造・思沈而氣銳・力矯浮靡・仍具深微淡遠之致・顧嘗論文之至者・妙合於自然・著力求之・終非極詣・於粵中先輩・最推彭春洲・猶謂其時有矜意之處・蓋君所得既深・勤一世於文字之中・自視常欿然・而論者咸重君文・以爲卓然可傳・非拘拘於桐城陽湖諸家各分派別也・

君既專攻古文・迺博攷吾粵作者・以明季屈氏文選・國朝乾隆中溫氏文海・傳本日少・惟故家間有收藏・遂根據二書・而益加蒐討・前代散佚者輯補之・嘉道咸同光宣間諸人遺著・悉力甄錄・彙爲廣東文徵・凡七百餘家・文三千餘篇・纂輯之勤・歷二十年・病中猶校補弗輟也・

君長身玉立・翁文恭公以名士稱之・爲學不立門戶・不設厓岸・延接後進・懃懃懇款・人亦樂於趨附・晚遭喪亂・憂時感事・作爲詩歌・託於諷諭・未嘗爲過激之詞・獨於出處之際・確乎有以自守・所謂和而介者歟・故國之思・老而愈摯・己巳重遊泮水・癸酉重逢鄉舉・皆蒙恩賞扁額・曰行爲士表・曰劭德引年・歿後賜額・曰抱璞懷貞・天語之

褒・世以爲定論云・

丙子閏三月二十八日・病卒・春秋八十有四・遺命以道服斂・滄桑後・著籍羅浮酥醪觀・配張・繼鄧・側室符・子景涵游學美國・景洵・景沂・前卒・女適楊・適章・適張・適鍾・適韓・適陳・孫祥臨・曾孫傑才・葬於廣州東門外石鼓岡・與鄧夫人合窆・所著書已刋者・明史樂府八卷・續修番禺縣志・手定條例・成書四十四卷・未刋者・廣東文徵二百四十卷・早歲著公羊質疑・未成・詩文稿藏於家・余與君交稔・申之以婚姻・君歿・其門人屬爲君行狀・逡巡未有以應・既思君學行不可以無傳・迺掇拾其略・以著於篇・俟後之君子論定焉・

誥授通奉大夫日講起居注官翰林院侍讀丁君行狀

「曾祖旭・本生曾祖清・國學生・祖杰・道光二十九年舉人・按察使銜・福建候補道・父志壁・縣學生・候選同知・里貫廣東番禺縣捕屬・原籍安徽懷甯縣・君諱仁長・字伯厚・晚自號潛客・先世由皖來粵・遂爲番禺人・君幼承家學・沉默自守・十一歲・作古石賦・隱然見堅白之操・識者知其不凡・年十七・補縣學生・中光緒八年舉人・九年成進士・改翰林院庶吉士・十二年散館・授編修・充國史館協修・通籍後・閉門讀書・不事干謁・被服如諸生・十七年・充貴州鄉試正考官・十九年・充順天鄉試同考官・二十年大考二等・以侍講升用・日韓事起・畿輔震驚・君與同官集議於松筠庵・籌畫戰守・劾疆臣之貽誤者・呈掌院代奏・請起用恭忠親王入輔大政・上書恭邸・敷陳剴切・二十二年・補侍講・轉侍讀・充日講起居注官・君首疏請開講筵・又請力崇節儉・歷陳內務府積弊・言尤切直・奏入留中・復蒐集經史・以類鈔纂・分九法九戒・恭引列聖大訓・兼採諸儒粹言・其大要以正君德爲先・推及於用人行政・宏綱細目・罔不具備・繕成五册進呈・得旨留覽・以父病・請急歸・未抵里・父卒・不及視含・抱憾終其身・遂不復出・

時譚文勤公鍾麟督粵・聘主越華書院・教諸生於制義外・以經史實學親爲講授・孳孳不倦・文勤雅重君・賓禮有加・君語不及私・獨於地方利弊・無不盡言・故提督鄭紹忠所部安勇・夙爲粵人倚恃・客軍忌之・將事裁撤・君陰爲調護・不以襮於衆也・二十六年・鑾輿西幸・君倡議貢方物・奉旨嘉獎・是後廷臣爭言變政・遂有裁書院改學堂之議・君以爲學堂初開・首在宗旨純正・主持得人・乃無流弊・創議撥惠濟義倉欵・開辦公學・定名敎忠學堂・寓意深遠・尋兼大學堂監督・存古學堂監督・分科敎授・成就甚衆・粵省盜風素熾・鄉里無賴・勾結爲患・吏不能捕・君以爲淸查保甲・聯鄉自衞・古法也・請於省垣設團保總局・持論侃侃・與當事忤・稍牽制之・其後迫於朝命・勉從其議・然事權既輕・收效亦微・非君志也・

宣統初元・大臣有薦君者・特旨來京預備召見・以母老辭・辛亥後・遂絕口不言時事・太夫人春秋高・君年且六十・依依若孺子慕・先意承志・務得歡心・居喪三年・未嘗脫縗絰・服闋・値乘輿播遷・奔問行在・屢有獻替・輒蒙嘉納・賜饍賜金・君感激恩遇・罣罣効忠・復輯中興金鑑・先

正讀史法・無逸齋十二思表各一卷奏進・每念世變之大・人事之窮・夙夜痛心・積憂成痗・去冬中寒疾・幾殆・猶依戀不忍言去・卒前數日・方請對・歸而疾亟・遂綿惙不起・丙寅八月三十日・歿於津寓・年六十有六・配馬夫人・前卒・以弟仁濟子日全爲後・奉君喪歸粵・

君爲學以宋儒爲宗・性嚴正・造次必於禮・居官不騖榮進・嘗以古名臣自勵・既養親不出・猶欲有爲於鄉里・遭遇時變・志事百不得展・獨其始終一節・介然有以自守・而不爲外物所奪・可謂篤信好學・守死善道者已・

晚歲課徒自給・以朱子小學及人範教其門人・有欲致君者・聘修省志不就・邑人續修縣志・君爲總纂・用力勤摯・古文獨得雄直氣・詩學韓杜・時亦沈鬱似騷選・所著有毛詩傳箋義例攷證若干卷・晚纂論語衍義未成・並詩文稿藏於家・余與君有連・又同館爲後進・往在京師・猶及承平・分題角藝・過從甚歡・洎朝局數變・君已歸養・嘗貽書論時事・力言憲法不易推行・然民氣壅遏・亦當有以宣通之・愍然憂亂之將至・其後余居香港・君奉母三遷・相見益親・每話前事・不禁欷歔・唯以各保歲寒爲勖・去歲冒暑趨朝・余往送君・珍重言別・不謂其浩然長往・竟成致身之志也・嗚呼悲已・君歿後・賜額曰履潔懷清・天語之褒・足以昭示百世・謹爲述其出處大節・學行梗槩・以俟立言者採擇焉・

誥授朝議大夫湖南優貢知縣汪君行狀

「曾祖敕封文林郎・曾祖妣氏錢敕封孺人」・祖雲道光壬午舉人・遂昌縣訓導・誥贈朝議大夫・祖妣氏薛・誥贈恭人・父埰・同知銜・誥贈朝議大夫・妣氏盧・誥贈恭人・里貫廣東番禺縣捕屬・原籍浙江山陰縣・君姓汪氏・諱兆鏞・字伯序・號憬吾・晚號清溪漁隱・祖籍浙江・居粵久・遂爲番禺人・唐越國公汪華之後・元末自婺源遷山陰・十二世祖應軫・明正德中名臣・著青湖文集・君父省齋先生・道光末遊幕來粵・有聲於時・著省齋詩存・生四子・君居長・幼穎異・過目成誦・十歲能詩・十一歲遭母喪・哀毀如成人・值諱日・悲泣素食終其身・年十八・侍從父穀庵先生讀書隨山館・致力於經史古文詞・舉學海堂專課生・爲東塾陳先生高第・與從兄兆銓・及同邑梁鼎芬・陶邵學・蕭山朱啓連・新會陳樹鏞・以道德學問相切劘・學益進・光緒六年・補縣學生・十一年・以優行貢成均・朝考用知縣・十五年舉於鄉・庚寅壬辰會試・兩選謄錄・南歸・以世習刑名學・客赤溪・遂溪・順德各縣・主者金武祥・嚴崇德・皆有循吏名・佐治之力爲多・君不自襮也・

尋管樂桂埠鹺務・岑春煊督粵・慕君名・延入幕・司章奏・獨加敬禮・去任時・奏保四品頂帶・以知縣分發湖南・初・君志用世・嘗欲投効山東河工・伍廷芳使美・奏派參贊・皆以親老不果往・至是將試吏湖南・復不果・仍返樂昌・又五年而國變・樂邑有倡亂者・君設計解散之・遂歸廣州・鹺商舉爲鹽政局長・當道延爲顧問・亟避居澳門・省志局聘任總纂・亦不就・岑春煊再出・遣使招君・君心弗善也・拒不見・自是二十餘年・粵亂靡定・移家者數四・海濱重遊・益不勝風景山河之感・待清無期・而君竟長逝矣・

君性和易・獨介然有守・於世俗謬悠之論・尤深惡之・

嘗誦崔清獻公無以學術殺天下後世語・欷歔感歎・自邪詖交熾・蔑棄名教・或假愛民之說・以行其權利之見・所爲無非害人者・君著說忠說仁兩篇・辭而闢之・以爲人心世道之憂・不可不辨也・又謂變法當因時損益・而必以禮教爲本・徒一切沿襲彼法・無益於國・有害於民・孳育亂萌・貽患尤烈・又謂孔孟論政・曰民信・曰人和・民不信・人不和・不待外侮而其禍在蕭牆之內・平日深矌世變・於其流極所趨・言之絕痛・及夫禍敗已見・若燭照而數計也・

桑海既更・內難迭作・日相尋於干戈・學校凌夷・禮法蕩然以盡・君篤於守舊・春秋祀典・以時修舉・嘗思與二三耆宿・發揚聖教・漸被儒風・維綱常於垂絕・終以清議力微・無救於陸沈之禍・端居太息・時時託於文字・抒其悲憤・迄乎喪亂之餘・猶著述不輟・昔東塾避兵橫沙・顏所居曰崇雅樓・爲銘以自勖・可以喻君之志矣・

辛亥後・君兩至羅浮・注籍酥醪觀・自號覺道士・返會稽謁先墓・追述舊德・流連久之・過杭州・遊西湖・歷蘇常・徧覽虎邱惠山諸名勝・渡江登金焦絕頂・所至皆有題詠・歸至滬・與海上名流唱和・歸安朱祖謀・義寗陳三立・寗鄉程頌萬・仁和葉爾愷・海鹽張元濟・陽湖錢振鍠・咸相推挹・所作三秀才行・錢塘吳慶坻・采入辛亥殉難錄・黃巖楊晨贈詩・以羅浮仙客稱之・黃巖王舟瑤疾亟・遺命乞君作傳・聲譽重一時・顧謙挹自下・延接後進・不少立厓岸・精鑒賞・富收藏・訪求明遺老書畫・不惜重價・曠世相感・拳拳故國之思・壬戌・粵人貢方物・君未階朝籍・凡有進奉・無役不與・蒙福字之賜・嘗以賜福名其堂・歿後・賞志節不移扁額・咸以爲無愧云・

君於學無所不窺・方聞博識・乙部尤淹貫・爲文兼工駢散・而長於考據・訂訛補墜・多發前人所未及・君於金石之學・極推錢氏竹汀・精覈似之・詩詞託意深婉・皆卓有雅音・不詭隨俗尚・其品格亦可見也・

著有孔門弟子學行考四卷・補三國食貨刑法志各一卷・晉會要六十卷・敘目一卷・廣東元遺民錄二卷・續碑傳集三編五十卷・敘目一卷・微尚齋雜文八卷・詩二卷・續四卷・雨屋深燈詞一卷・續二卷・嶺南畫徵錄十二卷・續一卷・補遺一卷・續貢舉表一卷・番禺縣續志四十四卷・山陰汪氏譜表一卷・錄一卷・附錄一卷・老子道德經撮要一卷・櫻窗雜記八卷・澳門雜詩一卷・輯刻五百四峯草堂集外詩二卷・東塾遺詩二卷・憶江南館詞一卷・補遺一卷・尚有日記數十冊・存於家・

君生於咸豐辛酉年四月二十八日・以己卯年七月二十八日卒於澳門・春秋七十有九・配陳恭人・前卒・側室陳・陳・梁・子六・祖澤・宗洙・宗澧・宗準・宗藻・陳恭人出・宗衍・陳孺人出・宗澧幼殤・女三・長殤・次適張樹蘭・三適鍾祜慶・孫男十五人・德晉・德亮・德業・德剛・德璇・德中・德靖・德增・德森・德堅・德隅・德霈・德霖・德權・德鴻・孫女十九人・曾孫男潤書・曾孫女四人・將於某年月日歸葬於廣州城東三寶墟蜆岡之原・與陳恭人合窆焉・

余與君交最夙・逾五十年・亂後相見・垂垂老矣・往余避地香港・君常在澳・其後同返廣州・蹤跡益親・君有所

作・必以見示・因得徧讀所著書及詩文集・知君故詳・去秋來澳・君實招致・時得過從・歲初同詣蓮峯寺禮佛・各爲詩紀之・未幾・君病不復出・然旬日必數見・猶能劇談・不謂遽謝人事也・彌留時・促余往訣・以所輯碑傳集屬爲參訂・又言一生志行・余知之深・自維譾陋・蓋有愧於其言・而累行述德・後死之責・亦不敢辭也・曩與陳文艮公伯陶・丁潛客仁長遊處・其歿也・君嘗督爲傳狀・今以傫然待盡之身・泚筆狀君・能勿泫然・爰撰次其行誼著於篇・君知交徧海內・其必有感於斯文已・

孝女洪存娟事略

孝女洪氏・名存娟・其先安徽婺源人・伯祖梅坪先生・以孝廉肄業江寗鍾山書院・捐修貢院考棚・始占江寗籍・父犀農先生・僑寓鎮江・遂爲丹徒人・孝女幼聰慧・解文字・兼精女紅・母胡・病乳巖日久・展轉牀褥・孝女甫十餘歲・朝夕侍左右・始終弗懈・母病亟・刲臂以進・猝昏厥・稍間强起・服勞如平日・母不之覺也・既左臂及腕腫爛・束以舊帛・如巨木然・私室中避人裹治・其弟詢之・以傾跌致傷對・固問之・淚奪眶出・母卒不治・孝女泣告其弟曰・予誠不足以格天・此身非所惜也・母歿・父益衰・老病痰喘・調護之事・孝女身任之・春秋佳日・無喜容・亦不以戚戚之色見於面・夜則淚漬枕席間・蓋終天之恨深矣・尋以微疾卒・年二十三歲・祔葬於句容縣南鄉父墓之右・鄉人以孝行聞・光緒二十四年・奉旨旌表・

論曰・刲肉療親・律以毀傷之戒・爲聖賢所不許・懦夫激烈者之過於中也・然人莫不愛其身・使非呼號迫切・出於萬不得已・寗肯輕於自戕・而或笑其愚・且曰・藉是以沽名焉・則誠不諒之甚矣・國家旌孝有常典・割股傷生者不與・獨疆吏以情入告・無不仰邀曠典・蓋不著於例者・所以重人生・其特予旌者・所以表至性也・如孝女者・豈有絲毫求名之見・及母病不起・猶曰・予誠不足以格天・鬱鬱抱恨・竟隕其生・其志尤可哀也・往洪侍郎鈞之姊・事母至孝・未嫁而卒・新陽張星鑑爲作洪孝女傳・孝女與之同姓・又同以孝稱・是足爲洪氏光矣・

廖恩燾 一八六三年生 一九五七年卒

字鳳舒・號懺菴・又號珠海夢餘生・惠陽人・仲凱兄・亦革命黨人・留學美國・三任古巴領事・繼任日本公使・好倚聲・性詼諧・仿粵謳格調成解心數十章・名嬉笑集・皆絕世妙文・梁任公絕愛誦之・視作文藝界革命一驍將。

懺綺盦集自序

辛亥壬子以後・海內人士・大聲疾呼・提倡白話文字・顧一省有一省方言・音別義異・以云普及・戛戛獨難・則惟有出於各藉其土音以爲誘掖之一道・然而爲下流社會說法・又非擇其平日口頭慣語・衍爲有韻之文・未易使聲入心通・矍然感覺・三百篇不失風人之旨・豈不由於采及里巷歌謠哉・

吾粵之有粵謳解心・其格調創自招銘山子庸・知文者夙稱爲神品・粵人無男婦無老稚・無論知音與否・固無不耳熟

廖恩燾

而飫聞之矣．

余曩客美洲．嘗仿其體．作百餘首．稿輒棄去．不復記憶．近十餘年來．饑驅奔走．無暇及此．此調久已不彈．今春養痾扶桑．朋輩絕尠往還．愁然寡歡．燈窗月夕．棖觸舊游．覺當年珠江東船西舫中．酒闌夜靜．人影漸散．有危坐蝦鬚簾下．抱半面琵琶．按腔而低唱者．一聲河滿．淚落君前．此景此情．宛然如昨．不禁故態復萌．撚髭微吟．輒成一首．積十餘月．得數十首．多託諸箇中人語．或有謂掇拾時事．謬爲雌黃者．要皆絃外有音．殆非無病而呻吟也．不忍投敗紙簏中．錄而存之．附以舊作．題詞絕句六首．聊以志鴻雪因緣云爾．

百畝花田曠未開．尋春怕上越王臺．可堪流盡珠江水．猶有秦箏洗耳來．

樂操土音不忘本．變徵歌殘爲國殤．如此華年如此曲．隔窗愁聽杜秋娘．

軟紅何處醉飛仙．一掬胭脂灑大千．不見秦時舊明月．鷓鴣啼破夢中天．

萬花扶起醉吟身．喚醒春風睡蝶魂．多少皂羅衫上淚．未應全感美人恩．

小蠻粧束最風華．螺髻香盤茉梨花．除卻後庭歌玉樹．不敎重譜入琵琶．

當筵誰遺唱淮南．淵客流傳我未諳．但與哀潮鬭幽咽．簫聲吹滿白鵝潭．

辛酉冬懺綺盦主人自識．

廣東詩話序

誦芬居士．國學湛深．文辭瀏亮．纘翁山之騷緒．揚沅芷之清芬．所交遊者．多當代之詩豪．所考究者．兼鄉邦之文物．具斯懿美．於說粵詩尤宜．予嘗以吾粵自曲江而後．風雅之道．蔚然炳然．代多作者．而僻處嶺海．自成風氣．蓋有足述．苟有人焉．著爲詩話．以爲置心吾粵文獻者考見一二．亦藝林之大快事也．且也．時不我與．再閱幾年．更無人肯與斯役．則終成幻想而已矣．甚足惜也．

閒嘗以此爲念．適遇居士．以粵東詩話四卷示予．細讀之．狂喜．歎爲相需甚殷之作．夫維詩話．而專說粵東．前人所無．是爲創作．特色一．持論透闢．必盡其辭．無影響語．無玄虛語．特色二．說詩多爲全篇．間有摘句與全首有關者．必盡錄出．閱者無翻帋之煩．得全豹之窺．不祗稱便．實助研求．特色三．同光以前詩事．尚可於諸家著述中窺見鱗爪．同光以後．絕少聞見．此作於同光後作者．談說特詳．而同光以前．亦前人所略者始及之．絕不蹈襲．特色四．自來作詩話者．多先見到可說之詩．然後加以論說．此作則多是先欲論說某一種詩．然後徵引以實其話．頗異於全是以意就詩者．特色五．又作詩話者．常存標榜之見．此作注重切磋之益．有時不免說及時賢作品之小小疵纇．以顯其意．作者具此善意．絕非吹毛求疵者比．且見仁見智．作者本無自是之心．亦聊備一說云爾．固無損於賢者之大純焉．特色六．有此六特色．謂宜亟刊布之．以爲藝林嘉話．邦人君子．倘亦樂於討論歟．民國三十七年孟春惠陽廖恩燾懺盦

序於淞濱捫蝨談室・

影樹亭與滄海樓合印詞稿序

從葉遐菴所輯廣篋中詞中讀伯端詞瑞龍吟云天涯慣見飛花・又云・明日滄洲路・分付與離魂・依紘低語・水龍吟云・寒雲碧水洗繁華眼・天仙子云・歌一遍・歡娛短・不及雙棲梁上燕等句・知其得力於小山・白石・梅溪者深・顧嘗鼎一臠・未余饜也・

己丑春杪・自淞江南下・至香港・季裴爲介・始識伯端・相見恨晚・伯端錄近作十餘首・並心影詞續稿見示・挑燈展卷・一讀一擊節・歎爲海綃翁後・粵詞家無第二人・嗣是月必數見・約結社課詞・酬唱既頻・積詞裒然成帙・余謂伯端曰・余詞造詣不逮君・然沆瀣一氣・猥有同聲相應之雅・曷不同付排印成編・使朋輩瀏覽而知吾二人之梗概耶・伯端允諾・因以近稿錄副授余・余喟然歎曰・嗟乎・世變日亟・吾國數千年文獻・岌岌乎繫諸千鈞一髮・詞學小道・轉瞬間其不隨椎輪大輅以淘汰者幾希矣・然則茲編之印・聊以表吾二人海內比鄰之意・顧可緩乎哉・是爲序・

辛卯立秋後十五日恩燾

傅維森 一八六四年生 一九〇二年卒

字君寶・號志丹・番禺人・自幼端重不佻・和順受教・讀書過目不忘・事親盡敬盡孝・益發憤爲詩文詞・年二十進邑庠生・於百家經史・靡不探討・學學海堂專課生・戊子鄉試・兩廣總督張之洞取決科第一・調赴廣雅書院肄業・問學於梁節庵朱鼎父兩先生・皆稱之曰有品文人・又以詞章受知於葉蘭臺戶部・由是所詣日粹・名益高・光緒辛卯科以第一名舉於鄉・考官天門周洎園先生批卷末曰・合校十四藝具見學有本原・南國之琛・此爲其冠・以弁羣英・洵無愧色等語・旋成光緒乙未科進士・改翰林院庶吉士・假歸省親・丙申十一月丁外艱・居籍守禮・茶陵譚文勤公鍾麟督粵・聞其名・聘爲端溪書院山長・主講凡五載・教誨合法度・門下成才者甚衆・曾節存院款・償還書坊舊値・收回前時校刊先哲遺書端溪書院版本・並修端溪書院志七卷・刋印成書・庚子歲擬晋都散館・適拳匪禍作・京師大亂・道梗・未行・壬寅二月病・卒於端溪書院任內・年僅三十有九・著有缺齋遺稿行世・

上梁先生節庵書

先生函丈・不獲侍教已四年矣・雲山迢遞・瞻望何極・自涖端溪・屢思肅函就正一切・多所欲白・楮墨難罄・遂復不果・叔葆前輩昨過講舍・始聞歸信・累日爲快・謹撮大略・上質函丈・竊維今日士習・已遜疇昔・器識文藝・先後宜分・華藻彬郁・心術畸詭・非所望也・抵院年餘・兢兢踐履・忠恕兩言・頗有心得・不敢不勉・以爲先導・住院同學・愼加挑選・幸皆守正・不踰矩矱・離畔之習・無自而啓・教學相長・差爲信慰・此間風氣・夙未通闢・自被教澤以來・繼以朱先生熏陶涵育・文風丕變・近日史卷佳作甚多・考證議論・各擅所長・經卷傑搆略少・然皆不誤門徑・

二三經生·好學深思·特爲翹楚·良由致力有素·不可勉强·每課命題·不發經句·抄撮伎倆·僉無所用·性理諸卷·大致明通·詞章各體·美不勝擧·儷語既多整縟·散文復能雄奇·古體詩賦·時有擊節不忍釋手者·先正法程·至今未替·奉揚循守·尚易爲力·

叢書之刻·始自丁亥·時逾十載·委版坊肆·復有欠款未償·語類日抄未刋·前時發刻·必已校勘·書工印來·仍多缺字·若擬校補·又必需時·此事轇轕太甚·情弊太多·非即取版不可·因急先務·亟償舊値·取置書庫·讎校之役·再屬諸生任之·一簣一譏·庶幾能免·日抄別有刻本·尚可從緩·先寄一函·伏希察覽·抵院之始·詢考前事·種種章程·皆無舊籍·監院接事未久·沿波討源·亦鮮依據·因思二百餘年課士之區·豈宜無志·周諮博訪·得道光間黃液洲端溪志略一册·諸凡踵增·擧未之及·又得嘉慶間趙竹岡院志一册·缺略尤甚·舊章遺澤·仍弗可攷·屢思乘暇續輯一編·幸得高要同年黎詠陔相助·且有端倪·擬分建置·經制·祀典·學規·書籍·藝文各門·經費一條·尤極紛雜·徧假檔册·乃析絲毫·草創甫成·已近歲暮·再三易稿·今尚未謄·此志刋成·頗繫大局·後人整頓·亦易措手·

此間士習與省垣異·遇事攷求·不輕放過·以此之故·頗有發難·昔甫卸裝·諸生坌集·力請革弊·責無旁貸·會思刻志·先定章程·懸於大堂·士氣始翕·大抵開誠布公·罔有不服·深蔽固拒·徒滋謗耳·他日志成·人人了然於心·無復懷疑揣測·則經制一門爲尤要也·改定章程·未能詳錄·略擧條目·別紙上呈·明知未極美善·惟今昔情形·已多不類·因時斟酌·不得不爾·然此事已有修怨者·不敢邀譽·亦不敢瞻徇·區區此心·必出以正·若夫人存政擧·法無不敝·則後起之責·非一人所能力爭矣·

偶得院科私記·疏雜無序·反復循覽·略具昔日手定學規·幾同孤本·亟采入志·毋使失墜·簿記送考一條·內稱同治甲子·插名最多·獲數千金·爲一時盛·想見嫉惡經嚴之意·此弊迄未杜絕·籌思數四·不得要領·詢諸邑人·復無善法·緣利之所在·空言難禁·遠隔省會·尤易掩飾·育材之地·居然納賄·人不詬病·竊自恥之·如有妙法·尚乞賜教·院中喬木依然·藏籍無恙·惟器具用物·十得四五矣·

老母多病·挈眷來院·藥鑪卷帙·相與終日·除展墓外·不赴省會·課事不能荒·侍奉尤不能離也·今春服闋·赴都之行·迄無此意·惟冀老親安善而已·函丈可否息轍·抑尚回鄂·座主少璞師·遭家多難·志殊鬱鬱·近狀奚似·風便示知一二爲幸·

詩序考

詩序作於誰氏·說者不一·或以爲衞宏·（後漢書儒林傳）或以爲子夏·（隋書經籍志）或以爲託名卜氏·（韓昌黎說）或以爲詩人自製·（王安石說）或以爲國史舊文·（程伊川說）或以爲毛傳初行·尚未有序·門人傳授·各記師說·（曹粹中說）或以爲村野妄人所作·（鄭樵王質說）今案村野妄人之說·斥序太過·其言悠謬不足辨·至謂序出衞宏·考司馬相如難蜀父老云·王事未有不始於憂勤而終於逸樂·即魚麗序語·班

固東京賦云・德廣所被・即漢廣序語・相如班固皆在宏前・（說見陳氏啓源毛詩稽古編及錢氏大昕十駕齋養新錄）何以已見詩序・則謂序爲宏作說未確也・

子夏習詩・不聞序詩・詩常棣孔疏・引鄭志答張逸云・此序子夏所爲・親受聖人・若然・則鄭詩譜何以不定爲誰作・（釋文引沈重云案鄭詩譜意大序是子夏作小序是子夏毛公合作東塾讀書記謂孔疏所載詩譜不言序爲誰作沈重之說不知所據）鄭答張逸不概云詩序・而但云此序又安知鄭不以爲非全出子夏・則謂序盡爲子夏所作說未確也・

詩旨甚微・往往言在此而意在彼・使作序之人・不同其時・不覩其事・惟以已見遙度・則是最爲疵謬・何以唐以前信序諸儒・不聞指爲託名之作・且既託名以顯其傳・孔子子夏同時・何不託名於删詩之師・而必託於習詩之弟・則謂序爲學者託名子夏說未確也・

詩雖多諷時事・要皆不失溫柔敦厚之旨・若序必由自作・則風詩中如有女同車序・云刺忽・雅詩中如十月之交雨無正等篇・序皆云刺幽王・（詩譜則云刺厲王）詩既不言・而序反言之・顯斥人多・所謂溫柔敦厚者何在・況勞人思婦・偶有感觸・發爲詠歌・後人重之爲詩作者・實謂謠諺耳・何嘗有留示學人之心・且慮讀者不知己用之心・而亟爲序以相告・則謂序爲詩人自製說未確也・

古者輶軒之使・徧於列邦・序爲采詩太史所題・似於情事相近・然詩歌甚繁・作不一人・采不一地・譬如今之俗諺・輾轉傳道・不能指爲何人之作・又惡能知其用意所存・即如衞風考槃・鄭風羔裘・苟無序冠其端・夫誰識爲刺莊公與刺朝者・太史得一無序之詩・輒窮力考之・以求得其實狀・縱不告瘁・豈能悉合詩意・則謂序爲國史舊題說未確也・

至稱毛傳初行・尚未有序・此尤不然・終風序云・衞莊姜傷己也・遭州吁之暴・見侮慢而不能正也・次章莫往莫家・傳云・人無子道以來事己・己亦不得以母道往加之・若果毛未見序・所謂子道母道何指・（說見東塾讀書記）舉此一端・可見序之先有・然作序之人・終少定論・

竊謂詩之有序・猶今人著書之有考證・其時既有陳詩之典・自必有廣輯詩什・著於編帙・以備輶軒之采・又必有賢士大夫・博學能文・序之釋之考之・如今所傳唐詩紀事・宋詩紀事之類・或一邦一書・或一邦數書・體例不必盡同・而要皆與詩人同時・於詩之情事・無不的見確訪・太史采取其書・齊其不齊之體例・以上於朝・故詩序本自爲一編・由太史合之・序詩所言美某事・刺某人・非太史作之也・至序有續作之迹・東塾讀書記已詳言・今南陔白華諸序・兩語以下・皆言有義亡辭・序爲毛公作・故訓傳時分冠衆篇・則云有義亡辭・其爲毛語・最可想見・以此例彼・凡所申續・必出一手・或謂兩語外皆衞宏說・亦未確也・

擬廣南方草木狀序

粵自五嶺分界・地成汙腴・上台應象・氣達冠冕・離火炳燭・百寶爲之輝耀・彝夏夥夠・庶物紛其瓌異・至於神秀鍾毓・生殖奇瑋・華實菲郁・則繁蔚隱藹・水陸滋植・則森沈蒙茂・藻縟園囿・極誳詭之致・熙曜天日・攝扶輿之氣・固已材不徒豐・產不虛樹・表郁邑之殷盛・發膏壤之饒沃・爾雅釋物・莫能殫詳・葩經寄興・弗少遺佚矣・

傅維森

晉嵇悅道作宦廣州・詮叙見聞・成南方草木狀三卷・襄陽太守・厥名誤題・中州人士・藉此辨物・徵引古籍・文辭雅馴・搜羅交廣・陬緻綿亙・邁嶺表之錄異・軼桂海之虞衡・交州之牋可名・宋史之志夙著・然果竹之屬・僅八十種・今昔之隔・逾千百年・其間瑰麗挺出・陸離迭生・偉茲區域・足爲美談・夸其方物・固多絕特・即如邑乘所紀・蠻疆所稱・愼火之樹・銛鋒刺天・萬年之松・咫尺漬水・木棉紅豔・燦若披錦・花貍斑駁・美如織文・弔蘭懸風而自芳・泡木出海而不腐・翹英叢棘・茅還號仙・藏耀丹嶠・樹或名鐵・略述梗概・靡窮類推・缺而弗□・亦憾事也・

夫星鶉頫首・神鼇奠足・山水之秀傑・鬱爲珍卉・光采之韜匿・僻在遐壤・其大者凌冬傲霜・蘊金石之質・盤根錯節・中棟梁之選・以至澗底藥草・餌之益壽・山中果樹・畜之致富・莫不各保貞節・能適世用・苟令沒沒不彰・甄賞無及・薰蕕錯雜・樗櫟淆混・有若棲谷幽人・釣澤奇士・抗志潛默・掩藻韜伏・足跡限於尺地・名譽寂於當世・蓬蒿終老・腐草同盡・無松茂柏悅之望・有芝焚蘭歎之感・非所以振拔枯槁・顯表華曜也・

生長斯土・耳目時擴・爰就成書・廣記嘉植・豈第矜燿繁富・侈述奇異・攢蔣叢蒲・愛厥跃蔓・抗莖敷朶・寫其丹秀・蓋將披采孤芳・培護貞榦・使遠裔之材・弗慨匏落・生質之美・不讓林總・況夫風詩託詠・類有遐想・離騷假諭・別其微旨・竊取此義・以爲定則・後之見者・悟即小見大之理・存不植將落之懼・毋佛鬱於寥寞・勿踴躍於標榜・小草之誚・雪其慚恧・朝槿之榮・戒彼淺陋・懷文抱質・勵不朽之盛業・蜚英騰茂・張巨麗於炎嶠・此則撰著之私意・搜采之始願・若其質狀・悉可時覯・今所罕見・乃無取云・

擬三月三日廣雅書院修禊序庚寅歲

蓋聞蘭亭盛集・聿傳妙墨・蓬池嘉讌・載徵逸禮・袚除釁沴・融鑠之氣斯稟・遞襲歌詠・風舞之情咸蕩・於以導生啓滯・蠲疴滌瑕・泝遊渚源・延瞰麗影・輕爵浮醴・行茵藉莎・常羊於薄洛之津・擔撟於溱洧之滸・不獨洛邑選勝・河曲立祠・秦樓漢苑・青冥攄虹・華林疏圃・徙樂乘日已也・

粵垣西北・建設廣雅書院・恢拓百丈・落成三年・枕林帶泉・望山拒邑・膏壤平砥・桑麻葳蕤・靈潮激波・地鏡熠爚・碧沙沒野・蒼松夾谿・香迷挑菜之墟・綠繞踏青之路・因樹爲屋・迴漪跨梁・晃蕩綿亙・遠離囂塵・清華幽邃・足寄情賞・矧當新萍冒沼・流鶯滿枝・朝春挺葩・華晷駐景・物以時序・情隨化宣・上除之規可循・元巳之日恰屬・握蘭采艾・豈無舊遊・濯伊臨灞・允得勝託・然玉鸞徐騖・寶馬遙騁・列南館之旌麾・命北宮之簫鼓・筵浮水豹・舟停畫鷁・銀鉤垂釣・金觴搖蕩・景陽鱗萃・林光霧會・耀天寶之富貴・異清沂之悠想・非所以陶散神體・怡衍和氣・茲際姑洗斡運・女夷司候・偶踵前諺・共舉薰袚・精廬儒肆・本屬橫經之地・斜峯曲沼・更署集雅之館・蓋廣雅書院修禊・以今歲爲始焉・

時則雜英吐秀・微風扇暄・輞川之畫・濃澹不同・午橋

之石・蒼翠欲滴・清瀨瀺灂・長林蔽虧・菱藻垂於岸濱・蘋苔映乎綠薄・樹動樓出・山斜磴危・俯鏡澄汪・上陟隆屈・弱縷蔭阪・高楊四垂・圓錢疊波・小荷數點・長筵既設・羽卮競飛・絳棗浮沈・蕙殽來往・山亭邀瀑・激奔湍於一簣・湖舠過雨・溯迴波於中流・閱水環階・引池分席・湔裙解帶・濯故潔新・清佳堂外・憑欄羡魚・蓮韜館中・據座呼鶴・動墨横錦・聯詩擘箋・同俯唱而遙吟・極賞心之樂事・然後流憩書庫・瞻仰崇祠・摩抄有道之碑・祕綄無邪之旨・理趣逾博・逸情不流・周覽虛曠・蓋將發其性緒・與時偕行・匪徒恣厥讙謔者也・

昔居易獻詩・灑灑立就・張華說史・衮衮可聽・皆藉解禊之會・顯文學之美・況茲黌宇・畢萃翹秀・有蕩汰積埃之意・收啓蒙發滯之效・春風得坐・化雨時被・申讌語於經席・暢風流於儒館・弗誌梗概・曷彰陶鑄・因記羲集・不忘寸陰・檀樹習禮・無非風雅之宗・舞雩託詠・匆作達觀之比・

珠江競渡詩序

在昔祈陽春暮・蕭結批其州符・淮南水嬉・杜亞飾以油綵・金明池畔・瀲波擲甌・魚藻宮中・舞殿合樂・類皆畫鷁横浦・飛凫建標・共娛佳日於春秋・匪慶芳辰於地臘・別有逆濤鼓櫂・上迎伍君・中流擊檝・憑弔屈子・吳楚異俗・著諸紀載・端陽故事・沿乎歲時・既羣歡而樂康・遂增華而變本・揭鼓鼘浪・千雷倏轟・蘭橈閃波・萬劍交掣・魚沫噴薄・横吹綵竽・龍髯卷舒・怒拂繡臂・烈采咸奮・奇觀莫名・固不獨界河習戰・紛縱遊觀・沅江打標・爭誇勝捷已也・

珠江東趨虎門・南接羊驛・受靈洲之灌注・合鬱水而湍流・浮石過雨・蠔光淡明・古榕照水・鳥語高下・香雪微湧・浸半籃之素馨・火雲飛渡・載一葉之丹荔・入望冥渺・鮫宮貝闕之鄉・隨潮往來・蜑女龍郎之宅・俄而節屆天中・人遊水上・陽侯舞浪・孟姥迎歌・兩龍奮飛・六鷁退避・金聲震地・朱旄麗空・輕帆與急槳齊趨・西驛共南湖角勝・時則慈度寺外・羅衣若叢・文昌閣前・畫楫如織・奪錦潮沸・鼓闐水聲・送神夜歸・燈燦星點・纖月遙上・管絃漸高・微波暗生・篙櫓忽響・斯亦勝地之美景・遊樂之佳話也・

昔横汾宴鎬・李適寄詠・爭標發鼓・張說題句・儲光羲之縱觀・興會不淺・楊萬里之邂逅・道塗斯慰・皆以延覽風景・流播翰墨・矧茲勝會・駕言臨眺・樓臺金粉・居然六朝・花月繁華・宛在一水・同好小集・留題若干・朗吟高啓之句・閒看遊船・重訪忠簡之居・若覩遺範・幽賞未已・試酬郭功父之詩・後塵可步・竊擬駱賓王之序

端溪叢書序

光緒十三年・番禺梁節庵先生主端溪講席・以書院餘款・刊爲端溪叢書・甫一載・先生去院・義烏朱鼎父先生繼之・工未及竣・先生遽歸道山・刊貲亦告罄・手民中輟・忽忽六年・明年戊戌・維森來主斯席・懼存版坊肆・久且散佚・而二先生之志・終不克竟也・商諸監院・節存餘款・又閱一年・始償舊值・取版歸弆院中・且印成書・資諸生誦覽

焉・異日續有刊刻・積爲巨觀・尤所望也・光緒二十五年己亥二月番禺傅維森謹識・

端溪書院志序

光緒二十四年・維森忝主端溪講席・既抵院・詢考前事・不可具悉・監院桂君・從邑人借得道光二十八年高要黃液洲拔貢登瀛纂輯端溪書院志略一册・顧閲時已久・諸凡踵增・舉未之及・咸豐四年・赭寇之亂・版且燬矣・繼又於竹岡集中・檢得端溪書院志一册・蓋嘉慶二十一年奉新趙竹岡吏部敬襄主講斯院時所輯・視黃志尤略・近年院長多恩恩去講席・益以校藝鮮暇・續纂爲難・高要黎詠陔孝廉佩蘭・昔從義烏朱先生讀書院中・熟徵文獻・百年近事・多有筆記・偶出見示・爲之喜慰・因屬詳加編訂・互相商榷・復考府縣志書・旁及前人文集・證以官廨新舊案牘・綜覈條舉・增補前志・實無可考・始姑闕如・時逾一年・稿凡數易・曩之不可具悉者・至是乃按籍可尋矣・中有新訂章程數條・則因時變通・藉除夙弊・非遽謂盡善也・

夫舊章遺澤・非志不傳・矧端溪書院・肇自有明・建設最久・兩粵之士・皆可就學・規模最宏・二百年來・大府嘉惠士林・添儲經費・捐置書籍・增立規條・事實又最夥・前志既多遺闕・及今復不輯錄・恐日月逾邁・漫沒難稽・後之君子・欲考述而整飭之・益不易易矣・然則此編之刻・殆未可已者也・鋟版既成・用誌原委・其有疏舛・來哲匡之・光緒二十六年歲在庚子仲夏之月番禺傅維森序於端州・

御賜廣雅書院經明行修額恭紀

蓋聞月書季考・宋選舉之遺方・崇化厲賢・漢太帝之讜論・官書有錫・儒館特開・辨異義而御講筵・育人材而計根本・艮以津梁萬物・望古作規・襟冕人倫・尊師受戒・未有羣言淆亂・德表廢墜・猶能風雅得旨・廉鄙異科・精勤高第・區北宅之顯門・孝弟力田・應西京之明詔者也・

我朝文教蔚興・儒術茂美・黌宇之設・徧於州郡・旬月之試・遞於歲時・固已充積巾卷・圖飾聖賢・經義之齋以名・行藝之籍悉隸・前任制府張公・復於粵東創建廣雅書院・超軼前軌・講求樸學・萃嶺表之髦士・循鹿洞之舊規・挾策負素之彥・布席而横經・發蒙啓滯之功・矯思而立義・華實相輔・博約並資・有朋中彪外之觀・成被文相德之美・經營伊始・已詳敷奏之言・坊表長垂・尚賴訓行之準・弸徵爰於光緒十有五年八月二十二日・奏請頒額・得旨賜經明行修四字・仰見我皇上表章六籍・儀型八科・雖屬愚柔・靡不鼓舞・謹按直省講舍・多荷璇題・聖祖仁皇帝賜紫陽敷乂崇文鼇峯書院額・高宗純皇帝賜紫陽鼇峯書院額・穆宗毅皇帝賜正誼紫陽書院額・士林瞻仰・各感激而奮興・正學昌明・咸憲章而祖述・

我皇上復敦勸儒風・光崇聖烈・允疆臣之請・培德義之基・寶文蔚炳・模範聿昭・教澤涵濡・奇袤悉絕・在昔十條問義・三薦上章・竇儀以五軸設程・蔡謨以一字見拔・疑難通辨・戴侍中之解經・孝謹著明・萬石君之砥行・紛綸邀譽・賢良學官・伏湛有師表之稱・牟融負純備之望・類克駿

傅維森

妄釋謬．鞠躬履方．致奧如曠如之精．含不磷不緇之素．時異今古．揆同後先．欲杜言哤事雜之風．尤重居業立誠之法．皇上方典學研精．右文論道．加惠炎徼．宸翰特頒．朗照星躔．書林在望．幸仰奎章之麗．永爲孔敎之宗．凡夫茂材異等．方領圓冠．行將進求折衷．爭自磨濯．通貫大義．弗貽破碎之譏．敦崇實功．恥蹈緣飾之習．桓榮論難．生平之惑頓祛．子平操檢．闇室之賓若接．從此儒林發藻．里閭觀型．賢才蔚起於他年．津逮皆原於聖訓．匠成翹秀．問名盡孫寶之班．恪奉規模．敦學邁鴻都之選．恭紀．

重修學海堂記

吾粤越山學海堂．爲阮文達公課士地．南皮張公督粤．復於堂之東偏築啓秀樓．風亭月觀．拓其規模．華宇精廬．進益高峻．建樓之指．蓋可溯焉．夫劉瓛立館．望邑推山．胡瑗分齋．窮經治事．必有游息之地．始嚴月季之條．公以爲厲賢崇化．被風流者逾六十年．含英咀華．異時髦者動數百輩．因是計課調習．親持鐘衡．說經得高密宗傳．考史識龍門體例．而且言艱思苦．迴異諔詭．文華理暢．悉成典裁．儒林老丈．人倫之表尚存．儒都學生．後起之秀未艾．取山房之舊名．徵藝圃之速效．斯樓之建．殆將任承先啓後之責．而匪誇其崇麗．抑亦寓增高繼長之義．而勿懈於進取者歟．堂之人既覩樓之剝落．懼其傾圮．無以副招振才端之望．而並失興復儒肆之意也．

爰葺其棟宇．塗以丹雘．樸而非陋．華而不靡．營構數月．依然舊觀．時則光緒癸巳初冬．推窗遠眺．紅葉在樹．憑欄俯瞰．寒梅欲花．地勢迴而天低．山氣肅而月冷．澄清之閣．近與相映．文酒之讌．於此大張．然登斯樓者．豈徒想白雲西樵之勝．攬珠江獅海之勢．蓋必疏神達思．即境悟學．求日新之象．切不殖之懼．毋畫地以自限．法登高之自卑．層累相引．則欲罷不能．境界既超．則所見彌廣．於以揚榷雅館．翺翔書林．荷匠成而無虛．育翹楚而有造．行見祁祁生徒．濟濟儒術．懷經雲集．飛譽風馳．後之視今．進而益上．則斯樓之脩也．謂即效學之一隅．作人之左券可乎．

擬祭嶺學祠文

嗚呼．漢學宋學．門戶並峙．綜覈名實．訓詁義理．俗儒訢爭．視若殊旨．詆毀攻擊．各執一是．橫塾設教．道絕偏倚．英材銳進．致力伊始．觀其會通．論息排抵．哲人前師．顯示歸指．頌讀遺書．究識端委．旁及律度．名節礪砥．自漢迄今．先後同軌．或官嶺表．敎澤流美．或鄉先達．模楷桑梓．南邦位離．早化荒鄙．宏開講舍．典型視此．明經修行．薈萃髦士．恪守宗派．蔚爲後起．里閭觀法．力杜浮靡．先覺之願．佑啓無已．蘋蘩表潔．肅薦筵几．尚饗．

廣雅書院賦 并序

書院之設．所以振興風化．作育髦士．助郡國學校之敎．繫斯道淵源之緒．事至美．意至深也．唐元和中．衡州李寬建石鼓書院．是爲立院之始．宋興之初．石鼓．白鹿．應天．嶽麓四書院並著．其時賢士大夫．留意斯文．前規後隨・皆務興起・西京之嵩陽・江甯之茅山・亦四書院亞也・開禧中・衡山有南嶽書院・嘉定中・涪州有北巖書院・自是得請於朝・賜書頒額・若明道・鶴山・丹陽・天門・紫陽・考亭・廬峯・武夷・麗澤・甬東諸書院・有可稽者・凡十有九・而名賢戾止・士夫講學之自爲建置者・尚不與焉・元建太極書院・延儒士趙復王粹等・講授其間・始於太宗八年・踵而興者・又凡四十・可謂盛矣・明因元代之舊・立洙泗・尼山二書院・成化二十年・建象山書院・宏治元年・修學道書院・正德元年・修濂溪書院・其最著者・京師有首善書院・江南有東林書院・橫經鼓篋・無在蔑有・祁祁濟濟・蔚爲儒風・然或修敎未善・奉行不力・虛名相尚・漸荒實學・國朝作育雅化・超邁前古・庠序修明・社學林立・粵東書院・攷諸通志・凡有名可紀者・計一百五十有六所・類皆郡守邑令・前後修葺・閱歲既久・或就頹圮・其存者雖月有考課・又多限於堂戶・無地以處請業之士・諸生居遠方者・不獲就敎・所課亦止帖括藝・經明行修之懿・猶罕覯焉・

制府張公・以爲文敎不可不倡也・士習不可不正也・玉后無當・雖寶非用・侈言無驗・雖麗非經・爰於穗城西北・創建廣雅書院・以造兩粵之士・經營兩載・規模別敞・培植根柢・矜式頹靡・無本之學・概從舍置黌宇之闢・足供肄習・蓋欲使秀良者・澤古訓而得依歸・魯鈍者去浮華而務切近・不致以有用之才・放心冥漠之地・肆力庸濫之學・俾大道昌明・儒術茂美・愛士之意・廣播於炎荒爲無旣也・昔西湖置詁經之舍・越山啓學海之堂・儒林名勝・交映兩地・單門後進・咸樂善誘・得茲書院・後先媲美・惠澤尤遠・千秋事業於焉寄矣・因述梗概而爲之賦・其詞曰・

維源頭之名鄉・擅鍾毓之靈秀・合山水以環抱・鬱林木之暢茂・絕塵囂於闤闠・亙南北而延袤・挹清曠之佳氣・允游息之藝囿・方海氛之未靖・中號令而禦寇・易文事以武備・匯策畫於昏晝・銷兵氣於日月・闢榛莽之叢陋・匠石竭蹶而庀材・吏役奔走而相度・居高陽以攬勝・面離明而式廓・樹周垣而繚繞・恢百丈之廣漠・砉雙扉而中開・歷層階而寬綽・覩升堂而入室・悟造道之踴躍・羅學舍於左右・譬居肄之精博・羌廣厦之大庇・慰單寒之依託・萃時髦於嶺嶠・發奇才之磊落・期明禮以達用・去支離與穿鑿・重士林之模楷・宜取法之不虛・欽名儒之特起・垂訓廸於居諸・示本末之先後・薄浮僞而掃除・或勸懲之互用・或誘掖而無餘・或商量乎舊學・或嘉慰乎起予・辨經義而求是・涉臆說而必袪・持莊敬於內外・杜儀節之闊疏・孰先傳而後倦・無鮮終而有初・惟遐邇之嚮風・紛進取而就正・被棫樸之德化・副菁莪之美盛・旣州郡之萃集・復梯航之趨競・道率循於孔孟・學宗法於毛鄭・功深邃於體驗・才嫺長於諷詠・去標榜之積習・葆純淑之天性・咸負笈而擔簦・思砥節而礪行・

於是黌舍畢啓・條敎斯設・劍材就範・循途守轍・補蘇湖之簡略・比鹿洞之明切・豈大德之可越・亦小節之無缺・逞陵轢於共學・肆詆毀於前哲・實少年之跅弛・成意氣之滅裂・行小慧而聚處・乏心得之愉悅・皆斯道之玷辱・尚何區夫優劣・求性情之篤摯・尚操履之廉潔・志毋甘於下達・力毋回於百折・識毋囿於卑近・業毋限於猥拙・承嶺學之宗

傅維森

派．息末俗之邪說．立畢生之矩矱．廼愈防夫作輟．憶先儒之進學．垂懿訓於專精．懼荒嬉以廢墜．徒涉獵而無成．溯杏壇之設教．揭四科之令名．念辭命之兼擅．尙謙遜而自明．矧下學之修業．尤致力之當貞．必專門之有得．庶能事之莫爭．務時習以致悅．守師法而勿更．闡經典之義蘊．擷文史之菁英．稽掌故於載籍．爲經世之定程．資詞章之妙用．詎箸述之見輕．讀遺書於諸子．殫餘力於半生．在躬行而實踐．非一得之可鳴．惟性近所擇取．弗强責夫兼營．旣材力之勝任．必邁往而爭先．雖進銳而退速．曾垂戒於古賢．力由心以振奮．事隨情而玩延．懍聖狂於一念．鑒無息於逝川．擬茂先之勵志．同祖生之著鞭．喜日新而月異．忘晝地以息肩．亦檢察夫游惰．宜內省而糾虔．境無進而中立．行無惰而罔愆．苟放心之自求．如欲仁之．在前嗟一日之暴棄．幸及時而轉旋．樂朝夕之稽考．覘獲益於墳典．懼聞見之淺陋．慮思力之勤勉．廼潤澤以古訓．搜中祕於秦燹．陋曩代之崇儒．頒官書而載輦．播藝林之嘉惠．儲萬卷而待展．列層樓之簡册．通南極之冠冕．萃四部之精要．勘孤本之譌舛．供旦暮之枕葄．燭今古之微顯．始飣餖而襞積．繼通貫而條辨．氣蒸蒸而日上．序循循而漸施．鮮陵節而躐等．羣取友而親師．益天資以學力．抱遺經於昔時．功由博以返約．道登高而自卑．異紛馳而慕遠．益求慊而戒欺．務明誠之並進．虞敬義之或遺．師入道之憤樂．防抱質而游嬉．成富有之大業．示周行於後知．振積習之頹廢．起墜緒而維持．

南海神廟銅鼓賦

傅維森

客問主人曰．僕聞匠石冒鼓．啓蟄施功．春分斯鳴．萬物棣通．蒙面以革．厥聲逢逢．樅夔獸而振響．樹靈鼉而奏公．震蚩尤於百里．舞馮夷於幽宮．嘽哼嘈囐．心驚耳聾．進衆是以．攻皮則同．今斑駁之垂紐．乃鍛鍊而範銅．本俚獠之土物．出駱口之蠻峒．竟作鎭於炎徼．用報賽於祝融．匪重器之典貴．胡爲配廟貌之穹窿．僕愧淺陋．未由究窮．願主人申其說．而後照然若發矇也．

主人輾然而咍曰．子薄銅鼓．亦嘗攷其緣始乎．昔者伏波．視師交阯．革聲不揚．范金斯起．諸葛渡瀘．時復得此．南郡有獻．志出虞喜．唐啓蠻塚．鳴蛙遂止．嘉泰永樂．宋元疊紀．掘地所獲．載在裨史．洩元氣之磅礴．鬱金精之奇詭．或什襲於州庫．或扣擊於筵几．當斯之時．銅鼓猶未表異也．而已與夏鼎商彝而並峙．且夫希世之物．世所不須．希世之音．世所不愉．稍脂韋以投俗．終朽腐而堪虞．覩神寒而骨重．肯任沒於泥塗．惟明堂與淸廟．宜觀法其形模．稟炎精而鍊質．洵離位之祥符．矧蠻疆之蛋雨．釀妖氛於海隅．排鸛鵝而山立．走蛟蜃而電驅．憶疇昔之疵癘．費禱禳於祝巫．仗神威以剪滅．已報祀而歡呼．翻旍旗之赤羽．屹碑石之青趺．隆眞王之顯號．占瑞應於上都．而守土者且以爲黃灣之巨浸．實澤國之粤區．賴神物以永奠．豈人力所能扶．故欲消瘴癘．障盤渦．馴祕怪．靖萑苻．載威靈而震播．惟茲鼓兮不逾．敬摩挱以拜獻．夫豈婾婀而諂諛．

客曰．然則銅鼓之制．可得聞乎．主人曰．厥鼓有二．大小兼具．纂觀多誤．今爲子賦焉．其大者有雄有雌．並著光怪．雄者懸殿．發聲豪邁．雌者入海．應響澎湃．寬徑三尺．臍起腰束．旁有四耳．絡索聯屬．六鼊不存．雷文綺縟．其面齾缺．其光慘綠．小者同制．高廣幾匹．傳聞臆斷．殺五之一．本無蛙蚪．是誤載筆．紋斜耳小．微亦損質．卦畫鷓斑．模糊漸失．金石有志．參訂詳悉．人曰舊銘．鏤字凡七．啓視光潔．其說莫必．將軍法物．鴻文未佚．編次周秦．邑乘盈帙．賢哉太守．進獻恂慄．如彼璠璵．縝密以栗．豔翠陸離．寶光澄謐．飾以筍虡．則諸琴瑟．禋祀薦馨．戛擊從律．夫是以神聽和而降福．海波靜而不溢．至其爲聲．則舒而不疾．重而不輕．洪亮聞遠．壯越以清．夭矯噌吰．鏗鍧闛鞳．塞六合之寥廓．宣大化之歆納．飛鵬赴節以軒翥．衆靈驅車而雜遝．蒲牢震仙觀之鐘．鈴鐸撼琶洲之塔．俄而黑風狂吹．怒潮迅發．濤聲鼓聲．硑錚滂浡．舞蛟晦形．乖龍潛窟．橫波洶湧而漩澴．怪石動搖而硉矹．當斯時也．怖悸心精．傾悚毛髮．怵森森之萬象．聽淵淵之一伐．皆此鼓之所致．吾子猶玩易而忽之耶．

抑聞之．物以得用爲貴．人以見之爲期．負瑰偉之異質．豈闃寂而違時．既博碩而豐蔚．亦厚重而安綏．本虛中之能受．乃廓外而立規．彼高位之不辱．惟大器之是資．佐繼明於兩作．頒渙號於四夷．致水陸之讋慄．成春台之雍熙．奠河海而順軌．格神祇而介釐．亦猶斯鼓．軼凡響之紛噪．符士行之無虧．雖淪委於叢莽．終位置於仙墀．與鼎盤而並古．同鈞石之永垂．厭鶩擾於妖慝．懾呿忭於蛟螭．振南極之聲教．夫何潯江藤鼓之足奇．客既畢聞此言．靦容離坐而謝曰．鄙人檮昧．誤於蠡測．而今而後．知銅鼓之可爲神明式也．

荔支賦　「不限韻幷序」

荔支爲果中第一．徵入貢品．自南越王尉佗．取與鮫魚並獻．後漢永元中．交州亦貢生荔．而唐貢尤重．故韓偓詩云．遐方不許貢珍奇．密詔唯教進荔支．足令尤物增聲價矣．然白居易荔支圖序云．其實離本枝．一日而色變．二日而香變．三日而味變．然則翦摘盈篚．達於帝都．雖膺首薦．已失本性．士有推選得祿．斵其太璞．煊赫焜耀．而形神不全者．亦知名之累也．觸物成感．爰賦所懷．

翳側生之嘉種．標百出之芳名．卓絕類而無匹．超衆果而獨貞．睨火棗之垂實．悅青華之向榮．燦丹罽而綺縟．矗修幹而崢嶸．布合圍之蓊鬱．含粹液之潔清．質蘊玉而逾貴．光騰珠而剖瑩．審高削而託體．蒙休和以取精．益神氣而敦本．涉寒暑而不驚．夫其交廣稱艮．海隅蔚起．西蜀分根．南閩競美．逢驛使而載途．叩函關而記里．待君謨之品第．稱玉局之比擬．稟陽明以施采．仰麗表而見裏．伴松檜而終老．媲蒲萄而未似．陋下澤之淵濴．惡層崖之嵔𡾰．抱甘滋而信芳．隱遐陬而得止．匪求知於貴躬．曾何病夫瘡痏．矧得天之獨厚．常安土而不遷．綴丹房而霞絢．鋪黛葉有雲連．羌積歲以拔地．迺繁星之著天．靈鳥集而畏啄．孤根挺而永年．荷栽培於大造．益盤錯以自堅．雖外觀之有耀．殊間色之爭妍．冠四時而爲最．洵百和之畢全．方朱夏之恢台．出明璫而炯晃．騰火焰而生輝．被羅襦而延爽．灌醍醐之甘潤．張惟蓋之華敞．透荷香於紫綃．排珊枝於鐵網．結晶丸而魂清．浹丹髓而神朗．滌三伏之煩囂．驚一座之倜儻．實風度兮不凡．緬曲江而遐想．

則有宋香陳紫．江綠方紅．瓊瑤脆薄．玳瑁精工．重浮水而不墜．暖凝冰而未融．粲龍牙而長鋭．剔蚶殼而玲瓏．軼衆味之有五．全火德之在中．發震氣以磅礴．曖朝雲之曈曨．蘊赤心而意永．銷凡口而道窮．是宜竹夾之交護．而豈翠籠之求充．無如裹竹包欏．顛阬仆谷．踰臘嶺而攜筐．過臺闕而轉轂．勞萬戶與千門．收一樹之百斛．既瘴癘之薰蒸．亦泥塗之傾覆．奚爾命之不逢．嗟生機其已蹙．縱聲華之可慕．傷朽腐之漸速．豈宗廟之眞薦．懼負販之徒鬻．森鳳爪而失奇．奴龍眼而不服．何繪圖之莫與．竟趨炎之相目．伊微文之未掩．致虧質而損眞．維衣錦而尚絅．始反性而凝神．雖銜華以佩實．貴韜采以保身．息無用之虛譽．辭衆好於俗人．處幽僻以養晦．味旨趣而知新．鍊冰霜之偉質．蔚棟樑之異珍．將特達以致用．肯奔走乎後塵．苟大木之小[illegible]．虞薄才之莫伸．彼仙果之遵時．產江鄉而未遇．亦昭質之無瑕．紛植本而孔固．體負陽而暢茂．氣含滋而布濩．遭無端之羅致．遂就道而馳騖．違深意於惜花．奪年光於養樹．惟再拜乎伯游．謝免充乎王賦．

嶺南異鳥圖贊 有序

傅維森

粵自禹鼎鑄象．神姦莫逃．山經繪形．光怪畢見．毛詩箋就．蟲魚多記識之資．爾雅圖成．禽獸備珍奇之目．正不等搜神有記．博物名篇．徒詡陸離．莫彰藻采者也．嶺南地大物博．羽族蕃滋．被入丹青．勝秦庭之懸鏡．披覽卷軸．疑溫嶠之然犀．種類美惡．宜示區分．史書論贊．概有評騭．竊取離騷善鳥配忠貞．惡禽比讒佞之意．美刺並列．爲贊十首．引類譬諭．聊以見意．張之座右．或爲鑒焉．

鳥名越王．厥口句末．製爲巨觥．文螺黛抹．不餌蟲魚．不踐郊藪．鳳麟美媲．賦性仁厚．越王鳥

結遼能言．實秦吉了．黃距丹味．金眸明瞭．巧似鸚鵡．瓊厓夢繞．聰穎之姿．爭奇嶺表．秦吉了

志攷異物．有鳥含章．丹地布錦．藻繢輝煌．南方曰離．文明應象．九苞振采．羽毛豐養．錦鳥

五色之雀．素質爲瑞．兩絳導引．如列雁字．羣不錯雜．毛不[illegible]毨．明義保身．羅網斯免．五色雀

深山無人．夜雲沈壑．杵臼敲戛．聲傳擣藥．樊籠絕跡．素履幽潔．長鳴向天．獨攄蘊結．紅翠

鵂鶹之目．向日無覩．晝伏夜動．鳥鼠爲伍．飛哽蚊蝱．罔恤貪鄙．陰柔昏昧．同羣蔽美．鵂鶹

蚊母捕魚．狀似青鷁．飛蚋出口．鳴聲漸寂．胸次含垢．瑕穢難滌．修翮製扇．終棄沙礫．蚊母鳥

[illegible]足奇鳥．非鴟非梟．閩廣之產．亦名山蕭．飢啄蟲豸．性成殘酷．毀之傷人．烈逾鴆毒．獨足鳥

鵜鶘在梁．魚苗沈影．供厥朶頤．饕餮徒逞．網開三面．寬仁樂歌．羅掘易盡．嗟毋淘河．淘鵝

陰霾不開．沴癘斯伏．鬼車之鳥．如有怪鵩．炎曦方中．鴻儀漸陸．魑魅魍魎．四裔放逐．鬼車鳥

丘逢甲

一八六四年生
一九一二年卒

字仙根・號倉海・祖籍廣東鎮平縣・（今蕉嶺）生於臺灣苗栗縣・幼聰穎異人・有神童之稱・年十三以第一人入縣學・明年補廩生・十六歲拔貢・少懷大志・爲秀才時即以天下爲己任・往往語警四座・父老嘆爲異才・二十四擧於鄉・旋捷進士・殿試點工部主事・引見後即回臺灣・掌教全臺各書院・課文以外・兼講內外史及勸人讀報・臺俗多土豪・霸田佔產・習以爲常・逢甲竭力驅除・此風以殺・所居百里內外無欠糧・無詞訟者・甲午中日事起・捐家資編全臺壯民爲義軍・計成幕者三十五營・乙未春・滿廷以戰敗割臺於日・逢甲通電・涕泣以爭・卒不得挽・遂集臺人倡獨立爲民主國・擧清撫唐景崧爲總統・守臺北・劉永福爲幫辦守臺南・自爲大將軍守臺中・防守嚴・日人不得登陸・未幾臺北告急・逢甲率所部往援・至中途・而臺北已破・唐竟置臺事不顧而先去・逢甲率義軍苦戰・二十餘晝夜・械彈不繼・地淪異族・知事無可爲・乃與家人內渡・定居鎮平原籍・自署爲臺灣之遺民・嗣後出主潮州韓山・景韓・東山各書院・以科擧必廢・課文以外兼課科學・時風氣未開・頗爲俗駭・輒招當道忌・復以中國危機日迫・非開民智・養人才・莫能挽救・庚子秋・倡辦同文學堂於汕頭・就造人士・更不限嶺東・各省一體收攬・嶺東新學・實以此爲先導・功成告退・由汕進省・仍專注振興學務・任全省教育會長・兩廣學務公所議紳兼廣州府中學堂及兩廣方言學堂監督・旋被擧爲省諮議局副議長・首倡禁賭・卒抵於成・對革命志士時陰護之・用心良苦・淸社既屋・軍政府成立・逢甲以衆望被推爲教育部長・南京克復・組織中央政府・被擧爲廣東省全省代表・北上參與・迨臨時參議院成立・復被擧爲參議院議員・逢甲以民國存亡之機・全在南北聯和・和議一成・大局遂定・奔波數月・乃以繁劇・積勞成疾・假歸養疴・抵家十餘日・竟以不起・所爲詩悲涼慷慨・感人至深・有嶺雲海日樓集傳世・

上唐景崧中丞

初九・初十・十一・十二・連上四書・未蒙復示・反復撫念・慚駭交幷・細核書中・都無觸忤字句・不知何故・其請運信字兩營軍裝一節・同丈十日來書・令自設法・逢甲種種爲難・及焦急情形・均在上吾師書中・同丈所未盡見・逢甲千氣萬力不能得者・往往吾師一言得之・如俯念孤軍・分紮要地・勢難徒手而戰・仍請速飭備齊軍械・勿雜壞槍・尅期運往後壠・如必由逢甲處再行請領・又運往新竹・由家兄處派人來接・輾轉遲延・大費時日・軍事方急・似未可仍作此官樣文章也・

如因此事怪其所瑣瀆・加之軫責・亦不敢辭・必求得請而後可・又地雷二十具・查明上由石頭厝安至紅土山・其地皆南崁港北・非港南也・紅土山離南崁港尚三里餘・仍請于南崁港左右・再加安放・雷兵仍住石頭厝・昨令人往覓・崁據什長柳得貴云・必胡管帶有命・始敢移近敵營・不出前書所料也・明日當出紮南坎之元帥廟・以便布置・軍中一切應用之具・十缺三四・領又不能即得・若事事告吾師・又嫌煩瀆・自顧不知所云・

漢族客福史序

世而大同也・民胞物與・何辨乎種・然世未進大同・而又値由國家競爭進而爲種族競爭時代・則不能不辨其種・尤不能不辨其族・辨之維何・蓋將聯其同族・結乃團體・振乃精神・以與異族競爭于優勝劣敗之天耳・非然者・自分畛

域・猜忌分離・同族已爲鷸蚌之相持・異族必爲漁人之得利・以漢族處今日競爭集矢之秋・凡屬同族・同德同心・尚難免於劣敗之列・若稍存畛域・則種絕族滅之禍・旋踵即至・每一念及・爲之悚然・

潮漢族闢土開疆・奠定中原以還・始而播衍於中國・繼而擴殖於南洋・雖地居不同・語言各別・初不過轉徙有前後・變化有鉅微・其同爲漢族則一也・否則如苗猺黎獞之異族・自漢族繁殖之後・即有存者・自爲風俗・成歷史之遺物耳・何至於與漢族相混哉・乃近有著作・竟貿然不察・以客家福老・語言之差異乎廣音・遂以客家福老爲非漢族・且以老作狫・更有一二著作・以客家作哈加・抑何其傎哉・

夫以老作狫・只見一書・謬妄人所共知・以客家作哈加・則始見於屠寄中國地理初二版・其後一二講授家・遂依此以編講義・屠寄之致誤・不過譯西書之音所致・而西書之有此名詞・則以其見中國南方・有稱後來之北人爲客家・遂以爲漢族之外・另有一種・屠寄譯書・未察由來・將客家之音譯爲哈加・遂致此誤・其後已自知之・故三四版時・經自行删改・今以平心論之・在此等著作之初心・謂其有意自分畛域・蹈兄弟鬩牆・當亦所無・而無稽之語・稍有識者見之・亦當不值一笑・實不容稍爲之辯・然恐以訛傳訛・萬一流於互相歧視・互相離異・至演成種滅族絕之禍・則涓涓之塞・又豈能已哉・此鄒張二子・所以據歷史・考經典・而編成此漢族客福史也・即所以辨其爲同者・結乃團體・振乃精神・與異族競爭於優勝劣敗之天也・

然則此編之旨・既合同族以與異族競・則凡非同族者・皆在排拒之列乎・是又不然・蓋他族與漢族・久已相安・利害相共者・非特無外視之心・且有同愾之切・是則本書之旨也・

書成・求序于余・余以此編・出於辨明漢族・聯合漢族不得已之苦心・有合乎陽明先生・六經皆聖賢不得已之言・故樂爲之序・但據編者云・學識已淺・此編之成・又在旅行中・書籍復少考據・簡略脫漏之處・原所自知・是則望于高明之士・引而進之矣・是爲序・

翰林院檢討柳介溫公墓誌銘

光緒十五年己丑・皇上親裁大政・逢甲在都・於進士同年中・識柳介溫君・蓋粹然有德君子也・乙未・中日事棘・余倡守臺議・君聞而韙之・及東歸・相慰於潮州城下・由是交益親・無數月不相見・輒商榷古今中外利病是非・斷斷連日夜・余務動・君則研於靜・聞時局異變・余或呼哭不能忍・君雖憤激・外則夷然・兩人者相視常莫逆也・如是者十年・君質碩而精强・學過劬・教過勞・中感事變之不可爲・神或不能無傷・然今年別君・未始有病・不意遽聞其篤而竟不起也・悲哉・

君諱仲和・字慕柳・一字柳介・先世由江西石城遷廣東潮陽・復遷程鄉・改嘉應州・遂爲州人・世居松口堡・高祖諱伯魁・乾隆朝・以五經中式鄉會試・起家進士・令嘉禾通山・皆有聲・改教授南雄・能以經訓士子・諱鴻章太學生・君曾祖也・祖諱齊觀・父諱謙光・皆太學生・以君貴・贈奉直大夫・祖母黃氏・贈宜人・母封大宜人・亦黃氏・

贈公三子・君其仲也・弱冠而孤・以學自立・補州學生・食餼・八赴省闈不售・以乙酉優貢入太學・戊子魁京兆・成次年進士・改庶吉士・授檢討・充癸巳鄉試磨勘官・請急歸省母疾・遂遭喪不出至今・君性和而節・與人若無所不可・然實彊毅有守・義不可・雖勸掖輒婉謝之・其所可・雖不爲嶄嶄行・然必達所守之義而後已・俗論不能搖・其爲學亦然・番禺陳京卿澧・治漢學者尊爲東南大儒・君其入室弟子・治羣經・尤精三禮・游太學時・翁相國同龢・潘尚書祖蔭・先後管學・祭酒則宗室盛昱・皆朝望也・太學時稱多士・君課常最於札記・成三禮經纂上焉・管學祭酒咸震許・都下一時盛傳之・並世經生・多錮守不通天下大局・君治經務致用・通籍見益廣・學益通・然不自儇・人不辨也・翰林官清苦・以差除爲希望・君少造謁・惟杜門著書・時皇上親政・既數年・君每言願得爲御史・言天下事可施行者・人疑君恂恂・非能其職・蓋多經生君無知學守者也・

甲午乙未間・時局已變・而戊戌・而庚子・變益而烈・君既決不出・遂一意教育・同文學堂者・開嶺東學界者也・害成者・始以黨怵冀輟之・繼則衆咋期覆之・逢甲支柱無可辭・其坐而鎮得存至今・則君力也・君以成之難・他聘皆不就・以前主講金山多效・詔改學堂・乃去同文而總其教・同文既屬官・大吏仍聘君兼總其事・庚子以前・士習患蔽於舊・其後則患囂於新・君於蔽者開之・囂者正之・前誹後誇無所動・弟子多成材者・其沒也・皆爲位哭・則教思之深也・

君每言戰國後爲中國退化時代・考古人良法善政・與泰西互證可行於今者・求史不如求經・三禮爲政典所存・故於羣經尤嗜之・君雖治漢學・然於後儒不輕詆排・文章宗昌黎・義理宗紫陽・經濟宗亭林・弟子皆能述之・嗟乎・如君制行・則古之君子・其學則今之通儒也・昔爲諸生・時與同里饒吏部軫齊名・人目曰溫饒・既而與同年程編修棫林・在太學齊名・人目曰溫程・嶺東之人・以趣異而志同・亦妄目曰溫邱・然逢甲何敢望君哉・

三禮既有彙纂・在翰林・著讀春秋公羊箚記・及求在我齋經說・在金山・以算學爲各科學根本・約弟子治算・有代數幾何算稿・其詩文名求在我齋集・皆藏於家・已刊者・有所脩嘉應州志・

君生道光二十九年己酉三月二十一日・卒光緒三十年甲辰八月十三日・年五十六・娶吳氏・封宜人・子三・士珩太學生・士璠廩貢生・士璆太學生・女三・饒達源・謝延齡・李廼琛其壻也・孫男五・汝猷・士珩出・汝屏・汝翰・汝度・士璠出・汝嶠・士璆出・孫女二・俱士珩出・士璠學既知名・君之喪・由日本學校奔歸・以逢甲知君深・將以其年十月二十二日葬君於長岡岌山仔下之原・以狀來督銘・銘曰・

是爲舊學界之經濟家・新學界之教育家・學派之衍・與梅江俱東入海而無涯・濬舊方塞・瀹新方芽・津梁雖疲・功大而奢・夫何賢人之厄・歲在龍蛇・而爲今昔之所同嗟・沈沈幽宮・東王壽而西陰邪・山耶川耶・千秋英靈・將復上見爲明星・而下蔚爲青霞・

陳景華　一八六四年生　一九一六年卒

字鹿畦・中山人・光緒十四年・選學海專課肄業生・是年中戊子科舉人・官廣西貴縣知縣・以忤兩廣總督岑春煊逃亡暹羅・爲華暹日報主筆・民國改元・任廣州警察廳廳長・政令風行・懲治盜匪・以嚴悍著・一日有被虐婢・由警員護送警廳・景華親訊之・見其身血跡殷然・幾無完膚・乃遣人送院醫治・翌日函約各善堂董理集議・欲建一教育院教養被虐婢女・詎極受諸董反對・景華不恤衆言・擬章程詣教育司・指撥花埭善慶學堂爲院址・三月開課・學生即達四十餘人・九月增至四百人・明年三月賃黃大仙祠爲幼稺園・復辦工藝科・似此善業爲國中所僅有・各藝既舉・來學日多・參觀者皆爲贊善・無何・北廷以景華暗通革命黨・去之而後快・陰嗾粵督龍濟光施毒手・於民國五年以中秋節招飲爲名・戕之粵秀山下・年僅五十三・而教育院之命運亦告終矣・

爲女子教育院徵求同人書

在昔婦順斬三月之成・聿修陰教・女誡有七篇之作・爰重母師・是以哲婦與貞女幷尊・風烈賴彤管而著・世典雖闕・宣城所傳・晚近以來・教男不教女・曹大家所謂敝於彼此之數・不可爲訓也・夫弄之瓦磚・匪所期於卑弱・筆之蘋藻・將有事於文明・迄今女學踵興・邁夫疇昔・良有由矣・

惟吾教育院之設・則與普通女學微有不同・蓋吾院者・將教墮溷之彼姝・爲奴之下女・寒閨之弱息・失教之小娃・咸使出痛苦之天・而進於光明之域・舉世尊普渡之意・起天下無告之人・地爲樂國・慚廣厦之萬間・福造金閨・願衆擎之共舉・以慈善之志願・行教育之精神・凡我同人・義當負責・請書簡首・用表贊成・

韓文學　一八六四年生　一九四四年卒

字樹園・號孔庵・番禺人・少孤・有大志・弱冠受業於萬木草堂・以舊作主靜立人極說爲贄呈康有爲・大爲擊節・與康門梁啓超・麥孟華・陳千秋、曹泰、梁朝杰齊名・日以義理經世之學相激勵・壯歲入長沙主時務學堂講席及湘報筆政・戊戌政變・與陳榮袞東渡日本・執教橫濱大同學校兼主清議報・新民叢報筆政・後返粵任南强公學校長・民國後設館羊城西覺是草堂・文學畢生致力宋明理學・無疾言遽色・惟關天國家大事・當代奸梟・則不稍假借・遺著有舟車睡醒錄一卷・詩一卷・

國朝六大可惜論

無賢君而國萎瘁者有矣・無賢臣而國萎瘁者有矣・無其時無其勢而國萎瘁者有矣・士氣不倡・人民不慧・而國萎瘁者有矣・然皆不患此也・其君則變法勵治之英主也・其臣則中興自强之元勳也・其士民則聰明智慧・通變達時之翹秀也・然而卒不免制于俄・敗于日・束縛于英法德・何哉・不然・則風俗蒙蒙・愚魯充也・不然・則奸佞綸綸・據要津也・不然・則勇士殫・智士殘也・不然・則謀策多・言風波也・不然・則巧宦滋章・營營身家也・不然・則奸民諜伺・以情輸敵也・不然・則不務天時・不治地利也・不然・則游民闐溢・寇盜多有也・不然・則堂上百里・堂下千里・門庭萬里也・不然・商賈失計・百工無藝・農民困匱也・不然・文巧不禁・游幕侵蠹・胥吏盜權也・不然・士人蔀塞・搢紳驕恣・官吏婪悍也・不然・國自爲國・民自爲民・官自爲官也・有一于此・不可爲國・況數者兼備・豈不痛乎・豈不痛

乎・器械雖精無用也・海軍雖修無用也・陸兵雖練無用也・營壘雖固無用也・城郭雖鞏無用也・不然・何爲其如是也・

或曰・西北回部・一金順而三月定矣・髮捻巨匪・蹂躪十餘省・盤踞十餘年・曾左諸公・接踵而出・而犁其庭・掃其巢矣・諒山之戰・馮王諸將・殲其醜類・覆其全隊矣・信如子言・得無誣乎・曰・惡・是未達時勢者言也・中國水師・奚與英比・而商務無論也・中國陸軍・奚與德俄比・而輿地學校無論也・中國繁富・奚與美比・而風俗技藝無論也・中國製造・奚與日比・而振作無論也・奚爲而不衰・奚爲而不愚・奚爲而不弱・奚爲而不蹙・而昧昧者不知也・

子未知國有六惜乎・吾世祖章皇帝時・周朗上書・請二十家選一長・百家置一師・男子十二至十七・皆令習經・十八年二十・徧使習武・授以書記圖律・訓以軍部舟騎・上下男女・咸令習醫・習經者五年有立・言於司徒。嫻武者三年善藝・升于司馬・若不成・罷歸鄉里・終身不得爲宦・大哉言乎・設用其策・人無不學・民無不兵・律無不解・圖無不精・醫無不良・舟無不善・扼南洋以制歐西・闢西北以控强俄・臨高麗以迫日本・俄雖强・日雖興・英法雖悍・黑龍江・琿春・緬甸・安南・高麗・琉球・奚得而陷失哉・惜其言不用・以至今日・此可惜者・一也・

然猶曰・漢家朝儀・叔孫草定・羣臣未集・無暇兼籌・聖祖襲位・聰明特起・三藩亂而鴻博開矣・西算重而律歷改矣・察天儀地球而知歐西智矣・逐羅刹于黑龍江・而知俄人患矣・罷詘八股・越至九年・知學業無用矣・惜昏愚之臣多・而才知之人少・不能相與輔翼・互爲終始・而無恥小人・伺間而起・奏請復立・悲夫・當此之時・俄皇彼得・遊歷歐洲・覩各國强盛・翻然易服・水役則躬之・鐵匠則身之・知舊法・舊政・舊藝・不適于用也・歸而易之・風俗一變・耳目一新・洵爲古今英主哉・尋而敗拿破崙・滅波蘭・折土耳其・呑西北各部・至今爲天下雄・嗟乎・彼得變法・驟然而起・聖祖變法・忽然而止・天其運乎・地其運乎・不可知矣・此可惜者・二也・

庚申之役・英俄美法・戰艦環攻・津沽一失・險要俱開・圓明一炬・化爲灰燼・傷心慘目・有如是耶・恭邸洞達時變・議請詞曹諸臣・西算西語・咸令改習・信爲恢復規模・萌芽於此・不意事蹶於垂成・堤潰於蟻穴・而倭文端一言・遽尼廷議・辦事何多・解事何少・此可惜者・三也・

匪逆擾擾・民心惶惶・曾文正廓定全國・邦如新造・國家積弊・僂指可數・人情思治・如水如火・如雨如雲・改絃易轍・易于拉朽・而竟不聞陳一策・上一書・力言變法者・何哉・津沽教案・非不悉也・馬加理舊案・非不知也・西兵平亂・非不覩也・徐郭諸公・日與討習洋務・非不諳時局・尚格致也・譒書有局・非不通也・令襲侯學數國語言・非不達也・然而不爲變政之名臣・遂爲藏身之老子・公乎私乎・吾不敢言矣・此可惜者・四也・

日本明治元年・兆倡變法・尼虛曼始之・伊藤贊之・三條實美成之・延美人以訓學・延德人以練軍・男女杳杳・師範學開・鄉里師師・學校林立・器藝過于英・人民溢于法・盛矣哉・我朝同光之間・格致書院・武備學堂・水師學堂・同文館・廣方言館・海軍衙門・招商局・船政廠・相繼興

立・然能製器者・有幾人乎・能譯書者・有幾人乎・能熟習商情者・有幾人乎・日本以相臣而興・中國以相臣而敗・日本以三十年而興・中國以三十年而敗・日本以鎖國黨而興・中國以守舊黨而敗・一盈一絀・一盛一衰・何其殊也・此可惜者・五也・

曁乎甲午・中日兆釁・旅順威海・相嗣淪陷・三省既失・四域震驚・乞於英而英不拯・援於德而德梗和・貸於俄而俄要挾・詞臣滾滾・彈劾權奸・公車彬彬・上書陳計・卒不能救台灣之割・二萬萬之償欵・五口岸之通商・岌岌乎殆哉・雖然・人心不死・誰甘爲囚虜・誰甘爲恥辱・誰甘爲刲割乎・强學會興・耆賢麇萃・京師發始・滬上應之・海內喁喁・謂將振百年之弱矣・規模未立・而疑妒相乘・劾議始聞・而人相委去・商子曰・庸人難與慮始・可與樂成・其謂此乎・此可惜者・六也・

嗚呼・與孟賁爲鄰・而不憚其勇・非勇也・與逢蒙爲鄰・而不憚其射・非射也・與公輸爲鄰・不憚其巧・非巧也・與離朱爲鄰・不憚其明・非明也・與孫子爲鄰・不憚其兵・非兵也・與商鞅爲鄰・不憚其法・非法也・與老子爲鄰・不憚其智・非智也・與惠子爲鄰・不憚其辯・非辯也・與慶忌爲鄰・不憚其捷・非捷也・與鄒子爲鄰・不憚其誕・非誕也・今迫我而憚者・非鄰國乎・械而精銳・艦而充塞・器而工巧・商而繁溢・民而饒富・農而沃衍・學而駢闐・會而萃聚・志而膠合・羣而愛結・報而充揚・烏得不憚乎・不憚非愚則妄・愚則不量・妄則不商・時事不審・形勢不詳・徒召兵殃・人反其道・誰怨誰尤・時接今日・孰籌其富・孰籌其强・皇清經世文新編卷三第一七頁

萬國公政說

竭智以周一身・一身仁也・竭智以周一家・一家仁也・竭智以周一鄉・一鄉仁也・竭智以周一國・一國仁也・竭智以周地球・地球仁也・竭智以周億萬世・億萬世仁也・障於山・界於水・異於外・爭於內・血肉枕藉・不得休息者不仁也・越於山・踰於水・合於內・鬥於外・地而奪之・室而遷之・身而拘之・離之散之・踐之蹴之・奴之隸之・戕而千萬人・費而千萬金・不仁也・輪舟而戰焉・鐵路而攻焉・火器而焚焉・精於器械・練於士卒・習於水陸・地無險地・城無堅城・人無寧人・視人如彘・視地如身・不仁也・以農爲戰・以商爲戰・以工爲戰・此巧於爲不仁也・而人猶以爲計也・而仁人者曰・吾有法在也・使法得而易之・其禍稍戢・使法不得而易之・禍仍莫載也・夫國之强弱大小衆寡有間也・强得而骫之・大得而骫之・衆得而骫之・其弱小柔寡不敵者・膠束於法而無解也・命曰法・何爲也・命曰公・何爲也・而人眞以爲可行也・不過於戰禍息其一二・於國稍裨・而於民仍無與也・禽而爭・不知其何若也・獸而爭・不知其何若也・蟲而爭・不知其何若也・爪牙齒角・以力相搏・其患未有極於人心也・爭其界界・爭其族族・爭其語言・爭其形體・爭其形體・險也・爭其語言・險也・爭其族族險也・爭其界界尤險其險也・

夫人心思智慧・同焉者也・因小異而異之・是不以人爲人・而第以己爲人也・夫父母於子・貌多不類・其德其才其

韓文舉　崔成達

性無論也・一身不安・固啾啾焉・日以爲憂也・身而安焉・又慮夫其家也・子而啼焉・妻而號焉・舍而去之・無是理也・身而安焉・家而安焉・聞鄰人之哭・未有不忤於心・聞鄰人之死・未有不駭於色・何也・情有所不得已也・今之鄰國・亦猶是也・攘鄰地・囚鄰人・農哭於野・商哭於市・工哭於肆・士哭於學・固不可也・不恤其鄰・而掩爲不聞不見・非人也・人而目爲非人・其有樂於此乎・必不然矣・管子曰・必會其君臣父子・則可以加政矣・從今以往・二年適子不聞孝・不聞愛其弟・不聞敬老國良・三者無一焉可誅也・諸侯之臣及國事・三年不聞善・可罰也・君有過不諫・士庶人有善・而丈夫不進・可罰也・士庶聞之吏・賢孝弟可賞也・雅典王昂飛的安・遣使十一國・結爲同盟・立公會每國出議員・春秋二次・申結約・齊好惡・蓄義金・儲軍械・各國派二人司其事・有侵民權者・使出贖金・不從者兵之・由是十二國如一國・由此觀之・固所謂萬國公政者乎・

今之西人・侈言變法・賓屬藩服・從未聞加以善政也・英人役印度數十年・擧議員僅一人・其束縛猶若是也・暹羅也・緬甸也・安南也・非洲各國・南洋各島・愚之辱之・未嘗一日脫其軛也・土耳其大國也・喪地十四萬方里・國分六七・各國第責其不變・而未嘗以善政相遺也・藉公法爲釣餌・愚者入之・知者出之・公法日滋・而謀國日工・是公法爲寇敵之資・非所以爲萬國也・今之西人・弭兵有會・其心不可謂不仁也・而法仍未行何也・圉其民・域其地也・況英國創製火藥・數溢萬人・而遠適傳道・統大西洋兩岸・僅抵此數・嗟乎・外公法格而不行・內公法虛而無泊・弭兵豈易言哉・豈易言哉・

管子曰・國修而鄰國無道・霸王之資也・今之各國・無乃類是乎・是兵不可弭也・明矣・欲弭而不弭者惟法・不弭而弭者惟政・各國有善政・有秕政・有善政幾何有秕政幾何・有古善政・有今善政・某國多古善政・某國多今善政・輯爲一書・名曰萬國古今善政錄・某政可行・某政不可行・某政速行・某政緩行・條其次序・第其品目・判其後先・較其巨小・衡其輕重・使各君萃於一都・如議公法焉・孰可孰不・孰久孰暫・孰變孰守・宜爲盟約・無爽無更・一年而次第擧・三年而萬事備・五年而善政成・其不行者罰・代操其政・無畜民・無攙地・無興故・有曰鄰地・無曰鄰民・有曰公政・無曰私政・傷民者衆仇之・敗政者衆攻之・以何爲仇・以政爲仇・以何爲攻・以公政爲攻・內攻者其民・外攻者鄰國・不行公政者謂之蕪國・不遵公政者謂之戮民・或曰風俗異・嗜好異・人情異・行而輒礙・何名爲公・曰幼也・老也・疾也・病也・孤也・鰥寡也・困窮也・老老也・慈幼也・恤孤也・養疾也・合獨也・問病也・振困也・通窮也・繫之以仁・益之以智・養之有道・教之有法・遠於諸星・近於諸地・益而爲無量數・此心此理・無或隔閡也・況國可算算而非不可算算者乎・俟有條理人・俟有經緯人・俟有門戶堂壁人・作爲此書・以公於天下乎・禍可小息・自行公政始・

崔成達

一八六四年生　年卒

字貫之・又字通約・號滄海・高明人・本木工之子・後遊

邑庠・曾問學於萬木草堂・中年加入同盟會・歷任吉隆坡南洋時務日報・香港中國日報・廣州羊城報・香港世界公益報・坎拿大華英日報・三藩市中西日報・少年中國晨報・溫哥華大漢日報・都朗度洪鐘時報記者・辛亥革命後在香港・設校授徒・遺著有虛字作法・草堂零拾・滄海生平等・

史堅如傳略

崔成達

堅如原名經畬・字久緯・兄古畬易名古如・妹憬然・原藉浙江紹興山陰・其高祖遊幕粵東・因隸番禺捕屬・祖名澄・以翰林而任浙江主考・父以孝廉而屢任縣長・堅如誠世家子弟也・七歲喪父・體頗弱・少讀書・聰明過人・兄妹三人・皆延師授課・但堅如書法最佳・而性復沈潛・復愛遊戲・其時塾師不脫冬烘氣習・禁學生畫花草禽獸・但堅如課畢・即取筆作繪・雖不經人指導・而神氣筆畫逼肖・師與兄亦異之・他家藏書甚富・類多經史子集四庫古籍・旁及骨董金石・堅如對於古經・祇瀏覽大意・惟論語孟子之章句・熟誦如流・注解非常玩忽・孟子則好趙岐註・常鄙朱熹爲太迂腐・他因好畫・故與金石近・似具夙緣・稍長・人見之・以爲直是一文弱書生・孰知不然・頗嫻拳術・即其母與兄・亦莫名其妙・不知從何處學來也・其後間有一二孔武有力者・偶來太史第探訪・堅如家人・非常詫異・須知清代考試・文武兩途並重・習武多兼練外功・他十三歲後・已拜了拳師矣・

戊戌未變政前・康南海開强學會於北京・維新風氣・披靡一時・大有廢除八股詩賦之趨勢・在上海則有梁啓超韓樹園諸君・在澳門則有徐君勉陳夷侃諸君・一名時務報・一名知新報・銷流各省・尤以廣東四川人爲愛讀・堅如兄妹・早手一編矣・我之與堅如認識・係在衛邊街大光觀書樓・是樓爲基督教會人左斗山所創辦・管理圖書者蘇復初・除循例陳列十三經及四史等書外・多泰西新譯本・其他如萬國公報・時務・知新報・廣州香港出版之日報・應有盡有・當時我任四牌樓格致書院教授席・稍暇・必到大光樓觀書・且與左蘇二君爲同道友・如魚之得水也・常來大觀樓觀書者・即史堅如兄弟及一位陳春生君・因此結識・日漸契合・我雖年長於他們・然見我之談吐・氣味更爲相投・乃介紹與格致書院院長尹士嘉相晤・翌日・即來院肄業・其決心有爲之强志青年・可以想見・因此・余與堅如成爲師生之關係・常詣粵秀山脚史府談話・知堅如事母至孝・母愛之亦最切・

堅如入院後・銳意研究英文語・進步甚速・尹氏夫婦驚其天才特異・國學優良・更不待言・我曾以「民貴君輕論」命題・他與丁生榕軒・均認爲切合時勢之題目・筆飛墨舞・大有青出於藍之作・春秋佳日・常約伊兄弟作郊外旅行・同登白雲山・濂泉寺頂・巨石嶙峋・下臨深谷・堅如獨立石上俯瞰・履險如夷・予代爲危慄・伊兄古如云・他慣爲之・行所無事也・我欲效之・尙離他十數步・足已震縮不前矣・堅如俯瞰・屹然不動・語我曰・此石地也・心無懼・則安若泰山矣・雖然言之匪艱・行之維艱・苟非平日治心理學有素者・曷足語此・此堅如所以能轟炸滿酋成名・予所以老而慚後死也・

庚子拳亂・影響到粵・格致書院遷河南花地萃香園・園有二狹牆・一日・堅如用兩手兩足夾牆緣上・我以爲飛簷走

壁・古語虛傳耳・不圖堅如眞能實習之・竟發見於我眼簾也・其妹憬然・拇指紅腫・特延博濟賴女醫師到診・謂非留院剖割不可・憬然曰・在家剖割能否・賴曰・恐女士不能忍痛耳・因我忘帶止痛藥來也・憬然當時竪起拇指・苦求賴醫施刀圭・血涔涔焉・隨洗以冷水・藥布裹其傷口・毫不覺痛・有是兄・宜有是妹矣・

及堅如殉國後・家產蕩然・古如偕其母與妹亡命澳門・度窮困之生活・絕無怨言・兄弟妹一心一德走革命戰綫・眞難能可貴・視今之呼口號・貼標語・琅琅讀遺囑・自詡曰・我革命黨・我總理信徒・唱黨歌・支黨薪者・相較果何如耶・堅如兄妹・自備受族人之切責・奉其母居住澳門・母以堅如常常離家・數月不歸・切責之・付其權於女・禁不使出・詎料兄妹同心・潛放之出・出門後・詭言於母・稱堅如留學外國・故其母死時・仍未知堅如之爲國犧牲也・迨辛亥告成・政府對於堅如・在東門外建立石像・以資紀念・對於古如・位以海關監督・清官封禁他兄弟之田園第宅・一概發還・所謂崇功報德之意也・堅如兩年來奔走革命・僕僕粵漢港澳・鞠躬盡瘁・死而後已・詳見我之革命運動一頁・不多贅・實事求是・不敢以耳作目・吾爲之作傳略止於此・

記磻溪上人

清庚子革命風雲瀰漫・實以廣州爲策源老巢・其運動中堅人物・純是興中會清一色之會員・其時人心憤發・敵愾同仇・三敎九流・靡不向定靑天白日旗下奮鬥・當時靑年磻溪棲雲兩僧人竟毅然投入吾黨・插血加盟・東門外以東明祇園兩寺・西關以華林寺・均爲黨人祕密機關・清官毫不覺察・往往夜間於東明寺招收會員・磻溪爲之單簡說法・俗僧猶作爲居士超度也・

史烈士堅如遇難後・宋少東黃福等・不名一錢・無地可逃・其始避匿西關華林寺・耳目昭彰・磻師借僧服二襲・使夜間僞扮僧裝・乃同往東明寺居住・數月始出洋・磻師亦以嫌疑故・雲遊南洋羣島・留暹羅最久・清末返國・廣東水師提督李準・赫奕一時・最痛恨革命黨人・查得僧人俗姓李名棲雲・與黨人往來・遣軍隊往韶關南華逮捕之・檢其度牒中・有磻溪信頗多・一併逮捕・嚴加審訊・未得確供・藉清遺老梁節庵保釋之・棲雲磻溪得以安然出獄・亦云幸矣・

何藻翔　一八六五年生　一九三〇年卒

字翽高・晚號鄒崖逋者・順德人・光緒八年壬午・中式順天鄉試擧人・十八年壬辰・成進士・以主事簽分兵部武選司・二十一年・上書劾軍機大臣兵部尚書孫毓汶貪驕誤國六大罪・同年組强學會於京師・研究新學・二十二年考取總理各國事務衙門章京・二十五年・立載漪子溥儁爲大阿哥・藻翔聞座師徐桐預廢立謀・憤脫門生籍・三十二年隨張蔭棠使西藏・奏參駐藏大臣有泰及其員弁藏官等貪贓枉法・誤國殃民・卒罷有泰・實藻翔佐之・隨使藏印時・商改革西藏政俗・如訂頒九局章程・訓俗淺言藏俗改良・及善後問題二十四條等・率以固國權・清積弊・開民智・盡地利爲主旨・當議訂藏印商約時・據理不屈・英人折服・又與廓爾喀訂攻守同盟・以及條陳善後諸策・均爲保藏要圖・宣統元年。疏請更正戊戌庚子實錄・劾奕劻袁世凱誣衊先帝・離間宮闈・凡茲所學・皆出藻翔本謀・具見其志節高騫・才識超特・且能言人所不敢言・惜際遇非時・未能舒其懷抱耳・民國後・間以野老之身・條陳利民之策於當局・朱慶瀾主粤政・延入幕府・並任廣東通志總纂・兼長保衛團・及粤醫學實習館・學海堂學長等・民國十九年卒於香港・遺著有六十自述・藏語・鄒崖詩稿等・輯嶺南詩存・有關鄉邦文獻・時論稱之・

奏陳整頓藏事綱要 代

十月廿五日・擬致外務部電・請代奏收回成命事・竊臣於十月二十二日・接奉外務部電開・奉旨有泰著來京當差・駐藏大臣著聯豫補授・張蔭棠著賞給副都統銜・作爲駐藏幫辦大臣・欽此・顧微臣辦事艱難苦衷・有不得不瀝陳於皇太后皇上之前者・

查駐藏兩大臣・徒有辦事之名・幾成守府・素爲藏民所輕視・政權多出自藏僧之手・遇事制肘・英人故藉口於我在西藏不能盡主國義務・日圖煽誘班禪與達賴內閧・隱肆其侵略之謀・今欲謀保藏・必先收回政權・欲收回政權・非先鎭壓以兵力・改定官制・更換名目・假以重權・不足新藏人之耳目・而鞏我主權・臣前上外務部條陳・故有特簡貴胄・統帶精兵二萬・總制全藏之議・蓋深知藏事非大更張・不足挽危局也・

臣此次奉命入藏・全藏極震動・屏息以覘我措施・以爲臣係奉特旨查辦藏事人員・與尋常駐藏者不同・臣因得乘機宣揚朝廷威德・嚴責藏官・振刷泄沓積習・自達賴代表至噶布倫以下・非常畏懼・今經畫尚未就緒・遽履幫辦大臣新任・蹈常襲故・爲藏人所輕・一事不能辦・適爲英人所藉口・於大局無益而有礙・英人對付西藏政策・視我此次能否整頓爲因應・臣受恩深重・賦性愚戇・實不敢貪戀寵榮・虛應故事・且查藏中吏治兵制・腐敗已極・必通盤籌畫・一切摧陷而廓清之・失今不圖・後悔無及・英人侵略西藏之野心・與日本煽惑高麗東學黨・如出一轍・及今不極力整頓・十年後西藏恐非我有・不特川滇不得安枕・內外蒙古・亦從此多事矣・唯有籲懇天恩・俯准收回成命・別簡賢能接幫辦大臣之任・以免貽誤・抑或由駐藏大臣聯豫暫行兼署・以一事權・俾臣得專心籌辦開埠諸事・俟查辦事竣・將善後切實辦法・竭誠籌畫・密爲布置・即行回京覆命・

傳諭藏衆善後問題二十四條 代

一・此次藏印搆兵・生靈塗炭・白骨徧野・四民失業・十室九空・本大臣經過各地方・觸目傷心・實深憫惻・不能不太息痛恨於黷武殃民之首禍諸臣也・此次藏印齟齬・英人藉口於爾藏人不遵守光緒十六十九年條約・不聽大皇帝訓令・故英人自以兵力收取應得之權利・起事之初・爾藏人本不諳交涉・專以客氣用事・不明交鄰之義・適以墮敵人詭計中・達賴並不稟命大皇帝・擅開兵釁・實已犯無君之罪・臨時又不聽駐藏大臣良言開導・爾噶布倫商上戴琫各官・並不能先事諫阻・一味阿諛奉承・兵敗之後・如鳥獸散・或反以獻媚洋人・自保身家爲得計・今日藏事之壞至此・藏民兵燹之慘如此・爾藏官具有天良・清夜自思・何以對大皇帝・何以對宗喀巴佛祖・何以對全藏百姓・大皇帝若一旦赫然震怒・明降諭旨・責爾等以黷武殃民之罪・立置重辟・夫復何辭・爾等得邀赦典・皆大皇帝如天之恩也・

何藻翔

達賴信任三五無識喜事少年・不度德不量力・不審敵國强弱虛實・輕舉妄動・平日漫無戰守之預備・無兵無餉・一旦驅未經訓練之愚民・持朽腐銹壞之武器・貿貿然與强敵戰・視同兒戲・不啻手刃屠戮其民・揆之佛教慈悲戒殺之旨・螻蟻生草不輕踐踏・今乃殘害無辜・縱免國刑・必遭陰譴也・使藏中能遵守十六十九年所定條約・藏印相安貿易・何至出此一場惡戰・一敗塗地・城下刼盟・定十條新約・種種吃虧受制・貽後日無窮之累哉・

嗚呼・世界上無論何國・貧者弱而富者强・智者興而愚者亡・虔唪經典・不足以禦巨礮也・謬信符咒・不足以禦快槍也・洋人挾其兵力・以耶穌之教・壓制全藏・爲牛馬奴隸・此時雖欲誦經唪佛而不可得・經此創鉅痛深之後・宜亟籌懲前毖後之謀・本大臣奉命來藏查辦事件・首以啟發民智・日進富强爲唯一之目的・爾噶布倫文武大小各官・其各洗心滌慮・痛改前非・竭智盡忠・上副大皇帝子惠元元之意・倘仍虛憍謬妄・貪黷殘刻・罔恤民艱・本大臣執法如山・唯以軍法從事・決不庇縱・勿謂本大臣不教而誅也・

一・英軍入拉薩後・爾噶布倫等擅與英軍訂立私約十條・失去種種權利・並未稟命大皇帝・實屬專擅妄爲・本應治以應得之罪・大皇帝曲諒爾等一時權宜救民之計・不加深究・爾等其知之耶・西藏係大皇帝統屬・藏官無與他國立約之權・大皇帝故不肯承認拉薩之私約・英國不得已於三十二年四月・與唐侍郎在北京重定中英藏印續訂條約六條・爲藏人爭回許多利權體面・奏經大皇帝批准・始將改定拉薩之約作爲附件・由漢官督率藏衆切實遵守・查拉薩原約・本有亞東・江孜・噶大克三處開作商埠之語・是該三處商埠・係出於爾噶布倫等闔藏之意・業經允認・此時自不能背約失信・但開埠辦法・種種不同・必如何方能不失主權而興商利・稍有不愼・事權爲人所牽制・而通商適成漏巵商戰之敗害尤烈於兵戰・方今地球上萬國交通・斷無閉關絶市而可以立國之理・稍知時務者・當破除昔日禁民貿易之迂見・蓋商務旺則其國富・國富然後可以籌餉製械而兵强・自然之理也・西藏地廣人稀・荒蕪未闢・當用何法以振興農工商業・現當亞東・江孜・噶大克開準之始・爾等土著之人・於地方利病・見聞較確・外何以抵制洋貨・內何以擴充民利・其詳籌章程・以備採擇・

一・全藏文武大小藏官共若干員・如何分地而治・某官每年租俸出息若干・各處喇嘛寺地租若干・僧徒若干・一一詳報・以備查核・

一・拉薩原約・聲明三處商埠妥立・及切實開辦・足滿英人之意・三年後春丕兵方可撤退・等語・我應如何籌辦・方能副妥立切實之義・使英人無可藉口・屆時不能不撤兵・

一、西藏介居英俄兩大國之間・因係中國屬土・故英未敢吞併・如有姦臣進讒・或勸袒英・或勸袒俄・此皆可殺・或英俄行反間之計・勸爾背漢自立・歸他保護・此係吞併之詭謀・切宜勿聽・中國撫有西藏二百餘年・未嘗取西藏一文錢入中國・反爲西藏糜費去數千百萬・實念西藏百姓・與中國血脈一綫・如同胞兄弟一樣・大皇帝撫

莫大之恩・爾子孫世世不可忘・

一・西藏內力未充・不可輕開邊釁・與人戰爭・自取滅亡・宜忍小忿・以圖自强・凡事稟命大皇帝然後行・爾藏官手日亦要講究萬國交涉公法・

一・拉薩城破・達賴出奔・實為唐古特千年未有之奇辱・爾等宜將戰敗殺戮慘狀・繪為圖畫・懸諸三大寺門口・永遠不忘此恥・勿謂今日和約可長恃・當堂思念敵人猝來挑戰・長驅直進・爾等有何策以禦之・知舊兵不可用・不能不改練洋操也・知舊槍不可用・不可不改製快礮也・粮餉不厚・不能得士卒之死力也・偵探不密・不能知敵軍之內情・地圖不精・營壘不能占形勢也・測量不準・槍礮不能命中也・事前不能一一籌備・敵至復束手無策・爾等其熟籌方略以對・

一・練新軍必先籌餉・商上為全藏財政之總匯・每歲究竟進欵若干・支欵若干・省無益之冗費・實能練兵若干・西藏向用民兵・平時未經訓練・出戰時戈矛均由民備・每日僅給糌粑茶葉・不足糊口・安望其能殺敵・若招練常備新兵數千・訓練民兵相輔而行・庶乎有濟・爾等其詳籌以聞・

一・欲籌餉必先振興農工商業・藏地未開墾者甚多・某地宜種植・某地宜畜牧・某地宜製造・亟應講求・其出口貨以羊毛牛皮大黃麝香為大宗・並宜設地推廣・以闢地源・

一・西藏五金煤礦・冠絕全球・英俄久已垂涎・欲起而攘奪之・苟不自行開採・適啟戎心・應如何妥定章程・任民開採・官收其什一之稅・此天地自然之利・以西藏之財・辦西藏之事・以西藏之地・養西藏之人・毋惑於風水鬼神之謬說・而閉塞山川之瓌寶・礦產既開・即可修鐵路・商務更旺・富强之基・實根於此・其各攄所見以對・

一・英軍由哲孟雄之干多新修兩路・直達春丕・將來商貨必羣趨此途・若一旦有兵事設防・亦莫要於此・英人全神注重於春丕・江孜一帶平原・應如何先事預防・

一・西藏黃教・紅教・雖分兩派・實同一家・應如何互相聯絡・釋前嫌而共同謀禦外侮・

一・西藏與布魯克巴・（本中國屬地・英人謂之布丹國・）廓爾喀・地勢犬牙相錯・實如脣齒之相依・應如何互相聯絡・以冀鞏固吾圉・

一・廓爾喀地雖少而兵甚强・近來采用西法・改用洋操・有精練民兵三十萬・又有製造廠・能自鑄槍礮・選聰强少年往外洋留學・西藏與廓爾喀接壤・風俗政治相似・又同是中國屬地・應如何速派噶布倫戴俸・親往詳查・參仿其兵制・以練新軍・改良一切政治・與廓爾喀結攻守同盟之約・無事相親睦・有事相扶持・庶敵人不敢覬覦侵侮・

一・藏官來往・責民間供應烏拉夫馬・實屬擾民之苛政・應一律革除・或招商於拉薩・江孜札什倫布・設立烏拉公司・應如何明定章程・按日照給市價・以蘇民困・

一・藏中刑罰慘酷・動輒抄家滅產・自應查照大清律例・酌定寬厚簡易之法・應如何分設中高初等裁判所・以平訟獄・

何藻翔

一・藏民愚蠢・多不識藏文・既係中國百姓・又不識漢文・不懂漢語・達賴班禪本應專管教務・應如何廣興教育・漢藏文兼教・使藏民人人能讀書識字・以開民智・

一・山路崎嶇・轉運艱阻・有碍商務・站宿之處・又時虞盜賊・應如何設立巡警局・修治道路・保護行旅・

一・銀行爲商務之血脈・必周轉便利・商務乃可大興・藏庫壅積而不流・幣制尤攙雜破碎・商民交病・應如何議開拉薩總銀行・分設支店於打箭爐・江孜・札什倫布・大吉嶺等處・以便轉輸・而擴商務・

一・婦女首重貞潔・祇宜管理家務紡織細工・不宜充差徭烏拉賤役・又一婦宜配一夫・違者應如何議罰則・男女均平・舉國無曠夫怨女矣・

一・潔淨爲衞生之要義・身體髮膚・宜常洗浴・居室宜多開窗牖・飲水宜求清潔・屋旁宜留空地・多種樹木・以吸空氣・樓下不宜畜養牛馬・糞溺鬱蒸・有碍衞生・治病宜精究醫藥・以上諸事・藏人皆素未講究・應如何設衞生局醫院・以保護民命・

一・鰥寡孤獨殘廢老弱之人・應如何設院收養・教以手藝・啞者能使識字・盲者能使讀書・並宜教以相宜之手藝・使自食其力・應如何籌建協濟善堂・以惠窮黎・

一・西藏本係佛地・藏民人人應爲喇嘛・各寺不宜限定額數・必廣爲剃度・方合佛教普度衆生之旨・或謂喇嘛多則生齒寡・不知佛教眞詮・原不禁人娶妻生子食肉・其不願娶妻者・別爲苦行喇嘛・其願娶妻者聽・喇嘛仍可充農工商兵諸業・唪經祇在密室中子時功課・蓋佛教三昧・祇重本心・不重形式也・昔日本原係佛教・自僧空海離鸞・發明本願眞詮・遂成富强之業・應如何釐訂章程・其詳對以備採擇・

藏印通商條約初稿

大清國大皇帝陛下及大英國大皇帝陛下・今因光緒三十二年四月初四日・即西曆一千九百零六年四月二十七日・中英續訂藏印條約第一款・所稱應行設法之時・彼此設法・將該約切實辦理・又附約第三款・聲明光緒十九年中英條約・有應更改之處・是以大清國大皇帝特派欽差全權大臣張・督飭噶布倫汪曲結布・大英國大皇帝特派欽差全權大臣戴・彼此將全權文憑核閱・均屬妥善・會同議定各條款・開列於左・（原注，下列各條款逐日爲藏官演說，解明其理由・頗費唇舌・藏官多詫爲異聞・後亦漸領悟・乃定稿・）

第一條・除亞東關已有商場外・江孜噶大克應劃定商場界址・由中英商務委員・會同勘定・立明界石・商場內任由中英藏印及各國商民往來貿易・租地居住・

第二條・商埠內中藏商務官地方官・與英國商務邊務官・彼此來往・均以平等禮貌優待・公文用照會・相見用拜會・均照歐美平等往來禮節辦理・遇有交涉重大事件・應由中英兩國商辦・

第三條・商場內地畝・統歸商上擬定劃一地稅地租・每畝每年・暫定盧卑銀若干元・以十年爲期・未滿期不能增價・如期滿後・商務興旺・地方繁盛・臨時另議租價・亦可續租・如英印商民欲租地建鋪者・應稟由英國商務官・知照

中藏商務官・轉行工部局核准・給以租地及建造文憑・方能建造・

第四條・商埠內應由中國官督飭藏官・設立巡警局・以保護往來商旅・設工部局・以管理街道溝渠租地建舖及衞生等事・設裁判局・以管理商埠內所有商民交涉詞訟等事・

第五條・商埠內英印官商財產身命・由巡警局地方官任保護之責・英國允不派兵駐紮商埠內・以免疑忌滋事・

第六條・中藏商民與英印商民互控案件・均歸裁判局審斷・一面先行知照英國商務官觀審・審定後各按本國商埠法律科斷・又中國深欲整頓西藏商埠內律例・以期與各國律例改同一律・一俟西藏商埠律例及審斷辦法皆臻妥善・英國即允棄其治外法權・

第七條・英軍撤退後・所有由印入藏邊界境內・以達江孜噶大克等處・英國沿途所建旅舍・計共若干處・應由中國照價贖回・該旅舍仍留爲中英藏官因公來往站宿之房・派役看管潔淨・來往官酌給工役賞犒・

第八條・英印貨物官商人等・應循印藏邊界舊日最近大道行走・不得由噶大克繞路入西藏各內地・以往江孜亞東兩商埠・亦不得由亞東江孜繞入西藏內地・以往噶大克・除三處商埠外・無論何外國人・不准游歷擅進西藏內地・

第九條・英印人有犯罪逃至西藏邊界者・西藏人有犯罪逃至英印邊界者・彼此一經行文索交逃犯・即應設法拘交索犯之官審辦・不得庇匿・無論何官・只要有印便可行文・亦可行文於罪犯逃往之地最近之邊界官・

第十條・中國可隨時派商務官駐紮噶倫綳大吉嶺新辣等處・以照料藏印商務・該商務官所享權利・應與各國駐印領事官所享權利相同・凡西藏人至英印貿易遊歷居住・英國均按照相待最優之國民・一體優待・

第十一條・商民彼此信借揭欠銀兩貨物虧空倒閉等事涉訟・兩國官審實後・應設法代爲索追・如該欠債人報窮・實無力抵償・兩國家均不任賠償之責・不得將公產官物扣抵・

第十二條・藏印來往官商中途公私銀兩貨物被盜・即應報明巡警局地方官查追拘訊・設法追贓給領・併治以相當之罪・倘盜犯遠颺・地方官不任賠償之責・

第十三條・中國如在西藏徵收出入口貨稅・應按照中國現在及將來所定海關稅則章程辦理・

第十四條・西藏商務初萌芽・中國現擬暫徵收出入口貨稅・以冀商務日旺・應照十九年舊約・俟徵稅後・印茶方許進藏・

第十五條・違禁貨物如鹽酒鴉片嗎啡紙烟烟葉各種痲醉毒藥・及槍砲子藥兵器等物・非奉中國駐藏大員特准給運照者・不准販運入藏・如違禁私販拿獲・貨物充公・另議重罰・

第十六條・英軍撤退後・一切地方治理權・均歸中國官督飭藏官管理・英國商務官邊界官・或將來所派各官・不得干預地方詞訟・及帶兵越界・

第十七條・買賣貨物糧食雇運夫馬・應由彼此商民兩相情願・按照時價公平妥定交易・不得限制抑勒・又米麥糧食金銀銅幣等物・均不許販運出口・

第十八條・十九年章程・與此次所訂條欵無違背者・仍

照前一律遵守・

第十九條・商埠內不准儲蓄煤油火藥一切引火危險之物・如有煤油池棧・應離商埠民居極遠無害・以保公安・凡英印商民欲建煤油池棧・應稟由商上查看合宜地段・核准給予租地文憑・妥立合同・方許建造・

第二十條・此次所訂通商章程各條欵・由互換之日起・以十年爲限・期滿後・如中英有一國欲再修改・須於六個月以前・知照酌量更改・若彼此均未聲明・則該條款仍照前辦理・俟十年再行更改・以後均照此限此式辦理・

第二十一條・此章程繕寫中英文・核對相符・惟恐日後語意講解有參差之處・均以英文爲準・

第二十二條・此章程俟兩國大皇帝批准後・在北京互換・以六個月爲限・此爲全權大臣張督飭噶布倫汪曲結布畫押・以昭信守・

八月十八日，中英代表互換草約・

中英藏印通商改定章程

（一）光緒十九年所訂通商章程・與此章程無違背者・仍應照行・

（二）在商埠內向有難得合宜房棧之情事・茲允英國人民亦得在商埠內租地建築房棧・其地基應由西藏官員隨時與英國商務委員商定・此種建築地基・應極力令會聚一處・凡英國人民欲租建築地基・應轉由英國商務委員向地方官聲請辦理・如地主與租者・因租價或年限・或租地合同意見不合・應由地方官商同英國商務委員調處・又建築各埠英國商務委員寓所及電報局之用・應得租特別合宜之地基・

（三）各商埠治理權應仍照向來歸地方官掌握・但英國商務委員得自由與地方官或人民直接交通・或用函件・或面會・按照拉薩約第五款派爲商務委員之官・須屬合宜品級・英國商務委員邊界官與各埠之商務委員及地方官往來會晤・以及文移往返・應禮貌優待・凡商務委員及地方官意見難合之事・應各稟請拉薩西藏大員及印度政府酌奪辦理・

（四）凡英國人民之身家產業・及一切建置寓所・應隨時由西藏實力保護・英國人民雇用西藏人民作合法事業・不得稍加限制・凡此種爲英商人民雇用之西藏人民・亦不得稍加擾害或困阻・凡由印度邊界往各商埠之人民・應確循各商路前往・不得擅往商埠外各地・但印度商人或因習俗・或因允約・向享有往商埠外西藏各地貿易之利益者・應照一千九百零四年拉薩約第二款・仍得自由照舊前往・以符通行之例・西藏人民在印度貿易游歷及居住者・其所享之利益・應與此次章程給與在西藏之英國人民之利益相等・

（五）如英國人民在西藏與西藏人民有所爭論・應由最近商埠之英國商務委員與西藏官員會同查訊・面議辦法・其會同面議之意・同爲查明實情・公平辦理也・如有意見不合之處・應按被告之國法律辦理・凡英國人民因身家產業之様利而起之事・應歸英國官管理・西藏人民有對於英國人民或其所用人役犯罪者・由西藏官拿獲・按西藏法律懲辦・英國人民在西藏有犯罪者・應由最近犯罪之地之商埠英國商務委員按印度法律審訊懲辦・兩面審訊俱應至公且平・凡控訴者爲西藏人民・西藏官得有派員往英國商務委員公堂觀審之權

利・凡英國人民到西藏公堂控告西藏人民之案件・英國商務委員亦得有派員往西藏公堂觀審之權利・

（六）西藏大員深願改良西藏法律・俾與各西國律例・改同一律・英國允願如英國在中國棄其治外法權・或無論何時・英國在中國棄其治外法權・並俟查悉西藏律例情形及審斷辦法・及一切相關事宜・皆臻妥善・英國即棄其治外法權・

（七）凡各站需設休息房舍之處・應得租合宜地基建造・以便經管・按北京約第三款・允認由邊界至各商埠之電綫・此種休息房舍地基・以及租價・應由西藏官員商同英國商務委員酌定・印度政府已在由印度邊界通至江孜商埠一路築有休息房舍・以便經管沿路電綫・其經理此種休息房舍事宜・應歸印度政府擔任・

（八）凡因信借揭欠倒閉而起之控告案件・應由該管官查訊・設法追索賠償・但如欠者報窮・無力賠償・該管官不任賠償之責・亦不得將公產官物扣抵・

（九）凡官商往來藏印・其公私財產貨物・途中被劫・應即報明地方官・地方官應即查訊・不得延誤・并立即設法拿獲劫盜・立即審辦追贓・

（十）西藏商務・現甫萌芽・所有未經十九年通商章程第三條列入之貨物・出入印藏・應免稅五年・自此次章程通行之日起計・五年期滿・若查明於某商路或各商路情形相宜・可按照章程・由印度政府及西藏官員之代表員酌定稅則頒行・其稅不得重過進出他外國之貨物所抽之稅・

（十一）米麥糧食不准運出西藏・其十九年章程第三條所列之貨・亦得隨時由印度或西藏限三個月後禁止進出・印茶未經納稅・不得運進西藏・但其稅不得重過華茶入印所抽之稅・違此章者・應將其貨物充公・并加重罰・

（十二）英國人民可任便以貨物或銀錢交易・任便將貨物售與無論何人・任便由無論何人購買土產貨物・任便雇賃運載夫馬・并任便照地方常規辦理一切貿易事宜・不得格外限制刁難・凡英國人民需用之糧草夫馬・應隨時由西藏官按地與英國商務委員直接商定價目・

（十三）英國現在或將來派駐西藏各商埠之商務委員・得安排合宜之法・往來遞運郵件・所用遞運夫役・於凡所經過之地・應由該處地方官盡力相助・與西藏官員所用傳遞文件之夫役・同受一律之保護・

（十四）火油火藥及所有易燃危險之物・不得在商埠內存放太多之數・以保公平・如有火油池棧・應安設在遠距商埠及民居之處・英印商人未經按照章程第二條稟請合宜地基・不得開築火油池棧・

（十五）此次章程自各國全權大臣簽押之日起・應通行十年・若期滿後六箇月內・彼此俱未知照更改・此章應再行十年・每至十年・俱照此辦理・

（十六）此次章程華藏英文字俱經詳細核對・遇有因解釋此章字句而起之辯論・應以英文爲準云云・中多應駁處・當將鄙見詳細續電呈大部統籌・互校核定・又戴函言此約應否批准治外法權將來棄去及印茶稅即行徵收三條・未能作准・須俟英廷訓條・互交逃犯大吉嶺設商務官兩條・當另案商辦・附聞・

擬瀝陳西藏情形併善後事宜摺 代

何藻翔

竊查藏地縱橫五千里・人民百萬・英俄逼處・應付爲難・英自十六年蠶食哲孟雄後・極力經營・自大吉嶺至新辣・碉堡星羅・隱爲防俄之計・藏屬江孜春丕之地・形如箕舌・伸入哲孟雄布魯克巴中間・犬牙相錯・日本人城田安輝遊記・言英蠶食春丕・可以賤價向布魯克購地・聯成一片大陸・而龍頭咱利・天險屹成重鎮・蓋英人志圖蠶食江孜一帶・席捲後藏・以通阿里拉達克阿富汗波斯灣等處・與俄西比利亞鐵路爭衡・此印政府長駕遠馭之野心・非徒爲窺川滇計也・英於三十年進藏後・遣兵佔據拉達克・近又屢派員查探後藏十卡子・煽誘班禪・志可知矣・

查二十七年英日協約・英承認日本經營高麗之權利・日本承認英經營西藏之權利・兩國早定其勢力範圍・今日之高麗・即西藏前車之鑒・可爲寒心・英乘日俄戰事之際・中俄不暇兼顧・興兵進藏・其禍實源於二十六年達賴遣使至俄・俄待以殊禮・隱觸英忌・當時英使警告總理衙門大臣・言俄誘藏自立・歸俄保護・俄藏若立密約・西藏便非中國所有等語・經總理衙門電詢駐俄使臣胡維德・特向俄聲明・如與藏人訂約・中國決不承認等語・英人恐俄藏交通・於印不便・從此窺藏之謀日亟・印度政府屢以達賴通俄・信任俄人多哲夫爲口實・日以防俄聳動英廷・迨英軍進藏・拉薩定約後・倫敦政府・或持緩取政策・頗有與印督寇仁反對者・言藏約須與中國協定・始有效果・故不得不與我定三十二年之約・其意亦恐俄有責言也・至今年八月・英俄又定協約・實則英要求俄承認其藏約・英以波斯權利讓俄・俄以西藏阿富汗權利讓英・俄自知地勢遼隔・萬難與英爭西藏權利・故承認藏約而自甘退讓・前日尚賴英俄互相牽・今協約既定・藏局益危・中英所訂藏約・雖有不佔土地不干預內政之語・非有實力以盾其後・萬不足恃・歐洲各國交涉手段・朝夕百變・實不可測・此英俄關涉西藏之大略情形也・

然印度政府・雖懷開邊野心・而內亂未靖・土人時有反抗英印官舉動・印民苦英官壓制太甚・不能與加拿大英屬享平等權利・近年印度民智漸開・設抵制英貨會・勢力頗大・自設銀行・立報館・沿市演說・英官莫能禁制・日本戰勝俄國而後・印民視爲亞洲將強之機・風潮尤劇・去年倫敦下講院工黨領袖・到印調查其事・力言印民應予以參預政權・不宜壓制・駐印英官・羣斥其非・英廷深識之士・多持印度宜先內治勿遽外略之說・在我應趁英廷未遑遠略之時・爲補牢顧犬之計・失今不圖・後益難治・此我國應及時切實整頓之大略情形也・

且我朝撫有方夏・以綏服蒙古・爲王業之肇基・蒙古素信紅黃教・實以達賴向背爲樞紐・西藏弱小・介居兩大・外雖馴服・在我苟無保護實力・亦難保無事齊事楚之見・西藏苟有挫失・蒙古・新疆・青海・川滇，必不能一日安枕・近年議收三瞻・改土歸流・特置川滇大臣・駐紮巴塘・設官練兵・不惜重費・而西藏爲巴塘外蔽・拒盜者當於外戶・能保西藏・則巴塘自形鞏固・此藏防關繫全局之大略情形也・

西藏內屬二百餘年・康乾間屢煩兵力・爲平定內亂・設駐藏大臣・以鎮撫其地・迥非越南高麗藩屬之比・但我朝政

尚寬厚・向不干涉其政教・至今日而時移勢易・强鄰窺伺・封家長蛇・勢不可遏・加以漢番自分畛域・互相仇視・二十三年・藏中有勸洗漢人之謠・傳播印度・致啓戎心・駐藏大臣・素不理事・久爲藏衆所輕視・既無兵力以資鎮撫・政事概不能過問・英人誚我在藏無主權・不能盡主國義務・自問亦滋慚恧・漢番既如此齟齬・近年達賴班禪・又相猜貳・班禪自到印京・見英儲後・隱恃英援・欲與達賴爭權・英員時至後藏・煽誘班禪・又派班禪爲印度奪顛地方佛教縣管・百端籠絡・冀遂其鬼蜮之謀・查英人紀載・偵探西藏者十數輩・皆從後藏入手・言蒙班禪優待・可見外人窺伺後藏・處心積慮・已數十年・此西藏內閧危險之大略情形也・

爲今之計・自以破除漢番畛域・固結人心爲第一要義・以牧回政權・興學練兵・爲入手辦法・在我絕不存利西藏土地財產之見・助以經費・派員代理農工商礦諸務・以西藏之財・辦西藏之事・但求西藏多籌一文・我國即可少補助一文・握其政權・不宜爭其利權・使先懷疑貳・西藏苟能自固其圉・則邊境安謐・我之所獲多矣・

或謂收回政權・藏官恐滋反抗・致釀第桑結巴朱爾墨特之亂・臣竊料藏人貧弱而愚・現尚無反抗兵力・即有小釁・苟有練軍三千・足資鎮攝・番官薪素薄・幾不自給・半多卑瑣・誠能優以月薪・必將就我範圍・樂爲我用・藏民素苦營官魚肉・倘易以廉惠之吏・更如風草之偃・誠本此意以善爲經理・數年後全藏政權・均將潛移於我掌握・政權苟不收回・藏事實無從經理・亦難杜强鄰口實・是在藏臣之得人・能服民心・不激不隨・臨機操縱而已・查英人治印・因其教俗・以土王治印民・而以印督駕馭其上・以印民充兵役・而以英官督率訓練之・一切胥形帖伏・中國之治藏人・當如英之治印度・臣謹參酌英印之制・與我財力所能辦者・謹竭管見・粗擬善後條陳・另繕清單・恭呈御覽・臣材識淺陋・難效千慮之一得・籌畫未能周備・伏懇飭下軍機處及各部院大臣統籌詳議・切實舉辦・大局幸甚・全藏幸甚・

（一）擬設西藏行政大臣・以崇體制而重事權也・查英印總督・英語譯爲節度大臣・用王禮・節制印度諸土王・節度大臣之下・設各局分理內治外交諸事・藏地縱橫五千里・儼然歐美一小國・達賴班禪札薩克等體制尊崇・與印度土王相等・百年以來・駐藏大臣久已放失政權・非改革官制・不足聳觀聽・擬將駐藏大臣幫辦大臣兩缺裁撤・改設行部大臣・似宜特簡親貴・或內外文武兼資大臣・畀以重權・便宜行事・以資鎮攝・所有達賴班禪等・均歸節制・以重事權・而定主國名義・其下應設左右參贊・左右參議四缺・分理內治外交各局事務・應由行部大臣參酌率天將軍趙爾巽所訂章程・奏明辦理・（按此節在電請派兵入藏收回政權并條陳治藏策略十七款中之第二款・已略有述及・）

（二）政權宜收也・達賴班禪擬請優加封號厚糈・俾專理黃紅教事務・又西藏政權・向在四噶布倫掌握・番兵向歸戴琫統帶・均宜由我優給月薪・於行部大臣署內・設立財政・督練・交涉・學務・巡警・裁判・農工商・路礦・鹽茶九局・令該噶布倫戴琫等・每日赴署・稟承辦公・歸行部大臣節制・西藏財政・向由第穆寺藏王管理・其時漢官尚有督飭稽察之權・自十六年第穆革職後・財政之權・始歸商上・

似宜規復舊制・復立第穆寺藏王・由行部大臣飭三大寺大公所會同選定奏補・又西藏向以番營管理地方・職任如內地州縣官・人格率皆猥鄙・習成貪酷・民不聊生・擬請於各營分駐之地・擇繁盛衝要之處・如江卡・察木多・拉里・三十九族・達木哈喇烏蘇陽八并工布山南江孜亞東十卡子拉茲定日巴爾喀噶大克盧多克等處・先設巡警局裁判局・作爲差使・勿限官階・暫用陸軍巡警法律學堂畢業生署理・俟辦有成效・再行分別改設道府通同州縣之缺・所有巡警裁判局長・均加四品銜・品秩視同知・准食五品俸・除靖西同知兼管稅務暫免裁撤外・其餘夷情司員・前後藏糧台・均一律裁撤・（按此節及其下漢文蒙學堂宜廣設一條・已分在十七款之第一第七兩款及致川督函中述及・蒙學堂一條・前此陳奏尤詳・茲刪去不錄・）

（三）練漢兵以資鎮攝也・駐藏兵窳敗不堪用・宜一律淘汰・擬照陸軍部練軍新章・改練洋操隊六千名・在打箭鑪雅州府等處・招三千名・其餘三千・就藏地招募訓練・以壯聲威・今日藏防要隘在西南・宜撥二千駐春丕帕克里江孜一帶・撥二千駐後藏阿里噶大克等處・撥一千名駐拉薩・其札什倫布察木多分撥五百名・足敷彈壓・自巴塘至打箭鑪・應歸川滇大臣管理・互相策應・又查藏屬山路崎嶇・非馬不行・故馬隊宜多・餉需視內地尤重・查駐藏大臣聯豫・前奏請招練新軍六千・歲餉只二十餘萬兩・按照陸軍部新章核算・不敷尚鉅・必至有名無實・復蹈綠營缺額之弊・應由陸軍部核實綜計練軍六千・歲需餉械薪俸營房馬乾若干・咨明度支部籌撥・併由南北洋大臣選派教習・及陸軍學堂畢業生來藏統帶訓練・其舊設之遊都守千把各缺・均一律裁撤・以期餉不虛糜・兵有實用・理餉練兵各派專員管理・而仍歸行部大臣節制・

（四）番兵應由漢官充教習統帶也・西藏向用民兵之制・按畝徵兵・散布各處・未經訓練・烏合之衆・殆同兒戲・臣抵藏後・迭與商上籌議・改用募勇・商上允增籌歲餉二十四萬兩・以練新軍・竊計此餉僅足敷練三千・並請代奏撥給毛瑟槍一萬枝・吉林砲過山砲數十尊等語・可否賞給之處・伏候聖裁・至管帶官似應由陸軍部選派南北洋陸軍學堂畢業生來藏・以充教習・統帶此項畢業生・宜選年力富强・未入仕途人員・優給川裝薪俸・五年給假內渡休息・照異常勞績保舉・以資鼓勵・查英駐印兵・率用土人・以英官駕御其上・四出征勦・均調用印兵・並無抗命滋亂之事・現在擬練成藏漢兵六千・僅足敷鎮撫內亂・以之防邊・尚恐未逮・且川藏遼隔・赴援不易・英近由哲孟雄之干都・新修一路・三日直達春丕・主客異形・以漢兵保衞西藏・不如練番兵以自謀保衞・且西藏向用民兵・可漸仿歐洲舉國皆兵之制・番兵之餉・由藏自行籌給・但使番兵均歸漢官教習統帶・則全藏兵權・均由我操・可免尾大不掉之弊・（按以上兩節・在十七款之第三第四兩款及致川督函中・已略有述及・）

（五）電線宜速設也・四川電線以通至巴塘・應由巴塘趕緊接至拉薩・以冀邊報靈通・俟拉薩電線成後・再續至江孜阿里・藏事日棘・邊報日繁・驛遞遲延・事機恐滋貽誤・亟應由郵傳部飭速接線・併由電報局兼辦郵政・以冀文報迅速・（按此節在十七款之第五款已略述及）

（六）衞生局宜設也．乾隆間全藏丁口百七十萬．以西國生理學公例推之．三十年丁口當增一倍．藏民應有一千萬之數．現據商上册報．只存一百萬．百餘年間．丁口反減七十萬．由此類推．再閱三百年．唐古特人種．將如美洲紅夷．僅供博物院玩具．至可憫也．查全藏喇嘛．十居其七．例禁嫁娶．生齒因以不繁．欲救其弊．必寬喇嘛嫁娶之禁．任民自便．商上不爲厲禁．庶足以廣生育．但藏人迷信既深．驟難改革．潛移默化．數十年後或收其效．唯衞生一節．民命攸關．藏人素不知醫藥．不明潔淨衞生之理．及種痘育嬰之法．是以疵癘易生．短折者衆．生齒日絀．亦由於此．亟應設衞生總局．附設施醫院．派北洋醫學堂畢業生數人．贈施醫藥．附設醫學堂．招聰穎藏童數十人．教以西醫諸法．五年畢業．學成俾往各屬地治病謀生．以廣傳授．（按此節已分見於廿四條善後問題之第廿一條，及九局之衞生所章程中．）

（七）礦務宜振興也．西藏幅員遼闊．跋涉艱阻．非築鐵軌無以利輸輓．非興礦務．無以養鐵軌．日本櫻井基峯游記．言西藏礦產一端．已有築造鐵路之資格．藏礦豐富．西人以爲冠絕全球．據三十年英軍入藏記．紀述藏屬各礦頗詳．其尤著者．爲納爾倉七百里之金田．及噶大克之金礦．現有土人二三百．用土法開採．但器械楛窳．日獲僅足餬口．其餘各礦山．藏官素惑於鬼神風水之說．不准開採．臣迭向商上反覆勸諭．爲譯撰礦務局章程．商上現允除封禁靈異火雪山外．無論何山．凡有礦產之地．准漢藏人赴局領照．劃定地界．集股開採．暫免納費．俟出礦後．無論何項礦質．官徵什一之稅．辦法尚屬簡易．宜招選開平漠河大冶雅州府等處及美洲南洋老礦工．先用土法開採．俟辦有成效．再購開礦機器．（按此節於廿四條善後問題之第十條及致川督函中已略有述及．及此下有工藝宜講求及茶宜自種二條．已分詳於九局章程之工商鹽茶兩局應辦事宜中．茲删去不錄．）

（八）官俸宜優給也．藏地苦瘠．無外銷之款．與各省情形不同．萬里戍邊．非優給養廉公費．無以激厲廉能．擬請行部大臣歲給養廉二萬四千兩．公費二萬四千兩．左右參贊歲給養廉各一萬二千兩．公費各八千兩．左右參議．歲給養廉各八千兩．公費各六千兩．各屬巡警局長裁判局長．各歲給養廉三千六百兩．公費各三千六百兩．其公費一項．係無定之欵．既給養廉．應責令實用實銷．虛冒者重治其罪．其噶布倫戴琫等各藏官．月薪約計歲需十二萬．至漢番各統帶教習各官．薪俸應按照陸軍部薪章．從優發給．

（九）噶爾古達宜設總領事也．查噶爾古達．孟買．緬甸．仰光等處．華僑數萬．宜分設領事．以資保護．現在印藏通商．噶爾古達．尤爲總匯之處．應設總領事以管理中藏商務．兼偵察敵情．其情形與海參威相似．應仿照海參威商務委員章程．由外務部向英使妥議．奏派幹員充補．每季將印藏情形．報告外務部．仍兼歸駐英使臣節制．（按此下有廓爾喀宜聯絡一條．已屢見於廿四條及十七款與其他電奏中．茲删去不錄．）

（十）官銀號宜分設也．銀行爲商務樞紐．有銀行然後造鑄銀幣．可冀流通．且因市價之漲落．時收時放．以爲操縱．駐藏大臣聯豫．奏准撥給鑄錢機器．自行鑄造藏圓．查原奏內稱川鑄盧卑到藏．市價太低．擬在藏歲鑄藏圓十萬兩．餘利歲可溢萬餘兩等語．查泉幣義主流通．川鑄盧卑．原重三錢．打箭鑪市價．漲至三錢三分．官遂定爲三錢三分之價．頒發行用．現打箭鑪市價漲至三錢五分或七分不等．而拉薩市價則三錢或一二分不等．查市價漲落無定．以商務漲縮爲高低．萬不能執市價以爲原定之價．其至藏後低落者．皆由拉薩與打箭鑪轉運艱阻．商務未旺．往來周轉．供過於求．此贏彼絀．市價不得不落．今改由藏鑄．則藏圓只可行於藏地．不能通用於打箭鑪．既有機器鼓鑄．日出至少須有十萬元．方能獲利．斷不止歲鑄十萬兩之數．將蹈前數年各省銅元局之弊．有放無收．市價更恐大落．且商上久視鑄造餘利爲歲入大宗．在我亦難遽禁止商上之鼓鑄．彼此各爭餘利．必至兩敗俱傷．且使藏官疑我攘奪其利權．甚非計之得者也．唯川鑄盧卑．藏中不甚信用流通．其弊實由無銀行以爲周轉．市價皆操縱於茶商之手．現在整頓藏務．設官．興學．練兵．開礦．經費浩繁．綜計約二三百萬．無官銀號則匯撥維艱．似宜由度支部總銀行分設支店．或派代理人於打箭鑪．拉薩．江孜．印度．戛爾古達等處．作爲官銀號．一切俸餉匯兌．歸其經理．而川鑄盧卑．亦歸打箭鑪官銀號辦理．庶餘利仍歸公家．而川藏內地流通．均無窒礙．銀行支店．規模無須宏敞．或招殷實商店代辦．亦無不可．我之盧卑苟能流行藏中．則商上所鑄藏銀等諸銅元．相輔而行可矣．（按此節已分見於廿四條之第十九條及十七款之第十款與九局之財政局應辦事宜中。）

（十一）槍礮宜製購也．漢番兵所用土槍．率皆朽廢．臣去年到藏．親蒞校閱．槍彈半多膛口不合．現計藏防須有毛瑟槍萬桿．格林礮三十尊．配足子藥．方足備目前防守急需．藏地轉運維艱．爲久遠計．必設廠自製槍彈．但經費浩繁．驟難創辦．或各省舊有製造槍礮子藥小機器．可以撥運應用．或由南北洋湖北四川等廠．製成分批運解．應由陸軍部查核奏明辦理．（按此節已略見於十七款之第十七款中．）

（十二）開辦及常年經費宜統籌也．以上所擬各條．常年經費．練兵約需一百二十萬兩．學堂約需三十萬．官俸約需三十萬．衞生局．醫學堂．醫院常年經費．約十萬．拉薩所設督練交涉等九局．當年經費二十萬．巡警局約二十處．因地方繁簡．酌設巡兵．月餉四兩．約需六十萬．礦務工藝槍礮等局．因欵項之多寡．以爲規模之大小．尚難豫算．綜計共歲需約三百萬．應由各該部詳細核議．咨商度支部籌撥．其餘未盡事宜．應由行部大臣隨時察看情形．分別奏咨辦理．

按張摺已前見．因未列附有條陳．故在此再錄以繫之．

中英末次改訂章程

十八日擬電外務部．十六日．戴送末次稿云．中藏英印通商章程．大清一統帝國大皇帝．大英國兼五印度大皇帝．今因光緒三十二年四月初四日續（按商務版中外條約彙編作所）訂藏印條約第一欵內開．光緒三十年七月二十八日英藏所立之約．暨其英文漢文約本．附入現立之約作爲附約．如遇有應行設法之時．彼此隨時設法．將約內各節切實辦理等語・又據光緒三十年拉薩約之第三欵內開・光緒十九年十月二十八日中英條約所有更改之處・應另行酌辦等因・現值應行更改此章程之時・是以大清國大皇帝特派張（按彙編此下有蔭棠）爲全權大臣・大英國大皇帝特派戴（按彙編作韋禮敦）爲全權大臣・會同商議・曁西藏大吏選派噶布倫汪曲結布爲掌權之員・稟承張大臣訓示・隨同商議・大清國欽差大臣張・大英國欽差大臣戴・（按彙編作韋）各將所率全權文憑互相校閱・並藏員掌權文據一併查閱・俱屬妥善・改定章程如左・

第一條（按彙編條均作款）・光緒十九年所定通商章程・與此次章程無違背者・仍應照行・

第二條（按彙編此條・先列江孜商場界址・而藏語一七二頁・有電外部補報界址事・據稱事前翻譯漏未譯出・故補報列入云・原電見下・）商埠內向有難得合宜棧房之情事・茲允英國人民亦得在各商埠內租地建築房棧・此種建築地基坐落之處・應由中藏官在每埠與英國商務委員特行商酌劃定・英國商務委員與英印人民除在此處外・不得在他處建築房棧・但此種辦法・不得有一毫侵害中藏（按彙編下有地方）官於此處之治理權・亦不得損及英印人民在此處以外租賃房棧居住存貨之權利・凡英印人民欲租建築地基・應轉由英國商務委員向工部局聲請租地文憑・其地基之租價年限與合同・應由租客與地主自行和平商訂・如地主與租客因租價年限及合同等事・意見不合・應由中藏官會（按彙編作商）同英國商務委員調處・其地基租定後・應由工部局中藏官會同英國商務委員勘定・又未經工部局給與租客建築文憑・該租客不得興工建築・但約定工部局給發建築文憑・不得任意延宕・

第三條・各商埠治理權・應歸中國（按彙編下有官字）督飭藏官管理・各商埠商務委員與邊界官・均須合宜品級・彼此往來會晤・以及文移往返・應互相以禮貌優待・凡商務委員及地方官因意見難合・不能斷定之事・應請拉薩西藏大員（按彙編作吏）及印度政府核辦・印度政府照會之意・應並行知照中國駐藏大臣・如拉薩西藏大員（按彙編作吏）與印（按彙編下有度字）政府不能斷定之事・應按光緒三十二年北京條約第一款・由中英兩國政府核辦・

第四條・如英印人民在各商埠與中藏人民有所爭論・應由最近商埠之英國商務委員與該商埠裁判局之中藏官員會同查訊・面議辦法・其會同面議之意・係爲查明實情・公平辦理・如有意見不合之處・應按照被告之國法律辦理・凡屬此種交涉案件・均由被告之國之官主審・其原告之國之官・只可會審・凡英印人自（按彙編無此字）與英印人因身家產業之權利而起之事・俱歸英國官管理・英印人民在各（按彙編無此字）商埠及往各商埠之商道中・有犯罪者・應由地方官送交最近犯罪之商埠英國商務委員按印度法律審訊懲辦・但地方官於此種英國人民・除應行拘禁外・不得格外凌虐・中藏人民有對於各商埠內或往各商埠之道中之英印人犯罪者・應由中藏地方官拿獲・按律懲辦・兩面審辦之法・俱應至公且平・凡中藏人民到英國商務委員處控訴英印人民・中藏官得有派員往英國商務委員公堂觀審之權利・凡英印人民到商埠內裁判局商埠控告中藏人民之案件・英國商務委員亦

得有派員往裁判局觀審之權利．

第五條．西藏大員（按彙編作吏）遵北京政府訓令．深願改良西藏法律．俾與各西國律例改同一律．英國允願無論何時．英國在中國棄其治外法權．並俟查悉西藏律例情形．及其審斷辦法．及一切相關事宜．皆臻妥善．英國亦即棄其治外法權．

第六條．英軍撤退後．所有由印邊界以達江孜一路英國所建旅舍房屋．共計十一處．應由中國照原價贖回．仍以公平租價．租與印度政府．每旅舍一半．留為英國經營各商埠至印度邊界電線之官役之用．并存儲材具．其餘則留為中藏英印體面官往來站宿之用．一俟中國電線已由中國接修至江孜．英國可酌量隨將由印邊界至江孜之電線移售與中國．當（按彙編作尚）未移售以前．中藏人之信．當由此印政府所修之電線妥為接收傳寄．又未移售以前．應由中國擔任保護由各商埠至印邊界之電綫．茲約定所有人民．如毀傷此電線．或無論如何阻撓看管經理此電線之官役．應立由地方官嚴懲．

第七條．凡因信借揭欠倒閉而起之控告案件．應由該管官查訊．設法追索賠償．但如欠債者報窮無力賠償．該管官不任賠償之責．亦不得將公產官物（按彙編作務疑誤）扣抵．

第八條．駐廓西藏現在已開及將來新開各商埠之英國商務委員．得安排往來印邊界傳遞郵件．所用傳遞夫役．於凡所經過之處．應由地方官盡力相助．與藏官所用傳遞文件之夫役同受一律保護．俟中國在西藏妥立郵政．中英兩國可即酌讓裁撤英商務委員之傳遞夫役．英國官商僱用中藏人民作合法事業．不得稍加限制．此種受僱之人．亦不得稍加擾害．於西藏人民應享之權利．亦不得因此稍（按彙編下有受字）損失．但此種人於應納賦稅．不能豁免．如有犯罪情事．應歸地方官按律懲辦．僱主不稍加庇匿．

第九條．凡往各商埠之英國官民．以及貨物等應確循印藏邊界之通商大路（按彙編作商路）前往．不准擅往商埠外各地．不得由亞東江孜無論由何道路繞入藏屬內地．以往噶大克．亦不得由噶大克無論由何道繞入內地．以往江孜亞東．凡（按彙編作惟．下無英人字樣）英人印度邊界土人．向在藏屬居往貿易者．因習慣既久．仍得照舊按通行規例來往貿易．但此種人如是往來貿易（按彙編下有居住）時，應仍按向例歸（按彙編作服從）地方官管理．

第十條．凡官商往來印藏．其公私財產貨物．途中被劫．應即報明巡警官．巡警官應立即設法拿獲劫盜．交地方官立即審辦追贓．如盜犯逃至巡警局地方官權力不及之地．不能緝獲．則巡警局及地方官咸不任償失之責．

第十一條．為保安起見．存放太多之數之火油．及所有易燃危險之物．應用池棧．應安設在商埠內遠距民居之處．英印商人未經按照章程第二條稟請合宜地基．不得開築火油池棧．

第十二條．英國人民可任便以貨物或銀錢交易．任便將貨物售與無論何人．任便由無論何人購買土產貨物．任便僱賃運載夫馬．并任便照地方常規辦理一切貿易事宜．不得格外限制刁難．亦不得抑勒強逼．凡英國官商在商埠內及往各商埠道中之身家產業・應隨時由巡警局及地方官實力保護・中國允在各商埠及往各商埠道中・籌辦巡警善法・一俟此種辦法辦妥・英國允即將商務委員之衞隊撤退・幷允不在西藏駐兵・以免居民疑忌生事・英國商務委員與西藏官民・或用函件・或面會往來・中國官並不禁阻・凡西藏人民至印度貿易游歷居住・所享權利・與此（按二字彙編作應與本款）章程給與在西藏之英國官民之權利相等・

第十三條・此章程自兩國全權大臣及西藏代表員簽押之日起・應通行十年・若期滿後六個月內・彼此俱未知照更改・此章應再行十年・每至十年・俱照此辦理・

第十四條・此次章程・華藏英文字俱經詳細校對・遇有因解釋此章字句而起（按彙編下有之字）辯論・應以英文作爲正義・

第十五條・此次章程由中英兩國大皇帝批准・應自簽押之日起・六個月後在北京及倫敦互換・

按此英方末次修訂稿・其後外部與駐京英使議定・即照此稿飭令簽押・如總督稟承張大臣訓示・第二條劃定地基・未經工部局給憑・不得興工建築・第三條商埠治理權由中國督飭藏官管理・地方不能斷定選事・由中英兩國政府辦理・第四條兩方人民爭論・由英官與裁判局議辦・第五條藏官遵北京政府訓令・改良法律・第六條旅舍贖回再租・第九條限制孜噶通路及英印照例在藏屬來往貿易・歸地方官管理各節・對照戴諾去年九月二十六日所送約稿・顯已讓步・惟因第三條由拉薩西藏大員與印度政府核辦・及第十四條藏文入約兩節・仍欲與地方官直接交通・乃我所不能允者・故續有十七日之議・

布達拉山刻石文 代

布達拉山刻石文・布達拉山・離海面萬三千尺・黃教之祖五輩達賴羅卜藏棲息地・羅卜藏以崇德七年・表貢方物・上曼殊師利大皇帝徽號・輸誠內屬・垂三百年・葱嶺以東・阿里以北・罔有內外・咸隸職方・與青海蒙古各部汗王・世爲臣僕・屏翰皇室・中更第巴桑結之亂・朱爾墨特之變・胥藉天朝兵力敉定・以駐藏大臣鎮撫其地・設吏置戍・藏官自戴琫噶布倫以至達賴・除授必請朝旨・職貢隸理藩院・視等郡縣・匪美戎索・賜租稅疆宇自治・弗給・常發內帑濟之・澤至渥也・邇者藏人不忍睊睊小忿・啓邊釁・致勞宵旰・香山侍郎唐公紹儀・與英使臣薩道義重訂藏約於京師・丙午四月・某奉命自印度入藏・循約闢埠・議善厥後・以參贊何藻翔行・贊襄帷幄・參議顏廷佐・賀師楨・周翔鳳・主文牘・亞東關稅司張玉堂・總三埠商務・繙譯高思洪・醫官全紹清・會計陸國祺・監察張春華何鴻逵從・韓稅司德森以榷務未至拉薩・留亞東襄埠事・初至日・藏人夾道爇香膜拜・若旱望霓・登布達拉山・謁聖容・瞻羅卜藏之遺像・輒歎當日望氣知中國有聖人・神識至不可及・因進堪布等宣布威德・拊循瘡痍・爲述兩宮西顧憂勞・所以命使之意・與使者茲行銜命之旨・僧衆感泣・猶慮民信未孚・發善後條二十四・諭商上三大寺議・以覘衆志・藏官狃於無動爲大・輒以大公所衆議未定辭・於議期莅其堂・痛陳物競之理・怵以禍至無日・當救焚拯溺・指佛前剖心自誓・萬衆驚愕・叩頭揮涕・

曰唯天使命・愚闇不知裁・某徐視以農工商路礦鹽茶財政學務督練交涉巡警九局草章・縷爲指導・復憮然曰・吾儕今知天使・苦心瘏口・爲我唐古特人計久遠也・繼自今・我唐古特匪大皇帝是賴其誰賴・其因感乎五洲大勢・南斐澳洲・闢榛略盡・迺二十世紀罔底斯山之麓・尚遺斯大陸・世界稱爲祕密國・白人足跡所未臻・寗非異耶・

某七月發軔大吉嶺・策蹄喜馬拉山・越哲孟雄部・左睨廓爾喀・右眴布魯克巴・憑高極睇・慨然有風景山河之感・咱利龍圖之險・我已與敵共之・英軍新修干都間道・三日至春丕・干壩迤南納青甲岡諸地・臨其腦而拊之背・虎狼無厭・不十稔春丕寗爲我有・彼族志懷席捲後藏・通東北印度・越阿里以達帕什米爾阿富汗・與俄西伯利亞鐵道爭長・西藏門戶脣齒之依・實唯廓與布國・藏防要隘・舊重西北・今則轉重西南・縱橫五六千里・非精兵十萬不足守・非建議道不足利輸輓・非興農工商礦・不足供餉械・山川遼阻・艱於控制・以中國衞西藏・不如西藏之謀自衞・詩曰・雨雪飄飄・見晛日消・易曰・不遠復・毋祇悔・往讀印度亡國史・過哲孟雄王子故宮・輒不知涕之何從也・間者高麗不度德量力・信讒諛・離中國・見滅日本・殷鑒不遠・有以聯俄聯英之說進乎・驅虎進狼・厥害維均・依漢如天・呼唐爲父・五輩達賴之靈・亮其鑒諸・傳曰・非我族類・其心必異・彼夜叉羅刹之國・挾兵力以行其祆教・西望五天竺・鹿園祇林阿育王梵宮・不數十年夷爲摩西禮佛寺・悲夫・黃教之興・其茲有待於震旦也・

續修順德縣志序

何藻翔

府縣志體例・乾嘉而後・日臻詳密・武功靈壽・文章雖工・椎輪大輅而已・我邑郭志・成於咸豐癸丑・頗賅洽・今又七十餘年・議修而復輟者屢矣・宣統辛亥後・迭經變亂・官檔焚燬殆盡・文獻無徵・歲在壬戌・周縣長之貞倡議續修・旋去任・冬・馮縣長葆熙・集士紳議・公舉李君彝坤・周君廷幹・黃君敏孚・龍君建章等總司其事・由青雲文社月撥白金二百圓爲常年費・不足・勸各鄉紳富捐助・局附設城內表忠祠・於十二月開辦・盧君乃潼走告・乃參酌南番志局採訪條例・刋發格式・令各鄉分門塡注　詎地方多故・盜賊充斥・紳耆星散・志局又爲籌餉局借用・遷延者兩載・乙丑夏・遷局順城義倉・李龍二君先後捐館・籌措益難・周君廷幹年七十餘・勇於赴義・引爲己責・與黃君敏孚協商・請周君憲成測繪十區輿圖・潘君鼎亨鈎稽舊志・蒐遺訂誤・陳君官韶・曾君廣瀛・龍君肇墀・羅君寶焜・協力勸捐・但比年災歉・勢成弩末・涓滴奚補・隨商由民團局長吳君仁湖・於畝捐補水項下・歲撥萬金・志局常費基礎乃定・

不料丙寅歲杪・有人思攫此欵・四播謠言・誣以不軌・瞞聳趙縣長植芝・勒令停辦・復將局欵批撥別用・幸民團局長蘇君延概持正抗阻・丁卯三月・邑人集議・呈訴當道・七月・始奉批准續辦・限十八閱月全書告竣・伏思此次纂輯之難・其大事如咸豐甲寅土匪之變・丁巳英法入城之役・光緒甲午中日戰後・營汎釐稅之增・併巡警學校・一切新政之繁興・遞年西潦日亟・各鄉基圍之建築・端緒繁雜・自檔册散

佚・私家撰述・亦罕完書・耆舊淪喪・士民流散・迄今十有八年・未能復業・雖世家子弟・不能自述其祖父行狀・而山林遺逸・潛德幽光・更無從蒐討・各鄉繳呈訪册・均極簡略・纂修者無所取材・幸賴同事諸公・各盡心力・分任其責・而所得止此・局外弗察・或責以曠時糜費・第失今不圖・老成彫謝・以後更難著手・但使百家掌故・粗存萬一・姑待後賢蒐補云爾・藻翔避亂授徒海島・承諸公不棄謭陋・郵寄志稿屬參校・樂觀厥成・附名簡末・有榮寵焉・己巳正月・邑人何藻翔識・

鄒崖詩集序

詩以人傳・人不以詩傳・德業無所成・死後遺詩文數卷・此最傷心事也・辛亥前・雅不欲以詩鳴・不得已偶作率不存稿・每見舊詩輒憎厭・胸中似別有高妙者・覓之終不可得・朋輩不知我者・以扇箋索錄舊作・苦憶如夢囈・國變後・棄官南歸・於破簏中蒐集得數十篇・益以比年傷亂之作・彙鈔一册・殆多有不得已於中者・然衹此區區應酬之作・不免雜出・己自恨其多矣・王之渙所傳不過六篇・裴説行卷衹十九首・古人豈以多爲貴哉・十篇以後・意境大略相似・劉長卿且然・何有於末學・斷乎不足存也・我死三十年後・乃可出眎人・略紀行藏崖略云爾・鄒崖逋者自識・

春祭關岳廟宣告

甲寅春祭關岳廟宣告軍警揚帖・關岳並崇大祀・以配孔子・將軍巡按使率所屬軍警春秋致祭如禮・煌煌乎鉅典也・嗚呼・諸健兒乎・古今名將如鯽・而關岳兩公・獨彪炳天壤・俎豆千古者何哉・欲知關壯繆・不可不知曹操・有曹操然後有壯繆也・曹操闇干天位・弒父酖母・挾天子以令諸侯・欺人孤兒寡婦・狐媚以取天下・謬比周文王・以其子爲周武・愛壯繆忠勇・欲以富貴恩禮籠絡之・使爲己用・壯繆不爲所動・終從先主拒曹・其識之高・守之定・曹操無如之何也・壯繆若生今日・必申明春秋大義・以誅亂賊・今之祭壯繆者・當思效法壯繆・嗚呼・諸健兒乎・甘爲曹操效力・雖有智謀勇略・終爲張遼許褚・畫花口面・千秋唾罵・不爲曹操所用・雖鼎鑊刀鋸・裂屍萬段・生爲英雄・歿爲明神・棗面蠶眉・橫刀怒目・掀髯而笑・英氣凜凜・千秋瞻仰・果何去而何從也・

欲知岳武穆・不可不知秦檜・有秦檜然後有武穆也・秦檜初爲金虜・金人縱之歸・使主和議・偕敵國力・以謀大位・苟得爲一日之劉豫張邦昌・雖割地輸幣・稱姪稱臣而不惜・岳武穆獨不肯附和秦檜・力排和議・而圖恢復・卒爲檜忌・構成莫須有三字冤獄・論者惜其不抗金牌之召・直擣黃龍・反旆以清君側之惡・而徒束手就戮・銜恨金陀・至足悲也・武穆若生今日・見李完用輩・以一紙文書斷送數千里路礦權・必憤起撲殺此獠・今之祭武穆者・當效武穆・其將低首下心以廿一條款易大位・受劉豫張邦昌之指揮・爲小朝廷陪臣乎・抑逐劉豫張邦昌以復故國山河乎・嗚呼・今日與祭諸健兒・其毋辱關岳在天之靈也・

尤列 一八六五年生 一九三六年卒

字令季・號少紈・別號吳興季子・順德人・十歲就外傅・受業於同邑名儒陸南朗之門・南朗固深於種族之辨・常以革命歷史詔諸生・列之革命思潮發軔於此・旋復肄業廣州算學館・光緒八年・年十七・遊日本杭嘉湖及朝鮮各地・回滬後加入洪門組織・十二年夏・至廣州博濟醫院・獲識孫中山先生・是爲孫尤二人訂交之始・十五年・任職香港政府文員・自忖香港乃言論自由之地・就此爲排滿鼓吹・居港期間・與孫中山・楊鶴齡・陳少白過從至密・圖謀大舉・故時有革命四大寇之稱・二十年・興中會成立・與中山先生主其事・羅致人才・購置軍器・內定九月九日起義・詎運械故障・第一次革命失敗・逃亡海外・乘此環遊世界・考察政治・並向華僑鼓吹革命・二十三年・回港任興中會總理・二十六年・與中山策動惠州舉義・功敗垂成・三十年列以中山未經列籍洪門・不足以在海外聯絡有力同志・乃介紹其加入致公堂・三十三年・中山先生起義於防城・欽州計劃失敗・十月發動攻廣西鎮南關要塞・需款孔亟・列即赴南洋各地策動捐輸・籌措就緒・乃於二十六日舉事・血戰七晝夜・彈盡糧絕・突圍撤退・宣統三年・武昌起義・列赴雲南促蔡鍔起義・遂宣告獨立・各省相繼響應・革命乃大功告成・旋至北京・袁世凱欲羈縻之・與中山抗衡・擬任爲東三省籌邊使・辭不就・未幾・察袁密謀稱帝・不欲自汙・即離京津・移居日本・以著書爲事・十年・中山先生護法南下・開非常會議於廣州・列被聘爲總統府顧問・此後不復出・隱居香港・以闡揚孔道・提倡國醫學術以濟世・息肩林下・不求名位・九一八國難後・晋京迭向當局敷陳救國方略・二十四年卒於寓所・飾終典禮極爲優隆・遺著有四書章節易解及四書新案二書行世・

對時局之宣言

棄我去者昨日之日不可留・亂我心者今日之日多煩憂・奇觀哉・連日自朝至暮・紛至沓來・或通函・或面晤・寓於目者無非尤列當對時局發表宣言之勸勉書・接於耳者亦無非尤列當對時局發表宣言之敦促語也・莫名其妙・尤列宣言有何重輕・徒以國事蜩螗・至斯已極・國亡族滅・捷在目前・四十餘年之革命個人・不應袖手旁觀・而置身局外也・充其義亦不過如是而已耳・夫革命毒藥也・病已則藥停・不輕嘗試・且善用之足以救人・誤用之適足以殺人・古之聖賢非至萬不得已時不行革命・孔子贊易至革・曰・「湯武革命・順乎天而應乎人・」此孔子制定革命二字之名稱之原起・吾人不可不知・其托始於湯武・肇基於天人・事至重大・非以革命爲投機品也・滿清季葉・政治窳敗・外侮紛乘・國成病夫・奄奄垂斃・事勢至此・不能苟且偷生・所謂「天下興亡匹夫有責」・列於是與我至友孫中山先生・糾合黃詠襄・楊衢雲先生及諸同志創立興中會・從事革命・以爲國民之先導・

其時春雲初展・風雨飄搖・團體幼穉・而會員無多・又復時聚時散・光緒乙未九月廣州之役・朱・邱・陸・程諸同志就義・會員之逃亡海外者過半・其仍留內地者・依然繼續工作。嗣因興中會相隔路遠・領導無人・丙申十月花縣盤古廟之役・張環・陳開諸同志就義・每諉謂無人指揮之過・而一時風氣稍開・朋從來相告語・謀加入革命者漸衆・於是丁酉三月不得已而組中和堂・羣推列就近主持之・以濟興中會之不逮・然論其實際・興中會之與中和堂・蓋分而合二而一者也・乙巳之後・種族革命之說大明・震動中外・是以同盟會乘時成立・舉孫中山先生爲會長・而列則爲該會主盟於南方・當此之時・中和堂之黨員無不加入同盟者・是中和堂之與同盟會．猶是分而合二而一者也．此列於辛亥革命民國成立時．所以有中和堂發源於興中會．而混合於同盟會之通告也．雖然．滿清倒而民國告成．革命初次成功．端賴國民之力．我黨人不過負矢之勞耳．國人以中山勞苦功高．推爲臨時大總統．一切建設．賴總其成．列亦以爲負責有人．從此息肩林下．樂觀太平而已．不必爲濫竽政客也．

民二一至京師．即以中和堂黨章交內務部立案而止．他非有所求也．不料自中山讓位於袁．而袁氏日謀稱帝．中山再次出亡海外．列亦三島遁居．革命事業舊案重提．又不得已而有救世軍之組織．迨至袁氏喪滅．重奠國基．結束救世軍．而列復爲閒雲野鶴之遊．我中和堂同志不作享黿染指之思．而各歸正業．非矯情也．可止則止耳．豈知忽忽十年．我之老友孫中山遽爾魂歸天國．乃國民黨不幸有人竟受共產黨之誘惑．四分五裂．赤化毒焰蔓延四方．列觸目傷心．不忍其以孫中山艱難締造之革命根據之廣州．敗於垂成．復使神明華胄之倫陷於赤禍．良心自問．終夜難安．六十老翁．再爲馮婦．明知事體重大．獨力難支．而見義勇爲．雖老夫不敢落後．非見獵心喜．效投機革命者流也．

去年四月通電海內外同志．集中實力．爲討赤之進行．顧以當時之國民政府．乃我老友孫中山所遺留之絕無僅有之地盤．當事諸人又盡是革命同源之輩．投鼠忌器．愛屋及烏．是以不能不審顧徘徊．愼重將事也．今國民黨諸君自起清黨．姑無論純粹的覺悟．抑一時衝動的覺悟．但能自知討赤．則中國尚有生機．君子與人爲善．斷不能以政見不同．阻人爲善之路．敬告邦人君子及中和同志．如國民黨能清除共黨．亦復何求．政治問題當付諸國民公決．總之．列爲數十年之革命舊物．偶倖未死耳．皆不得已而爲之．適可而止．原非以革命爲能事也．邦人君子．必能諒之．

猶有進者．去年三月二十日廣州中山艦事件發生之後．整理黨務集中．有謂第三國際及中國共產黨對於跨入國民黨中之共產黨黨員．如有命令．須先交國共兩黨聯席會議通過．又謂凡跨入國民黨之共產黨黨員．如有與純粹國民黨黨員發生衝突之事．須開國共兩黨聯席會議以管理之．等語．按此．他不具論．一則曰國共兩黨．是共產黨爲敵體矣．則彼已根深蒂固．而黨員之衆多也可知．近北京俄使館事件發生．得悉彼之宣傳．遍我全國．只就本月五日北京警廳公佈蘇俄用於京．津．粵．汴及口外之宣傳費共十七萬美金．是一次之清單亦有如是之鉅．則彼實財雄勢大．而深入我之重地也又可知．以彼黨員衆多．而又深入我之重地．今粵方各路多有肅清共黨之報告．事誠可喜．但論其實際．謂之爲肅清共黨．無寧謂之暫挫其鋒．姑勿計彼有極其堅固偉大而勢難撲滅之後援也．凡有國民黨所到之處．即是共產黨所到之處．則肅清云者．肅清其國民黨中之共產黨則可．若欲肅清其國民黨外之共產黨．雖數十年亦有所不可．此稍涉黨會狀態者之所能知之者也．今各地數以槍斃共產黨聞．列以爲殊非善策．蓋此能殺之．則彼之結合之力愈堅．其勢然也．例如我革命同志．自朱．邱．陸．程以至黃花崗七十二烈士．經一度之殺戮．必增一度熱烈之進行．共產黨亦猶是耳．故莫如以浙之三門灣及粵之東西沙諸海島圈出置之．即任彼在諸島中行其共產．其有掛名共籍．未經逮捕而願往者．亦聽之・列爲此言雖無甚深意・一者無知妄作・誤入歧途・其愚可哀・殺不勝殺・一者彼在島中實行共產・不過數年必知窒礙・由是覺悟・可警世人・冀此惡風于焉永息・

仍有不能已於言者・當今北伐進行・不但箭在弦上矣・勿論湘鄂之事未平・而各地共黨餘波・處處時時皆有可慮・即一鼓而黃龍直抵・保無有報北京俄館事件之怨者・揮兵南下・得直接與南方制裁共黨者相周旋・果至此時・則五國環伺於長江上海・以自衞之兵・又誰能使之袖手於旁以觀戰・螳螂黃雀・譬喻眞切・全國鼎沸・較今甚焉・此我國從古未有之危機・而不可不深長思者也・思之如何・我民國成立既十六年・憲法未有成就・頻年變亂・端在此點・今國民政府奄有全國之大半・亟宜召集憲法會議・務使人中至正・先行制定草案・通布全國・人心厭亂・必獲歡迎・南北可藉此而罷兵・反動者亦藉此而鎮攝・而無窮之外侮亦將藉此而融和・昔劉邦入關・約法不過三章・卒定天下・可知憲法草案・勝於百萬雄兵多多矣・列近者略編學說・甚欲發揮其倫理救國主義・正待此憲法爲之保障・若必謂削平大難之後・方可從事憲法也・人壽幾何・河清難俟・我老友及諸先烈之遺志・何時已乎・夫復何言・民國十六年五月中澣

四書章節便覽自叙

順德尤列・編四書章節便覽・成・將欲刻之・或過觀而問之曰・異哉・子之編是書也・不過冠章于首・註節于旁・次則撮題篇側而止・餘無所謂著作也・白文等耳・坊間讀本正多・不已贅乎・何爲編之而刻之也・尤列悄然動容起立而對曰・嗟乎・吾非不知其然・然而編之而刻之者・不在乎書・而在乎法・不在乎書者・借書以立法已耳・在乎法者・即欲以是法・而爲我永永贈答朋友之物・以求得一當焉・是以編之而刻之也・

今夫禮尙往來・其受人之賜而不顧者・必非君子・淮陰一飯・矢圖重報・史册書之・傳爲美談・此其尤大彰明較著者也・至若入人之國・得膺其文明法律之保護・飲于斯・食于斯・交遊愉樂于斯・暇則讀書一室・疲極忘倦・賞櫻花之落韻・餐楓葉之鮮姿・年復一年・儼然第二故鄉・幾不復知有來時道路也者・是較一飯爲何如・詎可以算數・譬喻所能及而謂勉圖一報之念・尙不足而動乎其中也・豈人情哉・

鄙人東渡者・屢矣・而此次自甲寅至今・一住六稔・而始至之日・擧凡前說之云云者・未嘗一日去諸其心・然亦不易偶得之也・何也・一二人之贈答・乃至十百人之贈答・可以物質爲之・或撰爲詩文・亦不難家至而戶到・傳不傳・雖未可知・要爲一時之贈答者・綽乎畢其願而塞其責・第至多數人・而極諸全國・凡思有以贈之者・是必遙遙計着將來必有普及之一日・而羣知爲出自誰氏之贈答品者・此其事爲至難至難・故曰不易偶得也・

乙卯夏秋間・遊東西二京・書肆林立其間・儒釋二宗之漢文叢書・搜羅之富・編修之善・紙墨之佳・印刷之精・燦然可觀・比戶爭妍・各擅其勝・其朝氣光融・一躍千丈・揆我文化巳衰之國・不覺赧面而汗背・然我已得購多種・客窗無事・優游披讀矣・久而久之・覺我之所謂永永贈答朋友之物・已在其中・正不必捨此而他求也・思之思之・鬼神告之・其物維何・則有如是書之便覽法是也・抑贈人之道又不可不深究也・毅然贈之矣・苟其物爲人家國中所多有者・又何需此之一贈所謂數見不鮮也・毅然贈之・必其物爲人家國中所少有者・方稱難能而可貴・夫然後謂之以德報德也・且此便覽法・亦至簡單者耳・然而師生授受講學集會之場合・講者聲稱某章某節・聽者開卷即得矣・其法固簡・其用反大・昔者英哲牛端氏・NEWTON 發明運動之三法則・THREE LAWS OF MOTION 于是天理明・人事利・區區雖不及此・但願繼今以往・無論是何典籍・編而刻之者・各按其篇章節次・或門類品・分科條細目・一倣是書・便覽之法・變化而出・以推而廣之・將見號稱難讀之書・而講者聽者・一時稱快・曰・于戲・此前所少有者・而順德尤列所介紹之便覽法也・

于斯時也・其精神會合・不啻鄙人身當其際・與都人士親作周旋矣・由是而鄙人之永永贈答以成・非空言也・聞之大禮必簡・因而大法亦必簡・以介紹便覽之法而盡其往來之禮・簡而易舉・則是書厥爲嵩矣・且向之所謂至難者・不期今竟得之至易・又何樂而不爲・是以編之而刻之也・

至于是書之爲四書・而朱子章句者・竊見此間漢籍諸刻・以四書爲多・而四書之中・又以朱子章句爲多・故取其多數通行者而爲倡首・所謂不在乎書・而在乎法・非有他意・仍綴和文訓讀者・即循從來習慣・其體裁一日可盡・無煩凡例・經始于丙辰之春・告竣于戊午之冬・先後三年・任膽校諸務之勞者・同學子盧生讓・例得備書・

嗟乎・鄙人年逾知命・體弱病多・弛担息肩・于茲六載・所學無就・終爲流民・趙岐有言・或有溫故知新・雅德君子・矜伐劬瘁・睠伐皓首・訪論稽古・慰以大道・余困客之中・精神遐漂・靡所濟集・聊欲係志于翰墨・得以亂思遺老也・亦如是而已矣・若乃孟子稱・所過者化・所存者神・以至分人以財謂之惠・教人以善謂之忠・而老子則曰・富者贈人以財・仁者贈人以言・彼佛氏又曰：財法二施・等無差別也・張大其辭・何難引用・鄙人固陋不識所謂・時歲之己未春日・自叙于日本國諏訪山金星台下之鉢華堂上半山樓之亂書堆・

衛道新編序

戊辰仲夏・何君佩瑜溫君恭艮以其合編之衛道新編見示・曰爲我序之・敬覽斯編・其要端在於南京大學院廢止祀孔之一令・列自以爲與何溫二君同情者・略得而言・

我國道德衰落・至今亦云極矣・民元以來・雖廢孔之聲・轟震遐邇・然猶言語游說・非有實施之作用也・詎知變本加厲・今竟彰明廢孔・不復稍留餘地矣・究其用意・所以罪狀孔子者・則云因尊王忠君一點・夫尊王忠君・分明兩點・認爲一點者・不明倫理之學・其所竪義・先已誤矣・是

以不得不謂之道德衰落・言之痛心・今請爲分別其尊王忠君二義以解釋之・

尊王之說・言之有自者・漢何休春秋公羊經傳解詁・開口便謂昔者孔子有云・吾志在春秋・行在孝經・宋孫復撰春秋尊王發微・于是後世學者本二書之詞旨・貿貿然曰・孔子志在春秋・而春秋爲尊王之書・是孔子乃尊王之人者也・此孔子尊王之說之所由來也・惟志在春秋・非孝經諱鈎命決之辭乎・何休執緯書以談經學・本無一駁之價值・姑置勿論・孫復上祖陸淳・不開胡安國・謂春秋有貶無褒・論者議其過於深求・而反失春秋之旨・名曰發微・究實功不補過・至其總論有曰・平王迨隱而死・夫生猶可待也・死何所爲・春秋始隱者・天下無復有王也云云・既稱無復有王・則所尊何王・豈不自相矛盾・抑無復有王・所以孫復重之尊之・使之復有其王可也・是尊王者乃孫復之事・而非孔子之事也・孔子孫復相去千五餘年・孔子去今二千四百七十九年・今執孔子後千五百餘年之孫復之謬論・以廢二千四百餘年前之孔子之學說・古今之大惑不解者・孰有過是者哉・

因斯以談・孔子不但非尊王之人・孔子實抑王之人・又不可不知者也・何以言之・書之可信者・莫如論語・記聖人之言行・至確且詳者・亦莫如論語・論語子路篇第十二章・子曰・如有王者・必世而後仁・甚矣・王者之不易言仁也・乃顏淵篇第一章・顏淵問仁・子曰・克己復禮爲仁・一日克己復禮・天下歸仁焉・爲仁由己・而由人乎哉・何其速乎・是其必世之與一日・相去有如是之遠也・不知天地古今・可稱爲克己復禮・天下歸仁者・舍禪讓天下之一日・果何人何事何時何日・足以當之而無愧者乎・孔子生當言禁綦密之世・柳宗元所謂聖賢生于其時・亦無以立於天下・其公天下之主張・貴禪讓而抑王・不得已而幸留此極能會意之微言以貽我後人者・當體諒其苦衷矣・尚可强爲尊王者耶・

忠君之說・何自而昉・論語八佾篇第十九章・定公問君使臣・臣事君・如之何・孔子對曰・君使臣以禮・臣事君以忠是矣・此孔子因定公之有問而對・非孔子自言之言也・君禮臣・臣忠君・各有責任・平等待遇者也・假如不若是之對・將對以何者爲宜耶・孔子嘗曰・國危而不知・非智也・知而不爭・非忠也・是忠國也・忠告善道・忠友也・居處恭・執事敬・與人忠・忠于他族也・言忠信行篤敬・忠於異邦也・訓伯魚曰・失親不忠・不忠失禮・贈子路曰・不忠無親・親交取親・其忠也・孔子實無所不用其忠・非特忠君而已也・即今社會中人・輒曰忠實同志・則忠之一字・似應不便排斥・然竊窺當局者之廢孔之心理・忠君二字・必以爲忠則猶可・但不可忠於君耳・因我民國無君・所謂孔子實與現代思想大相悖謬者以此・簡直言之・則倫理之中・廢去君臣一倫然後快而已・

豈知孔子之所謂君臣之義者・乃廣義的君臣論・而非狹義的君臣論者也・王臣公・公臣大夫・大夫臣士・士臣皁・皁臣輿・輿臣隸・隸臣僚・僚臣僕・僕臣臺・則將上而數之・臺君僕・僕君僚・僚君隸・隸君輿・輿君皁・皁君士・士君大夫・大夫君公・公君王・次第巡迴・其理一貫・是則所謂君臣者・一國之社會組織・出令者爲君・受命者爲臣・乃至出令之時爲君・受命之時爲臣・此流動之虛位・俗諺所

謂做此官行此禮者．雖以一人之身而兩兼之．亦不容不有此秩序總稱之代名詞．以明其責任之無可旁貸焉耳．

孔子曰．大哉堯之爲君．君哉舜也．是以孟子演其義曰．規矩方員之至也．聖人人倫之至也．欲爲君．盡君道．欲爲臣．盡臣道．二者皆法堯舜而已矣．堯舜豈專制君主者乎．不猶是民國大總統乎．忠君也者．由今言之．服從命令之謂也．此倫理之要素．數千年文化之遺留．其結晶在此一點．我中華立國之根本也．讀遺囑．倒軍閥謀統一．尊主義．何莫非此忠君之餘韻耳．今毅然廢之．將見一般秩序．不至不服從命令不止也．尚堪設想者歟．

列之對於廢止祀孔之一令．區區之意如此．質之何溫二君．未審以爲然否．請爲我正之．即以是而爲之序．

民國十七年戊辰仲夏　　順德尢列撰

祭孫總理文

維中華民國廿五年九月廿六日．尢列謹獻花致祭于孫總理我兄之靈曰．曩者公挈陳楊．並及於列．革命倡言．晨夕快悅．意氣相期．滿腔血熱．鼓吹游揚．大義斯揭．初事廣州．密謀竟洩．奔走海外．含辛茹蘖．再接再厲．不可屈鐵．志士從風．洒幾許血．染成民國．清社以滅．維公之功．誰人敢竊．護法軍興．開府南越．邀參大計．遭讒咀囓．僅一相見．頓成永訣．窀穸奉安．恨未臨穴．抱玉悲號．知音絃絶．鶴齡少白．相繼摧折．撫茲一身．形單影孑．矧丁國難．嚴重日切．覯閔既多．氣爾蘊結．紫金含烟．松楸凌雪．今來哭公．曷勝感咽．謹獻好花．其歆芳潔．

爲楊衢雲作贊

嗚呼．公身其永別耶．公靈其不滅耶．紀公者赤道之陽光而北極之冰雪也．民國基礎．乃公之骨．民國犧牲．乃公之血．于是公殺身成仁以去．猶起世人之悲切．而或經數十險而仍生．又安有一日之愉悅．公何易而彼何難．公何巧而彼何拙．公何逸而彼何勞．公何優而彼何劣．豈不以公之遺志．必賴多數人而後成．而多數人之事功．又必藉公而點綴之哉．適登公墓．古木蒼蒼．時有行人．來弔先烈．自來之歸咎．復右何言．吾又不能禁後人之嗚咽者也．

賴際熙

一八六五年生
一九三七年卒

字煥文．號荔垞．增城人．少劬學．以增生入廣雅書院．旋中式光緒十五年己丑舉人．二十九年癸卯成進士．派習法政．散館授編修．充國史館纂修．旋晋總纂．民國後．僑居香港．不自表襮．時流寓港者諸翰苑．或以文鳴．或以學顯．而香港大學獨禮聘際熙爲漢文講師．一時才俊．多出其門下．嗣與抵港各客屬人士議設崇正總會．任會長．香港原無公衆中文書藏．際熙倡學海書樓．贈以藏書．且以時講學．香港大學原設理工醫科．際熙翊贊港督金文泰氏於港大首創中文學系．並赴南洋與僑領陳永廖榮之等籌設振永書藏．其後值港紳馮平山七十壽辰．際熙請其捐建中文圖書館．即今香港大學馮平山圖書館．館成．而不附名自顯．然學子胥知其經始焉．二十六年卒．年七十有三．所編纂有清史大臣傳若干卷．崇正同人系譜十五卷．增城縣志．赤溪縣志各若干卷．及荔垞文存二卷行世

重修增城縣志序

賴際熙

州縣立志・肇于前明・封建既變爲郡縣・則州縣地域即儼然古之侯封・州縣志乘雖不能擬于國史・然不能擬者史策之體裁與史官之制度・至于徵文考獻・以待朝廷之采取則一也・夫史爲記言記事之書・狀述則爲一人之史・譜牒則爲一家之史・志乘則爲一方之史・紀傳則爲一代之史・分之爲一人・合之爲一家・辨之爲一方・斷之成一代・惟分者已極其詳・然後合者能擇其善而無憾・朝廷修史・必將取材于方志・而方志之中・則統部取于諸府・諸府取于州縣・然則州縣志乘・下爲譜牒狀述所統匯・上爲部府朝廷所徵實・固中樞之握要也・

歲丁巳・廣東開局修通志・熙得與纂輯之役・載筆伊始・即徵集各府州縣志書・以資蒐采・惟增城縣志・成于嘉慶庚辰年・在阮文達修通志以前事應收錄者・阮志皆已采取・繼此未有續修・故今茲無可摭拾・邑宰王公思章・乃徵集衆意・乘時續修・以備通志取材・屬陳部郎念典・湛主政淮芬・與熙同總其事・熙學植荒落・重以竄迹海濱・鉛槧東閣・撰述荒拙・曷所贊助・幸義例則有舊志成法遵守・事實則有采訪諸君搜羅・文章則有分纂諸君筆削・事以因而易成・力以衆而易擧・熙得橐筆以從其後・匪討論修飾・敢詡其能・祇斟酌損益・以求其是・再閱寒燠・遂竟其功・

全書類次一十七卷・編三十一・文成五十萬・雖鈎沈考逸・擇精語詳・未遽自信能無闕憾・惟編纂宗旨・是繼續前志・例如班固繼史記而作漢書・凡史記所有者・皆全錄原

文・不加點竄・其史記未見者・始依次載入・以爲斷代之例・不敢效歐宋修唐書五代史而誇事增于前・文損于舊・蓋故籍具存・世運日進・事可因時而增・文不可任意而損・此則熙與陳君湛君所堅持・而秉筆諸君・亦能始終恪守者也・

邑人賴際熙序・

崇正同人系譜序

自辛亥島居・奄忽十年・値島中商旅有崇正總會之設・得濫竽席末・周旋尊俎間・見吾系人物之蕃盛・氣誼之親睦・規模之閎遠・事業之日新月異・於鑠偉矣・疇昔汎漫無紀・今則萃聚一堂・如家族焉・有建言者曰・人物既蕃盛・非各考其系統・則無以知其蕃盛之所由・氣誼既親睦・非互述其淵源・則曷以究其親睦之所底・規模既閎遠・事業既日新・非詳叙其前後・則尤恐美弗彰而盛弗傳・系譜之修・不可闕矣・

僉以熙昔忝史官・屬總其役・而程鄉李君佐夫・增城郭君炯彤・劉君友梅・同勷纂輯・若采訪之任・則凡屬同人・皆與有責焉・始於甲子孟冬・訖於乙丑季秋・書成・爰爲之語曰・譜牒之作・非以標榜閥閱・矜誇博贍也・將使人皆從流溯源・因此知彼・在己無自貶之見・於人無相輕之心・不自貶則可以邁遠・不相輕則可躋大同・故自古譜牒掌諸史官・其體最尊・其職極重・周禮以小史奠系世・辨昭穆・西漢則有帝王年譜・東漢則有鄧氏官譜・晋世摯虞作族姓昭穆記・南北朝尤重門第・其書轉廣・有四海大姓・郡姓・州姓・縣姓之目・隋書經籍志・著錄譜系之書至繁・唐詔高士

廉・韋挺・岑文本・賫天下譜牒・參攷史傳・修氏族志・新唐書因有宰相世系表・五季之亂・文運中否・茲事亦歇・宋歐陽蘇氏出・譜學益以明備・旁行斜上・一以周譜爲法・後之言譜學者・無能出其範圍・沿明迄清・彌崇斯體・國史以外・益以玉牒・省郡州縣皆有志乘・族則有譜・家則有傳・以至結社聯姻・通家會族・皆紛陳齒錄・競述家風・詠烈誦芬・成爲風尚・

茲譜之作・無省郡州縣之區分・而會傳志譜牒之通例・匪云創格・實守成規・相期讀此編者・袪其自貶之見・化其相輕之習・振邁遠之精神・躋大同之盛軌・則區區楮墨爲不虛矣・舊史官賴際熙序・

補後漢書文苑傳序

賴際熙

式觀皇初・榛狉之始・世質民樸・斯文未啓・三代而後・日已中天・故史臣稱美・堯曰文思・舜曰文明・禹曰文命・文之名義・肇闢於此・光華之頌・起喜之歌・稱極古焉・殷周之際・歌頌繁起・彬彬郁郁・炳蔚朝廟・若此者・皆賡和於朝堂・揄揚於淸廟・君臣一德・歌詠勳烈・周末文盛・自搢紳大夫以至閭閻委巷・各懷諷勸・咸擅風詩・靈均以還・卓然成家者・則有宋玉唐勒景差之徒・哀感頑艷・各臻極軌・文人之盛・此其至矣・

自時厥後・蹈潔懷芳之士・沈吟於山澗・彫龍炙輠之徒・議論於華屋・趣舍殊途・各極所至・秦火既熾・文運日否・黔首斯愚・風流謝絕・漢德初興・崇尚文學・安車蒲輪・以徵聘巖穴者・相屬於道・文景以還・風軌愈盛・輾轉傳受・日新月異・然皆崇尚經術・頗黜浮華・其間以文詞見稱・著者如賈誼・司馬相如・然賈誼修春秋左氏傳爲訓故・授趙人貫公・所著新書・亦皆原本經訓・相如辭賦雖極靡麗・而觀其凡將一篇・知研精小學・功力甚至・茲二人者・雖表見於文辭・亦經師之流亞也・

枚皋不通經術・武帝即以俳優畜之・風之所尚・要可知矣・其時著作・率皆尋咏古訓・蔚爲實用・間及辭賦・亦所末務・繪章絺句・未由專家・自茲以降・辭令寖繁・藻飾滋盛・淸麗繁縟・盛於東京・班張昌之・遞相祖法・揚華激采・蔚然成俗・建初五年詔書有曰・以巖穴爲先・勿取浮華・章和十三年帝覽書林・魯丕上書有曰・難者必明其據・說者務立其義・浮華無用之言・勿陳於前・元興元年樊準上書有曰・博士倚席不講・儒者競爲浮麗・觀此則華實異途・肇端久矣・

其時若鄭康成・馬融・桓榮・賈逵之流・修明經訓・表彰聖道・儒術昌明・超邁前代・然恪守遺經・篤信師法・以期世用者・既聚徒而講習・而流覽景物・抒寫懷抱・以摹繪音律者・亦和聲以爭鳴・故東京著作・凡說經及奏議・鮮有用韻・他若默爾自娛・歌詠見志者・則皆有韻之文・經學文辭・區以別矣・

易曰・觀乎天文以知時變・觀乎人文以化成天下・又曰・大人虎變・其文炳也・大人豹變・其文蔚也・迹其所詣・未必逮茲・而屬詞比事・時見道眞・流連諷詠・激發志氣・風之所趨・精力萃焉・不可泯也・其文辭彪炳而顯於功名・見諸勳業者・既著於列傳・通經之彥・則載諸儒林・今

但錄能文之士．有足爲六蓺之羽翼以覘一代之風尚．而其著述流傳．亦止於詩賦銘頌諸有韻之文者．爲文苑篇．規諸前史．雖自創學．而時尚不同．用示流別云爾．

籌建崇聖書堂序

國於大地．必有以立．其世守之倫紀道德．相沿之典章制度．即其立國之根本．而倫紀道德．典章制度．所藉存而弗墜者．則在簡篇之記載．師儒之傳述．徵文考獻．翼教即所以維世焉．吾國開化．自堯舜禹湯文武周公．淵源受授．至孔子而集其大成．數千餘年册府之儲藏．士林之講誦．日新月盛．美而且備．中間雖煨燼於暴秦．摧拉于胡羯．而抱殘守缺．考逸鈎沈．搜討彌勤．保全益力．劉略班蓺之所紀．虞志荀錄之所存．前無所損．代有所增．如日月經天．如江河行地．其爲萬古不廢焉可知矣．

風會遞降．習尚斯歧．士厭故常．人趨新異．三綱則昌言廢除．六經則嚴禁誦讀．非聖無法．此尚萌芽．遷流至今．則邪說愈張．正學逾晦．援人以入獸．既甘冒不韙．激治而爲亂．更悍然不顧．僉邪既互爲鼓吹．當路復資以勢力．神州文化．行見陸沉．軒轅遺裔．盡將沙汰．挾書之令．秦以嚴刑禁之．尚有孑遺．畔道之端．今以曲說誘之．自然風靡．誠斯道存亡絕續之交．君子怵惕危慮之會也．

幸香江一島．屹然卓立．逆燄所不能煽．頹波所不能靡．中西之碩彥．宏達之官商．咸有存古之心．皆富衞道之力．主持教育者．屢宣提倡中學之言．訓誨子弟者．咸抱難得人師之慮．今擬順人心之趨向．拯世道之淪胥．冀集巨

資．徵存載籍．甲乙丙丁諸部．期搜采而靡遺．元儒文史之書．亦網羅而勿失．更築精舍．延聘耆英．相與討論講習於其間．以收辨惑釋疑之實益．但體制必求明備．始足振學者之精神．規模必極恢宏．乃足饜瀛寰之願望．願資衆力．樂助其成．從此官禮得存諸域外．鄒魯即在于海濱．存茲墜緒．斯民皆是周遺．挽彼狂瀾．其功不在禹下矣．謹序．

東蓮覺苑祖堂記

佛學自東漢傳入中國．歷魏晋以至今日．已二千餘年．遵之者不止恒河沙數人．詆之者亦不止恒河沙數人．實則遵之者祇得其迹．詆之者亦未得其平．求實能遵之．究其理而非徒誦其言．行其道而不徒襲其貌．使儒與佛眞寔顯著之學說，會通而踐履之者．惟於靜容女士見之焉．嘗讀四十二章經有曰．凡事天地鬼神．不如孝其親．二親最神．與儒者孝爲人本．孝弟之至．通於神明．宗旨相印合．女士善體之．少日以愼以肅孝其父母．既嫁則以恭以順孝其舅姑．此過去事也．現在則經營東蓮覺苑．建祖堂於其中．崇祀其父母舅姑．更撰文述德．以表揚其父母舅姑．純全懿行．昭著於無窮．此其不匱之孝思．流被於將來者尤久．而且遠此豈古今恒河沙數佞佛之流．徒誦其言．徒襲其貌者所能見到．洵卓然異矣．按女士姓張氏．嬪于何族．其先父德輝公．素供職九江海關．時海禁開未久．司關務者恒視爲利藪．多致巨富．公則潔己奉公．於常俸之外．一無所取．所謂處脂膏而不潤者．長官察其廉．故久於其任．始終未嘗徙他職．性義俠．喜施予．周人之急．恒罄囊橐．以至乞鄰質貸無所吝．

尤好結客・饋問飲食無虛日・故處境恒患不足・母氏楊・備婦德・勤女紅・能將順其美・時出所蓄以贍其用・使無內顧憂・迨公捐館時・已家無長物・遺二孤子女・子名沛楷・女即女士・鞠育教誨・一身肩任・使皆卓然成立・古人所謂嚴父慈母・是能兼之・可謂賢矣・先舅士文贈公・多潛德・經營事業・數奇而未克展拓・然志氣宏遠・制行篤實・義所當爲之事・必竭盡心力以赴之・濟與不濟・人皆諒其心而感其惠・先姑施太夫人・持家勤儉・待人慈惠・贈公卒後・主持家政・凡贈公生平志所欲爲・而力有未逮者・皆善體其意・次第成全之・尤善敎子・有男子子五・女子子三・長者爲女・適蔡・次適黃・又次早殤・男長啟東・爲女士之丈夫・次啟福・三啟滿早殤・四啟棠・五啟佳・啟佳留學英國・啟東啟福啟棠・皆逮偉績・盛業於香港・令聞廣譽・洋溢中外・咸知修德獲報・不於其身・而於其子孫・皆太夫人有以相成之也・際熙誼屬通家・見聞至洽・今值堂成・謹撮舉其明德嘉譽落落大者・敬爲之記・使後之陳世德者有所徵焉・

增城賴際熙敬撰并書・

馮平山先生七秩榮壽大慶序

馮平山先生・吾夙所稱以聖賢之志・爲商賈之業・人咸以爲知言者・今己巳秋・爲其七十懸弧慶辰・島居人士・屬吾爲文以爲壽・顧先生性敦朴・不喜諛・尤厭末世儌逐浮文・峻却之・吾譬之曰・文人揚芬述德・非徒爲一人延譽・欲藉賢者之行誼・以之風世而勵俗・亦猶先生廣播格言之旨耳・始頷之・吾乃得濡毫釃墨・以暢其言・

先生世有令德・少即恪守庭訓・立身行己・循循矩矱・聞一善言・必默誦而强識之・有盂詵善言不離口之風・磊落有大志・未冠經商于扶南之國・既壯服賈于巴渝之郡・閱歷既富・識力愈遠・懋遷之途日廣・化居之量益宏・繼此則于廣州香港安南諸重地・多所建設・增拓營運・洪規偉畫・涵蓋闤闠矣・

而其爲商也・雖日在持籌握算中・未嘗或忘疇昔立身行己宗旨・故宅心必誠・待人必信・見利必審于義・處事能竭其忠・苟其業爲有害于當世・有違乎本心・雖市利百倍・皆舍而勿取・惟物力之消長・則體察甚明・時機之進退・則應赴極敏・商務盛衰・如波濤浩瀚・漲落無常・巖岫叢阻・險巇莫測・先生則歷境平坦・不逢傾躓・遵道得路・遂臻富涯・持之正・而守之定也・

資力既厚・乃能役其財以濟人利物・如建祠贍族・賑饑診病・扶危濟困・矜孤卹寡・凡屬義舉・見而必爲・爲必竭力・人皆稱頌先生之至德・而吾則謂凡此皆先生餘事・更有重大而久遠者・則以興學一事爲至焉・

夫世之盛也・則學校興焉・家有塾・黨有庠・術有序・國有學・皆國家設之・世値紛亂・宮牆榛莽・國家不能治・或藉齊民有德者助其建興・如五代之亂・天下無復學校・有曹誠者・首捐私錢・建書院于宋城中・復買田市書・以待來者・南宋有鄭聰老者・讓其宅爲黌舍・皆稱于史・然考其規模與其資力・較之先生・不及遠甚・尚稱之如此・而先生之成就博大・可無稱乎・

先生自丁巳年・在新會城・開辦貧兒義塾・同時在香

港・辦成男女義塾多所・壬戌于縣城建景堂公圖書館・建平山學校・助成廣州高等師範附屬小學校校舍之建築・癸亥在縣城設立職業學校・凡所建設・其規模必極完備・基本必甚鞏固・己糜資數十萬金矣・年來正學沈淪・異說蜂起・承學之士・多以芟夷聖賢義理・提倡悖亂言論爲能事・風起潮湧・汎濫而不可遏抑・人心日益囂張・世局日益紛擾・先生知非表彰經義・不能止息亂萌・非別創學校・不能表彰經義・于是倡建漢文中學于香港・以尊經復古爲主・明體達用爲歸・此校旋歸官辦・香港大學亦乘時籌設中文學院・先生于大學前已捐助五萬餘金・今于此院捐助倍厚・更多方召募・使得成立・其令子秉華秉芬昆仲・由中學以達大學・皆肄業其中・器識文藝・卓然成材・山川作霖雨・霖雨必先注于山川・亦理所必然・數千年聖賢墜緒・得延一線于此島者・伊誰之力也哉・

棫樸之詩曰・周王壽考・遐不作人・天子能作人・猶獲壽考・況海濱商旅・能竭心盡力・以敬敎勸學・助國家作人之未逮・其壽考必更無疆矣・先生其亦許斯文爲非貢諛乎・

謝太夫人無量壽序

歲在屠維協洽・爲竹芝親家李府君六十晋一・德配謝夫人六十之年・其哲嗣潤生海東・遵事死如生之義・暮春九日・稱觴家廟・求序於予・考許君說文・壽者久也・董子繁露・壽者酬也・修德行道・可傳之于久・天以無疆之福酬之・無論生享喬彭之年・或沒永崔蘇之譽・皆可云壽・若夫祝壽之典・於古無徵・沒而祝壽・尤鮮故實・然禮緣情制・如朱子云於父母誕生之辰・爲之酒食燕樂・以飾其喜・生既無闕・沒猶弗諼・愈以見人子不匱之孝思・即以彰其親不朽之盛德・情既順而禮自得也・

予自辛亥・竄身香島・即聞島居望族・首推岡州李氏・其後起英髦・咸能循謹守業・端慤好禮・則府君身率言教之力爲多・心竊慕之・嗣予家婚媾稠疊・知府君行誼愈確・而欲稱述之愈亟也・府君爲鏡泉贈公冢子・贈公居積致富・府君篤志讀書・少日有聲庠序・弱冠登賢書・尋考授咸安宮官學敎習・復以截取授知縣・因身居主器之重・始以親在・侍奉晨昏・繼以親沒・主持家政・始終未及出山・而贈公之盛業與其厚德・皆府君善能贊助而增長之・固遠近內外・咸無間言・夫以府君之賢・藉贈公之富・則凡晏嬰之贍族・汲黯之振饑・祖逖之賙貧・蕭復之惠寡・文翁之興學・鄧林之助軍・忠惠之築橋・文正之建廩・各充其量・咸給所求・皆所優爲・無足爲異・而予所欲稱述而許爲不朽者・則更有在・

晚近世態涼薄・習尚驕奢・都市闤闠之中・豪奪巧取・錙計銖較・以求封植・而宮室妻妾・飲食服御・皆窮侈極麗・逞奇鬥異・交相馳逐・風之所被・舉世皆靡・府君獨淡然寡營・欿然自視・物我之際・取廉與惠・率乎自然・而堂謝絲竹・室無姬侍・粗衣糲食・卑宮陋室・不殊寒素・謝夫人同心儷德・復能釵荊裙布・提甕挽車・以將順其美・刑于之化・舉族翕然・式穀之貽・方今未艾・是舉世皆薄・府君能以厚維之・舉世皆奢・府君能以儉矯之・不爲境囿・不爲時移・獨行特立・能人之所難能・足以砭世而勵俗・獨善之事・而兼善即裕乎其中・此予所欲稱述而許爲不朽者・蓋在

此也．

抑又聞之．君子之稱人也．不苟諛．不溢美．徐幹所言王澤之壽．行仁之壽．聲聞之壽．府君既備之．無事侈陳．今惟舉其岸然自異者落落諸大端．已足永垂不朽．森森蘭玉．循是而世守勿替焉．予之此文．亦如正襟撰郭有道之碑．信無媿色矣．謹序．賜進士出身．實錄館纂修．功臣館纂修．國史館總纂．翰林院編修．姻愚弟賴際熙頓首拜撰．

中華民國八年歲次己未季春上浣穀旦．

利公希慎墓表

公諱廷羨．字希慎．又字輯世．廣東新會人．曾祖諱策名．祖諱炬明．皆以清德素行．著望鄉黨．父諱朝光．始遊美洲．經商致富．有四子．公其仲也．天資聰穎．八齡．即於生長地就外傅．學行輒冠其同列．爲塾師所激賞．年十七．朝光公倦遊．挈之歸里．旋又挈之居香港．時香港雖隸英國版圖．而華人能通歐美學術者尚罕．政垣爲設皇仁書院．作育僑民子弟．公以俊秀獲選．入院肄業．苦身篤志．覃精研思．遂通狄鞮之學．中西人士有所接洽而辭不能達者．皆藉公爲喉舌．學成．一掌本院教席．身受雨露之滋．還爲雨露以滋物．其效已大著矣．會母疾．辭席歸侍．當路倚仗方殷．謀別以要職厚俸縻之．而不可得．其孝思之肫摯．爲何如也．

母病愈．有營南北行瑞榮昌商業者．以公幹練誠實．聘主肆務．適予赴都道港．於稠人中見公言論風采．卓越流輩．與談天下事．激昂慨慷．縱橫上下．宏博貫通．高視遠拓．涵蓋中外．許爲命世材．而非闤闠所能局．遂訂交．嗣是予回翔京洛．公亦壯游南洋羣島仰光諸埠．從實際考察．商運墾植．時機消長．物力盈虛．確有心得．歸港主持雙德豐公司船務．復創辦南亨船務公司．本其閱歷所得．運以精心毅力．兼營他業．遵道得路．遂致鉅富．

自辛亥國變．予亦避地海濱．與公居處既邇．過從益密．促膝抵掌．互談志業．益知其所治者爲經世之學．所抱者爲匡時之心．凡世局之升沉．時事之得失．人物之臧否．無不默計而審處之．顧未得一試．而才思所蓄．蓬勃鬱積．不可遏抑．旁溢而爲陶朱白圭之業．微露其穎．已足弁冕時彥．若竟其量．則成就豈易測度哉．

其氣概如此發越．而內行彌覺敦謹．孝友之行．任卹之風．內外既無間言．遐邇同聲稱譽．遇慈善之舉．公益之事．役財以助其成者．更僕難數．於公行誼．此特其小焉者．可無贅述焉．

公素耿直．喜任俠．直則志剛．俠則氣盛．志剛則不屈於人．氣盛則更能屈人．羣聚議論．恒面折口斥．不爲容悅．或拂之．更攘臂奮袂．無所忍避．予恒陳老子剛禍柔福之戒．未嘗不心善之．卒不能有以自克．遂爲不逞者所伺隙．竟罹征羌舞陰之厄．惜哉．以戊辰年三月十一日卒．年四十九歲．配室黃．男子子七．曰榮根．榮森．嫡室出．曰銘澤．銘洽．榮杰．榮康．榮達．庶室出．女子子七．皆待字．以是年某月某日．葬于香港華人永遠墳場．爰爲文以表其墓．乃銘之曰．膏以明爇．鋼以堅折．惟德不朽．永貽來哲．

梁志文

年生　年卒

字伯尹．南海人．光緒十五年己丑恩科舉人．二十年成進士．入翰林．民國後歷在北京政府任事．瀋陽張作霖聞其名．厚幣聘爲高等顧問．遇軍政大計輒參與密勿．

三水梁太公重遊泮水徵詩文啟

清同治六年丁卯夏五月．我年丈三水梁保三先生年二十四．以縣試第一人試於學道．補縣學生員．至於今丁卯甲子一周焉．自若豔稱之爲科名盛事．命曰重遊泮水．其禮則督學使者延而致之學宮．簪花加綵如初入學時．使者或親賓則共述其人之德行道藝．以爲多士矜式．有清一代．自桐城張文端公．高郵王石臞先生外．其膺此異數者不多見．蓋齒德並尊．天之所以獨厚高賢．非人力所能爲也．科舉既廢．斯禮亦闕．而國中有此大老．則社會之所以崇敬而讚仰者．於義未始有改．

我梁氏自麗川太年丈以文學起家．丈繼起．丈子士詒燕孫．士訏季典．士訢少甫．皆先後入泮．三代濟美．季典更以縣試第一．同符前軌．爲時美談．今丈遭此榮遇．燕孫季典思所以誦清芬張曠典者．將徵題詠於海內賢士大夫．而屬志文啓超爲之辭志文啓超昔以光緒己丑與燕孫同舉於鄉．年皆在弱冠內外．時論寵之．號廣東三梁．啓超之先君子夙與保三年丈交好．每値歲試．輒攜之以謁丈於靑雲書院．志文蓋亦常於講坐中望見丈顏色．既與燕孫交．相驩若昆弟．則更時時執年家子之禮．侍丈遊讌．故於丈之學行知之最深．請言丈之學之淵源也．

吾粵自阮文達以制府而躬講學．粵士被其教澤．咸同以降．粵學之盛．度越中原．時則有兩大師曰番禺陳東塾先生．曰南海朱九江先生．兩先生之學皆出文達．以融會漢宋爲職志．而陳先生尤長考證．集乾嘉經師之大成．朱先生最重力行實踐．又常留意經世之務．於淸初孫夏峯顧亭林爲近．保三丈弱冠即受業於九江之禮山堂．盡傳朱先生之學．終身服膺不諼．其在靑雲書院設教垂三十年．弟子以千數．其教規四．曰敦行孝弟．曰崇尚名節．曰變化氣質．曰檢攝威儀．蓋朱先生所手定而吾丈以之自繩檢且策厲後學者也．及其門者如時雨化．居恆雍雍．雖師弟也若父子．及其有過則嚴責不少假借．燕孫以妙年獲高第．時譽鵲起．而丈所以誨督之者．乃加厲於疇昔．或小節不謹．反覆訶誡．必俟其痛悔切改乃已．　其所以誨志文啓超者．亦如燕孫也．嗚呼．觀燕孫之所以自樹立．則丈所以爲教者可見．而粵人士之被丈之教者舉可見矣．九江之學貴踐履．務致用．不屑屑於著述．晚年且舉其未定稿而燔之．吾丈宗法九江．故居恆惟以省身淑世爲務．値天下多故．所懷抱者不克表見．不得已而有所述作．成四書日課三十卷．網羅二千年來朝野政俗之得失．以聖言矩而律之．合焉者興．不合焉者廢．合焉者治．不合焉者亂．若坐堂上判堂下曲直．銖毫英能逃遁也．以是讀四書而四書之體用乃畢見矣．顧丈深自撝抑．藏諸篋笥者既二十年．雖時加改定．而至今不肯公之於世．學者撼焉．志文啓超以爲學絕道喪至今日而極．循此以往．非率天下爲夷狄禽獸不止．燕孫兄弟既志吾丈之所志．學吾丈之所學．今値此盛典．宜思所以廣吾丈教澤於天下萬世者．計惟有跽乞吾丈出其數十年體驗自得之宏著・布諸天下・以代圜橋講學之盛・使讀其書者・想見其風采・而思效法其爲人・則天下實利賴之・豈惟吾黨之光而已・丈之敦篤於內行・及其澤之施於鄉里者・則四年前丈八十正壽時・志文啓超既嘗備述以諗海內君子・海內君子類能知之・今茲之事・學校之所有事也・於古者養老乞言爲近・海內君子旣不克一一親炙吾丈以乞其言・則以其平昔所言者發皇而布濩之・此則吾丈闡教思於無窮・亦即燕孫季典所以錫孝思於不匱也・

今故專述吾丈生平學術之大本大原・及其名山之業爲世人所未睹者・俾好學之賢士大夫・謳思而矜式焉・將以形諸歌詠・被諸金石・豈徒爲黌門中增一故實而已・

丁卯孟夏之月

年宗愚姪梁志文啓超敬述

大清故中憲大夫戶部主事江君墓碣

光緒二十六年，庚子・閏月七日・歸善江逢辰以毀卒・春秋四十有一・其友南海梁志文・爲誄哀之・復志其墓・曰

嗚呼・如江君者・可謂苦矣・君侍母疾・號泣露禱・形神俱瘁・既遭喪・哀特甚・以薯芋爲飯・志文以禮止之・君曰・吾嘗日一飯一雜糧・不爲苦也・既葬而病・蔬食益頹・冬不裘・夏不帳・哭無時・夜不睡・志不勸・勿聽・迫醫者言・始用吾言・病已不支・嗚呼・推君之意・則豈以滅性爲賢・而情不復可抑・又質弱體羸・勉襄大事・以期自拔於俗・合於先王之禮・然則・君固不可以毀論・抑亦何解於毀也・

君爲合浦縣訓導鵬翥曾孫・廩貢生汝爲之孫・附生鳴鶴之子・祖父以君貴・贈如其官・逢辰名也・字雨人・又字孝通・生有至性・聰穎好學・家貧・學於豐湖・學於廣雅・皆從番禺梁節庵先生游・又受南皮張孝達尙書知・時周其家・君得肆力於學・舉乙丑恩科鄉試・壬辰成進士・以主事分戶部山西司行走・甲午事起・顯官奔徙・君獨居職・終日憂憤・咯血盈斗・乙未・充會試彌封官・掌粵册・有賣三千金謁・拒不應・其忠亮清節・緣是益貧・應張尙書湖北尊經書院聘・自以生惠州・爲東坡舊游地・讀其遺書・沈然思與之爲歸・已歷長江・益交天下名士・志氣舒發・詩境一變・遂卓然樹嶺南一幟矣・

旋以母病歸・授經里中・謝絕人事・惟桑梓利病・則毅然自在・不避禍患・有欲改蘇山爲藝學書院・實宗外敎・君謁令・侃侃寢其事・士論韙之・君爲人高抗慕古・不可一世・善哭・伊鬱恒不自解・與人言・惟恐傷人・遇倨者必氣凌其上・嗚呼・君文章風義・固今所難・又況內行敦篤若是哉・

君叔父早死・君兼祧・母爲娶二妻・李氏・黎氏・皆無子・立族子嗣天祿辟邪・君生名之也・以明年二月・葬君於永福寺背之原・母李恭人・志文已銘其墓・今又銘君墓・志文有父喪・方求君文・而不意君遽逝也・泚筆記君・淚下如雨・君行誼多・先撮大略・屬其友人南海馮愿書石・納諸墓・爲銘云・

釋鐵禪　一八六五年生　一九四六年卒

俗姓劉·名心鏡·番禺人·廣州六榕寺清遠飛來寺主持·工書善畫·闢靜室六榕寺曰友石堂·收藏碑帖書畫甚豐·曾參黑旗軍劉永福將軍戎幕·夙相友善·嘗於廣州東郊燕塘建劉氏祠·奉祠兩家先人·

劉永福傳序

始余年少·尚未隱蹟淨慧浮圖·則與欽縣劉淵亭將軍申宗族之誼·序當從子·將軍駐節廣州·籌維軍務·余頗預其事·嗣余棲神禪宇·將軍垂垂老矣·猶數過余·抵掌論天下事·將軍·今世之振奇人也·萃忠孝一身·不以衰朽自棄·其末次來廣州·以自傳六卷授余·謂其記室所錄·綜將軍一生大事業·概述無遺·余受而讀之·王居士廣齡·吁執筆者質樸無文·將重爲編定·顧廣齡旋得官廣東警察廳長·政務倥偬不果爲·後龔居士幹甫欲完成廣齡之志·僅撰數千言·又不果爲·廿年之間·將軍壽終里第·廣齡無祿即世·幹甫尋卒·念余亦日就衰老·人生一剎那·其不可保者如此·蓋孤本之傳記·待人而傳者耶·幸值三水李居士健兒·而健兒當年富力强·尤爽率直·爲文出之血性·因以將軍之傳爲託·知李居士之文·足揚將軍之勇烈也·斯傳今當刋行·余豈能無一言·

竊自有生人以來·其頑劣者好鬬奪賊殺·迷亂本性·令大千世界·兀臬無寧日·若淵亭將軍數摧强寇·爲日南衆生解脫危難者數矣·證以佛氏之旨·絲粟不悖·於是樂斯傳之成·卒有以慰將軍之貞魂於泬寥也·謹爲之序·乙亥秋八月一日鐵禪和南·

陳伯壇　一八六三年生　一九三八年卒

字英畦·新會人·光緒甲午科舉人·精醫術·好用重藥·有陳大劑渾號·與黃省三齊名·著述多種·由門人刋行·

三陰三陽

太陽陽明少陽爲三陽·太陰少陰厥陰爲三陰·三陽之上寒燥火·三陰之上濕熱風·三陽之中見三陰·三陰之中見三陽·此在天之六氣·因有在地之五行·因有在人之五藏五府·府爲陽·陽五行生諸府·藏爲陰·陰五行生諸藏·故寒同而水不同·膀胱壬水腎癸水·熱同而火不同·小腸丙火心丁火·燥同而金不同·大腸庚金肺辛金·濕同而土不同·胃戊土脾己土·風同而木不同·膽甲木肝乙木·於是府與府合化三陽·藏與藏合化三陰·中見之陰·從化夫陽·中見之陽·從化夫陰·膀胱小腸化寒中有熱之太陽·心與腎化熱中有寒之少陰·熱在上爲手太陽手少陰·寒在下爲足太陽足少陰·大腸與胃化熱中有濕之陽明·脾與肺化濕中有燥之太陰·燥在上爲手陽明手太陰·濕在中亦爲足陽明足太陰·三焦與膽化火中有風之少陽·肝與心包化風中有火之厥陰·火在上爲手少陽手厥陰·風在下爲足少陽足厥陰·然而五府無三焦·六府有三焦·五藏無心包·六藏有心包·則三焦心包一問題·五氣無少陽之上之火·六氣有少陽之上之火·在天熱而在地反爲火·在天火而在地不爲火·則熱與火一問題·不知火之有定點者謂之熱·熱之無定點者謂之火·少陰之上之熱有定點·少陽之上之火無定點·火本無定·君火蟄藏於

坎水之中・則無定而有定・相火游行於風木之內・則有定而無定・相火即君火之餘・舉君火可以該相火・心包非心即是心・君火出現於心包之位・則稱之謂之心・不必稱之謂之包・君火不出現於心包之位・祇可稱之謂心包・謂之心主・謂之膻中・是心包爲君火附麗之物・心包與心二而一・舉心可以該心包・

三焦非府即是府・相火游行於上中下之位・則稱之謂之上焦中焦下焦・相火不游行於上中下之位・亦可稱之謂之上部中部下部・是三焦爲相火升降之路・三焦與諸府一而二・舉六府故並舉三焦・然而膀胱小腸之效用・不專屬諸太陽・心腎之效用・不專屬諸太陰・三焦膽・心包肝之效用・不專屬諸少陽厥陰・則六府六藏一問題・三陰三陽一問題・不知陰陽生於二腎・火水之互動而生陽・水火之互靜而生陰・是心爲腎用・腎爲心用・丁火癸水生諸藏之陰陽・丙火壬水生諸府之陰陽・是心腎爲諸藏用・膀胱小腸爲諸府用・火生土・土生金・是火爲土用・而後胃土爲大腸用・脾土爲肺用・水生木・木生火・是水爲木用・而後膽木爲三焦用・肝木爲心包用・心與小腸相表裏・一陽生二氣之熱・心與小腸交相用・腎與膀胱相表裏・一陰生二氣之寒・腎與膀胱交相用・肺與大腸相表裏・一陽生二氣之燥・肺與大腸交相用・脾與胃相表裏・一陰生二氣之濕・脾與胃交相用・心包與三焦相表裏・一陽生二氣之火・心包與三焦交相用・肝與膽相表裏・一陰生二氣之風・肝與膽交相用・是藏府爲生陰生陽之名器・非六府之方面即三陽・非六藏之方面即三陰・太陽本寒而標熱・非膀胱小腸即標本・用寒用熱爲標本・少陰本熱而標寒・非心腎即標本・用熱用寒爲標本・陽明本燥而標濕・非大腸胃即標本・用燥用濕爲標本・太陰本濕而標燥・非脾肺即標本・用濕用燥爲標本・少陽本火而標風・非三焦膽即標本・用火用風爲標本・厥陰本風而標火・非肝心包即標本・用風用火爲標本・寒而熱・是表面上之太陽・熱而寒・是太陽底面之少陰・太陽少陰均取給於寒熱・必無病而後不紊亂其寒熱・燥而濕・是表面上之陽明・濕而燥・是陽明底面之太陰・陽明太陰均取給於燥濕・必無病而後不紊亂其燥濕・火而風・是表面上之少陽・風而火・是少陽底面之厥陰・少陽厥陰均取給於風火・必無病而後不紊亂其風火・是三陰三陽爲推廣六氣之妙用・爲消息六府六藏之妙用・非三陽之方面僅六府・非三陰之方面僅六藏・

然而天地之六氣・人患之・謂之六淫・謂之六賊・人身之六氣・人不患之・謂之陽氣・謂之陰氣・則天地之六氣一問題・人身之六氣一問題・不知犯熱治以寒・人身之寒・所以遠天地之熱・犯寒治以熱・人身之熱・所以遠天地之寒・犯濕治以燥・燥所以遠天地之濕・犯燥治以濕・濕所以遠天地之燥・犯風治以火・犯火治以風・火所以遠風・風所以遠火・寒又不遠寒・寒所以耐天地之寒・熱又不遠熱・熱所以耐天地之熱・燥不遠燥・所以耐燥・濕不遠濕・所以耐濕・火不遠火・所以耐火・風不遠風・所以耐風・而寒非達於極點之寒・熱非達於極點之熱・熱在皮膚表之極・寒在骨髓裏之極・寒在皮膚表之極・熱在骨髓之極・如果則祇有本寒標熱在太陽・祇有本熱標寒無少陰・亦祇有本燥標濕無陽明・祇有本濕標燥無太陰・祇有本火風無少陽・祇有本風標火無

厥陰．是有氣之陽．無化之陽．有氣之陰．無化之陰．蓋三陽化標熱標濕標風爲標陽．三陰化標寒標燥標火爲標陰．而後從頭至手．氣之陽．推而滿之化之陽．從足至胸氣之陰．推而滿之化之陰．人身之三陽與天地相習慣．天地非盡無道之三陽．人身之三陰與天地相習慣．天地非盡無道之三陰．大寒至京蟄厥陰風．非盡初之氣而皆風．春分至立夏少陰熱．非盡二之氣而皆熱．小滿至小暑少陽火．非盡三之氣而皆火．大暑至白露太陰濕．非盡四之氣而皆濕．秋分至立冬陽明燥．非盡五之氣而皆燥．小雪至小寒太陽寒．非盡六之氣而皆寒．寒可以堅物．而不能招天地之寒．輸入人身之熱．熱可以蒸物．而不能招天地之熱．輸入人身之寒．燥可以乾物．而不能招天地之燥．輸入人身之濕．濕可以潤物．而不能招天地之濕．輸入人身之燥．火可以溫物．而不能招天地之火．輸入人身之風．風可以動物．而不能招天地之風．輸入人身之火．人身對於天地．從其氣則和．違其氣則病．天地對於人身．當其位則正．非其位則邪．

三陰三陽．天與人公共之美名．非必客勝而主負．六淫六賊．人氣與天氣．相因之惡感．非必有慘而無舒．然而太陽病寒．不止太陽病寒．陽明．少陽．太陰．少陰．厥陰．亦病寒．太陽不止病寒．時而病燥．病火．病濕．病熱．病風．不病寒．時而病燥．病火．病濕．病熱．病風．實病寒．則寒邪緣何而波及六經一問題．諸邪緣何而集矢於太陽一問題．不知患不在寒邪之爲病．在太陽之爲病．在陽明少陽之爲病．太陰少陰厥陰之爲病．非邪傳三陽．三陽始爲病．非邪傳三陰．三陰始爲病．皆三陽受之．三陰受之．無端領邪以爲病．皆三陽得之．三陰得之．無端被邪以爲病．有時陽明少陽不見病．而經或傳邪．謂之再經．則咎不在邪而在經．使經不傳則愈．有時太陽少陽當解病．而醫或傳邪．謂之壞病．則咎不在經而在藥．隨證治之則止．是經傳邪藥邪傳仍不足患．患在一面病見兩面病．謂之太陽與陽明合病．太陽與少陽合病．陽明與少陽合病．又一面病見三面病．或陽明方面上之三陽合病．或少陽方面上之三陽合病．又兩面病僅見一面病．謂之太陽與少陽併病．或太陽方面上之二陽併病．或陽明方面上之二陽併病．又太陽之方面轉陽明．是屬陽明．轉少陽．是屬少陽．太陽之方面轉太陰．是屬太陰．轉少陰．是屬少陰．令太陽之病不能出．是入少陽．令太陽之病不能去．是繫陽明．是繫太陰．即不屬少陽．亦有少陽病．不屬少陰．亦有少陰病．即不屬不繫陽明．亦陽明病．不屬不繫太陰亦太陰病．且並未嘗屬厥陰．繫厥陰．厥陰自有爲病不爲病．與夫進病不進病．夫曰爲．曰受．曰得．曰合．曰併．曰屬．曰繫．曰入．曰進．而不曰傳．此即解決六經傷寒之問題．並可以解決傷寒無傳經之邪之問題．

傷寒冠首曰太陽．入寇在太陽之爲病．金匱開宗曰上工．發問在上工治未病．金匱先見肝之病．傷寒先見頭項病．傷寒互文曰中風．曰傷寒．金匱大書曰風主物．風害物．金匱曰客氣邪風．中人多死．中人之風何其劇．傷寒曰風家表解．十二日愈．風家之病何其微．金匱變遷在經絡臟腑．傷寒終始是厥陰與太陽．故風中於前．寒中於暮．濕傷於下．霧傷於上．隸金匱．不隸傷寒．而剛痙柔痙曰太陽．

中濕濕痺曰太陽．中暍中熱曰太陽．風水皮水黃汗肺脹曰太陽．隸金匱．仍有隸傷寒．金匱紀太陽之病祇有此數．傷寒紀太陽之病尚不在此例．非諸邪獨薄於太陽．惟太陽爲能與外邪相頡頏．設太陽不病痙．剛痙柔痙無從病太陽．設太陽不病濕．風濕濕痺無從病太陽．設太陽不病暍．熱暍冷暍無從病太陽．設太陽不病水．風水皮水黃汗肺脹無從病太陽．是人身以有太陽爲足貴．凡病以出太陽爲欲愈．故太陽熱．非不涉於少陰．以治少陰之法治太陽．尤妙於治少陰．太陽燥．非不涉於陽明．以治陽明之法治太陽．尤妙於治陽明．太陽濕．非不涉於太陰．以治太陰之法治太陽．尤妙於治太陰．太陽火．非不涉於少陽．以治少陽之法治太陽．尤妙於治少陽．太陽風．非不涉於厥陰．以治厥陰之法治太陽．尤妙於治厥陰．蓋太陽能應六氣之變．實太陽有主六氣之權．此即解決太陽錯雜諸邪之問題．並可以解決傷寒人中邪人傷邪．金匱邪中人邪傷人之問題．然而金匱載中風不載傷寒．傷寒載傷寒又載中風．則傷寒金匱之中風．類不類一問題．傷寒載少陽證不及太陽陽明之半．太陰證不及少陰厥陰之半．則少陽太陰之傷寒．略不略一問題．不知人因風氣而生長．人在天地之氣中．即在天地之風中氣行風自行．八方之風皆虛風．風行氣自行．兩間之氣皆空氣．惟氣可以形容夫虛風．氣覺人以風．遂覺其爲寒之風．熱之風．燥之風．濕之風．火之風．風之風．惟風可以形容夫空氣．風覺人以氣．遂覺其爲風之寒．風之熱．風之燥．風之濕．風之火．風之風．氣遂化爲風．氣之標即是風．則三陽之標陽．直可名之曰陽風．三陰之標陰．直可名之曰陰風．風遂化爲氣．風之陰陽即是氣．則風之陽．直可目之爲標陽．風之陰．直可目之爲標陰．傷寒之中風．是中外寒之標陽．不明言其以人之標陽中標陽．故名之爲中風．金匱之中風．是中客氣之大風．不能別其爲天之本風與標風．故實之曰中風．金匱中陰邪之風．合寒濕爲一類．雖互見於傷寒．究非傷寒所爲風．傷寒中陽邪之風．合熱燥火爲一類．雖互見於金匱．究非金匱所謂風．傷寒六經非傷寒即中風．凡傷寒皆傷寒之寒．凡中風皆中寒之風．而寒不必泥其寒．陰而靜者爲之寒．發於陰之代詞曰傷寒．風不必泥其風．陽而動者爲之風．發於陽之代詞曰中風．蓋窮陰陽之變．則以風寒濕熱燥火爲實驗．不獨驗在風與寒．紀陰陽之名．則凡風寒濕熱燥火爲虛稱．不獨稱在寒與風．太陽書傷寒者四十九．中風十一．陽明書傷寒者十一．中寒二．中風三．少陽書傷寒者四．中風一．太陰書傷寒者一．中風一．少陰不書傷寒．中風一．厥陰書傷寒者二十二．中風一．非傷寒之外無傷寒．不書傷寒．可作傷寒觀．非中風之外無中風．不書中風．可作中風觀．而獨不能作傷寒之中風觀金匱．作金匱之中風傷觀．

三陽之標曰標陽．少陽之標陽微有別．三陰之標陰曰標陰．太陰之標陰微有別．少陽本微標亦微．謂之陽微．不去而入陰者僅一線．太陰本弱標亦弱．關於氣弱．不寒而四逆者僅一線．往來寒熱是少陽．忽而無大熱者亦少陽．手足自溫是太陰．忽而臟有寒者亦太陰．少陽不病則已．病則祇有三陽爲盡之標陽．太陰不病則已．病則等於服四逆輩之標陰．是少陽太陰原處於至狹至幽之地位．宜爲小部分之少陽・宜爲減勢力之太陰・又非少陽篇外無少陽・少陽無表・在太陽之半表・少陽無裏・在陽明之半裏・太陽主闢不主裏・少陽轉之還其表・陽明主闔不主表・少陽轉之還其裏・是兩標陽之助力賴少陽・太陽半表不能闢・少陽不轉窒其闢・陽明半裏不能闔・少陽不轉窒其闔・是兩標陽之阻力亦少陽・又非太陰篇外無太陰・太陰雖寒・不惡太陽之寒・太陰已燥・且喜陽明之燥・太陰寒水逆陽明・太陰崇土制太陽・陽明燥金蒸太陽・太陰散精布陽明・是兩標陽之助力賴太陰・陽明以水津給太陽・太陰不灌溉絕太陽・太陽以水液給陽明・太陰不運化暍陽明・是兩標陽之阻力亦太陰・又非徒少陽太陰有礙於陽明太陽・太陽被火・陽明被火・火邪必殃及於少陽・太陽被濕・陽明被濕・濕邪必殃及於太陰・是本太陽陽明之病涉少陽・尤愈於不涉太陽陽明之病而獨病在少陽・本太陽陽明之病涉太陰・尤愈於不涉太陽陽明之病而獨病在太陰・少陽爲水中之初陽・若已吐下則去其陽・太陰爲人身之至陰・自利不渴則寒其陰・少陽從本・本在則陽在・陽在則厥陰無不在・少陽之本病即厥陰・太陰亦從本・本在則溫在・溫在則少陰厥陰無不在・太陰之本病即少陰・即厥陰・陽明厥陰從夫中・中在則太陰在・少陽在・陽明中病無太陰・厥陰中病無少陽・太陽少陰從標亦從本・標本在則太陰亦在・少陽亦在・太陽治外不治內・內太陰而後有外太陽・少陰主令不司命・相太陽而後能君少陰・是太陰與三陰三陽有關繫・少陽三陰三陽有關繫・無如少陽層見於三陽・不復再見於三陰・則易盡者是少陽・太陰流露於三陽・亦復流露於三陰・則易動者是太陰・

讀過傷寒論原序

余每覽越人入虢之診・望齊侯之色・未嘗不慨然嘆其才秀也・怪當今居世之士・曾不留神醫藥・精究方術・上以療君親之疾・下以救貧賤之厄・中以保身長全・以養其生・但競逐榮勢・企踵權豪・孜孜汲汲・惟名利是務・崇飾其末・忽棄其本・華其外以悴其內・皮之不存・毛將安附焉・卒然遭邪風之氣・嬰非常之疾・患及禍至・而方震慄・降志屈節・欽望巫祝・告窮歸天・束手受敗・賫百年之壽命・持至貴之重器・委付凡醫・恣其所措・咄嗟嗚呼・厥身以斃・神明消滅・變爲異物・幽潛重泉・徒爲啼泣・痛夫舉世昏迷・莫能覺悟・不惜其命・若是輕生・彼何榮勢之云哉・

而進不能愛人知人・退不能愛身知已・遇災値禍・身居厄地・蒙蒙昧昧・蠢若遊魂・哀乎今世之醫・馳競浮華・不固根本・忘軀徇物・危若冰谷至於是也・余宗族素多・向餘二百・建安紀年以來・猶未十稔・其死亡者三分有二・傷寒者十居其七・感往昔之淪喪・傷橫夭之莫救・乃勤求古訓・博采衆方・撰用素問九卷八十一難・陰陽大論胎臚藥錄・并平脈辨證・爲傷寒雜病論・合十九卷・雖未能盡愈諸病・庶可以見病知源・若能尋余所集・思過半矣・

夫天布五行・以運萬類・人稟五臟・以有五脈・經絡府俞・陰陽會通・元冥幽微・變化難極・自非才高識妙・豈能探其理致哉・上古有神農・黃帝・岐伯・伯高・雷公・少俞・少師・仲文・中世有長桑・扁鵲・漢有公乘・陽慶及倉公・下此以往・未之聞也・觀今之醫・不念思求經旨・以演

其所知・各承家技・終始順舊・省疾問病・務在口給・相對斯須・便處湯藥・按寸不及尺・握手不及足・人迎趺陽・三部不參・動數發息・不滿五十・短期未知決診・九候曾無髣髴・明堂闕庭・盡不見察・所謂窺管而已・夫欲視死別生・實爲難矣・孔子云・生而知之者上・學則亞之・多聞博識知之・次也・余宿尚方術・請事斯語・漢長沙太守南陽張機仲景撰・

陳伯壇曰・序中六百一十三字・一百二十八言・程郊倩謂是一篇悲天憫人文字・爲醫家苦於不知病・病家苦於不知醫而作・吾謂當如建安紀年以迄於今一篇終局文字・爲醫家自詡爲知病・病家自詡爲知醫而作・程氏殆欲統一長沙之衣鉢・化爲萬衆之津梁・其志非不甚盛・無如聖人恆爲盜賊所累・不必望一仲景產出無數仲景也・脫令人皆可以爲岐黃・則醫門無直道矣・蓋有三種世人於此・其一爲當今居世之士・榮勢是其生前・鬼泣即其身後・其一爲今世之醫・忍令二百餘生齒之繁・致三分二死亡之慘・其一爲各承家技之醫之似有可觀者・無省疾問病之資格・而口給又其代價・凡此皆林立於蠢若遊魂之市・日與蒙蒙昧昧者流・以視死別生爲已任・是猶入重泉冰谷以避災殃・則不祥孰甚・毋寧不自諱言其蒙昧・猶有惻隱之良之流露也・如其不欲賤視百年之壽命如草芥也・則知人必自愛人始・知已必自愛身始・

有愛人愛身一念頭・方許讀長沙知已知人之撰著・其現身說法曰・尋余所集・思過半矣・集裏髣髴有余在・殆亦文琴旦夢之眞相・從傷寒雜病論中顯繪而出・且有上古中世之賢聖・漢代之往哲・環列其旁・相與探索元冥幽微變化難極之理致・隱然欲與後人易地・以爲天下母也・箇中情狀・可以想像倖之・視在乎能尋之者・竭其望古遙集之誠・作並世而生之親炙・斯過從問道之身・即我之神・神與神會・遂形容出當時之平脈若何・辨證若何・一一不啻代我平之辨之・故雖千古而遙之脈證・我得而平之辨之・進我之不知而知者爲一境・復進我之知而不知者又一境也・論內曰知・曰故知・曰何以知・見知字者僅得十八條・本序則暨見病知源四字爲表率・詔我正所以難我也・

不文以生六十六年矣・蹉跎幾及五十載・覺於聖道・未嘗其肯綮・非不藉啟竅之靈也・特倮蟲三百六十・而聖人爲之長・下此之留神醫藥・精究方術者・就令放長其歲月之光陰・若朝代・亦終其身於倮蟲一分子・正如一蠹之微・蠹有知乎哉・竊以爲知醫也者・不知師者也・知師也者・不知醫者也・自有聖而不可知之仲景出・而以一十九卷集大成・妙能與素問八十一難諸舊本異其辭・卻同其旨・是即教人從沒字句之空白處尋出字句來・還向病人身上尋出有字句之書・簡直是仲景全集已藏入病人十二經中矣・失病人便是失仲景・此等昏迷・縱日日覺悟・仍不免於昏迷・誠以仲聖以後無上知・求一才高識妙堪爲知之次者・五百年而不一遇・於凡醫又何責乎・

江孔殷 一八六五年生 一九五〇年卒

字少奎・號霞公・南海人・世業茶・賦性聰敏・有捷才・三十九歲中光緒癸卯科進士・入翰林・報捐候補道・指省江蘇・尋南返粵・與兩廣總督張鳴岐交好・以在籍翰林被派爲廣州清鄉總辦・鼎革以後・仍與粵當道多所往還・孔殷好動而不擇交處・尤精研飲食・江厨傳譽嶺南・年八十六卒・

與蔡寒瓊書

寒瓊老友左右・昨友人李君鳳坡以梁文忠遺詩刊本見眖・集中古體頗夥・一宗淡遠・却不流于枯寂・謂與近體不分伯仲・以觀時下叫囂・乃貌爲奇詭者・眞有仙凡之別・知寖饋于宋人深矣・

弟十五年與文忠唱酬甚夥・亦復醉心宋人・眠食中皆后山句也・五十經商・此事遂廢・雖閒情俗累・雅傖不同・人但以宋人精刻・劃而片段・總落細碎・擅聲情而結響・每欠沈雄・與夫嘔盡心血・限于項腹・一結一收・非失苟簡・即流空泛・百家一律・后山獨免・次則宛陵・至于山谷・則謂合唐宋之大成・根底蟠深・氣魄雄偉・而寄託復深遠過人・非可以一代限也・

文忠各作・幽窗哦讀・如見舊人・忍俊不禁・連夕竟得四截句・讀梁文忠集一首付上・錄呈郢政・明知老大效顰・他人視之・又不知作何面目・脫稿沈吟・不覺失笑・乞爲代柬爾疋貞符諸人・能各惠我以和章否・手頌節佳・孔殷手啓・中秋節・

溫文節公詩集序一

順德溫檗庵前輩以壬寅併科順天鄉試南元・聯捷進士入詞館・旋擢西曹・以能言名於時・國變後・遯跡鄉居・己未年曾以鰲峯新築藏山閣落成限灰韻柬屬同賦・公之爲詩・固已上追開寶・次之亦在晚唐北宋間・而詩名轉爲奏議所掩・不知詩本性情・而植骨於人品之高下・公已如陶靖節之能齊窮達爲一致・恬澹清高・人與詩肖・詩以人傳・至於學術經濟・氣節文章・則已於文節全集老輩論列中・序之詳矣・年家眷侍生江孔殷拜讀・

梁元任 一八六五年生 一九五一年卒

號覺民・順德人・清光緒甲午科舉人・戊戌會試挑取謄錄・丁未五貢會考列一等・保和殿試欽點主事・籤分民政部・辛亥後回粵・任報館編輯・旋設帳授徒・嗣受澳門殷商西席之聘凡十載・始赴香港與岑光樾太史合辦保粹書院・一生作育多材・遺稿散佚・

諸葛亮無申商之心而用其術王安石有申商之實而諱其名論

諸葛亮眞儒也・王安石僞儒也・夫儒者之用・不外守經與達權而已・然天下惟能守經者乃能達權・亦惟能達權者乃能守經・諸葛能達權・故不自用而妙於用・術似雜而心實純・安石不能守經・故好自用而紛於用・名雖美而實則乖・試以古人擬之・諸葛亮其猶賈長沙乎・王安石其猶公孫平津乎

太史公曰．賈生明申商．公孫子以儒術顯信．斯言也．豈公孫賢於賈生乎．不知賈生之申商．亦如諸葛之用其術耳．公孫之儒術．亦如安石之名是而實非耳．雖然．以諸葛比賈生．則諸葛過之．以安石比公孫．則安石尚不及也．

何則．賈生曠代奇才．庶幾諸葛．而諸葛之純粹有加焉．公孫阿世曲學．行彿安石．而安石之躁妄尤甚焉．使天下後世．皆以識時俊傑．不敢議儒術之疏者．必自諸葛始矣．使天下後世．皆以周禮罪人．概指爲儒家之謬者．必自安石始矣．故儒之眞僞．不可以不辨．且夫申商豈有異術哉．申商亦豈有必爲惡名哉．

戰國以來．百家並興．或純或駁．或陋或謬．推本之．彼亦各原於聖人之一端．未嘗不可相爲用也．顧用之何如耳．冬必裘而夏必絺者．時也．齊甘苦酸鹹而御之者．和也．良醫不能使鍾乳烏頭之無毒．而能使其毒之不爲患．不特不爲患．而轉可以爲功．是故申商用之而當．則申商無異孔孟也．申商用而不當．則申商更甚於黃老莊列也．苟如諸葛．何必申商．又何能自掩其申商哉．且吾細思兩人所用之不同．而得其故矣．

諸葛之所以能用申商者．以集衆思廣忠益．不自用而兼收衆人之用也．安石之所以不能用申商而轉爲申商所用者．以其排擊異己．委任非人．好自用而不得一人之用也．語曰．西漢人才．可以適道．東漢人才．可以立．三國人才可與權．其殆謂諸葛氏之儒乎．若安石者．以經術誤天下．不能守經又何權之足云．又何儒之足云．

清明無客不思家賦以長亭小市近清明爲韻

君不見暮春佳節．游子他鄉．一村紅杏．千樹綠楊．烟雨絲絲兮鎖目．淒風脈脈兮迴腸．小雨梨花．轉瞬已過寒食．空山杜宇．催人又上河梁．那堪春色淒迷．天寒天暖．同是旅懷寥落．亭短亭長．

想夫東門飲餞．南浦揚舲．綠悵天涯之草．青浮水面之萍．固已情牽驪唱．目盼鴻冥．恨家山兮南北．感客子兮孤零．算來異地飄蓬．鷄鳴茅店．憶到前時折柳．馬繫旗亭．

況夫穀雨初晴．梨雲乍曉．片片飛花．聲聲啼鳥．此際恨煙羃雨．草草徒勞．前番問柳尋花．匆匆又了．試問望雲隴首．幾時而春共人歸．記曾聽雨樓頭．一夜而屋如舟小．

其爲思也．則有代郡才人．清河公子．羈旅半生．間關千里．江湖白髮之年．舍館青燈之裏．錢分白打．驀地驚心．簫賣紅餳．連朝側耳．喚破陸游之夢．深巷花聲．銷殘杜牧之魂．前村酒市．

倘使家室常依．客途無恨．感節序於青春．寫歡欣於素蘊．底事思縈紅豆．空傳萬里春花．依然家住烏衣．不隔六朝金粉．任爾飄紅處處．芳信頻催．憐予拾翠年年．故園尚近．

夫何悠悠遠道．僕僕長征．或賈客兮重利．或戍客兮苦兵．或羈客而去長安．流連良會．或詞客而淪楚澤．憔悴孤行．幾多蒿目．一樣離情．莫不瓜期默計．柳絮頻縈．積懷有夢．飲恨無聲．應知渭北春深．未免故人惆悵．縱使江南

酒熟・難消旅況淒清・

曷若刀環早唱・風笛無驚・鄉關速返・童僕歡迎・石泉槐火之天・恰逢令節・帽影鞭絲之地・已促歸程・任吹廿四番風・春長不老・莫恨八千里路・月共同明・

桂壇

年生　年卒

字周山・號杏帷・南海人・光緒五年己卯科舉人・福建船政教習・早卒・有晦木軒稿・

六榕寺浮屠幷序

昔者阿育浮圖・成萬千之功德・釋迦脂帝・結十二之因緣・懸璇鏡于雞園・結金繩于鹿苑・華嚴界現・窣堵坡成・豈非以慧日光中・圓成舍利・香雲影裏・活湧牟尼者乎・

六榕寺浮屠者・肇創於蕭梁・重修於北宋者也・炎州法苑・瘴海通津・遙鄰訶子之林・恰近菩提之宇・莊嚴表剎・縹渺觚棱・飛棟星明・層甍霞聳・塔頂故有火珠・寶光煜爚・圓暈晶瑩・鐸鈴外垂・纓絡旁繞・香飄雲際・亂落花天・聲在樹間・自搖梵樂・三休盤乎磴道・九折步乎雲霓・直同章肇之題名・何異杜陵之得句・滄波倒影・俯臨珠海之帆檣・碧漢孤標・平瞰玉山之亭閣矣・夫蕭衍說經之日・正沙門演法之年・解髻傳珠・抽衣授寶・相輪飛至・百級崚嶒・金像現光・千盤紆折・非僅隅樓四起・重屋三層・足以悅人天・輝龍象也・

無如桑海頻遷・星霜屢換・珠網風碎・銀幡露零・落葉積而曉蛄啼・荒苔生而晚螢照・寶剎懸華・莫問罽賓之國・殘甎蝕篆・應尋峩里之園・則有邑人林方・四梵福人・三世長者・證西來之旨・明南頓之宗・覆簣先施・合尖有待・詎等百人瓢裂・已看九級臺成・寶相同瞻・即是祇洹之地・金輪永護・無非迦葉之城・花雨搖紅・榕陰瀉碧・（塔名殆取千花聚塔禮寒止意）智珠有影・鉢裏龍歸・慧劍無聲・幢邊鴿聚・南來學士・猶傳證道之歌・西去降王・絕勝金塗之製・奠河山而無恙・亘日月以常新・峒口溪丁・向雁堂而頂禮・花鬘繡面・入龍藏以繙經・乃閱千載・而靈光尚存・倏忽一朝而同泰幾毀焉・

嗟乎・佛難免劫・禪豈驅魔・墨燼紅羊・猶悲帝釋・風災火難・已愴空王・弓輪且兩自天邊・刀仗亦湧從地上・江山惆悵・兵燹飄零・珠歌翠舞之場・烟蕪蕭瑟・玉樹瓊蕤之境・燐火蒼涼・撫銅荻而興嗟・對金人而屑淚・況此漏天積雨・滄海橫流・沙利王之銅鑊俄傾・辟支佛之火珠倏墜乎・（咸豐丙辰淫雨浹月塔頂鐵鑊傾仄而火珠亦墜・）然而曇雲法雨・終見光華・狖鳥蠻花・應消浩劫・同遊淨域・共禮支提・掌二舒金・指間雨寶・德自高乎七級・功直達乎九成・層巔之金表重明・絕頂之露槃再見・亦比長干里上・遍覆圓光・豈猶閶闔門前・虛留幻影・從此八觚屹峙・長留白馬之招提・千佛莊嚴・永鎮黃龍之法藏爾・

天南有筆千層霄・卓立百仞雲光搖・日沐月浴出奇陗・欲踣不踣神靈昭・何年構此樓靈宅・設施深仗空王力・四圍鈴鐸鳴疎風・七級烟霞鑄空碧・布地不知龍象權・神鑱鬼斧旋坤乾・斷鼇立極作名鎮・黝堊金碧相新鮮・自從歷盡風霜劫・曲檻回欄半頹折・古壁爛斑繡土花・蛟螭蟠攫虹光掣・一竿曉月孤影清・一榻寒雲孤牖明・怖鴿不飛簷篙遠・空餘

瘦骨撐孤甍・安得鳳棲古能手・整此觚棱垂不朽・題名且直上雲梯・會當絕頂摘星斗・

桂坫 一八六五年生 一九五八年卒

字南屏・南海人・父文燦・名列清史儒林傳・坫幼承家學・文思沛捷・中式光緒辛卯科舉人・甲午成進士・翰林院・授檢討・任國史館纂修官・外放浙江嚴州府知府・有遺愛・鼎革後不復出・以著述自娛・善書・源出篆隸・具顏柳之筋骨・著有晉專宋瓦室類稿・說文釋例・倉海闡微・中外政治異同考・重修南海縣志・恩平縣志・廣東續通志・誦清宧文集・及吟草等・

說文簡易釋例敘言

吾國數千年文字・燬於暴秦・而存於說文・說文一書・實爲漢人完帙・然則欲通吾國之文字・舍說文其何道之從・倉頡之始・先有文而後有字・六書象形指事多爲文・會意諧聲多爲字・轉注假借・文字兼之・周禮保氏・教國子先以六書・漢律・學僮十七以上・始試諷籀書九千字・乃得爲吏・故六書謂之小學・是小學者・固童蒙所宜用心者也・惟是說文一書・義例綦詳・近世段氏注實爲大宗・然隨文舉例・未爲排比・爲釋例之學・則有江氏聲王氏筠二家・然江書簡奧・王書緐博・皆不便童蒙肄業・海通而後・科學日緐・即成學之士・鑽研古籍・亦復繼晷不遑・非創爲簡易之法・則學者末由致力・茲就段王各家之書・撮其條例・網羅衆家・參以己意・約而有要・簡而易明・庶幾學者尚可尋求・於國學根源・不無小補・於力則鮮・於思則寡・其諸君子亦有樂於是歟・乙卯冬十一月南海桂坫・

六書大意

六書之學・古人童而習之・所謂小學也・治經學必先讀傳注・讀傳注必先通六書・是以欲治經學・必由小學入也・

一曰象形・古人造字・必先肖其形而畫之・許書舉日月二字・所謂畫成其物・隨體詰詘也・

二曰指事・形不可象・則屬之事・指事者・謂視而可識・察而見意・許書舉丄丅二字・謂一爲地・丨在地之上・丨在地之下也・

三曰會意・獨體則爲指事・合體則爲會意・許書舉武信二字・人言爲信・止戈爲武・所謂比類合誼・以見指撝也・

四曰形聲・上古之世・未有文字・先有聲音・如未有江字以前・必先有工音・以喚此大水・（江古音讀如工）倉頡即就其原有之音・故从水从工得聲・河字亦然・所謂以事爲名・取譬相成也・

五曰轉注・考・考也・老・老也・二字同一部首・而又通訓・故謂之轉注・所謂建類一首・同意相受也・若如爾雅釋詁・初哉首基・肇祖元胎・俶落權輿・始也・則是通訓而非轉注矣・段茂堂釋轉注未安・

六曰假借・假借者・本無其字・依聲託事・許書舉令長二字・漢以令長爲官・即借號令之令・長幼之長爲之・西・鳥在巢上也・日在西方・而鳥西・因以爲東西之西・東西之西字甚難造作・倉頡即就鳥西之西字借用之・此假借之最明顯者・

六書次第

班固論六書次第・以象形爲首・蓋形不可象・則屬之事・事不可指・則屬之意・意不可會・則屬之聲・四者字之體也・四者不足・而後轉注假借生焉・轉注假借二者・字之用也・許書以指事爲首者・殆以一上等部在前耳・

亡新六書（言字體者）

一曰古文・孔子壁中書也・二曰奇字・即古文而異者也・三曰篆書・即小篆・秦程邈所作也・四曰佐書・即秦隸書・五曰繆篆・所以摹印也・六曰鳥蟲書・所以書幡信也・

敘篆文合古籀

小篆之於古籀・或仍之・或省改之・仍者十之八九・省改者十之一二而已・仍則小篆皆古籀也・故不更出・古籀省改・則古籀非小篆也・故更出之・一二三之本・古文明矣・何以更出弌弍弎也・蓋所謂即古文而異者・當謂之古文奇字・

先小篆而後列古籀・此許書之通例也・然亦有先古籀而後列小篆者・皆由部首之故・如旁帝等非立・二部古文丄・則二字無所歸附矣・此許書之變例・

麗下云・丽古文𠀧・（篆文麗字）按下列古文篆文・知麗爲籀文矣・㲋（音卓丑略切）下厺・㲋篆文・知㲋爲古籀文矣・

如此類者・皆古籀在前・篆文在後・蓋許以從古籀之字多・且古籀當時尚通行・故反置篆文於後也・篆文乃漢制通行者・但篆文多沿古籀・故古籀在漢世・通行者尚多・

古今字

求古文裘・省衣・今用爲干求字・而皮衣之古義晦矣・秊穀熟也・春秋傳曰・大有年・（按此即引經證穀熟）今用爲年代字・而穀熟之古義晦矣・（此假借中之引伸字）

無豐也・今用爲有無字・而豐之古義晦矣・才艸木之初也・今用爲人才・而古義晦矣・（此引伸字）習・鳥數飛也・今用爲溫習字・而數飛之古義晦矣・月令・鷹乃學習・此古義之僅存者・（此引伸字）初裁衣之始也・今用爲始初字・而裁衣之古義晦矣・（此引伸字）祖・始廟也・今用爲始祖・而始廟之古義晦矣・（此引伸字）而・頰毛也・今用爲語詞・而頰毛之古義晦矣・（周禮曰作其鱗之而許引經以證頰毛也）古今字假借爲多・無義者謂之假借・有義之假借・謂之引伸・（如一綫可以串落有義理可尋者故謂之引伸）今爲分別之・

假借字

㬎衆微杪也・从目中視絲・按經傳顯字・皆當作㬎・㬎者本義・顯者假借義・借義行而本義廢矣・顯・頭明飾也・从頁㬎聲・徐鉉曰・㬎・古以爲顯字・西・字亦假借鳥栖之西・爲東西之西・（說見前）

引伸字

昔乾肉・引伸之爲今昔・借義行而本義廢矣・精・擇米也・引伸之爲最好之偁・借義行而本義晦矣・論語・食不厭精・是古義之僅存者・

俗字（此言俗字者蓋漢世爲俗字非今日之俗字可比）。居。蹲也。凥居處也。今日蹲居爲居處。而凥之本義廢矣。文部辨。駁文也。斑者辨之俗。今則斑行而辨廢矣。

溫文節公集序

此順德溫文節公全集也。公本龍山世家。羊石碩彥。振采芸館。蜚聲蘭臺。本讀書種。抱經世才。心雄萬夫。書凡百上。直言極諫。激濁揚清。九重亦爲動容。百僚畏其切直。篔坡是其族祖。忠孝傳家。葵霜早結知交。艱貞救國。遽遭國變。痛絕生平。月落參橫。灑盡孤臣之淚。禾油麥秀。可勝故國之悲。吁其戚矣。厥後卹終禮隆。易名典重。垂聲無窮。固其宜也。

集中凡奏議四卷。詩二卷。文四卷。年譜一卷。淒涼遺墨。卓犖奇文。言人所不敢言。見人所未及見。虞淵日薄。砥柱中流。讜論忠言。追慶歷之四諫。文章爾雅。比眉山之三蘇。掇其偉論。增耀嶺海之文徵。緬彼高風。永慕楚庭之耆舊。是爲敘。丁亥六月桂坫。

江孝通遺集序

歸善江君孝通。性至孝。家故貧。幼學敦行。少好爲詩。光緒戊子。南皮張文襄公督粵。設廣雅書院。君得選調入院。 山長梁節庵先生賞譽之。與余同硯席。逾年己丑。登賢書。壬辰捷南宮。以主事用。分戶部。蒞官甚暫。乞假歸。丁母艱。哀毀骨立。人稱江孝子。所爲詩。不事雕鏤。自然清雋。乃年逾强仕。遽謝塵網。論者惜之。遺稿盈篋。多經手定。王君孝章。許君靜庵。以編輯之役相勗。余與君交垂三十年。宿草之感。愴然於懷。誼不獲辭。爰爲校定。依原稿分珠海集。花源集。蘇山集。豐湖集。端溪集。廣雅集。西山集。金臺集。赤溪集。春明集。密庵集。又詩餘一卷。名曰孤桐詞。清婉絕俗。情韻兼勝。輯既成。志其顛末如此。他日有增輯楚庭耆舊集者。當有樂於是也。癸酉十月南海桂坫敘。

瓦缶詩集序

三水鄧醴芝君。著有瓦缶詩集。其詩秀逸而豪邁。迨挹三十六江之秀氣者。君嘗從遊於余故友香山黃日坡先生之門。得老名宿傳授。學有淵源。又精研醫道。余長光漢中醫專門學校時聘君爲教員。生平著述等身。有溫熱經緯注疏。內經闡微。傷寒論眞解。四診撮要。婦兒科各書。稿成待梓。旁及道家胎息。導引術。太陰煉形法。有返老還童之功。則詩又似爲其餘事矣。丙子立秋南海桂坫序。

靜涼軒吟稿序

此亡友許君鶴儔遺詩也。光緒十三年督部南皮張先生開廣雅書院。君與余皆選調。既入院同硯席。山長番禺梁先生賞譽之。厥後君宦於鄂。契闊者久矣。莫年歸休。所居與余鄰。晨夕過從。交益篤。

君性剛直。好爲詩。有靜涼軒吟稿。君既沒。其子循植衍菫以示余。余受而讀之。清剛之氣。撲人眉宇。並其忠愛

沈鬱・發爲文辭・則尤可貴也・

自君沒後・六易寒暑・斷絃殘稿・棖觸於懷・君之子能讀楹書・又亟亟以遺詩寫定・是可嘉矣・

回首前塵・奄忽五十年・三復遺編・蓋不勝宿草之感云・乙亥臘・桂坫・

廣東女子藝文考序

在昔君房之錄・集重婦人・常璩之志・圖標士女・古來揚風扢雅・秉諸陰教者・固爲玉樹瓊珠・而徵獻考文・創自女宗者・尤爲鳳毛麟角矣・故吾於冼玉清女士廣東女子藝文考之作・不能已於言也・

女士世有令名・夙承家學・胸羅七略・坐擁百城・講學之暇・顓事研搜・遠慕德象女師之篇・近采織錦回文之作・網羅散佚・闡發幽潛・創爲是編・以光巾幗・當代名宿・相與表揚・屬付梓人・藉廣流布・庶幾珠編璧合・騰五嶺之淸華・蕙質蘭心・振二樵之秀色・

伏承大雅・徵及小言・爰掇蕪詞・書之簡末・方聞瞻學・幸垂督焉・己卯四月南海桂坫・

羅師楊

一八六六年生
一九三一年卒

字幼山・別號希山・興寧人・少從邑儒羅獻修遊・時科學未廢・學子專事帖括・師揚獨肆力經史百家詩古文詞・尤邃於史學・光緒己丑・補博士弟子員・壬寅食餼・援例入貢・會中法中日諸役・相繼敗衄・外侮日亟・乃究心時務・於故鄉倡辦新學・以革命學說・啓瀹青年・宣統三年・應聘廣州兩廣方言教習・專授東亞各國史・與中國近代史・於民族競爭及各邦構怨興兵・與立盟訂約之究竟・多所闡發・民國成立・被選爲廣

東省議會議員・迭宰巨邑・所至有聲・惟天性淡宕・志不在此・十五年・退居故里・與族人纂修族譜・創作客話劇本・倡導方言文學・二十年卒・遺著有國史概四卷・亞洲史二卷・中國近代史三卷・革命先烈稽勛傳若干卷・興寧東門羅氏族譜二十五卷・賭海升沉一卷・宦場況味一卷・鬩墻記一卷・洪承疇傳奇一卷・哲嗣香林爲刊印希山叢箸八册・中爲山廬詩鈔一卷・山廬文鈔五卷・亞洲史二卷・興寧東門羅氏禮俗譜一卷・附年譜一卷・

屯田策

爲呈請開辦屯墾・以裕民食・并乞先令調查・以便興辦事・竊聞板蕩之秋・用兵者多以屯田爲上策・蓋禍亂未能驟平・則士卒不免久戍・窮年累月・軍餉必有難以接濟之時・就令接濟無難・而所耗亦鉅・與其賦常無藝・竭地方商民之財力・以贍遠征久戍之士兵・何如寓兵於農・令軍隊就近墾荒・以紓三農胼胝之筋力・史稱充國制羌・屯田邊塞・武侯伐魏・屯田渭濱・良有以也・

當今人欲橫流・天不悔禍・歐洲戰事將停・民國風雲日亟・而北派野心家・猶且盤踞要津・日以借款購械爲事・寧賣國於外人・以固個人之勢力・斷不肯犧牲一己之權利・以謀中夏之和平・南北戰爭・靡有底止・無論橫生阻力・和議難成・即幸而和成・旋亦背約・莽莽神州・欲求久安長治・永息龍爭・其可得乎・

夫戰禍已不能免・則練兵實爲急務・顧兵必需餉・而餉出于民・方今戎馬倉皇・水旱薦至・工商交困・盜賊滿山・羅掘俱窮・司農仰屋・閩省界山海之間・幅員褊小・除漳泉福州數屬以外・類皆山多田少・土瘠民貧・於此而欲就地籌

餉・夫豈易言・竊謂今日之事・莫急於練兵・欲練兵莫如實行古人屯田之策・

嘗聞閩多甌脫・而汀州一屬・荒地尤多・鄉先達丘公逢甲・閩省會議員丘君荷公・嘗言長汀上杭之間・有梅花十八洞者・周圍數十里・箐密林深・絕無人跡・父老相傳・此地在宋元時代・人烟稠密・自明季盜起・居民遠避・迨亂定歸來・復遭瘟疫・死亡枕藉・閭里丘墟・戶口凋殘・草木日茂・山魈木魅・白晝往來・猿狂鼪鼯・黃昏呼嘯・以此之故・淪爲廢地・鄉愚相戒・莫敢前往・然其中土質膏腴・地尤夷曠・如將其地・悉行開墾・可得腴田數萬畝云云・

師楊以爲今宜先往調查・如果所聞非虛・應即詳擬定章・請於該處設立事務所・辦理屯田事宜・一面呈由鈞座・酌遣軍隊・入洞砍木・建立營柵・其工已竣・即行開墾・一日之中・三時墾荒・三時敎練・有事則調赴前方・衝峯陷陣・無事則聽其歸洞・習藝耕田・但即墾此一區・已得無數善戰耐勞之卒・況閩屬官荒・如梅花十八洞者・尚復不少・戡定八閩以後・推行盡利・獲益無窮・足食足兵之策・實無有逾于此者・

或謂開辦墾務之初・需款殊鉅・現在財政艱難・費將安出・曰是不難・十八洞已蔚然成林・其中葱葱鬱鬱・喬木參天・徒以相驚鬼魅之故・不敢施其斧斤・杞梓梗楠・留以有待・今若派兵砍伐・招商承買・所得之値・當不止足供開辦之需・惟新墾之田・或種雜糧・或植水稻・均待明年七八月收成之後・方能得利・其自本年至來歲七八月・派往屯田官佐及士卒之餉・仍須由總司令部軍需支給耳・此項月餉・不辦屯墾・亦應支給・固非額外增加之款也・

或謂閩局未定・方議增兵・今反抽兵屯田・得毋非計・不知戰務雖殷・吾軍猶盛・前敵即無可調之卒・各處猶多待練之兵・且初辦屯田・無須大隊・一二營可也・三連亦可也・今調一二連新招之兵・至十八洞且墾且練・數月以後・調赴前方・復遣一二連新招之兵・至十八洞且墾且練・迨令全閩底定・更遣大隊・分班往墾・行見無諸舊壤・地無遺利・兵有餘糧・作始簡而收效鉅・安得謂爲非計乎・

師楊識闇才疏・不諳戎務・辱蒙召致麾下・自愧無以酬知・願請往往汀屬・查勘十八洞・及其他官荒・如蒙允准・乞派測繪生一名・隨同出發・幷飭長汀上杭兩縣知事・切實照料・俾得調查明確・繪圖附說・呈報察核施行・實爲公便・謹呈陳總司令鄧參謀長鈞鑒・

亞洲史序

唐先生澄志曰・史有廣狹二義・就其廣義言之・世界事理・千變萬化・波幻雲譎・無不有其歷史・自其狹義言之・則據已然之陳迹・以考求國家之何以成立・何以改遷・民族之何以競爭 ・ 何以結合 ・ 社會風俗之何以起源・何以發達而已 ・ 今之所云歷史者夥矣 ・其就狹義以爲言・莫不同也・師楊竊謂・著史以傳世・與編史爲敎科書・雖均就狹義以爲言・其繁簡不能無別・爲傳世之史者・不限於時間・不限於篇幅・故能博採羣書・兼綜條貫・凡一國家・一民族・一社會・其盛衰興廢之故・必備載於簡册・事實詳明・首尾完具・其書之成・多至數十百卷而不以爲病・蓋此

羅師楊

本爲研求人事之得失而作・取其詳覈・不能責其辭之不廉也・編史以課諸生者不然・時間常若其短・講義常苦其長・凡國家之所以成立・所以改遷・民族之所以競爭・所以結合・社會風俗之所以起原・所以發達・但能言其大略而已・繁稱博引・一時之事累千萬言而不休・教者非不勤以講授也・學者非不勤以聽受也・其如時間之短何・

宣統三年・師楊受兩廣方言學堂監督邱公聘・爲歷史教習・以諸生將屆畢業・期於數月內・將亞洲史課完・其時間更短・編纂講義・更不能繁・竊維方言學堂之設・所以造就外交人才・其於諸國外交之事・首當注意・乃取中國二十四史外夷傳・及近日中外人士所述亞洲諸國事・而刪纂之・凡王朝帝國之興廢・與夫政治宗教學術之盛衰・僅述其大要・惟民族競爭・及各邦構怨興兵・與其立盟訂約之原因究竟・則加詳焉・其陳義較諸近人所纂歷史教科書而更狹・非曰方言學堂歷史講義・得此既足也・蓋爲篇幅所限故爾・

補月先生學行書

先生名獻修・號補月・孝博其別字也・先生世居豫章・宋嘉定時・有任福建安溪縣尹者・始遷興寧・考諱佩芬・有幹濟才・生子七・先生其長也・少穎悟・劬學甚・鄉先達何君濟初・梅縣黃君鳳五・號文章宗匠・先生往從之遊・皆嘆爲偉器・年十七・補學官弟子・旋餼於庠・光緒乙酉・受知於學使者葉公恂予・試通屬經古第一・遂選拔・清季末學支離・人才日乏・南皮張文襄公督兩粵・特設廣雅書院於穗垣・遴兩省才雋而授之學・先生與焉・時與選者二百餘人・

分居東西齋・擇一學行素優者爲之長・山長節盦梁公・雅重先生・簡爲齋長・而南皮尤器重之

院規月以經史性理詞章分科課士・每試經說理論・南皮得先生卷・輒手加丹黃・嘆爲精審・故屢拔冠其曹・引爲入室弟子・命易字曰孝博・及量移兩湖・新山長鼎甫朱公・郵卷呈覽・猶以先生學業精進・獎勵有加・由是名噪一時・廉州太守劉公齊潯・延聘爲味經書院山長・先生至廉・以湖學分齋之法課士・每批答箚記・於文章學術之流變・殫見洽聞・原原本本・文風丕變・士論翕然・旋以親老・辭歸侍養・以修脯供甘旨・講席所被・門爲之滿・

先是邑人士・務爲帖括之學・所日夕揣摩者帷高頭講章・腐濫類書・及先生歸而講學・以漢儒學說・提倡後進・而後人知向學・爭究心經史・以蘄進於古・寧水士風・爲之一變・先生性方嚴・不可於意輒呵斥不少貸・然循循善誘・所成就者甚衆・自晚清洎今・吾邑士紳或任教育・或長議會・或身膺民社・或手綰兵符・分途並駕・促進羣治・其卓然有名於時者・大率先生弟子也・

光緒辛丑・邑中會匪煽亂・聚衆撲城・先生時在省・聞警・條陳當道・以寧邑界鄰閩贛・山川深阻・此犁彼竄・匪勢易蔓・非三省合勦・不足收廓清之效・粵大吏未及行・適門下士陳君仲賓・以縣丞需次虔南・錄先生書・上之贛防統領王道芝祥・轉稟贛撫柯公逢時・分咨粵閩・實行會勦之策・匪首卒以就擒・三省以靖・翌年・廣西亂起・欽差大臣蘇元春・積欠兵餉數百萬・部兵譁譟潰散・四出劫掠・桂省山勢險峭・怪石嵯峨・幽壑深巖・宿多盜藪・至是兵與匪

合・擾亂益甚・田南鎮南及柳江一帶城門晝閉・村落爲墟・清廷以柯公能軍・命移節廣西・柯公分別奏咨・調王道及先生赴桂・至則以王署右江兵備道・率常備軍五營以往・而以先生爲該軍營務處兼管帶前營・率所部由桂林開赴柳州・中途奉電・令留防永福・時賊首韋五嫂・率黨數千・進擾縣境・距城僅五里・先生從容佈置・賊不敢逼・城賴以全・既而進勦古德白牛峒等匪・迭獲捷・柯公嘉其功・電令署理象州・會得家報・巡檢君棄養・先生即解甲・歸守禮廬・陳君仲賓・接管營務・卒以之肅清西省・致位右江總鎮・部曲鍾君相平・今猶爲桂軍統領焉・

當是時清政維新・廢科舉・興學校・先生讀禮家居・倡辦龍田及大坪通時兩等小學校・旋奉邑侯鄺公業崇照會・出任縣立師範學校校務・翌年改辦中學・仍以先生爲監督・維時中等學校未有審定課本・先生自撰講義・以授校生・嘵音瘏口・不辭勞勩・宣統己酉・粵省諮議局成立・先生被舉爲議員・痛陳官役下鄉擾民之弊・出席各員・一致贊成咨請大吏嚴飭各屬一律革除・旋以特試入都・得選爲七品小京官・籤分郵傳部路政司・座主陳公伯潛・初閱先生卷・決爲名下士・及揭曉・廉知爲張文襄高足・益喜自負・大學監督劉公廷琛・聞先生名・聘爲經學教習・先生以部務餘閒・詮次講錄・貫串古今・賅博靡遺・劉公深爲得人慶・辛亥秋・武昌起事・各省土崩・先生知不可爲・買棹歸里・時國體驟更・伏莽四起・人心洶洶・朝不保夕・先生鄉望素孚・邑人資之以決大事・秩序得以恢復・民國元年・縣立中學以時值改革・經濟益窮・勢將停辦・臨時縣會・公舉先生爲校長・旋奉省教育司給狀委任・邇年以來・校務蒸進・學子莘莘・皆先生竭力振頓之力也・

先生誦法孔孟・始究心有宋諸子之學・迨肄業廣雅・益探討許徵君及毛鄭諸大儒之經說・而於三禮・治之尤精・其爲文・初學左國馬班・下逮韓柳歐蘇・務爲奧博・不落膚庸・近年含咀益深・實能抉漢宋兩學之精粹・而不名一家・間爲古詩歌・亦蒼勁拔俗・尤工爲子雲筆札・驅使故實・妙造自然・學者得其一紙書・莫不拾襲珍之・貌清癯・長身玉立・目閃閃如巖下電・聲洪亮・善談論・其於古今政治之得失・天下山川之形勝・歷代文章之派別・當世人物之臧否・與夫遠方禮俗之異同・社會鬼蜮之情狀・有觸而發・汨汨滔滔・窮日夜不少休・今年六十有一・而精神意氣不少減・蒲節端二・爲先生懸弧辰・友人多欲壽以詩文・而以先生歷史未得其詳・以師楊夙從先生遊・交相詢問・故書其大略・以答雅意云・民國六年歲次丁巳孟夏受業師楊敬述・

大瀛海賦

昔者鄒衍・言多詼詭・論本荒唐・攬大鈞之坱圠・窮六幕之混茫・謂四裔之外・復有四塞・八埏之外・復有八荒・曠哉瀛海・涬溟天綱・包絡萬穴・縈迴四旁・百色妖露・衆流翕張・蕩滌皓魄・滲淫翔陽・彭激乎水母冰蠶之域・旋繞乎燭龍火鼠之鄉・峨峨冽冽・浩浩湯湯・迷崩雲與屑雨・斷鐵纜與牙檣・驪頭魚婦之所不能渡・毛民梟猨之所不能航・所以壯渾淪之嶮介・包彭魄之封疆・

爾其勢綜四履・形窮九淵・隨天輪之膠戾・隔地軸而環

連．攏坤區而周乾奧．蘊陰火而結陽冰．滃渟沓霧．鬱律凝烟．乘鹿盧而絕往．迴龍駕之連蜷．盼盟汚盄之無竟．光瀲灩其無邊．洄漩夫海外之海．觸搏夫天際之天．極四圍之渺沔非一語之可宣．

東則陵夫流波．注夫溫谷．濯赤馬與甘華．襄頡羝之扶木．湧溫源之烏輪．映沈淵之鱗屋．夔鼓響而濤鳴．應龍翔而浪蹙．陽侯砐硪以雷奔．天吳駭逸而隱伏．沃焦沸騰．洪瀾洄洑．萬里一色．搖心眩目．迥互夫黑齒元股之倫．乖隔夫蜻蜓元菟之族．渺瀰淼漫．呵嗽掩鬱．藐弱水於蹄涔．陋滄溟於溝瀆．暢渤澥之歸墟．麗蓬瀛之外幅．

西則誕溜滎濴．滮流瀇滉．繞濛汜而淵淪．浴大明而泱漭．綜大秦之萬流．隔犂鞬之土壤．波淼淼以靡涯．氣蒸蒸而愈上．瞻大荒而團疑．發弇茲之遠想．驚磢滂以長征．鷁艭睒以戲廣．電掣雷奔．雲飛風響．徒沏迭於窺天．終迷離於浩蕩．信厓隒之茫然．非羣流之錯磢．

南則包滎水．遶明都．嗡川澤．納潢汙．驅象罔．走離朱．盤九首之雄虺．傑千里之封狐．蝮蛇蓁蓁而湆漯．毒龍汨汨而逃逋．併賁禺之少海．吞雲夢之平湖．渺震澤而如笠．合乾坤爲一壺．囊括百蠻．滙歸萬殊．景重瀛之式廓．爲羣島之委輸．沮雕題之踰越．沉鑿齒之舳艫．旦爲車而莫指．子欲往其難桴．南極非可探測．天荒終以模糊．

北則險滯幽厓．寒封神穴．嵌玉攢花．蕤霜碾雪．宛出素於熬波．恍滲漉而霏屑．高低迷茫．天光澄澈．奄蔡欲竟其四封．丁靈思啓其九轍．以是攻木運機．斲輪鑄鐵．測緯度之所窮．探冰洋之所絕．乍如孤鴻之獨翔．倏如六龍之所掣．一波不興．萬派俱滅．汗汗沺沺．凄凄切切．唏玉海其無垠．訝銀漚之難別．劃北極之邊郵．詎洪流之曲折．此惟羣帝所創造．百靈所設施．怵窟探而根躡．防險鑿而幽鎚．苟非宏坎德．界坤維，繞以方流圓淵之瀏漷．沮以冰天雪窖之絕巘．則聶耳窮髮．黃戈烏支．氈船腥穢．僸佅兜離．長股貫胸之譎詭．麟身豕喙之離奇．將騁班儲之機巧．縱羣醜之奔馳．斷犀剸兕．乘蚪驂螭．轉四輪於天漢．飛一舸於咸池．手抉星斗．矢集朝曦．天闕競動．皇路匪夷．顚觸天而柱折．足踏雲而梯欹．蟾窟或爲所翳障．蟻磨亦戛於轉移．共工之禍斯起．媧皇之力已疲．

所由限以星宿．沮以蒲昌．瀆瀑於雷翥．盤渦於烏梁．既津流而設險．復呀洫而濬隍．消冄傑夫若木．泊柏潤夫扶桑．激勢沏於昧谷．飛沫阪夫炎方．斷飛艦．截餘艎．蜮民維綃而屑沒．安期掛席而傍徨．竪人天之宏介．包夷夏於中央．環九州於萬國．裹澤赤與地黃．兼綜夫東海西海．總括夫南洋北洋．豈特周圍六萬九千有奇．地里可數．旋繞三百六十有五．天度堪詳．

楊壽昌 一八六六年生 一九三八年卒

字果菴．惠陽人．少穎異．有至性．童年如成人．讀書於惠州豐湖書院．山長梁鼎芬閱其文．歎爲著作才．鼎芬掌教端溪書院．壽昌從焉．光緒十二年．張之洞督粵．開廣雅書院於羊城．復聘鼎芬爲院長．選調壽昌等十人肄業其中．世稱端溪十子．二十年甲午中恩科舉人．二十八年赴鄂．鼎芬延爲兩湖書院分校．其秋以母病返粵．任惠州勸學所所長．兼惠州師範學堂校長．翌年任兩廣武備學堂教員．三十一年任教兩廣高等學堂．宣統元年．兼存古學堂教習．廣東反正．任省教育部副部長．民國元年．受聘爲兩廣陸軍學校教員．三年．任兩廣高等師範經史教員．十年．惠州人士堅請出任民選惠陽縣縣長．以辦禁賭案過激．爲鄉人不諒．卒去職．仍返高等師範．歷任廣東大學．中山大學教授．十五年．任嶺南大學教授．國文系主任．二十七年．倭寇南侵．戰機肆虐．壽昌獨守校舍．絃歌不輟．自言雖無守土之責．亦必須上至最後之一課．既而嶺南大學遺散婦孺．員生分赴港澳．弟子有願負供養者．均却之．應連縣縣長何春帆之招．擧家避地北遷．途中染瘧疾．十一月十八日．舟抵陽山之黃金灘．病歿舟中．既抵連縣．陳屍兩日始露天成殮．草葬於雙溪塔畔小丘．一代師宗．流離客死．數坏荒土．不封不樹．可哀也已．生平行誼謹嚴．廉正不苟．治學精勤．尤邃於經．論者謂文行一致者．晚近惟壽昌庶無間言．遺著有果菴學說二卷．傳鈔本．孟子文學研究一卷．讀經問題專論．及論文多篇．

孟子文學的藝術之管見引言

讀書當知要．在今日尤爲不二法門矣．讀孟子而僅研究其文學．研究孟子文學而僅注意其藝術．不淺之乎視孟子乎．雖然．就學術思想方面以觀孟子．則論理．政治．教育．哲學．孟子皆占一重要之位置者也．就文學方面以觀孟子．則孟子之文學．即所以發表其倫理．政治．教育．哲學．之思想者也．孟子文學的藝術．又所以神妙其文學之功用者也．故欲研究孟子之倫理．政治．教育．哲學．之思想者．不可不研究孟子之文學．欲研究孟子之文學者．不可不研究孟子文學的藝術．

「爲文學而文學」一語．在今日已普及一般人之思想矣．若古之文學．大都以爲一種實用之工具．而非認其本身有獨立存在之價值也．文學在孟子時．果成一「獨立之學問」乎．孟子時之文學．果有「藝術」之可言乎．此誠本文應先決之問題也．雖然．吾嘗聞之矣．易曰．「繫辭焉以盡其言．（註一）．又曰．聖人之情見乎辭（註二）．晋叔向曰．辭之不可已也如是夫．子產有「辭」．鄭國賴之．若之何其釋辭也．註三．此所謂「辭」．乃今之所謂「文學」．也．（註又三）有言焉賴之以盡．有情焉賴之以見．而國亦賴之以存．其功用誠偉矣．雖其所以爲辭者．自必各有一物焉以附麗其間．而後有以顯其功能．而要其辭之本身．亦必自成一機括．以神其張弛闔闢之妙用也．如此．則不可謂非有一種獨立之性質者也．若夫文學之藝術乎．則易曰．脩辭立其誠（註四）．儀禮曰．辭多則史．少則不達．辭苟足以達．義之至也．（註五）．又曰．言欲信．辭欲巧．（註六）孔子論鄭之辭命曰．爲命．裨諶草創之．世叔討論之．行人子羽脩飾之．東里子產潤色之．（註七）．孔子之作春秋也．筆則筆．削則削．游夏不能贊一辭（註八）．是其鵠的有「誠」與「達」與「巧」之標準．（註九）其剪裁有「多」與「少」之較量．其致力有「草創」．「討論」．

「脩飾」・「潤色」之重複接續・其權能有筆削獨斷而非他人所能參預之精邃淵微・而公羊傳屢載不脩春秋曰云云・君子脩之曰云云・其五石六鷁之文・尤斤斤於詞類位置之先後・（註十）非精研藝術・其誰能之・此皆在孟子之前者也・若孟子・則其論說詩也・曰・不以文害辭・不以辭害志・以意逆志・是爲得之・如以辭而已矣・雲漢之詩曰・周餘黎民・靡有孑遺・信斯言也・是周無遺民也・（註十一）・蓋其於文義之間・精審如此・其論讀書也・曰・盡信書則不如無書・吾於武成・取二三策而已矣・仁人無敵於天下・以至仁伐至不仁・而何其血之流杵也・（註十二）・蓋其於事實之間又精審如此・其論尚友古人也・則曰・頌其詩・讀其書・不知其人可乎・是以論其世也（註十三）・蓋其於作者之・個性・及其・背景・又精審如此・則其自爲文・其必有術焉以致其審愼周詳之道・而使其・志・與事・能擧達於讀者之前・又可知也・故謂孟子時之文學・已成一獨立之學問・而有其獨立之藝術・蓋不誣也・

孟子之文學・前人有論之者矣・其最著者・如・

趙岐曰・

孟子長於譬喩・辭不迫切・而意已獨至（註十四）・

蘇洵曰・

孟子之文・語約而意盡・不爲巉刻斬截之言・而其鋒不可犯（註十五）・

蘇轍曰・

孟子曰・我善養吾浩然之氣・今觀其文章・寬厚宏博・充乎天地之間・稱其氣之小大（註十六）・

朱熹曰・

讀孟子非惟看他義理・熟讀之便曉作文之法・首尾照應・血脈通貫・語意反覆・明白峻潔・無一字閑・人若能如此作文・便是第一等文章（註十七）・

又曰・

孟子文章・妙不可言・惟老蘇文深得其妙（註十八）凡此所論・皆有關於藝術方面也・若洪邁云・

予讀孟子百里奚章曰・曾不知以食牛干秦穆公之爲汙也・可謂智乎・不可諫而不諫・可謂不智乎・知虞公之將亡而先去之・不可謂不智也・時擧於秦・知穆公之可以有行也而相之・可謂不智乎・味其所用助字・開闔變化・使人之意飛動（註十九）・

此則又及用助字之法・尤關於文學的藝術深細之問題矣（註二十）・

文學種類多矣・大別分之・爲智的文章・情的文章・議論記事之類・偏於智者也・詩歌・小說・戲劇之類・偏於情者也・然二者亦非能截然畫分・情的文章・無智以經緯其間・則其情恒偏宕失中・而引人入頗僻之路・智的文章・無情以經緯其間・則其智恒枯燥寡味・而使人生厭倦之心・皆非天地間之至文也・孟子之文學・固非如近人所謂爲文學而文學・而特以發揮其種種抱負者也・其全書皆爲議論記事之文・其記事亦爲議論而發也・所謂智的文學也・然而讀孟子之文・能使人清明俊發・壁立千仞・蘇軾之論陶淵明集也・曰・有能讀陶淵明之文者・貪夫可以廉・儒夫可以立・余亦謂有能讀孟子之文者・貪夫可以廉・儒夫可以立也・是何

也．則以孟子之滿腔熱血．一縷深情．磅礴噴湧於紙墨間而不自知．而使讀者之熱血深情．亦鼓舞感動而不自知也．近人梁啓超常自詡其文有魔力 ．若孟子文．眞具有莫大之魔力者也．故孟子之文．雖爲智的文章．而即謂之情的文章．亦無不可也．

（註一）繫辭上傳．（註二）繫辭下傳．（註三）左傳襄三十一年論子產毀晉垣事．（註又三）司馬光云．今之所謂文者．古之辭也．見文集答孔司戶文仲書．（註四）乾文言．（註五）聘禮記．（註六）同上．（註七）論語憲問篇．（註八）史記孔子世家．（註九）嚴復論釋書所云信．達．雅．其義與此相近．見其所釋赫胥黎天演論（註十）見公穀二傳僖十六年．（註十一）萬章上．（註十二）盡心下．（註十三）萬章下．（註十四）孟子題辭．（註十五）上歐陽內翰書．若坊間所流行蘇批孟子．俗傳以爲是蘇洵作．然詞意庸淺．斷非洵所爲．四庫提要已斥其僞．見卷三十七．（註十六）上韓太尉書．（註十七）朱子語類卷十九（註十八）同上．（註十九）容齋隨筆．因案頭無此書．從古今圖書集成文學典第六卷引．（註二十）近人吳慶生所著孟子文法讀本．純從藝術方面著眼．雖其所論．有一部分．乃後作文之眼光．不免有矯揉造作之處．未盡合乎文章竟天藻之妙．然即其所論觀之．亦可知後世文章之藝術．多半爲孟子文所孕育矣．吳氏書於民國二十年一月一日．與高步瀛集解合刻．北平直隸書局．佩文齋發行．各大書局廣州林記書莊有之．

陳蘭甫先生澧遺稿

番禺陳東塾（蘭甫）先生．爲近百年間大師．海內外學子．蓋無不耳其名矣．其生平言行．有先生自述．（刻東塾讀書記卷首）有清代國史儒林傳．（刻東塾集卷首）有東塾集．凡與東塾有師友之淵源．或得遺編之流布者．蓋無不生高山景行之思矣．其遺著犖犖大者．專門之學．則有若切韻考切韻考外篇．有若聲律通考．有若漢書地理志水道圖說．所編先儒粹語．則有若漢儒通義．有若朱子語類日鈔．至其論學之書．「微言大義」所在．萃數十年精力而爲之者．則東塾讀書記是也．

先生各書風行海內．沾溉儒林．其聞風興起．傳習不怠者．固大有人矣．雖然．先生著述．其已成者．閎意妙指．後學或難猝曉．其未成者．又令人展觀目錄．睪然遐想．恨天不假年．以遂其名山之大業焉．間者稔知東莞鄧氏．有先生遺稿鈔本六百餘小册．壽昌因與容君肇祖獻議於嶺南大學鍾校長榮光．請其購入圖書館．以廣文獻之傳．以爲此遺稿一可以觀先輩治學之方法．一可以整理而得若干種之遺書．鍾校長欣然樂從．以六百金購得之．於是此六百餘小册之東塾遺稿由東莞鄧氏私家之寶藏．移而爲嶺南大學圖書館之公有物矣．書來．壽昌於課暇朝夕披覽．竊恨幼居鄉僻．不得早瞻先生風采．登堂奉手受業．猶幸長出省會．從先師番禺梁節菴先生游．獲聞先生緒論之一二．於先生遺著．得吾師指導．亦嘗粗涉其藩籬．數十年來．夙夜兢兢．未敢失墜．賦質愚魯．蹉跎歲月．百無一成．今乃獲讀遺稿．使已成之書．以餘稿比對．而略可推見其用意．未成之書．有此豐富之篇以爲鈎稽排比．似猶有規摹端緒之可尋．蓋又未嘗不鼓舞歡欣．而認爲天賜之良緣也．遺稿各本卷端標識．有默記學思自記學思錄序目雜論學術及經史子集種種名目．其中所記．除讀書日課．生平志事．親友交游情感外．十之九爲讀書記已成之餘稿及未成之草稿．已由南大教授陳受頤博士檢校默記學思自記學思錄序目雜論學術各種．付印於嶺南學報第二卷第二期．以供本校同人及海內外學子之研究矣．

陳君爲東塾後起之秀．學有淵源．識解通博．整理遺稿．實爲最宜．適陳君膺北京大學之聘．告假離校．稿本繁多．不便遠攜．壽昌以曾與私淑之末．重以陳君敦屬．不揣冒昧．繼續研究．擬將研究所得．由嶺南學報分期登載．學海揚塵．百家鼎沸．蒼黃變色．東西易位．有能讀東塾之書．爲東塾之學者乎．其諸東塾先生所謂其效在數十年之後者歟．其諸濟濟衿纓．得此南鍼．航大海涉風濤而不匱歟．編輯例如下．

（一）遺稿各條．多屬讀書記之文．其有非讀書記者．皆與讀書記有關．故所編各條．以讀書記爲中心．

（二）讀書記初名學思錄繼名論學最後定名爲東塾讀書記（觀本報第二卷第二期第一六五頁第一七三頁自明）．凡遺稿各條．所稱學思錄即讀書記（說明之文．概稱讀書記）

（三）陳受頤博士所校印於本報第二卷第二期之各條．東塾先生生平志事．讀書課程．著書綱目．皆在其中．欲治東塾之學者必須問津於此．本期所登各條．多與彼期有關．不暇一一註明．宜比對觀之．

（四）本期所登各條．乃自遺稿各本中．分投采輯而出．與前期所登之稿．聚於默記學思錄序目雜論學術數册子中．可依照原次者不同．故僭爲分類．每類各以數字括其要旨．以便檢閱．

（五）遺稿中各條．十之九可分屬讀書記一卷至二十五卷已成及未成之各目．本期所編．除一部仍有自默記論學學思錄各册采錄外．（與前期重複者不錄）多錄自本朝及通論兩目之稿．蓋讀書記擬以此各條．爲該兩目之稿也．（據此觀之．則通論一卷．蓋多論古今學術之公共變遷得失．非分屬於一朝代者．及治學之方法也．）今茲編輯目的．擬求先生所言各條之用意以爲治東塾學全書之樞紐．已非國朝及通論兩目完全之稿．故暫行另分類標名．

（六）分類最難．分類之定名尤難．往往一條之文．涵數類性質．重複與分裂．既皆有不便．（漢志有複出．之例．今難仿行．）强爲定名．又多顧此失彼之病．今茲所擬．雖竭愚鈍．難免疵瑕．大雅君子．諒其鄙誠．庶賢無所用心云爾．（先生朱子語類日鈔．分卷而不分類．其排列先後．意義相承．節目明顯．漢儒通義．雖分類．而皆爲大綱之類．其所定名．亦爲大綱之名．故無以上諸病．今擬仿效．勢有未能．望古遙集．徒增懷想．）

（七）類與類及每類中各條排列之先後．使意義和承相發．

亦爲編書應注意之一事．今倉卒編成．尚多未審．觀者注重原文．略其編次．庶免愆尤．增我慚恧．

（八）每類所擬之名．或不能盡每類中各條之義．觀者若憑名推義．思想常受束縛．請各就每條原文．以精密及活動眼光分析之．

（九）先生所編漢儒通義朱子語類日鈔．皆不下一字說明．使閱者專就原文研究．思想既不受束縛．印象亦易於深入．此爲編書最古之良法．今取便一般觀覽．略爲說其眉目．析其意義．於先生之意．恐或多所未當．觀者既明瞭原文．此等說明．可以筌蹏視之．

（十）說明之文．閒或用近日普通習用之名詞．（既尋常所謂新名詞）此等名詞．於原書或嫌不類．意取易於明曉．無法避免．非競新奇．用獵時譽．

（十一）說明之文．概低格另行．閒有列原文內者．則以方括弧「」爲標識．其有圓括弧（）在原文內者．乃原文本有之注．

民國二十一年五月二十日楊壽昌謹識於廣州嶺南大學之爪哇堂．

讀經問題的意見

時代潮流問題　學生程度問題　讀法如何問題　學科支配問題．

讀經問題．醞釀久矣．主張者以經書爲中國文化之源泉．國民道德之根本．反對者又以爲不合時代潮流．文理失於深奧．而學生程度之能讀此否．學校時間之容許讀此否．皆成問題．余昔爲經訓讀本序曾略舉甲乙問答．以表現雙方之主張．今承商務印書館教育雜誌社徵文．再賡續其說．與邦人君子商榷焉．

讀經一事．至大學部則爲專門之研究．無論何人皆不能反對．不成問題．其有問題者則在中小學部．主張與反對皆各持一部分之理由．非陳列雙方之說．則無以盡其曲折．而解決此問題也．今所辨析者．以中小學爲本位．其關於大學之專門研究．則從略．

關於中小學讀經問題亦夥矣．舉其大者．約有四端．曰時代潮流也．曰學生程度也．曰讀法如何也．曰學科支配也．此四者事理繁賾．未易殫述．今簡單條列甲乙兩方之說．而於其篇終．附以作者之管見焉．

（一）時代潮流問題　甲之言曰．一切學問．皆爲解決生活問題而設．一時代有一時代之生活．即一時代有一時代之學問．以甲時代之學問．應用於乙時代之生活．常枘鑿而不相入．推之乙時代之於丙時代亦然．丙時代之於丁時代亦然．由此遞嬗．以至無窮．凡易一時代．必產生無數之新學問．以爲適應．如夏葛而冬裘．如渴飲而飢食．此人類所以能進化不已．而亦吾人今日所應共守之公例也．

經書之時代．據其最近而言．逾二千年矣．（經書時代說者不盡同．然六經爲孔子所手定．當以孔子時代爲標準．其他如易之十翼．儀禮之傳及戴記．春秋之公穀．四書之論語大學中庸孟子．皆七十子後學者所記述．與孔子時代接近者也．）此二千餘年中．社會變遷不知凡幾．至最近百年．宇內交通變動之劇烈．尤爲亙古所未有．欲據二千年前之經

楊壽昌

訓・範圍現世之人・何異隆冬而衣葛・極飢而乞飲乎・

今姑舉其一二・例如儒家所重・莫如五倫・以父子言・孔子曰・父母在・不遠遊・遊・必有方・（論語里仁）今之人或學或仕・或經營種種之事業・能不遠遊乎・軍人調遣・飄忽無定・能必有方乎・三年之喪・儒家所最注意者也・據儀禮士喪禮・既夕禮・士虞禮・喪服傳及禮記中所載・其儀節委曲繁重・今日人類社會日益複雜・服務之事・因之日增・所謂居倚廬・食粥・寢苫・枕塊・衰麻・哭泣・服制變除之節・問有誰能一一實行乎・

以君臣言・共和時代・君臣名詞・已不適用・孔子所謂・拜下禮也・今拜乎上・泰也・雖違衆・吾從下・（論語子罕）今日拜跪之禮已廢・更有何拜上拜下之可言・

以夫婦言・昏時親迎・（儀禮士昏禮鄭注云・日入三商爲昏・）此禮久廢・所謂同牢而食・合巹而酳・御衽于奧・媵衽良席・在東・皆有枕・北止之類・（皆見儀禮士昏禮及禮記昏義・）今宮室・飲食・寢處・器用・制度・習慣・皆不同・此類儀節・更無適用之處・又今日文明結婚儀式・簡便而亦不苟且・則古之所謂納采・問名・納吉・納徵・請期・親迎之六禮・（亦見士昏禮）殆無恢復之必要・今日男女社交公開・爲世界人士所公認・而古人男女授受不親・（見孟子離婁上）外言不入於閫・內言不出於閫・（見禮記曲禮）更無異於人類之桎梏・

統括言之・古今懸隔・大而倫理政治等等・小而飲食起居交際等等・無一能同・即其所應於彼時代所產生之學說・亦罕能適用也・

乙應之曰・君所謂一時代有一時代之生活・即「一時代有一時代之學問者・其根本原則・是也・此義經書已屢言之・至於君所舉各例・致疑經學之不適用・則似未觀其通也・此說甚長・非簡短篇幅所能盡・姑約言之・」

易不云乎・剛柔者立本者也・變通者趣時者也・又曰・日新之謂盛德・又曰・變而通之以盡利・鼓之舞之以盡神・又曰・通其變使民不倦・神而化之・使民宜之・易之十翼蓋取由漁獵而耕稼而工商・由無而有・由粗而精・即變通盡利之例也・（皆見繫辭傳）中庸曰・君子而時中・即變通盡利之解釋也・萬變而不離盡利之目的・即萬變而不離中之目的・何謂利・何謂中・即適應於其時最完全美滿之生活是也・春秋有三世之義・有三統之義・三統者・忠質文之遞變・以示變通之例・三世者・據亂世內其國而外諸夏・升平世內諸夏而外夷狄・太平世・大小遠近若一・夷狄進至於爵・以示進化之例・（見春秋公羊傳及董子春秋繁露）非變通無由進化・惟進化愈須變通・此義推之六經四書・重規疊矩・聖賢曷嘗教人泥守古迹乎・君所舉者皆迹也・而未言其心也・迹則隨時隨地隨各人羣生活之不同而屢變・心則有其原理原則之可言・亙古今・通中外・雖萬變而有其一貫之處・宋儒陸象山（九淵）・有言・東海有聖人出焉・此心同・此理同也・西海南海北海有聖人出焉・此心同・此理同也・千百世之上有聖人出焉・此心同・此理同也・千百世之下有聖人出焉・此心同・此理同也・（見宋史儒林傳）吾人讀書・有歷史的・有模範的・歷史的者・統古今中外之陳迹・不論其爲是爲非・爲得爲失・皆旁羅總滙・參互比較・

由今日以衡古人・由甲地以衡乙地・而求其異同演變之故者也・模範的者・於此陳迹之遺留・考迹以觀其用・察言以求其心・（二句易大畜程傳語）而得其可以爲吾人取法之資者也・君所舉各例・以此義通之・殆將豁然無疑・

例如孔子遠遊有方之言・朱注解云・遠遊則去親遠而爲日久・定省曠而音問疎・不惟己之思親不置・亦恐親之念我不忘也・遊必有方・如已告云之東則不敢更適西・欲親必知己之所在而無憂・召己則必至而無失也・（朱注本邢疏）此乃平常父子間天理人情之至・然孔子固未嘗禁人遠遊・下句遊字承上文・即指遠遊・所謂有方・亦但就可能範圍內而言・若夫戰陣之不能有方・此爲例外之事・並非矛盾・曾子曰・戰陳無勇・非孝也・（禮記祭義）小雅四牡之詩曰・豈不懷歸・王事靡盬・不遑將父・又曰・豈不懷歸・王事靡盬・不遑將母・戰陣之勇・預備捐軀・將父將母・且云不遑・其於有方・蓋不暇計矣・

又如三年之喪・禮記三年問云・三年之喪・稱情而立文・所以爲至痛極也・斬衰・苴杖・居倚廬・食粥・寢苫・枕塊・所以爲至痛飾也・然則此等儀節・不外稱情立文・以爲至痛之飾・情則古今所同也・其稱此情以爲至痛之飾之文・則古今不必盡同・然而有疾痛慘怛之心發於中・則必有疾痛慘怛之容見於外・自非如老莊對於生死之曠達人生觀・苟有人心・即不盡依所云居倚廬等等之儀式・亦未有飲食居處・陽陽如平常者矣・

又如君臣二字・特首領與佐助之代表詞・自有人類以來・以至後此之無量世・凡有一羣・恐未有可以無首領與佐助之關係者・今之一國之主席・或總統或委員長等等・一省之主席・或總司令等等・皆首領也・即皆君也・其助首領以分任各事者・皆佐助也・即皆臣也・故君臣之名可改・君臣之實仍存・至其權限組織・不特今日有變遷・即古代亦有變遷・拜上拜下・儀文不必同・而佐助對於首領・必有相當之敬禮則同・

又如昏禮之用昏時・鄭注解爲陽往陰來之義・親迎之禮・郊特牲解爲男先於女之義・同牢合巹・昏義解爲合體同尊卑之義・御衽婦席・媵衽良席・賈疏解爲陽往就陰之義・要之・此等禮節・形式雖殊・不過爲男女交相親愛之表示而已・古今禮節不必同・而交相親愛・則古今不可易也・昏禮之六禮・今不必盡與之同・而必經過相當之選擇認識及鄭重之結合儀式・則古今所同・男女社交公開・古人亦曾行之・禮記坊記載陽侯殺繆侯而竊其夫人・故大饗廢夫人之禮・此可證古時大饗・曾有夫婦同爲主人之習慣・特因陽侯之事而廢止・然則男女社交公開與否・因人類程度而定耳・觀孟子答淳于髡嫂溺援之以手之問云・嫂溺不援・是豺狼也・男女授受不親・禮也・嫂溺援之以手者・權也・（離婁上）則知男女授受不親之禮・固非天經地義不可移者矣・

凡此云云・特以釋君之疑耳・總之・此等如其爲歷史的・則當比較以求其異同之故・如其爲模範的・則當觀其用・求其心・而演爲一種新生活・於讀經問題・固皆絕無妨礙也・

若夫經中之微言大義犖犖大者・其詔示人類生活之原理原則・亙古今・通中外而無以易・則君似尚未致意也・

例如禮運曰・故聖人耐（鄭注云古能字）以天下爲一家・以中國爲一人者・非意之也・必知其情・辟於其義・明於其利・達於其患・然後能爲之・何謂人情・喜・怒・哀・懼・愛・惡・欲・七者弗學而能・何謂人義・父慈・子孝・兄良・弟弟・夫義・婦聽・長惠・幼順・君仁・臣忠・十者謂之人義・講信修睦・謂之人利・爭奪相殺・謂之人患・故聖人之所以治人七情・脩十義・講信修睦・尚慈讓・去爭奪・舍禮何以治之・慈・孝・良・弟・義・聽・惠・順・仁・忠・此不易之原則也・如何而爲慈・如何而爲孝・如何而爲良・爲弟・爲義・爲聽・爲惠・爲順・爲仁・爲忠・則古今中外・不能盡同・而要必有其原理之可言・此所以貴精義入神以致用也・（精義云云易繫辭傳語）約言之・不外使人類達到完全美滿之生活而已・今之世尚未脫功利詐僞之習・講信修睦・徒爲文飾・爭奪相殺・後患方長・翹首乾坤・令人百感交集・然欲達到人類完全美滿之生活・則雖聖人復起・亦必無他途徑・終非循此昌人利除人患之法・不爲功也・

又如論語曰・夫仁者・己欲立而立人・己欲達而達人・（雍也）大學曰・所惡於上毋以使下・所惡於下毋以事上・所惡於前毋以先後・所惡於後毋以從前・所惡於右毋以交於左・所惡於左毋以交於右・此之謂絜矩之道・此待人之原則也・人之情性・欲惡兩端而已・雖所欲所惡或因時代地域而不同・而要之所欲必推及於人・所惡必勿施於人・則爲羣德之至美者也・

又如論語曰・居處恭・執事敬・與人忠・雖之夷狄・不可棄也・（子路）又曰・言忠信・行篤敬・雖蠻貊之邦行矣・言不忠信・行不篤敬・雖州里行乎哉・（靈衞公）此律己之原則也・世雖詐僞・吾必忠信・世雖放恣怠慢・吾必篤敬・爲人類自立之金科玉律・故放之夷狄蠻貊而皆準也・

又如論語曰・老者安之・朋友信之・少者懷之・（公治長）禮運曰・大道之行也・天下爲公・選賢與能・講信修睦・故人不獨親其親・不獨子其子・使老有所終・壯有所用・幼有所長・矜寡孤獨廢疾者皆有所養・男有分・女有歸・貨惡其棄於地也・不必藏於己・力惡其不出於身也・不必爲己・是故謀閉而不興・盜竊亂賊而不作・故外戶而不閉・是謂大同・此人類完全美滿生活之理想世界也・約言之・則各得其所・各盡所能・各取所需而已・此理想世界・不易實現・而苟全世界人人向此目的以進行・則必終有實現之一日也・

其所以能致此之功夫・就其大規模言・則大學云・「大學之道・在明明德・在親民・在止於至善是也・就其精密功夫言・則大學云・古之欲明明德於天下者・先治其國・欲治其國者・先齊其家・欲齊其家者・先修其身・欲修其身者・先正其心・欲正其心者・先誠其意・欲誠其意者・先致其知・致知在格物」是也・孫總理謂此爲世界最精之政治學說・又常書禮運大道之行一段以示人・又主張恢復忠・孝・仁・愛・信・義・和平之民族固有道德・忠孝仁愛・經書中屢見不一見・信義和平・則禮運於講信脩睦兩言之・其他經書言此者・亦不勝枚舉・以孫總理之具世界眼光・努力革命・而拳拳於此・則今日動云經書不合時代潮流者可反也・

若夫由一心以及萬事・操之至約而推之至廣・則中庸云・喜・怒・哀・樂之未發謂之中・發而皆中節謂之和・中也者天下之大本也・和也者天下之達道也・致中和・天地位焉・萬物育焉・孟子云・人皆有不忍人之心・先王有不忍人之心・斯有不忍人之政矣・惻隱之心・仁之端也・羞惡之心・義之端也・辭讓之心・禮之端也・是非之心・知之端也・凡有四端於我者・知皆擴而充之矣・若火之始然・泉之始達・苟能充之・足以保四海・苟不充之・不足以事父母・（公孫丑上）又云・老吾老以及人之老・幼吾幼以及人之幼・天下可運於掌・詩云・刑于寡妻・至於兄弟・以御於家邦・言擧斯心加諸彼而已・（梁惠王上）又云・人皆有所不忍・達之於其所忍・仁也・人皆有所不爲・達之於其所爲・義也・人能充無欲害人之心・而仁不可勝用也・人能充無穿窬之心・而義不可勝用也・人能充無受爾汝之實・無所往而不爲義也・盡心下此與大學之格致誠正修齊治平・互相發明・而於守約施博之義・則益明顯矣・

其以家庭爲起點・而推及於全人類・則孝經曰・身體髮膚・受之父母・不敢毀傷・孝之始也・立身行道・揚名於後世・以顯父母・孝之終也・夫孝・始於事親・中於事君・終於立身・（開宗明義章）曾子曰・身也者父母之遺體也・行父母之遺體・敢不敬乎・居處不莊・非孝也・事君不忠・非孝也・莅官不敬・非孝也・朋友不信・非孝也・戰陳無勇・非孝也・五者不遂・災及於親・敢不敬乎・（禮記祭義）有子曰・君子務本・本立而道生・孝弟也者・爲仁之本與・（論語學而）孟子曰・道在邇而求諸遠・事在易而求諸難・人人親其親・長其長・而天下平・（離婁上）近人動排斥家族主義・以爲國家之所以弱・社會事業之所以不發達・皆由於此・而不知經書中之言家族・乃以爲起點・而非以爲究竟・而其由近及遠・由親及疏・又順乎人情之自然・而徑直易行・若夫知有家庭・而不知有社會國家世界・此乃人情之流失・而不可以咎經義也・

若斯之類・更僕難數・千枝萬葉・條貫分明・統之有宗・滙之有源・其立義中正通達・至美至善・可信雖再歷千萬年而不可廢也・蓋時代者・爲一繼續性之綿延線・所謂歷史上某一時期・不過爲利便研究起見・等於言天文地理者之劃分經緯・非眞有一鴻溝・而彼此漠不相涉也・其生活條件・隨時而變・故當用歷史眼光・以求其異同之故・而爲新時代學術之發明・而古今人類・同此心理・故雖數千年前之典訓・而其原理原則・又仍可奉爲模範也・故時代潮流無問題也・

（二）學生程度問題・甲曰・君之所言・陳義信高矣・然類皆空洞迂闊之論・不切於日用生活之實際・此在大學生之研究倫理政治哲學者・猶將苦其難・若施之中小學生・不益河漢乎・恐未免徒費時光・窒塞其聰明・而長其誇大之習也・且吾嘗求之各經・而苦其難讀矣・例如韓文公・（愈）云・周誥殷盤・佶屈聱牙・（進學解）此爲書經難讀之證・又云・余嘗苦儀禮難讀・又其行於今者蓋寡・（讀儀禮）此爲儀禮難讀之證・其下侯甸・捋采其劉・（大雅桑柔）則詩經難讀・載鬼一車・（易睽卦）・雷電噬嗑（易噬嗑卦）・則易經難讀・王者孰謂・謂文王也・（春秋隱元年春王正月公

羊傳）．明是平王．而以爲文王．則春秋難讀．察其菑蚤不齵．幬必負幹．（考工記）．則周禮難讀．地載神氣．神氣風霆．（禮記孔子閒居）．則禮記難讀．冢簡箌昄晊將崇席．大也．（爾雅釋詁）則爾雅難讀．至於孝經四書．宜若較易讀矣．然今文古文．辯論紛紜．則孝經難讀．上天之載．無聲無臭．至矣．則中庸難讀．論禘之說．而曰．知其說者之於天下也．其如示諸斯乎．（八份）．則論語難讀．必有事焉而勿正心．（公孫丑上句　讀訓詁難明．則孟子難讀．故吾謂中小學生不可以讀經也．

乙應之曰．余前所云云．特以釋君時代潮流之疑．故所學文例．不盡限於適用中小學生之讀物．若中小學生之讀物．余將另言之．（見下）今不贅．然君謂余前所言．類皆空洞迂闊之論．不切於日用生活之實際．則鄙人愚陋．竊有所未喻焉．凡立一理論．有屬於原理原則者．有屬於實際條目者．原理原則．普遍而易涉空洞．實際條目．切實而僅限方隅．原理原則．爲實際條目所由生．實際條目．爲原理原則之表現．二者密切關係．體用聯貫．吾人爲學．或就多數之實際條目．而歸納之以求出原理原則．或就一原理原則．而演繹之以發生無數之實際條目．因果循環．互相爲用．讀經之道．何獨不然．余前所舉例之經文．多注意於原理原則．故其旨趣．誠不免有稍近空洞之處．然語雖空洞．而含義實多．無數之日用生活實際．由此演繹而出．是空洞而非迂闊也．不知君所謂迂闊者何指也．且如「己欲立而立人．所惡於上毋以使下．居處恭執事敬．人皆有所不忍達之於其所忍」之類．則無論大學生．中小學生．淺深廣狹．隨其環境之所遇．當下即可用功．蓋至切實而非空洞．君一概以空洞目之．不亦異乎．

至於君所舉例者．或屬訓詁文義之深奧．或屬事理徵象之渺遠．以爲難讀．誠亦不可諱之事實．此種訓詁文義之深奧．略等於學外國文之翻譯．中學生可讀外國文（從前小學生亦有能學外國文者）則此等文．亦非絕對難讀．至其事理徵象之渺遠．若以譬喻比例之法．爲之說明．以淺而明深．以近而明遠．則其事理亦非絕對不可了解．然中小學生之讀經其目的非欲使之爲經生．固無需讀此類也．今不暇再言讀此類之方法．所欲爲君言者．則獨惜君但摘取每經中較深隱之文句．遂概括斷定以爲難讀．而於各經大多數明白易曉之文．竟絕無一及也．

今試檢論語．從頭至尾．平心靜氣讀之．難讀者多乎．易讀者多乎．孟子文尤明顯．試檢孟子．從頭至尾．平心靜氣讀之．難讀者多乎．易讀者多乎．大學中庸．比較論孟爲略難讀．然其文義事理．並非絕對不可解．試以此比較小學五年級以上及中學生之讀物．所謂各種之自然科學教科書．及社會科學教科書．其難易深淺若何乎．恐雖不甚喜四書之人．亦不易肯定下一斷語矣．孝經之文與論語略同．今文古文章句略殊．無關宏旨．知論語之難讀易讀．則知孝經之難讀易讀矣．若夫其他各經．比較四書孝經爲略難．然禮記之文．明白易曉者不少．詩經爲韻語．音調諧協．爲青年所喜誦．其中一部分．事理亦非難明．左傳文采斐然．饒有故事趣味．尤合青年人心理．此三者．皆有一部分．可供學生讀物之用也．

然此等討論．所謂難易．所謂可與不可．恐尚涉空洞．各憑主觀揣測．無一正確之對象．以爲判斷之標準．未足以釋君之疑也．吾欲君取中小學生若干人．（小學生要五年級以上）將各年級之自然科學讀物．及社會科學讀物．使之與孝經四書等一齊閱讀．自行解釋．以實驗其對於各書了解程度之高下．則其爲難爲易．無難得一實證矣．吾嘗試之矣．吾未見學生對於各教科書之獨易．而對於孝經四書等之獨難也．故謂經書之難讀．而中小學生程度．不足以讀經．殊非事實也．則學生程度無問題也．

（三）讀法如何問題．甲曰．假如君言．中小學生．決定讀經矣．然讀經之目的若何乎．不將曰培植學生之國民基本道德乎．然科舉時代．人人讀經．未聞其時學者德行之特別優異．清季學堂亦讀經．而學生之道德．好者自好．壞者自壞．未足以證明讀經能發生善良之影響也．又近日學校．雖無讀經．然種種訓育之設施．及各科中關於善良之言論模範．其性質與讀經何異．而學生之好者自好．壞者自壞．蓋言行之難一致．知行之難一致．自古已然．德育問題．視智育體育爲尤難．學生在校道德之良否．及在校誠良．而離校入世後．能永久保持其良與否．原因複雜．非可簡單以計日程功．謂一提倡讀經．而國民基本道德．遂可以培植．恐言之易而行之難也．則如何訓練而使之吸收經書中之道德智識．又如何訓練使吸收此道德智識後．同時而見之實行．此爲讀經應先決問題．

至經書簡册浩如煙海．全讀擇讀成一問題．誰先讀誰後讀成一問題．學生程度不能自讀．誰足任指導者．成一問題．吾以爲全讀已苦於無力．擇讀又難窺全豹．誰先讀誰後讀．吾人觀點不同．因之主張不同．爭論紛紜．憑何決定．又指導之職殊難得人．喜新者對此或素非所習．而臨渴掘井．篤古者難免以一孔自封．而陳腐無用．此所以讀經之論．雖久有提倡．而尚未普遍實行也．

乙應之曰．君所慮誠周矣．余以爲讀經問題．目前所未解決者．在第一第二兩項問題．假如人人認時代潮流無問題．人人認學生程度無問題．則欲解決讀法如何問題．最好由教育部將讀法如何種種疑問．徵求全國學者意見彙集折衷．妥爲訂定．合全國人之心思才力．以研究一問題．而又有最高教育行政機關以爲之提挈．雖其他至困難之問題．尚不難於解決．況此讀經方法問題．固有途徑之可求者哉．如慮指導教師．人才不足．則由各省縣市教育行政機關．開設讀經教師訓練所．徵集舊學或新學較有基礎人員．依教育部所定讀經方法．加之訓練．授以經學種種智識及教授方法種種智識．不二三年．全國讀經教師．斐然成章．充滿省縣市矣．此解決讀經方法問題之根本辦法也．

此根本辦法未實現之前．今且依君所提出疑問．先與君爲私人之討論．竊以爲教材依乎目的而定．教法依乎教材而定．各經內容深博．如爲大學部之專門研究．自有其他種種問題．若但就中小學讀經而言．則其目的．如君所謂培植學生之國民基本道德者．似最爲精當不可易者矣．依此目的以定教材．則自然以擇讀爲宜．何者．蓋中小學讀經之目的．已如上所云．則不在於窺經書之全豹．而但在於應乎目的之需求．自無全讀之必要．且全讀亦發生種種困難．誠如君所謂全讀苦於無力者也・既是擇讀・則自然於經書全體・有所割愛・其依目的以選擇教材之標準・及其排列先後之程序・與乎教授之方法・有可約舉者・⑴合乎目的之需要・⑵合乎學生各年級之程度・⑶依所定每周教授時間之多少・以定教材之多少・⑷教授時間不宜太多・以免妨礙各科之課程・又不宜太少・使此科不發生效力・等於虛設・統籌兼顧・中學似以每周占兩小時爲宜・小學似以一時半（即三節）爲宜・⑸每課教授字數・在精不在多・由小學五年級起（小學四年級以下程度太淺可不讀）至高中三年級・每課約由二十字・按年遞增至一百字・⑹基上各項標準・則宜在各經中選擇教材・分類編成課本・⑺各經中孝經四書及禮記中之一部・其文義事理・較明白淺近・合乎教材之需要・課本之選擇教材・宜以此爲基本・而略輔以他經・⑻課本之編輯・先由低年級起・逆溯而上・按年計所需約若干字・從上列各書中・選擇其教材・⑼每年級教材選定・按其內容・分爲若干類・依事理之淺深・及各部分之關係・以排列其先後・⑽所選教材・其每段原文文理起訖・長短不同・礙難如尋常課本・按標準字數分課以割截之・宜順其文理起訖以分類・每類字數・多寡不同・由教者於授課時・根據每課標準字數及文理起訖・酌量伸縮之・⑾教者教授・先使學生明白經中文義及其事理爲主・不宜多用經生考證方法・紛亂學生腦筋・反使望而生畏・致失主要目的・⑿切己體察・近裏着己・是宋儒教人讀經方法・教者宜仿其意・就目前日用行習功夫・及社會情狀・親切指點・以發明經義・教者更宜於近思錄朱子語類等書・時常體玩・以資修養・⒀教者教授經訓時・有兩種注意・（甲）目前即可履行者・如居處恭執事敬之類・宜就目前環境・指導練習・使之得相當之認識及習慣・（乙）目前未有事實可履行・而宜深植其意識者・如立身行道・揚名於後世以顯父母・及戰陳無勇非孝之類・宜解釋其意義及事類・更隨時鼓舞學生之興趣・使之了解及嚮往・而得深刻之印象・⒁課本編定後・宜附編一教學法之書・基上各項之標準・解釋課本中之文義・及其事理之內容・并著各課教授法之學例・以資教學之參考・

以上僅據管見・以解釋君所提出讀法如何之疑問・此事意義深遠・條理複雜・鄙人之愚・誠不足以及之・姑附各陳所知之義云爾・

甲曰・依君所擬第六項分類編成課本之法・則於經書原本篇幅有割裂・依第九項排列先後之法・則於經書原文先後有顛倒・一則失尊經之意・二則使學生不見原書面目・均爲最大缺點・夫不尊經則已・既云尊經・似不宜有此也・如慮學生日力不足・及各經深奥難讀・何不即專用孝經四書原本・分年講讀・較爲兩者兼顧・似不必如此紛更・反啓荒經蔑古之漸也・

乙應之曰・君之意鄙人所甚贊成也・然至教授實施時・不免發生許多困難・⑴古今社會不同・君已舉出多例・遇着此等問題・學生必多惶惑・費詞解釋・時多效少・既非目的所在・無爲自滋紛擾・⑵古今文字・間有變遷・遇着深奥之文・學生望而生畏・既鮮興趣・難使注意・⑶教授學科・貴有系統聯絡・若但循原本讀去・遇有其他互相發明之處・難於越次檢查・則散無統紀・會通之力・因之減少・夫尊經求

其實用耳．既有許多困難．固不必襲尊經之美名．而反失尊經之實用也．陳蘭甫先生（澧）謂．禮記每篇．孔引疏鄭目錄云．此於別錄屬某某．今讀禮記．當略仿別錄之法．分類讀之．（東塾讀書記卷九）朱子最尊孟子．既依原書為集注．又另編孟子要略．於原書有割裂顛倒．不以為嫌．然則古人有行之者矣．故讀法如何問題．似亦有解決之可能也．

（四）學科支配問題．甲曰．假如讀法問題解決矣．尚有一問題．則學科支配問題是也．今之中小學生．學科多矣．上課及自修．日無暇晷若再加以讀經．不注意講習．則讀經為具文．注意講習．則各科受牽動．此又言讀經者所應慮及也．

乙應之曰．此問題根本辦法．權屬教育部．假如教育部認第一第二第三問題皆可解決矣．第一問題解決．則認為經必當讀．第二第三問題解決．則認為經無難讀．如此則教育部固有變更課程之可能．將每星期中學讀經兩小時．小學五年級以上讀經一時半．與各科通盤籌畫．妥為伸縮．則每星期統共時數不加增．而讀經一科得有教授時間之機會．於各科亦無礙矣．夫學科之設立及其增減．根據教育之目的．教育目的．認某種學科為需要．則主持教育之最高機關．隨時有斟酌設立之權．此教育史上最明顯之事例也．

甲曰．假如未達到根本辦法時．則中小學生．固無讀經之可能乎．

乙應之曰．我國學制貴統一．與美國各州之學制參差者不同．部定學科．各校無減省之權．然減省不可也．若於其餘暇．增習某種學科．等於課外之讀物則無不可．課外讀物．不在部定範圍之內．各校有伸縮之餘地．於部章無礙也．今之中小學生．雖甚忙碌．固未嘗無課外閱讀小說雜誌等等之機會．小說雜誌等等．於課餘可閱讀．而獨謂經書於課餘不可讀．則非理也．故未達到根本辦法時．中小學生欲讀經．可利用課餘時間也．此學科支配問題之擬議也．

以上讀經問題．甲乙雙方之主張大略如此．楊壽昌曰．乙之主張當矣．然非有甲之主張．無由顯乙之眞理也．不知甲之主張．無以防讀經之弊．不知乙之主張．無以成讀經之功．故讀經問題．贊成與反對．皆我所樂聞也．嗚呼．今日國難急矣．民德墮落矣．新失其新．舊失其舊．旁皇歧路．莫知所歸．易曰．窮則變．變則通．通則久．窮．變．通．久．非昌我聲名洋溢乎中國．施及蠻貊．舟車所至．人力所通．天之所覆．地之所載．日月所照．霜露所墜．凡有血氣者莫不尊親之孔子之學說．以起我國民已失之靈魂．將誰望乎．將誰望乎．

希山叢著序

歲癸丑．為民國二年．鄧公仲元出鎮瓊崖．文武僚屬．盛極一時．時則羅君幼山任祕書．而余亦備長教育科．二人者朝夕相見．聚首談心．甚相得也．俄而羅君出長臨高．施調澄邁．循聲卓著．報政之暇．時相過從．不數月．鄧公去職．同僚星散．余與羅君亦分手矣．羅君篤學劬行．中外新舊．左右采獲．性好著作．教授從政之暇．記載詠歌．裒然成帙．民國二十年卒於家．

今年哲嗣香林教授．彙君所作曰詩鈔者一卷．文鈔者五卷・亞洲史者二卷・寧東羅氏禮俗譜者一卷・興民學校小史者一卷・附錄年譜一卷・署曰希山叢著第一集・徵序於余・余惟吾國近日學者・有兩大病・一曰中外新舊之衝突・一曰言論行事之違反・前者故見自封・不復知天地之大・宇宙交互嬗變之原・後者爲一切無根之談・以欺世盜名・議論多而成功少・又或悍然冥行・常顚倒改易其說而不能自解・二者交譏・學術壞而國家亦受其弊・

君少游宿儒吾友羅補月明經之門・致力國學・究精探微・卓然有所自得・而於當世之故・復悉力研討・下帷教授・成才衆多・施之政事・端倪顯露・使人咸曉然知儒效之不可侮・學所謂兩大病者・咸廓清之・然則君之遺著刋行・豈徒香林誦先人之清芬・抑亦將來徵文考獻者所不可遺也・

抑君藉興寧・興寧於淸初猶隸惠州・維桑與梓・必恭敬止・讀君書蓋不勝鄕里老成凋謝之感・而鄧公遇難至今・又已十餘年・回思瓊崖鎭守使署時・賓主僚屬・縱酒高談・預測國家世界將來之前途・而共致其最大之願望・蓋又不禁俯仰今昔・撫多難之神州・而悲來日之大難・欲起君於九原而質之也・中華民國二十五年五四運動紀念日・惠陽楊壽昌序於廣州嶺南大學・

陳子褒先生遺集序

易卦以山下出泉爲蒙・有童蒙之象・取利貞之義・彖傳釋之曰蒙・以養正・聖功也・蓋吾先哲之重童蒙教育如此・往讀泰西教育家言・見其所論教授管理諸法・多爲小學而設・而教育家斐斯塔若籍・乃終身從事小學教育・歷千辛萬苦而卒達於成功・爲國民教育之倡導・近代文明國・以大學畢業生而任小學教育者・亦不可縷數・然後嘆中外一理・而吾先哲蒙養之精義・證之異域而愈明也・

自外侮頻仍・窮極思變・吾國師法泰西・改革學制・垂四十年・其間不乏魁儒碩士・盡瘁斯業・然大抵學問愈博・資望愈高・則愈多致力於中學以上專門深造之教育・其能專心小學校教育者・蓋難其人・以吾所聞・有之・其惟新會陳君子褒乎・

君於光緒乙未以前・已著婦孺須知一書・其俗話說一文・作於丁酉・報章須用淺說一文・作於已亥・爲提倡白話文之先聲・而已亥所作教育學會緣起一文・復諄諄於小學教科書之程度・當是時科舉尙盛行・學者多醉心於制舉之文・以干利祿・其高者不過精研中國古學・不失爲博雅之林・其又傑出者亦不過感於甲午乙未間中日戰役之變・丁酉戊戌間德佔膠州灣・列强相率索租借地之變・慷慨奮發・主張變法自强而已・而君以博學高才・獨約旨卑思・不騖高遠・從下層築起・拳拳研究於舉世所不經意之小學教育各問題・自是而後・孜孜矻矻・垂三十年・旣設子褒學塾・躬親教導・實行其小學教育之主張・復設蒙學書局編譯各種小學課本・以廣其傳・期於與其小學教育主張之響應・今讀其遺集・大半皆發揮小學教育意見之文・語重心長・詞繁不殺・其所發明之新理新法・雖今日新著新譯・衆說紛綸・猶不失其存在之價値・或乃孤衷特見・猶爲時哲所未言・而出其門者・小以成小・大以成大・子褒學塾之聲譽・騰播於吾粵人之口・故吾謂君之人格及其生平之事業・在於教育・尤在於小學之教

育・其遺集不當僅視為文章家言・實當視為教育家言也・

　君以光緒癸巳舉於鄉・名列康南海前・卒入萬木草堂受業為弟子・其服善向上・有宋儒呂滎陽在大學師小程子之風・考君鄉舉時・已積學能文・其富也者福也一文・通聲韵假借之理・為此春酒以介眉壽一文・備屈豔班香之美・入萬木後・所造益深・其所手讀之書・捐贈嶺南圖書館者・於四史圈點批識・朱墨縱橫・悉遵萬木家法・學既通博・故其教人・才能肆應・遇高才生・亦施以高深之人才教育・於經史子集時務・提綱抉要・尤注意東漢風俗・宋儒理學・勵名節尚躬行・明體而達用・學所得於萬木師門者・溝貫而發揮之・其所發經史訓詁諸策問・義既宏深・詞復茂美・可見其人才教育之一斑・其高第弟子・就余所識・若陳輯五陳仲偉陳德芸區朗若諸君・與冼玉清女士・類能各有所立・以名德長才・有聲於時・為其成績之卓卓者・然吾謂此猶一般賢哲所優為・獨其對於國民教育・縱心孤往・為全國倡・則眞冠絕一時・為東方之斐斯塔若籍也・

　余於乙未春・識君於萬木草堂・暨民國九年・與君同應嶺南大學夏令講習國文之約・同處一房・綿歷匝月・日夕相見・承教至多・康門英俊・大抵多踔厲風發・俯視一切・君獨懇誠愿樸・有戇直古風・其於師門・崇信備至・然不苟同・嘗告我曰・康先生之經學・應用的經學也・若陳東塾先生・乃為純粹的正統經學・嗚呼・此君之所以能闇然斂抑・與學童共甘苦至數十年歟・

　君嘗嘆通行之外國地理教科書・不就中國立場・不切於用・宜加改良・今集中有改良外國地理教科書議案・乃民國十年・交余向廣東全省教育大會提出者也・余嘗思辦一理想的小學・其趨向蓋與君同・試行於淡水崇雅學堂數年矣・人事牽率・卒改而承乏於高等專門大學各教育・忽忽數十年・不得實現其理想小學之目的・讀君遺集・愈增其佩仰而以自愧也・冼女士與其同門諸子謀編印君遺集・屬余序・余因特表其關於吾國教育・深合吾先哲蒙養之義者・使來者有考焉・中華民國廿七年八月七日楊壽昌序於嶺南大學・

更生記序

楊壽昌

　宇宙芸芸・萬彙千羣・迭生迭滅・不可殫論・而觸於人之耳目・若無見而無聞・感於人之心思・如夢如幻・如泡如影・曾不少留其印象・有甚於飄風與浮雲・若是者何哉・子張曰・「執德不宏・信道不篤・焉能為有・焉能為無・」彼其於世・曾無何等之貢獻・則人之視彼・亦置諸何有何無之數・理固然也・又其甚者・則暴戾恣睢・為世大蠹・人人腐心刺骨・欲與偕亡・太史公作伯夷列傳・以顏回早夭・而盜跖壽考・致慨於天道之無知・斯又豈非人類月旦之不可磨滅者哉・然則人類之生・宜壽乎・宜夭乎・亦視其益於世之有無大小為斷而已矣・

　南海冼玉清女士・吾粵女中人傑也・性情和易・而義之所在・不可回奪・躬獨身生活・而於親友之夫婦父母子女間・倫紀恩義・諄諄致意・自奉儉薄・布衣蔬食・翛然自得・而周貧濟急・扶植人才・揮金如土・畢業嶺南大學・通外國語言文字・而於國粹深嗜篤好・講貫搜討・惟日不足・能詩歌詞章・而於立身經世學問之大・文化掌故沿革之要・

尤深究其本源．愛才如命．而教授生徒．考覈嚴格．一矯苟且敷衍之習．相識徧南北．而人人視之．如冬嶺孤松．秋空皎月．崇仰其人格之峻潔．余於民國九年．應嶺南大學暑期講習之約．在嶺南刊物中．得見其駢文．已佩其清才．及十五年．余在嶺南大學教授．與女士同事十年．朝夕過從．談藝講道．益有以知其爲人．

去年臨暑假．女士忽大病．就醫港中．親友咸戚戚．日夕懸望其痊可．一日港報訛傳女士因割治死．親友咸失色走相告曰．女士死矣．女士死矣．余詢港報日期．則此日後余尚接女士信．因以證其消息之不確也．然女士患甲狀腺病．至爲危險．其後卒受米勒爾醫生之割治而愈．實出萬死一生之計而爲之．有如韓信之背水陣．置之死地而後生者也．病愈．親友紛紛慰問．女士乃爲更生記以答之．於病狀醫治經過．敘述至爲詳盡．斯世不可無女士．女士之更生．不啻斯世之更生也．世有愛女士敬女士者乎．讀此記可以想見女士之爲人矣．

民國二十五年三月六日楊壽昌序於嶺南大學．

鍾榮光

一八六六年生
一九四二年卒

字惺可．中山人．十七歲舉茂才．十九歲進陳石吳館．受業於陳石樵．石德芬．吳道鎔名宿．二十九歲中式舉人．次年創辦可報於廣州．識左斗山．鄭士良．楊襄甫．區鳳墀諸志士．是年孫中山先生在廣州第一次起義．可報因之被封．光緒二十二年入興中會．並辦博聞報及安雅報．鼓吹新思想．二十四年．任教廣州格致書院．此爲嶺南大學之前身．次年洗信奉基督教．立即實行三事．乃燒燬舉人證書．以示專修天爵．放棄人爵．實行一夫一妻制．與侍妾脫離關係．供其學費習醫．送婢女入校讀書．二十六年．因史堅如炸督署失敗．博聞報被封．榮光逃亡澳門．格致書院亦遷澳．改名嶺南學堂．三十年．嶺南學堂遷回廣州．三十三年．赴日本參加世界基督教學生大會．回程過北京．在保定被袁世凱之祕探拘捕．解往天津．得廣東同鄉及教會之營救．始放歸．宣統二年爲嶺南學堂籌款．聯絡革命同志．環遊世界．辛亥由歐洲回國參加起義．廣東光復．任省教育司長．民國二年二次革命失敗．亡命海外．赴檀香山．旋在紐約創辦民氣報．五年返國．繼續服務嶺南大學．爲擴充該校．自民七至十五年間．先後赴馬來西亞．星加坡．仰光以及美洲各地．向華僑募捐．十七年．嶺南大學收歸國人自辦．向政府立案．榮光任第一任校長．嗣後在其主持校政下．不斷擴充革新．一生精力盡瘁於此．二十三年．爲籌備中山紀念醫院．赴京滬各地籌款．二十七年任國民參政會參政員．同年辭嶺南大學校長．改任榮譽校長．二十九年以病遷居香港．三十一年一月七日卒於養和醫院．

學堂與政府

政府者國民所公立．而謀全羣之利益者也．學堂者製造此等國民者也．無學堂則無完全之國民．無國民則無完全之政府．此有識者所同認也．今日我國志士．紛紛講教育問題矣．將借政府之力而提倡學堂乎．抑養學堂之力而改革政府乎．兩者先後緩急．不可不辨也．

由前一說而言之．如果政府能明學堂之宗旨與制度．實心實力．爲民提倡．眞全國之福也．學堂者第一公共之事業．凡公共之事業．應由公共之國家擔任之．然後人心聯絡．國勢堅固．東西各國．多執此義．一城有一城之學務處．一省有一省之學務處．而皆統轄於中央政府之學務部．雖其間名目設置不盡同．而所以維持全國教育之意則無少異．故凡學堂之建設．政府或劃地或撥欵而贊成之．學生之無力就學者．則地方有義欵而補助之．學堂之規則．教科之書籍．學務部或且有權而認可之．無論大學中學小學．各有畫一之制度．雖英美學制．多任民自由．而兒童及年而不讀書者．且行强迫主義矣．政府之干涉教育．亦其義務所在也．

今日各國學堂之興盛．吾等方驚嘆之不已．以爲無政府提倡之力．不至此矣．僕竊以爲學堂之製造國民．第一級事也．政府之維持學堂．第二級事也．歐洲之初入文明也．其學堂多由基督教會所設．（教會與學堂當別箸一論以言之）久則平民知其益而仿行之．至學界漸昌．政府乃派員而評議之．設局而統轄之．且其視學人員．又皆自學堂出身．而有國民之資格者也．此泰西教育史．所以發達而未有已時也．日本今日學風之盛．普及全國．郡府縣市町村．幾無不有學校．其町村之小者．亦必合數町村而組織一所．自町村以上．所有學校之制度．地方官爲之監督．委員爲之稽查．而皆受轄於文部省．（即學務部）蓋謀全國教育之統一也．雖然．日本之到此地位．非其政府之力．而其國民之力也．當明治維新之初．人材多出於慶應義塾．與新島書院．義塾爲福澤諭吉一人所私立．書院則日本牧師新島約瑟所倡建．此二人皆自負引進國民之責任．而我等今日之導師也．故我等今欲着手文明．其第一主義．則萬萬不可依賴政府．

近日我國官立學堂．時時演出可憐可笑之新戲．以供中外報紙之資料．僕嘗細究其原因．大率不出兩事．一則宗旨之不順也．每見官立之學堂章程．首以綱常大義爲主．以自由平等爲戒．夫三綱五常．中國講之數千年矣．而弒君弒父之事．史不絕書．今日所謂守孔教之範圍．受清朝之豢養者．除罔上剝民之外．並無感覺．則古經義之腐敗．亦可見矣．若平等自由之說．乃基督教道之最精者．平等者．人類之公理也．自由者．吾人之生命也．不論何國何教之人．均已受此道之影響．所患者失其神髓．而僅得其皮毛耳．故責學生之不深究此道．以至過人界限可也．惟責人必須自責也．若一味取壓制主義．學生不服．則時時衝突．學必無成．學生而服．則人格可知．學成亦一黠奴而已．

二則習氣之不除也．每立一學堂．其總辦則某觀察某太守也．總教習則某太史某進士也．僕不敢謂此輩之盡無用．但不解學堂用人．何以必限定此數項人脚而爲首領．其瞻徇情面耶．將調劑閒員耶．抑借其資望而坐鎭雅俗也．要之此輩大半非帶士人迂腐之氣．即蹈官場油滑之習．凡教習之曾受文明教育者．必不樂與之同事．其低首下心於大人大老爺之前者．必無品或無氣之人．但爲薪水計．於教育全無心肝者也．有此二謬．其一切學制之完缺疏密．不必論矣．長此不改．雖開多千百學堂．欲造出國民之資格．難矣．且無論政府之如何腐敗也．就令彼一旦發奮．變爲英美日本之政府．而政府人少．我等人多．我有子弟．我不設法以教育之．而日待命於政府．文明各國．無此不自立之國民也．若果不自立如此．則各國政府．衰敗已久矣．

由後一說而言之．其事至難．其效至緩．要之不落種則無從收果．世界萬事．皆迫我以忍耐前進．況教育之大事乎．

我等既有志此大事．則總理教習之保學．學生之出身．皆不必問．蓋此乃奴隸根性．先要斬絕者也．其次則地方之公欵．力能撥充學費則撥之．不能則不如聽之．以免惹紳士之阻力．今各鄉之抗阻興學者．非惡新也．惡公等奪其衣食之源而已．說者往往慮及籌欵之難．僕竊以爲過慮也．一人不能自立一學堂．則集同志數人數十人而立之．一鄉之力不足．則集附近數鄉同志而立之．中學不能急辦．則試辦小學．今日我國欲立教育之基礎．小學一途．尤屬要中之要．苟有此心．而又肯研求教法．皆可分途自辦．以達其教育之目的．僕友陳子褎君．設一蒙學書塾於澳門．至今七年．其始局面甚小耳．今則高等男女生三十餘人．尋常者四十餘人．分設於省港澳及外海潮連等鄉者．不下十餘處．聞風興起者．且不知多少也．諸君欲伸張學界乎．請勿驚各國學制之完全．須知創始諸人之剽悍而堅忍．若事事仰仗政府．是放棄我等天職而已．

陳少白先生傳

陳先生少白．廣東新會縣屬外海鄉人．幼名聞韶．號夔石．居鄉習舉子業．聰穎能文．先生之季叔夢南公奉基督教．由廣州攜歸西學譯本多種以貽先生．自是先生始知世界大勢．發生國家觀念．先生常語人．謂革命思想多得於季父云．自是棄帖括．習有用之學．會美國教會哈巴牧師募得巨金．來粵擬辦一高等學校．以上海較廣州適宜　．先生之父子橋公聞之．因糾合粵中縉紳多人．聯函教會執事．請仍在粵設立．于是乃有廣州格致書院．仍以哈巴牧師長之．僦屋於城之西南．一八八八年開校招生．先生以子橋公之督促．爲投考之第一人．民六．先生由香港以該函副本幷記其事之前後寄返嶺南大學．（前格致書院）

當先生學於廣州時．有歐鳳墀者．爲廣州傳教士．最喜獎勵新青年．爲中山所師事．先生一日赴香港．歐爲書介紹往見中山．時中山學於雅麗氏醫院．見先生大喜．留與同學．朝夕提倡革命．兩人之外．同志只有楊鶴齡尢少紈陸皓東三人．中山畢業醫學後．一面挂牌行醫．一面運動革命．先生急不及待．輟學隨中山奔走．即於此時改名少白．及中山在檀香山創立興中會．挾資返國．乙未（光緒廿一）起義廣州．先生參與機要．是爲第一次革命．朱丘陸程四君死焉．先生隨中山亡命日本．丁酉（光緒廿三）先生渡台灣．設立興中分會．己亥（光緒廿五）奉中山命返港．組織中國日報．是爲中文報紙提倡革命之最早者．其後排滿潮流日益發展．保皇會亦設商報於香港．先生與該報爲主義而筆戰．

至數十續稿・是年・湘人畢永年・日人平山周偕長江哥長會龍頭楊鴻鈞張堯卿等來港・會合三合會首領與先生會議・組織一興漢會・舉中山爲總會長・先生實主持之・庚子（光緒廿六）中山祕密回香港・命鄭弼臣舉義於惠州・史堅如在廣州響應・而委先生在港接濟一切・事敗後・史鄭先後殉國・先生既於報章攻擊清廷・復繼優天影而組織振天聲劇社・提倡民族主義・首次排演之熊飛將軍・爲宋遺民東莞熊飛起兵抗元戰於榴花橋故事・先生所主編也・癸卯（光緒廿九）中山應安南總督韜美之召・遄往河內・召先生至贊襄大計・乙巳（光緒卅一）香港中國同盟會成立・舉先生爲會長・

辛亥（宣統三）吾粵光復・胡公漢民任都督・以先生爲外交司長・數月即辭謝政治任務・組織粵航公司・爲收回航權之第一步・民十年・曾一度任總統府顧問・多所贊助・先生性不喜作官・晚年以吟詩作字爲排遣・字法李北海・娟秀可人・而注全力主辦外海鄉新事業・如開闢馬路・禁絕烟賭・建築市場及鄉公所・捐建鄉校・爲族人倡・先生於此時積勞成病・易地北平調養・卒致不起・年六十五・（一八六九—一九三四）當興中會時代・中山每有計劃・多函商於先生・積書盈篋・皆革命信史・民十二・滇軍踞粵・先生避地香港・旅次失去・聞者惜之・庚子間・先生與同志史堅如之妹史憬然三姑訂婚・方定期合巹・而三姑死・其家人瘞之于東郊外三望崗教會墳場・先生痛三姑歷助革命・壯志未償而死・爲之撰銘勒碑以表彰之・至今讀之・使人有兒女英雄之感・

鍾榮光記於港滬舟中時民廿四年十一月廿四日

楊玉銜　一八六六年生　一九四四年卒

字季艮・號鐵夫・中山人・年三十中式光緒辛丑補行庚子鄉試舉人・甲辰考取內閣中書・轉侍讀・自經甲午庚子之變・覩國積弱・受外侮・憂憤甚・以從前所學無實用・昌言經世之學・須研求中西學術・尤須興學・乃可救國圖强・毅然負笈京師大學師範科・畢業旋鄉・倡議將舊龍山書院改爲隆都高等小學・自任校長・其後應廣西大吏之招・助理新政辦學・從政馳驅於蒼梧八桂之間・大吏以其謇諤有爲・乃使出刺歸順直隸州・旋實授鎮安知府・鎮安歸江左道轄・道員李國筠・貴介子弟・下屬憚之・多唯諾・所提邊鹽專賣案・徒苦小民・玉銜獨不附和・坐是掛冠賦歸・旋辛亥革命起・粵督胡漢民曾邀出任事・玉銜以將作歐遊・婉謝・民國三年返粵・權揭陽縣篆・治素豐腴・又盛產鴉片烟苗・玉銜在任三月・盡出巡鏟去・處脂不潤・不愧四知家風・改組後赴滬・客同鄉甘翰臣別業・與房師朱疆邨祖謀遇・因復乞授爲詞・寖成名家・玉銜既覩於海・又作山川遊・曾至嶽麓祭蔡松坡墓・爲文以弔・蓋與松坡於清末共事桂林・互以戮力國事相期許・約爲異姓兄弟者也・七十後・卜居香港大嶼山鳳凰峯下雙溪居・以遂其棲山之志・日寇侵華・港陷還鄉・從事修譜・未竟而卒・遺著有夢窗詞箋釋・抱香室詞一卷・說文解字述證・雙樹居詞上下二卷行世・惟二徐說文聲義勘補未及刊・

清眞詞選箋釋自序

余箋釋夢窗詞選竟・因思夢窗之學・源本清眞・尹惟曉云・求詞於吾宋・前有清眞・後有夢窗・周止庵教人由夢窗以幾清眞・是則學夢窗者・又不可不以清眞爲歸宿也・夢窗詞極得清眞神似・但清眞用典渾成・不如夢窗之破碎・清眞用意明顯・不如夢窗之晦澀・清眞用筆鉤勒清楚・不如夢窗縱橫穿插・在若斷若續或隱或見之間・至於起伏頓挫・開合

照應・格局神氣・無不酷肖而吻合・所以分者・一則峭健・一則雍容・譬之於文・夢窗其柳州・清眞其六一乎・

抑余更有說者・夢窗之詞出清眞・知之者多・清眞之詞出自何人・知之者少・今細心潛玩・知於小山爲近・不獨語摹句倣・即神氣亦在即離之間・然則謂清眞之小令・源出小山可也・至合吳周晏三家而通之・譬之於河・清眞者夢窗之龍門・小山者清眞之星宿海歟・

憶前數年硏夢窗未入時・意清眞之詞較淺而易入也・竊有所窺測・寫爲眉評・今一覆視・殊堪噴飯・因棄而再釋之・特不知後之視今・不猶今之視昔・他人之視我・不猶今我之視昔我否耳・壬申仲秋序於紅香爐峯之麓・鐵夫識・

吳夢窗詞箋釋自序

予箋夢窗詞・於今爲三版・實與初版同・因第一次所箋・止一百六十八闋・且洋紙洋裝・求便於學生・反見嗤於大雅・第二次所箋・增至二百零四闋・自以爲夢窗佳構・盡萃於此・且改作線裝・稍爲改善・然校對忽促・誤字殊多・令人有妄改字句之疑・箋釋亦復粗略・比視初版・不過百步五十步之間耳・又思人之嗜好各殊・己所棄取・豈能盡如人意・讀者旣得選本・又須再購全集・豈不重費・爰決意取全集通加箋釋・前之誤者正之・略者詳之・不止缺者補之已也・今年春創稿・至仲冬始畢事・自以爲夢窗之癥結・十解八九矣・茲以經過之甘苦試言之・滿江紅澱山湖詞・有鮫宮神女句・澱山足所未經・久疑有龍王女神等廟・苦無其證・稿屢改仍不愜意・後得蘇州志・載山下有龍洞・始據以解決鮫宮・而神女之疑如故也・後得括異志・載神女渡江事・所謂乘晚風者・可據以解決矣・解語花詠梅花詞・初版已標爲冶游・然中所用雲容蘭翹簫鳳等字・實不解何謂・後得侍兒小名錄・載蘭昌宮有三仙女・即此三姓名・不獨出典有徵・而冶游之誼益固・齊天樂登禹陵詞・翠萍溼夜深飛去句・有友謂梁上有萍・是爲無理・萍必苔誤・予援漢宮春・千年禹梁蘚碧・燭影搖紅・莓鎖虹梁二語・蘚莓即苔・以本集證本詞・可稱鐵證・改正本據之・後得覩四明圖經・有禹廟梁嘗飛人鏡湖與蛟龍鬭一事・始知萍實不誤・渡江雲西湖清明詞・有墜履牽縈句・初選本用張良事・心知其非・欲解以淳于髡傳・但墜珥非墜履・

故改正本闕其解・後得覩北史韋敻傳・有不棄遺簪墜履之語・固依然用淳于傳也・八聲甘州登靈巖・有水涵空闌干高處句・

前止以憑高所見釋之・後讀吳履齋詞集・有滿江紅姑蘇靈巖寺涵空閣詞・起韻云・客子愁來・閒信馬到涵空閣・始知涵空是閣名・如是闌干高處四字方貫・高陽臺豐樂樓詞・有飛紅若到西湖底・攪翠瀾都是愁魚句・杭州府志收此詞・作愁予・思楚辭有目眇眇其愁予語・較有據・又有友謂魚吾同音・吾予同義・愁予・改正本援以爲釋・後讀姜白石詞・有百萬愁鱗躍春水語・則愁魚又非誤矣・凡此皆今版之所改正者・至浣谿沙迓履翁・江神子送桂花吳憲履翁・吳憲是否一人・如爲一人・何以翁憲兩異・詳稽宗史・始知前爲夢窗未入吳幕・止爲先後輩稱呼・後則既在幕中・不能不有主屬之別・喜遷鶯賀麓翁祕閣滿月・疑下片禁苑傳香語・全與題

無涉．後詳稽語意．始悟雲麓未膺簽書樞密院領財計．先以祕閣爲升階拜官之時．適值生子彌月．故詞兩慶之．至惜紅衣姜石帚之非白石．初僅援夏箋爲說．後自爲考證．發現佳證數事．遂以刋於詞學季刋中．迺注於此．亦今版之特色也．至於瑣窗寒之非詠玉蘭．思佳客之非詠半面女髑髏．憶舊遊之非別黃澹翁．祝英臺近陳少游奉檄行部．瑞龍吟送梅津．同爲豔情．洞燭隱微．似無遁飾矣．至以夢窗爲宋亡乃卒．已定於改正版中．幸海綃翁與之同調．不至孤掌獨鳴．惜除於事蹟考所改得數證外．無他確證以助我吶喊耳．改正版序云．得十之七八．今可謂得十之九以上．未詳者．不過陶洲殷雲殿．宜男舞．胭脂嶺．錦雁峯數處而已．幸高明有以教之．若夫訂正錯誤．補苴罅漏．則夏瞿禪錢仲聯葉長青及同鄉高蕙石諸先生之力爲多．特標出以示不忘．時二十四年仲冬下旬．寫於梁谿國學專修學院．梧柳交蔭之樓．時大雪正滂滂下也．香山楊鐵夫．

改正夢窗詞選箋釋原序

憶十年前課徒香島中．始學爲詞．偶有所作．有取以充南社文集篇幅者．黠者戲之曰．詞也詞也．鐵夫亦遂自以爲詞矣．及走海上．得侍歸安朱漚尹師．呈所作無褒語．止以多讀夢窗爲勗．始未注意也．後每見必言及夢窗．歸而讀之．如入迷樓．如航斷港．茫無所得．質諸師．師曰．再讀之．又一年．似稍有悟矣．師曰．再讀之．如是者又一年．似有進矣．師于是微指其中順逆提頓轉折之所在．並示以步趨之所宜從．讀之又一年．加以得海綃翁所評清眞夢窗詞語讀之．愈覺有悟．於是所謂順逆提頓轉折諸法．觸處逢源．知夢窗諸詞．無不脈絡貫通．前後照應．法密而律精．玉田七寶樓臺之說．眞矮人觀劇矣．

今於全稿中選得一百六十七闋．於典之稍僻者箋之．意稍晤者釋之．聊以自記所得云爾．然夢窗難讀．衆口雷同．慫之出版者曰．此亦未嘗非初學夢窗之一塗徑也．稿成．漚師已歸道山．無從質正．海內明達．幸指而敎之．抑鐵夫竊有欲言者．詩詞路徑不同．稍知者類能言之．然亦有可互證處．讀瀛奎律髓所錄杜工部立春詩云．春日春盤細生菜．忽憶兩京梅發時．盤出高門行白玉．菜傳纖手送青絲．巫峽寒江那對眼．杜陵遠客不勝悲．此身未知歸定處．呼兒覓紙一題詩．虛谷評曰．第一句自爲題目曰．春日春盤細生菜．第二句下忽憶二字．已頓挫矣．三四應盤應菜．加以白玉青絲之想．亦所謂忽憶者也．巫峽江杜陵客．不見此物．又只如此大片繳去．自有無窮之味．按第一句從題起．一語已說盡．似無轉身餘地．第二句想舊時在兩京立春時節．是逆入．第三四句承二句．極力發揮．反挑下聯類詞之歇拍．第五句突出巫峽．空際轉身．類詞之換頭．第六句說出自己對此時節之感想．此聯是平出．第七句從現在再推進一層．第八句補述作詩理由．類詞之就題作結．此詩布局甚類夢窗詞．尤與詠上元倦尋芳．詠吳門元夕風雨六醜近．余讀夢窗詞．纔知此詩妙處．故錄此以爲釋窗夢詞之發端．壬申初秋鐵夫序於紅香鑪峯之麓．

楊玉衡

改正夢窗詞選箋釋今序

去年旅香江・僻陋在夷・無可與語・因以讀夢窗詞之所得・選其一百六十七首而箋釋之・蠻島書少・不足以供檢査・且倉卒付印・無益友商榷・覆而讀之・發現繆點不少・尤大者・則以夢窗爲卒於宋亡之先也・惶愧無已・今者又閒居・天予以補過之餘閒・爰取舊選箋釋之錯誤者・重加改選・又加選佳詞之遺漏者・共成二百零四闋・蓋夢窗之精華萃於此・余對於夢窗之心得・亦抉發無遺矣・非自表襮也・亦以紹義烏箋夢之遺志而已・

竊謂夢窗意旨・不易尋求・前印本得十分之六・今改正得十分之八九・尚留得一二分・以待諸將來・或他人之完成糾正・天地間每有遺憾・古今公例也・余何人能逃例外耶・他日請合海內之有志夢窗・各出其所得而薈萃之・亦一快事也・請記此語以爲券・鐵夫氏癸酉夏序於黃歇浦之濱・

鐵城土語語原攷自序

自我家子雲作方言後・餘杭章太炎始繼之・章氏書略及粵語・阮太傅廣東通志亦附粵音・然以外省人說粵語・每嫌隔膜・屈翁山廣東新語・又多說義而少說音・至近人有客話一書・專紀嘉應一州之語・惜未之見・若香山劉思復雖有所輯・稿成尚未行刋・歷輯縣志・未創此門・不無缺憾・香山地濱大海・爲海客屢集地・言語龐雜・自較他縣爲甚・各姓始祖相傳・自珠璣巷遷來・爲閩爲湘・無可實攷・然各鄉語柢・每雜閩湘之音・相傳之說・諒非盡誣・縱屬事實・然來

已多時・音隨地變・毫釐千里・勢所必然・大別言之・可分數種・有石歧語・即本書所謂城語也・有小欖黃圃語・地近容桂・純爲順德音・有斗門三灶語・漁家語也・有西鄉語・即隆都語・本書所謂鄉語者也・有東鄉語・有南鄉語・似西鄉語而不同處亦多也・其中各鄉以相距之遠近・爲語根變化多少之差・一邑百里・其語已有如許種別・其爲粵也・又何止於百哉・今略詮之・以明其語根之所由・及音變之所屬・然百中尚未得一二也・後之君子・祈補正之・

民國二十八年六月楊鐵夫序

五厄詞集稿序

辛巳秋・余任香江廣州大學國民大學兩校國文課・僦居深水埗青山道一小店・十一月・英日戰機漸迫・十八日晨興・機警報嗚嗚起・旋聞天空機聲軋軋然・繼以炸彈隆隆然・擾攘半日始已・如是者三日・廿一日有歹人來店索保護費・付以七十元始去・入暮又聞打門聲急・店主人大譁・知無幸・歹徒已分前後門蜂湧入・初入余室・余曰・余乃租客耳・即出・繼又一人入・搜余身・盡括紙幣時錶去・續換一人入・則傾箱倒篋・遍覓無所得・乃緊挐余胸・大聲索款・余曰・頃汝伴已搜去・又何存・不信可問汝伴去・彼曰・不必問・乃以刀指余曰・汝不再拿款出・即刺汝・隨牽余出院中・交用拳脚・加老鷄肋上・一人曰・不必打他・隨拉余出廳中・刀加余頸曰・無錢即刺汝・余曰・既無錢矣・即刺死我亦無用處・時店主人已盡出所有買命・頗得自由・旁坐見余受困・乃曰・彼一老教書先生耳・安得有錢・彼即割耳

邊・見流血及面・見余無乞憐色・復牽余入房・釋手去・未幾事完・即呼嘯去・店主曰・余等速避之・妨再至・乃扶家人及余・狼狽登對山蛋家村・余止躡一履・倉皇隨之行・夜黑不辨・以一元僱人負余行・至已以爲安樂窩矣・不知距寮數十丈・即峯頂・日軍據爲礮陣地・而昂船洲之礮・即以此爲目的・每礮必掠寮頂過・而碎片紛如雨霰下・日礮一發・寮地爲之震撼者再・宿寮中半夕・已奔避石崖躲避者三次・中有一彈・炸於距宿處數丈・焚竹寮五・死人二・火勢歷半句鐘始熄・次晨奔回故居・檢拾所餘事物・得回說文稿詞稿・裝爲一篋・幷棉被移對面四兒寓所・僅朝食・方偃息三樓上・而鄰棚策策有聲・女僕奔告曰・鄰棚着火矣・俯視之・火猶未盛・意謂尚可少延・未幾・勢及樓・知事急・復攜篋出置門外・欲再入攜被出・遇媳攜手篋出・乃手接代爲挽出以下樓・倉卒間・忘攜稿篋・至門外察覺・再入索之・已無有・而劫匪已乘機入搶・走避對面樓上・回視已在烟火中・水車灌救・僅焚三四樓少許・器物已遷徙一空・近晚又遷一膠廠宿・次日入視・僅檢回水漬殘稿少許・幸詞稿尚全・又越一夜・謀他遷・以十元僱工人護行・曲折迴繞・始至花園街李姓教員家下榻・屋小人衆・越日又一姓關者攜其妹至・三男三女・各宿一床・客胆怯甚・以危言聳主人・雖一字不可留・適人送殘稿至・余外出・即爲胆怯者棄諸後巷曬台上・事殘十餘日・復經二三次小雨・又爲霉溼・更不可理・稍爲曝乾・轉寄他友處・而他友之怯亦不下前友・取詞稿之稍影響時忌者・大加揭去・而詞又不全矣・總而計之・匪也・火也・水也・雨也・加以人之揭去也・是爲五厄・今回鄉小暇・稍爲整理而錄存之・即以五厄爲名・並述其經過如此・亦以知名山之藏・其傳與不傳・非人事之所可勉爲也・是爲序・

中華民國三十一年一月五日香山楊鐵夫序於申明亭老屋・

劉冕卿　一八六六年生　年卒

原名勒德・字子修・番禺人・光緒三十年補廩生・卅二年學優貢・以知縣用・籤分山東・後任廣東明德書院教授省議會議員・旋移居南洋・遺著有乙照山房國粹彙編十一卷・乙照山房世系表・

韓魏公不與歐公言繫辭論

昔歐陽公有易童子問上下卷・專言繫辭文言說卦而下・皆非聖人之作・朱子力辨其非・而宋史稱韓魏公知永叔不以繫辭爲孔子書・相會累年・未嘗與之言及・夫魏公本深於學者・何以知而不言・吾於此知魏公之善全乎歐公・於不言中而愈以見繫辭爲孔子書也・易之繫辭・具在十翼之中・十翼者・據孔疏云・上彖一・下彖二・上象三・下象四・上繫五・下繫六・文言七・說卦八・序卦九・雜卦十・皆孔子作也・

案繫辭傳云・聖人設卦觀象・繫辭焉而明吉凶・然則繫辭謂經文之卦辭爻辭・若繫辭傳則孔子所作也・十翼中之上繫下繫・即繫辭上傳繫辭下傳也・故釋文云・王肅本繫辭上傳・訖于雜卦・皆有傳字・以明傳爲孔子作也・今歐公雖不言傳・然與說卦並言・則亦指繫辭傳明矣・以繫辭傳爲非孔

子書。攷之經文。自見其非。是以朱子亦執立象以盡意一句。遂破歐公之說。無俟煩言。此韓魏公所以累年而不言及也。

且當時歐公之創爲此說。人皆知之。況魏公與之同朝。日夕相見。詎反不知。故史稱魏公知永叔不以繫辭爲孔子書也。惟其知而不言。則不以其說爲然可知。若果深佩服。豈能隱而不言。且累年而不言乎。故曰。於不言中而愈以見繫辭爲孔子書也。

攷魏公之爲人。括達大度。於玉盞碎則神色不動。於燭燃鬚則侍兵恐鞭。其不肯刻責人如此。待下吏且然。矧同列乎。設使歐公此論。誠足爲累。不言又非忠告之道。乃此論雖失。仍無甚損於歐公。蓋歐公著作盛行。大名昭著。原不於此見輕重也。由是觀之。則韓魏公之不與歐公言繫辭者。正有深意於其間。論之者曲而體之。斯得其意矣。

五嶽無定名辨

爾雅釋水。江河淮濟爲四瀆。此四瀆之定名也。釋山。泰山爲東嶽。華山爲西嶽。霍山爲南嶽。恒山爲北嶽。嵩高爲中嶽。此五嶽之定名也。釋山發端云。河南華。河西嶽。河東岱。河北恒。江南衡。此猶釋地言東陵阠。南陵息愼。西陵威夷。中陵朱滕。北陵西隃。又猶釋邱言天下有名邱五。其三在河南。其二在河北耳。觀其並無東嶽西嶽之明文。但有河北江南之方位。是蓋約擧天下名山。偶符五數。非釋嶽名也。

周禮大宗伯及大司樂兩言五嶽。鄭注前後互歧。注宗伯

則舍吳嶽而取嵩高。注司樂則列嵩高而遺吳嶽。賈疏謂宗伯注據東都爲說。司樂注據鎬京爲說。又謂華與嵩並在豫州。周國在雍州。時無西嶽。故權立吳嶽爲西嶽。非常法。當以東都爲定。賈氏權立西嶽之說。蓋據鄭志。詩嵩高孔疏引雜問志云。周都豐鎬。故以吳嶽爲西嶽。孔謂雜問之志。首尾無次。此言或有或無不可信。且謂正名五嶽。必取嵩高。宗伯之注。是定解也。若據已所都以定方岳。則五嶽之名。無代不改。爾雅何當定此五者永爲嶽名乎。

案孔賈皆言五嶽之名。以大宗伯注爲定。然如賈說。則五嶽仍有權立之名。有非常之法。是有定而終無定也。孔意以爲五岳永有定名。鄭以司樂之文。連言四鎭五岳。幷之正九。當九州各取一山以充之。而職方九州山鎭。其文有嶽山無嵩高。爾雅河西嶽在五山之例。取嶽山與岱衡恒華爲五嶽。以其餘四者爲四鎭。令司樂職方自相配。非謂五嶽定名取嶽山也。如孔說。則司樂四鎭五嶽。猶言九州山鎭。故鄭卽以職方九州山鎭分配之。宗伯司樂。兩言五嶽。各有所指。是以訓釋不同。宗伯注云。五嶽。東曰岱宗。南曰衡山。西曰華山。北曰恒山。中曰嵩高山。其云東南西北中者。明此爲方嶽定名也。

司樂嶽云。五嶽。岱在兗州。衡在荆州。華在豫州。嶽在雍州。恒在幷州。其云兗州荆州豫州雍州幷州者。明此爲諸州山鎭也。孔疏殆深得鄭旨。近儒邵氏爾雅正義。駁難孔疏。謂當從大司樂注。爲成周五嶽之定名。唐虞則霍太山爲中嶽。故禹貢有太岳之稱。吳嶽。禹貢本名岍。爾雅職方。因其爲西嶽。故稱爲嶽山。左傳昭四年傳。四嶽三塗陽城太

室．太室即嵩高．別太室于四嶽之外．明乎太室之不稱嶽也．案邵氏以禹貢太嶽之稱定霍太山爲唐虞中嶽．以爾雅職方嶽山之稱．定吳嶽爲成周西嶽．然山以嶽名者多．未可依據．且泰華諸山．并列五嶽．何以獨唐虞中嶽．成周西嶽．得蒙太岳嶽山之稱乎．如其說．則唐虞有唐虞之中嶽．周有周之中嶽．漢又有漢之中嶽．眞所謂五嶽之名．無代不改矣．

至其引左傳謂別太室于四嶽．明太室之不稱嶽．其說尤非．周以前多言四嶽．以泰山華山恒山衡山爲四也．太室爲中嶽．則言四嶽自當并擧太室．若以並擧太室爲別于四嶽之外．豈不并擧之吳嶽．反非別于四嶽之外乎．竊謂嵩高之爲中嶽．見于孝經鈎命決．則其甚古．史記封禪書．漢書郊祀志．并云昔三代之居．皆河洛之間．故嵩高爲中嶽．史遷所言．必有所本．惟封禪書郊祀志又言漢武巡南郡．至江陵而東登禮嶽之天柱山．號曰南嶽．郭景純亦言霍山今在廬江潛縣西南．別名天柱山．漢武帝以衡山遼曠．移其神於此．今其土俗人皆呼之南嶽．是霍山之爲南嶽．顯然漢制．鄭注大宗伯大司樂俱作衡而不作霍．孫炎注爾雅．以霍由當作衡山．確不可易．詩崧高疏過守郭注．謂霍山即衡山．此則孔氏之失也．

詩篇第攷

鄭箋於十月之交諸篇．謂漢興之初．師移其第．近儒顧氏因謂今詩次第多出漢儒．案十月之交四篇．序以爲刺幽王．鄭以小雅不應無刺厲王之詩．故改爲刺厲王．而以爲師移其第．不知雅之分爲小大．以所陳小政大政而分．小雅獨無刺厲王者．以刺厲所陳皆大政．故其詩盡入大雅．而小雅無之也．鄭列四篇于厲王之世．此賢者之過．故近儒多糾正之．（文達研經室集．言其不合者有四．陳啓源惠周惕毛震馬瑞辰胡承珙陳奐皆糾正．茲不贅述．）則以十月之交四篇爲刺厲王．其說似不可從．惟今詩次第多出自漢儒．則信有之．知者．以左傳季札觀樂．儀禮鄉飲酒燕爾歌詩．與今毛詩次第不同．而知之也．古者皆入樂．樂章即是詩篇．（周禮大師敎六詩．云以六律爲之音．是詩可調以六律而入樂矣．鄭風青衿傳云．古者敎以詩樂．誦之歌之弦之舞之．是三百篇皆可誦歌弦舞而爲樂章矣．）故即工歌之次第．可考古詩之次第焉．

左傳襄二十九年．吳季子來聘．請觀周樂．使工爲之歌周南召南邶鄘衛王鄭齊豳秦魏唐陳．而各爲贊辭．又云自檜以下無譏．以下蓋指曹．則列豳於秦上．列魏唐於秦下．與今毛詩豳居曹後．魏唐居秦前不同．孔疏謂此爲仲尼以前篇目．則孔子時國風之次第當如此矣．儀禮鄉飲酒禮燕禮．合樂召南鵲巢采蘩采蘋．與今毛詩采蘋上有草虫異．證以曹粹中詩說齊詩先采蘋面後草蟲．（困學紀聞引）知古本草蟲在采蘋下．而儀禮所列爲原次矣．儀禮鄉飲酒禮燕禮．間歌魚麗．笙由庚．歌南有嘉魚．笙崇丘．歌南山有臺．笙由儀．與今毛詩魚麗在南陔上．由庚崇丘與由儀并在南山有臺下異．鄭於南陔等序箋．謂毛公闕其亡者．以見在爲數．推改什首．以下非孔子之舊．陸于由庚等釋文．謂由夾在南有嘉魚前．崇丘在南山有臺前．今同在此者．以其俱亡．使相從耳．則此爲毛公所移．而儀禮所列．即爲孔子之舊矣．此皆可據左傳儀禮．而考見古詩之次第者也．

六書次第說

昔戴東原謂六書次第．出於自然．但考之各家．互有不同．以爲一象形．二會意．三轉注．四處事．五假借．六諧聲者．鄭司農之說也．以爲一象形．二象事．三象意．四象聲．五轉注．六假借者．班固之說也．以爲一指事．二象形．三形聲．四會意．五轉注．六假借者．許愼之說也．

蓋嘗論之．象形指事皆獨體．會意形聲皆合體．合體之會意形聲．必後於獨體之象形指事可知也．本無其事．依聲託事．既曰依聲託事．其必後於形聲指事可知．而且以瑞麥之來．爲行來之來．則假借象形之字．以久遠之長．爲令長之長．則假借會意之字．其必後於象形會意又可知．轉注雖無定說．然展轉以相灌注．亦必在象形指事會意形聲後矣．

先鄭列會意在處事前．列轉注假借在諧聲前．非其次也．若班許互異．竊謂班說爲長．許君說文解字叙曰．黃帝之史倉頡．見鳥獸蹏迒之迹．知分理之可相別異也．初造書契．顧見象形爲制字之最先也．許氏何以反謂指事先於象形乎．況上下爲指事之字．指一之上爲上．指一之下爲下．一象形也．若不先有一字．何由有指事之上下乎．本末亦指事之字．指木之下爲本．指木之上爲末．木象形也．若不先有木字何由有指事之本末乎．是象形先於指事愈明矣．

若會意之字．則當在形聲之先．說文叙曰．會意者．比類合誼．以見指撝．武信是也．是會合其意而成字．然有時意所不能會者．則以聲別之．如江河皆水．從工聲而爲江．從可聲而爲河．形聲以通會意之窮．且聲必載意．而意不必兼聲．是會意固先於形聲也．班固之說．信無可疑．

詩無達詁說

昔董子春秋繁露云．詩無達詁．易無達占．春秋無達例．今劉向說苑奉使篇引傳說．達詁作通故．竊謂達詁與通故．字異而義實同．廣雅釋詁云．達通也．又小爾雅廣詁云．通達也．是達通二字本互訓．其義同無疑．詁說文云．訓故言也．蓋以詁字從古．故言即古言也．是詁字本有故義．是以毛詩詁訓傳．定本作故訓．此亦足證詁與故之義同也．說苑所引傳說．足與董子枏發明矣．

今考之左傳．而試證明無達詁之說焉．靈元年傳．引詩孝子不匱．永錫爾類．杜注云．詩人之作．各以情言．君子論之．不以文害意．故春秋傳引詩．不皆與今說詩者同．後皆倣此．據此則左傳言詩．多不盡如詩之本意．殆亦以其無達詁．故因變而通之耳．其尤可異者．僖公二十二年傳．引詩戰戰兢兢．如臨深淵．如履薄冰．則引以喻不可恃之意．而宣公十六年傳．復引此詩．則以喻善人在上．同引一詩．而彼此詁殊．非亦無達詁之一確據乎．

由是觀之．則董子云詩無達詁．殆本左傳而云然．蓋董子治春秋者．其於三傳．必深考校．推之所云易無達占．亦本旋左傳．左傳中達占尤多．其最顯者．如衞孔成子筮立靈公．曰元尙享衞國．遇屯之比．以示史朝．史朝曰．元亨．

又何疑焉・直以元亨之元・爲衞靈之名・是云易無達占・本於左傳可知・以此證彼・愈有以知詩無達詁之說・爲本於左傳矣・是欲明其說者・當詳徵諸左傳・無俟他求也・

自有董子此說・而孟子所云不以文害辭・不以辭害志者・其理愈明・文辭待訓詁以見其意・故爾雅首以釋詁題篇・及毛公傳詩・亦以訓詁傳爲名・然苟誤疑其互相通達・斯不復以意逆志・而往往以文辭害意矣・若夫斷章以取所求・固爲無達詁之一端・然斷章亦不足以包之也・易曰・化而裁之・存乎變・推而行之・存乎通・神而明之・存乎其人・說易如是・說詩亦何莫不如是乎・

爾雅誠傳注之濫觴說

郭氏爾雅序・以爾雅爲六藝之鈐鍵・是六藝以爾雅導其先也・邢氏爾雅疏序・以爾雅爲傳注之濫觴・是傳注以爾雅開其端也・嘗即邵氏語而思之・有可發明其旨者・案釋文序錄云・爾雅所以訓釋五經・是訓釋五經者・以爾雅爲始・

試就其訓詩者言之・如釋訓引淇澳之詩而釋之・又引既微且尰・是刈是頌・履帝武敏・張仲孝友・有客宿宿・有客信信・其虛且徐・猗嗟名兮・式微式微・徒御不驚・釋天引是類是禡・既伯既禱・乃立冢土・戎醜攸行・振振闐闐・釋畜引既差我馬・其餘文錯見者・多爲毛傳韓詩內傳鄭箋薛君章句所資取・則釋詩濫觴于爾雅・確有明徵・其餘諸經傳注・亦可想見・

故邵氏正義云・漢人傳注・久多淪墜・其遺文佚句可考者・如孟喜京房之易傳・馬融之書注禮注・杜子春鄭衆鄭興之注周禮・賈逵服虔之注左傳・俱稟承爾雅・訓釋經言・後人徒見毛傳鄭箋・多本爾雅・遂謂爾雅專爲釋詩・殆未及博考也・是各經傳注・皆濫觴于爾雅可知矣・知乎此・則爾雅又豈徒爲六藝之鈐鍵耶・

孔子作孝經以總會六藝說

昔鄭康成六藝論云・孔子以六藝題目不同・指意殊別・恐道離散・後世莫知根源・故作孝經以總會之・但此論已亡・而孝經序正義僅存此數語・然尚幸微言之未絕・大義之仍存・竊嘗考之羣經・參以注疏・其中有可與孝經相通者・試約舉之・案易正義序云・是以畫八卦・建五氣以立五常之行・而孝經正義序云・孝經者・百行之宗・五常之要・（五教・即五常也・見堯典五品不遜傳・）故孝經疏每多引易・如三才章・陳之以德義・而民興行・疏云・易稱君子以進德修業・聖治章・父子之道天性也・至君親臨之・厚莫重焉・訓云・父以尊嚴臨子・子以親愛事父・尊卑既陳・貴賤斯位・則子事父如臣事君・易稱乾元資始・坤元資生・又引家人卦曰・家人有嚴君・父母之謂也・聖治章・作事可法・疏引易曰・舉而措之・天下之民・謂之事業・進退可度・疏引易曰・進退無常・非離羣也・又引艮卦時止則止・時行則行四句・感應章・引易曰・自天祐之・吉无不利・是也・此相通之明驗・見於疏者也・又乾爲天爲父・坤爲地爲母・故孝經感應章曰・明王事父孝・故事天明・事母孝・故事地察・是其義也・繫辭傳曰・易之爲書也・廣大悉備・有天道焉・有人道焉・有地道焉・兼三才而兩之故六・六者非他也・三

才之道也．而孝經三才章曰．夫孝天之經也．地之義也．民之行也．彼此皆以三才爲主．據此．則孝經可通於易矣．若書．案孝經天子章．引甫刑曰．一人有慶．兆民賴之．疏中亦有引書者．如紀孝行章．疏引召誥越三日戊午三句．諫諍章．疏引冏命惟予一人無艮三句．是也．此相通之明驗．見於經及疏者也．又堯九族既睦．舜克諧以孝．此即天子章所謂愛敬盡於事親也．堯典言平章百姓．協和萬邦．舜典言五典克從．百揆時叙．此所謂德教加於百姓．刑於四海也．大禹謨曰．祗載見瞽瞍．夔夔齊慄．瞽亦允若．至誠感神．此即孝經感應章．所謂孝弟之至．光於神明也．據此．則孝經可通於書矣．若詩．案孝經十八章．引詩者凡九見．疏中亦有引詩者．如聖治章．疏引皇矣篇．不識不知二句．事君章．疏引蒸民篇．袞職有闕二句．是也．此相通之明驗．亦見於經及疏者也．又詩序云．先王以是經夫婦．成孝敬．孔於成孝敬疏云．成孝敬者．孝以事親．可移於君．敬以事長．可移於貴．與孝經廣揚名章云．君子之事親孝．故忠可移於君．事兄悌．故順可移於長．說相印合．夫詩始於二南．終於三頌．二南爲文王修身之詩．即孝經明義章．所謂立身行道．廣場名章．所謂居家理也．且夫子論詩．嘗謂邇之事父．遠之事君．而文王則爲子止孝．爲臣止敬．故夫子亦嘗以二南誨子焉．三頌多祭宗廟之詩．周頌我將篇．序云．祀文王於明堂也．而孝經聖治章．則曰宗祀文王於明堂．臣工振鷺雝諸篇．皆諸侯助祭之詩也．而孝經聖治章．則曰是以四海之內．各以其職來祭．噫嘻篇．孔疏引孝經聖治章曰．郊祀后稷以配天．魯頌閟宮篇曰．春秋匪懈．享祀不忘．而孝經喪親章．則曰春秋祭祀．以時思之．商頌烈祖篇曰．（鬷假無言．又曰．來假來享．而孝經感應章）則曰宗廟致敬．鬼神著矣．（注．事宗廟能盡敬．則祖考來格．）其餘風雅所歌．蓼莪教孝．苞栩教忠．即孝經廣致德章．所謂教以孝．所以敬天下之爲人父者也．教以忠．所以敬天下之爲人君者也．小弁則子諍父．板蕩則臣諍君．即孝經諫諍章．所謂則子不可以不爭於父．臣不可以不爭於君也．據此．則孝經可通於詩矣．若禮．則有用孝經語者．如曲禮曰．在醜夷不爭．經解云．孔子曰．安上治民．莫善於禮．喪服四制云．資於事父以事君．而敬同．毀不滅性．不以死傷生．喪不過三年．資於事父以事母．而愛同．凡此．皆孝經文也．有孝經注疏引禮者．如開宗明義章云．夫孝德之本也．教之所由生也．疏引祭義曰．衆之本教曰孝．揚名於後世．以顯父母．訓引祭義曰．孝也者．國人稱願然曰．幸哉有子如此．又哀公問稱孔子．曰．君子也者．人之成名也．百姓歸之名．謂之君子之子．是使其親爲君子也．又身體髮膚．不敢毀傷．注引祭義曰．父母全而生之．已當全而歸之．天子章云．敬親者不敢慢於人．訓引祭義曰．虞夏商周．天下之盛王也．未有遺年者．言之貴乎天下久矣．次乎事親也．卿大夫章云．非先王之法言不敢道．非先王之億行不敢言．訓引王制曰．言僞而辯．行僞而堅．三才章云．先之以敬讓．而民不爭．訓引鄉飲酒義曰．先禮而後財．則民作敬讓而不爭矣．凡此．皆引禮以證孝經者也．有禮注訓引孝經者．如祭法周人禘嚳而郊稷．注引孝經宗祀文王於明堂．以配上帝．訓又引郊祀后稷以配天．此則引孝經以證禮者也・合而觀之・愈知孝經與禮可相通矣・又孝經義訓引文王世子云・文王之爲世子・朝于王季日三・其有不安節・文王色憂・行不能正履・武王帥而行之・不敢有加焉・文王有疾・武王不說冠帶而養・此即病則致其憂也・曾子大孝篇云・父母既沒・以哀祀之・立事篇曰・居哀而觀其貞也・本孝篇死則哀以莅焉・祭則莅之以敬・此如喪則致其哀也・禮記祭義云・

禹貢南海解

禹貢紀黑水入南海・南海爲黑水所入・則辨南海者・不可不先辨黑水也・然黑水之說・言人人殊・或分爲三・或分爲二・竊嘗考之・黑水實不在中國・（鄭注云・今中國無是也・）後儒不察・乃以中國之地求之・解黑水誤・則解南海亦誤矣・陳先生謂禹貢以山水明九州之界・青徐同一岱・荆豫同一荆・青徐揚同一海・徐揚同一淮・兗豫雍同一河・（見學海堂集・墨水入南海解・）由是觀之・則黑水不應獨有雍梁之異・且導淮即導徐揚二州之淮・導河即導兗豫雍三州之河・何以導黑水獨非雍梁二州之黑水・導黑水至于三危・三危在雍州・由雍州而入南海・勢不能不過梁州・故知禹貢三言黑水・實一川也・明乎黑水之爲一川・則黑水之地・似宜有定・黑水之地定・而南海之地・亦因之面定矣・

今考黑水即雲南潞江・其上源曰哈喇烏蘇・出西藏哈薩北境・東流至哈木・乃屈南流・出雲南徼外・入南海・（說本陳先生黑水入南海解・）夫雲南徼外・即緬甸國界・出雲南徼外・則爲緬甸國無疑・陳先生漢書地理志水道圖說・亦以黑水爲西南流入緬甸國・及考其圖・則云緬甸國地圖未見・黑水至此不可繪・誠以南海非禹蹟所到・其地不在中國・故其國不得而見也・若其地在中國・則梁州南境・可直至南海・梁州經文當言南海・何以於雍州乃言南海乎・據此愈知南海之不在中國也・惟胡氏禹貢錐指以漲海爲南海・王氏尚書後案・以交趾二廣之海爲南海・（胡氏所引焦弱侯說亦同・）此皆指爲中國之地・與陳說異・良由不知黑水所在・故爲是言・觀胡氏所云憑虛測度・終難取信・何如闕疑之爲善・王氏所云黑水當從杜佑闕疑爲是・是不知黑水所在明矣・

其以南海爲中國地・又何足辨・至若孫氏今古文注疏・以南海爲即居延海之屬・引史記大宛傳索隱引太康地記云・河北得水爲河・塞外得水爲海・案此說最不可解・本經別言入於南海・與泛言入海不同・南海自有定地・故曰南海・猶南河有定地・故曰南河耳・不然・下云東入於海矣・此何不云南入於海乎・證之本經・顯然可見・今孫氏云即居延海之屬・又引太康地記河北得水爲河・塞外得水爲海以爲說・是以南海爲無定地矣・臆說虛懸・莫斯爲甚・後儒丁氏錐指正誤・竟以此說爲近・斯亦不察之甚矣・

席間函丈解

曲禮・若非飲食之客則布席・席間函丈・鄭注云・謂講問之客也・函・猶容也・講問宜相對・容丈足以指畫也・丈或爲杖・案鄭依經立訓・不必易字而解自通・其說信不可

劉晃卿

易・孔疏申之云・既來講說・則所布兩席・中間相去使容一丈之地・足以指畫也・文王世子云・侍坐於大司成・遠近間三席・席之制三尺三寸三分寸之一・則三尺是一丈・故鄭云容丈也・得孔氏此說・而鄭義益明・且下云去齊尺・尤與此云席函丈・正同一例・蓋彼則言衣之去地一尺・此則言席之函地一丈・皆就丈尺言之・示有一定之度・欲人之各知所循也・

若以丈爲杖・微特無以知南席之間・爲容一杖之地・抑容賓主兩杖之地・（說本臧氏經義雜記）且杖有長短不同・考續漢書禮儀志云・孟秋之月・按戶比民・年七十者・授之以玉杖・八十九十禮有加・賜玉杖長九尺・此則以九尺爲杖也・呂氏春秋異用篇・孔子以六尺之杖・諭貴賤之等・辨親疏之義・此則以六尺爲杖也・今云函杖・其爲函九尺之杖耶・抑函六尺之杖耶・若以爲杖字從丈・十尺爲丈・函杖即函十尺之地・夫函杖爲函十尺之地・則函杖即函丈耳・直云函丈・其義較顯・何必改其字而爲杖・又以杖從丈・始知所函之地若許・恐作經者斷不如是之迂曲也・

又東山備解云・講說之人・如皆少者・則將用何人之杖指畫・此說雖未精審・然亦足證作杖之非矣・況作杖者・特王肅本耳・正義云・丈或爲杖者・王肅以爲杖・言古人講說・用杖指畫・故使容杖也・證之釋文云・丈如字・丈尺之丈・王肅作杖・是作杖乃王肅本可知・王肅好與鄭違・動改經字以曲就己說・其所言多不可信・此作杖者・殆以此說爲鄭所棄・故特取以相異・詎知鄭爲禮學之宗・豈容漫易・乃正義不察・而以爲二家可會・殊失鄭旨・且亦非王肅之本意矣・臧氏譏其不審・不亦宜乎・

大學古本有無錯簡亡佚解

大學古本者・即今禮記注疏本也・鄭注不分章節・孔疏則分大學之道至則近道矣爲一章・古之欲明明德於天下者・至此謂知之至也爲一章・所謂誠其意者・至大畏民志此謂知本爲一章・所謂修身以下四章・亦條理秩然・此孔疏分章之法也・其法亦出於鄭君・如豳風七月首章鄭箋云・此章陳人以衣食爲急・餘章廣而成之・蓋古人之文・有以餘章廣成首章之意者・故孔疏於所謂誠其意章亦云自此以下・至此謂知本・廣明意誠意之事・其與鄭君箋詩大旨相同・惟略去格物致知・而以誠意爲始・似於首章次第不合・此程子所以謂有錯簡・而爲之更定・朱子所以謂有亡佚而爲之補傳也・朱子以後・董蔡諸儒・皆謂有錯簡亡佚・而改本遂以日多矣・陽明之輩・皆謂無錯簡無亡佚・而古本於以復出矣・如董蔡之說・則於經文次第合矣・而移易經文・不可爲訓・如陽明之說・則經文不移易矣・而謂格致即在誠意中・則於經文次第又不合・求其折衷至當者・宜莫如心齋王氏・心齋以大學之道・至國治而後天下平爲一章・章首也・以自天子以至於庶人至此謂知之致也爲一章・廣明格物之義也・誠意以下・章法悉依孔疏・必如此於經文次第方合・而鄭君所謂以餘章廣成首章之法・亦可以一貫矣・謂自天子以下爾條爲釋格致・似未明備・然心齋不有云格物即格物有本末之物乎・物有本末之本・即修身爲本之本也・全謝山經史問答云・身以內之物・曰心曰意曰知・身以外之物・曰家曰國曰天下・蓋語物

而返身・至於心意知・即身而推至於家國天下・更何一物之遺者・而況先格其本・後格其末・則自無馳心荒元（從逆）・與夫一切玩物喪志之病・程氏所謂不必盡窮天下之物者・其義已交相發・而但以一物不知爲恥者・適成其爲陶宏景之說也・然則修身以下・其爲釋格致之義可知矣・故心齋雖王學・至於論格物・乃其自得之言・劉蕺氏大學古記・王復禮四書集注補皆主之・蓋修身一條・明解物有本末之義・此謂知本・正應修身爲本・故後文只單疏誠意・無煩補格致也・竊謂大學一書・宋元以來・幾成訟府・其始由於孔疏以誠意爲先・而略去格致・於是後儒不得不改易古本以順經文・至於改本日多・大學幾無全膚・於是古本不得不復・然復古本而仍以誠意爲始・究無以服改本者之心也・心齋之說・於大學既得完本・即於三綱領八條目之序亦不至失次・是知鄭君復起・固引爲同心・朱子聞之・亦當莞爾而笑矣・

禹疏九河解

孟子禹疏九河・朱子集注云・疏通也・分也・九河・曰徒駭・曰太史・曰馬頰・曰覆釜・曰胡蘇・曰簡・曰絜・曰鉤般・曰鬲津・謹案禹疏九河・猶禹貢云九河既道也・道亦通也・襄三十一年左傳・大決所犯・傷人必多・不如小決使道・杜注云・道亦通也・是其證・（僞孔傳釋九河既道云・河水分爲九道・恐傳之所謂道・非經之所謂道也・鄭注云・壅塞故通利之・較得經旨）・

由是觀之・集注以通訓疏・正本禹貢爲言・確不可易・惟九河之名・見於爾雅・漢唐諸儒・皆無異言・蔡氏書集傳・始合簡絜爲一・而以其一爲河之經流・攷漢書溝洫志・載許商上書曰・古記九河名・有徒駭・胡蘇・鬲津・今見在成平東光鬲縣界中・自鬲津北至徒駭・相去三百餘里・禹貢正義據此・決九河所在・徒駭最北・鬲津最南・徒駭是河之本道・東出分爲八枝也・如孔說・是徒駭外別無經流・豈可合簡絜爲一・使九河惟有其八乎・

爾雅於徒駭太史馬頰覆鬴胡蘇簡絜鉤一般鬲津之下・題曰九河・使簡絜合爲一・則徒駭以下・但有八河・安得以九河題之乎・蔡氏之意・第欲九河俱以二字爲名・而不自知其說之不可通也・惟鉤般之般・釋文云・本又作盤・李本作股・云水曲如鉤・折如人股・故曰鉤般・案漢隸從舟之字多作月・般與股二形相似・李巡在郭璞之前・疏解分明・當以股爲正・鉤股雙聲・猶胡蘇疊韻也・此九河之名・可得而辨也・

要而論之・九河者・分之爲九派・合之統名曰河・河之源來自塞外・盤曲萬山之中・滙合百川之水・自鞏洛以東・已出險就平・大伾以北・地勢益復平衍・奔騰橫溢・必不能免・大抵河自大陸趨海・勢急土平・播而爲九・禹因而疏之・順其性之所便・從其地之所宜・而九河皆納其流也・自禹治河之後・河遂得其所歸・計其時・汎濫初平・九河自必勢均力敵・既而歷時漸久・壅塞橫決・不能循其故道・故或盈或涸・或通或塞・隨時而變・逮至漢時・河之可考者・僅得其三・徒駭在成平・胡蘇任東光・鬲津任鬲縣・其餘不復知也・蓋禹初分爲九・其後或三或五・遷變多少不同・而後世講地理者・輒欲按名而索・謂某地爲某河・以合於禹時九

河之數．其說多出於附會．無所依據．不可信也．

問禹貢山水皆言導其義同否導水或言自或不言自或言地或不言地其言地或先或後有分別否宜發明之

劉晃卿

禹貢導山導水．義各不同．胡氏錐指以爲導山即隨山．在未治水前．導水在治水後．乘舟核其治否．王氏亦以爲並非治水時事．皆不取爲傳治水通山之說．（傳云．治水通山．疏云．所治之山本以通水．言此山之旁．所有水患．皆治訖也．）是也．蓋水之爲患．爲下流壅塞．治之者必先施功下流．去其壅塞．然後水患可除．若以導山導水即是治水．則從原竟委．委未通而原先濬．不更滋之患乎．故胡氏以導山爲未治水時隨山．導水爲治水後核其治否也．

導水立文．各有不同．不無分別．其導淮自桐柏．導渭自鳥鼠同穴．導洛自熊耳．言自某山者．以其非發源於此山也．水經云．淮水出南陽平氏縣胎簪山．東北過桐柏山．是淮水發源不於桐柏也．（疏以胎簪爲桐柏傍小山．傅氏禹貢集解以胎簪即桐柏山．其說殆非．）說文云．渭水出隴西．首陽渭首亭南谷．水經注云．渭水出隴西首陽縣首陽山渭首亭南谷山．在鳥鼠山西北．有高城嶺．嶺上有城．號渭源城．渭水出焉．是渭水發源不於鳥鼠同穴也．山海經云舉之山．洛水出焉．水經注云．洛水出京兆上洛縣舉山．東與丹水合．又東戶水注之．又東得孔水．又東會龍餘之水．又東門水入焉．又東要水入焉．又東與獲水合．又東逕熊耳山北．是洛水發源不於熊耳也．（地理志云．洛水出上洛家嶺山．冢嶺蓋舉之異名．）惟其不發源於此．而自此導之．故言自．若本發源於此．何須言自乎．

孔疏謂言自皆發源此山．非也．導河積石不言自者．以其重源也．河之正源出自西域．而重源則發於積石．漢書西域傳云．河有兩源．一出葱嶺．一出于闐．（即崑崙）于闐在南山下．其河北流．與葱嶺河合注蒲昌海．蒲昌一名鹽澤．其水亭居．冬夏不增減．皆以爲潛行地下．南出於積石．爲中國河．是河之重源發於積右也．重源發於積石．則積石亦是河之發源．異於桐柏等之非發源．故亦不須言自也．此皆不先言某山者也．若嶓冢導漾．岷山導江．先言某山者．則以其發源實出於此山也．水經云．漾水出隴西郡氐道縣嶓冢山．是漾水發源於嶓冢矣．水經注云．岷山在蜀郡氐道縣．大江所出．是江水發源於岷山矣．此山爲水所發源．故先言山也．至弱水黑水不言某山者．則以其源在徼外也．

考弱水水經無文．鄭注引地理志．祇言出張掖．（郡名）說文引桑欽．亦以出張掖刪丹．（縣名）而幷不言其山．淮南子以爲出窮石．傅氏禹貢集解云．弱水出吐谷渾界窮石山．西至合黎山與張掖縣河合．則弱水究非出自張掖也．地理志及桑欽特以其與中國張掖河合．故言其出自張掖耳．是弱水發源於徼外也．黑水之源．不知所出．鄭注引地理志益州滇池有黑水祠．云不記山水所在．今中國無也．則黑水之源．漢時已無可考．至酈氏注水經始云．黑水出張掖雞山．南人至敦煌．過三危．入南海．王西莊謂其不過順經爲義．與他水歷叙所過郡縣者相去甚遠．蓋不信酈氏之說矣．故王氏以爲黑水在西徼外．故梁雍皆以爲界也．是黑水發源於徼外也．沇水不言某山者．以其伏流也．鄭注引地理志水出河東王屋山．括地志云．沇水出王屋山頂崖下石．亭而不流．其深不測．既見而伏．至濟源縣西北二里平地．其源重發而東南流．是沇水雖出王屋山．而伏流至濟源縣平地始出．故不其言山．而但言東流爲濟．以至濟始出地也．此弱水黑水沇水之所以不言某山也．韙哉蔡氏之言曰．嶓冢導漾岷山導江者．漾之源出於嶓．江之源出於岷．故先言山而後言水也．言導河積石導淮自桐柏．導渭自鳥鼠同穴．導洛自熊耳．皆非出於其山．特自其山導之．故先言水而後言山也．河不言自者．河源多伏流．積石其見處．故言積石而不言自也．沇水不言山者．伏流其出非一．故不誌其源也．弱水黑水．不言水者．九州之外．蓋略之也．斯言得禹貢之旨矣．

凡學必定一尊而師孔孟理學之名似不必以異同爭勝

孔聖爲千古理學之宗．論語篇中．言仁者五十八章．皆莫非示人以身心性命之功．閑邪存誠之旨．理學之精．莫逾於此．逮乎孟子．承孔聖之微言．力爲闡發．其於論性最見確鑿．不知者．動以性善之說疑之．疑乎人性未必皆善也．然性善云者．非謂人性盡純乎善也．謂聖人之性固純乎善．常人之性亦有善．惡人之性仍有善．而不純乎惡也．即牛山之木章參之．而意自明矣．是凡言理學者．皆當以孔孟爲師也．若夫互爲異同．各樹一幟．勢必至左孔孟之道而後止．是亦烏足以爲理學乎．

宋儒之言理學者．程子而外．厥惟朱陸．然朱陸之學．似異而實同．自元儒吳澄謂朱子道問學功多．陸子尊德性功多．遂別爲兩途．其尊陸者曰．雖專以尊德性爲主．未免墮於禪學之虛．而持守端實．終不失爲聖賢之徒．若晦菴一於道問學．支離決裂．非復聖門誠正之學．尊朱者曰．雖專以道問學爲主．未免失於俗學之支離．而循序漸進．終不背於大學之訓．若象山一於尊德性．虛無寂滅．非復大學格致之學．二說皆非也．蓋尊德性．道問學．二子原未嘗偏廢．朱子曰．居敬窮理．又曰非存心無以致知．又曰君子之心．常存敬畏．是朱子何嘗不以尊德性爲事．陸子誨人曰．居處恭．執事敬．與人忠．又曰克己復禮．又曰先立乎其大者．而小者不能奪．是皆本之孔孟．可誣其爲虛無乎．

且未聞道問學．物格知至矣．而復支離者．尊德性．誠意正心矣．而復寂滅者．即陸子易簡覺悟之說．易簡出於繫辭．固無可置喙．若覺悟二字．子曰默而識之．易曰知幾其神．皆此意也．是朱陸之學．莫不師於孔孟．何嘗以異同爭勝．彼祖朱闢陸．祖陸闢水．均無所見．反之朱陸．決不受也．

讀漢書五行志書後上

人君以天爲父．以民爲子．父有警責而子畏．子有不肖而父憂．天命民□．所由兢惕也．董仲舒言天人之際甚可畏．斯言也．嘗讀漢書五行志而得之．人君所以治天下者．中而已矣．歷聖相傳以一中．堯曰執中．舜曰用中．湯曰建中．故中也者．人君治天下之樞軸也．漢書五行志皇極傳曰．皇之不極．是謂不建．時則有下人伐上之痾．夫五事者萬事之所恃以爲理．極中者又五事之所賴以爲準．得其中則五事理．萬事因之而理．失其中則五事悖．萬事因之而悖．故曰中也者．人君治天下之樞軸也．

人君一天象．天得其中．則日月星辰．有璧合珠聯之瑞．君得其中．則朝野上下．有蹈德詠仁之休．反是則君既以不中感．天即以不中應．日月亂行．星辰逆行．所爲與也．夷考五行志皇極傳之所引．於日月星辰之沴戾．連篇累牘．不一而足．以此知失中之易．而得中之難也．知其爲易．則兢業之心．不可一息而不存．知其爲難．則偏頗之情．不可一息而不去．夫楚昭不　日而不失其國．宋景不禳星而且保其身．此無他．執其中．雖死生禍福．不能撓于方寸．而天象即復其常度．君國亦享其庥嘉．是故能執中．則轉禍爲福．不能執中．則轉福爲禍．皆一心之主宰有以決之．而五事之合度．與萬事之就理．皆其後焉者也．故曰中也者．人君治天下之樞軸也．

讀漢書五行志書後下

至謂不極不建．則有下人伐上之痾．何也．人爲萬物之靈．性則具五行之精理．形則稟五行之秀氣．其性情雖有剛柔之殊．其形體雖有長短之別．然豈同萬物之氣稟其偏．而有時反常者也．人君五事皆失．不得其中．則不能立萬事．人君爲表．而庶民爲影．表既不正．影亦不直．銅山西傾．洛鐘東應．感之至微．而應之至顯．甚不爽也．夫人君以不中感．庶民以不中應．先以心而繼以形．民胥怨咨．鬱爲災沴．災沴不在物而在人．所謂切近之災．迥非萬物之異所能比擬．何也．物之變．變而不變．人之變．不變而變．變而不變．則其變也猶在情中．不變而變．則其變也乃出理外．人爲萬物之靈．倏作萬物之異．蓋五行之精理已亡．五行之秀氣將泯．理氣胥盡．而此塊然頑軀．曾萬物之不若．而人痾成矣．先痾其心．後痾其體．皆緣人君之不中感之．

其最古最異者．則處妾感龍漦而孕褒姒．下此則魏襄之女子化爲丈夫．漢哀之男子化爲女子．或死六日而出諸棺外．或葬三日而號之冢中．膠東老人．則頭上生角．道中百姓．則徒跣折關．渭水少女．闌入句盾禁中．鄭通男子．直走非常之室．種種妖孽．興之自人．遂使之死與之生同科．形體與性情俱變．傳曰．天地之性人爲貴．凡人爲變．皆屬皇極下人伐上之痾．蓋篡弒者宇宙之大變．而人痾者古今之極妖也．反乎此而由建極以錫福．普天之下．心性協于中和．形體納于軌物．胥是道也．

吳廷華儀禮章句跋

右儀章句十七卷．吳君廷華所撰．其書分章斷句．節目瞭然．蓋以漢人治經．首重章句．顓門授受．或以名其學．或以題其書．漢書儒林傳．藝文志．可考而見也．嘗論諸經疏．以儀禮疏最爲精密．其釋經每云自此至某句論某事．即章句之遺意．今即章句而翻閱一過．其最足稱者．有三善焉．

儀禮一書．多屬古禮．逮至今日．莫之能詳．讀者每藉口文之多．物之博．今吳氏於每章之中．別分爲節．每節之內．各分爲句．則文雖多而不煩．物雖博而可紀．雖分節之法．賈疏有之．然時有遺漏．不及此書之精細．馭繁於簡．次序秩如．是曰簡明．其善一也．

朱子有儀禮經傳通解一書．分析經文．每節之後．題云古某事．陳先生讀書記．謂其法出於鄭君．擧禮記禮器天子七月而葬．五重八翣．鄭注云．士喪禮下篇陳器曰．抗木横三縮二云云爲證．是朱子分節之法．本於鄭君．而吳氏章句之法．又本朱子．意有稟承．非由創造．是曰法古．其善二也．

章句中所訓釋．多本鄭賈．然亦有不用鄭賈．而足糾鄭賈之失者．如士冠禮北而見于母．母拜受．子拜送．母又拜．鄭注賈疏俱云猶俠拜．以兩母拜皆指拜子．文義近贅．吳氏於母拜受注云．重其物自廟中來．此肅拜也．於母又拜注云．婦人皆俠拜．是所謂成人而與爲禮也．是吳以上言母拜爲拜酒脯．以下言母拜爲拜子．分別言之．較鄭賈俠拜之議爲尤確．辨別是非．不存袒護．是曰精擇．其善三也．合茲三善．以成此書．其信爲儒林之模楷．稽古之津筏也夫．

擬重定三禮圖條例

學者欲考古禮．必先明古制．然說之詳核．與圖之顯明．二者皆不可偏廢．唐孔氏撰五經正義．原附有圖．詩鄘風干旌次章正義云．別圖於後．其下鄉旗州旟黨旟族旐閭旐比旌遂旗縣旐鄙旐酇旐里旟鄰旟二十四字．明是佚其圖而僅存標目．此猶正義所載鄭譜．亦佚其表而僅存叙說也．

禮圖存於今者．以聶崇義圖爲最古．然尚未能盡善．如目錄以冕服后服冠冕宮室投壺射侯弓矢旌旗玉瑞祭玉匏爵鼎俎尊彝喪服襲斂喪器分門．而鐘磬琴瑟．非投壺類也．乃列入投壺．楯戚羽舞．非射侯也．乃列入射侯．輅車戈戟．非旌旗也．乃列入旌旗．次扆几筵．龜蓍楚焞．非弓矢也．乃列入弓矢．他如佩帶韍舄當坿於冕服．而與弓矢相淆．律呂相生．當列爲樂器．而與宮室相混．如此之類．不免紛歧．則欲定聶氏之書．不得不先正其條目．

茲擬分冕服．宮室．旌旗．車制．兵器．樂器．祭器．射器．瑞玉．卜筮．陳設．喪服．喪器．禮節凡十三門．其后服一門．併入冕服．而以佩帶韍舄坿之．匏爵．鼎俎．尊彝祭玉．則合爲祭器．投壺坿於射侯．襲斂併入喪器．又取戈戟等爲兵器．鐘磬等爲樂器．輅車等爲車制．龜蓍等爲卜筮．次扆几筵等爲陳設．庶幾有條不紊．若網在綱．俾學者便於尋檢．目條既定．其圖之缺誤者．即以近賢所繪圖說補正之．如明堂圖不知攷工與月令無異．則正以鄒徵君之圖．戈戟圖不知援當前引胡當下垂．則正以戴吉士之圖．冕服不知後無垂旒．則正以張編修之圖．他如車制不分繪輪軸諸圖．則以戴吉士考工記及阮宮保車制圖補之．宮寢無朝廟分圖．則以焦孝廉羣經宮室圖補之．若此之類．不一而足．至禮節一門．則全取張編修儀禮圖．亦庶幾考訂精密．節目分明．可以袪後學之疑．成前哲之美云爾．

春風狂似虎賦

劉晃卿

韓致元雄心獨抒．蝸筆翻新．當夫春寒隴陌．風撼城闉．嗟如熊之莫遏．訝似虎之難馴．許以清狂．動香塵於高岸．任他鼓盪．吹青律於洪鈞．鑪錘則虎氣蒸騰．十州偃草．綺麗則虎文斑駁．大地知春．

夫以春風之狂也．絮飄弱柳．木撼江楓．一天雲走．萬竅山通．簸弄風光．囊乾坤而動盪．甲坼草木．吹雨露而和蝸．千里景從．君子原居有德．百蟲震慴．大王無愧稱風．試爲擬其飄蕩．狀其剛强．雄飆煽發．逸氣高翔．過長鯨之吞吸．邁天馬之騰驤．合雷雨而俱鳴．咆哮巖壑．覺烟霞之失勢．擁帶巒岡．嘯清籟於空山．雲垂海立．撲落花於流水．蝶舞蜂狂．故其似虎也．自挾威靈．曷嘗耽視．響動簷牙．氣新壁壘．吹來巨穴．揚鷹翰之紅塵．渡去長河．擊鯤程之赤水．忽驚吼谷．氣從還以類從．有力穿楊．神似何須形似．

是蓋元氣鬱蒸．天倪鼓舞．快剪并刀．雄開石弩．宛野馬之游空．如商羊之召雨．觸之則藩籬籜落．古驛危亭．迎之則繡闥重開．千門萬戶．唱陽關之壹曲．飛雪飛花．驚杜宇之三聲．如貔如虎．迴溯乎淑氣初來．微和乍布．翻出輕颸．凝來薄霧．一旦狂態風流．狂情激怒．起半天之霹靂．無翼拏空．應壹氣之雌雄．先聲撼樹．剛柔竝協．異陳思猛虎之行．瀟灑自如．憶王勃春思之賦．

銅柱賦

惟中外之殊絕．申郊圻而疆理．委封守於四夷．鞏金湯於萬里．矧當駱越之鄉．遠阻牂牁之水．表高柱而誰留．矗蒼穹而上起．將軍則馬氏伏波．郡縣則漢時交趾．巍哉斯柱．鑄之以銅．山襟水帶．鬼斧神工．翀南天而氣紫．齊北斗而光紅．將一水之遙隔．亘千古而罔通．畫屠夷之荒域．樹炎漢之豐功．

翳昔休屠弗賓．夜郎自大．性負牛羊．貢辭犀貝．終隳中晝之名．潛肆侵陵之害．鏖兵瘴雨之中．校戰蠻烟之外．望鐵鑠而沈江．擁樓船而下瀨．墮站鳶而不飛．詎毒龍之可制．愴滄海之橫流．慨函關之欲閉．方張一鼓之威．盡戢羣酋之勢．峻夷夏之堤坊．矢山川之盟誓．朱崖無棄地之書．玉斧有畫河之例．效金馬之餘法．鍊銅鼓之敗材．齊華表而獨樹．倚南極而中開．隔天遙於絕國．迴水勢於江隈．豈蠮螉而作塞．非髑髏而築臺．刑白馬而猶誓．劫紅羊而未灰．詎鐵券之煩鑄．遡戈舩之不來．

且夫陰山河曲．築城爲塞．秦之所以限匈奴也．酒泉玉門．設郡列障．漢之所以斷羌胡也．惟外境之攸別．實絕界之早殊．彼馬流之故族．雜鮫人之舊居．明此中而彼外．謝爾詐而我虞．⿱髟差柱景之恒青．亘銅華而如血．燭光氣於胡門．永銷磨於妖雪．彼夫猺⿰女員嬞丁．卉衣椎結．誰不抽簪扣節而讀其銘曰．銅柱折．交趾滅．世世守之而弗絕．

今即沈蹤水溪．墜跡雲涯．飄零風雪．摧落煙霞．荒樹落殘黃之葉．古茁埋敗碧之華．思鉅表之長斷．懼遐圻之或差．惜枯銅而不語．縱遙情而已遐．矧海水之羣飛．更江流之莫返．南洋之門戶方開．東粵之藩籬已遠．問極界而誰尋．渺滄冥而欲斷．蛟龍之妖氣偏腥．魚鱉之游魂孰管．曾無橫海之勞．詎識分疆之本．徒使蠻島蒼茫．蟄煙霾積．故址終封．風帆靡隔．沈沙之鐵終消．獻地之圖難益．壁門亂石．誰懷楊僕之風．古戍荒城．不見陸生之迹．然而流風已遠．舊製堪追．無獞猺之窟穴．通島嶼之蠻夷．爲緬鑄銅之範．長垂立柱之規．想籌邊之至計．極禦外之眞機．茫茫故迹．落落餘思．望古人兮不見．疇定制而因時．

數點梅花天地心賦

一枝消息．兩大盈虛．樂趣潛會．生機漸舒．見天心於講易．悔物理以觀書．妬雪欺春．數點橫斜之際．觀天察地．一陽來復之初．九九描水墨之圖．枝頭點染．五五應乾坤之數．林際蕭疏．

昔翁森之讀書也．雪案窗寒．冬缸夜永．樂意相關．芳心自領．寄佳興於花時．得靜觀之理境．同梅花之不睡．紙帳風酸．披竹素而長吟．書帷月冷．問春歸來．吹來六琯葭灰．映雪讀餘．捲起一簾花影．

昔之樹繞煙淡．庭鋤月明．葉落鐵幹．蕾含玉英．當天地之閉塞．凋卉木之滋榮．問花信其何遲．今朝詩思．喚梅魂而未返．午夜書聲．硯滴研硃．正水寒而冰沍．窗開點易．又月落而參橫．

迨乎竹籬破萼．黍谷萌芽．疏花點綴．古幹槎枒．出出短墻之野店．照流水之晴沙．南枝北枝．驛使江南之路．三點五點．逋仙山裏之家．莫教折取相殘．梢頭燊綻．試看數來可遍．竹外枝斜．

則有水隔溪橋．巖欹石磡．或酒榼而尋芳．或花鋤而荷擔．幾經節錯．燊本稀疏．縱受風饕．花逾冷淡．而凌冰雪之蓋寒．足驗陰陽之推勘．洵是陽春有脚．送香信而歸來．漫云天地無心．洩苞符之隱暗．

今試測鴻鈞之轉運．占象易之歸藏．問滋生於大塊．窮造化於彼蒼．然而陰消陽長．地老天荒．兩儀推遷．孰洩端倪之迹．七日來復．課宣稾籥之方．則曷不即碩果僅存之理．而驗於寒梅一段之春．

窺池邊之水淺．點籬角而煙稠．野鶴未來而夢斷．霜禽欲下而眼偸．神得象外．春在枝頭．東閣詩成．香生句就．南窗卷把．心與天游．蘊卅六宮於窗中．陽回庾嶺．占廿四番之頭上．夢到羅浮．

則當影落硯池．香薰書籠．洩大造之絪縕．暢化機之鬱蓊。葩含已孕乎胚胎．花養久叨其覆幬．即斯悟道．入詩客之吟哦．孰與司香．歸花神之統總．是蓋英華外發．得茲天氣之先．根核相生．已見土膏之動．

陸皓東

一八六七年生
一八九五年卒

名中桂．字皓東．以字行．中山人．與孫中山先生總角交．光緒甲午隨中山漫遊京津．二十一年興中會成立．皓東建議改用青天白日旗以代黃龍旗．乃親自設計繪製．是爲今日中華民國國旗之始．是年八月廿二日．興中會在香港乾亨行舉行會議．謀取廣州爲革命根據地．知各方準備漸臻成熟．定於重陽日發難．不料同黨之兄自首．事洩．皓東與黨人丘四朱貴全爲淸廷捕獲．中桂供詞激烈．南海縣令李徵庸遂施以非刑．凡釘插手

足及鑿齒等均備・至廿一日殉義・是爲興中會會員流血之第一人・年僅二十九歲・

被逮供詞

吾姓陸・名中桂・號皓東香山翠微鄉人・年二十九歲・向居外處・今始返粵・與同鄉孫文同憤異族政府之腐敗專制・官吏之貪汚庸懦・外人之陰謀窺伺・憑弔中原・荊榛滿目・每一念及・眞不知涕淚之何從也・居滬多年・碌碌無所就・乃由滬返粵・恰遇孫君・客寓過訪・遠別故人・風雨連牀・暢談竟夕・吾方以外患之日迫・欲治其標・孫則主仇滿之必報・思治其本・連日辯駁・宗旨遂定・此爲孫君與吾倡行排滿之始・蓋務求警醒黃魂・光復漢族・

無奈貪官汚吏・劣紳腐儒・靦顏鮮恥・甘心事仇・不曰本朝深仁厚澤・即曰我輩踐土食毛・詎知滿清以建州賊種・入主中國・奪我土地・殺我祖宗・擄我子女玉帛・試思誰食誰之毛・誰踐誰之土・揚州十日・嘉定三屠・與夫兩王入粵・殘殺我漢人之歷史・猶多聞而知之・而謂此爲恩澤乎・要之今日・非廢滅滿清・決不足以光復漢族・非誅滅漢奸・又不足以廢滅滿清・故吾等尤欲誅一二狗官・以爲我漢人當頭一棒・今事雖不成・此心甚慰・但一我可殺・而繼我而起者・不可盡殺・公羊既歿・九世含冤・異人歸楚・吾說自驗・吾言盡矣・請速行刑・

康廣仁　一八六七年生　一八九八年卒

名有溥・字廣仁・號幼博・又號大庵・以字行・有爲同母弟・精悍厲鷙・嚴於律己・長於治事條理・達於死生之故・自少即絕意學業・有爲欲其收歛意氣・識世俗情態・命納貲以巡檢需次浙江・同列皆狎侮之・年餘・棄職歸・時二十六歲・乃隨美國人嘉約翰學醫三年・遂通泰西醫術・欲以移諸中國・光緒八年・創不纏足會・先後在澳門創辦知新報・在上海設譯書局・在西樵立鄉校・以泰西新政學啟發民智爲事・二十四年戊戌春・挾巨金隨有爲入京翊佐之・嘗謂我國人材缺乏・尚未臻大事改革・屢勸有爲出京・講學著書・以養人才・有爲不應・清廷捕索黨人・廣仁不虞及己・遂被難・年僅三十二・廣仁不喜章句記誦詞章之學・明算工書・能作篆・以詩文爲無用・不求工・然言論往往發前人所未發・有爲談名理・僅發其端・而廣仁能窮其究竟・故精思偉論獨多・有爲言仁・廣仁持義・有兩難之稱・

聯英策

德國據膠・各國調艦・朝廷鑒於日禍・恐懼請款・憂分子問於圖存先生曰・德兵之據膠也・將五十日矣・吾無兵・吾無艦・無能爲戰也・邀索六條・皆許之而不答・頃聞英日兵船駐於舟山・欲據長江・俄國兵艦駐於旅順・而法艦亦將來矣・吾皆不能戰・勢不能不給其所求・諸國不費一糧・不折一矢・而可得吾地也・意奧西班牙葡萄牙瑞典丹麥暹羅接踵咸來・皆分一臠・吾何以給之・瓜分在即・罔知死所・雖欲自强無及也・今日計將安先・圖存先生曰・吾不早圖內治・而謀外交也難矣・無已・其聯英乎・

夫英地徧四洲・屬土四十二・其加拿大印度澳洲・皆日

思自主・英人鞭長莫及・故持盈保泰・不必急闢地之心・故其覬覦中國也・最在諸國之後・吾托庇於俄・以俄有功於我故・然三國聯盟・亦僅能存東三省・而不能保台灣・則俄力之不能及南方可見矣・俄德密盟・吾既託庇强俄・而不能却德人之不據膠・則俄並不能保吾北土矣・然則專倚强俄・而南方立割・北土難保・若夫外江既毀・內亂斯起・瓦解豆剖・其患立見・然則專結强俄之不爲功也昭昭矣・

夫泰西諸國兵艦之東來也・必經蘇彝士河・丹德荷瑞之入地中海也・必過直布羅陀海峽・直布羅陀爲英地・蘇彝士河・十分之八屬英・其河總辦爲英太子・故英有蘇彝士河之全權焉・庚寅之役・俄英失和・英將入波羅的海而攻俄・俄將出波羅的海而攻英・海峽號智他俄尼・嗹人守焉・號于二大國曰俄不得出海峽・英不得入海峽・其有違者・吾將砲焉・二國逡巡而退・若與英結盟・英守局外之例・用丹麥守智他俄尼之法・則泰西十六國兵艦・無一能飛渡蘇彝士河者・若繞非洲七萬里而來・則自好望角・三寶壟・或從江海來・則埃及・亞丁・孟加拉・錫蘭・星架坡・香港・皆英地也・兵船從何而資煤與水焉・故結英則以直布羅陀蘇彝士・亞丁・錫蘭爲長城・則東西雄國・皆不能來矣・既已援英・在海界可來者・惟法與日・日人方親英以拒俄・吾既親英・日必不來・英鐵艦二百餘艘・横絶地球・吾既親英・法亦憚而不爲難・即僅有法難・吾稍有利以給之・在諸國中・吾僅少資給英法耳・較之諸國咸來分食者・兩害相形・則取其輕・亦損小而益大矣・

且歷考西故・英眞救人之國也・康熙四十一年以助奥故而攻西班牙・乾隆二十年・以助普故而拒法蘭西・連師七年・嘉慶七年・以助意故而拒拏破崙・咸豐三四五年以助土耳其故・死士二萬・糜餉七千萬磅而拒俄・光緒元二年・助土拒俄・調二十四師船・頓重兵于毛魯埸島焉・故英眞能出死力以救鄰國者也・其成案彰彰也・若夫俄則徒聞自闢土以攻人而已・未聞助師以救人者也・故雖以至切近之土耳其・而不敢託以庇焉・此眞英俄之別也・故謂宜聯英也・或曰・吾北土密邇俄人・吾若結英・俄惡我貳・則奈何・曰吾爲國・非婦人也・豈謂從一而終哉・吾之介於兩大也・猶春秋之鄭也・子產之爲鄭・犧牲玉帛・待於二境・以待强者・原無至好・亦無寇讎・但求庇焉斯已矣・夫吾境雖與俄接・然蒙古障其北・漠河屏其外・所與接者皆俄數萬里外之荒土也・其與突厥之接壤黑海・密邇木司寇彼得堡者亦遠矣・然土耳其猶結英以自衞・遂能保此百年・則英之可親於俄也著矣・且俄之鐵路未成・隔絶沙漠・調運艱阻・船艦寡少・海道難來・而英鐵艦百數・屯重兵於大連灣・且可以保吾北土焉・尤可見英力之遠於俄矣・

憂分子曰・子言結英・則誠是矣・英大國也・近又持盈平之局・其肯許我深結乎・圖存先生曰・英之我結也・英之自爲也・豈惟必許・固將求之・蓋英屬土四十・無與爲難者・惟俄實眈眈逐之・故英之拒俄忌俄畏俄最深・不然土耳其內爲回教冥頑之國・英何暇兩出死力・斃萬死之士・糜無量之財而助之・蓋非助土也・自衞云爾・故自道咸來俄欲出黑海而英人制之・近年俄欲出波羅的海・波斯海・印度・阿富汗・英皆禁之不得出・俄人乃專意出黃海・近與德法結

盟・三大國比矣・則英危矣・故英之忌俄制俄・甚至移歐西之局而來遠東・又將移土耳其而爲中國・其能出死力以保土耳其也・即能出死力以保中國也・非以保中國也・以拒俄而自衞已耳・日人爲戎首以攻吾・而今特創親睦中國局・深思相結・非相結也・亦以自衞而已・吾投其自衞之心・而結其懽厚之盟・彼豈拒我哉・

憂分子曰・大國之人・驕而難與也・保商之國・憚于用兵也・昔者暹羅昵於英・敗於法・而求救焉・英勸其割湄東而不救也・日本親英・吾東三省之役・請於英焉・則以三大國故・屬其還我・英人巧甚・豈肯爲我結泰西怨而鬥與國乎・曰非所例也・英固不可專倚也・但知其畏俄忌俄之心・有不可並立者・則其必助我無疑也・若夫日人割台之意既得・暹人敵法而非敵俄・豈可援與俄例哉・若舍英不結・則英畏俄之結德法以大割吾北土也・以均勢之例・必不肯讓・英人與日本・急於自衞・必將先爲下手・以取吾長江矣・故結英非徒拒諸國・拒强俄・亦所以弭日本・且亦弭英國也・故宜遣重使・贈鐵路礦務深結英・然後急圖變法・庶乎可以圖存也・憂分子於是憮罔而退・

呂宋華民託西班牙保護文書後

康廣仁

呂宋之亂・吾粤民商於是・旅於是・乃獨爲人虐・喪其旅斧・呼歸無所・乃鳩其鄉人・呼籲於粤之督府・督府請之總署・乃丐日斯巴尼亞（即西班牙）代保護・督府乃以諭粤民・粤民悒悒怏怏・睊睊而悲・倀倀無所歸・泣有國之無依・奔走相告曰・嗚呼・萬國民皆有怙・萬國民皆有主・吾國坐視吾民之失所・吾國竟無怙・吾國竟如無主・何爲而至於斯・吾自有君・何爲而使西班牙保護之・堂堂二萬里之中國・不能自保而待之外國哉・

夫設大夫師長・樹后王君公・將以保民・立國家・貢租稅・將以護民・非如鄉邑之設更夫練卒・以邏盜賊衞門戶哉・若更夫練卒棄不保衞・人謂之何・且西班牙政亂民困・與中國同・西有古巴之亂而不能平・東有呂宋之禍而不能弭・不能自庇・何能扞吾・吾既號爲中國民矣・中國而不庇吾・將奈何・時有遊於古巴者・俛首而泣曰・中國之棄民久矣・吾工於三藩謝司戈・屢見逐於埃利士・嶇崎異國・瀕于累死而商於古巴・生平錙銖之積・以無保護・喪於亂民矣・時有自檀香山歸來者・吁吐其舌・長痛而言曰・嗚呼・吾華工之在檀香山者・幾盡死亡矣・豈惟喪資哉・土人旅國・以吾無保護之官・無保護之師・無保護之船・虐我華工過囚虜・殺吾生命若牛馬・誰爲收恤哉・時月被殺之案纍纍・豈聞有所保・汝尚得爲日斯巴尼亞所保護・幸也・

或乃憤然謂之曰・汝其收合大衆・叩閽而請之朝・曰・中國之棄吾民久矣・不自今始矣・今無兵・今無鐵甲船・中國雖欲收恤・亦何能爲・或又憤然曰・吾民遊於南洋者數百萬・莫曰歸之善堂・善堂其恤吾・各竭其私・造作郵船以通之・有急則改爲兵船以自衞焉・或有少補乎・朝廷既不保民・民將謀自保之・但朝廷寬其銜轡・無牽舊法・加鼓勵之・豈惟救南洋之民・其中朝有變・可歸而環衞焉・計無善於此者・於時臺灣大夫在座曰・吾臺服事於中朝・三百年矣・既忠且勤・日美其田・朝廷豈惟不保・且割棄之・何有

於窮遠之贅民．吾今改籍於潮．雖然膠州又告警焉．凡吾邊民．皆不自保爲何國之民矣．

康廣仁曰．中國既棄其民．棄其赤子．中國之民．皆倀倀不自保．思有所救．有所定主．中國棄之．必有起而收之者．雖然．吾民爲人所收．其奈中國何．凡百君子．昧昧思之．其何以圖存．無甯驅中國民而盡隸諸敵耶．民心日失．則土崩瓦解之事立見焉．豈惟邊民．若必不能保．莫若使民自保．使善堂聯保．合國會自保．願吾四萬萬黃虞神明同種之胄．同族之昆弟．發憤自保．

吳沃堯

一八六七年生
一九一〇年卒

字小允．又字趼人．號天南遯叟．南海人．世居佛山．又號我佛山人．早歲食貧．岸然自異．而能重氣誼．生平於學問無所不窺．不治經生家言及八股文．年二十餘至上海．傭書於江南制造局．月入僅八金．常爲日報撰文．多小品．華工禁約之爭．沃堯適主漢口美人所辦漢報筆政．念僑民顚沛．迺辭職返滬．與華僑人士共籌抵制．每演說．聞者動容．在滬憒廣肇公所分散．創立兩廣同鄉會．憫鄉人子弟之無教．開廣志兩等小學．光緒二十九年．梁啟超印行新小說於日本．沃堯先後投寄電術奇談．九命奇寃．二十年目覩之怪現象數種．於是聲名鵲起．旋客山東．遊日本．仍還上海．三十年爲月月小說主筆．翌年．主持廣志小學．宣統元年．成近十年之怪現狀二十回．二年卒於上海．沃堯喜小說家言．又復材藝．自金石篆刻．以至江湖食力之技．皆能且精．在制造局軍械局時．嘗自運機心．構二尺許輪船．駛行數里外．能自往復．餘如蒔花種竹．皆別具心思．著書萬言．其餘尚有劫餘灰．發財秘訣．上海遊驂錄．兩晉演義．新石頭記．恨海胡寶玉二種．還我靈魂記．趼塵筆記．趼人十三種．我佛山人筆記四種．我佛山人滑稽談等．

月月小說序

凡人無論爲自治．爲羣治．必具有一種能力．而後可與言．凡人無論爲營業．爲言論．亦必具有一種能力而後可與言．擴而張之．無論爲政治．爲軍人．爲立憲．爲合羣．亦必各有其能力焉．而後可與言．凡如是種種．皆我社會中人．日循環誦之．以爲口頭禪者也．然吾社會之能力若何．吾不敢知．

吾嘗潛窺而默察之．見乎吾社會中具有一種特別之能力．此特別之能力．爲我社會中人人之所富有．而爲他種族所尠見者．泱泱乎大哉．此能力也．使此能力而爲高尚之能力也．不亦足以自豪乎．庸詎知有不能如我所欲者．其能力爲何．曰．隨聲附和．

一言發於上．者者之聲鬨然應於下．此官場也．一羣之學風．視視學者之意旨爲轉移．此士類也．一物足以得善價焉．羣起而影射之．一藝之足以自給焉．羣爭而效颦之．此工若商也．若夫普通言之．則入演壇也．無論演者之宗旨爲如何也．且無論於咳聲唾聲涕聲喁喁聲之中我曾得聆演者所說爲云何否也．一人拊掌．百人和之若爆栗然．入劇場也．一折既終．曰某名伶登場矣．幕帘乍啟．無論伶之聲未聞．即伶之貌亦未見也．一人喧焉．百人嚷焉．好好之聲．若羣犬之吠影然．若是者．皆胡爲也．是非曲直之不分．妍媸善惡之不分．羣起而應之．則終應之可也．乃亡何發言於上者易其人．所易之人．所發之言．絕反對於前人也．而者者之聲鬨然應於下者如故．亡何而視學者易其人．其意旨與前人

吳沃堯

絕殊途．而學風之轉移也又如響．推而至於商也．工也．入演壇也．入劇場也．莫不皆然．此又吾曾百思而不得其解者也．

吾執吾筆．將編爲小說．即就小說以言．小說焉可也．奈之何學社會如是種種之醜態而先表暴之．吾蓋有所感焉．吾感夫飲冰子「小說與羣治之關繫」之說出．提倡改良小說．不數年吾國之新著新譯之小說幾於汗萬牛．充萬棟．猶復日出不已．而未有窮期也．求其所以然之故．曰．隨聲附和故．

或曰．是不足爲病也．美之獨立．法之革命．非一二人倡於前．無數人附和於後．以成此偉大之事業耶．曰．是又不然．認定其宗旨而附和之．以求衆之利益者．何可以無此附和．憑藉其宗旨以附和之．詭謀一己之私利．而不顧其羣者．又何可以有此附和．今夫汗萬牛．充萬棟之新著．新譯之小說．其能體關繫羣治之意者．吾不敢謂必無．然而怪誕支離之著作．詰曲聱牙之譯本．吾蓋數見不鮮矣．凡如是者．他人讀之．不知謂之何．以吾觀之．殊未足以動吾之感情也．於所謂羣治之關繫．杳乎其不相涉也．然而彼且囂囂然自鳴曰．吾將改良社會也．吾將佐羣治之進化也．隨聲附和．而自忘其眞．抑何可笑也．

小說之與羣治之關繫．時彥既言之詳矣．吾於羣治之關繫之外．復索得其特別之能力焉．一曰．足以補救記憶力也．吾國昔尚記誦．學童讀書．咿唔終日．不能上口．而於俚詞劇本．一讀而輒能背誦之．其故何也．深奧難解之文．不如粗淺趣味之易人也．學童聽講．聽經書不如聽左傳之易入也．聽左傳又不如聽詞之易入也．無他．趣味爲之也．是故中外前史．浩如烟海．號稱學子者．未必都能記憶之．獨至於三國史．則幾於盡識字之人皆能言其大略．則三國演義之功．不可泯也．雖間不免有爲附會所惑者．然既能憶其梗概．無難指點而匡正之也．此其助記憶力之能力也．一曰．易輸入知識也．凡人於平常待人接物間．所聞所見必有無量之事物言論．足以爲我之新知識者．然而境過輒忘．甚或有當前不覺者．惟於小說中得之．則深入腦筋而不可去．其故何也．當前之事物言論．無趣味以贊佐之也．無趣味以贊佐之．故每當前而不覺．讀小說者．其專注在尋繙趣味．而新知識實即暗寓於趣味之中．故隨趣味而輸入之．而不自覺也．小說能具此二大能力．則凡著小說者．譯小說者．當如何其審愼耶．夫使讀吾之小說者．記一善事焉．吾使之也．記一惡事焉．亦吾使之也．抑讀吾小說者．得一善知識焉．得一惡知識焉．何莫非吾使之也．吾人丁此道德淪亡之時會．亦思所以挽此澆風耶．則當自小說始．

是故吾發大誓願將遍撰譯歷史小說．以爲教科之助．歷史云者．非徒記其事實之謂也．旌善懲惡之意實寓焉．舊史之繁重．讀之固不易矣．而新輯教科書．又適嫌其略．吾於是欲持此小說．竊分教員一席焉．他日吾窮十年累百月而幸得殺青也．讀者不終歲而可以畢業．即吾今日之月出如干頁也．讀者亦收月有記憶之功．是則吾不敢以雕蟲小技．妄自菲薄者也．

善教育者．德育與智育本相輔．不善教育者．德育與智育相妨．此無他．譎與正之別而已．吾既欲持此小說以分教員之一席・則不敢不愼審以出之・歷史小說而外・如社會小說・家庭小說・及科學冒險等・或奇言之・或正言之・務使導之以入於道德範圍之內・即豔情小說一種・亦必軌於正道・乃入選焉・（後之投稿本社者其注意及之）庶幾借小說之趣味之感情・爲德育之一助云爾・嗚呼・吾有涯之生・已過半矣・負此歲月・負此精神・不能爲社會盡一分之義務・徒播弄此墨床筆架・爲嬉笑怒罵之文章・以供談笑之資料・毋亦攬鬚眉而一慟也夫・

歷史小說總序

秦漢以來・史册繁重・庋架盈壁・浩如烟海・遑論士子講求匪易・即藏書之家・未必卒業・坐令前賢往行・徒飽蠹腹・古代精華・視等覆瓿・良可哀也・竊求其故・厥有六端・緒端複雜・艱于記憶・一也・文字深邃・不有箋注・苟非通才・遽難句讀・二也・卷帙浩繁・望而生畏・三也・精神有限・歲月幾何・窮年齕齕・卒業無期・四也・童蒙受學・僅授大略・採其粗範・遺其趣味・使自幼視之・已同嚼蠟・五也・人至通才・年已逾冠・雖欲補習・苦無時晷・六也・有此六端・吾將見此册籍之徒存而已也・雖然其無善本以餉後學實爲其通病焉・

年來吾國上下・競言變法・百度維新・教授之術・亦採法列强・教科之書・日新月異・歷史實居其一・吾曾受而讀之・蒙學中學之書・都嫌過簡・至於高等大學・或且仍用前册矣・從前所受・皆爲大略・一蹴而就於繁賾・毋乃不可・況此僅就學子而言耳・失學之輩・欲事窺探・尤無善本・坐使好學之徒・因噎廢食・當世君子・或宜憫之・下走學植譾陋・每思補救・而苦無善法・隱几假寐・聞窗外喁喁・竊聽之・與夫二人對談三國史事也・雖附會無稽者・十之五六・而正史書略・亦十得三四焉・蹶然起曰・道在是矣・此演義之功也・蓋小說家言・興味濃厚・易於引人入勝也・是故等是魏蜀吳故事・而陳壽三國志・讀之者寡・至如三國演義・則自士夫迄於輿臺・蓋靡不手一篇者矣・惜哉歷代史籍・無演義以爲之輔翼也・

吾於是發大誓願・編撰歷史小說・使今日讀小說者・明日讀正史・如見故人・昨日讀正史而不得入者・今日讀小說而如身親其境・小說附正史以馳乎・正史藉小說爲先導乎・請俟後人定論之・而作者固不敢以雕蟲小技・妄自菲薄也・握筆之始・先爲之序・以望厥成・光緒丙午八月南海吳沃堯趼人氏撰・

何恭第

一八六七年生
一九三〇年卒

號櫻庵・順德人・家貧・以好學見知於族老南臺先生・使執贄門下・嘗爲人捉刀・得酬以資膏火・十九歲就教席於本邑龍山張翁・翁重其才・妻以女・旋舉優生・復遊何泰交之門・與海內文士相結納・聲名藉甚・嘗上書孫中山黎元洪・草莽陳言・惜不見用・乃爲省港各大報主筆政・窮愁著書・尤以說部名家・曾任教順德中學及香港育才書社歷二十餘年・弟子稱爲櫻花先生・

上黎元洪書

嶺南下士某書上宋卿大都督軍前・鼂嘗筮易至革之象詞曰・文明以順・大亨以正・即釋之曰・湯武革命・順乎天而

應乎人．偉哉言乎．非文明無以胎革命．非革命無以鑄文明．龍戰野而血玄黃．虎從風而文炳蔚．此其時也．迺者天地改觀．日月復出．黃魂呼嘯．黑水淪胥．長江約百川澎湃之雄．雲夢聚千秋沉鬱之氣．執事龍蟠虎踞．星拱辰居．旬月之間．八紘響應．凡有血氣．靡不欲釜韃靼之游魂．芟滿蒙之賤種．新我以黃族．宏我以漢京．諸君子盧牟而亭毒之．甚盛舉也．豐沛故人．南陽羣彥．從龍濟濟．皆東西諸國所馨香崇拜之偉大英雄．起草萊而爆雲雷．亦既算無遺策矣．山谷頑鈍．木石鹿豕．何敢妄綴一詞．然而天下至大也．國民至衆也．茲事體大．一手一足之烈．不足以挈襟領而振冠纓也．敢附杖策軍門之義．借箸前席之風．謹就夙昔所游覽所研究者．縷晰爲大都督言之．一當助成聯邦之政策也．各國聯邦．莫善於某國．自餘若某若某若某其名璀璨．其實窳敗．揆之祖國．殊多枘鑿．按某國以某首都爲盟主．其公侯伯子男諸國．名義與盟主相敵．我國春秋封建．天子贅旒．俯臨諸夏．彼國並此無之．軍政外交．仰息盟主．其餘政體．聯邦自治．某國執政．對於聯邦小國．自稱曰外臣．而聯邦君主．對於某王統．以名氏相稱．勢力平等．將來中央政府組織既成．其總統須多定年限．國事庶幾易辦．苟年限太促．辦事多未成熟．事未熟而總統去位．五百京兆．一官傳舍．其去滿清之舊制幾何也．對於聯邦．宜用干涉主義．庶幾長治久安．否則前朝遺孽．分布邊陲．如南美洲之□國樹黨援．四年爭總統．國事立見破壞．甚或放任自由．仍用舊日之官吏．仍踵從前之政見．沉沉大夢．再續黃粱．徒然多一改革．甚無謂也．

一當速成理財之政策也．國事經始．非財不行．是宜開辦積聚銀行．厚集元氣．藉以轉輸支給．則國家之體魄．自然堅强．國家之所以積弱．皆由財政閉塞．士大夫醉心宋學．祖尙儉樸．上之物采無所用．下之工業無所成．春秋時代．財政饒裕．因建國多而公卿士庶．車騎服色．奢靡相尙．彼小民者．出其心思材力．以副上之所用．而財政乃生生而不窮．聯邦各國亦然．官爵多而風俗侈．器皿之値．裳服之價．筵宴之豐．旅邸之華．億兆京陔．不可數計．工藝自然發達．財物自易流通．我國大學一書．其曰畜馬乘．不察鷄豚．伐冰之家．不畜牛羊．蓋君相留其有餘．以聽芸芸者之競爭而貢獻．於是森林礦產．鹽海銅山．紅粟朽陳．黃金剝蝕．此無他．富國之道在于奢．弱國之謀基於儉．即斯恉也．

一當建立軍政基礎也．一朝開創之初．必有百戰百勝之兵．以縱横宙合．馳騖延陔．及天下既定．王者之忌之也．則解其柄．王者之德之也．則世其祿．由前之說．此其弊坐在驕．唐宋之悍鎭．滿淸之三藩．是也．由後之說．此其弊坐在弱．蒙古之分封．駐防之世祿．是也．要當謹之於始也．其京師省會．自當聚精會神．練成勁旅．陸軍規仿德國．海軍規仿日本．精聘洋員．嚴定軍制．寬予口糧．此其大較也．自餘城邑鄉鎭．其舊有之鄉團商團民團．因而仍之．變而通之．一律改用洋操．一律改隸軍部．總司令無事可以捍內患．有事可以固國防．一氣灌注．百體從令．計無善於此者．然今日最要之問題．在消納舊日之防營．遣散臨時之召募．防營對於新軍．向持極端之惡感．汰之則嘯聚山林・聽之則坐糜國帑・竊意留其少壯・去其羸弱・每新軍之七八・兼防營之二三・消納無形・觀摩相善・此一問題・可以解決・至於臨時召募・急不暇擇・其中多市井細民・山林桀黠・國事戡定・彼以爲與有力焉也・用之則賊性未馴・遣之則慾心難饜・是宜嚴定功罪・其確爲攻城掠地・先聲響應・大股勁卒・深資得力者・論功超擢・一視同仁・否則量予資財・妥爲安插・兵革息則賞賚停・先民有言・寧塞怨府・毋開恩竇・愼無蹈世祿駐防之覆轍也・

一當振興學務之衰落也・萬國富强・莫先於學・天下猶舟楫也・而學子即爲操舵之舟師・天下猶廣厦也・而學人即爲運斤之大匠・識微之士・皆以學界爲未來中國之主人翁・然滿清辦學・垂十年・糜款動千萬・然而太平之日・則舍業以嬉・鼎革之秋・則倒戈而嚮・行省雖大・終不能收一士之用者・無他・不培植之而摧殘之・不實行之而浮騖之・上以僞求・下以僞應・而四萬萬無辜之血汗・竟擲之無何有之鄉・此所謂納九州之鐵以鑄大錯者也・是宜省設中學・例如學額五百・京設大學・例如學額一千・以考取而遞升之・厚儲的款・精求科學・愼選洋員・嚴定規則・鄙意監督監學全堂人等・除國文教席外・其餘皆聘用東西各國教員・不惜重資・以收實效・其人皆認眞結實・破除情面・必能相與有成・我粤嶺南學堂・西人一手經理・而進化之速・程度之高・竟收完全之效果・爲粤省冠・此其明效大驗也・自餘邑學鄉學・謂當富紳自爲謀之・不當朝廷代爲謀之・鞭長莫及・地廣難徧・財大難籌・不當騖西人村野皆學之美名・貽中國谿壑難塡之實禍・否則徑行裁撤・家自爲學・人自爲學・要當以國頒之科學以干涉之・監督之・其有父兄夏楚・學究冬烘・仍踵鄉塾之鄙習者・則窘辱之・坐罪之・秀且良者考升省學・寧缺毋濫・取精用宏・則變通辦學之良法也・

一當養成新造之人才也・孔子之答哀公也・曰爲政在人・光武之遇嚴光也・曰・相助爲理・自來一代之眞人・必生一代之名世・雲臺麟閣・已成歷史上之口頭禪・乃者部政有司・集賢有館・梯山航海・奔走偕來・然而盗魁梟首之才多・王佐帝臣之才少・沈機觀變之士去・而熱中躁進之士來・黄口少年・綠林劇盗・人人自以爲從龍大將・開國元勳・不知敢死名團・其人可以衝天下之鋒・而不可以安天下之鼎・是宜廣爲延攬・曲爲包容・其有山林耆宿・邊儌遺民・讀千卷書・通萬國政・或且世受清廷之豢養・久爲旂滿之家奴・必使之就我範圍・供我鞭策・否則一人爲患・流患滋大・聚族而殲之・不若合鑪而冶之之爲計得也・

一當安插旂滿之遺種也・益烈山澤・而禽獸龍蛇有必匿・武伐殷紂・而虎豹犀象有必驅・方今黄族昌明・豈任關外犬羊・同爲卵育・殪而殲之・誠是也・然而殺戒大開・以暴止暴・得不傷天地之和而成挺險之勢乎・議者又曰・水歸其壑・物歸其土・是宜悉數驅遣・置之遼東・俾其順水草之性・安乳酪之常・即以其人之地・還宅其人之身・計之善者也・無論今昔異情・彼能來我亦能往・神明貴胄・沉淪遼瀋者・何止以億萬計・彼將反客爲主・我黄族其有噍類乎・況乎蔕固根深・分布肘腋・朝下逐客之苛令・暮成反主之刁奴・騷動我邊陲・虔劉我赤子・而誅之且不可勝誅也・要當妥爲安插・逐漸融和・暫給口糧・徐圖生業・或且踵李唐之

制．五胡部落．賜姓予氏．久而久之．與之俱化．王者之義．天覆無外．地覆無載．否則鄂北之流血成渠．陝右之旂民駢首．荊州賤種．豕突狼奔．既入笠而招之．毋乃示天下以不廣也．

一當提振道德之綱維也．我國神聖相傳．哲學代起．人道主義．立國精神．皆根源于經史．及性理諸書．宋人舍用而言體．故遁幽逃禪．大爲今日所詬病不知漢之諸葛．宋之李綱．邵雍二張．明之王陽明顧亭林黃梨洲．皆以體用兼備．由理學而通於政治大家．雖曰時勢渦旋．學非所用．然變而通之以盡利．要不能掃除道德．祖藍皮之編繹．醉白□之糟邱．不道德之自由．不教育之平等．嗟嗟．毀而乾坤．裂而冠冕．鳥獸孳尾．牝牡聚麀．雄狐綏綏．鴇羽肅肅．吾覥然而人面也哉．吾烏能木石居而鹿豕游也．不才憤時最久．嫉俗最深．亦嘗剔整歐西．聞哲學之緒論．侍偉人之末席．從未有屏棄道德．以神聖莊嚴之黃種．付之鹵莽滅裂之青年．以此毒天下．吾未見其有濟也．是宜昌孔教．尊經術．網羅鴻儒．徵求碩學．於軍政財政外交商業工藝諸大計．不能不吸取歐美踵武東西．至於吉凶軍賓嘉六禮．仍以孔子之治治之．日月經天．江河行地．二百餘年腥膻之氣．一洗而空之．四萬萬人狂沸之潮．一掃而平之．則我大都督順風一呼之聲浪．響應於五大部洲．亦即我軒轅帝在天一綫靈魂．昭甦於二千年後者也．

以上臚陳．皆關大計．小節細目．不復縷言．生蜷伏海隅．年丁少壯．舉優行者十載．名器久成傀儡之場．窮瀛海者五洲．文章未得江山之助．徒以掘山羅海．摯虞憂餓死而悲歌．棘地荊天．阮籍遇窮途而痛哭．壓制甚斯野心勃勃．烹煉久斯熱血轟轟．覩大漢之官儀．志士切從龍之想．拜將軍之旗鼓．狂生興叩馬之歌．敢獻芻蕘．伏惟采納．生再拜．

勸粵民慷助軍餉檄

我大漢民國軍．揭黑幕而還青天之第一日．雅不願以魯褒論錢．公劉好貨．絜絜與吾民相激聒也．雖然．財利者仁義之母也．仁義者．財利之府也．非仁義則財利不生效力．非財利則仁義不臻健全．今政府既爲吾民謀幸福矣．而吾民乃忍令政府之仰屋而嗟．當食而歎．人懷其寶．商總其貨．農窖其粟．睊睊焉．伈伈焉．以爲金玉錦繡．可長共相安也．嗚呼．此何時耶．北部烽煙．炎炎未滅．西歐風雨．咄咄偪人．佗城珠海之間．綠林豪客．黃口青年．義粟仁漿．待而哺者．以京陔．以億兆．諸父老兄弟．試一思之．萬一天不雨金．人不納粟．望梅之渴．無米之炊．風鶴一驚．雲龍四起．海外之扶餘夜嘯．嶺南之百越爲墟．羯種胡奴．乘風南下．灑保皇之涕淚．聚亡國之游魂．吾恐十府九州．一刹那間爲火山．爲血海．揚州嘉定．恐千百之而未有艾也．怨毒之於人甚矣哉．興言及此．假使人手一錢．家輸一粟．雛伶弱妓．販夫走卒．直當以一涕一唾．淹彼千百萬之韃靼賤種．噓其骨而揚其灰．以還我璀璨莊嚴之世界．偉哉賴有斯舉也．等而上之．其有珠崖富族．瓊島名流．海外波斯．寰中石尉．有不投袂而起．指囷而贈者乎．非人情也．五嶺以外多異人．明季士大夫．破家亡產．斷脰流血．以爭種族・以撻犬羊・如黎美洲屈大均陳巖野陳子壯張家鈺其人者・慷慨誓師・一擲百萬・可歌可泣・傾動人寰・洪楊起事之秋・東西兩粵・洋商鹾賈・暗爲佽助・識英雄於未遇・解衣食以相推・此鄉土歷史所轟傳・亦邦人大夫所膾炙者也・舉事以來・旬有二日・桑梓惠我・良用敬恭・則有香江華僑・輦金錢以揚士氣・金闌志士・徹環瑱以壯軍容・國債則踴躍以將・紙幣則咄嗟立辦・曩時提鎭・歸我鹿臺・舊日監司・還我長府・南陽諸君子・玄黃篚篚・翩然來儀・琅琅義聲・洵足以鎭國魂而褫虜魄・然而杯勺之水・牛蹄之涔・戔戔束帛・未足以勸大事・宏遠謨也・方今北伐之師・尙形菜色・西鄰之責・恐召瓜分・大兵雲集・萬人如海・伏波無聚米之略・留侯鮮辟穀之方・諸父老昆弟・再一思之・此輩汗血卅年・間關萬里・妻孥駢戮・丘壟芟夷・富者輸財・貧者戮力・呼號奔走・血盡聲嘶・彼豈無個人之生命財產也哉・誠以生命事小・種族事大・財產事小・軍國事大・蠲小惠而湔大恥・灑碧血以濟黃魂・天地鬼神・實昭鑒之・詩不云乎・無言不讎・無德不報・讎既復矣・德於何報・願諸父老昆弟之有以報之也・本政府魄力宏大・吾民一草一木・不忍深求・高帝入關・不收財帛・蕭何佐漢・祇采圖書・夷甫不言錢・孟軻不言利・兵以義動・寰球諸大國・馨香而頂禮之・從前海外流離・積銖累寸・金銀黃白・未甚希奇・以故惠州一役・欽廉一役・鎭南關一役・三月廿九焚殺督署一役・以南洋血汗之金銀・博中國頭顱之價値・糜費不知其幾千萬也・曷嘗向故鄉長老・破阮藉之慳囊・乞孟嘗之債券哉・徒以大讎未復・壯志未伸・我出我車・我遷我賄・自作而自受之・無圂他人事也・綜此數因・乃有今日・沉沉噩夢・垂三百年・雄鷄一聲・天下曉矣・疇昔之日・呂不韋之假父・張邦昌之僞君・深痛鉅創・何日忘之・則區區阿堵物・所以復讎者在此・保險者在此・贖命者在此・蒙業承庥者在此・吾知海內人豪・必有大笑掀髯而淋漓奮筆者・本政府當以無量之幸福・以餉遺之・勗哉夫子・孟孽

擬簡竹居璧謝某公子送綢緺士儀箋

簡竹居先生・順德簡岸人・名朝亮・爲九江高師專經講學・前清特受訓導・避亂陽山八排窰・其中弟子・爲築草堂・種杉牧畜・國變後・輾轉流寓佛山劉詒齋祠內・昨某使賚公子士儀・致傾慕之意・竹居忽逃去・士儀暫存廣府中學云・

亮與世不通聞問久矣・畸零之人・慼慼靡騁・自分此生・以溝壑終矣・不圖星使南還・逮奉德音・兼錫嘉貺・自顧何人・敢辱高誼・然而披汴梁之緺・物產想見原中・攷汝州之窰・瓦器猶存宋代・伏維公子・以簫樓文選之才・擅陳留建安之譽・湛深內典・衍世法之薪傳・博參西乘・彪政謨之符采・商山四皓・翩然來儀・鎬京十臣・連茹彙進・固已前星燿藻・就日瞻葵・座右半黃幄之經筵・山中有白衣之宰相・神龍潛德・大哉乾元・牝馬利貞・確乎坤載・如朝亮者・遙瞻天字・逖聽風聲・山澤癯民・惟有珥筆而紀太平・鼓腹而歌盛世耳・猶復萬里貽書・五嶺通問・翹翹東乘・招我以弓・永維國士・知己之感・輒深鳴鐘漏盡之悲・壯不如人・耄將何及・吟復迂拙・無補聖明・木不中繩・金不躍

何恭弟　伍光建

治·是謂頑鐵·是謂朽材·願殿下岸然置之·是用相忘可也·亮以豎儒·中更世變·閒嘗瀏覽地誌·稱連陽八排之中·有蓮花山焉·其地苗猺雜處·太古風高·一夫當關·萬夫莫開·其人自耕自牧·無求於世·曩者邊陲弟子·爲築草堂·雖無杜老浣花之奇·亦具孤山蒔梅之趣·亮乃囊琴襆被·虱身其中·紅木板橋·綠杉野屋·讀書課子·聊用自娛·今春省墓歸來·居留禪境·舊雨雅集·仙風飫人·斯固童子釣遊之鄉·而亦媚黨過從之地也·一涉塵境·客感紛投·接淅而行·良非得已·比之故鄉梅訊·遠道蘭言·知瓊琚桃李之投·在此牝牡驪黃以外·溝澮之譽·孟氏所羞·車馬之饋·宣尼不拜·謹爰重耳反璧之義·敢誇閔子在汶之風·紫殿春回·青宮日麗·北望京邸·心感涕零·朝亮再拜·

伍光建

一八六七年生　一九四三年卒

號昭扆·新會人·弱冠畢業於天津北洋水師學堂·奉派入英國格林威治海軍大學深造·一年後轉讀倫敦大學·專攻理化數學·光緒十八年·學成歸國·歷任出使日本大臣隨員·出洋考察政治大臣頭等參贊·學部諮議官·海軍處顧問·軍樞司長等·宣統二年·清廷賞給文科進士出身·三年·與張元濟張謇等發起組織中國教育會·被舉爲副會長·民國後·任財政部顧問·鹽務署參事·復旦大學教授·年六十退休·居上海·專心譯事·迻譯世界文學科學名著近八十種·

拿破侖日記自序

拿破侖起自微細·乘法國革命·以戰功顯·數載而成帝業·當其盛時·歐洲大陸皇帝王公·無不俯首聽命·其兵力所及·幾遍全歐·方且以爲歐洲褊小不足以迴旋·惟亞洲可以建大業·其氣概可謂雄矣·而其用意·則殊非甘於窮兵黷武者·不過以武力爲前驅·而欲置世界於大同·其規模亦宏遠矣·是以其功業之傳於後世者·不專在乎武功·而尤在乎文治·歐洲諸邦之食其主義之報者·至今弗衰·是以近日有法國大文豪論拿破侖·謂歷史有兩位最偉大人物·前有耶穌·後有拿破侖·亦言之成理·非故作驚人之論也·第以拿破侖用兵二十年·滅人之國·毀人之家·各國之歷史家爲之撰紀傳者亦多矣·而難免於溢美溢惡·此則毋足怪者·況歷史家有言·事過五十年·乃可以作史·事過百年·乃始能有信史·此信史之所以難也·而拿破侖之信史則尤難·美國鍾斯通·乃譯行拿破侖自撰之日記·其意固欲使讀者各自運用其批判之力·以窺見及論斷此位歷史偉大人物也·

昔哲學家陸宰有言·一位哲學家之成爲某一宗某一派·則隨其人之品格而定·誠哉是言·今此日記之所紀·有可信者·有不可盡信者·然而從其不可盡信者·亦未嘗不可以窺見其當時之用心·顧讀者之教育·環境·閱歷·心理·不能盡同·亦終不無見仁見智之別·其論斷以殊難於一致·惟其非得自展轉之耳食·亦不是故作違心之論·則亦可以自慰矣·民國十七年戊辰大暑新會伍光建序於北平東城之愛榴居·

陳昭常 一八六八年生 一九一四年卒

字簡持・新會人・光緒己丑恩科舉人・壬辰進士・授翰林院編修・改部曹・出任廣西督練公所督辦・爲張蔭桓張百熙所器重・調郵傳部右丞・旋擢吉林省巡撫・時吉林改設省治伊始・於地方自治及軍備經濟等要政・多所建設・嗣因忤袁世凱去職・未竟厥施・民國三年奉派廣東省長未到任・遽卒・年僅四十有六・著有二十四番花信館詩鈔・二十四花風館詩詞鈔一卷・二十四花風館文選二卷・

瀝陳吉林財政困難情形飭部籌議疏

奏爲瀝陳吉林財政困難情形・懇恩飭部籌議・以重根本・而維大局・恭摺仰祈聖鑒事・竊吉林地處東邊・初改行省・政繁費絀・艱窘萬狀・誠有非就地籌欵所能爲力者・臣等未到東之先・聞諸道路・僉謂吉林富饒・甲於全國・凡有經營・無不克舉・抵任後細加體察・始知人言原有可憑・而實情殊不盡合・茲據地質物產而論・吉省誠爲東省之最・惟寶藏未洩・地利未興・苟無最大之母財以闢利源・其富庶終無可期也・前此閉關而治・一意休養・出入相準・自應綽有餘裕・自庚子亂後・元氣大傷・迨日俄戰罷・局勢益變・兩强競爭・實逼處此・稍再因循・萬難自立・其不能以昔日治吉之法行之今日・諒在聖明洞鑒之中・是以昔日入款少而用足・今日入款多而用不足・昔日以吉財治吉而用足・今日若仍以吉財治吉不僅其用不足・而貽誤大局非淺鮮矣・然使吉林今日財政・無異常危迫之象・猶得有所憑藉・逐漸補苴・無如病源已深・其勢岌岌・不可終日・凡政務之已辦者・皆將有累卵之危・未辦者亦徒作畫餅之歎・而一觀外勢之炎灼・如火燎原・又未嘗不驚心動魄・寢饋難安・既不能守株以待・又難於無米爲炊・此臣等所以焦心危慮・不能不披瀝上陳者也・

查吉省從前入欵每年約共銀二百一二十萬兩・其收入欵項・曰大租・即地糧・曰餉捐・即七四九釐捐・曰田房稅・曰菸酒木稅・曰山海稅・曰斗稅・曰蔘藥稅・曰木植票稅・曰官帖局三成餘利・曰戶部協餉・以上各欵・以捐稅爲大宗・而惟餉捐爲儘徵儘解・其他均係各衙門派員包額徵收・經徵者・除解足額款外・悉歸中飽・自前任將軍達桂臨卸任時・始於請停協餉案內・將加徵之菸酒木稅欵項提出・而入欵歲增五十餘萬兩・自改行省設度支司後・經臣等將山海稅斗稅及各稅捐・一律改爲儘徵儘解・復飭將舊時所有規費・酌提入公・而入欵又歲增二十餘萬兩・綜計每歲入欵・約共合銀二百七八十餘萬兩・比舊額計加多七十萬兩有奇・是爲今昔歲入之比較・

又查從前出款・每年約共銀二百餘萬兩・收支相抵・儘可敷用・自改省後・需用浩繁・除公署及五司各道本衙門公費外・其隸於各司道者・則有省垣及各屬巡警費・新設治各府廳州縣之補助費・徵收稅務及其他關於理財費・各項學堂及其他關於教育費・各級審判檢察廳監獄及其他關於司法費・設關商埠・及其他關於交涉費・墾務・礦務・及其他關於實業費・其不隸於各司道・則有軍政費・邊務費・旗務・蒙務費・交通費・禁煙費・籌辦諮議自治費・此外尚有一切開辦費・建築費・及常年活支各費・總上所列・共每歲約支

銀五百餘萬兩・比舊額約加多三百餘萬兩・是爲今昔歲出之比較・

就光緒三十四年・出入核計不敷之數・約銀二百二三十萬兩・加之奉部停撥餉歸自籌之款・則有延吉邊務費六十萬兩・三省均攤陸軍混成一協・原餉七十餘萬兩・除本年預算之應興應革各要務・尤須特別巨款者不計外・合前併計・不敷已共銀三百六七十萬兩矣・吉林人民困苦・比之內地瘠省猶遠不逮・今每歲入欵已超過中省之額・民力之竭可知・再欲加籌此三百六七十萬兩・竭蹶情形・自可想見・然本年苟不得此・則將前功盡棄・且邊務防務・關係尤巨・勢已急於燃眉・欵乃茫如捉影・稍有蹉跌・縱治臣等以溺職之罪・其如貽誤大局何・此財政困難之實情也・

然使情形難極困難・而基礎仍自穩固・猶得隨時彌縫・徐圖補救・無如近來市面蕭條・商民窮迫・已達極點・因流溯源・不能不咎前此理財之疏・以至於此也・查從前吉省財政・係由將軍衙門戶司綜管・歷任交代・向少清查・拉雜紛亂・不可究詰・而各稅捐等局・又各立機關・如省城之菸酒木稅・向歸將軍衙門・山海稅・則歸副都統衙門・斗稅則歸吉林道・民稅則歸各地方官・缺分之優腴在此・財政之紊亂亦在此・稅權不一・名目孔多・實歸公用・十無二三・以致商農並困・百度未舉・今雖力清積弊・咸與維新・但已免各項浮收正額・固自有限・而欲議別籌捐款・民困實有難堪・再四熟思・殊乏良策・然此猶不過財政困難之一端耳・其最爲危險・最難整頓者・則惟錢法一事・曩歲雖曾經設銀圓局・鼓鑄銀圓・而所鑄本屬無多・繼設官帖局・逐年增發・漫無限制・底貨日空・遂成不換紙幣・而官帖又決難通行外省・以致現貨幾於絕跡・市廛即間有外來者・轉瞬旋復輸出・市面周轉・全恃官帖・官帖日多・現貨日少・現貨愈貴・官帖愈賤・近日銀錠一兩・約值官帖五千有奇・龍銀一圓・約值官帖三千有奇・小民所重在日用・持不換紙幣・則何所得食・商貨必運自外省・照如此銀價・則所損實多・是以百物翔貴・民病莫蘇・商業寖衰・國計亦困・即就餉捐一項計之・前歲收吉・錢六七百萬串者・已銳減至三四百萬串・蕭條景況・大概可知・再越數年・何堪設想・且外幣勢力・乘虛而入・哈爾濱以東・已成俄幣範圍・延吉一帶・將爲日幣範圍・長春等處・則成日幣俄幣交爭之範圍・去年以來・日俄銀幣一圓・均約換官帖四串有奇・虧折情形・實較英鎊尤劇・長此侵蝕・伊於胡底・此誠吉林財政困難之最大原因也・

查前將軍達桂任吉時・去日俄戰事未久・以理論之・當極困憊・乃奏稱本省財力已可足用・請停協餉・今又相隔數年・自應更易爲力・而臣等反極陳其難・似覺可異・豈知彼時俄人駐軍吉林・雖地方被其蹂躪・而由彼國運來軍餉・何止千萬・大都散之是間・其所需米糧牛馬等物・亦皆購自我境・故當時以一窮民・積有俄幣數十圓・數百圓者・不可勝計・其衝要之府縣・歲收民稅數十萬者・亦間有之・當時地面浮財・既如是充斥・加以任意發用官帖・尚未覺有阻碍・而一切政治・皆仍舊貫・又無特別繁費・就彼一時而論・安得不謂之富裕・但未爲遠大計耳・今則民間無源之浮財・其涸已久・公家無本之官帖・其害早見・而創興要政・需用孔

急・又數倍於曩時・比較而觀・財政之不得不困・當可見矣・臣昭常到任後・與臣世昌・反覆籌商・既鑒前事而愼來軫・既撫來勢而規後圖・凡關於整理財政之事・靡不博訪周諮・殫心竭慮・特將從前將軍衙門所收菸酒木稅・及原有捐稅各局之例規・概行提出・不敢稍留私利・有負國恩・約歲增銀七八萬兩・如田產稅契贏餘・向歸各地方官・飭酌提歸公・約歲入十餘萬兩・如吉省食鹽・向皆運自外省・飭興辦吉林官運局・約歲入銀五十萬兩・更飭度支司・將省內外各稅捐局・次第裁撤・於省城設立稅務處・各屬陸續設統捐局・將所有稅捐・一併徵收・統計以上諸項・約將前歲增銀八九十萬兩・現仍力求擴充・以期將來之進步・並擬籌營業稅・改良稅捐・以爲商稅統一之法・凡現時進欵之可籌・較有把握者・大都盡於此矣・至補救錢法・勢非速鑄現貨・決難濟官帖之窮・故臣等於去冬・奏准搭鑄銅圓・並飭於官帖局附設發行銀票處・行使銀票・銀圓票・以昭信用・而便商民・且爲收回官帖之豫備・但計從前所發官帖・已約在四千萬串以上・至少亦須百餘萬兩現銀・隨時鼓鑄・方足以資周轉・但此猶僅爲挽救現狀而言・如欲永杜流弊・非籌設官銀號不可・因擬於省城設一總銀號・更於各屬之大市場・及奉江兩省之通商各處・設分銀號・蓋必有總銀號・以便匯欵存欵・則金融方能活潑・而現貨庶不致溢出・必有分銀號・以便發款交款・則銀號方有信用・而紙幣庶易於通行・如此則商民便利・度支充裕・相輔而行・所關非細・但更非預集三四百萬金・未敢遽言興辦・以上所籌理財辦法・蓋爲現時切要之圖・而決無疑義者・至久遠之計劃・則尚不在此・

夫吉省之土地・非不饒也・山川之蘊蓄・非不富也・惟其財多不見於地面・而其利不能拘於目前・而欲闢利之大小・必先以資本之多少定之・亦人所盡知者・苟今日各省能以其餘利助吉・則異日必能以所得之利・還助各省・初非黔桂新疆等省之長賴協濟者可以也・且日俄近於各地調查・無不透澈・若再昧焉不察・外人勢必出其資本・盡其手段・事事起而代謀・不但地利未能自保・而國計且將不堪・臣等職分所繫・日久憂危・誠有不敢畏難自安者・謹就臣等管見所及・不能不及時籌辦・而又非吉省財力所能籌辦者・約略陳之・

吉省土產・最利實業・曩者但知自保・不求發達・以致利棄於地・外人因而生心・於是飭勸業道・調查礦務林業・試驗農事蠶桑・及造紙印刷各工廠・以爲商民先導・約計歲須銀二三百萬兩・吉省辦墾多年・仍多荒地・伏莽難除・強鄰窺伺・實邊之策・允爲要圖・於是擬於東北各邊・實行移民招墾屯田諸要政・約計須籌銀四五十萬兩・查琿春爲吉省東邊要塞・由圖們江入海・僅百餘里・實東境天然之一大商港・屢經確查・洵屬利便・雖近海江岸已歸俄屬・而援照公法・實可通過・早未計及・殊爲失策・於是擬開通琿春海港・約計須銀五六十萬兩・又吉省有松花圖們黑龍三江・其經流皆在千里以外・支河歧流分貫全省・水利之美・無過於此・乃因向少舟楫・輸運不通・民氣閉塞・良足興歎・前於松花江試行官輪・商民便焉・於是擬統辦三江航路・約預計銀四十萬兩・是四者皆爲生利之事業・苟有資本・富國裕民・悉具於此・

他如森林礦產．原爲吉省最大之財源．尤須賴絕大之資本．非專恃官款所能濟事．現正擬設法招股募債．以期逐漸興辦．故不與前四端並論焉．

再者．吉省向少民官．治術疏闊．邊荒土曠．難保治安．是不可不速籌設治．查奏定籌備憲政章程．舉凡各級審判廳．及全省蒙小學堂鄉巡警．均限於宣統七年內一律成立．則司法學務警政．是不可不速議擴充．又准陸軍部奏定各省練軍新制．吉省應於兩年內．自練陸軍一鎮．則軍政是亦不可不速謀推廣．統計須欵約在數百萬兩以上．凡此雖同屬分利之事業．而實爲國計民生之要圖．是皆整理財政者之必統籌預計者也．萬一經費無著．不能不斟酌緩急．而已辦之政．斷難廢於中途．邊防之重．更難稍有讓步．無已．惟有將前所陳分利之事業暫緩．然緩此則本省法政無計改良．何以立憲政之規模．而內治終難振興矣．又無已．惟有將前所陳之生利事業暫緩．然緩此則本省財源．已無生路．何以謀前途之希望．而外力莫能抵禦矣．又無已．惟有將錢法積弊．緩爲整理．至緩此則不僅治內對外之舉．均無力足以運籌．而羣情惶懼．根本動搖．現象已將不支．恐由此全局盡隳．雖以舉國之力．無能挽矣．況即令本年所籌辦者．一切皆緩．不求進步．不謀補救．而前所陳出入不敷之二百餘萬兩．及部議停撥之數十萬兩．乃雖欲緩之而不可得者．而亦將何以爲計耶．臣等蒙昧．實未能審擇緩急．別所去取．再四籌思．莫知所可．夫以南北洋之富庶．其實力遠過吉林．但因事關緊要．尚不得不借助於各省．以新疆之曠遠．其地質遠遜吉林．但因地當邊要．遂不得不求濟於鄰疆．而吉林爲國根本．逼近强鄰．省治初立．凡百待舉．其事之繁．地之要．較南北洋新疆若何．當亦舉國所共知也．臣等受恩深重．具有天良．苟力所能及．何敢稍有推諉．上煩厪慮．特以其地尚當山林初啟之際．其勢已處羣雄爭逐之衝．其民既納內地相當之賦．其時又值元氣凋疲之餘．無論撫綏不遑．未堪羅掘．縱吉民盡効毀家之義．勉抒報國之忱．而欲恃一省有限易盡之財源．以抗兩强至偉極大之魄力．成敗利鈍．不待龜著而可決矣．臣等硜硜之愚．旣怵於中外之大勢．抵制乏術．復迫於吉省之財力．籌措無方．明知帑藏奇絀．未敢呼籲司農．視此大局攸關．又何敢因循坐誤．合無仰懇天恩．垂念吉林關繫綦重．財政異常困難．應如何統籌全局．綜核財力．不僅以尋常省分視吉之處．飭部妥擬覆奏．如蒙逾格鴻慈．俯賜垂鑒．俾臣等得以秉承聖謨．次第實施．庶中外皆曉然於上意之所注．外强阻怯．羣情奮興．自足以期治理．而鞏邊陲．吉林幸甚．國家幸甚．所有吉林財政困難情形．懇恩飭部籌議．以重根本．而維大局緣由．謹披瀝上陳．伏乞皇上聖鑒訓示．謹奏．

密山府墾務重要謹將籌辦方法密陳疏

奏爲吉林密山府墾務重要．謹將籌辦方法．恭摺密陳．仰祈聖鑒事．竊吉林地處邊陲．東毗俄疆．南臨韓境．荒無偏野．伏莽潛滋．久爲外人窺伺．曩時國界不清．無端以東邊數千領地．淪喪於俄．南部延吉一帶．自韓民越墾．發生界務交涉．至今未決．籌邊失策．由來者漸矣．今東方邊界約分臨江密山綏芬三段．獨以密山邊綫爲最長其與俄人分據烏蘇里江・而視日俄之與我爭圖們江界者・正復相若・土曠民稀・則又過之・及今不圖・必蹈南境覆轍・且其土質之肥沃・天產之豐富・田野之平曠・實爲全省之冠・設一旦爲强鄰所侵越・利權喪失・較南境又加甚焉・向者籌辦墾務・已歷年所・並設有招墾專局・辦理多不如法・成效殊無足觀・自改設行省・經陞任督臣徐世昌及臣昭常・屢次派員詳查・極力妥籌辦法・初奏設密山府治・今奏復定增設寶清饒河臨湖各州縣・終因經費無著・未能即謀大舉・臣錫良到任後・派員周歷全境・逐段履勘・查得可墾之地・約有百餘萬晌・已放者約十之二三・而已墾者・尚不及百之一二・蓋以歷年設局招墾・委員四出・大都以多收荒價・定其成績・承辦者亦得藉以從中漁利・因之所放者・半屬包攬・所領者但有大戶・只計放荒之多寡・不問墾荒之有無・是不僅難言招墾・而於墾務之阻力滋大・且治理無人・防軍不設・內困積匪・外迫强鄰・故豪强者縱欲居奇・實無力以之自墾・柔懦者相望裹足・更無法可以招徠・雖辦理已歷多年・而荒廢無異疇昔・臣等反覆籌商・竊以非實邊不能守土・非興墾不能實邊・非移民不能興墾・非保安不能移民・既非因循苟且・所可圖功・尤非省勞惜費・所克爲力・謹將所籌辦法・敬爲我皇上・分別陳之・

一曰度地・查密山形勢・東接烏蘇里江・南濱興凱湖・西接綏芬・北通依蘭臨江・東南密邇强俄・固爲扼要・西阻青溝嶺・盜賊嘯聚・爲患行旅・亦屬要區・其間以穆棱河・橫貫全境・河南起青溝嶺・迄呢嗎口・東西長約五百餘里・南北或百里五六十里不等・河北界撓力河老嶺而接臨江依蘭・南北約廣百里或百三四十里・由東北至西南長約七百餘里・北段計有淨荒三四十萬晌・墾者約二萬晌・南段計淨荒六七十萬晌・墾者約四五千晌・從前放荒・大都任人報領・並未實地測勘・今既定切實舉辦・自未便稍有含糊・似宜先以習農學測繪學者入其境・辨別其地質肥瘠・土性所宜・而後依河流山脈・劃分區段・每區應得地若干晌・何者可以置都邑・何者可以設屯村・何者可以開市場・一一分別勘定始得有所把握・至地之最膏腴成大段者・半已爲大戶承領・未能開墾・徒事把持・此外界址混淆・官荒冒佔者・隨地皆有・眞僞不分・實有妨墾務之計劃・尤宜實行清丈・分段劃清經界墾・而未領者・令其補領荒照・領而未墾者・勒限墾種・逾限撤地另放・庶此時設法招墾・不至別有轇轕・橫生阻力也・

一曰移民・曩者招墾積習・已如前所陳・茲欲救正其弊・應以實邊之意・而略寓屯田之法・除於其地專設墾務局經理一切外・宜先選派專員・分至內地・廣招農民東來・每一班滿百人爲及額・應招者以有身家最爲合格・能攜家至者・尤善・來時酌助以路費・並與郵傳部咨商・請免輪船鐵路半價・以紓財力・至則劃地居之・每名給地四晌或五晌・視地肥瘠爲定・並略助廬舍籽種牛馬之費・妻女半之・子年滿十五歲者分地如成人・擬以百人以上・環居爲一屯・合數屯爲一社・屯社各有長・合數社爲一鄉・鄉有鄉正・合數鄉而州縣治成焉・每屯酌給以槍枝子彈若干・隨時教以團練之法・令自爲守衛・每社擇地駐兵若干名以代爲之防・定於三年後・分年償還籽種牛馬各費・及補繳荒價・並照章六年升

科・十年之後・其繁盛當可預卜實邊之道・略具此矣・

一曰設治・大凡設官分治・所以撫民・亦所以安民・故爲治理計・地方繁富者・不可無官・而爲實邊計・欲謀地方之繁富者・尤不可不先有官・今者既已議定移民之策・其始分疆布畫・自須先事籌措・繼而遠民紛至・則一切教養保衛等政・皆當因之以興・且地處邊荒久爲官治所不及・從此戶口稍繁・若不速籌分地以治・俾人民有所統屬・得安其業・則强者流爲匪類・黠者勾結强鄰・實足爲地方之患・此奏設之寶清臨湖饒河各州縣・不得不分別妥籌設治・而呢嗎一口・地當衝要・尤須速設專官・以資控馭者也・

一曰分防・吉林積匪・聚散無常・凡近邊地者・皆必設兵駐防・始可招墾・而於密山爲尤甚・向之放荒多年・民跡鮮至者・大都由此・去年匪徒嘯聚・竟悍然與官府爲敵・屢以大兵搜捕・終未肅清・故雖移民之法若何完善・而非妥爲設防・決不足以資保衛・而維治安・且俄於沿海州縣・久已布置軍隊・分屯開墾・沿邊千里・市廛櫛比・人煙稠密・以荒廢之地・擲數萬萬金錢・經營十數年・遂成繁盛部落・我則不聞不問・荒涼如故・弱肉强食・何以圖存・呢嗎口對岸・現駐俄軍已在萬人以上・其舉動殊不可測・即爲邊防計・亦不可不厚積兵力・以爲不虞之備・故西之青溝嶺・東之呢嗎口・必須以重兵扼要駐紮・其他沿邊及屯墾各區・皆應擇地分防・方足以免內患外患之慮・而得實施其移民設治之策・否則不僅人懷恐懼・莫肯應招・即有至者・亦終不免逃避耳・

一曰通道・查密山一隅・周圍二千餘里・在羣山之中・幾與內地隔絕・若由東南路入境・則須經呢嗎南站雙城子等處・俄屯林立・節節留難・若由西路・則青溝嶺上下七十餘里・草木叢茂・久爲賊巢・且沿途非山路崎嶇・即水塘橫梗・既少人家・更無旅店・車馬動輒傾陷・行人皆須露宿・故欲謀移民・除駐兵防剿外・所有伐木平道・疏通溝渠・修築橋樑・開設店舍諸事・均不可緩・果如是・將見行旅利便・百貨輸入・加以有官有兵・爲之保護・庶聞風者・不待招募・皆將趨附恐後・則邊地繁興之象・從此可期矣・

再者密山境內・五金之鑛・蘊蓄無窮・參天之材・舉目皆是・誠爲全省大利之所在・向因道路梗塞・採運不便・利棄於地・洵爲可惜・果以後人民日衆・運輸已通・即急須設法開採・以闢利源・至如滴道山煤礦・尤爲本省出產之最・倘能集資大辦・轉運出境・全省政費・可期浥注於此・據外人之所考查・其礦質之佳・在世界各國中・亦爲特色・歐美人莫不涎之・其地在今密山府治・正西去俄國鐵道約二百里・故俄人覬覦特甚・而日人於吉省境內・調查礦產最悉・其最注意者在南則天寶山銀礦・在東則此煤礦・日出詭謀・不遺餘力・我若不及早經營・一旦橫生交涉・或少有衅端・彼將藉此以爲要挾・恐將不失於俄・必失於日・其損喪利權・殊非淺鮮・是以舉辦密山墾務・而不可不同時籌及者也・夫歷來創興事業・辦法之適宜固難・而籌欵尤爲不易・吉林自改行省・無成可守・百政待興・每舉一事・動須數十百萬・而又迫於時勢之不得不爲・苟非有雄厚魄力・實難擔此偉舉・今茲密山墾務・雖僅爲吉林庶政之一端・而實關國家切要之大計・經費浩大自在意中・他處辦墾・以所收荒價

作辦事經費．收效頗緩．尚可循序圖功．密山則殊有弊而無利．是以辦墾近十年．地方荒蕪如故．而俄人盜買．韓民冒墾．大戶包領．種種弊端．轉因之以生．茲欲決計招墾．勢非如臣等所陳辦法．斷難奏效．現據俄國移民廳預算本年在沿海州新定地區八十萬畝．移民三萬人．所有移民費修路費建屋費共千餘萬元．備極經營．算無遺策．然則我國於邊境之內．顧可漠然置之耶．前陞任督臣徐世昌及臣昭常．曾早見及此．初擬先籌六十萬爲今年開辦經費．嗣因財政十分支絀．復擬以三十萬暫行試辦．徐謀擴充．集欵未就．而臣徐世昌去任．自臣錫良來東．更加考察．知此事極關重要．決非少數之欵所可從事．前經統籌東事大概．籲懇撥借一千萬兩．設立銀行．興辦實業．部議未予准行．無米之炊．諸事束手．臣等籌思焦慮．徒切咨嗟．亦惟有竭其心力之所能爲．但期多墾一段荒田．即多一殖邊之利．多招一名墾戶．即多一實邊之民．成敗利鈍．非所計也．抑臣等更有請者．該處肥沃之區．爲大戶所包領者居多．當承領時．地界多不清晰．每領地一晌．私佔輒至數倍之多．一經清丈．自必水落石出．未墾者且須限期另放．該大戶等既失其侵佔之大利．又絕其壟斷之私圖．謠諑之興．在所不免．臣等固不敢稍避嫌怨．第恐悠悠之口．聞者不察於行事不無阻滯．是則所賴聖明主持於上．俾臣等有所措手．不至竭蹶半途．大局幸甚．邊陲幸甚．所有臣等籌辦密山府墾務緣由．理合恭摺密陳伏乞皇上聖鑒訓示謹奏．

籌辦吉長商埠援案飭部撥借開辦經費疏

奏爲籌辦吉林長春自闢商埠．關係重要．籲請飭部借撥的欵．以濟急需．而維大局．恭摺密陳仰祈聖鑒事．竊查吉省開埠之區．共計六處．曰吉林省城．曰長春．曰哈爾濱．曰甯古塔．曰三姓．曰琿春．皆經先後奉文開放在案．而吉長哈三埠．則於光緒三十二年十二月間．即經宣布．開放最早．地方亦最關緊要．而三埠之中．哈埠爲俄國鐵路總車站所在．俄人以其形勢利便．自光緒二十三年以後．附近鐵路之地．早經一展再展．逐歲經營迄然已成重鎮．及我宣布開放．自闢商埠．則已人取膏腴．我得邊瘠．人有市場．我無商埠矣．鐵路附屬之地．稱之曰租界．我國商賈之人．目之爲華僑．主客易位．名實混淆．交涉橫生．動輒棘手．此不得爲非往日之失算也．

若夫長春適爲日俄兩國．鐵路之交點．日路北綫．實起於此．日之視長．猶俄之視哈．數年以來．日人一切規畫．悉步俄人．而陰謀譎計．則又過之．其車站界綫以內．固已闤闠相望．商務勃興．而附近車站一帶地畝．該鐵道會社．又私以重價賺我愚民．暗自購入．蓋其節節布置．不遺餘力．充其野心．可爲駴懼．

至若吉林省城．未經日俄兵燹．又非日俄兩國鐵路經行之地．我之主權．最爲完全．三年以前．有俄人而無日商．近稔之中．漸有來者．顧猶以交通隔閡．商務衰歇之故．來者無多．俟吉長鐵路開工．各國商民．聯翩而至．而日人之最占多數．當可預料．屆時外人麕集．我若無已經成立之商埠．以爲彼之歸宿．勢必雜居內地．蔓延全城．且人將代我購地．代我修路．代我建居．代我設置巡警．我不自謀．又不能禁人之代我謀．哈埠其前轍矣．鑒哈埠之前轍．著吉長之先鞭．非實行開埠．尅日計功．於三年之內．一律成立不可．臣昭常去年九月抵任．疊與前任督臣．往復商量．皆以開埠一事．斷不能以款項無著．再事因循．乃飭交涉司暨西路道分頭籌辦．省城則於去年十月間．當吉長鐵路開議時．由交涉司鄧邦述督令試署僉事傅彊豫爲籌劃．在城之東北門外．吉長鐵路建設車站之處．勘定左右四旁地址．實測繪圖建標購地．以爲開埠入手之辦法．然後籌及修築馬路建造屋宇．教練巡警等事．而以開埠局爲承辦之機關．現在計劃均已大定．工程亦已包估．臣錫良巡視到吉．見其籌備一切．尚覺妥善．

長春則於本年三月間．由代理西南路道顏世清．倣照省城辦法．設局經營．惟日人私購地畝已多．辦理較難著手．臣昭常飭令該道到任之後．先於日人已購地畝之四圍．悉行圈購．毋使再有侵越．而於圈定界內．能設法購回者．議價收回．臣錫良由奉至吉道經長春親自履勘．見該埠於東西北三門外至頭道溝止業已開始圈購．當經面飭該道於築路建屋各事認眞舉辦．並飭稅務司籌畫開關事宜．豫備商埠成立以後開關收稅．該埠地處衝要．東三省米荳雜糧出口爲必由之路．若能辦理得手．將來成效必有可觀．目下兩埠局用開支無多．暫由吉省騰挪墊撥．若購地築路建屋設警諸要端次第舉辦．飭令司道等切實估計．無論如何核減．非有款各一百萬．必難觀厥成功．吉省財力自改設行省以來．左支右絀情形．早在聖明洞鑒之中．近歲協餉既停．本年又須籌解延吉邊務經費．若欲於竭蹶萬狀之時．再撥給開埠巨欵．實屬籌措無從．臣錫良到任後．與臣昭常竭力籌商裁汰冗員．歸併局所．但所節經費．祇能藉資小補．未能挹注大宗．現在兩埠正在籌辦．斷無停止之理．再四思維．惟有援照山東濟南等處．自開商埠．請撥經費成案辦理．東魯爲畿輔屏藩．吉省乃發祥重地．擁護主權．事同一律．而情勢迫切．抑又甚焉．明知部帑匱乏．同此艱難．但以中央之力．爲地方代謀．念及吉長開埠．關係緊要情形．或可於無策之中．設策援助．臣等忝膺疆寄．籌欵是其專責．苟非智窮力索．何敢妄自瀆請．祇以吉省財政實陷於朝不謀夕之地步．而自開商埠．又値稍縱即逝之時機．萬不獲已．祇有仰懇天恩．飭下度支部撥借兩埠．經費各一百萬兩．分爲三年請領足數．一俟吉長設官後．收有稅捐．即便陸續如數歸還．以重庫帑．除飭該司道等將埠務各項經費並租建章程查照濟南辦法．詳情擬定咨部核辦外．所有籌辦吉長兩處自開商埠暨懇援案飭部撥借開辦經費各緣由．理合恭摺密陳．伏乞皇上聖鑒訓示．謹奏．

陳昭常　朱淇

朱淇（一八六八年生　一九四〇年卒）

字菉蓀．號季鍼．南海人．邑庠生．光緒十四年選學海堂專課生．喜研究格致等新學．嘗主中西報．環球報筆政．二十一年乙未興中會曾預印討滿檄文．備發難時頒佈中外．中山先生以淇長於文學．故以草檄事屬之．是年九月．革命黨大學於廣州．事洩．遂有朱丘陸程之案．黨人丘四陸皓東程奎光被害．朱即淇也．幸免而亡命．光宣間至青島辦膠州報．黨人避難靑島者多・倚爲東道主・辛亥在北京辦北京日報・以持論不務新穎・無人知爲革命先覺焉・民國四年・袁世凱制定報制・壓迫輿論・淇起而抗之・名噪一時・二十九年卒於北京・

五國盟約離合記

連橫約縱之事・戰國尙矣・後世羣雄角立・或頗有之・然海宇統一・輒廢不用・今歐洲形勢近戰國・其君臣明達・練習敵情・非遊士所能恫喝・故歐洲無遊說之學・然盟會朝聘・今昔一轍・讀西史觀五國盟約離合之迹・亦談時務者得失之林也・自光緒五年・德奧聯盟・後二年・而意與德奧盟・其明年・俄德聯盟・後十三年而俄與法盟・今年俄法又續盟・或外睦而內睽・或舍彼而就此・類皆自私其國・相傾軋・結援黨・唯是爲務・亦勢使然也・

然其所立約章・實關繫歐亞全局・故歐西今日朝野之士・無不嘖嘖議此・當同治十一年・俄皇奧皇共如德・當是時俄德奧方睦・意國初未預盟也・光緒二年・俄皇亞力山大第二陰煽德人與奧爲難・德人不從・俄德渝盟・自始此矣・光緒四年・俄伐土耳其而捷・其明年立和約於柏靈・英奧推德相卑士麥主和議・俄皇以布勒嘎利亞助俄伐土・欲割土耳其之壤・自多瑙河至希利尼海・以益其封・卑相不從・而割居比路海島與英・割波斯那及熙則哥溫拿與奧・俄人怨德至今・初卑士麥患法之仇德也・思結俄爲援・故傾意事俄・俄相葛揸哥夫妒而愎・惡卑士麥之功・而心害其能・故德俄二相不相睦・（卑相屈禮以下葛相・往來書牘甚多・葛相皆遏之不以聞於俄皇・葛相卒・俄皇始知之・深以爲恨）俄皇德皇會於亞力山羅和・欲釋二相之憾・而葛揸哥夫鞅鞅・意莫能解・德人以俄交難恃・故光緒五年柏靈之約・徇英奧以拒俄・自是而後・俄德之怨深矣・

柏靈和約既立・卑士麥知俄之憾德也・乃如奧與奧相會於維也納・謂俄法將合盟・吾二國不可以孤立・遂訂德奧同盟之約・光緒五年九月・德奧兩相共定盟約於奧京・距柏靈和約之立纔四閱月耳・當立約時・奧皇已簽允約章・而德皇則光緒八年方簽此約・是時俄皇亞力山大第三已即位矣・卑相謀國雖忠・而其君臣意見之間・則固有難言之隱也・斐洲之北・有小國曰圖尼斯・與意大利夾海・名屬土耳其・實土意之間甌脫也・光緒六年・法人據其地・意人患法逼・故欲親德奧・自光緒二年・意宰相機里士卑・聘於德・遂如奧・議聯三國之盟・有成言而未定約也・後三年而圖尼斯併於法・而奧人懼・思踐機里士卑之約・光緒七年・意皇漢北如奧・其明歲遂聯盟・德奧意互爲援・意王如奧之歲・俄皇遇剌卒・德太子往唁・與新皇亞力山大第三甚歡・於是俄相希士始當國・卑士麥因俄君相之善德也・遂合俄德之成・立約爲唇齒國・當是時・德國南聯奧意・北合俄法・孤弱寡助・皆卑相之謀也・

光緒十四年・德皇偉威廉第一卒・越二年・而卑士麥致政・威廉第三・不欲親俄・故德俄之約遂廢・自柏靈和約之後・俄皇患奧助英德以拒俄・故與奧立約於黎士達城・謂奧國新得波斯那及熙則哥溫拿兩省其經理屬地之事・俄國概不干預・若俄土有戰・奧亦不可干預・原俄之意・蓋欲收奧以剪英德之翼也・而奧卒親德而疏俄・迨卑士麥罷相・俄人益以獨立爲憂・光緒十七年・俄相卑士訪意相勞的利於美蘭城

乃同謁意皇於滿揸議聯俄意共保地中海權利・意皇以既合德奥・不能背約而與俄・俄人不得於奥意・乃轉而之法・當法皇拿破倫時・俄法有宿憾・及法助英拒俄黑海・而俄之仇法益深・故不欲暱法・法人夙有輕俄心・且俄法合盟・則俄在地中海與亞東益甚厚・俄利多而法利寡・故法亦不欲聯俄・當德俄二相交惡之時・葛揸哥夫屢欲聯法以傾德・而俄法之交・卒未能合・今俄既失德援・舍法莫肯助俄・法與德積仇・德既有意奥之助・法亦不得不結俄援・故俄法二國・皆匽怨以相友・光緒二十年・俄法盟成・立互相援助之約・凡德意奥三國有與俄法敵者・俄法二國必合力拒之・此約以六年爲期・乃未及六年・而今歲法俄已換新約・約既換・法人皆驩然有喜色・蓋新約所載昔年德法之戰・法地之失於德者・俄願助法取之・若俄在亞東有事・法亦願竭力助俄・夫德奥意三國之盟・不過關涉歐洲而已・今俄法新約・殆將搖動亞東時局・履霜堅冰・中國當防其漸・詩云・迨天之未陰雨・徹彼桑土・綢繆牖戶・君子讀法俄新約・願當軸者・三復詩言・

光緒二十一年・日議割遼東・俄德法聯拒日而三國之交復合・凡三國之所以離・以歐洲宿怨而離也・凡三國之所以合・以覬覦中國而合也・盜賊雖有積憾・及其結黨攘刼・則勢必相援・不如是則無暇入室而胠人之篋也・德法世仇・且能貌合・況俄德昔日同盟之國哉・凡此皆巧於自謀・非有愛于中國也・中國以遼東之還・謂俄親己・膠州一役・謀請諸俄・嗟乎・是何異盜入吾家・而訴諸盜之同黨也・俄欲遼東・甚於德欲膠州・俄若阻德・德異日必阻俄・俄不若市恩於德・且爲異日俄地也・尤而效之・俄恐甚焉・異日之俄・即今日之德・俄使謂德理直・豈德理之果直哉・俄自直俄耳・法俄換約之後・法民主如俄・其返也・舉國歡迎之・榮若凱旋之將・昔拿破崙時・俄俯首聽法命・今乃屈已就俄・法之恥也・恥而以爲榮・豈將以求所大欲耶・歐西强國並立・莫敢先發・受其禍者・非亞東而誰・夫以吾中國之故・使歐洲諸國・合者忽離・離者忽合・英日爲一黨・德法俄爲一黨・意奥亦將隨其後焉・耽耽然目・目瞬我中國也・涓涓然涎・涎垂我中國也・厝火寢積薪上・火未發謂之安・賈生以爲危・今膠州之役・火始燃矣・其未燎原者能久待耶・雖然・俄之餌法也・曰法助俄亞東・俄亦助法返德侵地・斯言也・法雖悅之・德實忌焉・是以俄法德三國・貌雖合而神實睽・游說之術・雖不可行於今・然若得諳練外事之使才・以利害陳之・或可離三國之踪・而寢其謀也・否則德患法厚割亞東以自强・不得不爭先逐利・如奕棋然・務占先着・則亞東危矣・即不然而失之西隅・收之東隅・返法侵地於西・而多割亞東以取償・亦德之利也・中國不養使才・故交鄰之事多棘手・法京困於德・踼威士奔走列國以求救・卒退德師・使才之益鉅哉・曾惠敏使俄而返伊犂・差近之矣・

釋觀本

一八六八年生
一九四五年卒

字玉濤・俗張姓・名壽波・中山人・家素豐・年二十四・中光緒辛卯科舉人・講求維新・東渡日本・爲橫濱大同學校校長・壯歲深研佛典・捐獻其澳門大宅爲功德林・民國十九年赴鼓山出家・法名了一・號觀本・爲鼓山增補各祖師傳記・抗日時間・爲曲江華南寺首座・勝利後返澳門病卒・年七十八・遺著有香光閣集二十餘卷・待刊・

歐亞氣運轉機論

歐亞之局・關繫於地球盛衰者・歷百年以來，凡三大變・昔葡日興航海之利・繞非洲沿好望東角通印度洋・此初變之機也・自法通紅海之道・開蘇彝士河・取捷於亞丁灣・由是而遠東之商務盛・而波斯義大利之口岸衰息・此一變也・自英謀海上之權括五洲衝衢要道・名埠雄關・凡可以屯水師・保商路・控屬地・接濟煤水者・皆注意侵奪・經營而轄治之・此又一變也・今俄據北陸之勝・徙其部族・闢其地利・出其振興商務・富强兆庶之心力・不惜鉅帑重息・籌辦西伯利亞鐵路・以奪海運之利・弱英國之燄・控制各國之舉動・此又將變之大勢也・

中國百年以來亦三變・自立約開通商之局・稅課則自主失權・交涉則抵制失權・口岸租界則轄地治民均失權・黄白之種雜處・要挾之事日出・此一變也・越南・緬甸・琉球・朝鮮・中國之藩屬・中國之屏蔽也・自失保護之道・委于强敵而不甚愛惜・于是西南淪於英法・東南縣于日本・朝鮮處于東北・雖爲各國牽掣而不能滅・然感恩之門毁矣・朝貢之道絶矣・自主之號・各國已承認矣・月尾絶影諸島・俄已取爲東出之路・駸駸乎將括八道于囊中矣・唇齒之缺寒已甚・臥榻之鼾聲四起・此又一變也・今者遼東一役・聞中國以黑龍江・奉天・吉林等處・許俄以築路之利益・又以大連灣膠州口岸等處・許俄以泊船之利益・夫俄積百數十年之志力・西謀柏士浮羅海峽・(或譯作莫士勃兒士即地中海與黑海相連處)而不可得・乃一旦扼太平洋之門戶・搏亞細亞之內地・自今以後・俄將淡西顧之志以圖東矣・此又今日之一變也・中夏之屢變日弱・彝狄之屢變日强・君子觀之・竊以爲杞歎・

然以四千三百萬方里之土地・二十二行省之疆域・生聚之衆四百兆・礦產之富纍萬兆・不自振作・斯孤立可懼・若知所奮勵・飭取國家積弊本源受病之處・堅志篤念・認眞整頓・維持而通變之・吾知二洲屢變之局・至於今日・不特不爲我中國慮・其受益獨多之兆・且將爲我中國喜焉・試博辨而申所論・

俄之築西伯利亞鐵路也・或曰・將以暴師亞洲也・昔俄先世彼得皇遺囑曰・亞細亞全洲・宜歸俄屬・世世子孫・其善繼朕志哉・今相去彼得・不過百七十年・俄之肆志鯨吞・沿邊蠶食者・東盡琿春烏蘇里以至于海・南盡哈薩克霍罕帕蜜爾以至新疆・印度・西盡機窪布魯特厄魯特以至波斯突厥・今又屢派員弁・分探甘肅・青海・蒙古・西藏・新疆・伊犂・天山南路一帶・測繪我地圖・攷察我物力・移易我邊界・窺俄之志・將爲長驅遠騖・運兵轉餉計者・似也・

然攷俄之方略・觀俄之布置・探俄之心意・核計俄亞洲所得之權力・比較俄與各國環伺亞洲之威力・知俄之能以權力勝者必不願以威力勝・今日之威力・俄雖足以震各國・各國未嘗不互增威力・以求勝之・(如增兵添餉連合從之約是)俄不足以敵各國也・中國弱雖不足以當俄・然各國挾其武力・互相角立・互相顧忌・而不敢動・俄未必敢蔑視各國之威力・將來希冀之地步也・則俄未必敢先各國而施威于亞洲者・勢也・

然則俄所最留意者・其以弱天下威力爲首務乎・威力何在富强・富强何在商務・海上之商務・英之老謀勝算・扼其

權者．六十年矣．俄之形勢．海道不足與英敵．然大陸橫亘二萬里．幅員毗連二大洲．固俄所獨得．而天下莫能與之爭者也．得此地勢而不用．則俄國富强之基不立．而天下之威力．終不能以爭勝．英之所以雄長海內者．商務爲之也．不奪英之商務．斷不能弱英之威力．英之威力不弱．是終不能伸俄之權力．以爭勝于天下也．故西伯利亞之鐵路．爲奪英之商務計者．本志也．

商務何以奪曰．以捷奪之．以廉奪之．以安穩奪之．攷輪船航海日期．自日本至倫敦．取道新加坡．繞蘇彝士河須三十八日．遵太平洋走加拿大橫過美洲經大西洋．須二十八日．若附西伯亞鐵路由旅順口至俄舊京墨斯科．計程不過十三日．則鐵路速而海運失其捷利矣．公司船價．自中國至法國馬塞海口．（海道至此以後當附火車）上等艙須洋九十五鎊．二等艙須洋七十一磅．三等四等艙．須洋四十三磅．二十八磅．若火車由旅順口經西伯利亞至倫敦頭等車價不過二十一鎊．則車價賤而船價失其廉矣．地球各處來往船隻每年擱淺失愼碰壞沈沒遭風報失事者時有所聞．火車意外之變．雖間亦有之．然傾碰之險．較易保衞．辦理之法．較有把握．則安穩又輪船所不如也．捷且廉而又得安穩之道．其爲大礙於海上商務者．何如也．

今日地球商務之盛．凡在我中國海面及內地者．百分之中．英居八十分．西伯利亞之鐵路成．不特英所居之八十分之商務．將由此衰敗．即各國之商務．亦將由此而更加減色．是故各國知俄之用意．皆羣起而向我中國爭取利益．以求補救．龍州之鐵路．將以救越南商務也．思茅廳之商埠．將以救緬甸商務也．沙市．重慶．蘇州．杭州之新口岸．將以救日本商務也．今聞法國．據甲申和約．又欲包攬中國幹路．是更欲奪中國運載之利．而總握中國商務之權也．各國深明亞洲變局甚有關於地球商務之衰旺．與國勢强弱之本基．故亟亟謀此．不遺餘力．特夷然未之知者．中國耳．

我中國處此危局．而夷然未之知．故夫各國之爭起攘奪．凡我一切本有之利益皆得漸次朘削．其有求之不得．得矣而未盡如其志者．且將設偵探．布黨類．連聲勢．市義俠．甚或肆劫奪．逞恍嚇．必待濟其貪念．飽其欲壑而後已．中國步步退讓．節節失算．以爲極酧報之義．盡友邦之誼．彼族或將感我．親我．助我．以保太平之局．不知我之勢漸失．我之權漸替．我之利益漸盡．則我之命脈漸絕．斯時他族．起而捽掎．扼掣．如英之于印度．如義之于羅馬．雖欲救藥．不可得已．是故我國之弊．莫有甚於今日．我國之險．亦莫有於今日．

然則我國受益之處何在乎．曰．危險之所伏．即利益之所在也．我國今日勢儢矣．然未失也．權弱矣．然未替也．利益分矣．然未盡也．使自今日取國中一切本有之利益．蘊於地者．採取而熔煉之．滯於路者．接連而貫通之．失於土宜者詳究而栽培之．絀於人力者補助而興起之．其或敗于向章．格于成例者．革除而斟酌之．新我百度．展我智力．勵我臣庶．整我綱紀．則西伯利亞之鐵路．將以助我轉運．通我商務．益我富强．而復我威力．在此舉也．

或辯曰．中國之窮蹙極矣．東三省之形勢殆矣．亞細亞之大事去矣．俄之軍艦紛調于太平洋矣．俄之兵力．厚集于海參威矣・雖欲奮發・奈强敵之交逼何・釋之曰・俄調軍艦・厚兵力・非黷武計也・各國之威力未弱也・西伯利亞之路未竣也・與東方牴牾之迹未顯也・然則何爲乎・曰・將以嘗中國所許之密約也・今日之密約・招各國疑忌・俄之所自知也・不先發以震慴各國・羣或起而撓之・又俄之所深慮也・孫武子曰・無恃其不來恃吾有以待之・無恃而不攻・恃吾有所不可攻・俄之智・師此耳・

或又難曰・俄忌剋之國也・中國强・于俄爲大不利・不利于俄・俄必抑之・勃爾加鼇亞之事・龜鑑也・（勃爾加鼇亞國在俄土之間・一千八百八十九年勃君咍吞腦欲貸款六百萬以修武備興鐵路俄政府阻之尋廢其君）曰・中國非勃比也・勃小國與俄有約・准干預其內政・中國于俄無政權・且盡吾地力・興吾工藝・通吾商貸・于俄駁載之利・稅課之項・未嘗無補益焉・獨是維新以後・俄國勃然興起・漸次收回權利・俄人吞併之志無所得・未嘗不隱生嫉忌・或者溢譽以惰我・虛尊以驕我・乘隙以抵我・攫取津要以制我・是則俄之技倆也已・

由此觀之・外權削弱不足惜・藩服剗撤不足慮・强鄰營伺不足慄・惟此驕惰之病不藥・抑制之謀不覺・斯大可懼・夫錮聰蔽明・上下諱飾・事事敷衍・動曰循例・此惰氣也・枵然自大・朝野隔絕・庶政弛敗・以爲過人・此驕志也・故雖有土地疆域・生聚礦產・一任强敵之愚我弄我・抵我制我・而宴然粉飾・懵然酣嬉・猶曰公法可信・（公法無滅人國之例惟今之時勢兩强相遇始有公法一强一弱公法不足恃矣・況西人不以平等之國視中國・今不得入萬國公法會者・波斯突厥與中國矣・）和約可恃・（弭兵會有請局外剖斷之例英美各國多有行之然中日立約我欲增入此欵日廷阻之是亦能以勢力交者乃有濟耳）嗚呼・此波蘭之所以滅也・此回部之所以盡也・此斯拉夫族所以得蔓延于歐亞也・世之君子・其思之否乎・

鼓山湧泉禪寺經板目錄序 代虛雲作

宋儒有言・教學者如扶醉人・扶得東來西又倒・予於斯語・重有感焉・粵自騰蘭入漢・白馬馱經・乾竺貢書・代有增益・自東晋迄六朝・斯時佛法專重經教・世主以譯經爲妙嚴・僧伽以試經而得度・說法以依經爲本據・行道以轉經爲功德・必至博通三藏・始稱法師・縱云究極一乘・罔識眞藥・是故正法眼藏・以不立文字故・目爲虛妄・闡提佛性・以未見經文故・爭相詰難・甚至重溟五舶・預言被擯於關中・面壁九年・達摩見毒於熊耳・以膠柱而鼓瑟・遂飲水而分河・此圭峯禪源諸詮集之所由作也・李唐以降・拈花一脈・五宗分化・禪德輩出・類多博該三學・於時禪教始漸融通・試觀少室以楞伽爲印心・東山以金經爲下種・乃至字則不識・義即請問・壇經不乏說教之文・讀經看教・宛轉歸已・百丈所許自由之分・凡茲理事・明示風規・若夫金彈銀彈之權譬・佛說魔說之諍訛・拈止啼錢・勸絕兒孫解路・撾塗毒鼓・死盡魔外偷心・甚至把斷要津・喝佛罵祖・直目三乘十二分教爲拭瘡膿紙・自非親乘入室之眞子・罔知格外提持之著落・以死與會・則禍事矣・迨其末流・執指忘月・棄金擔麻・未解得魚而忘筌・不免因咽而廢食・禪教聚訟又極紛紜・此又永明宗鏡錄之所由作也・古德云・依經解義・三世佛寃・離經一字・即同魔說・參禪須開宗眼・閱教須明教義・此當人脚跟下事・切忌自瞞・自救不了・爭論奚爲・耽著兒家活計・與入海算沙相較・其能免於五十百步之誚乎・

釋觀本　溫廷敬

石鼓湧泉・自華嚴開山興聖闡化・演曹源之一滴・跨石門以千年・其間列祖列宗・締造艱難・凡屬後昆・飲水思源・皆當敬念・即以流通經教一端而論・溯自閩王貢寫本之秘笈・歲久無徵・元刻剩般若之殘篇・待補全帙・有明以後・南版初來・梵篋散藏・繼得全書・逮於清初・乃頒龍藏之賜書・迨及康熙・復鋟永通之板片・其間耗心血・費淨財・蒙艱貞・糜歲月・如永覺請經之記・乃冒萬死・紫柏刻經之願・盡此勞生・或舍利同供・建設正法歲殿・擲千萬於五楹・或缽資罄捨・裝修殘破古經・積廿二年如一日・今者吾輩幸沾法乳・應思先進賢勞・我佛妙演圓音・當體法王聖訓・又豈可拾野孤之涎唾・自居無孔鐵錐・巢焦螟於睫眉・甘作不快漆桶・遂令龍宮秘藏・化爲蟫蠹之叢・鷲嶺玄文・訛作烏焉之馬・爰擬清釐・重記目錄・依補亡之例・立整理之條・加丹黃之標籤・分簡冊之部居・考譯撰之人名・紀鋟梓之年代・命門人明一・依此法式・循而考之・缺者補之・經夏告竣・成此經目一卷・題曰・鼓山湧泉禪寺經板目錄・查其鈎稽・尚能如例・昔爲霖霈祖於清康熙年間・嘗創有鼓山永通齋・流通法寶・晝一經目・刋行於世・古今餘二百年・幣價相懸・奚啻天淵・各籍價目・尚待改訂・故缺而不錄・予之亟亟於此・所冀禪講四衆・宗通說通・追踪古人得髓之眞傳・勿忘先德嘉惠之至意云爾・佛歷二千九百五十九年歲次壬申　月幻游比丘虛雲叙於鼓山聖箭堂・

鼓山湧泉寺經版目錄跋

鼓山白雲峯湧泉禪寺之西廂・寶積倉上・危樓互楹・插架連雲・藏有古刻經版多種・查此經版・自明崇禎間・永覺賢祖繼紫柏尊者之徑山寂照菴而起・爲霖霈祖純武主之・時在有清康熙中葉・刻經最多・其中如華嚴經疏論纂要・凡百有餘卷・四千有餘頁・爲海內未經見之本・其他刻本屬於近代名德之著述・多非龍藏・及日本弘教藏本所有・惟近代日本明治藏經院所編之續藏始搜採之・然亦不備・故於例外加列備考一門・條而舉之・以知藏本之有無・至於年湮代遠板之缺佚不全者・原書在則錄而存之・其不存者亦記之・以待將來之考補・若夫篇帙殘缺・書板朽壞・如本山禪德之著述・諸山法屬之語錄・雖零篇斷簡・亦分記之以備後人之採訪・其他一依所授之法式爲之・此本篇纂集體裁用意之大略也・

初余未至鼓山・嘗聞申江圓淨李居士述大德弘一律師前遊閩江・曾至鼓山・對於古刻經板・景仰讚歎・許爲吾國最古之經板・欲舉此祕閣所藏・仿崇文列目・以公於世・余聞而有志焉・壬申結夏・依止雲公老人・承老人慈諭・畀此事務・令與一雲師分任・從事檢查・夏滿因事請假歸粵・就道匆匆・乃勉强塞責繳卷・猶憶童年應考月課・筆鈍懶拙・枯腸索索・勉强搪去・迨至燭跋慌忙而後繳卷・今猶未改當年筆伯之習氣也・一笑・壬申九月明一觀本甫跋於鏡海蓮峯・

溫廷敬

一八六八年生
一九五三年卒

字丹銘・號正齋・大埔人・年二十一遊邑庠・致力於經史・而無意於帖括之學・旋入潮州韓山書院・所業益進・值蕉嶺丘逢甲於汕頭創嶺東同文學堂・聘爲歷史教習・引導學子經世致用之術・出其門者多名士・如澄海黃際遇・梅縣黃慕松・

平遠姚雨平等・民國二十年任國立中山大學附設廣東通志館主任・兼總纂事・用力至勤・旋回里・總纂大埔縣志・增修審定・刊成完帙・倘佯於汕湄間・吟詠娛老・雙目皆瞽・仍口授述作如故・年八十五卒於鄉・遺著有詩文三十須臾吟館詩六卷・補讀書樓文集十六卷・詩集六卷・居易詞滄海一廛詩詞草各一卷・撰輯補校者有舊五代史校補二十卷・兩周金文彥釋三卷・廣東通志列傳四卷・潮州人物志十二卷・明季潮州忠逸傳六卷・廣東版本書目一卷・元和姓纂校補五卷等約五十種藏於家・

殷卜辭婚嫁考

溫廷敬

自殷墟書契文出世以後・言古史者・苟為契文所未見・即痛詆經籍之偽・而因緣附會・虛構一當時社會之情形。不知于契文尚多未瞭・即其赫然屢見者・亦瞠若無覩・如婚嫁制度其一也・羅氏考釋・已以歸好諸則入之雜事・不知其為殷代嫁女之辭・等于易之歸妹・誕妄者遂以殷社會尚屬于女系。而董作賓新獲卜辭後記・且以歸𡛷歸戲入之行止類・而疑𡛷為地名・不知𡛷戲與考釋所舉之好姘娸・皆女旁・為當時女子名可知・而考釋且有嬪歸好語・其義益著・羅氏已知引堯典嬪虞大雅嬪京之說・以明其同誼・而于歸好諸條・不為專立門類・分別疏證・遂仍致閱者之茫昧・為可惜也・惟聞氏有殷虛文字孳乳研究・（見東方雜誌二十五卷三號）于釋御字訓迓為古誼。謂卜辭所言・非迎尸者・大抵用于親迎之迎。所引御歸好等。至為明確・為開一綫之曙光。余合諸家所舉文觀之・而知殷代王室婚制・有選后之舉・有迎后之禮・有廟見之禮・有甾后用樂之禮・其取女嫁女也・必于諸侯之國・其嫁女也・有姪娣為媵・其往也・必用[illegible]・其婚嫁也・或且舉行觀稼田獵之典・凡此皆卜辭之所見者也・茲類學分列・並加考釋如左・

庚寅・卜衚・王品后・祭巳・𠆢一月・（新獲卜辭寫本三五一後記卜祭類）

案董氏以此入祭類・蓋本羅氏釋王賓品・謂品為祭名・不知品實為品牲牢之稱・蓋選牲也・類此・如賓羹則為祭品・賓伐則為樂舞・可知其非祭名也・品有選義・則此為選后可知・選后之制・後世有之・不見于經籍・觀此則商代已行・或至周而廢乎・癸巳適後庚寅三日・𠆢字他處多在牲牢上・當與用字同義・或即為用字別文・蓋選定後三日・或納聘・或告廟・文簡不能瞭也・巳酉・御女・（明義士殷墟卜辭九百二十一板）

貞彡・御歸好・（同上二百七十四板）

貞御歸好于高・（原文貞俱依契文作具註貞字帚依契文作帝註歸改從考釋一律以便閱者）（簠室殷契徵文典禮第一百一十三板）

貞御歸好于申・（龜甲獸骨文字卷一第二十二頁）

案此四則・孳乳研究所引・巳酉條如春秋之言迎女・文義最顯・其他言御歸好・就易歸妹解・當為嫁女・然若云嫁女・上下不應云御于某・蓋嫁女於人・固曰歸・來歸于我・亦可言歸・此歸好當釋來歸女・好字從女子・故借為女字・若釋女名・則已云于高・不當復云于申・高疑即春秋齊高氏食采于高之高・殷時尚為侯國・後始滅為齊地・申即周申伯之申・蓋自殷已建國・非至周始封・此可見商人納后・皆娶自諸國・與周代無異也・

貞㠯歸好乎御伐・（殷墟書契考釋下五十三頁）

羅氏入雜事類・無釋・此當爲后已至・行㠯飲禮以御之・且用伐舞以樂之・伐・考釋下十二頁・引禮記樂記夾振之而駟伐・注一擊一刺爲一伐・蓋用此樂以娛之・未必爲婚禮之正也・

壬寅・卜𠬝后𡆥・𠂆羊・（新獲卜辭寫本三六〇後記卜祭）

乙巳・卜𠬝之于太乙母妣丙・牝𠂆（同上）

（上缺）卜𠬝之太丁・𦍒用・（同上與太乙之祭共版）

此當與上品后條聯屬・壬寅距品后日庚寅十二日・乙巳後壬寅三日・𠬝𠬝從人出左手或右手。疑爲攜之象形字・𡆥地名・亦見考釋（上第十五頁）或即國名・疑王行親迎之禮・攜后以歸・故言𠬝后・其用羊當猶士以下昏禮之奠雁也・及乙巳已至・乃復攜以廟見・太乙母太丁二條即其文・其廟見恐不止此一祖一妣。然文缺不可知矣・

貞御歸井于母庚・（考釋卜五十三頁）

此有御字・故當爲來歸之女・其云歸井・或所娶爲井國之女・故名以井・其于母庚。亦猶𠬝之于太乙母𠬝之于太丁歟・

觀黍歸井・（同上）

其觀黍不歸井・（同上）

貞乎歸姘田于谷・（同上）

甲寅・貞歸姘受黍年。（同上四十六頁）・

此三條・或即與上條歸井連屬・當納后後・偕之觀稼田獵・觀稼則卜爲不宜・田獵則卜爲貞吉・而遂成行也・貞帚井一條・亦當相連屬・井從女・殆以井國女之故歟・

貞嬪歸好・（攷釋中二十一頁）

貞乎歸好・往燎・（考釋卜十四頁）

往燎・蓋女往時舉燎以送・儀禮士昏禮・凡行事必用昏昕・禮記曾子問・嫁女之家・三日不息燭・娶婦之家・三日不舉樂・此則女往時舉燎以送・當皆承掠婚時代之餘俗・蓋男家掠女・必以昏時乘其無備・女家被掠・必舉燎以追・三日不息燭・所以防其復至・三日不舉樂・所以防其覔得・曾子問以不息燭爲思相離・以不舉樂爲思嗣親・郊時牲又以不舉樂爲幽陰之義・皆後來之説也・

貞今一月歸好・（同上五十二頁以下同）

庚子卜□貞歸好之子・

歸好好字・皆當如上借爲女子・之子即詩所言之子于歸也・貞歸好弗其用・

貞歸好不征𣶃・

貞歸娸之子・

□申・□貞歸娸奄・（以下俱鐵雲藏龜拾遺第二十頁）（原文歸俱依契文作帚）

此卜歸女于奄國也・其文益明・且見商與奄世爲婚姻・宜商亡後不服于周也・

□午・卜□歸娸子□不𡆥・

□戌・𡚸佳奴歸𡚸・

原釋云・𡚸乃俘字・此蓋以俘虜爲媵・如晉獻公之以井伯媵秦穆姬也・

戊寅・卜𡚸子㐭于歸鼠・

原云子禽人名。案觀下于歸鼠。則禽當爲女名。鼠國名。于歸即詩桃夭之于歸。

亦可見殷周語辭之相承也。

巳亥。卜王余弗其子歸姪子。

此當爲卜媵嫁之辭。余弗其子歸姪子。即王語。言弗以女之娣爲媵。以其姪爲媵也。合之歸妹所言。則商媵女之制。實與周同也。

甲辰卜歸妌。（卜辭寫本五十後記行止）

丁丑。卜歸[illegible]。又　八月。（同上三七三）

乙亥。卜㞢史。（同上三三七後記卜祭）

原釋云。史同事。㞢當然爲祭名。所卜蓋㞢祭之事。案下條云。妹㞢史。妹爲少女之稱。可知㞢非祭名。當爲嫁女之專名。即易歸妹之義。

乙亥。卜之四月妹㞢史。（同上三三七）

弗及今三月㞢史。（同上三二〇）

案。三四月爲嫁娶之時。盇知㞢之爲嫁女也。「巳未。卜王㞢兄戊羊女。（同上二八七）

此王卜嫁兄女。羊當爲女名。疑即帝乙歸妹之事。蓋帝乙實嫁其兄女也。易歸妹。九四。歸妹愆期。遲歸有時。六五。帝乙歸妹。其君之袂。不如其娣之袂良。上六。女承筐無實。士刲羊無血。蓋言帝乙嫁女愆期。君。女君亦得稱君。即指所嫁之女。娣指其媵。言年衰失時。不及其媵之少好。女承筐無實。即摽梅落實之意。士刲羊無血。即借女名爲謔。此四句皆當時人語。而易引之。苟非得卜辭相證。則刲羊一語。究何所指。此亦經藉中一至有趣味之故事也。

漢後南海郡無揭陽說

南海郡揭陽。自漢後即不復見。晉書地理志。南海郡統縣六。番禺。四會。增城。博羅。龍川。平夷。較之後漢郡國志所擧七城。中宿則吳改入始興郡。平夷則吳新立。屬今新會地。無揭陽也。宋書州郡志。東官太守。故司監都尉。晉成帝立爲郡。廣州記。成帝咸和六年。分南海立義安太守。晉安帝義熙九年。分東官立。領縣五。海陽令。何志。晉初立。晉大康地志。無晉地記。故屬東官。綏安令。何志。與郡俱立。晉地記。故屬東官。海寧令。何志。與郡俱立。晉地記。故屬東官。潮陽令。何志。與郡俱立。故屬東官。義招令。晉安帝義熙九年。以東官五營立。不言由揭陽分割改置也。而晉志。吳大帝初置郡五。其一爲廬陵南部。（地理通釋方輿勝覽並同，惟晉志揚州下。又云吳歸命侯分置。吳志亦云歸命侯置。故洪亮吉補三國疆域志從之。然唐元和郡縣志。孫權嘉禾五年。分廬陵立南部都尉。必別有所據。或由權時已立復廢。而孫皓復置也），又南康郡。太康三年置。統縣五。其末爲揭陽。宋志。南康。晉武帝太康三年。以廬陵南部都尉立。縣八。陂陽。吳立。曰揭陽。南康今江西贛州地。與舊揭陽毗連。有可隸屬之勢。而潮州唐時又嘗一隸江南道。故明代志乘家。遂以南康之揭陽。爲南海揭陽之改隸。光緒嘉應州志。固已力辨之矣。余謂。宋志于陂陽吳立曰揭陽下云。晉太康五年。以西（當作南），康揭陽移治故陂陽縣。改曰陂縣。（當作陽，）然則陂陽先已爲縣矣。而後漢郡國無之。當即吳所立也。吳先立陂陽縣。後始改揭陽．其非南海之揭陽可知．但余於此有一疑問者．以兩漢相傳之揭陽一縣數百里之地．何以至晋汨沒不見．而東官義安之分郡立縣．幷無揭陽改名割立之文．即云晋書地理志最爲疏舛．（洪稚存已力斥之，）而宋志於沿革頗詳．亦略不一見．何耶．考吳志呂岱傳．建安二十年．權留岱鎮長沙．安成長吳碭．及中郎將袁龍等．首尾關羽．復爲反亂．碭據攸縣．龍在醴陵．權遣橫江將軍魯肅攻圍．碭得突走．歐大任百越先賢志．漢吳碭．字叔山．揭陽人．漢末．察孝廉．爲安成長．孫權使呂岱取長沙郡．碭據縣以拒之．權遣魯肅攻圍．碭突去曰．碭受天子命爲長．知有漢不知有吳也．後權統有交廣．遣步騭爲交州刺史．義碭而不見責．碭亦不復仕．（揭陽志胡府志俱本歐志，案歐志此條，注據黃恭交廣志三國志參修，知除孫權數語外．餘皆本交廣志．）吳志鍾離牧傳．赤烏五年．遷南海太守．注．會稽典錄曰．揭陽縣賊率曾夏等．衆數千人．歷十餘年．以侯爵雜繒千疋．下書購募．絕不可得．牧遣使慰譬．登皆首服．自改爲良民．案．吳碭突走．史不言其所之．然其意非在偷生也．即不仕亦豈足以盡其情．吾意當時必還揭揚．聯合鄉里豪傑以抗吳．曾夏等蓋即其所號召．故雖高爵厚幣．不足以動其心．在吳視爲亂賊者．在漢則爲忠義．以一隅之地．抗全盛之敵．支持二十餘年之久．（自建安二十年，至吳赤烏五年，爲二十七年，典錄或漏去二字），此固吾潮至光榮之歷史．湮沒二千餘載而不彰也．以曾夏等抗命．吳南海郡不得有揭陽．故嘉禾五年．于廬陵郡析置南部都尉．幷立揭陽一縣．據李氏地理韻編．在今江西石城縣西．其地毗連福建武平廣東平遠．當爲所得揭陽邊境之地．故名以揭陽．蓋漢時揭陽．實不止清一統志阮志所舉今潮州府全境．及嘉應州平遠鎮之地．當必兼有江西雩都東南瑞金會昌長寗．（民國改潯鄔）及福建武平之地．寰宇志云．雩都本漢揭陽地．語雖不確．然雩都即漢帝六年使灌嬰防趙佗所立縣．可知漢境止此．雩都以南．皆南越境．其南及西南．則龍川博羅縣地．其東南．則揭陽地．然則吳廬陵南部之揭陽．雖非漢南海郡之揭陽．而其立縣命名之意．則非無因也．鍾離牧遣使慰譬曾夏等．度必喻以勿徒苦生靈之意．故能聽受．然亦不過息兵無相侵害而已．所謂首服自改爲良民者．自是當時文告鋪飾之辭．曾夏等已非盜賊．何云改爲良民．其於揭陽一地．恐不過羈縻而已．故吳南海郡始終未有揭陽一縣．其所謂揭陽者．自在廬陵南部新立之縣．而漢南海郡之揭陽．則久廢棄也．及晋初平吳．事經易代．其他漸以綏服．而官府久無揭陽之名．故遂于其地立海陽縣．不云由揭陽改立也．舊志之說．固附會臆斷．然亦非無因．必謂南康之揭陽．全無與于南海之揭陽．則未得其情．故列舉而辨證之．雖其中尚多懸擬．然自謂不無所見．尚望海內碩學有以教我也．

希山叢著序

余與興寧羅幼山先生素未謀面．歲庚申．其少君香林．以考查客族源流．自故都通訊．明年．以先生攝像及羅靄其孝廉所爲六十壽文見寄．屬爲題贊．余始知先生舊與余同出樊介軒學使之門．爲同歲生．及其生平大概．旋先生以是歲卒．復讀其訃狀．知先生論學論文大旨．先生之言曰．凡文章學問・必有益於國家社會・乃擇而爲之・否則雖工且精・識者不尚也・蓋其言與顧亭林吻合・故先生之教香林・專研史學・以究人羣變遷進化之狀・國家興亡盛衰之故・不欲其徒爲炳炳麟麟・及高言放論・以譁世而駭俗・嗚呼・可謂見之明而操之篤矣・

先生素治春秋・明夷夏之辨・晚清講學・遂以助成革命・而功成不居・生平宗旨不易・蓋非一時之趨俗以鶩功名者所可比也・其涖官居鄉・皆有成績・而致力于鄉邦教育者・其效爲益宏・邑人頌之不衰・其爲文明切事理・敷腴朗暢・詩亦稱情而道・自能合乎聲律・蓋有德有用之言也・

先生卒後・其宗人則桓君・已爲編次哀輓錄年系篇・俾讀者得明先生之行誼・香林更輯刋先生詩存・以見先生文采之一斑・今者先生族子梓材君・復盡蒐先生遺著・文鈔詩鈔之外・更益以授徒之東亞史・鄉族之寧東羅譜禮俗譜・皆簡明有史法・附以年譜・爲希山叢著第一集・募貲付梓・香林與其兄秀林則任輯校之役・成書以問世・香林以書來徵序于余・余與先生愧無一面之識・但得讀其狀錄・聞其緒論・略舉所知者言之・恐未能罄其萬一・惟願讀者就其著述論其世而知其人・且以見梓材君之好義・秀林香林之純孝・而尤慕香林之繼志述事・益以恢宏其先人之學問・此則先生之含笑于九原者也・余文何足道哉・民國廿五年元月大埔溫廷敬丹銘謹序・

明季潮州忠逸傳序

溫廷敬

吾潮有明一代・人才爲盛・粵省自廣州爲首郡外・他無儷之者・其聲氣之所及・常與中原相應和・至其末季・炎運告終・天南流播・以粵桂滇黔爲尾閭・而吾潮實其衝要・其間人士之黽勉從王・崎嶇盡瘁・及其無成・則以死繼之・或乃遯荒海外・枯槁深山・至無位於朝・而終守不仕之節者・比比也・徒以紀述不傳・志乘多忌・而一二野史・競爲讕語・如王船山之永歷實錄・何去非之風倒梧桐記・以郭仲常・辜在公之孤忠大節・而誣爲臟穢爭權・降清引敵・郭之死節昭著・經敵朝贈卹・非船山大儒之所得而蔽・至辜則明季南略信之・而近人粵東遺民錄・亦沿其謬・苟非續甬上耆舊集台灣外紀厦門志等之紀載・孰從而正之・其他之湮沒于荒烟蔓草間者・又何可勝道・

蓋嘗論之・有明末季死節・冠於歷代・宋亡最著者・文張陸三忠・與謝疊山・而明季之爲三忠疊山者・乃不可勝數・蓋有一省一郡之忠臣義士・足越於前代之全國者・即以吾潮論・郭仲常不愧文山・羅庸菴何讓枋得・謝梁也直企皋羽而過之・辜在公遠邁李用姚露雲陳者高林際亭・又豈遜於大學生徐鏕耶・況如楊湘陰林靖州之全家死於寇敵者・又不乏人・而自楊湘陰附見明史・郭仲常得入南疆逸史外・其餘則莫從而知之・莫從而述之矣・可不痛哉・

夫一代之人才氣節・成于士論・觀吾潮當時之士論・則可知其氣節之盛・黃絅菴以暮年爲隆武禮尙・見鄭芝龍跋扈・知時事之不可爲・乃借籌兵事假歸閉門養晦・亦無損于大節・而當時已有明哲保身之譏・陳園公鄒伯崖皆爲窮困所迫・以十年不字之身・爲出山之小草・而於心常戚戚・友朋贈言・亦多惋惜・園公尤對人自訟・言之再三・不勝慚悔・

翁廷資作楊州俊傳・于其出應清鄉試・明其爲門戶計・家人敦迫・不得已之故・于其死于郝尚久謂時髦稱・其有湘陰遺烈者・若有微詞・此其士論爲何如・而氣節之盛・又何如耶・

往者馮奉初輯潮州耆舊集・常就其文字之有傳者・表章一二・近人陳伯陶纂勝朝粵東遺民錄・於吾潮僅本志乘・未能傍稽他攷・且即志乘所載者・亦多漏舉錯引・不揆檮昧・廿年前即有志於此志・嘗就其中之最者撰傳數篇・人事牽率・未能畢業・客歲承乏粵省通志館總纂・兼任吾潮人物一門・于明季忠臣逸士・多所蒐求纂述・今春志館告停・恐殺青無期・且後來者不能仍其舊也・爰重加補輯增訂爲明季潮州忠逸傳・明代潮州兼隸程鄉平遠鎭平三縣・故併入焉・凡得正傳六十九人・附傳三十三人・外篇十七人・爲五卷・首死節・附死難死勞・苟心懷忠義・則死于國家之仇敵・鄉里之盜賊・一己之仇讎・可比而觀・而盡瘁之死・亦無異于捐軀也・次遯荒・其境較危・其心獨苦・或逃於海澨・或託於禪門・即一二杜門不出・亦非僅尋常以隱逸終者比也・三遺臣・先朝有聲績・易代不再出・雖致力有殊・要無愧大節・或末朝事蹟可備參稽也・四逸士・朝廷之關係雖淺・草野之抱節自貞・間受一命之榮・不改衡門之素・或耰耡隴畝・民亦可進於士也・五外篇・宦僑忠義轍迹之所留・郡縣爲之增輝・里閭聞而起敬・考古者・尤欲得其託跡之地・以爲憑弔之資也・而丘輝以寇盜而盡忠于鄭氏・郝尚久雖反覆・或比迹于成棟・則附錄爲第六卷焉・嗟夫・區區所述・雖僅一郡十一縣之微・然其間足以補史乘之遺・正他書之失・俾吾潮之忠臣逸士・得並存于天壤間・不致有無徵之憾・此則私衷所竊以自慰・有志于纂修季明之史者・亦或不無涓流細壤之助也歟・

新獲卜辭寫本後記書後

董君作賓新獲卜辭寫本及後記・其記載周詳・發明盛大・已予人以共見・爲余君永梁跋之所稱矣・而余之尤韙于斯著者・則以其察河流沖積之勢・及卜辭巛字之本水患・知殷人之屢遷・實苦于河圮・而今人之謂盤庚之遷非河患・乃爲遊耕民族之地利盡而轉徙者之爲瞽說・且因殷河經流之道・無異禹時・而知禹貢一書・具有來歷・雖辭句或經後代史臣修飾・而事實則不容僞造・推之典謨湯誓而皆然・董君能本本原原・就實形與經籍互證・而得其眞相・此其可貴者也・惟其所列輯錄之辭・其類釋或不無千慮之一失・不揆檮昧・就一得之見・列舉于後・以爲涓流之助・他山之錯・倘亦董君及考古諸君所樂聞歟・

一・卜祭類之丁未卜王命申祭田・案・賜臣下以祭田・非自祭其宗祖・幷入祭類・似爲未安・卜征伐之已未卜命冓丅侯・苒人名・丅國名・即祈字・卜辭于祈字皆作示・又有省作丅者・書契菁華第一頁・吕方出牧我示𥛘田・丁當先爲邑・後以封國・周代始亡・春秋時爲祈氏食采之邑・後魏獻子以置縣・使賈辛爲祈大夫・漢時太原郡置祈縣・沿至明淸・屬山西太原府・當即其地・詳其文義・蓋封苒爲下侯・並無征伐之詞・以入征伐・亦誤・愚謂當取此二則・立錫命一類入之・考孟子答滕文公云・卿以下必有圭田・圭田五十

畝・趙注・古者卿以下至於士・皆受圭田五十畝・所以供祭祀也・圭潔也・上田故謂之圭田・所謂惟士無田則亦不祭・言絀士無潔田也・王制・夫圭田無征・孔疏曰・此殷禮也・中略周則兼通士田稅之・故注云・周官之士田・以任近郊之地・稅什一・觀此・則殷實有祭田・孟子・王制・及趙歧鄭孔之說爲不誣・而今人謂商爲民族社會・尚無土地觀念者・不攻而自破矣・命蒴丁侯・尤爲殷代已有封建之證・而王君靜安謂殷代爲未有封建者・亦未免輕于立論矣・

二・卜祭類・庚寅・卜御王品后・癸巳𠂉・二月・壬寅・卜女后由・𠂉羊・乙巳・卜女之于太乙母妣丙・牝个・上缺卜女之太丁・𦍌用・案庚寅條・蓋卜王出而選后・品廣韻訓爲品量・蓋選后必集衆女而品量之・故謂爲品后也・壬寅則當爲納后・女從人出左手・與下女從人出右手・疑爲攜之象形・由殷虛書契考釋釋冊・案當即中甫之甫・龜甲獸骨文字卷一第二十二頁・有御歸好于申・是商時已有申國・與通姻・此娶于甫・亦其例也・而乙巳女之于太乙母妣丙・卜女之太丁・皆爲相聯屬之事・其日辰・則癸巳後庚寅三日・壬寅距寅庚十二日・乙巳後壬寅三日・據庚寅條所紀爲二月・則以後或仍屬二月・或已入三月・要皆爲古人婚嫁之期而選后三日之有事・及納后後三日之有事・皆足見殷代婚禮之一斑・又卜祭類・乙亥・卜㞢史・乙亥・卜之四月妹㞢史・弗及今三月㞢史・已未・卜王 兄戊羊女・記者于卜史下釋云・史同事・㞢當爲祭名・所卜蓋㞢祭之事・案觀下妹㞢史・妹爲少女之稱・決非祭也・蓋即殷代嫁女之名・易所謂歸妹者也・乙亥所卜・蓋以嫁女本當在三月・但以弗及・故卜之四月・其義甚明・王㞢兄戊羊女・當即帝乙歸妹之事・羊當屬女名・易歸妹・九四・歸妹愆期・遲歸有時・六五・帝乙歸妹・其君之袂・不如其娣之袂良・上六・女承筐無實・士刲羊無血・竊謂此三血・皆言帝乙嫁兄女之事・蓋待嫁愆期・故時人有其君之袂不如其娣之袂之語・君者・女君亦得稱君・娣則其從嫁之媵也・女承筐無實・猶摽梅落實之意・士刲羊無血・則借其名爲謔・亦當時人語・而易卜詞引之・證此之卜辭而可見・較顧頡剛以帝乙歸妹附會大雅俔天之妹爲嫁女文王者・似爲有據也・顧說至謬・詩明言在洽之陽・在渭之涘・又云親迎于渭・豈商邦畿地乎・水經注・郃陽城故有莘邑・南有文母廟・是大邦・有子・俔天之妹・即指太似無疑・以文義証據之昭著如此・乃有此無稽之臆說・世人競從之何耶・卜行止類・甲辰・卜歸婞・丁丑・卜歸嫛・婞嫛皆從女・當爲女子名・疑爲地名者鬻非此二則合上三則・皆爲卜嫁女者・宜與品后諸條・共立爲婚嫁一類者也・觀此・知商代婚嫁之禮已具・而郭沫若以爲尚介于女統時代者・眞爲譫言也・

其他單句剩詞・如卜田漁類・从相其每・董君謂當讀晦・與啓相對・晦陰啓晴・然文並無卜陰睛語・愚謂此每當讀悔・蓋貞悔之悔也・要之・此次短期之發掘・就董余二君所學・實闢甲骨學之新途徑・而愚所學諸端・于殷代之社會・不無窺見・及考古之宜本經藉爲取證・而平情研討・不宜輕鹵莽滅裂・故敢以附贅之詞・爲引喤之學・異日掘地日進・材料益多・則我國古代之社會・可推考而益顯于世・經籍之眞妄・亦得以辨明・不至有逞臆武斷之弊・此則私心所願望者矣・

盧湘父

一八六八年生
一九七〇年卒

名子駿・以字行・新會人・少習舉子業・後從南海康有爲游・光緒巳亥・以梁啟超・徐勤之約・就日本橫濱大同學校教席・庚子歸國設教於澳門凡十一年・宣統辛亥移硯香港・設湘父男女學校達三十餘年・提倡孔教・畢生貫一・曾任孔教學院院長・齒德兼尊・爲世所仰・暮年與友約集海隅耆老舉行千歲宴・耄耋以上者十餘人・壽星輝映・傳爲美談・一九七〇年卒・壽齡達百零二歲・

重印陳博士孔教論序

近人於孔教名號・諱莫如深・一若提及教字・則必與他教相衝突・而大禍立至者・於是不惜紆迴曲折以避之・曰孔教非宗教也・曰孔子非教主也・或且曰孔子哲學家耳・政治家耳・教育家耳・貶教主之尊・而下儕於諸子百家之列・非第形諸口舌・且更著爲文章・以力證其非宗教非教主之說・嗚呼・是何啻自承爲無教之國・自承爲無教之民乎・不訊自供・甘自誣罔・是亦不可以已乎・且恐與他教相衝突・而深自貶損・是直以狹隘少容局量褊淺之心待他教・而他教亦豈任受・李佳白之言曰・謂中國無宗教・今日之中國人自言之・吾人不之信也・謂孔教不可爲宗教・孔子不可爲宗教主・今日之中國人自辯之・吾人莫或解也・夫李佳白固美國之教士也・而其言若此・彼且不之信・而吾人何以偏自信・彼且莫或解・而吾人更何以自解乎・

吾友陳煥章博士・畢生致力於孔教・庚午大成節・嘗著孔教名稱考一篇・歷證孔教名號・鑿鑿有據・其文載在湘父學塾庚午祀聖特刊中・然其在尚賢堂演講之孔教論尤爲深切著明・包羅萬有・故得各國人士之推許・其書印於上海商務印書館及廣州時敏書局者・先後凡六版・然日久散佚・港中近不多見・庚辰冬・孔教學院院長朱汝珍・院董雷蔭蓀・李壽南・盧袞裳・馮其焯・凌岐喈諸君・倡議重印・以廣流傳・予亟贊成之・

予維李提摩太有言・世界宗教・相異者少・相同者多・彼此門戶之爭・必不復起・亟宜聯合・以救世人・而陳博士亦有聯合宗教・共翼世道之議・竊願諸教徒侶・勿徒執其異者以自相分裂・而各取其同者以互相融和・則救世之功・庶幾共趨一致・而殊途同歸・今日者・爭奪相殺・人患靡窮・環顧全球・傷心慘目・循是以觀・其未來之禍患・更有不堪設想者・自非提倡宗教・恢復道德・何以消弭殺機・而永保和平乎・而諱言孔教者更何爲乎・

孔子降生二千四百九十一年庚辰冬盧子駿序於香港堅道湘父中學・

孔學臆測序

孔子集羣聖之大成・兼百家之美・而用其中・故莊子曰・天下大亂・賢聖不明・道德不一・天下多得一察焉以自好・譬如耳目口鼻・不能相通・猶百家衆技也・夫百家諸子・衆喙爭鳴・雖各出奇制勝・時亦有所偏至・然得一遺十・顧此失彼・極其蕩激・至互相悖戾・消極如楊氏之爲我・積極如墨氏之兼愛・未嘗不風靡一時・然其卒也・亦折而歸於孔子・誠如孟子所謂逃墨必歸於楊・逃楊必歸於儒者・

其下如名法兵農之類・更無論矣・

譚荔垣先生・著有孔學臆測一篇・通古今學術之源流・辨中外各教之同異・而歸本於孔子・體大思精・洵爲傑作・先生久操筆政・四十年前・其文字散見於省港各報者・莫不爭先快覩・然其對於孔教之著作・尤爲精心結撰・予與往還・因以此稿相付・韞櫝而藏者十餘載矣・孔教學院・曾在孔教月刊・爲之分期付載・但未能全刊・不無遺憾・癸巳秋・同人惜其不傳・因全部集貲排印・於是孔教之宣揚・日益光大・而予亦不負故人付託之意矣・

孔教學院前院長陳煥章博士・畢生以衞道自任・其尊孔之作・載於孔教雜誌・及北京經世報・崇論宏議・學者宗之・而所著之孔教論・存倫篇・儒行淺解等書・孔教學院亦嘗爲之重印・以分貽同志・今得此篇・正可後先輝映矣・

嗟夫・孔子聰明睿知・所謂「配神明・育萬物・和天下・澤及百姓 明於本數 係於末度・六通四闢・大小精粗・其運無乎不在」者・讀此一篇・可以知莊子所論・誠爲知言也夫・

萬木草堂憶舊自序

余嘗爲編年詩二百餘首・記自少而壯而老之事・不啻自撰之年譜也・又嘗爲辛壬雜事詩百十首・則記香港淪陷時期・所聞所見之情景・甲子北游・又嘗爲記事詩近三百首・此皆叙述之作・其文采雖無甚可觀・而昔人所謂詩史者・庶幾近之・

至以文紀事・則有辛酉游記・記滬杭蘇皖之游・與其他之羅浮桂林丹霞等游記・共十種・凡此皆身歷其境・而筆之於書者・其於舞文弄墨而憑空結撰者・亦不無差別也・

頃者・年老多閒・前塵如夢・每憶舊事・猶覺歷歷在目・而萬木草堂之良師益友・尤不能去諸懷・記憶所及・錄而存之・所謂只以自怡悅・不堪持贈君者・乃何艾齡友弟索觀・謂有趣味・且自繕一册・國洪因請付油印・以省傳寫之煩・

竊思此兔園册子・原不値大雅之一噱・而或者謂詩詞歌賦・煌煌大文・非不極耳目之娛・而究之甘脆肥醲・只一時之適口・線繡綦組・亦外表之美觀・反不若菽粟之恒甘・而布帛之耐久・則此之實事亦是・而樸素無華・或者猶有可取・然耶否耶・若自譽而實自嘲爾・己亥歲首盧湘父自序・時年九十有二・

千歲宴耆年錄序

司馬公之眞率會・有酒共斟・邵康節之閒適吟・及時行樂・偶然雅集・遂以盛傳・我輩耄期・同是後凋松柏・前賢韻事・何妨依樣葫蘆・歲在乙未・節屆重陽・陳玉泉先生約集港中耆碩十數人・會讌於建國酒家・合計千有餘歲・年齡高邁二疏傅・人數多於四皓圖・香山舊句・又可爲斯會詠矣・許愛周先生亦以得朋爲樂事・復設席以聯歡・千歲宴之名・遂以成立・

中國有敬老之風・社會重引年之典・由是甘蔗倒啖・佳境同在後頭・桑梓敬恭・老者恆無失肉・獨是東出西沒・日月賴以代明・古往今來・乾坤因而不毀・在此數年間・不善

傷逝之嗟・亦有新知之樂・先後加入者・又皆香汪耆彥・社會名流・德星壽星・頓一時而輝映・舊雨今雨・恆異地以偕來・斯皆近世之奇觀・而無暮年之快事哉・

但念香山九老・洛下耆英・有歌詠之唱酬・并圖形以永久・本社創辦・十載於茲・回思量力杯盤・迭爲賓主・開懷笑語・情若弟兄・帝力渾忘・似康衢之擊壤・時人列序・符學士之登瀛・雖謂身後浮名・不若生前杯酒・究之局中實事・寧無筆下數言・爰議編印耆年錄・以留紀念・首列歷次敘會之圖片・次爲同社之肖像及其本傳・先載現存人物・次及已往同寅・若夫社中藝文・往來酬酢・大都共敦友誼・情至文生・輯而存之・亦足昭茲來許・

嗟夫・金谷豪華・烟消雲散・蘭亭風雅・跡往名留・今茲所編・既以自娛・且堪持贈・蓋按圖而索・復見眞吾・展卷以思・即逢知己・且或傳諸好事・即成爲香海美談・昭示來茲・亦彷彿襄陽耆舊・是則老夫雖耄・願爲前驅而執殳・來日方長・佇看他年之續錄矣・歲次乙巳　九八老人盧湘父謹序

桂遊鴻雪緒言

盧湘父

范石湖評桂山之奇・爲天下第一・雖大行常山・衡岳廬阜・與夫池之九華・歙之黃山・括之仙都・溫之雁蕩・夔之巫峽・皆所不及・袁子才云・余從粵東來・過陽朔・所見之山・業已應接不暇・單者複者・豐者殺者・揖讓者・角鬥者・綿延者・斬絕者・雖奇鶬九首・矔疏一角・未足喻其怪且多也・

石湖生長東吳・而北撫幽薊・南至交廣・西使岷峨・走萬里而肆登覽・袁亦足跡半天下・是皆高掌遠蹠・豈予輩所能學步・然聆其所言・未有不悠然神往者・祇以閉戶讀書・神遊目想・此如屠門大嚼・終不得肉・欲飫饞吻・其道末由・癸酉夏・廣州青年會適有廣西旅行之舉・港粵人士・欣然景從・予以夙願可償・直追急起・遊程往返・半月有奇・耳目所經・輒付鉛槧・第春蛇秋蚓・聊備遺忘・所謂只以自娛・不堪持贈・乃同遊諸君・采及葑菲・屬爲理稿・竟欲印行・去歲廣西之遊・林伯鈞君已爲之記・載在周刊・既詳且贍・予實不文・無爲貂續・

然自念辛酉甲子・兩次北遊・嘗爲詩文・以紀行跡・去歲清遠惠州・均撰遊記・茲之筆墨・焉敢辭勞・因就遊程・順序紀錄・稿既成・就正於同遊諸君子・林劉葉馮諸君沿途攝影・奇觀異彩・多入鏡中・並徵集之・附以風景影片・俾披書讀畫・可作臥遊・予維粵桂交通・比前稍便・第舟行灘險・陸路迢遙・縱非蠶叢・而崎嶇不易・今茲所經・雖隨意漫錄・東鱗西爪・不偏不賅・而區區之心・欲以所見所聞・藉諗來者・至於西邁東征・遊蹤飄忽・神疲目眩・訛謬必多・見而陋之・知不獨張平子耳・

潮連鄉志自序

潮連一鄉・東西相距六里餘・南北相距五里餘・黑子彈丸・何足比數・雖然・在南宋咸淳以前・潮連僅一荒島・漁民蛋戶之所聚・蠻烟瘴雨之所歸・迨咸淳以後・南雄民族・展轉徙居・爾時雖爲流民・不過如鄭俠圖中一分子・然珠璣

巷民族・大都宋南渡時・諸臣從駕入嶺・至止南雄・實皆中原衣冠之華胄也・是故披荊斬棘・易俗移風・而潮連始有文化焉・

夫民族之富力・與文化最有關係・地球言文化・必以河流・粵省言文化・當以海坦・古世言文化・必以中原禮俗・現世言文化・必以瀕海交通・我潮連四面環海・屬西江流域・河流海坦・均擅其勝・以故交通便利・民智日開・宜乎文化富力・與日俱增・試觀各姓未來之前・其土著亦當不少・乃迄今六百年間・而土著不知何往・所留存之各姓・其發榮而滋長者・大都珠璣巷之苗裔也・

省府州縣・均有志書・惟是範圍既廣・其於一鄉之掌故・語焉弗詳・竊思吳榮光有佛山鄉志・黎春曦馮栻宗先後纂九江鄉志・吾鄰鄉外海陳炬墀亦有龍溪鄉志略之作・夫以潮連戶口之殷繁・人文之蔚起・其間山川風土・古蹟名勝・與夫科第仕宦・後先輝映・而遺聞軼事・可以昭法戒・資談柄者・亦復不少・豈能令其湮沒無傳耶・

予嘗於宣統元年纂修蘆鞭盧氏族譜・於一姓之事實・紀載頗詳・惟於同鄉各族之歷史・未能一一纂輯・心殊歉然・癸未冬・以寒假之暇・懷鉛握槧・博訪周諮・而吾鄉父老昆弟・又能不吝教誨・故所得益多・數年之間・裒然成帙・嗟乎・予今年七十又九・居鄉之時少・而作客之時多・其於潮連故實・所識幾何・率爾操觚・豈不謬妄・惟以環顧吾鄉・老成凋謝・落落幾如晨星・及今不圖・恐後此考獻徵文・更復寥寥無幾・存什一於千百・是則著者之微意爾・侏儒問天高於脩人・脩人曰・不知・侏儒曰君雖不知・猶近於我・以今日而較來者・不猶脩人侏儒之例耶・若夫言之無文・行而不遠・此則學識所限・深自悚慚・吾鄉不乏通才・後之覽者・或將因是而擴充之・潤色之・俾此區區小册・蔚然大觀・將見潮連之歷史・益以璀璨焜燿・照映來茲・是則吾鄉之榮施・而尤編者之厚望也夫・

中華民國三十五年丙戌夏五鄉人盧子駿湘父序

重印鄉賢區西屏公遺集序

余在髫齡・出入經慈母石・鄉中父老・每爲余道區參政故事・已心焉識之・稍長・讀慈母石歌・字字從肺腑中流出・益嘆參政之孝行・感人之深・而白沙先生之同情若此也・近編潮連鄉志・見參政本傳・及其所爲祠規・穆然想見其爲人・甲午秋・友人區建公・以區西屏公遺集見示・曰・此吾先祖遺著・吾冕羣兄所藏本・蓋絕無而僅有矣・余學識寡陋・於詩文本無所知・然以重其爲人・故受而讀之・見其所作・無不出於至誠・而顯豁呈露・如其爲人焉・

夫文以載道・詩以言志・乃近世作者・往往務爲奧博・令人抱頭十日思・而仍不知道之何在・志之何存・是果胡爲者・參政筮仕之初・却門生之贈金・不屑依附魏璫・及其兌糧清江・則廉正感人・就任寗國・則平返冤獄・他如止盜賊・救災荒・無不卓著政績・迨致仕家居・則又建祖祠・訓子孫・悉準諸禮・而化洽一鄉・凡此皆誠能動物・其居心以誠・行事以誠・故其所爲詩文・亦無不相見以誠也・參政嘗言・東坡之文・有經濟實用・放翁之詩・得性情眞趣・參政

之所好・其詩文亦有類似者歟・

抑吾聞之・孔子教弟子・先之以孝弟謹信・汎愛親仁・而學文祇以餘力・今者・晃羣建公昆仲與鄉族人士・重印而表揚之・誦先德之淸芬・固思繩其祖武・吾尤願後學對此・誦其詩・讀其書・因而尚友其人・勿徒賞其詞采已也・

甲午冬後學盧子駿湘父謹識・

十二聖賢畫像題辭

凡人於久別之親屬・遠隔之友朋・既不得共敍一堂・即偶得其照片・亦覺如見其人・而快慰渴思者・況夫千百載以上之聖賢・誦其詩・讀其書・所神游目想・恨不同時而親炙者耶・東莞劉醴平先生・以畫學名於時・而於人像尤工・當代名流・如國府主席林森・美國總統艾森豪等均嘗爲之傳神・深致嘉許・日前偶見黃梓林茂才所藏聖賢圖像・乃南宋太學之石刻・爲李龍眠手筆者・因其慕道之誠・敬爲摹繪・以志景仰・

夫我國數千年受孔子之教澤・其於孔門之師弟・莫不嚮往久之・一旦覩此一册・怳然有羹牆之思・其愉快當何如也・或曰・聖賢畫像・自文翁廟壁以至顧愷之吳道子輩・寫者已屢易・李龍眠雖名畫家・其是否眞面目・烏從而知之耶・不知凡人心中所敬慕之人・但求有所寄託・即芻靈木主・亦可事之如生・況其形神活現・如在目前者耶・況此本又傳之已久者耶・

昔者侏儒問天高於脩人・脩人曰・我不知・侏儒曰・君雖不知・猶近於我・可知凡考古之事・亦只宜取其近者・況

劉醴平先生尤爲寫生妙手・自能神與古會乎・中國數千年之人倫道德・政治風俗・無不本於孔子・此畫像一出・吾知服膺聖教者・莫不欲人手一編・以志其希賢希聖之思也夫・

盧湘父書於香港孔教學院時年九十三

孔子降生二千五百十一年庚子孟春

重修盧氏宗祠碑記

大傳曰・親親故尊祖・尊祖故敬宗・敬宗故收族・收族故宗廟嚴・是則宗廟之嚴・正所以尊祖敬宗而收族也・我蘆鞭盧氏宗祠・創始於明成化二十三年・九世洪齋公倡之・七世東岙公・九世敬堂公・林逸公・和之・維時僅有中座・其後八世潔岙公・九世侶樵公・繼建頭門・十世東華公・更鑿山以建寢室・遂成今日之規模焉・前創後因・踵而修之者・又不知凡幾・竊歎繼志述事者之代有其人也・

民國廿二年癸酉春暮・族人以祠久失修・漸就頹廢・謀所以葺而新之者・詢謀僉同・乃經始於四月初吉・至中秋而蕆事・溯我始祖以宋咸淳九年癸酉八月十五日初到潮連・爲我族開村之始・今茲修祠・亦恰於癸酉八月十五日告成・艮辰盛典・異世同符・乃於是日祭祖・並開紀念大會・舉族歡讌・四鄰交賀・游龍夭矯・爆竹喧闐・甚盛事也・祠左有廚・穿漏待葺・衆議遷廚山麓・而以餘地添建一堂・名曰孝友・俾族衆顧名思義・知所觀感也・至是廟模式廓・而氣象一新・惟是鳩工庀材・悉由捐集・捐例・凡二圓以上者・始勒石留名・所以省費也・然多寡之數・雖有不齊・而族人慕義・咸足欽崇・彙而錄之・用以昭茲來許・嘉靖三十三年碑

記已失．補刻於上．以光前烈．

嗟夫．屈翁山之言曰．今天下宗子之制不可復．大率有族無宗．宗廢故宜重族．族亂故宜重祠．祠成而子孫以為歸．一家以為根本．仁孝之心．由是而生．祠之重要若此．我族人其念之哉．

中華民國二十二年歲次癸酉二十一世孫子駿敬撰．

二十一世孫子騏敬書

許濟遜先生百齡壽言

壽為五福之首．齒列達尊之三．故引年之典．自古已然．尚齒之風．至今猶在．溯自香山九老之會．始於唐代．至宋而至道九老．睢陽五老．與夫洛陽耆英．諸會踵接．傳為美談．然其間惟香山九老之李元爽．為一百三十六歲．其餘諸會．未聞有百歲者．是則我千歲宴之許濟遜先生．豈不翹然異於衆哉．先生少游美洲．奮迹闤闠．洎夫暮齒．息影香江．其子若孫．或具貨殖之長才．或抱專門之學術．階庭蘭玉．欣欣向榮．先生顧而樂之．蓋不知老之將至矣．

丁酉三月二十五日．為先生百齡壽辰．同人等乃於三月二十日．設席於中國酒家．為先生壽．千歲宴諸老聯歡．五百里德星慶聚．猗歟盛哉．側聞先生．每習勞以練體．恆達觀以養心．故美意延年．事有必至．是豈待卻老有方．而與齡有夢者耶．

唐宋諸賢．皆圖形詠詩．傳諸好事．今茲嘉會．寧勿仿行．先生步履康彊．精神矍鑠．行見追蹤李元爽．可以並美香山．而有開必先．無行不與．我輩同人．亦當執鞭以從其後爾．

萬木草堂憶舊擇錄

草堂學風

朱九江先生之學規四條．其一曰檢攝威儀．草堂亦以此為訓．詩曰．朋友攸攝．攝以威儀．故威儀尤為朋友所當注意也．萬木草堂之威儀．有足述者．凡上堂必穿長衣．雖祁寒盛暑．無短衣露足者．爾時之藍夏布長衫．散褲脚．為康門之尋常裝束．俗人一望而知其為康門也．康師每次講授．必先標講題於堂上．屆時擊鼓三通．學生齊集．分東西鵠立成行．康師至．左右點首．乃升座．學生依次分坐．中為師席．兩旁設長桌東西向．時大館之講學也．每擊木梆．如鄉間之擊柝然．而草堂則擊鼓者．以大昕鼓徵．入學鼓篋．俱見於禮記．鳴鼓而攻．又見於論語．可知擊鼓集衆．亦猶行古之道耳．康師講學不設書本．講席上惟茶壺茶杯．餘無別物．但講至及半．館僮必進小食．點心粉麵不等．蓋康師娓娓不倦．輒歷二三小時．耗氣不少．故須食料以補充之．諸生聽講．各攜紙筆以記口說．或交易以通有無．蓋各人之所記．互有詳略也．甲午春．先生公車北上．乃將書目答問．擇講一過．俾學子求學．自識門徑．可以歸而求之．康師所講．多為學術源流．然亦偶及八股．嘗講管韞山及袁太史兩稿．學生各設日記簿．內分專精涉獵兩門．學者各以當時所讀之書．或質疑問難．或發為言論．每星期繳呈．先生為之批答．又時分班召見．考問所學．而諄諄訓誨．論語謂有酒

盧湘父

食先生饌・朱子釋先生爲父兄・康師則先生父兄・合而爲一矣・

康師好遊・若在尋常書館・則諸生之放蕩可知・而草堂則不然・師雖不在・而諸友之講貫不輟・或聚而會講・各就所得以演述・予淺陋無所發明・主講者多爲同學之前輩・如君勉鏡如慧儒任公等・予則惟有聽受而已・時康師方著孔子改制考・諸生分任編輯・各就所讀之書・按類採錄・故康師集其大成・而蔚爲巨觀・學生有讀書之益・而康師亦得著書之便利焉・

康師博聞强記・迥異尋常・然亦非全恃天資・其學力實有大過人者・嘗命門人爲之檢拾叢殘・予見其手錄之資料甚夥・而其所棄置之稿・亦盈兩大圓籮・隨即以付灰燼・乃知古人所謂過目不忘・所謂一目十行・或五行俱下者・殆亦涉於夸張耳・康師舉動嚴重・未嘗見其交足疊股・上堂講授・歷時甚久・而八字着脚・到底仍不懈也・先生掌軟如綿・予嘗在私室習字・先生忽至・予急起・先生止之・即把予手教我・以此知先生之掌特異・予嘗聞相士言・掌軟如綿・一生衣食無虧・相法殆有驗歟・

總之草堂學風嚴整・無當時陋習・故咸以爲怪・蓋少見則多怪・實則無他異也・予嘗任教於日本横濱之大同學校・時生徒尊師・或相遇於道上・必旁立垂手・俟先生已過・然後敢行・予每出遊・亦須注意・遙望有成行排列於道左者・則必與之點首爲禮・遭先生於道・正立拱手・先生與之言則對・不與之言・則趨而退・大同學生之此種儀節・蓋受禮教之薰陶歟・然時事萬變・不知今復何如也・記曰・禮以安上下・定民志・又曰・有禮則安・無禮則危・又曰・敗國喪家亡人・必先去其禮・故禮教一去・則秩序大亂・上下不安・而民志不定・而敗國喪家亡人隨之・不知當局者・其亦深長思否也・

草堂徒侶

康門弟子・其全盛時・數以千計・蓋徧於各省矣・然在光緒甲午乙未兩年・仰高祠共學者・則約爲五十人而已・原有同窗錄・惟因鹹蝦欄之事・恐被株連・故急燬之・其後有無復輯・則未知也・仰高祠情景・至今猶歷歷在目・諸同學之姓名・尚能約略記憶・今述其梗概・則有如下之諸君・梁任公（名啓超時號卓如任公則其更字）仲策（啓勳）麥孺博（孟華）曼宣（仲華）曹仲儼（碩）著偉（泰）劉青崖孝實諸昆仲・而仲麟（啓麒）君力（啓田）亦任公之從昆弟也・林慧儒（奎）徐君勉（勤）韓氏同學者・亦數人・韓樹園（文學）雲臺叔河菱甫諸韓皆番禺之古填人也・陳子褒（榮袞）與予有戚誼・引予共學・予又引容任秋來學・黎硯詒（祖健）原爲子褒弟子・亦引爲同門・陳蔭儂（和澤）與師戚好・康同和同勤・皆康師姪輩・張伯蔭（祖詒）張硯瑜（達琛）亦從兄弟・草堂中戲呼爲大將軍二將軍・蓋以粤語張將同音・硯瑜長而伯蔭次之也・歐榘甲（雲樵）王鏡如（覺任）陳禮吉（千秋）潘鏡涵潘夢岩鍾玉文（炎熊）鄧仲果（寶華）李鎮坡杜樂三許作韶等・及甲午秋・康師在桂林講學・有龍伯純（澤厚）龍贊侯（煥綸）程式穀（更名大璋字子艮）況仕任等・皆同時徒侶・其餘或先或後・其數不可勝計・多未認識・更非記憶所及・

惟近年如伍憲子（莊）鄭韶覺（洪年）張智若（學璟）江霞公（孔殷）鄧元翊陳介叔輩亦時通聞問・在日本同事・有鍾卓京・勞伯燮・李綬

卿・羅孝高・羅伯雅等・別後亦少見及・六十年人事多變・杜少陵云・訪舊半爲鬼・而驚呼熱中腸矣・乙未以後・學徒尚多・而陳重遠・煥章・獨專力於孔教・尤爲特出・當其由進士館游學美國・即以英文著孔門理財學・得哲學博士・世界宗教和平會開會於日內瓦・重遠出席演說・幷以國語讀禮運大同一章・即推爲副會長・上海尚賢堂教士延之演講・其講稿即成孔教論・所辦孔教雜誌・經世報・皆演孔之作・在北京辦孔教大學・創孔教總會・其支會徧布於各地者百三十餘處・一時稱盛・其後在香港創孔教學院・余與共事多年・志同道合・此又草堂之特殊人物・尤不能忘懷者也・

康簡知名

予年弱冠後・即聞康簡兩先生之名・時科舉方盛・學者必先應童子試・得入學爲博士弟子員・然後得與鄉試・故童子試謂之小試・如不入選・則雖老亦稱文童也・康先生以年壯・即不應童子試・惟以監生資格應科舉・向例凡應鄉試之諸生・須先由本省學政・先考一次・謂之遺才・取錄後・乃得入科場・凡在廩增附諸生・及恩拔副歲優諸貢生入選者・十得其九幾・惟由監生考遺才・則百僅得其一二・乃康先生輒列第一・蓋試官素仰其名・故表異之・試場傳爲佳話・故予已心識之・

簡竹居先生名朝亮・爲順德簡岸人・早遊庠・向例學使每歲考・必試諸生一次・分一二三等・其取錄一等之前列者・得補廩生・廩生者・凡童子應試・必須由該縣之廩生保送・乃得入場・國家給以廩祿・謂之廩保・而考童亦須由廩保處塡册購票・乃得投劵入場・故廩生之正項入息・每遇歲科兩小考・亦可得百十金・至於營私舞弊・如濫保槍替等等・花樣百出・則非正宗收入・不在此例矣・時簡先生歲考取錄一等第一名・應補廩生・惟取錄後須覆試作實・乃可照補・簡先生不赴覆試・試官慕其名・使人召之・亦不往・其言曰・歲試所以應功令・非以謀利祿也・由是試場又傳爲佳話・故余又心識之・兩先生雖未達・而其學問氣節・名動公卿若此・宜夫論者謂廣東近代學術・以陳東塾朱九江爲兩大派・而九江之學・又有康簡兩支云・

教學舊法

清代沿明制・以科舉取士・科舉以八股爲主・八股以四書命題・故凡學者教者・均以此爲目的・而肄業之程序・亦由此而分次第焉・童子初入塾爲蒙學・先授以三字經・次爲千字文・次爲幼學詩・謂之三簿紅皮書・三字經爲區適子所撰・其書簡明・於普通之知識・四書五經十七史及五子之名目・亦歷歷舉出・且有勸學語・兒童讀之・使有根柢・惟周興嗣之千字文・無甚意義・只以千字不同・可以爲記號之用・然其書之大半尚順口・至末處則佶屈難讀・以此爲兒童課本・未免强人所難・幼學詩上半・爲明代神童汪洙所作・餘則雜采唐宋詩・汪洙以童子驟得富貴・沾沾自喜・未免以利祿引人・似非教育之道・讀三簿紅皮書之後・開始授以大學中庸論語・次及孟子上下篇・而四書畢業・繼則詩經書經易經禮記左傳・而五經又畢業矣・

凡此諸經・只有呆讀强記・而甚少講解・惟四書則至入

學三四年後・則必以爲早堂講本・蓋以此爲八股之題目也・在蒙學時・除讀書外・或課對偶・由二字而三四字・五七字・其學爲八股・則先爲破題兩句・漸爲承題三四句・課對偶爲將來試帖之預備・破題承題則爲八股之前奏曲也・

年稍長・則入中館・五經未畢者・或仍繼續讀經・而對偶詩文則漸進・對偶或爲詠物聯・或爲撐句・爲夾聯・所謂撐句者・標出二字以爲首尾・令學童造成一詩句・夾聯者・標出二字以爲聯語之首尾・使學者造成一聯・殆如今之詩鐘・此皆爲兒童學習試帖之預備也・至其學爲八股文・則以蒙學時已能破承題・則連續學去・破承後之下一段・謂之開講・開講者・將全題之大意・爲之開宗明義也・其字數不得過多・故連破承而言之・總名之曰前七行也・開講之後・有領題數語・領題者・述本題之上文・或本題之來意・而領起之也・領題之下爲提比・其命意當在題前・蓋八股須分前後・不能一口吸盡西江水也・提比兩比相對・成一長聯・提比下有出題數語・將題字說出・或留其半亦可・出題後爲中股・又一長聯語・至是寫出題之正面文字矣・中股後如有題字尚未出完者・可於此處出之・否則可以直接尾股・尾股者・篇之末處・亦一大長聯・題之正面或餘意・均可盡情發揮・尾股之後・有落下數語・八股之例・篇中不能涉及題之下文・違者謂之犯下・爲八股文之犯法者・惟篇末之落下・則可以說到下文・蓋開講末之領題爲來龍・此則爲去路也・中館之學生・大都年在十三四・則爲完篇・完篇者・能作全篇八股文也・

中館之後・有所謂大館者・多設於都市・而鄉間無之・蓋都市爲四鄉雲集之地・而應試之所在也・蒙館中館之生徒・均每人一書案・同聚於一堂・而師則居中督課・每早晚兩次講書・早堂講四書・晚堂講時文・或古文・或詩賦・每月課文・或四次・或六次・不等・謂之課期・每日或有小課・或對偶・或試帖・或八股之一小講・無所謂星期休業・惟逢端午中秋冬至清明則放假・其開學多在正月中・散學則在十二月初・餘則惟教師應試時・則停課耳・大館之教書・必爲科甲中人・其時無所謂學校・直稱姓名某某館・初時多一師獨教・其後則有合館之法・如吳何合館・則吳曉帆太史與何躋雲孝廉也・呂何合館・則呂贊臣與何躋雲兩孝廉也・崔方呂合館者・則崔磐石太史與方默谷呂緝臣兩孝廉也・

大館之規模・與中館異・館中設房所百十區・多者或數百區・來學者各佔一房・閉戶自修・惟早晚兩堂・則擊梆三通・諸生登堂聽講・每月課文四次・然聽講與否・應課與否・聽其自便・非如中館之教師・坐堂而監督也・大館專教八股・以應科舉・學生亦專爲八股科舉而來・故開學每在二月・而散學則在試後・歲科兩年・則在學政巡試到廣州後。時約六七月・逢子午卯酉・爲鄉試年・則在八月完場後・即便散學・各自歸去・大館例講四書・必在試前講畢・至試場過後・仍有四書後講某經之布告・然亦具文・講者難・聽者亦不易矣・

大館亦有搭課者・不必入館・但逢課作文・正課生修金・每人每年十兩・特異者則廿兩・然亦少數・搭課生則較廉・或十圓不等・教師之講四書・不在發明經義・而專爲八股・予業師歐陽海珊孝廉・熟讀八股最多・每講至四書某

章・則歷學某人之某句題文如何・其佳處誦之如流・予服其强記・而竊歎屢代文人・乃疲精弊神於此・所以籠絡英雄・而銷磨其歲月者・爲計至工也・

至於考試之法・縣試七場・府試七場・院試又二三場・一年之光陰・盡耗於試場中・年年有希望・而年年復失望・試之又試・年復一年・而齒搖髮落矣・科舉廢而學校興・從前讀書之法・多有未知者・故略述之・然科舉八股既罷・而輟經不讀・於是有廢經黜聖之慘・是又法立弊生・當如何挽救之・是在有轉移風氣之責者・君子之德風・小人之德草・草上之風必偃・雖然・此風果奚自來哉・噫・

譚汝儉

年生 年卒

字荔垣南海人・好研古今學術源流・而歸本於孔子・曾任廣西岑溪縣知事・歷主廣州香港各報筆政・對孔教著作・尤爲精心結撰・著有孔學臆測行世・

孔學與九流之異同

孔子時・尚無九流之名・至漢書藝文志始有之・然九流巨子・大率起於春秋・盛於戰國・老子而外・其人皆後孔子而生・若考其學說所自始・則其來已古・實與孔學同出一源・下逮戰國・乃從孔學分裂・各欲出所學以易天下・論者不察・以爲起於戰國者誤也・莊子天下篇・評騭當時之學派・咸謂古之道術有在於是者・某某聞其風而悅之・雖道術之派別・莊子未嘗分析而舉其名・而淵源有自・固非出於獨創・蓋灼然可知也・夫九流巨子・皆春秋戰國時人・而莊子稽其道術所自始・一遠溯諸古・即已之所學・亦不忘所自・要之所謂古者・果伊誰哉・漢志叙述九流・謂儒家出司徒之官・道家出史官・陰陽家出羲和之官・法家出理官・名家出禮官・墨家出清廟之守・縱横家出行人之官・雜家出議官・農家出農稷之官・小說家出稗官・綜厥所云・所謂九流出於王官者是也・

王官之設・不盡可考・然司徒羲和理官行人農稷諸官・分見於尚書及尚書以後者・其職掌固一一可指也・然則所謂古者・蓋指唐虞夏商周初言之・可與莊子之說互相發明・其所從來者遠矣・中庸稱仲尼祖述堯舜・憲章文武・孟子稱孔子集羣聖之大成・集之云者・舉凡二帝三王之心法治法・及分隸王官之所掌・皆備於孔子之一身・然則孔子之學・固羣聖之統宗・而亦九流之總滙・固罔有異同者也・抑古先哲王・因事設官・官有專職・職皆世守・後之人各承其先代官司之所守・而自成一學派・莫不各有專長・然學其一而不免遺其他・莊子所謂不該不徧・一曲之士・如耳目口鼻之不能相通者是也・各家得其偏・而孔子獨得其全・以心法爲體・以治法爲用・而其職則分寄於九流・則莊子所謂六通四闢・大小精粗・其運道無乎不在者是也・各家既得其一偏・其後又曲徇時君以求合・推闡變演・遂與道本相乖離・然則九流之與孔子・其初固同出一源・其後卒不免於違異者・特末學之流弊耳・未可斥之爲異學也・後之儒者・不明斯義・又未嘗深究其源・倡言罷黜百家・定孔子爲一尊・而盡斥九流爲異學・謂與孔學絕不相容・是謂割地自弱・斯已誤矣・降及近世・西學輸入・而國勢又日趨於貧弱・二三學子疑孔學不適於時變・而九流之學・時與西說不謀而合・遂相與表彰雜

學・而羣以排斥孔子爲能・邪說入而乘之・世變且因之日亟・是謂盜憎主人・斯尤誤之甚者也・明其所以同・乃知九流之不可廢・明其所以異・乃知矯而正之者爲不容已・黜彼排此・左右佩劍・其失維均・儉皆無取焉・茲篇之作・亦欲返九流於王官之舊・以總滙於孔子而已・莊子之學近老・而於孔子之學・知之最深・故推尊孔子爲獨至・其言又曰・天下大亂・聖賢不明・道德不一・天下多得一察焉以自好・又曰百家往而不返・必不合矣・後之學者・不幸不見天地之純・古人之大體・道術將爲天下裂・夫裂之云者・其先必統於一・其後乃分崩離析・各以其學自鳴於時者也・顧當其未裂・固皆統於孔子・莊子所謂其明而在度數者・舊世法傳之史・尚多有之・其在詩書禮樂者・鄒魯之士・搢紳先生多能明之・夫曰詩書禮樂・曰鄒魯之士・其言蓋指孔子・彰彰明矣・及其既裂・而九流之巨子出焉・故莊子之言曰・百家之學・時或稱而道之・乃分述諸家之派別・於天下大亂・聖賢不明之後・而所學各家・與孔子迄不能合・所謂百家往不返・必不合者此也・漢志則於六藝之外・別著之爲九流・此中分裂之迹・可與莊子之說互相證明・然則未分裂以前・固不爾爾也・顧近人有謂諸子之學・不出於王官者・改竄附會淮南要略・以佐彼謬論・以爲諸子之學・皆起於救時之弊・應時而興・故有殷周之爭・而太公之陰謀生・有周公之遺風・而儒者之學興・有儒學之敝・禮文之煩擾・而後墨子之教起・有齊國之地勢・桓公之霸業・而後管子之書作・有戰國之兵禍・而後縱橫修短之術出・有韓國之法令・新故相返・前後相繆・而後申子刑名之書生・有秦孝公之圖治・而後商鞅之法興焉・論者謂其言近理而可信・儉竊以爲不然・所謂救時之弊・應時而興者・殆就各派巨子推闡變演以後言之・或且曲徇時君以求合・甚未執此以概其朔也・皇古用兵・其可考者・始於黃帝伐蚩尤・其後甘誓興師・胤侯命衆・高宗伐鬼方・皆不免於一戰・不得謂兵爭之事・始於殷周也・抑風后握奇經・其書遠先於陰符・成湯放桀・亦先於武王伐紂・伊尹相湯伐桀・升自陑・與湯戰於鳴條之野・其中有兵機焉・寧得謂其時無陰謀耶・此其不合者一也・儒家之學・首在明倫・實始於堯典之契敷五教・固非僅周公之遺風也・況禮樂制度・至周公而大備・其相傳之大經大法・有如日月經天・江河行地・歷三千餘年而未之有改・又寧得謂爲應時而興耶・此其不合者二也・周末文勝・誠不免於煩擾・然有子言禮之用和爲貴・孔子言禮與其奢也寧儉・又以純冕爲儉・舍麻而用純・論禮樂而有野人君子之分・亦舍後進而從先進・蓋以禮有大本・固不在儀文度數之末・此林放之問・孔子所以贊其大也・是文勝末流之弊・孔子固已預防之・然則黜奢崇儉・謂儒墨同道則可・謂墨救儒弊則非・此其不合者三也・五霸桓公爲盛・而追源所自・實不自桓公始也・昔周公之後封於魯・其爲治也・尊賢而親親・其術蓋近於王・而太公之後封於齊・其爲治也・尊賢而尚功・其術蓋近於霸・是開國時而已然矣・其後繼桓公而起者爲晋文・乃管子獨著爲書・而舅犯狐偃輩不聞有是・然則所謂有齊國之地勢・始成桓公之霸業者・豈其然耶・蓋管子一書・乃沿襲周禮而微變焉者（說本孫淵如）然則是書之成・實上秉太公之教・而旁纂周公之緒・必有不脫王官之舊者・未可謂爲應時而興也・

此其不合者四也・合縱以擯秦・連橫以事秦・此縱橫家之名所由起也・戰國時始有之・以鬼谷爲巨子・蘇秦張儀輩皆出其門・若夫行人之官・則周初已有之矣・周禮大行人掌大賓之禮・及大客之儀・以親諸侯・小行人掌邦國之禮籍・以待四方之賓客・固隸於秋官下・而諸侯聘問往來・亦設行人之官・如鄭之有行人子羽是也・大率能折衝尊俎・修好睦鄰・化干戈爲玉帛・類皆以口舌取濟・蓋不自戰國始矣・然則所謂應時而興者・亦未免失考・此其不合者五也・法家出於理官・其說無可疑者・昔舜禹命皋陶作士・明五刑以弼五教・是爲理官之權輿・其後周作呂刑・鄭鑄刑書・遞有增益・固不自戰國始也・然皆刑期無刑・要不失忠厚之意・故曰罪疑惟輕・功疑惟重・又曰與其殺不辜・寧失不經・子產謂火烈民畏・民鮮死焉・亦刑期無刑之意・下逮戰國・申韓輩出・始流爲陰鷙刻覈・甚至以仁義慈愛爲六虱・雖能驟致富强・而身被五刑・國亦隨滅・古之理官無是也・然則所謂應時而興者・惟申韓之輩爲然・若據是而概謂不出於理官・不可得也・此其不合者六也・綜是六端・以質諸淮南賓客・當亦不能自堅其前說・況改竄附會以自佐其謬論者哉・更可不攻而自破矣・抑近人柳氏翼謀・亦嘗辭而闢之矣・謂淮南要略・非專主救世之弊一端也・不必別引他籍・即以本編證本編・其謬已不可掩・其述儒者之學・則曰修成康之道・述周公之訓・其述墨家之學・則曰學儒者之業・受孔子之術・背周道而用夏正・其述管子之書・則曰崇天子之位・廣文武之業・夫曰夏正・曰文武・曰周公・曰成康・皆遠在春秋戰國以前・固不得謂至春秋戰國始應時而興也審矣・然則漢志出於王官之說・得淮南茲篇爲證・益以見其不誣・乃彼輩取便己意・合於己者取之・其不合者棄之・豈不謬哉・

明倫五義序

李君珮精以所著明倫五義見示・儉受而讀之・讀畢・乃作而歎曰・有心哉・李君乎・居今日而欲挽救末俗・未有急於明倫者也・昔虞廷命官・契敷五教・五教者・謂父慈・母誼・子孝・兄友・弟恭・此五倫中之所以天合者也・以天合者可合而不可離・其後大易家人・始言夫婦・論語孔子告齊景公・始言君臣・子思作中庸・始兼言朋友・曰父子也・君臣也・夫婦也・兄弟也・朋友之交也・此五者天下之達道也・夫君臣夫婦朋友皆以人合・以人合者可合亦可離・抑其合也・當先有所擇・然後團結而不可離・此中發明先後之序・蓋有由也・至孟子乃申言之曰・父子有親・君臣有義・夫婦有別・長幼有序・朋友有信・而倫理燦然備矣・清季西說輸入・則有六倫之說・由己身以推至世界萬有・與孟子親親仁民仁民愛物之說不謀而合・於此足見此心同此理亦同也・比年以來・討父之說倡・而父子之倫廢・公妻之說倡・而夫婦之倫廢・無政府之說倡・而君臣之倫廢・即元首股肱亦與之俱廢・兄弟朋友更不足言矣・嗚呼・循是以往・若無人急起而爲之矯正・其不胥天下而化爲禽獸相搏相噬而同歸於盡者幾希・是則大可懼也・李君此篇・專以明倫爲職志・名曰明倫五義・凡所稱述・明白而易曉・淺近而可行・爲未學之民衆計・莫有善於此・故序而歸之・抑儉猶有不能已於言者・吾國倫理・由近而及遠・故堯舜之聖・首重孝悌・但

使人人親其親長其長而天下自平・西國倫理・則首重愛羣・常有忽於所親而愛及社會國家者・於此而不辨・在吾國則爲悖・是則當各行其是・而無取乎口舌之爭爲也・

梁士詒

一八六九年生
一九三三年卒

字翼夫・號燕孫・三水人・光緒二十年甲午進士・授翰林院編修・請假回籍・主講本邑鳳岡書院・翌年回京供職・二十九年・應直督袁世凱之聘・爲北洋編書局總辦・唐紹儀使印度邀爲參贊・三十一年・唐紹儀督辦鐵路總公司・任總文案・三十三年・任郵傳部丞參・專主鐵路・並參外務部機要・收贖京漢鐵路・完成美退庚子賠款・訂禁煙條例・成績卓著・各國據辛丑條約駐兵北京使館・士詒承命折衝・各國悉允撤兵・由我警代之・約期已定・以樞部易人阻不行・辛亥革命起・以郵傳部大臣・密聯唐紹儀・段祺瑞・張錫鑾等・運籌南北・遂成共和之局・民國初元・任總統府秘書長兼署理司法外交財政交通各部務・百務塡委・內外井然・四年袁世凱稱帝・籌安議起・士詒授命參與其事・形勢所迫・或非本願・袁氏暴卒・被列爲禍首之一・政府下令通緝・七年二月獲免・十年總統徐世昌命組閣・僅一月而去職・十月任國會參議院議長・十二年段祺瑞執政任爲財政善後委員會委員長・十五年張作霖入京聘爲政治研討會會長・二十二年受聘爲國難會議委員・至上海病卒・年六十有五・士詒長於經濟・歷莞度支・北洋時代・樞府倚重・爲舊交通系領袖・門人輯有梁燕孫先生年譜・

國民經濟問題

財政金融問題・論其根本・端在發達國民經濟・我國現時國民經濟猶未發達・未始不由自古迄今乏人注重此點・國民經濟範圍甚廣・簡言之・即尚書所謂「利用厚生」民不能利用厚生・則財政無由整飭・金融無由紓裕・國家亦無由安

寧・故我國急所先務・在於發達國民經濟・茲舉四端爲貴會諸君言之・

一・改正稅制・我國稅制・因仍既久・流弊滋多・統一賦課・非今日所能驟行・現宜擇其最煩苛厲民者・着手整理・以求國與民交受其益・計應整理之稅目有三・

(甲)田賦・我國田賦收入甚大・然因其制最古・積弊亦最深・根本整理・首宜實行經界・經界手續似頗繁重・然果有人辦理亦不甚難・英人德人之經營九龍青島・成績粲然・姑不具論・即如江蘇南通・以五萬元・崑山以三萬元・辦理清丈田畝事宜・亦已告成・可見認眞辦去・實亦不難・經界既正・糧額一清・乃可均平負擔・以統一貨幣徵收・則中飽之弊易於剔除・國與民皆兩受其利矣・

(乙)關稅・我國關稅不獨進口稅爲協定・即出口稅亦爲協定・幾於無可伸縮・且進出稅率相等・異常受困・致土貨成本愈重・外貨銷路愈廣・國民經濟所損實多・出口稅率改爲不由協定・亦不甚難・應查明何物宜於中國・何物於中國不宜・而酌定課稅之重輕・李文忠公經訂之光緒辛丑條約・憾事固多・然如免釐加稅・改良幣制・畫一度量衡・均爲中國最要之事・前人確有先見業爲條約所許・而我國自做不到・事之無成・非由外人不許・而由自己不做・夫復何尤・現在上海改正關稅委員會・將有文件協定・果能免釐加稅・大足以發達國民經濟・

(丙)專賣・我國古來惟食鹽一種爲國家專賣・此外無

之・現時之菸酒公賣與菸酒稅捐並行・名不一・義不明・去專賣尚遠・應按歐美各國之大規模・或日本之小模範・分區實行專賣・條約上雖有不便專賣之義・究無明定・不得專賣之文・故不使外來菸酒失利・我國仍有足謀自得利益之道・祇在籌有方法耳・

二・流通金融・此事首須銀行實力充足・次須强有力之警察・三須辦事者久於其任・至改革幣制・理論上當然以金本位爲目標・惟我國實際上尚爲銅本位・猶未至於銀本位・故目前須從統一銀幣入手・先須化両爲元・使全國爲同一之貨幣・從前籌定整理銀幣辦法・施行頗有成效・惜國家多故・未竟厥功・民國四年四五月間・鐫有袁前大總統肖像之新銀幣・滬上行市與鷹洋較值・每元相差僅祇一毫・今則又差至一釐・此因任事者未能久於其任・而垂成之事至於敗壞耳・若貨幣本位・更須熟加考慮・歐戰告終後・各國貨幣本位有無變動・尚屬成一問題・此我國人所宜知者也・我國目前狀態・人民生計日促・流通金融最爲重要・須知金融不能活潑・則人民不得安樂・故當視銀行爲自己之賬房・使銀行保管一錢・則此錢不止爲一錢之用・顧我國民不知信任銀行・又不深明銀行爲一國金融之樞紐・且爲我個人財源之樞紐・藏寶鏹於地窖・藏現金於家庫者・遍地皆是・殊不知世界現在評論・最下等之國用現金・其次用鈔幣・最高者用銀行轉賬・今我國尚用現金・金融焉有活潑之日・人民焉有不困苦之時・如果人人皆知以銀行爲我之大賬房・則一國之內・一個錢可作三個錢之用・即以個人而論・一個錢亦可作一個半錢之用・金融於以流通・實業於以發達・人民於以富庶・國民之經濟活潑・國家之財政乃充裕・此理固明也・

三・振興實業・中國地大物博・夙稱富饒・惟農工商業均未發達・故民力薄而稅源少・由於民圖近利而無久遠之謀・此種祇知近利之陋習・若不打破・則未可與言振興也・中國人但識發財・不解經商・現時國內有實業知識者・頗不乏人・余怪留學專門學生之父兄戚友・未能助以資力・俾得從事實業・安知經營實業・不圖小功近利・盡心力而爲之・終必有發達成功之一日・故農工商界學生・亟宜從事實業・不圖近利・亦不遽思大利・由小至大・則根基穩固・而永久光輝・

四・推廣運輸・交通爲發達實業・厚足財源・至重至要之事・我國現有鐵路二萬里・前已計劃增長至四萬里・旋以歐戰既起・所需材料不能運至中國・遂爾中止・殊爲可惜・又我國商貨・以自無船隻・不能裝運・坐失利益・亦屬不少・故本國船隻・亟宜注重船之關聯事業・如銀行・保險公司・倉庫・碼頭等事・亦要留意・此不能責成國家・人民應有自覺實行之力・國家但輔補助之任・農商部定有每年補助費一百二十萬・輪船亦有三十萬元・是國家有補助之法・而人民不去領用耳・余舉此四者・首以爲人民有利益・國家方有利益・更以爲人民須共同負責・未可完全依賴國家・中流社會之有無常識・影響及於國家最爲重大・惟貴會諸公有以負責而開

通之．

鄧澤如　一八六九年生 一九三四年卒

字澤甯新會人．少家貧．赴南洋謀生．自言失學之痛．初在礦場勞役．爲避監工呵責．寢前假寐．復起燃燈攻讀．心志艮苦．居殖民地．目擊僑胞受虐．激發民族思想．故早傾革命．光緒卅三年加入同盟會．並任掛羅庇勝埠同盟會分會長．中山先生深器重之．委以南洋各埠黨務籌款重任．其後鎮南關．欽廉．河口．新軍．三二九．武昌諸役經費．多賴南洋籌集．而以澤如出力爲最．黃興嘗語胡漢民．以言南洋愛國之士．吾必以鄧澤如爲巨擘．民元謁中山先生於總統府．胡漢民勸就廣東都督．固辭．民三．討袁失敗．中山先生抵東京．組中華革命黨．數函促赴東京主持財政．辭不就．祗受委爲南洋各埠籌款委員長．民十一．受委爲國民黨廣東支部長．在港策劃討陳烱明．民十二年一月．中山先生任爲廣東省長．固辭．三月．大本營成立．任建設部部長．五月．任兩廣鹽運使．十月．中國國民黨擧行懇親大會於廣州．以支部長出任主席．旋與廖仲凱等同志受命召集特別會議．商國民黨改組問題．十三年被選爲黨中央委員．三月．特派爲禁烟督辦．旋辭．復任兩廣鹽運使．二十年以後．歷任西南政務委員會委員．廣東治河委員會委員長等職．二十三年卒於廣州．澤如待人謙厚．而淡名利．居官尤廉潔自持．論者譽爲黨聖人云．

辭財政部長並報告李陳別立水利公司反對中華革命黨致總理書

中山先生大鑒．十一月六日．寄呈草函．諒荷垂鑒．日迭奉手書及委任狀．均經領悉．而所委任弟爲本黨財政部長一節．既承先生推許．且稱爲黨擇人．囑爲勉就．弟於義務上奚敢固辭．然亦竊有所欲言者．則以吾黨辦事．向重實力．不尚虛聲．

先生所囑辦籌款事．弟於義務上．固當從命．而財政部長一席．則必欲敬辭．其所以敬辭者．誠以弟無論任部長與否．而對於籌款各事．必不敢稍有懈怠．誠能如是．則自爲部長與否等耳．且部務至繁．弟現下身在南洋．自信雖能於南洋一方面．竭其能力．以資辦理．而東京事務．必難顧及．

先生來函．雖已聲明由東京另行委人幫辦．第既如此．則弟更何必據此部長之虛聲．且東京財政事務．不特較南洋爲尤繁．而部長不在東京．於事實上．尤多窒碍．故鄙意以爲部長一職．實不必任之於弟．現在弟於南洋各處．一面竭力籌款．而東京各事．則另行委任別位擔任財政部長．於事實上尤能兩得其益．先生既知弟甚深．料必不以上所言爲客氣見却也．

惟有一節．頗不能如吾人之意者．則英荷各處．自現情形而論．商務敗壞．土貨停滯．籌款已大受影響．而尤爲窒碍者．既如上述．吾人籌款．自不能不專向素來熱心之老同志．而各老同志之中．竟少數已爲陸文輝破壞．因彼前既接先生十月八日之函及委任狀．到處示人．聲言弟之出而籌款．不滙東京．而接濟粵之執信．已爲中山所反對．因之遲疑觀望者．大不乏人．故現在私念即勉力辦去．而能大收成效與否．眞不敢預言也．祗無論如何．弟仍必盡力行之．以求能對先生及吾黨而已．至於函囑與李協和兄籌商諸事．弟曾先通一函與他．已得其復信．今照抄呈覽．月之四日．陳競存兄自星加坡來訪．弟偕同其往壩羅．相約鄭螺生李源水區愼剛諸同志一齊出庇能訪協和談晤．備述先生來函所商各事・詢其如何主見・據協和兄云吾輩今日之主旨・爲推倒專制政府之目的・國民黨名義堂堂正正・國內之國民黨機關・雖被袁賊解散・而海外之國民黨・居留政府・從未干涉・而先生又新發起中華革命黨・豈不是又將海外之國民黨而取消之・是以絕不贊成・現在惟有各行其是・盡力辦去・務達倒袁之目的而後已・目的既達・然後請中山先生出來・共同維持・乞轉語中山先生不必疑餒・等語・以弟所觀察・李陳等在法國已聯絡一氣也・不觀協和之佈告各埠同志書競存之親往各埠聯絡・種種已露其另樹一幟之舉動也・推測李陳有三原因・（一）因與東京總部意見不合・欲運動海外華僑・打消東京機關・（二）因東京與各路已陸續籌款進行・故主張使人預備大款・勿使妄交別人・一則阻止東京總部之進行・二則留此款爲將來助彼等之用・（三）因東京現已進行・彼等若不出・則現在不能對人・將來於已無益・故不得不出而組織水利公司・更有庇能陳新政輩・欲效辛亥時總攬南洋同盟會機關時・藉黨分潤・查辛壬間庇能支部公款・爲黃金慶用去八千・丘有美使去五千・尚有萬餘元糊裏糊塗之數・仍存二萬餘元置買吳世榮之房屋兩間・一爲光華報・一爲檳城書報社・所以彼輩今日又欲藉協和競存之名而運動・欲思以藉黨而染指也・陳新政日前函約弟出庇能・共同勸協和・不可離開中山先生・若能一致・事方有濟・否則兩難成事云云・及至弟抵庇能・陳新政言行不對・不特不協同相勸協和・而反對改組中華革命黨新章・如此更顯出彼輩在庇能另立機關也・弟經在壩羅芙蓉兩埠召集同志開會・反對水利公司之理由・（一）東京總部現已組織成立・且已陸續辦事・而彼現方欲從新組織・其辦法必不及東京之完備・其進行必不及東京之速・（二）吾人已贊助中華革命黨・斷無又贊成反對中華革命黨之人・以反對中山先生之理・（三）東京總部派人在粵謀舉事・事機正在緊急・而彼等尚未舉動・斷無濟緩不濟急之理・（四）彼等以預備大款・然後舉事・自然是好・但今時機已迫・若集得大款・恐永無能辦之日・革命黨做事・有一分財力・辦一分之工作・陸續辦去・方係革命黨本質・（五）南洋同志多數信仰中山先生・今彼等反對中華革命黨・而組織水利公司・則他等在南洋籌款・亦必無效・徒礙東京之進行・反延夫已氏之命耳・現將寄來之中華革命黨通告・及事前籌餉章程・翻印數百份・分寄英荷各屬同志與書報社・備述吾黨今日之時機及進行・以不可更遲之機會・並促籌備巨款・着其直滙東京矣・專此奉告・即頌大安・

鄧澤如謹啓民國三年十二月十一日

致各埠同志書

同志諸兄均鑒・久違雅教・時切馳思・邇因時事日非・元兇誤國・吾黨擁護共和・必須亟圖挽救・日前寄呈中華革命黨通告書・諒諸君熱心愛國・必表同情也・竊惟吾黨欲救中國・推倒權奸・必須集合羣力・統一機關・並預防作僞者之攙入・而後可以成事・故中山先生組織中華革命黨・凡入黨員・皆有證書・以免他日成功・假冒者・得施其技・並通告各埠・所有籌借各項・統由東京總部簽發收條爲據・以杜冒認及吞侵之弊・如此厚集財力兵力・急起直追・自能尅日

成功・乃聞有人反對中山先生之統一辦法・別立水利公司名目・向各埠籌款・在熱心家慷慨爲懷・過聽其言・一時不免爲其所動・不知彼輩反對統一辦法・必致外啓爭端・內生紛裂・於事無濟・徒辜負捐助者之熱心・殊可惜也・弟甚不欲熱心家之虛擲金錢・故不彈覼縷・將中山先生之政策・貢諸左右・深望同志諸君・對於中華革命黨・急爲贊助提倡・不勝厚望・並附呈黨章及募債章各一份・希爲察照・此頌義安・鄧澤如啓・民三年十二月二十二日・

孫中山先生廿年來手札跋

澤如追隨中山先生爲革命事業二十餘載・所得先生之書札親筆者半・由胡展堂朱執信汪精衞廖夷白古湘芹諸先生代筆者亦半・皆關於歷次經營革命之經過・積之日久・釐然成帙・今　先生已棄我而去・而　先生之手澤猶存・捧誦再四・覺過去二十餘年間・先生革命之思想・個人之人格・奮鬥之精神・及其仁義之彌綸・智勇之沈毅・與夫千回百折困苦艱難之經歷・事實皆躍躍活現於目前・不獨世所不知・即吾黨中非日侍左右者恐亦未得而詳・澤如則何敢視爲祕藏・使隨藐身而湮沒・用是付之影印・以公諸當世・尤以貢諸同志・俾朝夕諷誦・爲親承先生之宏範・以竟成先生之素志・再國史黨史之撰作・爲今日之要需・深望速得其人・負茲偉業・使區區所次舊聞・得以一蕞之獻・爲深切著明之助・竊願爲是而已・是編略例・一親筆之札爲是編主要・故以定名・二代筆之札・亦經自署・無異親筆・故一例排纂・三略以時之先後・事之本末爲編次・如河口之役・三月二十九之役・重要史料・允宜珍惜・故廣以附載・以省別行・即三月二十九之役・克强展堂兩先生之函告・統凡親筆者三十首・代筆者六十四首・附載者十三首・此外每役所得各同志函扎・所存亦復不少・姑俟異日蒐纂・另付梓人・

民國十五年九月九日・

陳少白　一八六九年生　一九三四年卒

幼名聞韶・號夔石・倡革命後・避清吏耳目・始改號少白・新會人・少習舉子業・聰穎能文・季叔夢南奉基督教・受其啓廸・閱讀西學譯本・始知世界大勢・發生國家觀念・嘗語人曰・革命思想・多得於季父・自是棄帖括・習有用之學・就學於廣州時・有傳教士歐鳳墀者・爲中山先生所師事・遊香港・鳳墀爲書介謁中山・時中山學於雅麗氏醫院・二人相見大喜・留與同學・朝夕提倡革命・中山畢所業・懸壺行醫・並進行革命運動・少白遂輟學隨中山奔走・及中山在檀香山創立興中會・挾資返國・光緒二十一年起義廣州・少白參與機要・是爲第一次革命・不幸失敗・隨中山亡命日本・二十三年轉渡臺灣・設立興中分會・二十五年・奉中山命返港・組織中國日報・是爲提倡革命最早之中文報紙・是年湘人畢永年・日人平山周・偕長江哥老會龍頭楊鴻鈞・張堯卿等來港・會合三合會首領與少白會議・組織一興漢會・舉中山爲總會長・少白實主持其事・二十六年・中山祕密回港・策動惠州舉義・而委少白在港接濟・事敗後・少白既於報章攻擊清廷・復組振天聲劇社・提倡民族主義・三十一年・香港中國同盟會成立・舉少白爲會長・辛亥廣東光復・舉胡漢民爲都督・以少白爲外交司長・數月即辭謝・組織粵航公司・爲收回航權之第一步・民國十一年任總統府顧問・多所贊勸・少白素無宦情・晚年以吟詩寫字遺日・兼辦鄉事・遺著有興中會革命史要・

孫中山先生上李鴻章書之經過

有一天・我在香港・孫先生在廣州・忽然藥房裏有信來・說孫先生失踪了・藥房中開銷很難・收入不敷・只賸十幾塊錢了・我接到信・就到廣州去・替他維持店務・等了多天・一點消息都沒有・心裏非常焦急・到十六那天・他忽然跑來了・手裏拿了很大一卷像文件的東西・他見了我就說・對不起・對不起・我問他・你跑到什麼地方去的・他說・這些事情不要去管他了・就打開他手裏的一卷紙給我・我拿起來一看・裏面乃是一篇上李鴻章書・我方才知道他是跑到翠亨村的家裏關起門來做文章去的・他叫我替他修改修改・我就隨便修改一下・以後・他對於藥房也不管理了・就到上海去要把這封信上給李鴻章・我沒有辦法・就讓他去・同時我就替他把兩間藥房收拾起來・交回那些出過股本的人・

孫先生到了上海・找着了一個香山人・就是著「盛世危言」的鄭官應（字陶齋），託他想方法見李鴻章・有一天・在陶齋家裏碰到一位太平天國的狀元王韜（號紫銓・別號天南遯叟）・王韜曾到過香港助英國牧師瀝博士Dr. Legge翻譯四書五經・瀝博士回英國也請王韜同去・在英國住了幾年・後來回到香港・爲循環日報主筆・再回上海來・聲名很盛・筆底對世界智識・也很充分・並且他是和太平天國有關係的人・所以孫先生在陶齋家裏一見如故・就把他那篇大文章・同王韜商量起來・王韜也重新替他加以修正・

這時候・王韜有一個朋友在李鴻章幕下當文案・王韜就寫了封信・介紹孫先生到天津・見這位李鴻章幕下的老夫子・同老夫子商量商量・或者可以見李鴻章・孫先生快樂極了・就到天津去見老夫子・那時候・剛剛中日大戰・打得很厲害・李鴻章至蘆台督師・軍書旁午・老夫子把孫先生的大文章送到李鴻章那邊去・李鴻章是否看過・就不得而知了・不過後來李鴻章說・打仗完了以後再見吧・孫先生聽了這句話・知道沒有辦法・悶悶不樂的回到上海・陶齋看見了・就替他想方法到江海關去領了一張護照・請他出國去設法・孫先生也就乘輪到檀香山去了・

孫先生所以要上李鴻章書・就因爲李鴻章在當時算爲識時務之大員・如果能夠聽他的話・辦起來也未嘗不可挽救當時的中國・豈知所有希望完全成泡影・所以到了這時候・孫先生的志向益發堅決・在檀香山就積極籌備興中會・找人入會・一定要反抗滿洲政府・大約在是年（甲午）八九月之間・就正式成立興中會・

興中會革命史別錄

一、楊衢雲之略史

楊衢雲自言係福建人・生於香港・幼讀西書・長入工廠・習機器・偶不愼・被機器軋去右手三指・乃改入白頭行（波斯人首纏白布・故粵人稱波人所開設之洋行爲白頭行・）爲書記・少時曾習拳勇・見國人之受外人欺者・輒抱不平・不惜攘臂爲之力爭・蓋具有種族思想者・後與友設立輔仁文社・研究學業・蓋一變相之俱樂部也・乙未年正月・

孫先生之乾亨行成立・與謝纘泰同入興中會・惠州之役後・在香港被人暗殺・遺有一子二女・楊爲人素有大志・舉止凝重・不苟言笑・朋輩讌聚・無意中便登上座・體魄强健・精神充實・與人談笑臉可親・津津不倦・不容第二人言也・入會後・好到處宣傳・能以吾人平居縱談之革命原理歷史等複述人前・十不失一・爲黨員時・頗肆力於中國書籍・以少時偏重英國文・故中國文字所知獨少・因是用功倍苦・人見其日手一卷・勤誦不輟・視之乃草廬經略・以教者太陋・故書中所爲句讀・謬誤不可究詰・而楊循而誦之・未嘗懈云・

二・陳廷威之略史

陳廷威幼習水師・甲午前曾充某軍艦大副・卸職閑居・甲午年在滬・由鄭官應介紹結識孫先生・乙未年・應召到香港・使入廣東內地・聯絡綠林・陳日惟在家虛構事實以塞責・卒爲孫先生所棄・及惠州軍起・自往南海縣裴景福處獻緩兵之策・偕同裴景福心腹往港說楊衢雲投降清廷・革命軍旋敗・議亦罷・越數年・岑春煊來督兩粵・陳作成條陳・力訐廣東水師之腐敗・並擬具整頓辦法・岑爲所動・擢爲水師統領・且戒之曰・好自爲之・毋輕爲嘗試也・陳唯唯・乃一就職・即賄賣兩船底缺・內以一缺賣與開棺木店主某姓事・被前統領潘某偵悉告發・陳遂爲岑所殺・

三・謝纘泰之略史

謝纘泰・廣東客籍人・生於美洲英國屬地・英國文字頗有根柢・及長回香港・爲洋文書記・時作短篇論文・登英文日報中・頗得時譽・與楊衢雲善・亦輔仁文社社員之一・入興中會・每祖楊衢雲・廣州事敗・好爲譽楊毀孫之辭・登諸英文日報・言多失實・論者短之・後遂與黨絕・謝天性聰敏・寡言笑・惟過於愛惜資力・故對於黨事得其助不多・

四・黃詠商之略史

黃詠商・生長於香港・父爲香港諮議局之老議員・與何啓有戚誼・乙未春・由何介紹識孫先生・入興中會・時以私財助會中經費・廣州事敗後數年逝世・爲人慷慨好讀易・且信之篤・乾亨之名蓋黃氏所命・以爲奉行天命・其道乃亨也・

五・史堅如之略史

史堅如・廣州番禺捕屬人・祖爲名翰林・富有財產・生八子・各得遺產數萬・堅如父行第二・年甫三十逝世・遺有二子三女・長子古愚・次三一女早嫁・又次即堅如曁妹憬然・堅如母端嚴靜默・賢而知書・富大家風・子女皆由其訓育・堅如與兄妹三人均富新思想・亦母教也・時廣州有一公共借書處・略如今之圖書館・堅如與兄暇輒就讀・每攜新書歸以餉憬然・對燈共覽・兄妹三人・古愚穩健安詳・堅如沉毅眞摯・而憬然則柔和縝密・聰慧絕倫・尤擅決斷・故堅如有事每商之憬然・古愚有時不與聞也・

時有日人高橋謙者・爲羊城某校教習・堅如得其介紹・往港見陳某遂入興中會・憬然之於革命亦爲最熱心之人・第以行動不能自由・乃不克盡行己意・是則謂堅如之入會・即

爲憬然之替人．亦無不可．惠州之役．堅如與兄妹托辭遷其母於澳門．散其家財．任廣州方面事．憬然奉母居澳門．及堅如遇難．憬然忍痛瞞母．凡報紙之記堅如事者．輒挖去．而僞印不實之事以呈母．詐稱堅如避赴小呂宋．母將信將疑．固不料堅如之墓木已拱也．越二年．憬然以戚張竹君女士所慫恿．易名至廣州辦女學．到廣州未一月．染霍亂．不二日而亡．古愚在反正後．兩任海關監督．因病瘵亦亡．所有在清籍沒財產．反正後經同事證明發回．堅如憬然均未婚嫁．史母去世最後．享壽九十餘．歷覩喪亡離散．未嘗發一怨懟語．誠難得也．古愚生有三子．死其二．其存者今聞已娶親矣．

六．鄧蔭南之略史

鄧蔭南．行三．以其年事高．多呼之爲鄧三伯．廣東開平人．幼赴檀香山業工商．藉謀生活．所獲不少．性慷慨．又和易可親．且機巧．能製炸彈．善槍法．推爲第一．與孫先生之兄眉友善．甲午秋．孫先生至檀香山．甫設立興中會．即入爲會員．乙未．孫先生返國．數月後．鄧亦返港．復出資數千元以助革命．屢仆屢起．略無懈意．家亦中落．隱於香港新界爲農．然革命之事．幾於無役不與．粵軍回粵時．曾一任開平縣知事．陳軍反．退居於澳門．以憂憤死．年已七十外矣．

七．楊鶴齡之略史

楊鶴齡．廣東香山翠亨村人．生於澳門．一富家子弟也．爲人亢爽不羈．喜諧謔．自幼識孫先生．以父業多在香港．獨闢一樓備友朋聚讀之所．時與孫先生．數晨夕於其上．求學廣州時．與尢烈爲同學．尢亦於此得識孫先生．楊暮年家日衰落．妻死無子．亦不再娶．困守澳門．僦屋以居．孫先生篤念故舊．每有餽贈．使無不給．今仍健在．

八．尢少紈之略史

尢烈字少紈．放誕流浪．喜大言．曾爲香港華民政務司中文書記．因於楊鶴齡寓內識孫先生．乙未．孫先生在廣州設農學會．尢借宿會中．以創辦織布局相號召．每出入必肩輿．假廚役爲長隨以從其後．其放誕多若此．乙未事敗．始知可危．亦出亡．後數年．知孫先生在日本．乃至日本．先是日本橫濱之中華會館司帳黃桂堦以中國領事館譒譯關某爲護符．侵吞舞弊．董事每無如何．僑民憤甚．大集會館內．相率毆黃．關已有備．召日本警察當場捕九人．時予在橫濱．爲出九人於獄．使訟黃．因罰黃拘役一年．期滿解回中國．僑民大悅．嗣予以僑民之莠者日打架聚賭．屢遭囹圄．爲種族羞．乃爲創立一俱樂部．名忠和堂．嚴訂規章．以防維之．勸好事者入爲會員．僑民以會館之役之勝利．多喜來就．一時埠內風氣爲之一變．予後返國．堂規漸圮．適尢至．乃改忠和爲中和．自爲堂長．而煙賭之風復熾．未幾不能支．乃謀諸孫先生挾數百元走星加坡．資盡則懸牌行醫以資日給．尢性本懶而頗多嗜好．行醫每有所入．即入西菜館大嚼一頓．或寄宿西式旅館一宵．以爲無上之享受．及資將罄．則以其餘購阿芙蓉若干．麵包若干攜歸．窮日夜之力以盡其阿芙蓉．覺餓．則嚙麵包以充饑．及兩者皆盡．則擁衾僵卧．經日不起．必俟有來就診者．始起床．所得醫金用途仍如上述．

民國二年．二次革命起．尢往滬．揚言能解散革命黨．袁世凱信之．羅致之至北京．斥數千金為之供張．聲勢煊赫．後悉其偽．諷使之去．自此不敢復見孫先生．民國十年孫先生回廣州．駐觀音山總統府．命許崇智出資三千元修府右之文瀾閣．並建天橋以通之．使予佈置而居之．以為退食縱談之所．復憶及居港時之四大寇．乃遣人招楊鶴齡與尢俱來．楊至而尢則觀望於香港．促之三四次不應．蓋懼不測也．迨經剴切表白無他意．乃至．乃坐席未暖．故態復萌．見人輒大言．並刋其語於報端．謂孫先生特修文瀾閣．為伊駐蹕之地．以備隨時諮詢．故勉徇孫氏之請而來此．舉止多令人不可耐．府中人惡之．舉以告孫先生．先生使人與以數百金．令之退去．自是不復相見．十四年．孫先生逝世．尢時在上海．謂孫先生襲其說而倡革命．以後革命黨之領袖．非伊莫屬云．其滑稽有如此者．聞今尚在香港．

九．孫先生助菲購械經過略史

西歷一八九八年．春菲列濱起革命．因軍械缺乏．為美所敗．乃密派彭西為代表．赴日購械．以圖再舉．時孫先生適在日．與彭志願相同．因結為友．彭以購械助革命事謀諸先生．先生擬先助菲成功．而後藉菲之助以自謀．亟應之．乃求助於犬養毅．犬養轉託進步黨衆議院議員中村彌六任購運之責．中村與日本富商大倉謀．暗購政府舊槍及子彈．以日船布引丸運菲．中途忽報沉沒．船員皆死．內有日本同志高野與林二人同及於難．械欵不能復得．然彭西仍期再購．中村復允之．款已付矣．以日政府監視嚴．不能偷渡．久之．擬由大倉討回買價．而大倉則稱中村中飽太鉅．不肯如數以償．日友皆恨中村．責令賠償萬餘金．且除其黨籍．大倉亦只允還萬餘金．先生以礙於國際交涉．遂隱忍徇其請．還諸菲人．後查中村所購．皆不堪用之廢鐵．布引丸之沉沒．蓋有由也．菲人損失數十萬．獨立運動亦從此為之不振．

十．河內之一頁

西歷一九〇二年冬．安南河內有博覽會之舉．孫先生因踐安南總督韜美氏之約而往河內．於革命事中所商榷也．此至而韜美氏已告假回國．只獲見其秘書長哈德安氏．時先生聞予不適．函召予往．予用日本服部二郎之名．登岸時得免苛擾．亦所以避人耳目也．時先生寓一三等法人旅舍．予亦於是舍下榻焉．有安南第一入會會員台山人黃隆生來見予等．稱有中國官吏黃中慧其人者．人甚開通．現寓市內一等大旅館．盍往訪之．遂偕予往．及見．予以眞姓名告之．其人甚喜．招待彌殷．予尚憶北京拳亂善後時．北京報紙時見其名．詢之．果此人．蓋曾出力調停於公使團與慶王之間者也．因留予午膳．縱談甚洽．知其以北京景泰廠代表至此與賽．蓋官而商者也．指隔座四中國人謂予曰．此四人乃代表粵督．徇越南政府之請．來此觀賽者．君欲識之乎．予以官僚與黨人不相容．未便通款曲．無已則假為日人以相見．亦無不可．遂一一爲予介紹．一爲惠潮嘉道．湖南人秦秉植．一爲知府．蘇人莊蘊寬．一爲知縣．浙人姚紹書．一則知縣．閩人曾某．予操普通話相與周旋．謂居中國久．言語風習解識不少．近則經商於香港也．接談甚歡．秦意尤殷勤．每欲造舍訪予．予托辭堅却之．恐露眞面目也．

黄中慧告予．謂秦爲人方正多體．惟見解極迂．獨莊姚二人則皆豁達可談也．一日．莊姚突至予寓．適孫先生在座．見客至．取帽覆額而出．二人問爲誰何．予詭言星加坡之華僑．粤人也．二人頗露疑訝之色．仍欲有言．予亂以他語．遂不復問．自是過從日密．秦待予獨摯．觀劇遊讌．非予在座不歡．而莊姚礙於僚屬．不克縱談．又每避秦而約予．一日．莊姚黄三人與予駕車出遊．黄中慧以英語詢予曰．予欲以子眞名姓告莊姚．子意云何．予頷之．二人聞而恍然．大喜曰．予二人以子之書法談吐．不類日人．觀子舉動．竊疑子爲康徒之梁啓超也．今乃知爲中國報主筆之陳少白．予等日讀子報．未嘗間斷．子之大著．默誦而强識之者不止一篇矣．

莊復背誦中國報社論一二篇．相與大笑．遂縱談革命．且言吾二人以官爲食．欲罷不能．他日革命軍到羊城．吾二人當先引頸受戮．必無悔也．予欲孫先生引見之．先生以其爲清廷官吏．且此行甚祕．他日相見可也．乃罷．十二日後．予別先生還船上．復遇秦等四人．黄中慧尚未行．秦始終以予爲日人云．

十一．四大寇名稱之由來

初楊鶴齡與尤少紈同學．既至港．在楊處識予．後由予介紹之於孫先生．每遇休暇．四人輒聚楊室暢談革命．慕洪秀全之爲人．又以成者爲王．敗者爲寇．洪秀全未成而敗．清人目之爲寇．而四人之志猶洪秀全也．因自笑爲我儕四人．其亦清廷之四大寇乎．其名由是起．蓋有慨乎言之也．時孫先生等尚在香港醫學堂肄業．而時人亦以此稱之．實則縱談之四大寇．固非盡從事於眞正之革命也．而乙未年廣州之役．楊與尤亦皆不與焉．

十二．香港中國報經過略史

中國報者．唯一創始之公言革命報．亦革命過程中一繼往開來之總樞紐也．自乙未年廣州事敗．同志星散．團體幾解．中國報出以懸一線未斷之革命工作．喚醒多少國民昏睡未醒之迷夢．鼓吹中國乃中國人之主義．戰敗康氏保皇之妖說．號召中外．蔚爲大革命之風．不數年．國内商埠．海外華僑．聞風興起．同主義之報林立．而惠州之役固亦以中國報館爲總機關之地也．

該報由予創辦．在己亥年十二月底出版．初出時大遭時忌．維持絶難竭蹶經營五六年後．竟得出入相抵．嗣與文裕堂合併營業．由香山人容某管理．予仍專理日報．繼因不善經營．三年後．營業部因而折閱．日報亦爲所累．於是復離文裕堂．重募資本．將六七千元．交由馮自由學辦．予監督之．越二年．又告虧折．不能支．馮自由不俟交代．赴加拿大・後以謝英伯等承其後・時風氣日開・黨員日多・頗有挹注之助・得以不倒・及光復時・盧信自檀香山回・以接辦自任・遷諸廣州・由政府津貼・規模極大・迨龍濟光入粵・盧等他去・所有機件帳目至今尚在盧信手上・而中國報之運命・亦於以告終・中國報創業艱難之時・其敢就主筆之席者・予而外・有楊少歐・陳春生・馮自由・鄭貫一・廖平庵・盧信公・陳詩頌・黃世仲・洪考衷・陸伯周等・社外撰述則有章炳麟胡展堂等・英文譯則有郭雲衢馮扶等・皆難能可貴者也・代理則有天津大公報英歛之・上海中外日報汪康年等・

孫先生最初之革命言論與行動

幼年之家庭與學校生活

孫先生的父親・是一個普通做小買賣的商人・生有兩兒子・一個女兒・（按達成公本舉三男二女・因二子女早逝・故云・）他父親爲人很好・什麼嗜好都沒有・他的哥哥・眉公體格很强壯・頭腦也很聰慧・但是自小不肯念書・一天到晚總是在外面嘻笑頑皮・所以父親是很討厭他的・有一天他那在檀香山經商的母舅有事回國・他父親因爲家裏很窮・兒子又不長進・就氣呼呼的請他母舅帶他的哥哥到檀香山去・父親的意思差不多是不要再看見他的哥哥了・他的母舅覺得小孩子頑皮・也是出於天性・年紀大了・或者也很可以成家立業的・所以隔不了多少時候・事情辦理妥了・就帶了他的哥哥回到檀香山去・

孫先生的哥哥到了檀香山以後・一變常態・倒很能夠循規蹈矩・做些事情・起初在人家做田工・照中國的方法去耕種田畝・本來在五六十年前・檀香山還是一個半開墾的荒島・人口稀少・棄地很多・政府爲了獎勵墾荒・隨便什麼人・都很容易領田的・所以他的哥哥・替人家耕了幾年以後・就自己合了幾個夥計・去領了些田畝來耕種・這樣耕了幾年・倒也賺了一點錢・有一點積蓄了・於是就到茂宜Main島去・茂宜島・是夏威夷羣島中五大島之一・他的哥哥到了茂宜島・就向政府租了許多畝地・闢爲山園・經營畜牧耕種事業・倒也順手・又因爲他爲人輕財好客・遇事有決斷・同島的人多服他・所以後來島上的人就替他起了一個綽號叫・茂宜島王・King of Main・

孫先生在十二歲的時候・他的哥哥回來・就帶他到檀香山去・本來孫先生在家鄉的舊書塾・已讀過三四年的中國書・這時候・到了檀香山・因爲沒有中國學堂・所以在白天就進一個教會學堂・學習英語・晚上回家・溫習功課後・他還是勤讀中國書・

當時孫中山先生的哥哥・很反對耶穌教・他的反對・並不是有什麼理由・不過他以爲只有中國的教化最好・除了中國教化以外・無論什麼教・都是不正派・都要反對的・而孫先生在教會學堂讀了幾年書・受牧師的薰陶・到十八歲・就進了教・不久被哥哥知道・當然要大生氣・就叫孫先生趕快反教並要退學・孫先生不肯・他對他的哥哥說・現在我既已進了教・怎麼樣可以反了過來・並且我進教・也和你沒有關係・爲什麼要干涉我呢・這樣・兩個人鬥起口來・孫先生就被他哥哥打了一頓・打過以後・哥哥不理他・孫先生倒也負

氣起來了．就拿了一隻衣箱．頭也不回的跑出門．他想到什麼地方去好呢．摸摸身邊也沒有錢．一時也想不出什麼辦法．後來就跑回到教會學堂裏面去．見了牧師．就說．我哥哥不要我讀書．我現在站不住要回去了．牧師聽了．很憐惜他．苦苦的勸他．你暫時住在學校內罷．隔幾天．等你哥哥氣平了．再可以去商量的．但是那時候孫先生覺得既和哥哥鬥氣出來．再也不能住下去了．並且出國已六七年．想回去見見家鄉情況．所以他還是很堅決的要回國．牧師見勸既勸不住時．就幫助了他的船費．使他回到中國來．後來他的哥哥知道了．覺得因孫先生進耶穌教迫走了他是不對的．心裏有些懊悔．所以時常特別寄了些錢到中國．供給孫先生學費．

香港之求學時代．革命思想之發源

孫先生到了中國．就在香港繼續攻讀．孫先生的一生嗜好就是讀書．起初在香港讀書的學堂．就是皇仁書院．皇仁書院是那時最有名的中等學校．不久他就回到廣州進博濟醫局附設的醫學校學醫．校裏書本是由英文譯成中文的．在這個學校．孫先生遇見一個同學鄭士良．鄭士良是客家人．也是三點會會員．本來在廣州的客籍人．多半加入三點會．會中的口頭語就是．反清復明．其實這反清復明四個字究竟怎樣意義．在那時候的會員．能夠明瞭的．已經很少很少．當時孫先生和鄭士良既是同處一校．又是志同道合．所以兩個人很稱莫逆．但是孫先生也只有和鄭士良一個人．可以談天．其餘就都是話不投機了．

孫先生在博濟醫學校．大約讀了兩年書．就到香港進雅麗氏醫院附設的學校．這個雅麗氏醫院．怎麼樣成立的呢．當時有一位何啓博士．在英國讀書．畢業後就娶了一個英國人雅麗氏Alice爲妻．回國後數年．雅麗氏去世．遺下幾萬塊錢的產業．何啓博士抱鼓盆之痛．非常傷心．很不願意得到他妻的遺產．所以就代他捐產興學．修了一個醫院．名之謂雅麗氏．以誌紀念．同時在醫院內．附設一個學堂叫The College of Medicine for Chinese（現已改組爲香港大學醫學部）廣招中國學生入學習醫．何博士亦學堂內教授之一．吾等之師也．

孫先生當時在博濟醫學校．雖得鄭士良日夕暢談．很覺有味．但在廣東省城．耳目衆多．言論也很受束縛．不如在香港較爲自由．所以在雅麗氏醫學校成立時．即由博濟轉入．其時孫先生已二十二歲了．他進校以後．天天談革命．同學中當然沒有人同他談的．或有以爲大逆不道而避他的．或是當他中風病狂而笑他的．並且還起了他一個綽號．叫他「洪秀全」因爲孫先生平時常常談起洪秀全．稱爲反清第一英雄．很可惜他沒有成功．

孫先生在雅麗氏醫學校讀了兩年．那時我在廣州念書．有一天．我有事到香港去．在沒有到香港去以前．在廣州見到一位姓區的老朋友．既是認識我．又是認識孫先生的．他說．你到香港我可以介紹給你一個人．這個人恐怕同你見解很相合的．我說．很好．他就寫了一封介紹信給我．這是我第一次到香港．到了香港．就請王寵惠的父親王煜初牧師．領我到雅麗氏醫學校內見孫先生．王煜初介紹過我們之後．

就告辭去了・孫先生見了那封介紹信・就很高興的同我談話起來・大約經過十分鐘・他就說・我們去逛逛公園吧・我當時初次到香港・也不知道什麼・就跟他到了一個植物園・擇了一個很靜的地方・兩個人坐下・談談時局覺得很入港・談到革命的事也很投機・最後他就問我・這次到香港要躭擱多少天・我說・只有一天・馬上就要走的・他就說・・無論如何要想法常常談談・這樣分別以後・過了幾個星期我自己因爲家境日就艱困・預備到香港去半工半讀減輕家裏的負擔・一到了香港・當然時常到醫院裏去・在孫先生的宿舍內談天・天天談革命的事・總是很高興的・

孫先生那時碰到我・常常勸我學醫・說・醫學是很有用的・我因爲習性不近・總是不願意・有一天我照常在他那裏談天・他忽然說・請你坐坐・教授來了・我要聽講去・散課後・再回來同你談天・隔了一回・他匆匆的跑回來對我說・康德黎博士請你見面・康德黎博士・當時是醫學校的教務長・我說・不認識他・他說・有事情才請你去・我說・人既不認識・那裏會有什麼事情呢・他不待我說完・就抓了我的衣袖拉到教務長室內・見康德黎博士・當時康德黎博士見了我・說・我們是很歡迎你的・其實他所說的歡迎・是因爲方才孫先生說我要到這裏來讀書・那時我又朦在鼓裏・聽了康德黎博士的話・無從致答・只說・Yes, thank you而已・後來我們就退出來・我責他不應該强作主張・孫先生說・好了・你進來念書・大家可以多談了・我沒有辦法・就答應了・下來・轉入雅麗氏醫學校・其時・我所讀的一班・比孫先生差兩年・

現在再講講孫先生的革命思想・究竟從那裏來的呢・當孫先生在檀香山的時候・夏威夷羣島還是一個獨立的小國・沒有被美國吞併・由一個夏威夷王管理羣島的行政事務・這個夏威夷島既是總埠・實在也是皇城的所在地・所以孫先生常常說・在美國三藩市僑居的中國人・一點政治思想都沒有・這是因爲華盛頓京城在東・三藩市商埠在西・對於政治方面很少接觸的緣故・而在檀香山的就不然・大埠就是京城・天天所見所聞・都是關於政治方面的事・所以中國僑民差不多個個有些政治思想・並且那時美國常常想把夏威夷羣島合併・夏威夷羣島的人民・就天天在那裏反抗・僑民看慣這種事情・當然更大受影響・尤其是抱有革命思想的孫先生・後來孫先生回到中國來・看到中國情形不對了・所謂堂堂華國・不齒於列邦・濟濟衣冠・被輕於異族・朝廷則鬻爵賣官・公行賄賂・官府則剝民刮地・暴過虎狼・把一個地大物博的中國・鬧得竟不及人家小小一國・孫先生傷心之餘・以爲國家爲什麼這樣衰・政府爲什麼這樣糟・推究其故・就是政府的權柄・握在異種人滿洲人手裏・如果拿回來・自己去管理・一定可以辦好・同時孫先生又感覺到當時洪秀全的事業・可惜半途失敗・否則他能夠成功・由中國人當權・就可不致再受人欺侮・所以心裏眞有以洪秀全第二自命的志向・這些・恐怕就是孫先生革命思想的起點了・

當時在廣州和孫先生談天的是鄭士良・在香港就是我・後來在雅麗氏醫學校畢業・到上海就碰到陸皓東・陸皓東在上海爲電報局的領班生・因爲陸皓東家鄉就在孫先生翠亨村的鄰近・大家是同鄉・所以一見就很投機的・

醫校畢業在廣州澳門行醫

孫先生求學的用心·實爲我所僅見·在雅麗氏學校讀書·平時無論什麼學科都是滿分·到了二十七歲畢業的時候·其中祇有一科是九十幾分·校中教員與考試官就爲他開一個會議·覺得這個學生是本校中最好的學生·學科中大部分是滿分·祇有一科稍爲欠缺些·似乎是美中不足·會議結果·他們就送給他幾分·使他得到全部滿分的榮譽·所以在畢業證書上是註明「滿分」的·（這張證書·英文是校長寫的·中文是我填的·）

孫先生畢業以後·他想開藥房·叫我替他擬招股章程·這件事·忽然被校長教授知道了·就禁止他·因爲照他們英國的習慣·醫師的地位很高·稱爲上等人·做買賣的人·就比較低賤了·所以當時校長就叫孫先生去·對他說·你不應該做這種事情·不能用你的名字去開藥房的·因爲你是本校第一屆第一名的學生·應該自愛·這樣一來·就把孫先生開藥房的計劃打破·後來就先後在澳門和廣州行醫了·很奇怪不滿兩三月·聲名鵲起·幾乎沒有一個人不耳聞其名·極端欽佩的·就診者戶限爲穿·他這一年的醫金收入計算一下·竟有一萬元之多·但是他並不積蓄·總在各方面用了出去·以致賺來的錢到手就完·

孫先生一面行醫·一面還是要開藥房·所以在澳門開了一家·在廣州繼續開了一家·再在石岐也開一家·我沒有辦法阻止他·就幫幫他的忙·到第二年·他就算把店裡事務交託一兩個夥計管理·這樣糊裏糊塗讓他們去經營·竟把孫先生的醫金統統放在買賣上用完·到後來連開銷也不夠了·我就常常替他想方法來維持·（摘錄興中會革命史要）·

陳　洵

一八六九年生　一九四二年卒

字述叔·號海綃·新會人·補南海生員·早歲家貧·授徒自給·喜塡詞·得夢窗神髓·番禺梁鼎芬亟稱之·有黃詩（節）陳詞之譽·歸安朱祖謀爲刋布所著海綃詞·其名始顯·後受聘國立中山大學主講詞學·抗戰時病逝故鄉·遺著有海綃詞三卷及海綃翁說詞一卷·影印出版·朱祖謀輯入滄海遺音集中·

玉棨廔詞鈔序

余年三十·始學爲詞·從吾家簡广借書·得見宋四家詞選·則黎季裴所藏也·簡广爲言·季裴工爲詞·後十餘年·余始識季裴·則贈余傾杯滄波坐渺云云·辭情俱到·知其蘊蓄者深矣·爾後迹日密·月必數見·見必有詞·如是數年·至於癸亥·季裴去郡·則欲彙吾兩人唱和者爲秫音集·因循未果·今十四年矣·

中間與季裴相見僅四面·音問亦數年一通·季裴年年北游·余亦索居寡侶·偶一出門·則昔之登臨吟賞談笑飲酒之地·皆變遷而不可復識·時思季裴·則諷其詞·知其詞之必傳·而無待余言·惟觀余兩人離合之迹·於以知其人·論其世·倘亦後之人之欲得於余而不能無言者·必欲於古人中求之·遠則碧山蛻巖·近則金梁夢月·可無疑也·丙子二月十二日

新會陳洵序

張　逸 一八六九年生 一九四二年卒

字純初．號禺山山民．又號無競老人．番禺人．生而奇嶷．幼好繪事．十歲隨父遊德慶悅城．舟中含毫寫西江沿岸風景．其父見而嘆曰．是兒聰穎．惜體弱多病．恐不永年．宜使習美術以陶淑之．既長．棄帖括業．從居古泉廉游．工沒骨寫生法．蟲魚花鳥．栩栩欲活．弱冠失怙．遭家多難．改業商．非其志也．暇手一篇．讀而忘倦．於金石刻篆天文星學．相人術．計然之術．無不旁通．歷充粵漢鐵路．七十二行商報創辦人．廣州總商會會董．南洋勸業會．廣東出品協會理事．性好遠游．周歷大江南北．嘗與同志組清游會．嶺嶠名山．登陟殆遍．能使山川磅礴之氣．率納之詩詞畫中．故所作氣韻清越．不同凡俗．論者謂得江山之助．嘗繪牡丹手卷長二丈餘．花凡百餘朵．極起伏偃仰之致．陳列全國美術展覽．咸嘆爲空前之作．以牡丹王譽之．逸工詩詞．遺著有花痕夢影詞一卷．豁塵詞一卷．百花草詞一卷．筆花草詞堂詩二卷．

居古泉先生傳略

居師諱廉．號古泉．別署隔山樵子．又號羅浮道人．晚年號隔山老人．番禺縣河南茭塘司隔山鄉人也．父璜．邑庠生．工詩文．擅書法．名籍甚．早卒．師時年纔弱冠．煢煢子立．孤苦零丁．堂兄巢．號梅生．憐之．攜歸教養．時粵寇張甚．東官張敬脩德甫自備餉械．組一軍討賊．尋奉統帥檄調粵西勦撫．梅生與德甫善．羅致戎幕．師遂隨兄入桂．梅生於軍次稍暇．輒作畫自娛．師伏案傍觀．心領神會．偶學臨摹．筆致非常秀逸．梅生見而詫之．率心指導．學遂有成．山水．仕女．花鳥．蟲魚．無藝不工．兼精篆刻．

會轉戰某縣．賊偵知將軍兵單．後援不繼．圍之匝月不陷．時西潦方漲．賊決水灌城．危在旦夕．幕下僚屬．逃避一空．師獨不去．德甫顧謂之曰．古泉何不逃．師曰．君死職守．我死知己．兩無遺憾．吾安逃．相對無言．各歸寢所．半夜．聞扣門聲甚厲．師驚起．拔關出曰．賊至耶．則睹德甫手持軍牒．微笑言曰．吾等得生矣．蓋奉令移駐某方．孤城不宜死守．於是德甫與師．潛由雉堞下船．城不沒者僅三版矣．移駐甫定．德甫顧左右嘆曰．不圖臨難．僅得古泉一人．眞肝胆交也．每晤袍澤．必盛譽古泉．諸將莫不敬禮之．畫名由是大譟．

粵寇敉平．以軍功獎即用知縣．賞戴花翎．師性恬澹．不樂仕進．歸隱隔山鄉．足跡不履城市．而求畫者踵接．師於所居餘地．闢小園．築畫室．適得古琴．背刻嘯月二字．遂名其齋．曰嘯月琴館．授徒講藝．誨人言簡意賅．嘗謂學畫．必先名利胥忘．然後由臨撫入手．有所得，則宜注重寫生．由不似而至似．由似而至不似．一旦豁然貫通．則能脫去古人窠臼矣．

師隱居數十年．絕不預鄉事．而南洲數十鄉縉紳．有事常造廬求教．得師數言．糾紛立解．當道如倪中丞文蔚．王藩司之春．蕭廣府韶．方軍門耀．何軍門長淸等．莫不造門請謁．折節下交．晚年被舉南洲局副局長．壽七十有八而終．葬邨後潘阬岡．無子．以姪寶爲嗣．

自題小象

善學古人．不貴形似．與道大適．惟我與爾．譽我何喜．毀我何傷．浮雲太虛．淡然若忘．人壽幾何．百年瞬

息・是我非我・曷其有極・達視悲歡・心廣體胖・有知我
者・作如是觀・

朱汝珍 一八六九年生 一九四三年卒

字玉堂・號聘三・晚號隘園・清遠人・弱冠以縣試冠軍進邑庠・光緒十八年・考入廣雅書院・取列廣州府闈第一・專治經史之學・廿三年・考取拔貢・廿四年・朝考一等・欽點七品小京官・分刑部江蘇司學習・治法律之學・三年屆滿・題陞刑部主事・廿八年・各部堂官月集司員而考試之・以定黜陟・汝珍三列第一・擢江蘇司正主稿・由是總辦秋審・纂修法律・迭著勞績・二十九年・應順天鄉試・中舉人・三十會試一甲第二名・賜進士及第・授翰林院編修・旋奉派遊學日本・畢業於法政大學・列最優等・回國・得獎記名遇缺題奏・任京師法律學堂教授・仍繼續纂修法律・維時創定民法・汝珍謂親族兩篇・各國法律・皆不宜於中國・不必採用・應按中國禮俗而制定之・修律大臣沈家本卒從其議・宣統元年・創定商律・奉派赴各商埠調查商事習慣・報告凡數十萬言・又以各國刑治比較十卷進呈・得獎侍講銜・二年・舉行第一次法官考試・簡爲貴州省主考・差竣・奉派纂修德宗實錄・年六十乃南歸・民國二十年・香港大學聘爲哲學文詞兩科講師・二十一年・香港孔教學院聘爲院長兼附設中學校長・三十二年卒・年七十四・著有詞林輯略四冊・

曲江遊草詩序

昔人謂永嘉山川清麗・康樂詩境肖之・西蜀山川雄奇・子美詩境肖之・永柳山川幽峭・子厚詩境肖之・知詩造詣・得力於遊者多矣・曲江以湞武二水抱郭曲流而得名 其爲境紆迴而曲折・且萬物蕃昌・雄鎭南服・是清麗雄奇幽峭諸勝・殆兼而有之・而況靈氣所鍾・賢豪挺起・往來孔道・點綴亦多・均足以醞釀詩情・發揚詩興焉・

林子壽荃夙耽吟詠・平日所作・既編爲鶴廬詩鈔刊行・近爲曲江之遊・景仰先賢・流連古蹟・訪問農村消息・物產盈虛・觸景生情・輒成韻語・得詩都二百首・郵示汝珍・屬爲弁言・讀之既竟・覺林子於曲江山情水意・人傑物華・莫不運厥靈思・發爲偉論・詩筆則紆廻曲折・雅與境稱・即清麗雄奇幽峭諸境・亦時或遇之・至其節奏聲音・純任天籟・又不必以聲調譜繩之矣・林子年力正盛・遊興方濃・知將以大謝老杜爲宗・參之柳州以盡其變・以善遊而精獨造・有厚望焉・是爲序・乙亥秋月朱汝珍・

清遠縣志序

嘗攷周官小史・掌邦國之志・其職與土均土訓誦訓諸職相聯・蓋志者識也・舉凡疆域山川政教風俗人文物產與夫災祥治亂・皆當詳識於書・汝珍居史館有年・見各省府廳州縣・莫不有志・且莫不兢兢於地圖・地俗・地事・地物・詳稽而備紀之・凡以爲省方觀民布政之資也・

我清遠縣志・創自有宋林公勳・厥後屢有修輯・最近者修於光緒初年・距今已一周甲子矣・庚申秋・邑侯張公鑑藻・嘗設局重修 訪諸紳耆・聘汝珍爲總纂・維時汝珍方從事史

宬・未克肩任・事遂中輟・甲戌春・梅縣吳公鳳聲來長是邦・關心文獻・剋期編輯・仍以總纂一席屬之汝珍至親勸爲之駕・邑人士亦僉謂茲事體大・匪異人任・深維桑梓敬恭之義・曷敢固辭・乃返里門・與共討論・

竊見南番東順各縣・新修之志・均紀至宣統三年辛亥爲止・擬援其例・而邑人士一致議決・紀至今茲・汝珍何人・豈能强違衆意・然自壯歲宦遊京國・繼而旅居海上・於邑中近事・非所詳知・因鄭重聲明・辛亥以後之記載・請分纂朱叔平君雲章・白兆尼君玉書・伍厚培君元長・盧仲緯君作經任之・其中白君用功至勤・任事至勇・汝珍推其常川駐局・專司起草・即承慨許弗辭・且極謙虛・遇有疑難・輒枉顧諮詢・或馳書商搉・閱一年而凡例竣・又閱二年而初稿成・都凡十有六門・曰沿革曰縣紀年・曰輿地・曰山川・曰人物・曰職官・曰科舉・曰建置・曰經政・曰民政・曰實業・曰學校・曰勝跡・曰藝文・曰金石・曰雜錄・稿經叔平厚培仲緯諸君參訂・乃送汝珍覆勘・白君兼收博採・不厭求詳・較舊志約增三倍・汝珍刪繁汰侈・不惜割愛・仍增兩倍有奇・時則高要余公棨謀・繼任邑侯・因將全稿送呈鑒定・余公曩宰開平・嘗手定義例・修成開平縣志・爲世稱許・辱承指示・復有所修改・乃成此書・昔江淹有言・修史之難・無出於志・竊謂州縣之志・殆尤難焉・地狹則才乏・期促則慮疏・識見易囿於偏隅・紀載每違乎事實・甚或挾私誣罔・肆意鋪張・筆削躬操・妄爲褒貶・或逞其門戶之見・或騁其誕妄之談・他如義例不謹嚴・則首尾衡決・文辭不核實・則兩端模稜・或訛謬相沿・詳略失體・章實齋論修志有五難八忌・政謂此爾・

此書於舊志訂正者十之二三・增補者十之五六・上述諸弊・已兢兢戒之・然脫稿匆匆・深恐仍多譌闕・後之君子・踵而修之・匡其不逮・有厚望焉・歲次强圉赤奮若病月里人朱汝珍謹序・

陽山縣志序

歲丙子夏・汝珍遊南洋・識陽山吾宗海均於金寶・交晚而情厚・瀕行・海均諄諄以總纂陽山縣志相屬・謂全邑僑衆意也・以學荒心雜・初未敢承・是冬・海均鄉旋・邀往參觀其所建先德學發公祠・及新闢大禾江村莊・見其宏壯之規模・爲我北江數府州所未有・蓋海均年未及冠・學發公即命其涉南洋・習礦業・後成偉業・是具有大過人之識見者・稽諸志乘・殊不多覯・宜其享此崇報也・

周覽縣境・又覺其風俗淳樸・物產豐贍・而山川靈秀之氣・磅礴鬱積・故不少豪傑有志・不自菲薄之人・心焉羡之・先是咸豐四年・北江賊匪猖獗・先考寶愚太守公・居崑壯敏公戎幕・鎭守韶州・嘗以兵保衞陽山七鞏諸鄉・未遭蹂躪・海均謂鄉人歌頌功德・至今弗衰・汝珍至・則承各鄉紳耆推愛・欵待優隆・心更欽其篤厚・時則黃德馨縣長瓚監修縣志・黃典常學博中理・與同邑諸君子從事纂輯・其中惟事記一編未竣・民國十四年以後・尙待採訪・餘悉就緒矣・猥採虛聲・聘汝珍爲總纂・海均復申前請・意至懇懃・適汝珍修淸遠縣志・屬草甫成・念兩邑毗連・關繫密切・正資參稽互證・遂不復辭・訂即就已成之稿作一結束・詳閱纂筆・義例嚴而品式備・已極可觀・汝珍所可效力者・惟字句之修飾

而已・因邀順德胡孝廉靖襄助・以丁丑七月開始・臘月告成・維時陳公藻卿來長陽山・即以草稿寄呈鑒定・承示以下車祭屠公洪基墓詩一首・始知屠公闔門殉難・爲陸志所未詳・當亟補書・以彰忠烈・至是典常學博・力任籌款・屬爲付梓・乃慶觀成・汝珍於斯有說焉・

陽山地廣人稀・嶔崎險阻・昌黎韓公至謂此爲天下之窮處・幾以化外視之・汝珍則以爲其地儼然有良田美池・阡陌交通・雞犬相聞・所產固恆足自給・復據有天險・蠶叢鳥道・足以限戎馬之足而自固・桃源之境不是過也・尤足羨者・山脈雄奇・蘊藏至富・近者邑人負笈重洋・於北人之學・精研有得・已去僻陋而進於文明・如吾宗海均以礦業起家・手致鉅富・翹然爲海外雄・即其最著者也・若歸而求諸父母之邦・與其寶藏・則貨不棄地・實足裕國而阜民・且後起多材・方出而研求世界各種科學・必能成偉大事業・蔚爲將來志乘之光・此則韓公意料所不及者已・戊寅四月清遠朱汝珍謹序・

重印陳煥章博士孔教論序

淺學之士・有一知半解或似是而非・每誇示於耆儒宿學之前・而自矜創獲・不知是爲前人所已道・或舍置而唾棄之者也・陳煥章博士・學通中外・著作甚宏・慨世衰道微・尤致力於孔教・其文字之散見諸經世報及孔教雜誌者・不過一時一事・有所指陳・至其所著孔教論一書・乃其聚精會神之作・出而與世界各國學人相見者・去膚存液・提要鈎玄・先辨明何爲宗教・次論定孔子之爲教主・再次論定孔教之爲一宗教・其後乃論中國今日必當昌明孔教之原因・與孔教無礙於信仰之自由・科學之進步・及所以昌明孔教之辦法・議論純正・攷據精詳・持孔教以爲論說者・已不能出其範圍・根據此立言而已足・其一知半解・或似是而非之談・無所容其置喙矣・即各教持爲唯一之宗旨・曰慈悲・曰清淨・曰節儉・曰誠信・我孔教實包括而無遺・是書初印於上海商務印書館者凡四版・再印於廣州時敏書局者凡兩版・惟日久散佚・未及人手一編・有負陳博士覺世牖民之盛意・茲孔教學院同人・重付排印・以廣流傳・嗚呼・滄海橫流・人心陷溺・得此書而是正之・人人知孔教之眞義・吾國其庶有豸乎・

孔子降生二千四百九十一年庚辰冬清遠朱汝珍序於香港孔教學院・

李際唐同年五十雙壽序

庚午六月・余從津門返故里・繞道濠鏡・訪際唐同年於南環之寓廬・辱爲余下榻焉・於是睽別二十年矣・切切話契闊・道衷曲・登樓坐嘯・流連累日・時見天日清明・風物閑美・使人心曠神怡・時見風雨馳驟・波濤澎湃・使人驚心動魄・俯仰其際・百感爲之交集也・

憶甲辰紀歲・余與際唐同年捷南宮・入詞館・相與回翔中秘・賞奇而析疑・繼同修業進士館及日本法政大學・則相與探研法理・眇慮而凝思・繼復同修德宗景皇帝實錄・又相與紀述盛德・選義而考辭・其景象一如天日清明・風物閑美・使人心曠神怡・此一時也・

桑海以後・余傭身闤闠・以謀朝夕・際唐亦南歸・隱姓名而事居積・起視四境・則可悲可憫・可驚可愕之事・層見迭出・且愈演而愈劇・其景象一如風雨馳驟・波濤澎湃・使人驚心動魄・此又一時也・

余既以是欣慨交深・而際唐與余遭遇同・志趣同・行事同・其所感觸亦同・故時而目想神遊・時而心駭氣結・其態度無不與余同・顧亦有不同者・際唐遊於商・於中外商業之盛衰・與其將來之趨向・洞若觀火・洪纖靡遺・其所經營・殆不止利市三倍・得以其餘沾溉於戚友・而余一再折閱・至不能自存・際唐能以其暇・讀書課子・蒔花木・飼禽魚以爲樂・若無所事事者・而余奔衣走食・至日無暇晷・是則有命不能强同者矣・

抑又聞德配陳淑人・有孟光桓少君之賢・若清娛・若絡秀・若朝雲・並皆淑慧・復有多才之女・克承弓冶之兒郎・宜際唐顧而樂之・精神愉快・而氣體康彊・由是而耆・而老・而耄耋・而期頤・其年壽正未有艾也・十月十日・爲賢伉儷五十雙壽之辰・余不能文・因屏棄世俗介壽之恆談・而誦其生平與敍吾交誼・其亦首肯而引一觴乎・

朱汝珍拜撰并書

毅夫前輩大人像贊

太眞膽氣・鵬擧文章・方山才思・侍御剛腸・遠希花縣・近媿葵霜・前經桑海・後鑒蕙纕・艱多路遠・養晦舊鄉・江湖白髮・每飯不忘・神歸箕尾・有志未償・貞心勁節・爲詞苑光・

侍生朱汝珍拜題

張錫麟　年生　年卒

字務洪・番禺人・工駢儷・詩詞・書法・尤以小楷見長・著有棨園詩文鈔・

募建禺山別墅疏

蓋聞館闢五花・霧集神仙之侶・堂開萬柳・風迎冠佩之華・洵人傑而地靈・宜情來而興往・況復蔭承帝里・地接天都・沐浴日月之光・鼓盪風雲之氣・導玉泉而挹爽・仙露宵凝・瞻瓊島而延清・祥烟晨豁・盧龍山在・春風滿碣石之旗・市駿臺高・朝日絢黃金之柱・不有倡導・曷萃人文・吾邑分峙宣南・舊有兩館・溯河陽之高義・猶瓣花香・續濂溪之賸言・新編蓮說・精廬映旭・珠霏梅雪之辭・喬木披雲・璧合蘭風之契・表南天之冠冕・采煥禺山・傳北里之絃歌・聲連越秀・當夫霞初星晚・葉早花新・固已清吟峩松・同拜初三之月・平安報竹・如題第五之橋・然而濟海從龍・互軒眉於煙驛・看花走馬・爭騁足於雲逵・其有車轡雷昏・倦塵埃於紫陌・燈光豆小・宿風雨於靈臺・思遵路以由庚・悵後時於先甲・是則烏啼聲苦・誰依三匝之枝・頳尾形勞・宜徙重溟之窟・慨旅食之憔悴・迨未雨以綢繆・

茲擬於上斜街邑館對門建築外館・名之曰禺山別墅・面城背郭・乘春開玉女之窗・對宇望衡・排日掃素心之徑・預

算工料須費六千餘金．某等粲恭重誼．蒟醬懷馨．永惟都會之名．用表輪奐之意．逐緇塵於萬里．偶合萍蹤．計嘉木以十年．願陳芻議．竊以華嚴宮殿．應彈指以呈形．海沫樓臺．因迴風而耀色．園名獨樂．涑水歎其德孤．堂號四并．魏國徵其道廣．標先聲於嚆矢．鶴俸齊分．尋舊夢於觚稜．鳩居相慶．所期時彥．各訂同心．集腋而狐白能成．擲米而砂丹立化．模雲甍而締構．路得梯青．借月斧以經營．室都生白．所冀景風天近．祥光首被其二禺．廣厦雲連．盛德同歌於萬禩云爾．

約友人小港探梅啓

集花埭而嬉春．遵荔灣而消夏．歲月如駛．又成今日．禪關蕭瑟．池館寂寥．問芳訊於河南．逢驛使於江外．小港却倚層阜．環引長流．修篁四匝．寒梅萬樹．花時景色．曠若塵表．古致瞪目．幽香沁魂．霜流有聲．雪落無色．足令廣平爲賦．疑姑射之可見．師雄入夢．指羅浮而不遠．

足下貞風無塵．勝氣絕俗．凡昔宴集．屢奉追陪．方今凍雨朝灑．晴雲旦捲．玉蕊初破．瓊英未飛．豈可使銅笛罷吹．紙帳虛敞．索笑寡趣．探幽乏奇．空山月明．孤鶴自舞．灞岸雪擁．蹇驢孤行．況復山家僻遠．還開石磴．老枝蜷曲．聊足茶煙也．江暖風輕．張帆斯至．敬想足下．能來同之．某啓．

椝園文鈔自序

文以理爲主．以氣爲輔．以辭爲藻飾．散體文固學爲而難工．工此者必其天資既高．學力復深．以理馭氣．以法宣理．涵蓄恣肆．隨意揮灑．無不如意．唐宋以降．韓柳以下．其卓然成家者．迥非常人可學而到．學者慕之．亦必沈潛於經訓．博覽於諸子百家．繼取各名家文．尋得其理．求得其法．始簡潔而明淨．少有疵纇．是宜謂之爲難．愚性魯而才拙．讀書無心．得於理淺而不深．及奔走於衣食．無復專心於學文．於法疏而不密．今老矣．存稿宜自審定．可約分爲三時期．三十以前．多應課之作．數逾百．以後槖筆出遊．多酬應及代人．約六七十．比南旋養拙授徒．每喜擬作．仍有四五十篇．在前者時尚力學．稍存古法．惟病在氣弱而理淺．中間漸知說理．惟學已漸荒．法亦漸疏．其後者輟學更久．理境縱未極淺．遇題輒取急就．心所欲言．筆即隨之．而法則蕩然無存．因覺選文之難．比作時爲尤甚．

憶幼時侍　先君小港探梅．經是岸寺松徑．謂爲甚長．壯年更遊．則覺其甚短．肆業廣雅書院．出入由西村松徑．當時謂爲甚短．十年後再行之．則又覺其甚長．同是一地．今之定文．乃亦作如是觀．詢之友．友曰．都娃之粉飾．不如村女之天眞．酬賓之客話．何如家常之宴語．選文如擇友．其相得者自樂與晤言．否則其人雖無他．縱不相見．亦復何恨．愚始憬悟．近作淺率極矣．猶比舊作之未深厭惡．姑存以待刪．餘稿則盡削去．未遽畀於火．將可留之以惠及寒蟫也歟．辛未清明日．萬椝書堂主人題．

椝園詩鈔自序

昔晁无咎贊南華眞人圖．言惟周能蟲．惟蟲能天．以周之道德清高．夫豈蟲比．然猶先求能蟲．然後乃全其天．此周所以僅能夢蝶．而耼則猶龍也．龍上天下淵．興雲致雨．澤及民物．蓋蟲之更善者．其德則爲龍德．其聲則爲龍吟．無其德者如蠖焉．無善無惡．且並無其聲．庶幾自安於天命．苟不善而惡．而爲蛟爲蛇．爲虺爲蜮．爲螟爲蝗．固非善類．即爲可厭之蠅．可憎之螽．可驚可駭之蜂蠆可煩可惱之蚤蝨．亦未見其非惡．若夫蟻之排陣．螢之流光．未必以其能而爲惡也．蠶之吐絲．蚌之生珠．且賴其用而交稱爲善也．天生倮蟲．人爲之長．尤當全其德以合天．其寄生於世．同乎羸蛤之在水．螬蠋之依林．其倏生倏滅．無異乎蟪蛄之春秋．蜉蝣之旦暮．

有人焉不能爲龍．亦不至爲蛟蛇與蚤蝨．其讀書時則蟫蠹．其凝鈍則蛣蜣．其奔東騖西則風塵中之蠛蠓．其棲山逃林則冰雪中之蜷蟄．然後知愚乃一蟲．以之爲詩乃一蟲聲．雖然．同是聲也．而清濁高下又迥殊．其將爲噪夏之蟬乎．吟秋之蟀乎．彼之清高．寗能嗣響．非清高則汚下．而井底之蛙．壤間之蚓．天亦不能禁其有聲．夫固有其天機而鳴其天籟者．愚生平小善既不肯爲．大惡復不能作．不敢上希蒙莊．惟期下儕蛙蚓．今存此鈔．使自知世間嘗有此蟲．此蟲又嘗爲此聲焉可也．蟲受於天而成聲．已可深慰．繼自今有人聽之可也．無人聽之可也．至幸而有聽之．而此蟲遽欲知聽之者之謂之爲何如．彼既爲蟲．而顧猶思議及此焉．是蟲爲不能蟲．而不全其天德之蛙蚓也．書此以自博一笑．己巳長至日．蟲天生戲筆．

榘園駢體文鈔自序

比編散體文既竣．次及於此．篇章寥寥．始自恨其性懶．至今無可追加．爲之慨然．愚年二十．學制藝且茫昧．何敢論及高深．翌年從梁興伯師遊．師授以駢體文．始好之．師曰．爲此當先熟讀文選．始識都京賦爲班張左所作．再取選中諸鉅篇略覽之．如泛重溟．如入名山．耳目熒惑．幾欲棄制藝而不顧．逾時．師曰．是爲當讀之文．然豈易遽學．授以四六法海．由甲乙次及壬癸．以半山東坡大手筆．素以古文名家者．亦不得不瞠乎居後．惟偶學之．則又反以王蘇秦汪諸作爲易摹倣．進而窺四傑及徐庾門途．竊嘆天之生才．胡亦寥寥．

己丑冬．在西村肄業．見學侶爲此者．則亟爲院長朱蓉生師獎許．得所觀摩．振其愚懦．時乃晨夕攻此．持以應試．幸受知於張小帆惲次遠兩師．北遊後．再以此易薪米．蓋亦不無小補．但多規摹宋格．明知其卑．乃取其易於成章．又自歎精力之不逮．晚歲授徒．以時易勢殊．不敢用梁師舊法．僅取宜於講習．便於學步者從事．諸生因時漸進．輕清流麗之作．間有可觀．方竊自喜．及循覽拙稿．乃靑黃雜糅．斑駁不純．篇幅又復不多．祇將過於剽滑者削之．所存縱不愜意．不能如散文之可多削．即代人之作．亦須附錄．稍助弱陣之軍容．此體若非自出面目．即不成家數．然淵源所自．當述其槪．繼念今之司教育者．喜以白話文爲提倡．將來學子求爲文言且難．誰復更習駢語．則此事行將成廣陵散矣．能不重爲之慨然哉．壬申人日．賁南拙夫漫書．

西園文讌詩序

皇上御宇之二十年冬日．我抑仲夫子以羊城作守．兩歷寒暄．循良之績遝宣．課最之聲斯懋．特邀宸賞．洊歷崇階．移節八閩．領其鹺政．然而青衿習禮．猶說盆都．石室談經．彌思蜀郡．雖冰銜煥色．預為調鼎之徵．而雨別愴懷．咸結慕徒之戀．夫子亦慨興轉轂．念軫搏沙．慰去思於他年．重論文於別地．郡齋爰闢．文讌聿開．招集生徒．蓋敍別也．方其星軺稅駕．冰鏡懸堂．千章搜鄧植之林．萬斛量隋投之寶．珊瑚入網．依瀛海以翹英．桃李盈門．託仙源而擢秀．

方謂春和吹煦．人易挹其淸風．豈知冬日稱溫．天暫靳其化雨．今雖菊英泛酒．梅影當筵．蒼黎稱賈父所生．門生樂膺門之大．祇增結轖．誰解幽憂．然而河南萬家．寇令之筍輿難返．并州異日．郭公之竹馬重迎．敢用讕言．聊紓別恨．則篆煙已過．猶瞻菩薩之慈雲．羊石未枯．尚想大賢之教澤．盍飛三雅．同賦八觀．是日與會者為詩若干首．而錫麟序之云爾．

冠冕樓藏書記

吾粵自貉越湔陋．離明啓運．代有名臣．鎭撫茲土．教澤斯永．文明迭新．蓋不惟山川毓粹．奇偉接武．抑亦木鐸聲遠．春雨化普．其力為鉅．然而公膳千跖．僅饜數人．醍醐一甌．期供萬衆．慧火宵朗．須徧燭乎恒沙．德流春沛．合均霑於廣莫．不有倡導．何以振興．光緒甲申．南皮尚書駐節兩粵．時則海氛霧合．邊柝夜警．雖議文教．實惟未遑．迨指顧定策．談笑撤防．爰闢精廬．取工部詩意．顏曰冠冕樓．以為藏書之所．

斯樓也．廣遝袤丈．高將十尋．虛楹停雲．明窗通旭．北牖後敞．乃對青山．危欄俯臨．平列精舍．其外則璇潭帶繞．綺嶂屏峙．護以平野．周以迴溪．石甾路轉．因想積基．簷鐸風喧．閒參妙悟．其書則籤插萬架．類集四部．珍埒玉府．富踰謨觴．竹馨散腴．宜號福地．芸葉不蠹．深留古香．掌書之齋．東西分設．疏櫛燥濕．綜核出納．疆界旣闢．州別部居．圖史深列．魚貫蒐集．或復校理祕籍．鈎稽異聞．登高縱觀．按圖而可索．納劵偶假．屆期而亦還．散亡不虞．脫失胡愳．此邦人士．上下揖讓．光昭文明．饋貧而充餘糧．汲古而獲脩綆．他日學成致用．經明行脩．尚書之教．誰或忘也．

夫手指口畫．為力已勞．分鬟列序．厥效仍淺．今高齋爰闢．精本咸購．不必穴經委宛．洞入鄉嬛．而深擁書城．尚友古哲．藉瀹眼慧．兼瑩心靈．某來遊於斯．時為義烏朱先生主講．問經之暇．時復登樓．迄今山斗俄傾．梁木倏壞．而鄴架萬卷．依然無恙．淵源髣髴．手澤依稀．敬告山靈．且以誌感．某年月日某謹記．

重修赤溪銅鼓山宋和州防禦使劉公廟碑記

夫蒼松五鬣．為楊議郎之故居．紅棉十圍．得陸大中之遺址．蓋自任囂啓宇．牛女星分．三山五嶺之鄉．世饒名宦・犵鳥蠻花之地・代著名賢・其有殘山剩水・沉杜宇之寃魂・雪虐風饕・餘冬青之孤樹・身戕粤嶠・星隕南荒・訪故老之賸詞・拜昔賢之遺廟・如劉公軼事・有可言焉・

按宋史・公諱師勇・廬州人・以武功歷官至和州防禦使・當其題詩驛壁・壯志早攄・取履圯橋・兵書夙習・胸羅星宿・氣壯風雲・固足比譽張韓・齊聲劉岳・制鷩天之玉弩・弛而不張・拾墜地之金甌・闕焉終補・抵黃龍而痛飲・快蒼兕以傳呼・然時也魯柝聞鄒・秦亭壓趙・宵烽照銅駝之苑・夕角流唳鶴之山・寇氛囂以北騰・重器倏而南徙・勢同蝸角・諸陵之風雨誰知・危甚燕巢・一舟之君臣盡泣・蓋不止青騾兆釁・唐餘靈武之軍・驄馬興謠・晉備瑯琊之位者矣・

公知呂失守・常州勢孤・慷慨登陴・倉皇募戰・城上即王羆之冢・傖父皆李勉之兵・相非燕頷・具班超之遠志・死當馬革・符伏波之前言・方滅虜以心甘・詎招降爲計得・蕭育是杜陵男子・抗節彌高・南八爲睢陽故人・挺詞不屈・卒乃流離鋒鏑・跋涉關山・扈御蹕以彌年・作長城之萬里・葵心向日・宜丹誠之愈昭・螳臂當車・以微軀而幾殞・迨至厓山對峙・孤舟蕭然・既殊姬后之南征・更値波臣之不順・甯兪發憤・饘橐從亡・信陵無聊・沉飲自廢・吁可悲也・原其崎嶇轉戰・況瘁從王・率厥創羸・禦其精銳・固知葛武侯之八陣・籌筆難揮・陳曲逆之六奇・借箸莫算・而乃困獸猶鬬・窮鳥尚飛・思擬迴天・計圖轉日・究之愚公渺質・志空逞於移山・精衞微禽・願詎償於塡海・戰敗無成・非其志也・

某惟夫銀濤白馬・靈風滿名將之旗・秋菊寒泉・茅屋表遺民之祭・矧乃高僧慕德・藏篋誌其芳猷・賢宰當仁・纂古昭其實錄・今雖史宬未備・邑志闕文・而遺祠巋然・流風不遠・百世之下・瞻仰攸歸・廟既落成・泚筆作記・庶幾風車雲馬・人欽百粤之威神・桂棟杏梁・祠擬三忠之盛典云爾・

陳道人墓誌銘

道人姓陳氏・諱昭常・字簡持・廣東新會縣人・在前朝蓋嘗位至通顯・國變後・凡事皆不槪於心・以病辭官・病中自言爲羅浮山道士・死當以道士服殮・今窆中人衣冠・非巡撫・更非都督上將・固穆然一道士・如愁亦復如笑・是宜稱之爲道人・在昔有道之士・讀聖賢書・服習於綱常名敎・秉心以衞道・凡事之艱難曲折・力任之・惟知守道而不顧・道人少負經世才・博通中外諸學・年纔四十・而歷掌疆寄・世方羣然羨之・而與相處稔者・見其當燕居歡笑中・時若有隱憂不自釋者・又舊曾充北洋督署幕席・深知項城袁氏之爲人・宣統辛亥・武漢軍起・舉國震駭・道人時任吉撫・一持以鎭靜・故諸省皆紛然擾亂・獨吉林安然而太平・迨淸室以監國歸藩詔天下・中夜電至吉林・道人憂深慮遠・爲防隱患・即夕急握管起草奏・嚮晨則已拜發・諫以祖宗付託至重・不能遽讓政權・一退讓後・全國即從此而多事・諤諤陳辭・發於天性・若不知當時有操無上威權爲何人者・言雖不行・而綱常已昭垂乎世宙・其後袁氏稱章・雖爲道人所不及見・使當日能用其言・雖袁氏固亦可兼全之也・

道人以翰林起家・改官廣西・任右江道・署按察使・赴

京．授奉錦山海關道．旋授郵傳部右丞．所至皆不負其所學．光緒癸卯．日本乘勝俄餘烈．攘奪我圖們江北岸之間島．交涉經年不決．道人乃搜集案據．謂間島康熙朝已入版圖．及咸豐間．韓人始越墾移居島內．島爲我國領土．有光緒十一年分水嶺界碑十座可憑．廷議嘉其能．任以督辦延吉邊務．兼署琿春副都統．抵任．著調查書三卷．繙譯傳播東西各國．事實而義正．日人乃終爲詞理所屈．斂手息喙．宜其進擢吉林巡撫．日俄兩國知所敬憚．而內政得以提前舉辦．如其所規畫也．

民國成立．道人即思引退．惟以士民愛戴．不能遽去．爰寫百花深處一僧歸圖以見志．凡歷年餘．雖改授廣東民政長．亦堅決不就．養痾申江．再爲靈隱靈巖及匡廬之遊．以甲寅九月初六日病終滬上．春秋四十有七．即以是年臘月朔日歸葬於廣州白雲山茶地之原．歐陽夫人及張夫人祔焉．祖賢光．父朝忠．以道人贈如其官．子同軾．同贇．同璟．同騫．同靖．孫符武．景武．奮武．達武．越十五年己巳．同軾請銘於石．因舉其犖犖大者．道人道籍寄酥醪觀．道號永常．銘曰．

逢時雖難．守道斯祥．黃冠羽衣．其心實傷．心存名教兮．日星並光．抗諫疏以表忠誠兮．宜有廿四番館之文章．

祭陳簡帥文

維年月日．故吏祕書張錫麟．謹以清酌之奠．敬告於陳公簡始先生之靈曰．疇昔相依．導意以言．死生異路．祇懷舊恩．言之精者．在詞爲文．知己長逝．哀者孰聞．弱歲定交．同流殊趣．我伏邱園．公翔雲路．中年分袂．乍聚旋離．我羈京邑．公鎮邊陲．間島蕞爾．經界繡錯．鄰爲封豕．瞵．鷹睨鶚．中樞巽輭．議棄珠崖．準理折衷．强鋤論諧．戴相辭世．蓬心輾轉．孑旌遠招．戎旃佐選．霜飛秋早．冰泮春遲．手清簿書．胸餘新詩．北境傳疫．江城失火．根盤節錯．心疲力果．

漢陽雷震．神州鼎沸．獨固壘圻．漸輕富貴．橫流底定．積瘁思痊．曰余有母．亟求避賢．長材爲累．浮榮猶縛．望雲天遠．煎膏夜灼．嘗從朝夕．竊窺高深．憂既內傷．疾兼外侵．公性仁厚．又善韜抑．雖違於心．終溫其色．汎觀時彥．公宜上游．鴻冥鵠舉．夫又何求．醫者有言．空氣療病．清暉娛人．名山爲勝．北遡齊楚．南尋越吳．我唱公和．公遊我扶．暫別兩月．幽明永判．塗寂朱輪．船開素幔．公所自有．千秋令名．我慚後死．想象生平．道服飾斂．厥心尤苦．述德敍哀．庶歆尊俎．嗚呼哀哉．尚饗．

拱北樓銅漏壺賦

粵城南偏．拱北樓在焉．雙闕對峙．上薄高雲．石磴百級．乃接危檻．此邦人士．春秋朝夕．登臨文酒．山川形勝．澄敻心目．置壺其上．曰維有年．金堅不蝕．水流不竭．至足嘉也．某維乎技藝日出．古意寖微．粵故瀕海．異物尤萃．爭新角巧．置表測時．惟此銅壺．巋然獨在．且周行不息．亦有恒之微指也．有感而賦．其詞曰．

伊大化之遷流．肇兩儀之貞運．杞憂天而徒癡．騷呵壁而難問・緜淫巧之日滋・蔑古綱而務紊・胡刻漏之遺製・乃作鎭於南郡・爾其軒后傳法・壺氏輯規・妙極六合・平均四時・鬼神莫測・陰陽不欺・階蓂憋而葉落・琯葭罷而灰吹・宜作型於曩昔・羣倣慕於來茲・況乃置之高選・光彼上游・銅仙捧矢・金狄司籌・滴同露潤・響並雲浮・俯冠蓋之紛遝・心澹然而寡儔・至其俯仰自如・進退知止・既百鍊以攻金・常不競而若水・程日月以爲度・尠波瀾之可起・詎爭名於考工・實符德於君子・胡爲古風淪沒・澆習飈興・變椎輪而大輅・凜履霜而堅冰・驕島夷之詭制・亂天文之玉繩・雖或質輕雲似・形朗花凝・祗工商之利用・宜朝堂之不登・況變壞其立待・何工緻之多矜・翳茲銅漏・增耀城垣・靜琅鐸而無響・雜銅龍而不喧・昭前式以衆觀・隱大用於無言・用以樹儀百禩・示表雙門・倘古道之猶行兮・又何有乎微物之所存。

李瑞霖

一八七〇年生　年卒

字雨人・新會人

淞滬血戰圖記

辛未壬申之交・倭人欺遼瀋外交恭怯・大舉犯滬・守土者十九路軍・國有命・詰朝遷矣・倭將鹽澤夜壓之・戰遂作・焚炸之暴・血戰之烈・閘北吳淞間・近古未嘗有也・好事者攝之圖・爲國人哀警・意至傷矣・當其敵愾同仇・衝鋒陷陣・或狙伏而隕命・或肉搏以戕生・殘骸暴露於荒原・勇略激賞於鄰國・零肢斷體・同作沙蟲・可謂極人世之至慘・然而前者仆亡・後者繼往・摧方張之冠・極困阨無所援而不餒者・豈皆迫於威劫遂矢死而靡他歟・亦由有愛國仗義者三數人爲之倡・恥憤激發・氣機鼓動而莫之能止也・

仁人志士之成立・莫大乎以義烈爲天下倡・世禍之亟也・長人者・相與縱於無等之欲・權利相鬩・欺詐相角・自圖其安・而不計天下之危・疆宇之失・禍迫眉睫・曾不肯捐絲毫之私以相拯救・義烈者起而矯之・提戈以殺敵・去僞而示拙・躬履艱險而不問能力之何如・浩然捐生如遠遊之還鄉而無所顧悸・使天下感其所爲亦皆慷慨爭輸・以濟其苦乏・嗚呼・此三數人之義烈・所以激動羣倫・極中外而同欽智勇・非公且誠之效與・援絕師退・又豈當事者之所願言哉・使有守土之責者・皆如此三數人公且誠之志・效命疆場・出而禦外侮・入而洗恥辱・蒼莽河山・或有豸也・

嗟乎・自古英奇義俠・値外內交困・孤憤支拄而卒不免於蹶躓・後世得其遺蹟・藏庋寶襲・視若拱璧・愛之而恐不克見・而並時之人・乃至坐視其退而不惜艱阨之不遺餘力・當路者輕置之而使不盡其用・斯民望展其用・而又助之無力・今昔相續・而胥若一也・豈獨是圖然哉・茫茫上天・余莫之能問也・悲夫・

遊厓門記

烏豬大洋之水・汪洋萬里・至厓有門以鎖之・腹量寬廣・大山面海・內有平疇支河・利便交通・故軍艦戎馬・屯納餘裕・上出廣州・下通高雷兩屬・固南邦之險區也・是故百粵山川多壯鬱・而厓門獨爲殘宋所駐蹕・宜憑弔興亡者・

踵相接也。

余常艤舟往遊。張帆直抵上奇石。舵師指曰。此張宏範鐫字處也。風厲不克泊。俄至下奇石。舟止。向官沖村訪慈元殿。循山坡斜轉。小徑蜿蜒。多龍桔山松雜他果卉。彌望鬱然。近殿處。古樹障天。風濤怒發。若斷若續。應以海上浪聲。悲壯激越。若千軍萬馬。喑嗚叱咤。遠近轟鳴。可畏也。進大忠祠。過粉粧樓。低徊廊殿。久之不忍去。出戶一望。長波岳立。驚湧雷奔。其陸秀夫張世傑講學閱軍處耶。其下有山。平岡磊砢。出沒於稻田繡隴者盌山也。是當日雄軍所駐。飲食之用。閱世久。故盌負土石隱矣。

遙眺海濱。白楊蕭蕭。禾黍蓬蓬。問楊太后皇陵地。一碧蒼茫。隱約莫辨。時日當午。放乎中流。風益怒。舟益疾。進抵礮臺厓石下。開篷立視。四壁摩天。高插雲表。湯瓶山與厓山。已如帝城雙闕。對峙高懸。並侍余側矣。于時南風愈大。海潮排闥洶湧奔來。扼于門也。怒狀突作。橫衝石壁。白如捲雲。青如結綠。如折天柱。如奔巖谷。如百神之哀號。如羣鬼之夜哭。時非春也。而駭浪翻天已若此。況春景耶。

坐臺久之。默念古今朝代變易。其遺址足以憑弔者。豈惟厓門。然試與赴幽燕。登煤山。訪揚州。陟梅花嶺求莊烈帝之所殉地。談文忠正瘞衣冠處。不猶是青草依然。梅香如昨耶。然求君臣一堂於荒煙蔓草中。先主武侯祠外無聞焉。雖忠魂之赫赫。不繫乎遺址聚合之有無。而人之嚮往之不足者。非遺址聚合無以致其至也。聞其全節之烈。足以感人。而況乎登其堂。弔其地。以親炙之者乎。因記之。時宣統二年庚戌秋日。同遊者林筑琴。趙心堯。莫梓軨。宗兄春農也。

歐榘甲 一八七〇年生 一九一一年卒

字雲高。又字雲樵。惠陽人。初從同邑鄧承修遊。年二十由承修介謁南海康有爲。就讀於萬木草堂。有爲譽爲經世宰物才。爲文得古法。性任俠而持論激烈。曾任湖南時務學堂總教習。維新變政。隨有爲綜理秘書及事務。戊戌失敗逃日。助梁啓超辦清議報。發揚湯武革命之理。有爲屢斥之。光緒二十六七年間。赴美洲主持文興日報。又運動致公堂創辦大同報。主張廣東獨立。以反對孫中山先生。爲致公堂所不容。乃轉赴星架坡辦總滙報。適英人虐待華僑。迫使男女裸體檢驗。有不願受辱憤而投水者。榘甲聯合僑領發動抗議。華工華商聯合罷市。卒令英總督廢除此苛例。所志不遇。抑鬱歸國。匿跡家園。卒年四十二。遺著有新廣東、觀戲記。環遊日記等。

論政變爲中國不亡之關係

歐榘甲曰。中國之亡也。久矣。若其復存也。實自政變始。聖主幽囚一週年。乃爲吾國民開獨立之基礎也。維新六君子流血。乃爲吾國民蘇建國之思想也。有獨立之基礎。有建國之思想。雖强鄰入此室處。日施其潛移默化之術。欲使之就其範圍。而不可得也。雖僞政府遍佈羅網。力加以漢奸土匪之名。欲使之仍其羈軛。而不可得也。嗚呼戊戌政變。抱杞憂者輒拊膺太息曰。中國亡矣。中國亡矣。而孰知未政變以前。中國若不亡。乃眞亡。既政變以後。中國若既亡實萬無可亡之理乎。請舉其一二爲同胞告焉。一曰。政變後之民心。一曰政變後之民智。

政變後之民心如何

歐榘甲

一曰・人知危亡不肯安於守舊・自八股之廢也・繙繹書籍出版者・人人爭購・市爲之空・家家言時務・人人談西學・有力者則自請舌人譯之・而快新睹・斯時智慧驟開・如萬流瀹沸・不可遏抑也・及政變而八股復矣・然不獨聰明・英銳之士・不屑再腐心焦腦以問津於此亡國之物・即於高頭講章舌耕口穡數十年・號爲時藝正宗者・亦謂師之無味・不如多閱報之爲愈矣・是以士人應試・其數大減於常年・大抵一縣常年四千人應試者・今則減至二千餘・常年三千人應試者・今則減至一千餘・夫前此科目之心何其熱・而後此科目之心又何其冷・則以漸通中外之故・即知不能不變・將留此歲月以講求有用之學・不願再從事於蜉蝣之仕宦也・政變後民心之明・此其一也・

二曰・人慕歐風・多講求於西學・中國甲午以後・始稍稍言外事・然於外國情事・茫如捕風・渺如逐影・虛如書空・妄如捫籥・況其學派萬千・未有不臨流探源・而能知其毫末乎・於是壯志之士・知非遊學各國不可・贏糧厚者・或翺翔於英俄之都・取材美者・或聯翩於德美之府・樂德鄰者・或星聚於扶桑之島・而海外各埠之有力者・幷踴躍創建學堂・聘列國通政治經濟法律海陸軍法之士・以教育其埠中剛猛俠烈之子弟・以爲異日與萬國人才相見之地・蓋經政變後之波濤翻變・而國民輸入歐美文明之志乃益急・政變後民心之明・此其二也・

三曰・人恥文弱・多思慕於武俠・外國教育・必有體操・所以强其體魄・壯其膽氣・養成不畏强禦・不懾雷霆之志・然後內之以靖國難・外之以拒强敵・馳驅於炮光爆烈肉震血飛之際・而不懼・蓋體魄者精神之表・體魄衰落則精神亦從之頹敗・志雖有百而所行不逮其一・一人之精神頹敗・則一國之精神亦從之頹敗・故體操者强體魄實强精神也・中國自秦以來・武功未有出於域外者・固由其武器之不精・亦由學者埋首束身於章句之學・辭藻之末・所以衰其肌體・弱其腦筋・而無經略九洲・横絶四海之念也・流弊至今・遂至所謂學者・皆較弱如婦人女子・畏人如虎・自怯如鼠・有志之士・乃彙集同志・聘請豪勇軍師・以研究體育之學・其能備資者・或入外國海陸軍學堂・政變後民心之明・此其三也・

政變後之民智如何

一曰・知愛國・中國之民・不自知有國也・匪伊朝夕矣・其原因有二・一由歷代環中國者皆小蠻夷・無大國之相比較・遂自尊其國爲天下・朝鮮奏章文集言論・罕有自稱其國名者・或自詡爲天朝・通商以來・此風未改・蓋一統之制誤之・此無愛國心之原因一也・二由歷代獨夫民賊不欲民之有參議政治之權・離國家而爲二・別上下之崇卑・禁言朝政・禁談國事・以塗其耳目・以怠其心思・以使之易治・而民之受此壓塞者・亦自傷卑賤・無裨於時・往往謂我輩之家・朝廷且不能保護・途人之國・我輩亦何必干預・既忘國爲公共之稱・復嚴庶人不議之禁・此無愛國心之原因二也・自有此原因・而國之其存其亡・其盛其衰・其强其弱・其治

其亂・皆顛倒出沒於一二獨夫民賊之手・而萬姓無人敢過問者・蓋視國爲私家囊中物矣・

政變以後・旅順大連灣威海衞廣州灣九龍等物・相繼一朝割畀於人・士民曾不聞知・而其民之爲所割棄者・受他人之淫暴劫掠・種種無人理・誠不能如狗馬之愛惜得全生命・於是乃大悟曰・國者我四百兆人之產業・非僞政府之所得私也・外人之敢於欺侮侵奪我者・由國之弱也・國之弱由於人民無愛國之心，不圖革新其國・不圖維持其國・一諉在上者之濁亂專橫・若謂此爲在上者之私物・於在下無關也者・在上者遂得視爲在自己之私物・可以輒自專擅・私相授受矣・若人民各有愛國之心・共商所以保此四百兆人之產業・不使盡鑒於一二人之掌握・上與政府爭・外與外人爭・碧眼兒雖悍・豈能據大陸而有之哉・夫國與民者一而二二而一者也・如之何弗愛・政變之後・此論大起・民智之開此其一。

二曰・知自主・生天下之間者・自非犬馬奴隸皆有自主之權・此義在西國雖童子皆能識之・而在中國則罕有知之者・其原因亦有二焉・一由呻吟於歷代專制政權之下・獨夫民賊務爲嚴刑峻法・以收天下之權・歸於己使其下戢戢受治・奉令維謹・無敢異己者・苟其挺然獨立獨行其志・往往不爲朝廷鄉里所容・若列國之興民權・刎頸者數十萬人・而後得之・而中國者則以民權爲大逆無道之事・此政治上滅自己之權者一・一由於深中陋儒之毒・桎梏於綱常名敎之虛文・謬創君雖不仁・臣不可以不忠・父雖不慈子不可以不孝之說・以爲上可虐下・下不得違上・而臣子之含冤負屈草菅於暴君頑父之前者・踵相接・以是毀家亡國者不可勝數也・而不知君君臣臣父父子子夫夫婦婦・君得自主・臣亦得自主・父得自主・子亦得自主・夫得自主・婦亦得自主・非君尊而臣卑・父尊而子卑・夫尊而婦卑・可以奪人天賦自由之權也・不意今猶拾賤儒之說・作正權之篇・以亂天下者・此學術上滅自主之權者二・

夫以中國之政治學術・抑人自主之權・如此・倘無政變之事以覺醒其大事・則四萬萬長此終古・至於滅種而不難・何也・彼不自知有自主之權・甘爲犬馬奴隸瓜分之後・外人亦將以犬馬而烹殺之・奴隸而箠辱之・永無再見天日・種賤必弱・種困必亡・紅黑人種之之將絕・其前轍矣・乃自政變以後・練兵籌餉日以防家賊漢奸爲事・而國民乃大悟曰・悟民納租稅盡忠義以事其上・不敢有二心・今乃以吾爲賊爲奸・將何所託庇乎・且即託庇焉・亦不足恃也・彼旅大廣龍之民・曷嘗不翹首北向曰・庶其救我・然而僞政府則鬻之敵矣・且夫輔之以淫擄婦女・轟斃士民・佔奪家室・橫戮無辜・焚燒村鎭・以爲靖定難民・以媚敵矣・國民其奈之何・此眞所謂與民爲仇讎也・然而人人有自主之權，各伸其自主之權以自保・未有不能保者・各盡其自主之權以自救・有不可救者・何必强希望於不能保我不能救我者・而求爲之保我救我乎・且即不能自保自救・但得稍伸其自主之權而死・猶勝於爲犬馬奴隸而生爲萬萬也・僞政府之技倆可無庸爲所愚矣・政變後此論大起民智之開此其二・

三曰・知忠君・西人謂中國無忠君愛國之心・其民雖多不足畏・其國雖大不足憂・誠哉言乎・然其原因則有數者・一則上無恩澤於民・上所求於民者・完稅納糧不爲盜而已・

無所謂政治・無所謂教育・上下相親者少・二則民無自治之力・民所求於上者・食租衣稅無騷擾而已・無進步之思・無參議之志・上下相通者少・三則秦漢以來・君驕臣諂・有立功名取富貴之念者・乃始折節用世・至於民則君門萬里・有畢世不見君王之面者・四則秦漢以後・凡據有中夏者・皆因循苟活・無大略遠志・祇圖國內無事・百姓馴服・爲子孫之謀・五則自以八股取士・上以牢籠人才爲主・下以躐取爵祿爲志・上下各圖其私・曾無至誠之相結・其所謂君臣者・空文耳・虛名耳・

夫以此五者之故・君不知有臣民・臣民不知有君・如以無情無緒之人・演爲一部有情有緒之活劇於舞臺之上，安所知忠君之義哉・仁哉・我皇上也・爲救四萬萬人而行新政・爲行新政而受幽囚・如父母爲顧復赤子而受風霜・朋友爲報知已而捨身命・深仁厚澤・曠古無倫・讀戊戌四月以至八月力行新政之詔・凡在士民・無不感激零涕・誓粉身碎骨以報我皇上者也・是以今年萬壽聖節・乃遠而至數萬里外留寓之華人・若南洋日本美洲數十埠・莫不舉行慶典・北首叩安・並電達總理衙門・恭賀聖壽・又請皇上親政以慰兆民之望・以安中外之心・東西人士觀於其埠者・莫不拍手歡躍・恭致頌辭・助我華人之祝皇上・且驚嘆吾華人愛君之忱・何前數十年而不見・而今日乃如是之悱惻也・嗚呼・孰知我華人之有君・始於今之皇上乎・中國之知忠君者・始於今之華人乎・皇上文明蒙難・羑里同符・然而我國民誓所以維持之・復推行其變法自强之意者・將大有所在・政變後此論大起民智之開・此其三・

歐榘甲曰・凡國之將强也・必先有仁人君子爲國家犧牲者焉・猶嚴冬大雪・萬物皆白・而後春陽溫溫・草木勾萌發達也・苦雨淒風連月不開・而後日光融融山川列錦錯繡也・當歐洲百餘年前革命之慘，至於血河頭山・然而其文明之度・即以此而大增・日本浮浪之起・殉難者無數・然而變法三十年・其文明進步即可與歐美並列・然則我中國之戊戌政變・謂文明之運將至亞洲大陸・而先爲嚴冬苦雨焉可也・同胞君子・其勉爲國家犧牲・以造後來春陽溫溫日光融融之世界焉可也・

春秋公法自序

嗚呼・自聖師孔子卒後・至今二千三百七十五百・榘甲乃獲南海先生之緒論・稍通春秋之義・知天之生孔子也・爲神明聖王・不治一國而治萬國・不教一世而教萬世・竊推其意・輯春秋公法數卷・爰系之以辭曰・上古之世・鳥獸與人爭・近古之世・人乃與其類爭・其爭也或以國殊・或以種殊・或以族殊・或以教殊・瑕釁倏搆則骴骨燒飛於烟塵・膏血濺灑於冥海・一鎗之力・彝數十人焉・一分之時殲數十萬人焉・於是昔之設險守國者・變而爲海外有截・海外有截・易而爲從天而降・自奧京維也納之盟・而大地無城・專事砲臺鐵艦矣・邇迺飛車氣球之器萌芽迭出卒有猜怨・則將御風而鬬・否則乘飛輪於上・而暗投爆藥於下・宮室人民・悉爲灰燼・天地日月淪於霾黑世界誰爲塵土・因果互化塵沙・殺人之器日益精・害人之心日益險・生人之禍亦愈烈・視昔之伏尸百萬・流血漂杵者尚倍蓰不可僂數・彼天心何其不仁

哉・豈民旣庶且繁・非有戰禍以芟彝之無以爲尾閭之洩歟・無他・數十國爭霸之君・縱其開疆拓土之欲・數十國爭霸之臣・逢其君開疆拓土之意・遂乃芻狗百姓・菹醢衆生・彈腥鐵血・淬穢於太虛・雄鬼游魂・泣訴於眞宰・逆乾坤好生之仁・蹈野蠻相戕之俗・通全球計之每歲學校之費・恒不敵兵械之費・每洲製火葯炸葯之人・恒十倍於傳教之人・雖今日未有變動・而列國鷹瞵虎視・狠跂鯨吞・相顧欲先發難於東方・全球之糜爛可翹足而待・何啻火山之將爆裂・天柱之將折絕也・

孟子謂率土地食人肉・罪不容於死・殘賊謂之一夫 辟土地充府庫・今謂良臣・古謂民賊・嗚呼・震旦不靈・坐受削弱痛何言矣・而數十國之君若臣・顧處心積慮・以爭城爭地・殺人父兄・塗人肝腦・紀爲一代盛事・以春秋之法律之・此皆不免於獨夫民賊之誅者也・春秋愛民・故惡戰惡火攻・春秋孫亡繼絕・故善救鄰・善保小・惡滅國・春秋弭兵・故善同會・惡逃會・惡不合羣・春秋貴自立・故惡棄民以取亡・先自正故惡無義而爲利・春秋天下爲公・故譏世卿而選賢與能・春秋有分土・無分民・故仁德廣被・無一夫不得其所・然而大地之運・由野蠻而入敎化・由敎化而進文明・故昔之閉關自守者・今則洞開其門戶・昔之仇讎相視者・今則揖讓而往來・而春秋則有三世之義據亂世以力勝・昇平世以智勝・太平世以仁勝・力勝固內其國而外諸夏・智勝固內諸夏而外彝狄・仁勝・故天下大小遠近若一・講信修睦之事起・爭奪相殺之患泯・環球諸國・能推春秋之義以行之・庶幾我孔子大同大順之治哉・故曰・春秋者萬國之公政・實萬國之公法也・

歐西羣雄角立・器械新美・戰事之興・視中土尤烈焉・果魯西士虎哥惠頓之倫・憫然憂之・著爲公法・以保弱小・而貶强暴・瑞士諸小國・至今存者・實是賴之・而美之總統・出於律師者過半・仁言之利溥哉・然無權制作・立語依違・尊重利權・不當義則・而重洋遠隔・末由通春秋之旨・懷志芳芬・而陳義麤觕・丁韙良氏・乃以左氏集中國公法・豈知本哉・

然而通商數十載・交涉之事・轇轕萬端・中土乘軺車者・於彼中公法・猶未能通焉・將辱國而未有已也・春秋爲萬國公法・吾士夫尙昧然・遑論他族乎・榘甲竊私憂過計，以爲春秋之義不明・孔子之仁不善於天下・環球之民・將無所託命・爰大明之・以告萬國之君若臣・無爲率土地食人肉・甘棄民以坐亡・蹈春秋孟子之所誅・蒙獨夫民賊之惡諡・知我罪我・所不辭焉・抑又聞日本之變政也・專譯泰西政治公法諸書・上下通習・內治日新・外侮不入・則吾中土之欲事維新者・宜劬精於公法何如也・寰內公師・其必有以敎我矣・

泰晤士報論德據膠州事書後

丁酉冬十月德敎士之旅山東者・不戒於盜・彼海軍聞之・據我膠州・我已不能戰・又恐蹈遼東之轍・于是所求六款皆許・列國乃大集其戰艦于東方・將乘我之危而深爲利・我內外上下・皇皇有懼心・而罔知所從也・有識者乃商外交之策・歐榘甲聞之曰・外交其宜哉・家與家交・國與國交・

無交不可以成國也・然而我之軺車遊於歐美者・未嘗絕也・購軍械於德・請教習於德與我未嘗有遺言者惟德・若英者許我通商之利・尤為諸國冠・我之用赫德・為我成一事・即為彼興一利・是以我為外府者也・乃僅二教士為盜所戕・遂據脅割我地・泰晤士且從而揚之曰・虐殺教士・諸國當以此處置中國・顏面倏更・若逢魍魎・狂嗥之犬・迎人唁唁・竟悍然不顧公法為何若者・何哉・歐榘甲曰今豈太平世哉・彼獨夫民賊・旦旦費無量數之金錢・以製造殺人之器・旦旦竭無量數之魂靈營血・以精求殺人之術・橫噬之虎・豈有顧哉・以平等仁愛之說律之・乃皆彼教之大罪人也・嗚呼・耶氏其無知則已・若有知也・其哀恫哉・

然而瓜分之圖懸于議院者數年・股份之票・售于倫敦者逾歲・刀俎環伺・而飲啄如故・不必有事焉・已逐逐於杯羹之分・況與以可乘之隙・彼之來・我自取也・自取如何・曰無教也・何謂無教・我有教不能自明其教也・且彼焉知教哉・知可以取人國之具而已矣・德俾斯麥倡瓜分中國之議五年以來各國報館皆直言不諱近更日日言之矣 故嘗論之曰・今之滅國不以兵其以商以教矣・何也・其於商也・可以把持人國之利權無不至・扼虐人國之生命者無不為・稍有不得・輒肆咧脅・彼國不堪・激動大變・逐藉口保護商務因大學而墟之矣・考萬國公報百八册近德國諸報以據膠為欲擴充商務並不言因報事而諸國皆謂宜整頓商務蓋以瓜分中國為整頓也・ 彼其教之于教也・欲據人之土地・覬人之虛實・必深入其阻・徧設學堂・强舍不舍・衆流不擇・廣收遂淆・于是污穢不齒于鄉里者・盜賊之逃于法外者・豪惡游惰・無所容其身者・歸之如不流・萃之為淵藪而教士固不知・從而招之・其民之欲剸刃于汙穢豪惡游惰之身者・積不可忍・一旦燎原焚石・無端而及之矣・見時務報五十期譯國民新報云今中國有德教士殺死之事雖為盜殺實亦由於教士自履危地之故素來奉基督教者輒為世之異教所嫌忌蓋因此教每欲强行挾制未免稍用權力彼身為教士有豈可漫不加省云云・ 彼非欲害教士也・惡其庇我仇耳・然而欲據之土地・覬人之虛實者・據是以為辭・則大呼之曰・殺我教士・殺我教士・遂乃要挾巨欵・橫戮無辜・猶未已也・則因而剖之封之・彼豈有愛于教士哉・不過以為端而據人之土地・必為萬國所詬誶・亦為彼國所不服・知彼國之民・自有所奉之教必不與吾教相附也・西人李佳白有民教相安論 使吾教士庇其從我者・則從我者或藉端生事・其民不能支・其教禍・乃起・而殺教士之名・又為九州萬國所深惡痛絕・于是不汝瑕疵・遂其大欲矣・

夫耶氏以死救人・十三傳弟子皆死於教・彼固以教為主・死固非所惡也・呂氏春秋牛缺者上地之次儒也為盜所殺傳教而遇禍者吾儒有之周秦時尤多 紅十字軍・爭戰數百年・彝戮數百萬・彼教追思之・猶以為大恫・況乎戕于盜・於人無與哉・且彼所據為辭者・虐害彼民耳・夫吾華人之客於歐米諸國之屬土者或受土人之苛虐以死也・無量數矣・受有司之苛禁竄逐也・無量數矣・彼自以為文明之國而猶若是・顧責我中國哉・且其來中國者・則優游以嬉・吾至彼都者・則苛例百端・比例觀之・孰寬孰虐哉・夫二三教士刑數十無辜之人以償之・羅數萬之款以恤之・斯已過矣・而必據人之土地而後快心哉・且得人之土地・於教士何益焉・不得人之土地・於教士何損焉・乃以蕩人之疆土・奴人之人民・盡尸諸教士之身・且曰・諸國當以此處置中國・吾恐彼教士不任受也・吾不意彼教士以勸善敬天之軀・竟為彼獨夫民賊・借為鯨吞蠶食之具・吾哀夫教士為彼獨夫民賊所愚而不悟也・惡夫獨夫民賊之用教士計之狡也・嘗憤言曰・昔惡

兵者・率土地而食人肉・今諸國之託教者・率人肉而食土地・嗟乎・彼教士倡太平之會・倡弭兵之會・其心天下共見之・豈辟土地充庫府之良臣・所能誣之哉・而其敢於誣之以爲利者・豈不以不自爲政之中國有以致之哉・

夫中國之教案也・通商以來・無歲無之矣・大者革州縣命官・羈封疆大吏以媚之・小者鹹亡命・建教堂・張嚴旨以安之・當其時也・天子宵旰・寢不安席・朝貴大吏・惴惴憂開釁・彼公使則拍案擲杯・或哂笑不答・或徑去不辭・或往見不納・此瘉伈俔・彼瘉驕悖・末如之何也・未幾彼之要挾已足・留瑣瑣者不堅執以示轉圜・而事乃稍稍定・大吏於是乎面有人色・蓋束手無策者久之・苟幸而至於一旦也・夫以國辱種種・臣辱種種・民辱種種・幸而事定・正宜亟籌良法・止後車於將覆・徹桑土之未陰矣・乃酣嬉笑傲・慶幸無事・起則復伈俔・定則復慶幸・而國家每一事起・或費一巨帑・或開一租界以爲常・遂乃至於今日矣・謂之自取・誰曰不然・誰曰不然・

或者曰・我弱彼强・彼且日修其可以取人國之具・吾雖備焉・不能禦也・且煌煌天語・有復如此者・以光緒十七年之案辦理・亦可謂廟算無遺矣・曰・廟慮誠深遠也・然十七年之覆轍不遠・而去冬之後軌仍遒・毋亦時局變易・而未有據以上聞者耶・且如此守舊而不變民無不善惡・即不能無藉端生事者・苟或因之起大釁・召焚燬・固非中國之福・恐非教士之所樂聞也・嘗昧昧思之・有二策焉・

一曰・禍亂之興・由於人心之不明・今大明吾孔子之經義・准各省各州各縣各市鎮各村落遍立孔子教堂・遍立孔子教會・（或疑立教堂教會今無款不能辦不知中國淫寺淫祠遍地皆是易其大者爲大教會其小者爲小教會不煩而事舉矣且寺祠之租業有至數萬者各省淫寺淫祠至少之數必有數十過於書院遠矣若皆改爲學堂舖修薪水皆不須別籌而自足何善加之）懸孔子及諸賢之像・子庚子拜經之日・衣冠瞻拜・行孔子之禮・歌孔子之樂・發揚孔子之大道・各以傳孔子聖教自誓・其有善堂醫院囚獄・皆令講生入其中・日誦聖經以教之・以生其善心・使知天下之大・萬民之衆・無一不受孔子之澤・無教不受孔子之範圍・不傳孔教・即自絕于天・不知聖澤・即自忘其本・其有高深義理・則作爲淺近俗話之書以明之・遍送山農野老・婦人孺子・則人人知飲食衣服・宮室倫理・知覺運動・莫不出于生民未有之孔子・（說苑建本今夫辟地植穀以養生死銳金石雜草葯以攻疾各知構室屋以備暑雨累台榭以避潤溼入知親其親出知尊其君內有男女之別外有朋友之際此聖人德教儒者受之傳之以教誨于後世今夫晚世之惡人反非儒者曰何以儒爲如此人者是非本也可見凡百制度皆出孔子又鹽鐵論儒禮義自孔氏出更可徵二代無徵周禮亡于幽厲今之禮義皆孔子所立也）吾之孔子治天下萬世・仁政大法不可自我而墜地・則皆以傳教自任・且孔子之大也・有教無類・四海皆兄弟・雖日與彼中人士往來・其無詬忌相疾可信也・何至有焚燬之事乎・今夫日揚張其說以爲吾教所不及者・吾且舉一二以明之・（吾有昌教保國議然亦道其略其詳別爲專書矣）以教言之・大易以元統天・春秋以元之氣・正天之端・元者造起天地・天地之始也・（見春秋緯元命苞）吾之所謂天地之始何如也・魂氣無不之・游魂爲變・原始反終・魂爲物本・（詩讖推度災）吾之所謂魂學何如也・在帝左右・知氣在上・吾之所謂永生何如也・方明六崇・神靈變化・吾之所謂陰陽終始何如也・三合後生・天之子也可・吾之所謂人類之祖何如也・至如六經之微言大義・非深通大道者不能明・其罔或聞知・豈足歎怪・而獨乎言上帝言天言天道言誠實・多至不可僂指・彼反以此謂吾教爲未備・眞不知其何心也・

以政言之・議院則吾闢四門・謀及庶人之義也・學校則

吾學塾庠序．國之大事皆出於學之義也．官制則吾尊賢尚功之義．俸制則吾君十卿祿之義．豫算則吾終歲會計之義．游歷則吾巡狩遊方之義．（別有巡歷說）兵制則吾兵出於農之義．凡百制度．莫能出吾孔子春秋經世之外者．且猶麤觕．未能盡用之．以至太平．

以學言之．則大學新民．盛德日新．新學之祖也．風霆流形．萬物怒生．電學之祖也．剛柔摩盪．動靜翕闢．力學之祖也．大明終始．萬物化光．光學之祖也．大德曰生．往哉生生．素成胎教．生理學之祖也．盡已性人性物性．仁民愛物．人類學物類學之祖也．（泰西諸學中人皆有考其與中國諸子相合者故不詳）然則吾教王制法義理．以俟萬世者無不重規疊矩．（時務報五十一册譯英國亞細亞洲四季報中國居恒推崇孔教鄙西學爲不足道又墨守孔學士子凡西國技藝必力爭爲大書所無夫吾孔學爲陋儒割棄已盡何怪于彼云云乎）子思子所謂天覆地載．凡有血氣．莫不尊親者歟．莊子所謂配神明．醇天地．育萬物．和天下．六通四闢．無乎不在者歟．

然自僞學訓詁．宋儒寡過．經籍道息．大義不明．其國已即於弱．不免割地棄民之事．教亦日即於削．并爲割地剗義之謀．因佛氏之言心性．則攻心性矣．因佛氏之言靈魂．則攻靈魂矣．因諸子之言天．則攻天矣．因泰西之政治工藝．有合於吾經義．則攻工藝政治爲西法矣．如世家祖父．廣置良田美產．子孫愚昧失其劵．沒其界．鄰人哀而告之．子孫且諱焉吾祖父無是也．夫吾孔子爲後世之立良法美義也．乃爲拘儒盡割棄焉．不亦可哀也哉．誠設教會教堂遍於天下．則吾君民．莫不尊奉孔子之制．上則推孔子經世之義．以行仁政．下則推孔子義理之學．以作新民．天下已曉然於至教之所歸．豈有鄙毀彼教．而致生大釁者乎．此上策也．

二曰．明吾憲法．修吾律例．不分何教皆一體治法．吾謀國之最謬者莫如以從耶氏者爲教．以不從者爲民．於是有民教相安之說．夫吾民不從耶教．不有所已從之儒教乎．雖或皈依於佛．浸淫於老．惑溺於回．亦不可謂非教也．從儒者爲民．從佛從道回者亦爲民．何獨於從耶氏者．謂之教民乎．已皆有所從之教．皆爲吾民．自彼論之．儒教也．佛教也．耶教也．道教也．回教也．自有國者視之．則皆吾民也．皆吾民．則皆用吾治民之法而已矣．日本之維新也．聽民任從諸教．其所以治之則一．未聞有從誰氏之教．而不受治者．有因從誰氏之教．而庇之異治者．蓋不分教．不分民．已泯其畛域之分．自去乎同異之迹．吾乃法行於民矣．中國雖尊崇儒術．而實則諸教雜蹂然．自六朝以至今日．所以治之．未嘗因民之從誰氏之教．而用其伸屈也．諸民亦相安．而未聞教禍也．乃至於今．而教案乃如蝟起．不可遏抑．其入彼教堂．乃如一小國．其涉於教民．乃如治亂．絲．其故何哉．

一在憲法之未明．憲法不明．則政治不修．政治不修．則民多夭枉．吾有司不能理．則借彼教而理之矣．

一在律例之不平．律例不平．則刑罰不當．刑罰不當．則民多怨慝．彼教士不聽我．則不能治之矣．緣此二端．遂生三患．

一則庇黨之患．一則挾勢之患．一則民教歧視之患．其庇其黨也．不論是非曲直．皆惟其黨是聽．甚至恫喝於有司之庭．則官怨矣．其挾勢也．橫行於鄉曲之間．則民忿矣．民教之歧視也側目於肘腋之際．則不可終日而變生矣．夫使其從彼教者・如僧徒道徒・各相安焉・民之視從彼教者・亦如僧徒道徒・不生外視焉・教士視從其教者・亦如僧徒道徒・苟犯刑辟・付與官論焉・則禍豈有如是之烈哉・而必不能也・何也・吾今之律例・非吾經義與吾祖宗之法・乃承歷代獨夫民賊之私意巧吏奸胥之舞文・嚴酷苛密・不當其平・非有外人之交涉・早宜釐而正之矣・況重以中西律例・輕重之殊懸哉・彼教士不得而從我・宜也・然我能取經義之精・與夫西律之善者・酌而成書・改其不當・訟獄持平・則用我之律・即彼之律・彼雖欲庇焉・亦不可得也・一切交涉之事・可以調劑矣・僅教事哉・

然而憲法者春秋所謂正名分也・明其名分・則人人知權限・盡其所當爲・不敢陷於不可爲・孟子曰・明其政刑・雖大國必畏・政者憲法也・刑者律例也・上修其政・上安其職・則民氣渟然而靜・肫肫而相親愛・雖有乾餱・其無碩鼠・或苟不平則鳴・而吾有律例以聽之・其猶有相異相欺・相難相仇・而釁端疊起者鮮矣・蓋吾以從諸教之民・皆一例視之・皆有憲法以安之・而所以待諸教之民・皆一體治之・皆有律例以定之・彼已無所異於吾民・亦不得挾其勢・而從諸教者・視入彼教與我教同也・則騃視不生・怨毒不作矣・故曰・修憲法律例泯民教之名・而禍不起也・此二策也・

夫廣立教會・大明吾教・使我生民未有之孔子之仁治大法・施於中國・達於天下・上也・明憲法律例之學・宏一世同仁之志量・我已無隙以示彼・彼亦不得乘間以撓吾自主之權・然後次第舉新政・如日本焉・次也・以此言外交・有道哉・有道哉・若此之不圖・而徒欲托强大宇下以自庇焉・餓虎與游・盜跖守宅・豆剖無時・楚漢無虞於鹿逐・鴻飛言志・而勝廣或起於狐鳴・鐘鼎金張・紘歌許史・人間何世・學首愴然・寗獨教禍也歟・寗獨教禍也歟・

潘博

一八七〇年生　一九一六年卒

又名之博・字若海・號弱庵・南海人・從康有爲讀書補諸生・弱冠從戎・習兵略・倜儻瓌奇・爲郎於民政部十餘年・欲立事功・而無所藉手・嘗參蘇督馮國璋幕・又入揚州猛將徐寶山幕・將擁之勤王・鬱伊無成・民國五年卒於香港・年僅四十七・朱彊村輯其遺詩三卷詞一卷・並麥孟華之蛻菴詩詞各一卷合刊爲粵兩生集・其師康有爲爲之序・沈曾植許兩生爲才冠一國云・

國粹學報叙

昔顧亭林先生有言・有亡國・有亡天下・夫等是亡矣・何以有國與天下之分・蓋以易朔者・一家之事・至於禮俗政教・澌滅俱盡・而天下亡矣・夫禮俗政教・固皆自學出者也・必學亡而後禮俗政教迺與俱亡・然則學顧不重耶・

吾中國二千餘年・聖哲之所貽受・諸儒之所傳述・固已炳然若日星矣・雖其間中更衰亂・或至熄滅・然而二三儒生・抱持保守・卒使熄而復明・滅而更熾・故自三代以至今日・雖亡國者以十數計・而天下固未嘗亡也・何也・以其學存也・而今則不然矣・

舉世洶洶・風靡於外域之所傳習・非第以其持之有故・言之成理也・又見其所以施於用者・富强之效・彰彰如是・而內視吾國・萎薾頹朽・不復振起・遂自疑其學爲無用・而

禮俗政教・將一切舍之以從他人・循是以往・吾中國十年後學其復有存者乎・

夫吾中國開化最早・持其學以與外域・較其間或短長得失・則有之矣・而豈謂盡在淘汰之例耶・國之衰也・迺學之不明・而非學之無用・而嚻嚻者・方持是以爲口實・不亦傎哉・嗟乎・國不幸而至於亡・即亦已矣・奈何並其學而亡之・而使天下隨之以亡也・夫一命之士・國亡猶與有責・而況係於天下者乎・然則救亡圖存・抑亦二三君子之責也・

友人鄧君枚子・劉君申叔・因創爲此報・欲以保全吾國一綫之學・其心苦・其力艱・其志卓矣・夫六籍之厄・莫大秦火・漢初諸儒・厥功偉焉・然亦掇拾殘闕而已・非如今日震於十數强國之威・眩於萬有新奇之論・以與吾學競・揚其波者・且方遍天下也・而獨以眇然儒生・支柱其間・不惑不懼・毅然以保全爲己任・嗚呼・天下之不亡・其賴是乎・其賴是乎・

詩曰・風雨如晦・鷄鳴不已・易曰・碩果不食・夫冒學世所不韙・而獨行其志者・烈士之用心也・不必其爲世用・守此以有待者・賢者之所志也・況乎風俗之所積・常起於一二人・持是以爲倡・安見天下無與應者・且將與海內賢哲修明而光大之・甯僅暖暖姝姝封己抱殘而已乎・是則諸君子・爲此之意也・

哀臺灣賦幷序

粵以乙未之年・丙戌之月・安平失守・義軍潰散・自此全臺・遂爲異域・神明之冑・莫保其家門・衣冠之族・遽淪爲左衽・淪胥之慘・更甚南征之軍・塗炭之悲・彌深北遷之虜・雖復魯陽忠壯・難揮倒日之戈・女媧智巧・莫轉補天之石・況聊城之守・將及期年・秦廷之哭・徒聞七日・項藉之八千子弟・莫渡江東・田横之五百軍人・不歸海島・遂使鍾儀君子・戴南冠而見囚・魯連奇士・蹈東海而效死・伊川之髮・駢坒乎閭閻・麥秀之歌・吁嗟乎原壄・三州父子・恨阻隔於關山・五郡兄弟・歎仳離於風月・

嗟乎・珠厓罷漢・事有難言・鶉首賜秦・天胡此醉・已見劫灰之換・空驚海水之飛・玉斧揮而徒勞・金甌缺而莫補・丁令威之歸遼海・應悲城郭之非・陶淵明之賦桃源空訝衣冠之異・聊疏文墨・用誌滄桑・比之杜少陵之感事・不無感憤之詞・庾蘭成之作賦・惟以悲哀爲主・其詞曰・

繄臺灣之肇域・涉重溟而拓疆・惟生番之窟穴・始未闢乎洪荒・自有明之中葉・紛海舶之來航・遂立城而建邑・旋互市而通商・逮鄭氏之驅除・勢遂雄乎竊據・趙陀則黃屋稱尊・徐福則樓船自固・殆康熙之紀年・始敗亡而降附・伊僭僞之平夷・迺我疆而我理・溢地呈王母之圖・納貢有越裳之雉・據險要而建郡縣・相原濕而立城市・商賈誇財富之饒・人士樂山川之美・購詩書而建學校・授耒耜而闢田土・士感不貲之慶・農歌大有之年・里市則笙歌合沓・廛闠則車馬喧闐・極百年之休養・快仁澤之遐宣・

而況地列封圻・官稱開府・北門資萊公之管鑰・南極界伏波之銅柱・庾元規則坐鎮雍容・諸葛亮則指揮容與・方謂鐵壯嚴關・蒼生安堵・遠人則方事懷柔・內地則藉資鎮撫・

豈知天驚玉弩・地缺全甌・克敵尠營平之策・和戎進魏

絳之謀・漫强爭於字・虛棄擲乎連州・遂使黠虜憑陵・義軍解體・殷墟動微子之吟・伊川下辛有之涕・昔之柳市豪民・烏衣舊族・莫不秣馬厲徒・崩車折轂・伍員有失路之悲・阮藉甚窮途之哭・已焉哉・天運難回・民生可哀・憶芒芒之故土・感鬱鬱之殘灰・混冠裳于鱗介・委禮樂于蒿萊・託短篇而抒憤・累矯首而徘徊・

馮　愿

一八七〇年生
一九四三年卒

字侗若・南海人・光緒二十三年丁酉舉人・以內閣中書回籍・聘主兩廣學務處・編輯官書・擢圖書科長・兼廣雅書局坐辦・創辦廣東圖書館爲總務長・兼粵海關科長・生平善書法・歷充教職・民國三十二年卒・遺著有獧齋叢鈔・獨抱室經說・孝經實踐錄・

廣東圖書館目序代

民國成立之元年・海宇奠定・兵散於農・士聚於學・於時政通人和・百廢具舉・而廣東圖書館以其年六月告成・圖書館者・蓋城南南園故址・初消之季年・張之洞來督廣州・拓南園地爲廣雅書局・又於城之西偏築廣雅書院・院藏典籍甚富・歲庚戌・提學沈曾桐擬就書局開圖書館・移院籍實之・未成・而沈去・繼之者爲秦樹聲又未成・而革命事起・方事之殷也・都督胡公慮古籍之散亡・檄余保守之・慨禮樂之陵遲・兼兵戎之蹂躪・澤地汙萊・日滋蕪穢・某爲掃除之完緝之・半歲而始就緒・復董率員司・抱殘守闕・整理之・編輯之・又半歲而始蒇事・舉凡舊儲者・新購者・移置者・捐贈者・都爲卷十萬　千　百有奇・仍四部之例・編爲目錄卷・大抵天地之極致・聖賢之高道・生人之紀律・百家之技能・盡在是矣・

錄成・乃序而論之曰・在昔孔子觀書周室・就問於老聃・聃曾爲周藏史・簿錄之學・其濫觴於此乎・嬴秦暴虐・焚滅詩書馬跡蛛絲十不存一・漢興除挾書之律廣獻書之路・於是金馬石渠蘭聖臺東觀・紛然並作・作者之數・蓋云盛矣・

然而四部之名・昉於荀勗・中經秘書所藏一萬九千九百四十有五卷・宋齊梁隋間代有增益・迄於有唐開元・著錄凡五萬三千九百一十五卷・趙宋繼作・倣開元四部爲崇文總目續・人爲秘書總目・都凡爲卷七萬三千八百八十有七・祕府所藏・號爲最備・然以今日圖書館比而觀之・或相倍蓰・或相什伯・信乎開元崇文不能專美於前矣・

抑吾聞之・漢唐以來・藏書之府・皆屬中祕・非躋清要者・不得讀其書・軸以琉璃・覆以錦帕・美則美矣・然而讀之者難・是何異韞珠於櫝・藏玉於山也哉・古者懸書象魏・凡人民皆得讀之・周禮在魯餘風未改・今泰東西各國・競尚藏書・圖書之館・多至千數百所・藏之書多至十數萬・而每歲閱書人數與藏書冊數恆數倍之・是以教育普及・自學士丈夫以至輿臺隸卒販夫販婦・莫不知學・蓋稟稟有吾國三代之遺風乎・前清乾嘉之世・特命儒臣開四庫館・錄其副者・庋藏直省・於杭則有文瀾・於鎭則有文宗・於揚則有文滙・並許寒畯就閣鈔讀・以故方聞之彥・皆出其中・嶺表人才・不逮江浙者・無此故也・

大官府既無藏書・而私家秘藏・又往往不輕以示人・其

甚者不數傳而散亡・流落於狙獪・嗜學者得其一二・竊其歲月・手自傳鈔・然而用力者多・而收效者寡・良可慨也・若茲所藏・雖不敢誇張美富・然搜集叢殘・網羅遺佚・尉爲巨觀・而又官司典守・永矢勿替・行見鴻儒碩彥・繼踵而興・語曰・優而柔之・使自求之・饜而飫之・使自趨之・而今而後・吾粵承學之士・不患欲讀無書矣・他日有愛於粵人者・廣而允之・尤某之所樂聞也・其諸大雅君子或不棄余歟。

廖平子 一八七〇年生 一九四三年卒

原名堅・字蘋庵・又號任肩・順德人・光緒二十七八年與王軍演黃節盧信等鼓吹民族主義。時投稿於革命機關之香港中國日報・三十三年加入同盟會・是歲東渡日本留學・發行大江月報・民國成立・爲稽勳局審議員・先後主持花埭孤兒院及上海精武體育會・十九年・任中央黨史史科編纂會編纂・二十一年該會改組・由南京返粵・居鄉以耕桑爲活・二十七年・日寇侵粵・避地澳門・以自作詩文繪畫・發行抗戰史詩之半月刊・名曰淹留・自繕自繪・自行釘裝郵寄・以筆金爲活・出至四十期易名天風・復出至十四期而止・三十年・日寇陷港・澳門勢危・決計回鄉・途中見孤兒遭日兵蹂躪・惻然動念・乃與同邑周之楨冒險入順德陷區・搶救難童四百餘人・陳請中央賑務委員會撥款救助・未如所請・幸賴地方官接應・遂送至廣寧縣江谷墟教養・翌年挈眷入曲江・僑務會委員長陳樹人聞其困頓・請政府・給予救濟費二千元・粵省當局亦贈予千元・平子以授受無名・卻之・奈以家用乏絕・又再賣文・重發刊一種抗戰詩文之半月刊・名曰予心・僅至五期竟成絕筆・三十二年病卒・無以爲殮・由政府給予殯葬・平子品格高潔・不受人憐・工詩古文辭・著作甚富・積詩數千首・幾經變亂・存者無多・其抗戰史詩・極寫粵省遭倭寇肆虐慘狀・繪聲繪影・足以驚天地而

泣鬼神・遺著有尺素書・南宋亡國演義・帝女花・詩歌從軍樂・

美洲各埠歡迎總理籌款事略

總理親蒞美洲凡三次・皆所以經營革命事業也・然迄第三次・乃獲當地華僑之歡迎・不似從前之冷落・所以然者・一・僑胞漸明種族大勢・知非革命不可以圖存・二・保皇黨誘惑僑胞之詭計・逐漸破露・羣悉康有爲輩之不足靠・三・總理此時已投身三合會・同盟會與致公堂正式合併・感情毋復隔閡也・於是總理所至之處・無不備受僑胞歡迎・辛亥五月・美洲大埠致公堂既已將　總理尅期出發北美各埠籌款之事佈告・各處同志於是萬衆一心・爭相努力・總理駕發後・所到之處・當地同志即將事實向大埠致公堂報告・計所報告如下・士得頓函云・孫公逸仙・偕趙君昱・張君藹蘊抵士得頓Stockton埠・致公堂同志備自由車往站迎接・先到公堂稍憩・該埠萃勝堂開週月紀念・併歡迎孫公大會・是晚席上演說・先由主席宣佈開會宗旨・隨請張藹蘊君演說・大意述清政府壓制漢人之苦・次請趙昱君演說・大意述外國欺凌中國之苦・末請孫公演說・大意謂堂號有合羣之性質・有保護同羣抵抗外侮之勇敢・更宜本其愛羣之心・以愛四萬萬之同胞・本其抵抗外侮之心・以抵抗異族專制政府・演畢・鼓掌之聲不絕・次日・乘車往渴市地臣演說矣・埃崙頓Isleton云・孫公逸仙抵埃崙頓埠・該埠洪門手足廿餘人親到碼頭歡迎・萬崙・活梧兩埠同志先到該埠候駕・汪古路亦發電話邀請・即午開茶會於該埠會新樓・接見各同志・大有應接不暇

之勢・是晚七點半鐘・在致公堂演說・附近園口紛紛到聽・座爲之滿・先由主席宣佈開會理由・次請孫公演說・發揮三民主義・及革命難易問題・末由黃芸蘇・張藹蘊二君繼續演講革命爲國民之義務・同心協力之易成功・不革命之招瓜分・演說畢・座中熱心志士多願擔任勸捐軍費値理・人心踴躍・可見一斑・次午・會讌畢・即乘自由車往汪古魯矣・

葛崙 Courtland 函云・葛崙同盟會開幕・並歡迎孫先生・瀕行時・全埠梓里請宴・備極熱烈・可見該埠全體之趨向革命矣・由葛崙至活吾埠・經一度演說・至二埠同盟會本決定某日開週年紀念・並歡迎孫先生會・後因各團體輪流歡迎・爭先恐後・甚至一日赴歡迎會數次者・同盟會爲之改期・二埠之人心・又可概見矣・二埠同盟會開會・後於各團體・假座會燕樓・先由會長搖鈴靜場・宣佈開會宗旨・張藹蘊君演說・大意謂各國革命・以致富强者・不可勝數・而印度・高麗・安南等不早振奮・遂爲奴隸・吾人當及早爲計等語・隨請孫先生演說革命免瓜分問題・革命難易問題・兼痛論革命流血之少・而不革命遭清政府有形或無形之殺戮・流血之多・何止百數十倍・時座爲之滿・聽者鼓掌不已・繼以頓足・演畢・歡呼而散・

葛崙 Portlond 函云・革命首領孫逸仙先生與黃芸蘇君駕抵葛崙・致公堂備車歡迎・先到致公堂稍憩・隨往拜客・各同胞相見甚歡・在西人亞倫可跳舞堂演說・聽者五百餘人・爲埠中空前之大會集・先由致公堂總理宣佈開會宗旨・隨請芸蘇演說・專發揮種族問體・略謂・多數文明智種貼服於少數野蠻賤種・爲古今萬國所無之恥辱云云・次請孫先生演說・痛陳亡國之悲慘・及革命之利益・略謂・美國之如此富强・亦革命之良好結果・而華人且其賜・以美國之革命・尚可以利及華人・吾國內地之蘊蓄・地皮之生產・皆勝於美・倘吾中國能革命・開浚財源・到其時美人且往中國覓食・吾人尚何須作外人籬下之寄耶・云云・每次演畢・鼓掌吹口哨之聲・震動簷壁・可謂盛矣・現本埠華人多往魚濕・留埠者不過千人・而聽者竟達五百過外・若各魚濕收工・人數不止三千・其踴躍情形・當加倍蓰・是晚致公堂請宴後・復在該處演說・我同胞之歡迎革命可想矣・

舍路 Seatle 函云・本埠自革命領袖孫先生與黃芸蘇君到演說後・人心傾向革命・如水就下・即平時最不喜談革命者・至今亦連聲諾諾・以革命事業爲救國之唯一上策・復連演說兩次・孫先生將歷年革命之歷史・及將來革命之方法・解釋無遺・聽者均爲感動・且擔任力助革命事業・以期速成・是日致公堂請宴・到者六十餘人・席上演說後・次日各商店復請宴・賓主一堂・更形熱鬧・

士卜頃 Spokone 函云・今年來本埠同胞・無論農・工・商界・皆熱心趨於革命之途・捐款尤以工人爲多・且有無工棲身・而借債捐助者・人心足見一斑矣・

抓李抓罅 Walla wallu 函云・革黨領袖孫逸仙與黃芸蘇先生駕臨本埠・各商家備車多乘・到站迎迓・且備宴洗塵・賓主甚歡・連晚開演說會・一般老農老圃均輟耕來聽・孫先生以保皇比之孝敬仇敵・革命譬之孝敬父母・聽者於革命保皇之是非・始豁然領悟・無不歡忭鼓舞・擔任贊助革命事業・

廖平子

惡頓Ogden函云・孫逸仙・黃芸蘇君由卜罅抵本埠・洪門各手足赴站迎迓・先到公堂小駐・翌日會見各手足・晚間演說・西人聞其事・亦踴躍觀聽・且盛稱其事・蓋本埠皆有西報訪員也・隨迭接李糯及委林麥同胞函電多次・催促孫・黃兩君先到該埠・然後他往・二君以其意識・已允之矣・

卡臣斯地Carssn City函云・六月十六日・孫先生抵本埠・公堂手足竭誠歡迎・一點鐘・在公堂演說革命眞理・聽者滿座・踴躍非常・先生以埠多路長・勾留一日・即晚返李糯・同胞間有爲工羈身・不及一瞻豐采・無不歎息・自茲以後・雖平日反對革命者・亦轉而歸化・人心大有可爲也・

李糯Reno函云・孫逸仙先生偕黃芸蘇君駕抵本埠・致公堂手足與同盟會會員・預先往車站候迎・同到哥路頓大旅館憩息・翌朝・各同志備自由車數輛・到旅館迎往公堂聚會・少頃・隨往各商店拜客・各商家歡迎之色・達於眉宇・大有相見恨晚之概・下午三點鐘・本埠市長鼇非路及警察長昃到訪・嗣與各同志・各商家同乘自由車・週遊本埠名勝・至晚六點鐘・設西餐以爲歡宴・中西來賓滿堂・席次・各西報訪員次第探問中國情形・

波士頓Borton函云・革命領袖孫君演說員黃芸蘇君駕臨本埠・埠商到站迎迓・該埠除少數熱中革命外・餘均屬保皇黨・是晚在保皇會所演說・壁間有懸掛者・盡係保皇黨員照像・不下百數十幅・每幅必以滿清皇帝載恬之像冠其上・且題保救大清光緒皇帝字樣・孫先生見之・大生種族觀念・知彼等無知・爲康・梁・徐等所賣・即將種族主義・痛加發

揮・良心尙在者・正若一棒當頭・豁然省悟・而一般死心大清皇帝者・聆排滿之論・大爲不悅・孫先生以彼等奴根牢不可拔・益痛責之・彼等垂頭喪氣・目瞪口呆・乘機遁去・嗚呼・

按總理當日所定路程・本不祇此・在途三閱月・忽聞武昌起義之訊・喜極・不遑他顧・由墾士斯地Konsas City直往紐約New York辦理外交不復依照原定路程・而籌款之事・倂專託張藹蘊・黃芸蘇・趙昱三人主持・而三人亦能繼續努力・卒集鉅款云・

孫總理三度遊美事略

總理爲擴張黨勢・及募集款項・前後凡三度遊美・第一次爲丙申歲（清光緒二十二年）・是時因乙未革命失敗・知非向有團體有主義之人說其合作・必不爲功・美洲三合會至衆・其主義爲反淸復明・與革命宗旨合・遠渡太平洋・實本此意・其行程由檀香山抵舊金山・登岸後・乘火車橫過・美洲大陸・以達太平洋西岸之紐約・沿途經沙加緬度・芝加古各城市・所到之處・或留數日・或留十數日・向各華僑殷勤開導・演說革命救國・及異族如何苛待・痛快淋漓・詎言者諄諄・聽者藐藐・此中蓋有原因・一則總理雖爲革命發起人・但此時尙未正式加入三合會・華僑門戶之見頗深・對於會外人不肯幫忙・二・三合會雖以反淸復明爲主義・但不過有其名・於革命兩字・實未嘗洞曉・又以識字者少・不能銳入・演說者口如懸河・亦苦柄鑿不相入・總理知其如此・遂居留四閱月・即行捨去・轉赴倫敦・而有使館被囚之事・使

館被囚另爲一事・茲不具錄・

第二次遊美・爲甲辰春間・總理鑒於前度遊美之無成績也・知非聯絡洪門・不足以增加勢力・乃從其舅氏楊文納之勸告・毅然加入三合會・於是一躍而爲洪棍矣・然雖加入三合會・抵舊金山時・仍不免保皇黨之構陷・蓋保皇黨此時正入寇三合會・懼總理之來而發其覆・乃用先發制人之策・使同黨之稅關譯員・阻勿登岸・向三藩市移民局攻訐・謂所持護照乃僞造者・移民局遽信其言・將總理禁於烟治埃倫木屋者一日・卒由美國致公堂總會總理黃三德・大同日報總理唐瓊昌等援助・以五千元保出候訊・遂乃無事・總理此次遊美・漸趨活動・在檀香山組設檀山新報・後改名民生日報・在舊金山設大同日報・皆伸張革命主義・力與保皇黨各機關報宣戰・其成績最著者・莫如遊歷各埠・鼓吹洪門總註册・蓋美洲華僑・屬致公堂黨籍者・佔十之八九・除舊金山總堂外・各埠設立分會者・尚有百數十處・惟分堂對於總堂・向少聯絡・團體日渙・威信漸失・加以洪門重要職員・多染保皇餘毒・忘却反淸復明面目・非重行註册・實事聯絡不可・於是手訂致公堂新章程凡八十條・章程八十條已散各刋物・又非本篇主體・故不錄・此八十條章程・尚能實行・凡洪門會員・皆須一律繳納註册費・全美致公堂會友逾十萬人・此項收入・爲數不貲・大可供給內地革命軍之用・此議經舊金山總堂贊成・並推舉總理及黃三德遍遊南北東西百數十埠・勸告各洪門人士・實行反淸復明・及總註册之利益・奈此時洪門各會員・尚多不明瞭革命大勢・對於註册一事・陽奉陰違・延不舉辦・遂成畫餅・然册之事雖不成・經此一番提撕警覺・其影響殊非淺鮮也・此次總理留美四閱月・以效果尚少・旋以黨事委於黃三德・唐瓊昌等・而有歐洲之行・

第三次爲辛亥春間・當時總理既爲同盟會首領・又取得三合會紅棍資格故・此次遊美・聲勢異常浩大・至其主旨・則爲合同盟會・三合會於一爐而冶・並籌募巨款・以爲革命之用也・抵岸後・同盟會致公堂・皆分張布告其布告如下・

洪門爲中國提倡排滿革命之元祖・而大埠致公總堂之改良新章・更與本會三民宗旨相合・原可互相提携・共圖進取・惟洪門內容含有秘密性質・而本會會員尚多未入洪門者・故不免窒礙・今得孫總理駕抵金山・主張聯合・而致公總堂事開特別會・以招納本會會員之未入洪門者・本會集議・全體贊成・特此布告・各埠會員一體遵照・以成大羣・合大力而共圖光復之大業・是爲幸望・天運辛亥年五月廿二日・三藩市中國同盟會啓・

孫文大哥痛祖國沉淪・抱革命眞理・遍遊五洲・駕抵金山・與衆義兄聚集・倡議與同盟會聯合・結大團體匡扶革命事業・同盟會員熱心祖國・全體公認・其未進洪門者・一律入圍・聯成一氣・本總堂叔父大佬義兄等・備極歡迎・開特別歡迎之禮・以示優遇・盡釋從前門戶之分別・冀將來光復之偉業・掃虜廷專制惡毒・復漢家自由幸福・凡我洪門人士・一體知悉・須知招納天下英才・本總堂之主義・特此布告・統爲鑒照・天運辛亥年五月××日・美洲大埠致公總堂啓・同盟會與致公堂聯合後・於是同立在一條戰線・爲革命事業・其第一級即向各處募款・策應內地各同志・蓋値三月廿九黃花崗一役之後・各處革命潮・奔騰澎湃一日千里也・

於是總理親自出發・與張藹藴・黃芸蘇・趙昱等・周遊各埠・當時致公總堂派員遊埠演說・籌餉布告云・

本總堂首次提倡籌餉・爲空前之偉擧・我洪門人士雖羈身海外・而二百六十餘年亡國之慘痛・刻不去懷・今者風雲急矣・時機熟矣・籌餉之議・全體贊成・同肩責任矣・現經印就捐册寄呈各埠・復派演說員兩隊・孫文大哥・黃芸蘇君爲一隊・周流美國之北・張藹藴君・趙昱君爲一隊・周流美國之南・分途遍遊全美・演說勸捐・發揮本堂宗旨・務達實行目的・該員等所到各埠・凡我同志・務祈優禮歡迎・並望各埠職員叔父・鼓勵同胞・慷慨捐助・鉅資麕集・大擧義旗・十代之仇・指日可復・不特我洪門之光・抑亦漢族之幸也・孫文大哥與黃・張・趙三君遊埠演說路程大略・

孫文大哥・黃芸蘇君・於七月初二日動程・先往撥崙・次舍路・士卡頃・抓李抓罅・追加失地・杭定頓・南巴貝士卜忌・爹罅・惡頓・梳力・洛士丙令・剪化・懇士失地・聖藟・士卡古・先仙拿打・必珠卜・保利壓・華盛頓・費路姐化・紐約・乞佛・士炳非・保士頓・保夫盧・企里崙・積彩・乜地慎・勝普・棉答步路・柯未賀・地高打掌慎・積活比令士・笠巴士頓・氣連打・貓失地・委墨林・底利古・李糯至卡慎而還・

張藹藴君・趙昱君・亦同日動程・先往孖寫・次孖且罅・非士那・軒佛・孑打鼇・北加非・汝路士・巴士杰・委林士・夫冷士令・云士路・巴梳・懇寅失地・火活・統痳篤西・聖藟・茵陳答步士・先仙拿打・加杭亞壬・必珠卜・紐約・費路姐化・保利壓・華盛頓・羅利卡杭北亞・士灣拿・昃臣委・墨簡・亞連打・孖敢鼇・比路壓・紐柯連・佈滿・山多寸・把梳・水路花失地・羅珠卜・企粒頓・古磉・片臣・子筍・非匿夭馬・力運・粒巴洗・山班剪打・羅省・山姐姑・篤市拿・山子罅・山地巴罷・杭卜和老比・山藟比市布・市犇打・山古羅司・挖臣委利・山利些・尾利扮・至山多酒而還・北美洲致公總堂啓・

自是而後・每抵一埠・當地致公堂分即向總堂報告・皆言演說員何等熱心・與及捐款者何等踴躍・計總理與黃・張・趙三君・當日購長途車劵・與鐵路公司接洽・限期九閱月・期內依劃定路線・沿途各埠・隨意下車逗留・不得阻止・由辛亥夏歷七月初二動程・甫及三閱月・而武昌革命爆發・翌日・兩路演說籌餉員不期而遇於懇士斯地 Kansas City 美國南部都市・聞武昌起義已得手・不禁大喜・總理於是不復依原定計劃按埠進行・直往紐約辦理外交矣・餘黃・張・趙三君・則仍按路程由懇士斯地而聖藟・而支卡古・而紐約・

黃・張・趙・抵紐約後・關於革命進行・與總理策劃月餘・略覺就緒・總理先赴歐・經南洋羣島・抵香港・然後赴南京・就臨時大總統職・黃・張・趙三君・則承總理命・依原路程返三藩市・而後歸國服務・

自籌餉局布告籌餉員七月出發之後・分道揚鑣・遊埠約五閱月・至十一月杪・趙昱先抵粵・黃魂蘇亦先後抵甯・時臨時政府已成立・總理任臨時大總統已匝月矣・是行也・據籌餉局公佈・進款總數・爲美金一十四萬四千一百三十元四毫一先・皆匯交香港中國日報及金利源店・見美洲金山國民

救濟局籌餉徵言錄・以後則交三藩市中華會館華僑總機關辦理・

此編所述・以第三次遊美爲詳・記者昔隨經理時・恭聆所說・謹憶梗概・餘則本諸張藹蘊同志筆述・併誌於此・平子誌・

天荒畫集序

山頹波立・蛟龍逼辛楚之聲・蓬斷草枯・蛩駏託淒涼之影・人非草木・每愴懷於秋月春風・地號瀟湘・己啓孕作勞人思婦・即斯微意・彌集幽憂・若乃洪荒未闢・孰云崑崙之墟・草昧初成・不辨汀茫之號・誰爲先覺・聖賢實盜賊之尤・倘詔後來・忠孝啓誅殘之漸・蒼蒼無物・而顧曰天・冥冥何常・獨能生鬼・祥風瑞雨・反之則暴澍狂飈・瑞草瓊芝・忽然集凶桑毒槿・春秋所以成物・偏愁怨乎離婁・狂夫桀紂・同是生人・獨被咒於猇言五狺語・檮杌爲不仁之物・結繩者何獨搜羅・山川爲靈氣所鍾・著史者侈言崩竭・大抵一玄已肇・摧殘與諉謗偕來・六爻同占・古凶並悔吝交集・山嶽何常之有・詩人獨愛巉巖・霜雪並非偶然・農父每憎寒冷・

嗟夫・蒼蒼者天耶・而有造化小兒七顛八倒於其間耶・渾渾者地耶・而有巨靈怪物千變萬化於其際耶・九重誰叠・竟如是其高高耶・八柱誰加・竟如是其盤盤耶・女媧煉石・孰爲薪炭而爐竈耶・康回觸隅・孰爲髮膚而頭角耶・日月越宵而再出・雙丸何必間斷耶・星辰同事於一明・五銖何不並體耶・雲霞積爲糺縵・何事於黃牛白馬耶・風雨縱其瀰漫・何更勞嬰兒少女耶・中天無盡・並立者有大人國小人國耶・正色是依・借鑑者有紅色種黑色種耶・忽而揖讓・酒三杯而大寶定耶・忽而征誅・鼓一聲而四海沸耶・麒麟爲毛蟲之長・兆此者何不君耶・熊羆特吃人之獸・夢之者竟稱治耶・典墳邱索・託始於四目之頡耶・凶吉賓嘉・垂訓於一足之夔耶・魑魅魍魎・竟爲宗廟之器耶・龍虎鳥蛇・咸仰戰陣之旌耶・脅肩諂笑・峩冠博帶耶・燕頷鳶肩・破衣單食耶・陶朱百萬・智者不能爭一金耶・人道惡貪・饕餮何不死耶・凡茲疑耿・充斥寸心・秦乏清虛・能安五魄・吾將登天・超然不滓・廓乎有容・可以居猗・

然而强健僑蹻・實乃離恨所集・穹窿仰燾・端覞怨戾畢歸・廣靈臺冷・素娥飛倩女之魂・黃縠庭高・白犬狺封姨之足・靈鰲噴雨而長暄・颶母播威而將返・兔兒搗藥・難瘳織女之愁・璚苑織黃・莫盼仙郎之躅・孟婆赫怒・星斗闌珊・妙鬘無邊・容華慘澹・靈山吹角・都爲思婦之聲・花石生津・儼墮離人之涕・室中神女・望蒼虬而不來・纖底謝仙・駕赤霻而乍返・遂使書生弱質・難完宋玉之歌・遷客多愁・竟謝羊孚之句・此其一也・

爾乃春陵城上・鬱佳氣之葱葱・蓬島岸邊・遇美人之啖啖・江東帝子・儘寄意於靈均・鈎戈夫人・或垂情於長者・而乃金陵山塹・望寶鏡之將殘・白下亭中・驗埋金而不再・砌砦夾道・豈無翠竹參差・菡萏成峯・竟使烟蘿寂寞・於是女床山媚・已無玉樹鳴鸞・郎浦波清・不復銀鱗戲鰈・峨眉對峙・積恨盈盈・鳳勢盤紆・餘陰鬱鬱・嗟夫・金陵王子・覩落葉而興悲・鄴下才人・望秋風而隕涕・又其次也・

且夫過都越國·賀監灑淚於蕪城·歷亂經離·子美傷心乎故里·白頭宮女·遺恨元宗·黃絹詞人·欷歔李薦·紅顏冷落·空彈七寶之琴·白羽飄搖·竟昧三生之石·狂風吹弱絮·空教悵恨天涯·翠羽映明璫·何竟咨嗟繡帳·或者高樓明月·恐無領略之人·遂使故國秋風·慣入悲涼之境·啼烏啞啞·傳塞外之新涼·玉露涓涓·惹閨中之別夢·於是楚妃班竹·漢女青荷·山鬼叫月以逾冷·巨龐吠月以益清·屏月初來·涼生几袂·寒笳已露·淒絕晨宵·於是信年二毛·即逢喪亂·楚雖三戶·竟使凋零·鍾儀君子·入就南冠·周室大夫·行傷油黍·國亡典午·徐廣猶號世家·運謝當塗·馬孚詎忘魏室·暗嗚叱咤·帳中之項籍何如·躑躅徘徊·歧路之阮生若此·魚飛武庫·竟爲棄甲之徵·鳥伏狄泉·恐有橫流之禍·三世無衡·百年變狄·可以哀矣·

若乃氣靄地表·雲歛天末·遷客海上·愁同風浪之聲·思婦樓頭·慣度淒涼之夢·遡風情之杜牧·花落增愁·並隱逸之吳寬·移家積素·風簾不捲·露拈帶之紅粧·巫夢未成·遇西歸之秋氣·萋萋芳草·空教綠遍城南·嚦嚦新鶯·詎肯借聲薊北·或謂哀情所結·祇在人羣·豈知積恨偶流·竟周物體·荒山夜寂·淒然猿鶴之聲·巨軔晨拖·委頓驥騎之淚·呼嗚蹈地·空嗟故主之亡·傳札窮邊·特惜美人之苦·於是杜鵑泣血·精衛填淵·春末婆軻·不覺悲鳴之慘·別離雞犬·半傷時局之殘·豈其洞達時機·赤烏則三朝夾日·或者愴傷衡宇·白鵙則五日巡簷·總之鵂鶹對叫·都成變徵之聲·蟋蟀羣鳴·已達傷心之境·往歌鸜鵒·嗟魯運之將衰·守戶蠨蛸·欲託身之無所·豈特啼烏短叫·儼然思婦之魂·曲嬗長吟·便竊謳姬之號·悲涼身世·如或遇之·坎壈年華·庶其至矣·

且夫江淮之間·萊茅之所叢植·陰陽之分·杞柳之所異宜·羣藥安生·小辛徒苦·獨櫑恚目·大蕡耐寒·然而宋玉悲秋·大樹何堪託落·陶雍賦物·飛絮倍覺飄零·憔悴花趺柳枝·春光寂寂·低溯蓬心葵面·舊事年年·大抵無物不性·無性不靈·得道而亡·空傷苓葉·因風靡已·益歎蓠苗·午夜閉門·無限蘼蕪之魄·深秋滿目·獨憐蘭茝之香·金城之楊柳十圍·何堪變改·上黨之人參五尺·每見呼號·物耶人耶·神耶鬼耶·是知空山草木·不徒暗長靈機·隰野蚊蟲·亦且深饒本性·於是僕本恨人·略媿秋士·繭絲未斷·織新恨之緜緜·笛韻偶聽·嗟寸心之耿耿·竊歎人非木石·我獨多情·敢誇筆號龍蛇·言皆有物·時則華亭鶴唳·空太息於河橋·故里蟲吟·每興嗟於赤阪·臨流照影·滌餘畫士之襟·作歌告哀·略具風人之體·爾乃盲風煽發·變天地之玄黃·駭浪紛騰·亂春秋之歲序·四郊濡血·鬼魑魎而爭鳴·九鶩麗天·雁嗷嗷而思去·山陬海澨·慣同長恨之歌·冷雨淒風·輒聽相思之句·

時則日兮慘澹·月兮橫斜·風兮猛號·雨兮羣淅·家臨海角·厚植梅花·客有狂徒·偏談世境·於是倏而怨女·倏而曠夫·倏而才子佳人·倏而戍役遷客·丹青點綴·悲風從紙上生來·詞句不成·恨緒引行間俱富·一燈影裏·春冉冉而愁生·七字詩成·天昏昏而日短·但見羣蛟夜起·饞涎吞舴艋之舟·猛虎朝行·巨爪攫杯盤之肉·非無捍衛·智已盡於耰鋤·拚受凶災·身半鄰於餓殍·風霜交警·不須聞猿鶴之聲·文字

不祥・猶復效侏儒之舞・

商衍瀛

一八七〇年生
一九六〇年卒

字雲亭・番禺人・清光緒癸卯科進士・翰林院編修・清史館纂修・與弟衍鎏齊名・民國後隱居北京・卒年九十・

溫文節公集序

唐韓偓丁天福之季・隨侍昭宗・金鑾密記・手捋虎鬚・冒犯危難・艱苦備嘗・而冬郎遺集流傳至今・讀其詩・未有不悲其遇者・蓋其哀感頑艷之詞・莫非忠愛之誠所發攄・雖海枯石爛・而所以不朽者・自長在天壤・是司馬子長所謂與日月爭光者也・

吾友順德溫檗盦侍御・少負文名・才長經世・光宣之際・憂危念亂・所上封章・動有關於國家大計・有聲諫垣・辛亥國變・一夫竊鈇・四海沸騰・君痛哭出京・誓圖恢復・謂非假手於忠義之將帥・不足以殄巨姦而挽危局・其時奉新張忠武・提江防營二千・敗某軍萬餘於雨花臺・扼守徐州・威聲震天下・馮河間已克武漢・得侯封・而停戰議和・未竟厥功・亦致憾于袁而爲所疑・令督河北・置諸肘腋之下・壬子正月・忠武移師兗州・恭邸與青島諸遺臣・謀聯忠武・君自天津往會・主張溝通馮張・以厚其勢・衆議韙之・乃將恭邸命返・得馮贊許・而青島兗州間往來密使・約於癸丑春・聲罪討祕・檄文布告・祕而未發・爲姦人詭得・馳報於袁・袁僞爲不知馮預謀者・親以電話令馮防堵・且名捕君・幸走脫・而袁亦以異軍日圖反側・不得馮張宿將・無以禦之・伻使絡繹・不絕於途・事遂以寢・

癸丑六月・南京再變・北踞徐州・袁令馮領第二軍由天津向浦口・張領第三軍由江淮直取金陵・張軍先攻克・馮軍繼後・論功則張多・以位則馮尊・袁始以蘇督畀張・不數月而令馮代之・轉張爲長江巡閱使・兩雄相角・以漸成釁隙・忠武於是再駐徐州・威名日高・心迹亦日著・與馮之嫌隙亦日深・君奔走游說・竭智殫謀・冀其棄怨修好・共圖大事・而終於迹合心離・此丁巳一役所由致敗也・

迨出狩析津・遵養時晦・君蔴鞋奔赴・蹉跎効忠・入南齋日侍講席・有貞觀政要講義一編・友人已爲之印行・未載入集・壬申癸酉・再度出關・問安侍膳・親若家人・式微載賦・知無可圖爲・遂奉身以退・遄歸鄉里・以己卯九月捐館舍・上聞震悼有加・特謚文節・嗚呼・君臣艱難相與之際・可謂有始有終矣・然志事無成・飲恨罔極・後死之悲・抑有甚焉・今則世變愈奇・爲生民以來所未有・幸而遯荒異域・聖躬無恙・則又君所不及料也・

君沒之八年・嗣君必復・刻遺集既竟・來書必徵言於余・余老矣・偷生視息・摧愴萬端・尚何言哉・惟念君出入九死一生之中・雄心毅魄・百折不回・其事實歷歷皆所目覩・故特揚述始末・以弁簡端・君之遭遇顛危・孤忠苦節・同於冬郎・才華富綺・著作斐然・亦不相亞・冬郎親見簒弒・而君身沒之後・猶蒙天語褒榮・特予易名之典・則非冬郎所可及也・後之讀其書者・庶亦有以悲其遇而諒其心乎・

丁亥八月望後・年愚弟商衍瀛謹拜序・

陸軍部協參領顧君事略

商衍瀛

君諱臧．字君用．先世爲吳興望族．曾祖某．以武職宦粵東遂家焉．始隸籍番禺．父某生丈夫子五．君其季也．幼而內行敦篤．家貧力學．番禺梁文忠公鼎芬．君中表昆弟也．講學廣雅書院．君從之游．及文忠掌教兩湖書院．君亦與偕．所學嘗兼人．年二十五丁內艱．既闋．文忠勸君納粟爲門戶計．娶婦以謀嗣續．君慨然曰．時方向亂．丈夫當執干戈爲國僇力．安用家爲．乃投筆留學日本士官學校．卒業後．入日本陸軍聯隊．充見習士官．補陸軍少尉．既歸國．授陸軍部協參領．鄂督張文襄公之洞．粵督陶勤肅公模．先後延攬．君以留學之費出於鄂．而粵則桑梓也．義均不可以辭．乃在鄂充文武各學堂教員．數歲而後至粵．則勤肅已薨於位．適川督西林岑公訪人才於文襄．文襄以君應．乃入蜀任軍警督練．並創設武備學堂．未幾錫良督川．同列有譖君者．文襄乃亟電君返鄂渚．復薦君於東三省總督趙公．趙公頗負時譽．以東三省地廣政繁．求才足幹濟者爲己助．諮於文襄．故文襄以君往．趙公令總辦巡警局．主講武堂及督練公所．事無不舉．趙公亦雅相引重．

於時袁世凱爲北洋大臣．其子克定陰爲收攬人才．聞君能．求趙公爲介．欲見君．君逆知袁爲人．必不克終臣節．謝不允．趙不能强．乃置酒延君與克定．隱爲作合．君佯不知．既就坐．乃舉酒．歷數袁不臣狀．趙與克定均大駭．酒散．則君逕留書別趙公襆被去．

梁文忠公在鄂聞而壯之．亟邀君返．且謂曰．君既以身

許國．遂可忘嗣續乎．乃勸君娶於胡．兩江端忠敏公方督兩江．欽君風節．延君佐理．時蘇紳因同治初山陽丁廣文顯曾創導淮入海．涸洪澤爲田之說．以干曾文正公國藩．文正不許．至是乃欲借以興大役．便私圖．力請於江督．邀以必許．且請先設導淮測量局．忠敏以委君．君既履勘淮流．知其必不可．乃上萬言書以駁之．大意謂水利者．能蓄能泄之謂也．洪澤所以儲水備旱．使墾爲田．異日既失容水之地．潦年必平陸汎濫．旱歲則涓滴不存．所謂興利除害者安在．因謝局事．而監陸軍小學．未幾學堂總辦以侵蝕公款．懼君伉直發其隱．擠君去．

忠敏復令管鎮江象山礮臺．在職五年．嚴約束．正軍紀．部下無敢爲非者．軍民交便．君至是宜可稍展素蓄矣．乃辛亥七月．君偵革命軍將發難．即終日嚴守礮臺．夜不交睫．逮八月二十日．果聞鄂變．急將寡嫂猶子送申江姊家．矢以死報國．紉紅綾爲帶．繫衵衣中．書大清帝國鎮江象山總礮臺官番禺顧臧之屍．以京口爲江甯門戶．兵力單薄．電江督乞援軍．張安圃制軍人駿遣陳某密率兵赴援．陳至君家．詢鎮江安否．時君方守臺．家人不知爲援師也．漫應之曰安．陳據以電江督．適無錫亦請援．陳乃移軍赴無錫．而君之力乃益孤矣．然猶以大義諭守兵．矢死不渝．八月二十四日．有匪類自稱革命軍．勸君同學事．且謂將推君爲都督．其以密函請者日數十．君一一焚拒之．告商會學會等．有敢附和革命者．即開礮擊之．人心稍安定．及九月十六日．革黨知君不可以利動．乃隱結巡防營及夙受君知遇之門人．日晡乘君不備．卸君衞士兵器．遂羈君舁至鎮江道署．所謂軍

政府者・環跪請君任軍事・君裂眦大罵以死拒・門人不忍加害・乃禁閉一室中・日餽酒饌・君悉拒不納・水漿不入口者五日・門人知君終不屈・乃請主商會者送君歸寓舍・君以大事猶可爲・姑忍死・斥衣物製裝走上海有所謀・及遜位詔下・猶至奉天以大義責主帥・不爲動・然尚連年奔走青島京津間・而卒不得一當・及甲子冬・猝遭宮廷之變・時君方在奉天・亟奔赴行在・至是君之死志乃益決・再越歲竟以悲憤死矣・

君平生律己嚴・一介不取・而好施濟・當管象山礮臺時・月俸三百金・以十之二贍其寡嫂及遺孤・所餘以分士卒及學生之貧者・俸入之日・隨手輒盡・君之去鎮江也・商會餽萬金・嚴拒之・廣東會館董事梁某醵同鄉金三千贈之・亦峻謝・翌年・鎮江礮臺士卒聞君旅食且絕・復醵千金・不敢逕致君・乃請於君之姊以進・亦揮之去・方至滬江・寓一樓・不眠不語・家人初尚以肉進・君曰我不能死事・姑有待耳・負咎之身・尚須肉食哉・久乃饔飧且絕・家人以請・君曰・買一錢鹽和湯飲之可矣・適其舅在京・濟以二百金・始得具饘粥・友人有以貧告者・尚分金以濟之・後卒不能自存・乃依婦翁胡君於天津・竟死於婦家・

方君既懷必死之志・乃日夕縱酒・嚴冬衣不完・出不車・或有所餽・非其人寗忍飢謝之・如是年餘・遂致疾・既劇・夫人胡氏禱於神・願以身代・隱刲股肉以療之・君謝不入口・胡淑人有賢德・明大義・初君曾病甚・刲股肉飲之而愈・已而母病・復刲股得痊・至是凡三割矣・而卒不能拯君於死・其命也夫・

若死之日・赫然瞑臥・無以治歛具・胡淑人號呼於諸同志・乃醵金以襄大事・無子・立兄之子祖杰爲嗣・嗚呼・君固不媿烈丈夫・若淑人者亦可風厲薄俗矣・君生於同治辛未九月・卒於宣統丙寅・五月・得年五十有六・君既殯・君之友商衍瀛懼君大節不彰於世・乃述君遺行・俾當世立言君子采擇焉・

曹泰

一八七一年生
一八九三年卒

字著偉・南海人・光緒十七年・受業於萬木草堂・堅苦成學・好研佛理・康有爲稱其精思妙悟・十九年・以詣羅浮求道・感瘴死・年僅二十三歲・著有緯書・天並有輪廻之說考・及命說二文・另有日記・

緯書言天並有輪廻之說考

無可長之人・有可長之教・教者合無量之地球而教之者也・其惟我孔子乎・孔子之教・以君治民・以天治君・以元治天・皆有統覈而不紊・其顯著於經・其隱繫於緯・而所謂緯者・皆爲君而設・名非爲民・而實則爲民・其較然可見者・不過示罰之意・載索其奥・有微言二・基督教之天國・佛教之輪廻・近之矣・

孔子作緯・非以天爲主・而以元爲主・元者即太一之光・含元氣以斗布・當開布運・節序神明・流精生一・所謂紫薇大帝室鈎陳大帝之正妃皆爲元元之所有・國之至尊也・太微宮有五帝座星・蒼帝春起受制・其名赤熛怒・白帝秋起受制・其名白炤拒・黑帝廣房心・爲天帝明堂布政

之所出・皆一國之所瞻仰・太微權政所在・太微爲天廷理法平亂・監計授德・列宿受符・神諸考節・舒精稽疑・元之立政者・如南蕃二星・東曰左執法・廷尉之象・西曰右執法・御史大夫之象也・執法以舉刺中姦者也・兩星之間・南陽門也・左執法之東・左掖門也・右執法之西・右掖門也・東蕃四星・南第一星曰上相・上相之北東門也・第二星曰次相・次相之北・中華門也・第三星曰次將・次將之北・太陰門也・第四星曰上將・所謂四輔也・西蕃四星・南第一星曰上將・上將之北・西門也・第二星曰次將・次將之北・中華門也・第三星曰次相・次相之北・太陰門也・第四星曰上相・亦爲四輔也・國之有職官也・夫聖人豈不知元之約・天之遠・而無可據者哉・而必秩然使之可序者非愚也・乃智之不可使人之者也・西教之耶和華・無論矣・佛以心治天・而地水火風之說・託於河羅・邏老死病苦之語・由於四門・帝則施之・固有其故也・

天下之理・虛與實而已・就實而遠虛者勢也・畏虛而玩實者情也・聖人以爲實・實必有易之者也・因以虛讋之・虛不足以立・以實附於虛・而虛可恃・且以虛統於虛・而虛愈實・故天下至虛者・莫如天・人於虛之際・奉一至極之理者莫如天・聖人恐以天爲有盡・則理有盡・分亦有盡・以元治天・元無盡・天亦無盡・法更無盡・而亦有一物逃於太虛之外・其所以治天・非治天・實治萬世天子・天子不修子之職以事天・獨不思天之修子職以事元乎・是故勾陳者・天之母也・杠者天子之母也・天子兄日姊月・則成一眷屬・而家人嚴君之義・更不容曶曶矣・夫元不敗・而天子有敗・法有敗・天子敗而復出・法無敗而復成・聖人因謝其治天子之權於天・有千百年代易之天子・無億萬年代易之天・雖有奇智妄巧・擬之曰・有萬億年代易之天・斷無萬億年代易之元・此孔子之道・亘天地者也・

然而聖人之法・神明不可測・是輪迴者・所以化天人爲一・而實如基督教之以天治民也・乾坤氣合・戌亥陰受・二子之節陽牛秀白之洲載鐘名太乙之精也・其帝一世紀錄事明期推移不奪・而消言太乙常行乾宮降感其母而生其爲人天子一世以元之尊・而亦爲天子・則天可知矣・天子皆五帝精實・各有題序次第相據起必有神靈符紀諸神扶助・使階閒立・遂又天子之尊也・精神與天地通血氣五帝精・則天之爲天子可知矣・故聖人無父感天而生者・非欲使天子忘其所生之父也・欲使人之知天子即天也・孔子以天治天下・而亦以治百姓・夫墨子有天志・摩西有天碑・摩訶有天經・婆羅門有天祠・以及埃及迦南諸古國・所謂以大綠摩押碧摩者・亦何嘗不以天治百姓者・然有天則無君・無君治不久・大聖人知偏舉之弊・不以治斯人也・合天於君・以君爲天・君之形骸血氣・天之形骸血氣也・君之號令法度・天之號令法度也・人敢抗其君・斷斷不能敢抗於其天・故必知天子爲天之後身・而後天子可崇大・必知天之本天子前因・而後天子有根著・大跡出雷・華胥履之・生宓犧少・典妃安登游於華陽・有神龍感之・於常羊・生神農・大電繞北斗樞・照郊野・附寶而生黃帝・慶階與赤龍合昏生伊堯・握見大虹意感而生舜・命星貫昴・修紀夢生禹・元鳥翔水・遺卯於流・娀簡狄吞之生契・扶階見白氣貫日・感黑帝生陽周本・后稷姜嫄游閟宮・

其地扶桑．履大人迹而生后稷．紫微爲太乙之宮．其精生人．孔子直以天子爲元之所生．爲元之所生者天也．凡人皆以天子爲天可矣．然聖人恐人君之自以爲天．不復守天子之職．於是有一代輪迴之說．蒼帝之治二十八世滅蒼者翼也．滅翼者斗．滅斗者虛．滅虛者房．五星之精．各有所滅．則不得恃也．又有一身輪迴之說．麞爲虎．爲雲母．爲虹霓．璇璣星散爲麋．爲鹿．爲雀．爲燕．爲鵲．爲鷹．爲龜．爲人參．佛有言．帝釋終時．一念之誤．即墮阿鼻地獄．即此意也．合而言之．聖人最尊天者．佛最滅天子者．聖人但以天治天子者．基督即以天治象人者．孔子與基督佛．萬無相同之理．而窮其縕．孔子亦以天治象人．亦能滅天者．則同同也．所謂神而明之存乎其人者此爾．

命說

長胄先生．鍊治服食．遊於沕莫之虛．而依於𧮰觸之野．頞而圮．觓而聳．叩於球廓子曰．而我得昊主．而我與女知昊主乎．而不敗．吾生也無涯．天也有涯．昔之九萬紀也．華膜國宴其臣．兼鼎而饗羣臣．嵌金以鼻目．實珠於協腿．其木拙者．樹以毚．日下有怪物焉．命曰土星．小蛾子狀眇．撼其輪．爛其熟不之有也．不之有也者．是不以已乎．我與女不懼乎．球廓子曰．唉．子勿言．子勿言．子過矣．土伯大人牛其角．參目而虎首．敦脄血拇．裂其眥匡．逐人駓駓．大竅怒呺．滂浩而慘駭．瞀而身者胎生也．瞀而身者卵生也．瞀而身者化生也．瞀而身者濕生也．瞀而帝閽蒼梧之淵．我見我形．不見我形．我聞我聲．不聞我聲．我與子不之懼．而之懼子嚇我．我沖了識矣．或謂田父曰．女有營衞．即有血氣．女有魂神．即有靈覺．日者質哲而長顏而髯．兌上而豐下．女何憔然．肌色皯黣．昏然五情爽惑．胼胝之過歟．田父歸以告其婦．其婦曰．妄昨夢黃衣者之側以耜也．田父躍而起曰．吾憂天日之不豈以天子之不致爾．飲酒食肉酗而卒．其婦哭失聲．哭在樂．樂在哭．樂而不哭．不知樂之生也．不哭．而不樂．不知樂而哭．哭而樂之無極而有極也．哭斯樂．樂斯哭．不樂而哭．不哭而樂．而哭與樂．南極而北極．明日而昔日也．固爾營衞．儲爾血氣．養爾魂神．長而靈覺．拉爾之殼．蘧除之．僥瞧之．侏儒之．矇瞍之．嚚瘖之．聾聵之．爾而睢之．爾而盱之．頃下令曰．支而節．臚而肉．桃湯除祓．祛爾幽餒．雜而闐諸糞溷之中田爾．惴惴焉．縵縵焉．矆焉睢焉．靦而瞢焉．神之惢焉．形茹焉．氣弛焉．㤨墨而恢焉．頃而攝爾元澤於芒艾漠閔澒濛鴻洞二神勑指引而安之．璿除缸璧黼[illegible]玉堂之窔．有冕而折頞者．陳鑾迾蹕縵樂既瓊畢而再繡．簋芳瞭燭渺靄乎青雲大化之爾．而不知爾不之爾．而爾不知大化而之爾．而人以大化之不之爾．而爾不知大化而自之有二使者焉．曰瞬．曰吸．吸謂瞬曰何居．爾齟我也．瞬謂吸曰．何居．爾枘我也．核而察奪．而不悖格．

南方有鳥．名曰仁蒙．龐然不知其兆京里也．鼓翅翻狘．扶拂瀑沫．涸冰洋之兆京里水九萬三千餘日．挾雲霧．腰日月．下垂於大蒙之原．千類萬狀．骨者復肉．毈者羣觳．使烏反哺．而食其母．而不敢一息．梟也鴞也．物之以惡相積也．偏草於蒸木之下．縱翮於濤浪之上．駭而忌之．

曹泰

極力乎流沙之漭洋．流沙有神．豕首縱目．長爪踞牙．被髮鬤鬤．鴞梟相乞其利．欲傷南方鳥．北方有木焉．巍巍焉．奕奕焉．雄雄焉．赫赫焉．輪菌鬱勃而上．揞屏閶闔垣天門葉積盛而結聚．南方鳥飛而次之．瓊漿玉露日輸結．有既梟與鴞笑之曰．伊不我毒而福．伊有南方鳥也．北方木也．息息適適也．息息而阻之．適適亢戾．息息而不能．適適否塞．大塊噫氣而成風．宙合之物不可髮舉也．有毛有羽．有絲有縷．有布有革．有矢族．有帆櫓．有石屋．有鐵檻．千金之子．坐其簾內．詢其長老曰．聞有陰怒．奮抶激盪而風．有石屋而墜者．有鐵檻而裂者．吾置一毛一羽．一絲一縷於茵席．毛寂然也．羽寂然也．絲寂然也．縷寂然也．夫毛之與風．騰聳乎咸池．拂繞乎扶桑．犇逐乎鳳凰．安息乎春宮．今困於廂牖．殢於閒閾．伍於螻蟲．何怪哉．何怪哉．長老曰．子未通乎．六合之表．游息之外．無邊際之隙．無形景之長．進消并及．膚革舭絡．腎腸覺想慧慮．與夫鬼神晝冥致而得橐鑰爲眞人．水不濡溺．火不焦灼．豺狼不攫擾．眞人者坐而受之．不必甘而日引而不去．俄而濡溺．俄而焦灼．俄而攫擾．鬼神晝冥之刻相値．毋相構鬬．毋相鉤鉅．可以通天人歟．眞人之人歟．

齊人有戰死於郊者．鬼百年不滅．球廓子旁日月．挾宇宙．過而目之．燐青焠攢黑閃鑠．變幼潤夌．球廓子拾而立識懷．悲栗寒憧．如喑如嗚．如叱如咤．釋馭而語曰．女烈民歟．亡女珪爵．寒女孫子．女耿耿何置也．不者有樂土．女可去而去歟．曰．願．既而問之曰．女尚有腦．腦奪於彗欻．女尚有魄．魄毀於火震．言之酸楚而不成．球廓子助而挽之．而陰祝之曰．吾以攝提付女．相忘而去不遠．女留正氣畜之．舍之不外．不得歉也．其人曰．吾血中於鏑．國家强大業．吾應庚寅復見此雉城也．我如蟲豸．而辱禽先王之廟．麾逖我．我其汚瀆之不滌而何擬．球廓子曰．留置碻於是相與擨膠葛．騰九閎．如翠蚪絳螭之陛．浮雲翼疾風．虛犇而上升．仰探遠乎九乾．踰龐澒於岩冥．球廓子曰樂乎．其人曰樂乎．倏而陰陽夾持．磨軋有光．霆砰電射．鬱律嚴突．硠磕淡迫．若鼓之有擿擋則擊隆隆焉．人之魂氣．隕而爲石．嗚呼．纂祖靈耶．石靈耶．石靈耶．天靈耶．是非後生小子可得而言也．

長胄先生變色而仆．噤不能言．慄其自寒．引咒罵曰．吾問者憂天．而天而已．不知而已而天．我不能脫己之天而博天之所至．而天之所至．不能引己之所天而相天．吾過矣．吾過矣．球廓子曰．子有夢乎．夢者窮氣之所合．元氣之所主．客氣冲觸．夫馮馮翼翼．洞洞灟灟．孕而生者州也．洋也．吾不知州也．洋也．有翼乎．有足乎．有齒乎．有角乎．有肘乎．隱而相附．暗而動轉．我與女莫之或而不可以知也．忽而崑崙山崩於辰．忽而太平洋涸於午．負牀之孫報曰．釜豆之際．忽而崑崙山十焉百焉千焉萬焉．忽而太平洋十焉百焉千焉萬焉．我與女莫之或之而不可不知也．精藏於骨髓．釀於腎瘉．靈合於包絡．立於貫頂登天者勿天．沈淵者成而登天．而必不天．登天者成而沈淵．而必不淵．不可以意逆也．忽而沈淵者翼而登天．而大喜．而大笑．忽而登天者擠而沈淵．而大怒．而大嗔．吾知其必有以持之．孰持之．夢特之．孰持夢．精與靈．孰持精與靈．馮馮翼翼．洞洞溳溳．吾知不可格也．逐意以圖影．圖影以結形．結形以搆迹．鬼神風雨陰陽晝冥．不足窮械府變狀．必知火焦心灼焚然灰死不治治也．長胄先生飲水千升．食脫粟百石．頷之而去．

陳錦濤 一八七一年生 一九三九年卒

字瀾生．南海人．美國耶魯大學哲學博士．回國部試第一名．曾任大清銀行監督．民國後三任財政總長．第二任時以受賄案被判獄．卒獲覆查無據．特赦釋放．詎抗戰期間．一度出任僞財政部長兼華興銀行總裁．以發行僞鈔事去職．懊喪之餘．病發逝世．

中國幣制問題之經過及展望

今日世界各國幣制．未有更較中國雜亂者．當聞人言．如有人在內地遊歷．持銀百元．由廣州經廣西雲南內地等省．赴北平．復由沿海各省．南返廣州．每到一處．將銀盡行替換爲當地通用錢幣．則返廣州之日．因兌換折耗．百元之數必將去其泰半矣．此種兌換損失之影響．大爲商業發達之障礙．故三十餘年前．中英「馬凱商約」即訂有條件．中國若能改良幣制．則英貨入口稅．自願由百分之五．增至十二．五．此爲近代我國改革幣制之第一動機．

其後數年．吾國駐美公使．商請美國．派專家來華研究改革幣制．美遂派精琦來華．條陳金匯兌本位制．在國內則用銀元以爲金圓之代表．發行之初．即定三十二對一之金銀比率．外匯則用金匯票．備有外匯基金．以爲匯劃之用．設立中央銀行．掌理推行新幣及外匯之事．匯款之不及五千元者．不售匯票．任他銀行爲之．此其大概也．精琦又言．此法每年可獲鑄羡數千萬元．以助外匯基金．

當時國內之明達．頗有奏請改革幣制者．故光緒帝亦數降諭旨．勅造銀圓金圓之事．銀圓定重一兩．而金圓未定重量．既無比率．亦非同用．故不得謂爲金銀複本位制(Bimetalism)．亦不可謂爲金銀併行本位制(Symmetallism)也．廷臣有以一兩之銀圓爲太重者．議未一致．遂未實行。

盛宣懷者．曾訂「馬凱商約」之人也．知改革幣制之利．可以聳動朝廷之聽聞．乃東渡日本．將日本財政史十餘册．譯成漢文．歸獻政府．幷條陳幣制．思以之爲登庸之階．而當時度支部．已設有幣制調查局．彙集四種辦法．奏請勅下內外臣工．各舒己見．視多寡從違以爲奏定．迨盛抵京時．事已奏定．惟盛亦得幣制局會辦職．茲將四種辦法．揭載如下．

一．採用金本位制．

二．用印度金匯兌本位制．先從劃一銀幣爲第一期．停鑄銀幣．限制通貨數量．以提高銀幣價格．爲第二期．價格高至相當程度．定爲金價．以外匯準備金維持之．爲第三期．

三．用菲島金匯兌本位制．以銀幣爲國內之金制代表．發行之初．即定金價．此即前文精琦所條陳之辦法也．

四．劃一銀幣制．爲將來改金匯兌本位準備．此法亦分三期．第一期．劃一銀幣．幷發紙幣．第二期．盡力推廣紙幣．停鑄銀幣．更或收回銀幣．且設立外匯機關．訓練人材・以主持外匯・此爲本制度準備過渡之辦法也・第三期・俟外匯價格・維持至某種程度・覺國際銀價與國內銀幣價格分離・且國內銀幣價格高於外價約百分之幾時・即定本位幣之金價・併將從前儲備外匯基金・以維持之・此爲金匯本位之完成矣・查此法與印度所用之法相仿・但得多用紙幣以代銀幣・且所提銀價無印度之高・即無印度需時之久・則所需資金較少・而國內因通貨緊縮而生之困難・亦較少也・

以上四種辦法・內外重臣多主張用第四種辦法・遂因以奏定・原議本無借用外資及外國人材・惟奏定後・發生借外債一萬萬元・及聘荷人威士林爲顧問事・威士林亦提出辦法如下・

威士林之法・亦是金匯兌本位制・入手時・即發行金紙幣・定本位金重爲〇・三六四四八八三克林姆・當時約值庫平銀一兩之三分一・其初期不鑄金幣・亦不鑄代表之銀幣・只發行金紙幣・與當時各種舊有銀幣及輔幣等・同時流用・隨時按價兌換・此爲第一時期也・其第二時期・則鑄代表金幣之銀元及輔幣銅元等・定銀與金之比率爲二十與一・凡用新幣交納賦稅者・皆較使用舊幣爲利・以爲獎勵行用新幣之法・其第三時期・即收回舊幣・過一定期後・舊幣即按原料買收・三期之後・試鑄十元二十元之金幣・此又進入金本位矣・此法倡議下手即用金紙幣・不鑄代表銀幣之第一案也・實較印度菲島等法經濟多矣・

其後周學熙長財時・有鑄造金幣之舉・不定金銀比率・袁世凱擬於登帝位時・賞賜臣工・即用此金幣也・其後又有曹汝霖之幣制案・與威氏制相仿・又民十七年・全國經濟會議通過之劃一銀幣制案・與上文調查局之第四法相仿・民十八年・甘末爾逐漸采行金本位制案・其大要與菲島之制相仿・而其條例之精密・則又比各案優勝矣・

以上乃吾國近年改革幣制經過之要案也・餘於報紙上發表者亦多・未能盡述・可見各案只從「易中品」(Medium of Exchange) 着力・未從「價值準則」(Standard of Value) 着力・對於近世幣制之需求・只得一半而已・何則・蓋自歐戰以來・內而物價・外而國際匯兌・皆起落靡常・巨大且速・債權債務之間・盡失其平・此皆因幣制不能作「價值準則」所致耳・所以晚近各國・皆欲其幣制能達「價值準則」安內定之外用・（國內物價得安穩・國外匯價得妥定）・計研究此問題者・分三派・（一）務求一物・其價值不變・以爲本位者・（二）求二物或多物・其價值均拉・比較的不變・以爲本位者・（三）但用管理之術者・今以時間匆促・只得論其大要而已・

第一項・查近世經濟學者・常以各物躉售物價指數爲價值水平標準・曾有用此標準・以考較金・銀・銅・鐵・鉛・錫・麥・磚・蛋・地毯・等等各價之指數・實無一物之指數無出入者・其中最與躉價指數逼近者・厥爲地毯・然地毯不易製爲易中品式・且亦在他項不完備性質在・故第一項・求一物其價值不變者・不成功矣・

第二項・求二物或多物併用之法・其中有復倡金銀複本位者・(Bimetallism)・其價值起落・雖較單本位爲少・但非得各國共同訂約行用・則歷史上已昭示其失敗矣・復次・英之經濟學家馬疎氏 (Marshall) 曾提倡金銀併用本位制

(Symmetallism)・其法・金銀價量各半併用・隨時定其比價・無複本位固定比價之失・其次士皮力氏(Sprague)擬金九銀一併用之法・至於現在美國金七五銀二五爲庫儲準備之法・斯二者皆變通馬疎氏之制而已・此制固較單本位制價值稍穩・但亦非各國訂約共同行用・恐難見大效・更有所謂「伸縮圜制」或「物品圜制」者(Compensated or Commodity Dollar)・直以物價指數爲伸縮補貶其圜制之標準・斯固逼近眞值之水平矣・但正恐因有補貶圜值之舉・引起投機動作・以致補貼之費難籌・或致通貨乍盈乍虛之虞・所以美國國會・雖有提案・卒未通過・此第二項之法・亦未有適當解決矣・

第三項・但用管理之術・其恆常辦法・即升降利率・與施行公開市場政策・以伸縮通貨是也・尋常用之・固能生效・惟在恐慌時期・仍慮其力不足・蓋各國中央銀行・已多採用之・而各國物價指數・仍起落如故也・只有瑞典一國・四年以來・物價指數・未有超出水平線百分之二者・多數時期・常居百分之一以內・極可謂爲難能可貴・蓋金融市場・變化萬端・理最繁賾每出智慮之外・如美國聯邦準備總局・搜集指數圖表數十餘種・備懸董事會議室內・以測市情變動・可謂美備矣・乃前年恐慌之至・皆未先覺・其儲金準備線貼現利率線物價線三者・皆前時恃以測市情者也・乃此次恐慌期前・三線皆與恆常無異・無險象可見・而恐慌竟突如其來矣・事後再行審查・始覺建築物線突飛猛進而已・此又可見管理成效之難也・此外安定幣制之法尚多・如堅那亞(Genoa)會議・通過統制金量需求之法・黎費特氏(Lehfeldt)倡各國共有金鑛以統制金量之供給法・士乃打氏(Snyder)考量物價水平以限制準備金之法等等・皆是也・至我國之祖先・亦早有平定物價之術・始於周之泉府・備於唐之劉晏・以物產之仲月爲中價・低於什一者・(原文「一錢」古文簡括)官出幣以收之・高於什一者・官出席藏以平之・從物與幣雙方管理之法也・

上所云云・只關於安定國內物價之法耳・尚未及國際匯兌也・倘國際匯價變動・則出入口貨價亦變・出入口貨價變・國內物價水平亦變・是則欲安定內物價・不得不兼顧國際匯價明矣・然則安定之術・先從外匯入手・抑先從內價入手乎・此即一九三三年倫敦經濟會議・紛爭不決・以致散會者也・蓋當時英國之本位幣・早已貶值・貿易發達・經濟狀況逐漸復舊觀・乃美國尚固守其金圜本位・出口貿易受困・工人失業日多・故未能接受「先定匯率」之請耳・

復次・金集團諸國・數年來・曾用緊縮通貨政策・是其國內之金值・實較國外爲高・加塞爾氏(Gustav Cassel)曾將金集團一九三四年九月之金價與英磅比較・則得如下・

比	+7%
意	+13%
法	+17%
荷	+22%
瑞士	+41%
德	+57%

可見專以金之重量爲標準・不計其內外價值之差異・以定各國劃一之匯率・事實上至爲不公平矣・苟勉强行之・又

陳錦濤　崔師貫

必如一九二六年各國恢復金本位故事・旋定之而旋破之耳・必也・各國先將國內物價水平・或提之・或抑之・使其本位幣之購買力・與國外某數相準・同時又得出入口貿易比量適宜・然後按之以審定匯率・始有維持較久之望耳・且必多次試驗・逐漸逼近・方能求得如上條件・

由上所論・可知理想之新幣制・能爲價值準則・歷久適用・內而能安物價・外而能定匯率者・今日各國中之幣制・未能得中其選・貨幣學家對此未盡解決之問題・豈可畏難自足・而不加工深研者・此吾所以展望後起之成功也・

民國財政史序

國有百政・而財爲之母・榑國强弱・視政修替・榷政修替・從財豐絀・今昔中外・罔或踰此矧也・畫疆而爲國・海陸山澤・原隰沃衍・天所毓・地所蘊・人所成・皆財也・孰亭毒是・孰董理是・而資以爲政・夫安有不足者・其有不足・亭毒之未至耶・董理之未審耶・居一於是・非有學識才諝・從容迴斡・無以彌其罅而蘄使自裕・晚近歐美諸邦・治財政之學・蔚爲名家・蓋由此起也・

我國數十年來・士游學歐美・擷長絜敝歸・自獻於宗邦・其施於財政者・方將探賾索隱・除嬈解苛・幡然一變其舊・更計簿察幣制・稍行諸稅法・既彰彰有明效矣・夫政之修替・與財之豐絀實相資以並進・改革方始・明而未融・財恆若不足・則政輒因以宿留・此事之無可逭者・然數十年中・詳綜國計・稽其出入・求其盈朒・視數十年前・遠至數百數千年以上・殆不可以道里計・循轍適進・厥途正修・余

研討斯學久矣・比歲從事南北・忝綰財政・思欲概近數十年所更歷者・襮於斯世・俾有所憑藉・各出學識才諝・匡歧補闕・以見於實用・忽忽未副此願・

賈君果伯亦夙殫心於是者・參曹政數年・因革損益・層累曲折・以見聞入・以思慮出・一一深知其故・刪繁擧要・勒爲是編・綱目互挈・首尾粲陳・乃適如余所欲言・讀是書者・倘能就所甄綜・察本末・窮利病・覈得失・審緩急・衡以學識才諝而加之以亭平・豈惟當官拜賜實多・抑國政亦有攸賴・遂不辭而爲之序・

崔師貫

一八七一年生
一九四一年卒

原名景元・又名其蔭・字伯樾・南海人・邑庠生・工詩詞・番禺梁鼎芬愛其才・以妹妻之・歷位廣東視學官・瓊崖中學監督・汕頭商業中學校長・晚年任香港大學文科講師・遺著有周秦漢魏諸學案講稿及北村類稿丹霞游草等・

陳子褒先生行略

新會陳著姓・自白沙而後・世有聞人・族姓散處潮連外海各鄉・君固外海一鄉之秀也・余姑適外海・爲君諸父行・少日省視嘗一至・訝其地有省會風・白沙詩所謂門前巷口・彷彿得之・而與君未相聞也・泊避地澳門・君方倡蒙學書會・以婦孺之僕著稱・始相識・往還遂稔・忽忽二十餘年矣・其早歲事則君自道也・

君諱榮袞・字子褒・生而岐嶷・顱大異常・讀書數行下・學爲制學文・援筆立就・年十六・補邑庠生・旋以高等

食廩餼・授徒會城・癸巳鄉舉第五人・與康南海先生同榜・榜發後乃受業南海門・時國事日非・南海方集公車諸彥・上書力請變法・開保國會於京師・君實先後奔走焉・又設大同譯書局於上海・君並蒞其事・既而宮府禍作・大捕黨人・君偕韓樹園文學倉皇東渡・既至日・乃遍察其教育事況・尤留意於各町村小學・憮然曰・救國之要在是矣・

以為諸賢皆眼光向上・而忽根本之圖・徒勞而無功・遂決變計・歸而設學於澳門・行新法教授・編七級字課・小學釋詞・諸史小識等書・蓋務求語文之溝合・使學齡兒童・更無不通國文之患・又以學校教育・必本於家庭・而婦女不識字者居多數・亟倡女學・期造就平等之智識・凡苦心經營、關於婦孺者尤至・其教科採圓週法・不為強灌・以養成學徒自動力為主・教化大行・信徒日衆・每有母子同堂受業者・時省學務處猶未設立・內地興學者・皆來取法・澳門一隅・教育遂為全粵冠・迄於今類此措施・亦已視為固然・日益加善・而在當日則籃縷啓疆・其功誠不可沒矣・

君又以智育漸進・德育益不容緩・惟時新舊交鬨・民德日漓・思求眞理・藉大威神以振發之・且欲除迷信・必刑於門內・乃發心皈依基督・即領洗於香港道濟會堂・越數年・遷校香港・從遊者愈增・合男女之數・恒歲二三百人・而專主經學教育・講宋元明儒學案・學風又為一變・蓋視學徒之詣業為轉移・總其會歸・而於救國之初心靡悖也・然君之心力是瘁矣・

余常以張吾貴徐遵明擬之・粟入雖豐・不喜謀蓄聚・與學之誠・終始不懈・先在澳設女義學・在港力襄工讀義學之舉・貧民受益至深・有故人子・遊學日本・缺費幾輟・卒玉成之・至子姪僮僕・資之成學者尤夥・君性卞・待人能自克・而不善排遣・卒以此殞君生同治元年壬戌二月十一日・（陽曆三月十一日）卒壬戌閏五月初十日・（陽曆七月四日）享年六十有一・無子。以弟之子伯强後・女翹學・君使從余學詩詞・習籀篆・君精小學・能為駢儷文・體近任沈・知詩而不為・顧嗜余詩・一篇出必娓娓誦・歷久能學之・余或茫然不自知也・君家人既葬君於香港耶教墳園・翹學請曰・先生與先公交久・至相知・宜有以為之不朽者・嗟夫・余何足以傳君・僅就所知略次其行事如右・使求當世能文章者表之焉・友人崔師貫敬述・

詹憲慈

一八七一年生
一九四二年卒

字菊人・又號菊隱・番禺人光緒癸卯恩科舉人・粵督陶模派赴日本留學宏文師範學校・回國後任番禺縣立師範學堂校長・久主安雅報華政・為文風華典贍・讀者悅之・民國七年至十六年任交通部秘書・晚年回粵歷立廣東高等師範與省立女子師範等校教席・抗戰軍興・避地粵北・卒於樂昌研石・生平喜研小學音韵・著有廣州語音本字・

廣州語音本字

初不律・　方言・律・始也・初不律者・言此為最先・莫有為之始者也・猶云首不先也・首不先・或作首唔先・唔即不也・正字通・北方讀不如幫鋪切・幫鋪切之音與唔字相近・廣州讀不若唔・凡唔皆不字也・律俗讀若甩色之甩・

叚手・　廣雅・叚・動也・叚手・即動手也・俗讀叚若

毓・埋・爾雅・埋・塞也・禮記・孔子閒居・志氣塞乎天地・注・塞・滿也・埋訓塞・而塞又訓滿・故廣州謂其事完滿了結曰埋・

澌・　方言・澌索・郭注・澌・盡也・曲禮正義・今俗呼盡爲澌・舊語之猶存者也・廣州言盡曰澌・讀若隆殺之殺・

睇委委・廣雅・睇・視也・廣州言視曰睇・爾雅・委委・美也・廣州謂物之華美者曰委・讀若威・誘小兒視華美之物・曰睇委委・是也・

委祖祖・　廣雅・祖好也・廣州謂華美曰委祖祖・音如柤梨之柤・俗讀曰揸・

精懇・　呂覽・簡選・欲其精也・注・精猶鋭利也・利之反爲鈍・精不鈍也・方言・虔儇慧也・晋謂之懇・郭注・懇莫佳反・廣州謂人敏慧曰精懇・俗寫作精乖・誤也・

鬼脈・　方言・關以東趙魏之閒謂黠或曰鬼・郭注・謂鬼脈也・廣州謂黠慧者曰鬼馬・蓋脈之轉音也・

㒼・　說文・㒼・平也・讀曰蠻・廣韻・㒼無穿孔狀・廣州謂物之平滿無孔曰㒼・讀若萌・

阿丁・　周書謚法・解迷而不弟曰丁・廣州謂人愚迷曰阿丁・以此・

摩・　禮記禮器・不摩蚤・釋文・齊人謂快爲摩・不摩蚤・言不以先時爲快也・摩之訓爲快・言快樂・快又有速義・左傳・今民餒而君逞欲・杜注・逞・快也・方言・逞・疾也・楚曰逞・是快有疾速之義・快之反爲遲・廣州謂遲曰摩・蓋反言之・方言・苦・快也・注・苦而爲快・猶以臭爲香・治爲亂・以摩爲遲・即比例也・

後⿰火貞・　說文・⿰火貞・玉枕也・段玉裁注・沈彤釋骨曰・顚之後・橫起者曰頭・橫骨曰枕骨・其兩旁尤起者曰玉枕骨・即偃臥著枕之處・集韻・⿰火貞・章衽切・俗讀⿰火貞若枕・

酒⿸广合・　類篇・⿸广合・低下也・音浥・淮南子・奇牙出・醫輔搖・注・醫輔者・頰上窐也・頰上窐・口輔微渦也・廣州謂物之有微窐者曰⿸广合・故口輔之窐・謂之酒⿸广合・又銅錫器受摧撞而成凹形者・亦曰⿸广合・俗讀⿸广合若米粒之粒・

耳醉・　說文・梁益之閒・謂聾爲睟・廣州謂聽不聰曰耳睟・唐韻・睟作亥切・俗讀若焙火之焙・

眨眼・　一切經音義十一・眨・目數開閉也・莊狹反・俗讀眨若斬・

開口齝著舌・　玉篇・齝食也・廣韻・齝・他合切・廣州謂齧曰齝著・諺語・開口齝著利・言啟口齝著舌也・舌蝕同音・漢書韋昭傳注・虧敗曰蝕・商業謂虧本爲蝕本・故俗諱言舌而言利・利者・蝕之反也・

心不分・　文選責躬應詔詩表・自分黃耇・永無執珪之望・注分謂甘愜也・心不分・謂不甘愜也・分讀若安分之分・寫作忿・誤也・

⿰臣垔・　說文・⿰臣垔・臥也・集韻・⿰臣垔・伊刃切・音印・廣州謂睡眠曰⿰臣垔・俗讀若訓・

鈔・　說文・鈔・叉也・段注・叉者・手指相錯也・廣州謂偏翻檢取衣物曰鈔・唐韻・鈔・是交切・俗讀若錢鈔之鈔・

㸒・　說文・㸒・近求也・从爪壬・儌幸也・段注・爪

壬・言提取其爪・妄有所取徼幸之意・廣州謂探取囊中物曰㸒・用近求之意也・謂摸竊囊中物曰㸒荷包・用徼幸之意也・集韻・㸒・余箴切・檇・說文・檇・以木有所擣也・擣・椎擊也・廣州謂以竹木直擊曰檇・集韻・檇將遂切・俗讀若對聯之對・

豛・　說文・豛・椎擊物也・讀如篤・廣州謂以竹木直擊曰豛・

炈・　說文・炈・下擊上也・凡擊物皆曰炈・引申之・被物所擊亦曰炈・以頭撞物亦曰炈・唐韻・炈・知朕切・俗讀若坎・

敲・　說文・敲・擊頭也・唐韻・敲口卓切・音摧・廣州言敲頭殼・

摼・　說文・摼・擣頭也・集韻・摼丘耕切・音鏗・旁敲亦謂之摼。

行來・　詩・貽我來麰・漢書劉向傳・作貽我釐麰・是來可讀若釐也・廣州言行來若行釐・以此・

摜交・　摜交・本角力之游戲・宋時謂之相撲・大淸會典・置善撲營額二百名・用兩人相撲爲戲・以傾跌其敵爲優・謂之摜交・廣州謂傾跌爲摜交・或者稱曰摜・蓋但取傾跌之義・唐韻・摜・古貫切・俗讀若慣習之慣・

眳痏・　眳痏・或寫作眳雞・不可解・文選西京賦注・眳・眉睫之閒也・說文・疻・痏也・瘡痏謂瘢痕也・眳痏者・眉睫間生瘡之瘢痕也・玉篇・眳迷盈切・俗讀眠若盟上聲・韻會・痏・羽軌切・音洧・洧雞音近・故譌作雞・

𧓍眼・　牆眼・或寫作雞眼・不可解・廣韻・𧓍・側持切・音緇・手足生堅皮也・緇雞音近・故譌作雞・

細伲崽・說文・伲民也・廣州謂小兒曰細伲崽・謂幼小之民・方言・崽・子也・郭注・崽・音宰・或寫崽爲仔・誤也・詩佛時仔肩・傳・仔任也・集韻・仔・祖似切・經籍無訓仔爲小兒者・

蘇掗崽・　集韻・掗・赤子也・於家切・音鴉・廣州呼小兒曰蘇掗崽・蘇生也・言新生者也・俗讀蘇掗若蘇蝦・音之轉也・

阿婆𦅾・　類篇・𦅾・小兒帽也・粵俗小兒彌月・外祖母饋以帽・曰阿婆𦅾・集韻・𦅾・驅園切・俗讀𦅾若經傳之傳・

口水褔・　廣雅・褔・次衣也・王念孫曰・次即今之涎字・集韻・褔烏侯切・

打風舊・　三國志吳志・蒼梧歲有舊風障氣之害・風則折木飛砂轉石・廣州所謂打風舊・蓋折木飛砂轉石者也・即吳志之言舊風也・風舊二字甚古・俗寫風舊爲風颶・不知舊爲本字耳・

日頭晟・　集韻・晟・時正切・音盛・正字通・晟日光充盛也・廣州謂日光赫盛曰日頭晟・俗讀晟若證・

今物・　左傳・是其生也・與吾同物・注物・日也・今物・今日也・

散昫・　周禮注・司馬法・旦明鼓五通・爲發昫・昫音煦・日出也・廣州人於昧爽時擂鼓曰散昫・散即發也・俗讀散昫若散累音之轉也・

通書・　坊刻厤書・廣州人曰通書・書輸音近・廣州賭

風盛・人諱言輸・故改稱通書爲通勝・

角落頭・　禮記・公室視豐碑疏・角落相望・故云四角・廣州謂室隅曰角落頭・本此・

高設・　周禮・桃氏爲劍・中其莖・設其後・設・大也・廣州謂屋宇高大曰高設・

迒・　廣雅・迒・道也・廣州謂小巷曰迒・集韻・迒・胡郎切・俗讀迒若冷・

⿸广馬・　廣雅・⿸广馬・庵也・王念孫曰・⿸广馬・亦幕也・音之轉耳・曹憲博雅・⿸广馬音罵・廣州所謂一葉⿸广馬蓋・鋪瓦約數尺・以覆下・爲一葉之幕也・⿸广馬俗讀若灑・

甂爐・　方言・甂・陳魏宋楚之間謂之題・郭注・甂音邊・河北人呼小盆爲題・廣韻・盆・瓦器・漢書食貨志・募民煮鹽・官與牢盆・注・盆・煮鹽器・蓋小盆可以煮物者・古謂之甂・廣州所謂打甂爐・置瓦器於爐上・煮生物食之也・俗寫甂作邊・邊與煮食不相涉・殆不知甂爲本字耳・

炭墼・　急就章注・墼者・抑泥土爲之・令其堅激也・南方有炭墼・廣州以炭末擣堅成塊曰炭墼・俗讀墼若基・

涫水・　說文・涫・𤅩也・段注・今江蘇俗語沸水曰滾水・滾即涫之轉・廣州呼涫水爲滾水・東莞人仍呼涫水・其漢人言之猶存者歟・

鬻・　說文鬻・納肉入菜湯中薄出之也・薄者・迫也・迫者急也・謂以湯略熟肉菜而急出之也・廣州謂鬻熟即此義・廣韻・鬻弋灼切・俗讀若倬・

⿰月壬・　說文・⿰月壬・大熟也・廣州謂肉大熟而柔輭曰⿰月壬・

缹・　詩・韓奕箋・炰・以火熟之也・疏引字書・缹・蒸也・又曰・⿰火參煮曰缹⿰火參・俗燥字・一切經音義十七・引字書・少汁煮曰缹・廣州食品所謂缹雞・蓋少汁煮之者也・缹俗讀若蹲⿰足某之⿰足某・

煹・　廣韻・煹・舉火也・古候切・廣州言煹火若透火・煹透音近也・

馟・　字彙・馟・香也・音涂・廣州謂氣息曰馟・香曰馟・臭亦曰馟・猶香氣曰臭・惡氣亦曰臭也・俗讀馟曰徐・蓋涂又有除音・集韻・除・陳魚切・廣州讀除若徐・故亦讀馟若除也・

⿱殸至・　集韻・⿱殸至・臭不可近爲也・廣州言臭⿱殸至⿱殸至・丘耕切・音鏗・

蔫・　韻會・不鮮也・增韻・蔫・食物餲也・唐韻・蔫於乾切・俗讀若煙・

葾・　廣雅・⿰歹委葾・敗也・集韻・葾於袁切・俗讀若深淵之淵・

腯・　周禮攷工記・工人注・樴爲脂膏腯敗之腯・釋文引呂忱云・腯・膏敗也・廣州言油腯讀若益・

㞘・　集韻・㞘都本切・臀也・周禮攷工記・卓氏爲量其臀一寸・注・臀・底也・廣州有打爛沙盤問到㞘之語・沙盤・碾物瓦器・言窮問到底也・詢芻錄・嘗聞人言・打破沙鍋問到底・不知其說・後知秦晉方言・廣州言義亦如此・

鈙・　廣州言鈙盇・俗作凵盅・凵・字書所無・類篇・鈙物相値・合也・凡言鈙有恰當不差之意・鈙盅・蓋淺而盅深・以盇覆盅・適相合而不差・故曰鈙盅・鈙口陷切・

爪續・　釋名・爪・紹也・筋極爲爪紹・續・指端也・

廣州以錢與人不足而續與之．謂之爪續．或單言爪．或單言續．又與人之錢有餘．人反之於我．亦名曰爪．引申之．凡換易錢銀皆曰爪．俗寫作找．誤也．集韻找胡瓜切音華．與划同．

除䩩．說文．䩩．量物之䩩也．廣州稱物以器載之．名其器曰䩩．除其䩩之重量不計曰除䩩．集韻䩩．於袁切．俗讀曰遠．古以革爲䩩．故從革．今則銅器竹器亦名䩩矣．

稱䙴．說文．䙴．升高也．稱物而稱稍升高．廣州謂之稱䙴．俗寫作稱先．誤也．

組．儀禮．著組繫．注．組繫．可爲結也．集韻．組．總古切．音祖．今縫衣於衣衩處爲小結．名之曰打組．

𢻫．集韻．𢻫縉欲壞也．篇夷切．廣州謂綢緞之起毛將壞者曰𢻫．俗讀曰批．

勑厚．廣雅．勑．動也．王念孫曰．凡相恩勤謂之勑．廣州所謂勑厚．恩勤而相厚者也．俗讀勑若酹酒之酹．

大邁．詩．視我邁邁．傳．邁邁．不顧也．廣州謂高傲而不理人曰大邁．以此．

祅．爾雅釋詁注．世以祅言爲訛．訛．僞也．廣州謂言語及事之僞者皆曰祅．唐韻．祅於喬切．俗讀祅若幺．

寃戾．說文．戾．曲也．廣雅．寃．曲也．廣州謂誣枉人曰寃戾人．蓋誣人者必曲造事實．故曰寃戾也．又俗有戾橫折曲之語．正韻．戾音麗．

誁．字彙．誁．助言．補梗切．廣州謂在旁助言曰誁．謂助人歡樂曰誁人歡喜．俗讀誁曰鄧．

侹．方言．侹．代也．江淮陳楚之閒曰侹．廣州人謂代替曰侹．俗寫作頂．誤也．

徯醯．方言．徯醯．危也．郭注．醯居枝反．廣州謂置物而危曰徯醯．屋之不堅固而危者亦曰徯醯．俗讀若兒嬉．或寫作兒戲．誤也．

攬軭．廣雅．軭．戾也．攷工記輪人．輪雖敝而不匡．鄭衆注．匡枉也．枉亦戾也．廣州謂將事攬壞與本旨相乖戾曰攬軭．俗讀軭若桂林之言汪．

鉎．一切經音義十六．引埤蒼．鉎．鐵衣也．鉎．即繡也．廣州言刀生鉎讀鉎．音近問覡之覡．

鏩．正韻．鏩．切草器也．查鍇切．音沭．廣州謂切檳榔曰鏩檳榔．斷檳榔之器如切草之鏩也．俗讀鏩若閘．

盌．集韻．盌．器不平也．於散切音勒．俗讀若熬．

局．詩．子髮曲局．注．局．卷貌．廣州謂物之縐而卷者曰局起．俗讀局若菊．

䑪．玉篇．䑪．仰也．集韻．䑪弋灼切．音藥．廣州謂物之仰起曰䑪起．俗讀䑪若嘢．

矗企．說文．矗．直項貌．廣州謂堅立曰矗．取直堅之意．正韻．矗．高起也．增韻．矗．聳上貌．廣州謂物之高聳者曰矗．廣雅．企．立也．漢書五行志．上林苑中大柳樹斷仆地．一朝起立．注．立．直起也．廣州謂立曰企．如云樓梯企．言梯之直起聳上而不斜也．合矗矗企三字爲一語．形容物直高聳之詞．矗在董韻俗讀若棟．廣韻矗丑六切．俗讀若篤．

乜．乜．什沒也．常語以甚麼爲問詞．由甚麼轉爲什麼．由什麼轉爲什沒二字．其音如乜．什沒之爲乜．猶不可之爲乜也．廣州之所謂乜．作何字用．如云乜事．謂何事也．乜人．謂何人也．皆借用乜字之音．非乜字本義也．廣韻．乜米野切．廣州語有曰係乜者．即是勿也．因語錄．元宗問黃繙綽是勿兒得人憐．對曰．自家兒得人憐．注．是勿兒．猶何兒也．蓋古音勿讀如沒．是勿即什沒．又廣州語問何事曰乜野．問食何物曰食乜野．所謂乜野．即米野也．米野者．乜之切音．俗不言乜而言米野．用其切音也．

恁．正韻．恁．忍甚切．徐鍇曰．恁．俗言如此也．廣州言如此曰恁．讀若紺音之轉也．俗寫恁作咁．誤也．集韻．咁與嗛同．音擔．口有所銜也．無如此之義．方言．沅澧之閒．凡言或如此曰㳙．方言之㳙．言或如此也．廣州之恁．言如此也．一爲疑詞．一爲決詞．截然不同．

齟．字彙．齟．往也．音祚．凡言齟者．謂其事已完也．廣州言造完事曰造齟事．讀齟如俎．

俤．集韻．俤困劣也．丁計切．廣州謂人物之劣皆曰俤．俗讀俤若曳．

喰哼．集韻．喰哼．愚怯貌．喰．鋤庚切．哼．虛庚切．廣州謂愚怯曰喰哼．俗讀喰．鋤上聲．哼若打更之更．

頻鄰．詩．國步斯頻．傳頻．急也．管子五行．五穀鄰熟．注．鄰緊也．廣州謂緊急曰頻鄰．以此．

儹．說文．儹．最也．段注．最．聚也．廣州謂積蓄資財曰儹錢．俗讀儹若儹步之趲．

掘．老子．虛而不掘．釋文．引顧注．掘竭也．廣州謂貧極曰窮掘．

佤．周禮形方氏注．正之使不佤邪．疏佤者．兩頭寬．中間狹也．廣州謂兩頭寬中間狹者曰佤腰．集韻．佤枯瓜切．俗讀佤若揸．

噃．易賁卦．釋文．噃．荀作波．是噃波通．元曲科白中．常用波字爲助詞．廣州語之噃．即元曲之波也．俗讀噃若播．

只．左傳襄二十七年．諸侯歸晉之德只．注．只辭也．凡言只者．有祇如此之意．廣州語多於語末用只字．俗寫作啫．誤．

涊．涊．汙垢也．俗讀涊若紙撚之撚．廣雅．淟涊．垢濁也．廣州謂物受垢曰整涊．

磢．郭璞江賦．奔溜之所磢錯．注．磢．瓦石洗物也．廣韻．磢楚兩切．廣州謂以瓦石擦物曰磢．以鹼洗手亦曰磢手．讀磢若節省之省．

徑水．徑水．行水中也．俗讀若桂林語之絳．漢書高帝紀．夜徑澤中．注．徑．行也．

𩑛水．𩑛水．納頭於水中也．俗讀𩑛若味．說文．𩑛．內頭水中也．廣韻𩑛．烏沒切．

縮水．禮記郊特牲．縮酌用茅．鄭注．泲之以茅．縮．去滓也．廣州謂以布就水而受之曰縮．又物受水曰縮水．不受水曰不縮水．皆讀縮若朋友數之數．

沙潬．潬者．水旁之有沙者也．俗讀潬若坦．爾雅釋水．注．今河中呼水中沙堆爲潬．廣韻．潬徒旱切．正韻．潬．沙渚也．

沈底．浮沈之沈．本平聲．廣州謂墜於水下曰沈底．沈讀若朕．周禮大宗伯．以狸沈祭山林川澤．注．祭山林曰

狸・祭川澤曰沈・狸者・埋玉以祭也・沈者・沈玉以祭也・劉注・沈・直陰反・此沈可讀若朕之證・

鐵城土語語原攷序

楊子鐵夫出示所著鐵城土語語原攷三卷・屬爲之序・以余好研求廣州語之本字・余研求廣州語之本字・十有三四年矣・所得者僅七百許條・修番禺志者略采之入番禺續志・然覆視之・余所指爲本字者・不能悉無誤也・如廣州語謂小兒之慧者曰精乖・余以乖無慧義・因取揚雄方言𢣚慧也之𢣚易乖字・其後再讀方言至謾慧也・乃知精當易爲謾・續志已成書・不易修改・余以是歎治方言之難也・余固不足數・縣人屈大均世所稱爲文士者也・其廣東新語之土言有謂新婦曰心抱一語・新婦何以曰心抱・心新普通語同音・婦抱古同韻也・大均不加詮釋・陋歟疏歟・廣東新語其小焉者也・廣東通志非阮元所主纂者歟・方言一類訛誤者往往而有・此何故乎・阮志方言多用粵東筆記・著粵東筆記者・非粵人也・訛誤之多・職此之由・夫非粵人而釋粵語・雖餘杭章炳麟之通博・亦不能盡確・新方言云・廣東人謂極好爲幾好・幾・甚也・幾好誠爲甚好・而廣州謂頗好亦曰幾好・重讀幾字爲甚好・輕讀幾字則爲頗好・炳麟但知其一・故吾謂其不能盡確也・余以是益歎治方言之難也・

楊子是書有曰粵語者・粵東省會語也・曰城語者・中山縣城語也・曰鄉語・則隆都語也・楊子爲中山縣隆都人・多讀古書・又精訓詁・凡所編述・類淹雅而有根據・如卷一新婦一條・謂古之自稱新婦者・新非新來之新・乃自謙之詞・與尋常稱新婦有別・卷一一涿一條・引說文・涿・水下滴也・皆余所求之垂十年而不能得者・而楊子能得之・楊子眞健者哉・余之求廣州語本字也・每得一字則狂喜・若迷途而知所鄉・若遇久別之朋忘其名字・忽有人名之字之・令余可從而名之字之也・楊子草是編時・獲一新義・其亦有此幾乎・

廣東語言之難猝明者・爲代語・爲倒文・爲古今字・何謂代語・口中之舌無異名・而廣東多謂舌爲利・以利代舌者・商賈營業忌虧蝕・舌蝕同音・故以利代之也・此例至多・即如是編之釋擔濕爲擔干是已・何謂倒文・食飯盡一盌復盛一盌・順言之當曰再食一盌・廣東則曰食盌添・添益也・此倒文也・即如是編之釋雨微爲微雨是也・何謂古今字・說文多以到爲倒・段玉裁謂到倒古今字・蓋到古字・倒今字也・廣東亦多謂倒爲到・如首足易位則云打到頂・頂・顚也・首也・到・倒也・此以到爲倒也・古今字之例・是編所未言・治方言者不可不察也・三例而外・又有三事・

其一・因音求字・廣東語多以音變而失其本字者・如飲酒至盡曰・飲勝・本爲飲罄・讀罄若勝者・音變也・人翻身使首在下足向上・廣東謂之打觔斗者・跟字之音變・斗者頭字之變也・廣雅疏證曰・水中蟲不動時・跟向上・頭向下・名跟頭蟲・人首足倒置似此蟲・故曰翻跟頭・自讀若翻觔斗・遂不知其本字・此亦治方言者所不可不察也・

其二・古已聲誤而今猶沿用之・廣州讀無字音若武・闕有字中二畫爲冇字・雖通人所不用・而流行已久・禮記曲禮器周坐尸詔侑武方・鄭玄注・武當爲無聲之誤也・古讀無若

詹憲慈

武・由聲之誤・今廣州沿之・故亦讀無若武・不用本字・而自制冇字・殆淺者之所爲・此又治方言者不可不察也・

其三・因叶音而忘其本字・廣東謂物之立體而四旁廣狹略相等者曰一具・漢書美玉十具・是也・具本忌遇切・而叶音則爲忌救切・漢馬融廣成頌・上無飛鳥・下無走獸・虞人植旍・獵者效具是已・廣州語有時讀具爲舊・用叶音也・此又治方言者不可不察也・

明乎三例與三事・藉以考廣東語之字・十獲八九矣・余好求廣州語之本字・今獲與楊子同一地・而楊子講學鮮暇・不能時時就楊子商榷・得讀此書・余益矣・雖然・寇突日深・疆土日蹙・余與楊子不亟亟爲救亡之事・而僅以方言相討論・可謂不知所急也・

己卯民國二十八年三月番禺詹憲慈菊人序・

坪石山栖記

樂昌縣坪石有村曰粵北新村、村在金雞嶺之麓・金雞嶺有石壁屹立・縱數十尋・橫三倍之・其近西處豁爾中缺五六尋・若仰未張之弓・石壁以東・數石屏立・自下視之・隙可見天・石盡羣峯爭高・岧嶢綿連・上多樹・山勢自東迤南・復折趨西北・爲武江所限・新村背嶺之石壁南・青山環拱・在青山外者爲隔江諸山・石壁再東・中有一峯最高・底石而戴土・石右斜降而左突起・石下爲土坡・綠草被之・秋深未衰・坡下有田・阡陌相交・田側有屋・錯落相望・屋外有樹・高下相倚・所謂杉下坪也・

自杉下坪上小阜・其顚新村也・新村直西行至水湄・水武江也・新村處回匝皆山之中南眺諸山近見遠隱・東瞻仰則最高峯・俯則杉下坪・幽秀殊常・至足怡賞・欲雨雲濛東山・似煙非煙・似霧非霧・雨歇溪流有聲・半夜滿聽・人疑山雨復來也・功崇居村之極東・啟窗外瞰・最高峯杉下坪盡入目中矣・功崇樂之・余亦樂之・民國三十一年雙十節記於坪石・

黃驥

一八七一年生
一九四三年卒

字達生・號伯始・南海人・邑庠生・適科學廢・新學興・乃任教羊城廣仁學堂・旋回里九江鄉・執教儒林高等小學多年・復創立永錫學校・兼九江中學教席・課餘致力地方公益・助旅香港同鄉倡設國民小學四十餘所・向政府爭取教育經費・鄉望日隆・民國二十三年獲選爲南海縣參議員・抗戰時卒於里第・

朱竹君嚶蟲集序

韓退之謂物不得其平則鳴・自草木金石・推而至於以鳥鳴春・以蟲鳴秋・皆有假之以鳴其不平者・豈天地多不平之事・故物類多不平之鳴耶・沈沈以思・數千年來・思想縛束・言論箝制・抑塞磊犖之士・才智抱負・自命不凡・蘊蓄不能見諸實行者何限・李膺・范滂一鳴其不平・而黨錮之禍起・顧憲成・高攀龍一鳴其不平・而東林之禍作・陸生枬・呂留良・戴名世一鳴其不平・而文字之獄興・莽莽神州・膠膠狂士・豈眞無以吐其胸中不平之氣乎・或爲鳥言以自比・或托諸草木蟲魚・發爲詩歌・攄其胸臆・則亦各言爾志之義也・

朱子筑筠・余中表潔臣先生之哲嗣也・其爲文倜儻有奇氣・屢試不售・棄而遠遊・越太平洋・歷日本・檀香山・美利堅・古巴諸邦・返國後復遊滬瀆・客京師・冀得一當・所過山川風土・一一寄之於詩・凡所以寫其不平之感・而爲此蟄伏之鳴也・

其大父容遠先生・余姑夫也・好爲古文辭・容遠之父曰南溟先生・有値蘭庭集・能以文章鳴於鄉・筑筠不墜其業・雖困於遇・而不懈於文・乃袖其所作詩名嚶蟲集者・索序於余・余受而讀之・如正覺寺鐘聲・旅途述懷・東歸十詠諸篇・類皆發攄懷抱・托諸篇章・憤懣之情・溢於楮墨・殆即韓子以蟲鳴秋之意耶・何秋氣之深也・余不能詩・姑概括斯旨・弁諸簡端・時中華民國九年孟秋七夕也・黃驥序・

九江中學校志昂圖書館記

九江中學設立・閱八月而志昂圖書館成・名曰志昂・明繼志也・鄧肇堅昆仲・奉其先君子遺命・慨捐鉅金・成立斯館・蓋本其助學之熱誠・而推及於中學也・夫善繼志者孝・善推其所爲者仁・鄧肇堅昆仲・素所習見者・志昂創業之事也・素所習聞者・志昂慈善之舉也・志昂嘗捐累鉅萬・以助香港大學中文學院・又嘗助開辦費及常年捐於南海中學・今年九江中學成・志昂被推爲校董・將欲大有造於斯校也・蓄志未發・遽歸道山・肇堅昆仲・仰承先志・審輕重・權緩急・先設立圖書館於中學・則難能而可異也・蓋繼其志以創業則易・繼其志以興學則難・推所爲於慈善則常・推所爲於圖書則異・於以歎肇堅昆仲之仁孝爲獨摯也・吾所喜者・鄉人留意於教育・且注目於圖書・民國初年・吾鄉學校頹廢・士氣消沉・岑君伯銘・振臂一呼・先捐萬金・募捐一二十萬・創立初級小學四十餘所・鄉人稱誦至今・陳君松燊・惜禮山手澤之庋藏於家・慨捐二千金・商而出之・以共欣賞・吳君伯璣增其式廓・羅致中外典籍・蔚然成立九江學務公所圖書館・此皆以陶鑄社會・展發智能爲職志者也・惟肇堅昆仲・審其所輕・而復審其所重・權其所緩・而復權其所急・以爲中學乃九江最高學府・將以培植俊秀・孕育文明・爲百年樹人之計也・非有豐富之圖書・安有豐富之學識・且教科爲課內之講授・圖書爲課外之觀摩・課程爲校內所獨專・圖書爲校外所共享・不得不鄭重其事・而視之爲急務也・

關君伯規・九江中學教務主任也・爲志昂快壻・銜肇堅昆仲之意・以語校長漢鏻君・漢鏻佩服其仁・尤尊重其孝・設會籌備・迭開會議・關於采購圖書・借閱規則・詳加討論・而推伯規董其成・以期無負孝子仁人之用心・而饜閱者讀者之望・故於中學應備以供參考外・復羅網古今中外之鉅帙・德行道藝之成書・別闢一室・位置井然・其櫝笥・鐫刻名氏・而資識別・其卷軸・編裝肖像・而著表彰・不惟使學校員工・深刻其印象・亦欲鄉人士之有力者・不使肇堅昆仲之善推善繼、專美於前也・

近日馮平山爲其父設景堂圖書館於新會・規模壯偉・組織精詳・久欲參觀而未逢其適也・今幸志昂圖書館獲觀厥成・倘亦稍慰夙願也夫・民國壬申立冬後三日黃驥謹識。

九江中學校成立感言

黃驥 張國華

需其事者甚殷・副其望者甚靳・則無如何矣・若風會之所趨・人事之所營・靳於始不靳於終・應其所需・達其所望・當亦可爲快慰也・然得之愈難・愛之彌摯・不禁嗟歎之・舞蹈之・不自知其喜之過甚者・如我九江中學之成立是已・

夫教育事業之遞嬗・隨學術思想爲變遷・所以應時勢之需求・而副人民之願望者也・科舉時代・詞章帖括・牢籠一世之賢豪・廣東人知讀書・自阮芸台督粵始・九江人知讀書・自曾勉士潛修經學始・然當世所需・尤有進乎此也・

時則有朱九江先生講學於禮山・遊其門者率爲海內知名之士・問其學規・則曰敦行孝弟・崇尚名節・變化氣質・檢攝威儀・問其課程・則曰經學・史學・性理之學・掌故之學・詞章之學・綜核名實・溝通漢宋・合唐宋明清之學・而集其大成・於是九江學派・遂以風靡一世・

有清之季・世變日亟・需才孔殷・美雨歐風・奔騰澎湃・一敗再敗・蹶不可振・九江先生弟子康有爲・上變法之書・促維新之治・廢科舉・興學校・各省大吏・改書院爲學堂・興學之聲・風起雲湧・相需之殷・未有甚於此時者也・

時則有朱湘帆與黃孔紹之設立九江儒林兩高小學堂・學系混淆・班級參錯・事屬創舉・所不免也・越二十餘年・岑伯銘以一介商人・洞識時勢之需求・集合鄉人・共謀教育之普及・則有九江學務公所之設・既得前縣長何惺常中資捐之指撥・又得僑外同鄉義捐年捐之慨助・而初級小學・遍於一鄉・成績日著・卒業日多・苦無升學之所・省鄉遙隔・風氣互異・青年學子・未便遠遊・會逢南海縣政府舉行第一次初等教育會議・又適南海中學舉行改建校舍落成典禮・九江旅省公會同人開會歡迎鄉代表・讌集一堂・高談雄辯・竭情貢獻・討論要旨・以爲最足應鄉人之所需・而慰鄉人之望者・莫如倡辦中學・

於是陳屈伸黃漢鏻諸君・萃精會神・致力奔走・時逾一載・而九江中學宣告成立・嗟嗟・莫爲之前・雖美弗彰・莫爲之後・雖盛弗傳・俯仰百數十年間・其教育事業之相推相嬗・及學術思想之與時變遷・謂非風會之使然・人事之所造成歟・發揮而光大之・深有望於來者・

張國華 一八七一年生 一九四四年卒

字鞠普・一字菊圃・號不薄齋主・番禺人・少刲股療親・有孝行・清末應試不售・遂絕意舉業・轉習刑名・歷任各繁縣幕・光緒三十二年・隨舅氏錢洵往東西南洋考察・錢出使荷蘭・意大利皆隨任爲使館書記官・民國肇建・任粵省都督府秘書長・兼省議會秘書長・南海開平等縣長・高雷道粵海道潮梅督辦署秘書長・廣東地檢廳書記官長等職・晚年從事教育・任廣州女子師範・廣東法政學校・廣東大學法學院講師・國華爲官清廉・慷慨好施・能以文傳世・遺著有日本司法綱要・外國列女傳・周易新理解等・多散佚・僅有不薄齋存稿刊行・

上古時代之民生主義

嘗讀孫中山先生所著之三民主義一書・於民生主義編中・雖祇得第四講・未爲完璧・然於犖犖諸大端・固已將大

綱宏旨・闡發無遺・其議論之超・識見之遠・計劃之詳・思想之大・堂哉皇哉・美矣備矣・蔑以加矣・雖然・中山先生之言・皆爲國家富强之大計・世界競爭之宏規・非一朝一夕所能辦到・吾國近年積弱已久・民窮財盡・百孔千瘡・當此喪亂之餘・元氣未復・人民流離轉徙・十室九空・士廢於學・農輟於耕・工疲於市・商阻於途・米珠薪桂・啼飢號寒・所聞者咨嗟歎息之聲・所見者憔悴可憐之色・矧以紙幣言・則日低一日・而無維持之善法・以物價言・則日昂一日・而無限制之良規・故全國人民均有朝不保夕之勢・存生不如死之心・其弱者將不免於死亡・其强者遂流而爲盜賊・近者抗戰勝利・政府還都・人民望治孔殷・雖當局日昃勤勞・亟思補救・第茲事體大・非適合國情・參酌古今之宜・交通中外之制・亦無以善其後而收厥功・

竊以爲國以民爲本・民以食爲天・若民生問題不能解決・則其餘一切問題亦無從解決・當此不可終日之時・必當以此爲先決問題・因思我國有史以來・已數千年・雖一治一亂・循環無端・然未有民生困苦如今日之甚者・且凡遇開創建國及中興復國之時・亦未有上下交困憂貧如今日者・是知古人對於國計民生・必有其道・故堯有九年之水・湯有七年之旱・未聞當日人民有飢寒而死者・而漢唐元明之興・亦未聞有橫征暴歛者・彼果操何術耶・毋亦先事豫防・故能有備無患耳・孔子曰・「百姓足・君孰與不足・百姓不足・君孰與足・」此實民生主義之眞諦也・

竊嘗思之・今之言主義者・除共產主義外・爲國家計者多・爲人民計者少・古之言主義者・則爲國家計者少・而爲人民計者多・試觀經典所載・莫不注重民生・雖未能詳晰言之・而散文剩義・猶有可尋・茲姑就記憶所及・撮其大凡・俾知古人對於民生問題・思之深而籌之熟・有如是之不苟者・惟自廢經以來・後生多束書不觀・或不能詳注疏・故於其艱深之處・加以案語・俾知我國民生主義・實有其根本所在・而經書之不可讀・是則此篇區區之意也・

易經繫辭下曰「古者庖犧氏之王天下也・仰則觀象於天・俯則觀法於地・觀鳥獸之文・與地之宜・近取諸身・遠取諸物・於是始作八卦・以通神明之德・以類萬物之情・作結繩而爲網罟・以佃以漁・蓋取諸離・

案易經一書・於天道・地道・人道之事・無所不包・無所不有・其言象則・天道也・其言數則地道也・其言理則人道也・凡近世之所謂哲學科學・多不能出其範圍・以文王・周公・孔子之聖・或未能盡通之・自漢以後・注易者無累數百家・而能究其精微者・尚無其人・他日各學昌明・或可大明於世・未可知也・此章言其象天法地・觀物取人之事綦詳・而當時爲田獵時代・故先作網罟・以佃以漁・所以厚民生也・

庖犧氏沒・神農氏作・斲木爲耜・揉木爲耒・耒耨之利・以敎天下・蓋取諸益・日中爲市・致天下之民・聚天下之貨・交易而退・各得其所・蓋取諸噬嗑・

案神農氏時爲耕稼時代・人民旣知耕稼・則各安其居・故又爲之設市・以致天下之民・聚天下之貨・使之有無相通・各盡所能・各取所需也・噬嗑二字・亦足食之義・故取象於此・

神農氏沒・黃帝堯舜氏作・通其變・使民不倦・神而化之・使民宜之・易・窮則變・變則通・通則久・是以自天祐之・吉・死不利・黃帝堯舜・垂衣裳而天下治・蓋取諸乾坤・刳木爲舟・剡木爲楫・舟楫之利・以濟不通・致遠以利天下・蓋取諸渙・服牛乘馬・引重致遠・以利天下・蓋取諸隨・重門擊柝・以待暴客・蓋取諸豫・斷木爲杵・掘地爲臼・臼杵之利・萬民以濟・蓋取諸小過・弦木爲弧・剡木爲矢・弧矢之利以威天下・蓋取諸睽・

案以上各節・蓋言自黃帝至堯舜以來・對於民生日用之事・莫不變通盡利・故能承天之眷・日進文明・如衣裳之製定・舟楫之創興・牛馬之服屬・杵臼之製造・皆利民之政也・至於擊柝以禦暴客・弧矢以威天下・則又尚武之事・將以保民矣・

上古穴居而野處・後世聖人易之宮室・上棟下宇・以待風雨・蓋取諸大壯・古之葬者・厚衣之以薪・葬之中野・不封不樹・喪期無數後世聖人易之以棺槨・蓋取諸大過・上古結繩而治・後世聖人易之以書契・百官以治・萬民以察・蓋取諸夬・

案言後世聖人者・不明其時代之言也・自有宮室而民得安居・自有棺槨而民知送死・自有書契而民之知識日進・文明大啟矣・夫古之爲政者・終日孜孜・其爲民設計・勤勞若此・以視今之爲政者・深居簡出・安富尊榮・惟知植黨營私・爭權奪利・甚且殘民以逞・而固其一己之地位・以身發財・而便莫一己之私圖・誠不可同年而語矣・

書經大禹謨篇曰・禹曰・於・帝念哉・德惟善政・政在養民・水火金木土谷・惟修正德・利用厚生・惟和・九功惟叙・九叙惟歌・戒之用休・董之用威・勸之以九歌・俾勿壞・帝曰・俞・地平天成六府三事允治・萬世永賴・時乃功・

案此文簡古・蓋夏禹王與虞舜帝互相交勉之詞・禹若曰・嗚呼・君其念之哉・人君之德・在於行善政・善政之要・在於養人民・如水也・火也・金也・木也・土也・此民用之所關也・如谷也・民食之所關也・宜修治也・至於正民之德也・民之用也・厚民之生也・宜調和之・以上九事・宜便之叙次井然・此九事能叙次井然・則人民歡欣歌頌矣・然又宜誥誡之以著其美・董督之以示其威・功導之以使其歡欣歌頌・毋任放棄廢弛也・於是舜曰・爾言甚是・今汝治水・既能興地利矣・能順天時矣・而水・火・金・木・土谷・之六府・正德利用・厚生之三事・均能治理矣・此萬世之所賴也・仍當時時警惕・竟厥全功可也・觀此則知古人於民用民食之事・未嘗不再三致意也・爾俸爾祿・民膏民脂・奈何今之人之尸位素餐・反視人民如奴隸犬馬・而役使之・剝削之耶・

詩經豳風七月章曰・七月流火・九月授衣・一之日觱發・二之日栗烈・無衣無褐・何以卒歲・三之日於耜・四之日舉趾・同我婦子・饁彼南畝・田畯至喜・

案豳風爲周公陳王業艱難之詩・其意若曰・七月暑退矣・九月寒至矣・一之日（周正月即陰曆之十一月）寒風重矣・二之日（殷正月即陰曆之十二月）寒氣甚矣・若無衣無褐・何以度歲耶・且三之日（夏正月即陰曆之正月）當犁田矣・四之日（即陰曆二月）當播種矣・彼時同我妻子・食於

田間·而勸農之官且至·見吾輩勤勞而喜悅矣·

七月流火·九月授衣·春日載陽·有鳴倉庚·女執懿筐·遵彼微行·爰求柔桑·春日遲遲·采蘩祁祁·女心傷悲·殆及公子同歸·

案此章言今歲云秋矣·然回溯春日黃鳥初鳴時·彼美女持美麗之筐·行寂靜之徑·求幼穉之桑·采茂盛之蘩·以供蠶事·勤劬至矣·然女子喜懷·當此春時·未免有情·心有感觸·思得貴族而嫁之也·此章寫景寫情·曲盡其美·非深味之而不知也·

七月流火·八月萑葦·蠶月條桑·取彼斧斨·以伐遠揚·猗彼女桑·七月鳴鵙·八月載績·載玄載黃·我朱孔陽·爲公子裳·

案此亦回溯之詞·言今則秋矣·宜豫蓄萑葦之屬·以編蠶箔·俟養蠶之月·取方斧以伐高枝·而采其嫩桑·至七月而伯勞鳴矣·八月而織事畢矣·或染爲玄色·或染爲黃色·其染爲朱色者·乃上品也·可備貴族衣裳之用也·此言織染之事也·

四月秀葽·五月鳴蜩·八月其穫·十月隕蘀·一之日於貉·取彼狐狸·爲公子裘·二之日其同·載纘武功·言私其豵·獻豜於公·

案此言四月則草秀矣·五月則蟬鳴矣·八月則刈禾矣·十月則木落矣·至十一月可往獵矣·若得狐皮·可以爲公子之裘·至十二月可繼續田獵·以講武事·若獵得野豕·則自取其小者曰豵·而獻其大者曰豜一於公家也·此言田獵之事也·

五月斯螽動股·六月莎雞振羽·七月在野·八月在宇·九月在戶·十月蟋蟀入我牀下·穹窒熏鼠·塞向墐戶·嗟我婦子·曰爲改歲·入此室處·

案此言五月則斯螽動矣·六月則莎雞振矣·至於蟋蟀之蟲·則先在野·在宇·在戶·而入於牀下矣·彼三蟲尚知時·人可不知時乎·宜補高處之隙·熏穴中之鼠·塞北向之牖·塗四壁之戶·令寒氣不入·與我妻孥居此度歲也·緣豳地苦寒·宜先事綢繆也·

六月食鬱及薁·七月烹葵及菽·八月剝棗·十月穫稻·爲此春酒·以介眉壽·七月食瓜·八月斷壺·九月菽苴·采荼薪樗·食我農夫·

案此言田家終歲勤勞之樂·六月則有鬱薁可食·七月則有葵菽可烹·八月有棗可剝十月有稻可穫·且可釀酒以爲養老之需·又七月而有瓜可食·八月而有瓠可斷·九月有菽苴可餐·有荼可采·有樗可燒·故我全家·可無虞凍餒矣·

九月築場圃·十月納禾稼·黍稷重穋·禾麻菽麥·嗟我農夫·我稼既同·上入執宮功·晝爾於茅·宵爾索綯·亟其乘屋·其始播百谷·

案此言九月宜築場圃矣·十月宜納禾稼矣·其他種種雜糧均收獲畢矣·宜入都邑而應力役之徵矣·趁此暇日·晝當往而誅茅·宵當歸而編索·亟宜修繕屋廬矣·不然·則春日將臨·又須播百谷矣·此又興建之工作也·

二之日鑿冰沖沖·三之日納於凌陰·四之日其蚤·獻羔祭韭·九月肅霜·十月滌場·朋酒斯饗·曰殺羔羊·躋彼公堂·稱彼兕觥·萬壽無疆·

案此言藏冰之事・十二月應鑿冰矣・正月應藏冰矣・四月雖爲期尚早・然宜豫備獻羔祭韭以開冰矣・至九月而霜又降・十月而農事畢・彼時斗酒相勞・烹羊爲樂・復同時公宴於堂中・稱觴上壽・是何等之樂耶・觀此可知當時人民之終歲勞動・而能飽食暖衣・無時不樂・豈若今人之終日經營・孳孳爲利・而反有飢寒之憂耶・

周禮天官冢宰篇曰・以九職任萬民・一曰三農・生九谷・二曰園圃・毓草木・三曰虞衡・作山澤之材・四曰藪牧・養蕃鳥獸・五曰百工・飭化八材・六曰商賈・阜通貨賄・七曰嬪婦・化治絲枲・八曰臣妾・聚斂疏材・九曰閒民・無常職・轉移執事・

案生谷者・黍稷稱稻麻大小豆・大小麥是也・此谷食之事也・毓草木者・蔬食果食之事也・作山澤之材者・森林漁獵之事也・養蕃鳥獸者・畜牧之事也・飭化八材者・珠曰切・象曰瑳・玉曰琢・石曰磨・木曰刻・金曰鏤・革曰剝・羽曰析・工藝之事也・阜通貨賄者・商業之事也・化治絲枲者・蠶織之事也・聚斂疏材者・木屑竹頭・皆歸實用・牛溲馬渤・胥非棄材・即廢物利用之事也・轉移執事者・一切苦力勞工之事也・此不過其大綱耳・若夫其他各節・關於民生問題者・規劃精詳・不勝枚舉・此周禮所以爲周公致太平之書也・

禮記王制篇曰・冢宰制國用・必於歲之杪・五谷皆入・然後制國用・用地大小・視年之豐耗・以三十年之通制國用・量入以爲出・豐年不奢・凶年不儉・國無九年之蓄曰不足・無六年之蓄曰急・無三年之蓄曰國非其國也・三年耕・必有一年之食・九年耕・必有三年之食・以三十年之通・雖有凶旱水溢・民無菜色・然後天子食・日舉以樂・

案此文自明・毋庸再釋・觀此知古人以三十年之通制國用・是有十年之儲蓄矣・即漢朝常平倉之制・宋時社倉之法・至清代猶復存焉・自民國後・將各省縣倉儲一掃而空之・至於今日・民有飢色・野有餓莩・先王善政・無一存者・吁・可慨也・

大學篇曰・生財有大道・生之者衆・食之者寡・爲之者疾・用之者舒・則財恒足矣・

案朱子註云・國無遊民・則生之衆矣・朝無倖位・則食之寡矣・不奪農時・則爲之疾矣・量入爲出・則用之舒矣・雖寥寥數語・而理財之法・實亦不外乎此・矧下節明言財散則民聚・財聚則民散・不尤爲千古不易之理耶・

論語述而篇曰・子曰・禹吾無間然矣・菲飲食而致孝乎鬼神・惡衣服而致美乎黻冕・卑宮室而盡力乎溝洫・禹・吾無間然矣・

案禹爲一代開國之君・而對於衣食住三端・皆從儉約・至於敬天法祖之事・衣冠文物之制・農田水利之方・則不復稍吝嗇・其躬行節儉・無非以之爲人民表率・宜乎孔子之一再稱之矣・後世如衛文公大布之衣・大帛之冠・而衛國忘亡・（見左傳）漢文帝不建露臺・身衣弋綈・而海內安寧・（見漢書）是知伊古以來・未有以奢立國而能長治久安者・乃近人惑於西方之物質文明・一切實學不知崇拜歐風・獨於衣食住行諸問題・無一不窮奢極侈・亦步亦趨・政界中人・其起居服食求精美・視歐美官吏所享受者・（歐美惟資本家

及大地主享受最奢．而官吏則俸入有限．無從舞弊貪婪．故享受非奢也．）有過之而無不及．一時上行下效．捷於影響．放僻邪侈．無所不爲遂至外强中乾．稍更變故．即盡現民窮財盡之狀態．誰實爲之．孰令致之．秉國鈞者．恐不能辭其責矣．

孟子梁惠王篇曰．不違農時．谷不可勝食也．數罟不入汚池．魚鱉不可勝食也．斧斤以時入山林．材木不可勝用也．谷與魚鱉不可勝食．材木不可勝用．是使民養生喪死無憾也．養生喪死無憾．王道之始也．五畝之宅．樹之以桑．五十者可以衣帛矣．鷄豚狗彘之畜．無失其時．七十者可以食肉．百畝之田．勿奪其時．數口之家可以無飢矣．謹庠序之教．申之以孝弟之義．頒白者不負戴於道路矣．七十者衣帛食肉矣．黎民不飢不寒．然而不王者．未之有也．

案孟子一書．所言分田制祿之法．尚有專篇．以過繁不引．然即此單簡數語．於人民養生喪死之道．已可無憾．且推爲王道之始．是知我國王道之成．初不必放言高論．有甚學理．蓋一家足則一國自足．一家安則一國自安．祇在乎能言能行．即所謂爲政不在多言．顧力行何如耳是也．

綜上所述．九經傳所載．詩書所言．古昔先王與夫至聖大儒之所稱道而贊歎之者．其對於民生問題．未嘗不三致意也．雖然．民生問題．究以何者爲先．根本解決．究從何處着手．近世學者．每提倡一種主義．謂世界愈進步則愈文明．愈文明則愈奢侈．愈奢侈則物價愈昂貴．物價愈昂貴則事業愈發達．事業愈發達則民生愈富．國勢愈强．且自有機器以來．一切人工皆可以機器代之．將來進而益進．則一人之力可以代千百人之工．一日之工可以作千百日之事．彼時舉世之人均祇勞心而不再勞力云云．此種學說．吾非不贊成．非敢否認．然細思之．不過得片面理由．竊以爲不能解決民生問題也．何也．夫以物質不滅之理言之．天之生材祇有此數．豈眞有用無禁取不竭者耶．若求過於供．雖造物亦無以爲繼．而礦老山空．海枯石爛．則火力水力恐無所用之．水火失其用．則電力亦無所用之矣．雖有機器．將安用哉．竊以爲此種學說不能解決民生問題．歐洲科學日明．民生日困．德法兩國因戰爭革命而餓死者達千百十萬人．此明證也．然則能解決此問題爲何．吾以爲最單簡而易行．仍不越我國古人之說．所說維何．則勤儉二字而已．左氏有云．民生在勤．勤則不匱．孔子曰．與其奢也寧儉．觀諸一家．莫不由勤儉而興．由奢惰而亡．觀諸一國．莫不由勤儉而隆．由奢惰而替．日本之富强．由於勤儉．蘇聯之富强．亦由於勤儉．彰彰在人耳目．不可以强詞奪也．我國既奢且惰．而今何如耶．國人其自思之．

大同釋疑

一學說出．欲求疑者信．信者行．非經無數攻詰．無數非難．其學說不能成立．惟攻詰愈多．非難愈衆．久之而疑者信．又久之而信者行．其眞理乃愈見．歌白尼之言地圓．哥侖布之得美洲．路德之改宗教．盧梭孟德斯鳩之著民約法意．其說初出．未有不遭攻詰非難者．而其結果何如耶．若夫大同主義．爲世界公理．今所盛傳．本無可攻也．吾前著大同釋義．本至理以爲言．亦無可疑也．雖然．我國之人．

泥於舊道德・舊習慣者多矣・不以吾爲喪心病狂・或以吾爲離經畔道・即稍有識者・不攻其主義之不可行・而疑其主義之不能行・吾恐無徵之不信也・因設爲客難・復草此篇・强聒不舍・非徒欲疑者信・蓋期於信者行耳・

客曰・子言政府攘奪人民財產・損害人民生命・是矣・雖然一家之中・必有長・一闤之市・必有平・蛇無頭而不行・衣非領而不振・故人有恒言・惡政府愈於無政府・誠以政府者非徒治內・亦禦外也・果無政府・則人類競爭・何以平之・外侮忽至・何以禦之・且世界大矣・國度多矣・勢不能同時去政府・若彼有而我無・則有政府者聚・無政府者散・以散敵聚・必敗之道也・至人民程度不齊・意見不一・又不能同時去政府・若此而彼存・則助有政府者衆・助無政府者寡・以寡敵衆・又必敗之道也・果有何術耶・

鞠普曰・子之言・皆不明人羣進化之言也・皆不知國民心理之言也・夫人之幼也・知識薄弱・行爲失當・誠不能不賴長者之提携・及其稍長・而知識增・又長而能力足・謂是時猶有甘受長者之壓制者乎・人羣之進化・亦如是矣・昔人不知政府之惡・故以政府爲萬能・今則政府之惡愈形・政府之能愈減・疾首痛心於政府者亦愈多・時勢所趨・風潮所播・蓋有不期然而然者矣・故人能自立・未有欲受專制者・人羣進化・亦未有不欲去政府者・且子以政府爲能安內攘外・尤不衷事實之言也・不知政府者・實生內亂・召外侮之唯一機關・中國之內亂相仍無論矣・觀於各國・政黨有爭・問事之起原何來乎・曰・惟有政府故・中國之外交失敗無論矣・觀於各國・海權有爭・屬地有事・問爭之起原何來乎・

曰・惟有政府故・故政府者・無論其不能安內禦外也・即治內而安・政府之樂耳・於人民何與焉・（如英美之貧民近且日多）禦外而勝・亦政府之榮耳・於人民何與焉・（如日本兩次勝而加稅益重）此吾所以言必廢政府・始無國界種界人我界之爭也・

若夫子慮同時不能去政府・似矣・雖然・亦不衷事實之言也・夫世界者・人之心理所構成耳・人心趨於强權・斯强權勝・趨於公理・斯公理勝・自今以後・爲公理與强權相戰之時代・爲問今後人心・趨於公理者多乎・抑趨於强權者多乎・吾不敢薄待天下士也・即不論理而論勢・爲問今之世界・富豪者多乎・抑貧困者多乎・（富豪者主强權・貧困者主公理）又不離事實之言也・審如是・則公理勝乎・抑强權勝乎・近年革命實行・已數數見・而無政府之社會黨・且徧於各國矣・使有一國排倒政府・吾知晨雞一鳴・萬方皆曉・聞風嚮應・恐後爭先・不數十年・寰球內欲求政府之隻影片旂而不可得矣・彼時即使尚存有政府之國・方治內不暇・安能復從事於外・且久而久之・亦終歸於消滅已・子顧竊竊然憂有政府者强・無政府者弱・亦何異杞人之憂天耶・

客曰・無政府之說・敬聞命矣・然詩書所載孔孟所談・有抑君權者無去父權者・天下有無君之黨・豈天下無父之國乎・子非生於空桑・何言家族之當廢乎・子即不孝・將何以處天下之人子乎・

鞠普曰・家族之當廢・非吾之私言・世已有先我而言者矣・若夫責吾不孝・吾誠知罪矣・雖然・吾固人子也・吾父撫吾者・近三十年・吾得養吾父者・僅二年・吾母撫吾者・

二十餘年・吾得養吾母者無一日・母氏劬勞・吾未嘗報也・非吾不欲報・不能報也・此吾終天之憾也・夫人之大憾・莫憾乎受恩而不能報・受恩而不能報・則不如當日不受恩之猶得稍釋其憾・使吾當日生即爲公民・則母之育我・不過一時痛苦耳・吾未得報・吾之釋吾憾也易・今吾母劬勞二十餘年・而吾未得一日之報・則吾之釋吾憾也難・吾嘗求人子之心・知風木之哀・有同憾也・故吾以謂與其受親恩而不能報・不若不受親恩而不必報之爲愈也・與其受親恩而報之之日短・不若受社會恩而報之之日長之爲愈也・夫墨之兼愛・佛之出家・儒者所譏爲無父不孝者也・吾嘗思之・而知彼之出此者・必求報親恩而不得・不欲使人子再受親恩而不得報・故創爲此學說也・此吾欲廢家族之一義也・

且吾昔爲人子・今則爲人父矣・吾之於子・吾自問不過由情慾而生之耳・不過取社會之財以養之耳・吾非有恩於子也・無恩於子・而必欲責子之孝・是不恕也・矧以孝言・母之勤勞・遠勝於父・則爲子者・孝母宜過於父・乃世之言者・知有父子之名詞・而忘卻母恩之尤重・（古禮父在爲母服期即輕母之確証蓋宗法重父權也）是重父而輕母也・吾嘗謂母恩寔不可忘・而父恩或不必感・蓋自吾爲人父・而始知本無恩於子也・此又吾廢父子之一說也・若子必以世之慈孝爲言・則吾誠不能與子辯矣・

客曰・世界之所以成立者・以有情也・夫婦之所以有別者・以防淫也・婚姻廢而男女雜交・是絕情而縱淫也・父子聚麀・羣雄爭雌・使天下盡爲蕩子娼妓・是率人而反於獸也・家族之廢尚有理由・婚姻之廢・豈能成爲事寔耶・

鞠普曰・子言情・亦知情之所以由生乎・子言淫・亦知淫之所由起乎・夫情者・男女所同有・淫者亦男女所共爲之事・如子言・則今天下之絕情而縱淫者・莫如男子・（男子可以棄妻可以置妾皆絕情縱淫之事）子何祇爲男子恕・而不爲女子計耶・世之責非正式婚姻者・輒曰姦淫・見婦女殉夫者・輒曰節烈・無非偏重夫權而已・不知男女原應平等・若夫無外遇・則婦守範圍・亦理之正・乃吾觀今之男子・苟非至愚極貧・生平有不浪游者乎・有不納妾者乎・妻在有不二色者乎・妻死有不再娶者乎・乃習焉不察・以姦淫爲男子當享之權利・以貞節爲女子當盡之義務・信乎男子皆智而女子愚矣・雖然・吾以爲未也・妻之於夫・爲之延宗祀・爲之持家務・爲之侍枕席・調湯藥・爲男子者・宜感而思有以報之・乃中國之待婦女・則殊不然・犬馬畜之・供吾樂也・獄囚待之・防其逸也・（女子裹足即妨其逸之義）復創爲貞節之說・吾生也則縱吾欲・吾死也則責其殉夫・縱吾欲而遏人欲・猶可言也・及吾死而欲人死・果何理耶・（古禮嘗有殉葬是己死而責人死矣）是非天下至殘極忍之所爲乎・至於責婦女以守節・悖人情・絕人道・是非天下忍心害理之所爲乎・故自宋以後・我國女子之困鬱無聊・以至於死者・蓋不知其幾千萬也・不然・何必使我國種弱之至於斯也・（另見吾所著男女雜交說）總之・男可淫・則女亦可淫・女當節・則男亦當節・方爲公理・何子祇知爲男子恕・而不爲女子計・毋亦一偏之見・而不衷諸正耶・

客曰・三綱之說・出於緯書・本非至言・今子痛陳其害・吾釋然矣・雖然・世界者全錢耳・無金錢・何以通功・

不將農有餘粟・女有餘布乎・無金錢・何以聚人・不將物產不盛・藝術不進乎・且貨力者・最無標準者也・人情好逸・彼欲求安・此思坐食・何以應之・貨力又至難平均者也・人情好勝・此求華屋・彼欲美衣・何以處之・金錢之廢・毋亦徒存此理想耶・

鞠普曰・子言雖多・不出數義・慮支配之不均耳・慮供求之不給耳・慮人民之放棄責任・互相競爭耳・此無他・子不明預算統計之學而已・在昔之時・交通不便・科學不明・故有貨藏於己・而患其有餘・力私於己・而苦其不足者・人自為謀・家自為食・故有貨出於地・而苦其不足・力出於身・而患其有餘者・無他・私故不足・公故有餘也・若貨力之出者・皆儲之公・公則有餘矣・自無不足者・（此理甚易明・例如一家之中・男力田・女織布・兄灑掃・弟執炊・其出貨不同・出力不同・然皆為一家公計・不為一人私計・家事自無不治・家計亦無不足也・即小可以喻大）・此固稍知算術者所同許也・且天下之物質・原足供天下之需求・徒以此有所餘・彼乃不足・（例如富者財有餘而貧者始不足）夫以今世界・皇室有費・政府有費・海陸軍有費・一切物業多銷耗於無益之中・以預算明・無慮其不足者・謂天下為公・凡物均歸實用・而尚慮其不足耶・今世界疆域之數・人民之數・物產之數・均可按籍而稽・以統計明・而謂不知者謂天下為公凡事均有規定・而尚慮其不知耶・無不知・則毋慮支配之不均・無不足・則毋慮供求之不給・此理之顯而易見者也・至子言人情好逸好爭・則又不然・今夫文人無事・則思撰述・婦女飽食・則思修飾・小兒不戲・則不樂・病夫不出・則不怡・初非有監督之者・而常發於性之自然・何也・蓋好動為人之天性也・世運日進・科學日明・每人工作・日不數時・即足供人生之用　・勤勞任事之時少・優遊餘暇之時多・謂是時猶有好逸者乎・吾敢決其必無矣・且人之相爭・起於不足也・起於不平也・若夫足矣・平矣・則人之好讓・亦天性也・不觀乎朋輩飲宴・食必相勸乎・有相讓・無相爭也・男女游樂・行必相避乎・有相讓・無相爭也・今日社會尚如此・謂大同之世・反有相爭者乎・吾敢決其必無矣・既無有餘不足・亦無好逸相爭・則金錢者直糞土矣・不廢何待・且子不觀近世金錢・已漸成為紙幣矣・夫紙幣盛行・恃信用耳・苟信用盛行・紙幣亦可廢・況金錢之重笨者乎・

客曰・金錢無用・固矣・然法律者・所以濟道德之窮也・今人類不敢橫暴者・恃法律耳・社會之所以安寧者・恃法律耳・苟一家無法・有不婦姑勃谿・兄弟鬩牆乎・世界無法・有不以智欺愚・恃強凌弱乎・故必人人有道德・乃可廢法律・若猶未也・法律其可廢乎・子能必人人皆有道德乎・

鞠普曰・吾與子言廢政府・廢家族・廢婚姻・廢金錢・子固聞之矣・為問今之所謂法律・有出於以上數事者乎・且子意謂法律所以濟道德之窮耳・不知法律・實道德之賊也・法律嘗禁盜矣・然今之盜民公產者何人乎・（莊子云竊鈎者誅竊國者侯是也）法律嘗禁淫矣・然今之妃嬪盈前者何人乎・定法律之人・即不道德之人・其法律公乎私乎・重富者而欺貧者・於是有債權・（各國之法多保富者如民法商法均是）尊男權而抑女權・於是有婚律・（中國舊律婚姻及犯姦

等條最繁亦最無眞理）法律所保之人・皆不道德之人・其法律公乎私乎・即近世所謂國際法保和會條約者・似公矣・然考其內容何一非助强權而乏公理者乎・故法律者・一言以蔽之・曰・便於强權而已・世豈有强權得勢・而道德可盛行者乎・世亦安有道德盛行・而尚恃法律者乎・今惟有法律・故人鮮道德・果法律廢而道德尊矣・顧子竊竊然憂强權之不張・而以法律爲不可廢何耶・

客曰・子言大同・信美矣・其如今世之不能行何・曰・是不然・今地球已漸縮而漸近矣・民智已日開而日多矣・雖語言文字・風俗習慣・各有不同・然古不云乎・心同者理同・既同爲人類・即同此心理・一事一也・一人言之而見疑・多數人言之而見信矣・一時言之而見疑・閱一時言之而見信矣・多一人見信・則大同進一步・多一人實行・則大同又進一步・推而愈廣・行而日近・安見大同之不可至耶・況乎大同之學說・提倡者日益多・則大同之實行・希望者將益衆・民之所欲・天必從之・既有此因・必獲此果・近之將見於二十世紀之中・遠之亦不出於數世紀之外・何可以一孔之見・謂有此理論而無此事寔耶・客於是憮然曰・命之矣・吾將與子共勉之・

不薄齋存稿自序

吾幼讀尚書・至「詩言志」語・頗苦不得其解・稍長・閱詩序・至「在心爲志・發言爲詩」二語・亦復不明其義・迨近歲稍習六書・知古「志」字從「之」從「心」作「𢗫」・詩字從「言」從「之」作「訨」・始恍然知詩之爲義・古人已先探其原矣・何也・爾雅釋詁「之・往也・」故心之所之謂之志・志字即心之兩字之合文・言心所欲達之地也・言之所之謂之詩・詩字即言之兩字之合文・言言所・欲達之境也・是心之所欲達・以言達之・即詩之眞義也・然則詩也者・不學而能者也・不求而獲者也・不思而得者也・且學之而不能・求之而不獲・思之而不得者也・知此者可與古詩矣・嚴羽滄浪詩話云・「詩有別才・非關學也」・古今詩人・不越斯言矣・

古之詩人・未嘗有家數也・未嘗有派別也・自寫其性情身世而已・自鍾嶸作詩品・有某人之詩其源出於某某之說・於是詩有家數矣・自呂居仁作江西詩社宗派圖・有宗派相承之說・於是詩有派別矣・不知漢書藝文志所言道家者流出於某・儒家者流出於某・墨家者流出於某・此以學說之不同・故分別言之耳・詩非學說也・何家數之可分耶・漢時經師之言家法・抑已隘矣・乃自佛教盛行・復分宗派・由是顯宗・密宗・相宗・種種名目・紛然雜出・此以修法之不同・故分別言之耳・詩非修法也・何派別之可言耶・故鍾嶸之言家數・實爲强作解事・而呂居仁之言宗派・尤爲故弄玄虛・乃後人不察反奉之如神・私分畛域・各立門戶・是丹非素・伐異黨同・高天厚地自作詩囚・見小目明・沾沾自喜・可憐亦復可笑矣・

三百篇・十九首・敻乎尚矣・蔑以加矣・後世之詩・莫盛乎唐・然盛唐不及初唐・中晚唐不及盛唐・風氣使然・莫能相强也・宋人之詩・大抵摹仿唐人・所謂天下幾人學杜甫也・然南宋不及北宋・亦時世使然・莫能相强也・乃明代論

張國華

詩・語必宗唐・近世學詩・句必摹宋・江流日下・詩道苦矣・夫唐之博大昌明・堂皇冠冕・有盛世之音・明人學之・尚不失為邯鄲學步・若夫有宋之詩・其體已弱・其音已纖・迨南宋偏安・益不自振・乃舉世宗之・宜乎我國之日貧且弱也・眞所謂劃虎不成反類狗矣・聲音之道・與政相通・吾讀近人詩・吾不能無萬寶常之懼矣・

吾於古今人詩・無不好之・然未嘗學之也・譬之女色・燕瘦環肥・各有其態・吾兼愛之可耳・若必易吾面目・效彼顏容・無論其不肖也・即使偶合・亦婢學夫人・貽譏大雅耳・故吾不學古人・正欲留廬山之眞而已・

昔之論詩者・有曰・「不相菲薄不相師」。又曰・「不薄今人愛古人」・吾既不能詩・又未嘗學詩・更不敢論詩・更不敢論詩・顧又為此・言者・蓋以明夫吾之詩・雖遠遜乎古今人之詩・然吾之情性・吾之思想・吾之聲音・吾之笑貌・與夫生平之所經歷・世局之所變遷・因時・因地・因人・因事・每月異而歲不同・略存於吾詩中矣・名之曰不薄離存稿・即不相菲薄不薄今人之意也夫・

民國二十九年夏丑張菊圃誌

惠州西湖志序

余性好遊・少隨先君子就聘在外・如瓊崖高雷潮惠・及東西兩江各屬縣・均嘗至焉・第未踰粵境也・壯歲乃東遊日本・南至星洲爪哇羣島・西行海牙巴黎羅馬諸地・歸而北往遼東山右燕北濟南・而黃河長江流域・亦間及焉・夫宇宙大矣・六合之內・兩界之間・大而山川文物・小而草木魚蟲・一地之所產生・一時之所遞嬗・胥日新月異而歲不同・惟察變者能微悟之・而終不能窮究之・是遊者造物間一無盡藏之事也・淅之西湖・余嘗遊之矣・夢寐不能忘・顧惠州西湖・近在咫尺・反屢擬往而未果・今讀吾友張子友仁所編惠州西湖志・述其天然之靈秀・及人事之增飾・益使吾怦然心動・亟思一遊以為快・雖然・行止之理・子輿氏言之・因緣之說・浮屠氏亦言之・斯湖也・吾其果克遊乎・將與吾友徜徉四十八景中・登最高之峯・擊中流之楫・流連杯酒・慷慨高歌・以竭吾狂・以樂吾志也・其或不是遊乎・則手是編而誦之・亦如孫興公之遙賦天台・宗少文之臥遊五嶽・軒轅夢華胥之國・三郎入廣東之府・何不可作如是觀耶・謂之神遊焉可也・以吾友督序・爰先書此以歸之・

廣州市市政府合署落成紀念文

我粵神州括地・寰中分五嶺之奇・巨浸浮天・域內挹三江之秀・景純望氣・盛南極之衣冠・吏部衡才・驗海濱於鄒魯・仙靈之所巖穴・文物之所駢闐・商旅之所往來・華夷之所萃聚・泱泱乎一大都會也・自共和肇造・運會重開・政治刷新・人才輩出・師神農之設市・法周禮以名官・而市政興焉・惟是漢廷緜蕞・叔孫方定其儀・軒室椎輪・奚仲未詳其制・猶百廢之待舉・詎三年而成都・迨至林公蒞事・而今劉公繼之・始時行偕極・而日進無疆矣・

語其大者・約有數焉・出道平平・周原坦坦・肩摩轂擊・六街之市宏開・車水馬龍・九達之衢廣闢・此一善也・（工務局）頻繁蘊藻・人來講禮之場・樸棫菁莪・士奪談經

之席・文翁興敎・安國設科・又一善也・（教育局）各掌金倉・同司玉府・（分立市銀行）條例之司不設・則遞減丁錢・（減車捐等項・）

會計之錄方成・則重修甲帖・又一善也・（財政局）既稱虞部・亦曰冬官・萬家依列缺之光・（電委會）則城開不夜・百井注馮夷之澤・（水委會）則塔是慈恩・又一善也・（公用局）瘡痍未復・痛癢攸關・清塵垢而雨師來・祛疫癘而瘟神匿・民無夭札・人得天和・又一善也・（衞生局）新戶舊戶殊其制・上地下地辨其方・黃册可稽・丹書具載・有魚鱗之縝密・無雀角之紛爭・又一善也・（土地登記等事）事猶獵較・禮等鄉儺・彈枉糾邪・曹景完之從政・匡謬正俗・顏師古之移風・又一善也・（社會局）。至若五都入市・廛中則土物維臧・（國貨陳列場・）百丈成橋・水上則狂瀾自息・（海珠橋等。）機中合樂・八風開儀鳳之祥・（播音台）地下傳聲・萬里得潛龍之應・（自動電話・）觀摩而善・開人民麕聚之場・（各種展覽會・）馳逐以嬉・闢我武鷹揚之地・（跑馬場）

凡斯種種・無竢云云・茲屆三年報政之時・適有合署落成之慶・三階佈政・協裁成輔相之宜・百堵陳詩・極締造經營之瘁・六府修而庶事治・四門闢而百姓親・是固宜斯干秩而吉甫歌詩・閟宮成而奚斯作頌矣・然進而彌上者・君子之業也・頌不忘規者・風人之義也・方今蜩螗未已・鷸蚌仍持・魯難方殷・楚氛猶惡・所冀念民嵒之可畏・體天步之艱難・以不得已之心・行不忍人之政・開誠心・布公道・爲諸葛集思廣益之規・聞己過・恤人言・法陽明實踐躬行之義・秉樹人之計・爲築室之謀・奉三無私・以一有衆・則棠陰勿翦・人思召伯之清風・樹下無言・羣仰馮公之讓德矣・又豈徒羣飛鳥革・穗垣開紫掖之祥・鷺序鵷聯・棉市壯黃圖之色而已哉・

公祭陳定威將軍文

嗚呼・公之生於世也・於茲蓋五十有七年・而斯世之由亂而理・由隆而替・蒼黃反覆者・誠不知其幾億萬千年・方公之爲秀才也・讀書言志・固嘗以天下憂樂爲後先・及公之出而謀國也・遺艱投大・雖屢經挫折・而其志氣益堅・然公之任事也・恒出乎其所不得已・而行乎其所不得不然・其不肯苟同也・雖震駭乎流俗・而無怍乎昔賢・故春秋之大義・予祭仲以知權・在公之志則成敗利鈍初非所計・而憂國愛民之意・固可質諸於天・方今國垢民敝・禮崩樂息・在斯民之望治者・咸思公出而庶幾斡旋・何天不憖遺・而齎志於重泉・嗚呼・公之文章道德・與夫事功之見於世者・雖不顯於今日・而千秋可必其傳・然則公之死而不死・視世之不死而死異・公有何憾・而吾黨又何悲焉・嗚呼・哀哉・尚饗・

謝祖賢

年生
年卒

字次陶・番禺人・日本弘文師範書院畢業。博通羣籍・尤邃於史・宣統元年就高等學堂史學教席・編成中國通史三大册・堪爲後學治史途徑・歷任各校文史教職及番禺八桂中學校長・作育人才・前後五十載・士林重之・

孔教與國性關繫論上

凡觀國之道・不徒在其形質也・尤當察其精神・譬之於

謝祖賢

人・精神未散・形質雖蔽・猶尙可以生存・若精神已耗・形質雖塊然存在・亦等於行尸走肉・所謂哀莫大於心死也・夫精神雖寓於形質・而其所由發生者・時謂之性・必其性存・而後精神不至渙散・人固有之・國亦宜然・是以欲知立國之精神者・必先考其國性・國性者・文野皆有之・特其間粹美與麤觕・完全與偏至・則各因其國度之高下而異・吾國爲古文明之國・源遠流長・演漾以成一大國性・歷數千年而未嘗消失・故國性之完善而緜延・於宇內文明中。實自有特異之證・今人炫於外國物質・以爲美觀・遂欲犧牲其精神所從出之國性以趨赴之・不知人苟自戕其性・則生命方且不保・而何形質之足言・國家既爲有機體・斯其所具之性・與人無殊・而發揚展拓・比個人尤弘大而長遠・儻不知保存而長養之・反更夭焉閼・吾懼其元氣之云亡・而邦國亦隨之而殄瘁矣・

今夫國性何物乎・曰凡國必有宗教道德・必有其語言文字・必有其歷史・數者合而後國性全・若缺其一焉・非自身發育之不完・即爲他族所同化・而寖以消滅者也・吾國國性優良・自上古時已粲然而大備・爾後繼繼繩繩・其跡益彰而效益著・即或偶爾隱晦・而潛滋暗長・其性固未嘗不存・猝然與他族接觸・亦以其分量之恢宏・勢力之雄大・能使他人同化・而決不至同化於他人・斯誠價値之至高・無待從新估定者・顧至今日而吾國國性・幾欲岌岌搖動・則何以故・蓋由今之新學者流・崇拜外族太過・事事加以懷疑・而尤懷疑者・莫如孔教・懷疑之極・遂不能不肆其抨擊・原夫孔教者・實我國國性之聚合體・一切倫理道德・文字歷史・在在

與孔教有不可離析之處・故凡蔑棄歷史之觀念・而欲爲道德之革命・與文字之革命者・非先極力排斥孔教・不能爲根本削除・此其用心至險・而用力爲至專矣・殊不知倫理道德・文字歷史・皆國性之所繫・而國性又皆繫於孔教・孔教而亡・國性尙安有獨存之理・彼欲排斥孔教者・適以自滅其國性而已矣・誠使國性而果不可滅・斯孔教亦終不可亡・而必搖其株而拔其根焉・蚍蜉撼大樹・可笑不自量・非天下之至愚・何以至此・

國性之第一根原・莫如宗教道德・吾國道德・依於倫理存在・因建立之以爲人倫之教・不出五品・古謂之五典・亦謂之五教・後遂定名爲五倫・蓋自唐虞盛時・已隱然定爲國教矣・凡茲五者・殆合家族國家社會倫理而悉納其中。合於此者謂之道德・離於此者・謂之非道德・誠以此五倫之爲教・旁皇周洽・胥可由理想而見諸行事・道德實踐・無逾於此・吾國他事或不如人・獨此倫理之精義・實由人性以形爲國性・斯眞顚撲不磨・推而放之四海而皆準・歷諸萬世而確然其不可拔者・此聖人所以稱爲人倫之至也・且世界宗教・俱依神道而設立・惟孔教則本天以立人・故道之大原出於天・而德禮政刑・皆切於人事・是以其爲教也・明則有禮樂・幽則有鬼神・然亦未嘗事事聽命於神・而必趨重於民義・斯豈他宗教可能比擬者・故以鬼爲不神者・老氏虛無之說・不足以表吾國性也・家爲巫史者・苗氏天鬼之遺・尤不足以表吾國性也・吾國國性・邇人而遠天・不依鬼而亦不褻神・惟以敬天尊祖・報本反始・爲不忘有生所自・而合於人類之恆性・彼後起之道教・與外來之釋氏耶回之教・其勢力雖彌漫國中・要其足稱吾國國性者・乃不在其他・而必在孔教・蓋孔子之教・人道之教也・其所言天秩天序天工天罰天討・則人道實本於天・孔子本天道以立人道之則・而實踐之以爲人倫・人可違・天其可違乎・天心不可知・人心其亦不可知乎・如謂五倫之說・不合時宜・而欲改革之以媚附新興之學說・則吾教且失其固有之質・而國性且由之而絕・然國性絕・而人性天性且將與之俱絕・是豈可不爲不寒心也哉・復次・語言文字・所以爲吾國性者・又自有其特色・夫語言爲心意之表徵・而文字又爲語言之精采・孔子曰・詞達而已矣・又曰・言之無文・行而不遠・是以言只求達其意・而文更將以美其言・使但有語言而無文字・則橫之不能推曁於四方・縱之亦不能垂昭於後世・亦何行遠之與有・夫吾國開化已久・其語言之具足應用者・不煩舉例・若以文字論・則新學之士・頗多致疑・或以吾國文字・尚形而不尚聲・且皆爲獨音・而不能爲複音・不如西文之便・遂有主張廢漢字・而別創拼音之字以代之者・不知國字之成・六書皆備・始雖只有象形指事・後且會諧聲轉注假借・相隨以立・世且孳乳相生・形聲相益・爲數且十而八九・形聲之字・既辨其形・即其音義・每易推而得之・雖古人文字・有久廢不用・或今之事物・爲六書所未賅者・未嘗不可以增刪・而要不用爲全體之改作・至於構字之法・雖筆畫繁簡不同・所不能掩其美概予排詆者也・如或黜其舊以創其新・則自古相傳典籍・將盡失其所依據・即欲轉譯其文・傳之來禩・能保不失其原意乎・若病其只爲單音・然果積成文・亦殊覺其不便・近頗有欲倡爲複音字者・如梧桐之合爲橋・玫瑰之合爲瑰・結二字以成爲一字・而仍以兩音讀之・若此之類・固可合二爲一・亦何不可析一以還二・且所省筆畫・亦曾有幾何・亦徒自亂其例而已・至於言文之合・於古爲昭・若書之盤誥・詩之風謠・由俗入文・達情爲適・然擇言尤雅・斯遠鄙悖・且簡練之極・詞鮮蕪雜・記誦既便・歎賞易興・故行遠之功・反在言文既分之後・蓋吾國川別谷異・語言萬有不同・即今音古音・亦復不能盡合・惟文字則古今由同而趨於異者・今且由異而盡歸於同・必欲合各地不同之語言・以改革現行之文字・將蘄至乎言文合一之的・其勢必不可能・强而行之・是謂求通而返隔・近者提倡國音・似較任其自爲風氣者異矣・然借注音字母・規定吾國標準之音可也・若徑以新創字母・聯合成文・以代數千年流行之六書・則不啻自滅吾國之文字・不觀之日本乎・日文和漢雜用・當其注重國粹・欲盡廢漢字而代以和文・既感其不便・則欲幷廢和字・而以拉丁文代之・乃至今而其說反息・夫漢字非日本國性所繫也・因其行之既久・猶之能廢・況吾國性攸繫者・而可輕議乎・又今白話文之倡導・其風亦似披靡一世矣・然爲便利平民計・識字雖不甚多・胥足以達作者之情而通其意・則不爲罪而反爲有功・然國語之學・未徧於人人・反不如文從字順之文言・使人一覽而易曉・此事實之不可誣者也・且吾國古籍・傳之至今・富有文字之資格者・大都爲文言・不爲語體・其尤誦習不忘者・必其文之尤雅鍊而精妙者也・彼有韻之文無論矣・即博辯如諸子・翔實如史部・其傳世之力之大小・悉視其文之高下以爲判・至於載道之文・則羣經爲最・而儒家之言次之・夫文之爲用・抒情述旨・無之不可・斷非限於載道

之一端・而能載道者・實爲文章之極詣・近始有極力排詆文以載道之說・而別宗所謂浪漫自然之諸派者・於是白話大昌・竟舉伊古相傳之文言・加以醜詆・謚爲已死之文學・務必掃盪之而後快・藉令其說大行・吾恐數十年後・考據訓詁・廢然盡失・羣經子史・無復有能讀之人・即今言新文學者・未嘗無兼通漢學者流・然學之者必以淺陋者爲便・而以奧博者爲艱・縱彼於古籍少有發明・亦只足炫燿一時・久之將僅存糟粕・反舉其所謂最新發明者之精義而土苴之・此必不可逃之例也・又況文章不言義法・詩歌不辨聲韻・而謬以爲文學之革命・吾國雅馴之文字・不盡斲喪於彼輩之手者幾希・國粹其尚有保存者乎・其破滅國性・不尤悍然而無忌也乎・

復次・歷史者民族演進之跡・而文化之統紀也・凡國之文野・視其歷史之詳略爲比例・吾國開化最久・故史氏之紀載至詳・而史之價值亦至重・斯亦吾國性之所表現也・章實齋有言・六經皆史也・夫六經之初・既皆爲史・則古史之實質・其精粹固不待言・迨孔子刪定古史以爲經・而後世之史・乃皆本經之案事・故中國史事・雖興亡得失・賢奸善惡・幷蓄而兼收・然或寓以褒貶・或據事直書・皆不能逃史氏之筆・而後人亦可藉是以爲勸懲・雖史之爲書・不盡關於政教人物・凡民族之發展・社會之變遷・與夫文藝實業之興・何一非史之所有事・而政教人物・實爲之大宗・其政教誠美・人物誠良・則上好禮・上興學・各遂其生・各安其業・百家騰躍・而純駁無所逃其形・衆技畢宣・而巧拙皆互呈其用・此史氏所播爲美談者也・反是則譁世駭俗之言・寡廉鮮恥之行・若風之發而雲之湧・所謂畫魅魑以爲巧・煽無檢以爲俗・奔軼橫決・使蒙其炫惑・受其波蕩・財富供其犧牲・黎元被其塗炭・而社會遂無一日之安・此又史氏所垂爲烱鑒者也・且夫史冊所昭垂・其尤與孔教有關者・若聖哲之跡・孝友之風・循吏之規・碩儒之學・忠臣義士貞女節婦之行狀・與夫考禮正俗之文・經世匡時之論・下逮國聞輿誦之尤雅正者・何一不足動後人之景慕・歷史之足表現吾國國性・此實其特徵也・夫使文獻無徵・則亦已矣・我國文獻粲然・而人顧乃蔑視之・徒以史氏之不免蕪雜枉曲・乃幷其有當於公是公非者・亦欲一概而廓清之・惟恐其不盡・貿貿然曰吾國無史然・嗚呼・其果無史耶・其殆末學膚受・末由以眞知灼見判前史之得失・遂幷舉此觀念而澌以盡耳・昔秦皇滅六國・下令史官・非秦紀皆燒之・蓋欲六國之一滅・而不復再興・不能不先滅其史・誠知史者固國性之所存故也・今人未嘗滅我之史・而我乃自滅焉・其智詎不出六國孑遺之民下哉・總上所言・道德也・文字也・歷史也・皆立國精神之所存・而亦即國性之所存也・惟吾國國性・與孔教關繫至深・若膠與漆之相融洽・故孔教存則國性與之偕存・孔教亡則國性與之偕亡・欲保存國性以維繫立國之精神・而不知急起直追以保存孔教・所謂皮之不存・毛將焉附・亦終必亡已矣・近世國性覺悟・亦幾徧於寰宇矣・而吾國人知其一不知其二・故有謂國性可以改良者・有謂國性當隨時變更・舍其舊維新是謀者・其諸尚知有孔教乎・孔教且不知・而猶誇言國性・其諸非吾國之國性也夫・

孔教與國性關繫論下

謝祖賢

吾言國性爲國人精神之所繫・而國人之精神・幾無不從孔教出・故無孔教即不啻無國性・惟是國性之在平日・統全國人心理而融洽之・本已習而相忘・迨與他國並峙・或爲異教異種所陵壓侵侮・而後吾之國性・乃自然流露・而有挺然不屈之慨・夫是之謂國性之覺悟・蓋國既立矣・而未形成國性・則其國必將爲他族所同化・雖有國性・然一與他族接觸・而輒犧牲其國性者・是之謂不能覺悟・其國亦將一蹶而不可復振・且夫歐洲諸國・固皆自有其國性者也・其與他國相遇・未嘗無强弱勝負之殊・惟其有國性之覺悟・故普雖被蹂於法・而卒能統一德意志民族以報法之仇・法雖被逼於德・然卒能恢復法蘭西國力以抗德之暴・意大利何以能中興・比利時何以能獨立・英倫三島・何以能和平改革・而不隨大陸之風潮・瑞士荷蘭・何以能共和自治・而不受列强所隸屬・匈國何以能脱奥之羈勒・希臘何以能離土之拘囚・謂非國性覺悟而能致是耶・近者國性覺悟・其風所煽・幾徧寰宇・若巴爾幹半島民族之爭起爲國性之實現・遂以促成歐戰・歐戰既終・亡國民族還我故國之聲・一時並起・東之波蘭・西之愛爾蘭・南之斯拉夫族諸國・沿及尼羅河流域・皆是也・蓋是等諸國・雖爲他族所抑壓・然皆有國性潛伏於其內・故雖亡而不甘於終亡・且夫日本之滅朝鮮而割台灣也・同時輸入自我國性・以逼壓他人之國性・然朝鮮猶時圖恢復・而台灣則否・則以朝鮮之國性厚・而台灣之國性薄故也・印緬爲英所墟・安南爲法所夷・而暹羅尚巋然而獨存・即印度亦有甘地諸賢・爲無抵抗之抵抗・力圖印度獨立・而緬甸安南乃無一人・焉不戢戢受治於異族・則以緬越之國性已失・暹羅之國性猶存・印度雖亡・國性未改・匪特死灰有復燃之望也・夫美洲諸國・皆新造之邦耳・然能團結其自由獨立之國性・故不受歐洲所干涉・況孟祿宣言・尤足爲大陸保障哉・若夫亞洲諸回教國・華離破碎・本無統一之能力・非見併於俄・即受制於英・然亦以國性覺悟・故近且謀大回教國之組織・而土耳其實爲之中堅・則以土之國性最强・是以雖極凌夷・尚能藉其教義以爲團結也・非洲至今未脱部落時代・故國性未能堅定・印第安人種・仍不免隸屬於白人・顧有葛衞其人者・號召黑種同胞・挈還故土・欲與建立非洲新國・事雖未成・不可謂無國性之覺悟矣・由是言之・有國性則存・無國性則滅・而國性之有無・視其能覺悟與否以爲判・故無論爲更爲野・爲强爲弱・凡不欲盡同化於人・而自存其種教禮俗文史之特色者・皆得謂之爲國性・矧吾國衰弱・尚不失爲泱泱大國・而風教又久進於文明・國性之堅・自比他族爲甚・即今孔教亦稍陵遲衰微矣・然既形成國性・自有其不可磨滅者在・徒以不能覺悟故・蔑視國性所存之孔教・孔教信仰・遂失其中心・而國性亦不免爲所搖動・乃不得不妄自非薄・轉而模倣他國他族・甘爲歐美之螟蛉・謂他人父・亦莫我顧・人性且將不知・而何國性之與有・嗚呼・夫亦大可哀也矣・

或曰・吾國自清末以來・提倡民族主義・辛亥一役・卒奏革命之成功・夫安得識爲無國性覺悟者・噫・此知其一不知其二者也・吾國數千年之文化・皆爲華夏之族所發見・連

緜展拓・以至於今日・其間種族之優異・精神之卓越・與夫國脈之所以延長・民生之所以暢遂・皆爲此是賴・故欲保存吾國之種族・尤當保存吾族之文化・故夫他族入主・蹂躪吾族之人權・而伸張他族之勢力者・固足妨礙吾之國性・以其夷也而攘之・即夷而進於中國也・亦不能任其反客而爲主・國性之覺悟則然也・顧吾以爲國性之覺悟・因吾族之權力爲他族所壓制・因當恢復其自由・而全國之文明・爲妄人所摧殘・尤當保存其特質・蓋國性之存亡・視乎民族之能否獨立・而民族之能否獨立・視乎文化之特色・有無存在之地位・故必文化不亡・而後國性不亡・果其國性不亡・則勢力雖屈於一時・精神猶足振於後世・誠以國性之爲物・或隱或見・嘗其有持續之性・蟬聯膠附於人心風習・其發達愈久者・其摧敗之也亦愈難・非以其根深蒂固・雖有大力・莫之能拔故耶・何居乎人非異族・一旦僥倖得志・或據最高之權・或竊一方之政・悍然舉吾國優美之禮教・純良之風俗・摧鋤而掃盪之・以夷民族於蠻野・曾異族之不若・而伏處其下者・仰其鼻息・逐其聲影・從未有覺彼奸欺・羣起而屏逐之・不與同中國者・於是而歎吾國人於國性之覺悟・實未嘗徹底以永其實際・徒囂囂然客氣用事・抑何爲者也・善乎顧亭林之言曰・有亡國・有亡天下・亡國與亡天下奚辨・易姓改號・謂之亡國・仁義充塞・而至於率獸食人・人將相食・謂之亡天下・案吾國自古以爲能代表天下・故凡言天下者・即不啻舉中國以賅其餘・亭林所云亡國・就夫政權更易而言・其云亡天下・則就風敎之變亂而言・由是觀之・國性之繫於政權者輕・而國性之繫於風敎者甚重・言國性覺悟・但知爲種族爭政權・而不知爲國家維風敎・其覺悟固甚微末也矣・

抑吾以風敎爲國性之中堅・而文史與相緣附・而吾國國性・必以爲屬諸孔敎者・則何以故・蓋孔敎之在我國・前承古人・而後開來者・昔在周之末世・雖有四夷交侵・然彼無國性之可言・故不移時而輒同化於我・秦漢以後・國土愈拓・國性亦愈擴張・時亦有匈奴羌胡諸族・環塞外而相逼・顧亦以國性蠢野・而勢力又不足與吾抗・是以末由搖動・及夫佛敎東來・道家又從而效之・於是佛道二宗・遂分孔敎風同道一之力・而國性爲之一混・中經五胡雲擾・南北分朝・佛敎彌漫中國・國性亦幾乎息矣・然南朝士夫・禮敎未衰・北魏後周・亦嘗用夏變夷・抑佛而尊孔・則以吾之國性堅定・而彼族之國性・未能堅定故也・自隋唐以迄五代・盛衰倚伏・皆國勢之關係・本與國性無關・雖五季之亂已極・至於臣弑君・子弑父・正傳所謂天地閉賢人隱之時・然猶有一行之士・保存國性於將絕・而突厥契丹・未嘗確定其國性・故亦無由輸入於我國・以亂吾族之文明・趙宋統一・尊崇儒術・禮重士人・於是國性之曙光・復爲之一露・加以文章雅正・理學精純・風敎之美・超唐軼晋・直追周漢・而國性遂燦然其復著・逮夫蒙古入主・吾國已完全見滅於異族・其時崇信西僧・抑孔子爲中聖人・而列士人等級・次於匠優之下・又復厲行蒙古文字・跡其用心・非盡消滅吾華族人之國性不已・顧其志卒不可達・雖以武宗之暴・不能不加孔子以大成之謚・而仁宗且親臨孔廟・行釋奠禮・即神不歆其祀・亦庶幾知吾國性所存・不敢慢而易之者矣・然究以種族之見

太深・政教風族之與吾民相反・故開國時已孕亡國之禍・所謂胡無百年之運・其讖益驗・而漢官之威儀・卒賴明祖而復之・斯亦國性不亡之證也・滿洲入關・吾國政權・又一轉而屬於他族之掌握・然滿之所以異於蒙者・只握中國之政權・而不敢亂吾國之風教・故中國國性・但爲一部分之消失・而其餘宗教倫理言文歷史風俗・猶復繼續不已・其後且盡彼滿族而同化之・雖滿人之智・優於蒙人・享國亦三倍其歷・亦由吾國人能自保其國性・未至全受異族所摧毀・遲之又久・寖且與之相忘・刺激之深・不如其對蒙人之烈也・迨洪楊亂作・種族革命之幟・固已大張矣・所以不能遂其大欲者・則以提倡上帝教・不合民族心理・不能得人心之傾向・曾左諸人・起而討之・其所草檄文・且張排斥異教之詞・用以迎合民意・而挽回已失之勢力・論史者至許以爲中國宗教而宣戰・而膺功竟以克奏・國性之覺悟・不徒在種族・而尤在於風教・此亦其一徵也・近頃民國建立・滿蒙回藏・僅附漢族以共存・擬之世界諸國・稱曰國性覺悟・似亦差爲近之・然吾中國全民・十九皆奉孔教・而攘竊國權者・曾不知孔教爲國性中堅・反對立孔教爲國教・國教不立・則自古相傳之倫理道德文字歷史・與孔子相輔而不可離者・皆將在所蔑視・無怪乎狂妄之人・以孔教爲新文化之障礙・必欲廢之而後快・蓋孔教不廢・則自古相傳之道德倫理・必不可得而廢・然且文字所發揚・歷史所紀載・皆吾國道德倫理之所存・亦即孔教之所存・故欲廢孔教・又必須倡文學之革命・而盡棄其歷史之觀念・如是而吾國之國性・乃眞銷滅淨盡・杳然無復餘跡之可尋矣・

或曰・國之有性・實由國民心理所演成・而國民心理・受外界種種之激刺・時有變遷・故國民之心理變・即國性亦隨之而變・初非一成而不易也・是故國性之爲物・不過表示國民一時之心理・原非歷代相承・成一固定之結晶體・故謂保存國性者・未必即爲保存文明・以爲文明之觀念・因時代而不同・古所謂文明者・今未必以爲文明・而以進化公例推之・無論何種制度與物質・斷未有亘古見爲文明者・嗚呼・此非知國性者也・夫以制度而言國性・則必引封建井田諸法・以爲宜於古者未必宜於今・以物質而言國性・則必引輪船鐵道之屬・以爲古所無者未必非今所有・不知制度物質之由野而進於文・此殆世界之通例・於國性實爲無與・以是而譏・國性固不任其咎也・顧持是說者・亦嘗由是而進及於精神・以爲吾國所重君臣父子夫婦之倫・載之經傳・形爲風俗者・在今已成陳跡・動譏古禮爲非今日所適用・因並以六經爲非今日所當尊・不知國體雖易・無君臣之名・仍有主從之實・古云君臣有義・亦指各盡其職・義所當爲而言・而盡已謂忠・尤對人之通德・豈於所事者而言・而反背之・若父之倫・屬之天合・更無所逃於天地・故生而奉養・死而喪葬・緣情制禮・用成中國至美之俗・徒以天合日離・背死亡生者衆・極之親喪不能守制・顧可以直情徑行・反詆儒教之禮・爲不近人情・甘心負恩而不恤耶・至於夫婦之別・男女之防・縱不能如古人之嚴・然發乎情・止乎禮義・先王之澤・已形成吾國人最高尚最普徧之習慣・斷未有以蕩佚爲可嘉・而貞節爲可賤者・然則謂國性當隨時變易而後有進步之可言者・蓋誤認近日俗尚以爲國性之所表現・而不知國性云者・

謝祖賢

必具其不可變之特質．如島石竦峙．卓有江流不轉之觀．若徒隨順潮流．以惡德薄俗爲國性．則無怪其以原有之國性爲不足存．且疑舊文明爲新文明之障礙物．欲盡舉孔經而摧燒之．於是而吾國乃眞無國性矣．何也．國性變易．則待人可以不忠．待親可以不孝．男之於女．女之於男．可以但知戀愛．而不知禮義．以是爲性．是爲貶損人格．以是爲國性．是爲侮辱國體．然則離於孔教以言國性．其出覺路而迷途．亦斷可知矣．

抑有賢於是說者．謂國性可以改良而不宜蔑棄．彼亦知今人蔑棄國性．對於全國之典章文物法度紀綱．乃至歷史相傳之偉績．無一不懷疑．無一不輕侮．戚戚然以爲大憂．然顧不主保守而主改良．其所謂改良者．則只改良其一部．而非及其全體．此其說似矣．而未盡當也．夫典章文物紀綱法度．固自有時代之特色．循自然之進化．而不盡相同．然可改者．亦只有其形式．而不在精神．猶吾前例所舉制度物質不足以言國性之意．故國體可改．國制可改．法典可改．儀節可改．此制度文爲之末．無關於國性者也．風俗可改．習慣可改．學術可改．治理可改．此因失其國性之良．而至良之國性無與也．夫國性之爲物．蓋合道德倫理言文歷史而成一集合體．經幾千百年．以養成無形之信條．而深入乎人心．其力量之弘大．誠不可思議．就中若仁義之道．沖和之德．忠孝禮讓廉貞之俗．或傳之歷史．或宣之文字．無不與國相合．故雅者能擇其雅．即俗者亦可通乎俗．淺者能見其淺．即深者亦無礙其深．更孰有良於此者．不知其良也而妄改之．則必以不良者爲良．趨狂潮而順惡風．反共矜爲創作矣．故吾謂我國國性．本來堅定．變易其全體固非．即改良其部分．亦爲未是．蓋國性表現．非時俗趨向之謂．如徇時俗之趨向．則今舉世所趨向．重利輕義．務爲夸誕．以各便其私．而爲梗者．厥在孔教．欲順潮流．必廢孔教．孔教廢而國性乃不能獨存．此非過論也．誠以不言國性則已．如言國性．則吾國道德倫理文字歷史．足以表現吾國性者無不具存於孔教中．故欲廢黜孔教．即不啻自伐其國性．孟子曰．國必自伐．而後人伐之．夫他族之滅人國性．凡有血氣．蔑不起而相抗．波蘭之於俄．印度之於英．朝鮮之於日本是也．今人未敢滅我國性．而我乃先自滅焉．嗚呼．曾謂中國人之智．乃反出波蘭印度朝鮮下乎．哀哉．

廣東藏書紀事詩序

長洲葉鞠裳創爲藏書紀事詩．舉宋．元迄清．海內藏書家二百餘人．網羅遺聞．攟摭逸事．匯於一篇．各爲詩以咏歎之．信乎．藝林之絕業也．惜於吾粵僅著錄丁．孔．曾．吳四家．外此悉付闕如．豈嶺表懸隔徵訪尚有未周歟．何其略也．吾友徐子信符．篤學士也．性嗜書．平居無他好．積數十年之力．廣搜羣籍．不下十餘萬卷．貯之南州書樓．其於桑梓藏書諸家．心焉契之．不惜勤諮博訪．評其故實．凡得四十餘人．爰仿葉書體例．撰成廣東藏書紀事詩．一一爲之表揚．俾勿湮沒．意甚善也．

夷考古初載籍．殺靑點漆．槪用竹書．策長筒短．綴而爲篇．炎漢以來．改書縑帛．易篇爲卷．然簡重縑貴．人家藏弆不易．自非　委瑯嬛之秘．金匱石寶之儲．鮮得以藏書著稱也．後漢蔡倫始以煮造爲紙．日趨簡便．惟書憑鈔寫．傳佈尚稀．卷帙紛披．仍多散佚．於是雕本尚焉．雕本雖創自隋．佛像梵經．僅聞鐫版．未有儒書．終唐之世．佛經猶多寫本．壁經模印．權輿鄭覃．而九經刋行．實始後唐兩蜀．曁乎趙宋．監本大興．家塾書棚．卅郡官刻．繇然並起．而閩蜀之本．竟徧於天下．海內以藏書著者．無慮數十家．吾粵尚罕聞焉．是錄所輯．斷自有明．而大詳於清末．蓋遠者難稽．近者易爲訪也．夫人之嗜好．萬有不齊．象犀珠玉．珍器之玩．聲色狗馬．綺羅粧飾 之娛．與夫法書名畫．奇葩怪石．鼎彝碑刻之雅尚．凡物之可喜而可欲者．爲類亦至不一．嗜之而有力者．胥能致之．而莫賢於嗜書．蓋萃先哲之精蘊．而益人神智．惟書爲然．其聚之彌富者．其嗜之彌篤．而力之彌充者也．

吾粵藏書之富．首推豐順丁氏之持靜齋．後此則城北之方．與城南之孔．並著稱光緒間．自方孔陵替．繼起亦頗有人．而南海潘氏之寶禮堂．實爲之冠．潘氏喜儲宋槧．搜集逾百種．編爲宋本書錄．張菊生嘗爲之序．謂足與北楊南瞿相頡頏．近如東莞莫氏之五十萬卷樓．蓄書最富．獨此不能與抗．蓋自持靜齋後．宋槧之多．蔑有如潘氏者．其他珍秘之籍．各家所儲多寡．殆無得而稽焉．夫使家擁巨資．不恣情於他好．知書之可寶而積之．斯已難矣．若劬學之士．殫厥心力．勾集羣書．甚且節衣縮食．務足所求．藉以資其研討．則尤難之難者．

是錄所紀諸家．於其蒐書之勤．治學之力．既明著之矣．至如術業所攻．各有攸擅．或則兼通漢宋．或則貫澈中西．或務守經．或工治史．或善校倪譌．或精研金石．或以詩文騰譽．或並詞曲蜚聲．或喜讀有用之書．或旁稽釋氏之典．專長既著．博贍亦多．是豈徒以藏貯爲名高．誦數爲君子者哉．故凡儒先之學行．各家之撰述．與羣籍之經校而訂正者．悉可於是編焉窺其一斑．其裨益志乘．後之修史者所宜取資也．張海鵬之言曰．藏書不如讀書．讀書不如刻書．讀書祇以自爲．刻書可以惠人．斯固然矣．顧書之雕鏤．非富而且願力者．莫克勝任．乃吾觀茲錄．常有財力不過中人．樂取所藏珍秘校錄而重刋之．或以所自著書鋟版行世．亦多有關實學．罕涉浮詞．是其志固將以惠人．而非圖自炫．譁世而取寵．可知也．獨叢書之刻．其事彌艱．其力彌鉅．故惟伍氏之粵雅堂最名於時．潘氏之海山仙館抑其次焉．蓋書刻之出自伍氏者．選擇既精．種類尤富．張南皮書目答問．至以南海之伍．與歙之鮑．吳之黃．金山之錢．同加頌美．斯誠吾粵藏書家之偉績也．誌焉而彰顯之夫烏可以已．偏中所述．別有廣雅書院之冠冕樓．廣雅書局之抗風軒．及豐湖書院菊坡精舍之書藏．於吾鄉邦掌故所關．蓋尤鉅焉．嗟夫．聚而必散者．事物之常．惟書之聚也至難．而其散也恆易．水火之災．兵燹之厄．與夫及身之膺債累．子孫之不能保．自昔而悲之．即如吾粵大家之富藏弆者．當其盛時．釋帙瑤函．連幮充棟．曾幾何時．悉隨風烟以飄蕩．自餘亦太半零落．遺籍罕存．著者既詳其興替之由．而寄情惋惜．亦時於篇中見之．余讀是錄．又烏能不爲之興歎也耶．

昔人常慨積書者未必能讀．讀者又苦於無書．今諸家之藏不可復覩矣．然自廣州市圖書館之建．積年所集．故籍新編・卷盈百萬・若博物館・若文史館・及各大學之院所・頗有所儲・私家捐獻・尤資裨補・其中豈無舊家所散落而遺留者・志學之子・自今以後・不必家有藏書・悉可資其采擷・蓋公諸羣衆・賢於自貽其子孫也・夫積書以貽子孫・貴其能讀也・

南州書樓者・今粵中藏書家之巍然尚存者也・信符儲書既富・其哲嗣湯殷・復能珍惜遺書・研精版本・間嘗取樓中所存宋元精槧・珍本秘帙・別編爲南州書樓善本・題識志趣・至爲可嘉・即是錄之稍疑闕略者・亦能加以補綴・是眞能讀父書者・湯殷昔嘗從予學・日者持是錄問序於予・曰・願有一言・爰不辭而序之・丙申冬月・番禺謝祖賢譔・

梅喬林

一八七一年生　一九七〇年卒

台山人・光緒廿四年赴美・追隨 中山先生奔走革命・曾充三藩市少年周刊及少年中國晨報通訊記者・著文鼓吹革命・在芝加哥加入同盟會・並任會長・民國元年・回國任臨時大總統府秘書兼美洲華僑飛機隊助理・蒙頒旌義狀・嗣參加討袁護法之役・十年中山先生出發桂林・侍行・十一年奉命留守後方・代理廣西全省軍路局局長・二十二年任國民黨史會纂修・前後三十餘載・辛勞備至・九十八高齡猶孜孜不倦・旋退休・翌年逝世・喬林清操自勵・樂道安貧・亦高士・亦賢者・嘗與李綺菴合著開國前美洲華僑革命史略・自撰廣州三二九舉義前後・黃花之役國父行蹤・劉梅卿事略等・

武昌起義前後國父之行踪

辛亥年七月 國父在三藩市與黃芸蘇遊埠演說・籌革命軍餉・七月四日動程先往砵崙埠・至該埠，華僑請 國父看電影・剛入門・適放映美國十三州獨立影片・同行者認爲好預兆・ 國父在砵崙演說數天・乃往別埠・八月十八日行抵典華城・十九日 國父往食早餐・看見西報登載武昌起義・ 國父即囑黃芸蘇依照已定路線而行・ 國父偕朱卓文赴芝加哥・乃於八月二十一日下午六時抵達・芝加哥同盟會同志迎接 國父住法皇飯店・國父面命梅喬林出佈告・擇定二十三日下午二時開預祝中華民國成立大會・開會時梅喬林代主席・會後四天・ 國父赴紐約乘輪往倫敦・辦理外交後・取道南洋經星加坡返國・沿途用電報與上海民立報聯絡・ 國父於十一月初二抵香港・胡漢民・廖仲愷等乘兵艦至港歡迎・漢民服從 國父主張・使陳烱明代理廣東都督・隨 國父北上・十一月初六 國父一行抵上海・初九日開臨時大總統選舉預備會議・十日開正式選舉會・到會者凡十七省・代表四十五人・以浙江代表湯爾和爲主席・共投十七票・（每省限投一票）投票結果・ 國父得十六票遂當選爲中華民國臨時政府第一任大總統・

十一月十三日上午十時・國父及代表特派員等由上海乘滬寧鐵路花車赴寧履任・夜十點鐘即行接任禮・黃興左立・徐紹楨右立・各軍團長及各部司署科長以上・均衣禮服或西裝・請總統就位・

中華民國元年二月十二日清帝退位・電報到南京・是時適喬林在秘書處電務科值班・喬林即携電報向 國父報告・ 國父曰・先送胡秘書長・胡將電報按於桌上曰・好啦・你們飛機隊建立一大功喲・余一時臉紅・而看國父・ 國父微笑・胡曰・我不是與你開玩笑・前幾天議和代表唐少川致電

於袁世凱謂・如果清帝不退位・南京政府先派飛機炸平紫禁城然後說話・袁將電轉呈清隆裕太后・於是清帝退位之議遂決・胡秘書長又問曰・究竟你們飛機隊技術如何・余正欲將飛機隊實情報告・適參軍長黃士龍推門而入・　國父曰：喬林・你携電報回去登記・余乃辭出・

十五日臨時大總統公祭明孝陵・及後　國父擬將大總統讓位於袁世凱・三月間派代表數人至北京歡迎袁世凱至南京就大總統職・袁不願南來・暗指使兵變・　國父於三月底向參議員辭職・四月一日退位・由陸軍部長黃興留守南京・二日袁世凱來電謂・此間人材缺乏・請南京政府所有人員北上・分別給職・三日中央同盟會開會・徵詢願往北上同志・是日開會人數無多・主席問余曰・梅喬林同志如何・余曰・我隨我們之大總統返廣東・主席曰・梅同志最好・廣東支部之印・請你帶去・八日上午國父乘專車赴滬・余亦隨行・四時抵上海北站・歡迎者人山人海・九日　國父應黎副總統之邀往武昌・余因辦理飛機隊返粵事・故未隨行・十三日返上海・應福建都督孫道仁派警務廳長彭壽松副官長林某抵滬歡迎・十四日搭招商局泰順輪離滬赴福州・十六日上午輪抵馬尾港・孫都督等多人親至碼頭歡迎・乃分乘花艇由小輪拖帶至福州城外一碼頭登岸分乘花轎入城・隨行者有胡漢民・梅喬林・黃吉宸・李達賢・伍橫貫・陸文輝・梅錦棠・孫科等・至諮議局歡迎大會・後往都督府・廣東會館派代表多人來歡迎・余及陸文輝隨往・十八日午・　國父蒞廣東會館歡迎會・散會後即分乘花艇返回馬尾港・是晚海軍學校歡宴國父及隨員等至午夜始回泰順輪・十九日啓航・廿一日抵香港鯉魚門外・歡迎者至衆・皆乘小輪至鯉魚門歡迎・泰順輪乃進港停泊・　國父留輪未上岸・廿二日上午啓行赴廣州・下午四時抵達廣州西濠口・即登岸至司後街大總統行轅・歡迎者紛至沓來・是晚大雨傾盆・聞陳烱明已離穗赴港・廿四日晚廣州民衆提燈遊行・以示陳烱明離粵而表高興・越日聞派朱執信赴港請陳返省辦理軍政・陳抵穗後即槍斃同盟雜誌社主持人陳耿夫・蓋疑耿夫爲發動民衆遊行會之幕後人・

余是時則住東堤同盟會樓上・連日與飛機隊同仁商量・在東郊蓋飛機棚廠・並欲改美洲華僑飛機隊之名爲華僑飛機隊・只聽命於　國父個人・自行籌款辦理・不受官方津貼・又擬將南洋同盟軍一團併入飛機隊・以作地面保護武力・並開校招生訓練及設立飛機製造廠・蓋機師威確斯係製造飛機工程師・且已運到大批器材之故・不數日陳烱明將南洋同盟模範軍一團解散・解散後多日・美洲華僑飛機隊組織亦因故解散・由　國父發給每員壹佰圓・並擬介紹機師威爾確斯至黃埔魚雷學校任技師・威不同意・並說余與美國積彩埠中華民國樓總經理梅光培訂約任飛機師・每年薪俸美金壹萬元・請履約給予該款・余夫婦二人即行返國・　國父准予照辦・

五月間・袁世凱派人至廣州・歡迎　國父北上・余聞訊乃請隨行・　國父曰・我往北京很快即回來・你不必同往・余曰・我欲往北京取留學費・以便返美・　國父曰・革命尚未成功・你不能返回美國・宜回新寧（即今台山）組識同盟分會・凡返國同志・亦須就各縣組織・於是派簡琴石返南海・蕭雨滋往順德・陳逸村回東莞・李某九回新會・朱本富回開平・分別展開同盟分會組織任務・

是月某日　國父離粵北上後・梁士詒返粵・對外而言・云回鄉爲其父祝壽・而袁世凱就有壽屏相贈・其中有句・比漢室之蕭曹・指揮若定・如唐朝之房杜・謀斷兼長・此乃表面文章而已・其實梁此次返粵・主要爲收買廣州軍隊・

六月初旬・余偕梅錚魂返新寧組織同盟分會・行前由廣東支部委余爲新寧同盟會組織員・乃在新寧城西門街王侯遺愛祠設立會所・組織員梅喬林・文牘梅錚魂・會計李卓・庶務譚彰・評議員李海雲・陸覺生・雷維森・陳利川・隨即展開會務・並在縣境內設立九個區部・由余分別委爲分區長・爭取各界加盟・先從學界入手・所有中・小學校長教員均被邀請・八月間加盟同志已達七千餘人・正式成立同盟分會・公舉余及雷維森爲正副會長・九月胡都督委謝紀原爲選舉國會議員委員會委員・委余爲監督委員・選舉結果台山縣選出劉栽甫・馬小進・黃蓉第・李仲翔・伍漢持・溫雄飛等六同志當選國會議員・是時余得有選票廿五條・本擬自行選爲國會議員・將近投票期・選舉會忽接　國父由滬來電・囑須選唐紹儀爲國會議員・謝與余商量籌款買選票廿五條・其時選票時價每條肆佰叁拾元・共需款萬元以上・余曰・「向何處籌款・我持有選票廿五條・盡行捐出選舉唐紹儀便是」翌日又接　國父電謂唐無意於此・囑改選葉夏聲・伍朝樞二人爲國會議員・急忙中與胡都督商量・籌得款項萬餘元再買得選票廿五條・葉伍二人當選・其時間已在民國二年一月初矣・選舉結束・余回新寧・辭同盟會長職・胡都督以余辦理同盟會務及選務有功蹟・頒發奬章一枚・正面刻民國之光・上款喬林同志・下款胡漢民敬贈等字・背面刻「吾黨之英」四字・該章現存本黨中央黨史會史庫・

辭職後・余向胡都督告擬北上取留學費・胡曰・不必北上・廣州亦可給你留學費・余曰・何時發給・胡曰・借款成功後發給・余答以不能等候・請其寫封介紹書至滬同盟會辦事處・四月余北上至滬・向　國父報告辦理同盟會及選舉國會議員選務經過・八日至南京・九日與劉栽甫乘歡迎國會議員花車北上・某日抵天津轉乘專車至北京・在站歡迎者有谷鍾秀等・接至騾馬市大街佛照樓國民黨招待所居住・越數天余謝却黨之招待・仍住佛照樓旅館・是時馮自由任稽勛局長・余請其轉催北京教育部發給留學美國護照・惟等待日久・俟七月間李烈鈞在江西湖口起義討袁・至八月十三日余往見馮自由・馮曰・你之護照已發下・惟治裝費八百元未收到・又曰・你出天津不可住旅館・宜住日人三井洋行總經理家・余替你介紹・明天來取信・余乃返回佛照樓・忽接到　國父由滬來函曰・速離北京・勿稍躭擱・恐於兄有不利・余遂將來函焚之・匆忙中將行李送至七邑會館・交梅羽騰帶出天津廣泰來棧・余與劉維熾暫避法官鄧宇庭先生家・翌晨余等乘車離北京往天津住德義食店・見晚報載袁世凱派兵圍困公餘俱樂部・捕去鄒魯・馮自由・湯漪等多人・翌日又見報載・鄒魯等被釋放・十七日余及梅羽騰・劉維熾等乘太古輪赴滬・輪未啓行・夜間余之皮箱被袁世凱偵探竊走・輪開行後始發覺・蓋余之皮箱貼有歡迎國會議員標誌尚未撕乾淨所致・有兩隻北洋兵艦・尾隨該太古輪南下・該輪於八月廿一日下午六時抵吳淞口外不准進口・是夜間聞槍砲聲隆隆・翌日上午登岸・即往見　國父於鐵路辦公處向　國父告及有兩

兵艦在吳淞口外事・ 國父乃着余及朱卓文往吳淞砲台報告・是時居覺生・鈕永鍵及陳其美夾攻上海龍華製造局・守該局者爲鄭汝成・爲袁所派之上海鎭守使・廿二日晚間・砲聲又大作・翌晚槍砲聲較疏落・廿四日余聞上海領事團擬請國父離滬・余連日在 國父辦事處聽候差使・ 國父與梅光培同一小房間辦公・廿五日上午余至該處已關門・不知 國父去向・其實是時 國父偕胡漢民・朱卓文・梅光培已乘輪離滬赴福州・及輪抵馬尾港・始知廣東已發生兵變・ 國父離滬時・本擬赴廣州・欲聯絡廣東・福建・廣西・雲南・貴州五省抵抗袁世凱・廣東既已兵變・計劃未成・馬尾港又無輪赴日本・又無法至香港・因港政府限制 國父居住權尚未取銷・迫不得已着朱卓文・梅光培往港・僅偕胡漢民一人赴臺灣・住於今之臺北市中山北路 國父史蹟館・袁世凱知國父已離滬・乃催促廣東兵變・並着龍濟光在梧州督兵南下・廣東兵變時陳炯明即逃往沙面・羣龍無首・張我權任廣東都督・廣東兵變時間・約在八月廿七日・翌日蘇愼初推翻張我權而任廣東都督・後聞龍濟光率兵已抵肇慶・廣東領將鍾鼎基・蘇愼初・張我權合力開重兵至三水河口・龍軍不能越雷池一步・是時黃士龍返粵・勸毒計於龍・排長殺連長升連長・連長殺營長升營長餘類推・因此粵軍各級軍官人人自危・自亂步伐・龍率軍得以長驅直入・

余在滬不知 國父去向後・越數日馮自由自北京南下抵上海・余將留學護照撕回照片・將護照交還馮自由・馮曰・此護照尚有用處・你何故如此・余曰・不願拿袁政府護照往美・余欲往美時有美國籍公民護照・九月七日余乘輪離滬返港・及抵達・聞龍軍已控制廣州・惟警察廳長陳景華尚未離粵・連日港報均載指責陳文字・質其爲何尚未離廣州・至九月十五日即農曆八月十五日・龍濟光邀陳景華賞月・陳貿然而往・席間龍出示袁世凱來電・囑龍槍斃陳・陳啞口無言・只索白蘭地一枝・一飲而盡・龍即着人牽出槍斃之・

余抵港後・李天德・陳耀平・陸覺生約余組織鐵血團・團員以南洋同志居多・音樂大家丘鶴儔也在其內・民國三年三月八日・鐵血團在港開成立大會・鐵血團章程以討袁爲宗旨・派余及雷越庸（即雷維森）爲正副代表・搭美輪蒙古赴日・余化名爲廖福年・輪啓行時爲輪上華人買辦發現直呼余爲梅先生・余告何以認知姓梅・對曰爲你舊部蘇發所說・現在船面集合不少同志歡迎你・余遂與該買辦至船面相見・烈士韋德也在內（即後來蒙古輪弑殺洪兆麟之韋烈士）據韋德自述爲該輪大餐廳充侍者・曾在南洋充小學英文教員二年・韋德問余曰・梅先生已加盟中華革命黨否・余曰・未加盟・韋德曰・鈕永鍵先生一月亦乘本輪赴美・我已在鈕先生處加盟矣・及輪抵滬・發現船上有一童患瘟疫・全體乘客離船至吳淞口防疫醫院居住・在該院逗留一週・三月廿一日該輪抵橫濱・李海雲及胡鐵生至碼頭接余轉乘火車至東京・住本鄉區本鄉旅館・余即偕雷維森往見國父報告鐵血團成立經過・

國父囑晚八時再至其處・是晚由桐代 國父爲主盟人・余與雷維森乃加盟中華革命黨・翌日往見胡漢民・胡曰・你見過先生否・余曰・見過・胡又曰・先生叫你做什麼・余曰・叫我加盟・我已加盟矣・查是時胡尚未加盟・七月八日中華革命黨假精養軒開成立大會・是時在精養軒大廳中開追悼王

明山王某二位烈士大會・由林虎主祭・二位烈士是在民國二年日本天長節在上海外白渡橋槍殺上海守鎮使鄭汝成者・

黃花之役國父行踪

梅喬林

今天是青年節・回首辛亥革命的偉蹟・已是四十多年前的事了・當年革命先烈們起義廣州時・ 國父不在國內・適在海外奔走籌款及鼓吹革命・關於 國父當時的確切的行蹤及事蹟・想必為世人所關心・喬林是時適巧隨侍國父左右・對當時情形知道得比較清楚・今日趁着黃花崗紀念節目・將見聞所及略加記述・以作為編纂黨史時之一助・

自庚戌年元旦・先烈倪映典在廣州鼓動新軍舉義失敗後・國父即步出國門・奔走海外各地・籌集公餉・以圖再舉・在一年左右的時間中・ 國父足跡遍紐約・倫敦・南洋・日本等地・辛亥年三月廿九日・ 國父偕同致公堂大佬朱卓文由溫哥華起程赴芝加哥・當日下午六時抵達芝加哥車站・當時在車站歡迎的・除了同盟會的同志外・還有致公堂・安艮堂・協勝堂的大佬多人・

國父當晚下榻德皇飯店・等到歡迎者陸續散去之後・ 國父即脫下西裝・換上和服・對我們幾個留下的同盟會同志說・「廣州起義已經失敗了・我剛纔在車上看見西報上登的消息・」我們聞訊之後・情緒大為緊張・ 國父從衣袋中掏出密電碼・立刻草擬電稿・發電給香港的胡漢民探詢詳情・電文說・「行抵芝加哥・聞敗・同志如何・善後如何・」

這封密電當晚就發出了・這是辛亥年三月二十九日晚間的事・我們自德皇飯店辭出・回到同盟會・即在唐人街張貼

佈告・準於三十日下午六時在福州九樓公開歡迎孫中山先生・請各界人士踴躍參加・

三十日下午・喬林陪同梅宗周往謁 國父・那天晚上的歡宴會參加者極為踴躍・留學生也不少・ 國父演講革命・並勸捐革命軍餉・當場解囊認捐的人很多・當時有一個十幾歲的留學生起立發言說・

「革命救國是人人應做的事・我是一個窮學生・身上只有美鈔五元・我願全數捐出來・以盡我的一份義務・」

那個青年學生的廣東話說得極流利・ 國父立時讚賞他・喬林即向與他同來的人探聽他的出身・據說・他是廣東水師提督李準的兒子・名叫李國慶・喬林聞悉之後・不禁倍感驚訝・

當晚直到十二許始時散會・散會前並宣佈次日晚上八時・在中華會館再請孫先生演講・

此後的幾天內・ 國父每天都應邀到各處演說・忙碌不堪・香港方面却一直沒有覆音來・ 國父在一週之間已連續發出三封電報給胡漢民・均無消息・ 國父不禁為之憂形於色・

四月六日・同盟會租定芝加哥青年會請先生演講・當晚前往聽講的比從前更踴躍・先生於八時開講・原訂十一時講完・先生那天因為掛念國內黨人的安危・情緒非常不安・神態非常大不若往昔・演講至九時許・聽眾逐漸離去・場中各人交頭接耳・喬林曾下臺竊聽・聽到一人說・據說孫先生演講口若懸河・今天演說的恐怕不是孫先生・走吧・

喬林睹狀・乃請國父提前結束演講・早回旅舍休息・返

抵德皇飯店不久．同盟會送來一封電報． 國父拿出密碼電本．命喬林將電文譯出．那付密電碼與普通電碼不同．是國父與胡漢民來往電訊專用的．以十個英文字母爲一句英文．三個英文字母譯一句英文．三個英文字母譯一個漢字．這付電碼．既秘密又省電費．喬林奉命譯電．電文的第一句話是「克伯展歸」四字．喬林看不懂．乃向 國父請教．國父聽說之後．立刻面露笑容說．克是克強．伯是趙伯先．展是胡展堂．我原來以爲他們幾個都遭遇了不測．現在總算獲得安全．我也放心了．

全電譯完後的電文是．克伯展歸．克夫（註．何克夫）．克武（註．熊克武）、執信（註．朱執信）力戰出清（註．「清」字不明，後來聽展堂先生說．「清」字是「險」字之誤．）佛山起．毅（註．胡毅生）或在彼．死者姓名後報．」第二天．又接到胡漢民電說．恤死救亡．善後費重．奈何．

國父即對各同志表示．辦理善後是需要各同志合盡心力的．芝加哥同盟會當天即籌了三千元．電匯香港以應急需．四月七日．同盟會開會．請 國父指示籌款方法． 國父說：「籌餉方法．各地不同．譬如在南洋籌革命軍餉．當受地方政府限制．但在美國却可以自由籌款．各位同志體察實情．決定一個確實可以的方法就是了．

喬林立即建議設立「革命公司」．徵股一萬股．每股美金一百元．凡認股者即爲同盟會會員．俟革命成功後．股金加倍償還．股票上不寫姓名．祇寫號碼． 國父對喬林的這個建議．認爲可以．並命喬林草擬革命公司緣起文．喬林請 國父親撰．經 國父首肯後散會．

當晚返抵德皇飯店後．國父隨手拿起一份隔日的英文報紙作稿紙．不假思索．振筆直書．國父寫這篇緣起文下筆如飛．很快就寫完了．完稿之後．由喬林加以抄正． 國父覆閱一遍．並略略改了幾個字．這篇緣起文的原稿．喬林曾帶回家鄉珍藏．民國二年討袁失敗時．鄉間謠言紛紛．傳說有軍隊要來搜家．家人一時倉惶．竟將原稿與 國父的一些手札等．全部付之一炬．想來眞是萬分惋惜．這損失是無法彌補的．

八日上午． 國父通電全世界．宣佈革命宗旨．當日下午．國父偕朱卓文離芝加哥赴波士頓．喬林也於當晚赴聖普爲革命公司招股事奔走去了．

姚梓芳

一八七二年生　一九五一年卒

字君慤．號覺安．又號秋園．揭陽人．光緒十七年在韓江書院從吳道鎔遊．二十三年肄業於廣雅書院．嘗漫遊燕齊吳越津鄂．南至星洲．北極關外．鬻文河洛．以資行役．二十八年就學京師大學．習動植物地理師範科．畢業朝考授舉人．復卒業於文科．三十四年任廣西師範學校監督．其後宦遊南北．民國二十四年任廣東學海書院教授．遺著有秋園文鈔．廣西辨學文稿．揭陽藝文新誌等．

上吳玉臣先生書

去歲從同鄉祁君遞到惠書．於拙撰地方學務計劃一冊．獎借甚力．並聞已付沈提學咨送南洋勸業會．以資展覽．梓芳半解一知．何足上裨高深．而先生不以爲不可教．過用矜寵・既感且愧・承索閱分科章程・此間開辦已屆一週・來有專章印出・其大概係按照定章及學部迭次奏案辦理・先開經文農工商格致七科・而奏添四書大學衍義・爲通習經文二科・於分門講授外・別訂規約・稍參學海堂句讀鈔錄著述參攷等法・爲研究之助・其後因鈔錄參攷等門・不便記分核算・又變通之・改爲句讀札記二門・不分鈔錄參攷著述・總名札記・人給數册・每學期繳閱一次・句讀則每星期繳閱一次・其各門應句讀之書・大網由總監督指定・其餘則商之本科講師・以免汎濫無歸・梓芳現隸文科・荏苒一年・毫無心得・中夜自思・汗下如霤・此時從事各書・固二十年前曾經先生郡齋所講授者也・每念昌黎韓子所稱古之立言・輒令人置身千載・慨然欲棄百事而從之遊・而頗悔十餘年來・牽于俗慮・雜以人事・不能一其心於古人之歸・坐是無成・忽忽至今・追念先生之教益・慨然太息・誠恐此事便無所成就・無以上報先生・

猶憶辛卯壬辰間・從先生學爲文章之法・彼時辨章學術・開示塗徑・嘗推其意以求之古書・竊忘謂周秦以來・古人所以爲文之意・反躬自省・未嘗無一隙之明・使當時能本其所知・深探而力索之・毋迷其源・毋歧其途・十年之間・不遷不怠・則所爲取之心而注之手者・雖未必根深實遂・卓然直造古人之庭・其必薄有所樹立・而不至以循常自隘可知耳已・不幸識解未堅・遂汩沒於流俗・中間頗爲求嘉經制之學所震・又雜揉以東西學說・汎濫數年・一無所獲・壬寅遊京師・思採彼族物質之學以救其疏・而格於外語・乞靈舌人・隔閡愈甚・雖獲從數君子後・期滿出學・其碌碌無成・猶昔日也・而新知無幾・舊聞遂湮・戊申遊桂・間有新作・取足達意而已・退而觀之・則去古益遠・取徑益卑・深慮不植將落・於是決然舍去・誓將重理舊業・以期無負其初志・聞此間有爲古文學者・攷其所稱述・猶是康乾前輩相傳遺法・其一時巍然推爲老師祭酒者・訂以往年先生講授之旨・亦未有以歧異也・

於是梓芳益自恨智早及之・而仁不能守之・而先生孤抱所業・蟄處嶺嶠之間・又不獲出其所學以與南北士大夫相見・粤士之眞知先生者又無多・茲豈惟斯道之不幸・抑梓芳之不能尊其所聞・始終一業・以底於成・有負師傳・其罪又未知何續也・前者嘗求爲先大夫家傳・不知能抹冗爲之否・竊以先大夫志行・不可不見於先生著述中・先生著述・不可不有以流播於天下・方今絕學岌岌・將墜其緒・名山之業・似宜及早圖之・大稿如蒙賜讀・當約二三同門・分任讎校之役・謀付殺青・使海內知吾粤有此文章・益知有先生也・

上溫慕柳先生

慕柳先生門下・曩者芳從粤諸名士遊・聞談者道嶺南留心實學者・於先生必屈一指焉・尋人從京師來・則聞先生往肄業南學部中・經生之譽大噪・芳心志之不敢忘・歲在甲午・讀書粤垣・而先生是時適主講吾潮金山講席・私竊自喜・以爲學之有成與否・雖未敢必・繼此將得罄其所有・叩大君子之門而求就正焉・及秋・潮士之經承指受者・航海而赴粤應秋試・霧集就而問之先生・微言緒論・益得聞所未聞・則益喜而重歎談者之不妄歎・而先生之所欲以實學啓導

後進者．果將大有造於吾潮士也．芳雖陋．抑豈不在一士之數者．故自是鄉往之志既誠．而願見先生之志亦愈切．去歲方太守示期甄別．故一應焉．得將賤名臚列於潮士之次．是殆天所以償其晞慕之私．而果緣也．而不幸又迫于飢驅．遂廢過庭．闕於所仰．每每自恙．以爲海內人師．究不得一見．將自此消然四虛之途而冥行．而無所於歸矣乎．既又思之．潮去揭百里耳．苟不以繆戾自棄．將竭愚慮而或蒙敎正．則與執經座下何以異．春初乃敬謹書名達左右．猥荷俯存．辱挂門下之中．故邇來雖以課徒疲於日力．然晞慕之誠．固未嘗一日不縈回於中而不能自已也．先生儻俯察其愚．知小子亦不欲姝姝以常士自期待而進退之．則所以得敎於先生．豈有涯乎．謹獻所爲文數首．如賜觀覽．亦足知其志之所存．故作不敢匿所短．並附上．伏乞嚴繩而是正之．干瀆尊嚴．皇恐皇恐．弟子梓芳頓首謹上．四月二十三日．

與馬通伯書

曩者．梓芳嘗有志講求古人立言之學．讀惜抱所爲義理考據詞章三者不可闕一之說．深信篤好．慨然遐想．恨不生乾嘉之世．置身鍾山石城之側．躡屩擔簦而從之遊．冥心窮追．往往至形夢寐．其後遊學四方．私念倘獲交桐城二三君子．因緣時會．倘徉於黃舒之間．挹其山川奇傑之氣．因以攷求方姚緒論．稍償平日高山景行之思．則雖出處進退．無補于時．而詠歌先聖昔賢之遺文．以究極其孤陋不肯妄自貶削之素志．壬寅之間．聞至甫吳先生應長沙張公之薦．赴東攷察學制．將歸而治學於京師．喜且自賀．以爲自梅曾而後．惜抱遺緒．遞衍于張吳．濂亭既逝．吳先生學問文章．巍然推爲海內宗師．攻其淵源所漸．如枝條之扶疏而理其幹．而其本可誣也．如江河之蜿蜒千里．脈絡交注．衍而彌長．而其源必發自岷山星宿也．吾從事其間．則一切舊聞新知．皆得有所折中．而向所欲與聞桐城諸老緒論者．至此乃獲親承其謦欬．其爲快愉．則豈特如莊生所稱跫然而喜者而已．不幸吳先生既歸．未及返命遂卒．而梓芳是時方兼治物質之學．不能一其心於古人之歸．坐是數年．新知之濬闢無多．舊業之榛蕪日甚．加以性習疏簡．朋遊稀少．橫覽九洲．爲此絕學於舉世不爲之日．其精神志意．冥契於語言之表者．殆罕其人．忽忽仰天太息．未嘗不自恨所業之孤．行年日長．恐此後遂無以成其幼穉之志爲可悲也．

去歲再遊京師．每聞畏廬仲實叔節諸先生．稱述先生言論．心志之不能忘．旋從報章得讀先生所爲上皇帝書．捧誦之下．爲之肅然起敬．益思求先生撰述而深讀之．最後於友人處得見先生所著抱潤軒文集．假歸讀之．反覆沉潛．至於再三．其間論學之作．及其關于親舊者．類皆持論正大．至性過人．眞昌黎韓子所稱仁義之人．其言藹如者也．梓芳雖未及見先生．居常即文以求其意．而有以窺見賢者宅心制行之微．竊以爲貴邑康乾前輩．文行之茂．將悉集於先生．並吾之世．尚得見先生其人．特立於道術大裂之會．將非天之未喪斯文．而以在茲之任屬之者歟．此梓芳得讀大集後．所爲懷願見之誠．日縈結於中而不能釋者也．

竊聞古之君子．欲致其身於長者之前．必有所資焉以爲之質．梓芳自顧以不學之身．年垂四十．百未一成．本不敢

姚梓芳

輕于冒瀆・顧念時變方殷・賢人君子之離合・尤難預定・此時若過以形迹自外・則雖並生賢者之世・卒末由講去其非而趨其是・他日行止・或終不可合并・必有以不見先生爲終身之恨者・是用忘其謭陋・謹檢近所爲文數首・敬懇仲實先生代呈教正・先生倘鑑其少年歸嚮之誠・非欲藉以是爲攀依之重・則或不以望孔子之門牆而不入其宮見棄・將繼此以進・而特以此書爲之先・先生其有以教之歟・

余致是書後・通伯復書約四月廿九日在西域寓齋見・既見喜甚・談餘檢所著毛詩學及桐城耆舊傳二種爲贈・並評定所獻文付還・余挾書還寓・而六兒墜地半日矣・遂命名季通・所以志也・今通兒畢業暨大・且二十三歲矣・於各學略有門徑・文學性甚近・惜所造未邃・他日試檢此札當思命名之由而補吾缺也・癸酉秋園記・

答丁叔疋書

二月杪辱賜書・旋又得月中旬所爲書・疊荷與許奬借之詞・不敢當・不敢當・芳今世一錄錄庸才耳・無所窺見古人爲學堂奧・二三師友徒以愛好之情溢量與之・甚用慚愧・今足下又復劇相推許・是重增吾媿也・來函謂僕苟視爲友朋之列又云舍芳將誰與友・若于鄙人雖有嗜痂之癖也者・此何以云邪・僕自視固無取・所有取者吾丁君一人而已・不期足下不自取之・何反於僕轉重有取邪・往者與足下未蒙面・貌離而神會・每於小廬先生及欽甫孝廉處聞想風采・又聞足下所以垂念鄙人者甚至・僕蓋以藏之胸中久矣・然未敢遽執士相見禮者・誠自顧學無元本・媿無以饜同志之望・使徒以廣徵逐而鶩聲稱・則所以報知己于可知不可知之異世者・不愈左乎・

癸巳之歲芳讀書粤垣・家大人適赴汕而旋・忽適左右同舟・仰荷拜紀之勤・既摯且厚・大人函示曰・此君篤疋直諒多聞・古之益友・不可失也・小子識之・歸來乃冒昧一造其廬而求教焉・故芳與天下聞名而思・既見而冥會無間・退自思念・生平用意消然自奪・屬於荒江破屋之中而隱企於後世不可必之楊子雲者・並吾世而忽一覯焉・誠繼此養而充之・其有所成就與否・雖未敢自信何如・若曰恐終太息知己之無人・固無患也・然其荒謬不自振拔・以乖生平夙願・而負師友過望・爲辱多矣・而厚顏寧有終極耶・

近世學者騖虛聲而鮮實事・誠如來諭・且值國家多事・幾無人不視儒術爲迂遠而闊於事情・詬訕之・笑侮之・其高才生又復耀於外夷一朝之富强・而悍然鄙薄累朝舊制爲不足法・論議歧異・而吾道駸以益孤・然而蹈百死而不悔・汎排毒罵而不改乎此度・詩曰・風雨如晦・雞鳴不已・子曰・歲寒而後知松柏之後凋也・願與兄共磨厲于深寥曠邈之鄉・以畢吾生讀書之志・以求免子弟之過如是焉已・

林君書來・同此志趣・直可賡爲同調者也・麥氏宗譜序・尊意所見・疑于重稱名處・弟讀韓集平淮西董府君等篇則重稱退之已爲之先・或攷之未審耶・大作附繳有所見處・附識於行間・弟所不敢附和者・兄宿知之視・此庸有異乎・倘不以其愚無過人知識・繼此得漸讀大著之全・禱祀求之未敢必也・惟鑒不盡・

與丁叔疋

月前三辱書・懶未及一答・頑鈍之質・固宜得大棄絕于君子・惶悚奚似・忽遞獲教命・乃知尙爲高明所宥・旣賜書風勉以所不及・復承諄諄垂詢賤疾・賜之方藥・欲使宿疴盡起・及時努力・夫何素望敢以及此・比者・賤軀各患已漸有瘳・擬稍暇一奉顏色・未得舟便・故以書布前函不罄之懷・惟兄敎之・來示云・嘗欲廣收近世閎儒著述・精加裁別・撰爲寰宇訪學錄一書・甚盛甚盛・及時撰述・勉成大業・同人與有光焉・然此書未審尊旨義例何如・以所署審之・託體絕大・非經鍊歲年・疑亦未易卒業・且謂拙撰數首・必入此錄無疑・則有未能盡解者・不佞各文・皆往年初學此業之作・其中多未能絕去規撫之跡・閱之殊令人慚・在當時諸先生徇粤俗坊間借刊之請・不過隨取前列數首應之・無甚深意・若兄欲撰著鴻篇・則豈僅以此爲弟願者・將無以一知半解而亦海河吐納所不忍棄歟・抑將嚴其義例・勒成一篇・以繼古著作之林後也・又聞兄擬收國朝人書爲皇朝經籍志若干卷・用朱氏經義考例・弟昔閱提要・亦以乾隆後書・可傳者極多・而紀述闕如・用爲深嘆・思踵爲之・以儲藏不多・所見不廣・又一瓻之借缺然・故絕意不敢遽擬此事・意海內必有博聞精思之士・起而成之者・何意竟近得之吾兄・快孰如之・何者・我朝考據之學・號爲邁古・然自乾嘉來・矜名負氣之徒・往往挾其術以攻陷前賢・沿其流者・固大爲人心之害・誠得好學深思之士・於類述各書叙跋後・加以按語・消融門戶之見・而別白其旨歸・使咸出於正・將必犂然有當於人人之心・是雖目錄之學・抑亦轉移學術風會之大端也・足下以爲然耶否耶・嗚呼・丁君無怠無怠・不佞愚陋・無所知曉・何足少稗高深・但望兄大著果成・得以先覩爲快・或幸而得果數載聚首之緣・從兄讀遍架上書・此生亦不恨矣・他何爲哉・

來示又謂愁困交侵・恐終無成就・此亦過言也・弟往年讀書・每恨於各門不得要領・及後狎識一二旨歸・意謂將取一家之業理之・十年不變不怠・必有可觀・再理他業未晚也・乃旋以外物間之・坐此廢然・每以自懟・往讀莊生書・竊其旨趣茫茫・比來臥病・洗濯俗士擾擾之情懷・間再一披覽・乃漸有端緒・始重歎退之勢利速成之戒不妄・而世欲以躁進倖獲之心・希求聞道・不可得也・如足下者・於榮利淡其念・以闇默鎭其心・以弟所見・沈毅精進・實少倫比・斯眞所謂雄偉不常者矣・任重致遠・非子而誰・

居嘗歎自三代後學之雜然歧出者・何多途也・有一家之學・必有數家從而依附之・有一家之傳・必有數家從而巧駁之・各相遞衍・以至於數十百家・而其勢遂洶洶呶呶而不可止・蓋道之歧出不統一久矣・然而原其始・固同一祖宗之系・而未嘗異同如此也・以天下之大・人材之衆・豈必終無人焉・不矜異・不好名・奮起于聖伏神徂之後・盡取世士一偏之長・爲大海集衆流之歸者・弟之愚・誠知萬不足與此・但略具土壤・聽其自達而已・非敢於斯事望而却步・而故深推謝之也・以遙遙相望於三十里外・尙有人在故也・天靳吾智・以厚間出・自茲以往・吾又何憾・而兄茍仍爲此過言・此或勞謙之意有然・恐亦斷非篤論耳・嗚呼・丁君無怠無

怠・人之交也・所學同則互爲欺蔽・而不見其非・所學異則互相詆諆・而不見其是・斯亦學人通患也・定交以來・無一得可以餽同志・甚用忸怩・惟自矢不敢不力持不自欺之志・以謬附於直諒之末而已・足下其矜而教之乎・若夫神明日健・著作不衰・是當爲吾兄日夜禱祝於冥冥中也・芳白・乙未六月十日・

文苑傳始東漢而文始衰論

文章之變・芽蘖於漢京・而淪靡蠹弊之波・浸流於魏晉・然在西都・時重儒輕文・雖賈馬之倫・不獨以文士見重・故其所著新書・與凡將一篇・皆成一家之言・與諸子相近・而未有參差龐雜之文・裒次爲集者・若枚皋不通經術・武帝頗以俳優蓄之・蓋當時所重者・在此不在彼・而其爲文・復粹然多出於醇茂・先儒稱爲雅健渾厚・良非虛美・

迨降東都・說經之士・雖不乏人・而屬文之士彌衆・觀王充論衡所著・且以連篇結章・駕儒生說經之上・則其重文・遠過西漢可知・蔚宗撰後漢書・遂創文苑一傳・於是辭人景慕・記載紛如・乃一變至魏晉之亂雜無章・再變至齊梁之氣體不振・勢屢改則屢卑・文愈繁則愈亂・矜情飾貌・矛盾參差・其源皆自東京啓之・范史所傳・亦當時風會有不得不然者與・故嘗謂觀於道德文章分合之故・可以知人材所以興・觀於修辭厚薄純襍之源・可以知世運所以降・若夫障百川而東之・回狂瀾之既倒・不有豪傑之士・而慨然有志起衰・譬以蚊而負山・其難勝任也必矣・近儒有言・文以少而盛・以多而衰・以三代言之・春秋以降之文多於六經・而文衰矣・以二漢言之・東都之文多於西京・而文衰矣・嗚呼・可不謂知言者哉・

周子通書案語

梓芳謹案・周子此書・一名易通・與太極圖說並出程氏以傳於世・朱子所稱爲得孔孟不傳之秘者也・其言約・其旨微・程氏兄弟語及性命之旨・無不因其說而發明之・其淵源因可考見也・潘淸逸志先生墓叙述先生著述・以太極圖說爲居首・後世性理諸書・及纂先生全集者・大率先圖後書・傳者或以圖爲書之卒章固非・或即以爲書首・亦未必然・要之全書四十章・無非發明圖說之蘊・則兩書實相表裏・因不可離而二之耳・全氏撰次先生學案・首列此書・黃百家謂太極圖說・後儒有尊之者・有議之者・不若此書純粹無疵・梓芳竊謂學者欲窺先生一家之學・若舍圖求書・則於先生畫象立教之意・不能得其精微・而於推究萬化一原之旨・亦不能知其有所統攝・若以學者入德之方言之・則擇儒先之說理明晰者・以示學者修己治人之本・則周子之學・其簡要明顯・無過是書・誠學者當切究也・朱子謂是書推明一理二氣五行之分合・以紀綱道體精微・判決道義利祿文辭之取舍・以振起俗學之卑陋・至論所以入德之方・經世之具・又皆親切簡要・不爲空言・顧其宏綱大用・既非秦漢以來諸儒所及・而其條理之密・意味之深・又非今世學者所能驟而窺也云云・其於是書既已提要鈎元・學者誠翫覆而有得焉・則於動靜之幾・與夫誠復之理・其亦可以犕有所聞矣・

其尤切於今日病痛者・如第八章・抉摘學者隱微深痼之

弊・第十四章・指明吾儕神奸隱伏之機・第二十八章・針砭文士虛浮矯僞之習・第二十三章・指示聖賢安身立命之本・尤覺絲絲見血・要言不煩・至于文章字句之間・百讀之餘・誠有以覺其條理之密・意味之深・與世士之高談性命而不參乎事功之際・侈言經濟而出乎私意之爲者・誠不可同年而語也・此書朱子嘗爲之注・明曹月川與太極圖說並爲述解・劉蕺山又爲箋註・於是書微言奧義・既發揮無遺・學者欲窺其全・則有諸書在・茲但錄本文・以資誦習・其他撰述・如易說已久佚・此外愛蓮說・選本古文多有之・又拙賦養心亭說都雜文六首・詩三十一首・書帖六首・全書大略・已具於此・論者謂詞章非周子所留意・誠然・如此書義蘊之宏深・條理之精密・自四子六經以外・誠三代後僅見之書・雖無極太極朱陸之辯・斷斷相軋・垂數百年・學者入德之方・誠不必先存門戶之見・要之苟有志於聖賢之道・不先於此書沉潛而反覆焉・則於宋賢授受淵源之本・既已茫然・而欲與聞大道精微之蘊・猶築門垣而塞牆巷也・

右稿庚戌辛亥間任北京高等實業學堂人倫道德教員講義中案語之一節・頃在學海講座・嘗與諸生講論此書・錄資條參・（自記）・

讀中華救國論書後

南海先生作中華救國論・都兩萬餘言・既脫稿・郵自日本・吾人以憂國之熱誠・謀救亡之方略・昧昧思之・而未得其術也・得是書・則大喜・因急排印數萬本・以質諸當世之謀國者・其書綜核東西數百年之制度學說・而按切中華人心風俗及其時勢・其對症下藥入手之第一法・以爲保救中國今日之亟圖・在整紀綱・行法令・復秩序・守邊疆・而先靖暴民之禍・爲羣治之本・其與之相須者・一曰肅兵威以定亂・二曰嚴警察以鋤奸・三曰重司法以守律・犖犖數大端・而救國之方已不外是・然而擧是大政・則非有善良之政黨內閣・以組織强力之政府不可・善良之政黨內閣於何誕生乎・則必以輸進通識・崇奬道德爲最先・厚生正德・富而教之・如是爲之有序・措之有方・則中國之强・可計日待・此書大旨如此・至其博深切明・則非後生小子一二言所能罄也・

吾讀竟・作而歎曰・今之當國者・苟無意天下之治安・國基之鞏固斯已耳・使有諸葛・景略・介甫・江陵之才出・吾知必有毅然引以自任者・而惜乎言者不能必見諸用・而用者又未必采諸其言・斯豈獨一二人之不幸・抑亦民國前途之至可墜心而危涕者也・

自頃破壞告終・建設方始・政論紛紜遍天下・士之不能忘情於世而思有以自見者・多倡爲孤往偏至之說・又以浮幕法美平等自由之政治・不惜舉數千年歷聖相傳舊有道德・隨種族而並去之・於是教化・禮・俗・法守・道揆・一時蕩然俱盡・無識青年・率相與羣起尤而效之・自謂共和已得・大功告成・國利民福・可坐而致・而視國勢杌隉不安之現象・則雖季清之際・無以逾其危險・當國者欲求久治・不先定亂・率倡爲煦煦孑孑之仁義・日以調停黨論・大封功臣・爲一時羈縻敷衍之至計・至於大根大本之帷幄運籌・或者正式政府未立・未能有所設施・容非外人所及盡知・要之今日立國行政之大計畫・則舍此書所論重國之義・有不能越其範圍

者・而或者以爲說不自吾出・而恝然置之・此吾所爲繞室傍徨・讀罷三歎者也・

先生與新會自戊戌政變・師弟去國逾十五年・今新會翩然來歸・自項城黃陂以至全國稍有政治常識者・無不備極眞意之歡迎・操簡執筆之士・且謂二十年來・中國思要革命之功・皆自新會啓之・幾不復知有先生・無識者且有子貢賢於仲尼之歎・不如新會從事新聞事業著作等身・其文字至誠剴惻・有以入於人人之心・其輸灌歐美智識於上中社會之功・誠爲思想界革命巨子・然新會之學所自出・何一不導源於先生・特先生泰山嶽嶽・海涵地負之才・論道經邦之略・非常人所能側知耳・此書爲大清廷遜地位後・先生對于中華民國第一次政見之發佈・又有理財救國論・將並以行世・世之君子亦取其大者論之・

揭陽正續志重印始末記

本邑正續縣志重印之議・自民國二十年冬月始也・先是縣志自清光緒十四年戊子王侯崧聘教諭李星輝任總纂・續四卷・至民國辛未・曠絕又四十餘年・都人士羣以歷年既遠・賡修之舉不容再緩・而正志簡斷篇殘・舊版既燬・民間所存漸成孤本・官斯土者欲檢閱舊志輒轉假借頗難・非重印不足保存舊有文獻・會省政府有徵版各縣志乘之命・並飭重修・何侯烱章適長吾邑・爰函約士紳集議於縣署之崇政堂・僉以再修新志重印舊志應同時並舉・復擇十二月十九日開會・即席選舉總纂編纂都八人・財政一人・余忝任總纂兼董重印舊志之役・何侯即定其本任內增徵之蹯捐戲厘捐每年毫幣三千弍百元爲局用經常費・不足在地方欵撥助之・復自捐廉俸三百元爲開辦費・案既定・正在設局籌辦・而邑人百計營求・紛紛謀加入編纂之列者又若干人・何侯不能拒・余聞而異之・何志局材之多・一編纂淸冷之職・亦足動地方人士競逐之風・而不知所止也・竊計是事非刻期可就・若筆削是非・權責不定・而道謀者衆・是必無成・成亦不足垂信史・未幾何侯去職・繼者下車伊始・竟將局用經常費移置別用・志局根本斬絕無遺・嗣是荏苒三年・當道雖亦嘗向余提論及此・余鑒於前轍・久厭聞之・閉戶還讀我書而已・

弍十四年秋黃侯秉勛至・知是事之不易猝成也・未暇及・會縣參議會議長黃乾修以重修文廟重印舊志二事請侯詢辦法・黃君條議照建救濟院修黃岐山塔成法・函聘邑紳之贊成是議者人捐毫幣五拾元・即就樂捐者若干人組織重修文廟重印舊志董事會以爲之倡・不足再設法籌補・黃侯韙其議・董事會遂成・初下手先修理文廟・工竣侯泐碑記其事・次及印志・復開會推舉監刋董校者・以陳頡龍郭五琴及余三人肩其任・兩次集會余固未與也・衆復議由余等介紹一人常川駐汕頭印字局・專司校勘・遂聘陳培玉任其職・其管理收支則除地方財政股林應貞外加・推孫鼎初郭五琴吳香谷郭和甫謝墉甫黃乾修六董事協同辦理・經始於黃侯秉勛任內丙子冬・開印至馬侯炳乾任內・續撥欵竟其成丁丑秋工訖計・正志八卷・續志四卷一・仍其舊・印刷千部・合校勘費大洋券四千八百餘元・余與陳郭二君忝司監刋督校之職・坐擁虛名・懼溺厥職・因約二君人分四卷親加覆校・會余有目疾・而陳君就館香港・郭君又以榕江中學教席未遑・不得已命張荃助余

分其勞・竭兩星期之日力覆校・丹黃一遍・訂正若干處・列表附卷末・閱者可核焉・

校書如掃落葉・謂校後即一一無訛漏・微特初校者不敢自負・即余亦未敢信復校後全書無一誤處・是在讀書隨時匡正之耳・徵文考獻事業自在千秋・惟方志義例爲史學之一部分・平日讀書非文章爾雅・于乙部探討灼有見地者・不足與斯役・而吾鄉人士乃易視之・何也・今舊志正續重印既竣・他日必有議再修新志者・此時尚付蓋闕・每與同邑黃銘初陳頡龍林清揚楊柏年諸君論及此・竊慨士不悅學・抱守殘闕・輓近寥落如晨星・吾儕苟有意於鄉邦文獻・就耳目所聞見・擇其於人物政俗學制農田道路有關地方掌故者・隨時考其本末・筆之於藉・泐爲專書・或筆記・他時再修新志自可取資・豈必新志出自我手而後能保存鄉邦文獻也哉・諸君子其有樂于是者歟・若乃編輯之任・必其于是書致力甚勤・學識甚卓・持論甚公・文直事覈・不背方志義法・而後可垂之後世・試觀官修之書・累累銜名・冠列卷端・苟其書不傳・傳者必攷當時總其成者何人・某類分輯者何人・而是書之價值得失評判乃定焉・見一書之成・凡列銜挂名其間・槪可覬不朽之名動千載下之慕思者耶・余以兩志重印既竟・感念國步方艱・蘆案突發・黃侯馬侯尚拳拳以一邑固有文化爲重・一始事於先・一蕆事于後・使正續兩志剞劂重新・時歷八月・不至功虧一簣者・是烏可無紀・因詳述其始末・并附論編纂之義・俾後修新志者攷焉・民國二十六年秋姚秋園記・

師友淵源錄序

姚梓芳

余撰次文階・取姚纂曾鈔別爲約編・叙述編講大旨・以授學者・又取師友文章之不戾乎古者・隨時刊布一二・與學者共研討之・少壯叢殘未盡焚棄者・間亦附焉・以爲學者學文・其人與事顯而著・聞見切・則觀感易生・啓發易入・是亦讀者參證之一階段・其子目編次・則姑俟他日定焉・其例言曾見自序文階中・既授課一學年・此項搜集近百餘篇・隨得隨布・次序凌亂無定居・課餘乃稍稍排比前後目錄・釐爲上下二卷・學侶遊從既久・誤信鄙說・欲以有法始・以無法終・奮發興起・可賡同調者・頗不乏人・每次月課・拔十得一・其文字可與人共見者・彙爲課存・又積數十篇・垂暮得此・驚喜者再・不意老生常談・今世尚容我津津饒舌也・

自惟弱冠以後・宦學南北・逾四十年・海內大師・多從捧手・義理考據辭章經濟之學・耳濡目染・豈得謂一無淵源・其行與文並至者・吾師之・其學說極端相反・要其歸同出一源・實可相用者・吾師之・其有擅一家之長・風義在師友之間・白髮青年・學無後先・吾取曾文正明以爲友・暗奉爲師之訓・師友之・韓退之云・聖人無常師・顧亭林謂並世未嘗無可師之人・豈不諒哉・獨惜學殖荒落・半生追隨名師良友・不爲無人・日月亦不爲不久・而自顧卒無一成就・年近古希・鈍拙如昔・日此則檢證茲錄・廻環諷誦・不能不慨然自唏者也・每憶乙丑退休以來・南北師友・乖違闊絕・久不通聞問・湘陰郭復初・中江劉洙源・尤所敬畏・比聞湘陰已歸道山・欲搜其遺文一二以入吾錄・竟不可得・中江又不知踪跡・通問無從・僅錄廿年前壽吾母七十文一篇・思之每爲氣結・獨番禺吳澹庵先生・年逾大耋・善論文章・白頭弟

子．猶得時時摳衣奉手於東里草廬之間．隅坐南樓．謦欬時親．不可謂非暮年最大樂境．忽忽七八月．而先生亦且逝矣．茲錄之例．匪以多寡爲軒輊．其撰著流布已廣．學子人人習誦．世所視爲一時宗匠者．更無須複錄．但取片鱗．足窺全豹．惟吳先生文字．向不自表襮．年八十有四．殊不以及身刻集傳世爲然．以爲此何足言．坐是之故．學者得見先生文者甚少．見而能知其至者益少．而思得見者究未嘗無人．故以生平手寫傳習者．悉入吾錄．庶幾學者好學深思．知有清一代．吾粵文章．自春洲昨夢齋而後．獨有先生遺書尚存．非一人之私言所得阿好者也．至鄙人少作．何關宏旨．與其存之．毋寧棄之．而猶不免珍同敝帚者．非師友賴茲錄以傳．乃作者寸心得失．不掩眞面目．企附師友．以求正于當世立言君子．世有千里神交．不我遐棄者乎．或能鑒不佞茲錄之區區爾．

丙子閏三月廿八早寅．余奉吳澹庵師召馳謁．侍病榻竟日．是夜亥．師卒．三十年．親視大斂後．返寓．至夜澈宵反覆不能寐．起撰是序訖．惜已不得師門再質正也．哀哉．廿四日師尚强起爲我題述德徵言書簽四字．此後遂絶筆．其舊稿臨逝命符淡人師母檢出付我．現正與同門謀印．撰聯挽之云．李漢幸猶存．遺著相蘄編吏部．劉軻嗟已渺．窮薪誰與續春洲．春洲即彭泰來．字子大．高要人．所著昨夢齋．師論吾粵清古文家．春洲獨擅一代．世少知者．

丁未北京大學堂師範館畢業試題序例

總目

人倫道德一題　倫理學一題　經學二題　文學一題　心理學三題

教育學二題　體操　圖畫二題　動物學八題　動物實驗三標本

植物學三題　植物實驗五標本　博物學三題　地學二題

生理學五題　農業泛論二題　畜產學二題　農政學二題

作物論二題

附

歷代世表　師承記（受知附）

右目十九門．都十三科爲題四十有九．自人倫道德以下八門．爲堂中通習之課．動物學以下十一門．爲第四類專修之課．號爲主課者也．其公共科講肄之中外歷史與地物理化學幾何算學外國文等．此次畢業．不再行試驗．故問題不及焉．其間或但憑記力．無取心裁．或徵之實驗．不假筆墨．雖標題備列．而文多蓋闕．間登一二以示兒輩．使知與制舉程式．但以文字校論得失者殊科．其闕焉者別爲符號志于眉端．至于師承世系．俱見淵源．雖陳迹相沿．而義不可易．若乃草矛知遇．寧關異數．文字之感．下士同心．韓非有言．非知之難．所以處知者實難．斯吾曹所當自勉者也．排次既竟．爰媵以叙．

叙曰．吾古治學之法．未聞翬聰明才力之不齊．晝以一定學年．而號爲畢業者．孔子之聖至矣．其所學博矣．精矣．然其自述平生爲學積累之次弟．自十五志學．以至七十從心不踰．治之終身．未或止也．孟子稱願學孔子者也．其不動心之學・必遲至四十而後敢自信・孔孟既沒・後世儒者・若鄭君之于三禮・朱子之于四書・皆盡一生精力以從事其間・幾不知老之將至・未聞證以一定年級・出而問世也・自近世學堂議起・取規西制・于是比附于學記大成小成之義・定爲畢業年限・若者三年・若者五年・又鑒于吾國士習沈溺于富貴利祿之見者至久且牢・于是建爲一幟・以號召之・而其術乃不越前此制科之形式・議者重以爲病・而士或自忘其治學之本意・一若身在學校・無論所學何科・爲時久暫・一達畢業之年・即爲學成之事者・嗚呼・何其謬也・

夫學術者左右世界一原動力也・世變之所由成・風氣之所由轉・雖曰世運・而其要皆學術爲之・晚近學者・治業之本・皆主謀新・其術雖殊・其鵠則一・顧當新舊遞嬗之世・往往有輕迅剽疾者以雜揉其間・其所謂新者・未必確然有得也・而卒舊之章・則已寖微寖削・以至滅絕・此洞微識遠之士之所以慨然而唏也・古之哲人・其治學愈勤者・其成之愈艱・而其所造也亦益深且遠・孟子曰・夫仁亦在乎熟之而已・荀卿子曰・眞積力・久則入夫智名勇功之念・于問學之實際・均無當焉者也・況富貴利祿之紛紛者乎夫如是・而後其學爲可貴・而推而行之・乃使羣蒙其休・國載其福・此速化自利之見・所以無功・而孔孟鄭朱之學・所以法天下而傳萬世也・

京師之有大學・逮今亦且十年・自辛丑以還・朝廷迭遣・大臣釐定學制・整理成規・至今燦然・號爲明備・今歲第一次師範科畢業・與其選者數盈百人・不佞雖獲從諸君子後・自維淺薄・于吾國固有之學・治之將逾廿載・至今自思・尙無所得・至于東西物質之學・犄窺蹊徑・爲日尤淺・于心得蓋無有也・此編係應試之作・時間既促・意多不逮・本無足存・顧念兒曹在校者日多・不爲擧隅・何以三反・因錄一通・排比其次・並述所見如此・使知學問無窮・五年經歷・僅此而已・以是爲諸學得門而入之徑・或可也・將以是建旗鼓以翹於衆曰・是某某學成之年・則大不可也・

丁雨生中丞政書跋

豐順丁君靜齋・取其叔父丁雨生中丞奏議書說・編爲政書若干卷・將謀付石印・以廣其傳・持示梓芳・囑爲之跋・丁氏往歲富有藏書・余習與公子訥庵・叔雅昆季遊・少時讀書・瓻借其家・凡舊槧名校精鈔・叔雅皆不吝相示・即公所爲書奏手蹟墨稿・屯積盈數簏・皆得披覽及之・公之言其大者・於經國懷遠之略・與夫中外得失利病所關・準時度勢・立論必洞其微・往往規劃所及・若燭照數計・措之而可行・即未得行・其成敗至光宣之季・亦往往大驗・罷官歸里・優游林泉・而拳拳君國之愛・未嘗一日去諸其懷・苟有所見・未嘗不言・言之又未嘗不剴切可致諸用・固非目論之士・奮其室中之見・而徒博高遠難行之言・以爲名高者比・惜乎公謀之不盡用也・

戊戌已亥之間・海內賢達・稍稍昌爲時務之說・凡所攘臂慷慨扼腕而道者・烟霧之儒・得其餘論・或驚創獲・而不知公皆從容論議於二十年以前・吾嘗告訥庵・世人所見公書・靡不嘆其振刷吏治・綜覈名實・爲近世名臣所不及・不知此公驥之一毛耳・其軍國遠謨・多散見全集・苟不及今流

布．公名傳與否．雖不必計．再傳以後．後生小子．又誰與聞公風而興起者．訥庵聞吾言．頗爲動容．嘗覓寫生最錄十餘冊．卒卒未及排印．今靜齋此刻．頗采訥庵編輯舊稿．以完數年未竟之志．可云知要矣．昔郭筠仙侍郎與寶相論洋務．謂李少荃能見其大．丁雨生能致其精．沈幼丹能盡其實．李沈二公．其大與實姑未深論．要之百年以來．洋務致精之力．殆罕及公．侍郎之言．不可謂非千秋定論也．世有欲知公平生穆然而嚮往者乎．盍取此書究徹其終始而縱橫讀之．

梁蓮澗先生七十壽序 代

乙卯春新會梁任公參政．有攷察沿江海各省政治之行．請於政府便道歸省．既抵粵．粵中僚友士庶．謂往歲參政爲尊甫稱觴旅第．京朝自元首以下至卿士大夫．各爲詩歌文詞以贈之．一時得文稱極盛．今參政歸．而蓮澗先生方戢影韜聲頤．養林泉壽．躋七秩．精神矍鑠如壯年．吾儕待罪此邦．誼不可無以爲壽．酒半某則起而言曰．嶺之南其氣候物產風俗民質靡一不與中原異．非獨其人才然也．近百年來治亂之幾．率由是出．起伏循環．黠者乘之．常天下患．今國基新造．四載于茲．追維改革之初．某提一旅崎嶇兩粵間．其時羣醜縱橫建名號以倖非分者．所在而有．東南瀕海萬里之地．遂視廣東安危爲重輕．二年秋某某率數千萬人之命與羣酋爭存亡勝負之幾．當是時．萬衆一呼．人競奮於功名．數月之間．蕩垢攘凶順風而邁．南清海表．北肇燕都．義聲遠播．粵寇遂平．雖曰將士用命．順逆攸分．亦由中央威信．倚畀得人．任公諸公參贊密勿．指示戎機．某等有所稟承．以趨赴事會．始得滌蕩妖氛削．平大難震．國家威德於無窮也．

今大功粗成．瘡痍未復．參政以其暇日來壽其親．珂里與二三故舊遊．回思近事．及前此十九年去國睽違膝下．師友離合．所歷萬變．陰闢陽開．莫可端倪．尊斝既陳．必有悵然感念身世于不自禁者．而蓮澗先生顧怡神養和．屏絕塵垢．不復再問世事．獨長視久生．求自適其所適．以享茲大年．吾又烏足以測老成德量之所至也．衆皆曰．公言然哉．遂書爲先生壽．並以祝參政功名美譽．千萬載．大蓮澗先生未竟之施．以惠茲祖國．不僅爲一人一家慶也．

林琴南先生六十壽序

光宣之際．南方之學者以治古文學名京師者．有四先生焉．曰閩縣林孝廉．湘陰郭編修．桐城馬部郎．榮縣趙侍御．四先生皆以文章行義．輝映一世．部郎侍御．梓芳聞其風采．不恆見．或見焉而聚晤日淺．知之未深．獨林郭二先生．以主講太學．受教最先．至壬寅秋間．梓芳從羣士遊京師．即先後北面稱弟子．二先生論文．主旨各別．梓芳從遊非一日．略能道其深．郭先生以篤守康乾以來先正相傳遺法爲宗．而能以其意自得之古書．其提示吾黨．往往標揭不過一二語．能使學者憬然自領於意言之外．林先生狀貌奇碩．鬒髯若神．尤善談說．其論文之旨．不主故常．撰著久爲海內名流所推重．先生顧歉然不自足．每言生平所得．皆由困學．於左馬班韓四家．篤嗜尤深．常稱誦不絕口．懇懇乎有味其言之也．憶往者梓芳治東西各國物質之學．未及從先生問古文義法・丁未南歸・始以少作序記傳狀雜文數篇進・先生見之大喜・爲書簡端・恢恢數百言・抉擿利病・毫髮無隱漏・梓芳覆視・徬徨累日夜・初念古文非小道・匪吾力所任・不意先生不以爲不可教・於是意氣乃復軒舉・獨惜不及以是就正於先生・居常邑邑・去年得復追隨先生于此・斯吾幸矣・今茲九月既望・先生壽屆六十・同人謀以生日爲先生壽・先生之學固不孤矣・獨念文體破壞・至今日而極・猶有巋然如先生者・與當世二三君子・各抱所業・特立于道喪文敝之日・詩曰・風雨如晦・鷄鳴不已・庶有作者・聞風興慕・執業先生之門・恢張其所業・則先生之並其文而壽者・寧有極乎・梓芳雖非其人・然而能治先生之心而用以爲言者・先生固未嘗以梓芳爲不知言也・

吳澹盦先生八十壽序

壬申之歲・元月九日・爲我師番禺吳澹盦先生八十大壽誕辰・秋園夙挂名弟子藉・顧以僻處潮循・未獲登堂觴祝・私心歉然・然念平生文字・贏有知識・實啓自先生・其不見棄海內通人碩德・亦實自先生教之掖之・以是之故・雖別先生緜歷歲月・居常秉筆爲文・無時不儼有先生詔我撰杖間・戊申之春・偶遊廣州・得重謁先生于寓廬・先生亦喜其來・扶曳出與論文・往往移晷不倦・白頭師生・追憶疇昔・旁及時變・有不知悲喜之何從者・辛卯壬辰之際・先生設館授徒于郡齋・秋園方弱冠・始遊先生之門・當是時・士溺制科・人競俗學・先生課外・獨諄諄以求學之徑・爲文之法相詔勉・每得先生片紙隻字・私獨寶藏・不敢放失・其後遊學北方・遍接當代大師儒宿・論議上下・其要歸亦不出先生教我之方・益以歎先生之遠・而亦私幸小子從入之塗之不歧所向也・

先生自通籍入詞林・假歸即不復出・以所學傳授弟子・或啓闢專館・或掌教書院・歷四十年・雖未遷轉・未嘗脫教席・其淡泊貞一之神・老而愈篤・秋園每謁先生・退自循省・爽然如有所失・迴溯强仕以前・南北奔馳・且學且教・既教復學・自審尚未喪所守・其後稍有所遇・輒覬以事功自見・且謂文章之業・非假事功無以顯・即道德亦空言耳・不知道與文・權在己者也・至功名際會・其權在人・時與命有前定焉・非可强而幾也・廿年以來・往迹亦略可覩矣・及今悔之・庸可追乎・

頃者退休園居・劃絕他念・思理故業・而精力已形不逮・惓念先生淡泊貞一之神・歷久常新・不覺中夜起立・天或者阻我以事功・而不能遏我以文與道・假我以年・得如先生今日之年・其有以報先生與否・亦有未可自隘者耶・今學絕道喪・海內耆碩・寥落如晨星・而先生神明壽考・猶巋然屹立於嶺港間・豈非古今所謂人瑞者哉・吾黨所以祝先生眉壽者・非徒以感其私・亦欲使後生末學・及早親炙人師以自淑・毋徒作絳在霄・引領何及之歎・先生稱觴之日・試以鄙言於座間・必有徒侶興起感發而不容已者・其亦可引滿而怡然自得也已・門生姚秋園敬撰・

節孝堂記

丁丑春三月初十日・吾同懷姊孝貞春秋七十矣・甥張季

熙及孫輩等・惓念母氏劬勞・守節奉姑・持家訓子・歷四十歲不懈・益虔於張門有再造之勞・厥功甚大・宜闢家園以資頤養・先是季熙留學德國・攻酵業・始歸・即於宅後營耆園附設酒廠以實驗所學・姊時氣攜甥孫子女徜徉緩步園中・余亦以暇日至其家淹留・常數日不返・白頭手足・風和日暖・徘徊園樹・感念時變・追話曩蹟・迴溯童稚七齡時・依依膝下・姊攜我挾書筆在舊鄉家塾上學輟課同歸此景髣髴若前日事・忽忽數十年・歲月易得・而不知老之偕至也・

余論林園之境・雖於老人遊息宜・但一時蒔花木賞景光・興寄焉而已・匪可垂悠久也・以姊懿德慈型・苦節貞心・有足昭女婦法式者・若建專堂・庭植竹柏蘭桂・此時頤養之院・即千秋報享之祠堂・以節高德・隨孝永・不亦懿歟・二甥聞余言大感動・會宗熙方合同族創建張氏宗祠地勢閎敞規模式廓・其地離故居不及二里遙・遂於公祠後闢地一區爲母建茲堂・工告竣・季熙既乞得餘杭章太炎篆書節孝堂三字眉其額・縉紳父老復以政府有旌節教孝之文合詞臚陳事實・賜書褒揚鏤・匾懸堂上・祠事籌備完・歷時二年・而吾姊適屆七十大壽・余於是重有感也・

夫遷轉者時代也・不滅者名節也・士患志不素立・一遇劫持・有時變而節與俱毀者矣・況婦人女子乎・故世運之隆替・不得不賴一二篤信善道垂老不變之士・何則・貞固之性葆而恒存・所以維天地於不敝者・其道固亘萬古如新・無男女一也・余因節孝堂落成・姊又壽屆古稀・爲附論其義以祝我姊・並以告張氏子孫・使知敦行孝弟・崇尚名節・爲立身垂世不朽家聲・壽域閎開・賓筵雜沓之際・當有俯仰茲堂・紬繹余言・穆然沈思・睪然嚮往者・而人貌榮名謬悠之說・其亦不足慨於中也已・丙子春同懷弟姚梓芳撰記・

秋園記

甲寅秋・余家以白晝遭劫掠・報於官・數月不得要領・因謀遷居以避之・于治城西得八景庵廢址・地廣袤一百八十餘丈・東西北三面皆環溪流・背南東嶽古廟育嬰堂在焉・古榕跨石梁・斜倚簷際・蔭可半畝許・森森然似數百年物・余樂其蕭曠・雖城居無鷄犬市井之喧・費金錢二百七十萬有奇・遂據有之・因築寫經之堂・將移家讀書其中・其右爲榕蔭山房・房之南曰半間草屋・循屋東轉・出竹塢・經半谿堂至劬亭・亭前鑿土爲方塘・引澗通流・架小橋其上・旁闢曲徑・週以迴廊・間亦葺山石・蒔花木・隨所布置・取適吾意而已・

池東爲梅偃深處・處左磊石爲巖・曰蒼巖・北行至平台・偶一遐矚・舟影人聲・時聞見於風橋竹塢之間・其氣曠以肅・其境寥而清・于秋爲近・以發念購築此園自秋始・遂以爲名・余聞昔賢之得志於時者・雖富貴而浮雲軒冕・終無以易其山林淡泊之思・余墜落塵中・未敢謬比前哲・然十年園居之樂・寢寤未忘・懸吾的于此・而紆迴曲折赴之・其或者將有終償之一日耶・抑有異于昔賢之爲者耶・姚梓芳記・

姚氏學苑碑銘

甲寅秋・余既葺秋園・每思於園北隅營一小閣・庋吾生平辛勤所積僅有之書・遷延十年未果也・甲子冬先慈見背・

自東浙南歸・既歸五年・頹然不復有用世意・園居無事・乃闢茲苑以畢吾宿願・

苑址舊游擊廢署・視園積殆倍之・廣袤可三百餘方井・曠遠朗爽・地處城中央・無雞犬之驚・卑濕之患・以庋書圖較故園爲宜・苑中建樓七楹・眉曰秋園藏書樓・樓上祀先君栗主・右屋移書儲之・其下以居兒息・北隅小巷・通大道・古榕可數百年物・蔭簷際・即其陰設談藝室・顏曰秋社集・朋侶賞奇文・樓前頗遐曠・雜植花樹・院左有亭曰嵩亭・榜爲先君嵩生先生敬教勸學百年紀念・前傍市廛・建肆十數・藉茲歲租資以養苑・經營兩載・衆工落焉・余鍵戶兀坐其間・草樹茂密・人跡罕至隱几而臥・輒・有遐思・昧昧然殆不自辨爲今世人前世人也・因攄己意泐爲茲銘・銘曰・

拓殖以廸武匪足言勳也・蘖學揭之幟匪足張吾軍也・閉園苑而遯藏將終老于斯文也・道將廢興竣命份也・荒嬉而千秋匪所聞也・勗哉小子毋忘茲云云也・

廖叔度傳

廖叔度・名道傳・自號梅垞・廣東梅縣人也・梅未改制名縣前・曰嘉應州・州之先進・自清初李愓齋・楊訒庵後・宋芷灣以曠代逸才・焜耀一世・嘉道同光之際・李繡子・吳石華・楊掌生・以逮張彥高・饒輔星・溫慕柳・黃公度之倫・或專攻樸學・或縱談經世・出其餘緒・爲文章詩詞・類能根極理要・浸淫經腴・一洗凡響・嶺海師儒・皆心折焉・百餘年來・後先輩出・叔度最後起・涵濡沐浴於鄉先正遺風・參以東西學說・每有所作・輒思挈攬前賢所長・陶鑄偉辭・自成一體・志氣甚盛・時流罕能及也・

初肄業廣雅・及北學故都・均與余同黌舍・後又同于役桂林廣州・癸卯甲辰間・與歸善王子歧・合蒲廖杏齋及余四人・同客汴梁逆旅・賃居一矮屋小如舟・四榻駢向・坐臥皆對立・每椅枕傾談・至午夜不休・論文角藝・趣徑不同・不相阿附・精神未嘗不訢合・時或嘿嘿坐對・噤若一語不得發・各有所謀・亦頗各得所償以去・而相視莫逆・莊諧雜出・其意態話言・追思多可笑者・甲子以後・余久遯家園・不作出山想・偶遊廣州・過叔度寓齋・見君雖處閒曹・而讀書歌詩不輟・抗希古昔・志氣偉然未衰也・每與子歧杏齋私論夷門之遊・混混與世相濁・未嘗不隱抱千秋之思・徒以遭時多故・雖治一業・牽綴滋多・而思論鼓盪・日異月新・欲求一其心於古人之歸・若有形格勢禁者・顧叔度于四客中・少而且健・精思毅魄・又足以副之・竊意不朽有三・可望言立・舍叔度誰任者・未幾・子歧頤神物外・考終省第・杏齋以廉介・久領廣東最高法院首席・漸篤老・余髮亦種種蒼然白矣・而叔度竟于辛未十一月廿八日以疾卒廣州寓舍・春秋五十有五・魏文有言・既痛逝者・行自念也・余所爲俯仰述作之林・重過達雲樓畔・泫然不知涕之何從者已・

叔度平生於詩文・澤古既深・不囿一格・中歲以後・治詩尤勤・遊轍所經・賓筵之會・抽秘騁妍・縱筆爲之・不假尋索・儼若宿搆・豐富穠郁・幽峭環麗・窮極巧妙・一紙傳觀・往往傾其座人・集錄之至三千首・子明揚・將刋以問世・題曰三香山館集・以優廩生中式順天癸卯鄉試舉人・丁未大學畢業・奬師範科學人・監督廣西優級師範・辛亥民清

遞嬗・自師校出宰潯州・旋調武鳴・小試以吏治・未能盡其才・繼長廣東高等師範・前後治學・積歲一紀・裁成甚衆・以道尹記名簡用・嘗綰廣西平桂稅局・及廣東梅埔蕉平公路局・父登庸・歲貢生・母鍾氏・繼母鄭氏・兄弟三・君其次也・配侯氏・副室周氏・子六女七・明揚・頌揚・鸞揚・華揚・均畢業中山大學・言揚大學肄業生・未畢業前卒・陸揚幼學・明揚現任東莞地方法院檢察首席・頌揚現任巴拿馬公使館秘書・鸞揚華揚畢業大學後・留學日本東京帝大研究院・女子及孫・無人不學・繩繩以起・其歷官治蹟世系・歸善楊果庵壽昌志君墓詳之矣・茲不多及云・

姚秋園曰・士之篤於問學・欲儲爲世用・而不獲際其遇・以竟吾才者・何可勝道・叔度治學桂林・勤劬如老生・遭時之艱・出膺民社・兩宰巖疆・宜若可稍行其志・植根未牢・積晦而明・旋長粵師・學與用副・長養灌漑・成就其器殆不乏・胤嗣彬彬侍座右・淬厲於學・以寒儒一介・教育兒曹・成材者又四五輩・皆騰躍上庠・遊歷東西・相望于道・懿矣哉・所謂失于彼而此遇焉者乎・晚厠總戎幕下・沈浮閒散・讀書學道・以終天年・非不幸也・

丁惠康傳

光緒季年・有以文學著稱都下者・曰豐順丁惠康・字叔雅・自號曰惺庵・父雨生先生・由諸生起家至巡撫・歷江蘇福建有能名・去官後・僑居揭陽・頗以圖籍自娛熹・一時海內名流・習與先生遊者・多不遠千里・買舟造訪・極文酒園林之樂・君時方垂髫・侍先生側・未有頭角標異・顧於一二巨人長德・論學次第・已能默識其條理・先生既卒・君稍長・頗豪宕不自檢・既而忽自痛悟・大刮磨豪習・閉戶力學・盡發所藏書讀之・自諸經外・周秦以下・百家九流訓詁詞章金石之學・悉汎其涯・間或落筆爲文・輒高異趣・寄幽遠・風骨遒上・論者謂其有魏晋人風格・於世俗科第齷齪之習覬之・若無有然・積數年・遂斐然・有述作之志・

先是金陵之役既平・故書雅記・往往散出・君先世多所搜集・益以新得板本・率人間所罕見・故丁氏藏書之富甲吳省・獨山莫友芝爲輯持靜齋書目四卷・君以諸書尚少提挈綱要・欲爲有清經籍志・及寰宇訪學錄等書・以闡發之・移書向余・商榷義例・余間以事入城・宿君家・每移案對坐・相視無一語・間及學術・君則窮源竟委・談終夜無倦容・世或震其博雅・而君固未以自多也・未幾君北行・將讀書南學・時長沙張文達公領學事・得君文大賞之・拔置第一・君見學中潛心奧業・希蹤往哲者絕少・遂無意往・而文達必欲得君・使習與君遊者致殷勤・不得已勉徇其意・既居南學・博交當世魁偉閎通之士・議論證據今古中外・所見益遠・而所就亦益艱・其後時局百變・學風岐出・君去學旅食京師間・一渡日本・歸而參議學務於廣州・旋棄去・

庚子變起・合肥李文忠以議和至滬上・君大集南北志士銳欲有所爲・面謁文忠・勸以延攬人材・速定大計・文忠不能用・自是往來津滬幾十餘年・鬱鬱卒莫能達所志・每隆冬塊坐斗室・不裘不炭・冥然抱千載之憂・其孤孑之懷・曠邈之想・去世絕遠・余每覽其志而悲之・未幾於宣統元年四月晦日・以病卒於都門館舍・年四十有一・揭陽曾蟄庵爲經紀

其喪・與君遊者莫不哀之・妻卓氏・妾王氏・子女各一・餘殤・張文達公曾以君應經濟特科之薦・不就・旋由附貢生納資爲郎・亦竟未一赴部・遂以諸生終・平生所爲詩文・懶不自收拾・羅癭公姚君慤從君徒友搜輯之・得若干首・次爲丁徵君遺集・其他所欲著・均未就・君學與才・使天假之年・皆可至古人敻絕之境・覽者自得之・玆不悉著云・

論曰・余交君逾十五載・前此君家居・余假館吳氏相距二十餘里・雖不常見・然書問往返無虛日・月檢君論學函札・必盈寸・君嘗戲以身後列傳見託・余答君千秋萬歲之事・當有任者・何戚戚於此・嗚呼・豈意今日乃使余不能不踐十年宿約・玆非其命歟・君以名公之子・負淹雅才・名聲流溢公卿間・世或以義寗瀏陽廬江相比況・稱四公子・君聞之大喜・厚自矜負・常不欲以小就自貶削・豈知其才既不見用於時・並其學之可以有成者・亦未必終有傳於後・介甫有言・窮孰爲之・夭孰爲之・今君亦然・悲夫・

澄海黃任初教授墓碑

中華民國三十四年八月・日酋既投降・華夏重光・海內喁喁望治・國立中山大學將自北江遷校還廣州・黃任初教授播越臨武・事定趨連縣・偕中大教務長鄧植儀等繇連赴粵・舟次清遠峽白廟・風激水湍・十月二十一日凌晨・如廁更衣・一跌墜水・鄧君驚覺・懸鉅金急營救・四子家樞隨侍・亦倉皇下水救・卒以謬俗不救已溺・增援力薄・遂罹難・得年六十有一・當扶至清遠城大殮・權寄郊外・海內聞變・莫不震悼・中大當局張雲・王星拱・金曾澄・鄧植儀・何春帆等・爰于石牌設黃任初教授治喪委員會・電請國民政府褒揚・于學校伐石豎紀念碑・撥帑校印所著疇庵遺稿・設黃氏獎學金・所以表彰撫卹至優渥・其明年一月三日・子家器等在邑黃氏振祖祠招魂致奠・親友聞赴至者逾千人・不佞撰聯語挽之・遣季子萬碩躬詣靈前叩奠・以爲吾粵喪一大師・吾家喪一益友・學術前途・損失甚鉅・沉憂不能自解・肺腑衷實之言・誰可告語者・當是時・海道猶梗阻・四月九日・家器始得奔清遠・扶柩至廣州・權處沙河潮州義莊・將諏吉歸葬先壟之旁・以書來告曰・先君瘞有日矣・墓誌銘石・嘗承夙諾・乞撰就發下・不則無以表諸阡・中大師友・亦以爲言・郵緘督促・語甚摯・不佞與教授三世篤交・道義相許・誼不得以譾陋辭・

黃君諱際遇・字任初・號疇庵・廣東澄海人也・黃於澄爲望族・父韞石先生・諸生例貢・以廉幹參與縣政者數十年・有子二・長際昌・廩膳生・早卒・君其季也・君生有異稟・讀書過目成誦・精力尤過絕人・少有神童之譽・年十四・受知督學使者張文達公・逾年科試一等・補增生・肄業汕頭同文學堂・旋往厦門同文書院・補習日文・爲東遊計・同人倡辦同文時・嶺東儒碩與先進推溫慕柳太史爲祭酒・一時羣彥駢集・或主講席・或參籌議・不佞識君自玆始・旋北遊・君經厦院後東渡扶桑・入東京高等師範學校・從數學家林鶴一博士習數理・人知君文學數理極深研幾・沈博絕麗・跨越近代・讀君書者・以爲君學自東遊後始得之・不知溫先生學術道藝・接鄉前輩陳東塾先生之傳・主講金山同文・時

時推演其說．以啓迪後進．諄諄不倦．君及其門親炙者累年．雖此後出國留東留美．接引通人．廣拓聞見．得以成學歸．攷其淵源．植根于家教之培養．及老師儒宿之開發于早歲者．所積既厚．其流自光也．

君既久遊東．寓居江戶．與范源濂．經亨頤．陳衡恪．黃季剛友善．過從甚密．爲學問之探討．春秋暇日．更與季剛從餘杭章太炎遊．遍窺各家門徑．畢業後．回國初任天津高等工業學校教授．庚戌入都殿試．中式格致科學人．不佞時已强仕．在北京大學猶未脫弟子藉．君數走訪廣齋．促膝密談徹日夜．每相視而笑曰．吾儕樂此．固不疲耶．民國十年．奉教育部特派赴歐美考察教育．入美國芝加哥大學研究．得數學碩士學位歸．君自日本初返國．即獻身教育界．盡瘁學術．博綜中外．終其身鑽研不厭．餘事博奕飲酒．引吭高歌．聲激越如洪鐘．雖燕趙之士．慷慨悲歌．無以過之．衣服飲食極樸素．布衣敝履．健步如飛．善劇談．談終日無倦容．體魁碩．年逾六十．壯王如四五十歲人．踪跡遍南北．歷任湖南省會攷主試官．河南教育廳長．河南中山大學校長．及各大學文理工學院院長教授．抗顏爲諸生講貫．娓娓不倦．不離講座者前後垂三十餘年．避難湘西．猶與臨武諸生講經不輟．桃李遂遍天下．若國立中山大學校長張雲．國立英士大學校長杜佐周．國立蘭州大學校長辛樹幟．皆君之弟子也．孔子有言．篤信好學．守死善道．斯二語惟君足當之．遭亂隨校遷播．席不暇煖．竟爾淸流授命．濁世離塵．正則返蹤．古今同慨．悲夫．

君配蔡氏．繼配蔡氏．側室陳氏．子七女三．長家器．次家銳．三家教．均陳氏出．家器國立山東大學理科學士．數理文字．得君之傳．家銳肄業上海美術專門學校．四家樞．五家讓．六家梓．七家豹．繼配蔡氏出．家教家樞均肄業澄海小學．女三．楚文．綺文陳氏出．楚文適同縣蔡樹綿．楚言繼配蔡氏出．適潮安鍾集．綺文未字．肄業澄海中學．孫男三．紹聞．紹衣．紹之．女孫一．靜之．君累世舊學承傳．而門風未邕．兄際昌又早逝．至君瓜瓞緜衍．才俊踵起．黃氏之門．將自君而大．君其可無憾．墓在澄海北門外龍田鄉．崎溝嘴之原．其葬以某年月日．某山向．遂琢銘以告．百世下聞教授之風而興起者．君子之澤．不其遠歟．

銘曰．聖俎學絕文將喪．崛起嶺海一儒將．道藝沉酣足供養．揮斥羣言疇與抗．皋比坐擁環馬帳．桃李蘭桂交輝讓．藏山撰述例獨創．有欲求之訊銘狀．

易廷熹　一八七二年生　一九四一年卒

字季復．鶴山人．年五十改名孺．自號大厂居士．少年參加革命．與陳少白．胡漢民．馮自由．潘達微等契．淸末．就讀廣州廣雅書院．致力經史考據及小學．並窮研詩詞書畫金石篆刻．得其精奧．其治印鉥．純宗甲骨古籀漢篆．書法則篆隸行草均能．畫法石濤．賦性恬澹．不求仕進．民國十九年新疆獻和闐玉一方．胡漢民薦廷熹治國璽．請爲印鑄局長．不就．允以技正名義赴都篆治．事畢回滬．賃居小樓．顏曰正信閣．專研佛學及藝文．又設華南印書館．自創一種新字體．古樸精湛．整齊美觀．惜以資本不足．未克實現．所藏書畫碑帖古器極富．喜度曲聞歌．曾與音樂學院院長蕭友梅合編詞曲多種．文雅鏗鏘．享譽當時．年七十病卒滬上．

僞字彙說

易廷熹

說文．僞．詐也．從人．爲聲

嚴章福說文校議議云．詐．疑作字之誤．爲．訓母猴．經典借做作爲之爲字．說文不應無作爲一義．古書僞與爲通．荀子曰．人之性惡．其善者僞也．此僞字．即作爲之爲．非詐僞之僞．書堯典．平秩南訛．史記五帝本紀作南爲．漢書王莽傳作南僞．此僞即爲之證．小徐云．僞者．人爲之．非天眞也．故人爲是僞．說文言部．譌．譌言也．詩正月箋．釋作僞言．據知說文．詐僞之僞當是譌．作爲之爲當是僞．而爲則獸名也．

朱駿聲說文通訓定聲云．按僞．作也．廣雅釋詁二．僞．爲也．釋言．僞．端也．又條也．又引也．詩．免爰尚無造．傳．造．僞也．禮記月令．無或詐僞淫巧．今本作爲淫巧．又禮記曾子問．作僞主以行．注．僞．猶假也．（叚借）作譌．說文．僞．詐也．廣雅釋詁二．僞．欺也．禮記．唯樂不可以爲僞．疏．僞謂虛僞．江沅說文釋例云．許蓋言僞．作也．人有所作曰僞．故其字從人爲聲．荀卿書．以生而爲者曰性．人所爲曰僞．蓋古義也．尚書．南譌亦作南爲可證．許書僞下當云作也．作訓起．則僞者．謂人事所起也．淺人改許書作也．變詐也．不知詐與僞別．詐者欺人．僞者自作．自作者或至於矯揉．或至於粉飾．與欺義相近．而僞不訓欺也．

桂馥說文義證云．說文僞詐也者．爾雅釋詁文又云．詐僞也．廣雅．僞．欺也．書．周官．作僞心勞日拙．詩．小雅．民之訛言．箋云．僞也．小民好詐僞爲交易之言．周禮大司徒．以五禮防萬民之僞．襄十八年左傳．使乘車者左實右僞．徐鍇繫傳通論云．僞者．飾也．假也．人爲之也．非天眞也．段玉裁說文注云．蓋字涉於作爲則曰僞．荀卿之意．謂堯舜不能無待於人爲耳．

徐灝段注箋云．荀卿假僞作爲．言人之性惡．其善者．乃學而爲之也．故以桀紂之惡爲性．而堯舜之善．乃爲也．阮元經籍纂詁云．荀子性惡篇．可學而能可事而成之在人者謂之僞．凡非天性．而人作爲之者皆謂之僞．故爲字．人傍爲．亦會意字也．

以上是我在檢校研．求荀子一書之前．而雜選鈔出僞字之訓詁及定義數段．以供人我之究討．並且立豎其徵信．然後始可以進而探察荀子全書的要竅．我以爲荀子一書．其根核在於性惡．餘篇皆屬於發揮此根核的推及斷而已．但性惡篇開始即有一僞字．啓後人無量的疑瞀．殊不知沒人的疑瞀．是後人自眩．非荀子之過．所以我不憚煩瑣．撮錄諸家訓釋僞字的正確論述條列於前．而後更申以我的攷據．

不匱室詩鈔序

歐九之子梅丈．王荆文之子廣陵．其地其學其力．序其人之詩．宜也．今大厂居士乃爲不匱室主人詩叙．豈反古之道者邪．然居士與主人．里閈少年相與于學舍試院閒．般礴歗謔．露才揚己．不自知其夸誕．其時主人恆手蕭選．湛浸子曹劉鮑謝．主人于事于學．皆澈首尾．是以于歌辭根氏亦深厚．第主人固早已棄舉子而挂世網．凌滄洲．其所到遂遠．所厤逡艱卓．所得于詩．自然堅粹有物．主人所經行之境界．大約元本少陵．直造義山．掇其空玄神緒．而咸遺其澤．後偶赴劍南．不若其易．繼復思深．達半山閫奥．先肆力于昌黎．自今殆已如願．亦世事之有以促成之也．

主人詩多得於旅游．又苦不自收拾．零散甚衆．固嘗以陳顒翁好近體．輒客中錄寄．幸存什一．唯古風便多就湮沒可惜耳．居士去歲．殘年風雪中走金陵．寓鼓樓旅店．投詩戴星．謁雙龍寓齋．由是和答不輟．顒翁歸里．取其所錄示親交．排鉛率成．絓漏譌々亦有．茲吾人爲重比細校．更付梓人．使居士記之．謹舉其實．不如少日之夸誕也．二十年冬．大厂居士．

唐宋三大詩宗集叙

宋李處全跋其從兄處權崧庵集．有曰．少陵句法出審言．豫章句法出亞夫．有唐若我宋詩人．莫可居二老先．蓋其祖考源流．所由來遠．又方回瀛奎律髓評宋趙湘贈張處士詩曰．清獻家審言如此．宜乎乃孫之詩．如其人之清．有自來哉．

居士髫歲即喜誦趙叔靈南陽集五七言詩．嘗手書數過．不翅韋編三絕．顧趙清獻詩後始瀏覽一二．覺清若叔靈．誠非虛譽．第予終始未能忘懷南陽集也．繇是寄想所及．讀工部則思審言．讀涪翁則企亞夫．唯未易得其集．近數歲念之逾深．遂先後應至．先得萬歷陳以志刋本伐檀集二卷．覺有譌錯．持校金陵圖書館所存丁氏善本書室藏嘉靖葉氏刋本．承鄒偉民公子振東．爲我一一籤正．僅及上卷．乃忽獲舊精鈔本一襲．宷眎首止完具．印記彪然．正傳鈔葉刋本也．爲之狂喜．

予昔檢閱直齋書錄解題．見所云世傳山魈水怪着薛茘之詩．集中多此體．庭堅詩律．蓋有自來之語．已心儀久之．而四庫提要．亦有江西詩派．奉庭堅爲初祖．而庭堅之學韓愈．實自庶倡之之辭．則更翹跂欲攫矣．茲得取而畢業．覺非學而公之同好不可．爰並前所弆海內僅有之明刋杜審言集．益以殿本南陽集．合爲唐宋三大詩宗集．以實民智藝文雜俎．倘亦一典趣因緣耶．大厄厂士．

大厂詞稿自述

明李蓘爲花草粹編叙．通首皆好．極洽余心．中尤以及久而傳習者衆．則人狃于恆所見聞．若以爲易辨．了不復顓顓措意．率以爛惡相尚．而其法浸衰．又久則法遂蔑不可追矣．諸語爲更切更痛．詞之爲道．所以有江河日下之悲乎．

孺少習之．垂老始稍悟．嚮不自足．未嘗有襮獻意．今歲春．諸詞友會晤頗數數．羣以爲孺年已及矣．可裒而刪定之．使後亦知有顓顓措意者．孺懶不遑畢錄．則又同起任焉．盛誼可感．爰芟存什一成稿．其爲次則由近而逮遠．亦思誤之一義也．年六十一以後作．當別存．少作亦不必具．僅百數十章耳．分寫者呂貞白．陳蒙盦．鄭雪耘．阮季湖四公．附書以謝．乙亥夏五望大厂居士孺述．幷書．

華南新業特刋發刋辭

聚珍之槃．厥光欲躍．蘊美之匱．求價斯沽．況乎人無盡藏．地不愛寶．多多益善．陳陳匪因．顧亭林先生之言曰．君子博學於文．自身而至於家國天下．制之爲度數．發之爲音容．莫非文也．品節斯斯之謂禮．又曰．傳言文明以止．人文也．觀乎人文．以化成天下．故謂經緯天地曰文．先生此言．廣博閎備．文化合禮．博學先之．此其微尚寧弗重哉．

縞紵諸子．從吾所好．有華南印書社之結集．履端之始．加被無窮．卅載知交．琳瑯下賚．益以敝帚．不無可觀．利彼景印新模．頗類須彌芥子．因眘集此卷．名曰特刊．曜我華南．敭其新業．不能文字．聊發其凡、編譔之餘．釐爲五部．

曰金石． 昌熙名屑．拾自清儀．空山有圖．重開聚斆．今茲所梱．希見爲珍．网羅遺佚．不嫌蕭瓻．曰美術．孟曰充實．荀云延年．其美可尊．是乃仁術．繪事後素．刻畫能爲．如其禮樂．以俟君子．曰宗乘． 言說可離而不可離．文字能攝而不能攝．所樹一義．亦曰微孤．結集流通．一滴知味．曰藝文． 六藝七略．四庫十館．起廢繼絕．千百什一．疑析奇賞．校理咸秘．鴻都富麗．斯其管蠡．曰外篇． 正信之交．爰有朋友．直諒多聞．餘力鄙事．不薄今人．雕蟲亦爲．附庸風雅．弗敢辭焉．

劉秉文 一八六 年生 一九二 年卒

原名儒芬．字漱芬．高明人．光緒庚寅恩貢生．授高州府儒學教授．嘗游南海朱次琦之門．守窮則善其身以垂教．達則顯諸仁以濟物二語．論學權輿四書．溝通諸子．而以中庸不誠無物爲歸．著有學庸講義二卷．漱芳集一卷．卒年五十九．

拱北樓賦

蓋聞丹城如霞．江城如畫．自來通都大邑．莫不踵事增華．所以武昌樓中．劇談月夜．岳陽樓上．歌舞春風．不知者只曰侈游觀．有識者將以資守禦焉．粤東僻居嶺嶠．界在海濱．趙佗以蠻長稱臣．臺名朝漢．劉鋹以夜郎自大．宮制僭王．雖順逆之殊科．悉變更之異轍．惟拱北樓者．唐稱清海．想海波之不揚．後易今名．譬衆星之常拱．重城自衞．雙門洞開．鎮海則粤秀齊高．得月則珠江對峙．望帝京之鳳闕．不見長安．思天塹于虎門．永雄南服．斯眞五羊之勝概．不同百雉之恒規矣．夫何鼙鼓忽來．藩籬盡撤．蠻奴毒如蜂蠆．將士勇少熊羆．髮被伊川之野．百年竟嘆爲戎．楚燒阿房之宮．一炬可憐焦土．遂使城門失火．殃及池魚．市井爲墟．路馳胡馬．地空餘夫黃鶴．刼已換夫紅羊．茲者．策定和戎．埸開互市．乃咨都料之匠．興土木之工．匪觀察之治滕王．折撓僅易．擬徐階之營萬壽．壯麗彌加．然而達人遠慮．或傚李大尉之籌邊．小子無知．聊學王仲宣之作賦．

遵城南以躑躅兮．覩高樓之接空．吁賁隅之故趾兮．何規撫之峻崇．緬相度于前人兮．羨結構之綦工．齊五鳳之巍峨兮．控百蠻而服從．拱北辰之所居兮．位南方之離宮．詎專事乎粉飾兮．兼可禦夫兵戎．奠邦基于磐石兮．曾何憚乎環攻．嘆廢興之多故兮．感不絕于余衷．爾其周廻粉堞．環列女墻．霜飛兮凝碧瓦．月落兮天一方．老羆臥兮貉難過．飛將在兮患預防．以人名兮鐵漢．以地言兮金湯．樓常存兮百尺．崇城不壞兮萬里．長沃苞桑之默繫．自巋然如靈光．時序忽而變易兮．事紛紛其蜂起．蠢然肆而橫行兮．與我爭而處此．倏星移而物換．餘頹垣與敗址．談浩劫之灰飛．盼神京之氣紫．爰思義而顧名．覺今非而昨是．幸干戈之暫戢．遂興復之有司．非民事之不緩．疇樂此而不疲．仍舊貫以如何．胡鳥革兮暈飛．豈蜃氣之能結．實人力之能爲．謂垣墉之宜固．亦改作之有辭．建此邦之保障．當軫念乎民痍．苟經營之有序．且徐觀夫設施．問枕戈以待旦．臥斯樓而有誰．銅漏滴兮聲殘．北風吹兮天寒．俟河清兮幾時．頫北望而憑欄．樓雖美而不可久留兮．心欲下而盤桓．

倫明

一八七二年生
一九四二年卒

字哲如．東莞人．家富藏書．幼即嗜學．年十二．喜業舊籍．每月縣中有至省垣者．輒乞代購．自謂一生聚書自此始．弱冠入庠．光緒二十七年．中庚子．辛丑併科舉人．翌年．與弟叔．緯．從弟鑑．同入京師大學堂．學友五百．有一門四傑之譽．在京每遊廠肆．必傾囊而歸．與揭陽曾習經研究版本．所得愈富．三十三年畢業．朝考復授學人銜．旋返粵從事教育．時南海孔廣陶嶽雪樓．鶴山易學清目耕堂．番禺何氏．錢塘汪氏等藏書散出．所獲益多．民國七年．任教北京大學．八年．自設通學齋書肆．立志續修四庫全書．謂乾隆間四庫館臣

修書輒多忌諱．肆意刪節竄易．非盡善本佳槧．意欲增補．重校．續修．就所知見別作提要以賡續之．遂顏所居曰續書樓．初得同鄉胡氏資助．期以五年告成．以胡家中落．遂輟．四庫全書迭經籌議續修．未就．十四年夏．教育部長章士釗計劃影印．已第三次矣．明乃發表續修四庫全書芻議．擬改影印爲續修．並就蒐集．審定．纂修三方面詳加討論．有見於庫本者以清代最爲疏漏．主張凡成於清世祖順治元年以後之書悉予收錄．十七年．赴瀋陽任奉天通志館協修．並協助籌印庋藏於文溯閣之四庫全書．是爲民國以來第四次籌印．旋因主持影印計劃之楊宇霆被刺．無成而罷．二十二年．教育部復有影印四庫全書之議．是爲第五次．由教部先擬具世所不經見之珍本書目．聘請專家組織籌印四庫全書珍本委員會．聘明爲審查委員．提供取舍意見．深具卓識．先後寓舊京三十餘年．歷任北京．師範．燕京．輔仁諸大學教授．性和易．不修邊幅．學識淵博．精目錄版本學．工詩文．下筆如飛．尤擅疊韻詩．每每一韻疊至五六十首．講學之餘．輒以訪書爲樂．遍遊大江南北．所至皆得善本．民二十六年七月南歸粵．遇抗戰軍興．返故里．尋病卒．歿後續書樓藏書．歸北平圖書館公藏．遺著有續書樓藏書記．續書樓讀書記．建文遜國考疑．漁洋山人著述考．續四庫全書提要．續修四庫全書芻議．辛亥以來藏書紀事詩及詩文集等．

續修四庫全書芻議

近閱報載有閣議通過續修四庫全書之事．蓋各國退還庚欵．以用於文化事業爲限．因而聯想及此．固國學之大幸．亦意外之新聞也．按王疏所言．包舉賅備．有在修書前未經發見者．有在修書後未及修錄者．前者宜補．後者宜續．聞阮文達所進呈一百五四種尚存內府．其他或抄本流播．或刊本新成．見於中外圖書館及收藏家之著錄．按目求書．爲數有限．事尚易舉．茲所論乃續修之事也．此案已交內教二部

籌議・未審辦法如何・惟茲事與其他不同・設館派員等・尚非至要・所要者・其中之條理次第・而又有難易之不同・約而言之・大旨有三・一曰搜集・二曰審定・三曰纂修・三者之中・搜集最難・搜集不成・則審定・纂修無從說起・而斯議成空言矣・

請言搜集・往在乾隆間・修書議起・詔發內府所儲（聞內府書・亦發不盡）・復令各直省進呈書籍・當時惟江浙兩省奏進最多・其私家所進・如鮑士恭・范懋柱・汪啟淑・馬裕四家・各數百種・周厚堉・蔣曾榮・吳玉墀・孫仰曾・汪汝瑮各百種以上・皆籍隸兩省者也・朝紳中僅黃登賢・紀昀・勵守謙・汪如藻數人奏進稍多（各省所奏進之書・載在各省進呈書目・嘗見一抄本・想係當時底稿・其私家所進・俱見諭旨）・就中兩粵雲貴最寥寥・固由各省文化開塞不同・亦視各大吏奉行之力與不力・以故四庫書幷不完備・除著錄・存目及違礙・禁燬者外・所遺尚夥・今則中央命令之力極微・學者寵榮之心更減・此例不可復援・其難一也・

自來藏書家貴古而賤今・崇遠而忽近・古籍一字之異・動色相矜・近儒全璧之珍・熟視無覩・惟南皮張氏書目答問・長沙葉氏觀古堂書目錄及近代・然張氏不免謬誤（張氏此書修改多次・仍有謬誤・漏略不待言）・葉氏亦復漏略・一旦從事搜集・何所借資・其難二也・

家刻之書・與坊刻異・坊刻販鬻四方・盡人可讀・家刻只供餽贈友朋之用・在當時已不能及遠・況值咸同兵燹・新雕舊刻・多付劫灰・其僅存者・非得楹書善守之賢子孫・莫或修補・而未刊稿本之流落散失・更不待問矣・猶憶光緒七八年間・國史館擬續修儒林文苑傳・咨行各省學政・調取私家著述・夫輶軒所至・就地諮詢・時至近而勢又至便・宜無不可得者・嘗見江蘇學政黃體芳刊採訪書目一冊・黃本淹通・尤致意于此・乃按目求書・十不獲一・他從可知・其難三也・

綜是三難・請抒一得・在搜集之先・宜暫定一待求之書目（或借用藏書家舊目或由專門家新定之）而刊布之・令閱者於本目外・別有所知・得隨時舉告・續爲增入・其本目所列・倘有謬誤缺漏・亦得隨時糾正更改・於是搜集之方・可得而言矣・一曰購書・書之一部屬通行者・取之坊肆而可給・此最易辦・二曰徵書・以補購書所不及・法用獎勵・分三種・

一獎以優價・本目所有不甚通行者・或在本目外・無論刻本・稿本・需價若干・其在本目外者・另詳書名・及書之大旨・作者姓字・出版何地何時・函達本館・經本館認可者・書到如價酬之・凡坊肆以外之人・適用此例・

二獎以名譽・亦出三種・1.凡以書籍贈送本館不索酬者・於成書時在書目下注明某某所贈・又於篇首另開贈書人名一門・其贈書至若干種以上・或難得之稿本・另定他法獎之（乾隆時鮑・范・江・馬四家・各賞圖書集成一部・周厚堉・蔣曾榮・吳玉墀・孫仰曾・汪汝瑮・黃登賢・紀昀・勵守謙・汪如藻各賞佩文韻府一部）・2.贈書者可於該卷首附擬提要一篇・本館得書當沿用之・不另作・即有改竄・仍署其人之名（四庫全書每提要後原署纂修者姓名・刻書時刪之）・俟成書時・其人得列爲纂修員・3.贈書不分佳劣・一

例收受・劣者置丙種・若擬有提要・仍附本書（但不入彙刋）・

三・交換本館已有之書・有欲之者・可函商本館・以册數略等之某書（不論刻本抄本）彼此互換・經本館認可・照原書另繕一部與之・以上辦法・須刋啟事・詳列條例・通告全國・

三曰訪書・以補徵書所不及・可分國內・國外・屬於國內者・宜派若干訪書員・令訪各省大圖書館及藏書家・以雅意相接洽（或分省爲界・大省則分府若縣爲界・各派員在所定界內按省・府・州・縣志藝文門勤加採訪・尤注意藝文門所漏略未載之籍）・先記錄書名・略分等第・一・未刋之稿本・二・罕見之抄本・三・不甚通行之刻本・以次迻錄・私家所有・不無吝惜・可與本人妥商辦法・或報酬・或交換・各隨所欲・有出刋布書目外者・隨報本館・俾得增入・並以其便・周遊各地・調查家刻未印之書・採購坊間適用之本・惟此項訪書員・須以稍通目錄學者充之・其在國外者・由館呈請政府・咨行駐外國公使・於所駐國參觀其大圖書館・訪問各藏書家・凡有關我國圖籍・備錄書名・報告本館・認的不可缺者・再諮請該公使設法抄錄之・搜集之方・此爲最要・乾隆修書諸臣未見及此・是以多所遺漏・

請言審定・亦分二事・有審定在纂修前者・有審定在纂修後者・在前者如某書入甲種・某書入乙種・某書入丙種（說詳纂修條）・甲乙有軒輊・丙種不與纂修之數・此先宜審定者也・又如前書（指四庫全書）已經著錄或存目之書・今另得一善本・仍用原提要・抑改作・即用此一書・認原提要不當・不可不改作・此亦宜審定者也・其在纂修後者・凡纂修員成一提要・審定其合用與否・不合者・或酌予更改・或退令再擬・徵之前書・所稱總纂官・即負此項職責者也・任此者・其學識宜高出纂修諸員之上・若徒以年高資老者充數・恐祇成具文・或反滋軋轢・則不如以此責分付於各纂修員・使之互相審定・蓋事雖各別・而職可相兼耳・至前項審定之事・或疑乾隆時不曾有此・是殆不然・今所傳全燬抽燬書目・皆屏出四庫之外・使非審定於纂修前・何以辨之・

請言纂修・此事與前書同・價值重輕・全視得人與否・乾隆修書時主經部者屬戴東原・主史部者屬邵二雲・主子部者屬紀曉嵐及周書昌・數君皆學適其用・故篇篇精審・惟集部未得其人・因之疏陋謬誤・特爲減色・居今溯昔・殆嘆極盛難繼・然如儀徵阮氏進呈諸書・所撰提要・敘而不斷・詳略得中・似非難企・惟有應商榷者數事・

一・宜斷自清初爲始（凡其人歿在順治五年後者皆入之・不須如史家限斷之嚴）・查前書告成于乾隆四十七年・則續書應與是年相接・但前書有數缺點・忌諱太多・乾隆所揭全燬之書・至千數百種・概不入錄（愚所見語涉指斥而爲此書目未載者尚多）・又往往因一書而牽連他書・一・雖非忌諱・亦被屏斥（如李映碧南北史注及南唐書注・本已著錄・曾見四庫提要稿本有此篇・後因他書牽涉・致被抽出・凡映碧所著書・概不著錄・他類此者甚多）此種多有關史料・不可湮沒・二・遺書未出・最著者如顧祖禹讀史方輿紀要・顧亭林天下郡國利病書・萬季野南疆佚史・胡石莊繹志之類・此時只有抄本

流傳・未被采錄・又顧亭林・王船山之遺著・晚近始見授梓・而仍有未盡・豈將一切置之耶・三・進退失當・姑舉其最顯者・大儒如孫夏峯・顏習齋・李二曲等・文家如黃梨洲・潘次耕・顧黃公等・詩家如宋荔裳・吳野人・馮鈍吟等・所著概入存目・詩如王阮亭・文如汪鈍翁・亦僅以精華錄・堯峯文抄著錄・而帶經堂詩文集・鈍翁前後類稿只入存目・而其他著錄集部者・又不皆精詣・抑何乖謬至此・綜上諸端・若從清初爲斷・則一切皆得救正矣（若補修四庫書・則上述諸端・皆當歸入補篇・而續書仍接乾隆四十七年後可也）・

一・宜分甲乙二種・凡甲乙不收者・另列丙種以納之・按前書凡例有云・其上者悉登編錄・罔致遺珠・其次亦長短兼臚・見瑕瑜之不掩・其有言非立訓・義或違經・則附載其名・兼匡厥謬・至於尋常著述・未越羣流・雖咎譽之咸無・要流傳之已久・准諸家著錄之例・亦並存其目・茲仿其意・以所謂上者入甲種・所謂次者入乙種（張氏書目答問亦分甲乙・乙種低一格爲別）・其餘悉入丙種・甲・乙二種・俱撰擬提要・分揭首篇・合之彙成一書・丙種僅列書目・及作者姓名爵里而已・惟前書存目內・實不少佳書・去取多未允愜・姑就所撰提要觀之・有於其書極力闡揚・毫無貶詞者・則亦未踐其言矣・在當時舍書而留其目・今則覩目而書已不可求・宜略爲變通・於甲乙二種收之稍寬・丙種即絕無價値・而考家族之遺聞・稽鄉邦之掌故・或亦有所取資焉・且書由購贈・棄之何地・但使國家大圖書館中・增一空室・而保全已不少矣・

一・四部中宜令分大三類・經部・・一纂輯・二校勘・三箋注・史子集部・・一纂輯・二校注（校勘・箋注併爲一類）・三撰著・蓋自惠棟・孫星衍・嚴可均・孫馬翼・洪頤煊・茆泮林・章宗源（玉函山房輯佚書係章宗源撰・爲馬國翰所冒）・王謨・黃奭等纂輯之書・包羅四部・至千數百種之多・雖片羽零縑・使古籍復存面目・又自戴・阮・顧・盧・高郵王氏・嘉定錢氏等・盛倡校勘考證之學・如黑暗之室・忽放光明・如棼亂之絲・覓得條緒・有功羣書・有益來學・宜創特例以容之・

此外尚有二事・前書目錄類附列金石・著錄無多・顧時至今日・研索益精・發見益衆・班孟堅所謂附庸蔚爲大國者也・宜特立一門・分目錄・文字・圖象・義例諸子目・其原拓本尚存者・宜廣爲搜儲・略分朝代・用保眞跡・最新出土之龜甲文字・亦附著焉・此一事也・前書詞曲類有詞無曲・顧傳奇雜劇・亦文字之一種・名著何限・宜分立一門・凡金元以來・所有傳奇雜劇・一一論列而次第之・又一事也・是二類前書所無・宜溯原最初・勿限時代・至其他門類體例・間有未善・俱仍舊貫・庶免參差・

修書之事述畢・尚有應改善者・前書皆寫本・蓋亦有故・一・由於底本係從內府借出・及各省進呈・事訖理須發還・一・由於同時須得數本・分儲七閣・除迻寫外・更有何法・而又急於完書・以致繕校不精・訛錯百出・至於事繁費重・更不待言矣・茲則情事迴殊・無發還之煩・而有影印之便・可將原本彙集成帙・不但節勞省費也・蓋有淸一代・刻

書精美・有勝於宋槧者・並可藉此保全藝術・惟是收書之時・刻本宜擇初印雅潔者・抄本宜擇字體工整者・若僅有粗劣之刻本及潦草之抄本・須命善書者以精端楷另行謄繕・斯乃續書祖本・不得不特爲矜慎也・或慮同一書而大小寬狹不一・終欠美觀・不知是有補救之法・以白紙套於書頁內・全書皆然・大小寬狹・配令整齊・外形便成一式・此藝琉璃廠書匠優爲之・至於付印之頃・放寬縮小・隨意所欲・即內容亦成一式矣・

修書之外・尚有二種著作・可附之而成功・一爲國史經籍志・曾見叢書中有黃本驥國史經籍志・乃就四庫中國朝一部分彙錄成書・鄙陋不足道・然若以期成于清史館・亦窮年莫究之事也・且經籍者・千秋之業・不宜斷代爲限・按隋書經籍志・本名五代經籍志・初亦單行・網羅賅備・堪與漢書藝文志競爽・宜直接斯志・獨成一書・兼綜古今・稽詳存佚・總結既往・開示方來・定國史經籍志・不與清史相附（清史亦可不作此志）・一爲清史儒林文苑傳・今所行刻本國史儒林文苑傳・雖出阮文達手稿・中經刪改・疏略殊甚・曾見國史館續修稿本・大致相同・同邑陳子礪先生伯陶・嘗充國史館協修・私撰有稿・十餘年前・就見其目（聞現已成書）・爲補學阮書所遺・及續稿所應有者數十人・先生欣然頷之・猶未盡也・江藩漢學師承記・甚有原本・未免門戶太隘・錢林文獻徵存錄・取材頗博・可惜書未完成（舊藏有汪喜孫尚友記稿本・可補錢書）・至國朝詩人徵略・先正事略等書・見聞有限・抄撮徒勞・因思修書大旨・例及本人爵理學行・宜以其便・詳采事實・凡其書入甲・乙種者・或立專傳・書成・咨付清史館・仍輔續書並行・此二書待修之亟・不減於續書・茲事半功倍之會・幸勿交臂失之・

四庫全書目錄補編序

神州舊國・爲東方文化起源・有甚長之歷史・有極博之載籍・自結繩進爲書契・而述作漸繁・竹帛易爲版刻・而流佈更便・上世墳典・守之在官・柱下之職・迄周勿替・迨春秋戰國間・天子失官・諸侯去籍・極於秦人燔書・漢興收拾煨燼之餘・開獻書之路・建藏書之策・置寫書之官・於是遺書復出・成帝時特命劉向校之・每一書已・向輒條其篇目以奏・向卒・哀帝復使子歆卒父業・遂成七略・自漢以來・海內之書・悉聚於內府・雖紛亂之際・不免散亡・但不久仍鳩聚如故・其繼七略而成者・則有班固六略・王儉七志・阮孝緒七錄・許善心七林・至荀勗更分四部・而李充謝靈運王亮任昉因之・唐稱四庫・宋號六閣・其目分見諸史藝文志・明永樂間・集羣書爲大典・清之四庫全書又因之・距今以前・無國家大圖書館之組設・使五千餘年文獻・得繼續保全・賴有此也・

今就四庫全書論之・大典析散羣書・隸於每韻之下・四庫則各還原帙・其他體例・亦經斟酌・擇善而從・是其所優也・所憾者・以累代遞遺遞增之書・所收止三千餘種・蓋承康雍文字獄屢發生之後・多所猜疑忌諱・爲深文之論者・謂高宗藉修書之名・行焚書之實・觀於同時有焚燬書目之頒行・是其證矣・

顧修書諸臣・亦有當分其咎者・挾掊擊之私・則棄所不

當棄・憚考證之博・則遺所不當遺・謝章鋌觀瀾堂詩集序云・予於丙申丁酉間預四庫提要之役時・總纂紀曉嵐先生督功課・每日各鬥書十種・晨發暮收・屆十日而催促至完・弗容逾限矣・於是探闔者盼得子集而憚逢經史・冀提要之易就也・集部中往往有文堪抄錄・而作者之本來無可攷・輒抑退而入存目者・

抑修書之先・宜就公私藏弆・師友見聞・商定一必不可缺者・以爲徵集之准的・彼乃不然・姑舉一二端・如惠棟之古文尚書攷・見於提要所引・而著錄無其書・盧象昇文集奏議・同刻於乾隆初年・提要亦言之・而奏議獨任其缺・陸機陸雲兄弟所著・稱二俊集・顧收陸雲而遺陸機・凡此皆極不可解者・事前無預備・局內不公開・此又官修書之通病矣・且是書成於乾隆四十八年・繼此正值吾國學全盛之期・如考據之學・校勘之學・輯集逸佚之學以及天文歷算地輿方志金石目錄之學・無不後來居上・又如孤本之偶存海外・深錮私家者・往往因缺而獲全・從晦而復顯・此賡續之必不容已者也・

往者光緒中葉・編修王懿榮・嘗奏請續修・廷諭俟會典纂輯告成後・由翰林院奏明請旨・其後內外多故・此議遂竟擱置・距今又數十年・世變迭更・新舊之蛻代・兵火之摧殘・零縑斷簡・隨賈舶以東行・宿學耆儒・似晨星之待盡・

向抱宏願・惟以茲事體大・非可鹵莽以嘗試・先成書目・期與海內宏達・共相商榷・尚望訂其謬誤・補其漏遺・俾臻於美善完備・供校理舊文發揚邦粹之用・此區區所希冀・而未敢自信・

續書樓藏書記

倫明

續書樓者余鈐書所自署也・余居京師二十年・貧無一椽之棲・而好聚書・聚既多・室不足以容・則思構樓以貯之・其所聚書・尤詳於近代・意謂書至近代・始可讀・自乾隆朝命儒臣纂四庫書・撰提要・裒然大觀矣・由今視之・皆糟粕耳・則思爲書以續之・此續書樓所由名・然而樓未成・書亦不備・志之云爾・

憶少日・侍先君子宰江西之崇仁・先君子夙好書・所至以十數簏自隨・在任所又購得宜黃某氏書・藏益富・余時十一二歲・略識文義・課暇・竊取瀏覽・因而博涉・漸感不足・聞塾師言・去此數百里是省會・書肆多・購無不具・心大動・縣差有解餉至省會者・月一往・聞書目若干種屬焉・縣差返・有得有不得・亦不審值之昂否也・先君子愛余慧・又憐其早失母也・年節賚賜・倍他兄弟・一日・召余兄弟至前問所蓄・諸兄弟爭獻其所有以驗・余獨空如・急欲涕・先君子色變・固詰之・以購書對・不信・則出書驗之・往來搬運・堆滿几榻・先君子色漸霽・一一檢翻・徐曰・孺子亦解此乎・善讀之・嗚呼・日月不居・言猶在耳・余荒怠無成・重負庭訓・今且老矣・記此者・溯聚書所從始也・

壬寅・余初至京師・値庚子亂後・王府貴家・儲書大出・余日游海王村隆福寺間・目不暇給・每暮・必載書滿車回寓・始識潮陽曾主事習經曾嗜書・癖過余・客至・偶談及書・神態飛動・論議飈起・且談且從架上取書作證・一書未了・又及其他・口與手與足無少停・客漸倦・猶强聒不已・客起欲辭・再三留不得去・人以是爲厭・相戒勿與談書・而余最樂此・時余居爛麵胡同・曾居繩匠胡同・相距不百步・每造訪・必留共飯・食大米不下咽・饌亦不適口・飯後・飲所稱工夫茶者・杯極小・濕僅沾唇・余絕不識其味・入夜・

談益縱・賞奇析疑・恒至漏四下乃別・別時必挾書數冊歸・或讀・或抄・或校・再訪時挾還之・如此數月・後余遷居東城・過從遂疏・又後數年・重來京師・曾官已貴・收儲更富・惟當年興趣略減矣・

余丁未旋粤・時南海孔氏三十三萬卷樓書初散出・而鶴山易氏・番禺何氏・錢塘汪氏・（官于粤者）所藏亦散・余皆得擇而購之・同時潮陽丁氏持靜齋藏書・間有見于坊肆者・屢屬友謀之・未得間・而書已盡矣・順德李侍郎文田家・多藏明清之際野史・余展轉請託・竟不獲一閱・是二事・余甚憾之・粤地最卑濕・書易生蠹・余以儲積過多・不易整理・殘缺較甚・已酉夏・余寓廣州小東門・西江水驟漲・踰閾而入・轉瞬高二三尺・僕輩收拾不及・有浸于水者・恐受責・諱言無之・他日檢書・乃多所失・使早告・雖水漬至不可揭視・余尚有法救治之也・余嘗出游・以書寄存廣州南倫書院・院寓一賣破銅器者・貧無賴・私挖書厨銅鑰易錢・次及書・友人於書肆見書・認爲余物・以函告・余乃究而逐之・然書之被盜取已不少矣・

辛亥・余再至京師・書值已大漲・詢其故・則自吾鄉辛仿蘇開之也・辛君家富饒・挾貲數萬游京師・徵逐應酬外・兼好字畫書籍・意所可・不計值・嘗至其齋・見墨海金壺一部・中缺數冊・云購價六百金・他可推知矣・九月間・武昌事起・都人初驚變故・倉皇奔避・數月來議值未就之書・至是紛紛願貶值售・同邑葉大令燦薇・以謁選留京・願以餘資假我・乃盡購之・載四大麓・時從弟鑑・十一弟叙・十四弟綽・同寓京・相約南還・運書麓至車站・則見人如蟻聚・行李阻塞・不得上・廢然返・連往數日・皆如是・弟等自津催促・詞至危迫・余覆書曰余誓與書同行・後數日・去者漸盡・余乃從容挾書麓上車・弟等猶在津候航輪・遂同行焉・

乙卯・余三至京師・已決心棄鄉土・初意盡挈羣書北行・而窘於運資・乃分爲二・以一部隨行・他一部仍寄南倫書院・不意遷延至今・惟庚申冬間・偶一返粤・席不暇暖・未及料理書事・未幾粤訊來・則書院以修馬路故被拆・而書之遷徙流失・不可問矣・余始至京・賃居蓮華寺・以書之殘破待裝補者至夥・雇一書匠魏姓者・月資十五金・魏言余書待裝補完・非二十年不爲功・因言設書肆有數利・裝書便一也・求書易二也・購書廉三也・余思之良是・經營甫就・魏適病・有孫耀卿者・傭於會文齋書店・其經理即葉煥彬書林清話中所稱何厚甫其人也・余浼主肆務・孫勤於事・又極警・自來藏書家貴遠賤近・肆賈之智識因之・若者宋本・元本・明嘉靖本・若者影宋抄本・明抄本・名家手校本・又若者白棉紙・開花紙・不問書之良否・而惟版本紙質是尚・孫初見余喜購近人書・頗訝之・余每得一書・爲言其佳處何在・略及清代學術詩文派別・孫似領會・漸能推所未知・余比年儲藏・大半出其手・邇來風會一變・清儒撰著價大貴・海內外指名以索・肆賈又移其視綫於此・然披沙揀金・不知何者是金・因是孫反見忌于儕偶矣・

京師爲人文淵藪・官於斯者・多由文學進身・鄉會試之士子・比年一集・清季變法・京朝官優給月俸・科舉雖廢・高級學校相繼立・負笈來者尤衆・以故京師書業甲全國・辛亥以還・達官武人・豪於貲雅慕文墨・視蓄書亦爲揮霍之一

事・而海外學者盛倡東方文化・自大學校圖書館以逮私人・所需無限量・就地之書不足給・於是搜書之客四出・始直隸河南山東西・次江浙閩粵兩湖・又次川陝甘肅・各省城中・先通都大邑・次窮鄉僻壤・遠者歲一往返・近者歲三四往返・余嘗慨歎・竭澤而漁不出十年故書盡矣・近年往者漸稀・蓋所得不償所費・因之相戒裹足・而書值日趨於昂・不知者詫良賈居奇・深識者信種子將絕矣・余一窶人耳・譬入酒肉之林・丐得殘杯冷炙・已覺逾分・遑敢言儲藏哉・顧余之求之也・有異乎人之求之者・京中舊習・士大夫深居簡出・肆夥晨起挾書候於門・所挾書率陳陳相因・余概却不見・閒游廠肆・見有散置外室若不甚愛惜者・視之多有佳本・及徧翻其架上下・塵灰寸積中・殘冊零帙・往往驚所未見・又過他街市・於冷攤上・時亦無意遇之・蓋小販中有打鼓者・收賣住戶破舊器物書紙・轉鬻於市攤・市攤以得之賤也・亦賤售之・遊人熙熙・稍縱即逝・久之・稍熟習・則留以相待者有之・又書客之載書而返也・篋中琳瑯・得之者在捷足・余先時而探其訊・則預伺焉・若為他人所先・視其籍・跟蹤而求・十不失一・凡余之得書也・以儉以勤以恆・儉以儲購書之資・勤以赴遇書之會・計童齡迄今垂四十年・其間居京師最久・又際羣籍集中之時・日積月累・有莫知其然而然者・

余游跡所至・上海天津為南北通衢・經過最頻・次則開封・前後至者十餘次・南京武昌・至者二次・蘇州杭州・至各一次・居河南三歲・游懷慶・衞輝・清化・俱有所獲・在清化所得・有極罕覯者・毛尚書昶熙家物也・語云・伯樂一過而馬羣空・余於書・有似之焉・

始余讀漢學師承記・文獻徵存錄・詩人徵略・書目答問等書・意謂清人述作・略具於斯矣・乃訪購所及・時出各書稱引之外・有其人甚著而書不著者・有其書甚著・人以為佚・而實未佚者・有其人其書同不著・而絕佳者・於是爽然於前賢著錄・多屬一隅之見・而發潛德而闡幽光之亟不容已矣・余抱此志・始甚壯・繼而怯・壯者・求人所不能求為人所不敢為也・怯者・以有涯之生逐無涯之物・求之而不可盡・為之而不必成也・此猶就所見者言之耳・有見者・即有未見者・因甲書而知有乙書・又因乙書而知有丙書丁書・遞相引而無窮・蓋余胸中之目錄・十倍於眼中之目錄・夫書之為物・非如布帛粟米・取之市而即給・不得已・乃以抄書補購書之窮・有抄之圖書館者・有抄之私家所藏者・又有力不能致・而抄之坊肆者・有抄自原藁本者・有抄自傳抄本者・又有猝不易得・而抄自刻本者・抄書不難・而抄之先・借書難・抄之後・校書難・校書之事・我為政・借書之事・人為政・故借書尤難焉・鄭漁仲論求書之道有八・一即類以求・二旁類以求・三因地以求・四因家以求・五求之公・六求之私・七因人以求・八因代以求・可謂備矣・雖然知之匪艱・行之維艱・安得偏訪海內外之書盡見之・而盡抄之・庶幾償余宏願矣乎・

余讀書之志・發於甲子・鄉人胡子俊者・大連富商・一日談及四庫書・余曰・此書宜校・宜補・宜續・而續最要・且最難・胡曰・誰能為者・余曰・今海內不乏績學士・但若無憑藉・獨我能為之耳・有歲給我三千金者・將屏絕人事・

致力於此・計五年可成・胡慨然自任・已而營業失利・款不時至・事遂中輟・歲乙丑・當軸者以各國退還庚款・限用於文化事業・於議決影印四庫書後・曾議及續修提要・決交內教兩部核辦・時余在河南・擬芻議一篇・寄刊報上・爾後時局紛擾・無復有過問者・余所擬條例・斷自順治元年始・凡書成在順治元年後者・或書成在順治元年前・而其人死在順治元年後者・又或其人其書・皆有順治元年前・而編輯校刻在順治元年後者・皆收之・蓋斷限者・假定之詞・以便蒐集・非如史例之嚴・不可稍出入也・所以然者・以四庫書中・清代最疏漏・㈠忌諱太多・㈡搜采未盡・㈢進退失當・余別著文論之・故續者不得僅接乾隆四十七年以後・然若補與續同擧・則各還其位可也・其大體與四庫書異者・㈠著錄分甲乙二等不用存目之例・㈡四部・各分三大類・經部曰輯佚・曰校勘・曰箋注・史子集部曰輯佚・曰校注・（校勘箋注合爲一類・）曰撰著・然輯佚校勘箋注大都前代之書・若補與續同擧・仍各還其位可也・今歲（戊辰）夏間・淸史稿印成・余略觀之・藝文志略謬殊甚・儒林文苑傳・爲數寥寥・因又發憤欲撰一書・祇錄書目・下綴最簡評語・仿書目答問而略詳・後附著書人事實・俾與前相參照・兼詳其他著之未見者・期合藝文儒林文苑爲一・以補淸史稿之缺・且爲修續書者之大輅椎輪焉・又余之求書也・不避繁複・初得・一本以爲佳・繼得更佳者・隨將前本易去・更得更換・今所存者・大率原刻初印本也・新抄本亦擇精紙・命端楷寫之・他日流布・當就原書影印・勿煩繕寫・繼今以往・余將重保其已有者・而大增其未者・嗚呼・豈易言哉・豈易言哉・

黃世仲　一八七三年生　一九一二年卒

字小配・別號世次郎・筆名黃帝嫡裔・番禺人・少穎悟・富民族思想・弱冠赴南洋謀生・光緒二十七年・尤列創設中和堂於南洋各埠・世仲預焉・二十九年歸香港・任中國日報記者・明年助鄭貫公辦世界公益報・廣東報・有所謂報等・三十一年加入同盟會・三十二年自創小報曰少年報・革命成功・被委充廣州民團團長・竟以莫須有罪爲粵督誤殺・聞者寃之・世仲擅小說家言・著有洪秀全演義及廿載繁華夢・宦海升沉錄等・

洪秀全演義自序

余嘗謂中國無史・蓋謂三代直道・業蕩然無存・後儒矯揉・祇能爲媚上之文章・而不得爲史筆之傳記也・當一代鼎革・必有無量英雄齊起・乃倡爲成王敗寇之謬說・編若者爲正統・若者爲僭國・若者爲僞朝・吾誠不解其故・良由專制君主・享無上尊榮・梟雄者輩・即以元勳・佐命的名號・分藩食采的銜爵・誘其僚屬相助相爭・彼夫民族的大義・民權的公理・固非其所知・而後儒編收前史・皆承令於當王・遂曲筆取媚・視其版圖廣狹・爲國之正僭・視其受位久暫・爲君之眞僞・夫三國時代・陳壽司馬光者・見晉武宋太與曹操若也・則上曹下蜀・習鑿齒朱熹者・見夫晉元宋高與劉備若也・則上蜀下曹・而求如世家陳涉・本紀項羽・殆罕覯焉・是綱也・鑑也・目也・祇一朝君主之家譜耳・史云乎哉・

是以英雄神聖・自古而今・其奮然擧義爲種族爭・爲國民死者・類湮沒而弗彰也・藉有之矣・其不訾之爲僞王・與貶之爲匪逆・其又幾何・吾觀洪氏之起義師・不數年・天下

響應・發廣西・趨兩湖・克三吳・竟長江之極・下收閩・浙・燕・齊・晉・汴・林鳳翔叱咤之所及・望者如歸・其間若馮雲山・錢東平之觀變沉機・若李秀成・石達開之智勇器量・若陳玉成・林啟榮・蕭朝貴之勇毅精銳・人材彬彬・同應漢運・即漢唐宋明之開國名世・寧足多乎・

當其定鼎金陵・宣佈新國・雅得文明風氣之先・君臣則以兄弟平等・男女則以官位平權・凡學國政戎機・去專制獨權・必集君臣會議・復除錮閉陋習・首與歐美大國・遣使通商・文物燦然・規模大備・視泰西文明政體・又寧多讓乎・

惜夫天未祚漢・饉疫洊臻・而貪榮慕祿・戕同媚異之徒・又從而摧之・遂致所事不終・半道失敗・智者方惘焉・而四十年來・書腐亡國・肆口雌黃・髮逆洪匪之稱猶不絕耳・殆由曾氏大事記一出・取媚當王・遂忘種族・既紀事乖違・而李秀成供狀一書・復竄改而爲之黑白・遂使憤憤百年亡國之慘・起而與民請命之英雄・各國所認其爲獨立・相遣使通商者・至本國人士・獨反相沿而自汚之・怪哉・

吾蓄慮積憤・亦既有年・童時與高曾父老談論洪朝・每有所聞・輒筆記之・洎夫乙未之秋・識□山上人於羊垣某寺中・適是年廣州光復・黨人起義・相與談論時局・遂述及洪朝往事・如數家珍・並囑余爲之書・余諾焉而叩之・則上人固洪朝侍王幕府也・積是所聞既夥・而今也文明東渡・民族主義既明・如太平天國戰史・楊輔清福州供詞・及日人滿清紀事諸書・相繼出現・益知昔之貶洪王曰逆・曰匪者・皆戕同媚異・忘國頌仇之輩・又狃於成王敗寇之說・故顛倒其是非・此皆媚上之文章・而非史筆之傳記也・爰蒐搜舊聞・並師諸說・及風流餘韻之猶存者・悉記之・經三年而是書乃成・其中近三十萬言・皆洪氏一朝之實錄・即以傳漢族之光榮・吾同胞觀之・當知雖無老成・尚有典型・祖宗文物・猶未泯也・亦偉矣乎・時黃帝紀元四千六百零六年季夏・

潘和

一八七三年生
一九二九年卒

字至中・號抱殘・南海人・邑庠生・博學好古・精鑑別・擅書畫・能詩文・並工治印・初以畫教諸生・有請授人體如西洋畫學以難之・和即授以平昔所著人體圖說巨帙・督令學・其法令醫理解剖・骨骼寸膚・咸中於程・諸生終年不能竟其要・乃誨之曰・毋以習異說忘本爲高・今不遇我・遂謂中國畫人無能是矣・諸生因跽服・和乃盡授其秘・不自私・中歲轉學石濤和尚・長於山水・氣勢雄渾・若出關巨・垂老世變・專情於繪事・因太息畫人無聚合肄習常址・乃因癸亥合作社之舊・於乙丑三月・與李鳳公等改立國畫研究會・和者百餘人・翌年開第一次展覽會於廣州六榕寺・後修建寺偏院人月堂爲會址・每值暇日・畫人聚處・觀摩相覺・畫學寖寖大盛・微和之力不至此・蓋其懷抱直欲肩承振興畫學之大任矣・民國十八年卒・年五十有七・著有抱殘室筆記・

吾粵畫人之我見

吾粵古代畫家見於記錄者・於唐爲張詢・於宋爲白玉蟾・兩公之畫・世不多見・余曾見白玉蟾佛像一幀・筆墨簡古・其佛則趺坐於巖石間・禪悅忘意・極爲靜穆・不特爲吾粵畫家之特出・即置於吳道子武宗元之間・亦未遑多讓・因吳道子五帝朝元圖・余亦曾得一見也・

至明則以陳白沙・李子長・林良・爲最著・白沙道德文章・彪炳寰宇・而擅長畫梅・與宋廣平之賦梅花・可謂後先媲美・其門人李子長・能展宗風・高蹈自隱・三十年不入城市・世傳畫貓能辟鼠・余曾見其畫一背面貓・石上籐籮倒掛・而貓則全用沒骨法・以濃淡墨速筆抹成之・神妙獨絕・然則世之尊重是畫・豈無故哉・

林則擅長水墨花卉・翎毛・樹木・遒勁如草書・所見不一・惟一大幀枯木・中立兩鷹・意氣雄健・落葉繽紛・中有顧盼自雄之意氣・全幅用墨迅寫・誠傑作也・聞有設色者・惜乎未見・至黎民表・霍韜・海瑞・僅見於著錄・其眞蹟如何・不敢斷定・惟袁敬及其子登道・均善山水・登道有長條一幅・其山水林木極爲蒼莽・用筆多寫乾皴・惜太殘缺・極爲可惜・朱完爲南海九江人・朱九江先生之遠祖也・善於寫竹・墨氣淋漓・用筆磅礴・類於王覺斯・惟其人則不可同日而語矣・黎美周先生以賦黃牡丹詩見稱於世・世稱之曰牡丹狀元・嘗見一卷・爲粵中同時諸名人贈其往遊燕市之作・中有張麗人二喬一詩・筆致柔媚・詩亦甚佳・已刻於蓮香集者・此卷現歸吾友黃晦聞・吾甚喜其得所・其畫吾粵藏者極少・（又文按・　此卷現藏葉氏遐庵・即故王秋湄君所稱爲南園墨痕者是・）昔端午橋以一小船送梁星海先生・吾曾一見・實爲僞迹・惟汪憬吾先生所藏一册・氣韻絕佳・中有遊立一幅・尤爲精妙・吾家藏著一小幅山水・用乾墨淡擦・韻致絕佳・後有陳蘭甫・陳古樵黎虛庭諸公題跋・藏之抱殘室中・不肯輕以示人也・張家玉・東莞人・其志節久爲世仰聞・姚叔若云・見東莞張家所藏山水一册・極合程法・而余則僅見一畫蘭便面・筆致與陳元素不相上下・伍瑞隆善寫牡丹・均以水墨出之・疎枝大葉・中國之大印象畫也・趙莞夫薛始亨二公・與明末諸公・憤明社已屋・立意反正・世人心知其志節・不知其精於六法也・焞夫以善蘭竹名・始亨以善石名・焞夫則南海黃慕韓藏有直幅寫竹・倩影扶疎・與其爲人不類・亦一奇也・至劍公則見其所畫之册・册首有澹歸和尚題字・册末有陳元孝跋・以隸寫之・允爲精絕・劍公畫雖其中僅得四小幅・此外則無有矣・（又文按・此現册歸余斑園）陳子升・陳恭尹則僅見其字・而畫則余未見・彭睿壎以書法著名・多不知其能畫・惟余見一小直幅・則寫蘭竹・其筆墨韻致・確非鄭板橋輩所能夢想・且題語絕趣・謂有所謀・適如其願・故喜而寫此・可見此公之韻致・高望公精於山水・筆意類於石田翁・楊鐵夫所藏絕佳・曾疲吾案頭半日・摩挲不忍釋手・張穆・號鐵橋・東莞人・以善畫馬著名・世傳其畫馬・每畫一匹・筆潤四金・則三其足・二金者二其足・一金若僅一足・或以樹或以石隱其足・至無筆潤者・則並無一足・蓋立於水中・盡隱其足也・其思致之精妙・可想而見・其畫所見・但多畫馬・惟畫翎毛花卉・則尤精・曾見寫鷹一幅・迥殊俗態・而張谷初所藏水仙一頁・則更得未曾有・水仙雙鈎・而石則用北派筆法寫之・殆所僅見也・鄧少穆所藏王應華蘭花卷・紙墨具精絕・汪憬吾曾置一跋・爲其人辯誣・因世多謂其人爲式臣・故特爲昭雪・此則明以前粵畫家之最著者也・

梁藥亭佩蘭・爲嶺南詩人三大家之一・其墓在大北門外柯子嶺・久已失去・後爲人訪得・南海吳荷屋先生曾爲之

記・楷書而刻之・世多不知其能畫・余藏一金扇・乃寫山水兩則・其一則先生所作・尚有時逖及王世貞題詩・惜太殘缺・然甚精妙也・汪後來・號白岸・山水類查梅壑・其精老秀硬通神・曾爲佛山都司・文斗甘天籠・多好寫花卉・類似八大山人・亦吾粤之最著名者也・馮魚山敏昌・善寫蘭竹・其用筆多從定武蘭亭得之・因書與畫相通也・其家所藏定武蘭亭極精・與汪容甫所藏不相上下・余曾一見之・吾友至少梅所藏橫額・題曰憤畫齋・且言其生平苦於學畫・憤不能佳・故書以自勵・自謙之詞也・

乾隆時・張錦芳・黃丹書・黎二樵・呂石帆・稱爲四家・張黃二公・每寫花卉・惟見黃公一小軸則寫山水者・眞有倪雲林惜墨如金之致・誠爲妙品・藏於南海崔氏・中有二樵・荷屋蘭生・諸公題跋・不可多得也・至呂石帆畫則余僅見二幀・一幀倣北苑・一幀則淡疎如蕭雲從・高逸可喜・其署款謂在京邸時作・而詩則極牢騷・惜不復記其詞語・二樵畫・世之見者甚多・曾見寫贈溫遂之先生・則仿北苑・用筆雄奇・苔點濃厚・與尋常所寫者逈異・又有一幅寫泉聲咽危石・飛瀑在下・而二人則在石下・俯首下瞰・精神奕奕・亦一奇搆也・余得其詩稿三本・篇末處有先生自寫眞於其上・用小隸題曰・冬烘先生・亦可見共人之韻致・余尚得三印・二者爲銅刻・一則田黃凍・刻石鼎道人四字・余甚寶之・初得時爲陳蘿生所見・强欲奪去・余謝之・蘿生日前見我・尚以爲問・

與二樵同時者有溫遂之寫竹・郭樂郊寫牡丹・均甚著名・余所得樂郊者・寫芙蓉與菊・且有賦色・與所藏黎二樵之花卉相配極合・因樂郊與二樵爲至友也・而二樵則寫秋海棠及鳳仙・其題語極爲有趣・謂其子佛蓮方兩歲・執筆學寫雞狗之形・頗生性也・故寫此畫以付山妻・俾其長成見之・或有用處云云・誠我輩畫家中之韵事也・昨歲又得一幀・則爲贈至中和尚者・倣清湘法・寫蘭石・墨氣的有大滌神味・而署欵適與予同・亦一翰墨因緣也・招子庸以畫蟹名世・所著粤謳・雖婦孺均能歌之・其寫墨竹・余謂其尤勝於蟹・前三十年・佛山出會・見一商店陳列・適皆其畫・山水花卉・式式皆備・亦一大觀也・熊笛江山水全仿石田・筆氣雄健・一洗道光以來柔媚之習・亦縱恣可喜・惟見一小册中・有寫采菱小娃・亦極韻致・文人狡獪・信然・

張南山不多作畫・然有所作亦甚新雅・年前仲克沈文・在寶漢茶寮開一南山書畫會・有桐陰立鶴・及山水數幅・並皆佳妙・並有張黃黎呂四公所合著五更轉曲・南山用繩頭小楷書之・余有扇二面・一面以小楷寫粤謳・一面則論聽粤謳時所宜者有幾・所忌者有幾・且有七絕四首・皆言粤謳者也・此扇殆爲珠娘所書・故只蓋松心居士小章・亦見當時雅人深致・陳蘭甫先生爲南山先生弟子・於水仙梅花時有逸致・先生之學問文章・不在於書畫・然人一見其書畫・無不爭寶之・然則其書畫特偶然精神之所寄而已・可見書畫一道不可以不讀書也・

謝蘭生先生爲名翰林・嘗書門聯云・「東山絲竹・南海衣冠」・則其氣象可想・其所作山水・雖從二樵問途・惟另闢途徑・欲故與之異・亦吾粤畫家之特出者也・二樵好寫清湘・彼亦好寫清湘・而疏澹之致・時露於筆底・殆欲尋韻於

南田者歟・其弟觀生・亦能寫山水・而花卉較勝・逸筆有類南山者・蔣蓮人物爲蘭生所深賞・美人極工・時有倣陳老蓮者・好寫觀音大士象千數百尊・每尊皆記其次第・其有慈悲救世之思乎・吳荷屋研精金石・於帖學極精・其所著帖鏡・世鮮存本・極爲可惜・曾於何昆玉家見其立軸・寥寥數筆・寫雲中山頂・眞有超以象外之趣・又見一扇・寫柳陰池亭・佳客三兩・荷花四繞・筆意似在新羅南山之間・亦一佳品・其女小荷・能工花卉・曾寫重開牡丹一卷・荷屋有詩・尚有名人題記甚多・此卷不知歸於何所・

吾粵閨閣亦多能畫者・若張二喬・梁若珠・潘瑤卿・居慶等・多專工於花卉・惟瑤卿能寫山水・亦一奇也・居慶於某先生爲畫家眷屬・耳濡目染・意致自佳・閨閣中・以朱伯姬所寫者最足寶貴・余曾見一小畫・爲梁緝嘏先生所藏・伯姬之子以母命相贈者・伯姬爲九江先生之女・緝嘏亦爲九江門人・甚欲其畫・臨死時故屬其子以相贈者也・册中寫二仙人采藥・筆致極爲韶秀・後其族人示我以一册・則全寫山水・亦脫盡塵俗・至方外則羅浮之深度・吾友黃君璧有金箋山水大堂・用筆沈鬱卓絕・可爲吾粵名山生色・長壽寺大汕・善寫人物・峽山寺藏有一册・乃寫佛象・其用洗染於頭目處・極其用工・故精神奕奕・另開一派・至足傳也・石禪老丈曾爲重裝・送還於寺・並有題語・以爲鎮山之寶・海幢寺相潤・吾粵幾不知有其人・惟畫法精奇・當爲粵人之冠・使列於清湘石溪中・恐未遑多讓・其用筆用墨賦色・每幅不同・可謂極變化之能事・余藏十二幅・僅得其册之半・然已足耐我十年之尋味矣・

其餘能畫者甚多・雖假十夜之力・恐尚未能罄・方欲綴筆・忽憶我友王竹虛先生竟未論列・亦爲一憾・故急爲寫之・竹虛名根・原藉浙江・厥祖已久家于粵・爲人性和謁・不修邊幅・非其人而求畫多不應・無論畫中之某家某派・俱能託探源流・故一出筆便合古人・夫能工者未必能寫意・而先生則悉能之・能寫此家者・或不能寫彼家・而先生又悉能之・此則自吾粵畫家以來所未有者也・惟所畫悉署他人款・故得其自署款者落落如晨星焉・是則可哀也矣・吾畫至此・不覺擲筆三嘆・雖然・吾粵今日畫學之不變・于竹虛實有一種之潛勢力・然則竹處可以瞑目矣・

梁啟超　一八七三年生　一九二九年卒

字卓如・號任公・別署飲冰室主人・新會熊子鄉人・生具夙慧・六歲畢五經・九歲能綴千言・年十二・補縣學生・十五・肄業廣州學海堂・十七・舉鄉試・主考李端棻詫爲奇才・以女弟許字焉・十八・北上會試不售・回粵道上海・獲讀瀛寰誌略及譯本西書・方知世界大勢・會康有爲以布衣上書不達・放歸・舉國目爲怪・啟超與其友陳千秋同謁之・一見大服・執業爲弟子・自謂生平知有學自茲始・從學萬木草堂四年・光緒二十年・中日戰起・憤惋時勢・頗有所吐露・和議成・代表廣東公車百九十人・上書陳時局・又從有爲聯各省公車三千人・上書請變法・羣推啟超起草・書上・中外震動・有爲辦中外公報・啟超任編纂・時人議識爲之一變・秋・有爲開强學會於京師・以啟超爲書記・盡讀會中所藏書・識見益擴・未幾・强學會封禁・二十二年・應黃遵憲招赴上海・創辦時務報・爲主筆・著變法通議・批評私政・請廢科學・興學校・變官制・爲其救時之代表作・名震中外・二十三年・就聘湖南時務學堂總教習・以公羊・孟子授諸生・盛倡民權・革命・大同・保國・

保種之論・又與黃遵憲・譚嗣同等立南學會・傳播民權・自治思想・湘紳葉德輝・王先謙等羣起反對・訐之於兩湖總督張之洞・戊戌政變之禍・遂伏於此・二十四年春・三次入都會試・仍下第・助有爲開保國會・時俄索旅大・德據膠州灣・啟超聯合各省舉人・上書請强硬交涉・四月清德宗決意變法・重用有爲・召見啟超・命督辦譯書局・迨戊戌政變失敗・慈禧太后大捕新黨・啟超乃走日本・創刊清議報・攻擊清廷・會孫文亦在日宣傳革命・啟超頗欲促成維新革命兩方合作・阻於有爲未果・旋遊檀香山・居半歲・轉赴新加坡・謁有爲・經澳洲返日・主辦新民叢報・鼓吹排滿革命・著新民說・新民議・介紹西洋學說・喚醒國人・日銷行萬四千份・清廷嚴禁・不能遏・啟超行文暢達・縱筆無拘檢・而條理明晰・筆鋒常帶感情・讀者如著魔力・影響甚深・二十九年・遊美洲・返日本・以共和之制・恐易釀亂・轉以君主立憲爲鵠・三十三年・組政聞社・主開國會・建立責任內閣・宣統二年・創刊國風報・自任主筆・三年遊台灣・民國成立・自日返國・在天津創辦庸言報・加入共和黨・逮進步黨成立・爲該黨理事・熊希齡組閣・受任司法總長・三年・改任幣制局總裁・四年・任憲法起草委員・而籌安會起・袁世凱謀改帝制・啟超避居天津・與蔡鍔密謀倒袁・發表異哉所謂國體問題一文・世凱先賄以二十萬金・拒不受・旋與蔡鍔先後秘密南下・發動雲南討袁之護法運動・自安南間道入桂轉粵・游說著文・父喪亦不克歸・袁氏稱帝失敗・黎元洪繼任總統・恢復約法・解散舊國會・凡此啟起贊助之力至多・歐戰爆發・力主參戰・六年・張勳率兵入京・與康有爲等擁廢帝溥儀復辟・啟超首電反對・不恤師誼・說段祺瑞於馬廠興師討平之・段氏組閣・任財政總長・旋辭去・此後一意謝政・從事文化教育・專心著述・七年・與將方震・丁文江・張君勱等遊歐洲・時方開和會於巴黎・啟超以國民外交代表資格・多所努力・八年・五四新文化運動・啟超雖頗贊其革新・惟不主盲目打倒孔家店・九年至十六年・叠在清華・南開等大學任教・並應聘至南京・武漢・長沙各地演講・創辦共學社・並主持清華研究院與京師國學圖書館長・十五年病便血・猶扶病登壇也・十六年・病勢漸增・翌年遂家居養疴・十八年一月十九日逝世北平協和醫院・得年五十七・啟超一生政治主張多變・嘗自謂不惜以今日之我與昨日之我交戰・其亦政之時者乎・歿後十三年・國民政府明令褒揚・略以新會梁啟超・才思卓越・學識閎通・當清季晦塞之秋・爲歐美新知之介・殫精著述・鼓舞羣倫・以恢張踔厲爲心・以振敝起衰爲務・士習煥變・風會聿新・洎乎晚歲・講學舊都・整理國故・旁搜遠紹・抉隱闡幽・於中華固有之文明・力加發揚・於後生治學之要旨・多所啟示・蔚成一家之言・濟以經世之教・用力彌勤・垂老不倦・綜其生平成就・實於近代學術文化・有弘偉之貢獻・可爲定論・遺著有飲冰室文集・飲冰室叢書近百册・

上袁大總統書

前奉溫諭・沖挹之懷・悱摯之愛・兩溢言表・私衷感激・不知所酬・即欲竭其愚誠・有所仰贊・既而復思・簡言之耶・不足以盡所懷・詳言之耶・則萬幾之躬・似不宜嘵瀆以勞清聽・且啟超所欲言者・事等於憂天而義存於補闕・誠恐不蒙亮察・或重咎尤・是用吮筆再三・欲陳輒止・會以省親南下・遠睽國門・瞻對之期・不能預計・緬懷平生知遇之感・重以方來世變之憂・公義私情・兩難嘿默・故敢卒貢其狂愚・惟大總統垂察焉・

國體問題・已類騎虎・啟超亘不欲更爲諫沮・益蹈愆嫌・惟靜觀大局・默察前途・愈思愈危・不寒而慄・友邦責言・黨人構難・雖云膠葛・猶可維防・所最痛憂者・我大總統四年來爲國盡瘁之本懷・將永無以自白於天下・天下之信仰自此隳落・而國本即自此動搖・傳不云乎・「與國人交・

止於信．」信立於上．民自孚之．一度背信．而他日更欲有以自結於民．其難猶登天也．明誓數四．口血未乾．一旦而所行盡反於其所言．後此將何以號令天下．民將曰．「是以義始而以利終．率其趨利之心．何所不至．而吾儕更何所託命者．」夫我大總統本無利天下之心．啟超或能信之．然何由以盡喻諸逖聽之小民．大總統高拱深宮．所接見者．惟左右近習將順意旨之人．方且飾爲全國一致擁戴之言．相與徼功取寵．而豈知事實乃適相反．即京朝士夫．燕居偶語．涉及茲事．類皆出之嘲諧輕譴．而北京以外之報紙．其出辭乃至不可聽聞．山陬海澨閭閻市廛之氓．則皆皇皇焉若大亂之即發於旦夕．夫使僅恃威力而可以祚國也．則秦始隋煬之胤．宜與天無極．若威力之外猶須恃人心以相爲維繫者．則我大總統今日豈可不瞿然自省．而毅然自持也哉．

或謂既張皇於事前．忽疑沮於中路．將資姍笑．徒損尊嚴．不知就近狀論之．則此數月間之營營擾擾．大總統原未與聞．況以實錄證之．則大總統敝屣萬乘之本懷．既皦然屢矢於天日．今踐高潔之成言．謝非義之勸進．益章盛德．何嫌何疑．或又謂茲議之發．本自軍人．强拂其情．懼將解體．啟超竊以爲軍人服從元首之大義．久已共明．夫誰能以一己之虛榮．陷大總統於不義．但使我大總統開誠布公．導之軌物．義正詞嚴．誰敢方命．若今日以民國元首之望．而竟不能輟陳橋之謀．則將來雖以帝國元首之威．又豈能弭漁陽之變．倒阿授柄．爲患且滋．我大總統素所訓練蓄養之軍人．豈其有此．

昔人有言．「凡舉事無爲親厚者所痛．而爲見讎者所快．」今也水旱頻仍．殃災洊至．天心示警．亦已昭然．重以吏治未清．盜賊未息．刑罰失中．稅歛繁重．祁寒暑雨．民怨沸騰．內則敵黨蓄力待時．外則强鄰狡焉思啟．我大總統何苦以千金之軀．爲衆矢之鵠．舍磐石之安．就虎尾之危．灰葵藿之心．長萑苻之志．啟超願我大總統以一身開中國將來新英雄之紀元．不願我大總統以一身作中國過去舊奸雄之結局．願我大總統之榮譽與中國以俱長．不願中國之曆數隨我大總統而同斬．是用椎心泣血．進此最後之忠言．明知未必有當高深．然心所謂危而不以聞．則其負大總統也滋甚．見知見罪．惟所命之．

抑啟超猶有數言欲忠告於我大總統者．立國於今世．自有今世所以生存之道．逆世界潮流以自封．其究必歸於淘汰．願大總統稍捐復古之念．力爲作新之謀．法者．上下所共信守．而後能相維於不敝者也．法令一失效力．則民無所措手足．而政府之威信亦隳．願大總統常以法自繩．毋導吏民以舞文之路．參政權與愛國心．關係至密切．國民不能容喙於政治．而欲其與國家同體休戚．其道無由．願大總統建設眞實之民意機關．涵養自由發抒之輿論．毋或矯誣遏抑．使民志不伸．翻成怨毒．中央地方．猶枝與幹．枝條盡從彫悴．木幹豈能獨榮．願大總統一面顧念中央權威．一面仍留地方發展之餘地．禮義廉恥．是謂四德．四德不張．國乃滅亡．使舉國盡由妾婦之道．威逼利誘．靡然趨炎．則國將何以與立．願大總統提倡名節．獎勵廉隅．抑貪競之鄙夫．容骨鯁之善類．則國家元氣．不盡消磨．而緩急之際．猶或有恃矣．

以上諸節．本屬常談．以大總統之明．豈猶見不及此．顧猶拳拳致詞者．在啟超芹曝之獻．未忍遏其微誠．在大總統藥石之投．應不厭於常御．伏維采納．何幸如之．去闕日遠．趨覲無期．臨書愴惻．墨與淚俱．

異哉所謂國體問題者

秋霖腹疾．一臥兼旬．感事懷人．百念灰盡．而戶以外甚囂塵上．豗然以國體問題聞．以厭作政談如鄙人者．豈必更有所論列．雖然．獨於茲事．有所不容已於言也．乃作斯篇．

吾當下筆之先．有二義當爲讀者告．其一．當知鄙人原非如新進耳食家之心醉共和．故於共和國體非有所偏愛．而於其他國體非有所偏惡．鄙人十年來夙所持論．可取之以與今日所論相對勘也．其二．當知鄙人又非如老輩墨守家之斷爭朝代．首陽蕨薇．魯連東海．此箇人各因其地位．而謀所以自處之道．則有然．若放眼以觀國家尊榮危亡之所由．則一姓之興替．豈吾所擇．先辨此二義以讀吾文．庶可以無蔽．而邇於正鵠也．

吾自昔常標一義以告於衆．謂吾儕立憲黨之政論家．只問政體．不問國體．驟聞者或以此爲取巧之言．不知此乃政論家當恪守之原則．無可踰越也．蓋國體之爲物．既非政論家之所當問．尤非政論家之所能問．何以言乎不當問．當國體彷徨歧路之時．政治之一大部份．恆呈中止之狀態．殆無復政象之可言．而政論更安所麗．苟政論家而牽惹國體問題．故導之以入彷徨歧路．則是先自壞其立足之礎．譬之欲陟而損其階．欲渡而舍其舟．故曰不當問也．何以言乎不能問．凡國體之由甲種而變爲乙種．或由乙種而復變爲甲種．其驅運而旋轉之者．恆存夫政治以外之勢力．其時機未至耶．絕非緣政論家之贊成所能促進．其時機已至耶．又絕非緣政論家之反對所能制止．以政論家而容喙於國體問題．實不自量之甚也．故曰．不能問也．豈惟政論家爲然．即實行之政治家亦當有然．常有現行國體基礎之上．而謀政體政象之改進．此即政治家唯一之天職也．苟於此範圍外越雷池一步．則是革命之所爲．非堂堂正正之政治家所當有事也．其消極的嚴守之範圍．則既若是矣．其積極的進取之範圍．則亦有焉．在甲種國體之下爲政治活動．在乙種反對國體之下仍爲同樣之政治活動．此不足成爲政治家之節操問題．惟犧牲其平日政治上之主張．以售易一時政治上之地位．斯則成爲政治家之節操問題耳．是故不問國體．只問政體之一大義．實徹上徹下．而政治家所最宜服膺也．

夫國體本無絕對之美．而惟以已成之事實．爲其成立存在之根原．欲憑學理爲主奴．而施人爲的取捨於其間．寧非天下絕癡妄之事．僅癡妄猶未足爲深病也．惟於國體挾一愛憎之見．而以人爲的造成事實．以求與其愛憎相應．則禍害之中於國家．將無已時．故鄙人生平持論．無論何種國體皆非所反對．惟在現行國體之下．而思以言論鼓吹他種國體．則無論何時皆反對之．昔吾對於在君主國體之下而鼓吹共和者．嘗施反對矣．吾前後關於此事之辯論．殆不下二十萬言．直至辛亥革命既起．吾於其年九月猶著一小册．題曰「新中國建設問題」．爲最後維持舊國體之商榷．吾果何愛

梁啟超

於其時之皇室者・彼皇室之僇辱我・豈猶未極・苟微革命・吾至今猶爲海外之僇民耳・復次・當時皇家政治・種種予人以絕望・吾非童騃・吾非聾聵・何至漫無感覺・顧乃冒天下之大不韙・思爲彼匄垂絕之命・豈有他哉・以爲若在當時現行國體之下・而國民合羣策・合羣力以圖政治之改革・則希望之遂・或尚有其期・舊國體一經破壞・而新國體未爲人民所安習・則當驟然蛻變之數年間・其危險苦痛・將不可思議・不幸則亡國恆於斯・即幸而不亡・而緣此沮政治改革之進行・則國家所蒙損失・已何由可贖・嗚呼・前事豈復忍道・吾請國中有心人試取甲辰・乙巳兩年新民叢報中之拙著一覆觀之・凡辛亥迄今數年間・全國民所受之苦痛・何一不經吾當時層層道破・其惡現象循環迭生之程序・豈有一能出吾當時預言之外・然而大聲疾呼・垂涕婉勸・遂終無福命以荷國民之嘉納・而變更國體所得之結果・今則既若是矣・

今喘息未定・而第二次變更國體之議又復起・此議起因之眞相何在・吾未敢深知・就表面觀之・乃起於美國博士古德諾氏一席之談話・古氏曾否有此種主張・其主張之意何在・亦非吾所敢深知・顧吾竊有惑者・古氏論中各要點・若對於共和君主之得失爲抽象的比較・若論國體須與國情相適・若歷舉中美・南美・墨・葡之覆轍・凡此諸義・本極普通・非有甚深微妙・何以國中政客如林・學士如鯽・數年之間・並此淺近之理論事實而無所覺識・而至今乃忽借一外國人之口以爲重・吾實惑之・若曰此義非外國博士不能發明耶・則其他勿論・即如鄙人者・雖學識譾陋・不逮古博士萬一・然博士今茲之大著・直可謂無意中與我十年舊論同其牙

慧・特其透闢精悍・尚不及我什分之一百分之一耳・此非吾妄自夸誕・坊間所行「新民叢報」、「新中國建設問題」、「飲冰室文集」、「立憲論與革命論之激戰」等・不下百數十萬本・可覆按也・獨惜吾睛不藍・吾髯不赤・故吾之論・宜不爲國人所傾聽耳・夫孰謂共和利害之不宜商榷・然商榷自有其時・當辛亥革命初起・其最宜商榷之時也・過此以往・則殆非復可以商榷之時也・當彼之時・公等皆安在・當彼之時・世界學者比較國體得失之理論・豈無一著述足供參考・當彼之時・美・墨各國豈皆太平宴樂・絕無慘狀呈現以資我龜鑑・當彼之時・迂拙愚戇如鄙人者・以羈泊海外之身・憂共和之不適・著論騰書・淚枯血盡・而識時務之俊傑・方日日以促進共和爲事・謂共和爲萬國治安之極軌・謂共和爲中國歷史所固有也・嗚呼・天下重器也・可靜而不可動也・豈其可以翻覆嘗試・廢置如奕棋・謂吾姑且自埋焉・而預計所以自扣之也・譬諸男女婚媾・相攸伊始・宜愼之又愼・萬不可孟浪以失身於匪人・倘蹈危機・則家族親知臨事犯顏以相匡救・宜也・當前此饒有審擇餘地之時・漫置不省・相率慫慂以遂苟合・及結縭已歷年所・乃日聒於其旁・曰・汝之所天・殊不足以仰望而終身也・愛人以德・宜如是耶・夫使共和而誠足以亡國也・則須知當公等興高采烈以提倡共和・促進共和之日・即爲陷中國於萬劫不復之時・諺有之・既有今日・何必當初・人生幾何・造一次大罪孽・猶以爲未足從・忍又從而益之也・夫共和之建・曾幾何時・而謀推翻共和者・乃以共和元勳爲之主動・而其不識時務・猶稍致留戀於共和者・乃反在疇昔反對共和之人・天下怪事・蓋

莫過是・天下之可哀・又莫過是也・

今之論者則曰・與其共和而專制・孰若君主而立憲・夫立憲與非立憲・則政體之名詞也・共和與非共和・則國體之名詞也・吾儕平昔持論・只問政體・不問國體・故以爲政體誠能立憲・則無論國體爲君主爲共和・無一而不可也・政體而非立憲・則無論國體爲君主爲共和・無一而可也・國體與政體・本截然不相蒙・謂欲變更政體・而必須以變更國體爲手段・天下寧有此理論・而前此論者・謂君主決不能立憲・惟共和始能立憲・今茲論者・又謂共和決不能立憲・惟君主始能立憲・吾誠不知其據何種論理以自完其說也・今請先與論者確定立憲之界說・然後徐察其論旨之能否成立・所謂立憲者・豈非必有監督機關與執行機關相對峙・而政體之行使・常蒙若干之限制耶・所謂君主立憲者・豈非以君主無責任爲最大原則・以建設責任內閣爲必要條件耶・既認定此簡單之立憲界說・則更須假定一事實以爲論辯之根據・吾欲問論者以將來理想上之君主爲何人・更質言之・則其人爲今大總統耶・抑於今大總統以外而別熏丹穴・以求得之耶・如曰別求得其人也・則將置今大總統於何地・大總統盡瘁國事既久・苟自爲計者・豈不願速釋此重負・頤養林泉・試問我全國國民・能否容大總統以自逸・然則・將使大總統在虛君之下・而組織責任內閣耶・就令大總統以國爲重・肯降心相就・而以全國託命之身・當議會責任之衝・其危險又當何若・是故於今大總統以外・別求得君主・而謂君主立憲・即可實現・其說不能成立也・如曰即戴今大總統爲君主也・微論我大總統先自不肯承認也・就令大總統爲國家百年大計起見・甘自犧牲一切以徇民望・而我國民所要求於大總統者・豈希望其作一無責任之君主・夫無責任之君主・歐美人常比諸受豢之肥腯耳・優美崇高之裝飾品耳・以今日中國萬急之時局・是否宜以如此重要之人・投諸如此閑散之地・藉曰今大總統不妨爲無責任之君主也・而責任內閣之能否成立・能否適用・仍是一問題・非謂大總統不能容責任內閣生存於其下也・現在國中欲求具此才能資望之人足以代元首負此責者・吾竟苦未之見・蓋今日凡百艱鉅・非我大總統自當其衝・云誰能理・任擇一人而使之代大總統負責・微論其才力不逮也・而威令先自不行・昔之由內閣制而變爲總統制・蓋適應於時勢之要求・而起廢之良藥也・今後一兩年間之時勢・豈能有以大異於前・而謂國體一更・政制即可隨之翻然而改・非英雄欺人之言・即書生迂闊之論耳・是故假定今大總統肯爲君主・而謂君主立憲即可實現・其說亦不能成立也・

然則今之標立憲主義以爲國體論之護符者・除非其於立憲二字別有解釋・則吾不敢言・夫前清之末葉・則固自謂立憲矣・試問論者能承認否・且吾欲問論者挾何券約・敢保證國體一變之後・而憲政即可實行而無障・如其不然・則仍是單純之君主論・非君主立憲論也・既非君主立憲・則其爲君主專制・自無待言・不忍於共和之敝・而欲以君主專制代之・謂爲良圖・實所未解・今在共和國體之下・而暫行專制・其中有種種不得已之理由・犯衆謗以行之・尚能爲天下所共諒・今如論者所規畫・欲以立憲政體與君主國體爲交換條件・使其說果行・則當國體改定伊始・勢必且以實行立憲

宣示國民・宣示以後・萬一現今種種不得已之理由者依然存在・爲應彼時勢之要求起見・又不得不仍行專制・吾恐天下人遂不復能爲元首諒矣・夫外蒙立憲之名・而內行非立憲之實・此前清之所以崩頽也・詩曰・殷鑒不遠・在夏后之世・論者其念諸・

且論者如誠以希求立憲爲職志也・則曷爲在共和國體之下不能遂此希求・而必須行曲以假塗於君主・吾實惑之・吾以爲中國現在不能立憲之原因・蓋有多種・或緣夫地方之情勢・或緣夫當軸之心理・或緣夫人民之習慣與能力・然此諸原因者・非緣因行共和而始發生・即不能因非共和而遂消滅・例如上自元首・下及中外大小獨立官署之長官・皆有厭受法律束縛之心・常感自由應付爲便利・此即憲政一大障礙也・問此於國體之變不變有何關係也・例如人民絕無政治興味・絕無政治智識・其道德及能力・皆不能組織眞正之政黨以運用神聖之議會・此又憲政一大障礙也・問此於國體之變不變有何關係也・諸類此者・若令吾悉數之・將累數十事而不能盡・然皆不能能以之府罪於共和・甚章章也・而謂共和時代不能得者・一入君主時代即能得之・又謂君主時代能得者・共和時代決不能得之・以吾之愚・乃百思不得其解・吾以爲中國而思實行立憲乎・但求視新約法爲神聖・字字求其實行・而無或思遯於法外・一面設法多予人民以接近政治之機會・而毋或壅其智識・閼其能力・挫其興味・壞其節操・行之數年・效必立見・不此之務・而徒以現行國體爲病・此朱子所謂不能使船・嫌溪曲者也・

主張變更國體者最有力之論據・則謂當選舉總統時易生變亂・此誠有然・吾十年來不敢輕於附和共和則亦以此・論者如欲自伸其現時所主張・以駁詰我・吾勸其不必自行屬稿・不如轉錄吾舊著・較爲痛快詳盡也・今幸茲事既已得有比較的補救良法・蓋新頒之大總統選舉法・事實上已成爲終身總統制・則今大總統健在之日・此種危險問題自未由發生・所憂者・乃在今大總統千秋萬歲後事耳・夫此事則豈復國民所忍言・然人生血肉之軀・即上壽亦安能免・固無所容其忌諱・今請遂爲毋諱之言・吾以爲若天佑中國・今大總統能更爲我國盡瘁至十年以外・而於其間整飭紀綱・培養元氣・固結人心・消除隱患・自茲以往・君主可也・共和亦可也・若昊天不弔今大總統創業未半・而遽奪諸國民之手・則中國惟有糜爛而已・雖百變其國體・夫安有幸・是故將來中國亂與不亂・全視乎今大總統之壽命與其御宇期內之所設施・而國體無論爲君主爲共和・其結果殊無擇也・聞者猶有疑乎・請更窮極事理以質言之・夫君主共和之異・則亦在元首繼承法而已・此種繼承法・雖今元首在世時制定之・然必俟今元首即世時而始發生效力・至易見也・彼時所發生之效力・能否恰如所期・則其一當視前元首生前之功德威信能否及於身後・其二當視彼時有無梟雄跋扈之人・其人數之多寡・其所憑藉是否足以持異議・吾以爲立此標準以測將來・無論爲君主・爲共和・其結果常同一也・現行大總統選舉法・規定後任大總統應由前任大總統推薦・預出其名以藏諸石室金匱・使今大總統一面崇閎其功德而鞏固其威信・令國人心悅誠服・雖百世之後・猶尊重其遺令而不忍悖・一面默察將來易於釀亂之種子在何處・思所以預防而消弭之・其種

子存乎制度上耶・則改其制度・毋使爲野心家之資・其種子存乎人耶・則裁抑其人導之以正・善位置而保全之・毋使陷於不義・更一面愼擇可以付託大業之人・試以大任以養其望・假以實力以重其威・金匱中則以其名裒然居首・而隨舉不足重輕之二人以爲之副而已・如是則當啓匱投票之時・豈復有絲毫紛爭之餘地・代代總統能如是・雖行之數百年不敝可也・而不然者・則區區紙片上之皇室典範・抑何足恃・試歷覽古來帝王家之掌故・其陳尸在堂・稱戈在闕者・又何可勝數・從可知國家安危治亂之所伏・固別有在・而不在憲典形式上之共和君主明矣・論者盛引墨西哥之五總統爭立及中美・南美・葡萄牙之喪亂・以爲共和不如君主之鐵證・推其論旨・得毋謂此諸國者苟變其國體爲君主・而喪亂遂可以免也・吾且詰彼・彼爹亞士之統治墨西哥三十年矣・而今歲（按爲民國四年）始客死於外・使因總統繼承問題而致亂・則亂宜起於今年耳・若謂國體果爲君主斯可以毋亂・且使爹亞士當三十年前・而有如古德諾者以爲之提示・有如籌安會者以爲之鼓吹・而爹氏亦憬然從之・以制定其皇室典範・則墨人宜若可以長治久安・與天同壽矣・而豈知苟爾爾者・則彼之皇室典範未至發生效力時・彼自身先已遯荒於外・其皇室典範・猶廢紙也・夫及身猶不能免於亂・而謂死後恃一紙皇室典範可以已亂・五尺之童・有以知其不然矣・故墨西哥之必亂・無論爲共和爲君主・其結果同一也・所以者何・爹亞士假共和之名・行專制之實・在職三十年・不務培養國本・惟汲汲爲固位之計・擁兵自衞以劫持其民・又慮軍隊之驕橫・常挑間之使互相反目・以遂己之操縱・摧鋤異己・惟力是視・其對於愛國之士・或賄收以變其節・或暗殺以戕其生・又好鋪張門面・用財如泥・外則廣借外債・內則橫征暴斂・以至民窮財盡・無可控愬・吾當十年前嘗評爹氏爲並時無兩之怪傑・然固已謂彼死之後洪水必來・墨民將無噍類矣・由爹氏之道以長國家・幸而託於共和之名・猶得竊據三十年・易以君主・恐其亡更早矣・中美・南美諸國亦然・歷代總統皆以武力爲得位之階梯・故武力相尋無已時・共和不適・固不失爲致亂之一原因・若謂此爲唯一之原因・吾有以明其不然矣・若葡萄牙改共和後不免於亂・斯固然也・然彼非因亂又何以成共和・前此亂時・其國體非君主耶・謂共和必召亂・而君主即足以致治天下・寧有此論理・波斯非君主國耶・俄羅斯非君主國耶・試一翻其近數十年之歷史・不亂者能有幾稔・彼曾無選舉總統之事而亦如此・則何說也・我國五胡十六國五代十國之時・亦曾無選舉總統之事・而喪亂慘酷・一如墨・美・則又何說也・凡立論者徵引客觀之資料・不能專憑主觀的愛憎以爲去取・果爾者・不能欺人・徒自蔽耳・平心論之・無論何種國體・皆足以致治・皆足以致亂・治亂之大原・什九恆繫於政象而不繫於國體・而國體與國情不相應・則其導亂之機括較多且易・此無可爲諱也・故鄙人自始不敢妄倡共和・至今仍不敢迷信共和・與公等有同情也・顧不敢如公等之悍然主張變更國體者・吾數年來懷抱一種不能明言之隱痛深慟・常覺自辛亥壬子之交・鑄此一大錯・而中國前途之希望・所餘已復無幾・蓋既深感共和國體之難以圖存・又深感君主國體之難以規復・是用怵惕彷徨・憂傷憔悴・往往獨居深念・如發狂易・特以舉國人方皆心灰

梁啟超

意盡．吾何必更增益此種楚囚之態．故反每作壯語以相煦沫．然吾力已幾於不能自振矣．吾友徐佛蘇當五六年前常爲我言．謂中國勢不能不革命．革命勢不能不共和．共和勢不能不亡國．吾至今深味其言．欲求所以祓此妖讖者．而殊苦無術也．夫共和國體之難以圖存．公等當優能言之矣．吾又謂君主國體之難以規復者．則又何也．蓋君主之爲物．原賴歷史習俗上一種似魔非魔的觀念以保其尊嚴．此種尊嚴自能於無形中發生一種效力．直接間接以鎮福此國．君主之可貴．其必在此．雖然．尊嚴者不可褻者也．一度褻焉．而遂將不復能維持．譬諸范彫土木偶之曰神．舁諸閟殿．供諸華龕．羣相禮拜．靈應如響．忽有狂生拽倒而踐踏之．投諸溷牏．經旬無朕．雖復舁取以重入殿龕．而其靈則已渺矣．自古君主國體之國．其人民之對於君主．恆視爲一種神聖．於其地位不敢妄生言思擬議．若經一度共和之後．此種觀念遂如斷者之不可復續．試觀並世之共和國．其不患苦共和者有幾．而遂無一國焉能有術以脫共和之軛．就中惟法國共和以後帝政兩見．王政一見．然皆不轉瞬而覆也．則由共和復返於君主．其難可想也．我國共和之日雖曰尚淺乎．然醞釀之則既十餘年．實行之亦既四年．當其醞釀也．革命家醜詆君主．比諸惡魔．務以減殺人民之信仰．其尊嚴漸褻．然後革命之功乃克集也．而當國體驟變之際與既變之後．官府之文告．政黨之宣言．報章之言論．街巷之談說．道及君主．恆必以惡語冠之隨之．蓋尊神而入溷牏之日久矣．今微論規復之不易也．強爲規復．欲求疇昔尊嚴之效．豈可更得．復次．共和後規復君主．以舊王統復活爲勢最順．使前清而非有種族嫌疑．則英之查理．第二．法之路易第十八．原未嘗不可出現於我國．然滿洲則非其倫也．若新建之皇統．則非經若干年之艱難締構．功德在民．其克祈永命者希矣．是故吾數年來獨居深念．亦私謂中國若能復返於帝政．庶易以圖存而致強．而欲帝政之出現．惟有二途．其一．則今大總統內治修明之後．百廢具興．家給人足．整軍經武．嘗膽臥薪．遇有機緣．對外一戰而霸．功德巍巍．億兆敦迫．受茲大寶．傳諸無窮．其二．則經第二次大亂之後．全國鼎沸．羣雄割據．翦滅之餘．乃定於一．未使出於第二途耶．則吾儕何必作此祝禱．果其如此．中國之民無孑遺矣．而戡定之者．是否爲我族類．益不可知．是等於亡而已．獨至第一途．則今正以大有爲之人．居可有爲之勢．稍假歲月．可冀旋至而立有效．中國前途一線之希望．豈不在是耶．故以謂吾儕國民之在今日．最宜勿生事以重勞總統之廑慮．俾得專精壹慮．爲國家謀大興革．則吾儕最後最大之目的．庶幾有實現之一日．今年何年耶．今日何日耶．大難甫平．喘息未定．呑聲定盟．水旱癘蝗．災區徧國．嗷鴻在澤．伏莽在林．在昔哲后．正宜撤懸避殿之時．今獨何心．乃有上號勸進之舉．夫果未熟而摘之．實傷其根．孕未滿而催之．實戕其母．吾疇昔所言中國前途一線之希望．萬一以非時之故．而從茲一蹶．則倡論之人．雖九死何以謝天下．願公等愼思之．

詩曰．「民亦勞止．汔可小息．」自辛亥八月迄今．未盈四年．忽而滿洲立憲．忽而五族共和．忽而臨時總統．忽而正式總統．忽而制定約法．忽而修改約法．忽而召集國會・忽而解散國會・忽而內閣制・忽而總統制・忽而任期總統・忽而終身總統・忽而以約法暫代憲法・忽而催促制定憲法・大抵一制度之頒・行之平均不盈半年・旋即有反對之新制度起而摧翻之・使全國民彷徨迷惑・莫知適從・政府威信掃地盡矣・今日對內對外之要圖・其可以論列者・不知凡幾・公等欲盡將順匡救之職・何事不足以自效・何苦無風鼓浪・興妖作怪・徒淆民視聽而詒國家以無窮之戚也・

吾言幾盡矣・惟更有一二義宜爲公等忠告者・公等主張君主國體・其心目中之將來君主爲誰氏・不能不求公等質言之・若欲求諸今大總統以外耶・則今大總統朝甫息肩・中國國家暮即屬纊・以公等之明・豈其見不及此・見及此而猶作此陰謀・寧非有深仇積恨於國家・必絕其命而始快・此四萬萬人所宜共誅也・若即欲求諸今大總統耶・今大總統即位宣誓之語・上以告皇天后土・下則中外含生之儔實共聞之・年來浮議漸興・而大總統偶有所聞・輒義形於色・謂無論若何敦迫・終不肯以奪志・此凡百僚從容瞻覲者所常習聞・即鄙人固亦歷歷在耳・而馮華甫（國璋）上將且爲余述其所受誥語・謂已備數椽之室於英倫・若國民終不見舍・行將以彼土作汶上由此以談・則今大總統之決心・可共見也・公等豈其漫無所聞・乃無端而議此非常之舉耶・設念及此・則侮辱大總統之罪・又豈擢髮可數・此亦四萬萬人所宜共誅也・

復次公等曾否讀約法・曾否讀暫行刑律・曾否讀結社集會法・曾否讀報律・曾否讀一年來大總統關於淆亂國體懲儆之各申令・公等又曾否知爲國民者應有恪遵憲典法令之義務・乃公然在輦轂之下・號召徒衆・煽動革命・（凡謀變更國體則謂之革命・此政治學之通義也）執法者憚其貴近・莫敢誰何・而公等乃益白晝橫行・無復忌憚・公等所籌將來之治安如何・吾不敢知・而目前之紀綱・則既被公等破壞盡矣・如曰無紀綱而可以爲國也・吾復何言・如其否也・則請公等有以語我・且吾更有願爲公等進一解者・公等之倡此議・其不願徒託諸空言甚明也・其必且希望所主張者能實見施行・更申言之・則希望其所理想之君主國體一度建設・則基業永固・傳諸無窮也・夫此基業果遵何道始能永固以傳諸無窮・其必自國家機關令出惟行・朝野上下守法如命・今當開國承家伊始・而首假塗於犯法之舉動以爲資・譬諸欲娶婦者・橫挑人家閨闥・以遂苟合・曰但求事成・而節操可毋沾沾也・則其既爲吾婦之後・又有何詞以責其不貞者・今在共和國體之下・而曰可以明目張膽集會結社以圖推翻共和・則他日在君主國體之下・又曷爲不可以明目張膽集會結社以圖推翻君主・使其時復有其他之博士提示別種學說・有其他之團體希圖別種活動・不知何以待之・詩曰・「毋教猱升木・如塗塗附・」謀國者出此・其不智不亦甚耶・孟子曰・君子創業垂統・爲可繼也・以不可繼者詔示將來・其不祥不亦甚耶・昔干令升作晉紀總論・推原司馬氏喪亂之由・而歎其創基植本異於三代・陶淵明之詩亦曰・本不植高原・今日復何悔・嗚呼・吾觀於今茲之事・而隱憂乃無極也・

（附言）吾作此文既成後・得所謂籌安會者寄示楊度氏所著「君憲救國論」・偶一翻閱・見其中有數語云・「蓋立憲者・國家有一定之法的・自元首以及國人・皆不能爲法律外之行動・賢者不能逾法律而爲善・不肖者亦不能逾法律而

爲惡・」深歎其於立憲精義・能一語道破・惟吾欲問楊氏所長之籌安會・爲法律內之行動耶・抑法律外之行動耶・楊氏賢者也・或能自信非踰法律以爲惡・然得毋已踰法律以爲善耶・嗚呼・以昌言君憲之人而行動若此・其所謂君憲者・從可想耳・而君憲之前途・亦從可想耳・

孟子曰・「予豈好辯哉・予不得已也・」以生平只問政體不問國體如鄙人者・曷爲當前此公等第一次主張變更國體時而嘵嘵取厭・當今日公等第二次主張變更國體時而復嘵嘵取厭・夫變更政體・則進化的現象也・而變更國體・則革命的現象也・進化之軌道・恆繼之以進化・而革命之軌道・恆繼之以革命・此徵諸學理有然・徵諸各國前事・亦什九皆然也・是故凡謀國者必憚言革命・而鄙人則無論何時・皆反對革命・今日反對公等之君主革命論・與前此反對公等之共和革命論・同斯職志也・良以中國今日當元氣彫敝・汲汲顧影之時・竭力栽之・猶懼不培・並日理之・猶懼不給・豈可復將人才日力耗諸無用之地・日擾擾於無足重輕之國體・而阻滯政體改革之進行・徒阻滯進行・猶可言也・乃使舉國人心皇皇・共疑駭於此種翻雲覆雨之局・不知何時焉而始能稅駕・則其無形中之斵喪・所損失云何能量・詩曰・嗟我兄弟・邦人諸友・莫肯念亂・誰無父母・嗚呼・論者其念之哉・其念之哉・

或曰・革命者事實之不得已也・天下惟已成之事實爲不可抗・吾子疇昔抗之不已以自取僇辱・今何必復爾爾者・惟然・吾固知之・然使吾捐棄吾良心之所主張・吾之受性・實有所不能・故明知其無益焉・而不能以自已也・屈原賫志於汨羅・而賈生損年於墮馬・問其何以然・恐非惟不能喻於人・抑亦不自喻也・吾昔曾有詩云・「十年以後當思我・舉國猶狂欲語誰・」吾生平之言亦多矣・大抵言之經十年之後・未有不繫人懷思者・然非至十年以後・則終無道以獲國人之傾聽・其爲吾之不幸耶・其爲國家之不幸耶・嗚呼・吾願自今十年之後・國人毋復思吾今日之言・則國家無疆之休焉耳・

論正統

中國史家之謬・未有過於言正統者也・言正統者・以爲天下不可一日無君也・於是乎有統・又以爲天無二日・民無二王也・於是乎有正統・統之云者・殆謂天所立而民所宗也・正之云者・殆謂一爲眞而餘爲僞也・千餘年來・陋儒斷斷於此事・攘臂張目・筆鬬舌戰・支離蔓衍・不可窮詰・一言蔽之曰・自爲奴隸根性所束縛・而復以煽後人之奴隸根性而已・是不可以不辯・

統字之名詞何自起乎・殆濫觴於春秋・春秋公羊傳曰・何言乎王正月・大一統也・此即後儒論正統者所援爲依據也・庸詎知春秋所謂大一統者・對於三統而言・春秋之大義非一・而通三統實爲其要端・通三統者・正以明天下爲天下人之天下・而非一姓之所得私有・與後儒所謂統者・其本義既適相反對矣・故末統之云者・始於霸者之私天下・而又懼民之不吾認也・乃爲是說以箝制之曰・此天之所以與我者・吾生而有特別之權利・非他人所能幾也・因文其說曰・亶聰明・作父母・曰・辨上下・定民志・統之既立・然後任其作

威作福・恣睢蠻野・而不得謂之不義・而人民之稍强立不撓者・乃得坐之以不忠不敬大逆無道諸惡名・以鋤之摧之・此統之名所由立也・記曰・得乎丘民而爲天子・若是乎・無統則已・苟其有統・則創垂之而繼續之者・舍斯民而奚屬哉・故泰西之良史・皆以叙述一國國民系統之所由來・及其發達進步盛衰興亡之原因結果爲主・誠以民有統而君無統也・藉曰君而有統也・則不過一家之譜牒・一人之傳記・而非可以冒全史之名・而安勞史家之嘵嘵爭論也・然則・以國之統而屬諸君・則固已舉全國之人民・視同無物・而國民之資格・所以永墜九淵而不克自拔・皆此一義之爲誤也・故不掃君統之謬見・而欲以作史・史雖充棟・徒爲生民毒耳・

統之義已謬・而正與不正・更何足云・雖然・亦既有是說矣・其說且深中於人心矣・則辯而闢之・固非得已・正統之辨・昉於晋而盛於宋・朱子通鑑綱目所推定者・則秦也・漢也・東漢也・蜀漢也・晋也・東晋也・宋・齊・梁・陳也・隋也・唐也・後梁・後唐・後漢・後晋・後周也・本朝乾隆間御批通鑑從而續之・則宋也・南宋也・元也・明也・清也・所謂正統者・如是如是・而其所據爲理論・以衡量夫正不正者・約有六事・

一曰・以得地之多寡而定其正不正也・凡混一宇內者・無論其爲何等人・而皆奉之以正・如晋・元・等是・

二曰・以據位之久暫・而定其正不正也・雖混一宇內・而享之不久者・皆謂之不正・如項羽・王莽等是・

三曰・以前代之血胤爲正・而其餘皆爲僞也・如蜀漢・東晋・南宋・等是・

四曰・以前代之舊都所在爲正・而其餘皆爲僞也・如因漢而正魏・因唐而正後梁・後唐・後晋・後漢・後周等是・

五曰・以後代之所承者所自出者爲正・而其餘爲僞也・如因唐而正隋・因宋而正周等是・

六曰・以中國種族爲正・而其餘爲僞也・如宋・齊・梁・陳等是・

此六者・互相矛盾・通於此則窒於彼・通於彼則窒於此・而據朱子綱目及通鑑輯覽等所定・則前後互歧・進退失據・無一而可焉・請窮詰之・夫以得地之多寡而定・則混一者固莫與爭矣・其不能混一者・自當以最多者爲最正・則苻秦盛時・南至邛僰・東抵淮泗・西極西域・北盡大磧・視司馬氏版圖過之數倍・而宋金交爭時代・金之幅員・亦有天下三分之二・而果誰爲正而誰爲僞也・如以據位之久暫而定・則如漢唐等之數百年・不必論矣・若夫拓跋氏之祚・迴軼於宋齊梁陳・錢鏐・劉隱之系・遠過於梁・唐・晋・漢・周・而西夏李氏・乃始唐乾符・終宋寶慶・凡三百五十餘年・幾與漢・唐埒・地亦廣袤萬里・又誰爲正而誰爲僞也・如以前代之血胤而定・則杞宋當二日並出・而周不可不退處於篡僭・而明李槃以宇文氏所臣屬之蕭巋爲篡賊・蕭衍延苟全之性命而使之統陳・以沙陀夷族之朱邪存勖・不知所出之徐知誥冒李唐之宗・而使之統分據之天下者・將爲特識矣・而順治十八年間・故明弘光・隆武・永曆・尚存正朔・而視同閏位・何也・而果誰爲正而誰爲僞也・如以前代舊都所在而定・則劉・石・慕容・苻・姚・赫連・拓跋所得之土・皆五帝三王之故宅也・女眞所撫之衆・皆漢唐之遺民也・而又誰

梁啟超

爲正誰爲僞也・如以後代所承所自出者爲正・則晋既正矣・而晋所自出之魏・何以不正・前既正蜀・而後復正晋・晋自篡魏・豈承漢而興邪・唐既正矣・且因唐而正隋矣・而隋所自出之宇文・宇文所自出之拓跋・何以不正・前正陳而後正隋・隋豈因滅陳而始有帝號邪・又烏知夫誰爲正而誰爲僞也・若夫以中國之種族而定・則誠愛國之公理・民族之精神・雖迷於統之義・而猶不悖於正之名也・而惜乎數千年未有持此以爲鵠者也・李存勖・石敬瑭・劉智遠・以沙陀三小族・竊一掌之地・而靦然奉爲共主・自宋至明百年間・黄帝子孫・無尺寸土・而史家所謂正統者・仍不絕如故也・而果誰爲正而誰爲僞也・於是乎・而持正統論者・果無説以自完矣・

大抵正統之説之所以起者・有二原因・其一・則當代君臣・自私本國也・溫公所謂「宋魏以降・各有國史・互相排黜・南謂北爲索虜・北謂南爲島夷・朱氏代唐・四方幅裂・朱邪入汴・比之窮新・（原注・唐莊宗自以爲繼唐・比朱梁於有窮篡夏・新室篡漢）運歷年紀・棄而不數・此皆私己之偏辭・非大公之通論也・（資治通鑑卷六十九）誠知言矣・自古正統之爭・莫多於蜀魏問題・主都邑者以魏爲眞人・主血胤者以蜀爲宗子・而其議論之變遷・恒緣當時之境遇・陳壽主魏・習鑿齒主蜀・壽生西晋・而鑿齒東晋也・西晋踞舊都・而上有所受・苟不主都邑説・則晋爲僭矣・故壽之正魏・凡以正晋也・鑿齒時・則晋既南渡・苟不主血胤説・而仍沿都邑・則劉・石・苻・姚正・而晋爲僭矣・鑿齒之正蜀・凡亦以正晋也・其後溫公主魏・而朱子主蜀・溫公生北宋・而朱子南宋也・宋之篡周宅汴・與晋之篡魏宅許者同源・溫公之主都邑説也・正魏也・凡以正宋也・南渡之宋與江東之晋同病・朱子之主血胤説也・正蜀也・凡亦以正宋也・蓋未有非爲時君計者也・至如五代之亦靦然目爲正統也・更宋人之讏言也・彼五代抑何足以稱代・朱溫盜也・李存勖・石敬塘・劉智遠沙陀犬羊之長也・溫可代唐・則侯景李全可代宋也・沙陀三族可代中華之主・則劉聰・石虎可代晋也・郭威非夷非盜・差近正矣・而以黥卒乍起・功業無聞・乘人孤寡・奪其穴以篡立・以視陳霸先之能平寇亂・猶奴隸耳・而況彼五人者・所掠之地・不及禹域二十分之一・所享之祚・合計僅五十二年・而顧可以聖仁・神武・某祖・某皇帝之名奉之乎・其奉之也・則自宋人始也・宋之得天下也不正・推柴氏以爲所自受・因而溯之・許朱溫以代唐・而五代之名立焉（以上採王船山説）・其正五代也・凡亦以正宋也・至於本朝・以異域龍興・入主中夏・與遼・金・元前事相類・故順治二年三月・議歷代帝王祀典・禮部上言・謂遼則宋曾納貢・金則宋嘗稱姪・帝王廟祀・似不得遺・駸駸乎欲僞宋而正遼・金矣・後雖憚於清議・未敢悍然・然卒增祀遼太祖・太宗・景宗・聖宗・興宗・道宗・金太祖・太宗・世宗・章宗・宣宗・哀宗・其後復增祀元魏道武帝・明帝・孝武帝・文成帝・獻文帝・孝文帝・宣武帝・孝明帝・豈所謂兔死狐悲・惡傷其類者耶・由此言之・凡數千年來嘵嘵於正不正・僞不僞之辯者・皆當時之霸者與夫霸者之奴隸・緣飾附會・以保其一姓私產之謀耳・而時過境遷之後・作史者猶慷他人之慨・斷斷焉辯得失於鷄蟲・吾不知其何爲

也。

其二。由於陋儒誤解經義。煽揚奴性也。陋儒之說。以爲帝王者聖神也。陋儒之意。以爲一國之大。不可以一時而無一聖神焉者。又不可以同時而有兩聖神焉者。當其無聖神也。則無論爲亂臣。爲賊子。爲大盜。爲狗偷。爲仇讎。爲夷狄。而必取一人一姓焉。偶像而尸祝之曰。此聖神也。此聖神也。當其多聖神也。則於羣聖。羣神之中。而探鬮焉。而置碁焉。擇取其一人一姓而膜拜之曰。此乃眞聖神也。而其餘皆亂臣。賊子。大盜。狗偷。仇讎。夷狄也。不寧惟是。同一人也。甲書稱之爲亂賊。偷盜。仇讎。夷狄。而乙書則稱之爲神聖焉。甚者同一人也。同一書也。而今日稱之爲亂賊。偷盜。仇讎。夷狄。明日則稱之爲神聖焉。夫聖神自聖神。亂賊自亂賊。偷盜自偷盜。夷狄自夷狄。其人格之相去。不可以道里計。一望而知。無能相混者也。亦斷未有一人之身。而能兼兩途者也。異哉此至顯至淺至通行至平正之方人術。而獨不可以施諸帝王也。諺曰。成即爲王。敗即爲寇。此眞持正統論之史家所奉爲月旦法門者也。夫衆所歸往謂之王。竊奪殃民謂之寇。既王矣。無論如何變相。而必不能墮而爲寇。既寇矣。無論如何變相。而必不能昇而爲王。未有能相印焉者也。如美人之抗英而獨立也。王也。非寇也。此其成者也。即不成焉。如菲律賓之抗美。波亞之抗英。未聞有能目之爲寇者也。元人之侵日本。寇也。非王也。此其敗者也。即不敗焉。如蒙古蹂躪俄羅斯。握其主權者數百年。未聞有肯認之爲王者也。中國不然。兀朮也。完顏亮也。在宋史則謂之爲賊爲虜爲仇。在金史則某祖某皇帝矣。而兩皆成於中國人之手。同列正史也。而「諸葛亮入寇」。「丞相出師」等之差異。更無論也。朱溫也。燕王棣也。始而曰叛。曰盜。忽然而某祖皇帝矣。而曹丕。司馬炎之由名而公。由公而王。由王而帝。更無論也。準此以談。吾不能不爲匈奴冒頓。突厥頡利之徒悲也。吾不能不爲漢吳楚七國。淮南王安。晉八王。明宸濠之徒悲也。吾不能不爲上官桀。董卓。桓溫。蘇峻。侯景。安祿山。朱泚。吳三桂之徒悲也。吾不得不爲陳涉。吳廣。新市。平林。銅馬。赤眉。黃巾。竇建德。王世充。黃巢。張士誠。陳友諒。張獻忠。李自成。洪秀全之徒悲也。彼其與聖神相去不能以寸耳。使其稍有天幸。能於百尺竿頭。進此一步。何患乎千百年後贍才博學。正言讜論。倡天經。明地義之史家。不奉以「承天廣運。聖德神功。肇紀立極。欽明文思。睿哲顯武。端毅弘文。寬裕中和。大成定業。太祖高皇帝」之徽號。而有腹誹者。則曰大不敬。有指斥者。則曰大逆不道也。此非吾過激之言也。試思朱元璋之德。何如竇建德。蕭衍之才。何如王莽。趙匡胤之功。何如項羽。李存勖之强。何如冒頓。楊堅傳國之久。何如李元昊。朱溫略地之廣。何如洪秀全。而皆於數千年歷史上巍巍然聖矣神矣。吾無以名之。名之曰。幸不幸而已。若是乎。史也者。賭博耳。兒戲耳。鬼蜮之府耳。勢利之林耳。以是爲史。安得不率天下而禽獸也。而陋儒猶囂囂然曰。此天之經也。地之義也。人之倫也。國之本也。民之坊也。吾不得不深惡痛絕夫陋儒之毒天下如是其甚也。

然則不論正統則亦已耳。苟論正統。吾敢翻數千年之案而昌言曰・自周秦以後・無一朝能當此名者也・第一・夷狄不可以爲統・則胡元及沙阮三小族・在所必擯・而後魏・北齊・北周・契丹・女眞・更無論矣・第二・篡奪不可以爲統・則魏・晋・宋・齊・梁・陳・北齊・北周・隋・後周・宋・在所必擯・而唐亦不能免矣・第三・盜賊不可以爲統・則後梁與明在所必擯・而漢亦如唯之與阿矣・然則正統當於何求之・曰・統也者・在國非在君也・在衆人非在一人也・舍國而求諸君・舍衆人而求諸一人・必無統之可言・更無正之可言・必不獲已者・則如英・德・日本等立憲君主之國・以憲法而定君位繼承之律・其即位也・以敬守憲法之語誓於大衆・而民亦公認之・若是者・其猶不謬於得邱民爲天子之義・而於正統庶乎近矣・雖然・吾中國數千年歷史上・何處有此・然猶斷斷於百步五十步之間・而曰統不統正不正・吾不得不憐其愚・惡其妄也・後有良史乎・盍於我國民系統盛衰・强弱・主奴之間・三致意焉爾・

論書法

新史氏曰・吾壹不解夫中國之史家・何以以書法爲獨一無二之天職也・吾壹不解夫中國之史家・何以以書法爲獨一無二之能事也・吾壹不解夫中國之史家・果據何主義以衡量天下古今事物・而敢囂囂然以書法自鳴也・史家之言曰・書法者・本春秋之義・所以明正邪・別善惡・操斧鉞權・褒貶百代者也・書法善・則爲良史・反是・則爲穢史・嘻・此譽言也・春秋之書法・非所以褒貶也・夫古人往矣・其人與骨皆已朽矣・孔子豈其不憚煩・而一一取而褒貶之・春秋之作・孔子所以改制而自發表其政見也・生於言論不自由時代・政見不可以直接發表・故爲之符號標識焉以代之・書尹氏卒・非貶尹氏也・借尹氏以譏世卿也・書仲孫忌帥師圍運・非貶仲孫忌也・借仲孫忌以譏二名也・此等符號標識・後世謂之書法・惟春秋可以有書法・春秋經也・非史也・明義也・非記事也・使春秋而史也・而記事也・則天下不完全無條理之史・孰有過於春秋者乎・後人初不解春秋之爲何物・胸中曾無一主義・摭拾一二斷爛朝報・而規規然學春秋・天下之不自量・孰此甚也・吾敢斷言曰・有春秋之志者・可以言書法・無春秋之志者・不可以言書法・

問者曰・書法以明功罪・別君子小人・亦使後人有所鑒焉・子何絕之甚・曰・是固然也・雖然・史也者・非紀一人一姓之事也・將以一述民族之運動變遷進化墮落・而明其原因結果也・故善爲史者・必無暇斷斷焉褒貶一二人・亦決不肯斷斷焉褒貶一二人・何也・褒貶一二人・是專科功罪於此一二人・而爲衆人卸其責任也・上之啓梟雄私天下之心・下之墮齊民尊人格之念・非史家所宜出也・吾以爲一民族之進化墮落・其原因決不在一二人・以爲可褒則宜俱褒・以爲可貶則宜俱貶・而中國史家・只知有一私人之善焉惡焉功焉罪焉・而不知有一團體之善焉惡焉功焉罪焉・以此牖民・此羣治所以終不進也・吾非謂書法褒貶之必可厭・吾特厭夫作史者以爲舍書法褒貶外・無天職無能事也・

今之談國事者・輒曰恨某樞臣病國・恨某疆臣殃民・推其意・若以爲但能屏逐此一二人・而吾國之治即可與歐美最文明國相等者然・此實爲舊史家謬說所迷也・吾見夫今日學

國之官吏士民．其見識與彼一二人者相伯仲也．其意氣相伯仲也．其道德相伯仲也．其才能相伯仲也．先有無量數病國殃民之人物．而彼一二人乃乘時而出焉．偶爲其同類之代表而已．一二人之代表去．而百千萬億之代表者．方且比肩而立．接踵而來．不植其本．不淸其源．而惟視進退於一二人．其有濟乎．其無濟乎．乃舉國之人．莫或自譏自貶．而惟譏貶此一二人．吾不能不爲一二人呼冤也．史也者．求有益於羣治也．以此爲天職爲能事．問能於羣治有絲毫之影響焉否也．

且舊史家所謂功罪善惡．亦何足以爲功罪善惡．彼其所紀載．不外君主與其臣妾交涉之事．大率一切行誼．有利於時君者則謂之功．謂之善．反是者則謂之罪．謂之惡．其最所表彰者．則死節之臣也．其最所痛絕者．叛逆及事二姓者也．夫君子何嘗不貴死節．雖然．古人亦有言．君爲社稷死則死之．爲社稷亡則亡之．苟爲己死而爲己亡．非其親暱．誰敢任之．若是乎．死節之所以可貴者．在死國．非在死君也．試觀二十四史所謂忠臣．其能合此資格者幾何人也．事二姓者．一奴隸之不足．而再奴隸焉．其無廉恥不待論也．亦有辯焉．使其有救天下之志．而欲憑藉以行其道也．則佛肸召而子欲往矣．公山召而子欲往矣．伊尹且五就湯而五就桀矣．未見其足以爲聖人病也．苟不爾者．則持祿保位富貴驕人以終身於一姓之朝．安用此斗量車載之忠臣爲也．綱目書「莽大夫揚雄死」．後世言書法者所最津津樂道也．吾以爲揚雄之爲人．自無足取耳．若其人格之價值．固不得以事莽不事莽爲優劣也．新莽之治．與季漢之治．則何擇焉．等是民賊也．而必大爲鴻溝以劃之曰．事此賊者忠義也．事彼賊者奸佞也．吾不知其何據也．雄之在漢．未嘗得政．未嘗立朝．即以舊史家之論理律之．其視魏徵之事唐．罪固可末減焉矣．而雄獨蒙此大不韙之名．豈有他哉．李世民幸．而王莽不幸．故魏徵幸．而揚雄不幸而已．吾非欲爲儇薄卑靡之揚雄訟冤．顧吾見夫操斧鉞權之最有名者．其衡量人物之論據．不過如是．吾有以見史家之與人羣渺不相涉也．至於叛逆云者．吾不知泗上之亭長．何以異於漁陽之戍卒．晉陽之唐公．何以異於宸濠之親藩．陳橋之檢點．何以異於離石之校尉．乃一則夷三族而復被大憝之名．一則履九五而遂享神聖之號．天下豈有正義哉．惟權力是視而已．其間稍有公論者．則犯顏死諫之臣時或表彰之是已．雖然．然所謂敢諫者．亦大率爲一姓私事十之九．而爲國民公義者十之一．即有一二．而史家之表彰之者．亦必不能如是其力也．嘻．吾知其故矣．霸者之所最欲者．則臣妾之爲之死節也．其次則匡正其子孫之失德而保其祚也．所最惡者．臣妾之背之而事他人也．其尤甚者．則發難而與己爲敵也．故其一賞一罰．皆以此爲衡．漢高豈有德於雍齒而封之．豈有憾於丁公而殺之．所謂爲人婦則欲其和我．爲我婦則欲其爲我詈人耳．而彼等又知夫人類有尙名譽之性質．僅以及身之賞罰而不足以懲勸也．於是鼎革之後．輒命其臣妾修前代之史．持此衡準以賞罰前代之人．因以示彼羣臣羣妾曰．爾其效此．爾其毋效彼．此霸者最險最黠之術也．當崇禎．順治之交．使無一洪承疇．則本朝何以有今日．使多一史可法．則本朝又何以有今日．而洪則爲國史貳臣傳之首．史則爲明史忠烈傳之魁矣·夫以此兩途判別洪史之人格·夫誰曰不宜·顧吾獨不許夫霸者之利用此以自固而愚民也·問二千年來史家之書法·其有一字非爲霸者效死力乎·無有也·霸者固有所爲而爲之·吾無責焉·獨不解乎以名山大業自期者·果何德於彼·而必以全力爲之擁護也·故使克林威爾生活於中國·吾知其必與趙高·董卓同詬·使梅特涅生於中國·吾知其必與武鄉·汾陽齊名·何也·中國史家書法之性習則然也·吾非謂史之可以廢書法·顧吾以爲書法者·當如布爾特奇之（英雄傳），以悲壯淋漓之筆·寫古人之性行事業·使百世之下·聞其風者·贊歎舞蹈·頑廉懦立·剌激其精神血淚·以養成活氣之人物·而必不可妄學春秋·侈袞鉞於一字二字之間·使後之讀者·加注釋數千言·猶不能識其命意之所在·吾以爲書法者·當如吉朋之（羅馬史）·以偉大高尚之理想·褒貶一民族全體之性質·若者爲優·若者爲劣·某時代以何原因而獲强盛·某時代以何原因而致衰亡·使後起之民族讀焉·而因以自鑑曰·吾儕宜爾·吾儕宜毋爾·世必不可專奬勵一姓之家奴走狗·與夫一二矯情畸行·陷後人於狹隘偏枯的道德之域·而無復發揚蹈厲之氣·君不讀龍門（史記）乎·史公雖非作史之極軌·至其爲中國史家之鼻祖·盡人所同認矣·史記之書法也·豈嘗有如廬陵之（新五代史）·晦菴之（通鑑綱目）·咬文嚼字·矜愚飾智·斷斷於緦小功之察·而問無齒決者哉·

世界史上廣東之位置

梁啟超

頃編國史·汎濫羣籍·隨手感觸·條緒棼如·因推尋東西交通之跡剌取研究所得之一部分以成斯篇·其參考書類·除中國古籍外·取資最多者·則德國哈士氏 Hirth 所著（中國通考）(Chinesische Studien) 哈氏爲現今西人研究中國史第一流之學者·在紐約哥倫比亞大學爲教授·吾游美時·曾與相見·彼出名剌相示·譯其名·作「夏德」二字·蓋粵音也·其室藏中國古籍及名畫等極多·日本坪井九馬三氏所著「史學研究法·」齋藤阿具氏所著「西方東侵史·」高楠順次郎氏所著「佛領印度支那·」及「史學雜誌」內白島庫吉氏·中村久四郎氏·石橋五郎氏·數篇之論文也·謹弁數言·以表謝意·

著者識

（一）中國史上廣東之位置與世界上廣東之位置

廣東一地·在中國史上可謂無絲毫之價值者也·自百年以前·未嘗出一非常之人物·可以爲一國之輕重（如六祖慧能及袁督師雖爲歷史上有關係之人物然視他省偉人其性質固有間）未嘗有人焉以其他爲主動·使全國生出絕大之影響·（晉孫恩盧循雖根據廣東以擾中原其影響不甚大唐黃巢雖用廣東究不以爲根據地也）崎嶇嶺表·朝廷以羈縻視之·而廣東亦若自外於國中·故就國史上觀察廣東·則雞肋而已·雖然·還觀世界史之方面·考各民族競爭交通之大勢·則全地最重要之地點僅十數·而廣東與居一焉·斯亦奇也·

（二）東西交通海陸二孔道

古代東西交通之孔道有二·其一曰北方陸路·由小亞西亞經帕米爾高原下塔木里河從新疆甘肅諸地入中國者·其二曰南方海路·由波斯灣亞剌伯海經印度洋從廣東以入中國

者・此兩道迭爲盛衰・而漢唐以還・海道日占優勢・

北方陸路・其起原當甚古・蓋我族遷徙・本自西徂東・炎黃以前・其往還・或極盛未可知・自有成文史以後・（春秋以前吾假名之爲不文史以後則成文史也）則西漢張博望通西域一役・實爲東亞兩文明接觸之導線・博望之跡・雖未越地中海・然中亞諸國・間接以爲之媒介・其影響所被蓋甚廣・如葡萄苜蓿胡・桃安石榴等諸植物・皆由希臘傳來・其名稱皆譯希臘音・班班可徵・當時我國輸出品之大宗曰絲絹・其銷場廣及於羅馬・羅馬國中・至金絹同重同價・其末葉之生計界・因此蒙非常損害・此西史所明著也・此爲東西交通之最初期・迨東漢而海道始發達・

㈢ 南路海道之初開通

後漢桓帝延熹九年・大秦王安敦遣使自日南徼外獻象牙犀角瑇瑁・（後漢書西域列傳）是爲羅馬直接通中國第一次・實西紀一六六年也・吳黃武五年・有大秦賈人宗秦論・來至交趾・交趾太守吳邈遣送詣孫權・（梁書諸夷列傳）是爲羅馬直接通中國第二次・實西紀二二七年・考東漢吳交趾太守皆治番禺・所領地兼今之兩粵安南・秦使所之地・爲今越南・爲今廣州・不能遽斷・要之廣州當時已有市舶之跡則無疑也・（南方草木狀云耶悉茗花末利花皆胡人自西國移植於南海耶悉茗即Jasmine素馨科之一種實羅馬舊植云）其時交通孔道・忽自陸而移諸海者・原因有三・㈠前此東西兩大國・一漢一羅馬・皆極全盛・聲威遠播・自班氏父子・（超及子勇）既沒・漢威不復振於中亞・而羅馬自西曆第三世紀以還・亦無力經略亞洲・葱嶺以西諸地・復爲野蠻未開人所占踞・展轉遷移・道路互塞・㈠前此絲絹轉運・多由波斯・及羅馬帝安的尼莎時・（西紀一六一至一八〇年）與波斯搆兵・商業大蒙損害・而小亞細亞全部・疫癘時行・百業益以不振・㈢前此東西商務・經波斯人與敍亞人兩重媒介・波販諸東・敍販諸西・至是敍利亞人勢力日隆・欲直接握東西之衝・以廣其利・毋爲波人壟斷・時敍利亞海運業正極發達・故思於陸路以外・更求航路・廣東位置・所以驟變・實基於此・

㈣ 廣東交通發達期

顏氏斯綜南洋蠡測云・「新嘉坡有華人墳墓・碑載梁朝年號・是華人旅此者・實始六朝・」今按法人黎柱荷芬所著支那交通史云・「西曆第一世紀之後半・西亞細亞海舶・始至交趾・凡二百年間・繼續航行・至第三世紀中葉・支那商船漸次西向・由廣州達檳榔嶼・Penang 至第四世紀・漸達錫蘭・The island of Cylon 第五世紀・更由希拉 Hira 以達亞丁・Aden 終乃在波斯及米梭必達迷亞・Mesopotamia 獨占商權・至第七世紀末・而阿剌伯人始與之代興・」據此・則我粵人握東西交通之海運權者・垂五百餘年・稽其時代・則晋五胡苻秦極盛時・迄唐天寶安史亂後也・黎氏所據・爲第八世紀亞剌伯人古旅行記・謂當時波斯灣阿剌伯海・華人帆檣如織・所述定當不謬・而主動者實廣東人・其時印度高僧求那跋摩・金剛智・達摩・諸大師來我國・皆自海道・而法顯三藏之探險於印度・其往也遵陸經葱嶺・其返也遵海經廣州・所乘當亦皆華船也・由此推之・當時我華人殖民力・必已隨商業以漲於海外・新嘉坡之既有華人置田廬長子孫焉・毫無足怪者・

（附言）據黎氏所述・則當千餘年前・我國海運力・直

梁啟超

逼歐境・使無蘇彝士地峽之閡隔・則吾方以全歐爲市場矣・先民精力・可勝崇拜・今當大地比鄰之時・而我反無片帆影及於海外・我祖宗何取此不才子爲也・一歎・

當時與我競海運業者・惟波斯人・蓋東行航路・本由敍利亞人所發見・及敍利亞既衰・而波斯沿襲之・棄陸行之紆迴・取水道之利便・證以義淨之南海寄歸傳及求法高僧傳中之玄逵法師傳等・則所乘多屬波斯船也・時則西方輸入之琉璃・最爲我國人所寶・隋大業間・嘗招致大月氏國之琉璃工人於廣東・欲試仿造・而成功不如其所期・雖然・緣此而別生一巨結果焉・蓋采其術以加精製於陶器・遂爲中國一名產・數千年專大利於世界之市場・即食此役之賜也・（附言）此說見中村氏所著東西文明交通說・彼不引原書不知其所出・也（又）玻璃一物於泰西文明之進步甚有關係・蓋化學非有此物不能成立・我國當時仿造之失敗・實千古遺憾也・然先民之苦心於藝學可見一斑矣・其時西人緣此航路之開通・漸悟地員之理・著名地學家皮特廉馬・Ptolemaus 以理想製一地圖・謂自歐洲向西直行・當可達廣東或印度・中世紀之歐洲人・咸信其說焉・後此哥倫布以欲覓亞洲新航路故・乃別發見美洲新大陸・其遠因實自此時也・

㈤廣東交通全盛期

五胡六朝時代・中原雲擾・國民無復餘裕以事遠略・惟廣東僻處嶺外・所受影響較微・故元氣發紓・僅以不衰・及隋統一宇・內競漸息・遂欲舉全力以對外・若煬帝之汲汲通拂菻・（拂菻者當時之東羅馬帝國都於康士但丁奴布者也）其見端也・迨唐之興・天下大定・數百年霾陰頓開・熙熙如春・萬卉齊茁・太宗雄武・底定四裔・至高宗顯慶五年・遂開西域十六都督七十二州・北方交通之陸路復開・而南方海運之進步・亦一日千里・黎氏所謂我國商舶西征・達於紅海（即亞丁灣）者即此時也・而同時西方復有勃興之國二焉・一曰大食・大食者・今阿剌伯也・史載永徽二年・大食王（敢谷）密莫末賦・（白鳥氏謂此爲 Emilal-Mumenin 之譯音即阿斯曼大王之稱號）遣使由南海來貢・其後開元長慶間・凡十四度來朝・（唐書大食傳）是爲阿剌伯通中國之始・其時回教初興・國勢曈曈・若旭出海・而商業隨教力俱東・一集注於廣州・蘇哈巴者・摩訶末（回教祖 Mahomet 也近譯馬哈默德或譯罕默特今從正史舊名）之母舅也・實始入中國傳教・在廣東省城建懷聖寺・遂卒於廣州・葬焉・（今春香港商報一年祝典印有蘇哈巴墓影片）而光塔寺之二石塔・矗立城中・巋然至今・此又曾游粵省者所能共見也・蓋當時阿剌伯人商業之盛・甲於大地・而其所注重者實在廣州・二曰天竺・即印度也・印度當西紀六七百年間・有戒日王者勃起・銳意以宣播文明傳布佛宗自任・而中國君相・方皈依釋尊・幾有認爲國教之勢・求法者絡繹於道・故商業亦隨教力而進行・其陸運則自西藏・而海運則自廣州・由此言之・初唐時代・中國海運方盛・一也・大食海運新興・二也・天竺海運輔行・三也・波斯海運未衰・四也・並此四者・而廣州遂駸爲全世界之重鎮・高楠順次郎氏嘗懸擬當時定期航行船之線路・爲表如下・

一	中國商船	廣州	南海	錫蘭	阿剌伯	波斯間
	（此線經阿剌伯海岸入波斯灣）					
二	同　上	廣州	南海	錫蘭	米梭必達迷亞間	
	（此線經阿剌伯海之南復經亞丁峽　紅海）					
三	波斯商船	波斯	錫蘭	南海	廣州間	
四	大食商船	阿剌伯	錫蘭	南海	廣州間	

五　錫蘭婆羅門船　錫蘭　闍婆　林邑　廣州間

六　唐使船　廣州　南海間

（原注）右表所謂南海者專指馬來羣島．又闍婆者即今爪哇島．林邑者安南海岸也．航線五六．而皆集中於廣東．廣東之爲天下重可想矣．故當時西域諸國．稱廣東曰「支那．」稱長安洛陽曰．「摩訶支那．」此名在佛典中．屢見不一見也．高楠氏嘗搜佛宗各傳記．見著名印度高僧．由廣州往返見於記載者．凡數十人．而阿剌伯人古旅行記．稱黃巢亂時．流寓廣州之波斯大食人共十二萬餘．然則當時此地交通之盛．不讓今香港．而外人居留之多．今日舉國無能與京矣．

（附言）阿剌伯人所著書．以西曆八五一年出版．名爲梭里曼 Soleiman．旅行記者．內載當時中國最大口岸曰 Khanfou．近世歐美學者．多以杭州附近之澉浦當之．雖哈士亦云然．日本坪井九馬三氏．以唐書逆臣傳記黃巢陷廣州事．與彼旅行記所記之年月相比較．知其確爲廣州而非澉浦．斷定 Khanfou．字爲「廣府」之譯音云．按坪井氏說信也．吾粵人至今猶呼廣州爲廣府．

當時舍廣府外．無他地足以呈此盛況．又可斷言也．

（又）中村氏又引桯史．（宋岳珂撰）及廣州外志．（圖書集成卷一千三百七十引）稱廣東及海南島蒲姓人多．證以宋史所載大食國人．如蒲希密．蒲麻勿．蒲加心．蒲沙乙等．皆蒲姓．蒲即譯 Abu 之音．大食人姓此者最多．粵之忽有此姓．知當時阿剌人流寓者極盛矣．愚按據此則吾粵民族．其混入阿剌伯人種之血．必當不少．殆必有與我通婚或久居同化者矣．

當時中央政府對於此新開繁盛之口岸．其所施政策有三．

㈠開大庾嶺　唐中宗末葉．始大舉開大庾嶺．修治道路．蓋因廣東驟興．爲闢此道．使與中原得交通之便也．（此事於廣東關係極重自茲以往廣東始漸爲重於國中矣）

㈡設外人裁判所　唐宣宗大中四年．（八五〇年）始爲回教民別設一法司於廣州．其制度今不可考．以當時國勢推之．諒必無領事裁判權之屈辱也．

㈢置市舶司　即今之海關．其起原不可考．大約在開元之初．初別置使．後即以嶺南節度使兼充．至宋復別置．

㈥　廣東交通中衰期

初唐盛時代．廣東號稱極盛．及安史之亂．而其業一挫．乾元元年．（七五八年）大食人與波斯人．共焚廣州城．蓋緣當時政府傭其人爲兵以平亂．事定後．賞賚不能滿其欲．故憤以出此．（見唐書波斯傳）自是稍衰息．至貞元八年（七九二年）而復盛．（唐書李勉傳云勉初爲嶺南節度使夷舶至者歲僅四五及勉至寬待遠人明年至者四千餘柁通鑑卷二百三十四云貞元八年夏六月嶺南節度使奏言近日海船異多云云）自茲以往．繼長增高．迄於唐末．及乾符六年．（耶曆八七九年回曆二六六年）黃巢陷廣州．十餘萬流寓之外國人．殺戮殆盡云．嗚呼．孰意千餘年前義和團之慘劇．早已演於我廣州耶．此役以後．東航者始視爲畏途．加以五代之亂．全國如麻．劉氏僭竊南漢．虐待遠人．無所不至．故百餘年間．廣東於世界通商之位置．頓衰落矣．

（附言）據梭里曼旅行記．稱其時貿易之中心點．移於箇羅．Kolah 箇羅地今難確指．唐書有箇羅．顧氏讀史方輿紀要云．一名訶羅陀．中村氏謂訶羅陀即今之滿剌加

（Malacca或譯作痲六甲）云・果爾・則已移至南洋島中矣・

(七)　廣東交通蘇復期

宋壹天下・初下廣南・即復市舶使・以大將潘美任之・實開寶四年也・九七一年廣東商業・自是再振・然其時勢力・漸分於各地・杭州明州・今寗波以次勃興・咸年二年・九九九年已設市船廳於此二地・天聖元年・一〇二三年改市舶司焉・然猶隸於廣州・廣州蓋襲前代積威也・熙寗九年（一〇七六年）詔諸舶皆隸廣州舶司當時荊公秉政・法令修明・有所謂市舶法市舶條者・而我國商船出海外者亦漸多・文獻通考職官考十六云熙寗中始變市舶法令各地賈海外者往復必詣廣州否則沒其船與貨據此則我國當時出海之船必甚多各地皆有而廣東爲最故稽察之任一專於此也自茲以往・福建之泉州・山東之密州・今膠州繼興・咸置市舶司・而泉州獨盛・故崇寧元年・一一〇二年年廢諸舶司・而廣泉獨留・及宋南渡・徙宅於杭・政府中心點既變遷・密爾海岸・商業中心點隨之・及乾道初・一一六五年兩浙路之通商口岸有五・曰臨安・杭州曰明州・曰秀州・今嘉興府曰溫州・曰江陰軍・今江蘇常州府淳祐六年・一二四六年澉浦復置市舶官・澉浦者錢唐江口一小港也咸淳十年・一二七四年台州福州亦置焉・合諸廣泉密・凡十一港・西曆一一五〇年出版之Geographie dEdrieie (vol. 1, P. 90) 稱其時我國商港十二・以我史考之・所得如此・所餘一港・不知何指也・然十二港中・其握霸權者固在廣州・宋史食貨志云・東南之利・舶商居其一・政府蓋亦重視之矣・圖書集成卷一〇四八泉州府城考云「宋寗宗嘉定四年鄒應龍以胡賈簿錄之貲請於朝而大修之城始固」胡賈至自出貲以修泉城則其時泉之商業已駸駸奪廣席矣

（附言）梭里曼旅行記云・「以吾度之・每屆舶期・海船至之期也則Khanfou（廣府）金庫當日進五萬「典拿・」Dinar一典拿約台英金九先零以今日金值當台華銀三兩有奇其言或不無太過・然當時此項關稅・爲財政

上一要項・蓋可想見・故唐廣德中・廣州市舶使呂太一叛・逐節度使張休・唐書代宗本紀蓋其所憑藉者厚也・雖然・自中唐以前・此項進款・不歸政府・而歸諸天子私人・故亦謂之宮市・宋錢易南部新書云「自貞元以來多令中官强買市人物謂之宮市」杜詩云自平宮中呂太一收珠南海千餘日宋蔡少蘊避暑錄話稱宮中當爲宮市之訛引唐書韋倫傳云「宦者呂太一蓋中人爲宮市于嶺南者故稱市舶使」然則市舶使即宮市之一種也其後乃歸節度使兼管・利始入政府矣・韓愈送鄭尚書序云・鄭任嶺南節度使時「嶺南賈人舶交海中・奇物溢中國・不可勝用・故選帥常重於他鎮・」又唐書黃巢傳云・「巢陷廣州・右僕射于琮曰・南海市舶利不貲・賊得之益富・而國用屈・」然則廣州之影響於國家財政者・可想矣・宋初雖始置司・但譏而不征・文獻通考引止齋陳氏云是時市舶雖始置司而不以爲利其後一蹙於契丹・再蹙於西夏・帑藏日空・於是汲汲求餉源於關稅・荊公以還・市舶法益加整頓・寖爲國家歲入一大宗・皇祐中歲入五十三萬緡・及哲宗元祐元年・廣明杭三州市舶使征稅及專賣所得・宋制海舶至者視其所載十算其一而市其三即關稅值百抽十而復取三十歸政府專賣也此對於普通物品之稅法也其貴重品如犀牙珍珠等有值百抽二十而取其四十或六十歸政府專賣者凡七十七萬八千五百八十九緡・至徽宗崇寧間・九年之內・收至一千萬・歲百萬緡有奇矣・以上統計皆據文獻通考卷二十市糴考一廣東通志阮志經制略第十四「宋南渡後・經費困乏・一切倚辦海舶・歲入固不少・」誠哉然也・

(八)　廣東交通過渡期

自宋以前・以廣東之交通・而一國食其利・自宋以後・以廣東之交通・而一國蒙其患・固由人謀之不臧・抑亦其所遇之國族・有以異於古所云也・自漢以來・羅馬屢欲與我通・爲波斯所遮・不能自達・見後漢書大秦傳故千餘年間・相往還者・惟亞洲毗西之安息大食人・及元以後・歐人始踵接入中

國・自元人勃興東方・跨亞歐二洲・建設一大帝國・其時東方爲主動者・西方爲被動者・東西諸大民族・漸有短兵相接之勢・其時歐洲方興十字軍・聯合景教國以抗回教國・而蒙古人亦正與波斯及小亞細亞諸回族搆釁・故各取遠交近攻之策・不期而相結以爲重・元定宗元年・一二四六年羅馬教皇遣柏朗嘉賓・Plan Carpin 使元・詣和林・憲宗三年・一二五三年法王路易第九復遣路卜洛克 Rubruck 使焉・及元世祖至元八年・一二七一年意大利著名之旅行家馬可波羅 Marco Polo 復銜教皇使命入中國・大爲元主所親信・歷官至揚州刺史・凡在中國三十年・歸而著一書・爲歐人言中國事者之嚆矢・自茲以往・爲歐亞交通一新紀元・

元代交通・陸盛於海・故其時之廣東・無甚可紀者・自馬可波羅之著書既出世・刺激眩惑・全歐人之腦中・心醉此都・發於夢寐・復有一意大利教士奥代理谷者・Odoric 由康士但丁出波斯印度之沿岸・至廣州上陸・爲迦特力教初布教於中國之始・凡旅居十三年・歸亦著書・與馬氏作桴鼓應・於是歐人競欲覓新航路以通亞洲・此亞非利加與亞美利加兩大陸之發見所由來也・及東洋印度新航路開通・而世界之大勢一變・廣東遂爲中國憂患之伏根地・

（附言）當中古時代・歐人往來於印度之孔道有三・（甲）由敍利亞上陸・出幼發拉底河畔・下入波斯灣・（乙）入黑海・由亞爾米尼亞上陸・下泰格里士河・入波斯灣・（丙）由亞歷山德里亞・溯尼羅河・橫絕沙漠・入紅海・自土耳其人起西亞・（甲）（乙）兩路皆梗絕・所餘者惟（丙）路・而沙漠之阻滋弗便・此歐人所以欲覓新航路之理由也・時葡王約翰第一・大獎厲航海・自一三九四年以來・屢派遣探險隊・沿亞非利加海岸而南・一四八六年・達其極南端・遇暴颶不得渡・廢然失望而返・歸乃諱之・易其名爲好望角・Cape of Good Hope 一四九七年・有維哥達嘉馬 Vasco da Gama 者・復往航焉・卒以翌一四九八年五月二十日・達印度麻拉巴海岸 Malabar Coast 之加拉吉大・Calicut 此所謂印度新航路者也・蓋距哥侖布之發見美洲・僅六年後云・此實歐亞兩洲交涉史上一大事也・

（又）我永樂間・鄭和七次航海・由滿剌加 Malacca 海峽經濱角灣・Bay of Bengal 至錫蘭・沿印度半島之西岸・入波斯灣・更道阿剌伯海・至阿丹灣・Aden 今通譯亞丁或雅典此從鄭所譯名溯紅海・抵昃達・Jiddah 復從非洲東岸・即今亞比西尼亞 Abyssinia 之沿海・航摩森比克 Mozambique 海峽・以至馬達加斯加島邊・Madagas car 此其距好望角咫尺耳・鄭君航海・在維哥達嘉馬發見新航路前七十餘年・乃虧此一簣・致成維氏之名・惜哉・

(九) 廣東交通憂患期

葡人嘉馬之發見新航路・實當我明之弘治十一年・自茲以迄今日・中國海疆・日以多事・而廣東常當其衝・今分國記述之・

㈠葡萄牙　東洋通商之先登者・葡人也・於印度有然・於中國亦有然・正德十一年・一五一六年即新航路開通後之十八年也・葡人蒲士特列羅 Rafael Perstrcllo 始・乘小筏至廣東・歐人揭國旗於中國海上自此始・翌年有安得里都 Fordinand Andrade 者・復率

八船至焉・吾遇之甚厚・許以聖約翰島 St. John's Island 資其碇泊・自此以往・來者相續・越二十年・至嘉靖十六七年間・（一五三八年）而葡人出入之要區三・一聖約翰島・二廉帕高島・Lampacao 三澳門 Macao 也・（據竇籐氏所述其聖約廉帕高兩島屬今何地俟考）其始廉島最盛・嘉靖末葉・旅居者常五六百人・澳門始不過以修難船晾貢物爲名假居之・萬曆元年・（一五七三年）我政府築砦自畫・默許其居留・澳門始盛・十年・（一五八二年）始定僦借之約・歲納租五百兩・自是澳門握東洋貿易霸權者百餘年・及英人起而始衰・然道光二十九年（一八四九年）以還・歲租不貢・漸與我爭領地主權・光緒十三年・（一八八七年）遂借他國之援・迫我訂割讓條約・地者・於吾國割地歷史中資格最老者也・

㈡荷蘭　近世史之初紀・與葡萄牙爭商權者・則荷蘭也・荷人既植根據於南洋羣島・乃覬覦中國・天啓二年・（一六二二年）以艦隊十七艘謀奪澳門・葡人禦焉・粵人助之・以故不得志・乃退而據澎湖・其與廣東之關係不深・得澎湖後・進略臺灣・未幾鄭延正攘而去之・故荷蘭始終不能有大影響於我國・

㈢西班牙　西班牙於嘉靖四十四年・（一五六五年）略菲律賓羣島・以此地爲與中國通商之媒介・而進取之地・亦以廣東・今墨西哥銀猶盛行於廣東・實西班牙領墨時代之餘波也・（墨西哥舊班屬一八〇一年獨立）

㈣法蘭西　自昔與廣東交涉甚稀・自越南戰役以後・勢力日進・光緒二十四年・遂割廣州灣・且訂兩廣不許讓與他人之約・

㈤英吉利・英之入中國・在葡荷諸國之後・其所憑藉亦微・明崇禎八年・（一六三五年）始有一船入澳門・實爲英船抵華之嚆矢・船長滑德 Wedell 乞互市・將許之・葡人讒焉・遂不果・英人怒・攻澳門・奪其礮臺・尋退・會明清鼎革・商務復不振・康熙三十九年・（一七〇〇年）東印度會社派仮志菩爾 Catch-poole 爲全權・欲推廣商業於中國・得舟山爲暫駐地・然以徵稅重・不能有利・至嘉慶七年・（一八〇二年）歐洲革命亂起・其影響忽波及廣東・時英法方相鬩於歐懼法之占澳門也・乃借保護葡境之名・突以兵上陸・我政府爲嚴厲之抗議・遂引退・而當時鴉片已盛行・我政府於嘉慶五年（一八〇〇年）二十五年・（一八二〇年）兩次嚴禁・密賣滋益盛・兩國皆苦思焦索・以期解決此問題・時則英國有偉大之政治家巴麻斯頓・Palmerston 以其銳眼及辣腕・壹意以擴勢力於中國爲務・迭派通商監督尼菩爾 Lord Napier 魯敏遜 Robinson 赴廣東・皇皇然欲圖一置錐地・我國則有雄邁果決之林文忠・任兩廣總督・彼此相持不下・道光十九年・（一八三九年）遇有復收鴉片二萬二百八十三兩燒棄之於白鵝潭之事・英艦據占領香港・其將布冷墨爾・Bremer 更率艦隊陷定海舟山乍浦・封鎖廈門寧波・直窺白河・脅北京・尋陷吳淞上海鎮江・迫南京・全國震恐・卒使耆英與英國全權濮鼎查 Pottinger 媾和・實道光二十二年七月二十四日也・（一八四二年八月廿九日）史家名其戰爭曰鴉片戰爭・名其條約曰南京條約・其緣此條約所生之結果有二大端・

㈠前此歐人至中國者・以廣東爲雷池不得越一步・至是乃伸其勢力於廣東以外・（條約第二條訂開廣東福州廈門上海爲通商口岸）

㈡前此歐人在廣東根據地・惟有一澳門・其主權在衰弱

國之手・至是乃一强國別得一根據地於廣東・（條約第三條割讓香港）

自茲以往・廣東之地位一變・全國之地位一變・此役也・實我國人欲忘不能忘之大記念也・越十五年・即咸豐六年・（一八五六年）以領事會晤被拒之遠因・以「亞羅」Arrow船水手被逮之近因・戰事再起・前後互四年・卒乃俘葉名琛・燔圓明園・逮八年・（一八五八年）更訂天津條約十年・（一八六〇年）更訂北京條約・其結果則舉前約之結果擴張之㈠前此伸其勢力於廣東以外者・至是而勢力益張・（天津約第十一條增開牛莊登州臺灣潮州瓊州為通商口岸第九條許歐人旅行於內地第八條許傳教自由）

㈡前此得一根據地於廣東者・至是而根據益固・（北京約第六條割讓九龍之一部分）爾後四十年來・交涉日多・憂患日叢・雖然・固中國全局之事・非廣東一部分之事也・故茲略焉・自吳遜受大秦使節・以迄葉名琛為印度俘虜・上下二千年間・廣東常為輕重於世界・而追想唐宋時代・市舶使裁判官等堂皇之威嚴・與夫波斯灣亞丁岬上國旗之搖曳・古亦日月・今亦日月・先民有知・其謂我何・吾敍述至此・而不禁獲麟之涕也・

（十）　廣東與世界文化之關係

論秦西古代史者・必以腓尼西亞Phoenicia占一重要之位置・謂其為小亞細亞埃及希臘三種文明之媒介也・求諸東方・則廣東庶幾近之・今舉廣東對於世界文化上所貢獻者如下・

（甲）自西方輸入中國者・

（一）宗教・

（A）回教　蘇哈巴以教主之父行・初至廣東・其為最初傳入者甚明・

（B）耶穌教

（1）景教　今之所傳景教流行中國碑・屬尼士特拉派・Ncstortius耶教之別宗・當時行於波斯者也・六朝唐間・廣東波斯交通最盛・必由廣東輸入無疑・

（2）迦特力教（即羅馬舊教）　元代意大利教士奧代理谷・Odoric始至廣東・為羅馬舊教入中國之始・當時信奉頗盛・未幾中絕・明萬曆間・利瑪竇Matteo Ricci與其徒至廣東・居肇慶十餘年・實由羅馬教之東洋布教會所派也・

（3）婆羅的士坦教（即新教）　嘉慶十二年・（一八〇七年）英人摩利遜・R. Morrison始至廣東留二十五年・譯新舊約全書・耶穌新教之輸入自茲始・

（C）佛教　佛教雖早已至・然自廣東海運開・往還特便・高僧接踵至・其助發達不少・若達摩之留粵・（今粵城有西來初地即達摩最初之跡也）後即傳鉢於粵人・（六祖慧能）其影響於宋明學界者尤大也・

（二）學術

（A）曆算　利瑪竇在我學界・為重要人物・盡人知之・彼翻譯事業・其修養全在廣東也・

（B）語學　米倫氏Milne之英華字典・成於道光三年・（一八二三年）實歐亞字書之嚆矢・米氏旅粵凡二十五年・所譯皆粵音也・近三十年前・粵人所續編之字典・至今猶見重

梁啟超

於學界・日人之研究英語・其始亦藉此等著述之力不尠・

（C）醫學及其他科學　廣東博濟醫院・實爲西醫入中國之始・又道光間廣州出版之博物新編等五種・近世科學最先之譯本也・

至最近數十年間・泰西之技術思想・以次輸入中國・其發起及傳播者・廣東人實占重要之地位・今不具徵・

（乙）自中國輸出西方者・

羅盤針也・火藥及火器也・製紙法及印刷術也・此三者・爲西人致富強之原・然皆由十字軍東征時・經阿剌伯人手・間接傳自中國者・阿剌伯人至中國者・以廣東爲第二故鄉・則此三物第一之販賣場・實廣東也・又蠶卵一物・我梁簡文帝大寶元年・（五五〇年）一波斯人由廣東攜歸康士但丁・西方之有絲產始此・又陶器由廣東人精製後・更大輸出於泰西・至西紀一七零八年・德國名匠勃查・Bottger苦心研究・終青於籃・而中國派之繪畫美術・亦緣此以寖被於歐洲・凡此皆廣東人對於世界文化上之貢獻也・

（十一）　廣東人之海外事業

廣東人於地理上受此天然優勝之感化・其慓悍活潑進取冒險之性質・於中國民族中・稍現一特色焉・其與內地交通・尚不如與海外交通之便・故其人對內競爭力其薄・而對外競爭力差強・六朝唐間・商船遠出・達於紅海・尚矣・即自明以來・冒萬險・犯萬難・與地氣戰・與土蠻戰・卒以匹夫而作蠻夷大長於南天者・尚不乏人・以吾所考聞者・㈠三佛齊國王梁道明・㈡三佛齊國王張璉・㈢瓜哇順塔國王某・㈣暹羅國王鄭昭・㈤戴燕國王吳元盛・㈥昆甸國王羅大・㈦英國海峽殖民地開闢者葉來・以上七人之事業・見新民叢報傳記門・今不再述・

夫明清之交・歐人經營南洋・始發軔焉・而我著著皆占先鞭・使有政府以盾其後・則今日此諸域者・恐無復英法荷班人插足之餘地也・此眞粵人千古之遺恨也・

今我同胞在海外者・無慮五百萬・而粵人三之二焉・宛轉依人・嘻其憊矣・而南洋礦權・半在我手・近兩年來・墨西哥秘魯航路新開・粵民以自力懸國旗往復於太平洋之船・既數艘焉・而墨西哥一隅・亦漸有爲有秩序之殖民者・成績且過於日本・嗚呼・寧得謂吾民之終不可用也・

（十二）　廣東之現在及將來

今之廣東・依然爲世界交通第一等孔道・如唐宋時・航路四接・輪檣充闐・歐洲線・澳洲線・南北美洲線・皆集中於此・香港船噸入口之盛・雖利物浦紐約馬賽不能過也・若其對於本國・則自我沿海海運發達以後・其位置既一變・再越數年・蘆漢粵漢鐵路線接續・其位置將又一變・廣東非徒重於世界・抑且重於國中矣・獨惜臥榻之鼾・殷殷盈耳・覆巢之卵・咄咄困人・仰溯前塵・俯念來許・旁皇終夕・予欲無言・

（補）前稿既印成・頃讀史・復得數條・可以爲廣東人航權發達之證者・補錄如下・

漢書地理志云・近海多犀象毒冒珠璣・中國往商賈者・多取富焉・番禺其一都會也・

唐書李勉傳云·舊制·海商死者·官籍其貲·滿三月·無妻子詣府則沒入·孔戣以海道歲一往復·苟有驗者不爲限·悉推與·（按此記戣爲嶺南節度使時事）

唐劉恂嶺表錄異云·每歲廣州常發銅船·過安南貿易路·

案以上數條·則東漢之末·廣東人已有往賈於近海者·但其航權在彼在我·不能確指·孔戣節度嶺南在唐憲宗元和間·劉恂爲廣州司馬在唐昭宗乾寧間·則中唐晚唐時代·廣東尚有定期航行船出海外·其盛況固未替也·

說橙

西人之言曰·歐洲之地·上徹至肥·下徹至磽·計其中數·每畝歲產之物·值銀四十七兩·而法國沃衍之菜圃·每畝歲產有值銀至七千五百兩者·嗚呼·何其盛也·西人又言曰·凡地在離赤道二十至三十度之間者·其所出物·與四十至五十度之間者相較·約如六五與三五之比例·吾準是算之·中國每畝歲產之值·其中數約當得九十兩·吾粵人也·所知者粵中再熟之地·用以藝穀·每年值銀中數·不過六兩有奇耳·西人又言曰·凡上農之治田也·必察其土宜·而愼擇其所植·同一地也·所植之種·爲貴爲賤·其產值之相懸·乃至一與一百二十之比例，吾以是驗之吾縣·植物之大宗者·藝穀之外·曰桑·曰菸葉·曰蒲葵·曰柑橘·曰橙·蓋柑橘之利·三倍於藝穀·植蒲葵之利·五倍於藝穀·植桑之利·十倍於藝穀云·（菸葉之利未得確數）

新會之橙·天下之所聞也·老農爲余言·植橙之地·凡畝而容百五十株·凡株得橙中數·可二百實·一實重率在三四兩之間·略五實而爲一斤·每株年值可以得四十斤·每畝年可得六千斤·就橙地市橙·常年中價·每百斤而值九兩·一畝之值·殆五百四十兩有奇云·與藝穀相比·其率蓋若一與九十矣·老農請言植橙之費·吾縣瀕海·凡種植家皆築圍以避潮·圍內爲壍·資畜洩焉·此爲第一義·其費每畝爲二兩四錢·犂地爲界，界有小濠·此爲第二義·犂地之費·每畝八錢·開濠如之·買樹爲第三義·每樹一株·值銀三分六釐·每畝之費·爲五兩四錢·吾縣之田·每年中價·二兩四錢·而賃一畝·其初植之第一年·田主重徵之·率畝而加三兩焉·此爲第四義·都其總數·初植之第一年·凡畝而費十四兩八錢·一切備矣·橙五年而實·向言畝值五百四十兩有奇者·六年以後之事也·老農又爲余言·田藝穀既久·其土塗於新樹最不利·而番薯最宜·故第一章必植薯·植薯之利·每年可三兩六錢·新樹畏烈日·自第二年至第五年·必間歲植蔗及瓜豆芋栗之屬以捍蔽之·植蔗之利·年可二十兩·植瓜豆之利·年可十四兩·其視藝穀所獲·已一倍至二倍矣·圍隄內外·樹以雜果木·隄外二排·一蒲葵·二水松·隄內三排·荔蕉桃李·相閒樹之·壍可以畜魚·濠可以藝禾·橙下餘地·可以植蔬·六年以後·常年經費·賃田之租·每畝二兩四錢·糞田之用·每畝三兩六錢·治田之工·每百畝僅用四人·（惟植橙用工特少橙熟收實時則雇散工耳）每年中價·人約十二兩·一切取之於圍隄濠壍所出之物·恢恢然有餘矣·故植橙百畝者·六年以後·可以不費一錢·而坐收五萬四千兩之利·盡吾縣可耕之地而植橙·歲入可驟增一萬一千萬·埒國帑矣·

余語老農・若胼而手・胝而足・終歲勤動・而惟於歲值六兩之穀是藝・舍多就寡・舍逸就勞・抑何傎矣・老農語余・縣官歲以橙貢天子・歲十月・差役大索於野・號爲貢橙・罄所有乃去・百畝之橙・一日盡之矣・故今日新會之橙・將絕於天下・

文品序

梁啟超

盈宇宙皆文也・曜緯之糺縵・星雲之濃變・霞虹之華爍・電雷之迅怪・風霜之慘勁・露雨之滋濕・天之文也・山林之畏佳・巖壑之盤折・湍石之峻峭・原隰之曠遠・陵埡之逶迤・江河之虵蟺・潮濤之砰擊・地之文也・紳笏之揄揚・巾舟之閒雅・布菽之淡薄・粱繡之腴潤・粉黛之驩治・關梁之愁苦・鼙鼓之喧闐・霓羽之哀豔・人之文也・豹象之蹴踏・雞蟲之瑣細・魚龍之沕潏・鶯燕之嬌媚・蘭桂之幽靜・桃李之妍麗・松箭之挺勁・物之文也・自然境界・眄睞□□。闐溢大千・靡不攬納萬變・包羅衆長・覃思冥契・形爲文體・成爲家數・斯文士之極則・抑賢達之法軌矣・降及後世・或縕凌雲之氣・或懷藪澤之思・或表瑚璉之量・或嫻桑濮之音・雖體態不同・氣格殊別・而各挾一技・造極所長・皆足以陵厲中原・播芳他禩・詳其流別・可得言焉・

溯夫結繩嬗政・蹏迒視跡・一畫既啓・六藝焉彰・屈平宋玉・咸爲辭賦之宗・昭明協和・並爲偶體之祖・擇言尤雅・龍門闢其薪傳・浮詞務除・昌黎衍其家法・斯曾經於聖手・固無勞於拙目・若乃蚑脚鵠首・歐陽公集古之編・赤文綠字・薛尚功款識之作・曶侯鼎之四百三字・賞告東宮・盅和鐘之百四十文・丕顯皇祖・南宮錫馬・召公尊之雅詞・多福多滂・考父壺之鴻製・莫不字字珠璣・言言金玉・如清廟之瑟・自有遺音・比荊山之珍・不勞彫琢・降而岐陽周鼓・叶四言而成文・瑯琊秦臺・間三語而用韻・體較平近・詞益麗豐・並彼傳衣・皆其別子・是曰金石之文・其流一也・

至於鄒嶧講道・成梁惠之七篇・蘭陵著書・有孫卿之卅卷・山木秋水・蒙莊之所寓言・說難孤憤・韓非之所抒怨・白馬非馬・奮龍施之辨囿・有名無名・發聃尹之玄言・或曲折以詳盡・或俶儻以瑰瑋・入羣玉之府・則觸手皆珍・游多寶之山・則拾塵亦貴・誠千秋之鴻軌・匪一人之私言・逮乎淮南呂氏・捃摭舊聞・王符仲長・抗論時政・雖復枝葉已繁・根本稍弱・而發憤之作・尚無戾於古賢・立言之塗・猶自託於不朽・是曰箸述之文・其流二也・

百二十國之寶書・七十一章之汲冢・實文史之嚆矢・乃紀事之先河・於是世本國語・紬於金匱之藏・馬記班書・典自蘭臺之府・荀悅（漢紀）袁宏（後漢紀）之繼軌・袁樞（通鑑紀事本末）章冲（左傳紀事本末）之創體・陸賈（楚漢春秋）樂資（山陽載記）。爲載記之宗・載逵（竹林名士傳）王粲（漢末英雄傳）。開小錄之祖・汝南（周斐汝南先賢傳）益都（陳壽益都耆舊傳）。說郡國之炳靈・家牒（揚雄）世傳（殷敬）。述世德之懿鑠・凡茲紀載・悉有體裁・五志三科・干令升著其條例・二體六家・劉子元區其門目・荀未諳於文例・將受嗤於通人・固知談彪載筆・傳家學而益精・歐宋纂言・合羣力而能就・是曰叙事之文・其流三也・

若乃齊燕廣陵之對策・明堂禘祭之詔書・成都之即位祀

天・長安之遷都告廟・以至聖主賢臣之頌・劇秦美新之文・賈長沙痛哭萬言・董江都天人三策・東巡北伐・被之簡書・曲水貢圖・紀以銘序・王源劉整・世傳彈劾之章・巴蜀豫州・代有檄移之作・斯並廟堂之製・奏進之篇・表裏詩書・同體對越・曹植博學・方傳制命之碑・謝章高才・始配詞臣之目・是曰應制之文・其流四也・

華屋甘食・紀於招魂・鬼出神入・具於天問・徵引窮夫墳典・鋪叙偏夫天塵・雖小道之可觀・亦大材之爲用・賦七之文・並襲斯體・子虛烏有・侈靡角其土風・公子大夫・耳目窮其人欲・郭江木海・王簫嵇琴・枚發梁序・曹啓何召・莫不棲迹拔奇・騖志浩博・重其聲價・或酬值於千金・摛其高文・乃撢精於廿載・是以搜羅宏富・採摭奧洽・珍禽奇木・皆山經之所未詳・金闕玉門・亦黃圖之所無載・班固碩學・視爲著書・揚雄雅才・藉備奇字・是曰數典之文・其流五也・

蕭統操選・不遺詩書之序・劉勰論文・兼詳經義之體・羽翼聖言・厥塗亢矣・若乃董生閉戶・成繁露竹林之篇・匡鼎解頤・抗四廟兩郊之議・康成六藝之論・子雍聖證之書・五經然否・譙子元之遺說・經典叙錄・陸元朗之達談・思敭暢於經言・宜藉助於文筆・是以高密拙於辭訓・受譏通人・瑕邱吶於辨才・禍及樸學・故知陳范抗疏・休玄操矛・並大道之捍城・俱六經之鼓吹・是曰說經之文・其流六也・

賈傅過秦・叔皮王命・元道六代・士衡五等・達莊蒙養生之作・安邊絕交之篇・例固殊於史家・體亦異於箸述・唐宋以還・斯道益夥・原道原命之目・說性說理之文・論學書則充棟汗牛・太極說則連篇累牘・格致數語・雖厭聞而必進・語錄一篇・有某在而猶讀・以及防河之策・徙戎之謀・正統有系地之爭・距敵有戰和之議・家騰武斷之喙・人恣一孔之說・匪積理之獨富・豈持論之無頗・是以正蒙訂頑之議・橫渠得之苦思・學校擧貢之篇・晦翁僅名私議・是曰議論之文・其流七也・

說文解字十四卷・洨長說其遠流・楚辭章句十六篇・叔師志其舊帙・太沖之賦・瑕瑜播於士安・昭明之集・待編次於孝綽・與夫少逸蘭亭之會・孝穆玉臺之詠・善長水經之注・景純山海之圖・邵公之墨守公羊・征南之癖嗜左傳・凡茲叙述・具有淵源・不僅臣向校上・六藝略之羣書・父談遺言・太史公之自傳・是曰叙錄之文・其流八也・

若乃銘陰之作・蔡伯喈滋其疚心・諛墓之文・韓退之累其盛德（顧亭林說）・雖大雅所弗尚・亦文林之一軍・是以季子題墓・世傳尼父之書・朱博殘碑・遠徵西京之史・荀思闡於潛德・當首語於昔聞・有陰有側・宜訪寰宇之碑・爲表爲銘・更搜金石之例・以及西嶽華山・荊州文學・頭陀寺簡棲之篇・招眞館簡文之筆・同工異曲・酌水識源・是曰碑誌之文・其流九也・

（碑誌既非史體・與周秦金石刻文、格亦迥異・故別出之・）江南三月・草長鶯飛・永和九年・流觴曲水・南皮沉李・魏文之所舊遊・廣陵觀濤・枚叔之所曾賦・出桑羣女・宋大夫之東家・凌波洛神・陳思王之靈匹・鮑明遠之登雷岸・星飯水宿・吳叔庠之游桐廬・息心忘反・凡茲巾車所經・托之簡牘・依依如畫・靡靡動人・非惟正始之音・實乃詩人之旨．雖復子厚游山之記．將及百篇．東坡汎舟之行．率成兩賦．既有裨於臥遊．更無嫌於疊矩．是曰託興之文．其流十也．

至乃王孫不歸．美人遲暮．舊鄉臨睨．凄涼芳草之魂．薄寒中人．搖落新秋之氣．斯惟楚歌．實開凄調．子卿足下．弦望何時．伯之君侯．愴恨如許．長松歸雁．庾子山思舊之銘．秋菊春蘭．劉孝標追酬之簡．令嫻祭夫君之語．聲與淚俱．孝穆與僕射之書．紙隨腸斷．金陵瓦解．暮年之蕭瑟可知．靈光巋然．故宮之荒涼何似．斯並悲來當泣．勞者思歌．華亭唳鶴之聲．禊下聞琴之想．豈直掩屏爲疾．看影含啼．觸帳裏之間愁．滴鏡臺之香淚．是曰言情之文．其流十一也．

宋玉大小言之賦．東方答客難之書．實衍寓言之風．遂開設辭之例．說餅奕旨．魁表牛文．代修竹以彈蕉．檄江神而責璧．棲下勸進之表．處士十賚之文．佛氏所謂以游戲爲神通．莊生所謂以支離爲莊語．雖文士之積習．亦大道之支歟．是曰弄筆之文．其流十二也．

凡此諸端．原委俱詳．大小並舉．文章流別．大略具矣．要而論之．周人之文．如夏彝商鼎．古藻爛斑．秦人之文．如渾金璞玉．昭質瑩潤．西漢之文．如長江大河．千里一曲．東漢之文．如奇石名畫．尺幅萬狀．晉魏之文．如五陵公子．裘馬翩翩．六朝之文．如三日新婦．蘭麝馥馥．初唐五代之文．如病姝强步．雖荏弱無力．而丰姿綽約．盛唐兩宋之文．如文士從軍．雖威容不壯．而號令嚴明．綜彼條流．察其轉變．周秦西漢爲一派．東漢至六朝爲一派．唐至明末爲一派．國朝又爲一派．大抵駢散代興．華樸遞嬗．譬迴輪之有定．若環循之無端．生其時者．莫不非素而是丹．易其世者．亦復譽仁而毀義．不知風氣所限．賢達無如．必欲責長卿曼倩爲小園枯樹之文．强孝標蘭成學祭鱷平淮之體．此一蔽也．又文章裁格．各有所施．大裘元冕．匪帷房之姿．黃冠草服．豈廟廷之象．平叔經說．皇侃詆爲野狐．孔璋辭賦．曹植嗤其畫虎．孟堅之頌．有似贊之譏．士衡之碑．聞類賦之貶．故知越南燕北．易其轍而俱傷．夏葛冬裘．反其道而兩害．若不審彼萬派．猥欲歸之一途．譬猶資章甫以適裸國．徒勞瘁而鮮功．斷鶴膝以續鳧脛．終枘鑿而不合．此亦一蔽也．嗟乎．文字之難．非獨今也．以仲宣之覃精．而子桓病其體弱．以揚雲之好博．而顏氏鄙爲覆瓿．潘文樂旨．美成於兼資．任筆沈詩．才難於兩用．殷仲文天才宏贍．恨不讀書．顧長康博學多能．傷於遲鈍．興公天台之賦．未見重於榮期．彥伯名臣之傳．乃過聽於謝傅．士衡佳句．尚有待於排沙．安石碎金．幾見遺於擲坐．豈不以文變萬殊．而才力有限．但使各名一體．閒採衆家．未嘗不可以馳騁時流．高睨京洛．徐偉長之中論．自足名家．丁敬禮之小文．亦稱達者．是用區爲品目．綴以贊詞．尋其體製．或如東西之相反而相成．溯其源流．或如五行之遞變而遞續．要之丹黃異色．同稱娛目之端．陶匏殊聲．並爲悅耳之玩．而或右賈董而左鮑江．或主徐庾而奴韓柳．爭支別之末派．忽先士之盛藻．鄙人不敏．未之敢聞．昔唐司空表聖作詩品．先暢斯旨．今師其意．標題與表聖之作．互有異同．而門目較少．品詞稍略．從其質也．

九天閶闔．五色雲章．軒皇縉笏．伏帝垂裳．肅肅百辟．戢戢雁行．玉漏傳曙．庭燎未央．（莊雅）

海上三山．列聖之宅．珠樹叢生．禽鳥縞白．飛仙往來．無日無夕．俗塵褁足．望不可即．（奥瑋）

我有古鼎．周秦以前．我有寶劍．土花千年．供養拭拂．奇彩爛然．不彫不飾．太素自完．（樸茂）

漢軍六道．西出雲間．浩浩瀚海．漫漫玉關．揮劍日返．銜枚夜寒．吹角軍出．唱鐃師還．（沈雄）

惟秦之權．惟晉之尺．錙銖罔謌．累黍必悉．精心結撰．惟古是式．國門千金．一字不易．（謹嚴）

竹籬茅舍．蓼岸鷗鄉．蘼蕪盡處．猶見斜陽．炊烟遠樹．雁影方塘．一笠一屐．獨立蒼茫．（淡遠）

深深庭院．重重簾幙．楊柳烟中．闌干一角．闌干西畔．下有鞦索．時聞鳥聲．萬花爭落．（濃深）

飛瀑千丈．澈底縹碧．游魚浮沉．間以細石．夾嶂奇峯．負勢軒矗．哀蟬寒後．千囀無絕．（逋峭）

豐鄗河洛．實惟帝都．靈臺明堂．天祿石渠．羣玉秘府．□□□□．彬彬郁郁．文獻之廬．（典重）

五陵公子．裘馬風流．臂鷹走狗．博某蹴毬．臥鑪倚甕．不醉無休．中原陵厲．顧影寡儔．（豪放）

九曲清溪．數間茅屋．小桃初開．新蒲自綠．夕陽鏡影．鸂鶒雙浴．佳人亭亭．自倚修竹．（秀媚）

送君南浦．憶郎西州．鄰笛怨夜．穗帷感秋．花飛撩恨．燕語侵愁．江南老也．無語悠悠．（淒婉）

蘇武河梁．荆卿易水．李廣不侯．廉頗老矣．唳鶴自驚．銅駝無語．撫劍長號．頭顱如許．（悲壯）

如金在鈞．如冶在爐．千金一字．廿年三都．潘姸陸醜．環腴石癯．片言居要．數莖撚鬚．（冶鍊）

縹緲萬仞．飛來之峯．遠風落落，上有長松．骨格峻異．裘帶雍容．猗歟誰歟．曰惟羊公．（勁挺）

弄喉引吭．春風流鶯．細筋入骨．秋空疾鷹．健羽弱翮．揮送共情．載緬芳軌．先民所程．（工緻）

原批：序文．詞博雅．詩．聲律整麗．時有雋語．

編者按：此文轉錄自馬國維君所記之梁任公遺文．謂乃

梁啟超

應學海堂月課之作·

論佛教與羣治之關係

吾祖國前途有一大問題·曰「中國羣治當以無信仰而獲進乎·抑當以有信仰而獲進乎」是也·信仰必根於宗教·宗教非文明之極則也·雖然·今日之世界·其去完全文明·尚下數十級·於是乎宗教遂爲天地間不可少之一物·人亦有言·教育可以代宗教·此語也·吾未敢遽謂然也·即其果然·其在彼教育普及之國·人人皆漸漬熏染·以習慣而成第二之天性·其德力智力·日趨於平等·如是·則雖或缺信仰而猶不爲害·今我中國猶非其時也·於是乎信仰問題·終不可以不講·（參觀宗教家與哲學家之長短得失篇）因此一問題·而復生出第二之問題·曰「中國而必需信仰也·則所信仰者當屬於何宗教乎」是也·吾提此問·聞者將疑焉·曰吾中國自有孔教在·而何容復商搉爲也·雖然·吾以孔教者·教育之教也·非宗教之教也·其爲教也·主於實行·不主於信仰·故在文明時代之效或稍多·而在野蠻時代之效或反少·亦有心醉西風者流·覩歐美人之以信仰景教而致强也·欲舍而從之以自代·此尤不達體要之言也·無論景教與我民族之感情·枘鑿已久·與因勢利導之義相反背也·又無論彼之有眈眈逐逐者楯於其後·數强國利用之以爲釣餌·稍不謹而末流之禍將不測也·抑其教義非有甚深微妙·可以涵蓋萬有鼓鑄羣生者·吾以疇昔無信仰之國家而欲求一新信仰·則亦求之於最高尚者而已·而何必惟勢利之爲趨也·吾師友多治佛學·吾請言佛學·

佛教之信仰乃智信而非迷信

孔子曰·知之爲知之·不知爲不知·是知也·又曰·吾有知乎哉·無知也·又曰·及其至也·雖聖人亦有所不知焉·又曰·未知生·焉知死·蓋孔教本有闕疑之一義·言論之間三致意焉·此實力行教之不二法門也·至如各教者·則皆以起信爲第一義·夫知焉而信焉可也·不知焉而强信焉·是自欺也·吾嘗見迷信者流·叩以微妙最上之理·輒曰是造化主之所知·非吾儕所能及焉·是何異專制君主之法律·不可以與民共見也·佛教之最大綱領·曰「悲智雙修」·自初發心以迄成佛·恆以轉迷成悟爲一大事業·其所謂悟者·又非徒知有佛焉·而盲信之之謂也·故其教義云·「不知佛而自謂信佛·其罪尚過於謗佛者·」何以故·謗佛者有懷疑心·由疑入信·其信乃眞·故世尊說法四十九年·其講義關於哲學學理者十而八九·反覆辨難·弗明弗措·凡以使人積眞智求眞信而已·淺見者或以彼微妙之論爲不切於羣治·試問希臘及近世歐洲之哲學·其於世界之文明·爲有裨乎·爲無裨乎·彼哲學家論理之圓滿·猶不及佛說十之一·今歐美學者·方且競採此以資研究矣·而豈我輩所宜詬病也·要之·他教之言信仰也·以爲教主之智慧·萬非教徒之所能及·故以强信爲究竟·佛教之言信仰也·則以爲教徒之智慧·必可與教主相平等·故以起信爲法門·佛教之所以信而不迷·正坐是也·近儒斯賓塞之言哲學也·區爲「可知」與「不可知」之二大部·蓋從孔子闕疑之訓·救景教徇物之弊·而謀宗教與哲學之調和也·若佛教則於不可知之中而終

必求其可知者也・斯氏之言・學界之過渡義也・佛說則學之究竟義也・

佛教之信仰乃兼善而非獨善

凡立教者必欲以其教易天下故推教主之意未有不以兼善爲歸者也・至於以此爲信仰之一專條者則莫如佛教・佛說曰・「有一衆生不成佛者・我誓不成佛・」此猶自言之也・至其教人也・則曰「惟行菩薩行者得成佛・其修獨覺禪者永不得成佛・」獨覺者何・以自證自果爲滿足者也・學佛者有二途・其一則由凡夫而行直行菩薩・由菩薩而成佛者也・其他則由凡夫而證阿羅漢果・而證阿那含果・而證斯陀含果・而證辟支佛果者也・辟支佛果・即獨覺位也・亦謂之聲聞・亦謂之二乘・辟支佛與佛相去一間耳・而修聲聞二乘者・證至此已究竟矣・故佛又曰・「吾誓不爲二乘聲聞人說法・」佛果何惡於彼而痛絕之甚・蓋以爲凡夫與謗佛者・猶可望其有成佛之一日・若彼輩則眞自絕於佛性也・所謂菩薩行者何也・佛說又曰・「己已得度・回向度他・是爲佛行・未能自度・而先度人・是爲菩薩發心・」故初地菩薩之造詣・或比之阿羅漢阿那含尚下數級焉・而以發心度人之故・即爲此後證無上果之基礎・彼菩薩者・皆至今未成佛者也・（其有已成佛而現菩薩身者則吾不敢知）何以故・有一衆生未成佛彼誓不成佛故・夫學佛者以成佛爲希望之究竟者也・今彼以衆生故・乃並此最大之希望而犧牲之・則其他・更何論焉・故舍己救人之大業・惟佛教足以當之矣・雖然・彼非有所矯强而云然也・彼實見夫衆生性與佛性本同一源・苟衆生迷而曰我獨悟・衆生苦而曰我獨樂・無有是處・譬諸國然・吾既託生此國矣・未有國民愚而我可以獨智・國民危而我可以獨安・國民悴而我可以獨榮者也・知此義者・則雖犧牲藐躬種種之利益以爲國家・其必不辭矣・

佛教之信仰乃入世而非厭世

明乎菩薩與獨覺之別・則佛教之非厭世教可知矣・宋儒之謗佛者・動以是爲淸淨寂滅而已・是與佛之大乘法適成反比例者也・景教者・衍佛之小乘者也・翹然日懸一與人絕之天國以歆世俗・此寧非引進愚民之一要術・然自佛視之・則已墮落二乘聲聞界矣・佛固言天堂也・然所祈嚮者非有形之天堂・而無形之天堂・非他界之天堂・而本心之天堂・故其言曰・「不厭生死・不受涅槃・」又曰・「地獄天堂・皆爲淨土・」何以故・菩薩發心當如是故・世界既未至「一切衆生皆成佛」之位置・則安往而得一文明極樂之地・彼迷而愚者・既待救於人・無望能造新世界焉矣・使悟而智者・又復有所歆於他界・而有所厭於儕輩・則進化之責・誰與任之也・故佛弟子有問佛者曰・誰當下地獄・佛曰・「佛當下地獄・不惟下地獄也・且常住地獄・不惟常住也・且常樂地獄・不惟常樂也・且莊嚴地獄・」夫學道而至於莊嚴地獄・則其悲願之宏大・其威力之廣遠・豈復可思議也・然非常住常樂之・烏克有此・彼歐美數百年前・猶是一地獄世界・而今日已驟進化若彼者・皆賴百數十仁人君子住之樂之而莊嚴之也・知此義者・小之可以救一國・大之可以度世界矣・

佛教之信仰乃無量而非有限

宗教之所以異於哲學者．以其言靈魂也．知靈魂．則其希望長．而無或易召失望以致墮落．雖然．他教之言靈魂．其義不如佛教之完．景教之所揭櫫也．曰永生天國．曰末日審判．夫永生猶可言也．謂其所生者在魂不在形．於本義猶未悖也．至末日審判之義．則謂人之死者．至末日期至．皆從塚中起．而受全知能者之鞫訊．然則鞫訊者．仍形耳．而非魂也．藉曰魂也．則此魂與形俱生．與形俱滅．而曾何足貴也．故孔教專衍形者也．則曰善不善報諸子孫．佛教專衍魂者也．則曰善不善報諸永劫．其幾雖不同．而各圓滿具足者也．惟景教乃介兩者之間．故吾以爲景教之言末日．猶未脫埃及時代野蠻宗教之迷見者也．（埃及人之木乃伊術保全軀屍殼必有所爲殆令爲將來再生永生地也又按景教雜形以言魂者甚多即如所言亞當犯罪其子孫墮落云云亦其一端也如耶氏之教則吾輩之形雖受於亞當然其魂則固受諸上帝也亞當一人有罪何至罰及其數百萬年以後之裔孫此殆猶是積善之家有餘慶不善之家有餘殃之義而已仍屬衍形教不可謂之衍魂教也〇耶氏言末日審判之義峭緊嚴悚於度世法門亦自有獨勝之處未可厚非特其言魂學之圓滿固不如佛耳）夫人生也有涯．而知也無涯．故爲信仰者．苟不擴其量於此數十寒暑以外．則其所信者終有所撓．瀏陽仁學云．「好生而惡死．可謂大惑不解者矣．蓋於不生不滅瞢焉．瞢而惑．故明知是義．特不勝其死亡之懼．縮朒而不敢爲．方更於人禍之所不及．益以縱肆於惡．而顧景汲汲．而四方蹙蹙．惟取自心快已爾．天下豈復有可治也．今使靈魂之說明．雖至闇者猶知死後有莫大之事及無窮之苦樂．必不於生前之暫苦暫樂．而生貪著厭離之想．知天常地獄森列於心目．必不敢欺飾放縱．將日遷善以自兢惕．知身爲不死之物．雖殺之亦不死．則成仁取義．必無怛怖於其衷．且此生未及竟者．來生固可以補之．復何所

憚而不亹亹．」嗚呼：此「應用佛學」之言也．（西人於學術每分純理與應用兩門如純理哲學應用哲學純理經濟學應用生計學等是也瀏陽仁學吾謂可名爲應用佛學）瀏陽一生得力在此．吾輩所以崇拜瀏陽步趨瀏陽者亦當在此．若此者．殆舍佛教末由．

佛教之信仰乃平等而非差別

他教者．率衆生以受治於一尊之下者也．惟佛不然．故曰．「一切衆生．皆有佛性．」又曰．「一切衆生．本來成佛．生死涅槃．皆如昨夢．」其立教之目的．則在使人人皆與佛平等而已．夫專制政體．固使人服從也．立憲政體亦使人服從也．而其順逆相反者．一則以我服從於他．使我由之而不使我知之也．一則以我服從於我．吉凶與我同患也．故他教雖善．終不免爲據亂世小康世之教．若佛教則兼三世而通之者也．故信仰他教或有流弊．而佛教決無流弊也．

佛教之信仰乃自力而非他力

凡宗教必言禍福．而禍福所自出．恆在他力．若祈禱焉．若禮拜焉．皆修福之最要法門也．佛教未嘗無言他力者．然只以施諸小乘．不以施諸大乘．其通三乘攝三藏而一貫之者．惟因果之義．此義者．實佛教中小大精粗．無往而不具者也．佛說現在之果．即過去之因．現在之因．即未來之果．既造惡因．而欲今後之無惡果焉．不可得避也．既造善因．而懼後此之無善果焉．亦不必憂也．因果之感召．如發電報者然．在海東者動其電機．長短多寡若干度．則雖隔數千里外．而海西電機之發露．其長短多寡若干度與之相應．絲毫不容假借．人之熏其業緣於「阿賴耶」識（阿賴耶識者八識中之第八識也其

（義不可得譯故・先輩唯譯音焉欲知之者宜讀楞伽經及成唯識論）也・亦復如是・故學道者必愼於造因・吾所已造者・非他人所能代消也・吾所未造者・非他人所能代勞也・又不徒吾之一身而已・佛說此五濁惡世者・亦由衆生業識熏結而成・衆生所造之惡業・有一部分屬於普通者・有一部分屬於特別者・其屬於普通之部分・則遞相熏積相結而爲此器世間・（佛說有所謂器世間・有情世間者・一指宇宙・一指衆生也・）其特別之部分・則各各之靈魂・（靈魂本一也以妄生分別故故爲各各）自作而自受之・而此兩者自無始以來・又互相熏焉・以遞引於無窮・故學道者・㈠當急造切實之善因以救吾本身之墮落・㈡當急造宏大之善因以救吾所居之器世間之墮落・何也・苟器世間猶在惡濁・則吾之一身・未有能達淨土者也・所謂有一衆生不成佛則我不能成佛・是實事也・非虛言也・嘻知此義者可以通於治國矣・一國之所以腐敗衰弱・其由來也非一朝一夕・前此之人・蒔其惡地・而我輩今日刈其惡果・然我輩今日非可諉咎於前人而以自解免也・我輩今日而亟造善因焉・則其善果或一二年後而收之・或十餘年後而收之・或數百年後而收之・造善因者遞續不斷・而吾國遂可以進化而無窮・造惡因者亦然・前此惡因既已蔓茁・而我復灌溉而播殖之・其貽禍將來者・更安有艾也・又不徒一羣爲然也・一身亦然・吾蒙此社會種種惡業之熏染・受而化之・旋復以熏染社會・我非自洗滌之而與之更始・於此而妄曰吾善吾羣吾度吾羣・非大愚則自欺也・故佛之說因果・實天地間最高尚完滿博深切明之學說也・近世達爾文斯賓塞諸賢言進化學者・其公理大例・莫能出此二字之範圍・而彼則言其理・而此則並詳其法・此佛學所以切於人事・徵於實用也・夫尋常宗教家之所短者・在導人以倚賴根性而已・雖有「天助自助者」・一語以爲之彌縫・然常橫天助二字於胸中・則其獨立不羈之念・所減殺已不少矣・若佛說者・則父母不能有所增益於其子・怨敵不能有所咒損於其仇・無歆羨・無畔援・無恐怖・獨往獨來・一聽衆生之自擇・中國先哲之言曰・「天作孽・猶可違・自作孽・不可逭・」又曰・「自求多福・在我而已・」此之謂也・特其所言因果相應之理・不如佛說之深切著明耳・佛教洵倜乎遠哉・」

以上六者・實鄙人信仰佛教之條件也・於戲・佛學廣矣大矣深矣微矣・豈區區末學所能窺其萬一・以佛耳聽之・不知以此爲讚佛語耶・抑謗佛語耶・雖然・即曰謗佛・吾仍冀可以此爲學佛之一法門・吾願造是因・且爲此南贍部洲有情衆生造是因・佛力無盡・我願亦無盡・

難者曰・子言佛教有益於羣治・辯矣・印度者・佛教祖國也・今何爲至此・應之曰・嘻・子何闇於歷史・印度之亡・非亡於佛教・正亡於其不行佛教也・自佛滅度後十世紀・全印即已無一佛跡・而婆羅門之餘燄・盡取而奪之・佛教之平等觀念樂世觀念・悉已摧亡・而舊習之喀私德及苦行生涯・遂與印相終始焉・後更亂以回教・末流遂極於今日・然則印之亡・佛果有罪乎哉・吾子爲是言・則彼景教所自出之猶太・今又安在也・夫寧得亦以猶太之亡・爲景教優劣之試驗案也・雖然・世界兩大教・皆不行於其祖國・其祖國皆不存於今日・亦可稱天地間一怪現象矣・

湯覺頓譯「英人强賣鴉片記」序

自昔神聖綿留之裔・距今億兆磐牙之處・俄而股折於

法・臠分於日・冠裳裂於普・指臂役於俄・何令人牟掠一至於此也・

毳毛豪族・芸芸衆庶・叢怒積忿・蜩螗風起・莫不歸獄於英人鴉片之役・彊臣過激之弊・然而文忠履粤・嘔心瀝血・成敗利鈍・天實爲之・無足議矣・英商訌喝・蝪心豺性・倫敦議院・猶腹非之・則曲直之故・不辨而自明矣・厥後袞袞諸公・密商和約・沈湎債事・罪所當誅・然而搏塗塞海・僬僥戴山・形格勢殊・亦無怪其傾且折矣・

夫倮身反縛・投於虎穴・而欲陵轢猛獸・塊然中處・是自危也・挈千金之裘・委於歧路・執萬乘之珠・質於强寇・綿日累月・然後從而追躡之・是自愚也・故質的張而弓矢至焉・林木茂而斧斤伐焉・强鄰交侵援隙而愚我者・亦如是焉已爾・

而我國士夫・投於虎穴而不怖・委於歧路而不悟・質於强寇而無疑・弓矢儇伺・斧斤雲集・儼然高臥・毫不知警・誠束手待斃而無遺策耶・抑欲廣長舌說上法以懾其强暴耶・故居安而思危・此謂知本・臨難而鑄兵・雖速亦無及矣・

夫俄以彼得而興・普以維廉而霸・日本區區・僻臨甌脫・睦仁雄起・重溟洞開・之數君者・類皆從諫若轉圜・用賢如不及・紆貴降尊・折衝於樽俎之上・鼎新革故・置民於枕簟之中・故雷霆震驚・不崇朝而沃野千里矣・

我中國幅員廓張・四十倍於日・民物蕃殖・四倍於俄・握鴻圖・孕八荒・開闢以來・推爲雄長・倘以彼得維廉之智・繩以立憲・維新之法・則一統元化・不旋踵而立見矣・誰復借端起釁・而甘爲戎首也哉・故曰・强者制人・弱者制於人・履霜堅冰・非一朝一夕之故也・

湯君覺頓・瞭於此義・爰取日人所誌鴉片戰爭者・譯成一書・夫亦曰・度在身・稽在人・庶不至如國史之鋪張揚厲云爾・

編者按：此文轉錄自冼玉清女士所輯近代廣東文鈔稿・飲冰室文集未見收錄・

民國財政史序

論語監二代・荀卿法後王・法制之因革損益視乎史・信有然矣・吾國古籍言財政者・莫備於周官・冢宰掌國用之大柄・以九賦斂財賄・以九式節財用・掌財會財・各有專職・而出納準焉・嗣是以後・漢設主計・唐設度支・宋設會計・明設黃冊・清設估冊銷冊・莫不具備名色物數・通天下出納之額・列之篇章・表示當世・既便鉤稽・並資考鏡・陳編具在・亦得失之林矣・民國成立後・國用益繁・制度之變更益數・詎可無所記載・以詔我國人哉・陽湖惲子居氏有言・三代以上・民養生之事未備・故以能生民養民者爲善政・三代以後・民養生之事已備・故聽民之自生自養・而以不擾之者爲善政・然自晚近以來・海禁大開・情勢驟變・蓄養民力・尤爲急務・保育行政日益繁・政費日益鉅・而取財之道・當以人民納稅之力爲度・取之無藝・民將受困・是所課之稅・又須公平普及・不可稍涉苛擾・惲子所謂生養之方・與不擾之政・在今日尤宜兼營而並籌焉・古之爲政也簡・今之爲政也繁・簡則易理・繁則易棼・勢使然也・欲探討紬繹・察往以知來・則史尚矣・今日之財政・由古代遞嬗而成・或數百

年一大變・或數十年一小變・其間興革利病之源・有史焉以資觀覽・乃可取鑑往事・徐圖革新・猶之醫者治疾・必洞見本源・而後可以施治・非貿然下藥所得奏功也・故學鑽財政者・必以史為經緯・方能若網在綱・權衡益當・不致因變遷之繁賾・怵於目・駭於心・而中無所主・則財政史之作・尚可以一日緩歟・

夫國家一切政治・其舉之也・罔不需財・故不論任何職司・苟於財政茫無所知・則終末由以善其事・或不量財力所及・而妄事興作・或不明富源所在・而坐廢不舉・兩者有一於此・國遂緣以病矣・又不徒職官而已也・國與民原屬一體・人民能明國家財政情形・則各項租稅・自可踴躍輸將・不愆厥期・且自國會而省會・而縣會・聚羣彥於一堂・各因其職・而於財政有所獻替・苟原委未明・則建白曷由得當・故凡為國民・均應具財政常識・如布帛粟菽之不可須臾離也・雖然・官與民固應具財政常識矣・而所謂財政常識者何歟・簡言之・即洞明近時財政概要・及將來整理之方針是也・

賈君果伯・久參曹政・欲以近世財政實相・餉遺於社會・於是蒐集比年來內外財政之沿革・排比詮次・抉菁華・吐糟粕・撰為民國財政史一書・索余序而行之・往余嘗以國民宜求財政常識・著論以告當世・良欲使上自執政・下逮氓庶・莫不深悉財政綱要・以為他日整頓財務計劃之信券・今得賈君是編而讀之・所謂人人應備之財政常識・一開卷而盡羅於目・豈僅國政隱受其益・抑社會實利賴焉・故樂為之序云・民國六年二月新會梁啟超序・

曾剛父詩集序

剛父之詩凡三變・蚤年近體宗玉谿・古體宗大謝・峻潔遒麗・芳馨悱惻・時作幽咽淒斷之聲・使讀者醰醰如醉・中年以降・取徑宛陵・摩壘后山・斲彫為樸・能皺能折能瘦能澀・然而腴思中含・勁氣潛注・異乎貌襲江西・以獰態向人者矣・及其晚歲・直湊淵微・妙契自然・神與境會・所得往往入陶柳聖處・生平於詩不苟作・作必備極錘鍊・鍊辭之功什二三・鍊意之功什八九・洗伐糟魄・至於無復可洗伐・而猶若未饜・所存者則光晶炯炯・驚心動魄・一字而千金也・故為詩數十年・而手自寫定者僅此・孟子曰誦其詩不知其人可乎・善讀剛父詩者・蓋可以想其為人・抑得其為人・然後其所以為詩者乃益可見也・

剛父與物無競・而律己最嚴・自出處大節・乃至一話一言之細・靡不以先民為之法程・從不肯藉口於俗人所即安者・降格焉以自恕・其於事有所不為也・於其所當為者・及所可為者・則為之不厭・且常精力彌滿以赴之・以求其事之止於至善・不屑不潔・其天性也・顧未嘗立崖岸焉以翹異於衆・而世俗之穢累・自不足以入之・其擇友至嚴峻・非心所期許者弗與親也・其所親者・則摯愛久敬・如其處父母昆弟之間者然・壹以眞性情相見・當其盛年・執掌度支・起曹郎迄卿貳・歷二紀餘・綜理密微・一部之事皆取辦・蓋在淸之季・諳悉食貨掌故・能究極其利病癥結也・舍剛父無第二人・及淸鼎潛移・則於遜位詔書未下之前一日・毅然致其仕而去・蓋稍一濡滯・忽已處於致無可致之地・獨先機以自

梁啟超

潔・如彼其明決也・鼎革之際・神姦張轂以弄一世才智之士・彼固夙知剛父・則百計思所以縻之・剛父不惡而嚴・巽詞自免・而凜然示之以不可辱・

自剛父之在官也・俸入外既一介不取・且常以所儉蓄者周卹婣族・急朋友之難・故去官則無復餘財以自活・剛父泊然安之・斥賣其所藏圖籍畫書陶瓦之屬以易米・往往不得宿飽・而斗室高歌・不怨不尤不歆不畔者十五年・嗚呼・剛父之所蘊蓄以發而爲詩者・其本原略如此・昔太史公之序屈子也・曰其志潔・故其稱物芳・蟬蛻於濁穢・以浮遊塵埃之外・喻此志也・可以讀剛父之詩矣・

剛父長余六歲・其舉鄉試・於余爲同年・余計偕京師・日與剛父游・時或就其所居之潮州館共住・每瀹茗譚藝・達夜分爲常・春秋佳日・輒策蹇並轡出郊外・攬翠微潭柘之勝・謂此樂非褦襶子所能曉也・甲午喪師後・各憂傷憔悴・一夕對月坐碧雲寺門之石橋・語國事相抱慟哭・既而余南歸・剛父送以詩・曰前路殘春亦可惜・柳條藤蔓有啼鶯・又曰他年獨自親調馬・愁見山花故故紅・念亂傷離・惻然若不能爲懷也・余亡命十餘年而歸・歸後屢值世難・不數數相見・剛父雖謝客・顧以余爲未汩於世俗也・視之日益親・

去歲六月剛父六十生日・余造焉・甫就坐・則出一卷相屬・曰手所寫詩・子爲我定之・余新病初起・療於海濱・將以歸後卒讀而有所論列・歸則剛父病已深・不復能相譚笑矣・剛父既沒・余與葉玉虎暨二三故舊襄治其喪・玉虎曰・此一卷者・剛父精神寓焉・且手澤也・宜景印以傳後・子宜爲序・乃序如右・剛父諱習經・亦號蟄庵居士・潮之揭陽人・光緒己丑舉人・庚寅進士・起家戶部主事・歷官至度支部左丞・卒時年六十・其卒後一年・歲在丁卯三月之望・新會梁啓超序・

陳子礪勝朝粵東遺民錄

東莞陳子礪編修伯陶撰・子礪在晚清・仕至江蘇提學使・鼎革後不復出・賃廡九龍・自號九龍眞逸・書成於民國四年乙卯・勝朝指前明・子礪爲清遺民・宣統猶在・不忍亡清・故目明曰勝朝・晚明風節之盛冠前史・而浙中及吾粵節士又冠他省・浙士得全謝山表章・誦芬不衰・而粵顧闇然・繼今以往・且曶沒矣・子礪悉心鈎攷・於方志佚集中得二百九十餘人・以縣爲次・自其行誼以至著述目錄・靡不具載・搜采至博而斷制至嚴・可謂良史矣・末附陳文忠張文烈陳忠愍三行狀・忠愍狀爲獨漉撰・文烈狀爲屈翁山撰・文忠狀失撰人名氏・三狀之辭・皆多爲明史所不具者・文烈狀尤瑰特・能傳其人・癸亥臘不盡十日記・

吾二十六七年前・習與子礪游・見其人温温若無所試・於帖括外亦不甚治他學・未嘗敬之也・不意其晚節皭然不滓如此・且盡力鄉邦文獻・巋然不媿古作者之林・不讀此書・幾失吾友矣・又識・

跋周印昆藏左文襄書牘

左文襄公書牘三冊・皆公上其外姑周太君及致其妻弟汝充汝光兩先生者也・公歿後三十餘年・汝光先生之孫印昆・始搜綴裝池之・自寶襲焉・且以遺子孫・啓超謹按公微時館

甥於周者且十歲．其間常計偕如京師．授學陶文毅家．撫其孤．理其產．後乃入駱文忠幕．漸與聞家國事矣．而筠心夫人猶依母而居．諸女公子亦育於外氏．故公與周氏昆弟．分雖姻亞．而愛厚過骨肉．其事周母若母也．

此三冊者則當時十餘年間所與往復也．其間以學業相砥礪以功名相期許者．固往往概見．而其泰半乃家人語．謀所以治生產作業．計農畜出入至纖悉．蓋文襄自始貧無立錐地．其儼然成家室無恤飢寒．自此時也．

昔劉玄德論人物．以爲求田問舍爲陳元龍所羞．而躬耕之孔明．則三顧之．抑何以稱焉．吾又嘗讀曾文正家書其訓厲子弟以治生產作業計農畜出入至纖悉．殆更甚於左公書．又何以稱焉．蓋恆產恆心之義．豈惟民哉．士亦有然．士不至以家計攖慮．乃可以養廉．可以壹志恃太倉之米以自贍畜者．其於進退之間．既鮮餘裕矣．印昆與啓超同生亂世．不能爲畸處巖穴之行．寒苦蕰廪．而以任天下事自解嘲．其視昔賢所以善保金玉者何如哉．吾跋斯册．而所感若此．後之覽者．亦可以知其世也．甲寅七月．

萬木草堂小學學記

梁啟超

啓超居上海．雙遣先生使其子以東來就學．且告啓超曰．今日中國之敝．人才乏也．人才之乏．不講學也．吾子日言變法．如捕風．如說食．爲裨幾何．吾子盍抗顏而講焉．啓超瞿然曰．啓超四庫之籍．百不窺一．五洲之域．遊夢未及．將終其身爲學僮．猶懼不殖．遑言講學．雙遣曰．雖然．子其演子之所學．有可以誨以東者而述焉．於是略依南海先生長興學記．演其始教之言以相語也．啓超記．

立志　孔子曰．天下有道．某不與易也．佛言不普度衆生．誓不成佛．伊尹思天下之民．有匹夫匹婦不被堯舜之澤者．若己推而納諸溝中．孟子如欲平治天下．當今之世．舍我其誰也．其志嘐嘐．先聖所取．朱子謂惟志不立．天下無可爲之事．學者當思國之何以弱．教之何以衰．種之何以微．衆生之何以苦．皆由天下之人．莫或以此自任也．我徒知責人之不任．則盍自任矣．論語曰．志於仁．又曰．仁以爲己任．學者苟無志乎此．則凡百學問皆無着處．先立乎其大者．則其小者不能奪．此志既定．顛撲不破．讀一切書．行一切事．皆依此宗旨．自無罣礙．自無恐怖．

養心　孔子自得之學．在從心所欲．孟子自得之學．在不動心．後人言及心學．輒指爲逃禪．此大誤也．天下學問．不外成己成物二端．欲求成己．而不講養心．則眼耳鼻舌身意根塵相引．習氣相熏．必至墮落．欲求成物而不講養心．則利害毀譽稱譏苦樂．隨在皆足以敗事．故養心者．學中第一義也．養心有二法門．一曰靜坐之養心．二曰遇事之養心．學者初學．多屬伏案之時．遇事蓋少．但能每日靜坐一二小時．求其放心．常使清明在躬．志氣如神．夢劇不亂．寵辰不驚．他日一切成就．皆基於此．毋曰迂遠云也．

讀書　今之方領矩步者．無不以讀書自命．然下焉者溺帖括．中焉者騖詞章．上焉者困考據．勞而無功．博而寡要．徒斲人才．無補道術．今之讀書．當掃除莽榛．標舉大義．專求致用．靡取駢枝．正經正史．先秦諸子．西來羣學．凡此諸端．分日講習．定其旨趣．擷其精華．自餘羣書・皆供涉獵・凡有心得・以及疑難・皆爲劄記・至其先後次第・余有讀書分月課程・讀西學西法兩者・皆昔答門人問之作・雖粗淺已甚・亦初學之塗徑也・

窮理　法必變・所以立之故不變・六經諸子・古者皆謂之道術・蓋所以可貴者・惟其理也・故曰・法先王者法其意・西人自希臘昔賢・即講窮理・積至近世・愈益昌明・究其致用有二大端・一曰定憲法以出政治・二曰明格致以興藝學・輓近公理之學盛行・取天下之事物・古人之言論・皆將權衡之・量度之・以定其是非・審其可行不可行・蓋地球大同太平之治・殆將萌芽矣・學者苟究心此學・則無似是而非之言・不爲古人所欺・不爲世法所撓・夫是之爲實學・若夫孟子所謂深造自得・左右逢源・又其大成之事也・

經世　莊子曰・春秋經世先王之志・爲學而不以治天下爲事・其學焉果何爲矣・故胡安定有治事之齋・而西人最重政治・學院上依人理・下切時務・窮則建言・達則任事・此其爲學・具有專門・非可枵腹抵掌摭尋撰之說・以言經濟也・顧亭林曰・天下興亡・匹夫之賤・與有責焉・范文正做秀才時便以天下爲己任・後世此義不明・即好學之士・亦每以獨善其身爲主義・而世變益莫之振救・不知棟折榱崩・其誰能免・即不念大局・獨不思自保耶・

傳教　孔子作制立法・作六經以治萬世・皜皜乎不可尚矣・乃異道來侵・輒見篡奪・今景教流行・挾以國力・奇悍無倫・而吾教六經舍帖括命題之外・誦者幾絕・他日何所恃而不淪胥哉・雖然・中庸之述祖德・則曰施及蠻貊・春秋之致太平・則曰大小若一・聖教之非直不亡・而且將益昌・聖人其言之矣・記曰・其人存・則其政舉・佛教耶教之所以行於東土者・有傳教之人也・吾教之微・無傳之人也・教者國之所以受治・民之所以託命也・吾黨丁此世變・與聞微言・當浮海居彝・共昌明之・非通羣教・不能通一教・故外教書之亦不可不讀也・

學文　詞章不能謂之學也・雖然・言之無文・行之而不遠・說理論事・務求透達・亦當厝意・若夫駢儷之章・歌曲之作・以娛魂性・偶一爲之・毋令溺志・西文西語・亦附此門・

衞生　張而不弛・文武不能・西人百業・皆有安息・七日來復・大易同之・學貴以時・無使勞頓・更習體操・以練筋膚・

譚嗣同傳

譚君字復生・又號壯飛・湖南瀏陽縣人・少倜儻有大志・淹通羣籍・能文章・好任俠・善劍術・父繼洵・官湖北巡撫・幼喪母・爲父妾所虐・備極孤孽苦・故操心危・慮患深・而德慧術智・日增長焉・弱冠從軍新疆・遊巡撫劉公錦棠幕府・劉大奇其才・將薦之於朝・會劉以養親去官・不果・自是十年・來往於直隸・新疆・甘肅・陝西・河南・湖南・湖北・江蘇・安徽・浙江・臺灣各省・察視風土・物色豪傑・然終以巡撫君拘謹・不許遠遊・未能盡其四方之志也・自甲午戰事後・益發憤提倡新學・首在瀏陽設一學會・集同志講求摩厲・實爲湖南全省新學之起點焉・

時南海先生方倡强學會於北京及上海・天下志士走集應

和之·君乃自湖南溯江下上海·游京師·將以謁先生·而先生適歸廣東·不獲見·余方在京師强學會任記纂之役·始與君相見·語以南海講學之宗旨·經世之條理·則感動大喜躍·自稱私淑弟子·自是學識更日益進·時和議初定·人人懷國恥·士氣稍振起·君則激昂慷慨·大聲疾呼·海內有志之士·覩其丰采·聞其言論·知其爲非常人矣·

以父命·就官爲候補知府·需次金陵者一年·閉戶養心讀書·冥探孔佛之精奧·會通羣哲之心法·衍繹南海之宗旨·成仁學一書·又時時至上海·與同志商量學術·討論天下事·未嘗與俗吏一相接·君常自謂作吏一年·無異入山·時陳公寶箴爲湖南巡撫·其子三立輔之·慨然以湖南開化爲己任·丁酉六月黃君遵憲適拜湖南按察吏之命·八月徐君仁鑄又來督湘學·湖南紳士□□□·□□□·□□□等蹈厲奮發提倡·桑梓志士漸集于湘楚·陳公父子與前任學政江君標乃謀大集豪傑于湖南·並力經營·爲諸省之倡·於是聘余及□□□·□□□等爲學堂教習·召□□□歸練兵·而君亦爲陳公所敦促·即棄官歸·安置眷屬於其瀏陽之鄉·而獨留長沙·與羣志士辦新政·於是湖南倡辦之事·若內河小輪船也·商辦礦務也·湘粵鐵路也·湘粵鐵路也·時務學堂也·武備學堂也·保衞局也·南學會也·皆君所倡論擘畫者·而以南學會最爲盛業·設會之意·將合南部諸省志士聯爲一氣·相與講愛國之理·求救亡之法·而先從湖南一省辦起·蓋實兼學會與地方議會之規模焉·地方有事·公議而行·此議會之意也·每七日大集衆而講學·演說萬國大勢·及政學原理·此學會之意也·於時君實爲學長·任演說之事·每會集者數百人·君慷慨論天下事·聞者無不感動·故湖南全省風氣大開·君之功居多·

今年四月定國是之詔既下·君以學士徐公致靖薦·被徵·適大病不能行·至七月乃扶病入覲·奏對稱旨·皇上超擢四品卿銜·軍機章京·與楊銳·林旭·劉光第同參預新政·時號爲軍機四卿·參預新政者·猶唐·宋之參知政事·實宰相之職也·皇上欲大用康先生·而上畏西后·不敢行其志·數月以來·皇上有所詢問·則令總理衙門傳旨·先生有所陳奏·則著之於所進呈書之中而已·自四卿入軍機·然後皇上與康先生之意始能少通·銳意欲行大改革矣·而西后及賊臣忌益甚·未及十日而變已起·初君之始入京也·與言皇上無權西后阻撓之事·君不之信·及七月二十七日皇上欲開懋勤殿·設顧問官·命君擬旨·先遣內侍持歷朝聖訓授君·傳上言·謂康熙·乾隆·咸豐三朝有開懋勤殿故事·令查出·引入上諭中·蓋將以二十八日親往頤和園請命西后云·君退朝·乃告同人曰·今而知皇上之眞無權矣·至廿八日·京朝人人咸知懋勤殿之事·以爲今日諭旨將下·而卒不下·於是益知西后與帝之不相容矣·

二十九日皇上召見楊銳·遂賜衣帶詔·有朕位幾不保·命康與四卿及同志速設法籌救之詔·君與康先生捧詔慟哭·而皇上手無寸柄·無所爲計·時諸將之中·惟袁世凱久使朝鮮·講中外之故·力主變法·君密奏請皇上結以恩遇·冀緩急或可救助·詞極激切·八月初一日上召見袁世凱·特賞侍郎·初二日復召見·初三日夕·君徑造袁所寓之法華寺·直詰袁曰·「君謂皇上何如人也·」袁曰·

「曠代之聖主也·」君曰·「天津閱兵之謀·君知之乎·」袁曰·「然·固有所聞·」君乃直出密詔示之曰·「今日可以救我聖主者·惟在足下·足下欲救則救之·」又以手自撫其頸曰·苟不欲救·請至頤和園首僕而殺僕·可以得富貴也·」袁正色厲聲曰·「君以袁某爲何如人哉·聖主乃吾輩所共事之主·僕與足下同受非常之遇·救護之責·非獨足下·若其所教·僕固願聞也·」君曰·「榮祿密謀·全在天津閱兵之舉·足下及董聶三軍·皆受榮所節制·將挾兵力以行大事·雖然·董聶不足道也·天下健者惟有足下·若變起·足下以一軍敗彼二軍·保護聖主·復大權·清君側·肅宮廷·指揮若定·不世之業也·」袁曰·「若皇上于閱兵時·疾馳入僕營·傳號令以誅奸賊·則僕必能從諸君子之後·竭死力以補救·」君曰·「榮祿遇足下素厚·足下何以待之·」袁笑而不言·袁幕府某曰·「榮賊並非推心待慰帥者·昔某公欲增慰帥兵·榮曰·「漢人未可假大兵權·蓋向來不過籠絡耳·」即如前年胡景桂參劾慰帥一事·胡乃榮之私人·榮遣其劾帥·而己查辦·昭雪之以市恩·既而胡即放寧夏知府·旋陞寧夏道·此乃榮賊心計險極之處·慰帥豈不知之·」君乃曰·「榮祿固操莽之才·絕世之雄·待之恐不易易·」袁怒目視曰·「若皇上在僕營·則誅榮祿如殺一狗耳·」因相與言救上之條理甚詳·袁曰·「今營中槍彈火藥皆在榮賊之手·而營哨各官亦多屬舊人·事急矣·既定策·則僕須急歸營·更選將官·而設法備貯彈藥·則可也·」乃叮嚀而去·時八月初三夜漏三下矣·

至初五日袁復召見·聞亦奉有密詔云·至初六日變遂發·時余方訪君寓·對榻坐上·有所擘畫·而抄捕南海館（康先生所居也）之報忽至·旋聞垂簾諭·君從容語余曰·昔欲救皇上·既無可救·今欲救先生·亦無可救·吾已無事可辦·惟待死期耳·雖然·天下事知其不可而爲之·足下試入日本使館·謁伊藤氏·請致電上海領事而救先生焉·余是夕宿於日本使館·君竟日不出門·以待捕者·捕者既不至·則於其明日入日本使館與余相見·勸東游·且攜所著書及詩文辭稿本數冊·家書一篋托焉·曰·「不有行者·無以圖將來·不有死者·無以酬聖主·今南海之生死未可卜·程嬰杵臼·月照西鄉·吾與足下分任之·」遂相與一抱而別·初七·八·九三日·君復與俠士謀救皇上·事卒不成·初十日遂被逮·被逮之前一日·日本志士數輩苦勸君東遊·君不聽·再四强之·君曰·「各國變法·無不從流血而成·今中國未聞有因變法而流血者·此國之所以不昌也·有之請自嗣同始·」卒不去·故及於難·君既繫獄·題一詩於獄壁曰·「望門投宿思張儉·忍死須臾待杜根·我自橫刀向天笑·去留肝膽兩崑崙·」蓋念南海也·以八月十三日斬於市·春秋三十有三·就義之日·觀者萬人·君慷慨神氣不少變·時軍機大臣剛毅監斬·君呼剛前曰·「吾有一信·」剛去不聽·乃從容就戮·嗚呼·烈矣·

君資性絕特·於學無所不窺·而以日新爲宗旨·故無所沾滯·善能舍己從人·故其學日進·每十日不相見·則議論學識必有增長·少年曾爲考據箋注金石刻鏤詩古文辭之學·亦好談中國古兵法·三十歲以後·悉棄去·究心泰西天文·算術·格致·政治·歷史之學·皆有心得·又究心宗教·當

君之與余初相見也．極推崇耶氏兼愛之教．而不知有佛．不知有孔子．既而聞南海先生所發明易春秋之義．窮大同太平之條理．體乾元統天之精意．則大服．又聞華嚴性海之說．而悟世界無量．現身無量．無人無我．無去無住．無垢無淨．舍救人外．更無他事之理．聞相宗識浪之說．而悟衆生根器無量．故說法無量．種種差別．與圓性無礙之理．則益大服．自是豁然貫通．能滙萬法爲一．能衍一法爲萬．無所罣礙．而任事之勇猛亦益加．

作官金陵之一年．日夜冥搜孔佛之書．金陵有居士楊文會者．博覽教乘．熟於佛故．以流通經典爲己任．君時時與之遊．因得偏窺三藏．所得日益精深．其學術宗旨．大端見於仁學一書．又散見于與友人論學書中．所著書仁學之外．尙有寥天一閣文二卷．莽蒼蒼齋詩二卷．遠遺堂集外文一卷．箚記一卷．興算學議一卷．已刻思緯吉凶臺短書一卷．壯飛樓治事十篇．秋雨年華館叢脞書四卷．劍經衍葛一卷．印錄一卷．並仁學皆藏於余處．又政論數十篇．見於湘報者．及與師友論學論事書數十篇．余將與君之石交□□□．□□□．□□□等共搜輯之．爲譚瀏陽遺集若干卷．其仁學一書．先擇其稍平易者．附印清議報中．公諸世焉．君平生一無嗜好．持躬嚴整．面稜稜有秋肅之氣．無子女．妻李閏．爲中國女學會倡辦董事．

論曰．「復生之行誼磊落．轟天撼地．人人共和．是以不論．論其所學．自唐宋以後呫畢小儒．徇其一孔之論．以謗佛毀法．固不足道．而震旦末法流行．百數年來宗門之人．躭樂小乘．墮斷常見．龍象之才．罕有聞皆以爲佛法者．清淨而已．寂滅而已．豈知大乘之法．悲智雙修．與孔子必仁且智之義．如兩爪之相印．惟智也．故知即世間即出世間．無所謂淨土．即人即我．無所謂衆生．世界之淨外無土．衆生之外無我．故惟有舍身以救衆生．佛說我不入地獄．誰入地獄．孔子曰．「吾非斯人之徒與而誰與．天下有道．丘不與易．」故即智即仁焉．既思救衆生矣．則必有救之之條理．故孔子治春秋．爲大同小康之制．千條萬緒．皆爲世界也．爲衆生也．舍此一大事．無他事也．華嚴之菩薩行也．所謂誓不成佛也．春秋三世之義．救過去之衆生．與救現在之衆生．救現在之衆生與救將來之衆生．其法異而不異．救此土之衆生．與救彼土之衆生．其法異而不異．救全世界之衆生．與救一國之衆生．救一人之衆生．其法異而不異．此相宗之唯識也．因衆生根器各各不同．故說法不同．而實法無不同也．既無淨土矣．既無我矣．則無我希戀．無所罣礙．無所恐怖．夫淨土與我且不愛矣．復何有利害毀譽稱苦樂之可以動其心乎．故孔子言不憂不惑不懼．佛言大無畏．蓋即仁即智即勇焉．通乎此者．則游行自在可以出生．可以入死．可以仁．可以救衆生．」

嘉應黃先生墓志銘

國家自甲午喪師以後．勢益不競．謀國者尙泄泄未知改圖．獨德宗皇帝大奮神斷．明詔天下改變百度．而是時各行省大吏奉行詔書最力者．惟湖南巡撫義寧陳公寶箴．而相與助其成者．則嘉應黃先生公度也．先生時方任湖南鹽法道署理按察使．與陳公戮力殫精．朝設而夕施．綱舉而目張．而

梁啟超

其尤爲先生精心所措注者・則曰保衛局・保衛局者・略仿外國警察之制・而凡與民利民瘼相麗・爲一方能力所能自舉者悉統焉・擇其鄉邑之望分任之・而吏董其成・創布之初・民頗疑駴・後乃大驩・先生方欲推布一切・以圖久遠・而朝局變・黨禍起・先生與陳公得罪而去・而天下事益不可爲・嗟乎・古有以一人之用舍・係一國之興亡者・觀於先生其信之矣・

先生諱遵憲・世爲嘉應州人・曾父諱某祖諱某贈某官・父諱某廣西候補知府・以先生貴・贈某官・先生以拔貢生中式光緒二年・順天鄉試舉人・起家知縣・歷官四十年・有小大久暫之不同・而皆舉其職・

嘗爲日本使館參贊矣・日本方縣我琉球・且覬及朝鮮・先生告使者乘彼謀未定・先發制之・具牘數千言・陳利害甚悉・東人至今誦之・而當事不省・不二十年・二屬遂相繼不保・

嘗爲英之新嘉坡美之舊金山總領事矣・美人嫉吾民之僑彼境者・蓄志擯之・先生既以先事禦之之謀告其上而不用・迺盡其力所能及以爲捍衛・美政府嘗藉口衛生・繫吾民千數・先生數語捭闔而脫之・且責償焉・

吾嘗遊美洲・去先生爲領事時二十餘年矣・而吾民尚稱道此事不容口・先生居外國久・於其上情形內外形勢・洞幽察隱・故凡有所應付・莫不迎刃而解・而大吏亦稍稍知先生能外交・故每以事相屬・江鄂四省教案積數十起・連十數年・文牘盈尺・莫能斷結・及先生受委・則浹月而決之・教士撟舌而不敢爭・

異時沿江沿海劃地爲市租借外旅・名曰租界・始事者昧於國際法・於界內與以治外法權・喪威失權・悔不可追・先生恫之・值甲午之役・約以蘇州杭州兩處爲租界予日本・授受之際・先生適主其事・乃曰蘇杭腹地・非江海口岸比・因議自營市政・凡所以便外旅者纖悉備至・而獨於治外法權則靳焉・日本主者莫能難也・殆畫諾矣・適有以蜚語相中者・謂先生受外賄爲他人計便安・約遂廢・而日本亦撤其使歸・兩國同以此事譴其使・而天下萬國則謂日本之擧・爲計獨得也・

先生雖以外交知名當世・然兩受使命皆中沮・光緒二十一年奉旨入覲・以道員帶卿銜授出使大臣駐德國・時德人方圖膠州・憚先生來・折其機牙・迺設詞以撼我政府・卒尼其行・光緒二十四年・復以三品京堂候補充出使日本大臣・時先生方解湖南按察使任・養疾上海・淹留未行・而黨禍卒起・緹騎繞先生室者兩日・幾受羅織・事雖得白・使事亦解・先生遂歸田里・光緒三十一年二月二十三日以疾卒於家・

嗚呼・以先生之明於識・練於事・忠於國・使稍得藉手・其所措施・豈可限量・而乃使之浮沉於羣吏之間者且數十年・晚遭際會・似可稍展其所蘊矣・而事變忽起・所志終不遂・且乃憂讒畏譏・流離失職而死・此豈天之所爲耶・

先生讀書有精識遠見・不囿於古・不徇於今・嘗思成一家言・曰演孔篇・未成・而所成之日本國志四十卷・當吾國二十年以前・羣未知日本之可畏・先生此書則已言日本維新之效・成則霸・而首受其衝者爲吾中國・及後而先生之言盡

驗・以是人尤服其先見・先生爲文章務取暢達・不苟爲夸飾・至其爲詩・則精思渺慮・盤礴而莫測其際・平生所作逾千首・自裒集得六百首・曰人境廬詩集・自其少年・稽古學道・以及中年閱歷世事・暨國內外名山水與其風俗政治形勢土物・至於放廢而後・憂時感事・悲憤伊鬱之情・悉託之於詩・故先生之詩・陽開陰闔・千變萬化・不可端倪・於古詩人中獨具境界・先生娶葉氏・誥封人・子四人・曰晁・曰鼎崇・曰履剛・曰璇泰・履剛早殤・女子二・適鍾・適梁・先生之卒也・晁方隨節日本・奔喪歸・旋以毀卒・某年某月鼎崇璇泰始奉其喪葬於某原・先生之從弟曰遵庚以請銘・且曰先兄志也・某以弱齡得侍先生・惟道惟義・以誨以敎・獲罪而後・交親相棄・亦惟先生咻噢振厲・拳拳懇懇・有同疇昔・先生前卒之一歲・詒書某曰・國中知君者無若我・知我者無若君・然則某雖不文・又安敢辭・

番禺湯公墓誌銘

公諱叡・字覺頓・其先籍浙之諸暨・祖嘉信・父世雄・母王氏・生母蔡氏・昆弟姊妹六・公其四也・父宦廣東・因家焉・故又爲番禺人・公幼從長兄輔淸讀・有奇氣・嗜文藝・抗世希古・年十七・學於南海康先生・從事古聖賢所以治身經世者・戊戌變作・公急師友難・間關涉海外・與啓超相依爲命十餘年・以其間研治當世學術政聞・於生計學尤邃・著述論列十數萬言・學者宗之・民國建・公嘗任中國銀行總裁・當時國中未有能治銀行者・公草創經畫・一年有奇・而規模大成・所陶養人才尤衆・後此斯業漸廓・及斯界多克自樹立之士・半食公賜也・民國三四年之交・袁世凱叛國儆露・公毅然棄職・奉母隱津門・衣食不給・鬻文字供菽水・怡怡如也・

帝制議興・公與啓超及邵陽蔡公鍔等謀討賊・公於事理最縝密・大計多取決焉・蔡公旣以護國軍起滇南・轉戰巴蜀・公與啓超先後入桂・以大義動桂帥陸榮廷・用其軍與蔡軍犄角・時龍濟光方據粵・受僞命爲親王・公曰・「粵不定則賊不滅・吾當以血誠濟此艱鉅・」孑身詣廣州・爲濟光譬陳利害一晝夜・卒挾粵獨立・羣賊不慊公・陰圖之・翌日議善後於海珠・濟光以其衆衷甲示威・公無所葸・力排紛難・辭甚苦・未及半而難作・兇賊顏啓漢・濟光部將也・首實彈狙公・中顱・公仆・南海王公廣齡・新會譚公學夔・相繼遇害・時民國五年四月十二日・實夏曆三月十日也・公年三十有九・護國之役・儕輩中志節卓犖才智瑰特之士以身殉者十數・公罹毒最先亦最烈・自公以桂粵討賊・袁世凱始震懾・自黜帝號・公成仁後兩月・世凱亦慚恚死・公報國之志固遂・然人亡而邦既瘁矣・

公有至性・事母常作孺子慕・趨朋友之急若其私・自奉刻苦・取與綦嚴・治事綜覈持大體・治學好爲綿邈之思・善屬文・尤工筆札・又常爲小詞寫幽怨・顧成輒棄之・世無傳焉・夫人梁氏・早世・繼室以其妹・生子衍端衍明・女衍同衍齡・梁夫人以母太夫人老矣・不敢以變聞・並羣雛亦勿使知・夜啜泣・晨興盥洗奉母色笑・而以義方鞠遺孤・於今六年矣・公忠骸權厝廣州某寺・粵比多難・未正窀穸・民國十一年十二月・粵人士始克以公葬之禮葬公於斯原・嗚呼・公

固爲國死．亦爲啓超死也．啓超雖不文．無以狀公德業於萬一．然於茲銘安敢辭．銘曰．

包胥力能復楚．魯連義不帝秦．功在天下．而災逮其身．是之謂志士仁人無求生以害仁．百世之下．將亦有感於斯文．

南海先生七十壽言

梁啟超

歲丁卯二月五日實我本師南海康先生七十生日．上距廣州長興里萬木草堂設教伊始三十有七年矣．同學著籍者徧天下．咸思所以爲先生壽．其最初受業於門者及游宦於京邑者若而人則胥謀命啓超爲之辭．啓超竊惟先生思以道援天下溺．惻惻焉數十年如一日．顧竟不得所藉手至於今．而世變愈棘．夷狄禽獸．交於中國．四民慘悴顚沛．不可終日．先生蓋盡然憂傷．其不能一日展眉以爲歡也．雖然．先生有天游焉．終日行不離輜重．而神明乃栖息乎方之外．以故一生所歷勞苦患難．非恆人所堪．而常能無入而不自得．古之眞人．蓋有入水不濡．入火不熱．壽不知其幾．而顏色常如嬰兒者．孔子有言．智者樂．仁者壽．先生惟仁也故有終身之憂．惟智也故不改其樂．仁且智故樂而壽．正惟弟子不能及也．先生之功在國家．與其學術之開拓千古．若悉說之將累萬言不能盡．吾儕今日求所以樂先生者．請語草堂之樂以爲樂可乎．

吾儕之初侍先生於長興也．徒侶不滿二十人．齒率在十五六乃至十八九之間．其弱冠以上者裁二三人耳．皆天眞爛漫．而志氣堪踔向上．相愛若昆弟．而先生視之猶子．堂中有書藏．先生自出其累代藏書置焉．有樂器庫．先生督製琴竽干戚之屬略備．先生每逾午則升坐講古今學術源流．每講輒歷二三小時．講者忘倦．聽者亦忘倦．每聽一度．則各各歡喜踴躍．自以爲有所創獲．退省則醰醰然有味歷久而彌永也．嚮晦則燕見．率三四人入室旅謁．亦時有獨造者．先生始則答問．繼則廣譚．因甲起乙．往往遂及道術．至廣大至精微處．吾儕始學耳．能質疑獻難者蓋尠有之．則先生大樂益縱．而所以誨之者益豐．每月夜吾儕則從游焉．粵秀山之麓．吾儕舞雩也．與先生或相期或不相期．然而春秋佳日．三五之夕．學海堂菊坡精舍紅棉草堂鎭海樓一帶．其無萬木草堂師弟蹤跡者蓋寡．每游率以論文始．既乃雜遝泛濫於宇宙萬有．芒乎沕乎．不知所終極．先生在則拱默以聽．不在則主客論難鋒起．聲往往振林木．或聯臂高歌．驚樹中栖鴉拍拍起．於戲．學於萬木．蓋無日不樂．而此樂最殊勝矣．

先生著新學僞經考方成．吾儕分任校讎．其著孔子改制考及春秋董氏學則發凡起例詔吾儕分纂焉．吾儕坐是獲所啓發．各斐然有述作之志．其著大同書．覃思獨造．莫能贊一辭．然每發一義．未嘗不擇其可語者相與商搉．陳禮吉曹著偉其最有異聞者也．抑先生雖以樂學教吾儕乎．然每語及國事杌隉．民生憔悴．外侮憑陵．輒慷慨欷歔．或至流涕．吾儕受其教則振蕩怵惕．懍然於匹夫之責而不敢自放棄自暇逸．每出則舉所聞以語親戚朋舊．強聒而不舍．流俗駭怪指目之．謚曰康黨．吾儕亦居之不疑也．自長興以後．而鄺家祠．而府學宮．從游者歲增．動至數百千人．雖得朋日豐．而親炙之時日不能徧給．樂稍替矣．

既而公車上書・强學會・戊戌政變以迄今日・忽忽三十年・先生轉徙海外之日强半・吾儕相從於患難中・其間零落彫謝・不一二數・今先生七十・吾儕亦皆垂垂老矣・各牽於人事・或經數歲不得合幷・然每一侍坐・則先生譚興之豪・與撫愛之切摯・壹不減長興時・吾儕深慶事先生之日方長・而所以鼓舞之使靖獻於天下國家者・正未有艾也・今國事誠有大不忍言者存・然剝極之後・會有其期・戊戌以後之新中國・惟先生實手闢之・今之少年・或能譏彈先生・然而導河積石・則孰非聞先生之風而興者・事苟有濟・成之何必在我・先生其亦或可稍紓悲憫・雍容扶杖・以待一陽之至也・

啓超等或于役京國・或息影家園・或栖遲海外・不能一一摳衣趨祝・惟往往風晨雨夕相促膝話疇昔少年同學事・則心魂溫燖而神志飛揚・謂爲有生第一至樂・而知先生亦必有以樂乎此也・乃以所以樂先生者爲先生壽・而屬親炙於側者致辭焉・先生其將莞爾而笑曰・吾黨之小子狂簡猶昔也・

公祭康南海先生文

惟孔子卒後二千四百有五年・歲次丁卯二月十八日甲子先師南海先生歿於山東之青島・越三月十六日辛巳・受業弟子梁啓超等・爲位而哭於京師宣武城南之畿輔先哲祠・既荐生芻・奠清醑・乃長號而告於其靈曰・嗚呼・吾師視中國如命・而今也國則不綱・吾師以孔子之道爲己任・而今也道則淪胥以亡・師吞淚泣血・摧肝斷腸・視天夢夢・扣地芒芒・既攖冠之弗可救・乃被髮而遯於大荒・師乎師乎・其將一瞑不復視耶・毋亦縶馬反顧・掩涕而旁皇・惟師以天縱之資・當道喪之運・齊百家以折衷・執聖權而宅俊・雖游心於無垠・終明志於不忍・思託古以改制・作新民而邁進・

爰有奇書・書曰大同・詧世患之所自始・哀民艱之不可終窮・謂一切惡業皆起於自私其我・救之之道在廓天下而爲公・貨惡棄地而不必藏諸己・力惡不出而恥以自澤其躬・家之名不立・則誰獨親其親而子其子・國之界不存・則安有溝池城郭以爭長雄・師以謂是孔子所有志未逮・後之善治者舍此其草從・覃思淵微・闢境蠶叢・籀創其條理・究極其始終・經十年之斟酌損益・乃泐爲一編・以詔羣蒙・凡今世學子稗販以相詫之新學說・皆我師三十年所嘗瞑索而精讐・非我今日始作此語・其書之散佈人間者・固早已如日月之麗空・顧師以爲理想可懸鵠於極高・而推行必取次於條貫・春秋雖所以致太平・而託始乃在於撥亂・若芻狗羣生以自爲功・其心術先自不可逭・況嘯聚莠民以徼功名・其去致治之道抑更遠・是故怵然於破懷之不可以嘗試・而常思別運心力以弭消禍變・

桓桓德宗・帝中之英・發憤國耻・旁求賢良・吾師受特達之知・奮草茅以陟廟堂・上書痛哭・前席慷慨・謂瓜分迫於目睫・非維新無以自强・帝遽動容・舉國從將・緊百日之施設・實宏遠而周詳・强鄰動色以相告・民氣蹈厲而發皇・天不厭亂・變在蕭牆・牝鷄跋扈・應龍摧藏・師播越於外者十有六年・艱難險阻之備嘗・國命日蹙・淸乃先亡・曾墜日之不可挽・指虞淵而茫茫・雖驟起而卒蹶・後有作新中國史者終不得不以戊戌爲第一章・斯萬世之公論・匪吾黨之阿揚・復辟之役・世多以此爲師詬病・雖我小子・亦不敢曲從而漫

應・雖然丈夫立身・各有本末・師之所以自處者・豈曰不得其正・思報先帝之知於地下・則於吾君之子而行吾敬・栖燕不以人去辭巢・貞松不以歲寒改性・寧冒天下之大不韙・而毅然行吾心之所以自靖・斯正吾師之所以大過人・抑亦人紀之所攸託命・任少年之喜謗・今蓋棺而論定・

嗚呼哀哉・今復何言・狐狸入室・虎狼在門・同氣攘臂以日相斫・各倚狡敵・以爲之倀魂・萬方一概・八表同昏・魑魅舞於白晝・石民呻於覆盆・辟壤則荆杞生村落・戰區則白骨蔽平原・縱有什一之孑遺・亦將爲待封之孤豚・凡此慘象・皆我師二十年前所懸記・大聲疾呼而莫之或聞・今大亂方作始耳・他日遷流所屆・曾不知其垠・師乎師乎・其何能瞑於九原・

嗚呼哀哉・先後一月間耳・方介師之壽・旋執師之喪・瞻晷度之昭回・信人命之不常・以師智周萬物・道協天行・一瞬息間・往返於諸天者・不知幾千百度・久游嬉以馳翔・彼生死一屈伸臂・豈足以攖至人之所藏・況爲一大事出世・事已則宜返其鄉・諸漏已盡・不受後有・奚戀乎末次報身之一皮囊・死期乃師所預定・吾儕於曼宣書中已審其端詳・示疾僅五日・實等於無病而坐亡・亦知大慧之解脫・非凡心之所可計量・但悲仰於山頹而木壞兮・其孰能不摧慟乎中腸・

嗚呼哀哉・去年八月師來我撫・一一執手以相勞苦・德容溫語・歷落在睹・豈期從此・一別如雨・雨落不上天・人去無見期・昨夢見顏色・非復平生時・悵干戈之滿眼・欲奔喪而崎嶇・並憑棺而不逮・空臨風而涙滋・薦春蘭兮秋菊・靈之格兮殆歆斯・嗚呼哀哉・尚饗・

祭六君子文

惟光緒二十有五年八月十三日・實爲我中國維新六君子成仁第一週年・旅居橫濱愛國之士某某等・謹以香楮淸酌庶饈・設招魂記念之祭・而告其靈曰・

嗚呼痛哉・萇血化碧兮・周室黍離・潮音怒鳴兮・蕩激鴟夷・壯士一去兮・人天同悲・蒼黃變色兮・風雨淒其・非種披昌兮・豆苗欲稀・更安所得猛士兮・鋤而去之・嗚呼痛哉・武穆三字而成獄兮・椒山一疏而投繯・范孟博呼子而語兮・嵇叔夜索琴而彈・痛巫陽筮予其無效兮・誦大招以汎瀾・望神洲之寥闃兮・哀廣陵之不在人間・嗚呼痛哉・血腥尚熱兮・諫草未焚・雄志未成兮・先隕厥星・匪不才之見棄明主兮・牝雞家索以司晨・嗟我公等獨罹此咎兮・痛哭其罪而無名・公之靈其未沫兮・應七日哭於秦庭・大音發於水上兮・吾知其爲公等之忠魂・誹語出其含沙兮・助秋氣之淒零・風雨傸其如晦兮・曾寒燠之既更・嗟吾儕寄身海外兮・暴五百之田橫・念比干之剖心兮・作洛邑之義聲・苟人人其精衞兮・夫何塡海之不平・惟天地之無情兮・歎陸沈其未極・鴞音震耳以啁啣兮・鳳德衰而歛翼・何浮雲之層陰兮・陽烏黲黯而無色・北有猛虎兮西貪狼・磨牙吮血兮睨吾旁・時黯黯兮將夕・瞻蹙蹙兮何方・公爲天下流血兮・於公乎何傷・獨漂搖之大廈兮・更何堪折茲棟梁・黃沙莽莽兮猨鶴悲・東市昏昏兮朝衣非・道旁動色兮豪傑飲泣・嗟吾同胞兮其誰與歸・奠桂酒兮椒漿・歌招魂兮國殤・靈之來兮風雨・蓬萊淸淺兮・忽臨睨乎舊鄉・大地兮蒼蒼・神洲兮茫茫・四

百兆人心兮未死・公如有知兮鑒此馨香・嗚呼痛哉・尚饗・

祭蔡松坡文

蔡公松坡之喪・歸自日本・止於上海・將反葬乎湖南・友生梁啓超既與於旅祭・更率厥弟啓勛・厥子思順・思成等・敬絜清酒庶羞・奠君之靈而哭之以其私曰・

嗚呼・自吾松坡之死・國中有井水飲處皆哭・寧更待吾之費詞・吾松坡宜哭我者・而我今哭焉・將何以塞余悲・君之從我・甫總角耳・一彈指而二十年於茲・長沙講學・隅坐之問難・東京久堅町接席之笑語・吾一閉目而瞹然如見之・爾後合并之日雖不數數・然書札與魂夢・日相濡沫而相因依・客歲秋冬間滅燭對榻之密畫・與夫分攜臨歧之訣語・一句一字・吾蓋永刻骨而鏤脾・三月以前・海上最後之促膝・君之瘖聲尫貌與其精心浩氣・今尚彷彿而依稀・吾松坡乎・吾松坡乎・君竟中道棄余・而君且奚歸・

嗚呼・庚子之難君之先輩與所親愛之友・聚而殲焉・君去死蓋間不容髮・君自是發奮而治軍・死國之心已決於彼日・乙巳廣西不死・辛亥雲南不死・去冬護國寺街不死・今春青龍嘴不死・在君固常視一命爲有生之餘・今爲國一大事而死・死固當其職・雖然・吾松坡之報國者・如斯而已耶・不獲自絕域以馬革裹尸歸來・吾知君終不瞑於泉窟・

嗚呼・君生平若有隱痛・我不敢以告人・要之今日萬惡社會百方蹙君於死・吾復何語以叩蒼旻・嗟乎・松坡乎・汝生而靡樂・誠不如死焉而反其眞・而翁枯守泉壤者十有五載・待君而語苦辛・君之師友在彼者亦已泰半・各豁寃抱迓君而相親・嗟乎・松坡乎・斯世之人既不可以與處・君毋亦逃空寂以全其神・其更勿賫所苦以相誶告・使九淵之下永噫長嚬・

嗚呼・余天下之不祥人也・而君奚爲乎暱吾・屈指平生素心之交復幾許・棄我去者・若隕擀相繼而幾無復餘・遠昔勿論・近其何如・孺博・遠庸・覺頓・典虞・其人皆萬夫之特・未四十而摧折於中途・嗟乎・嗟乎・天不欲使我復有所建樹・曷爲降罰不於吾躬而於吾徒・況乃蓼莪罔極・脊令畢逋・血隨淚盡・魂共歲徂・吾松坡乎・吾松坡乎・汝胡忍自潔而不我俱・

嗚呼・余有一弟・君之所習以知・余有羣雛・君之所樂以嬉・今率以拜君・既以侑君之靈・亦以永若輩之思・心香一瓣・淚酒一卮・微陽麗幕・靈風滿旗・魂兮歸來・鑑此凄其・嗚呼哀哉・尚饗・

祭海珠三烈文

海珠慘變後一百九十日・邦人諸友乃克設位京師・公祭湯覺頓譚典虞王勰吉三先生之靈・其後死之友有梁啓超・又方斬焉在縗絰之中・奔喪歸里・不克躬奠醊・乃傾血淚爲文而祭之曰・

嗚呼・謂天不相中國耶・夫既已去其所害而應其所期・謂天相中國耶・胡爲選其良焉而奪之・當禍水滔天之日・舉國咸惴惴焉不知命在何時・而三君子者方日日探穴而睨虎・泅淵而狎螭・出入九死得不死・乃死於人之所不及疑・日憂我之蹈險・胥謀保之如嬰兒・卒乃躬以死代我・而我傫然猶

生爲・嗚呼痛哉・

吾覺頓之器識風義・既天下所共聞・當天津之定策・君志氣其如神・每發一謀・定一議・其斷制之力若截衆派而擧萬鈞・使蔡戴與賤子堅赴義之志而氣益新・洎絕裾以從我・相弔影於滬濱・雖在驚濤駭浪之境・蓋無日不以道義相砥以問學相親・杖策邕桂・陸公是賓・當間關以潛赴・固已等於履虎尾而批龍鱗・及其銜命東下・又幾蒙轟襲以逐波臣・孰謂尊俎決勝之後・還快意於魑䰠・憶最後兩夜・邕南促膝之苦語・永裂肝而斷魂・嗚呼痛哉・

吾典虞宜可徑滇以從蔡・宜可遡梧以就余・此吾兩人所要約而亦君之所俞・君終以粵局爲重・務犯萬險任其難而不渝・半年來君何以能免・吾至今未測其徑塗・但見飄忽數度・省我於海舶艙底之漆室・指天畫地其自如・謂君智略足以自衞・其孰以君爲虞・詎暫訣於一月・永遺恨於今吾・嗚呼痛哉・

吾勰吉之堅苦卓絕・固不求譽於今・聞吾去官而相賀・吾昔見子面・而自茲乃見其心・君捍難救災徹廿晝夜不息・而疾癘不能爲君侵・君日周旋於豺狼鬼蜮中・而能使人莫測其淺深・當粵局煎急・軍帥首鼠・君當機一斷而懾羣陰・正入淵以挽日・竟虹貫而星沉・嗚呼痛哉・

吾非於三君死後而始爲溢美之詞・吾校百粵之良・媲君者其誰猗・豈唯粵才・吾環顧國中而實罕見其等期・天乎天乎・一網以盡而曾不憖遺・構禍何由・嗾使者誰・冤至今沈・讞至今疑・慘霜被原・憤泉沸池・漫漫夜臺・蕭蕭德帷・天乎何言・魂兮何之・嗚呼痛哉・三君子者上有九十・七十・六十鍾漏垂盡之老母・中有懷冰茹蘖之孀妻・下有牀䙶負之衆雛・方爛漫睢盱・隨人笑啼・遺盎無宿糧・遺笥無疊糯・幼何以爲育・老何以爲娛・翳後死之有責・益營怔以踟躕・嗚呼・悟有生之靡樂・則更於死乎何哀・君亦何幸而不見今日・見之且悲以摧・今日尚爾・來復何如哉・君靈未沫・其毋乃被髮下荒・臨睨八垓・眄滄海之揚塵・指大地之成菉・其更勿懸眼國門・其更勿化碧泉臺・既萬化之一刦・亦何彭殤之足芥於懷・海珠月死・海門潮回・四顧無人・魂兮歸來・嗚呼哀哉・尚饗・

古應芬

一八七三年生
一九三一年卒

字湘芹・又字勷勤・番禺人・光緒二十八年以經古第一入學・三十年留學日本・翌年加入同盟會・三十三年歸國爲廣東法政學堂編纂・廣東諮議局書記長・民元年爲廣東都督府核計院長・瓊崖綏靖處總辦・都督府秘書・十二年任廣州大本營秘書長・八月隨中山先生東征陳烱明・十三年任大本營財政部長・兼廣東省財政廳長及軍需總監・努力於廣東財政之整理與統一・中山先生稱之曰能・遂有勷勤之稱・十四年七月調任廣東省政務廳長・八月國民政府成立・任財政部長兼廣東省財政廳長・十六年四月國民政府定都南京・任常務委員兼財政部長・次年赴日考察・歸任國府文官長・應芬外若樸厚・內蘊深警・逆睹政變洞燭機先・身在中樞・未嘗忘懷桑梓・乃乞病返穗家居・而粵中諸將士多爲其獎掖後進・輒就教軍國機務・值李濟深・胡漢民被非法幽居湯山・兩粵人士羣情震驚・應芬以執政黨國大員獨裁貪汚・處置乖戾・聯合林森・蕭佛成、鄧澤如諸監察委員親筆撰寫彈劾案・遂與唐紹儀・汪兆銘・孫科・陳濟棠・李宗仁・白崇禧・伍朝樞等成立非常會議・開府廣州・值瀋陽九一八事變・乃寧粵合作禦侮救國・改組政府・十月・漢民・濟深出京・應芬將往上海迎胡・共商國是・詎以牙癰突作不能行・旋逝世・年五十九・生平所作多散佚・有雙梧館遺稿・孫大元帥東征日記行世・

致譚組庵書

組庵督軍執事・某以國會被逼・與同人相率離粵・上月曾將軍府毀法情形電陳左右・想經達覽・某抵滬後・曾謁中山先生有所商榷・中山先生爲之備述尊指・藉知執事與同袍頻年護法・辛苦奮鬥・無非爲國・同人致深感佩・桂系假護法爲名・而實行侵掠湘粵以自大・使三年來護法之師・不能達其目的者・何莫非桂人爲階之厲・近者私媾和議以迄滇桂之媾爭・國會之驅逐・種種事實・其處心積慮・路人皆見・使其私約果成・不獨湘粵供其犧牲・必致使兩省人民萬劫而不可復・近聞駐閩粵軍・行將聲罪致討・執事提挈三湘・必能與護法相始終・以拯湘粵人民於水火・使迴戈所指・凶燄不難立消・然後合兩省之力・以應付北庭・湘省當歸於湘人所有・歲不我與・盼切亟行・臨書不勝待命之至・

援桂宣言代

前月之杪・炯明出師西討・曾將桂賊首禍情形・電陳左右・想承鑒察・自是以來・所向克捷・賊衆奔潰・廣西全省遂以底定・雖出師之日不逾一月・成功之速誠兩粵之幸・亦民國之福也・此次桂賊陸榮廷・陳炳焜等・因積年在粵・擇肥而噬・視爲固然・敗逃之餘・野心不死・適僞中央政府方作集權之夢・遂相與勾結・公然以犯天下之不韙・當其啟釁之始・以陳炳焜據守梧州・窺伺肇慶・復分兩翼・一擾連陽以侵北江・一擾欽廉高雷以擾海隅・設謀不可謂不毒・用力不可謂不摯・炯明督師・自肇慶攻梧州・六日之內要塞盡破・賊仍幷力據守藤縣・以阻遏我軍・而兩翼之衆・侵擾益急・以圖牽制・炯明灼知其隱・屹不爲動・一面急攻藤縣・一面分命各路將士・踔厲風發・連陽光復不踰十日・高陽欽廉亦次第告捷・而懷集信都・自爲我攻克以後・遂略定桂北・所向無前・迨藤鄉既下・乘勝追擊・遂定潯州・而破竹之勢成矣・賊之巢穴雖在南寧・顧潰散之餘・不復成軍・爲先聲所懾・自陸榮廷以下・悉鳥獸散・全省遂定・此戰事前後三大略也・

當戰事之殷・各省當軸・以正義相勗・以實力相輔・所造福於我軍者至厚・桂省軍民・以主義相結合者・又能一致討賊・使大功得以早集・我粵前敵將士及全省人民・不惜以生命財產與賊相搏・今大憝已去・戰事敉平・差堪告慰・此次出師・宗旨故在保障鄉邦・亦欲藉以提挈鄰封・發揚民治・桂省自民國以還・軍民之權・握於大盜之手・恣取貪官汚吏以自輔・政治之罪惡・無所不用其極・數年以來・對於國事・則惟知賣友以自肥・對於省事・則惟賊民以自利・今於創鉅痛深之後・爲改絃更張之謀・炯明敢再鄭重宣言・桂省政事・由桂省人民自決之・苟不叛民國・不爲聯省自治之阻梗・粵軍概不加干涉・至於軍事・「阻兵安忍」・古有明戒・凡桂軍之能與粵軍以主義相結合者・甘苦休戚・樂與相共・其竊名獨立・以自便其私者・爲兩粵治安及桂民負擔

計・必不容其存在・炯明質直・有言必踐・戰事以保粵援桂始・亦以保粵援桂終・從此兩粵親睦・同心戮力・使民治發達・民國又安・則粵軍不至徒勞・炯明可告無罪・謹抒胸臆・諸維鑒詧・

孫中山先生廿年來手札序

總理生前不爲酬應之書札・有之必於黨國有關者・故吾黨徒多珍之・所以覘革命之由來・及其經歷・不僅重其遺墨已也・顧總理之書札・遺留於今者・以澤如所藏爲最多・自民國紀元前六年以迄民國十一年・共得若干篇・凡總理主將革命之所由・以至於革命軍之起而被厄・厄而復起・起而再厄・厄又再起者・胥於是見之・此非昔人所謂鍥而不舍・金石可斷者乎・吾讀此篇・觀吾總理所際之時・與夫學之所造・見之於功業者・而知妄人指吾黨革命・乃受維新派之影響者・其誣總理實甚也・民國十五年十月二日古應芬謹記・

孫中山先生致鄧澤如手札跋

三月廿九之後・不旋踵而事多湮沒・其故由於圍攻督署及分任各方之破壞者・事各專屬・人自爲戰・經過之情況・不易吻合・次則有某部爲虜捕獲無遺留者・如初入督署時・不移時督署西之射圃即着火・事後問縱火者何人・舉莫之知・是縱火者全部被害以致事蹟悉泯・又次則敗逃後各自藏匿不能悉集之・使詳道其經歷・事之不完・理有然也・至此篇所載・皆克強展堂二公所親歷・並述其致敗之由者・以視裨史報章所紀爲翔實矣・

自庚戌新軍倡義・虜已震讋・踰年而有是役・虜益兇懼・因其兇也・而武昌軍起・民國以立・謂非是役有以啟之寧可得耶・在當時以百十荏弱之士・剖巢探穴・以與虎狼相鬥・生死寧所計及・而諸烈士之意志・以爲前此之挫折・適足使吾人彌自振厲・吾人以爲同志之義死不足憂・而憂己之不死・繼起敗衂不足爲恥・而恥敗後之不得復興・故前仆後繼無或後者・用能光復舊業・其堅貞義烈・庸可及乎・澤公於此役肩任籌餉・事後黃胡二公以此書報之・閱十六年而以之付梓・以餉後進・而囑應芬跋之・民國十五年九月十三日古應芬・

孫大元帥東征日記

十二年秋・西北兩江之賊・悉敗退・而東路之敵・仍負固頑抗・總理躬自督師・應芬於十二年八月二十三日・奉命隨軍・親侍左右者八十餘日・嘗見其籌劃戰守・徵調各軍・審察形勢・措置糧芻・終日無斯須之暇・不以溽暑而少息・亦不因挫折而見沮・其堅剛勇邁之氣・求之於古所未曾有・而況於今哉・茲謹於日記册中・撮其大概・以誌於篇・前乎此者・有蔣介石參與戎幕・當有記述・茲未詳也・

先是六月・我軍第一師既平蒼梧之敵・而北江又爲北虜侵犯・曲江再失・已進至英德附近・我第一師復會合滇軍擊走之・曲江始與南雄相繼收復・時前東江陳逆各軍・仍據險固・楊逆坤如・死守惠城・屢攻不能下・

總理決督率滇粵各軍・躬行討伐・擬以石龍爲大本營・調度軍事・八月二十三日・以大南洋輪船爲座駕・十二時向

東江進發・下午九時許・抵石龍・時天氣奇熱・船復湫隘・總理所處之室・僅容一席・泰然無所苦・披圖握管・決策定計・晝夜不少息・從者雖欲陳請節勞・不敢也・行營編制簡略・僅設秘書長一員・祕書一員・參謀副官各四員・偵緝及侍衛軍隊百十名而已・抵石龍之夜・許總司令崇智由博羅來謁・總理授以機宜・匆匆復返・蓋前方已屢得警報矣・

二十四日

上午八時・座駕船由石龍開動・向博羅進發・下午抵博羅・許總司令偕滇軍師長楊廷培來迓・許云・據報逆軍現分三路來襲・李逆易標率千餘衆・已抵博羅二十餘里之湯村・陳逆修爵所部亦到・敵將接近・智不意帥座冒險來此也・當夕泊博羅城南河岸・縣城先爲逆軍蹂躪・居民流離遠徙・烟火闃寂・祇聞刁斗森嚴・與蟲聲而已・

二十五日

上午一時・許總司令偕團長鄧演達來・密語應芬曰・李逆易標已過湯村・決以全力率各部出擊・天明時・河岸必冒砲火・務轉懇帥座離去・許去後・應芬以此爲請・上午四時・船乃下駛・僅行四里・船擱淺・逾時始脫・已遙聞城下槍砲密作・十一時抵石龍・得從惠州飛鵝嶺到行營轉來博羅電報・謂我方兵力單薄・退守博羅飛鵝嶺待援・帥座一方電令張民達旅・以全力攻平山・以分博羅之敵・時又得增城報告・林虎率衆來犯・乃命飛機傳達命令至廣州・檄調滇軍來援・是日・姚雨平君指陳緩敵之策・帥座以招撫使名義與之・使發博羅・但其部隊僅至蘇村而已・

二十六日

許總司令電・博羅飛鵝嶺先後失守・敵已佔銅鼓嶺北嶺一帶高地・北門已被圍・城中兵力單薄・糧彈將盡・帥座乃命飛機發博羅・使守城者知有援應・更命差艦載糧彈・冒險輸送・並親函許總司令囑其堅守・又屢電廣州・促援軍飛急來援・羽檄如雪片・而軍行轉緩・蓋廣州滇軍待餉乃發・不問博羅諸守將被圍之急也・

二十七日

博城許行營陳參謀翰譽・從間道來報告云・博城東西北三門已受包圍・祇餘南岸・僅能與惠州飛鵝嶺劉行營通氣・糧彈兩絕・情勢益險・帥座雖急切・而援隊電告已準備・候至夜深・尚未見一卒到達・蔣光亮部在石龍者約有一旅・嚴令其前進・則以未得軍長命令爲言・是日大風雨・水漸漲・帥座乃遣應芬回省・嚴促滇軍開進・且命曰・若滇軍索餉不克來・可先調福軍與鐵城所部即行・並以鐵城一團援增城・應芬受命・以下午四時到省・見蔣光亮於沙面某洋行之樓上・蔣先語曰・吾知博羅之危急即帥座無命令・吾部亦應馳援・汝即不來・吾已準備今晚出發・現所慮者・火車未備耳・芬即馳赴大沙頭車站軍事管理處詢問・知各軍已完備・乃使人走告之・

二十八日

是日晨・應芬回石龍覆命・福軍前部奉令開到・吳鐵城所部已據報開抵增城・另遣馬隊數十名來供偵察・李軍長福林・朱軍長益之來觀・帥座喜慰有加・蔣光亮迄不見來・其所部亦不允前進・芬生平遇人說誑語者・未有逾於蔣者也・

是日鄭次長洪年．來陳各軍覇佔財權．及財政困難情形．前方軍需窘甚．行營金庫帶至萬元．已告罄．鄧運使澤如解到萬元．頃刻間．又爲滇軍支領殆盡．猶未移動也．

二十九日

連日大雨．石龍水高漲七尺．是日晨．滇軍羅旅得餉．已允赴敵．天明移動．帥座復由石龍向博羅前進．至禮村止焉．沿途風急雨躁．座駕舟小．顛簸甚．帥座安之．舟中於計劃軍事稍暇．而猶以民元以前革命史．昭示吾輩也．當博羅圍城之際．惠州逆軍更衝出飛鵝嶺．劉行營告急．帥座親復電劉宸寰云．敵人當然有計劃．所幸其數不多．自易擊滅．紹基已親率五千精鋭．出擊淡水．兄之後方．斷無危險．少泉聞博羅被圍．非常焦急．已徵集所有．趕速出發．大約兩日後可到．信之亦以全部來援．大約三日後．其他西北江各隊．亦陸續調來．今日省城已運到米糧四十餘萬斤．當陸續運來．此次東江之事．無人不焦急萬分．斷無見危不救．想不出十日．賊必消滅．我俟各軍出發後．當再來梅湖親督攻城．故望兄急調一隊渡白沙堆．一以絕敵人後路．一可保我航線．聞敵人糧食輜重．皆在風門坳附近．若兄能照行此事．可悉奪之．則博圍可解．我軍實亦加利莫大也．幸速圖之云云．

三十日

由禮村開赴蘇村．風雨繼至．水流激湍．座駕船阻於鐵崗．時吳部馬隊及福軍．爲風雨所滯．不能進．

三十一日

由鐵崗開抵松村．距滇軍蔣部到着者不足五百人．蔣光亮亦不果來．幸博羅城外水漲數尺．敵不能逼近．僅於北門外山地．以砲遙擊而已．是日得譚組菴總司令由湘南來電報捷．

九月一日

帥座分令石龍到着各軍．及抵蘇村之福軍滇軍．攻擊前進．座駕船由蘇村向博羅開駛．至夜泊第七碉．乃令福軍及滇軍祿國藩一部．田鍾穀一部．登山警戒．帥座更飭副官於山巔架設烽火．使博羅城得瞭知主帥所在地．

二日

帥座由第七碉登上北嶺．察看形勢．其與展堂總參議函云．「吾今日兼盡一排長之職務．凡偵查敵情．考察地勢．吾悉爲之．」其時滇軍到石龍者．仍逗留不進．帥座下午．復回石龍督促．沿途見有零星隊伍．開來者總計不及二三百人．決不足以解博城之圍也．

三日

帥座在石龍時，蔣光亮大部到着．蔣仍不來．帥座令其參謀祿國藩來商軍事．且許以便宜指揮各軍之權．如解博羅圍．予以重賞．祿不惟不聽．且自由行動．索餉據艦．趙參謀寶賢責以大義．始允開拔一部．應芬密察其決不足恃．乃以電致展堂總參議．飛檄粵軍第一師來石龍候令．其時左翼指揮胡謙方來電告急．帥座已令一師卓旅赴援增城．調援博羅之議．尚未得帥座許可也．

四日

水大退．張師長來覲．報告淡水之捷．以阻於水．平山尚未得手．是日福軍全部開到．帥令滇軍祿國藩部爲右翼．

由雄鷄拍翼前進・福軍爲左翼・向義和墟前進・與博羅城內各軍取夾擊之勢・滇軍四師既到着・復以索餉未得・全隊引返・帥令止之・已無效・

五日

天氣晴・水大退・福軍既到着義和墟佈防・楊希閔由淡水來觀・帥座指示機宜・匆匆又去・是日電報・北海爲鄧本殷攻陷・帥令永豐艦往援之・

六日

福軍既達義和墟・滇軍祿國藩所部羅旅・不待命令・由第七碉棄陣地引回石龍・惟時右翼福軍不及知・猶叢陣待敵・帥座以水既退・敵若大攻城・城必不守・船室之內・見帥座懊恨蹀躞・疾草命令・時復擊腦奮興・爲狀艮苦・終決計親往察視・應芬尼止不及・二時抵第七碉・泊塘子唇・飛機探報回・知敵尚在博羅東北角山地・未與我軍接觸・是晚泊第七碉南岸・入夜・帥座與諸幕僚稍憩河旁・猶指點天上北斗七星・使吾輩認識也・

七日

許行營報告・決定冲圍出擊計劃・惟援軍單薄・敵已移動・八時許・義和墟福軍已與敵千餘人接觸・田鍾穀率滇軍三百人・及卓旅張弛團一營・登雄鷄拍翼山嶺・帥座率待從登山督戰・時左翼之福軍至義和墟・初獲小捷・繼爲敵軍大隊所乘・不支引退・敵乃乘機大進・沿義和墟以向蘇村・欲斷吾軍歸路・座艦船下午三時下駛・至蘇村時・遙見姚招撫使旗幟・詢之尚不見敵蹤・急促帥座復返石龍・至萘闌・時已深夜・黝黑間遙見軍船聯舳上駛・應號知卓旅已至・即命加緊開赴蘇村・探險登陸・是夜泊宿石龍・

八日

晨・帥座復率楊廷培一部・由石龍開援・二時到蘇村・卓旅與福軍已聯絡驅逐義和墟之敵・攻擊前進・

九日

座艦由雄鷄拍翼開至譚公廟・帥座率幕僚登山視察・時卓旅・福軍・楊部・分途追擊・下午・帥座復渡河・登山瞭望・知敵我兩軍・衝擊至烈・我軍節節勝利・

十日

博羅守軍楊廷培・已衝圍攻佔銅鼓嶺・敵軍死傷甚夥・向派尾響水退卻・博羅解圍・帥座進城撫慰・定追擊計劃・以卓旅五團向派尾・鄧團向惠陽・福軍向響水・楊師死傷太重・着回廣州休養・更下令獎楊廷培萬元・其餘論等賞犒・部署畢・以一師蟠龍艦・護送帥座・赴梅湖・察看重砲陣地・

十一日

當博羅急迫之際・平山未得手・帥座以蔣光亮不來博羅・乃使其全部出平湖・歸楊希閔指揮・以攻平山淡水之敵・時澳頭亦有失・帥座親電胡總參議・云・「速由無線電・傳令永豐艦長・澳頭我軍退卻・但兩日後可恢復・現楊總司令希閔・親率滇軍・由龍崗出擊淡水平山之敵・該艦長搜擊海上偷渡之敵・毋使漏網・並相機與楊總司令聯絡・協同動作・若無線電不通・着鹽運使派安北艦傳令・並助永豐擊敵・再・紹基已赴龍崗淡水矣・可慰也・」電發後・紹基即出發・是日晨・帥座巡視胡蘆嶺・飛鵝嶺諸陣地・得東路

捷報．我軍已克平山．

十二日

帥令．飛機隊向惠城擲實彈．

十三日

帥座抵梅湖重砲陣地．親發五彈．時飛鵝嶺劉震寰部．久屯師於堅城下．不能破敵．帥座復親往巡視．嚴令謹守．以待大舉．

十四日

帥座回廣州．時增城之敵．亦爲朱吳各部擊退．

十八日

帥座以攻惠之部署稍定．復乘大南洋出發．隨行者．增王柏齡．馬曉軍等三人．

十九日

座駕船駐石龍．

二十日

座駕船到白沙堆．大元帥親赴飛鵝嶺．籌策攻惠城．午十一時到着．桂軍各師來迓至炮兵陣地．時已爲惠城之敵窺見．未幾敵砲繼續向帥座射擊．有距不尋丈者．從者多爲帥座危．諭曰．但毋恐．蓋敵表尺已用盡．縱密發．不相及．其後敵彈密發．果於我無私毫損也．帥座與各部商定攻城計劃後．命程部長潛與參謀留飛鵝嶺．仍返梅湖．至中途．忽聞爆炸聲甚厲．未幾偵緝員趨來報告．白沙泊輪遇事．同時爆炸．飛機隊長楊仙逸．長洲要塞司令蘇從山．魚雷局長謝鐵艮．遇難．帥座聞之．哀傷不已．固不僅痛惜同志．蓋攻城計劃．實受一大打擊也．

二十一日

下令追贈楊仙逸陸軍中將．謝蘇恤典．同極優厚．帥座親察遇難地．血肉模糊．同行者爲之扼惋．午後．帥座復至梅湖重炮陣地．向惠城親發六彈．

二十二日

仍泊梅湖．攻城之計議．已改定爲翌日之夜半十二時．乃遣程部長潛．復赴飛鵝嶺主持攻城．是日下泊白沙堆．

二十三日

凌晨座駕從白沙堆復開梅湖發七彈．復回泊．夜半．飛鵝嶺與惠城方面．槍炮聲陡起．知攻城計已實施．先是預期二十一日總攻擊．楊謝遇難．魚雷盡燬．乃電省重運．乃改期本夜十二時．以魚雷炸城基．各部隊銜鋒前進．作拂曉戰．一方面以飛機抛擲炸彈．共同命令．各司其事．

二十四日

早得報告．魚雷失效．步隊死亡甚衆．卒不能破城．帥座雖不懌．然猶鼓勵將士．作第二次總攻擊焉．鄧團追擊已抵七女湖．開發橫瀝．

二十五日

座駕□博羅．

二十六日

許總司令至自橫瀝．帥座籌策全部軍事計劃．決以許任中央軍總指揮．楊希閔任右翼．朱培德任左翼．部署既定．

二十七日

帥座返廣州．留程頌雲於博羅．

十二年十月二十一日

帥座偕夫人・暨俄顧問鮑羅廷・及諸幕僚・巡視虎門要塞・悉調海防諸艦・會於虎門・後赴太平墟・

二十二日

得廣省長電・高州失陷・河源三日內不得援・恐不守・帥座復率各艦返廣州・

二十八日

據報・河源平山相繼失陷・省城謠言蠭起・

二十九日

敵將洪兆麟諸逆・已迫至平湖・蔣光亮部不戰・退至石龍・

三十日

許總司令電・林虎率賊攻柏塘派尾・我張其卓各旅・及朱李各部擊退之・得槍數千桿・敵向黃蔴坡潰退・帥令滇二軍范石生部・開赴石龍・將茶山樟木頭來犯之洪逆擊退・蔣部仍不進・

三十一日

劉震寰全部退出飛鵝嶺・

十一月三日

大元帥以飛鵝嶺軍不守・恐博羅有失・牽動全局・又聞各軍不進・乃改乘專車・向石龍出發・李參謀協和亦隨行・十二時抵石龍・召胡思舜・盧師諦・范石生諸軍長・會議軍事・蔣光亮後至・帥座責令前進・彼云・今晚須返省・明日當再來・帥曰・今日祇有軍令・若返省・吾將以爾徇耳・蔣是夜不顧而去・

四日

各部隊伍・遵共同命令・拂曉出發・以范部主力軍肅清沿鐵路之敵・以達平湖・令胡思舜合東路一支隊・溯河岸橫達博羅・與許劉各軍聯絡・上午九時・敵將鍾景棠・熊略各部・犯茶山・范石生部迎戰・約一時許・擊退之・追至張坑・午間・帥復乘專車赴橫瀝察視・敵瀕退時・瀝墟縱火・帥座到時・餘火猶未熄也・時李根澐部・由西江來附・亦開至橫瀝・

五日

胡思舜部遲不發・帥座乃命羅翼羣從水路赴蘇村・東路一支隊梁國一部出菉蘭・赴博羅・夜候・增城胡所長謙急報・林虎率隊千人佔龍門・犯增城・陳策・李天德各部先退・帥座震怒・乃令朱培德・胡思舜部援之・

六日

許總司令博羅來電・與到軍出擊大勝・敵退回惠城・但冬日楊朱兩部未到河源・我卓旅步隊鄧團佔回石龍・是日右翼追擊已達樟木頭・李根澐部向鴨仔步・盧師諦至深圳・

七日

帥座返廣州・行營仍設石龍・

八日

追擊部隊范軍・已完到着鴨仔步・將由間道攻惠城・下午十二時・得急足報・中路及左翼軍爲敵所乘・退出博羅・許總令是夜回石龍・桂軍滇軍・相繼退卻・

九日

帥座得各退卻之報・與李參謀長協和急乘車至石龍・少

頃・滇軍已退至狗仔潭・東西路許劉各部已退至蓀閫・帥座嚴令制止無效・帥座即席召集會議・發令反攻・同時右翼已攻克鴨仔步・帥令賞給范部二萬元・令鼓勇攻惠城・以牽制敵之後方・

十日

賞朱培德・楊希閔部各五千元令反攻・東路西路各軍已續漸收容・帥令再退卻者槍決・

十一日

晨・帥座移駐石灘車站・探報逆將鍾景棠・熊略・楊坤如・洪兆麟各賊・沿河岸衝至蓀閫・我軍亦準備十二日拂曉分三路反攻・是夜一師長李濟琛等來見・帥座囑其明晨赴援增城・

十二日

天甫晚・石灘車站已遙聞增城方面砲聲・應芬慮李師及王師（中央軍朱部）未進・親赴石灘村（離車站三里許中隔一河）敦促之・至則李師已行・而王之參謀長淩霄亦已跨馬督隊前進・應芬與羅君翼羣・向增城方面沿途探視・離石灘村數里・登一小山・見二三滇軍步哨在此瞭望・詢之・知敵人先已逼近・後爲我軍擊退・槍砲聲已自近而遠・旋覓歸路・途中聞東北方槍砲聲轉劇・知蓀閫鐵牆方面・我軍中右兩翼已有激戰・急回車站報告・至則得石龍參謀電告知蓀閫鐵牆兩方面戰甚烈・我軍似有不支之勢・望速派援・時則李根澐部在石龍・即檄其向石灘前進・移時・令鄧副官彥華運米一車・分給石龍各軍・十一時許・車站站長來報・前方有兵數車・未得車牌遽行開來・中途似有危險・不移時・果有

火車至・察之・則李根澐部也・李隨登車謁見・帥座仍令開石灘・攻擊前進・李即如命開進・迄下午十二時二十分・蓀閫鐵牆各軍幷潰・已有大部退至石灘者・帥座急下車制止之・應芬與協和隨行・見沿鐵路皆潰兵・既不辨其爲何軍・亦不知其因何而退・詢其長官・則皆不知所在・但各潰軍得帥座喝令・亦少阻不敢反走・旋見李根澐亦至・帥座曰・武城（根澐字）汝應率隊嚴守此間河岸・待敵至・以圖反攻・李唯唯・時有潰兵所乘之專開至・向帥座之車衝動・帥座之車乃逆行・帥座僅得上車・而沿鐵路之兵乃大奔・應芬不及隨行・祇得徒步追逐・至新塘復得登車・知帥座已乘機關車返省・心爲之一慰・到省之夜・知鄧副官彥華在石龍聞敗耗・即赴橫瀝報於范小泉・請其回援・范不待炊・即率隊來赴・卒破洪逆於石龍・幾溺斃之・使敵挫折不能窮迫我軍・范之勞績可紀也・應芬在歸途中默念如潰兵到省・數逾萬人・秩序必大亂・然當時實無法以處此・及抵省・知帥座早已派兵一部・在大沙頭悉繳散兵槍械・故省城仍安堵如常・又電湘南譚組菴先生・尅日來援・不五日・譚部至矣・

黃節 一八七三年生 一九三五年卒

字晦聞・順德人・少時讀書・但求大義・不屑章句・不應童子試・年二十三・著籍簡岸草堂・謁通儒簡朝亮・備聞大道・兩年而歸・嗣獨居廣州海幢寺・讀書十年・造詣益邃密・年二十九・赴京應北闈試・被黜落・主考官袁嘉穀奇之・爲印藝卷・以示同好・以是爲士林矚目・光緒二十九年・赴上海・組織國學保存會・設國學藏書樓・名曰風雨樓・蒐集舊籍禁書・刊國粹學報・以辨別種族・發揚民義爲宗旨・簡岸聞之以

爲狂・頗風止之・而節持論如故・兩江總督端方欲賄之・不爲所動・旋回粵就兩廣優級師範講席・民國成立・任廣東高等師範監督・八年・任北京大學文學史及詩學教授先後十五載・十七年・應粵省府邀・長教育廳及廣東通志館・而意願多違・翌年辭職・復返北大任教・兼清華・師大講師・以迄於終・黃氏於學無所不窺・尤邃於詩・志行高潔・治學持躬・獨來獨往・近人集梁鼎芬・曾習經・羅惇融及黃氏詩爲嶺南近代四家詩刊行於世・遺著有漢魏樂府風箋十五卷・鮑參軍詩註四卷・謝康樂詩註四卷・阮步兵詠懷詩註一卷・曹子建詩註二卷・詩旨纂辭三卷・詩律六卷・蒹葭樓詩二卷・曹氏父子詩註三卷・顧亭林詩註一卷・詩學一卷・中國文學史・周秦諸子學・中國通史等・

民義宣言

圓顱方趾・皆稟於天・阿衡曰・予天民之先覺・蓋謂天生斯民・予其一也・於今民國既建・峻極民義・然墨子有言・天下之人異義・一人一義・十人十義・百人百義・人是其義・而非人之義・此亂之道也・用救斯害・其在一同天下之義・墨子又曰・天下之百姓皆上同於天・一而不上同於天・則菑猶未去・夫天之愛民同等・一民不獲・菑烏乎去・是故今日建國・當謀所以一同天下之義・而民用誠・恣不自恤・民有違言・則政長之過也・民有違言・而民自容之・不掊政長・則亦民之過也・往者吾民刦於君統・柔脈殊絕・既甫假釋・其猶惴惴或知識不逮・逮矣而又散渙無理・不相屬系・雖復政長違天・不與一同其義・其如之何・果爾則今日雖名民國・而視刦於君統之天下何異焉・滋可憂也・夫更始萬端・咸恃政長・民不與謀・實辜天義・維我同人・敢曰先覺・猶欲與政長協謀・一同消棄異義・嗚呼・曷其能已歟・

民國報第三號首頁・

答某君論甲子紀年書

公明君足下・接手書論紀年一事・鄙人初意・豈不如足下所云・用黃帝即位元年爲得者・然以鄙人不學・於黃帝在位之年・數不能無疑・惟用甲子紀年・則推至今日爲四千六百零二年・（即七十七甲子第四十二年・）就如足下所考而得之者・固與此數無歧異也・謹案史記通鑑諸書・皆言黃帝在位一百年・帝摯在位九年・惟薛應旂則云黃帝在位一百一十年・（齊召南歷代帝王年表取之）帝摯在位五年・（段成基二十四史統紀表取之）薛氏所著甲子會紀一書・始自黃帝八年・第一甲子・下至有明嘉靖四十二年・癸亥爲七十一甲子之盈數・皆按年備列無一漏略者・其自叙云・黃帝始造甲子・其年次可考・以黃帝八年甲子起・迄於今上下四千三百年間・一覽可知・又言其所據爲邵子黃極經世書・以元經會・以會經運・以運經世云云・鄙人據薛氏書則知自第一甲子・起至今日爲四千六百零二年・惟薛氏備見史記通鑑諸書・而於黃帝帝摯在位之年數與舊史不同・此則鄙人所未能考而斷定之者也・

外紀伏羲有甲曆五運・王應麟曰・考大撓作甲子・若伏羲時・已干支相配・黃帝又何必命官重作乎・是則甲子以前之紀年・（如來書所云黃帝元年癸亥）昔人已有疑之者・鄙人曩日亦如足下所考・無有小異・獨於在位之年數・多此歧說・而薛氏所編甲子・質之舊史・其數又無或不符・竊以爲紀年一事用黃帝即位之年數・後世不能無疑・則莫如取甲子之無所疑者用以紀

年・示天下之可信・且吾國歷史上朝代屢更・種族淆亂・禮法蕩然・惟以干支相配紀年・則雖夷狄盜賊迭據中原・未之或改・故謂四千六百餘年之日月・皆黃帝一統之甲子可也・嗟夫天留此物・將以存吾族正朔・鄙人所以主之者・誠痛乎此・還答不悉・黃節白・

論陸象山之學

今欲論一家之學・而以最短之時刻盡之・必不能也・況陸子天資高明・學識凝定・其學博大精微・尤非淺言所能學・吾今爲諸生告・獨揭陸子辨志讀書兩端論之・

辨志讀書非兩事也・中庸言尊德性道問學・而必合之以而之一字・則可見其爲一事而非兩事也・禮記論大學之道曰一年視離經辨志・則可見其爲一事而同時學之也・吾揭陸子辨志讀書兩端而論之・其意如此・

陸子論志於道云・無志則不能學・不學則不知道・故所以致道者乎學・所以爲學者在乎志・語錄記陳正己學於陸子・陸子諄諄只言辨志・又曰古人入學一年・早知離經辨志・今人有終其身而不知自辨者・是可哀也・正己以語傳子淵・子淵未領略・及親見陸子・始得下手處・既歸其家・正已問之曰・陸先生教人何先・對曰辨志・復問曰何辨・對曰義利之辨・

詹子南記陸子語云・初見先生・不能盡記所言・大旨云凡欲爲學・當先識義利公私之辨・今所學果爲何事・人生天地間・爲人自當盡人道・學者所以爲學・學爲人而已・非有爲也・陸子語李敏求云・人惟患無志・有志無有不成者・若

果有志・且須分別勢利道義兩途・陸子與趙然道第三書云・富貴利達之不足慕・此非難知者・仙佛之徒・拘曲之士・亦往往優於斷棄・而弗顧視之・彼既自有所溺・一切斷棄・亦有何難・但一切斷棄・則非道矣・知道之士・自不溺於此耳・初未嘗斷棄之也・故曰素富貴行乎富貴・素貧賤行乎貧賤・素夷狄行乎夷狄・素患難行乎患難・君子無入而不自得焉・所謂自得者・得其道也・夫子曰・富與貴・是人之所欲也・不以其道得之・不處也・然則以其道而得焉・君子處之矣・曷嘗斷棄之哉・孟子之答彭更・亦曰非其道・則一簞食不可受於人・如其道・則舜受堯之天下・不以爲泰・子以爲泰乎・君子亦惟其道而已矣・所謂居天下之廣居・立天下之正位・行天下之大道・得志與民由之・不得志獨行其道・富貴不能淫・貧賤不能移・威武不能屈・非虛言也・學者所造縱未及此・苟志於道・便當與俗趣燕越矣・志鄉一立・即無二事・此首重則彼尾輕・其勢然也・作意立說以排遣外物者・吾知其非眞志於道義者矣・所欲有甚於生・所惡有甚於死・死生大矣・而不足以易此・況富貴乎・富貴之足慕不足慕・豈足多較於學者之前哉・雖然・姬周之衰・此道不行・孟子之沒・此道不明・千有五百餘年之間・格言至訓・熟爛於浮文外飾・功利之習・汎濫於天下・氣質之美天常之厚者・固知病其末流矣・而莫知病其源・立言制行之間・抱薪救火揚湯止沸者多矣・當今之世・誰實爲有志之士也・求眞實學者於斯世・亦誠難哉・非道之難知也・非人之難得也・其勢則然也・有志之士・其肯自恕於此・而弗求其志哉・今粗有其志・而實不能以自拔・則所謂講學者遂爲空言以滋僞

習豈唯無益．其害又大矣．若其義利之間．嘗知決擇．大端已明．大志已立．而日用踐履．未能常於清明剛健．一有緩懈．舊習乘之．捷於影響．應答之際．念慮之間．陰流密陷．不自省覺益積益深．或遇箴藥．勝心持之．反加文飾．因不能以自還者有矣．甚可畏也．況其大端未嘗實明．大志未嘗實立．有外強中乾之證．而無心廣體胖之樂者．可不深致其思．以省其過求其實乎．略此不察．而苟爲大言以蓋謬習．偷以自便．囂以自勝．豈惟不足以欺人．平居靜慮．亦寧能以自欺乎．至是而又自欺其心．則所謂下愚不移者矣．

陸子白鹿洞書院講義云．秘書先生．教授先生．不察其愚．令登講席．以吐所聞．顧惟庸虛．何敢當此．辭避再三．不得所請．取論語中一章．陳平生之所感．以應嘉命．亦幸有以教之．子曰君子喻於義．小人喻於利．此章以義利判君子小人．辭旨曉白．然讀之者苟不切已觀省．亦恐未能有益也．某平日讀此．不無所感．竊謂學者於此．當辨其志．人之所喻由其所習．所習由其所志．志乎義．則所習者必在於義．所習在義．斯喻於義矣．志乎利．則所習者必在於利．所習在利．斯喻於利矣．故學者之志不可不辨也．科舉取士久矣．名儒巨公．皆由此出．今爲士者固不能免此．然場屋之得失．顧其技與有司好惡如何耳．非所以爲君子小人之辨也．而今世以此相尚．使汩沒於此而不能自拔．則終日從事者雖曰聖賢之書．而要其志之所鄉．則有與聖賢背而馳者矣．推而上之．則又惟官資崇卑祿廩厚薄是計．豈能悉心力於國事民隱．以無負於任使之者哉．從事其間．更歷之多．講習之熟．安得不有所喻．顧恐不在於義耳．誠能深思是身不可使之爲小人之歸．其於利欲之習．怛然爲之痛心疾首．專志乎義．而日勉焉．博學審問謹思明辨而篤行之．由是而仕．必皆供其職．勤其事．心乎國．心乎民．而不爲身計．其得不謂之君子乎．

陸子辨志之說．其大略大要如此．雖然．所謂者志何物也．節案志有專言．有分言．有達之於事而言．孔子曰．三軍可奪帥也．匹夫不可奪志也．此志之專言者也．王子墊問曰．士何事．孟子曰尚志．曰何謂尚志．曰仁義而已矣．殺一無罪．非仁也．非其有而取之．非義也．此志之分言者也．論語顏淵季路侍．子曰盍各言爾志．此志之達於事而言者也．陸子論志於道．則專言志也．陸子論志而所辨在義利．則分言志也．陸子與趙然道書及白鹿洞講義．則分言志而達之於事者也．人而不知辨志．則氣體失其所主．孟子曰．志氣之帥也．氣體之充也．又曰持其志．無暴其氣．不知辨志．則所持者未必正．而平日所學．反足以助其氣體而爲害爲亂．繹陸子言．可深思之也．

右論辨志

陸子答邵中孚書云．大抵讀書訓詁既通之後．但平心讀之．不必強加揣量．則無非浸灌培益鞭策磨勵之功．即有未通曉處．姑缺之無害．且以其明白昭晰者日加涵泳．則自然日克日明．後日本原深厚．則向來未曉者．將亦有渙然冰釋者矣．告子一篇．自牛山之木嘗美矣以下．可常讀之．其浸灌培植之益．當日深日固也．其卷首與告子論性處．卻不必深考．恐其力量未到．則反惑亂精神．後日不患不通解也．此最是讀書良法．

陸子與朱濟道書云・某嘗令後生讀書時・且精讀文義・分明事節・易曉者・優游諷詠・使之浹洽・與日用相協・非但空言虛說・則向來疑惑處・自當渙然冰釋矣・縱有未解・固當候之・不可強探力索・久當自通・所通必眞實・與私識揣度者天淵不足喻其遠也・不在多言・勉旃是望・

陸子嘗謂李伯敏云・今人讀書・平易處不理會・有可以起人羨慕者・則着力研究・古先聖人・何嘗有起人羨慕者・只是此道不行・見有奇特・便生羨慕・自周末文弊・便有此風・如唐虞之時・人人如此・又何羨慕・所以莊周云・臧與穀共牧羊・而俱亡其羊・問臧奚事・曰博塞以遊・問穀奚事・曰挾策讀書・其爲亡羊一也・某讀書只看古註・聖人之言自明白・且如弟子入則孝・出則弟是分明說與你入便孝出便弟・何須得傳註・學者疲精神於此・是以擔子越重・到某這裏・只是與他減擔・只此便是格物・伯敏云・每讀書・始者心甚專・三五遍後・往往心不在此・知其如此・必欲使心在書上・則又別生一心・卒之方寸擾擾・陸子云・此是聽某言不入・若聽得入・自無此患・某之言打做一處・吾友二三其心了・如今讀書・且平平讀・未曉處且放過・不必太滯・

周廉夫錄陸子語云・後生看經書・須着看注疏及先儒解釋・不然・執己見議論・恐入自是之域・便輕視古人・至漢唐間名臣議論・反之吾心・有甚悖道・亦須自家有證諸庶民而不謬底道理・然後別白言之・

又云・讀書之法・須是平平淡淡去看・子細玩味・不可草草・所謂優而柔之・厭而飫之・自然有渙然冰釋怡然理順底道理・

陸子讀書之說・其大略大要又如此・顧當時有謂陸子不讀書・又有謂陸子不教人讀書者・而朱子謂子靜若不讀書・安能作衆人之師・陸子亦自謂某何嘗不教人讀書・但比他人讀來差別耳・今以朱陸二子所言讀書之法相比論・則陸與朱蓋不同也・朱子曰・大凡看文字・若有曉不得處・須着下死工夫・直要見得道理是自家底方住・即此一言・便與陸子不可強探力索之旨相去遠矣・抑朱子謂讀書始讀・未知有疑・其次則漸漸有疑・中則節節是疑・過了這一番・疑漸漸釋・以至融會貫通・都無可疑・方始是學・而陸子答邵中孚書則極主缺疑・斯亦與朱相異之點也・以此之故・人疑陸子不讀書・且不教人讀書・蓋當時士論・以朱子讀書之法爲則・而致疑陸子平淡優柔之說爲過於散緩也・要之朱子之教人讀書・是下死工夫・陸子之教人讀書・是下活工夫・然所謂活工夫者・並非散緩之謂・陸子讀書之法・於平淡之中・子細玩味・夫曰子細玩味・則非不尚探索也・但不必強探力索耳・此須當辨者・陸子又謂今人讀書・平易處不理會・有可以起人羨慕者・則着力研究・見有奇特・便生羨慕・大哉此言・漢書藝文志曰・古之學者耕且養・三年而通一藝・存其大體・玩經文而已・是故用日少而畜德多・三十而五經立也・後世經傳既已乖離・博學者又不思多聞闕疑之義・而務碎義逃難・便辭巧說・破壞形體・說五字之文・至於二三萬言・後進彌以馳逐・故幼童而守一藝・白首而後能言・安其所習・毀所不見・終以自弊・此學者之大患也・由漢人讀書之法觀之則・陸子有合焉已・

右論讀書

論辨既終．吾復爲諸生告曰．吾人今日向學之基．即爲他日救國之本．學有本末．有先後．有下手之處．始有成學之期．若入學之始．而急求成學之效．則終於無成而已矣．黃梨洲謂陸子之學．以尊德性爲宗．朱子之學．以道學問爲主．强爲兩家分別異同．不知陸子教人入學始事．即辨志讀書．若志未知辨．德性何從而知尊書．未知讀．問學何由而得道．須知陸子教人入學始事．此爲根本工夫．不能偏廢也．全謝山謂陸子教人．以發明本心爲始事．然如謝山之說．則所謂本心者何在．所謂發明者何功．此豈學者入學之始．所能下手．故吾讀宋元學案．於象山之學．無從得其下手之處．吾今爲諸生告者．非象山之學之全體．乃象山教人入學之始事．故全與學案不同．此不可不分別觀也．二十年一月黃節識．

春秋攘夷大義發微

叙曰．予往十年．讀書桂林(名堡)草堂．受春秋經．若左公穀三傳．讀之既．竊歎夫內夏外夷之辨．春秋持之至嚴．自董生繁露．援據於邲之戰．謂普變而爲夷狄．楚變而爲君子．以爲春秋無通辭．從變而移．於是春秋華夷之限．遂至大潰．夫夷狄惡名．此春秋之通辭．春秋有進吳楚之義．而無進夷狄之義．吳楚者其地荊蠻．而其臨制之者吾種人也．故緜其地則用夏變．夷緜其主人則吾黃帝之子孫．蓋可進也．若夷狄其地．在王化以外．而其臨制之者．非吾種人蓋必不可進也．

雖然．春秋嚴華夷之限．則吾種人而有夷狄之行．亦夷狄之不必其居夷地也．荊敗蔡師于莘．(莊公十年)穀梁傳曰荊者楚也．何爲謂之荊．狄之也．則楚非狄也．而春秋狄之．然猶曰．其居夷地也．晉周之同姓也．晉伐鮮虞．(昭公十二年)穀梁傳曰．其曰晉狄之也．其狄之何也．不正其與夷狄交伐中國．故狄稱之也．則晉非狄也．而春秋狄之然則夷狄惡名．春秋之通辭與吾中國異種者．宜皆在屏絕之例．若以吾種人．而臨制夷狄．有夷狄之行則春秋亦夷狄之．否則進之．故春秋之進吳楚．非進夷狄也．董生之言無乃闇於是與．

自宋以來．孫明復以尊王發春秋．胡安國以復讎傳春秋．皆處乎其時而有隱痛者爲之．華夷之辨賴以復著．不幸神州陸沈．異族入主．變亂經傳以行其奸．逮至清初．王掞等諸人奉勅製春秋傳說彙纂．乃取經傳之誅絕夷狄者．概從刊落．至於一文一字之間．猶復竄易不遺．而大義益以霾矣．春秋戎伐凡伯于楚邱以歸．(隱公七年)公羊傳曰．執之也．執之則其言伐之．何大之也．曷爲大之．不與夷狄之執中國也．何休曰．中國者禮義之國也．執者治文也．君子不使無禮義制治有禮義．故絕不言執．正之言伐也．此春秋攘夷大義也．而彙纂．刊落之．取董生之說曰．執天子之使與伐國同罪．蓋崇高其帝位．而使釋經者忘夷狄之恥也．

春秋荊敗蔡師於莘．以蔡侯獻舞歸．公羊傳曰．獲也．曷爲不言其獲．不與夷狄之獲中國也．穀梁傳曰．荊者楚也．何爲謂之荊狄之也．何爲狄之．聖人立．必後至．天子弱．必先叛．故曰．荊狄之也．此春秋攘夷大義也．而彙纂刊落之．則於其所撰直解曰．本王制以削其僭也．民無二

王・凡僭號者皆削之・使天下定於一也・蓋崇高其帝位・而使釋經者忘夷狄之恥也・

春秋齊人伐山戎・（莊公十年）穀梁傳曰・齊人者・齊侯也・其曰人・何也・愛齊侯乎・山戎也・其愛之何也・桓內無因國・外無從諸侯・而越千里之險・北伐山戎・危之也則非之乎・善之也・何善乎爾・燕周之分子也・貢職不至・山戎爲之伐矣・此春秋攘夷大義也・而彙纂刋落之・則取於胡傳曰・譏伐戎也・春秋齊人救邢・（閔公元年）左氏傳曰・戎狄豺狼不可厭也・諸夏親暱不可棄也・此春秋攘夷大義也・而彙纂刋落之・則全錄左氏傳文而獨闕此二語・何也・春秋楚屈完來盟于師・盟于召陵・（僖公四年）公羊傳曰・喜服楚也・何言乎喜服楚・楚有王者則後服・無王者則先叛・夷狄也・而亟病中國・南夷與北狄交中國不絕若綫・桓公救中國而攘夷狄・卒帖荆・以此爲王者之事也・此春秋攘夷大義也・而彙纂采之曰・楚有王者則後服・無王者則先叛・桓公救中國・卒帖荆以此爲王者之事也・使傳文不完・而刋落其所言夷狄者何也・春秋伐晉・（僖公八年）左氏傳曰・晉里克帥師・梁由靡御・虢射爲右・以敗狄於采桑・梁由靡曰・狄無恥・從之必大克・此春秋攘夷大義也・而彙纂采之・則於狄無恥一語・獨刋落之何也・春秋楚人使宜申來獻戎捷・公會諸侯盟於薄・釋宋公・（僖公二十一年）公羊傳曰・宋公與楚子期以乘車之會・公子目夷諫曰・楚夷國也・强而無義・請君以兵車之會往・此春秋攘夷大義也・而彙纂采之・則於夷國也・三字獨刋落之何也・春秋晉人及姜戎敗秦於殽・（僖公三十三年）公羊傳曰・其謂之秦何・夷狄之也・穀梁傳曰・不言戰而言敗何也・狄秦也・其狄之何也・秦越千里之險・入虛國・進不能守・退敗其師・徒亂人子女之教・無男女之別・秦之爲狄自殽之戰始也・此之狄秦・猶之狄楚・所以示吾種人雖臨制夷狄・而有夷狄之行・亦夷狄之・此春秋攘夷大義也・而彙纂采其事則於此數語・獨刋落之・何也・春秋楚子使椒來聘・（文公九年）公羊傳曰・椒者何・楚大夫也・楚無大夫・此何以書始有大夫也・始有大夫・則何以不氏・許夷狄者不一而足也・此春秋攘夷大義也・而彙纂刋落之則采之・左氏傳曰・越椒執幣傲・傲其先君・神弗福也・忘華夷之限・而張君權神權也・春秋晉師滅赤狄潞氏以潞子嬰兒歸・（宣公十五年）公羊傳曰・離於夷狄・而未能合於中國・晉師伐之・中國不救・狄人不有・是以亡也・春秋善潞子・去俗歸義・然而謂其未能與中國合同禮義相親比也・故猶繫赤狄・此春秋攘夷大義也・而彙纂刋落之則謂晉景公陵弱畏强・不得志於楚・而求得志於狄・是不知楚與狄之別・孰爲異族・孰爲吾種人臨制之國也・春秋叔孫僑如會晉士燮齊高無咎宋華元衞孫林父鄭公子鰌邾婁人會吳於鍾離・（成公十五年）公羊傳曰・曷爲殊會吳・外吳也・曷爲外也・春秋內其國而外諸夏・內諸夏而外夷・狄王者・欲一乎・天下曷爲以外內之辭言之・言自近者始也・春秋之義以爲王者・欲一乎天下・則無外內之辭・謂許夷狄之歸・化於我非謂許我之臨制於夷狄也・此春秋攘夷大義也・而彙纂刋落之・則取左氏・通吳之說・而譏公羊也・

春秋吳子使札來聘・襄公二十九年公羊傳曰・賢季子也・春秋賢者不名此・何以名許夷狄者・不一而足也・以季子之賢猶以其爲夷狄而名之・此春秋攘夷大義也・而彙纂刋

落之．則爲之案曰春秋書子以進之．札以名書．非褒貶所係也．春秋楚子誘戎蠻子殺之．昭公十六年公羊傳曰．楚子何以不名夷狄相誘．君子不疾也．曷爲不疾．乃疾之也．此春秋攘夷大義也．而彙纂刋落之．則取家鉉翁之說曰．皆以子稱．於周班皆爲子．不得擅相侵陵．然則五等之爵不同位．則可以大陵小也．蓋欲以尊王之虛言．而沒公理也．

春秋吳敗頓胡沈蔡陳許之師於雞父．胡子髡沈子楹滅．獲陳夏齧．昭公二十三年公羊傳曰．不與夷狄之主中國也．吳序上而言戰．則主中國辭．今不言戰而言敗．不與夷狄主中國．此春秋攘夷大義也．而彙纂刋落之．則采諸其傳曰．其言獲滅何．別君臣也．盖欲以君臣之名分．而夷種族之界限也．春秋蔡侯以吳子及楚人戰於栢莒．楚師敗績．定公四年公羊傳曰．吳何以稱子．夷狄也．而憂中國．穀梁傳曰．吳信中國而攘夷狄．吳進矣．何以不言救也．救大也．吳入楚．同年穀梁傳曰．何以謂之吳也．狄之也．公羊傳曰．吳何以不稱子．反夷狄也．其反夷狄奈何君舍於君室．大夫舍於大夫室．盖妻楚王之母也．春秋與吳之救．蔡謂其有憂中國之心．猶必書蔡侯之以之．而不書救．穀梁氏所謂救大也．春秋不遽進吳也．故於其入楚．則夷狄之．謂其反夷狄之眞也．是故書蔡之以吳．而不書吳之救蔡．雖進吳非進於吳也．吳雖有信中國之功而不敵其無禮之過．春秋復夷狄之．故曰．反夷狄．吳既去夷狄而復反之．則吳非夷狄．雖進吳．非進夷狄也．此春秋攘夷大義也．而彙纂刋落之也．春秋公會晉侯及吳子於黃池．哀公十三年公羊傳曰．吳何以稱子．吳主會也．吳主會則曷爲先言晉侯不與夷狄之主中國也．吳彊而無道．敗齊臨晉．乘勝大會中國．齊晉前驅．魯衞驂乘．滕薛俠轂而趨．中國之大恥也．春秋不與吳以主會．獨先晉侯．雖進吳．不可以主吳也．此春秋攘夷大義也．而彙纂刋落之也．凡此皆見之於春秋傳說．彙纂而不可掩者．尤不可勝窮也．

悲夫．諂臣媚子．接踵於世經傳．不幸乃有此厄夫．同惡相諱．□誠自居何等．則謂之自斲彙纂．而爲吾聖經賢傳．所勿容可矣．三百年來學者不察．學奉之以爲折衷不已．又懸之以爲功令之書．匪此莫得祿利．嗟夫．自漢之盛說．經大師其所傳業．猶往往爲祿利所勸．矧在今日．有鸞道而降者．由斯而譚則十三經之大．二十四史之精爲其所變亂刋落者至多．奚止春秋．悲夫．而學者顧未之察也．

予往者．受經草堂．嘗取三傳之切於攘夷大義者．錄爲一編．緟眡彙纂．則吾之所錄而不一遇也．怪歎者久之．於茲十年．世變益大．而國恥所叢．人事所敝．靡不由於經誼弗明．邇者．泰西民族主義洶洶東侵．於是愛國之士．輒欲辨別種族．而先行於域內．則涉於政治者亦間有一二．然斯誼弗明．爲舉世所駭．其中於事實必無成．蓋宜也．況又有不審乎時與位．張大同之說以爲之助者．丙午七月薄游滬江．乃取向之所治．儒先之誼．敢述是篇以發其微．嗟夫．斯亦中原采菽意也．黃節自敘．

國粹學報叙

吾國得謂之國矣乎．曰不國也．社會莫不始於圖騰．繼以宗法．而成於國家者也．吾學得謂之學矣乎．曰不學也．萬彙莫不統於邏輯．闡爲心理．而致諸物質者也．嗚呼．悲夫・四彝交侵・異族入主・然則吾國猶圖騰也・科學不明・域於元知・然則吾學猶未至於邏輯也・奚以國奚以學爲・嗚呼・悲夫・溯吾稱國之始・則肇自唐虞・蚩尤作甲兵・始伐黃帝・至於夏殷周・而苗禍亘千百年・然則唐虞之稱國也・吾以見民族之棼焉・嗚呼悲夫・溯吾學派之衰・則源於嬴秦・始皇燒詩書百家語・藏書博士・窒塞民智・至於漢武立博士於學官・罷黜百家・以迄劉歆・則假借君權・竄亂經籍・賊天下後世・然則秦皇漢武之立學也・吾以見專制之劇焉・民族之界夷・專制之統一・而不國・而不學・殆數千年・嗚呼・奚至於今而始悲也・

春秋楚人執宋公以伐宋・宋公謂公子目夷曰・子歸守國矣・國子之國也・公子目夷復曰・君雖不言國・國固臣之國也・是故對於外族則言國・對於君主則言國・此國之界也・國界不明・諸夏乃衰・簡書不卹・京師吳楚・以至會申楚伯・淮夷不殊・則吾國對外族之界亡矣・漢興・黃生與轅固生論湯武受命・而曰冠雖敝・必加於首・履雖新・必貫於足・申桀紂而屈湯武・孝景知其非然・猶曰言學者毋言湯武受命不爲愚・則吾國就君主之界亦亡矣・嗚呼國界亡則無學・無學則何以有國也・吾登高西望・帕米爾高原而東・喜馬拉山脈而北・滔滔黃河・悠悠大江・熙熙乎田疇都市・宅於是間者乃不國乎・而吾巴克之族・猶足以自立・黃帝堯舜禹湯文武周公孔子之學猶足以長存・則奈何其不國也・奈何其不學也・

悲夫痛哉・風景依然舉目有江河之異・吾中國之亡也・殆久矣乎・棲棲千年間・五胡之亂・十六州之割・兩河三鎮之亡・國於吾中國者・外族專制之國・而非吾民族之國也・學於吾中國者・外族專制之學・而非吾民族之學也・而吾之國之學之亡也・殆久矣乎・是故以張賓爲長史・而執大法於石胡之朝・以許衡爲祭酒・而定朝儀於蒙古之族・識者痛焉・以其以中國民族而爲外族專制之奴・而又出所學以媚之也・國界亡而學界即亡也・持是以往・萃漢宋儒者之家法・而蠅蠅於十三經二十四史諸子百家之文・罔亦該博焉・而國日蹙・而民日艱・而種族日殺・而倫理日喪亂・一睨乎泰西諸國之政之法之藝之學・則以爲非先王之道・而辭而闢之・闢之而不足以勝之也・一讋乎泰西諸國之政之法之藝之學・則以爲非中國所有・而貌而襲之・襲之而仍不足以敵之也・則還而質諸吾國・何以無學・吾學何以不國・而吾之國之學何以遜於泰西之國之學・則懵然而皆莫能言・嗚呼・微論泰西之國之學・果足以裨吾與否・而此懵然莫能言之故・則足以自亡其國而有餘・是亦一國之人之心死也・

立乎地圜而名一國・則必有其立國之精神焉・雖震撼攙雜而不可以滅之也・滅之則必滅其種族而後可・滅其種族則必滅其國學而後可・昔者英之墟印度也・俄之裂波蘭也・皆先變亂其言語文學・而後其種族乃淩遲衰微焉・迄今過靈水之濱・瓦爾省府之郭・婆羅門之貴種・斯拉窩尼之舊族・無復有文明片影・留曜於其間・則國學之亡也・學亡則亡國・國亡則亡族・吾國之國體・則外族專制之國體也・吾國之學說・則外族專制之學說也・以外族專制・自宋季以來・頻繁複雜・緜三四紀・學者忘祖宗殺戮之慘・狃君臣上下之分・習而安之・爲之潤飾乎經術・黼黻乎史裁・數百年於茲矣・

一旦海通・泰西民族麕至・以吾外族專制之黑闇・而當共和立憲之文明・相形之下・優劣之勝敗立見也・則其始慕泰西・甲午創後・驟於日本・復以其同文地邇・情洽而收效爲速也・日本遂奪泰西之席・而爲吾之師・則其繼尤幕日本・嗚呼・亡吾國學者不在泰西而在日本乎・何也・日本與吾同文而易殺也・譬之生物焉・異種者雖有複雜・無害競爭・惟同種而異類者・則雖有競爭・而往往爲其所同化・泰西與吾異種者也・日本與吾同種而異類者也・是故不別日本・則不足以別泰西・然不別吾累朝外族專制之朝廷・則又何以別日本・夫吾累朝外族專制之朝廷・固皆與吾同種而異類者也・亡吾國吾學者也・易曰・其亡其亡・繫於苞桑・又曰・樽酒簋貳用缶・納約自牖・嗚呼・今日黃冠草履・空山歌哭・語吾國語・文吾國文・哀聲悲吟・冀感發吾同族者・蓋僅僅見也・過此以往・聲消響絶・雖復布福音・興豪摩尼司脫・習希塞洛瓦其兒之文字而已・非吾巴克之族・黃帝堯舜禹湯文武周公孔子之學矣・悲夫・

雖然巴克之族・黃帝堯舜禹湯文武周公孔子之學・其爲布帛菽粟・而無待於他求者夥矣・其與夏鼎商彝・而無資於利用者・庸詎乏焉・則是吾學界不能無取諸日本泰西亦勢也・有地焉・蓬蒿棘榛・鬱勃蹊逕・甚矣其荒也・而吾爲之芟夷而蘊崇之・繚以周垣・樹以嘉木・不數年蔥蘢蔚森矣・夫地之宜於植也・其生是嘉木・猶其生是棘榛也・蓋宜於植者是地也・因其宜於植而移嘉木以植之或滋蘭焉・或樹橘焉・則煥然秀發者・雖非前日之所有・而要之有是地然後有是華・不得謂非是地之華也・何也・國固吾國也・學即吾學也・海波沸騰・宇內士夫痛時事之日亟・以爲中國之變・古未有其變・中國之學・誠不足以救中國・於是醉心歐化・舉一事革一弊・至於風俗習慣之各不相侔者・靡不惟東西之學說是依・概謂吾國固奴隸之國・而學固奴隸之學也・嗚呼・不自主其國・而奴隸於人之國・謂之國奴・不自主其學・而奴隸於人之學・謂之學奴・奴於外族之專制固奴・奴於東西之學說亦何得而非奴也・

同人痛國之不立・而學之日亡也・於是瞻天與火・類族辨物・創爲國粹學報一編・以告海內曰・昔者歐洲十字軍東徵・弛貴族之權・削封建之制・載吾東方之文物以歸・於時意大利文學復興・達泰氏以國文著述・而歐洲教育遂進文明・昔者日本維新・歸藩覆幕・舉國風靡・於時歐化主義・浩浩滔天・三宅雄次郎志賀重昂等撰雜誌・倡國粹保全・而日本主義・卒以成立・嗚呼・學界之關係於國界也・如是哉・宋之季也其民不務國學・而好爲蒙古文字語言・至名其侈辭以爲美・於是而宋亡・普之敗於法也・割雅麗司來羅因以和・而其遺民・眷眷故國・發爲詩歌・不忘普音・於是而普興・國界之興亡於學界也又如是哉・夫國學者・明吾國界以定吾學界者也・痛吾國之不國・痛吾學之不學・凡欲舉東西諸國之學・以爲客觀・而吾爲主觀・以研究之・期光復乎吾巴克之族・黃帝堯舜禹湯文武周公孔子之學而已・然又慕乎科學之用宏・意將以研究爲實施之因・而以保存爲將來之果・懸界說以定公例・而又悲乎言之無文・行而不遠・意將矯象胥之失・而不苟同伊緩大鹵之名・期光復乎吾巴克之族・黃帝堯舜禹湯文武周公孔子之學而已・嗚呼・雄鷄鳴而天地

黃節

白・曉鐘動而魂夢蘇・天下志士其有哀國學之流亡者乎・庶幾披涕以讀而爲之舞・

小雅樓湖海感事詩序

秋門不幸蚤歿・既三年・其兄秋枚將梓其詩以告予曰・天下之變亟矣・若此者能必其傳乎・雖然・不梓無由傳・則吾責也・盍爲序・於戲・自詩教不明・說詩者類斷斷故訓・而遺其事父事君之大・臣子之誼・百世所不容昧者・靦然若無動焉・此朱子所以美小戎復讎・而不能不獨悲於揚之水也・天下之變・非一代然矣・有一代之變・則有一代之詩・變風變雅・皆有志乎當時・將以風上而懷舊・匪是則無用・必不傳・予觀古人之詩・其深於誼者・雖遘變已數・猶落落幸傳一綫・今秋門之誼・既動於天性・又聞誼之蚤而自力之・則其詩可知也・

光緒二十有四年春・予寓郡中六榕寺・秋門隨秋枚自滬歸・居隔壁・過從甚懽・而秋門已得瘿疾・疾愈甚而爲詩愈勤・其秋・歸邑之水藤鄉・自是予不復見秋門矣・悲夫・始予識秋門於簡岸讀書草堂・每聞雞聲・輒起讀書・相蘄當世之務・秋門口不輟詩・予以爲詩者餘事・懼其囿於詩・及觀其所爲・庶幾志古人之志者・既贈予詩而別・其後並轡遊京師・覽天府之形勝・登西山・將歸・題詩薊門・甚壯也・迨於今・北望徬徨・禾黍爲墟・回首讀書之所・野鳥方集・則益思秋門・烏能起而歌之哭之也・

秋門歿時・年二十有一・爲詩千餘篇・今存而刋者數百篇・其詩哀而麗・使其永年・詩之所至・必不止於是・亦必不止以詩鳴如今也・於戲・天生聰明絕異之士・當宏其材以施於用・胡予以孳孳之年而若靳也・然天既予秋門之誼・又使之能蚤有所聞・天於秋門固厚矣・然使秋門不蚤嗜學・尊所聞以自歌其天・不亦幷此孳孳之年而失之哉・以此知秋門之詩・能自爲永年・而天必將予之也・於天下之變其何疑・秋門嘗語予・它日築小雅樓粵秀山之麓・讀書其中・庶幾詩誼以興・今集名・從其志也・荀子論小雅之詩曰・其言有文焉・其聲有哀焉・秋門之詩・何爲而使之哀也・又何爲而使予哀其詩哉・光緒二十六年冬十月・順德黃節純熙序・

伍懿莊浮碧詞序

詞之爲道・其發於愛國者乎・南宋以後・斯學獨盛・周草窗編絕妙・好詞箋・所采皆當時遺民・姓氏或有不多見者・迄今四庫詞曲一部・著錄宋人蓋十而九九・金元之間・祇一・二家耳・嗟夫・詞之爲道・匪發於愛國・則奚爲獨盛於南宋・其時爲之邪・鄭所南謂張玉田詞・能令後三十年西湖錦繡山水・猶生清響・不徒賞其詞而已・痛湖山非昔而歌哭者之無人也・

有明以降・吾粵詞風獨盛・翁山元孝・皆能本其愛國思想・發而爲詞・嗟夫・嗟夫・斯學之盛也・乃僅僅能令愛國者寫其歌哭之情而已・由斯而譚・屈陳二子去今奚止三十年・西湖山水・果有陸陵之歎否邪・無張循王孫・則清響絕矣・雖然詞之爲道・發於愛國者也・然第有其人・而僅以詞傳則其於愛國之道如斯已乎・予知其不然也・

南海伍君懿莊・善書畫・尤工詞・翩翩世胄・席可以致

仕宦之地·而顧不爲·乃自放江湖詩酒間以寫其志·予焉知其志之所託邪·抑殆如張循王孫·一片空狂懷抱·日日化雨爲醉者邪·丙午春莫·出其所爲浮碧詞以示予·屬爲之序·予不能詞·然每讀其詞·覺其芳馨悱惻·有淸響而已·懿莊誠愛國者哉·懿莊誠愛國者哉·則必不止以斯傳也·順德黃節序·

詩律序

尚書堯典曰·詩言志·歌永言·聲依永·律和聲·詩之有律·其來遠矣·後漢鍾皓以詩律敎授·門徒千餘人·夫書之所謂律·六律也·皓以詩律敎授·其書不傳·漢志云·漢興·制氏以雅樂聲律·世在樂官·頗能紀其鏗鏘鼓舞·而不能言其義·則皓之所敎·或即制氏之遺歟·三百篇而外·漢立樂府·置協律·魏晉以降·樂章咸在·萃於宋書·沈約云·玄黃律呂·各適物宜·宮羽相變·低昂互節·其說蓋可推也·然又曰·一簡之內·音韻盡殊·兩句之中·輕重悉異·則又律詩之所由始·以迄於唐沈佺期·宋之問準聲約句·一依沈約四聲而創律詩·則是律者·沈氏四聲之律耳·與尚書所言·鍾皓所敎異矣·由是以觀·六律之變而爲四聲·齊梁創之·而初唐成之·雖然·唐賢於四聲之病·多有未盡知者·觀戴叔倫除夜宿石頭驛一詩·（戴詩云旅館誰相問·寒燈獨可親·一年將盡夜·萬里未歸人·寥落悲前事·支離笑此身·愁顏與衰鬢·明日又逢春）問夜事鬢皆去聲·王維送楊少府貶柳州一詩·王詩云·明到衡山與洞庭·若爲秋月聽猿聲·愁看北渚三湘遠·惡說南風五兩輕·靑草瘴時過夏口·白頭浪裏出湓城·長沙不久留才子·賈誼何須弔屈平·（遠口子皆上聲·後世謂之失律）杜甫詩云·詩律羣公問·是可見當時已失平仄之變·其在詩律猶屬淺·然劉勰云·聲有飛沈·響有雙疊·飛沈云者·即輕重之謂也·雙疊云者·即雙聲疊韻也·輕重雙疊·寓乎平仄之中·唐賢視之甚重·故杜詩極平仄之變·而雙疊至多·（周春有杜詩雙聲疊韻譜）其詩云·老去漸於詩律細·宋以後知者罕矣·予說詩大學·既學三百篇以下及漢魏六朝詩·爲諸生講解·使從事於古詩·惟於詩律未遑深論也·諸生復有請者·乃析五七言律詩而成茲編·顧編中所譜·第別乎平仄而已·至於輕重雙疊·則於講解時口述之·筆不能罄也·前明吳興董說有詩律表一書·予未之見·淸王士禛有律詩定體·所舉殊簡·而未極其變·日本中井積善有詩律兆·（書成於淸乾隆初年）於平仄之變·亦云極矣·然又麗於彼邦·於輕重雙疊·莫之能擧也·則尤未盡律之事·予譜猶有取焉·夫予亦駸駸老矣·而詩未加進·述茲編·恐予之爲詩·猶未能極其變如昔人也·是在後之學者·順德黃節序·

國粹叢編敘

習齋有言·儒者大不得已而著書·吾觀孔子晚而作春秋·所謂大不得已者·然猶口授弟子·不可以書見·而易書詩禮·則刪之訂之惟謹·由是以觀·儒者大不得已而著書·大大不得已而錄前人既佚之書·何者·蓋當吾世有不可以書見·即書見而人之信之無若前人艮·以其是非無與於今日·而罔觸當世忌諱也·夫前人之書·何爲而至於佚·或有所禁燬·則其不合於當世也固宜·吾猶是而著書·其至於佚且禁燬·當無有以異於前人·則何如椶其佚且禁者而錄之·其於

當世或有所喻・而前人大不得已之苦心・亦有所白於後世也・嗟乎・雖佚且禁於著者何害・爲其無益於當世・毋寧善而存之・而蘄有以共喻・斯則大大不得已之故爾・

春明讀書海上・得前人遺著若干種・去當世蓋數百年至百數十年・其間或佚者・或禁且燬者・諸得之傳鈔爲多・皆前人大不得已之所爲也・吾不能行前人之志・乃蹈其過著書・又懼無以喻於世・大大不得已・則謀鋟前人之書・顧前人去今數百年・奈何令人痛其痛・仍無以異於當日・吾是以不顧後之人復鋟吾書如吾之於前人也・丁未春二月順德黃節叙・

黃史總叙

太史公記首黃帝・特因於世本・若大戴禮帝繫五帝德・抑以謂後世氏族・無不出於黃帝・故首而宗之・（宋羅泌語）黃史氏曰・然則中國有史・統於黃帝・其來舊矣・自史記而外・中國號稱正史者・蓋二十有一・（除去舊唐書舊五代史）典午東渡・中原塗炭・國統殺亂・則若托跋・宇文・朱邪・臬捩雞・耶律・勿吉・卻特・皆非吾冠帶之倫・而竊據吾土・蘭臺載筆・列之正史・宜屏勿容・然則吾中國號稱正史・蓋十有六而不足也・（除魏書周書五代史之唐晋漢遼史金史元史）

善夫・彥鸞箸十六國春秋・擧匈奴・羯胡・鮮卑・氐羌・單於・宕渠賨・廬水胡・皆自爲漍・漁仲通志著之載記・而紀傳則猶羼入後魏後周・是則可怪者爾・黃史氏受四千年中國史而讀之・則喟然嘆曰・久矣乎・中國之不國也・而何史之足云・北庭虒月・西傾中國・互臬捩雞之裔・以迄乾祐季年・中原無主・凡二十有七載・涑水紫陽・編年至此・無繇絕續・悲夫・則吾國史之羞也・

石晋以異族・攘燕雲十六州・上之契丹・胡馬南牧・迄女眞遂奄中州而有之・迄蒙古遂混南北而一之・泯泯棼棼・以至明初・幽燕淪於彝狄者・四百四十有八年・中原變爲彝狄者・二百四十有一年・悲夫・脫脫景濂之書・乃以綆汲宋明・獸處其宇・亦吾國史之羞也・

流賊內亂・乞師長白・三桂首爲禍首・據關致敵・擧三五漢唐之苗裔・盡辮髮氄毛・偸息視肉・以潰無窮之防・自思陵奔天・逮衞桂之殉・灑血糜肉・綿延於其間者・僅三十有九年・（吾別有血史一編記甲申至癸亥間事）爾來又二百二十有二年矣・春秋之義・不可曠年無君・然則今日修史・獨可曠二百餘年而無國乎・黃史氏曰・悲夫・吾國史之羞也・久矣乎・中國之不國也・而何史之足云・

春秋楚人執宋公以伐宋・宋公謂公子目夷曰・子歸守國矣・國子之國也・公子目夷復曰・君雖不言國・國固臣之國也・是故對於外族則言國・對於君主則言國・吾有熊之裔・未嘗一日絕於天下・誰乎得私吾土者・周書殷祝曰・天下非一家之有也・南夷與北狄交・中國不絕若綫・仲尼作春秋・於薄之盟・不書會楚・以存中國於戲・今日而有志乎史・吾惟法仲尼之志哉・

西方哲儒論史學之關係・有國家與人種兩端・柏林史學大會宣言曰・提倡民族帝國主義・造新國民・爲歷史家第一要義・否則外族入覇國恒亡・黃史氏曰・悲夫・吾國種族史之亡・而社會無傳記也・（亞耳諾耳特曰歷史者社會之傳記也）在昔許善心著梁史・傳

羯賊・梁武帝箸通史・五胡托跋・列於夷狄傳・亢乎有種族之痛矣・魏收穢史・始志官氏・略表虜姓・志在嫥捖族類而已・故復詆蔑江左・冠以島夷・伯起何物・以鉅鹿種人・爲虎作倀・狗彘不食・莫此爲甚也・亦越公師或崔浩之禍・蘭臺寡色・益無可言・惟漁仲志氏族略・稍辨宗法・其總論十三篇・有變夷變於夷之懼・羅泌抱封建之想・痛秦無道・而怵乎宋之孤且弱・箸國名紀・以詳乎黃帝之宗・（國名紀卷甲有黃帝之宗一篇）黃史氏曰・吾讀舊史四千年來・其心於種族之變遷・與其盛衰大槩者・惟二子之書而已・悲夫・船山有言・可禪可繼可革・而不可使異類間之・悠悠日月・今何時與・逝不可追矣・若史則合社會之已往現在將來而孕妊之者也・（西儒衣克列氏名之曰孕妊之力）吾四千年史氏・有一人之傳記・而無社會之歷史・雖使種界常清・而羣治不進則終如甄克思之說・種將日弱爾・悲夫・吾固懼吾社會之衰落・而史氏無徵也・

龔自珍曰・六經周史之大宗也・易也者・卜筮之史也・書也者・記言之史也・春秋也者・記動之史也・風也者・史所采於民而編之竹帛・付之司樂者也・雅頌也者・史所采於士大夫者也・禮也者・一代之律令・史職藏於故府・而時以詔王者也・小學也者・外史達之四方・瞽史諭之賓客之所爲也・諸子周史之小宗也・故夫道家者流・言偁辛甲老聃墨家者流・言稱尹佚・辛甲尹佚官皆史・聃實爲柱下史・若道家・若農家・若雜家・若陰陽家・若兵若術數・若方技・其言皆稱神農黃帝・神農黃帝之書・又周史所職藏・所謂三皇五帝之書者是也・

黃史氏曰・大哉史乎・吾觀夫六經諸子・則吾羣治之進退・有可以稱述者矣・不寗惟是・史遷所創・若河渠・平準・與夫刺客・游俠・貨殖諸篇・其於民物之盛衰・風俗道藝之升降・靡不悉書・至如范曄之傳黨錮・謝承之傳風教・王隱之傳寒儁・歐陽修之傳義兒・是皆有見夫社會得失之故・言之成理・爲羣史獨例・概以謂吾國四千年舊史・皆一家一姓之譜牒・斯言也・毋亦過當與・又不寗惟是而已・劉子玄史通標探賾疑古兩義・皇古異聞・多詳神話・近世西方科學發明・種界實迹・往往發見於洪積石層者・足補舊史所不逮・故如巴比倫之古碑・克比利文明西來之說・比較同異・尋其原委・以衷疑信・雖謂之吾國古史無過焉・

抑吾以爲西方諸國・繇歷史時代・進而爲哲學時代・故其人多活潑・而尚進取・若其心理學・政治學・社會學・宗教學諸編・有足裨吾史料者尤多・此則見所未見・聞所未聞・蓋不嫌劉氏之云云者矣・於戲・中國不亡・若絕若續・我生不辰・日月告凶・痛乎夷夏羼雜・而懼史亡則有國亡種亡之慘・乃取官書正史而讀之・手之所披・目之所接・人獸錯出・其有籍道而降者・又竄亂十九・風雨如晦・雞鳴不已・時復訪及野乘・馳心域外・則竊有志乎黃史之作・條別宗法・統於黃帝・以迄今日・以述吾種人興替之迹・爲書十・表三・記八・考紀十・列傳一百八十・載記二・凡若干卷・已而歎曰・漁仲有云・博不足也・若此者・其能不隘乎・曰・吾取其有大影響於今日者而言之・其他則舊史具在・吾奚贅焉・悲夫・禽獸逼人・民生憔悴・至於此極也・吾筮易得鼎曰・鼎柔上而居中・五位之正・以柔正也・若據位以爲實・則五以金鉉・而四則覆餗矣・易取共和・請以黃

黃節

帝統・乙巳正月・

羅癭公詩集序

序云・「甲子元日・癭庵過余曰・吾度歲之資・今日只餘一金耳・以易銅幣百數十枚・實囊中・猶不負聽歌錢也・語未改臘・癭庵遽於是秋八月逝世・旣五年・敷庵檢其遺詩・將梓・就余請序・余始得讀癭庵癸亥除夕詩・其詩有云・自諱囊空念婦勞・其言何溫厚如是耶・王風閔周之詩・君子陽陽・曰・無所用其心也・有兔爰爰・曰君子不樂其生也・癭庵之爲人・若無所用其心者・然亦時此憂生之嗟・顧其所遘艱難・獨不使夫婦之道見於衰薄・則中谷有蓷之詩・癭庵之所傷也・讀其詩可知已・人倫之廢亂・極矣・壞於天下・始於家室・當斯之時・一士之行・往往能申其義・三百詩人・若谷風北門・是也・嗚呼・癭庵其知之矣・

癭庵馳情鞠部・世有疑而議之者・余嘗擧以相規則答余書云・吾欲以無聊疏脫・自暴於時・故借一塗以自託・使世共訕笑之・則無暇批評其餘・非眞有所癡戀也・嗚呼・余今序癭庵詩・敢不揭癭庵立身之義・並其所懷以告後之讀癭庵詩者・使知癭庵畜義甚富・過乎其詩・至於閔天下之無詩・則余以之悲癭庵者・或癭庵其能知之・余旅京師與癭庵居最近・過從日數・論詩逾十年・其爲詩蚤歲學玉谿子・繼乃由香山以入劍南・故其造境冲夷・則亦中歲以後・今集所存少作・蓋無幾也・癭庵病中遺屬・以詩付曾剛甫選定・今茲之刻・則剛甫垂歿時所定者・蓋僅存二百餘首・然余知癭庵爲詩至多・惟其志不求傳・其答客問詩・有云・作書覓句吾

不廢・聊遺興耳安用傳・則其餘散佚之詩・或爲剛甫所刊落者・必不爲癭庵所惜・雖不存・可也・

嗚呼・癭庵與世可深・而不求深於世・學書可深・而不求深於書・爲詩可深・而不求深於詩・至其馳情鞠部・宜若深矣・然自謂非有所癡戀・則亦未嘗求深・其絕筆詩尙致歎於嗔癡損道・夫惟其不求深・故萬緣之空・（絕筆詩語）猶得在未死之日・否則其懷蚤亂矣・亂則無所不至而義失・義失則詩雖存・存其字句聲律耳・詩云乎哉・抑癭庵游不擇人・言不迕物・讀其詩者隨處而可見・蓋其度大也・然使癭庵而不窮・則其志沒矣・然雖窮・而無癭庵之義之懷・則其志亦沒矣・詩云乎哉・戊辰正月十二日中夜黃節序・

甲申傳信錄跋

予往草左蘿石傳・得傳信錄・而蘿石之大節復著於海內・嗟夫・石銘不典乃有桃簡之禍・自東晋以後・世之所傳・爲信史者・大都魏收官氏之志而已・奚始今日・微一二孤臣遺老・以所見聞識・桑海之變・更閱數百年後先朝人物・當無復有知之者・然則信史之不足信也・予於明史・左蘿石傳・嘗痛歎久之・

錢稺農於癸未仲秋入都・迄甲申國變・擧其所見所聞者・著之是篇曰・以俟作史者取裁焉・然其中著錄・多不爲明史所采・嗟夫・是豈稺農信以傳信之意耶・往者南海吳樸園輯勝朝遺事・嘗采是篇・僅錄其睿謨留憾一卷・蓋非不信也・芝蘭當戶・不得不鋤・嗟夫・然則是篇之著於人間・亦僅矣・予得是篇於羊石肆間・後復於嘉應謝氏・得見手鈔

本・紙墨黝黯・視此本無以異・予因以草左蘿石傳・則視之尤寶・今夏來滬・出示秋枚曰・昔之於勝朝遺事・中未窺全豹者・今或可補其缺也・秋枚乃謀刊之・如是而吾・會藏書樓・又多一瑰寶矣・丙午八月・

瘳忘編跋

恕谷書習齋存治編後云・先生三存編・存學存性皆悟聖學・後著惟存治在前・塨聞而說之・著瘳忘編以廣其條件・然則此編乃廣存治編而作自序・癸亥・蓋恕谷二十五歲時所著也・

恕谷之學・本於習齋・而論治則未嘗强同・此編雖爲廣存治編而作・然而恕谷言治・與習齋有極異之旨・乃在此編・何者・習齋主復封建・恕谷主重郡縣・此編言封建郡縣之得失・多采陸桴亭說・恕谷嘗言戊寅客浙中・得太倉陸道威封建傳賢不傳子論・蓋即郡縣久任之意・質之先生・先生曰可矣・而非王道也・商榷者數年於茲・未及合一・而先王沒矣・溯戊寅距癸亥・中間一十有六年・則此編成後・恕谷猶與習齋商榷者再而卒不强同習齋・於戲・前輩論學・各證其所見・雖師弟不可强之使同・就顏李所箸觀之可以知已・

雖然・此編論封建主桴亭說・而恕谷自申之意猶罕・故其書存治編後・謂因封建之舊而封建則可・因郡縣之舊而封建則不可・其所條列凡七端・皆此編所未之及者・由是言之・則此七端・殆更十有六年察驗而有得者歟・雖以補此編之缺可也・七端之要・具載顏氏學記・學者既讀是編・更取而充其義・亦庶幾恕谷之志耳・若其他言鄉舉里選・謂宜因時變通・井田則可行於開創土曠人稀之世・而不可行於人安口繁各有定業之時・以爲可井則井・難則均田・又難則限田・是與習齋之說少同而不盡同者・恕谷自謂此位育萬物・參贊天地之事・非可求異・亦非可强同・於戲・斯恕谷之學之所以尊・而著述之難且愼如是歟・

恕谷又嘗稱萊陽沈迅云・中國嚼筆吮毫之一日・即外夷秣馬利兵之一日・卒之盜賊蠭起・大命遂傾・而天乃以二帝三王之天下・授之塞外・吾每讀其語未嘗不爲之慚且慟云・然則恕谷是編亦古人大不得已之所爲也・是編手鈔本・爲豐順丁氏所藏・昔者戴望序顏氏學記云李氏書頗散失・又撰李先生傳云・有瘳忘編・藏於家・是編爲戴氏所未見・故所述顏氏學記錄恕谷遺書・而未及是編・吾茲而不錄終懼後之學者終忘是編・又寧能起恕谷而爲之瘳之・戊申正月順德黃節謹跋・

重修鎮海樓記

越秀山拔地二十餘丈・俯視層城・南對海珠石・依山而起者若觀音閣・學海堂・菊坡精舍・山半三君祠・越祠而上・有紅棉草堂・堂右偏則鎮海樓・考舊志名蹟・按地以尋・而吾猶及見・匪若越王臺玉山樓就湮於數百年上也・時代推遷・山川歷劫・名蹟傾圮・非人力所能保持・蓋有天數焉・若乃毀之於人・則悉數吾嘗及見者・今惟盤鄧斷碑而已・豈天也哉・

鎮海樓以地偏而得存・顧樓亦數被兵・淸初尚可喜曾駐軍其上・以飛鴿傳書・一日數往返中宿峽・光緒中衰・彭玉麟掌邊・來屯斯樓・設廳事第三層・畫梅花懸於中・爾時士

夫登眺・管樓者賣餅餌茗・荈往往延坐終日・扶梯板高尺許・座階數十・人不憚登・故遊跡之所常至・而樓以不荒・其後八九年・兵火不絕・爭城者必爭山・樓乃沒爲馬槽軍竈矣・五百年來・樓一燬於有明成化間・提督蔡經張岳重建之・崇禎末而漸圮・再燬於順治平藩之亂・樓遂廢爲平地・蓋至今而三矣・

明之初・朱亮祖始爲樓・高五層・志書稱五層樓・張岳題記曰鎮海樓・康熙二十六年吳興祚李士禎又重建之・今樓四壁屹立・殆始建之基耶・抑重建之基耶・使龍濟光以後・樓再爲平地・人亦無知樓者矣・樓所處地雖偏・能復存哉・是故有基勿壞・雖樓亦然・然樓不爲人所夷而平・而卒存其基・則樓所自處之地偏而不爲人爭故也・豈天也哉・

予二十年去鄉・不登茲山・今而來臨・惟斯樓四壁僅存・遠望海珠石猶出水際・天賦之奇行・亦塡爲道路・人與天之不相容又如此・豈天也哉・

民國十六年信宜林君雲陔任廣州市市長・歎斯樓傾圮・建議修復・旋以亂輟議・逾年林君復任市長・請於政務會議廣州分會・得議交工務局規庀・出市帑四萬有奇・爲木石瓦甓灰鐵髹漆之費・稽董程役・於是年五月五日鳩工・訖十二月而告成・因其四壁・復其高甍・重屋編木・易之合土・衷楹以鐵・堊其外工・既成・廣州市教育局局長信宜陸生幼剛復受林君命以斯樓爲博物院・將駢羅古今庋藏不可方之瑰異・俾邦人士登眺之暇・兼資研索・屬予爲記・當樓之未修也・赭壁青烟・塊然附廓・殘城壞堞・出沒其下・及其成也・塗飾丹雘・埽除煩穢・盤馬紆道・干雲而上・大海奔流・五山南來・以臨北戶・形勢在目・浩淼無際・夫樓昔日之樓也・不改者山海也・

古詩歌讀本序

任元熙 一八七三年生 一九四三年卒

字子貞・南海人・受業簡岸讀書草堂・清季拔貢生・一生平從事教育・掌教廣府中學堂・民初自創廣才中學・以尊經爲訓・培材甚衆・

孔子曰・入其國・其教可知也・其爲人也・溫柔敦厚・詩教也・而雅言之訓・則亦首及乎詩・史記叙孔子世家・謂詩三百篇・孔子皆絃歌之・以求合韶武雅頌之音・然則教育之賴有詩歌也・由來舊矣・自六義寖微・後之爲國者・不復以詩教天下・唐宋而後・試士重排律・於是天下之爲詩者・益復追逐聲韻・涉獵叢碎・而無與於感發性情・其岸然以詩名者・又率放敖江湖裙屐間・蘄不盬於三百之旨者猶罕・迺者百科雜出・羣喙沸鳴・且欲廢詩不用・其或知聲韻之宜存・要亦襲一二新曲俚辭・以湊合於象胥琴譜而已・嗚呼・詩教之不明於天下久矣・

吾友黃子晦聞・治詩之暇・以爲詩教不可以一日廢・三百尚矣・其辭義純古・讀經者所必先之・以其諷誦取俗近而情類・則後世宜若可采・迺復校集後世孝子忠臣仁人悌弟烈夫節婦之篇詠・都爲一書・名曰古詩歌讀本・俾學子咿唔所及・觀感興起・心寫其事・而神游於其人・其有裨於國教庶幾不尠也・若徒玩詩辭之工・而不審詩誼之正・則自來詩家

選本・不下千百・但非今日教育之事所亟・大雅君子・當有以黑白之・宣統元年六月南海任元熙序・

清徵士簡竹居先生事略

任元熙

先生諱朝亮・字季紀・號竹居・順德簡岸鄉人・生於南海忠義鄉旅次・有紫胞之瑞・幼奇嶷頟有伏犀骨・目光炯炯・年十五・遍誦七經・弱冠・進邑庠・有乞爲文者・卻之・年二十四・遊學九江朱先生之門・讀書以脩身・經學・史學・掌故之學・性理之學・辭章之學・由體達用・不爲時之言漢學宋學者惑焉・先生終身從事於斯・著有朱九江先生講學記・年二十八・以一等第一補廩生・然不任保・逾年丁父艱・居喪如禮・棄館不教授・丁母艱亦如之・經云・喪事不敢不勉・先生勉之矣・

應制科・槖筆入・不挾一字・不買謄錄・故五試惟草卷・字譌脫・閱者讀不能句・年三十九・絕意料學・專力讀書・是年・歲考如例・曾邑學蘇首舉先生優行・先生不知也・樊學使恭煦選一等第一・先生報病不覆試・樊轉嘉其學行・奏曰・究心經術・志潔行端・篤實沈潛・澹於榮利・爲庠序中不可多得之士・特旨以訓導選用・先生以疾未赴・及戊申二月・禮部溥尚書良・以賓師禮・秦聘禮學館顧問官・時先生旅居陽山將軍山中・亦以疾書辭之・而附陳禮說二千餘言・皆救時之論也・先生堅苦卓行・講學務明大義・由省會六榕寺・泊歸簡岸・旅陽山・凡以詔及門者・悉本脩身讀書之旨・

乙巳・以中夏學術變・謝遺學子・默居山中・日事著述・庚戌・聞議者將廢經・先生曰・易云・乾坤毀則無以見易・易不可見・則乾坤或幾乎息矣・先是先生以脩祖墓歸自陽山・旅居忠義鄉・杜門著述不輟・

辛亥國變・先生盍簪以竹・緇撮・以喪禮自處・乙卯・袁氏自北方以書帛來問・久不得其門・人疑其尚在北江也・丙辰・清史館趙館長爾巽・致書聘爲纂脩・先生不之應・曰此豈萬季野時乎・先生志在天下・見於三言兵事・憂思鄉里・見於三言隄事書・其羣經著述・皆因前人注所未安者・詳爲補正而發明之・

著有尚書集注述疏三十五卷・論語集注補正述疏十卷・孝經集注述疏一卷・禮記子思子言鄭注補正四卷・附錄他篇補正二百零六條・均次第刋行・惟以畢氏沅續通鑑無論・因倣司馬溫公爲之・志在詳述朱子格致啓君之事・以正治本・惜天不假年・惟絕筆於李綱主戰而已・

先生精力絕人・講學聲如洪鐘・竟日忘倦・述草恆徹宵不寐・耄年目光如童時・屬纊前二月・尚能作繩頭小楷也・卒年八十有三・病中無他囑・惟以人心風俗爲憂・先生學術行誼・具詳讀書堂集・先生年譜・茲不過略述梗概云爾・

同門公祭簡竹居先生文

維癸酉之歲・九月戊午朔・門人某某等・謹以剛鬣柔毛清酌庶羞之奠・虔告於清徵君先師竹居簡先生之靈曰・嗚呼・先生稟賦剛直・師表人倫・有呂尚之年・而不逢西伯・有伏生之書・而未遇漢文・國亡方以喪禮自處・酒雖養老・乃二十餘載而不沾於脣・始聞大義於九江・益知立身行道・

揚名於後世・以顯其親・內憂守禮・棄館不敎授・一如父喪時之蹈道食貧・科試槖筆・不挾一字・不買謄錄・而甘爲下第之劉蕡・歲考如例・首選不赴覆・樊宗師轉嘉其學行・拜表奏聞・故前以特旨訓導選用・後以禮學館顧問・而道隆師賓・其關懷天下國家也・三書言兵事・要在將才得死士・吏治得義民・用我所可爲之器・而不用外國所借於我之人・其憂思鄉隄水利也・三書言隄事・乃歷時八載・讞以賄翻・今距三十餘年・猶欲使鄰人覺悟・而保全三鄉之廬墓與田園・是故隱居不仕・人難獲見其一面・至於事關鄉里宗族・其精神所注・乃如拯溺而救焚・

嗚呼・先生常言・經義足以生浩然之氣・惟古人無競而至今存・故其爲尙書述疏也・謂書之失誣有三・書序孔子作・執漢學之失・而尤應辯者東晉之僞古文・其補正朱注論語也・使知論語之經・六經之精・百氏之要・俾後生小子有所率循・其爲唐御注今文孝經也・將以導善救亂・而不至於非聖無法・非孝無親・又於三禮鄭注補正頗屬草・遇明夷知難蔵事・得完成者惟三篇之子思子言・所可惜者・畢氏續通鑑・仿司馬論纔得半・而未及朱子之格致啓君・嗚呼・人間何世・八表同昏・否塞之餘・不可無程明道・心學而後・不可無顧寧人・

先生實天命民彝之所寄・文章道德之所尊・如何五旬寢疾・一旦歸眞・日月爲之潛曜・草木爲之不春・哀公載道・矧我同門・共憑棺而長慟・庶奠醊以俱焄・尙饗・

廣東文徵續編第一册終

總編纂　許衍董

參　閲　汪宗衍

　　　　吳天任

校　勘　何幼惠

助　校　李婉君